묘법연화경

총 차 례

한글본 (본책)

무량의경 ··· (13)…(88)

묘법연화경 ··· (89)…(810)

불설관보현보살행법경 ······················· (811)…(878)

한문본 (별책)

無量義經 ··· (15)…(60)

妙法蓮華經 ··· (61)…(484)

佛說觀普賢菩薩行法經 ······················· (485)…(526)

법화삼부경 부록 (별책) ··· (1)…(244)

차 례

무량의경

무량의경 제일 덕행품 ················ (15)

무량의경 제이 설법품 ················ (35)

무량의경 제삼 십공덕품 ················ (56)

묘법연화경

묘법연화경 제일권

묘법연화경 제일 서품 ················ (91)

묘법연화경 제이 방편품 ················ (134)

묘법연화경 제이권

차 례

묘법연화경 제삼 비유품 ·· (190)

묘법연화경 제사 신해품 ·· (261)

묘법연화경 제 삼 권

묘법연화경 제오 약초유품 ·· (298)

묘법연화경 제육 수기품 ·· (316)

묘법연화경 제칠 화성유품 ·· (335)

묘법연화경 제 사 권

묘법연화경 제팔 오백 제자 수기품 ······························ (397)

묘법연화경 제구 수학무학인기품 ·································· (421)

묘법연화경 제십 법사품 ·· (433)

묘법연화경 제십일 견보탑품 ·· (456)

차례

묘법연화경 제 십이 제바달다품 ·· (482)

묘법연화경 제 십삼 권지품 ·· (500)

묘법연화경 제 오 권

묘법연화경 제 십사 안락행품 ·· (513)

묘법연화경 제 십오 종지용출품 ·· (547)

묘법연화경 제 십육 여래수량품 ·· (576)

묘법연화경 제 십칠 분별공덕품 ·· (598)

묘법연화경 제 육 권

묘법연화경 제 십팔 수희공덕품 ·· (626)

묘법연화경 제 십구 법사공덕품 ·· (640)

묘법연화경 제 이십 상불경보살품 ······································ (669)

9

차 례

묘법연화경 제 이십일 여래신력품 ································· (684)

묘법연화경 제 이십이 촉루품 ································· (695)

묘법연화경 제 이십삼 약왕보살 본사품 ································· (700)

묘법연화경 제 칠 권

묘법연화경 제 이십사 묘음보살품 ································· (725)

묘법연화경 제 이십오 관세음보살 보문품 ································· (744)

묘법연화경 제 이십육 다라니품 ································· (765)

묘법연화경 제 이십칠 묘장엄왕 본사품 ································· (776)

묘법연화경 제 이십팔 보현보살 권발품 ································· (794)

불설관보현보살행법경 ································· (813)

10

(귀명정례) 나무 평등대혜 교보살법 불소호념 묘법연화경
歸命頂禮　南無 平等大慧 教菩薩法 佛所護念 妙法蓮華經

개경게
開經偈

(경을 독송하기 전에 읽는 게송)

무상심심미묘법
無上甚深微妙法

백천만겁난조우.
百千萬劫難遭遇

아금문견득수지
我今聞見得受持

원해여래진실의.
願解如來眞實義

지극대승 불가사의,
至極大乘 不可思議

견문촉지 개근보리.
見聞觸知 皆近菩提

능전보신, 소전법신,
能詮報身 所詮法身

색상문자 즉시응신.
色相文字 卽是應身

무량공덕 개집시경,
無量功德 皆集是經

시고자재 명훈밀익.
是故自在 冥薰密益

유지무지 멸죄생선,
有智無智 滅罪生善

약신약방 공성불도.
若信若謗 共成佛道

삼세제불 심심묘전
三世諸佛 甚深妙典

생생세세 치우정대.
生生世世 値遇頂戴

(귀명정례)

평등한 큰 지혜이며, 보살을 가르치는 법이고, 부처님께옵서 호념하시는 바인 묘법연화경께 목숨 바쳐 귀의하오며 이마로 절하옵나이다.

개 경 게 (경을 여는 게송)

위없이 심히 깊고 미묘한 법
백천만겁에도 만나기 어렵도다.
내가 지금 보고 듣고 받아 가지오니,
원컨대 여래의 진실한 뜻이 알아지이다.

지극한 대승은 불가사의하오니,
보거나 듣거나 접촉하여 느끼는 것이 다 보리의 길이로다.
나타냄은 보신이요, 나타남은 법신이며,
색상문자가 곧 바로 응신이로다.
헤아릴 수 없는 공덕이 모두 이 경에 모였으니,
이런고로 은밀한 이익이 자재하게 그윽이 스며듦이라.
지혜가 있거나 지혜가 없거나 죄가 멸하고 선이 생기며,
만약 믿는 자나 만약 비방자나 다 함께 부처님의 도를 이룸이로다.
과거·현재·미래 세상의 모든 부처님의 심히 깊은 묘법경전을
세세생생 만나서 머리 위에 받으오리다.

무량의 경

무량의 경

무량의경 제 일 덕행품

남염부제 동방불국
대한민국 법화사문 **석묘찬** 대법사
옮김

① 이와 같이 저는 들었사오니, 한 때에 부처님께옵서 왕사성 기사굴산 중에 계시어 큰 비구의 많은 이, 만 이천 사람과 더불어 함께 하셨으며, 보살마하살의 팔만 사람과, 하늘과 용과 야차와 건달바와 아수라와 가루라와 긴나라와 마후라가와, 모든 비구 비구니와 그리고 또 우바새 우바이도 함께 하셨으며, 큰 전륜왕과 작은 전륜왕과 금륜과 은륜과 모든 윤의 왕과, 국왕과 왕자와 나라의 신하와 나라의 백성과

나라의 선비와 나라의 여자와 나라의 큰 장자가, 각각 권속 백천만의 수에게 더불어 이에 스스로 둘러싸여 와서, 부처님의 거처에 나아가서 머리와 얼굴로 발에 절하고, 백천번을 둘러서 돌며, 향을 피우고 꽃을 흩으며 가지가지로 공양을 하여 부처님께 공양하기를 마치고는 물러나서 한 쪽에 앉았소이다.

② 그 보살의 이름은 가로되,

문수사리법왕자이시며
무우장법왕자이시며
미륵보살이시며
약왕보살이시며
화당보살이시며
다라니자재왕보살이시며

대위덕장법왕자이시며
대변장법왕자이시며
도수보살이시며
약상보살이시며
화광당보살이시며
관세음보살이시며

대세지보살이시며
보인수보살이시며
보장보살이시며
비마발라보살이시며
대향상보살이시며
사자유희세보살이시며
사자정진보살이시며
사자위맹복보살이시며
대장엄보살이신

상정진보살이시며
보적보살이시며
월삼계보살이시며
향상보살이시며
사자후왕보살이시며
사자분신보살이시며
용예력보살이시며
장엄보살이시며

이와 같은 이들의 보살마하살 팔만 사람께서 함께 하시나니, 이 모든 보살께서는 모두 바로 법신대사가 아님이 없음이라. 계와 정과 지혜와 해탈과 풀리어 벗어나는 지견을 성취하신 바이며, 그 마음이 선을 하여 고요하시고, 항상 삼매에 계시어 태평하신 모양으로 편안하시어 고요하시고 마음 한결같으시며, 함이 없고 욕심이 없으시며, 뒤집히어 거꾸로 되는 어지러운 생각이 다시 들어옴을 얻지 않으시며, 조용하고도 고요하며 청렴하고도 맑으시며, 뜻이 현묘하여 비고 아득한 것을 지키시되, 억백천겁을 두고 움직이지 아니하시며, 헤아릴 수 없는 법문이 다 앞에 나타나 있으시며, 크게 사리에 밝은 지혜를 얻으시어 모든 법을 통달하시고, 성품과 형상과 진실한 것을 밝게 깨달아 분별하시되, 있고 없는 것과 길고 짧은 것을 밝게 나타내시고 분명하게 나타내시며, 또 모든 근기와 성품과 하고자 하는 것을 능히 잘 아시며, 다라니와 걸림 없이 말 잘하는 재주로써 모든 부처님께 옵서 법의 바퀴를 굴리심을 따르고 좇으며 능히 굴리시나니, 작은 물방울을 먼저 떨어뜨리어 욕심의 미진을 빠지게 하시며, 열반의 문을 열고서 해탈의 바람을 부채질하여 세상 번뇌의 뜨거움을 없애시고 맑고 서늘한 법에 이르도록 하시오며, 다음에는 심히 깊은 열두 가지의 인연을 내리시어, 밝음이 없는 것과 늙음과 병듦과 죽음 들의, 맹렬히 성하여 불이 활활 타오르는 햇빛의 괴로움의 무더기를 깨끗하게 하여 쓰심이라. 그리하여 이에 위없는 대승의 큰물을 쏟아서 중생에게 있는 모든 착한 근본을 윤택하게 적시어, 좋은 종자를 공덕의 밭에 두루 뿌려서, 널리 일체로 하여금 깨달음의 싹이 트게 하시나이다.

③ 해와 달의 사리에 밝은 지혜와 시절의 방편으로 대승의 사업을 북돋아 나뭇잎이 우거지듯이 더욱 자라나게 하여, 많은 이로 하여금 빨리 「위없이 높고 바르며 크고도 넓으며 평등한 깨달음」을

이루게 하시어 항상 쾌락에 머무르게 하시며, 미묘하고도 진실하며 헤아릴 수 없이 크게 슬피 여기시어 괴로워하는 중생을 구원하시나이다.

이는 모든 중생의 진실한 선지식이시며, 이는 모든 중생의 크고도 좋은 복밭이시며, 이는 모든 중생의 청하지 않은 스승이시며, 이는 모든 중생의 안온하고도 즐거운 곳이며, 구원하는 곳이며, 두호하는 곳이며, 크게 의지하여 머물 곳이며, 곳곳마다 중생을 위하여 크게 인도하시는 스승이 되시어 능히 눈멀게 나는 것을 위하여 이에 안목이 되시고, 귀먹고 코 베이고 벙어리가 된 자에게는 귀·코·혀가 되시며, 모든 뿌리가 헐고 부족하면 능히 하여금 흡족히 갖추게 하시며, 뒤바뀌어 미치광이처럼 거칠고 어지러우면 크게 바른 생각을 짓게 하시나니, 배의 어른이시며, 큰 배의 어른이시라, 뭇 생명을 싣고 운전하여 나고 죽음의 큰 강을 건너 열반의 언덕에 두시나이다.

의왕이시며, 큰 의왕이시니, 병의 형상을 분별하시고 약의 성품을 밝게 깨달아서 병에 따라 약을 주시어 많은 이로 하여금 즐거이 먹게 하시고, 부드럽게 거느리심이며, 크게 부드럽게 길들이심이라, 모든 것에 방일한 행이 없으시니, 오히려 코끼리나 말의 스승이 능히 부드럽게 하나 부드럽지 않음이 없는 것과, 사자의 용맹이 많은 짐승들을 위엄있게 굴복시키나니 가히 무너지거나 무너뜨리기 어려운 것과 같으나이다. 보살의 모든 바라밀에 즐겁게 노시고, 여래의 지위에서 굳고 단단하여 움직이지 아니하시며, 원력에 편안히 머물러서 널리 부처님 나라를 깨끗하게 하시어, 오래지 아니하여서 「위없이 높고 바르며 크고도 넓으며 평등한 깨달음」 이룸을 얻으시리이다.

이 모든 보살마하살께서 모두 이와 같은 생각으로 논의하지 못할 덕이 있나이다.

④ 그 비구의 이름은 가로되,

큰 지혜의 사리불이시며   신통의 목건련이시며

혜명 수보리이시며   마하가전연이시며

미다라니의 아들 부루나이시며   아야교진여 들이시며

하늘눈의 아나율이시며   율을 가진 우바리이시며

시자의 아난이시며   부처님 아들인 라운이시며,

우바난타이시며   이바다이시며

겁빈나이시며   박구라이시며

아주타이시며   사가타이시며

두타의 대가섭이시며 우루빈나가섭이시며 가야가섭이시며 나제가섭이시니,
이와 같은 이들의 비구 일만 이천 사람께서는 모두 아라한이시라, 모든 매듭진 것과 새는 것은 다하여, 다시 얽히고 착을 하는 것이 없는 진실하고 바른 해탈이셨소이다.
이 때에 대장엄보살마하살께서 자리의 대중이 각각 뜻을 정한 것을 두루 관하기를 마치시고, 많은 이 가운데에서 팔만의 보살마하살과 더불어 함께 자리로부터 이에 일어나시어, 나와서 부처님의 거처에 나아가시어 머리와 얼굴로 발에 절하시고, 백천번을 둘러서 돌며 하늘의 꽃을 흩으시고 하늘의 향을 피우시며, 하늘의 옷과 하늘의 영락이며, 값으로 따질 수 없는 하늘의 보배가 하늘 가운데로부터 빙빙 돌며 내려와서, 사면에 구름같이 모이게

하시어 이에 부처님께 드리며, 하늘의 함과 하늘의 발우그릇에다 하늘의 백 가지 맛나는 것을 가득히 차게 하여 남아서 넘치게 하시니, 빛을 보고 향기를 맡으면 자연히 배부르고 흡족하더이다. 하늘의 당과 하늘의 번과 하늘의 헌개와 하늘의 묘한 풍류를 갖추어서 곳곳에 자리 잡아두시고, 하늘의 재주와 음악을 지어 부처님을 기쁘고 즐겁게 하시며, 곧 앞에서 무릎을 꿇어 땅에 대고 몸은 곧게 세워서 합장하시고, 한마음으로 함께 한가지 같은 소리로 게송으로 찬탄의 말씀을 설하오되,

⑤ 크고도 크게 깨달으시고   크게 거룩하옵신 주인이시여,
　 더러움도 없으시고　 물들음도 없으시며
　 착을 하시는 바도 없으시라. 하늘과 사람과
　 코끼리와 말을 부드럽게　 길들이시는 스승이시며,

제일 덕행품

도의 바람과 덕의 향기는
지혜는 고요하시고
생각은 엉기어 조용하시며,
마음 또한 고요하시니,
생각과 염하는 것이
다시는 모든 사대·오음·
그 몸은 있는 것도 아니요,
인도 아니요, 연도 아니시며,
모나지도 않으시고
짧고 길지도 않으시며,
숨지도 아니하시며,
만드는 것도 아니시며,

일체를 훈훈히 취하게 하시며,
정은 편안하시며,
뜻은 멸하시고 식이 없어져
꿈과 허망한 의사와
영원히 끊어지시어
십팔계·십이입이 없으시니,
또한 없는 것도 아니시며,
자기도 다른 이도 아니시며,
둥글지도 않으시며,
나오지도 아니하시고
나고 멸하지도 아니하시고,
일어나는 것도 아니시고

짓게 되는 것도 아니시며,
눕는 것도 아니시며, 앉는 것도 아니시고
움직이는 것도 아니시며, 다니거나 머무는 것도 아니시며,
한가하거나 조용한 것도 아니시고 구르는 것도 아니시며,
나아가는 것도 아니시고 아니시며,
편안하거나 위험한 것도 물러나는 것도 아니시며,
옳은 것도 아니시고 아니시며,
언거나 잃는 것도 아니시며 그른 것도 아니시며,
이것도 아니시며, 저것도 아니시고
푸르지도 않으시고 가거나 오는 것도 아니시며,
빨갛거나 흰 것도 아니시며, 누렇지도 않으시며,
자줏빛이나 가지가지의 붉은 것도 아니시고
색깔도 아니시며,

계와 정과 지혜와 풀리는 것과 지견에서 나시며,
삼매와 육신통과 도품에서 일어나시며,
사랑하시고 슬피 여기시는 것과 열 가지 힘과
두려움이 없으신 것이 일어나시며,
중생의 착한 업의 인연에서 나오시며,
장육은 자마금으로 빛남을 보이게 되시고,
심히 사무치게 밝으시며 밝게 비치시며,
바야흐로 가지런하고 털 형상은 도는 달이시고,
목덜미는 햇빛이시며, 감청의 머리털은
빙빙 돌려 말려지시고, 정수리는 살상투이시며,
깨끗하신 눈은 밝게 비치시고 위와 아래로 눈짓을 하시며,
눈썹과 속눈썹은 보랏빛으로 널리 펴졌으며,

입과 뺨은 단정하게 바르시며, 입술과 혀는 붉고 좋기가
빨간 꽃과 같으시며, 하얀 치아는 사십 개이시며
오히려 흰 마노와 눈이시며
코는 기시며, 이마는 넓으시고
가슴에는 만(卍)자를 표하시어 얼굴의 문은 열려 있으시고,
손발은 부드럽고 연하시어 사자의 가슴이시며,
겨드랑과 손바닥은 천 바퀴살의 줄친 것을 갖추시고,
안팎으로 움켜지시며, 화합하게 골 없이 완만하시며
팔꿈치는 크시며, 팔은 기시고
피부는 고우시고 부드러우시며, 손가락은 곧고 가느시며,
복사뼈와 무릎은 털은 오른쪽으로 말려지셨으며,
드러나지 아니하시며,
음기는 말같이 갖추어지셨으며, 힘줄은 가느시고

뼈는 굳건하시며,

겉과 속이 사무치게 비치시며

맑은 물이 물듦이 없으시고

이와 같은 것들의 형상

여든 가지 좋은 것이

이에 실상은 형상이 없사오며,

일체의 형상이 있는 것과

끊어진 것이오니,

형상이 있는 몸이시며,

또한 그러하오니,

기쁘고 즐겁게 하시어

마음을 던져서 공경히 표하고

어깨는 사슴같이 불룩하시고,

때 없이 깨끗하시어,

미진도 받지를 않으시나니,

서른둘이요,

가히 보는 것과 같으시나니,

형상은 색이 아니시며,

눈의 마주 보는 것이

형상이 없는 형상으로

중생의 몸 형상의 모습도

능히 중생으로 하여금

절을 하게 하시고,

정성껏 친절하게 하시나니,

⑥ 이는 스스로 높다는 아만을 버리기를 인한 것이오니,
이와 같은 묘한 색의 몸을 성취하셨사오니,
저희들 팔만의 무리 많은 이는 함께 한가지로 머리를 조아려서
다 목숨을 던지나이다.
마음과 뜻과 앎을 잘 멸하심은 의사와 생각하는 것과
부드럽게 길들이심이며, 코끼리나 말을
머리를 조아려
풀리는 것과 지견을 쌓으심에 착이 없으신 거룩하신 분께,
머리를 조아려 법색의 몸에 계와 정과 지혜와
돌아가 의지하나이다. 돌아가 의지하나이다.
머리를 조아려 묘하신 가지가지 형상에
생각으로 논의하기 어려움에 머리를 조아려
돌아가 의지하나이다.
깨끗하신 소리는 천둥이 진동하는 것과 같이

여덟 가지로 소리 마주치시시며, 미묘하시고도 맑으시고
깨끗하시며 심히 깊으시고 머시어,
사제와 육바라밀과 십이인연으로써
중생의 마음 업에 따르시고
들음이 있으면 마음과 뜻이 열리지 않음이 없으며,
헤아릴 수 없이 나고 죽음의 많이 매듭지어진 것을 끊음이라.
들음이 있으면
헤아릴 수 없이 혹은 수다원과 사다와 아나와
아라한과, 새는 것이 없 함이 없는 연각의 곳과,
남이 없고 멸이 없는 보살지를 얻으며,
혹은 헤아릴 수 없는 다라니와 걸림 없이 하고자 하는 말의
크게 말 잘하는 재주를 얻어, 심히 깊고 미묘한 게송으로
설명하여 말하고 즐겁게 놀며, 법의 맑은 개천에

씻어서 목욕하며,
신족을 나타내며
몸이 자유하나니,
이와 같이 맑고 깨끗하고
생각으로 논의하기 어려움이라.
머리를 조아려서 법륜을 굴리실
머리를 조아려서 깨끗하신
머리를 조아려서 십이인연법과
돌아가 의지하나이다.
헤아릴 수 없는 겁에 괴롭게
닦으시고 익히시어,
신과 왕을 위하시며,

혹은 뛰고 날고 날아오르며
물과 불에 숨었다가 나오되
이것은 법륜의 형상과 같으며,
저희들은 다 다시 함께
가이 없어서
때에 돌아가 의지하나이다.
음성에 돌아가 의지하나이다.
사제법과 육바라밀
세존께옵서는 지나간 옛적에
은근히 많은 덕 되는 행을
저희의 사람과 하늘과 용과
널리 일체 모든 중생에게

미치도록 하시나니, 능히 버리기 어려운
일체의 모든 재물과 보배와 처와 자식과 그리고 또
나라와 성을 버리시고, 법의 안과 밖의 것을
아끼신 바가 없으시며, 머리와 눈과 골수와 뇌를 다
사람에게 베푸셨나이다. 모든 부처님의 맑으시고
깨끗하신 계를 받들어 가지시되,
이에 목숨을 잃음에 이를지라도 헐거나
상하게 하지 아니하시며, 만약 사람이
칼과 몽둥이를 가지고 와서 침노하고 해치며
악한 입으로 꾸짖고 욕을 할지라도
끝내 성내지 아니하시며, 겁이 지나도록
몸이 꺾어질지라도 게으르거나 느리지 아니하셨으며,

밤낮으로 마음을 거두시어 항상 선에 계시며
두루 일체의 많은 도법을 배우셨으며,
사리에 밝으신 지혜는 깊이 중생의 근기에 드심이라.
이러한 까닭으로 지금 자재하신 힘을 얻으셔서
법에 자재하시어 법왕이 되셨나니,
저희는 다시 다 한가지로 함께 머리를 조아려서,
모든 어려움을 능히 은근히 하심과
간절히 정성을 다하심에 돌아가 의지하나이다.

무량의경 제 이 설법품

① 이 때에 대장엄보살마하살께서 팔만의 보살마하살과 더불어 이 게송을 설하여 부처님을 찬탄하시기를 마치고, 함께 부처님께 아뢰어 말씀하시되, 『세존이시여, 저희들의 팔만 보살의 많은 이는 이제 여래의 법 가운데서 여쭈고자 하는 바가 있사온데 자세히 살피지 못하옵니다. 세존이시여, 불쌍히 여기시어 들어주시지 않겠사옵나이까.』

부처님께옵서 대장엄보살과 그리고 또 팔만의 보살에게 일러 말씀하시되, 『착하고 착하도다. 착한 남자여, 이 때를 잘 알았노

라. 네가 물을 것을 마음대로 할지니라. 여래는 오래지 아니하여서 마땅히 열반에 옮기나니, 열반한 뒤에 널리 일체로 하여금 다시 나머지 의심을 없게 하리라. 어떠한 것을 묻고자 하는가. 오로지 옳게 말을 할지니라.』

이에 있어서 대장엄보살께서 팔만 보살과 더불어 곧 함께 소리를 같이하여 부처님께 아뢰어 말씀하시되, 『세존이시여, 보살마하살이 빨리 「위없이 높고 바르며 크고도 넓으며 평등한 깨달음」을 이룸을 얻고자 하면, 응당 마땅히 어떠한 것들의 법문을 닦고 행하여야 하나이까. 어떠한 것들의 법문이 능히 보살마하살로 하여금 빨리 「위없이 높고 바르며 크고도 넓으며 평등한 깨달음」을 이루게 하나이까.』

부처님께옵서 대장엄보살과 그리고 또 팔만 보살에게 일러 말씀하시되,『착한 남자여, 한 법문이 있으니 능히 보살로 하여금 빨리「위없이 높고 바르며 크고도 넓으며 평등한 깨달음」을 얻게 하느니라. 만약 보살이 있어서 이 법문을 배우는 자는 곧 능히「위없이 높고 바르며 크고도 넓으며 평등한 깨달음」을 빨리 얻으리라.』『세존이시여, 이 법문이란 것의 호와 글자는 어떠한 것들이며, 그 뜻은 어떠하오며, 보살이 어떻게 닦고 행하나이까.』

② 부처님께옵서 말씀하시되,『착한 남자여, 이러한 한 법문의 이름은 무량의라 하나니, 보살이 무량의란 것을 닦고 배움을 얻고자 하거든, 응당 마땅히 일체의 모든 법이 본래부터 지금까지 오면서 성품과 형상이 비고 고요하여 큰 것도 작은 것도 없으며, 나는 것도 멸하는 것도 없으며, 머무르지도 않고 움직이지도 아니하며, 나아가지도 물러서지도 않으며, 마치

공과 같이 두 가지 법은 있을 수 없다고 관하여 살필지니라.

그리고는 모든 중생은 허망하고 비뚤어지게 헤아려서 이것을 이것이라 이것을 저것이라 하며, 이것을 얻었다 이것을 잃었다 하며, 착하지 못한 생각을 일으키어 여러 가지 악한 업을 지어서 여섯 갈래로 나아가는 데 돌고 돌아오며, 모든 괴로운 것을 독하게 죄다 갖추어서 헤아릴 수 없는 억겁을 능히 스스로 나오지 못함이라. 보살마하살은 이와 같이 자세히 관하여 가련하고 불쌍히 여기는 마음을 내어, 크게 사랑하고 슬피 여김을 일으키고 장차 구원하고 빼내고자 하며, 또 다시 일체의 모든 법에 깊이 들게 하고자 할지니라.

법의 형상이 이와 같아서 이와 같은 법을 낳음이라. 법의 형상은 이와 같아서 이와 같은 법이 머무름이라. 법의 형상이 이와 같아서 이와 같은 법을 다르게 함이라. 법의 형상이 이와 같아서 이와 같은 법이 멸하느니라. 법의 형상이 이와 같아서 법을 낳게 하며, 법의 형상이 이와 같아서 능히 악한 법을 낳으며, 머무르고, 다르게 되는 것과 멸하는 것도 또한 다시 이와 같으니라.

보살은 이와 같이 네 가지 형상의 처음과 끝을 관하여 살펴서 두루 알기를 마치고는, 다음 다시 일체의 모든 법은 생각생각에도 머무르지 않고 새롭고 새롭게 나고 멸함을 살펴서 관하고, 다시 곧 때에 나고 머무르고 달라지고 멸함을 관할지니라. 이와 같이 관하기를 마치고 그리고는 중생의 모든 근기와 성품과 하고자 하는 것에 들어갈지니라. 성품과 하고자 하는 것이 헤아릴 수 없는 까닭으로 법을 설함도 헤아릴 수 없느니라. 법을 설하는 것이 헤아릴 수 없는 까닭으로 뜻도 또한 헤아릴 수 없느니라.

무량의는 하나의 법으로 좇아 났으며, 그 하나의 법은 곧 형상이 없음이라, 이와 같은 형상이 없는 것은 형상도 없으며 형상 아니나니, 형상이 아니기에 형상이 없으므로 실상이라 이름하느니라.

③ 보살마하살이 이와 같은 진실한 형상에 편안히 머물기를 마치고 일으키는 바의 사랑하고 슬피 여기는 것은 밝게 살펴서 헛되지 아니하느니라. 중생에게서 참으로 능히 괴로움을 뽑음이라, 괴로움을 이미 뽑기를 마치고는 다시 위하여 법을 설하고 모든 중생으로 하여금 쾌락을 받게 하느니라.

착한 남자여, 보살이 만약 능히 이와 같이 한 법문의 무량의를 닦는 자는 반드시 「위없이 높고 바르며 크고도 넓으며 평등한 깨달음」 이룸을 얻느니라.

착한 남자여, 이와 같이 심히 깊고 위없는 대승의 무량의경은 글의 이치가 진실하고 바르며, 높음이 위에 지남이 없으며, 삼세의 모든 부처님께옵서 함께 지키시고 두호하시는 바이며, 많은 마의 뭇 도가 잘 들어온다는 것은 있을 수 없으며, 일체의 삿된 견해와 나고 죽음이 이를 헐어 무너지게 하여도 되지 않느니라. 이런 까닭으로 착한 남자여, 보살마하살이 만약 빨리 위없는 깨달음을 이루고자 하면, 응당 마땅히 이와 같이 심히 깊고 위없는 대승의 무량의경을 닦고 배울지니라.』

④ 이 때에 대장엄보살께서 다시 부처님께 아뢰어 말씀하시되,
『세존이시여, 세존께옵서 법을 설하심은 가히 생각으로 논의하지

못함이요, 중생의 근기와 성품도 또한 가히 생각으로 논의하지 못함이라, 해탈의 법문도 또한 가히 생각으로 논의하지 못하옵니다. 저희들은 부처님께옵서 설하신 바의 모든 법에 다시 의심과 미혹하는 것이 없사오나, 그러나 모든 중생이 미혹하여 헤매는 마음을 내는 까닭으로 거듭 자문하고서는 여쭙겠나이다.

세존이시여, 여래께옵서 스스로 도를 얻으심으로부터 이미 오신 지 사십여 년 동안 항상 중생을 위하시어, 모든 법의 네 가지 형상의 뜻과, 괴로움의 뜻과, 공의 뜻과, 항상함이 없음과, 내가 없음과, 큰 것이 없는 것과, 작은 것도 없는 것과, 나는 것이 없는 것과, 멸하는 것이 없는 것과, 한 형상이며 형상이 없는 것과, 법의 성품과 법의 형상은 본래 비고 고요하여 오는 것도 아니요, 가는 것도 아니며, 나오지도 않고 사라지지도 아니함이라,

만약 듣는 자가 있으면 혹은 난법과 정법과 세제일법과 수다원과 와 사다함과 아나함과 아라한과 벽지불의 도를 얻고, 깨달음의 마음을 일으켜서 제 일지와 제 이와 제 삼에 올라 제 십지에 이른다고 설명하시어 말씀하셨나이다.

지난날에 설하신 바의 모든 법의 뜻과 더불어 지금 설하시는 바와는 어떻게 다름이 있어서, 이에 심히 깊고도 위없는 대승의 무량의경만을 보살이 닦고 행하면 반드시 빨리 위없는 깨달음 이룸을 얻으리라고 말씀하시나이까. 이 일이 어떻게 되는 것이옵나이까.

오직 원하옵건대, 세존이시여, 일체를 사랑하시고 불쌍히 여기시와 널리 중생을 위하시어 그리고는 이를 분별하시어, 널리 하여금 현재와 그리고 또 미래 세상에서 법을 듣는 자가 있으면 나머지 의심의 얽힘이 없게 하옵소서.』

⑤ 이에 있어서 부처님께옵서 대장엄보살에게 이르시되, 『착하고 착하도다. 크게 착한 남자여, 능히 여래에게 이와 같이 심히 깊고 위없는 대승의 미묘한 뜻을 묻는구나. 마땅히 알지니라. 너희는 능히 이익되는 바가 많으리라. 사람과 하늘을 편안케 하고 즐겁게 하여 중생의 괴로움을 뽑으니, 진실한 큰 자비이며 믿는 것이 실상이라 헛되지 아니하나니, 이러한 인연으로써 반드시 빨리 위없는 깨달음 이룸을 얻을 것이며, 또한 지금 세상이나 오는 세상에 일체의 모든 있는 중생으로 하여금 위없는 깨달음 이룸을 얻게 하느니라.

착한 남자여, 내가 스스로 도량 보리수 아래 육 년을 단정히 앉아서, 「위없이 높고 바르며 크고도 넓으며 평등한 깨달음」이룸을 얻었느니라. 부처님의 눈으로써 일체의 모든 법을 관하였으되 가히 베풀어 설할 수 없었나니, 까닭은 무엇인가 하면, 모든 중생의 성품과 하고자 하는 것이 같지 아니함일세, 성품과 하고자 하는 것이 같지를 아니하므로 가지가지로 법을 설하였으며, 가지가지의 법을 설하되 방편의 힘으로써 하였으며, 사십여 년 동안 진실을 나타내지 아니하였느니라.
이런 까닭으로 중생이 도를 얻음에도 차별이 있어 빨리 위없는 깨달음 이룸을 얻지 못하느니라.

⑥ 착한 남자여, 법은 비유하건대, 물이 능히 더러운 때를 씻는

것과 같으니라. 만약 샘이거나, 만약 못이거나, 만약 큰 강이거나, 시내거나, 도랑이거나, 큰 바다가 모두 능히 있는 바의 모든 더러운 때를 씻느니라. 그 법의 물도 또한 다시 이와 같아서, 능히 중생의 모든 번뇌의 때를 씻느니라.

착한 남자여, 물의 성품은 바로 하나이나, 강과 샘과 못과 시내와 도랑과 큰 바다는 각각 구별이 되어 다름이라. 그 법의 성품도 또한 다시 이와 같아서 괴로움의 미진을 씻어 없앰에는 같아서 차별이 없으나, 세 가지 법과 네 가지 과와 두 가지의 도는 하나가 아니니라.

착한 남자여, 물은 비록 함께 씻을 수 있다 할지라도 그러나 우물은 못이 아니고, 못은 강과 큰 강이 아니며, 시내와 도랑은 바다가 아니니라. 이에 여래 세웅은 법에 마음대로 되어 설한 바의 모든 법도 또한 다시 이와 같아서, 처음과 중간과 뒤에 말함이 모두가 능히 중생의 번뇌를 씻어 없애나, 그러나 처음은 중간이 아니요, 이에 중간은 뒤가 아님이라. 처음이나 중간이나 뒤에 말한 것은 글이나 말은 비록 같을지라도 그러나 뜻은 각각 다르느니라.

착한 남자여, 내가 나무왕에서 일어나 바라나의 녹야원 가운데로 나아가서, 아야구린 들의 다섯 사람을 위하여 사제의 법륜을 굴릴 때에도, 또한 모든 법은 본래 오면서 비고 고요하건만 끊임없이 바뀌어 머무르지 아니하며 생각생각에 나고 멸한다고 설하였노라.

중간에 이곳과 그리고 또 곳곳에서 모든 비구와 아울러 많은 보살을 위하여, 십이인연과 「여섯 가지로써 나고 멸하는 이쪽에서 나고 멸함이 없는 저쪽에 이르럼」을 설명하여 잘 말하고 펴 말함에, 또한 모든 법은 본래 오면서 비고도 고요하건마는 끊임없이 바뀌어 머무르지 아니하며 생각생각에 나고 멸한다고 설하였노라.

지금 다시 여기서 대승의 무량의경을 설명하여 말함에, 또한 모든 법은 본래 오면서 비고 고요하건마는 끊임없이 바뀌어 아니하며 생각생각에 나고 멸한다고 설하느니라.

⑦ 착한 남자여, 이런 까닭으로 처음 설함과 중간에 설함과 뒤에 설함이 글과 말은 바로 하나일지라도 이에 뜻은 구별되어 다르니, 뜻이 다른 까닭으로 중생의 푸는 것이 다르며, 푸는 것이 다른 까닭으로 법을 얻고, 과를 얻고, 도를 얻는 것도 또한 다르느니라.

착한 남자여, 처음에 사제를 설하여 성문을 구하는 사람을 위함이었으나, 이에 팔억의 모든 하늘이 내려와서 법을 듣고 깨달음의 마음을 일으켰으며, 중간의 곳곳에서도 심히 깊은 십이의 인연을 설명하며 말하여 벽지불을 구하는 사람을 위함이었으나, 이에 헤아릴 수 없는 중생이 깨달음의 마음을 일으키고 혹은 성문에 머물렀느니라.

다음에 방등의 십이부경과 마하반야와 화엄의 바다와 구름을 설하여, 보살이 겁이 지나도록 닦아 행하는 것을 설명하여 말하였으나, 이에 백천의 비구와 만억의 사람과 하늘과 헤아릴 수 없는 중생이 수다원과 사다함과 아나함과 아라한의 과를 얻고, 벽지불의 인연법 가운데 머물렀느니라.

착한 남자여, 이러한 뜻의 까닭으로써, 그러므로 알지니, 같은 말을 하였으나 그러나 뜻의 차이가 다르며, 뜻이 다른 까닭으로 중생이 해석하는 것도 다르고, 해석하는 것이 다른 까닭으로 법을 얻고, 과를 얻는 것과, 도를 얻는 것도 또한 다르느니라.

이런 까닭으로 착한 남자여, 스스로 내가 도를 얻어 처음에 일어나 법을 설함으로부터 오늘날 대승의 무량의경을 설명하여 말함에 이르기까지, 일찍이 괴로움이라는 것과, 공이라는 것과, 항상함이 없는 것과, 「나」라는 것이 없는 것과, 진실한 것도 아니고 거짓도 아니며, 크지도 또한 작지도 않음과, 본래 오면서 나는 것도 아니고, 지금도 멸하지도 아니하며, 한 형상이며, 형상이 없으며, 법의 형상과 법의 성품도 오는 것도 아니요, 가는 것도 아니며, 이에 중생이 네 가지 형상으로 옮겨지는 것을 말하지 않음이 없었느니라.

⑧ 착한 남자여, 이러한 뜻의 까닭으로써 모든 부처님께옵서는 두 가지의 말씀은 있음이 없으시느니라. 능히 한 음성으로써 널리 뭇 말에 응하며, 능히 한 몸으로써 백천만억 나유타의 헤아릴 수 없고 수없는 항하사의 몸을 보이느니라. 하나하나의 몸 가운데에서도 또한 약간의 백천만억 나유타 아승지 항하사의 가지가지 종류의 형상을 나타내는 것이며, 하나하나의 형상 가운데에서 또한 약간의 백천만억 나유타 아승지 항하사의 형상을 나타내 보이는 것이니라.

착한 남자여, 이것이 곧 모든 부처님의 가히 생각으로 논의하지 못할 심히 깊은 경계이니, 이승은 알 바가 아니며, 또한 십지에 머무는 보살도 미칠 바가 아니니라. 오직 부처님과 더불어 부처님만이 이에 능히 궁구하여 깨닫느니라.

착한 남자여, 이런 까닭으로 내가 말하노니, 미묘하고도 심히 깊고 위없는 대승의 무량의경은 글의 이치가 진정하고 바르며, 높음이 위에 지남이 없으며, 삼세의 모든 부처님께옵서 함께 지키시고 두호하시는 바이며, 많은 마와 외도가 잘 들어온다는 것은 있을 수가 없으며, 일체의 삿된 견해와 나고 죽음이 이를 헐어 무너지게 하여도 되지 않나니, 보살마하살이 만약 빨리 위없는 깨달음을 이루고자 하면, 응당 마땅히 이와 같은 심히 깊고 위없는 대승의 무량의경을 닦고 배울지니라.」

⑨ 부처님께옵서 이런 말씀하시기를 마치시니, 이에 있어서 삼천대천세계는 여섯 가지로 진동하여 움직이고, 자연히 공중에서도 가지가지의 꽃인 하늘의 우발라꽃과 발담마꽃과 구물두꽃과 분타리꽃을 비오듯이 하며, 또 수없는 가지가지의 하늘의 향과 하늘

의 옷과 하늘의 영락이며, 값으로 따질 수 없는 하늘의 보배가 하늘 가운데 위에서 빙빙 돌며 내려와서, 부처님과 그리고 또 모든 보살과 성문 대중에게 비오듯이 하여 공양함이라. 하늘함과 하늘발우그릇에다 하늘의 백 가지 맛나는 것을 가득히 차게 하여 남아서 넘치게 하고, 하늘의 당과 하늘의 번과 하늘의 헌개와 하늘의 묘한 풍류하는 데 갖추는 것을 곳곳마다 자리 잡아두고, 하늘의 풍류를 지어서 부처님께 감탄하여 노래하였소이다.

또 다시 동방의 항하사들의 모든 부처님 세계도 여섯 가지로 진동하여 움직이고, 또한 하늘의 꽃과 하늘의 향이며, 하늘의 옷과 하늘의 영락과 값으로 따질 수 없는 하늘의 보배가 비오듯이 하고, 하늘의 함과 하늘의 발우그릇에다 하늘의 백 가지 맛나는 것이며, 하늘의 당과 하늘의 번과 하늘의 헌개와 하늘의 묘한 풍류하는 데 갖추는 것으로써, 하늘의 음악과 재주를 지어서 저 부처님과 그리고 또 저 보살과 성문 대중을 찬탄하여 노래부르더이다. 남서북방과 네 모퉁이와 위아래도 또한 다시 이와 같았소이다.

⑩ 이에 있어서 많은 이 가운데 삼만 이천의 보살마하살께서는 무량의 삼매를 얻으시고, 삼만 사천의 보살마하살께서는 수없고 헤아릴 수 없는 다라니의 문을 얻으시어, 일체 삼세의 모든 부처님의 물러나시지 않는 법륜을 능히 굴리심이라.

그 모든 비구 비구니와 우바새 우바이와, 하늘과 용과 야차와 건달바와 아수라와 가루라와 긴나라와 마후라가와, 대전륜왕과 소전륜왕과 은륜과 철륜의 모든 전륜왕과, 국왕과 왕자와 나라의 신하와 나라의 백성과 나라의 선비와 나라의 여자와 나라의 큰 장자와, 그리고 또 모든 권속 백천의 많은 이는 함께, 부처님 여래께옵서 이 경을 설하시는 것을 들었을 때, 혹은 난법과 정법과 세간 제일법과 수다원과와 사다함과와 아나함과와 아라한과와 벽지불과를 얻고, 또는 보살의 「나지도 없어지지도 않는 참된 법의 본바탕을 깨달아 알고 편안히 머물러 움직이지 않음」을 얻었으며, 또는 한 가지의 다라니를 얻고, 또는 두 가지의 다라니를 얻었으며, 또는 세 가지의 다라니를 얻고, 또는 네 가지의 다라니와 다섯, 여섯, 일곱, 여덟, 아홉, 열의 다라니를 얻었으며, 또는 백천만억 다라니를 얻고, 또는 헤아릴 수 없고 수없는 항하사 아승지의 다라니를 얻어서, 모두 능히 따르고 좇으며 돌아서서 물러나지 아니하는 법륜을 굴렸으며, 헤아릴 수 없는 중생은 「위없이 높고 바르며 크고도 넓으며 평등한 깨달음」의 마음을 일으켰소이다.

무량의경 제 삼 십공덕품

① 이 때에 대장엄보살마하살께서 다시 부처님께 아뢰어 말씀하시되, 『세존이시여, 세존께옵서 이 미묘하고 심히 깊고도 위없는 대승의 무량의경을 설하시오니, 진실하시며 심히 깊고도 심히 깊으시며 심히 깊으시나이다. 까닭은 무엇인가 하오면, 이 많은 이 가운데 모든 보살마하살과 그리고 또 모든 사중과 하늘과 용과 귀신과 나라의 왕과 신하와 백성의 모든 중생이 있어, 이러한 심히 깊고도 위없는 대승의 무량의경을 듣고, 다라니문과 세 가지 법과 네 가지 과와 깨달음의 마음을 얻어 입지 아니함이 없나이

다. 마땅히 알겠사옵니다. 이 경은 글의 이치가 진실하고 바르며, 높음이 위에 지남이 없사오며, 삼세의 모든 부처님께옵서 이를 지키시고 두호하시는 바이시라, 많은 마의 뭇 도가 잘 들어온다는 것은 있을 수 없고, 일체의 삿된 견해와 나고 죽음이 이것을 헐어 무너지게 하여도 되지 않나이다. 까닭은 무엇인가 하오면, 한 번만 들어도 능히 일체의 법을 가지기 때문이옵니다.

만약 중생이 있어 이 경을 얻어들으면 곧 큰 이익이 되나이다. 까닭은 무엇인가 하오면, 만약 능히 닦고 행하면 반드시 빨리 「위없이 높고 바르며 크고도 넓으며 평등한 깨달음」 이룸을 얻기 때문이옵니다.

그 어떤 중생이 얻어듣지를 못하는 자는

마땅히 이들은 큰 이익을 잃게 된다는 것을 알겠사오니, 헤아릴 수 없고 가이 없으며 가히 생각으로 논의하지 못할 아승지 겁을 지날지라도 끝끝내 「위없이 높고 바르며 크고도 넓으며 평등한 깨달음」 이루는 것을 얻지 못하나이다. 까닭은 무엇인가 하오면, 깨달음의 크고도 곧은 길을 알지 못하는 까닭으로 험한 길을 가는데 더디고 어려움이 많은 까닭이옵나이다.

세존이시여, 이 경전은 가히 생각으로 논의하지 못하겠사옵니다. 오직 원하옵건대, 세존께옵서는 널리 대중을 위하시어 사랑하시고 불쌍히 여기시와, 이 경의 심히 깊고 생각으로 논의하지 못하는 일을 늘어놓아 설명하여 주시옵소서. 세존이시여, 이 경전은 어느 곳으로 좇아 왔으며, 어느 곳으로

가서 이르러며, 어느 곳에서 머물렀다가 머무나이까.
이에 이와 같은 헤아릴 수 없는 공덕과 생각으로 논의하지 못할 힘이 있사오니, 많은 이로 하여금 빨리 「위없이 높고 바르며 크고도 넓으며 평등한 깨달음」을 이루게 하여 주시옵소서.」
② 이 때에 세존께옵서 대장엄보살마하살에게 일러 말씀하시되,
『착하고 착하도다. 착한 남자여, 이와 같고 이와 같음이니, 네가 말하는 것과 같으니라. 착한 남자여, 내가 설하는 이 경은 심히 깊고도 심히 깊으며 진실로 심히 깊으니라.
까닭은 무엇인가 하면,
많은 이로 하여금 빨리 「위없이 높고 바르며 크고도 넓으며 평등한 깨달음」을 이루게 하려는 연고며,
한 번 들으면 능히 일체 법을 가지게 되는 까닭이며,

모든 중생을 크게 이익되게 하는 까닭이며, 크고도 곧은 길을 가는데 더디거나 어려움이 없는 까닭이니라.

착한 남자여, 네가 묻는 이 경이 어느 곳으로부터 와서, 어느 곳에 가서 이르며, 어느 곳에 머물다가 머무는 것인지 마땅히 자세히 잘 들을지니라.

착한 남자여, 이 경은 본래 모든 부처님의 궁궐 가운데로부터 와서, 일체 중생의 깨달음의 마음을 일으키는 데로 가서 이르며, 모든 보살이 행하는 바의 곳에 머무느니라.

착한 남자여, 이 경은 이와 같이 와서, 이와 같이 가고, 이와 같이 머무느니라. 이런 까닭으로 이 경은 능히 이와 같이 헤아릴 수 없는 공덕과 생각으로 논의하지 못할 힘이 있어서, 많은 이로 하여금 빨리 〔위없이 높고 바르며 크고도 넓으며 평등한 깨달음〕

을 이루게 하느니라.
착한 남자여, 너는 어찌 이 경의 다시 열 가지의 생각으로 논의하지 못할 공덕과 힘이 있음을 듣고자 하지 않느냐.
대장엄보살께서 말씀하시되, 『원하옵건대, 즐거이 듣고자 하옵나이다.』

③ 부처님께옵서 말씀하시되,
『착한 남자여, 첫째 이 경은
보살로 마음을 일으키지 못한 자로 하여금
능히 깨달음의 마음을 일으키게 하며,
사랑과 어진 것이 없는 자에게는
사랑하는 마음을 일으키게 하고,
쳐서 죽이는 것을 좋아하는 자에게는

크게 슬피 여기는 마음을 일으키게 하며,
미워하고 투기하는 것을 내는 자에게는
따라 기뻐하는 마음을 일으키게 하며,
애착이 있는 자에게는
능히 버리는 마음을 일으키게 하며,
아끼고 탐내는 모든 자에게는
보시하는 마음을 일으키게 하며,
교만하고 업신여기는 것이 많은 자에게는
계를 가지는 마음을 일으키게 하며,
성내고 분냄이 치성한 자에게는
욕되는 것을 참는 마음을 일으키게 하며,
게으름과 느림을 내는 자에게는

정진하는 마음을 일으키게 하며,
모든 것에 흩어져 어지러운 자에게는
선정의 마음을 일으키게 하며,
어리석고 미련한 자에게는
사리에 밝은 지혜로운 마음을 일으키게 하며,
능히 저것을 건너지 못한 자에게는
저것을 건너려는 마음을 일으키게 하며,
열 가지 악한 것을 행하는 자에게는
열 가지 착한 마음을 일으키게 하며,
함이 있는 것을 즐기는 자에게는
함이 없는 마음을 뜻하게 하며,
물러서려는 마음이 있는 자에게는

물러서지 않는 마음을 짓게 하며,
새는 것이 있는 자를 위하여서는
새는 것이 없는 마음을 일으키게 하며,
번뇌가 많은 자에게는
없애어 멸하는 마음을 일으키게 하느니라.
착한 남자여, 이 이름이 이 경의 첫째의 공덕이며, 생각으로
논의하지 못할 힘이니라.
착한 남자여, 둘째 이 경의 가히 생각으로 논의하지 못할 공덕
과 힘이라 함은, 만약 어떤 중생으로 이 경을 얻는 자가 만약 한
게송이나 이에 한 구절에 이르러, 만약 한 번이라도 옮기면, 곧
능히 백천억의 뜻을 통달하여서 헤아릴 수 없는 수의 겁에도, 받
아 가진 바의 법을 능히 설명하여 말하지 못하리라. 까닭은 무엇

인가 하면, 그것은 이 법의 뜻이 헤아릴 수 없는 까닭이니라.

착한 남자여, 이 경은 비유하건대, 하나의 종자로부터 백천만 이 나며, 백천만 가운데에서의 하나하나가 다시 백천만의 수가 나오는 것과 같이, 이와 같이 옮겨서 펴되 이에 헤아릴 수 없음에 이르나니, 이 경전도 또한 다시 이와 같아서 한 법으로 좇아 백천의 뜻이 나오며, 백천의 뜻 가운데에서 하나하나가 다시 백천만의 수를 내나니, 이와 같이 펴고 굴리어 이에 헤아릴 수 없고 가이 없는 뜻에 이르게 되느니라. 이런 까닭으로 이 경의 이름을 무량의라 하느니라. 착한 남자여, 이것이 이 경의 둘째의 공덕이며, 생각으로 논의하지 못할 힘이라 이름하느니라.

④ 착한 남자여, 셋째 이 경의 가히 생각으로 논의하지 못할 공덕과 힘이라 함은, 만약 중생이 있어 이 경을 얻어들어 만약 한 게

송이나 이에 한 구절에 이르러, 만약 한 번이라도 옮기면, 백천 만억의 뜻을 통달하여 마치며, 비록 번뇌가 있을지라도 번뇌가 없는 것과 같으며, 나고 죽음에 나고 들지라도 겁나고 두려운 생각이 없느니라. 모든 중생에게 가련하고 불쌍히 여기는 마음을 내며, 일체의 법에 용맹하고 굳센 생각을 얻느니라.

장한 역사가 무거움이 있는 모든 것을 능히 짊어지고 능히 가지는 것과 같이, 이 경을 가지는 사람도 또한 다시 이와 같아서, 능히 위없는 깨달음의 무거운 보배를 짊어지고, 중생을 매고 짊어지고서 나고 죽는 길에서 나옴이니라.

스스로는 능히 제도가 아니 되었을지라도 이미 능히 저네를 제도하리니, 마치 뱃사공의 몸이 무거운 병에 걸려 팔과 다리를 다 스리지 못하여 이쪽 언덕에 편안히 머물지라도, 좋고도 굳고 단단한 배를 가지고 있어, 저네가 건너는데 모든 도구를 항상 갖추고 넉넉하게 주어서 가게 하는 것과 같이, 이 경을 가지는 자도 또한 다시 이와 같아서 비록 다섯 도의 모든 것이 있는 몸이 백팔의 무거운 병에 걸려, 항상 언제나 서로 얽혀서 밝음이 없는 것과 늙고 죽음의 이쪽 언덕에 편안히 머물지라도, 그러나 굳고 단단한 이 대승경인 무량의가 중생을 능히 제도하는 것을 갖추었으니, 능히 말함과 같이 행하는 자는 나고 죽음에서 제도됨을 얻으리라. 착한 남자여, 이것이 이름하여 이 경의 셋째의 공덕이며, 생각으로 논의하지 못할 힘이라 하느니라.

⑤ 착한 남자여, 넷째의 이 경의 가히 생각으로 논의하지 못할 공덕과 힘이라 함은, 만약 중생이 있어 이 경을 얻어들어서, 만약 한 게송이나 이에 한 구절에 이르러, 만약 한 번이라도 옮기면,

용감하고 건실한 생각을 얻고 비록 스스로는 제도가 못되었을지라도, 그러나 능히 다른 이를 제도하며, 모든 보살과 더불어 권속이 되며, 모든 부처님 여래께옵서 항상 이 사람을 향하여 이 법을 설명하여 말씀하시리라. 이 사람이 듣기를 마치고는 다 능히 받아 가지고 따르고 좇아 거역하지 아니하고, 옮겨서 다시 사람을 위하여 마땅함을 따라 널리 설하느니라.

착한 남자여, 이 사람은 비유하건대, 나라의 왕과 부인이 새로 이 왕자를 낳음과 같음이라, 만약 하루나, 만약 이틀이나, 만약 이레에 이르며, 만약 한 달, 만약 두 달, 만약 일곱 달에 이르며, 만약 한 해나, 만약 두 해나, 만약 일곱 해에 이르러며, 비록 다시 능히 나라의 일을 차지하여 다스리지 못할지라도 이미 신하와 백성이 높이 우러러 받들며 공경을 하는 바가 되며, 모든 대왕의 아들과 같이 짝이 되는 동반이 되느니라. 왕과 그리고 또 부인의 사랑하는 마음이 치우치게 무거워서 항상 함께 더불어 말하리니, 까닭은 무엇인가 하면, 어리고 작기 때문이니라. 착한 남자여, 이 경을 가지는 자도 또한 다시 이와 같아서, 모든 부처님은 나라의 왕이요, 이 경은 부인이니라. 화합하여 같이 이 보살의 아들을 낳았느니라. 만약 이 보살이 이 경을 얻어듣고, 만약 한 구절이나, 만약 한 게송이라도, 만약 한 번 옮기거나, 만약 두 번 옮기거나, 만약 열이나, 만약 백이나, 만약 천이나, 만약 만이나, 만약 억만억이나, 만약 항하사의 헤아릴 수 없이 옮기면, 비록 다시 능히 근본 진리의 궁극을 체득하지는 못하고, 비록 다시 능히 삼천대천의 국토를 진동하여 움직이게 하여 우레가 진동하는 범음으로 큰 법륜을 굴리지는 못할지라도, 이미 일체의 사중과 팔부가 높이고 우러러 받드는 바가 되며, 모든 큰 보살과 권속이 되며, 모든 부처님의 비밀의 법에 들어서 가히 설명하여 말하는 바는 어김이 없고 틀림이 없으며, 항상 모든 부처님께옵서 생각하시는 바가 됨이며, 어머니의 사랑으로 치우쳐 덮어 감쌈이 됨이니, 새로 배우는 까닭이니라. 착한 남자여, 이것이 이름하여 이 경의 넷째의 공덕이며, 생각으로 논의하지 못할 힘이라 하느니라.

⑥ 착한 남자여, 다섯째 이 경의 가히 생각으로 논의하지 못할 공덕과 힘이라 함은, 만약 착한 남자와 착한 여인이, 만약 부처님께옵서 세상에 계시거나 만약 멸도하신 후에, 그 어떤 이가 이와 같은 심히 깊고 위없는 대승의 무량의경을 받아서 가지고 읽고 외우며 쓰고 베끼면, 이 사람이 비록 다시 번뇌에 얽힘을 갖추어

서 모든 범부의 일을 능히 멀리 떠나지는 못하였을지라도, 이에 능히 큰 깨달음의 도를 나타내어 보이고, 하루를 늘여서 백겁을 삼으며, 백겁을 또한 능히 줄여서 하루를 삼으며, 저 중생으로 하여금 기쁘고 즐겁게 하고 믿고 굴복되게 하리라.

착한 남자여, 이 착한 남자, 착한 여인은 비유하건대, 용의 아들이 비로소 낳은 지 칠일만 되어도 곧 능히 구름을 일으키며 또한 능히 비를 내림과 같으니라. 착한 남자여, 이것이 이름하여 이 경의 다섯째의 공덕이며, 생각으로 논의하지 못할 힘이라 하느니라.

착한 남자여, 여섯째 이 경의 가히 생각으로 논의하지 못할 공덕과 힘이라 함은, 만약 착한 남자, 착한 여인이, 만약 부처님께옵서 세상에 계시거나 만약 멸도하신 후에, 이 경전을 받아서 가

제 삼 십공덕품

71

지고 읽고 외우는 자는 비록 번뇌를 갖추었을지라도, 이에 중생을 위하여 법을 설하여 하여금 번뇌와 나고 죽음을 멀리 떠남을 얻게 하여 일체의 괴로움을 끊게 하며, 중생이 듣기를 마치고는 닦고 행하여 법을 얻고, 과를 얻고, 도를 얻어서, 부처님 여래와 더불어 같아서 별로 어긋나는 것이 없으리라.

비유하건대, 왕자가 비록 다시 어리고 작을지라도 만약 왕이 순찰하여 다니거나 그리고 또 질병에 걸리면, 이 왕자에게 맡겨서 나랏일을 차지하여 다스리게 함과 같음이라. 왕자는 이 때 대왕의 명령에 의지하여 법과 같이 뭇 관리와 모든 벼슬아치를 가르치고 영을 내려 바른 교화를 펴서 퍼져나가게 하니, 국토의 인민이 각각 그 편안함을 따르며, 대왕의 다스림과 같으며 같이 하여 다름은 있음이 없느니라.

경을 가진 착한 남자, 착한 여인도 또한 다시 이와 같으니라.

만약 부처님께옵서 세상에 계시거나 만약 멸도하신 후에, 이 착한 남자가 비록 처음에는 부동지에 머무름을 얻지는 못했을지라도, 부처님께 의지하여 이와 같은 가르치는 법을 설하여 씀으로써, 이에 널리 이를 설명하였음이니, 중생이 듣기를 마치고는 한 마음으로 닦고 행하여 번뇌를 끊어 없애고, 법을 얻고, 과를 얻으며, 이에 도를 얻음에 이르리라. 착한 남자여, 이것이 이름하여 이 경의 여섯째의 공덕이며, 생각으로 논의하지 못할 힘이라 하느니라.

⑦ 착한 남자여, 일곱째 이 경의 가히 생각으로 논의하지 못할 공덕과 힘이라 함은, 만약 착한 남자, 착한 여인이, 부처님께옵서 세상에 계시거나 만약 멸도하신 후에, 이 경을 얻어듣고 기쁘고

즐거워서 믿고 즐거워하며 드물게 있는 마음을 내어, 받아서 가지고 읽고 외우며 쓰고 베끼며 풀어서 말하며 법과 같이 닦고 행하면, 깨달음의 마음을 일으키며 모든 착한 근본을 일으키고, 크게 슬피 여기는 뜻을 일으키게 하여, 일체 괴로워하고 뇌로워하는 중생을 제도하며, 비록「여섯 가지로써 나고 멸하는 이쪽에서 나고 멸함이 없는 저쪽에 이르름」을 닦고 행하지는 못하였을지라도,「여섯 가지로써 나고 멸하는 이쪽에서 나고 멸함이 없는 저쪽에 이르름」이 자연히 앞에 있으며, 곧 이 몸에서「나지도 없어지지도 않는 참된 법의 본바탕을 깨달아 알고 편안히 머물러 움직이지 않음」을 얻어, 나고 죽음과 번뇌를 일시에 끊어서 무너지게 하고 곧 제 칠지에 오르리라.

비유하건대, 굳센 사람이 왕을 위하여 원수를 없애매 원수를 다 없애기를 마치면 왕이 크게 기뻐고 즐거워서 상을 주되, 나라의 반을 영지로 하여 제후로 삼아 모두 다 이를 주는 것과 같이, 경을 가지는 남자, 여인도 또한 다시 이와 같으니, 모든 행하는 사람에서 가장 용감하고 굳세며, 여섯 건넘의 법보배를 구하지 아니하여도 스스로 이르러며, 나고 죽음의 원적이 자연히 흩어져 무너지고, 「나지도 없어지지도 않는 참된 법의 본바탕을 깨달아 알고 편안히 머물러 움직이지 않음」을 증하며, 부처님 나라의 보배의 반을 봉하여 상으로 주어 편안하고 즐겁게 하느니라. 착한 남자여, 이것이 이름하여 이 경의 일곱째의 공덕이며, 생각으로 논의하지 못할 힘이라 하느니라.

착한 남자여, 여덟째 이 경의 가히 생각으로 논의하지 못할 공덕과 힘이라 함은, 만약 착한 남자, 착한 여인이, 부처님께옵서 세상에 계시거나 만약 멸도하신 후에, 어떤 사람이 능히 이 경전을 얻어서 공경하고 믿기를 부처님 몸을 뵈옴과 같이 하여 하여금 같아서 다름이 없으며, 이 경을 사랑하고 즐거워하며 받들어 가지고 읽고 외우며 쓰고 베끼며, 이마에 이고 법과 같이 받들어 행하면, 굳고 단단하여 계와 참는 것을 겸하여 보시로써 건넘을 행하며, 깊이 사랑하고 슬피 여기는 것을 일으켜서 이 위없는 대승의 무량의경으로써 널리 사람을 위하여 설하느니라.

만약 사람이 먼저부터 오면서 도무지 죄와 복이 있음을 믿지 않는 자에게는 이 경으로써 이를 보이고, 가지가지의 방편을 베풀어서 힘써 교화하여 하여금 믿게 할지니라. 경의 위신력의 까닭으로써 그 사람의 마음을 일으켜서 홀연히 돌이킴을 얻으리라. 이미 믿는 마음을 일으키면 용맹정진을 하는 까닭으로 능히 이 경의 위엄과 덕과 세력을 얻어서 도를 얻고, 과를 얻느니라. 이런 까닭으로 착한 남자, 착한 여인이 교화를 입힌 공덕으로써 남자나 여자나 곧 이 몸에서, 「나지도 없어지지도 않는 참된 법의 본바탕을 깨달아 알고 편안히 머물러 움직이지 않음」을 얻어 위의 지위에 이르게 됨을 얻으며, 모든 보살과 더불어 권속이 되어 능히 중생을 빨리 성취시켜서 부처님의 국토를 깨끗하게 하고, 오래지 않아서 위없는 깨달음 이룸을 얻느니라. 착한 남자여, 이것이 이름하여 이 경의 여덟째의 공덕이며, 생각으로 논의하지 못할 힘이라 하느니라.

⑧ 착한 남자여, 아홉째 이 경의 가히 생각으로 논의하지 못할 공덕과 힘이라 함은, 만약 착한 남자, 착한 여인이, 만약 부처님께옵서 세상에 계시거나 그리고 또 멸도하신 후에, 이 경을 얻음에

있어 기쁘고 즐거워서 뛰고 뛸 듯이 하며, 일찍이 있지 아니한 것을 얻어서, 받아서 가지고 읽고 외우며 쓰고 베끼며 공양하며, 널리 많은 사람을 위하여 이 경의 뜻을 분별하여 풀어서 말하는 자는, 곧 지난 업과 남은 죄의 무겁게 가리운 것이 일시에 다 멸하는 것을 얻느니라. 오로지 맑고 깨끗함을 얻고 큰 변론을 얻음에 미치며, 차례차례로 모든 「나고 멸하는 이쪽에서 나고 멸함이 없는 저쪽에 이르럼」을 장엄하고, 모든 삼매와 수능엄삼매를 얻어 큰 총지의 문에 들어서 은근히 정진의 힘을 얻고, 빨리 위의 지위를 넘어서 능히 분신으로 몸을 잘 흩어서 시방 국토에 두루 하며, 일체 이십오유의 극히 괴로워하는 중생을 빼내어 구하여 다 하여금 풀리어 벗어나게 하느니라. 착한 남자여, 이것이 이름하여 이 경와 같은 힘이 있음이니라.

의 아홉째 공덕이며, 생각으로 논의하지 못할 힘이라 하느니라.

⑨ 착한 남자여, 열째의 이 경의 가히 생각으로 논의하지 못할 공덕과 힘이라 함은, 만약 착한 남자, 착한 여인이, 만약 부처님께옵서 세상에 계시거나 그리고 또 멸도하신 후에, 만약 이 경을 얻고 크게 기쁘고 즐거워하는 것을 일으키며 드물게 있는 마음을 내어, 곧 스스로 받아서 가지고 읽고 외우며 쓰고 베끼며 공양하고 말씀과 같이 닦고 행하며, 다시 능히 널리 집에 있거나 출가한 사람에게 권하여, 받아서 가지고 읽고 외우며 쓰고 베끼며 공양하고 풀어서 말하며 법과 같이 닦고 행하게 하면, 이미 나머지 사람으로 하여금 이 경을 닦고 행하도록 한 힘의 까닭으로 도를 얻고, 과를 얻느니라.

모두 이는 착한 남자와 착한 여인이 사랑하는 마음으로 정성을 다하여 교화하는 힘으로 말미암은 까닭이니, 이 착한 남자, 착한 여인은 곧 이 몸으로 문득 헤아릴 수 없는 모든 다라니의 문에 도달하리니, 범부지에서 자연히 처음 때에 능히 수없는 아승지의 널리 맹세한 큰 원을 저절로 일으키고, 능히 일체 중생을 구원하려는 것을 깊이 일으켜서 크게 슬피 여기는 것을 성취하고, 널리 능히 괴로운 것을 빼어내고, 착한 근본을 두텁게 모아서 일체를 넉넉히 하고 이익되게 하리라. 이에 법의 윤택한 것을 설명하여 널리 메마르고 마른 것을 물들이어 적시며, 많은 법의 약으로써 모든 중생에게 베풀어 일체를 편안하고 즐겁게 하고, 점점 뛰어 넘어 올라서 법운지에 머무름을 보며, 은혜의 못을 널리 적시어 사랑을 입힘에 바깥이 없게 하며, 괴로워하는 중생을 거두어 하여금 도의 자취에 들어가게 할 것이니라. 이런 까닭으로 이 사람은 오래지 아니하여 「위없이 높고 바르며 크고도 넓으며 평등한 깨달음」이룸을 얻느니라. 착한 남자여, 이를 이름하여 이 경의 열째의 공덕이며, 생각으로 논의하지 못하는 힘이라 하느니라.

⑩ 착한 남자여, 이와 같이 위없는 대승의 무량의경은 극히 큰 위신의 힘이 있고, 높음이 위에 지남이 없느니라. 능히 모든 범부로 하여금 모두 성인의 과를 이루게 하여 영원히 나고 죽음을 떠나고 그리고는 마음대로 되는 것을 얻나니, 이런 까닭으로 이 경의 이름을 무량의라 하며, 능히 일체 중생으로 하여금 범부지위에서 모든 보살의 헤아릴 수 없는 도의 싹이 나와 일어나도록 하여, 공덕의 나무로 하여금 초목이 우거져 무성하게 하여 성긴 것을 도와서 더욱 자라나게 하나니, 이런 까닭으로 이 경의 호를 가히 생각으로 논의하지 못하는 공덕과 힘이라 하느니라.」

이에 있어서 대장엄보살마하살과 그리고 또 팔만의 보살마하살께서 같은 소리로 부처님께 아뢰어 말씀하시되, 『세존이시여, 부처님께옵서 설하신 바의 심히 깊고 미묘하며 위없는 대승의 무량의경은 글의 이치가 진실하고 바르며, 높음이 위에 지남이 없사옵고, 삼세의 모든 부처님께옵서 한가지로 지키시고 두호하시는 바이시며, 많은 마의 뭇 도가 잘 들어온다는 것은 있을 수 없사오며, 일체의 삿된 견해와 나고 죽음이 이를 헐어 무너지게 하여도 되지 않으오리다. 이런 까닭으로 이 경은 이에 이와 같은 열가지의 공덕과 생각으로 논의하지 못하는 힘이 있사옵니다. 헤아릴 수 없는 일체 중생을 크게 넉넉히 하시고 이익되게 하시며, 일체의 모든 보살마하살로 하여금 각각 무량의삼매를 얻게 하시며, 혹은 백천의 다라니문을 얻게 하시며, 혹은 보살로 하여금 모든 경지와 모든 참는 것을 얻게 하시며, 혹은 연각과, 나 한의 네 가지 도의 과 증함을 얻게 하시나이다. 세존께옵서는 쾌히 저희들을 위하시어 사랑하시고 불쌍히 여기시어, 이와 같은 법을 설하시어 저희로 하여금 크게 법의 이익을 얻게 하셨나이다. 심히 기이하옵고 뛰어나시어 일찍이 있지 아니하시옵니다. 세존께옵서 사랑하시는 은혜는 실로 옳게 갚기가 어렵나이다.』

⑪ 이렇게 말씀을 하시고 나니, 이 때에 삼천대천세계는 여섯 가지로 진동하여 움직이고, 하늘 가운데 위에서는 다시 가지가지의 꽃과 하늘의 우발라꽃과 발담마꽃과 구물두꽃과 분다리꽃을 비오듯이 하며, 또한 수없는 가지가지의 하늘의 향과 하늘의 옷과 하늘의 영락과 값으로 따질 수 없는 하늘의 보배를 비오듯이 하되,

하늘 가운데 위에서 빙빙 돌며 내려와서 부처님과 그리고 또 모든 보살과 성문 대중께 공양하며, 하늘함과 하늘발우그릇에다 하늘의 백 가지의 맛나는 것을 가득히 차게 하여 남아서 넘치게 하니, 빛을 보고 향기를 맡으면 자연히 배부르고 넉넉하며, 하늘당과 하늘의 번과 하늘의 헌개와 하늘의 묘한 풍류하는 데 갖추는 것을 곳곳에 자리 잡아두고, 하늘의 재주와 음악을 지어서 부처님께 감탄하여 노래부르더이다.

또 다시 동방 항하사들의 모든 부처님의 세계도 여섯 가지로 진동하여 움직이며, 또한 하늘의 꽃과 하늘의 향과 하늘의 옷과 하늘의 영락과 값으로 따질 수 없는 하늘의 보배를 비오듯이 하며, 하늘함과 하늘발우그릇에다 하늘의 백 가지 맛나는 것은 빛을 보고 향기를 맡으면 자연히 배부르고 넉넉하며, 하늘의 당과 하늘의 번과 하늘의 헌개와 하늘의 묘한 풍류하는 데 갖추는 것으로써 하늘의 재주와 음악을 지어서, 저 부처님과 그리고 또 모든 보살과 성문 대중께 감탄하며 노래부르나니, 남서북방과 네 모퉁이와 위아래도 또한 다시 이와 같음이라.

⑫ 이 때에 부처님께옵서 대장엄보살마하살과 그리고 또 팔만의 보살마하살에게 일러서 말씀하시되, 『너희들은 마땅히 이 경에 응당히 깊이 공경하는 마음을 일으키고, 법과 같이 닦고 행하여 널리 일체를 교화하되, 마음에 정성을 다하여 퍼져나가게 펼지니라. 항상 마땅히 은근히 밤낮으로 지키고 두호하여 널리 중생으로 하여금 각각 법의 이익을 얻게 하여라. 너희들은 진실로 올바로 크게 사랑하고 크게 슬피 여기는 것이 되리니, 신통과 원의 힘을 세워 가지고서 이 경을 지키고 두호하되 하여금 의심과 막

힘을 없게 하고, 마땅히 오는 세상에 반드시 널리 염부제에 행하여, 일체 중생으로 하여금 보고 듣고, 읽고 외우며, 쓰고 베끼며, 공양을 잘 하게끔 할지니라. 이런 까닭으로써 또한 너희들로 하여금 빨리 「위없이 높고 바르며 크고도 넓으며 평등한 깨달음」을 얻게 하리라.』

⑬ 이 때에 대장엄보살마하살께서 팔만의 보살마하살과 더불어 곧 자리로부터 일어나시어 부처님의 처소에 가서 이르러, 머리와 얼굴로 발에 절하시고 백천번을 둘러서 돌고, 곧 앞에서 무릎을 꿇어 땅에 대고 몸은 곧게 세워서 함께 한가지 같은 소리로 부처님께 아뢰어 말씀하시되, 『세존이시여, 저희들은 쾌히 세존께옵서 사랑하시고 불쌍히 여기시는 것을 입었나이다. 저희들을 위하사 이러한 심히 깊고 미묘하고 위없는 대승의 무량의경을 설하시오

니, 공경히 부처님의 신칙을 받들어 여래께옵서 멸도하신 후에 마땅히 이 경전을 널리 퍼져나가게 하여 펴서, 두루 일체로 하여금 받아서 가지고, 읽고 외우며, 쓰고 베끼고, 공양하게 하오리다.

오직 원하옵건대, 세존께옵서는 근심과 걱정을 하시지 마시옵소서. 저희들이 마땅히 원력으로써 널리 일체 중생으로 하여금 얻어 보고 듣고, 읽고 외우며, 쓰고 베끼며, 공양하게 하여, 이 경법의 위신의 힘을 얻도록 하겠나이다.』

그 때에 부처님께옵서 칭찬하시어 말씀하시되,『착하고 착하도다. 모든 착한 남자여, 너희들은 지금 부처님의 참된 바른 아들이니, 크게 사랑하고 크게 슬피 여김으로 능히 깊은 괴로움을 뽑아 액에서 구원하는 자이며, 일체 중생의 좋은 복밭이며, 널리 일체를 위하여 크고도 좋은 이끌음이 되었으니, 일체 중생이 크게 의지하여 머물 곳이며, 일체 중생의 이에 큰 시주이니, 항상 법의 이익으로써 널리 일체에게 베푸느니라.』

이 때에 큰 모임은 모두 크게 기뻐하고 즐거워하며 부처님께 절을 하고, 받아서 가지고 그리고는 물러갔소이다.

묘법연화경

묘법연화경

[묘법연화경 제 일 권]

묘법연화경 제 일 서품

남염부제 동방불국
대한민국 법화사문 **석묘찬** 대법사 옮김

① 이와 같이 저는 들었사오니,

한 때에 부처님께옵서 왕사성 기사굴산 중에 머무시어 큰 비구 무리 만 이천 사람과 더불어 함께 하셨으니, 이는 모두 아라한이시라, 모든 새는 것이 이미 다하여 다시 번뇌가 없으며, 자기의 이익을 얻음에 미치니 모든 매듭지어 있는 것이

다하여 마음이 마음대로 됨을 얻으셨소이다.

그 이름은 가로되,

아야교진여와 마하가섭과 우루빈나가섭과 가야가섭과 나제가섭과 사리불과 대목건련과 마하가전연과 아누루다와 겁빈나와 교범바제와 이바다와 필릉가바차와 박구라와 마하구치라와 난타와 손타라난타와 부루나—미다라니자와 수보리와 아난과 라후라이시니,

이와 같이 많은 이가 아는 바의 대 아라한들이셨소이다.

또 배움에 있는 이와 배울 것이 없는 이천 사람이 있었으며, 마하파사파제 비구니께서는 거느린 무리 육천 사람과 더불어 함께 하셨으며, 라후라의 어머니 야수다라 비구니께서도

② 또한 거느린 무리와 더불어 함께 하셨소이다.

보살마하살 팔만 사람께서는 모두 「위없이 높고 바르며 크고도 넓으며 평등한 깨달음」에서 돌아서서 물러나지 아니하시며, 모두 다라니와 하고자 하는 대로 말 잘하는 재주를 얻으시어 돌아서서 물러나지 아니하는 법륜을 굴리시며, 헤아릴 수 없는 백천의 모든 부처님께 공양하시고 모든 부처님의 거처에서 많은 덕의 근본을 심으시어, 항상 모든 부처님께옵서 칭탄하시는 바가 되시었으며, 사랑으로 몸을 닦음으로써 부처님 지혜에 잘 드시며, 큰 지혜를 통달하시어 저 언덕에 이르러시니, 이름 일컬음이 널리 헤아릴 수 없는 세계에 들리어 능히 수없는 백천 중생을 제도하셨소이다.

그 이름은 가로되,

문수사리보살이시며 관세음보살이시며 득대세보살이시며
상정진보살이시며 불휴식보살이시며 보장보살이시며
약왕보살이시며 용시보살이시며 보월보살이시며
월광보살이시며 만월보살이시며 대력보살이시며
무량력보살이시며 월삼계보살이시며 발타바라보살이시며
미륵보살이시며 보적보살이시며 도사보살이신
이와 같은 분들의 보살마하살 팔만 사람께서 함께 하시었소이다.

③ 그 때에 석제환인은 그가 거느린 무리 이만 천자와 더불어 함께 하였으며, 또 있으니 이름이 월천자와 보향천자와 보광천자와 사대천왕은 그가 거느린 무리 만 천자와 더불어 함께 하였으며, 자재천자와 대자재천자는 그가 거느린 무리 삼만

천자와 더불어 함께 하였으며, 사바세계 주인이며 범천왕인 시기대범과 광명대범 들도 그가 거느린 무리 만 이천 천자와 더불어 함께 하였소이다.

여덟 용왕이 있었으니 난타용왕과 발난타용왕과 사가라용왕과 화수길용왕과 덕차가용왕과 아나바달다용왕과 마나사용왕과 우발라용왕 들이 각각 몇 백천의 거느린 무리와 더불어 함께 하였으며, 넷 긴나라왕이 있었으니 법긴나라왕과 묘법긴나라왕과 대법긴나라왕과 지법긴나라왕은 각각 몇 백천의 거느린 무리와 더불어 함께 하였으며, 넷 건달바왕이 있었으니 악건달바왕과 악음건달바왕과 미건달바왕과 미음건달바왕은 각각 몇 백천의 거느린 무리와 더불어 함께 하였으며, 넷 아수라왕이 있었으니 바치아수라왕과 거라건타아수라왕과 비마질다라아수라왕과 라후아수라왕은 각각 몇 백천의 거느린 무리와 더불어 함께 하였으며, 넷 가루라왕이 있었으니 대위덕가루라왕과 대신가루라왕과 대만가루라왕과 여의가루라왕은 각각 몇 백천의 거느린 무리와 더불어 함께 하였으며, 위제희의 아들 아사세왕도 몇 백천의 거느린 무리와 더불어 함께 하여, 각각 부처님 발에 절을 하고 물러나 한 쪽에 앉았었소이다.

④ 이 때에 세존께옵서는 사중에게 에워 둘러싸이시어 공양과 공손한 공경과 존중과 찬탄함이 되시며, 모든 보살을 위하시어 대승경을 설하시니, 이름이 무량의요, 보살을 가르치는 법이며, 부처님께옵서 생각하시어 두호하시는 바이셨소이다.

부처님께옵서 이 경을 설하시기를 마치시고는 가부좌를 맺으시고 무량의처삼매에 드시어 몸과 마음이 움직이지 아니하시니, 이 때에 하늘에서 만다라꽃과 마하만다라꽃과 만수사꽃과 마하만수사꽃이 비오듯이 하여 이에 부처님 위와 그리고 또 모든 대중에게 흩어지며, 넓은 부처님의 세계는 여섯 가지로 진동하여 움직였소이다.

그 때에 모임 가운데의 비구 비구니와 우바새 우바이와 하늘과 용과 야차와 건달바와 아수라와 가루라와 긴나라와 마후라가와 인비인과 그리고 또 모든 작은 왕과 전륜성왕의 이 모든 대중은 일찍이 있지 아니한 것을 얻어, 기쁘고 즐거워서 합장하고 한마음으로 부처님을 우러러 뵈었소이다.

이 때에 부처님께옵서 눈썹 사이의 흰털의 모습에서 빛을 놓으시어 동방으로 만 팔천 세계를 비추시니, 널리 두루 하지 아니한 데가 없어서 아래로는 아비지옥에 이르고 위로는 아가니 타천에 이르러며, 이 세계에서 저 나라의 여섯 갈래로 나아가는 중생이 다 보이며, 또 저 나라에 나타나 계시는 모든 부처님께옵서 보이며, 그리고 또 모든 부처님께옵서 설하시는 바인 경의 법이 들리며, 아울러 저 모든 비구 비구니와 우바새 우바이가 모든 행을 닦아 도를 얻는 것이 보이며, 또 모든 보살마하살의 가지가지 인연과 가지가지로 믿고 이해하는 것과 가지가지 형상의 모양으로 보살도를 행하는 것이 보이며, 또 모든 부처님께옵서 열반에 옮기시는 것이 보이며, 또 모든 부처님께옵서 열반에 옮기신 뒤에 부처님의 사리로써 일곱 가지 보배로 된 탑을 일으킴이 보였소이다.

⑤ 그 때에 미륵보살께서 이러한 생각을 하시되,「지금 세존께옵서 신통 변화의 형상을 나타내시니, 어떠한 인연으로써 이

에 이러한 상서가 있는 것인가. 지금 부처님 세존께옵서 삼매에 드셨으니, 이것은 가히 생각으로 논의하지 못할 만큼 드물게 있는 일을 나타내심이라. 마땅히 누구에게 물을 것이며, 누가 능히 답할 것인가." 하고 다시 이러한 생각을 하시되, 「이 문수사리법왕자께서는 이미 일찍이 지난 예전에 헤아릴 수 없는 모든 부처님을 친하고 가까이하시어 공양하셨으므로 반드시 응당 이렇게 드물게 있는 형상을 보셨을 것이니, 내가 지금 마땅히 물으리라.」

이 때에 비구 비구니와 우바새 우바이와 그리고 또 모든 하늘과 용과 귀신 들도 다 이런 생각을 하되, 「이 부처님의 밝으신 빛과 신통의 형상을 지금 마땅히 누구에게 물을까.」 하였더니, 그 때에 미륵보살께서 스스로의 의심을 끊고자 하시며, 또 사중인 비구 비구니와 우바새 우바이와 그리고 또 모든 하늘과 용과 귀신 들 무리 모임의 마음을 관하시고, 이에 문수사리께 물어 말씀하시되, 『어떠한 인연으로써 이에 이러한 상서와 신통의 형상이 있으시며, 큰 광명을 놓으시어 동방으로 향하여 만 팔천 나라를 비추시어 저 부처님의 온 나라를 꾸미고 치장한 것을 다 보이게 하시나이까.』

⑥ 이에 있어서 미륵보살께서 거듭 이 뜻을 펴시고자 하시어 게송으로써 물어 가라사대,

　문수사리시여,　　　인도하시는 스승께옵서
　어떠하신 까닭으로　　눈썹 사이의 흰털에서
　큰 빛을 널리 비추시며,　만다라와 만수사꽃을
　비오듯 하게 하시며,　　전단향의 바람으로

많은 이의 마음을 이다지도 기쁘게 하시나이까.

이러한 인연으로써 땅은 모두 아름답고 깨끗하오며,

이 세계는 여섯 가지로 진동하여 움직이나니,

때에 사부의 많은 이는 다 모두 기쁘고 즐거워서

몸과 뜻이 상쾌하며 일찍이 있지 아니한 것을

얻었나이다. 눈썹 사이의 밝은 빛이

동방으로 향하여 만 팔천 나라를 비추시니,

모두 금빛과 같으사오며, 아비지옥으로부터

위로는 유정에 이르도록 모든 세계 가운데

여섯 갈래 길로, 중생이 나고 죽어서

나아가는 곳과, 착하고 악한 업의 인연으로

좋고 나쁜 보를 받는 것을 여기에서 다 보며,

또 보니, 모든 부처님께옵서는 거룩하신 주인이시며
사자이시라.
미묘하시기가 제일이시며, 경전을 설명하시어 말씀하시되
부드럽고도 연하신 소리를 그 소리는 맑고 깨끗하시며,
모든 보살을 가르치시며, 내시어 수없는 억만의
묘하시어 사람으로 하여금 깨끗하신 소리는 깊고도
각각 세계에서 바른 법을 즐거이 듣게 하셨소이다.
가지가지 인연과 강론하시어 말씀하시며,
부처님의 법을 밝게 비추시어 헤아릴 수 없는 비유로써
만약 사람이 괴로움을 만나서 중생의 깨달음을 열게 하시되,
위하시어 열반을 설하시어 늙고 병듦과 죽음을 싫어하면,
다하도록 하시며, 모든 괴로움의 끝이
만약 사람이 복이 있어서

일찍이 부처님께 공양하고 뛰어난 법을 구하려는
의향이면、 위하시어 연각을 설하시며、
만약 어떤 부처님의 아들이 가지가지로 행을 닦아
위없는 지혜를 구하면、 위하시어 깨끗한 도를
설하셨소이다。

⑦ 문수사리시여、 제가 여기에 머물러서
보고 들음이 이와 같이 천억 가지 일에 이르지만、
이와 같은 여러 가지 많은 것을 지금 마땅히
간략하게 말하오리다。 제가 보니、 저 나라의 항하사
보살은 가지가지 인연으로 이에 부처님의 도를 구하는데、
혹 어떤 이는 베풀어 주는 것을 행하되、
금과 은과 산호와 진주와 마니와 차거와 마노와

금강의 모든 보배와,
타는 수레와 보배로 꾸민
기쁘고 즐겁게 베풀어 주어
향하게 하고,
칭찬하시는 바인
이 승을 얻고자 원하며,
네 필의 말이 끄는
화려하게 덮개를 만들고
베풀어 주며,
몸과 살과 손과 발과
위없는 도를 구하며,
머리와 눈과 신체를

남자종과 여자종과
끄는 가마와 메는 가마를
부처님 도에 돌리어
모든 부처님께옵서
삼계에서 제일인
혹은 어떤 보살은
보배수레의 난간난간에
수레의 높은 부분을 꾸며서
다시 보니, 보살은
그리고 또 처와 자식을 베풀어
또 보니, 보살은
기쁘고 즐겁게 베풀어 주어

부처님의 사리에 밝은 지혜를 구하였소이다.
문수사리시여, 제가 보니, 모든 임금이 부처님의
거처를 향하여 나아가서, 위없는 도를 묻고는
문득 즐기던 나라와 궁전과 신하와 첩을 버리고,
수염과 머리를 깎아 버리고는 이에 법복을 입으며,
혹은 보니, 보살이 비구가 되어 홀로 한가하고
고요한 데에 살면서 경전을 즐거이 외우며,
또 보니, 보살이 용맹히 정진을 하여 깊은 산에
들어가서 부처님의 도를 깊이 생각하오며,
또 보니, 욕심을 떠나서 항상 비고 한가한 데에
살면서 깊이 선정을 닦아 다섯 가지 신통을 얻으며,
또 보니, 보살이 편안히 선을 하며 합장하고

천만 가지 게송으로써 모든 법왕을 찬탄하오며,
또 보니, 보살이 지혜 깊고 뜻도 굳어서 능히
모든 부처님께 묻고는 듣고 다 받아서 가지며,
또 보니, 부처님의 아들은 선정과 지혜를
흡족하게 갖추어서 헤아릴 수 없는 비유로써
중생을 위하여 법을 강론하되, 기쁘고 즐겁게 법을 설하여
모든 보살을 가르치며, 마의 군사 무리를 깨뜨리고
이에 법의 북을 치며, 또 보니, 보살은
고요하고 편안하며 잠잠하여 하늘과 용이 공손히
공경하여도 기뻐하지 않으며, 또 보니, 보살이
수풀에 살며 빛을 놓아 지옥의 괴로움을 건져서
부처님 도에 들게 하오며, 또 보니, 부처님의 아들은

잠을 맛보지도 아니하고
정성스러이 부처님의 수풀 가운데를 거닐며
또 보니, 계를 갖추어서 도를 구하며,
이지러짐이 없으되 깨끗함을 위엄있는 거동에
부처님의 도를 구하며, 보배구슬과 같이 하여
욕되는 것을 참는 힘에 또 보니, 부처님 아들은
깨달은 체하는 거만한 사람」이 머물러서, 「깨닫지 못하고서도
모두 다 능히 참고서 악하게 욕을 하고 매를 때려도
또 보니, 보살이 모든 부처님의 도를 구하며,
어리석은 권속에서 떠나 희롱하는 웃음과 그리고 또
가까이하여, 한마음으로 지혜로운 자를 친하고
생각을 가다듬어 어지러움을 버리고
 산의 수풀에서 억천만년에

부처님의 도를 구하며,
차반과 반찬과 음식과
부처님과 그리고 또
가치가 천만이나 되는
또는 값으로 따질 수 없는
승려에게 베풀며,
여러 가지 묘한
부처님과 그리고 또
맑고 깨끗한 동산 수풀의
흐르는 샘과 목욕하는 못을
승려에게 베풀되,
가지가지 미묘한 것을

혹은 보니, 보살이
백 가지 끓이는 약을
승려에게 베풀며,
이름난 옷과 으뜸가는 옷이나
옷을 부처님과 그리고 또
천만억 가지 전단의 보배집과
눕는 데 갖추는 것을
승려에게 베풀며,
무성한 꽃과 과실과
부처님과 그리고 또
이와 같은 것들의
베풂을 싫어함이 없이

기쁘고 즐거이 하여 위없는 도를 구함이라.
혹 어떤 보살은 고요히 멸하는 법을 설하여
수없는 중생을 가지가지로 가르치고 훈계하며,
혹은 보니, 보살이 모든 법의 성품이 두 가지 형상은
있음이 없고 오히려 허공과 같음을 관하며,
또 보니, 부처님의 아들은 마음에 착을 하는 것이 없는
이 묘한 지혜로써 위없는 도를 구하였소이다.

⑧ 문수사리시여, 또 어떤 보살은
부처님께옵서 멸도하신 뒤에 사리에 공양하며,
또 보니, 부처님의 아들은 모든 탑묘를 수없는
항하사 토록 만들어서 온 나라를 아름답게 꾸미니,
높고 묘한 보배탑은 오천 유순이며,

가로와 세로가 똑같이
하나하나 탑묘에는
용머리 모양을 만들고
「부처님과 보살의 위엄과
깃발」과, 구슬로 엮은
보배방울이 어울려 울며,
사람과 그리고 또
향과 꽃과 음악을
문수사리시여,
사리에 공양하기 위하여
온 나라는 자연히 특별하게
천수왕이 그 꽃을 펴서

이천 유순이고,
각각 천의 「장대 끝에
깃발을 단 것」과,
덕을 표시하는 장엄도구인
이슬 같은 휘장을 치고
모든 하늘과 용과 신과
사람 아닌 것이
항상 공양하였소이다.
모든 부처님의 아들들이
탑묘를 아름답게 꾸몄으므로
뛰어나며 묘하고 좋아서,
열어 놓은 것과 같았소이다.

부처님께옵서
저와 그리고 또 모인
가지가지로 뛰어나게
모든 부처님의 신력과
드물게 있으시어, 한 줄기
헤아릴 수 없는 나라에
이것을 보고 일찍이 있지
부처님의 아들이신 문수시여,
많은 이의 의심을
사중은 당신과 그리고 또
우러러보나이다.
어떠하신 까닭으로 이러한

한 빛을 놓으시니,
많은 이는 이 온 나라의
묘한 것을 보았소이다.
사리에 밝은 지혜는
맑은 빛을 놓으시어
비추시니, 저희들은
아니한 것을 얻었소이다.
원하옵건대,
끊게 하여 주시옵소서.
저를 좋아하며
세존께옵서는
밝은 빛을 놓으셨나이까.

부처님 아들께서는
의심을 끊게 하시고
무엇을 넉넉히 이익되게
밝은 빛을 펴시나이까.
얻으신 바 묘한 법, 이것을
마땅히 수기를 주시려고
모든 부처님 나라에
깨끗한 것을 보이시며
뵈옵게 된 이것은
문수이시여,
사중과 용과 신은
어떠한 것들을

때에 대답하시어
기쁘게 하여 주시옵소서.
하시려고 이러한
부처님께옵서 도량에 앉으시어
설하시고자 하시나이까.
하시나이까.
많은 보배와 아름답고
그리고 또 모든 부처님을
적은 인연이 아니옵니다.
마땅히 아시옵소서.
당신을 우러러 살피나니,
설하시려 하시나이까.

⑨ 그 때에 문수사리께서 미륵보살마하살과 그리고 또 모든 대사에게 말씀하시되, 『착한 남자들이시여, 저의 생각으로 헤아리건대, 지금 부처님 세존께옵서 큰 법을 설하시려 하시며, 큰 법의 비를 내리시려 하시며, 큰 법의 소라를 부시려 하시며, 큰 법의 북을 치시려 하시며, 큰 법의 뜻을 설명하시고자 하시는 것 같소이다.
모든 착한 남자시여, 제가 지난 예전에 모든 부처님에게서 일찍이 이러한 상서를 보았으니, 이런 빛을 놓기를 마치시고는 곧 큰 법을 설하셨소이다.
이러한 까닭으로 마땅히 아소서. 지금 부처님께옵서 빛을 나타내심도 또한 다시 이와 같아서, 중생으로 하여금 일체 세간에서 믿기 어려운 법을 다 만족하게 듣고 알게 하시고자 하시는 연고로 이러한 상서를 나타내심이리라. 모든 착한 남자시여, 지난 예전의 헤아릴 수 없고 가이 없으며 가히 생각으로 논의하지도 못할 아승지 겁인 그 때에 부처님께옵서 계셨으니, 호는 일월등명 여래 응공 정변지 명행족 선서 세간해 무상사 조어장부 천인사 불 세존이셨소이다. 정법을 설명하시어 말씀하시되, 처음도 잘 하셨고, 중간에도 잘 하셨고, 뒤에도 잘 하셨으니, 그 뜻은 깊고 멀며 그 말씀은 훌륭하시고 묘하시며, 한가지로 순수하시어 잡됨이 없으시며, 맑고 깨끗하신 범행의 형상을 흡족하게 갖추셨소이다. 성문을 구하는 자를 위하여서는 응당 사제법을 설하시어 나고 늙고 병들고 죽는 것을 건너 궁극에는 열반을 하게 하시고, 벽지불을 구하는 자를 위하여서는 응당 열두 가지 인연법을 설하시고, 모든 보살을 위하여서는 응당 「여섯 가지로써 나고 멸하는 이쪽에서 나고 멸함이 없는 저쪽에 이르름」을 설하시어 「위없이 높고 바르며 크고도 넓으며 평등한 깨달음」을 얻게 하여 일체 가지가지 지혜를 이루게 하셨소이다.

⑩ 다음에 또 부처님께옵서 계셨으니, 또한 이름이 일월등명이시며, 다음에 또 부처님께옵서 계셨으니, 또한 이름이 일월등명이셨소이다. 이와 같이 이만 부처님께옵서 모두 같은 한 글자로 호는 일월등명이시고, 또 같은 성이시니 성은 파라타이셨소이다. 미륵이시여, 마땅히 아소서. 처음 부처님과 뒤의 부처님께옵서 모두 같이 한 글자로 이름은 일월등명이시며, 십호를 흡족하게 갖추시고 가히 설하신 바 법도 처음과 중간과 뒤가 훌륭하셨소이다.

그 가장 뒤의 부처님께옵서 출가하시지 아니하셨을 때에 여덟 왕자가 계셨으니,

첫째 이름은 유의요,
둘째 이름은 선의요,
셋째 이름은 무량의요,
넷째 이름은 보의요,
다섯째 이름은 증의요,
여섯째 이름은 제의요
일곱째 이름은 향의요,
여덟째 이름은 법의이었소이다.

이 여덟 왕자는 위엄과 덕망이 스스로 있어 각각 사천하를 다스리더니, 이 모든 왕자가 아버지께서 출가하셔서 「위없이 높고 바르며 크고도 넓으며 평등한 깨달음」얻으심을 듣고, 다 왕위를 버리고 또한 따라서 출가하여 대승의 뜻을 일으키고 항상 깨끗한 행을 닦아 모두 법사가 되어, 이미 천만 부처님의 거처에서 모든 착한 근본을 심었소이다.

⑪ 이 때에 일월등명 부처님께옵서 대승경을 설하시니, 이름이 무량의라, 보살을 가르치는 법이며, 부처님께옵서 생각하시어 두호하시는 바이셨소이다. 이 경을 설하시기를 마치시고는 곧 대중 가운데서 가부좌를 맺으시고, 무량의처삼매에 드시어 몸과 마음이 움직이지 아니하시었소이다.

그 때에 하늘에서는 만다라꽃과 마하만다라꽃과 만수사꽃과 마하만수사꽃을 비오듯이 하여 이에 부처님 위와 그리고 또 모든 대중에게 흩으니, 넓은 부처님 세계는 여섯 가지로 진동하여 움직였소이다.

그 때 모임 가운데에 비구 비구니와 우바새 우바이와, 하늘·용·야차·건달바·아수라·가루라·긴나라·마후라가와 인비인과, 그리고 또 모든 작은 왕과 전륜성왕 들의 이 모든 대중은 일찍이 있지 아니한 것을 얻고서, 기쁘고 즐거워서 합장하고 한 마음으로 부처님을 우러러보았소이다.

그 때에 여래께옵서 눈썹 사이의 흰털의 모습에서 빛을 놓으시어, 동방으로 만 팔천 부처님 나라를 비추시니, 두루 미치지 아니한 데가 없어서, 지금 보는 바의 이 모든 부처님 나라와 같았소이다.

미륵이시여, 마땅히 아소서. 이 때 모임 가운데에 이십억 보살이 있어서 즐거이 법을 듣고자 하더니, 이 모든 보살은 이 밝은 빛이 부처님 나라에 널리 비침을 보고 일찍이 있지 아니한 것을 얻어 이 빛의 인연된 바를 알고자 하였소이다.

때에 보살이 있었으니, 이름은 가로되 묘광이고, 팔백 제자가 있었소이다.

이 때 일월등명 부처님께옵서 삼매로부터 일어나시어 묘광보살로 인하여 대승경을 설하시니, 이름은 묘법연화인데 보살을 가르치는 법이며, 부처님께옵서 생각하시어 두호하시는 바이셨소이다.

⑫ 육십 소겁을 자리로부터 일어나시지 아니하시거늘, 때에 모여 듣는 자도 또한 한 곳에 앉아서 육십 소겁 동안 몸과 마음이 움직이지 아니하고 부처님의 설하신 바를 듣기를 밥 먹는 사이와 같다고 여겼소이다. 이 때에 대중 가운데 만약 몸이나 만약 마음에 게으름과 권태를 냄은 한 사람도 있은 적이 없었소이다.

일월등명 부처님께옵서 육십 소겁 동안 이 경을 설하시기를 마치시고, 곧 범천과 마와 사문과 바라문과 그리고 또 하늘과 사람과 아수라의 무리 가운데에서 이에 이러한 말씀을 펴시되, 「여래는 오늘 밤중에 마땅히 남음이 없는 열반에 들리라.」고 하셨소이다.

때에 보살이 있었으니, 이름은 가로되 덕장이라, 일월등명 부처님께옵서 곧 그에게 수기를 주시고 모든 비구에게 이르시되, 「이 덕장보살이 다음에 마땅히 부처님을 지으리니, 호는 가로되, 정신 다타아가도 아라하 삼먁삼불타이니라.」부처님께옵서 수기 주심을 마치시고 문득 밤중에 남음이 없는 열반에 드셨소이다.

⑬ 부처님께옵서 멸도하신 뒤에 묘광보살께서 묘법연화경을 가지시고 팔십 소겁이 차도록 사람을 위하여 설명하여 말씀하셨소이다. 일월등명 부처님의 여덟 아들도 모두 묘광을 스승으

로 하였거늘, 묘광께서 가르쳐 교화하여 그들로 하여금 「위없이 높고 바르며 크고도 넓으며 평등한 깨달음」을 굳고 단단하게 하셨소이다.

이 모든 왕자는 헤아릴 수 없는 백천만억 부처님께 공양하기를 마치고 모두 부처님의 도를 이루었으며, 그 가장 뒤에 부처님을 이루신 분의 이름은 가로되 연등이시었소이다.

팔백 제자 가운데에 한 사람이 있었으니, 호는 가로되 구명이라. 이익됨을 키우는 데만 탐착하여, 비록 다시 많은 경을 읽고 외워도 이에 통리하지 못하고 잊어버리는 바가 많았으니, 그러므로 호를 구명이라 하였소이다. 이 사람 또한 모든 착한 근본을 심은 인연의 까닭으로써 헤아릴 수 없는 백천만억 모든 부처님 만남을 얻고서, 공양하고 공손히 공경하며 존중하고 찬탄하였소이다.

⑭ 미륵이시여, 마땅히 아소서. 그 때에 묘광보살이 어찌 다른 사람이리오. 저의 몸이 그이요, 구명보살은 바로 그대의 몸이었소이다. 이제 이 상서를 뵈오니, 옛날과 더불어 다름이 없소이다. 이러한 까닭으로 깊이 헤아리건대, 오늘날 여래께옵서 마땅히 대승경을 설하시오리니, 이름은 묘법연화라, 보살을 가르치는 법이며, 부처님께옵서 생각하시어 두호하시는 바 이시외다.』

⑮ 그 때에 문수사리께서 대중 가운데서 거듭 이 뜻을 펴시고자 하시어 이에 게송으로 설하시어 말씀하시되,

제가 생각을 하오니,
지난 예전 세상의
헤아릴 수 없는 겁에
사람 가운데 높으신

부처님께옵서 계셨으니,
세존께옵서 법을
헤아릴 수 없는 중생과
건너게 하시어,
지혜에 들게 하시었소이다.
아니하셨을 때에
크게 거룩하신 분께옵서
깨끗한 행을 닦았소이다.
대승을 설하시니
모든 대중 가운데서
부처님께옵서 이 경
곧 법자리 위에서 가부좌를

호는 일월등명이시라.
설명하시고 말씀하시어
수없는 억의 보살을
부처님의 사리에 밝은
낳으신 바의 여덟 왕자는
부처님께옵서 출가하시지
출가하심을 보고 또한 따라서
때에 부처님께옵서
경의 이름은 무량의라,
이에 널리 분별하셨소이다.
설하시기를 마치시고
하시고 삼매에 드시니

⑯ 이름은 무량의처라. 하늘에서 만다꽃이 비오듯이 하고
하늘북은 자연히 울리며, 모든 하늘과 용과 귀신이
사람 가운데 높으신 분께 공양하며, 일체 모든
부처님 나라는 곧 때에 크게 진동하여 움직이고,
부처님께옵서 눈썹 사이로 빛을 놓으시어
모든 드물게 있는 일을 나타내셨소이다.

이 빛이 동방으로 만 팔천의 부처님 나라에 비치어
일체 중생의 나고 죽는 업보의 장소가 보이며,
또 모든 부처님 나라는 많은 보배로써 꾸며서
치장되었으되 유리와 파리 빛으로 보였소이다.
이것은 부처님의 빛이 비침으로 말미암음이었소이다.
그리고 또 모든 하늘과 사람과 용과 신과

야차의 무리와 건달과 공양하는 것이 보이며, 부처님의 도를 이루시니, 산과 같으시며 심히 미묘하신 것이 안으로 진금상이 나타남과 세존께옵서 대중에 계시옵사 설명하시니, 하나하나의 성문 무리가 수없는데, 비추시는 바로 말미암아 혹은 어떤 모든 비구는 정진하고, 깨끗하게 계를

긴나라가 각각 그 부처님께 또 모든 여래께옵서는 자연히 몸의 빛은 금으로 된 단정하시고 엄숙하시며, 깨끗한 유리 속에서 같이 보이셨소이다. 깊은 법의 뜻을 널리 모든 부처님 나라에는 부처님께옵서 빛을 그 대중이 다 보였소이다. 산 수풀 가운데에 있으면서 가지되 마치 밝은 진주를

지키는 것과 같으며,
베풀어 주는 것과 욕되는 것을 참는 것들을 행하되
그 수는 항하사와 같이
부처님의 빛이 비치심으로
또 모든 보살이
몸과 마음이 고요하여
위없는 도를
또 모든 보살이
형상을 알아서、각각
부처님의 도를
⑰ 이 때 사부중은
큰 신통의 힘을

또 모든 보살은
보이니、이것은
말미암음이며、
깊이 모든 선정에 들어
움직이지 아니하면서
구하는 것이 보이며、
법의 고요하고 멸한
그 국토에서 법을 설하여
구하는 것이 보였소이다。
일월등명 부처님께옵서
나타내심을 뵈옵고는、

그 마음이 모두 기쁘고 즐거워서 각각 스스로
서로에게 묻되,「이런 일은 어떤 인연인가.」하더니,
하늘과 사람이 받드는 바의 높으신 분께옵서 마침
삼매로부터 일어나시어 묘광보살을 칭찬하시되,
「너는 세간의 눈이 되어서
능히 법의 곳집을 받들어 일체가 돌아가 믿을 바이라.
법과 같이 하면, 오직 너만이 내가 설한 바의
세존께옵서 이미 찬탄하시어 묘광으로 하여금
기쁘고 즐겁게 하시고, 능히 증하여 알 것이니라.」
육십 소겁이 차도록 이 법화경을 설하시되
아니하시거늘, 설하신 바의 이 자리에서 일어나시지를
이 묘광법사는 다 모두 높고 묘한 법을
능히 받아 가졌소이다.

부처님께옵서 이 법화를 설하시어 많은 이로 하여금 기쁘고 즐겁게 하시기를 마치시고, 이윽고 곧 이 날로 하늘과 사람의 무리에게 이르시되,
「모든 법의 실상의 뜻을 이미 너희들을 위하여 말하였으니, 나는 오늘 밤중에 마땅히 열반에 들 것이라, 너희는 한마음으로 정진하여 마땅히 방일함을 떠날지니라. 모든 부처님께옵서는 심히 만나 뵙기가 어려워서 억겁에야 때로 한 번 만나 뵈옵느니라.」
세존의 모든 제자들은 부처님께옵서 열반에 드심을 듣고, 각각 슬픔과 뇌로움을 품어
「부처님의 멸도하심은 어찌하여 이다지도 빠르신고.」 하였소이다.

⑱ 거룩하시며 주인이신 법의 왕께옵서는 헤아릴 수 없는 많은 이를 편안하게 위로하시되,
「내가 만약 멸도할 때라도 너희들은 근심하고 두려워하지 말지니라. 이 덕장보살이 새는 것이 없는 실상에 마음이 이미 통달함을 얻어서 그 다음에 마땅히 부처님을 지으리니, 호는 가로되 정신이며, 또한 헤아릴 수 없이 많은 이를 제도하리라.」
부처님께옵서 이 밤에 멸도하시니 땔나무가 다하여 불이 꺼지는 것과 같았소이다.
모든 사리를 나누어 펴서 그리고는 헤아릴 수도 없는 탑을 일으키고, 비구 비구니가 그 수가 항하사와 같은

배나 다시 정진을 더하여
이 묘광법사는 부처님의
팔십 소겁 가운데서
이 모든 여덟 왕자는
위없는 도를 굳고
마땅히 수없는 부처님을
공양하기를 마치고는
큰 도를 행하여, 서로
차례차례로 수기하시니,
하늘의 호는 가로되
모든 신선을 인도하시는
중생을 건네서

위없는 도를 구하였소이다.
법의 곳집을 받들어 가지고
널리 법화경을 펴니,
묘광께서 열어서 교화한 바로,
단단하게 하여,
뵈옵고 모든 부처님께
따르고 좇아서
연이어 부처님 이룸을 얻고
가장 뒤의 하늘 가운데
연등 부처님이시거늘,
스승으로 헤아릴 수 없는
벗어나게 하셨소이다.

제일 서품

이 묘광법사에게는 마음에 항상 게으름과 명리 구하기를 싫어함이 없되 명문의 집을 많이 돌아다니며, 익히고 외우는 것을 놓아버려서 못쓰게 잊어버려 통리하지 못하였으니, 이런 인연의 까닭으로 호를 구명이라 하였소이다. 또한 많은 착한 업을 행하여서 수없는 부처님 뵈옴을 얻고서, 모든 부처님께 공양하며 따르고 좇으며 큰 도를 행하여, 「여섯 가지로써 나고 멸하는 이쪽에서 나고 멸함이 없는 저쪽에 이르름」을 갖추었소이다. 지금 석사자 부처님을 뵈옵고, 그 뒤에는 마땅히 부처님을 지으리니, 명호는 가로되 미륵이라 하며,

⑲ 그 부처님께옵서
널리 모든 중생을
그 수 헤아림은
있을 수 없소이다.
제도하시되
멸도하신 뒤에
그대가 그이요.
게으르고 느리던 자는
묘광법사란 자는
제가 옛날 등명 부처님의
보았으니, 이로써
법화경을 설하시고자
지금 곧 저의 몸이 그이요.
빛의 상서가 이와 같으심을
지금 부처님께옵서
하심을 알겠소이다.
상서가 같으심은
지금 형상과 옛날의
이 모든 부처님의 방편이요,
지금 부처님께옵서
실상의 뜻을 도우셔서
밝은 빛을 놓으심은
모든 사람은 이제
밝히시려 하심이요.

마땅히 알지니, 합장하고 한마음으로 기다리시오. 부처님께옵서 마땅히 법비를 비오듯이 하시어 도를 구하는 자에게 채워서 흡족하게 하시리니, 모든 삼승을 구하는 사람이 만약 의심하여 뉘우칠 것이 있으면, 부처님께옵서 마땅히 끊어 없애시어 다하여 남음이 있음이 없도록 하시리다.

묘법연화경 제 이 방편품

① 그 때에 세존께옵서 삼매로부터 침착하시게 조용히 일어나시어 사리불에게 이르시되, 『모든 부처님의 사리에 밝은 지혜는 심히 깊어서 헤아릴 수 없으며, 그 사리에 밝은 지혜의 문은 이해하기 어렵고 들어가기도 어려워서 일체 성문 벽지불은 능히 알지 못할 바이니라. 까닭은 무엇인가 하면, 부처님께옵서는 일찍이 백천만억 수없는 모든 부처님을 친하고 가까이 하시어, 모든 부처님의 헤아릴 수 없는 도의 법을 다 행하시고 용맹히 정진하시어 이름 일컬음이 널리 들리셨으며, 심히 깊

으며 일찍이 있지 아니한 법을 성취하시어, 마땅한 바를 따라 설하심에 뜻이 향하는 바를 알기가 어려우니라.

사리불이여, 내가 부처님을 이룸으로부터 가지가지의 인연과 가지가지의 비유로 널리 설명하여 말하고 가르치며, 수없는 방편으로 중생을 인도하여 모든 착을 떠나게 하였느니라. 까닭은 무엇인가 하면, 여래는 방편지견으로써 「나고 멸하는 이쪽에서 나고 멸함이 없는 저쪽에 이르럼」을 이미 모두 흡족하게 갖추었기 때문이니라.

② 사리불이여, 여래의 아는 것과 보는 것은 넓고 크며 깊고 멀어서, 헤아림 없음과, 걸림 없음과, 힘과, 두려울 바 없음과, 선정과, 해탈과, 삼매에 끝없이 깊이 들어, 일체의 일찍이 있지 아니한 법을 성취하였느니라.

사리불이여, 여래는 능히 가지가지로 분별하여 모든 법을 훌륭하게 설하되, 말씨는 부드럽고 연하여 가히 많은 이의 마음을 기쁘게 하느니라.

사리불이여, 요긴한 것을 취하여 말하면, 헤아릴 수 없고 가도 없으며 일찍이 있지 아니한 법을 부처님은 다 성취하였느니라.

그만두어라. 사리불이여, 다시 말할 필요가 없느니라. 까닭은 무엇인가 하면, 부처님이 성취한 바는 제일 드물게 있고 알기가 어려운 법이니, 오직 부처님과 더불어 부처님만이 이에 능히 모든 법의 실상을 헤아림을 다할 수 있기 때문이니라.

이른바 모든 법은

이와 같은 형상이며   이와 같은 성품이며

③ 그 때에 세존께옵서 거듭 이 뜻을 펴시고자 하시어 이에 송으로 설하시어 말씀하시되,

세상의 영웅은 가히 헤아리지 못하나니,
모든 하늘과 그리고 또 세간 사람과 일체 중생의
종류는 능히 부처님을 아는 자가 없느니라.
부처님의 힘과 두려울 바 없음과 해탈과 모든 삼매와
그리고 또 부처님의 모든 다른 법을 능히 측량하여

이와 같은 바탕이며
이와 같은 작용이며
이와 같은 연이며
이와 같은 갚음이며

이와 같은 힘이며
이와 같은 원인이며
이와 같은 결과이며
이와 같은 처음과 끝의
궁극에는 같음이니라.』

헤아릴 자 없느니라.
모든 도를 흡족하게
심히 깊고 미묘한 법은
옳게 깨닫기도 어려우니라.
이 모든 도를 행하기를
과 이루심을 얻은 것을 나는
이와 같은 큰 과보와
뜻을 나와 그리고 또 시방의
능히 이 일을 아시느니라.
말의 형상으로는
다른 모든 중생의 종류가
있을 수 없으나,

본래 수없는 부처님을 좇아
갖추어서 행하였으니,
보기도 어렵고
헤아릴 수 없는 억겁 동안
마치시고, 도량에서
이미 다 알고 보았느니라.
가지가지의 성품과 형상과
부처님께옵서는 이에
이 법은 가히 보이지 못하며
고요하고 멸함이니,
능히 앎을 얻는다는 것은
모든 보살 많은 이의

믿는 힘이 굳고
모든 부처님의 제자
모든 부처님께 공양하고
이미 다하여, 바로
가장 마지막 몸에 머무는,
그 힘으로는 감당하지
세간에 가득 차서
가령 하여금 모두
추측하고 헤아릴지라도
능히 측량하지 못하며,
같은 이가 시방에 가득하며,
또한 시방세계에 가득 차서

단단한 자는 제외되느니라.
많은 이로서 일찍이
일체의 새는 것이
나고 죽음의 돌고 도는
이와 같은 모든 사람들도
못할 것이니라.
사리불 같은 이가
생각을 다하여 함께
부처님의 지혜는
바로 설령 모두 사리불과
그리고 또 다른 모든 제자도
함께 생각을 다하여 추측하고

헤아릴지라도 또한 다시
날카로운 지혜와
나고 죽음의 돌고 도는
또한 그 수가 대숲같이
이들이 함께 한마음으로
부처님의 실상의 지혜를
능히 조그마한 부분도
새로 뜻을 일으킨 보살이
모든 뜻이 향하는 바를
법을 잘 설하는 이가
시방세계에 가득 차서,
항하사의 겁 동안 모두 다

능히 알지 못하느니라.
새는 것이 없는
가장 마지막 몸의 벽지불이
시방세계에 가득하여,
헤아릴 수 없는 억겁 동안
생각하고자 하여도
알지 못하느니라.
수없는 부처님께 공양하고
빠짐없이 알며, 또 능히
벼와 삼과 대와 갈대와 같이
한마음으로 묘한 지혜로써
함께 생각하고 헤아려도

부처님의 지혜는
그 수가 항하사와 같은 이의
한마음으로 함께 생각하여
능히 알지 못하느니라.

능히 알지 못하느니라.
물러나지 않는 모든 보살이
구하여도 또한 다시
또 사리불에게 이르노니,
생각으로 논의하지 못할
새는 것이 없고
심히 깊고 미묘한 법을
갖추어 얻었는지라,
시방의 부처님께옵서도

④ 사리불이여,
모든 부처님의 말씀은
부처님께옵서 설하신 바의
힘을 낼지니라.

나는 지금 이미
오직 나만이 이 형상을 알고
또한 그러하시느니라.
마땅히 알지니라.
다름이 없으니,
법에 마땅히 크게 믿는
세존의 법은 오랜 뒤에야

요긴하게 마땅히
모든 성문의 무리와
구하는 이로서,
벗어나게 하여 열반을
부처님의 방편의 힘으로써
중생이 곳곳에 집착함에
얻게 하느니라.

진실을 설하느니라.
그리고 또 연각승을
내가 괴로움에 얽힌 것을
얻음에 미친 자에게 이르노니,
삼승을 가르쳐 보임은
이끌어서 나옴을

⑤ 그 때에 대중 가운데에 모든 성문으로 새는 것이 다한 아라한인 아야교진여 들의 천이백 사람과, 그리고 또 성문 벽지불의 마음을 일으킨 비구 비구니와 우바새 우바이가 있어 각각 이런 생각을 하오되,「지금의 세존께옵서는 어떠하신 까닭으로 간절히 방편을 칭탄하시며, 이에 이런 말씀을 하시는가.

부처님께옵서 얻으신 바의 법은 심히 깊어서 이해하기 어려우며, 말씀으로 설하신 바 있는 것도 뜻이 향하는 것을 알기 어려워 일체 성문 벽지불은 능히 미치지 못하는 바이라고 하시는가. 부처님께옵서 한가지 해탈의 뜻을 설하셨으므로 우리들도 또한 이 법을 얻어서 열반에 이르렀거늘, 그러하오나 지금 이 뜻이 향하는 바를 알지 못하겠나이다.

그 때에 사리불께서 사중이 마음에 의심하는 것을 아시고, 스스로가 또한 깨닫지 못하여 이에 부처님께 아뢰어 말씀하되, 「세존이시여, 어떠하신 까닭이시며, 어떠하신 인연으로 모든 부처님의 제일의 방편과 심히 깊고 미묘하여 이해하기 어려운 법을 간절히 칭탄하시옵니까. 저는 예로부터 오면서 일찍이 부처님으로부터 이와 같은 말씀을 듣지 못하였나이다.

지금 사중이 모두 다 의심하고 있사오니, 오직 원하옵건대, 세존께옵서는 이 일을 자세히 설명하여 주시옵소서. 세존께옵서는 어떠하신 까닭으로 심히 깊고 미묘하여 이해하기 어려운 법을 간절히 칭탄하시나이까.』

⑥ 그 때에 사리불께서 거듭 이 뜻을 펴고자 하여 게송으로 설하여 말씀하오되,

지혜의 해이시며,
크게 거룩하시고 높으신
분께옵서는 오랜만에야
이에 이 법을 설하시되,
「이와 같은 힘과 두려움
없음과 삼매와 선정과
해탈들의 가히 생각으로
논의하지 못할 법을 얻었다.」고
스스로 말씀하셨나이다.
도량에서 얻으신 바의 법은
능히 물음을 일으킬 자도
없사오며, 「나의 뜻은

가히 측량하기 어려워서 없으리라.」고 하시오며, 말씀하시오되、 행하신 바의 「사리에 밝은 지혜는 모든 부처님께옵서 새는 것이 없는 모든 나한과 자는 이제 모두 의심의 부처님께옵서 이러하신 말씀을 하시나이까. 비구 비구니와 모든 하늘과 건달바 들은 서로 보며 양가지가 흡족하시고 높으신

또한 능히 묻는 자도 물음이 없어도 스스로 도를 칭탄하시옵기를 심히 미묘하며 얻으신 바이라.」 하시오니、 그리고 또 열반을 구하는 그물에 떨어졌나이다. 어떠하신 까닭으로 그 연각을 구하는 자인 용과 귀신과 그리고 또 머뭇거림을 품으면서 분을 우러러 뵈옵나이다.

이 일은 어찌된 것이옵니까.
부처님께옵서는 위하여
모든 성문 대중에게
저를 제일이라고
저는 지금 스스로의
능히 깨닫지 못하겠나이다.
되옵나이까. 이것이
부처님의 입으로써
우러러 뵈오며 기다리옵나니,
미묘하옵신 소리를 내셔서
설하시옵소서.
모든 하늘과 용과 신 들과,

원하옵건대,
풀어서 말씀하시옵소서.
부처님께옵서는
말씀하셨사오나,
지혜로써는 의심하고 미혹하여
이것이 궁극의 법이
행할 바의 도가 되옵나이까.
나온 바의 아들은 합장하고
원하옵건대,
때에 실상과 같이
그 수가 항하사와 같은
부처님을 구하는 대략 있는

팔만의 모든 보살과, 또 모든 만억 나라의 전륜성왕이 이르러서 공경하는 마음으로 합장하며, 흡족하시게 갖추신 도를 듣고자 하옵나이다.

그 때에 부처님께서 사리불에게 이르시되, 『그치고 그칠지니라. 모름지기 다시 말하지 말지니라. 만약 이 일을 말한다면, 일체 세간의 모든 하늘과 그리고 또 사람이 모두 마땅히 놀라고 의심하리라.』

사리불께서 거듭 부처님께 아뢰어 말씀하오되, 『세존이시여, 오직 원하옵건대, 이를 설하시옵소서.

오직 원하옵건대, 이를 설하시옵소서.

까닭은 무엇인가 하오면, 이 모임의 수없는 백천만억의 아승지 중생은 일찍이 모든 부처님을 뵈어서, 모든 근기가 빠르고 영리하며 사리에 밝은 지혜는 밝고 똑똑하여, 부처님께옵서 설하시는 바를 들으면 곧 능히 공경하며 믿사오리다.』

⑦ 그 때에 사리불께서 거듭 이 뜻을 펴고자 하여 이에 게송으로 설하여 말씀하오되,

위없이 높으신 법왕이시여, 오직 설하시되 염려하시지 마시기를 원하옵나이다.

이 모임의 헤아릴 수 없는 많은 이는 능히 공경하고 믿는 이만 있나이다.

부처님께옵서 다시 말리시되, 『사리불이여, 만약 이 일을 설하면 일체 세간의 하늘과 사람과 아수라는 모두 마땅히 놀라고 의심할 것이며, 「깨닫지 못하고서도 깨달은 체하는 거만한」 비구는 장차 큰 구렁에 떨어지리라.』

그 때에 세존께옵서 거듭 게송으로 설하시어 말씀하시되,

그치어라. 그치어라. 나의 법은 묘하여 생각하기 어려워서, 「깨닫지 못하고서도 깨달은 체하는 거만한」 모든 자는 듣고 반드시 공경하거나 믿지 않을 것이니라.

그 때에 사리불께서 거듭 부처님께 아뢰어 말씀하오되, 『세존이시여, 오직 원하옵건대, 오직 원하옵건대, 이를 설하시옵소서. 지금 이 모임 가운데 저희들과 같은 무리 백천만억은 세세에 이미 일찍이 부처님으로부터 교화를 받았사오니, 이와 같은 사람들은 반드시 능히 공경하며 믿사옵고 긴 밤에 편안하게 의지하여 넉넉히 이익되는 바가 많으오리다.』

그 때에 사리불께서 거듭 이 뜻을 펴고자 하여 이에 게송으

로 설하여 말씀하오되,
위없이 양가지가 흡족하시고 높으신 분이시여,
원하옵건대, 제일의 법을 설하시옵소서. 저는
부처님의 맏아들이 되오니, 오직 가르침을 내리시어
분별하시어 설하시옵소서.
많은 이는 능히 이 법을 이 모임의 헤아릴 수 없는
부처님께옵서는 이미 일찍이 공경하며 믿으오리다.
가르쳐 교화하셨으므로, 세세에 이와 같은 이들을
부처님의 말씀을 받아서 모두 한마음으로 합장하고
저희들 천이백과 그리고 또 듣고자 하옵나이다.
원하옵나니, 이 많은 이를 나머지 부처님을 구하는 자는
오직 가르침을 내리시어 위하는 까닭으로
분별하시어 설하시옵소서.

이들이 이 법을 들으면 곧 크게 기뻐하고 즐거움을 내오리이다.

⑧ 이 때에 세존께옵서 사리불에게 이르시되, 『네가 이미 간절히 세 번이나 청을 하니 어찌 잘 말하지 않겠느냐. 네가 지금 자세히 들어서 잘 이를 생각하고 생각할지니라. 나는 마땅히 너를 위하여 분별하여 풀어서 말하리라.』

이 말씀을 설하실 때에 모임 가운데 비구 비구니와 우바새 우바이 오천 사람들이 있었는데 곧 자리로부터 일어나서 부처님께 절을 하고 그리고는 물러갔소이다. 까닭은 무엇인가 하면, 이 무리는 죄의 뿌리가 깊고 무거우며 그리고 또 증상만이라서, 얻지 못한 것을 얻었다고 일컬으며 증하지 못한 것을 증했다고 일컫는, 이와 같은 허물이 있으니, 그럼으로써 머물지 못하거늘, 세존께옵서는 묵묵하시며 이에 제지하지 아니하셨소이다.

그 때에 부처님께옵서 사리불에게 이르시되,『지금 나의 이 대중은 다시 가지와 잎은 없고 순수한 곧은 열매만이 있으니, 사리불이여, 이와 같은 「깨닫지 못하고서도 깨달은 체하는 거만한 사람」은 물러나는 것도 또한 좋으니라. 너희는 이제 잘 들을지니라. 마땅히 너희를 위하여 말하리라.』

사리불께서 말씀하오되,『오직 그러하옵나이다. 세존이시여, 원하옵건대, 기꺼이 듣고자 하옵나이다.』

부처님께옵서 사리불에게 이르시되,『이와 같은 묘한 법은 모든 부처님 여래께옵서 때에야 겨우 설하시나니, 우담발꽃이 때에 한 번 나타남과 같으니라. 사리불이여, 너희들은 마땅히 부처님께옵서 설하신 바를 믿을지니, 허망한 말씀은 아니 하시느니라.

⑨ 사리불이여, 모든 부처님께옵서 마땅함을 따라 법을 설하심에 뜻이 향하는 바를 알기가 어려우니라. 까닭은 무엇인가 하면, 내가 수없는 방편과 가지가지의 인연과 비유와 말로써 모든 법을 설명하여 말하나니, 이 법은 생각으로 헤아리거나 분별하는 바로는 능히 알지 못하며, 오직 모든 부처님만이 계시어 이에 능히 아시느니라. 까닭은 무엇인가 하면, 모든 부처님 세존께옵서는 오직 하나의 큰 일의 인연의 까닭으로써 세상에 나오시어 나타나시기 때문이니라.

사리불이여, 어찌하여 이르기를 모든 부처님 세존께옵서 오직 하나의 큰 일의 인연의 까닭으로써 세상에 나오시어 나타나신다고 이름하느냐 하면, 모든 부처님 세존께옵서는 중생으로 하여금 부처님 세존의 지견을 열어서 맑고 깨끗함을 얻게 하시고자 하시는 까닭으로 세상에 나오시어 나타나시며,
중생에게 부처님의 지견을 보이시고자 하시는 까닭으로 세상에 나오시어 나타나시며,
중생으로 하여금 부처님의 지견을 깨우쳐 주시고자 하시는 까닭으로 세상에 나오시어 나타나시며,
중생으로 하여금 부처님의 지견의 길에 들어가도록 하시고자 하시는 까닭으로 세상에 나오시어 나타나시느니라.

사리불이여, 이것을 위하여 모든 부처님께옵서 하나의 큰 일의 인연의 까닭으로써 세상에 나오시어 나타나시느니라.

⑩ 부처님께옵서 사리불에게 이르시되,『모든 부처님 여래께옵서는 다만 보살을 가르쳐 교화하시느니라. 지으신 바 있는 모든 것은 항상 하나의 일을 위하심이니, 오직 부처님의 지견을 중생에게 보이어 깨닫게 함이니라. 사리불이여, 여래는 다만 일불승의 까닭으로써 중생을 위하여 법을 설하니, 다른 승인 만약 이승이나 만약 삼승은 있을 수 없느니라. 사리불이여, 일체 시방의 모든 부처님의 법도 또한 이와 같으니라.

사리불이여, 지난 예전 모든 부처님께옵서 헤아릴 수 없고 수없는 방편과 가지가지의 인연과 비유와 말씀으로써 이에 중생을 위하여 모든 법을 설명하시어 말씀하셨으니, 이 법은 모두 일불승을 위한 까닭이었느니라. 이 모든 중생이 모든 부처님으로부터 법을 듣고 궁극에 일체 가지가지 지혜를 모두 얻었느니라.

사리불이여, 미래의 모든 부처님께옵서도 마땅히 세상에 나오시어 또한 헤아릴 수 없고 수없는 방편과 가지가지의 인연과 비유와 말씀으로써 이에 중생을 위하여 모든 법을 설명하시어 말씀하실 것이니, 이 법은 모두 일불승을 위한 까닭으로 이 모든 중생이 부처님으로부터 법을 듣고 궁극에 일체 가지가지 지혜를 모두 얻을 것이니라.

사리불이여, 현재 시방의 헤아릴 수 없는 백천만억 부처님 나라 가운데에 모든 부처님 세존께옵서 넉넉히 이익되는 바를 많게 하시어 중생을 편안하고 즐겁게 하시나니, 이 모든 부처님께옵서도 또한 헤아릴 수 없고 수없는 방편과 가지가지의 인연과 비유와 말씀으로써 이에 중생을 위하여 모든 법을 설명하시어 말씀하시느니라. 이 법은 모두 일불승을 위한 까닭이니라. 이 모든 중생이 부처님으로부터 법을 들으면 궁극에 일체 가지가지 지혜를 모두 얻느니라.

사리불이여, 이 모든 부처님께옵서 나만 보살을 가르쳐 교화하시노니, 부처님의 지견을 중생에게 보이시고자 하시는 까닭이며, 부처님의 지견을 중생에게 깨닫게 해주시고자 하시는 까닭이며, 중생으로 하여금 부처님의 지견에 들도록 해주시고자 하시는 까닭이니라.

⑪ 사리불이여, 나도 지금 또한 다시 이와 같아서, 모든 중생의 가지가지의 하고자 함과, 착을 하는 바가 마음 깊이 있는

것을 알아, 그 근본 성품을 따라 가지가지의 인연과 비유와 말과 방편의 힘으로써 이에 위하여 법을 설하느니라. 사리불이여, 이와 같은 것은 모두 일불승과 일체 가지가지 지혜를 얻기 위한 까닭이니라.

사리불이여, 시방세계 가운데에 오히려 이승도 없거늘 어찌 하물며 삼승이 있으리오.

사리불이여, 모든 부처님께옵서는 다섯 가지 흐리고 악한 세상에 나오시나니, 이른바 겁이 흐려짐이며, 번뇌로 흐려짐이며, 중생이 흐려짐이며, 보는 것이 흐려짐이며, 수명이 흐려짐이니라. 이와 같아서 사리불이여, 겁이 흐려짐으로 어지러운 때에는 중생이 때가 무거워서 아끼며 탐하며 시기하며 미워하여, 모든 착하지 못한 근본을 성취하는 까닭으로, 모든 부처님께옵서 방편의 힘으로써 일불승에서 분별하시어 삼승으로 설하시느니라.

⑫ 사리불이여, 만약 나의 제자가 스스로 아라한이라 벽지불의 자이라 일컬으며, 모든 부처님 여래께옵서 다만 보살을 가르쳐 교화하시는 일을 듣지도 못하고 알지도 못한다면, 이는 부처님의 제자가 아니며, 아라한이 아니며, 벽지불이 아니니라.

또 사리불이여, 이 모든 비구 비구니가 스스로 이르되, 이미 아라한을 얻었다고 하며, 이것이 「나고 죽음의 돌고 도는 가장 마지막 몸」인 궁극의 열반이라고 하여, 오로지 다시 「위없이 높고 바르며 크고도 넓으며 평등한 깨달음」을 구하려는 뜻이 없으면, 마땅히 알지니라. 이러한 무리는 모두 바로 「깨닫지 못하고서도 깨달은 체하는 거만한 사람」이니라. 까닭은 무엇인가 하면, 만약 어떤 비구가 진실로 아라한을 얻고도, 만약 이 법을 믿지 않는다는 이런 경우는 있을 수 없느니라. 부처님께옵서 멸도하신 뒤, 부처님께옵서 앞에 나타나시어 계시지 않으심은 제외되느니라. 까닭은 무엇인가 하면, 부처님께옵서 멸도하신 뒤에 이와 같은 경들을 받아서 가지고 읽고 외우며 뜻을 아는 자인 이런 사람을 얻기가 어렵기 때문이니라. 만약 다른 부처님을 만나면 이 법 가운데에서 문득 판단하여 깨달음을 얻으리라.

사리불이여, 너희들은 마땅히 한마음으로 믿어서 이해하여 부처님의 말씀을 받아 가질지니라. 모든 부처님 여래의 말씀은 허망함이 없으니, 나머지 승은 있을 수 없고, 오직 일불승만이 있느니라.』

⑬ 그 때에 세존께옵서 거듭 이 뜻을 펴시고자 하시어 이에게 송으로 설하시어 말씀하시되,

「깨닫지 못하고서도 　　　깨달은 체하는 거만함」을
품고 있는 비구 비구니와, 　「내라 하고 교만하여
남을 업신여기는」 우바새와, 　믿지 아니하는 우바이인,
이와 같은 사중들이 　　　그 수가 오천이 있으되,
스스로 그 허물을 　　　보지 못하고,
계가 이지러지고 　　　새는 것이 있어도
그 티와 흠을 아껴서 　　　감추려 하는,
이러한 작은 지혜자는 　　　이미 나갔으니,
대중 가운데 찌꺼기와 등겨라, 　부처님의 위엄과 덕의
까닭으로 나갔느니라. 　　　이런 사람은 복과 덕이 적어서

이 법을 받아서 감당하지 못하느니라.

이 무리에는 가지와 잎은 없고 오직 모든

곧은 열매만이 있으니,

모든 부처님께옵서는 사리불이여, 잘 들을지니라.

헤아릴 수 없는 방편의 얻으신 바의 법을

말씀하시느니라. 힘으로 중생을 위하여

가지가지 행하는 바의 도와, 중생이 마음에 생각하는 바와,

먼저 세상의 좋고 나쁜 업을 얼마쯤의 모든 욕심과 성품과,

모든 인연과 비유와 말과 부처님은 이미 다 바로 알아,

일체로 하여금 기쁘고 방편의 힘으로써

혹은 수다라와 가타와 즐겁게 하느니라.

미증유를 설하고, 그리고 또 본사와 본생과

또한 인연과 비유와

⑭ 아울러 기야와 우바제사의 경을 설하느니라.
둔한 근기는 작은 법을 즐기며
나고 죽는데 탐착하여, 모든 헤아릴 수 없는
부처님의 깊고 묘한 도를 행하지 않고,
뇌롭고 어지러운 바로 많이 피로워하니,
이를 위하여 열반을 설하느니라.
내가 이러한 방편을 베풀어서
들어감을 얻게 하고, 부처님 지혜에
부처님의 도 이룸을 「너희들은 마땅히
일찍이 설하지 않았는데, 얻으리라.」고
설할 때가 이르지 일찍이 설하지 아니한 것은
아니한 까닭이니라.
이제 바로 이러한 그 때이니,

⑮ 결단하여 정하고
나의 이 아홉 부분으로
따르고 설하여, 대승에
삼음이니, 그럼으로써
어떤 부처님 아들이 마음이
또한 날카로운 근기로
모든 부처님의 거처에서
이 모든 부처님 아들을
내가 수기하노니, 이와 같은
부처님의 도를 이루느니라.
부처님을 생각하고 깨끗이
이들이 부처님 얻을 것을

대승을 설하노라.
나 눈 법은 중생을 좇아서
드는 것을 근본으로
이 경을 설하노라.
깨끗하고 부드럽고 연하며,
헤아릴 수 없는
깊고도 묘한 도를 행하면,
위하여 이 대승경을 설하노라.
사람은 오는 세상에
깊은 마음으로써
계를 닦아 가진 까닭으로,
듣고는 큰 기쁨이

몸에 두루 가득하리니,
행하는 것을 아느니,
설하게 되느니라.
내가 설하는 바 법을 들음이
모두 부처님 이름이
시방의 부처님 나라 가운데
이승이 없고
부처님께옵서 방편으로
다만 거짓 이름자로써
부처님의 사리에 밝은
모든 부처님께옵서 세간에
일만이 진실이고, 나머지

부처님은 그네의 마음에
그러므로 대승을
성문이나 만약 보살이
이에 한 게송에 이를지라도
의심이 없느니라.
오직 일승법만이 있고,
또한 삼승이 없으되,
설하신 것은 제외되느니라.
중생을 인도하심은
지혜를 설하시려는 까닭이라.
나오심은 오직 이 한 가지
둘은 곧 참된 것이 아니니,

⑯ 부처님은 스스로
마지막에는 소승으로써
그 얻은 바의 법과 같이,
꾸미고 치장하여
스스로 위없는 도인
만약에 소승으로써 교화함이
나는 곧 아끼고 탐하는 것에
옳지 못한 것이 되느니라.
귀의하면, 여래는
또한 탐하는 것과
모든 법 가운데서
그러므로 부처님은

중생을 제도하지 못하느니라.
대승에 머무르고
선정과 지혜의 힘으로
이로써 중생을 제도하느니라.
대승 평등법을 증득하고도
이에 한 사람에 이를지라도,
떨어진 것이니, 이런 일은
만약 사람이 부처님을 믿어
거짓말을 하거나 속이지 않고
질투하는 뜻이 없느니라.
나쁜 것을 끊었으니,
시방에서 이에 홀로

두려울 바 없느니라.
밝은 빛을 세간에 비추니,
존경하는 바 되어, 위하여
이치로써 부처님 법임을
사리불이여,
내가 본래 맹세하여 세운
나와 등급을 같게 하여
내가 옛적에 원하던 것과
일체 중생을 교화하여
들게 하겠노라.

⑰ 만약 내가 중생을 만나면
가르침을 다하건마는,

나는 형상으로써 몸을 꾸며서
헤아릴 수 없는 중생이
모든 법의 실상의 뜻과
증명하는 표치를 설하노라.
마땅히 알지니라.
원은 일체 중생으로 하여금
다름이 없게 하고자 함이니라.
같이 지금 이미 만족하니,
모두로 하여금 부처님 도에

부처님의 도로써
지혜 없는 자는 착란하고

미혹하여 의심하고
나는 아노니, 이 중생이
닦지 아니하고 다섯 가지
어리석게 사랑하는 까닭으로
모든 욕심의 인연으로써
여섯 갈래로 나아가는
모든 괴로움과 독함을
조그마한 형상의 태를 받아
덕이 엷고 복이 적은
가까이 닥치느니라.
들어서서, 혹은 있다,
이 모든 견해에 의지하며

가르침을 받지 아니하느니라.
일찍이 착한 근본을
욕심에 굳게 착을 하여,
번뇌가 나며,
삼악도에 떨어져 빠지며,
가운데에서 돌고 돌아
갖추어 받느니라.
세세에 항상 더 길어지니,
사람이라, 많은 괴로운 바가
삿된 소견이 빽빽한 수풀처럼
혹은 없다는 것들이
머물러, 예순 두 가지를

흡족하게 갖추고 허망한 법에 깊이 착을 하여, 굳게 받아 가히 버리지 못하며, 내라 하고 교만하여 남을 업신여기어 스스로 높음을 자랑하고, 아첨하고 마음이 굽어 진실하지 못하여, 천만억겁 동안 부처님의 이름자도 듣지 못하고 또한 바른 법을 듣지 못하나니, 이와 같은 사람은 제도하기가 어려우니라.

이런 까닭으로 사리불이여, 내가 방편을 베풀어서 모든 괴로움이 다하는 도를 설하여 열반으로써 보이느니라. 내가 비록 열반을 설하나 이것은 또한 진실한 멸이 아니니라. 모든 법은 본래로부터 오면서 항상 스스로 고요하고 멸한 형상이니, 부처님의 아들이 도를 행하기를 마치면

⑱ 오는 세상에는 부처님
나에게 방편의 힘이 있어
일체 모든 세존께옵서는
이제 이 모든 대중은 모두
버릴지니, 모든 부처님의
오직 일승이요,
지난 예전 수없는 겁에
멸도하신 부처님께옵서는
그 수는 가히 헤아리지
모든 세존께옵서는
수없는 방편의 힘으로
설명하시어 말씀하셨느니라.

지음을 얻느니라.
삼승법을 열어서 보이나,
모두 일승도를 설하시느니라.
응당 의심하고 미혹함을
말씀은 다름이 없어
이승은 없느니라.
헤아릴 수 없이
백천만억 종류이시라.
못하거늘, 이와 같은
가지가지 인연과 비유와
모든 법의 형상을
이 모든 세존들께옵서는

모두 일승법을 설하시어,
교화하시어 부처님 도에
또 모든 크게 거룩하옵신
하늘과 사람과 뭇 생명
하고자 하는 것을 아시어,
제일의 뜻을 도우셔서
만약 어떤 중생의 종류가
만나서 만약 법을 듣고,
혹은 계를 가짐과,
정진과 선정과 지혜 들로
이와 같은 모든 사람들은
이룬 것이니라.

헤아릴 수 없는 중생을
들게 하셨느니라.
주인께옵서는 일체 세간의
종류의 마음에 깊이
다시 다른 방편으로써
나타내셨느니라.
모든 지난 예전 부처님을
베풀어 주는 것과,
욕되는 것을 참는 것과,
가지가지의 복과 지혜를 닦은,
모두 이미 부처님의 도를
모든 부처님께옵서

멸도하시어 마치심에도
착하고 부드러우면,
모두 이미 부처님의 도를
모든 부처님께옵서
사리에 공양하는 자가
금과 은과 그리고 또
마노와 매괴와 유리와
넓고도 엄숙하게 꾸며서
혹은 돌로 묘를 일으킴이
침수와 침향나무와 아울러
진흙과 흙 들로 하며,
흙을 쌓아 부처님의

만약 사람의 마음이
이와 같은 모든 중생은
이룬 것이니라.
멸도하시기를 마치시고
만억 가지 탑을 일으키되,
파리와 차거와 더불어
구슬로 맑고 깨끗하게 하고,
모든 탑을 단정하게 틀을 하며,
있으되, 전단과 그리고 또
다른 재목과 벽돌과 기와와
만약 빈 들 가운데에서
묘를 이루거나,

⑲ 이에 사내아이가 장난으로
모래를 쌓아 부처님의
탑을 만듦에 이르러면,
이와 같은 모든 사람들은
모두 이미 부처님의 도를
이룬 것이니라.

만약 사람이 부처님을
위하는 까닭으로
모든 형상을 일으켜 세우되,
깎고 새겨서 많은 형상을
이루면 모두 이미 부처님의
도를 이룬 것이니라.

혹은 일곱 가지 보배로써
이룩하거나, 놋쇠와 경쇠와
붉거나 흰 구리와 백랍과
그리고 또 납과 주석과
쇠와 나무와 그리고 또
더불어 진흙으로 하며,
혹은 베에 아교와 옻칠을
함으로써 아름답게 꾸며서
부처님의 상을 만들면,
이와 같은 모든 사람들은
모두 이미 부처님의 도를
이룬 것이니라.

⑳ 어여쁜 채색으로 그려서 부처님의 상을
백 가지 복으로 꾸미고 치장한 형상으로 만들되,
스스로나 만약 사람을 시켜서 만들면 모두 이미
부처님의 도를 이룬 것이며, 이에 사내아이가 장난으로
만약 풀이나 나무나 그리고 또 붓이나
혹은 손가락과 손톱으로써 이에 그림을 그려
부처님 상을 만듦에 이르러는, 이와 같은 모든 사람들은
점점 공덕을 쌓아서, 크게 불쌍히 여기는 마음을
흡족하게 갖추고 모두 이미 부처님의 도를 이룬 것이니라.
다만 모든 보살을 교화하여 헤아릴 수 없는 중생을
제도하여 벗어나게 하느니라.
만약 사람이 탑묘와 보배로 된 형상과 그리고 또

그림으로 된 형상에
위엄과 덕을 표시하는
천개로써 공경하는 마음으로
만약 사람을 시켜서
소라 고동을 불며, 퉁소와
비파와 쟁과리와 징과 방울의
묘한 소리를 다 가지고서
혹은 기쁘고 즐거운 마음으로
노래를 부르되, 이에 하나의
모두 이미 부처님의 도를
만약 사람이 흐트러지고
이에 한 송이의 꽃이라도

꽃과 향과, 「부처님과 보살의
장엄도구인 깃발」과
이에 공양하거나,
음악을 짓되, 북을 치고
피리와 거문고와 공후와
이와 같은 여러 가지
공양을 하거나,
부처님의 덕을 칭송하는
작은 소리에 이를 지라도
이룬 것이니라.
어지러운 마음으로
그림으로 된 형상에

공양하는 데에 이르러면, 점점 수없는 부처님을 뵈올 것이며,
혹 어떤 사람이 인사의 절을 하거나, 혹은 다시
다만 합장을 하거나, 이에 한 손을 드는 데에 이르거나,
혹은 다시 머리를 조금 숙여 이것으로써 형상에 공양을
하여도, 점점 헤아릴 수 없는 부처님을 뵈올 것이며,
스스로 위없는 도를 이루어 수없는 중생을 널리 제도하고
남음이 없는 열반에 들되, 땔나무가 다하여
불이 꺼지는 것과 같으리라. 만약 사람이
어지러운 마음으로 탑묘 가운데 들어가서
한 번이라도 「나무불」하고 일컬으면,
모두 이미 부처님의 도를 이룬 것이니라.
모든 지난 예전의 부처님께옵서 세상에 계시거나,

㉑ 혹은 멸하신 뒤에라도, 만약 이 법을 듣는 자가 있으면
모두 이미 부처님의 도를 이룬 것이니라.
미래의 모든 세존께옵서도
있을 수 없나니, 그 수를 헤아림은
또한 방편으로 이 모든 여래들께옵서
일체 모든 여래께옵서 법을 설하시리라.
모든 중생을 제도하시어 헤아릴 수 없는 방편으로써
부처님의 새는 것이 없는 법을 설하시리라.
만약 법을 듣는 자가 있으면 지혜에 들게 하시나니,
하나도 없으리라. 모든 부처님을 이루지 못함이
내가 행한 바 부처님의 도를 부처님의 본래 맹세하신 원은,
또한 같이 이 도를 얻게 널리 중생으로 하여금
하고자 함이니라.

미래세에 모든 부처님께옵서 비록 백천억의 수없는
모든 법문을 설하실 것이나、 그 실상은 일승을
위하심이니라。 양가지가 흡족하시고 높으신
모든 부처님께옵서는 법이 항상 성품이 없음을
아시건마는、 부처님의 종자는 인연으로부터
일어남이니、 이런 까닭으로 일승을 설하시느니라。
이 법은 법의 위치에 머물며 세간 형상에도 항상
머무느니라。 도량에서 아시기를 마치시고
인도하시는 스승께옵서 방편으로 설하시느니라。
하늘과 사람이 공양하는 바인 그 수가 항하사와 같은
현재 시방의 부처님께옵서 세간에 나오시어 나타나시어、
중생을 편안하게 의지하도록 하시려는 까닭으로、 또한

이와 같은 법을 설하시느니라. 제일의 고요하고 멸함을 아시건마는 방편의 힘의 까닭으로써 비록 가지가지의 도를 보이시나, 그 실상은 불승을 위하심이니라.

중생의 모든 행과, 깊이 지난 예전에 익힌 바 업과, 마음에 생각하는 바와, 정진의 힘과, 그리고 또 하고자 하는 것과, 성품과, 것을 아시고, 가지가지의 모든 근기의 날카롭고 둔한 말씀으로써, 따라서 응당 인연과 비유와 또한

㉒ 지금 나도 또한 이와 같아서 방편으로 설하시느니라. 하려는 까닭으로, 가지가지의 중생을 편안하게 의지하도록 베풀어 보이느니라. 나는 법문으로써 부처님의 도를 중생의 성품과 욕심을 알고 사리에 밝은 지혜의 힘으로써 방편으로 모든 법을 설하여,

모두로 하여금 기쁨과 즐거움을 얻게 하느니라.
사리불이여,
내가 부처님 눈으로써 관하여 여섯 가지 길의 중생을 보니,
가난하고 궁하며 복과 지혜가 없어서 나고 죽는
험한 길에 들어섰으니, 서로 되풀이하여 괴로움이
끊어지지 아니하며 깊이 다섯 가지의 욕심에
착을 하되, 남방 들소가 꼬리를 사랑하는 것과 같아서,
탐함과 애욕으로 스스로를 가림으로써 눈멀고 어두워서
보는 것이 없으며, 크게 세력 있는 부처님과
그리고 또 더불어 괴로움을 끊는 법을 구하지 아니하고
모든 삿된 견해에 깊이 들어가, 괴로운 것으로써
괴로움을 버리고자 하니, 이런 중생을 위한 까닭으로

이에 크게 불쌍히 여기는 마음을 일으켰느니라.
내가 처음에 도량에 앉아서 나무를 관하고 또한 거닐면서
삼칠일 가운데에서 이와 같은 일을 깊이 생각하되,
「내가 얻은 바의 사리에 밝은 지혜는 미묘하기
가장 제일이건만, 중생은 모든 근기가 둔하여
즐거움에 착을 하고 어리석어 눈 먼 바이니,
이와 같은 것들의 종류를 어떻게 하여야 이에 가히
제도할까.」하였노라.

㉓ 이때 모든 범왕과 그리고 또 모든 하늘의 제석과,
세간을 두호하는 사천왕과, 그리고 또 대자재천과,
아울러 나머지의 모든 하늘 무리와 거느린 무리 백천만이,
공손히 공경하며 합장하고 절을 하며 나에게 법륜

굴리기를 청하거늘, 나는 곧 스스로 깊이 생각하되,

「만약 다만 불승만 찬탄하면 괴로움에 빠져 있는 중생이
능히 이 법을 믿지 아니함일세, 법을 깨뜨리고
믿지 않는 까닭으로 삼악도에 떨어지리니,
내 차라리 법을 설하지 아니하고 빨리 열반에
들리라.」하다가, 지난 예전 부처님께옵서
행하신 바의 방편의 힘을 찾아서 생각하고
「나도 지금 얻은 바의 도를 또한 응하여 삼승으로
설하리라.」 이렇게 깊이 생각을 일으킬 때
시방의 부처님께옵서 모두 나타나시어
맑으신 소리로 나에게 위로하시어, 깨우쳐 주시되,
「옳게 하시도다. 제일의 인도하시는 스승이신

석가문이시여, 이 위없는 법을 얻으시고도 모든 일체
부처님을 따르시어 이에 방편의 힘을 쓰시려는구려.
우리들도 또한 모두 가장 묘한 제일의 법을
얻었건마는 모든 중생의 종류를 위하여 분별하여
삼승을 설하였소이다. 적은 지혜는 작은 법을
즐겨서 스스로 부처님 지음을 믿지 아니하니,
이런 까닭으로 방편으로써 분별하여 모든 과를
설하였사오니, 비록 다시 삼승을 설하였사오나,
다만 보살을 가르치기 위함이었소.」하셨느니라.
사리불이여,
나는 거룩한 사자의 깊고도 맑으며 미묘한 소리를 듣고
일컫기를 「나무 모든 부처님」하고, 다시 이와 같은

생각을 하되, 「나는 흐리고 악한 세상에 나왔으니,
모든 부처님께옵서 설하신 바와 같이 나도 또한
따르고 좇아서 행하리라」.
마치고는 곧 바라나에 이 일을 깊이 생각하기를
고요하고 멸한 형상을 나아가니, 모든 법의
방편의 힘의 까닭으로써 가히 말로써는 펴지를 못하여
말하였노라. 이것을 이름하여 다섯 비구를 위하여
오로지 열반의 소리와 법륜을 굴림이라 하느니라.
승려라는 차별의 이름이 그리고 또 아라한과 법과
㉔ 있게 되었느니라.
오래되고 먼 겁으로부터 오면서 열반의 법을
찬탄하고 보이되, 「나고 죽음의 괴로움이
영원히 다한다」.고 나는 항상 이와 같이 설하였느니라.

사리불이여,
내가 부처님 아들들을 보니,
뜻에 부처님의 도를 구하려는 자로서,
다 공손히 공경하는 마음으로써 모두 와서
부처님의 거처에 이르렀으니,
일찍이 모든 부처님으로부터
방편으로 설하시는 법을 들었음이라.
나는 곧 이런 생각을 하되,
「여래께옵서 나오시는 것은
부처님의 지혜를 설하시기 위한 까닭이니,
지금이 확실히 옳은 그 때이로다.」
사리불이여, 마땅히 알지니라.
둔한 근기와 지혜가 적은
사람과 형상에 착을 한
교만한 자는 능히
이 법을 믿지 못하나니,

마땅히 알지니라.
헤아릴 수 없는 천만억이

㉕ 지금 나는 기뻐하며
모든 보살 가운데에
다만 위없는 도를 설하리라.
의심 그물은 이미
천이백 나한도 또한 마땅히
과거·현재·미래의
법을 설하시는 의식과 같이,
이와 같아서 분별 없는
모든 부처님께옵서
되시는 것은 멀고멀어
바로 설하시기는
설하시기는 또 어려우며,

두려움 없어서,
바르고 곧아서 방편을 버리고
보살이 이 법을 듣고는
모두 없어지며,
다 부처님을 지으리라.
모든 부처님께옵서
나도 지금 또한
법을 설하노라.
세상에 나오시어 흥하게
만남을 마주치기가 어려우며,
나오실지라도 이 법을
헤아릴 수 없고 수없는 겁에

이 법을 듣기 또한 어려우며, 능히 이 법을 듣는 자인
이런 사람은 또한 다시 어려우니라.
비유하건대, 우담꽃을 일체가 모두 사랑하고 즐거워하되
하늘과 인간에 드물게 있는 바이니, 때때로 겨우
한 번 나옴과 같으니라.
즐거워서 찬탄하되, 법을 듣고 기쁘고
드러내는 데에 이를지라도, 이에 한 마디의 말을
과거·현재·미래 부처님께 곧 이미 일체
사람이 심히 드물게 있음은 공양함이 되느니라. 이런
너희들은 의심을 두지 우담꽃보다 지나느니라.
나는 모든 법의 왕이 되어 말지니라.
다만 일승도로써 널리 모든 대중에게 이르노니,
모든 보살을 가르쳐 교화하되,

㉖ 성문 제자는 없느니라.
너희들 사리불과 성문과
마땅히 알지니, 이 묘한
비밀되고 요긴한 것이니라.
세상에는 다만 모든 욕심에
이와 같은 이들의 중생은
구하지 아니하느니라.
악한 사람은 부처님의 일승
믿어 받지 아니하여 법을
부끄러워하고 수치스러워하여
부처님의 도를 구하려는 것이
이와 같은 이들을 위하여

그리고 또 보살은
법은 모든 부처님의
다섯 가지의 흐리고 악한
즐겁게 착을 하니,
끝내 부처님의 도를
마땅히 오는 세상에
설함을 듣고 미혹하여
깨뜨리고 악도에 떨어지리라.
맑고 깨끗하며 뜻에
있는 자이거든 마땅히
널리 일승도를 찬탄할지니라.

사리불이여,
모든 부처님의 법은
방편으로써 마땅함을 따라
그것을 배우고 익히지
밝게 깨닫지 못하느니라.
세간의 스승으로 마땅함을
다 이미 알았으니, 다시
마음에 크게 기쁨과
스스로 마땅히 부처님 짓게

마땅히 알지니라.
이와 같아서 만억의
법을 설하시나니,
않는 자는 능히 이것을
너희들은 모든 부처님께옵서
따라 방편으로 하시는 일을
모든 의심과 미혹을 없애고
즐거움을 내어
될 줄 알지니라.

[묘법연화경 제 이 권]

묘법연화경 제 삼 비유품

① 이 때에 사리불께서는 뛰고 떨 듯이 기뻐하고 즐거워하오며 곧 일어나 합장하고, 존귀하신 얼굴을 우러러 바라다 뵈오며 이에 부처님께 아뢰어 말씀하오되, 『지금 세존으로부터 이 법의 소리를 듣자옵고, 마음에 뛰고 떨 듯함을 품으며 일찍이 있지 아니한 것을 얻었나이다. 까닭은 무엇인가 하오면, 제가 옛적에 부처님으로부터 이와 같은 법을 들었사옵고, 모든 보살은 수기를 받아 부처님을 지으리라 함을 보았나이다. 그러

하오나 저희들은 이 일에 참여하지 못하여 여래의 헤아릴 수 없는 지견을 잃었다고 심히 스스로 감정이 상하였나이다.

세존이시여, 제가 항상 홀로 산이나, 수풀이나, 나무 밑에 살면서, 만약 앉거나, 만약 다니면서 매양 이런 생각을 하되, 「저희들도 같이 법의 성품에 들었거늘, 어찌하여서 여래께옵서는 소승법으로써 제도하심을 보이시는가. 이것은 저희들의 허물이고, 세존의 탓이 아니옵니다.」 하였지만, 이것인가 하오면, 만약 저희들이 「위없이 높고 바르며 크고도 넓으며 평등한 깨달음」을 성취하는 인연으로 할 바의 것을 설하심을 기다렸으면, 반드시 대승으로써 제도되어 벗어남을 얻었을 것이거늘, 그러하오나 저희들은 마땅함을 따라 설하시는 바의 방편을 이해하지 못하고, 처음에 부처님의 법을 듣고는 만나자 문득 믿고 받아서 증함을 가졌다고 깊이 생각하였기 때문입니다.

세존이시여, 제가 옛적으로부터 오면서, 날이 끝나고 밤이 마치도록 매양 스스로를 엄하게 꾸짖었는데, 그러하오나 지금 부처님으로부터 듣지 못한 바의 일찍이 있지 아니하였던 법을 듣자옵고, 모든 의심하고 뉘우치는 것을 끊고나니, 몸과 뜻이 태연하여 쾌히 편안하게 의지함을 얻었사옵니다. 오늘날에야 겨우 진실로 바른 부처님의 아들이며, 부처님의 입으로부터 났으며, 법으로부터 화하여 나서, 부처님 법의 나눔을 얻게 된 것을 알았나이다.』

② 그 때에 사리불께서 거듭 이 뜻을 펴고자 하여 이에 게송으로 설하여 말씀하오되,

저는 이 법의 소리를 들자옵고 일찍이
있지 아니한 것을 얻어, 마음에 크게 기쁘고
즐거움을 품었사오며, 의심 그물은 모두
이미 버렸나이다. 옛적부터 오면서
부처님의 가르침을 입어서 대승을 잃지 않았나이다.
부처님의 소리는 심히 드물게 있사와
능히 중생의 뇌로움을 버리게 하시나니,
저는 이미 새는 것이 다한 것을 얻었으나,
듣자옵고는 또한 근심과 뇌로움을 버렸나이다.
제가 산골에 살거나, 혹은 숲에나 나무 아래에
있으면서, 만약 앉거나, 만약 거닐면서, 항상
이 일만을 깊이 생각하고 탄식하며 깊이 스스로를

나무라되, 「어찌하여 스스로 속았느뇨. 우리들도 또한 부처님의 아들로 새는 것이 없는 법에 같이 들었건마는, 능히 미래에 위없는 도를 설명하여 말하지 못하며, 금빛과 서른두 가지와 열 가지 힘과 모든 해탈이 한 가지로 같이 한 법 가운데이거늘 그러나 이 일을 얻지 못하며, 팔십 가지 묘하고 좋은 것과 열여덟 가지 같지 않는 법인, 이와 같은 것들의 공덕을 이에 저는 이미 모두 잃었는가」 하고 제가 홀로 거닐 때에 부처님께옵서 대중에 계시는 것을 뵈오니, 이름 들림이 시방에 가득하여 널리 중생을 넉넉히 이익되게 하시거늘, 스스로 생각건대, 「이 이익을 잃음은 제가 스스로를 거짓으로 속임이 됨이라.」

제가 항상 밤낮으로 매양

③ 이 일을 깊이 생각하고 세존께 여쭈고자 하는 것은
「잃음이 되었는가. 잃지 않음이 되었는가.」이었나이다.
저는 항상 세존께옵서 모든 보살을 칭찬하심을 뵈옵고,
이로써 밤낮으로 이와 같은 일을 셈놓아 헤아렸나이다.
지금 부처님의 음성을 듣자오니, 마땅함을 따라
설하시는 법이 생각으로 논의하기 어려우며,
새는 것이 없는 것이라, 많은 이로 하여금
도량에 이르게 하옵나이다. 저는 본래 삿된 견해에
착을 하여 모든 범지의 스승이 되었으나,
세존께옵서 저의 마음을 아시고 삿된 것을 뽑아
버리시고 열반을 설하시거늘, 제가 삿된 견해를 다 버려서
공법을 증함을 얻었나이다. 이 때 마음으로 스스로

생각하기를 「멸도를 얻음에 이르렀다.」고 하였더니, 그러하오나 지금에야 겨우 이것은 참된 멸도가 아님을 스스로 깨달았나이다. 만약 부처님 지음을 얻을 때는 서른두 가지 형상을 갖추며, 하늘과 사람과 야차의 무리와 용과 신 들이 공손히 공경하는, 이 때에야 이에 가히 「영원히 멸하는 것이 다하여 나머지가 없다.」고 일컫겠나이다.

④ 처음 부처님께옵서 도량 가운데에서 제가 마땅히 부처님을 지으리라고 설하시니, 법의 소리를 듣자옵고 의심하여 뉘우치는 것을 부처님께옵서는 대중 가운데에서 말씀하신 바를 듣자옵고 이미 다 없애버렸나이다. 처음 부처님께옵서 말씀하신 바를 듣자옵고 마음 가운데 크게 놀라고 의심을 하되, 「문득 마가 부처님을 지어

저의 마음을 번뇌롭히고 하였나이다. 부처님께옵서는 가지가지 인연과 비유와 훌륭하신 말씀으로써 설하시니, 그 마음이 바다와 같이 편안하여져서 제가 듣고 의심그물을 끊었나이다.

부처님께옵서 말씀하시되, 「지난 예전 세상에 헤아릴 수 없이 멸도하신 부처님께옵서도 방편 가운데 편안하게 머무시어 이 법을 설하셨고, 현재와 미래 부처님께옵서도 또한 모두 이 법을 설하심이 없으되, 또한 모든 방편으로써 그 수는 헤아릴 수 없음이 말씀하시리라.」 하시며, 이와 같은 법을 설명하시어 탄생하심으로부터 그리고 또 마치 지금의 세존께옵서도 법륜을 굴리시되, 또한 출가하시어 도를 얻으시고 방편으로써 설하시나니,

세존께옵서 말씀하심이
이런 일이 없었나이다.
마가 부처님 지음이
제가 의심그물에
「이것은 마가 하는 것이다.」
부처님의 부드럽고
심히 미묘하시어
드러내심을 듣자옵고,
즐거워서 의심하고 뉘우치는
편안히 진실의 지혜
저는 결정코 마땅히
사람이 공경할 바가 되어,

실상의 도이고, 파순은
이로써 저는 결정코 이것은
아님을 알았나이다.
떨어진 까닭으로
라고 일컬었나이다.
연하옵신 소리는 깊고 멀며
맑고 깨끗한 법을 설명하시어
저의 마음은 크게 기쁘고
것은 영원히 이미 다하여,
가운데에 머물렀나이다.
부처님을 지어서 하늘과
위없는 법륜을 굴리어서

모든 보살을 가르쳐 교화하오리다.

⑤ 이 때에 부처님께옵서 사리불에게 이르시되, 『내가 지금 하늘과 사람과 사문과 바라문 들 대중 가운데에서 설하노니, 내가 옛적에 일찍이 이만억 부처님 거처에서 위없는 도를 위하는 까닭으로 항상 너를 가르쳐 교화하였고, 너는 또한 긴 밤에 나를 따라 배움을 받았느니라. 내가 방편으로써 너를 인도하였던 까닭으로 나의 법 가운데에 태어났느니라.

사리불이여, 내가 옛적에 너를 가르쳐서 부처님의 도를 뜻에 원하도록 하였으나, 너는 지금 다 잊어버리고 그리고는 문득 스스로 「이미 멸도를 얻었다.」고 생각하였느니라. 내가 지금 도로 너로 하여금 본래 원하던 바의 행하던 도를 기억하고 생각하게 하고자 하는 까닭으로 모든 성문을 위하여서 이 대승경을 설하노니, 이름은 묘법연화라, 보살을 가르치는 법이며, 부처님께옵서 생각하시어 두호하시는 바이시니라.

사리불이여, 너는 미래 세상의 헤아릴 수 없고 가없으며 가히 생각으로 논의하지도 못할 겁을 지나서, 몇 천만억 부처님께 공양하고 바른 법을 받들어 가지며, 보살이 행할 바의 도를 흡족하게 갖추어서 마땅히 부처님 지음을 얻으리니, 호는 화광 여래 응공 정변지 명행족 선서 세간해 무상사 조어장부 천인사 불 세존이니라.

나라의 이름은 이구이며, 그 땅은 평탄하고 바르며 맑고 깨끗하게 꾸며서 치장되고, 편안하게 의지하여 즐거움이 가득하니, 하늘과 사람이 불길같이 성하며, 유리로 땅이 되고, 여덟 갈래로 오고가는 길이 있으되, 황금으로 줄을 만들어서 그 가를 경계로써 하고, 그 옆에는 각각 일곱 가지 보배로 된 나무가 줄지어 섰고 항상 꽃과 과실이 있으리라. 화광여래께옵서도 또한 삼승으로써 중생을 가르쳐 교화하시리라.

사리불이여, 그 부처님께옵서 나오실 때는 비록 악한 세상은 아니나 본래 원하던 까닭으로써 삼승법을 설하시느니라. 그 겁의 이름은 대보장엄이니, 어떠한 까닭으로 이름을 가로되 대보장엄이라 하는고 하면, 그 나라 가운데에 보살로서 큰 보배로 삼는 까닭이니라.

⑥ 그 모든 보살은 헤아릴 수 없고 가이 없으며, 가히 생각으로 논의하지 못할 것이며, 수를 세는 비유로도 능히 미치지 못할 바이니, 부처님의 지혜의 힘이 아니면 능히 아는 자가 없느니라. 만약 다니고자 할 때에는 보배꽃이 발을 받드느니

라. 이 모든 보살은 처음으로 뜻을 일으킴이 아니라, 모두 오래 오래 덕의 근본을 심어 헤아릴 수 없는 백천만억 부처님의 거처에서 깨끗한 범행을 닦아서, 항상 모든 부처님의 칭탄하시는 바가 되며, 항상 부처님의 지혜를 닦아서 큰 신통을 갖추고 일체 모든 법의 문을 잘 알며, 바탕이 곧아서 거짓이 없고, 뜻과 생각이 굳고 단단한, 이와 같은 보살이 그 나라에 가득 차리라.

사리불이여, 화광 부처님의 수명은 십이 소겁이니, 왕자가 되어서 부처님을 짓지 아니하였을 때에는 제외하느니라. 그 나라의 인민의 수명은 팔 소겁이니라.

화광 여래께옵서 십이 소겁을 지나시고서, 견만보살에게 「위없이 높고 바르며 크고도 넓으며 평등한 깨달음」의 수기를 주시고 모든 비구에게 이르시되, 「이 견만보살이 다음에 마땅히 부처님을 지으면 호는 가로되, 화족안행 다타아가도 아라하 삼먁삼불타라 하리니, 그 부처님의 국토도 또한 다시 이와 같으니라.」 하시느니라.

사리불이여, 이 화광 부처님 멸도하신 뒤에 정법이 세상에 머무름은 삼십이 소겁이요, 상법이 세상에 머무름도 또한 삼십이 소겁이리라.』

⑦ 그 때에 세존께옵서 거듭 이 뜻을 펴시고자 하시어 이에 송으로 설하시어 말씀하시되,

사리불은 오는 세상에
부처님을 이루어
호명은 가로되 화광이리라.
지혜가 넓고 높으며,
중생을 제도하며,
마땅히 헤아릴 수 없는

수없는 부처님께 공양하고, 보살행과 열 가지 힘 들의 공덕을 흡족하게 갖추어 위없는 도를 증하리라.

헤아릴 수 없는 겁을 지나 마치면

겁의 이름은 대보엄이요, 세계의 이름은 이구이니라.

맑고 깨끗하여 티와 더러운 것이 없으며,

유리로 땅이 되고 금줄로 그 길의 경계를 하며,

일곱 가지 보배로 된 섞인 색깔의 나무에는

항상 꽃과 과실이 있느니라. 그 나라의 모든 보살은 뜻과

생각이 항상 굳고 단단하고, 신통으로써 「나고 멸하는

이쪽에서 나고 멸함이 없는 저쪽에 이르럼」을 이미 모두

다 흡족하게 갖추었으며, 수없는 부처님의 거처에서

보살도를 잘 배운, 이들과 같은 대사이니,

화광 부처님께옵서
부처님께옵서 왕자가
세상의 영화도 버리고, 「나고
뒤의 몸」으로 출가하여
화광 부처님께옵서
십이 소겁이요.
팔 소겁이니라.
정법이 세상에 머무름은
모든 중생을 제도하고 정법이
상법도 삼십이이니라.
펴서 하늘과 사람이
화광 부처님께옵서

교화할 바이니라.
되었을 때 나라를 버리고
죽음의 돌고 도는 가장 마지막
부처님의 도를 이루느니라.
세상에 머무시는 수명은
그 나라 인민들의 수명은
부처님께옵서 멸도하신 뒤에
삼십이 소겁이니, 널리
멸하기를 다하여 마치면,
사리를 널리 펴져 나가게
널리 공양하리니,
하시는 바의 그 일은

모두 이와 같으니라. 그 양가지가 흡족하시고 거룩하시며 높으신 분은 가장 나아서 짝할 무리가 없으며, 그가 곧 바로 너의 몸이니, 응당 마땅히 스스로 기뻐하고 경사로워할지니라.

⑧ 이 때에 사부중인 비구 비구니와 우바새 우바이와 하늘과 용과 야차와 건달바와 아수라와 가루라와 긴나라와 마후라가 들의 대중은, 사리불께서 부처님 앞에서 「위없이 높고 바르며 크고도 넓으며 평등한 깨달음」의 수기 받으심을 보고 마음이 크게 기쁘고 즐거워서 뛰고 뜀이 헤아릴 수 없으며, 각각 몸에 입은 바의 위의 옷을 벗어서 부처님께 공양하며, 석제환인과 범천왕 들도 수없는 천자와 더불어 또한 하늘의 묘한 옷과 하늘의 만다라꽃과 마하만다라꽃 들로 부처님께 공양하니, 흩

은 바의 하늘옷이 허공 가운데에 머물러서 이에 스스로 돌아구르며, 모든 하늘의 백천만 가지의 음악을 허공 가운데에서 한때에 같이 일어나게 하고 많은 하늘꽃을 비오듯이 하며, 그리고는 이런 말을 하되, 『부처님께옵서 옛적에 바라나에서 처음으로 법륜을 굴리시고, 지금에야 이에 다시 위없는 가장 큰 법륜을 굴리시는구나.』

⑨ 그 때에 모든 천자가 거듭 이 뜻을 펴고자 하여 이에 게송으로 설하여 말하되,

옛적에 바라나에서
「다섯 가지 화합하여
모든 법을 분별하시어
가장 묘하고 위없는

사제의 법륜을 굴리시어
모인 것」으로 나고 멸하는
설하시고, 지금 다시
큰 법륜을 굴리시니,

이 법은 심히 깊고 그윽하여 능히 믿는 자가 적게 있나이다.
저희들이 옛적부터 오면서 자주 세존의 설하심을
들었사오나, 이와 같이 깊고 묘한 높은 법은
일찍이 듣지 못하였나이다. 세존께옵서 이 법을 설하시니
저희들은 모두 따라 기뻐하나이다.
큰 지혜의 사리불께서 지금 존귀한 수기 받음을
얻었으니, 저희들도 또한 이와 같이 반드시 마땅히
부처님 지음을 얻어, 일체 세간에서 위가 있을 수
없이 가장 높게 되오리다. 부처님의 도는 생각으로
논의하기 어려워 방편으로 마땅함을 따라 설하시니,
지금 세상과 만약 지난 세상에 저희에게 있는 바
복의 업과 그리고 또 부처님 뵈온 공덕을

⑩ 그 때에 사리불께서 부처님께 아뢰어 말씀하오되, 『세존이시여, 저는 지금 다시 의심하여 뉘우치는 것이 없어서 친히 부처님 앞에서 「위없이 높고 바르며 크고도 넓으며 평등한 깨달음」의 수기 받음을 얻었으나, 이 모든 천이백의 마음대로 되는 자가, 옛날에 배우는 위치에 머무름에 부처님께옵서 항상 가르쳐 교화하시되, 「나의 법은 능히 나고 늙고 병들고 죽음을 떠나서 궁극의 열반을 한다.」 하셨나이다. 이 배우는 이와 배울 것이 없는 사람도 또한 각각 스스로 이에 「오온 화합의 내가 참 나라고 잘못 아는 그릇된 견해」와, 그리고 또 「죽은 뒤에도 항상 내가 그대로 있다는 그릇된 견해」와, 「죽으면 몸과 마음이 없어진다는 그릇된 견해」들을 떠

다 부처님의 도에 돌리어 향하게 하나이다.

나서 열반을 얻었다고 생각하였는데, 그러하오나 지금 세존 앞에서 듣지 못한 것을 듣자옵고 모두 의심하여 미혹함에 떨어졌나이다.

좋으신 세존이시여, 원하옵건대, 사중을 위하시어 그 인연을 말씀하시어 의심하여 뉘우침에서 떠나게 하여 주시옵소서.』

이 때에 부처님께옵서 사리불에게 이르시되, 『내가, 모든 부처님 세존께옵서 가지가지 인연과 비유와 말씀으로써 방편으로 설하시는 법은 모두 「위없이 높고 바르며 크고도 넓으며 평등한 깨달음」을 위함이라고 먼저 말하지 않더냐. 이 모든 설하는 바는 모두 보살을 교화하기 위한 까닭이니라. 그러나 사리불이여, 지금 마땅히 또 비유로써 다시 이 뜻을 밝히리니, 모든 지혜 있는 자는 비유로써 이해함을 얻느니라.

사리불이여, 만약 나라의 고을 부락에 큰 장자가 있었으니, 그의 나이는 연로하여 쇠하고, 재물은 부자여서 헤아릴 수 없어 밭과 집과 그리고 또 모든 굽실거리는 시중꾼이 많이 있으며, 그 집은 넓고 크나 문은 오직 하나만 있고, 여러 사람의 무리가 많아서 일백, 이백, 이에 오백 사람에 이르기까지 그 가운데 머물러 살았느니라.

⑪ 집과 누각은 낡고 썩었으며, 담장과 벽이 무너져 떨어졌고, 기둥뿌리는 부패하였으며, 대들보와 용마루는 기울어져 위태한 데다가, 두루 빙 둘러서 같은 때에 홀연히 불이 일어나서 사는 집이 불에 살리어 타거늘, 장자의 모든 자식이 만약 열이나, 스물이나, 혹은 서른에 이르도록 이 집 가운데 있었느니라. 장자가 이 큰불이 사면으로부터 일어남을 보고 곧 크게 놀

라고 두려워하며 이런 생각을 하되, 「나는 비록 능히 이곳 불타는 문에서 편안하게 의지하여 나옴을 얻었으나, 모든 자식들은 불난 집안에서 놀이하며 노는 데에만 즐겁게 착을 하여 깨닫지도 못하고, 알지도 못하며, 놀라지도 않고, 두려워하지도 아니하며, 불이 와서 몸에 가까이 닿아 아픈 괴로움이 이미 절박하게 될지라도 마음에 싫어하거나 근심하지 아니하고 나옴을 구하는 뜻도 없구나.」하였느니라.

사리불이여, 이 장자는 이렇게 생각을 하되, 「나의 몸과 손에는 힘이 있는지라, 마땅히 꽃바구니나 혹은 안락의자나 책상 들로써 집으로부터 나오게 하리라.」하다가, 또 다시 깊이 생각을 하되, 「이 집은 오직 문이 하나만 있고 또한 좁고 작은데, 모든 자식은 나이가 어려서 아는 것이 있지 아니하고,

노는 곳에만 그리워하여 집착하니, 혹시 마땅히 떨어지고 떨어져서 불에 타는 바가 되리라. 나는 마땅히 위하여 두렵고 겁나는 일을 말하되, 이 집은 이미 타나니, 마땅히 때에 빨리 나오라고 하여, 불에 타서 해되는 바가 없게 하리라.」 이런 생각을 하기를 마치고는, 깊이 생각한 바와 같이 자세히 모든 자식에게 이르되, 「너희들은 빨리 나오너라.」 하였느니라.

아버지는 비록 가련하고 불쌍히 여겨서 좋은 말로 달래어 깨우쳐 주나, 모든 자식들은 놀이하며 노는 데만 즐겁게 집착하여 즐거이 믿어 받지 아니하고, 놀라지도 아니하고, 두려워 하지도 아니하며, 깨달아 나올 마음이 없었느니라. 또한 다시 어떤 것이 바로 불이며, 어떤 것이 집이며, 어떤 것을 잃게 되는지 알지 못하고, 다만 동서로 달리어 놀며 아버지만 볼 따름이었느니라.

⑫ 그 때 장자는 곧 이런 생각을 하되, 「이미 이 집이 큰불에 타는 바 되었으니, 나와 그리고 또 모든 자식이 만약 때에 나오지 아니하면 반드시 불에 탈 바가 되리니, 내가 지금 마땅히 방편을 베풀어서 모든 자식들로 하여금 이런 해를 면함을 얻게 하리라.」 하고, 아버지는 모든 자식이 먼저 마음에 각각 좋아하는 바 있는 가지가지의 진귀한 노리개와 이상하고 기이한 물건에 뜻을 두고 반드시 즐거움을 붙일 것이라는 것을 알고, 그리고는 일러 말하되, 「너희들이 가히 좋아하는 노리개는 드물게 있는 것이라서 얻기가 어려우니, 네가 만약 받지를 아니하면 뒤에는 반드시 근심하고 뉘우치리라. 이와 같은 가지가지의 양의 수레와 사슴의 수

레가 지금 문 밖에 있으니, 가히 장난하며 즐겁게 놀 수 있느니라. 너희들은 이 불타는 집에서 마땅히 빨리 나올지니라. 너희가 하고자 하는 바를 따라서 마땅히 모두 너희에게 주리라.' 하였느니라.

이 때에 모든 자식은 아버지께서 말씀하시는 바를 듣고 진귀한 장난감인 물건이 그 원하는 바와 맞는 까닭으로, 마음이 각각 용맹하고 날카로워져서 서로서로 밀고 차며 앞다투며, 같이 뛰어 달리며, 다투며 불난 집을 나왔느니라. 이 때에 장자는, 모든 자식들이 편안하게 의지하여 나옴을 얻어서 모두 네거리 길 가운데의 드러난 땅에 앉으니, 다시는 막히고 걸릴 것이 없음을 보고 그 마음이 태연하며 기쁘고 즐거워서 뛰고 뛸 듯이 하였느니라.

때에 모든 자식들이 각각 아버지께 아뢰어 말하되, 「아버지께서 먼저 허락하신 바의 좋은 장난감의 꺼리인 양의 수레와 사슴의 수레와 소의 수레를 원하옵건대, 때에 내려 주시옵소서.」 하였느니라.

⑬ 사리불이여, 이 때 장자는 각각 모든 자식에게 같은 하나의 큰 수레를 주니, 그 수레는 높고 넓은데, 많은 보배로 단정하게 틀을 하고, 난간의 둘레를 빙 둘러서 사면에는 방울을 달고 또 그 위에는 수레 휘장의 덮개를 펴서 치고, 또한 진귀하고 기이한 잡가지의 보배로써 아름답게 꾸몄으며, 보배줄로 얽어매어 모든 꽃과 구슬을 드리우고, 예쁜 대자리를 겹겹이 넓게 깔아 놓고, 붉은 베개를 안정하게 놓았으며, 흰 소로써 끌게 하니, 살과 빛이 아름답고 깨끗하며, 몸의 형상은 어여

쁘고 좋으며, 큰 기운과 힘이 있으며, 다니는 걸음이 평탄하고 바르며 그 빠름이 바람과 같으며, 또 많은 시중꾼이 따라 이에 모시고 호위하였느니라. 까닭은 무엇인가 하면, 이 큰 장자는 재물이 헤아릴 수 없을 만큼 부자여서 가지가지의 모든 창고가 재물이 헤아릴 수 없을 까닭은 무엇인가 하면, '나의 재물은 끝이 없으니, 응당 낮고 졸렬한 작은 수레를 모든 자식들에게 주지 않느니라. 지금 이 어린아이는 모두 바로 나의 자식이니, 사랑함에 치우쳐 편듦이 없이하리라. 나에게 는 이와 같은 일곱 가지 보배로 된 큰 수레가 있는데 그 수를 헤아릴 수 없으니, 응당 마땅히 같은 마음으로 각각 이를 주나니, 마땅히 차별하지 아니하느니라. 까닭은 무엇인가 하면, 내가 이 물건으로써 두루 한 나라에 줄지라도, 가히 오히려 다하지 못할진대, 어찌 하물며 모든 자식이겠느냐."

이 때 모든 자식은 각각 큰 수레를 타고 일찍이 있지 않았던 것을 얻으니, 본래 바란 것 뿐만이 아니었느니라.

사리불이여, 너의 뜻에는 어떠하느냐. 이 장자가 모든 자식에게 진귀한 보배의 큰 수레를 똑같이 준 것이 어찌 허망함이 있다 하겠느냐. 아니 하겠느냐."

사리불께서 말씀하오되, 『아니옵니다. 세존이시여, 이 장자는 다만 모든 자식으로 하여금 불의 난리에서 면함을 얻게 하여 그 몸뚱이와 목숨만 온전하게 될지라도 허망함이 되지 않음이옵니다. 어떠한 연고인고 하오면, 만약 몸과 목숨만 온전하여도 문득 좋은 장난하는 꺼리를 이미 얻게 됨이거늘, 하물며 다시 방편으로 저 불난 집에서 빼내어 건져 줌이오니까.

세존이시여, 만약 이 장자가 이에 가장 작은 수레 하나라도 주지 않음에 이를지라도, 오히려 허망한 것이 아니옵니다. 어떤 까닭인고 하오면, 이 장자가 먼저 이러한 뜻을 짓되, 「내가 방편으로써 자식으로 하여금 나옴을 얻게 하리라.」 하였으니, 이러한 인연으로써도 허망함이 없음이온데, 어찌 하물며 장자가 재물이 부자라서 헤아릴 수 없음을 스스로 알고, 모든 자식에게 넉넉히 이익되게 하고자 하여 똑같이 큰 수레를 줌이오리까.」

부처님께옵서 사리불에게 이르시되, 『착하고 착하도다. 네가 말한 바와 같으니라.

⑭ 사리불이여, 여래도 또한 다시 이와 같아서, 곧 일체 세간의 아버지가 되어, 모든 겁냄과 두려움과 쇠약함과 뇌로움과

근심과 질병과 밝음이 없는 어두움에 가리운 것이 영원히 다하여 남음이 없고, 그리고는 헤아릴 수 없는 지견과 힘과 두려울 바가 없는 것을 다 성취하여, 큰 신력과 그리고 또 사리에 밝은 지혜의 힘이 있으며, 방편과 사리에 밝은 지혜로써 「나고 멸하는 이쪽에서 나고 멸함이 없는 저쪽에 이르름」을 흡족하게 갖추고, 대자대비로 항상 게으름과 권태가 없으며, 항상 착한 일을 구하며, 일체를 이익되게 하느니라.

이에 삼계의 썩고 낡은 불난 집에 나서, 중생의 나고 늙고 병들고 죽음이며, 근심과 슬픔이며, 괴로움과 번뇌로움과 어리석음과, 어두움에 덮인 삼독의 불에서 건지기 위하여 가르쳐 교화하여, 하여금 「위없이 높고 바르며 크고도 넓으며 평등한 깨달음」을 얻게 하느니라.

모든 중생을 보니, 나고 늙음과 병들고 죽음과 근심과 슬픔과 괴로움과 뇌로움으로 불이 붙어 지지는 바가 되며, 또한 다섯 가지 욕심과 재물의 이익을 위한 까닭으로써 가지가지의 괴로움을 받으며, 또 탐착하여 좇아 구하는 까닭으로써 지금에는 많은 괴로움을 받다가 뒤에는 지옥·축생·아귀의 괴로움을 받으며, 만약 하늘 위에 나거나 그리고 또 인간으로 있을 지라도 가난하고 궁하여 곤란한 괴로움과, 사랑하는 이와 이별하는 괴로움과, 원수와 미운 이를 만나는 괴로움인, 이와 같은 것들의 가지가지의 모든 괴로움에 중생이 그 가운데 빠져 있으면서도, 기쁘고 즐겁게 놀이하며 놀면서 깨닫지 못하고, 알지도 못하며, 놀라지도 아니하고, 두려워하지도 아니하며, 또한 싫어함도 내지 아니하고, 해탈도 구하지 아니하며, 이 삼계의 불난 집에서 동서로 뛰고 달리며 비록 큰 괴로움을 만날지라도 근심도 하지 아니하느니라.

사리불이여, 부처님은 이것을 보고는 문득 이런 생각을 하되, 「나는 중생의 아버지가 되는지라. 응당 그 괴로움과 어려운 것을 빼내어 주고, 헤아릴 수 없고 가없는 부처님의 사리에 밝은 지혜의 즐거움을 주어서, 그네로 하여금 놀이하며 놀게 하리라.」

사리불이여, 여래는 다시 이런 생각을 하되, 「만약 내가 다만 신력과 그리고 또 사리에 밝은 지혜의 힘으로 방편을 버리고, 모든 중생을 위하여 여래의 지견과 힘과 두려울 바가 없는 것을 칭찬하면, 중생이 이것으로써는 능히 제도를 얻지 못하느니라. 까닭은 무엇인가 하면, 이 모든 중생이 나고 늙고 병들고 죽음과 근심하고 슬퍼하며 괴로워하고 뇌로워하는 것을 면하지 못하고, 욕계·색계·무색계의 불난 집에서 불타는 바가 될 것이니, 무엇으로 말미암아 능히 부처님의 사리에 밝은 지혜를 이해하리오.」

⑮ 사리불이여, 그 장자가 비록 다시 몸과 손에는 힘이 있으나, 그러나 쓰지 아니하고, 다만 은근히 방편으로써 모든 자식을 불난 집의 난리에서 힘써 건지고, 그러한 뒤에야 각각 진귀한 보배로 된 큰 수레를 주는 것과 같이, 여래도 또한 다시 이와 같아서, 비록 힘과 두려울 바 없는 것이 있으나 그러나 쓰지 아니하고, 다만 사리에 밝은 지혜와 방편으로써 삼계의 불난 집에서 중생을 빼내어 건지기 위하여 삼승인 성문과 벽지불과 불승을 설하여 이에 이러한 말을 하되, 「너희들은

삼계의 불난 집에 즐겁게 머무름을 얻지 말고, 추하고 나쁜 빛과 소리와 향기와 맛과 닿는 것을 탐하지 말지니라. 만약 탐착하여 사랑이 생기면 곧 불타는 바가 되리라. 너희가 빨리 삼계를 나오면 마땅히 삼승인 성문·벽지불과 불승을 얻으리라. 내가 지금 너희를 위하여 이 일을 보증하여 맡으리니, 마침내 헛되지 않게 하리라. 너희들은 다만 마땅히 부지런히 닦고 정진할지니라.」

여래가 이런 방편으로써 중생을 달래어 나아가게 하고 다시 이런 말을 하되, 「너희들은 마땅히 알지니라. 이 삼승법은 모두 바로 성인께옵서 칭탄하시는 바이라, 마음이 마음대로 되어 얽매임이 없으며 의지하여 구할 것도 없으니, 이 삼승을 타면, 새는 것이 없는 뿌리와 힘과 깨달음과 도와 선정과 해탈과 삼매 들로써 스스로 즐겁게 놀아, 문득 헤아릴 수 없이 편안하게 의지하는 쾌락을 얻으리라.」 하느니라.

⑯ 사리불이여, 만약 어떤 중생이 안으로 지혜로운 성품이 있어, 부처님 세존으로부터 법을 듣고 믿어 받으며 간절히 정진하며 빨리 삼계를 나오고자 하여 스스로 열반을 구하면, 이 이름은 성문승이니, 저 모든 자식이 양의 수레를 구하기 위하여 불난 집을 나오는 것과 같으니라.

만약 어떤 중생이 부처님 세존으로부터 법을 듣고 믿어 받으며 간절히 정진하여, 자연혜를 구하며 홀로 좋고 고요함을 즐기어 깊이 모든 법의 인연을 알면, 이 이름은 벽지불승이니, 저 모든 자식이 사슴의 수레를 구하기 위하여 불난 집을 나옴과 같으니라.

만약 어떤 중생이 부처님 세존으로부터 법을 듣고 믿어 받으며 부지런히 닦고 정진하여, 일체 지혜와, 부처님 지혜와, 자연 지혜와, 스승 없는 지혜와, 여래의 지견과, 힘과, 두려울 바 없는 것을 구하고, 헤아릴 수 없는 중생을 불쌍히 생각하여 편안하고 즐겁게 하며, 하늘과 사람을 이익되게 하고, 일체를 제도하여 벗어나게 하면, 이 이름은 대승보살이니, 이러한 승을 구하는 까닭으로 마하살이라고 이름하느니라. 저 모든 자식이 소의 수레를 구하기 위하여 불난 집을 나옴과 같으니라.

⑰ 사리불이여, 저 장자가 모든 자식들이 편안하게 의지하여 불난 집에서 나옴을 얻어 두려움이 없는 곳에 이르럼을 보고, 스스로 생각하니 재물이 헤아릴 수 없이 부자여서, 큰 수레를

모든 자식에게 똑같이 주는 것과 같이, 여래도 또한 다시 이와 같아서 일체 중생의 아버지가 되느니라.

만약 헤아릴 수 없는 억천 중생이 부처님께서 가르치는 문으로 삼계의 괴로움인 겁나고도 두렵고 힘한 길을 나와서 열반의 즐거움을 얻는 것을 보고는, 여래가 이 때에 문득 이러한 생각을 하되, 「나는 헤아릴 수 없고 가없는 지혜와 힘과 두려움이 없는 것들의 모든 부처님의 곳집이 있고, 이 모든 중생은 모두 바로 나의 아들이니, 똑같이 대승을 줄 것이요, 어떤 사람이든지 홀로 멸도를 얻지 못하니, 모두 여래의 멸도로써 이에 멸도케 하리라. 이 모든 중생의 삼계에서 벗어난 자에게는 모든 부처님의 선정과 해탈 들의 즐겁게 노는 데에 갖추는 것을 다 주나니, 모두 이것은 한 형상, 한 종류이고, 성인께옵서 칭찬하시는 바이며, 능히 깨끗하고 묘한 제일의 즐거움이 생기느니라.

사리불이여, 저 장자가 처음에 세 가지 수레로써 모든 자식을 달래어 이끌고, 그러한 뒤에 다만 보배 물건으로 꾸미고 치장하여 편안하게 의지함이 제일이 되는 큰 수레를 주었느니라. 그러나 저 장자는 허망된 허물이 없는 것과 같이, 여래도 또한 다시 이와 같아서 허망함은 있을 수 없나니, 처음에 삼승을 설하여 중생을 인도하고 그러한 뒤에 다만 대승으로써 제도하여 벗어나게 하느니라. 까닭은 무엇인가 하면, 여래는 헤아릴 수 없는 사리에 밝은 지혜와 힘과 두려울 바 없음의 모든 법의 곳집이 있어서, 능히 일체 중생에게 대승의 법을 주건마는, 다만 다 능히 받지 못하느니라.

사리불이여, 이런 인연으로써 마땅히 알지니라. 모든 부처님께옵서는 방편의 힘인 까닭으로 일불승을 분별하시어 삼을 설하시느니라.』

⑱ 부처님께옵서 거듭 이 뜻을 펴시고자 하시어 이에 게송으로 설하시어 말씀하시되,

비유할 것 같으면,

장자에게는 큰 집이

하나 있는데, 그 집은

오래된 까닭으로 이에

다시 무너지고 헐었느니라.

집채는 높고 위태로우며,

기둥뿌리는 썩어 꺾였으며,

대들보와 용마루는 기울어져

비스듬하고, 섬돌의 토대는

무너지고 헐었으며,

담장과 벽은 무너져 엎어졌고,

진흙 바른 것은 무너져

떨어졌으며, 지붕 덮은 것도

어지럽게 떨어졌고,

서까래와 처마는 어긋나고
꾸불꾸불한 울타리 둘레에는
두루 가득 찼는데,
머물러 살고 있었느니라.
독수리와 까마귀와 까치와
까치독사와 살무사와
수궁과 백족충과 족제비와
악한 벌레 무리는 섞이어
똥과 오줌의 냄새가 나는
흘러넘치며, 말똥구리와
여우와 이리와 야간이는
죽은 시체를 맛보고 먹으니,

떨어져 나갔으며,
잡가지 더러운 것이
오백 사람이 그 가운데에
솔개와 올빼미와 수리와
산비둘기와 집비둘기와
전갈과 지네와 그리마와
살쾡이와 새앙쥐와 쥐와 모든
가로지르며 달음박질하며,
곳에 깨끗하지 못한 것이
모든 벌레가 그 위에 모이며,
씹어 물고 밟고 다니며
뼈와 살이 흩어져

⑲ 이로 말미암아 뭇 개는 다투며 와서 밀고 당기고, 굶어서 파리하며 두려워서 급하게 곳곳에서 먹을 것을 구하여, 움켜잡고 끌어당기면서 다투고 싸우며, 물어뜯고 싸우며 크게 짖나니, 그 집의 두렵고 겁나는 재앙의 형상이 이와 같으니라. 곳곳에 모두 산도깨비와 물도깨비와 나무도깨비와 돌도깨비가 있으며, 야차와 악한 귀신이 사람의 살을 씹어 먹으며, 독한 벌레의 무리와 모든 악한 날짐승과 길짐승이 알을 까서 기르고 새끼를 낳아 자라게 하여 각각 스스로 감추어 보호하나, 야차가 앞다투며 와서 다투어 잡아먹으며,

먹고는 이미 배가 부르면
힘이 커져서 다투고
겁나고 두려우며,
웅크리고 앉아 있다가,
두 자를 떨어져 왔다갔다
장난하기를 즐기되,
팽개쳐서 소리를 잃게 하고,
개를 놀라게 하고는
다시 여러 귀신이 있나니,
형상의 검고 파리한 것이
크게 악한 소리를 일으켜서
먹을 것을 구하며,

악한 마음이 돌아와서
싸우는 소리가 가히 심히
구반다 귀신은 단단한 땅에
혹은 때로는 땅에서 한 자나
놀러 다니며 함부로
개의 양 발을 잡아서
다리를 목에 붙이고서
스스로 즐거워하였느니라.
그 몸은 길고 크며 벌거벗은
항상 그 가운데에 머물면서,
울고 부르짖으며
다시 모든 귀신이 있으니,

그 목구멍은 바늘과 같으며, 다시 모든 귀신이 있는데,
머리는 소의 머리와 같은 것이 혹은 사람의 살을 먹으며,
혹은 다시 개도 씹어 먹으며, 머리털이 어지럽게 헝클어진
것이 흉악하고 음흉하여 잔인하게 해치며, 주리고
목마름이 닥쳐서 부르짖고 외치며 치달아 달리며,
야차와 아귀와 모든 악한 새와 짐승은 굶주림에 급하여
사방으로 향하면서 창문과 들창을 엿보며 지키나니,
이와 같은 모든 난리가 두렵고 겁남이
헤아릴 수 없느니라.

⑳ 이 썩고 낡은 집은 한 사람에게 속했나니,
그 사람이 겨우 나온 지 오래되지 않은 사이에,
뒤의 살던 집에서 홀연히 불이 일어나서 사면이

한 때에 그 불꽃과 함께 활활 붙어서, 대들보와
용마루와 서까래와 기둥에서 터지는 소리가 찢어지듯이
진동하면서 꺾이어 부러지고 떨어져 내리고,
담장과 벽이 무너지고 넘어져, 모든 귀신들은 소리를 질러
크게 부르짖으며, 수리와 독수리와 모든 새와
구반다 들은 두루 두렵고 급하고 놀라서
능히 스스로 나오지 못하며, 악한 짐승과 독한 벌레는
굴 구멍으로 도망하여 숨어 버리며,
비사사 귀신도 또한 그 가운데에 머물렀나니,
복과 덕이 엷은 까닭으로 불에 가까운 바가 되어 함께
서로를 잔혹하게 해쳐서 피를 마시고 살을 씹어 먹으며,
야간의 무리는 아울러 이미 먼저 죽었으니

㉑ 모든 크고 악한 짐승이 앞다투며 와서 뜯어먹으며,
냄새나는 연기가 흩어져 무럭무럭 피어올라
사면을 가득히 메웠느니라.
지네와 그리마와 노래기와 땅지네와 독사의 종류는
불에 타는 바가 되어 다투어 달리어 구멍에서 나오면
구반다 귀신이 따라와 잡아먹으며,
또 모든 아귀는 머리 위에 불이 타고
굶주리고 목 마르며, 뜨거움에 뇌로워하며
두루 두려워하고 번민하며 달아나니,
그 집은 이와 같이 가히 심히 겁나고 두려우니라.
독하고 해로운 불의 재앙으로 많은 난리가
하나만이 아니었느니라. 이때 집 주인이

문 밖에 서 있으면서、
「당신의 모든 자식들이
놀기 위한 까닭으로
어리고 작아
기쁘고 즐겁게 노는 데만
장자가 듣고는 놀라
바야흐로 마땅히 구원하여
없게 하리라.」하고、
많은 근심과 난리를 말하되、
재앙과 불이 넝쿨같이 뻗쳐서
같이 잇달아 끊어지지 않으며、
그리고 또 모든 야차와

어떤 사람의 말을 들으니、
먼저 희학질 하면서
이 집에 들어 왔으나、
아는 것이 없어서
즐거이 착을 한다.」하니、
불난 집에 들어가서
건져서 「불에 타는 해가
모든 자식에게 깨우쳐 일러서
「악한 귀신과 독한 벌레와
많은 괴로움이 차례차례로
독사와 까치독사와 전갈과
구반다 귀신과 야간과 여우와

개와 수리와 독수리와 솔개와 올빼미와 백족충의 무리가, 굶주림과 목마름과 뇌로움에 급하여서 가히 심히 겁나고 두렵거늘, 이런 괴로움과 난리의 곳에 하물며 다시 큰불이랴.」 모든 자식은 아는 것이 없어서, 비록 아버지의 가르침을 들었으나, 오히려 옛대로 즐거이 착을 하여 즐겁게 놀이하기를 마치지 아니하였느니라.

㉒ 이 때에 장자는 이에 이런 생각을 하되, 「모든 자식은 이와 같으니, 나의 근심과 번뇌만 더하게 하는구나. 지금 사는 이 집은 가히 즐거움이 하나도 없거늘, 이에 모든 자식들은 즐거이 놀이하며 노는 데에만 깊이 빠져서 지나치게 즐기고, 나의 가르침을 받지 아니하니,

장차 불이 해롭게 하리로다. 하고 곧 오로지 깊이 생각하되,
「모든 방편을 베푸리라.」
하고 모든 자식들에게 이르되,
「나에게 있는 가지가지
보배의 노리개 꺼리로써
묘한 보배로 된 좋은 수레인,
양의 수레와 사슴의 수레와
큰 소의 수레가 지금 문 밖에
있으니, 너희들은 나오너라.
내가 너희들을 위하여
이 수레를 지어 만들었으니,
뜻에 따라 즐거운 바로
가히 즐겁게 놀이하며
놀 수 있느니라.」
모든 수레의 말을 듣고,
모든 자식은 이와 같은
가면서 달음박질하여 나와서
곧 때에 분주하게 앞다투어
모든 괴로움과 난리를
빈 땅에 이르르니,
여의었느니라.
장자는 자식이 불난 집에서
나옴을 얻어 네 거리에

머무는 것을 보고, 사자자리에 앉아서 그리고는 스스로 하례하는 말을 하되, 「나는 지금 쾌락하도다. 이 모든 자식들을 낳아 기르기가 심히 어렵거늘, 어리석고 어려서 아는 것이 없어 험한 집에 들었으니, 모든 독한 벌레는 많고 도깨비는 가히 두려우며, 큰불의 맹렬한 불꽃이 사면에서 함께 일어나는데, 그러나 이 모든 자식은 즐겁게 놀이하며 노는 것에만 즐거이 탐착하였느니라. 나는 이미 구원하여 난리에서 벗어남을 얻게 하였으니, 이런 까닭으로 모든 사람이여, 나는 지금 쾌락하도다.」

이 때 모든 자식은 아버지께서 편안히 앉았음을 알고, 모두 아버지의 거처로 나아가서 그리고는 아버지께 아뢰어 말하되,

㉓ 「원하옵건대, 저희들에게
세 가지의 보배수레를
모든 자식이 나온다면,
너희가 하고자 하는 대로
지금이 바로 그 때이오니,
장자는 큰 부자라서 창고에
금, 은, 유리와 차거와
모든 큰 수레를 만들어
아름답게 꾸미되,
사면에 방울을 달고
진주 그물을 그 위에
금꽃과 모든 영락을

앞에서 허락하신 바와 같이
내려주시옵소서.
마땅히 세 가지의 수레로써
따르리라 하셨나이다.
오직 베풀어 주시옵소서.」
감추었던 여러 가지 많은
마노의 많은 보물로써,
장식하는 틀을 하여
난간의 둘레를 빙 둘러서
금줄로 얽었으며,
펴서 쳤으며,
곳곳에 드리워 내렸으며,

많은 비단을 섞어
빙 둘러 에워싸고,
솜으로써 까는 요를 하고,
가치가 천억인데 곱고도
그 위를 덮었으며,
살이 쪄서 굳세고 힘이
어여쁘고 아름다운데,
여러 인도하고 따르는 이가
이를 호위하였느니라.
자식에게 똑같이 내려주니,
기쁘고 즐거워서 뛰고 뛰면서
사방에서 놀되, 즐겁게

꾸민 것으로 둘레를
부드럽고 연한 비단과 고운
으뜸가고 묘한 가는 천은
희며 맑고 깨끗한 것으로써
커다란 흰 소가 있으니,
많으며 몸의 형상이
보배수레의 멍에를 메게 하고,
많아서 이에 모시고
이 묘한 수레를 모든
모든 자식은 이 때에야
이 보배수레를 타고
놀이하는 것이 쾌락하며

마음이 마음대로 되어
사리불에게 이르노니,
많은 거룩한 분 가운데에서
일체 중생은 모두 바로
즐거움에 착을 하여 지혜로운
삼계가 편안함이 없는 것은
많은 괴로움이 가득 차서
항상 나고 늙으며 병들고
이와 같은 것들의 불이
쉬지를 아니하느니라.
불난 집을 떠나서,
편안하게 숲이나

걸림이 없었느니라.
나도 또한 이와 같아서
높으며, 세간의 아버지니라.
나의 아들이나, 깊이 세상의
마음이 있을 수 없으며,
마치 불난 집과 같으며,
가히 심히 겁나고 두려우니라.
죽는 것과 근심 걱정이 있으며,
치성하게 타올라서
여래는 이미 삼계의
고요하고 한가하게 살며
들판에 사느니라.

지금 이 삼계는
그 가운데의 중생은
그러나 지금 이곳은
오직 나 한 사람만이
보호할 수 있느니라.
그러나 믿어 받지 아니함은
탐착이 심한 까닭이니, 이에
모든 중생으로 하여금
세간에서 나오는 길을
열어 보이는 것이니,
만약 마음이 결정되면
흡족하게 갖추어서,

모두 바로 나의 것이며,
모두 바로 나의 아들이거늘,
모든 근심과 난리가 많으니,
능히 구원하고
비록 거듭 훈계하여 가르치나,
모든 욕심에 물이 들어
방편으로써 삼승을 설하여
삼계의 괴로움을 알게 하고,
설명하여 말하고
이 모든 아들들이
삼명과 그리고 또 육신통을
연각과 물러나지 아니하는

㉔ 이 승은 미묘하여 맑고
　　보살을 얻을 수 있느니라.
내가 중생을 위하여
일불승을 설하노니,
이 말을 믿어 받으면
부처님의 도 얻음을
이루리라.
이 승은 미묘하여 맑고
모든 세간에서 위가 있을 수
가히 기뻐하시는 바이며,
공양하며 예배할 바이며,
모든 힘과 해탈과 선정과
그리고 또 부처님의
이와 같은 승을 얻어야만,

너 사리불이여,
이런 비유로써
너희들이 만약 능히
일체가 모두 마땅히

깨끗함이 제일이라서
없으니, 부처님께옵서
일체 중생도 응당 찬탄하고
헤아릴 수 없는 억천의
사리에 밝은 지혜와
나머지 법이니라.
모든 자식들로 하여금

밤낮의 겁수에 항상 즐겁게 노는 것을 얻게 하며,
모든 보살과 더불어 그리고 또 성문의 무리가
이 보배수레를 타고 바로 도량에 이르느니라.
이런 인연으로써 시방으로 살펴서 구할지라도 다시
다른 승은 없으니, 부처님의 방편은 제외되느니라.
사리불에게 이르노니, 너희 모든 사람들은
모두 바로 나의 아들이요, 나는 곧 바로 아버지니라.
너희들이 여러 겁에 많은 괴로움으로 불타는 바이거늘,
내가 모두 건지고 빼내어 하여금 삼계에서
나오게 하였느니라. 내가 비록 먼저 너희들은
멸도했다고 말하였으나, 다만 나고 죽음만
다한 것뿐이고 그러나 진실로 멸이 아니니,

지금 응당 할 바는
밝은 지혜이니라.
가운데 있으면 능히
실상의 법을 들을지니라.
비록 방편을 쓰시나
모두 바로 보살이니라.
㉕ 만약 사람이 지혜가 적어서
착을 하면, 이들을 위하는
이치를 설하느니라.
일찍이 있지 아니한 것을
괴로움이라는 이치는
만약 어떤 중생이 괴로움의

오직 부처님의 사리에
만약 보살이 이 많은 이
한마음으로 모든 부처님의
모든 부처님 세존께옵서는
교화하시는 바 중생은
사랑하는 욕심에 깊이
까닭으로 괴로움이라는
중생이 기쁜 마음으로
얻나니, 부처님이 설한
진실하여 다름이 없느니라.
근본을 알지 못하여,

깊이 괴로움의 원인에 착을 하여 능히 잠시도 버리지 못하면, 이들을 위하는 까닭으로 방편으로 도를 설하느니라. 모든 괴로움의 원인 되는 바는 탐욕이 근본이 되거늘, 만약 탐욕을 멸하면 의지하고 머무를 바가 없어서 모든 괴로움이 다하여 멸하니, 세 번째 이치라 이름하느니라.

멸함이라는 이치를 위하는 까닭으로 도를 닦아 행하여 모든 괴로움의 얽힘에서 떠나면, 해탈을 얻었다고 이름하나니, 이 사람이 어찌하여 이에 해탈을 얻었다고 하는가 하면, 다만 허망을 떠난 것을 해탈이라 이름할 따름이며, 그 참된 일체의 해탈을 얻지 못하였으니, 부처님은 이 사람은 참된 멸도가

㉖ 아니라고 말하느니라.
얻지 아니한 까닭이니,
하고자 함이 아니니라.
법에 마음대로 되어
의지하게 하려고 일부러
너 사리불이여,
세간을 이익되게 하고자
놀고 있는 장소에 있어서는
만약 듣는 자가 있어서
마땅히 알지니라.
아니함이니라.
만약 이 경법을 믿어 받는

이런 사람은 위없는 도를
내가 뜻하는 멸도에 이르게
내가 법왕이 되어
중생을 편안하게
세상에 나타났느니라.
나의 이 법도장은
하는 까닭으로 설하노니,
함부로 전하여 펴지 말지니라.
따라 기뻐하며 이마로 받으면,
이 사람은 돌아서서 물러나지

자가 있으면, 이 사람은

이미 일찍이 지난 예전에 부처님을 뵈옵고 공손히
공경하며 공양을 하였으며, 또한 이 법을 들었느니라.
만약 사람이 있어 능히 네가 말한 것을 믿으면,
곧 나를 본 것이며, 또한 너와 그리고 또
비구승과 아울러 모든 보살을 본 것이니라.
이 법화경은 깊은 지혜를 위하여 설한 것이니,
아는 것이 얕은 이가 들으면 미혹하여 이해하지 못하나니,
일체의 성문과 그리고 또 벽지불은 이 경 가운데서는
힘이 미치지 못하는 바이니라. 너 사리불도 오히려
이 경에서는 믿음으로써 들어옴을 얻게 되었거늘,
하물며 다른 성문이랴. 그 나머지의 성문도
부처님의 말씀을 믿는 까닭으로 이 경을

따르고 좇으나, 자기 지혜의 분수는 아니니라.
또 사리불이여, 교만하고 업신여기며
소홀히 하고 게을리 하거나, 「오온 화합의 내가
참 나라고 잘못 아는 그릇된 견해」를
꾀하는 자에게는 이 경을 설하지 말지니라.
범부는 아는 것이 얕아서 다섯 가지 욕심에 깊이
착을 하니 들어도 능히 알지 못하나니, 또한 위하여
설하지 말지니라. 만약 사람이 믿지 않고
이 경을 헐뜯고 비방하면, 곧 일체 세간의 부처님
종자를 끊는 것이니라. 혹은 다시 얼굴을 찡그리며
그리고는 의심과 미혹을 품으면, 너는 마땅히
이 사람의 죄보를 설하는 것을 들을지니라.

㉗ 만약 부처님께옵서
만약 멸도하신 뒤에,
비방함이 있거나,
쓰고 가지는 어떤 자를 보고
미워하고 질투하며
이 사람의 죄보를
그 사람이 명을 마치면
일 겁을 흡족하게 채우고,
이와 같이 되풀이하기를
지옥으로부터 나와서는
만약 개나 야간이가 되면,
파리하며 검으면서 누렇고

세상에 계시거나
그가 이와 같은 경전을
경을 읽고 외우며
가벼이 여겨 천대하거나
이에 원한 맺음을 품으면,
너는 지금 다시 들을지니라.
아비지옥에 들어가서
겁이 다하고는 다시 태어나며,
수없는 겁에 이르러고,
마땅히 축생에 떨어져서
그 형상이 대머리이고
옴과 문둥병에 걸리고

사람이 찌르고 어지럽게 할 것이며, 또 다시
사람이 가서 미워하고 천대할 것이고, 항상
피곤하고 굶주리며 목말라 뼈와 살이 야위고 마르며,
살아서는 회초리로 독하게 맞고 죽어서는 기와나
돌에 덮여지나니, 부처님의 종자를 끊은
까닭으로 이런 죄의 보를 받느니라.
만약 낙타가 되거나 혹은 나귀 가운데 나면,
몸에는 항상 무거운 짐을 지고, 모든 몽둥이로써
채찍질 당하며, 다만 생각하는 것은
물과 풀뿐이고 다른 것은 아는 것이 없으니,
이 경을 비방한 까닭으로 이와 같은 죄를 받느니라.
또 야간이가 되어 동네에 들어오면,

신체는 옴과 문둥이고
모든 사내아이들이 향하여
모든 괴로움과 아픔을 받아서
이르러며, 여기에서
다시 구렁이 몸을 받되,
오백 유순이며, 귀 먹고
고부라지게 구르면서 배로
씹어 먹히는 바가 되어,
휴식은 있을 수 없나니,
죄 얻음은 이와 같으니라.
㉘ 만약에 사람됨을 얻을지라도
난쟁이고 못생기고 곰배팔,

　또 한 쪽 눈이 없어서
치고 던지는 바가 되어,
혹 때로는 죽음에까지
죽기를 마치고는
그 형상이 길고 커서
미련하고 발이 없어서
다니다가 모든 작은 벌레에게
밤낮으로 괴로움을 받아
이 경을 비방한 까닭으로

절름발이, 장님, 귀머거리,

등은 곱사등이가 되며,
사람이 믿어 받지 아니하며,
귀신과 도깨비가 붙은
낮고 천하며, 사람이
병이 많으며 소갈증이고
믿을 곳이 없으며,
가까이할지라도 사람이
만약 얻는 바가 있어도
만약에 의원의 도를 닦아서
다시 다른 질병만 더하여
만약 자기가 병이 있으면
사람이 없으며,

말할 바가 있어 말해도
입 기운은 항상 냄새가 나고
바이며, 가난하고 궁하며
심부름시키는 바 되며,
파리하나 의지하여
비록 사람을 친하여
뜻에 두지 아니하며,
곧 다시 잃어버리며,
처방에 따라 병을 치료하여도,
혹은 다시 죽음에까지 이르며,
구원하여 치료해 줄
설령 좋은 약을 먹을지라도

이에 다시 더 심해지며,
노략질이나 겁탈이나
것들의 죄에 그런 재앙이
이와 같은 죄인은 영원히
뭇 성인의 왕이 법을 설하여
이와 같은 죄인은
미치거나, 귀가 먹거나,
영원히 법을 듣지 못하며,
번번이 귀머거리와
모든 뿌리를 갖추지 못하며,
동산의 망루에서
나머지 악도에 있기를

만약에 남에게 반역이나
도둑맞는, 이와 같은
뜻밖에 걸리느니라.
부처님을 뵈옵지 못하며,
가르쳐 교화할지라도,
항상 어려운 곳에 나며,
마음이 어지러워서
항하사와 같은 수없는 겁에
벙어리로 나서
항상 지옥에 사는 것을
노는 것 같이 하며,
자기 사는 집과 같이 하며,

낙타나 나귀나 돼지나 개,
이 경을 비방한 까닭으로
만약에 사람됨을 얻을지라도
벙어리가 되고
모든 쇠약한 것으로
물종기와 목마름과 두통과
이와 같은 것들의 병으로써
몸은 항상 냄새나는 곳에
깨끗하지 못하며,
참 나라고 잘못 아는
성냄과 분노가 더욱 더하며,
날짐승과 길짐승을

이것이 그가 가는 곳이니,
죄를 얻음이 이와 같으니라.
귀머거리, 장님,
가난하고 궁하여
스스로를 꾸미고 치장하며,
학질과 문둥병과 악한 종기,
의복을 삼으며,
살아 때 끼고 더러워
깊이 「오온 화합의 내가
그릇된 견해」에 착을 하여,
음탕한 욕심은 불같이 성하여
가리지 아니하나니,

이 경을 비방한 까닭으로
사리불에게 이르노니,
만약 그 죄를 말한다면
마치지 못하리라.
내가 짐짓 너에게 말하노니,
이 경을 설하지 말지니라.

㉙ 만약 날카로운 근기가 있고
밝게 깨달아서,
부처님의 도를 구하는 자인,
위하여 가히 설할 것이며,
억백천의 부처님을 뵈옵고
마음이 깊고 굳고 단단하거든,

죄를 얻음이 이와 같으니라.
이 경을 비방한 자의
겁이 다하여도
이런 인연으로써
지혜 없는 사람 가운데서는

사리에 밝은 지혜를
많이 듣고 분명히 알아서
이와 같은 사람에게는
만약 사람이 일찍이
모든 착한 근본을 심어서
이와 같은 사람에게는 이에

위하여 가히 설할 것이며,
항상 사랑하는 마음을 닦되,
이에 위하여 가히 설할
공경하되, 다른 마음 있음이
어리석음을 떠나서 홀로
이와 같은 사람에게는 이에
또 사리불이여, 만약 어떤
착한 벗을 친하고
이와 같은 사람에게는 이에
만약 부처님의 제자가
맑고 깨끗하게 하되,
깨끗이 하며 대승경을

만약 사람이 정진하여
몸과 목숨을 아끼지 아니하면,
것이며, 만약 사람이 공손히
없으며 모든 범부의
산이나 못에 살거든,
위하여 가히 설할지니라.
사람이 악지식을 버리고
가까이하는 것을 보거든,
위하여 가히 설할 것이며,
계를 가지기를
밝은 구슬과 같이
구하는 것을 보거든,

이와 같은 사람에게는 이에 위하여 가히 설할 것이며,
만약에 사람이 성냄이 없으며, 바탕이 곧으며
부드럽고 연하여
모든 부처님을 항상 일체를 불쌍히 여기고
공손히 공경하거든,
이와 같은 사람에게는 이에 위하여 가히 설할 것이며,
다시 부처님의 제자가 있어서 대중 가운데에서 맑고 깨끗한
마음으로써 가지가지의 인연과 비유와 말로
법을 설함에 걸림이 없으면, 이와 같은 사람에게는 이에
위하여 가히 설할 것이며,
만약에 어떤 비구가
일체 지혜를 위하여 사방으로 법을 구하여
합장을 하고 이마로 받되, 다만 대승경전만 받아
가지기를 즐겨하고 이에 다른 경의 한 게송이라도

받지 않음에 이르거든,
위하여 가히 설할 것이며,
부처님의 사리를 구하고,
얻음을 마치고는 이마로 이며,
나머지 경을 구하지 않으며,
서적을 생각하지 않거든,
위하여 가히 설할지니라.
내가 이러한 모양으로
설하려면 겁이 다하여도
이와 같은 이들의 사람은
너는 마땅히 위하여

이와 같은 사람에게는 이에
만약 사람이 지극한 마음으로
이와 같이 경을 구하여
그 사람이 다시 뜻에
또한 일찍이 외도의 법이나
이와 같은 사람에게는 이에
사리불에게 이르노니,
부처님의 도를 구하는 자를
마치지 못하리라.
곧 능히 믿어서 이해하리니,
묘법화경을 설할지니라.

묘법연화경 제 사 신해품

① 이 때에 혜명 수보리와 마하가전연과 마하목건련께서는 부처님으로부터 일찍이 있지 아니한 바의 법과, 세존께옵서 사리불에게 「위없이 높고 바르며 크고도 넓으며 평등한 깨달음」의 수기 주시는 것을 듣자옵고는, 드물게 있는 마음을 일으켜서 기쁘고 즐거워 뛰고 뛸 듯이 하며, 곧 자리로부터 일어나서 의복을 가지런하게 하고, 웃옷을 벗어서 한쪽으로 하여 오른쪽 어깨를 드러내고, 오른쪽 무릎을 땅에 붙여서 한마음으로 합장하고, 몸뚱이를 굽혀서 공손히 공경하옵

고, 존귀하신 얼굴을 우러러 바라다 뵈오며 그리고는 부처님께 아뢰어 말씀하오되, 『저희들이 승려에서는 우두머리에 앉았사오며, 나이는 함께 늙어서 쇠약하여, 스스로 이미 열반을 얻었다고 일컫고, 맡아 견딜 것이 없어 다시 나아가 「위없이 높고 바르며 크고도 넓으며 평등한 깨달음」을 구하지 아니하였나이다.

세존께옵서 지난 옛적부터 법을 설하신 지는 이미 오래시거늘, 때에 저희가 자리에 있었으되, 신체가 피곤하고 게을러져서 다만 공과, 형상이 없는 것과, 지음이 없는 것만을 생각하고, 보살법인, 신통으로 즐겁게 노는 것과, 부처님의 국토를 깨끗하게 하는 것과, 중생을 성취시키는 데는 마음으로 기뻐하고 즐거워하지 아니하였나이다. 까닭은 무엇인가 하오면,

세존께옵서 저희들로 하여금 삼계에서 나오게 하시어 「열반」의 증함을 얻게 하였다.」 하시고, 또한 지금 저희들도 나이는 이미 늙고 쇠약해져서, 부처님께옵서 보살을 가르쳐 교화시키시는 「위없이 높고 바르며 크고도 넓으며 평등한 깨달음」에는 한 생각도 좋아하고 즐거워하는 마음을 내지 아니하였나이다.

저희들이 지금 부처님 앞에서 성문에게도 「위없이 높고 바르며 크고도 넓으며 평등한 깨달음」의 수기 주심을 듣자옵고는, 마음으로 심히 기뻐하고 즐거워하며 일찍이 있지 아니한 것을 얻었나이다. 생각지도 못한 지금에 홀연히 드물게 있는 법을 얻어듣자옵고, 깊이 스스로 경사스럽고 다행스럽게도 크고도 좋은 이익을 얻었으며, 헤아릴 수 없는 진귀한 보배를 구하지 아니하여도 저절로 얻었나이다.

② 세존이시여, 저희들이 지금 좋은 말로써 비유하여 이 뜻을 밝히오리다.

비유하옵건대, 만약 어떤 사람이 벌써 나이가 아주 어려서 아버지를 버리고 도망해 가서 다른 나라에 오래 머물되, 혹 십이나 이십에서 오십 해에 이르러 나이는 이미 오래되고 많아졌어도, 더욱 다시 가난하고 어려워 사방으로 뛰어다니면서 밥과 옷을 구하면서 차츰차츰 여행하며 다니다가 우연히 본 나라로 향하였나이다.

그 아버지는 먼저부터 오면서 아들을 찾아도 찾지 못하고 하나의 성 가운데에 머물렀는데, 그 집은 큰 부자이라, 재물과 보배가 헤아릴 수 없어 금과 은과 유리와 산호와 호박과 파리와 구슬 들이 그 모든 창고에 모두 다 차서 넘치며, 굽실거리는 시중과 신하와 보좌관과 관리와 백성이 많이 있으며, 코끼리와 말과 타는 수레와 소와 양이 수없으며, 나가고 들어오는 이자가 이에 다른 나라까지 두루 미치고, 다니며 하는 장사와 앉아서 하는 장사 또한 심히 무리가 많았나이다.

때에 가난하고 궁한 아들은 모든 동네로 여행하며 나라와 고을을 지나다니다가 드디어 그 아버지가 머무는 바의 성에 이르렀나이다.

아버지는 매양 아들을 생각하되, 「아들과 더불어 이별한 지가 오십여 년이로되 그러나 일찍이 사람을 향하여 이와 같은 일을 말하지 아니하고, 다만 스스로 깊이 생각하고 마음에 뉘우치고 한탄만을 품으며, 스스로 생각하기를, 늙어 쇠약한데 재물은 많이 있어서 금과 은과 진귀한 보배가 창고에 차서 넘치나, 자식이라곤 있음이 없으니, 하루아침에 마침내 죽으면 재물은 흩어져 잃을 것이니 부탁하여 맡길 곳이 없도다.」 하였나이다.

이러므로 매양 간절히 그 아들을 기억하며 다시 이런 생각을 하되, 「내가 만약 아들을 찾아서 재물을 부탁하여 맡겨두게 되면, 마음이 너그러워지며 상쾌하고 즐거워서 다시는 근심과 염려가 없으리라.」고 하였나이다.

③ 세존이시여, 이 때에 가난한 아들은 머슴살이나 품팔이로 굴러다니다가 우연히 아버지의 집에 이르러서 문 옆에 머물러 서서 멀리 그 아버지를 보니, 사자평상에 걸터앉아 보배로 된 궤에 발을 올리고, 모든 바라문과 찰리와 거사는 모두 공손히 공경하며 에워 둘러쌌으며, 가치가 천만이나 되는 진주 영락으

로써 그 몸을 꾸미고 치장하였고, 관리와 백성과 굽실거리는 시종이 손에 하얀 불자를 잡고 왼쪽과 오른쪽에서 모시고 섰으며, 보배휘장으로 덮고 모든 꽃과 번을 드리웠으며, 향수를 땅에 뿌리고 많은 이름난 꽃을 흩었으며, 보물을 나열하여 나오고 들어가며 주고받는, 이와 같은 것들의 가지가지의 것들로 꾸미고 치장되어 있어서, 위엄과 덕이 뛰어나게 높았나이다.

가난한 아들은 아버지가 큰 힘과 권세가 있음을 보고, 곧 두려움과 무서움을 품고 여기에 이르러 온 것을 후회하며 가만히 이런 생각을 하되, '이는 혹시 바로 왕이거나, 혹시 바로 왕과 같으니, 내가 힘써 머슴살이를 하여 물건을 얻을 곳이 아니니, 가난한 동네에 가서 이르러 일할 땅이 있으면 부지런히 하여 옷과 밥을 쉽게 얻는 것만 같지 못하도다. 만약 오래까지 여기에 머물면, 혹은 보고 못살게 굴며 억지로 나에게 일을 시킬 것이리라.」 이런 생각을 하고는 빨리 달아나 갔나이다.

④ 이 때에 부자인 장자는 사자자리에서 아들을 문득 알아보고는, 마음이 크게 기쁘고 즐거워서 곧 이런 생각을 하되, 「나의 재물과 곳집에 감춘 것을 지금에는 맡길 곳이 있도다. 내가 항상 이 아들을 생각하고 그리워하여도 볼 인연이 없더니, 홀연히 스스로 왔으니 심히 나의 원과 맞음이로다. 내가 비록 나이는 늙었으나 오히려 일부러 탐하고 아꼈노라.」 하고, 곧 곁의 사람을 보내어 급히 쫓아가서 데리고 돌아오게 하였나이다.

이 때 명령을 받은 자는 빨리 달려가서 붙잡으니, 궁한 아들은 깜짝 놀래어 원망하고 크게 부르짖으며 일컫되, 「나는 붙들려 갈 만한 짓을 범하지 아니하였거늘, 어찌하여 보고는 잡으려고 하느뇨。」하니, 심부름꾼은 더욱 급하게 잡아 억지로 끌고 함께 돌아오려 하거늘, 때에 궁한 아들은 스스로 생각하되, 「죄가 없으나, 그러나 잡아 갇힘을 입게 되었으니, 이것은 반드시 죽음이 정해진 것이다。」하고 더욱 다시 두렵고 놀래어 지나치게 번민하다가 기절하여 땅에 넘어졌나이다. 아버지가 멀리서 이를 보고 그리고는 심부름꾼에게 일러서 말하되, 「이 사람은 필요하지 아니하니, 억지로 이끌고 오지를 말고 냉수를 얼굴에 뿌려서 잘 깨어나게 하고, 다시는 더불어 말하지 말지니라。」하였나이다. 까닭은 무엇인가 하오면, 아버지는 그 아들의 뜻과 생각이 낮고 졸렬함을 알고, 자기는 호화롭고 귀하여서 자식이 어렵게 여기는 바가 됨을 알고, 살펴서 바로 아들임을 알았으나, 그러나 방편으로써 다른 사람에게는 이는 나의 아들이라고 일러서 말하지 않았나이다. 심부름꾼이 이를 말하되, 「내가 지금 너를 놓아 줄 터이니, 뜻한 바를 따라 나아가라.」고 하니, 가난한 아들은 기뻐하고 즐거워하며 일찍이 있지 아니한 것을 얻어, 땅으로부터 일어나서 가난한 마을에 이르러 가서는, 옷과 밥을 구하려고 하였나이다.

⑤ 이 때에 장자는 장차 그 아들을 달래어 인도하고자 하여, 방편을 베풀어서 비밀히 형상과 얼굴이 여위어서 쇠약하여 위엄과 덕이 없는 자 두 사람을 보내되, 「너는 가히 저기에 나아가서 궁한 사람에게 천천히 말을 하여라. 여기에 일할 곳이 있으니 너에게 삯을 배나 주겠다고 하여라. 궁한 사람이 만약 허락하거든 데리고 와서 일을 시키고, 만약 말을 하기를, 어

떠한 일을 시키고자 하느냐고 비위를 맞추어서 가히 말하기를, 너를 머슴으로 거름이나 버리게 할 것이고, 우리들 두 사람도 또한 너와 함께 일을 하리라고 할지니라. 때에 두 심부름꾼이 곧 궁한 아들을 찾아가서 이미 잡고는 위의 일을 일일이 말하였나이다.

이때 궁한 아들은 먼저 그 품삯을 받고 이윽고 함께 거름을 버려주니, 그 아버지는 아들을 보고 불쌍히 여기고 그리고 기이하게도 여기었나이다.

또 다른 날에 창살 가운데로 멀리서 아들의 몸을 보니, 병들어 파리하고 시달려서 야위었으며, 거름과 흙과 티끌과 먼지에 땀이 나서 더러우며 깨끗하지 못하니, 곧 영락과 가늘고 연한 으뜸가는 옷과 아름답게 꾸민 꺼리를 벗어놓고, 다시 거칠고 해어지고 더럽고 기름기가 번드르르한 때 낀 옷을 입되, 티끌과 흙을 몸에 어우러지게 하여 오른손에는 거름 버리는 그릇을 잡아 가지고, 두려움을 하고 있는 바의 형상으로 모든 일하는 사람에게 말을 하되, 「너희들은 부지런히 일을 하여 게으르며 잘 쉬려고 하지 말지니라.」 하고, 방편의 까닭으로써 그 아들을 가까이함을 얻고는, 뒤에 다시 일러서 말을 하되, 「애달픈 남자여, 너는 항상 여기서 일을 하고 다시는 다른 데로 가지만 않으면, 마땅히 너에게는 품삯을 더 주며, 모든 필요한 바 있는 동이, 그릇, 쌀, 밀가루, 소금, 식초 및 속한 것을 스스로 의심하여 어렵게 여기지 말지니라. 또한 늙어서 곤한 심부름꾼이 있어 필요하면 도와주리니, 스스로 좋아하여 뜻을 편안히 하여라. 나는 너의 아버지와 같으니 다시는 근심과 걱정을 하지 말지니라. 까닭은 무엇인가 하면, 내 나이는 많이 늙었으며 그러나 너는 젊고 굳세며, 네가 항상 일할 때에 속이거나, 게으르거나, 성내거나, 한탄하거나, 원망하는 말이 있은 적이 없으며, 도무지 너에게는 이 모든 나쁜 것이 있음이 다른 일하는 사람과 같이 보이지를 아니하니, 지금부터 앞으로는 낳은 바 아들과 같이 하리라.」하고 곧 때에 장자는 다시 자를 지어서 주고, 이름을 아이라고 하였나이다.

이 때에 궁한 아들은 비록 이러한 것 만남을 기뻐하였으나, 오히려 옛날대로 스스로 생각하기를 「나 그네로 된 천한 사람이라.」하니, 이로 말미암은 까닭으로 이십 년 동안 항상 거름을 버리게 하더니, 이렇게 이미 지난 뒤에 마음과 몸을 서로 믿어서 들어가고 나오는 데에 어려움이 없었으나, 그러나 그 머무는 곳은 아직 본래의 거처에 있었나이다.

⑥ 세존이시여, 이 때 장자는 병이 있어서 스스로 장차 오래지 아니하여 죽을 것을 알고 궁한 아들에게 말하여 이르되, 「나에게 지금 많은 금과 은과 진귀한 보배가 있어 창고에 남아 넘치니, 그 가운데 많고 적은 것과 응당 받고 줄 곳을 네가 다 알아서 할지니라. 나의 마음은 이와 같으니, 이러한 뜻이 마땅히 근본이니라. 까닭은 무엇인가 하면, 지금 내가 너와 더불어 곧 다르지를 아니하니, 마땅히 마음 씀을 더하여 새어나가 잃어버림이 없게 할지니라.」

이 때 궁한 아들은 곧 가르쳐 타이름을 받고 많은 물건인 금과 은과 진귀한 보배와 그리고 또 모든 곳집에 저장한 것을 알아서 처리하되, 그러나 한 움큼도 바라고 가질 뜻이 없었나이다. 그러나 그 머무는 바는 옛대로 본래의 곳에 있었으며, 낮고 용렬한 마음도 또한 능히 버리지 못하였나이다.

다시 조금 때를 지나고 나서는, 아버지가 아들의 뜻이 점점 이미 트이고 커져서 큰 뜻을 성취하여 스스로 먼저의 마음이 비천하였다고 생각하는 것을 알고, 명을 마치고자 할 때에 다다라서, 그 아들에게 명령하여 친한 일가를 모음과 아울러 나라의 왕과 대신과 찰리와 거사를 모두 다 모이게 하고는 곧 스스로 선언하되, 「그대들 모두는 마땅히 알지니라. 이는 바로 나의 아들이니, 내가 낳은 바이나, 아무개 성 가운데에서 나를 버리고 도망해 달아나서, 외롭게 비틀거리며 고생하고 괴로워함이 오십여 년이었느니라. 그 본자는 아무개요. 나의 이름은 아무개인데, 옛날 본성에 있을 적에 근심을 품고 캐어

물어서 찾았더니, 문득 이 사이에서 우연히 만남을 얻었노라. 이는 진실로 나의 아들이요, 나는 진실로 그의 아버지니라. 지금 내가 가지는 바 일체 재물은 모두 바로 그 아들에게 있는 것이며, 먼저 내고 들인 것도 이 아들이 알아 할 바이니라.」 하였나이다.

⑦ 세존이시여, 이 때 가난한 아들은 아버지의 이 말을 듣고는 곧 크게 기뻐하고 즐거워하며 일찍이 있지 않은 것을 얻고 그리고는 이러한 생각을 하되, 「나는 본래 마음에 바라고 구하는 것이 있은 적이 없었으나, 지금 이 보배곳집이 자연히 이르렀도다.」 하였나이다.

　세존이시여, 큰 부자인 장자는 곧 바로 여래이시고, 저희들은 모두 부처님의 아들과 같사오니, 여래께옵서는 항상 말씀하시기를, 저희들을 아들이라 하셨나이다.

세존이시여, 저희들이 세 가지 괴로움의 까닭으로써 나고 죽는 가운데에서 모든 뜨거운 고달픔을 받고, 미혹하여 아는 것이 없어서 작은 법에만 즐거이 집착하였나이다. 오늘날 세존께옵서 저희들로 하여금 깊이 생각하게 하시어 모든 법의 쓸데없이 논함의 찌꺼기를 정결하게 버리게 하시니, 저희들이 이 가운데에서 부지런히 정진을 더하여 하루 가치의 열반에 이르름을 얻었나이다.

이미 이것을 얻고는 마음이 크게 기쁘고 즐거워서 스스로 흡족하게 여기며, 문득 스스로 일컬어 말을 하되, 「부처님 법 가운데에서 부지런히 정진한 까닭으로 얻은 바가 크고 많았다.」고 하였나이다. 그러하오나 세존께옵서는 저희들의 마음이 해 악스런 욕심에 착을 하여 작은 법을 즐기는 줄 먼저 아시나, 문득 보시고도 놓아 버려두시고 「너희들은 마땅히 여래지견인 보배곳집의 몫이 있느니라.」고 분별하시지 아니하셨나이다.

세존께옵서 방편의 힘으로써 여래의 사리에 밝은 지혜를 설하셨사오나, 저희들은 부처님으로부터 하루 가치의 열반만 얻고도 크게 얻었다고 하여, 이 대승을 구할 뜻이 있은 적이 없었나이다. 저희들은 또 여래의 사리에 밝은 지혜로 인하여 모든 보살을 위하여 설명하여 말하고 열어 보였사오나, 스스로 여기에는 원하는 뜻이 있은 적이 없었나이다. 까닭은 무엇인가 하오면, 부처님께옵서는 저희들 마음에 작은 법을 좋아하는 것을 아시고, 방편의 힘으로써 저희들을 따라서 설하셨건마는,

⑧ 저희들은 참으로 바로 부처님의 아들인 줄 알지 못하였나이다.

지금에야 저희들은 바야흐로 세존께옵서 부처님의 사리에 밝은 지혜를 인색하게 아끼시는 바가 없으심을 알았나이다. 까닭은 무엇인가 하오면, 저희들은 예로부터 오면서 참으로 바로 부처님의 아들이거늘, 그러나 다만 작은 법만을 좋아하였나이다. 만약 저희들이 큰 것을 좋아하는 마음이 있었다면, 부처님께옵서는 곧 저희를 위하시어 대승법을 설하시었사오리다.

이 경 가운데에서는 오직 일승만을 설하시며, 그리고는 옛적에 보살 앞에서 성문의 작은 법만을 좋아하는 자를 꾸짖고 나무라셨나이다. 그러하오나 부처님께옵서 실상은 대승으로써 가르쳐 교화하셨나이다. 이러한 까닭으로 저희들은 말하기를 「본래 바라고 구하는 바 있는 마음이 없었으나, 이제 법왕의

⑨ 그 때에 마하가섭께서 거듭 이 뜻을 펴고자 하여 이에 게송으로 설하여 말씀하오되,

저희들은 오늘날에야 부처님 음성의 가르침을 듣자옵고,
기쁘고 즐거워서 뛰고 뛸 듯이 하며 일찍이 있지 아니한 것을 얻었나이다.
부처님께옵서 말씀하시기를, 성문도 마땅히 부처님 지음을 얻는다고 하셨사오니, 위없는 보배 무더기를 구하지 아니하여도 저절로 얻었나이다.
비유할 것 같으면, 사내아이가 아주 어려 아는 것이 없어서 아버지를 버리고 도망하여 멀리 다른 나라에 이르러고,

큰 보배가 자연히 이에 이르렀으니, 부처님의 아들로서 응당 얻을 바의 것을 이미 모두 얻은 것과 같도다.」 하였나이다.」

모든 나라를 두루 흘러 다닌 지 오십여 년이거늘, 그 아버지는 근심스럽게 생각하여 사방으로 캐어물어 찾다가, 찾기에 이미 피로하여 한 성에서 정지하여 머물러서 살 집을 만들어 세우고, 다섯 가지 욕락으로 스스로를 즐겼나이다. 그 집은 크게 부자여서 모든 금과 은과 차거와 마노와 진주와 유리와 코끼리와 말과 소와 양과 메고 끄는 가마와 타는 수레가 많으며, 밭일과 시종과 인민의 무리가 많고, 이자가 나가고 들어옴이 다른 나라까지 두루 미치며, 행상하는 사람과 앉아서 장사하는 사람이 있지 않은 곳이 없으며, 천만억의 무리가 에워 둘러싸고 공손히 공경하며, 항상 왕이란 사람이 사랑하고 생각하는 바 되며, 뭇 신하와 호족이 모두 같이 우러러 받들고 중하게 여기니, 모든 인연의 까닭으로써 가고 오는 자가 많았나이다. 호화스럽고 부함이 이와 같고 큰 힘과 권세가 있으나 그러나 나이는 늙어 쇠약하니, 아들을 근심하고 생각함은 더하여 새벽부터 밤까지 깊이 생각을 하되, '죽을 때가 장차 이르렀거늘 어리석은 아들은 나를 버린 지가 오십여 년이니, 곳집에 감춘 모든 물건을 마땅히 어찌하여야 할 것인고.」 하였나이다. 그 때 궁한 아들은 옷과 밥을 구하고 찾아서 고을로부터 고을에 이르고 나라로부터 나라에 이르되, 혹은 얻는 바가 있기도 하며, 혹은 얻는 바가 없기도 하니, 굶주리고 굶주려서 야위고

⑩ 파리하며 몸에는 부스럼과 버짐이 생겼나이다. 점점 차례로 돌아다니다가 아버지가 머무는 성에 이르러서도, 머슴살이나 품팔이로 옮기어 굴러다니다가 마침내 아버지의 집에 이르렀나이다.

그 때 장자는 그 문안에서 큰 보배휘장을 치고 사자자리에 있으니, 거느린 무리가 에워 둘러싸고 모든 사람이 모시고 호휘하며, 혹은 금과 은과 보물을 계산하고 있기도 하며, 재산을 내어주고 들이는 것을 장부에 적어 기록해서 올렸나이다. 궁한 아들은 아버지가 호화롭고 귀하며 높고 엄숙한 것을 보고는 생각하기를, 「이는 나라의 왕이거나, 혹은 나라의 왕과 같다.」 하여

놀랍고 두려워서 스스로 괴이하게 여기며,

「어떤 까닭으로 여기에 이르르게 되었는고.」 하고

다시 스스로 생각으로 말을 하되, 「내가 만약

오래 머물면, 혹시 보고는 못살게 굴며 억지로 부려서

일을 시키리라.」 이렇게 깊이 생각하고는 빨리

도망가서 가난한 동네를 물어 품팔이 일을 하고자

가려고 하였나이다. 장자는 이 때 사자자리에

있으면서 멀리 그 아들을 보고서 묵묵히 하였으나,

알고는 곧 심부름꾼에게 시켜 쫓아가서 잡아

데리고 오라 하였는데, 가난한 아들은 놀래어

부르짖으며 근심으로 혼미하여 땅에 쓰러지며,

「이 사람이 나를 잡아 반드시 마땅히 죽음을 당하게

할 것이니, 어찌하여 옷과 밥을 쓰고자 내가 여기에 이르렀는고." 하였나이다. 장자는 아들이 어리석고 바보스러우며 좁고도 용렬하므로 자신의 말을 믿지 않으며, 이 아버지를 믿지 않는 줄을 알고는, 곧 방편으로써 다시 다른 사람인 애꾸눈이며 난장이고 추하여 위엄과 덕이 없는 자를 보내되, 「네가 가히 말하기를, 마땅히 서로 머슴살이나 하면서 모든 더러운 거름이나 버리면 네게 품삯을 배로 줄 것이다 라고 이를지니라." 가난한 아들이 듣고는 기뻐하고 즐거워하며 따라와서, 위하여 거름과 더러운 것을 버리고 모든 살림방과 집을 깨끗하게 하였나이다.

⑪ 장자는 창문으로 항상 그 아들을 보고, 아들이 어리석고 용렬하여 비천한 일만 하는 것을 좋아하는 줄로 생각하고, 이 장자는 떨어지고 때가 묻은 옷을 입고는 거름 버리는 그릇을 잡고, 아들의 거처에 이르러 가서 방편으로 가까이하여, 가까이에서 하여금 부지런히 일하게 하려고 말을 하되,

「이미 너에게는 품삯을 더 주기로 했으며, 아울러 발에 바르는 기름과 음식을 가득히 흡족하게 해 주고 까는 자리도 두텁게 하고 따뜻하게 하겠노라.」 하고,

「너는 마땅히 부지런히 이와 같이 간절한 말을 하되, 또 부드러운 말로써 일을 하라.」 하고,

「너는 나의 아들과 같다.」고 하였나이다.

장자는 지혜가 있어 점점 들어오고 나가게끔 하여,
이십 년이 지나도록 집안일을 맡아서 하게 하며,
그 금과 은과 진주와 파리인 모든 물건을 보여주고,
나가고 들어오는 것을 모두 시켜서 알아서 하게끔
하였으나, 오히려 문 밖에 살면서 풀로 이은 암자에
머물러 잠자고, 스스로 가난한 일을 생각하여
「나는 이러한 물건이 없다.」고 하였나이다.
아버지는 아들의 마음이 점점 이미 넓고 커진 것을
알고는 재물을 주고자 하여, 곧 친족과 나라의 왕과
대신과 찰리와 거사를 모으고 이 대중에게 말하되,
「이는 나의 아들인데 나를 버리고 다른 데로 다님이
오십 해가 지났으며, 몸소 아들이 온 것을 본지도

이미 이십 년이었소.
이 아들을 잃고 두루 다니며
여기에 와서 이르렀으니,
사는 집과 인민을 다
마음대로 하게 하리라."
아들이 옛적에 가난했던
낮고 용렬하였는데,
진귀한 보배와 아울러
일체 재물을 크게 얻고는,
얻어서 심히 크게 기뻐하고
⑫ 부처님께옵서도
저희가 작은 것을

옛적에 아무개 성에서
찾기를 구하다가 드디어
무릇 나에게 있는 바의
맡기고는 그 쓰는 것을
하였나이다.
것을 생각하여 뜻과 생각이
지금 아버지의 거처에서
사는 집에 이르기까지
일찍이 있지 아니한 것을
즐거워하였나이다.
또한 이와 같으시어,
좋아하는 것을 아시어

일찍이 「너희들이 부처님을 지으리라.」고 설하여 말씀하시지 아니하시고, 그리하여 저희들을, 모든 새는 것이 없음을 얻어서 소승을 성취한 성문 제자라고 말씀하셨나이다.
부처님께옵서 저희들에게 설하게 하시되, 「이것을 닦고 익히는 자는 마땅히 부처님 이룸을 얻으리라」고 하라.」 하시거늘, 저희는 부처님의 가르치심을 이어서 큰 보살을 위하여, 모든 인연과 가지가지의 비유와 약간의 말씨로 위없는 도를 설하니, 모든 부처님 아들들은 저희를 좇아 법을 듣고 밤낮으로 깊이 생각하며 정성껏 부지런히 닦고 익혔나이다.

이 때에 모든 부처님께옵서는 곧 그에게 수기 주시되,
「너는 오는 세상에 마땅히 부처님 지음을 얻으리라.」
하셨으니, 일체 모든 부처님의 비밀히 감추시는 법은
다만 보살을 위하여 그 실상의 일을 설명하시고,
그리고는 저희를 위하여서는 이 진실하고 요긴한 것을
설하시지를 아니하셨나이다. 저 가난한 아들이 그 아버지를
가까이하는 것을 얻고서 비록 모든 물건을 알았으나
마음으로 바라거나 가지려고 아니한 것과 같이,
저희들이 비록 부처님 법의 감춘 보배를 말하기는 하나
스스로 원하는 뜻이 없음은 또한 다시 이와 같나이다.
저희들은 안으로만 멸하면 스스로 흡족하다고 생각하고,
오직 이 일만 알고 다시 나머지 일은

없다고 하였나이다.

국토를 깨끗하게 하는 것과
교화하는 것을 들었어도,
즐거워한 적이 없었으니,
일체 모든 법은
나는 것도 없고
큰 것도 없고
새는 것도 없고 변하는 것도
이와 같이 깊이 생각하고
내지 아니하였나이다.
부처님의 사리에 밝은
착을 함도 없었으며,

저희들은 만약 부처님의
중생을 가르쳐
도무지 기뻐하고
까닭은 무엇인가 하오면,
모두 다 비고 고요하여,
멸하는 것도 없으며,
작은 것도 없으며,
없다고 하였나이다.
기쁨과 즐거움을
저희들이 긴 밤에
지혜를 탐냄도 없고
원하는 뜻도 다시 없어서,

⑬ 그리하여 스스로 법에서는
생각하였나이다.
공법을 닦고 익혀서,
병든 것을 벗어남을 얻어서
열반에 머물렀으므로,
교화하시는 바에 헛되지
이미 곧 부처님의 은혜
저희들은 비록 모든 부처님
설하여 부처님의 도를
그러하오나 이 법에 있어서
즐거워함이 없었으니,
보시고 버려두시되,

이것이 마지막 다 마침이라고
저희들이 긴 밤에
삼계의 괴롭고 뇌로움의
가장 뒤의 몸인 남음이 있는
부처님께옵서 가르쳐
아니한 도를 얻었으니,
갚음을 얻었다고 하였나이다.
아들들을 위하여 보살법을
구하라고 하였사오나,
영원히 원함과
인도하시는 스승께옵서는
저희 마음을 관하시는

까닭으로 처음에는 참된 이익이 있다고 설하셔서,
권하여 나아가게 하시지 아니하셨나이다。
부자인 장자가 아들의 뜻이 용렬한 것을 알아서
방편의 힘으로써 부드럽게 그 마음이 조복하도록 하고,
그러한 뒤에야 이에 일체 재물을 부탁하는 것과 같이,
부처님께옵서도 또한 이와 같으시어
드물게 있는 일을 나타내셨나이다。
작은 것을 좋아함을 아시고 방편의 힘으로써 그 마음을
고르게 굴복시키시어 겨우 큰 지혜를 가르치시니,
저희들은 오늘날에야 일찍이 있지 아니한 것을 얻었나이다。
먼저는 바라지도 아니한 것을 지금에야 스스로 얻었사오니,
저 가난한 아들이 헤아릴 수 없는 보배를

⑭ 세존이시여, 저희는 지금
얻은 것과 같나이다.
도를 얻고, 과를 얻어,
새는 것이 없는 법에서
맑고 깨끗한 눈을 얻었나이다.
저희들이 긴 밤에 부처님의
깨끗하신 계를 가졌으니,
비로소 오늘에야
그 과보를 얻었나이다.
법왕의 법 가운데에
오래 깨끗한 행을 닦아서,
지금 새는 것이 없고
위가 없는 큰 과를 얻었으니,
저희들은 지금에야
참되고 바른 성문이라,
부처님 도의 소리로써
일체에게 듣게 하겠나이다.
저희들이 지금에야
참된 아라한이니, 널리
모든 세간의 하늘과 사람과
마와 범천의 그 가운데서
응당 공양을 받으오리다.
세존의 크신 은혜는
드물게 있는 일로써,

가엾고 불쌍히 여기시와
이익되게 하시옵나니,
누가 능히 갚을 자이뇨.
머리와 이마로 절을 하여
할지라도, 다 능히
만약 이마에 이고
항하사 겁에 마음을 다하여
또 맛나는 반찬과
그리고 또 모든 눕는 데
끓인 약과 우두전단과,
보배로 탑묘를 일으키고,
이와 같은 것들의 일로

가르쳐 교화하시어 저희들을
헤아릴 수 없는 억겁엔들
손과 발로 이바지해 드리고
공경하며, 일체의 공양을
갚지 못하오리다.
양 어깨에 짊어 메고서,
공손히 공경을 하며,
헤아릴 수 없는 보배옷과
갖추는 것과 가지가지
그리고 또 모든 진귀한
보배옷을 땅에 펴는,
공양하기를 항하사 겁에서

할지라도 또한 능히 갚지를 못하오리다.

⑮ 모든 부처님께옵서는 드물게 계시어,
헤아릴 수 없고 가이 없으며, 가히 생각으로 논의하지도
못하는 큰 신통의 힘과, 새는 것이 없고 변함이 없는
모든 법의 왕으로, 능히 낮고 용렬한 이를 위하여
이 일을 너그럽게 참으시고, 형상을 가지려는 범부에게
마땅함을 따라 위하여 말씀하셨나이다.
모든 부처님께옵서는 법에서 가장 마음대로
되는 것을 얻으시어, 모든 중생의 가지가지의
욕심과 즐거움과 그리고 또 그의 뜻과 힘을 아시고,
맡아 견딜 바를 따라 헤아릴 수 없는 비유로써
이에 위하여 법을 설하시며, 모든 중생의 지난 세상의

착한 근본을 따르시며, 또 숙달됨을 이루었고 숙달됨을 이루지 못한 자를 아시어서, 분별하시어 아시고는, 가지가지로 셈놓아 헤아려서 일승도를 마땅함을 따라 삼승으로 설하셨나이다.

[묘법연화경 제 삼 권]

묘법연화경 제 오 약초유품

① 이 때에 세존께옵서 마하가섭과 그리고 또 모든 큰 제자에게 이르시되, 『착하고 착하도다. 가섭이여, 여래의 진실한 공덕을 잘 말하였으니, 진실로 말한 바와 같으니라. 여래는 또 헤아릴 수 없고 가없는 아승지의 공덕이 있나니, 너희들이 만약 헤아릴 수 없는 억겁에 말할지라도 능히 다하지 못하느니라.

가섭이여, 마땅히 알지니라. 여래는 이 모든 법의 왕이니,

만약 설한 바가 있는 것은 모두 헛되지 아니하느니라. 일체 법을 지혜의 방편으로써 설명하여 말하나니, 그 설하는 바의 법은 모두 다 일체 지혜의 지위에 이르게 하느니라.

여래는 일체 모든 법이 향하여 돌아가는 곳을 관하여 알며, 또한 일체 중생의 깊은 마음에 행하는 바를 알아 통달하여 걸림이 없고, 또 모든 법에 궁구하기를 다하여 밝게 알아서 모든 중생에게 일체의 사리에 밝은 지혜를 보이느니라.

가섭이여, 비유할 것 같으면, 삼천대천세계의 산과 내와 계곡과 토지에서 나는 바의, 풀과 나무와 빽빽한 숲과 그리고 모든 약초의 종류가 얼마쯤 이름과 모양이 각각 다르니라. 짙은 구름이 두루 퍼져 삼천대천세계를 두루 덮어, 한 때에 똑같이 쏟아지는 그 비에, 풀과 나무와 빽빽한 숲과 그리고 또 모든 약초의 작은 뿌리·작은 줄기와, 작은 가지·작은 잎과, 중간 뿌리·중간 줄기와, 중간 가지·중간 잎과, 큰 뿌리·큰 줄기와, 큰 가지·큰 잎이 두루 젖으나, 모든 크고 작은 나무의 상·중·하에 따라 각각 받는 바가 있거늘, 한가지 구름의 비에 그 종류와 성품이 적합하여서 그리하여 나고 자람을 얻어 꽃과 과실이 피고 맺나니, 비록 한가지 땅에 나는 바이며, 한가지 비에 젖는 바이나, 모든 풀과 나무가 각각 차별이 있느니라.

② 가섭이여, 마땅히 알지니라. 여래도 또한 다시 이와 같아서, 세상에 나와서 나타나는 것은 큰 구름이 일어나는 것과 같음이요, 큰 음성으로써 널리 세계의 하늘과 사람과 아수라에 두루 미치는 것은, 저 큰 구름이 삼천대천국토를 두루 덮

음과 같으니라.

대중 가운데에서 그리고는 이런 말로 외쳤느니라.

「나는 바로 여래 응공 정변지 명행족 선서 세간해 무상사 조어장부 천인사 불 세존이라, 제도되지 못한 자로 하여금 제도되게 하고, 알지 못한 자로 하여금 알게 하며, 편안하지 못한 자로 하여금 편안하게 하고, 열반에 이르지 못한 자로 하여금 열반을 얻게 하느니라.

지금 세상과 뒤의 세상을 실상과 같이 아나니, 나는 바로 일체를 아는 자이며, 일체를 보는 자이며, 도를 아는 자이며, 도를 여는 자이며, 도를 설하는 자이니, 너희들 하늘과 사람과 아수라의 무리는 법을 듣기 위한 까

닦으로 모두 응당 여기에 이르러도록 하라.」

이 때에 수없는 천만억 종류의 중생이 부처님 거처에 이르러 와서 법을 들었느니라. 여래는 이 때에 이 중생의 모든 근기가 날카롭고 둔함과 정진함과 게으르고 느린 것을 관하여, 그 감당할 바를 따라서 이에 위하여 가지가지의 헤아릴 수 없는 법을 설하여, 모두로 하여금 기쁘고 즐겁게 하고, 쾌히 좋은 이익을 얻게 하였느니라.

이 모든 중생이 이 법을 듣기를 마치니, 지금 세상에는 편안하게 의지하고, 뒤에는 좋은 곳에 나서 도로써 즐거움을 받고, 또한 법을 얻어들으며, 이미 법 듣기를 마치면 모든 막히고 걸리는 것에서 떠나며, 모든 법 가운데에서 맡은 힘에 능한 바로써 점점 도에 들어감을 얻나니, 저 큰 구름이 일체 풀과 나무와 빽빽한 숲과 그리고 또 모든 약초에 비를 내리면, 그 종류와 성품에 따라 흡족하게 물기를 받아서 각각 생장함을 얻는 것과 같으니라.

여래가 설한 법은 한 형상이며, 한 맛이라, 이른바 풀리어 벗어난 형상이며, 떠난 형상이며, 멸한 형상이니, 궁극에는 일체 가지가지 지혜에 이르느니라.

그 어떤 중생이 여래의 법을 듣고, 만약 가지며 읽고 외우며 설한 것과 같이 닦고 행하면, 얻는 바의 공덕은 스스로는 깨달아 알지 못하느니라.

까닭은 무엇인가 하면, 오직 여래만이 있어서 이 중생의 종류와 형상과 본체와 성품과, 어떤 일을 염하며, 어떤 일을 헤아리며, 어떤 일을 닦으며,

제오 약초유품

303

어떻게 염하며, 어떻게 헤아리며, 어떻게 닦으며, 어떤 법으로써 염하며, 어떤 법으로써 헤아리며, 어떤 법으로써 닦으며, 어떤 법으로써 어떤 법을 얻는 지를 알기 때문이니라.

중생이 가지가지의 지위에 머무름을 오직 여래만이 있어서 사실과 같이 보아서 밝게 알아 걸림이 없으니, 저 풀과 나무와 빽빽한 숲과 모든 약초들은 스스로 상·중·하의 성품을 알지 못하는 것과 같으니라.

③ 여래는 이 한 형상과 한 맛의 법을 아나니, 이른바 풀리어 벗어난 형상이며, 떠난 형상이며, 멸한 형상이며, 궁극의 열반인 항상 고요하고 멸한 형상이라, 마침내 공으로 돌아가느니라. 부처님은 이것을 알고는 중생의 마음에 하고자 하는 것

을 관하여 이를 차차 두호하나니, 이런 까닭으로 위하여 곧 일체 가지가지 지혜를 말하지 아니하였느니라.

너희들 가섭은 심히 드물게 있으니, 여래가 마땅함을 따라 설한 법을 능히 알아서, 능히 믿고, 능히 받는구나. 까닭은 무엇인가 하면, 모든 부처님 세존께옵서 마땅함을 따라 말씀하신 법은 이해하기도 어렵고 알기도 어렵기 때문이니라.』

그 때에 세존께옵서 거듭 이 뜻을 펴시고자 하시어 이에 송으로 설하시어 말씀하시되,

「있다는 것」을 깨뜨린
　　　법의 왕께옵서
세간에 나오시어 나타나시어,
　　　중생이 하고 싶어하는 바를
따라서 가지가지로
　　　법을 설하시느니라.
여래는 높고 중하며,
　　　사리에 밝은 지혜는

깊고 멀어, 오래도록 침묵하여 이 요긴한 것을 힘써
빨리 설하지 아니하느니라. 지혜 있는 자가 만약 들으면
곧 능히 믿어서 이해할 것이며, 지혜 없는 이는
의심하고 뉘우치며 곧 영원히 잃게 되느니라.
이런 까닭으로 가섭이여, 힘을 따라 위하여 설하여
가지가지의 인연으로써 바로 봄을 얻게 하느니라.
가섭이여, 마땅히 알지니라. 비유컨대, 큰 구름이
세간에 일어나 두루 일체를 덮는 것과 같이,
지혜 구름이 물기를 머금고, 번개 빛은 환하게 빛나며,
우레 소리는 멀리 진동하여 중생으로 하여금
즐겁고 기뻐하게 하며, 햇빛을 막아서 가리우니
땅 위는 맑고 시원해지며, 구름이 꽉 끼어 내려 퍼져서

마치 가히 이어져
그 비는 널리 평등히   잡힐 듯 하느니라.
헤아릴 수 없이 흘러 들어가서   사방에 함께 내려
산과 내와 험한 골짜기의   온 땅을 가득히 젖게 하며,
풀과 나무와 약초와   그윽하고 깊숙한 곳에서 난
백 가지 곡식과 묘와   크고 작은 모든 나무와,
비에 젖은 바로 풍족하지   사탕수수와 부들과 포도가
마른 땅은 널리 젖어서 약초와   아니함이 없으며,
그 구름에서 나온 바의   나무가 아울러 우거지느니라.
나무와 빽빽한 숲이 분수에   한가지 맛의 물에 풀과
일체 모든 나무의   따라서 물기를 받느니라.
그 크고 작은 것에 맞추어   상·중·하 들이
　　　　　　　　　　　각각 나서 자라남을 얻어서,

④ 부처님도 또한 이와 같아서
　　세상에 나와 나타남은
비유하건대, 큰 구름이 널리
　　일체를 덮는 것과 같고,
이미 세상에 나와서
　　모든 중생을 위하여
모든 법의 실상을 분별하고
　　설명하여 말하느니라.
크게 거룩한 세존은
　　모든 하늘과 사람과
일체 중생 가운데에서
　　이렇게 말하여 펴되,
「나는 양가지가 흡족하고
　　높은 여래이라.

뿌리와 줄기와 가지와 잎과
　　꽃과 과실의 빛과 색이
한가지 비에 닿는 바 되어
　　모두 곱고 윤택함을 얻되,
그 몸과 형상에 따라
　　성분은 크고 작으나
윤택한 바는 바로 한가지이며,
　　그리고는 각각 번성하며
무성하느니라.

세간에 나옴은 마치
가득히 적시는 것과 같거늘,
괴로움에서 떠나게 하고,
세간의 즐거움과 그리고 또
얻게 하느니라.
한마음으로 잘 듣고,
위없이 높은 이를
나는 세존이라,
중생을 편안하게 의지하게
나타나서 대중을 위하여
그 법은 한 맛으로
한가지 묘한 소리로써

큰 구름이 일체를
야위고 마른 중생을 모두
편안하게 의지하는 즐거움과
열반의 즐거움을
모든 하늘과 사람의 무리는
모두 응당히 여기에 이르러서
뵈올지니라."고 하였느니라.
능히 미칠 자가 없음이니,
하려는 까닭으로 세상에
감로의 맑은 법을 설하나니,
해탈과 열반이라,
이 뜻을 설명하여 펴며,

항상 대승을 위하여
나는 일체를 관하되
여기저기에 사랑하고
나는 탐착이 없고 또한
항상 일체를 위하여
한 사람을 위하는 것과
또한 그러하게 항상
일찍이 다른 일은 없었으며,
아무리 하여도 피곤하거나
세간을 가득케 하고
젖어들게 하는 것과 같아서,
위나 아래나, 계를 가졌거나

이에 인연을 짓느니라.
널리 모두 평등하여,
미워하는 마음 있음이 없으며,
막히거나 걸릴 것이 없느니라.
고루 같이 법을 설하되,
같으며, 많은 무리에게도
법을 설명하여 말하고,
가고 오고 앉고 서는 것은
싫어하지 아니하느니라.
흡족케 함이 비에 널리
귀하거나 천하거나,
계를 무너뜨렸거나

위의를 흡족하게 갖추었거나 그리고 또 흡족하게
갖추지 아니하였거나 바른 견해거나
삿된 견해거나, 날카로운 근기거나 둔한 근기거나
똑같이 법비를 내리되, 싫증이나 게으름이 없느니라.
일체 중생으로서 나의 법을 듣는 자는
힘에 따라 받는 바의 모든 지위에 머무나니
혹은 사람과 하늘의 전륜성왕과 제석과 범천의
모든 왕으로 있으면, 이것은 작은 약초요,
새는 것이 없는 법을 알아서 능히 열반을 얻으며,
육신통을 일으키고 그리고 또 삼명을 얻어서,
홀로 산이나 수풀에 살면서 항상 선정을 행하여
연각 증함을 얻으면, 이것은 중간 약초이고,

세존의 자리를 구하여
지으리라.」 하고
이것은 위의 약초이니라.

⑤ 또 모든 부처님의 아들이
오로지 하여 항상
스스로 부처님 지음을 알고
이것의 이름은 작은 나무요,
물러나지 아니하는
헤아릴 수 없는
이와 같은 보살은
부처님의 고루 같은 말씀은
중생이 성품에 따라서

「나는 마땅히 부처님을
정진과 선정을 행하면,
마음을 부처님의 도에만
자비를 행하며,
결정코 의심이 없으면,
신통에 편안히 머물러서
바퀴를 굴리며
억백천 중생을 제도하면,
큰 나무라고 이름하느니라.
한가지 맛의 비와 같으나,
받는 바가 같지 않음은

저 풀과 나무의 받는 바가 각각 다름과 같으니라.
부처님은 이런 비유의 방편으로 열어 보이며,
가지가지의 말씀으로 한가지 법을 설명하여 말하나,
부처님의 사리에 밝은 지혜에는 바다의
한 방울 물과 같으니라.
세간을 가득 차게 하나니, 내가 법비를 비오듯이 하여
힘에 따라 닦고 행하는 것이, 한가지 맛의 법을
모든 나무가 그 크고 저 빽빽한 숲과 약초와
점점 더욱 무성하여 작은 것에 따라서
모든 부처님의 법은 좋아지는 것과 같으니라.
모든 세간으로 하여금 항상 한가지 맛으로써
얻게 하여, 점점 차례로 널리 흡족히 갖추는 것을
닦고 행하여 모두

제 오 약초유품

313

도의 과를 얻게 하느니라.
산과 수풀에 살며
법을 듣고 과를 얻으면,
각각 더 자라남을
만약 모든 보살이 사리에
삼계를 명확히 깨달아서
이것은 작은 나무가
이름함이며,
신통의 힘을 얻으며,
마음으로 크게 기뻐하고
수없는 빛을 놓아서
이것은 큰 나무가

성문과 연각이
가장 뒤의 몸에 머물러서
이것은 약초가
얻는 것을 이름함이요,
밝은 지혜가 굳고 단단하여
가장 위의 승을 구하면,
더 자라남을 얻는 것을
또 선에 머물러 있으면서
모든 법이 공한 것을 듣고
즐거워하며,
모든 중생을 제도하면,
더 자라남을 얻는 것을

이름하는 것이니라.
부처님이 설하는 바의 법은
한가지 맛의 비로써
각각 열매 이룸을
가섭이여, 마땅히 알지니라.
가지가지의 비유로써
이것은 나의 방편이니라.
또한 그러하시느니라.
가장 실상의 일을 설하노니,
모두 멸도가 아니니라.
바로 보살도이니,
다 마땅히 부처님을

가섭이여, 이와 같이
비유하건대, 큰 구름이
사람과 꽃을 적시어서
얻는 것과 같으니라.
모든 인연과
부처님의 도를 열어 보이나,
모든 부처님께옵서도
이제 너희들을 위하여
모든 성문 무리는
너희들이 행하는 바는
점점 닦고 배우면
이루느니라.

묘법연화경 제 육 수기품

① 이 때 세존께옵서 이 게송을 설하시기를 마치시고, 모든 대중에게 이르시어 이와 같이 소리 높여 말씀하시되, 『나의 이 제자 마하가섭은 미래 세상에 마땅히 삼백만억의 모든 부처님 세존을 받들어 뵈옴을 얻고서, 공양하고 공손히 공경하며 높이 중하게 여기고 찬탄하며, 모든 부처님의 헤아릴 수 없는 큰 법을 널리 펴다가 가장 뒤의 몸은 부처님 이룸을 얻게 되리니, 이름은 가로되, 광명 여래 응공 정변지 명행족 선서 세간해 무상사 조어장부 천인사 불 세존이라 하며, 나라의 이름

은 광덕이요, 겁의 이름은 대장엄이니라. 부처님의 수명은 십이 소겁이요, 정법이 세상에 머무름은 이십 소겁이며, 상법도 또한 이십 소겁을 머무느니라.

온 나라를 아름답게 꾸며서 모든 더럽고 나쁜 것인 기와 자갈과 가시나무와 똥과 오줌의 깨끗하지 않는 것은 없으며, 그 땅은 평탄하고 발라서 높고 낮음인 갱과 구덩이와 흙무더기와 언덕은 있음이 없으며, 유리로 땅이 되고, 보배나무가 줄지어 섰으며, 황금으로 노끈을 하여 길 옆을 경계하고, 모든 보배꽃을 흩어서 두루 널리 맑고 깨끗하느니라.

그 나라의 보살은 헤아릴 수 없는 천억이며, 모든 성문의 많은 이도 또한 다시 수없고, 마의 일은 있음이 없으며, 비록 마와 그리고 또 마의 백성이 있다 할지라도 모두 부처님의 법을 두호할 것이니라.』

그 때 세존께옵서 거듭 이 뜻을 펴시고자 하시어 이에 게송으로 설하시어 말씀하시되,

모든 비구에게 이르노니,
이 가섭을 보니,
겁을 지나서 마땅히
그러한즉 오는 세상에
받들어 뵈옵고 공양하며,
지혜를 위하여
가장 위이며 두 가지가
공양하기를 마치고는,
익혀서 가장 뒤의 몸은

내가 부처님의 눈으로써
미래 세상의 수없는
부처님 지음을 얻느니라.
삼백만억 모든 부처님 세존을
부처님의 사리에 밝은
범행을 깨끗이 닦으며,
흡족하시고 높으신 분께
일체 위없는 지혜를 닦고
부처님 이룸을 얻게 되리라.

그 나라는 맑고 깨끗하며
많은 모든 보배나무가 유리로 땅이 되고,
금줄로 길의 경계를 하여 길 옆에 줄을 지었고,
즐거워하며, 항상 좋은 보는 자가 기뻐하고
많은 이름 난 꽃을 흩고, 향기가 나며,
묘한 것으로써 꾸미고 가지가지의 기이하고
그 땅은 평탄하고 발라서 치장되었으며,
있음이 없으며, 언덕과 구덩이는
얼마 만큼이라고 일컬어서 모든 보살의 많은 이는
그 마음이 고르고 부드러워서 헤아리지 못하리라.
모든 부처님의 대승경전을 큰 신통에 도달하며,
모든 성문 무리의 받들어 가지리라.

「새는 것이 없는 뒤의 몸인」

법왕의 아들도 또한 가히 헤아리지 못하리니,
이에 하늘눈으로써도 능히 숫자를 알지 못하리라.
그 부처님의 마땅한 수명은 십이 소겁이요,
정법이 세상에 머무름은 이십 소겁이며,
상법도 또한 이십 소겁을 머무느니라.
광명 세존의 그 일은 이와 같으니라.

② 그 때에 대목건련과 수보리와 마하가전연 들께서 모두 다 두려워하여 떨며, 한마음으로 합장하고 높으신 얼굴을 우러러 뵈오되, 눈을 잠깐도 떠나지 아니하며, 곧 함께 같은 소리로 이에 게송으로 설하여 말씀하오되,

큰 영웅이시며 용맹하옵신 세존께옵서는 모든 석씨의 법왕이시옵니다. 저희들을 슬피 불쌍히 여기시는

까닭으로 부처님의 음성을 내려주시옵소서.
만약 저희의 깊은 마음을 아시옵고
위하여 수기 주시는 것을 보게 하시면,
감로를 뿌려서 열을 없애고 맑고 서늘함을
얻는 것과 같으오리다.
문득 대왕의 음식을 만나도 굶주리는 나라로부터 와서
의심과 두려움을 품고 감히 마음에는 오히려
만약 다시 왕의 명령을 얻은 곧 선뜻 먹지 못하나,
감히 먹는 것과 같나이다. 그러한 뒤에야 이에
매양 소승의 허물만 생각하고, 저희들도 또한 이와 같아서
부처님의 위없는 지혜를 마땅히 어찌하여야
알지 못하였나이다. 얻을 것인지
　　　　　　　　　　　비록 부처님의 음성으로

저희들도 부처님을 짓는다고 하시는 말씀을 들었사오나, 마음에는 오히려 근심과 두려움을 품고 감히 선뜻 먹지를 못함과 같으나이다. 만약 부처님의 수기 주심을 받으면 그러하여야 이에 쾌히 안락하오리다.

큰 영웅이시며 용맹하옵신 세존께옵서는 항상 세간을 편안하게 하시고자 하시니, 원하옵건대, 저희들에게 수기를 주시옵소서. 주린 이에게 모름지기 먹을 것을 가르치심과 같사옵니다.

③ 그 때에 세존께옵서 모든 큰 제자의 마음에 생각하는 바를 아시고 모든 비구에게 이르시되, 『이 수보리는 마땅히 오는 세상에 삼백만억 나유타 부처님을 받들어 뵈옵고, 공양하고 공손히 공경하며 존중하고 찬탄하며, 항상 깨끗한 행을 닦아

서 보살의 도를 갖추어서 가장 뒤의 몸에 부처님 이룸을 얻게 되리니, 호는 가로되, 명상 여래 응공 정변지 명행족 선서 세간해 무상사 조어장부 천인사 불 세존이며, 겁의 이름은 유보요, 나라의 이름은 보생이니라.

그 땅은 평탄하고 바르며, 파리로 땅이 되고, 보배나무로 꾸미고 치장되며, 모든 언덕과 구덩이와 모래와 자갈과 가시나무와 똥과 오줌의 더러운 것은 없고, 보배꽃이 땅을 덮어 두루 널리 맑고 깨끗하느니라. 그 나라의 인민은 모두 보배정자와 진기하고 묘한 누각에 살며, 성문 제자는 헤아릴 수 없고 가이 없어서 산수 비유로 능히 알지 못할 바이며, 모든 보살의 많은 이도 수없는 천만억 나유타이니라. 부처님의 수명은 십이 소겁이요, 정법이 세상에 머무름은 이십 소겁이며, 상법이 머무름은 이십 소겁이니라.

상법도 또한 이십 소겁을 머무느니라.

그 부처님께옵서 항상 허공에 살면서 대중을 위하여 법을 설하시어, 헤아릴 수 없는 보살과 그리고 또 성문 무리를 제도하여 벗어나게 하시느니라.』

그 때에 세존께옵서 거듭 이 뜻을 펴시고자 하시어 이에 게송으로 설하시어 말씀하시되,

모든 비구의 많은 이여,
모두 마땅히 한마음으로
나의 큰 제자인
부처님 지음을 얻으리니,
마땅히 수없는 만억의
부처님의 행하신 바를 따라

이제 너희들에게 이르노니,
내가 말하는 것을 들을지니라.
수보리란 자는 마땅히
호는 가로되 명상이니라.
모든 부처님께 공양하고,
점점 큰 도를 갖추어,

가장 뒤의 몸은 서른두 가지 형상을 얻어서
단정하고 뛰어나게 묘함은 마치 보배산 같으니라.
그 부처님 국토는 엄숙하고 깨끗함이 제일이라,
이를 보는 중생은 사랑하고 즐거워하지 아니함이 없으며,
부처님께옵서는 그 가운데에서
헤아릴 수 없는 중생을 제도하시느니라.
그 부처님 법 가운데 모든 보살이 많으며,
모두 다 날카로운 근기로 물러나지 않는 바퀴를 굴리며,
그 나라는 항상 보살로써 꾸미고 치장되리라.
모든 성문의 무리도 가히 숫자로 일컫지를 못하며,
모두 삼명을 얻고 육신통을 갖추고
팔해탈에 머물러 큰 위엄과 덕이 있느니라.

그 부처님의 설법은 헤아릴 수 없는
신통 변화를 나타내시어 가히 생각으로
논의하지 못하니, 항하사와 같은 수의
모든 하늘과 인민이 모두 함께 합장하고
부처님의 말씀을 받아서 들으리라.

그 부처님의 마땅한 수명은 십이 소겁이요,
정법이 세상에 머무름은 이십 소겁이며,
상법도 또한 이십 소겁을 머무느니라.

④ 이 때 세존께옵서는 다시 모든 비구 무리에게 이르시되,
『내가 지금 너희에게 이르노니, 이 대가전연은 마땅히 오는 세상에 모든 공양하는 꺼리로써 팔천억 부처님을 받들어 섬기며 공양하고 공손히 공경하며 존중하고, 모든 부처님께옵서

멸하신 뒤에 각각 탑묘를 일으키되, 높이는 천 유순이며, 가로와 세로는 똑같이 오백 유순이고, 금과 은과 유리와 차거와 마노와 진주와 매괴의 일곱 가지 보배로써 합하여 이루며, 많은 꽃과 영락과 바르는 향과 가루향과 사르는 향과 비단일산과, 「장대 끝에 용머리 모양을 만들고 깃발을 단 것」과, 「부처님과 보살의 위엄과 덕을 표시하는 장엄도구인 깃발」로 탑묘에 공양하고, 이렇게 이미 지난 뒤에 마땅히 다시 이만억 부처님께 공양하되, 또한 다시 이와 같이 하여 이 모든 부처님께 공양하기를 마치고는 보살의 도를 갖추어서 마땅히 부처님 지음을 얻으리니, 호는 가로되, 염부나제금광 여래 응공 정변지 명행족 선서 세간해 무상사 조어장부 천인사 불 세존이니라.

그 땅은 평탄하고 바르며, 파리로 땅이 되고, 보배나무로 꾸미고 치장되며, 황금으로 노끈을 하여 길 옆을 경계하고, 묘한 꽃이 땅을 덮어서 두루 널리 맑고 깨끗하니, 보는 자가 기뻐하고 즐거워하며, 네 가지 악도인 지옥·아귀·축생·아수라도가 없고, 하늘과 사람이 많이 있으며, 모든 성문 무리와 그리고 또 모든 보살은 헤아릴 수 없는 만억이라, 그 나라를 꾸미고 치장하며, 부처님의 수명은 십이 소겁이요, 정법이 세상에 머무름은 이십 소겁이며, 상법도 또한 이십 소겁을 머무느니라.』

그 때에 세존께옵서 거듭 이 뜻을 펴시고자 하시어 이에 송으로 설하시어 말씀하시되,

모든 비구 무리는 다 한마음으로 들을지니라.
내가 설한 바는 진실하여 다름이 없느니라.

이 가전연은 마땅히 가지가지의 묘하고 좋은
공양하는 꺼리로써 모든 부처님께 공양하고,
모든 부처님께옵서 멸하신 뒤에 일곱 가지
보배로 된 탑을 일으키고, 또한 꽃과 향으로써
사리에 공양하며, 그 가장 뒤의 몸은
부처님의 사리에 밝은 지혜를 얻어 평등하고
바른 깨달음을 이루나니, 국토는 맑고 깨끗하며,
헤아릴 수 없는 만억 중생을 제도하여 벗어나게 하고,
시방에서 모두 공양하는 바가 되며,
부처님의 밝은 빛에는 능히 이길 자가 없느니라.
그 부처님의 호는 가로되, 염부금광이며,
일체 「있다」는 것을 끊은 헤아릴 수 없고 수없는

제 육 수기품

보살과 성문이 그 나라를 꾸미고 치장하리라.

⑤ 이 때에 세존께옵서 다시 대중에게 이르시되, 『내가 지금 너희에게 말하노니, 이 대목건련은 마땅히 가지가지의 공양하는 꺼리로써 팔천의 모든 부처님께 공양을 하고, 공손히 공경하며 존중하고, 모든 부처님께옵서 멸하신 뒤에 각각 탑묘를 일으키되, 높이는 천 유순이며, 가로와 세로는 똑같이 오백 유순이고, 금과 은과 유리와 차거와 마노와 진주와 매괴의 일곱 가지 보배로써 합하여 이루며, 많은 꽃과 영락과 바르는 향과 가루향과 사르는 향과 비단일산과, 「장대 끝에 용머리 모양을 만들고 깃발을 단 것」과, 「부처님과 보살의 위엄과 덕을 표시하는 장엄도구인 깃발」을 공양으로 쓰며, 이렇게 이미 지난 뒤에 마땅히 다시 이백만억의 모든 부처님께 공양하되,

또한 다시 이와 같이 하여서, 마땅히 부처님 이름을 얻으리니, 호는 가로되, 다마라발전단향 여래 응공 정변지 명행족 선서 세간해 무상사 조어장부 천인사 불 세존이니라. 겁의 이름은 희만이요, 나라의 이름은 의락이며, 그 땅은 평탄하고 바르며, 파리로 땅이 되고, 보배나무로 꾸미고 치장되며, 진주꽃을 흩어서 두루 널리 맑고 깨끗하니, 보는 자가 기뻐하고 즐거워하며, 모든 하늘과 사람과 보살과 성문이 많되, 그 수는 헤아릴 수 없느니라. 부처님의 수명은 이십사 소겁이요, 정법이 세상에 머무름은 사십 소겁이며, 상법도 또한 사십 소겁을 머무느니라.』

⑥ 그 때에 세존께옵서 거듭 이 뜻을 펴시고자 하시어 이에게송으로 설하시어 말씀하시되,

나의 이 제자 대목건련은
팔천과 이백만억의
모든 부처님 세존을 뵈옴을
얻고, 부처님의 도를 위하는 까닭으로 공양하고
공손히 공경하며,
항상 깨끗한 행을 닦고,
모든 부처님의 거처에서
부처님의 법을
헤아릴 수 없는 겁에
모든 부처님께옵서
받들어 가지다가,
보배로 된 탑을 일으키되,
멸하신 뒤에 일곱 가지
길게 표를 하며,
금으로 만든 찰간으로
모든 부처님 탑묘에
꽃과 향과 재주와 음악으로
흡족하게 갖추기를
공양하고, 점점 보살도를
부처님 지음을 얻으며,
마치고는 의락국에서
호는 다마라전단향이니라.

그 부처님의 수명은 이십사 겁이며,
항상 하늘과 사람을 위하여 부처님의 도를 설명하여
말하며, 성문이 헤아릴 수 없어서 항하사와 같나니,
삼명과 육통으로 큰 위엄과 덕이 있으며,
보살도 수없으되, 굳은 뜻으로 정진을 하여
부처님의 사리에 밝은 지혜에서 모두 돌아서서
물러나지 아니하리라. 부처님께옵서 멸도하신 뒤에
정법은 마땅히 사십 소겁을 머무르고,
상법도 또한 그러하리라. 나의 모든 제자로 위엄과
덕을 흡족하게 갖춘 이는 그 수가 오백이라.
모두 마땅히 수기 주리니, 미래 세상에 다
부처님 이룸을 얻느니라. 나와 그리고 또 너희들의

지난 세상의 인연을
너희들은 잘 들을지니라.

내가 지금 마땅히 말하리니,

묘법연화경 제 칠 화성유품

① 부처님께옵서 모든 비구에게 이르시되, 『옛 옛 지나간 예전, 헤아릴 수도 없고 가히 생각으로 논의하지도 못할 아승지 겁인, 그 때에 부처님께옵서 계셨으니, 이름은 대통지승 여래 응공 정변지 명행족 선서 세간해 무상사 조어장부 천인사 불 세존이셨느니라. 그 나라의 이름은 호성이요, 겁의 이름은 대상이었느니라.

모든 비구여, 그 부처님께옵서 멸도하시어 이미 오심은 심히 크게 오래되고 멀었으니, 비유할 것 같으면, 삼천대천세계에 있는 바 땅의 종류를 가령 어떤 사람이 갈아서 먹을 만들어서, 동방으로 천 국토를 지나면서 이에 한 점을 떨어뜨리되, 큰 것은 미진과 같이 하며, 또 천 국토를 지나면서 다시 한 점을 떨어뜨리고, 이와 같이 되풀이하여 땅의 종류의 먹을 다한다면, 너희들의 뜻에는 어떠하느냐. 이 모든 국토를 만약 산수하는 스승이나, 만약 산수 스승의 제자가 능히 가와 끝을 깨달아서 그 수를 알겠느냐. 모르겠느냐.』

『모르겠나이다. 세존이시여.』

『모든 비구여, 이 사람이 지난 바 국토의, 만약 점을 찍거나 점을 찍지 않은 것을 다 갈아 미진을 만들어 한 미진을 한 겁이라 할지라도, 그 부처님께옵서 멸도하시어 이미 오심은 다시 이 수를 지나서, 헤아릴 수도 없고 가도 없는 백천만억 아승지 겁이니라. 나는 여래 지견의 힘의 까닭으로써 저 멀고 오래된 것을 관하되, 오히려 오늘날과 같이 하노라.」

그 때에 세존께옵서 거듭 이 뜻을 펴시고자 하시어 이에 송으로 설하시어 말씀하시되,

내가 생각을 하니, 헤아릴 수도 없고 가도 없는
겁의 지나간 예전 세상에 양가지가 흡족하시고 높으신
부처님께옵서 계셨으니, 이름은 대통지승이시니라.
만일 사람의 힘으로써 삼천대천의 땅을 갈되,
이 모든 땅의 종류를 다하여 모두 다 먹을 만들어,
천 국토를 지나면서 이에 한 미진점을 떨어뜨리며,
이와 같이 되풀이하여 점을 찍어 이 모든 미진먹이
다하고, 이와 같이 모든 국토의 점을 찍은 것과

더불어 점을 찍지 아니한
미진을 만들어서,
이 모든 미진수보다도
그 부처님께옵서 멸도하시어
헤아릴 수도 없는 겁이나,
저 부처님 멸도와 그리고 또
지금 멸도함을 보는 것과
모든 비구여,
부처님의 지혜는
새는 것도 없고
헤아릴 수도 없는 겁을

것들을 다시 다 갈아
한 미진으로 한 겁을 삼더라도,
겁은 다시 이를 지나느니라.
오심은 이와 같이
여래의 걸림 없는 지혜로
성문과 보살을 알기를
같으니라.
마땅히 알지니라.
깨끗하고 미묘하여
걸릴 것도 없어서,
통달하느니라.

② 부처님께옵서 모든 비구에게 이르시되, 『대통지승 부처님의

수명은 오백사십만억 나유타 겁이었느니라. 그 부처님께옵서 처음 도량에 앉으시어 마의 군사를 깨뜨리기를 마치시고, 「위없이 높고 바르며 크고도 넓으며 평등한 깨달음」을 거의 얻으셨으나, 모든 부처님의 법이 앞에 나타나 있지를 않는지라, 이와 같아서 일 소겁에서 이에 십 소겁에 이르도록 가부좌를 맺으시고 몸과 마음이 움직이지 아니하셨으나, 모든 부처님의 법은 여전히 앞에 있지 않았느니라.

이때에 도리의 모든 하늘이 먼저 그 부처님을 위하여 보리수 아래에 사자자리를 펴되 높이는 일 유순이라, 부처님께옵서 「이곳에 앉아서 마땅히 『위없이 높고 바르며 크고도 넓으며 평등한 깨달음』을 얻으리라.」 하시고, 마침 이 자리에 앉으시거늘, 때에 모든 범천왕이 많은 하늘의 꽃을 비오듯이 하되, 방향마다 백 유순이고, 향기로운 바람이 때로 와서는 시들어진 꽃을 불어 가고, 다시 새로운 것을 비오듯이 하여, 이와 같이 끊어지지 아니하기를 십 소겁이 차도록 부처님께 공양하고, 이에 멸도에 이르기까지 항상 이 꽃을 비오듯이 하였느니라.

넷 왕의 모든 하늘은 부처님께 공양하기 위하여 항상 하늘북을 치고, 그 나머지의 모든 하늘은 하늘의 재주와 음악을 지어 십 소겁을 채우고, 멸도에 이르도록 또한 다시 이와 같이 하였느니라.

모든 비구여, 대통지승 부처님께옵서는 십 소겁을 지나고서 모든 부처님의 법이 겨우 앞에 나타나 있어 「위없이 높고 바르며 크고도 넓으며 평등한 깨달음」을 이루셨느니라.

③ 그 부처님께옵서 출가하지 아니하셨을 때에 열여섯 아들을 두셨는데、그 첫째 자의 이름은 가로되、지적이었느니라。모든 아들은 각각 가지가지 진귀하고 뛰어난 좋은 노리갯감이 있었으나、아버지가 「위없이 높고 바르며 크고도 넓으며 평등한 깨달음」 이룸을 얻었다는 것을 듣고는、모두 진귀한 것을 버리고 부처님의 거처를 향하여 나아가니、모든 어머니는 눈물을 줄줄 흘리고 울면서 따라 보냈느니라。

그 할아버지인 전륜성왕은 일백의 대신과 그리고 또 나머지의 백천만억의 인민이 더불어 모두 함께 에워 둘러싸고 따라가 도량에 이르러서、다 대통지승 여래를 친하고 가까이하여 공양하고 공손히 공경하며 존중하고 찬탄하고자 하여、이르러서는 머리와 얼굴로 발에 절하고 부처님을 돌기를 마치고는、

한마음으로 합장하고 세존을 우러러 바라다보며 게송으로써
칭송하여 가로되,
큰 위엄과 덕망의
중생을 제도하시기 위하시는 까닭으로,
헤아릴 수도 없는 억겁에야
부처님 이룸을 얻으시어,
갖추셨으니, 좋으시고
세존께옵서는 심히
한번 앉아서 십 소겁이
손발을 고요하고 편안하게
그 마음도 항상 고요하시고
흩어짐이 있지 않으셨고,

세존께옵서는
그리하셔서 겨우
모든 원을 이미 흡족하게
길하옵심은 위가 없나이다.
드물게 계시어,
되도록 신체와 그리고 또
하시어 움직이지 않으시며,
편안하시어 일찍이 어지럽게
궁극에 영원히 고요히

멸하시어 새는 것이 없는 법에 편안히 머무시었나이다.
지금 세존께옵서 편안하게 의지하여 부처님의 도
이루심을 뵈오니, 저희들이 좋은 이익을 얻어서
크게 기쁘고 즐거워서 경사롭다고 일컫나이다.
중생이 항상 괴롭고도 번뇌로우며 눈감아서
어두우나 인도하시는 스승이 없는지라,
괴로움이 다하는 도를 알지 못하며,
해탈을 구할 줄도 알지 못하고,
긴 밤에 악으로 나아가는 것만 더해져서 모든
하늘의 무리는 감해져 줄며, 어둠으로부터 어둠에
들어가서 영원히 부처님의 이름도 듣지 못하나이다.
이제 부처님께옵서는 가장 높은, 편안하게

의지하며 새는 것이 없는 도를 얻으셨으니,
저희들과 그리고 또 하늘과 사람이 가장 큰
이익을 얻게 되었나이다. 이런 까닭으로 다 머리를
조아려서 위없이 높으신 분께 목숨을 맡기나이다.

그 때 열여섯 왕자가 게송으로 부처님을 찬탄함을 마치고, 세존께 법의 바퀴를 굴려 주시기를 권하고 청하여 함께 이런 말을 하되,「세존께옵서 법을 설하시면 편안하게 의지할 바가 많겠사오니, 모든 하늘과 인민을 가엾고 불쌍히 여겨 넉넉히 이익되게 하여 주시옵소서.」하고 거듭 설하여 게송으로 말하되,

같이 짝을 할 수 없는 세상의 영웅께옵서는
백 가지 복으로 스스로를 꾸미시며 치장하시고

위없는 사리에 밝은 지혜를 얻으셨으니,
원하옵건대, 세간을 위하옵사 설하시어,
저희들과 그리고 모든 중생의 종류를
제도하시어 벗어나게 하시고, 위하여 분별하시어
나타내 보이시어, 이 사리에 밝은 지혜를
얻게 하옵소서. 만약 저희들이
부처님을 얻으면 중생도 또한 다시 그러하리이다.
세존께옵서는 중생의 마음에 깊이 생각하는 바를 아시며,
또한 행하는 바의 도를 아시며, 또 사리에 밝은
지혜의 힘을 아시리이다. 즐거이 하고자 하는 것과
그리고 또 닦은 복과 숙명과 행한 바의 업을
세존께옵서는 이미 다 아시니,

마땅히 위없는 바퀴를 굴리시옵소서.

④ 부처님께옵서 모든 비구에게 이르시되, 『대통지승 부처님께옵서 「위없이 높고 바르며 크고도 넓으며 평등한 깨달음」을 얻으시니, 때에 시방으로 각각 오백만억 모든 부처님 세계는 여섯 가지로 진동하여 움직이며, 그 나라 중간의 깊숙하고 어두운 곳인, 해와 달의 위엄스러운 빛이 능히 비치지 아니하던 곳도 이에 모두 크게 밝은지라, 그 가운데의 중생이 각각 서로 보는 것을 얻어서 다 이런 말을 하되, 「이 가운데에서 어찌하여 문득 중생이 생겼음인가.」 하였느니라. 또 그 나라 경계의 모든 하늘 궁전과 이에 범궁에 이르도록 여섯 가지로 진동하여 움직이고, 큰 빛이 널리 비치어서 두루 세계에 가득차니, 모든 하늘의 빛을 능가하였느니라.

이 때에 동방으로 오백만억 모든 국토 가운데의 범천 궁전에도 밝은 빛이 비치어서 빛나되 평상시 밝음의 배가 되니, 모든 범천왕이 각각 이런 생각을 하되, 「지금 궁전의 밝은 빛은 옛적에는 있지 아니한 것이니, 어떠한 인연으로써 이러한 형상이 나타남이어뇨.」 이 때에 모든 범천왕이 곧 각각 서로 모여서 같이 이 일을 논의하였느니라.

때에 그 많은 이 가운데에 한 대범천왕이 있으니, 이름은 구일체라, 모든 범천의 무리를 위하여 이에 게송으로 설하여 말하되,

우리들의 모든 궁전의 밝은 빛은 옛적에는
있지 아니하였는데, 바로 어떠한 인연입니까.
마땅히 각각 같이 이것을 찾아봅시다.

이렇게 크고 밝은 빛이 시방에 두루 비치는 것은 대덕천이 나오시게 부처님께옵서 세간에 나오시게 된 것입니까.

그 때에 오백만억 국토의 모든 범천왕이 궁전을 동반함과 더불어, 각각 꽃바구니로 모든 하늘꽃을 담고서 서방으로 나아가서 이 형상을 캐어물어 찾다가, 대통지승 여래께옵서 도량의 보리수 아래에 계시어 사자자리에 앉으셨는데, 모든 하늘과 용왕과 건달바와 긴나라와 마후라가와 인비인 들이 공손히 공경하며 에워 둘러싸고 있는 것을 보고, 그리고 또 열여섯 왕자가 부처님께 법의 바퀴를 굴리시기를 청하는 것을 보았느니라.

곧 때에 모든 범천왕은 머리와 얼굴로 부처님께 절하고 백

제 칠 화성유품

천번을 둘러서 돌고는, 곧 하늘꽃으로써 부처님 위에 흩으니, 그 흩은 바의 꽃은 수미산과 같고, 아울러 부처님의 보리수에도 공양을 하였으니, 그 보리수의 높이는 십 유순이었느니라. 꽃 공양을 마치고는 각각 궁전을 그 부처님께 받들어 올리고 이런 말을 하되, 「오직 슬피 불쌍히 보시어 저희들에게 넉넉히 이익되게 하시옵고, 드리는 바의 궁전을 원하옵건대, 너그러이 받아들이시어 머무르게 하시옵소서.」하였느니라.

때에 모든 범천왕이 곧 부처님 앞에서 한마음으로 소리를 같이하여 게송으로써 칭송하여 가로되,

세존께옵서는
　심히 드물게 계시어
　얻기가 어려웁나이다.
가히 만남의 마주침을
　갖추시어 능히 일체를
헤아릴 수 없는 공덕을

구원하시고 두호하시나니,
세간을 슬피 불쌍히
모든 중생은 널리 모두
저희들이 좇아온 곳은
깊은 선정의 즐거움을
위한 까닭이옵나이다.
심히 아름답게 꾸며진 궁전을
오직 원하옵건대,
받아들이시옵소서.

하늘과 사람의 크신 스승으로
여기시므로, 시방의
넉넉히 이익됨을 입나이다.
오백만억 나라이며,
버림은 부처님께 공양하기
저희들이 먼저 세상 복으로
이제 세존께 받들어 올리오니,
불쌍히 여기시어

⑤ 이 때 모든 범천왕이 게송으로 부처님을 찬탄함을 마치고 각각 이런 말을 하되, 「오직 원하옵건대, 세존이시여, 법의 바퀴를 굴리시어 중생을 제도하여 벗어나게 하시옵고, 열반의

제칠 화성유품

길을 여시옵소서." 하였느니라.

때에 모든 범천왕이 한마음으로 소리를 같이하여 이에 게송으로 설하여 말하되,

> 양가지가 흡족하시고
> 오직 원하옵건대, 법을
> 크신 자비의 힘으로써
> 제도하시옵소서.
> 높으신 세상의 영웅이시여,
> 설명하시어 말씀하시옵사,
> 괴롭고 뇌로운 중생을

그 때에 대통지승 여래께옵서는 묵묵히 이를 허락하셨느니라.

또 모든 비구여, 동남방 오백만억 국토의 모든 대범왕이 각각 자기 궁전에 밝은 빛이 비치어서 빛남을 보고, 옛적에는 있지 아니한 것이라서 기쁘고 즐거워 뛰고 뛸 듯이 하며 드물게 있는 마음을 내고는, 곧 각각 서로 모여서 같이 이 일을

논의하였느니라.

때에 그 많은 이 가운데에 한 대범천왕이 있으니, 이름은 가로되 대비라, 모든 범천의 무리를 위하여 이에 게송으로 설하여 말하되,

이 일은 어떠한 인연으로
이에 이와 같은 형상이
나타났소이까. 우리들의
모든 궁전에 밝은 빛이
옛적에는 있지 아니하였는데,
대덕천이 나시게 된 것입니까.
부처님께옵서 세간에
나오시게 된 것입니까.
일찍이 이런 형상은
보지도 못하였으니,
마땅히 같이 한마음으로
찾읍시다. 천만억 나라를
지나서라도 같이 캐어물어
빛을 찾읍시다. 때마침
부처님께옵서 세상에
나오시어 괴로워하는

제 칠 화성유품

중생을 제도하시어 벗어나게 하심이런가.

이 때에 오백만억 모든 범천왕이 궁전을 동반함과 더불어, 각각 꽃바구니로 모든 하늘꽃을 담고 같이 서북방으로 나아가서 이 형상을 캐어물어 찾다가, 대통지승 여래께옵서 도량의 보리수 아래 계시어 사자자리에 앉으셨는데, 모든 하늘과 용왕과 건달바와 긴나라와 마후라가와 인비인 들이 공손히 공경하며 에워 둘러싸고 있는 것을 보고, 그리고 또 열여섯 왕자가 부처님께 법의 바퀴를 굴리시기를 청하는 것을 보았느니라.

때에 모든 범천왕은 머리와 얼굴로 부처님께 절을 하고 백천번을 둘러 돌고는, 곧 하늘의 꽃으로써 부처님 위에 흩으니, 흩은 바의 꽃은 수미산과 같고, 아울러 부처님의 보리수에도 공양을 하고, 꽃 공양을 마치고는 각각 궁전을 그 부처님께 받들어 올리고 이런 말을 하되, 「오직 슬피 불쌍히 보시어 저희들에게 넉넉히 이익이 되게 하시옵고, 드리는 바의 궁전을 원하옵건대, 너그러이 받아들이시어 머무르게 하시옵소서.」 하였느니라.

그 때에 모든 범천왕이 곧 부처님 앞에서 한마음으로 소리를 같이하여 게송으로써 칭송하여 가로되,

거룩하신 주인이시오며　　하늘 가운데 왕께옵서는
가릉빈가의 소리로 중생을　　슬피 불쌍히 여기시는
분이시라, 저희들은 이제　　공경히 절을 하옵나이다.
세존께옵서는 심히 드물게　　계시어 멀고 오래되어야
겨우 한 번 나타나셨나이다.　　일백팔십 겁을 부처님
계심이 없이 헛되이 지나니,　　삼악도는 가득 차고

모든 하늘 무리는 줄어서 적어졌나이다.
이제 부처님께옵서 세상에 나오시어 중생을 위하시어
눈이 되시니, 세간이 향하여 돌아갈 곳이옵니다.
일체를 구원하시고
중생의 아버지가 되시어
넉넉히 이익되게 하시는
지난 복으로 경사롭게도
　　　　　　　　　　　　　슬피 불쌍히 여기시어
　　　　　　　　　　　　　분이시오니, 저희들은
　　　　　　　　　　　　　이제 세존 만남을 얻었나이다.

⑥ 이 때에 모든 범천왕이 게송으로 부처님 찬탄함을 마치고 각각 이런 말을 하되, 「오직 원하옵건대, 세존이시여, 일체를 슬피 불쌍히 여기셔서 법의 바퀴를 굴리시어, 중생을 제도하시어 벗어나게 하시옵소서.」 하였느니라.

때에 모든 범천왕이 한마음으로 소리를 같이하여 이에 게송

으로 설하여 말하되,
큰 성인께옵서는
모든 법의 형상을
괴롭고 뇌로운 중생을
즐거움을 얻게 하옵소서.
도를 얻거나
모든 악도는 줄어서
마음을 억제하는 자는

 법의 바퀴를 굴리시어
 나타내어 보이시고,
 제도하사 큰 기쁨과
 중생이 이 법을 들으면
 또는 하늘에 나서,
 적어지고, 착해지려고
 더욱 많아지리이다.

그 때에 대통지승 여래께옵서는 묵묵히 이를 허락하셨느니라. 또 모든 비구여, 남방 오백만억 국토의 모든 대범왕이 각각 자기 궁전에 밝은 빛이 밝게 비침을 보고, 옛적에는 있지 아니한 것이라서 기쁘고 즐거워서 뛰고 뛸 듯이 하며 드물게 있는 마음을 내어, 곧 각각 서로 모여서 같이 이 일을 논의하되, 「어떠한 인연으로써 우리들 궁전에 이러한 빛이 빛나고 있느뇨.」하였느니라.

때에 그 많은 이 가운데에 한 대범천왕이 있으니, 이름은 가로되 묘법이라, 모든 범천의 무리를 위하여 이에 게송으로 설하여 말하되,

우리들의 모든 궁전에
밝은 빛이 심히 위엄스럽게
빛나니, 이것은 인연이
없지 아니한 것이니,
이 형상을 마땅히 찾읍시다.
백천겁을 지나도록
일찍이 이런 형상을
보지도 못하였으니,
대덕천이 나시게 된
것입니까.
부처님께옵서 세간에
나오시게 된 것입니까.

그 때에 오백만억 모든 범천왕이 궁전을 동반함과 더불어, 각각 꽃바구니로 모든 하늘꽃을 담고 같이 북방으로 나아가서 이 형상을 캐어물어 찾다가, 대통지승 여래께옵서 도량의 보리수 아래 계시어 사자자리에 앉으셨는데, 모든 하늘과 용왕과 건달바와 긴나라와 마후라가와 인비인 들이 공손히 공경하며 에워 둘러싸고 있는 것을 보고, 그리고 또 열여섯 왕자가 부처님께 법의 바퀴를 굴리시기를 청하는 것을 보았느니라.

때에 모든 범천왕이 머리와 얼굴로 부처님께 절을 하고 백천 번을 둘러서 돌고, 곧 하늘꽃으로써 부처님 위에 흩으니, 흩은 바의 꽃은 수미산과 같고, 아울러 부처님의 보리수에도 공양하며, 꽃 공양을 마치고는 각각 궁전을 그 부처님께 받들어 올리고 이런 말을 하되, 「오직 슬피 불쌍히 보시어 저희들에게 넉넉히 이익되게 하시옵고, 드리는 바의 궁전을 원하옵건대, 너그러이 받아들이시어 머무르게 하시옵소서.」 하였느니라.

그 때에 모든 범천왕이 곧 부처님 앞에서 한마음으로 소리를 같이하여 게송으로써 칭송하여 가로되,

세존님은 몹시 뵈옵기가 어렵나이다. 모든 번뇌를
깨뜨리신 분이시라, 백삼십 겁을 지나고
이제야 겨우 한 번 뵈옵게 됨을 얻었나이다.
모든 주리고 목 마른 중생에게 법비로써
가득 차게 하시옵소서. 옛적에는 일찍이 뵈옵지
못하던 바의 헤아릴 수도 없는 사리에 밝은 지혜자이시니,
우담발꽃과 같이 오늘날에야 겨우 만남을 마주치오니,
저희들의 모든 궁전이 빛을 입은 까닭으로

아름답게 꾸며졌나이다. 세존께옵서 크게 사랑하시고 불쌍히 여기심으로, 오직 원하옵건대, 슬피 여기시어 받아들이시옵소서.

⑦ 그 때에 모든 범천왕이 게송으로 부처님을 찬탄하기를 마치고 각각 이런 말을 하되, 「오직 원하옵건대, 세존이시여, 법의 바퀴를 굴리시어, 일체 세간과 모든 하늘과 마와 범천과 사문과 바라문으로 하여금 모두 편안하게 의지함을 얻게 하시고, 이에 제도하시어 벗어남을 얻게 하시옵소서.」 하였느니라.

때에 모든 범천왕이 한마음으로 소리를 같이하여 게송으로써 칭송하여 가로되,

오직 원하옵건대, 하늘과 사람의 높으신 분께옵서는
위없는 법의 바퀴를 굴리시며, 큰 법북을 치시옵고, 이에

제 칠 화성유품

큰 법소라를 부시며, 널리 큰 법비를 비오듯이 하시어, 헤아릴 수 없는 중생을 제도하시옵소서. 저희들이 다 돌아와서 청하옵나니, 마땅히 깊고 먼 소리로 설명하시옵소서.

그 때에 대통지승 여래께옵서는 묵묵히 이를 허락하셨느니라. 서남방과 이에 하방에 이르기까지도 또한 다시 이와 같았느니라.

그 때에 상방 오백만억 국토의 모든 대범왕이 모두 다 보되, 자기가 머무는 바 궁전에 밝은 빛이 위엄스럽게 빛나니, 옛적에는 있지 않았던 바이라, 기쁘고 즐거워 뛰고 뛸 듯이 하며 드물게 있는 마음을 내어, 곧 각각 서로 모여서 같이 이 일을 논의하되, "어떠한 인연으로써 우리들의 궁전에 이러한 밝은 빛이 있음이어뇨." 하였느니라.

때에 그 많은 이 가운데에 한 대범천왕이 있으니, 이름은 가로되 시기이라, 모든 범천의 무리를 위하여 이에 게송으로 설하여 말하되,

지금 어떤 인연으로써
위엄과 덕이 있는
아름답게 꾸며진 것은
이와 같은 묘한 형상은
못한 바이니, 대덕천이
부처님께옵서 세간에

우리들의 모든 궁전에
밝은 빛이 비치오리까.
일찍이 있지 않은 것이라.
옛적에는 듣지도 보지도
나시게 된 것입니까.
나오시게 된 것입니까.

그 때에 오백만억의 모든 범천왕이 궁전을 동반함과 더불어, 각각 꽃바구니로 모든 하늘꽃을 담고서 함께 하방에 나아

제 칠 화성유품

가서 이 형상을 캐물어 찾다가, 대통지승 여래께옵서 도량 보리수 아래 계시어 사자자리에 앉으셨는데, 모든 하늘과 용왕과 건달바와 긴나라와 마후라가와 인비인 들이 공손히 공경하며 에워 둘러싸고 있는 것을 보고, 그리고 또 열여섯 왕자가 부처님께 법의 바퀴를 굴리시기를 청하는 것을 보았느니라. 때에 모든 범천왕이 머리와 얼굴로 부처님께 절하고 백천번을 둘러서 돌고, 곧 하늘꽃으로써 부처님 위에 흩으니, 흩은 바의 꽃은 수미산과 같고, 아울러 부처님의 보리수에도 공양하며, 꽃 공양을 마치고는 각각 궁전을 그 부처님께 받들어 올리고 이에 이런 말을 하되, 「오직 슬피 불쌍히 보시어 저희들에게 넉넉히 이익되게 하시옵고, 드리는 바의 궁전을 원하옵건대, 너그러이 받아들이시어 머무르게 하시옵소서.」 하였

느니라.

⑧ 때에 모든 범천왕이 곧 부처님 앞에서 한마음으로 소리를 같이하여 게송으로써 칭송하여 가로되,

좋으십니다. 모든 세상을 구원하시는 거룩하시고도
높으신 부처님을 뵈오니, 능히 욕계·색계·무색계의
감옥에서 모든 중생을 힘써서 나오게 하시나이다.
넓으신 지혜이시며, 하늘과 사람의 높으신 분께옵서
뭇 어린 풀싹 무리를 슬피 불쌍히 여기시어, 능히
감로의 문을 여시어 널리 일체를 제도하여 주시옵소서.
옛적부터 헤아릴 수도 없는 겁을 부처님 계심이 없이
헛되이 지냈나이다. 세존께옵서 나오시지
아니하셨을 때에는 시방은 항상 어둡고 캄캄하여,

제칠 화성유품

삼악도는 늘고 늘며, 모든 하늘의 무리는 죽어서는 많이 부처님으로부터 착하지 못한 일만 행하며, 사리에 밝은 지혜 줄어서 적어지고, 즐거움과 그리고 또 삿되게 보는 법에 머물러서 알지 못하고, 입지 못하여 항상 부처님께옵서 세간의 눈이 아수라도 또한 성하며, 더욱 줄어들며, 악도에 떨어졌나이다. 법을 듣지 못하여 항상 색력과 그리고 또 이런 것들은 모두 죄업의 인연인 까닭으로 즐거운 생각까지도 잃고, 착한 예의와 법칙을 부처님의 교화하시는 바를 악도에 떨어졌나이다. 되시어 오래되고 먼 때에야

겨우 나오셨나니, 모든 중생을 슬피 불쌍히 여기시고
짐짓 세간에 나타나시어 탁월하게 나오시어
바른 깨달음을 이루시니, 저희들은 심히 기뻐하고
경사로워하며, 그리고 또 나머지 일체 많은 이도
기뻐서 일찍이 있지 아니함을 탄식하옵나이다.
저희들의 모든 궁전은 빛을 입은 까닭으로
아름답게 꾸며져 이제 세존께 바치오니,
오직 너그러이 슬피 여기시어 받아들이시옵소서.
원하옵건대, 이 공덕으로써
널리 일체에 미치어 저희들과 더불어 중생이
다 함께 부처님의 도를 이루게 하옵소서.
이 때에 오백만억 모든 범천왕이 게송으로 부처님을 찬탄함을 마치고 각각 부처님께 아뢰어 말하되, 「오직 원하옵건대, 세존께옵서는 법의 바퀴를 굴리시어 편안하게 의지할 바를 많게 하시옵고, 제도하시어 벗어날 바도 많게 하시옵소서.」 하였느니라.

때에 모든 범천왕이 이에 게송으로 설하여 말하되,

세존이시여,
감로의 법북을 치시어
제도하시고, 열반의 길을
오직 원하옵건대,
크고도 미묘하옵신 소리로써
헤아릴 수 없는 겁에 익히신
법의 바퀴를 굴리시옵소서.
괴롭고 뇌로운 중생을
열어 보이시옵소서.
저희의 청을 받으시어
슬피 불쌍히 여기시어
법을 널리 펴시옵소서.

⑨ 이 때에 대통지승 여래께옵서는 시방의 모든 범천왕과 그리

고 또 열여섯 왕자의 청을 받으시고, 곧 때에 세 가지로써 십이행의 법의 바퀴를 굴리시니, 만약 사문이거나, 바라문이거나, 만약 하늘이거나, 마이거나, 범천이거나, 그리고 또 다른 세간은 능히 굴리지 못할 바이었느니라.

설명하자면,

「이것이 괴로움이며,

이것이 괴로움의 모임이며,

이것이 괴로움의 멸함이며,

이것은 괴로움을 멸하는 길이니라.」 하시었다.

그리고 또 십이인연법을 널리 설하시니,

「무명은 행의 인연이 되고

행은 식의 인연이 되고

식은 명색의 인연이 되고

명색은 육입의 인연이 되고

육입은 촉의 인연이 되고 촉은 수의 인연이 되고
수는 애의 인연이 되고 애는 취의 인연이 되고
취는 유의 인연이 되고 유는 생의 인연이 되고
생은 노사와 우비고뇌의 인연이 되느니라.
무명이 멸하면 곧 행이 멸하고
행이 멸하면 곧 식이 멸하고
식이 멸하면 곧 명색이 멸하고
명색이 멸하면 곧 육입이 멸하고
육입이 멸하면 곧 촉이 멸하고
촉이 멸하면 곧 수가 멸하고
수가 멸하면 곧 애가 멸하고
애가 멸하면 곧 취가 멸하고

취가 멸하면 곧 유가 멸하고
유가 멸하면 곧 생이 멸하고
생이 멸하면 곧 노사와 우비고뇌가 멸하느니라.」 하시었다.
부처님께옵서 하늘과 사람의 대중 가운데서 이 법을 설하실 때에, 육백만억 나유타의 사람은 일체 법을 받지 않은 까닭으로 이에 모든 새는 것에서 마음이 해탈을 얻어, 모두 깊고도 묘한 선정과 삼명과 육통을 얻고 팔해탈을 갖추었느니라.
두 번째, 세 번째와 네 번째에 법을 설하실 때에도, 천만억 항하사 나유타들의 중생이 또한 일체 법을 받지 않은 까닭으로 이에 모든 새는 것에서 마음이 해탈을 얻었으며, 이로부터 이후에도 모든 성문 무리가 헤아릴 수 없고 가히 그 수를 헤아리지 못하였느니라.

이 때에 열여섯 왕자가 모두 동자로서 출가하여 사미가 되었나니, 모든 근기가 형통하며 날카롭고 사리에 밝은 지혜가 밝고 분명하여, 이미 일찍이 백천만억 모든 부처님께 공양하고 깨끗이 범행을 닦아, 「위없이 높고 바르며 크고도 넓으며 평등한 깨달음」을 구하려 하여 함께 부처님께 아뢰어 말씀 올리되, 「세존이시여, 이 모든 헤아릴 수 없는 천만억이 큰 덕의 성문을 모두 이미 성취하였사오니, 세존께옵서는 또한 마땅히 저희들을 위하시어 「위없이 높고 바르며 크고도 넓으며 평등한 깨달음」의 법을 설하시옵소서. 저희들이 듣기를 마치고는 다 함께 닦고 배우오리다. 세존이시여, 저희들이 뜻에 원하는 여래의 지견과, 마음 깊이 생각하는 바를 부처님께옵서는 스스로 증하시어 아시리이다.」 하였느니라.

이 때 전륜성왕이 거느린 바의 무리 가운데에 팔만억 사람이 열여섯 왕자가 출가함을 보고, 또한 출가를 구하거늘, 왕이 곧 듣고 허락하였느니라.

⑩ 그 때에 그 부처님께옵서 사미의 청을 받으시고, 이만 겁을 지나고서야 겨우 사중 가운데에서 이 대승경을 설하시니, 이름은 묘법연화이었느니라. 보살을 가르치는 법이며, 부처님께옵서 생각하시어 두호하시는 바이셨느니라. 이 경을 설하시기를 마치시니, 열여섯 사미는 「위없이 높고 바르며 크고도 넓으며 평등한 깨달음」을 위하는 까닭으로 모두 함께 받아 가지고 읽고 외워서 통리하였느니라. 이 경을 설하실 때에 열여섯 보살의 사미는 모두 다 믿어서 받고, 성문 무리 가운데서도 또한 믿고 이해함이 있었으나, 그 나머지의 중생 천만억 종류

는 모두 의심하고 미혹함을 내었느니라. 부처님께옵서 이 경을 설하시기를 팔천 겁에서, 일찍이 쉬거나 폐지하지 아니하셨느니라. 이 경을 설하시기를 마치시고는 곧 고요한 방에 드시어 팔만 사천 겁을 선정에 머무셨느니라.

이 때에 열여섯 보살 사미는 부처님께서 방에 들어가시어 고요히 선정에 드심을 알고, 각각 법자리에 올라가서 또한 팔만 사천 겁에서 사부중을 위하여 널리 묘법화경을 분별하여 설하니, 하나하나가 모두 육백만억 나유타 항하사들의 중생을 제도하여, 이롭고 기쁜 것을 가르쳐 보이어 「위없이 높고 바르며 크고도 넓으며 평등한 깨달음」의 마음을 일으키게 하였느니라.

대통지승 부처님께옵서 팔만 사천 겁을 지나고서야 삼매로부터 일어나시어, 법자리로 향하여 나아가셔서 침착하시고 조용히 앉으시어 널리 대중에게 이르시되, 「이 열여섯 보살의 사미는 심히 드물게 있느니라. 모든 근기가 형통하며 날카롭고 사리에 밝은 지혜가 밝고 분명하며, 이미 일찍이 헤아릴 수 없는 천만억 수의 모든 부처님께 공양하였고, 모든 부처님의 거처에서 항상 범행을 닦아 부처님의 지혜를 받아 가지고, 중생에게 열어 보이어 그 가운데에 들게 하니, 너희들은 다 마땅히 자주자주 친하고 가까이하여 이에 공양할지니라. 까닭은 무엇인가 하면, 만약 성문과 벽지불과 그리고 또 모든 보살이, 능히 이 열여섯 보살이 설한 바 경법을, 믿어 받아 가지고 헐뜯지 아니하는 자이면, 이 사람은 모두 마땅히 「위없이 높고 바르며 크고도 넓으며 평등한 깨달음」인 여래의 지혜를 얻을 것이기 때문이니라.」 하셨느니라.』

부처님께옵서 모든 비구에게 이르시되, 『이 열여섯 보살이 항상 이 묘법연화경을 설하기를 즐거이 하여, 하나하나 보살이 교화한 바는 육백만억 나유타 항하사들의 중생이라, 세세에 나는 곳마다 보살과 더불어 함께 하여 그로부터 법을 듣고 모두 다 믿고 이해하나니, 이런 인연으로써 사백만억 모든 부처님 세존 만남을 얻되, 이제까지도 다하지 못하였느니라.

⑪ 모든 비구여, 내가 지금 너희에게 말하리라. 그 부처님의 제자 열여섯 사미는 이제 모두 「위없이 높고 바르며 크고도 넓으며 평등한 깨달음」을 얻고는 시방 국토에서 나타나 있으며, 법을 설하며, 헤아릴 수 없는 백천만억의 보살과 성문이 있어 권속이 되어 있느니라.

그 두 사미는 동방에서 부처님을 지으시니,

첫째 이름은 아촉이시라, 환희국에 계시고,
둘째 이름은 수미정이시니라. 동남방 두 부처님의
첫째 이름은 사자음이시고,
둘째 이름은 사자상이시며,
남방 두 부처님의
첫째 이름은 허공주이시고,
둘째 이름은 상멸이시니라.
서남방 두 부처님의
첫째 이름은 제상이시고,
둘째 이름은 범상이시며,
서방 두 부처님의
첫째 이름은 아미타이시고,
둘째 이름은 도일체세간고뇌이시니라.
서북방 두 부처님의 첫째 이름은 다마라발전단향신통이시고,
둘째 이름은 수미상이시며, 북방 두 부처님의
첫째 이름은 운자재이시고,
둘째 이름은 운자재왕이시니라.
동북방 부처님의 이름은 괴일체세간포외이시고,

제 십육은 나 석가모니 부처님이니, 사바국토에서 「위없이 높고 바르며 크고도 넓으며 평등한 깨달음」을 이루었느니라.

모든 비구여, 우리들이 사미이었을 때에 각각 헤아릴 수 없는 백천만억 항하사들의 중생을 가르쳐 교화하였느니라. 나를 좇아 법을 들음은 「위없이 높고 바르며 크고도 넓으며 평등한 깨달음」을 위함이며, 이 모든 중생으로 지금까지 성문지에 머물러 있는 자는 내가 항상 「위없이 높고 바르며 크고도 넓으며 평등한 깨달음」을 가르쳐 교화하나니, 이 모든 사람들은 응당히 이 법으로써 점점 부처님의 도에 드느니라. 까닭은 무엇인가 하면, 여래의 사리에 밝은 지혜는 믿기 어렵고 이해하기 어렵기 때문이니라.

그 때 교화한 바의 헤아릴 수도 없는 항하사들의 중생이란 자는, 너희들 모든 비구와 그리고 또 내가 멸도한 뒤의 미래 세상 가운데에 성문 제자가 바로 이들이니라.

내가 멸도한 뒤에 다시 어떤 제자가 이 경을 듣지 못하고, 보살의 행할 바를 알지도 못하고 깨닫지도 못하여, 스스로 얻는 바의 공덕에 멸도하였다는 생각을 내어 마땅히 열반에 든다 하나, 내가 다른 나라에서 부처님을 지어 다시 다른 이름이 있으리니, 이 사람이 비록 멸도의 생각을 내어 열반에 들었다 하나, 그 나라에서 부처님의 사리에 밝은 지혜를 구하여 이 경 들음을 얻으리라. 오직 불승으로써만 멸도를 얻을 것이고, 다시 다른 승은 없으나, 모든 여래께옵서 방편으로 법을 설하시는 것은 제외하느니라.

모든 비구여, 만약 여래가 스스로 열반할 때가 이르러고,

많은 이도 또 맑고 깨끗하여 믿고 이해하는 것이 굳고 단단하며, 공법을 명확하게 깨달아서 깊이 선정에 든 것을 알면, 곧 모든 보살과 그리고 또 성문 무리를 모아서 이 경을 설하게 되느니라. 세간에서 이승으로 이에 멸도를 얻음은 있을 수 없고, 오직 일불승이라야 멸도를 얻을 뿐이니라.

⑫ 비구여, 마땅히 알지니라. 여래는 방편으로 중생의 성품에 깊이 들어가서, 그들의 뜻이 작은 법을 즐겨하여 다섯 가지 욕심에 깊이 착을 하는 것을 알기에, 이들을 위하는 까닭으로 열반을 설하나니, 이 사람이 만약 들으면 곧 오로지 믿어서 받느니라.

비유할 것 같으면, 오백 유순의 험하고도 어렵고 나쁜 길의, 사람은 비고 끊어져 없는 겁나고 두려운 곳에, 만약 많은 무리가 있어 이 길을 지나 진귀한 보배가 있는 곳에 이르고자 하였느니라.

한 인도하는 스승이 있었으니, 영민한 지혜로 밝게 깨달아서, 험한 길의 통하고 막힌 형상을 잘 알아서, 많은 사람을 거느리고 인도하여 이 어려운 데를 지나고자 하였느니라. 거느린 바 사람의 무리가 길 중간에서 게으름으로 뒤떨어져서 인도하는 스승께 아뢰어 말하되, 「저희들은 극히 피곤하고, 그리고는 또 겁나고 두려워서 능히 다시 나아가지 못하겠나이다. 앞길은 아직도 머나니, 이제 물러나 돌아가고자 하나이다.」 인도하는 스승은 여러 가지 방편이 많으므로 이에 이러한 생각을 하되, 「이들은 가히 불쌍하구나. 어찌하여 크고도 진귀한 보배를 버리고 물러나 돌아가고자 하는가.」

이러한 생각을 하기를 마치고, 방편의 힘으로써 험한 길 가운데에 삼백 유순을 지나서 한 성을 변화시켜 만들고는 많은 사람에게 일러서 말하되, 「너희들은 두려워하지 말고, 물러나 돌아가려 하지 말지니라. 지금 이 큰 성에서 중지하여 가히 뜻에 따라 할 수 있는 바이니, 만약 이 성에 들어가면 쾌히 편안하게 의지함을 얻고, 만약 능히 앞의 보배 있는 곳에 이르고자 하면 또한 옳게 가는 것을 얻으리라.」

이때 피로가 극한 무리는 마음이 크게 기쁘고 즐거워서 일찍이 있지 아니한 것을 찬탄하되, 「저희들이 이제 이 나쁜 길을 면하고 쾌히 편안하게 의지함을 얻었도다.」 하였느니라. 이에서 많은 사람이 앞에 변화의 성에 들어가서 이미 제도되었다는 생각을 내고, 편안하게 의지하는 생각을 내었느니라。 이 때에 인도하는 스승은 이 사람들이 이미 머물러 쉼을 얻어 다시 피로하고 싫증남이 없는 것을 알고는, 곧 변화의 성을 멸해버리고 많은 사람에게 일러 말을 하되, 「너희들은 빨리 가거라。 보배 있는 곳은 가까이 있노라。 먼저의 큰 성은 내가 변화로 지은 것이니, 머물러 쉬게 하기 위한 것뿐이니라。」 하였느니라。

⑬ 모든 비구여, 여래도 또한 다시 이와 같아서 이제 너희들을 위하여 크게 인도하는 스승이 되나니, 모든 나고 죽음과 번뇌의 악한 길이 험하고 어려우며 길고도 멀지마는, 응당히 떠나고 응당히 제도되어야 함을 아느니라。

만약 중생이 다만 일불승만 듣는다면, 곧 부처님을 보고자 하지 아니하고, 친하고 가까이하고자 아니하며, 오로지 이런 생각을 하되, 「부처님의 도는 길고도 멀어서 오래도록 부지런하고 괴로움을 받고서야만 겨우 가히 이룸을 얻을 수 있으리라」 하리라.

부처님은 이 마음의 겁내고 약하며 낮고 용렬함을 알고, 방편의 힘으로 이에 길 중간에 머물러 쉬게 하기 위한 까닭으로 두 가지의 열반을 설하나니, 만약 중생이 두 가지의 지위에 머물면 여래가 이 때에 곧 오로지 위하여 설하느니라.

「너희들은 갖출 것을 아직 다하지 못하였노라. 너희가 머문 바의 지위는 부처님 지혜에 가까우나, 마땅히 관하고 살펴서 셈하여 헤아릴지니라. 얻은 바의 열반은 진실한 것이 아님이니라. 다만 이것은 여래가 방편의 힘으로 일불승을 분별하여 삼으로 설한 것이니라.」

저 인도하는 스승이 머물러 쉬게 하기 위한 까닭으로 큰 성을 변화로 지었다가, 이미 쉬기를 마친 것을 알고는 이에 일러 말하되, 「보배가 있는 곳은 가까이 있노라. 이 성은 진실이 아니고, 내가 변화로 지은 것뿐이니라.」함과 같으니라.』

그 때에 세존께옵서 거듭 이 뜻을 펴시고자 하시어 이에게 송으로 설하시어 말씀하시되,

대통지승 부처님께옵서는
　　십 겁을 도량에 앉아 계셨으되,
부처님의 법이 앞에
　　나타나지를 아니하여
부처님의 도 이룸을
　　얻지 못하시니,
모든 하늘과 신과 용왕과
　　아수라의 무리들이 항상
하늘꽃을 비오듯이 하여
　　저 부처님께 공양을 하며,
모든 하늘이 하늘북을 치고
　　아울러 많은 재주와

음악을 지으며,
시들어진 꽃을 불어버리고
비 오듯이 하였으며,
겨우 부처님의 도
모든 하늘과 그리고 또
뛰고 뛰는 것을 품었느니라.
모두 그 권속 천만억에
함께 부처님의 거처에
머리와 얼굴로 부처님 발에
굴리시기를 청하되,
법비로 저희와 그리고 또
세존께옵서는 심히 만나

향기로운 바람이
다시 새롭고 좋은 것을
십 소겁을 지나기를 마치고는
이룸을 얻으셨으니,
세상 사람이 마음에 모두
그 부처님의 열여섯 아들은
더불어 에워 둘러싸여
절하고 법의 바퀴를
이르러 가서는,
「거룩하신 사자이시여,
일체에 가득 차게 하시옵소서.
뵙기가 어려웁나이다.

멀고도 오랜 때에야 한 번 나타나시니,
뭇 중생에게 깨닫기를 깨우쳐 주시기 위하사
일체를 진동하여 움직이시옵소서." 하였느니라.
⑭ 동방 모든 세계 오백만억
빛이 비치니, 옛적에는 일찍이 있지 아니한 것이라.
모든 범천이 이 형상을 보고
이르러서는, 꽃을 흩어 부처님 거처에 찾아와
궁전을 받들어 올리고, 공양을 하며, 아울러
굴리시기를 청하며 부처님께 법의 바퀴를
부처님께옵서는 때가 이르지 게송으로써 찬탄하나,
청을 받으시고도 묵묵히 아니한 것을 아시고
세 방향과 그리고 앉아 계셨느니라.
네 모퉁이와 위와 아래도

또한 다시 그러하니, 꽃을 흩고 궁전을 바치며,
부처님께 법의 바퀴를 굴리시기를 청하되,
「세존께옵서는 심히 만나옵기 어려웁나니,
원하옵건대, 본래의 자비로써 감로의 문을 널리 여시어
위없는 법의 바퀴를 굴리시옵소서.」 하였느니라.
헤아릴 수 없는 지혜의 세존께옵서는 그 많은
사람의 청을 받으시고, 위하여 가지가지 법인
사제와 십이인연을 베푸시되, 「무명에서 늙고 죽음에
이르기까지 모두 나는 것의 인연으로부터 있음이니,
이와 같은 많은 허물과 아픔을 너희들은
응당 마땅히 알지니라.」 하셨느니라.
이 법을 밝혀 펼 때 육백만억 나유타가 모든

제 칠 화성유품

387

괴로움의 끝이 다함을 얻어 모두 아라한을 이루었으며,
두 번째로 법을 설하실 때도 천만 항하사의 중생이
모든 법을 받지 아니하고 또한 아라한을 얻었으며,
이로부터 뒤에 도를
얻은 이도 그 수의 헤아림은
있을 수 없으니, 만억겁에
수를 셈하여도 능히
그 가를 얻지 못하느니라.
때에 열여섯 왕자는
출가하여 사미가 되어,
다 함께 저 부처님께
청을 하되,「대승법을
설명하시어 말씀하시옵소서.
저희들과 그리고 또
다스리어 따르는 이가 모두
마땅히 부처님의 도를 이루어,
세존과 같은 제일 맑은
지혜의 눈을 얻기를
원하옵나이다.」하였느니라.
부처님께옵서
동자의 마음과 지난 세상에

행한 바를 아시고, 헤아릴 수 없는 인연과 가지가지의 모든 비유로써, 「여섯 가지로써 나고 멸하는 이쪽에서 나고 멸함이 없는 저쪽에 이르름」과 그리고 또 모든 신통의 일을 말씀하시어, 진실한 법인 보살의 행할 바 도를 분별하시고, 이 법화경의 항하사 같은 게송을 설하셨느니라. 그 부처님께옵서 경을 설하시기를 마치시고 고요한 방에서 선정에 드시어, 한마음으로 팔만 사천 겁이거늘, 이 모든 사미들이 부처님께옵서 선정에서 나오시지 아니하실 것을 알고, 헤아릴 수도 없는 억의 중생을 위하여 부처님의 위없는 지혜를 설하였느니라.

⑮ 그 부처님께옵서
각각 법자리에 앉아서
부처님께옵서 편안하시고
법을 펴서 드날리어
하나하나 사미들이
육백만억 항하사들의
그 부처님께옵서
이 법을 들은 모든 자는
항상 스승과 더불어
이 열여섯 사미가
흡족하게 갖추어서
각각 바른 깨달음
그 때 법을 들은 자도 각각

이 대승경을 설하여,
고요하신 뒤에도
도웁고 교화하되,
제도한 바 모든 중생이
무리가 있었느니라.

멸도하신 뒤에
곳곳의 모든 부처님 나라에
함께 나느니라.
부처님의 도 행함을
지금 시방에 나타나 있으며,
이룸을 얻었으며,
모든 부처님 거처에 있느니라.

그 성문에 머물고 있는 이는 부처님의 도로써
점점 가르치시느니라. 나도 열여섯 숫자로
있으면서 일찍이 또한 너희를 위하여 설하였노라.
이러한 까닭으로 방편으로써
부처님의 지혜로 너희를 인도하여
이런 본래 인연으로써 향하게 하느니라.
너희로 하여금 부처님의
삼가 놀램과 두려움을 지금 법화경을 설하여
비유할 것 같으면, 도에 들게 하니,
멀어 인적은 끊어졌으며 품지 말지니라.
또 다시 물과 풀이 없으며 험하고 나쁜 길의,
바의 곳에, 수없는 천만의 독한 짐승은 많고,
사람이 두렵고 겁나는
중생은 이 험한 길을

지나고자 하는데,
오백 유순을 지나느니라.
스승이 있으니,
분명히 알아 밝게 깨달아서,
험한 데에 있으면서
많은 사람은 모두
인도하는 스승께 아뢰어
부족하여 좌절하였으니,
돌아가고자 하나이다.」
이러한 생각을 하되,
불쌍하도다. 어찌하여
크고도 진귀한 보배를

그 길은 심히 멀고 비어서
때에 한 인도하는
사리에 밝은 지혜가 있어
마음을 결정하여
많은 어려운 것을 건지나,
피로하고 싫증이 나서
말하되, 「저희들은 이제
여기에서 물러나
하니, 인도하는 스승은
「이 무리는 가히 심히
물러나 돌아가고자 하여
잃으려 하는가」 하고,

이윽고 때에 방편을 생각하되, 「마땅히 신통력을 베푸리라.」 하여 큰 성곽을 변화하여 만들되, 모든 사는 집을 꾸미고 치장하여, 주위를 빙 둘러서 수풀동산과 흐르는 개천과 그리고 또 목욕하는 못을 있게 하고, 중첩된 문의 높은 누각에는 남자와 여자를 모두 가득 차게 하였느니라. 곧 이런 변화를 만들고는 많은 이를 위로하여 말하되, 「두려워하지 말지니라. 너희들이 이 성에 들어가면 각각 가히 즐거워하는 바를 따를 것이니라.」 하였느니라. 모든 사람은 이미 성에 들어서고는, 마음이 모두 크게 기쁘고 즐거워서 모두 편안하게 의지하는 생각을 내며, 스스로 이미 제도됨을 얻었다고 생각하였느니라.

⑯ 인도하는 스승은 쉼이
많은 이를 모아 일러 말하되,
「너희들은 마땅히 앞으로
나아갈지니라. 여기에
내가 너희를 보니 극히
피로하여 길의 중간에서
물러나 돌아가려고 하니,
그러므로 방편의 힘으로써
꾀를 내어 변화로
이 성을 만들었느니라.
너희는 이제 부지런히
정진하여 마땅히 함께
보배 있는 곳에 이를지니라.」
하였느니라.
나도 또한 다시 이와 같아서,
일체를 인도하는 스승이 되어
모든 도를 구하는 자를 보니,
길 중간에서 게으름이 나서
번뇌의 모든 험한 길을
중지하여 능히 나고 죽는
방편의 힘으로써 쉬게 하기
건너지 못하므로, 그러므로

위하여 열반을 설하고,
할 것을 모두 이미
이미 열반에 이르러서
그리하여 겨우
진실한 법을 설하느니라.
방편의 힘으로 분별하시어
오직 일불승만 있지마는
둘을 설하시느니라.
실상을 설하노니,
멸이 아니니라.
마땅히 큰 정진을
너희는 일체지혜와

「너희들은 괴로움이 멸했고, 갖추었다.」고 말하되,
모두 아라한을 얻었음을 알고,
대중을 모아서 위하여
모든 부처님께옵서는
삼승을 설하시나니,
쉽게 할 거처 때문에
이제 너희를 위하여
너희가 얻은 것은
부처님의 일체지혜를 위하여
일으킬지니라.
열 가지 힘 들의

부처님 법을 증하여,
갖추어야만 이에 이것이
모든 부처님인
쉬게 하기 위하여
이미 이렇게 쉬기를
부처님 지혜에 이끌고서

서른두 가지 형상을
진실한 멸이니라.
인도하시는 스승께옵서는
열반을 설하시고,
마친 것을 아시고는,
들게 하시느니라.

[묘법연화경 제 사 권]

묘법연화경 제 팔 오백 제자 수기품

① 그 때에 부루나-미다라니자께서는 부처님으로부터 이 사리에 밝은 지혜의 방편으로 마땅한 것을 따라 설하시는 법을 듣자오며, 또 모든 큰 제자에게 「위없이 높고 바르며 크고도 넓으며 평등한 깨달음」의 수기 주심을 듣자오며, 다시 지난 세상의 인연의 일을 듣자오며, 다시 모든 부처님께옵서 대 자재한 신통의 힘이 있으심을 듣자옵고는, 일찍이 있지 아니한 것을 얻어 마음이 깨끗하여 뛰고 떨 듯이 하며, 곧 자리로부터

일어나서 부처님 앞에 이르러사, 머리와 얼굴로 발에 절하고 물러나 한 쪽에 머물러서, 높으신 얼굴을 우러러 바라 뵈오되 눈을 잠깐도 떠나지 아니하고, 이에 이러한 생각을 하오되, 「세존께옵서는 심히 기묘하시고 특별하시어, 하시는 바가 드물게 있으시니, 세간의 약간의 종류의 성품을 따르고 좇아서, 방편의 지견으로써 법을 설하시어 중생이 곳곳마다 탐착하는 것을 뽑아내시니, 저희들은 부처님의 공덕을 말로써 능히 펴지 못하겠사옵나이다. 오직 부처님 세존께옵서만이 능히 저희들의 마음속 깊은 본래 원을 아시오리라」하였소이다.

이 때 부처님께옵서 모든 비구에게 이르시되, 『너희들은 이 부루―미다라니자를 보느냐. 않느냐. 내가 항상 그는 법을 설하는 사람 가운데 가장 제일이라고 일컬으며, 또한 항상 그의 가지가지의 공덕을 찬탄하였느니라. 나의 법을 성실하고도 부지런히 하며 두호하여 가지며 도와서 펴되, 능히 사중에게 이롭고 기쁜 것을 가르쳐 보이고, 부처님의 바른 법을 흡족하게 갖추어 해석하여, 같이 깨끗한 행을 하는 자에게 크게 넉넉히 이익되게 하느니라.

여래를 제외하고부터는 능히 그의 말로써 논의하는 변재를 당할 수 없느니라.

너희들은 부루나가 다만 나의 법만을 능히 두호하여 가지며 도와서 편다고 생각하지 말지니라. 또한 지난 예전에 구십억 모든 부처님의 거처에서도 부처님의 정법을 두호하여 가지며 도와서 폈으되, 그 법을 설하는 사람 가운데서도 또한 가장 제일이었으며, 또 모든 부처님께옵서 설하신 바의 공법을 밝게 깨달아 통달하였으며, 네 가지의 걸림이 없는 지혜를 얻어서, 항상 능히 자세히 살펴서 맑고 깨끗이 법을 설하니, 의심하여 미혹됨이 있은 적이 없었으며, 보살의 신통의 힘을 흡족하게 갖추고, 그 수명을 따라서 항상 깨끗한 행을 닦으니, 그 부처님의 세상 사람이 모두 다 이르기를, 「진실은 바로 성문이다.」하였느니라. 그러나 부루나는 이러한 방편으로써 헤아릴 수 없는 백천 중생에게 넉넉히 이익되게 하였으며, 또 헤아릴 수 없는 아승지 사람을 교화하여 「위없이 높고 바르며 크고도 넓으며 평등한 깨달음」에 서게끔 하였나니, 부처님의 나라를 깨끗하게 하기 위한 까닭으로 항상 부처님의 일을 하여 중생을 가르쳐 교화하느니라.

② 모든 비구여, 부루나는 또한 일곱 부처님의 법을 설하는 사

람 가운데에서도 이에 제일임을 얻었으며, 지금 나의 거처에서 법을 설하는 사람 가운데에서도 또한 제일이며, 현겁 중의 마땅히 오는 모든 부처님의 법을 설하는 사람 가운데에서도 또한 다시 제일이며, 부처님 법을 모두 두호하여 가지며 도와서 펼 것이니라.

또한 미래에도 헤아릴 수 없고 가이 없는 모든 부처님의 법을 두호하여 가지며 도우고 펴서, 헤아릴 수 없는 중생을 가르쳐 교화하며 넉넉히 이익되게 하여, 「위없이 높고 바르며 크고도 넓으며 평등한 깨달음」에 서게끔 하며, 부처님의 나라를 깨끗하게 하기 위한 까닭으로 항상 부지런히 정진하며, 헤아릴 수 없는 아승지 겁을 지나서 마땅히 이 나라에서 「위없이 중생을 가르쳐 교화하여 점점 보살도를 흡족하게 갖추고, 헤아

높고 바르며 크고도 넓으며 평등한 깨달음」을 얻으리니, 호는 가로되, 법명 여래 응공 정변지 명행족 선서 세간해 무상사 조어장부 천인사 불 세존이니라.

그 부처님께옵서는 항하사들의 삼천대천세계를 한 부처님의 나라로 하시되, 일곱 가지 보배로 땅이 되고, 땅은 평탄하여 손바닥과 같아서 산 능선과 산골 물과 시내와 도랑과 구덩이가 있음이 없으며, 일곱 가지 보배로 된 망루가 그 가운데 가득 차고, 모든 하늘의 궁전이 허공에 가까이 있어서 사람하늘이 서로 사귀되 양쪽에서 서로 봄을 얻으며, 모든 악도가 없고 또한 여인이 없으며, 일체 중생은 모두 화하여 생김으로써 음욕은 있음이 없으며, 큰 신통을 얻어서 몸에서는 밝은 빛이 나오고 날아다니기를 마음대로 하며, 뜻과 생각이 굳고 단단하며, 정진하여 사리에 밝아 지혜롭고, 널리 모두 금빛이며, 서른두 가지 형상으로 이에 스스로 꾸미고 치장하느니라.

그 나라의 중생은 항상 두 가지를 먹나니, 하나는 법의 기쁨이 먹는 것이요, 둘은 선정의 즐거움이 먹는 것이니라.

헤아릴 수 없는 아승지 천만억 나유타의 모든 보살의 많은 이가 있어, 큰 신통과 네 가지의 걸림이 없는 지혜를 얻어서 능히 중생의 무리를 잘 가르쳐 교화하며, 그 성문 무리도 산수로 헤아리고 세어도 능히 알지 못할 바이며, 모두 육통과 삼명과 그리고 또 팔해탈을 흡족하게 갖춤을 얻느니라.

그 부처님의 국토에는 이와 같은 것들이 있느니라. 헤아릴 수 없는 공덕으로 꾸미고 치장하여 성취하리니, 겁의 이름은 보명이요, 나라의 이름은 선정이며, 그 부처님의 수명은 헤아릴 수 없는 아승지 겁이니라.

법은 심히 오래 머무르고, 부처님께옵서 멸도하신 뒤에 일곱 가지 보배로 된 탑을 일으켜서 두루 그 나라를 채우느니라.』

③ 그 때에 세존께옵서 거듭 이 뜻을 펴시고자 하시어 이에 송으로 설하시어 말씀하시되,

모든 비구여,
부처님의 아들이 행하는
까닭으로 가히 생각으로
중생이 작은 법을 즐기며
두려워하는 것을 알고,
성문과 연각을 지어서,
모든 중생의 무리를 교화하되,

자세히 들을지니라.
바의 도는 방편을 잘 배우는
논의함을 얻지 못하느니라.
그리고는 큰 지혜를
이런 까닭으로 모든 보살이
수없는 방편으로써
자기는 바로 성문이라 말하고,

부처님의 도에는 가기가 심히 멀다고 하며,
헤아릴 수 없는 중생을 제도하여 벗어나게 하여
모두 다 성취를 얻도록 하며, 비록 작은 것을 하고자 하여
해이하고 게으름 지라도, 점점 마땅히 부처님을 짓게
하느니라. 안으로는 은밀히 보살행을 하고, 밖으로는
바로 성문이라고 나타내어 작은 것을 하고자 하여
나고 죽음을 싫어하나, 실상은 스스로 부처님의
나라를 깨끗하게 하느니라. 중생에게 삼독이 있음을
보이고 또 삿된 견해의 모양을 나타내느니라.
나의 제자는 이와 같이 방편으로 중생을 제도하나니,
만약 내가 가지가지로 나타내어 교화하는 일을
흡족하게 갖추어 말하면, 중생이 이것을 듣고는

마음에 곧 의심하여
지금 이 부루나는
행할 바의 도를 부지런히
법을 펴고 두호하였으며,
그리고는 모든 부처님
나타나 있으면서,
지혜가 있으며, 설하는 것에
능히 중생으로 하여금
일찍이 피로하거나
그리고는 부처님의 일을
큰 신통을 건넸으며,
갖추어 모든 근기의

미혹함을 품을 것이니라.
옛적에 천억 부처님에게서
닦아, 모든 부처님의
위없는 지혜를 구하기 위하여
거처에서 높은 제자로
많이 들어 사리에 밝은
두려울 바 없어서
기쁘고 즐겁게 하되,
싫증냄이 있지 아니하였으며,
도움으로써 이미
네 가지의 걸림 없는 지혜를
날카롭고 둔함을 알고,

항상 맑고 깨끗한 법을
이와 같은 뜻을 널리 펴서　설하였느니라.
대승법에 머무르게 하였고,　모든 천억의 중생을 가르쳐서
나라를 깨끗하게 하였느니라.　그리고는 스스로 부처님
수없는 부처님께 공양하며,　미래에도 또한 헤아릴 수 없고
펴고, 또한 스스로 부처님　바른 법을 두호하며 도와서
항상 모든 방편으로써 법을　나라를 깨끗하게 하며,
가히 세지도 못할　설하되 두려울 바 없으며,
일체 지혜를 성취하느니라.　중생을 제도하여
법의 보배 곳집을　모든 여래께 공양하고
그 뒤에 부처님　두호하여 가지다가,
부르는 이름은 가로되　이름을 얻으면,
　　　　　　　　　　　　법명이며,

그 나라 이름은 선정이니, 일곱 가지 보배로 합하여 이룬 바이며, 겁의 이름은 보명이니라. 보살의 많은 이는 심히 많아서 그 수는 헤아릴 수 없는 억이니, 모두 큰 신통을 지나고, 위엄과 덕의 힘을 흡족하게 갖추어, 그 국토에 가득 차느니라. 성문도 또한 수없으니, 삼명과 팔해탈과 네 가지 걸림 없는 지혜를 얻은, 이런 이들이 승려가 되느니라. 그 나라의 모든 중생은 음욕이 모두 이미 끊어져서 순수하고 전일하게 변화로 나고, 형상을 갖추어 몸을 꾸미고 치장하며, 법의 기쁨과 선의 즐거움만 먹고, 다시 다른 음식은 생각이 없으며,

모든 여인은 있음이 없고 또한 모든 악도 없느니라. 부루나 비구는 공덕을 다 가득히 이루어서 마땅히 이러한 깨끗한 나라를 얻나니, 어질고 성스러운 많은 이도 심히 많으리라. 이와 같이 헤아릴 수 없는 일을 내가 이제 다만 간략하게 설하노라.

④ 그 때 천이백 아라한의 마음이 마음대로 되는 이가 이런 생각을 하오되, 「우리들은 기뻐하고 즐거워하며 일찍이 있지 아니한 것을 얻었으나, 만약 세존께옵서 각각 수기 주심을 보이시되 다른 큰 제자와 같이 하시면, 또한 기분이 좋지 아니하겠는가.」하였소이다.

부처님께옵서 이들의 마음에 생각하는 바를 아시고, 마하가섭에게 이르시되, 『이 천이백 아라한에게 내가 이제 마땅히 앞에 나타나서 차례차례로 더불어 「위없이 높고 바르며 크고도 넓으며 평등한 깨달음」의 수기를 주리라.

이 대중 가운데에서 나의 큰 제자 교진여 비구는 마땅히 육만 이천억 부처님께 공양을 하고 그러한 뒤에 부처님 이룸을 얻게 되리니, 호는 가로되, 보명 여래 응공 정변지 명행족 선서 세간해 무상사 조어장부 천인사 불 세존이니라.

그 오백 아라한인 우루빈나가섭과 가야가섭과 나제가섭과 가유타이와 우타이와 아누루다와 이바다와 겁빈나와 박구라와 주타와 사가타 들도 모두 마땅히 「위없이 높고 바르며 크고도 넓으며 평등한 깨달음」을 얻으리니, 다 같이 한가지 호라, 이름은 가로되 보명이니라.』 하셨소이다.

그 때 세존께옵서 거듭 이 뜻을 펴시고자 하시어 이에 게송으로 설하시어 말씀하시되,

교진여 비구는
부처님을 뵙고, 아승지 겁을
바른 깨달음을 이루리라.
모든 신통을 흡족하게 갖추며,
일체가 공경하는 바가 되며,
그러므로 호는
그 나라의 땅은
보살이 모두 용맹하며,
모든 시방 국토에 놀며,
모든 부처님께 받들어 올리며,

마땅히 헤아릴 수 없는
지나서 이에 평등하고
항상 크게 밝은 빛을 내고
이름이 시방에 두루 들리니
항상 위없는 도를 설하니,
보명이라 하느니라.
맑고 깨끗하며,
함께 묘한 누각에 올라
위없는 공양하는 꺼리로
이 공양 짓기를 마치고

마음에 큰 기쁨과 즐거움을 품고 잠깐 동안에
본래의 나라에 돌아가나니, 이와 같은 신력이 있느니라.
부처님의 수명은 육만 겁이고, 정법의 머무름은
수명의 배이며, 상법은 다시 이것의 배이니라.
법이 멸하면 하늘과 사람이 근심하리니,
그 오백 비구가 차례차례로
마땅히 부처님을 짓되,
같은 호로 가로되 보명이니라.
돌아가며 차례로 수기하노니,
내가 멸도한 뒤에 아무가
마땅히 부처님 지으리니,
그 교화하는 세간은 또한
나의 오늘날과 같으니라.
국토의 깨끗하고 아름다움과
그리고 또 모든 신통력과,
보살과 성문 많은 이와,
정법과 그리고 또 상법과,
수명의 겁이 많고 적음도
모두 위에 설한 바와 같으니라.

가섭이여, 너는 이미 오백의 마음대로 되는 자를 알거니와, 나머지 모든 성문 무리도 또한 마땅히 다시 이와 같으니, 그들이 이 모임에 있지 아니하거늘 네가 마땅히 위하여 펴서 설하여라.

⑤ 그 때 오백 아라한께서 부처님 앞에서 수기 주심을 얻기를 마치고는 기쁘고 즐거워 뛰고 뛸 듯이 하오며, 곧 자리로부터 일어나서 부처님 앞에 이르러서, 머리와 얼굴로 발에 절을 하고 허물을 뉘우치고 스스로를 나무라시되, 『세존이시여, 저희들은 항상 이러한 생각을 하오되, 스스로 이미 궁극의 멸도를 얻었다고 생각하였사오나, 이제야 겨우 알았사오니, 지혜 없는 자와 같나이다. 까닭은 무엇인가 하오면, 저희들도 응당히 여래의 사리에 밝은 지혜를 얻을 수 있었으나, 그러나 스스로

작은 지혜로써 편안히 흡족하게 여겼나이다.

세존이시여, 비유할 것 같으면, 어떤 사람이 친한 벗의 집에 이르러서 술에 취하여 누웠는데, 이 때 친한 벗은 관청의 일로 마땅히 가면서, 값을 따질 수 없는 보배구슬을 그의 옷 속에 잡아매어 주고 그리고는 갔나이다. 그 사람은 술에 취해 누워서 도무지 깨달아 알지도 못하고, 일어나서는 놀러 다니다가 다른 나라에 이르러서는, 옷과 밥을 위하는 까닭으로 힘써 부지런히 찾아 구했으나, 심히 크게 가난하고 어려워서 만약 조그마한 것을 얻는 바 있어도 편안히 흡족하게 여겼나이다. 뒤에 친한 벗과 우연히 모여서 이를 보고는 이에 이러한 말을 하되, 「애달프다 장부여, 어찌 옷과 밥을 위하여 겨우 이와 같음에 이르렀느뇨. 내가 옛적에 너로 하여금 편안하고 즐거움을 얻게 하여 다섯 가지 욕심을 스스로 마음대로 하게 하고자 하여, 아무 해, 달, 날에 값으로 따질 수 없는 보배구슬을 너의 옷 속에 매어 두었다. 지금도 옛 것이 나타나 있는데 그러나 너는 알지 못하고, 애쓰고 고생하며 근심하고 번뇌하면서 스스로 살기를 구하니, 심히 어리석도다. 너는 지금 가히 이 보배로써 필요한 것을 바꾸어서, 항상 가히 뜻하는 것과 같이 함에 옹색하고 모자랄 것이 없으리라." 하였나이다.

부처님께옵서도 또한 이와 같으시어, 보살이 되시어 계셨을 때, 저희들을 가르쳐 교화하시어 일체 지혜의 마음을 일으키게 하셨사오나, 얼마 아니 있어 잊어버리고 알지도 못하고 깨닫지도 못하고는, 이미 아라한 도를 얻었음을 멸도했다고 스스로 생각하고, 재물이 생기는 것이 어렵고 어려워하여 적은 것을 얻고도 흡족하게 여겼으나, 일체 지혜의 원은 오히려 잃지 않고 있사옵니다.

지금의 세존께옵서는 저희들을 깨우쳐 주시어 이와 같은 말씀을 하시되, 「모든 비구여, 너희들이 얻은 것은 궁극의 멸이 아니니라. 내가 오랫동안 너희들로 하여금 부처님의 착한 근본을 심게 하려고, 방편을 쓰는 까닭으로써 열반의 형상을 보였거늘, 그러나 너희는 실상의 멸도를 얻었다고 생각하였느니라.」 하시었나이다.

세존이시여, 저희는 지금에서야 겨우 참으로 바로 보살이라, 「위없이 높고 바르며 크고도 넓으며 평등한 깨달음」의 수기를 얻어 받았음을 알고, 이러한 인연으로써 심히 크게 기뻐하고 즐거워하며 일찍이 있지 아니한 것을 얻었나이다.」

⑥ 그 때에 아야교진여 들께서 거듭 이 뜻을 펴고자 하여 이에 게송으로 설하여 말씀하오되,

저희들이 위없이 편안하게
소리를 듣자옵고는
기쁘고 즐거워서
부처님께 절하옵나이다.
스스로 모든 지난
헤아릴 수 없는
열반의 몫을 얻고는,
사람처럼 곧 스스로
비유할 것 같으면,
친한 벗의 집에 가서 이르니, 그 집은 심히 큰 부자라,

의지되는 수기 주시는
일찍이 있지 아니한 것이라,
헤아릴 수 없는 지혜의
지금 세존 앞에서
허물을 뉘우치나이다.
부처님의 보배에서 조그마한
지혜 없는 어리석은
흡족하게 여겼나이다.
가난하고 궁한 사람이

모든 반찬과 안주를 갖추어 베풀며,
값으로 따질 수 없는 보배구슬을 안 옷 속에
잡아매어 붙이고는, 묵묵히 주고 가버리니,
때에 누워서 깨달아 알지 못하였나이다.
이 사람이 조금 있다가 일어나서 여행하며 다니다가
다른 나라까지 나아가서 옷과 밥을 찾아
스스로 생활하나, 재물이 생기는 것이
심히 어렵고 어려워하여 작은 것을 얻어도 편안히
흡족하게 여기고 다시 좋은 것을 원하지 아니하며,
안 옷 속에 값으로 따질 수 없는 보배구슬이 있는 것을
깨닫지 못하였나이다. 구슬을 준 친한 벗이 뒤에
이 가난한 사람을 보고 심히 간절하게 꾸짖고는

매어놓은 바의 구슬을
이 구슬을 보고 그 마음을
보여 주니, 가난한 사람이
모든 재물이 넉넉히 있어
크게 기뻐하고 즐거워하며,
스스로 마음대로 하였나이다.
다섯 가지 욕심을 이에
세존께옵서 긴 밤에 항상
저희들도 또한 이와 같아서,
교화하시어 위없는 원을
불쌍히 보시고 가르쳐
저희들은 지혜가 없는
심게 하셨사오나,
또한 알지도 못하여,
까닭으로 깨닫지도 못하고
스스로 흡족하게 여겨 다른
조그마한 열반의 몫을 얻고는
이제 부처님께옵서 저희에게
것을 구하지 아니하였나이다.
진실한 멸도가 아님을
깨치기를 깨우쳐 주시어
위없는 지혜를 얻고서
말씀하시되, 부처님의
그리하여야 이에 진실한

멸이 됨이라고 하시나니,　저희는 지금 부처님으로부터
수기 주시는 장엄하신 일과　그리고 또 차례로 옮기면서
수기 결정하심을 듣자옵고　몸과 마음이 두루
기쁘고 즐겁나이다。

묘법연화경 제 구 수학무학인기품

① 이 때에 아난과 라후라께서는 이에 이런 생각을 하오되, 「우리들이 매양 스스로 깊이 생각하기를, 가령 수기 주심을 얻으면 또한 기쁘지 좋지 않겠는가.」하고, 곧 자리로부터 일어나서 부처님 앞에 이르러서 머리와 얼굴로 발에 절을 하옵고, 함께 부처님께 아뢰어 말씀 올리되, 『세존이시여, 저희들도 여기에 또한 응당히 분수가 있사오리다. 오직 여래만이 계시어 저희들이 돌아갈 바이옵니다. 또 저희들은 일체 세간의 하늘과 사람과 아수라가 보고 아는 바이며, 아난은 항상 시자

가 되어 법의 곳집을 두호하여 가지며, 라후라는 바로 부처님의 아들이오니, 만약 부처님께옵서 「위없이 높고 바르며 크고 도 넓으며 평등한 깨달음」의 수기 주시는 것을 보면, 저희의 원은 이미 차고 대중의 바람도 또한 흡족하오리다.』 하였소이다.

그때 배우는 이와 배울 것이 없는 이의 성문 제자 이천 사람께서 모두 자리로부터 일어나서, 웃옷을 벗어서 한 쪽으로 하여 오른쪽 어깨를 드러내시고, 부처님 앞에 이르러서 한마음으로 합장하고 세존을 우러러 바라다 뵈오며, 아난과 라후라의 원하는 바와 같이 하고, 한 쪽에 머물러서 서 있었소이다.

이 때 부처님께옵서 아난에게 이르시되, 『너는 오는 세상에 마땅히 부처님 지음을 얻으리니, 호는 산해혜자재통왕 여래 응공 정변지 명행족 선서 세간해 무상사 조어장부 천인사 불 세존이니라. 마땅히 육십이억 모든 부처님께 공양하고, 법의 곳집을 두호하여 가진 그러한 뒤에, 「위없이 높고 바르며 크고도 넓으며 평등한 깨달음」을 얻고, 이십천만억 항하사의 모든 보살들을 가르쳐 교화하여, 「위없이 높고 바르며 크고도 넓으며 평등한 깨달음」을 이루게 하리라.

나라의 이름은 상립승번이고, 그 나라는 맑고 깨끗하여 유리로 땅이 되고, 겁의 이름은 묘음편만이니라. 그 부처님의 수명은 헤아릴 수 없는 천만억 아승지 겁이니라. 만약 사람이 천만억 헤아릴 수 없는 아승지 겁 가운데에서, 산수로 헤아려 세어도 능히 앎을 얻지 못하리라. 정법이 세상에 머무름은 수명의 배이고, 상법이 세상에 머무름은 다시 정법의 배이니라.

아난이여, 이 산해혜자재통왕 부처님께옵서는 시방의 헤아릴 수 없는 천만억 항하사들의 모든 부처님 여래께옵서 함께 찬탄하시는 바가 되며, 그 공덕을 칭찬하시리라』 하셨소이다.

그 때에 세존께옵서 거듭 이 뜻을 펴시고자 하시어 이에 게송으로 설하시어 말씀하시되,

내가 지금 승려 가운데에서 말을 하노니,
아난은 법을 가진 자이니, 마땅히 모든 부처님께
공양하고 그러한 뒤에 바른 깨달음을 이루면,
호는 가로되 산해혜자재통왕 부처님이니라.
그 국토는 맑고 깨끗하며, 이름은 상립승번이요,
모든 보살을 가르쳐 교화하시되 그 수는
항하사와 같으리라.

부처님께옵서는

큰 위엄과 덕이 있어서 이름 들림이 시방에 가득하며, 수명의 헤아림은 있을 수 없으니, 중생을 불쌍히 여기시는 까닭이니라.

정법은 수명의 배이고, 상법도 다시 이것의 배이며, 항하사들과 같은 수없는 모든 중생이 이 부처님 법 가운데에서 부처님 도에 인연을 심으리라.

이때 모임 가운데 새로 뜻을 일으킨 보살 팔천 사람께서 다 이런 생각을 하오되, 「저희들은 모든 큰 보살께서도 이와 같은 수기 얻으시는 것을 오히려 듣지 못하였는데, 어떤 인연이 있어서 모든 성문이 이와 같은 결정을 얻는가.」 하셨소이다.

② 이 때에 세존께옵서 모든 보살의 마음에 생각하는 바를 아시고 이에 일러 가라사대, 『모든 착한 남자여, 내가 아난 들

과 더불어 공왕 부처님의 거처에서 같은 때에 「위없이 높고 바르며 크고도 넓으며 평등한 깨달음」의 마음을 일으켰건마는, 아난은 항상 많이 듣기를 즐겨하고, 나는 항상 부지런히 정진을 하였느니라. 이러한 까닭으로 나는 이미 「위없이 높고 바르며 크고도 넓으며 평등한 깨달음」 이룸을 얻었고, 아난은 나의 법을 두호하여 가지고, 또한 장래의 모든 부처님의 법의 곳집을 두호하며, 모든 보살의 많은 이를 가르쳐 교화하여 성취케 하리니, 그 본래의 원이 이와 같음일세, 그러므로 이 수기를 얻었느니라.』

아난께서는 부처님 면전에서 스스로 수기 주심과 그리고 또 국토의 꾸미고 치장됨을 듣자옵고, 원하는 바가 흡족하게 갖추어져서 마음에 크게 기뻐하고 즐거워하며, 일찍이 있지 아니한 것을 얻고, 곧 때에 지난 예전의 헤아릴 수 없는 천만억의 모든 부처님의 법의 곳집을 기억하여 생각하며, 통달하여 걸림이 없으되 지금 듣는 바와 같으며, 또한 본래의 원하는 것까지도 알게 되었소이다.

그 때에 아난께서 이에 게송으로 설하여 말씀하오되,

세존께옵서는
심히 드물게 계시어,
저로 하여금 지나간
예전의 헤아릴 수 없는
모든 부처님 법을
생각하게 하시되,
오늘날 듣는 것과 같이
하시니, 저는 이제
다시 의심이 없어
부처님의 도에 편안하게
머물게 되었으나,
방편으로 시자가 되어
모든 부처님 법을
두호하여 가지겠나이다.

그 때에 부처님께옵서 라후라에게 이르시되, 『너는 오는 세상에 마땅히 부처님 지음을 얻으리니, 호는 도칠보화 여래 응공 정변지 명행족 선서 세간해 무상사 조어장부 천인사 불세존이니라. 마땅히 십 세계의 미진들 수의 모든 부처님 여래께 공양하며, 항상 모든 부처님을 위하여 맏아들이 될 것이되, 마치 지금과 같으리라.

이 도칠보화 부처님 국토의 꾸미고 치장됨과, 수명의 겁수와, 교화할 바의 제자와, 정법과 상법은, 또한 산해혜자재통왕 여래와 같아서 다름이 없으며, 또한 이 부처님을 위하여 맏아들이 되느니라.

이렇게 이미 지낸 뒤에 마땅히 「위없이 높고 바르며 크고도 넓으며 평등한 깨달음」을 얻느니라.』

그 때에 세존께옵서 거듭 이 뜻을 펴시고자 하시어 이에 송으로 설하시어 말씀하시되,

내가 태자이었을 때
라후라는 맏아들이 되었더니,
내 이제 부처님의
도를 이루니, 법을 받는
법의 아들이 되었도다.
미래 세상 가운데 헤아릴 수
없는 억의 부처님을 뵈옵고,
모두 그의 맏아들이 되어
한마음으로 부처님의
도를 구하리니,
라후라의 은밀히 하는 행을
오직 나만이 능히 아느니라.
지금에는 나의 맏아들이
되어서 모든 중생에게
보이나니, 헤아릴 수 없는
억천만의 공덕은 가히
셈하지를 못할 것이며,
부처님 법에 편안히 머물러서
위없는 도를 구하느니라.

③ 그 때에 세존께옵서 배우는 이와 배울 것이 없는 이, 이천 사람을 보시니, 그 뜻이 부드럽고 연하며 고요하고 맑고 깨끗하여 한마음으로 부처님을 관하는지라. 부처님께옵서 아난에게 이르시되, 『너는 이 배우는 이와 배울 것이 없는 이, 이천 사람을 보느냐. 않느냐.』

『예, 그러하옵게도 이미 보았나이다.』

『아난이여, 이 모든 사람들이 마땅히 오십 세계 미진수의 모든 부처님 여래께 공양하고 공손히 공경하며 존중하고, 법의 곳집을 두호하여 가지고, 뒤끝에는 같은 때에 시방 나라에서 각각 부처님 이룸을 얻으리니, 모두 함께 한가지 호로 이름은 가로되, 보상 여래 응공 정변지 명행족 선서 세간해 무상사 조어장부 천인사 불 세존이니라. 수명은 일 겁이고, 국토의 꾸미고 치장됨과 성문과 보살과 정법과 상법이 모두 다 한가지로 같으니라.』

그 때에 세존께옵서 거듭 이 뜻을 펴시고자 하시어 이에게 송으로 설하시어 말씀하시되,

지금 내 앞에 머물러 있는, 이 이천 성문에게 모두 다
수기 주리니, 미래에 마땅히 부처님을 이루리라.
공양할 바의 모든 부처님은 위에 설한 미진수와 같으며,
그 법의 곳집을 두호하여 가진 뒤에 마땅히
바른 깨달음을 이루리라. 각각 시방 나라에서 다 같은
한가지 이름과 호이리니, 함께 때에 도량에 앉아서
위없는 지혜를 증하리라. 모두 이름을 보상이라고 하며,
국토와 그리고 또 제자와 정법과 더불어 상법은

다 같아서 다름은 있음이 없느니라.
다 모든 신통으로써 시방의 중생을 제도하여,
이름 들림이 널리 두루 미치고 점점 열반에 들리라.
그때에 배우는 이와 배울 것이 없는 이의 이천 사람께서
부처님의 수기 주심을 듣자옵고, 기쁘고 즐거워서 뛰고 뛸 듯
이하며 이에 게송으로 설하여 말씀하오되,
세존께옵서는 지혜의 밝은 등불이시라,
저희는 수기 주시는 소리를 듣자옵고
마음에 기쁨과 즐거움이 가득 차서,
감로를 뿌려 주심과 같사옵니다.

묘법연화경 제 십 법사품

① 그 때 세존께옵서 약왕보살을 인하시어 팔만 대사에게 이르시되, 『약왕이여, 너는 이 대중 가운데서 헤아릴 수 없는 모든 하늘과 용왕과 야차와 건달바와 아수라와 가루라와 긴나라와 마후라가와 사람과 사람 아닌 것과, 그리고 또 비구 비구니와 우바새 우바이로, 성문을 구하는 자와 벽지불을 구하는 자와 부처님의 도를 구하는 자를 보느냐. 이와 같은 이들의 무리가 다 부처님 앞에서 묘법화경의 한 게송이나 한 구절을 듣고, 이에 한 생각으로 따라서 기뻐하는

데 이르는 자에게는, 내가 모두 수기를 주리니, 마땅히 「위없이 높고 바르며 크고도 넓으며 평등한 깨달음」을 얻으리라.』

부처님께옵서 약왕에게 이르시되,

『또 여래가 멸도한 뒤에, 만약 어떤 사람이 묘법화경을 듣되, 이에 한 게송이나 한 구절에 이르러서 한 생각으로 따라 기뻐하는 자에게는, 내가 또한 더불어 「위없이 높고 바르며 크고도 넓으며 평등한 깨달음」의 수기를 주리라.

만약 다시 어떤 사람이 묘법화경의 이에 한 게송에 이를지라도 받아서 가지고 읽고 외우며 풀어서 말하고 써서 베끼면서, 이 경권을 공경하되 부처님과 같이 보고, 꽃과 향과 영락과 가루향과 바르는 향과 비단일산과, 「장대 끝에 용머리 모양을 만들고 깃발을 단 것」과, 「부처님과 보살의 위엄과 덕을 표시하는 장엄도구인 깃발」과、의복과 재주와 음악으로 가지가지로 공양하고、이에 합장하고 공손히 공경하는데 이르러면、약왕이여、마땅히 알지니라.

이러한 모든 사람들은 이미 일찍이 십만억 부처님께 공양하고、모든 부처님의 거처에서 큰 원을 성취하였으되、중생을 불쌍히 여긴 까닭으로 이 인간에 난 것이니라.

약왕이여、만약 어떤 사람이 묻되、「어떠한 중생들이 미래 세상에 마땅히 부처님 지음을 얻겠는가」하면、응당히 이러한 모든 사람들이 미래 세상에 반드시 부처님 지음을 얻으리라고 가리켜라.

어떠한 까닭이냐 하면、만약 착한 남자、착한 여인이 법화경의 이에 한 구절에 이를지라도 받아서 가지고 읽고 외우며 풀어서 말하고 써서 베끼면서, 꽃과 향과 영락과 가루향과 바르는 향과 사르는 향과 비단일산과, 「장대 끝에 용머리 모양을 만들고 깃발을 단 것)과, 「부처님과 보살의 위엄과 덕을 표시하는 장엄도구인 깃발」과, 의복과 재주와 음악으로 가지가지로 경권에다 공양하며 합장하고 공손히 공경하면, 이 사람은 일체 세간이 응당 우러러보고 받들 바이니, 응당히 여래에게 공양하듯이 이에 그것을 공양할지니라.

마땅히 알지니, 이 사람은 바로 큰 보살이니라. 「위없이 높고 바르며 크고 넓으며 평등한 깨달음」을 성취하였건마는 중생을 슬피 불쌍히 여기고 이 세간에 나기를 원하여, 널리 묘법화경을 분별하여 설명함인데, 어찌 하물며 능히 다 받아서 가지고 가지가지로 공양하는 자이랴.

약왕이여, 마땅히 알지니라. 이러한 사람은 스스로 맑고 깨끗한 업보를 버리고, 내가 멸도한 뒤에 중생을 불쌍히 여기는 까닭으로 악한 세상에 나서 널리 이 경을 설명하느니라.

만약 이 착한 남자, 착한 여인이 내가 멸도한 뒤에, 능히 은밀히 한 사람을 위하여 법화경의 이에 한 구절에 이르러서 설할지라도, 마땅히 알지니, 이 사람은 곧 여래의 심부름꾼이라, 여래가 보낸 바로서 여래의 일을 행하는 것인데, 어찌 하물며 대중 가운데에서 널리 사람을 위하여 설함이랴.

② 약왕이여, 만약 악한 사람이 있어 착하지 못한 마음으로써 일 겁 동안에 부처님 앞에 나타나서 항상 부처님을 헐뜯고 욕할지라도, 그 죄는 오히려 가볍거니와, 만약 사람이 한 마디의 악한 말로써 집에 있는 이나 출가한 이의 법화경을 읽고

외우는 자를 헐뜯고 비방하면, 그 죄는 심히 무겁느니라. 약왕이여, 그 어떤 이가 법화경을 읽고 외우면 마땅히 알지니라. 이 사람은 부처님의 꾸밈과 치장함으로써 이에 스스로를 꾸미고 치장하고 곧 여래를 어깨에 메고 진 것이니라. 그가 이르는 곳의 방위에 응당히 따라 향하여 절을 하며, 한마음으로 합장하고, 공손히 공경하며, 공양하고, 존중하며 찬탄하되, 꽃과 향과 영락과 가루향과 바르는 향과 사르는 향이며 비단일산과, 「장대 끝에 용머리 모양을 만들고 깃발을 단 것」과, 「부처님과 보살의 위엄과 덕을 표시하는 장엄도구인 깃발」과, 의복과 반찬과 차반이며, 모든 재주와 음악을 지어서 사람 가운데에 으뜸가는 공양으로 공양할지며, 응당 하늘의 보배를 가져다가 이를 흩고, 하늘 위의 보배 무더기를 응당 받들어 드릴지니라. 까닭은 무엇인가 하면, 이 사람이 기쁘고 즐거이 법을 설함에 잠깐 동안 들을지라도, 곧 궁극의 「위없이 높고 바르며 크고도 넓으며 평등한 깨달음」을 얻기 때문이니라.」

그 때에 세존께옵서 거듭 이 뜻을 펴시고자 하시어 이에 송으로 설하시어 말씀하시되,

만약 부처님의 도에 머물러서 자연지혜를 성취하고자 하면,
항상 마땅히 부지런히, 법화를 받아 가진 자에게
공양할지니라.
일체 가지가지 사리에 밝은 지혜를 빨리 얻고자 하면,
마땅히 이 경을 받아서 가질 것이며,
아울러 가진 자에게 공양할지니라.

만약 능히 묘법화경을
마땅히 알지니,
모든 중생을 불쌍히
능히 묘법화경을
모두 맑고 깨끗한
중생을 불쌍히 여기는
마땅히 알지니라.
나고자 하는 바를
능히 이 악한 세상에
응당 하늘의 꽃과 향과
하늘 위의 묘한 보배
자에게 공양을 할지니라.

받아서 가지고 있는 자는,
부처님의 심부름꾼인 바로서
생각함이니라.
받아서 가지고 있는 자는
나라를 버리고
까닭으로 여기에 나느니,
이와 같은 사람은
마음대로 하느니라.
널리 위없는 법을 설하나니,
그리고 또 하늘의 보배의 복과
무더기로써 법을 설하는
내가 멸한 뒤 악한 세상에

능히 이 경을 가지는 자에게는 마땅히 합장하고
절을 하며 공경하되, 세존께 공양함과 같이 하고,
으뜸가는 반찬이며 여러 가지 달고 맛나는 것과
그리고 또 가지가지의 의복으로 이 부처님의
아들에게 공양하고 얻어듣기를 바랄지니라.
잠깐 동안이라도
이 경을 받아서 가지는 자는, 만약 능히 뒷세상에
있게 하여 여래의 일을 내가 보내어 사람 가운데
행하게 한 것이니라.
③ 만약 일 겁 동안 항상 만약 착하지 못한 마음을 품고
성낸 빛을 지어 부처님께 욕하면, 그 어떤 이가
무거운 죄를 얻을 것이로되, 헤아릴 수 없는
이 법화경을 읽고 외우며 가지는 자에게 잠깐이라도

나쁜 말을 하면, 그 죄는 다시 그것보다 더함이니라.
어떤 사람이 부처님의 도를 구하여 일 겁 동안 합장하고
내 앞에 있으면서 수없는 게송으로 찬탄하면,
이것은 부처님을 찬탄함을 말미암은 까닭으로
헤아릴 수 없는 공덕을 얻을 것이로되,
경을 가지는 자를 칭찬하는
그 복이 다시 그것보다 훌륭하다고 칭탄하는
팔십억 겁에 가장 묘한 더함이니라.
더불어 향기와 맛있는 것과 빛과 소리와 그리고 또
자에게 공양하며, 촉감으로써 경을 가지는
마치고는 만약 이와 같이 공양하기를
곧 응당 스스로 잠깐 사이라도 얻어들으면,
기뻐하고 경사로워하며,

「나는 지금에야 큰 이익을 얻었다.」고 할지니라.

약왕이여, 이제 너에게 이르노니, 내가 설한 바의 모든 경과 법화가 가장 제일이니라.

그 때에 부처님께옵서 다시 약왕보살마하살에게 이르시되, 『내가 설한 바의 경전은 헤아릴 수 없는 천만억이니, 이미 설하였고, 지금 설하며, 미래에도 설할 것이니와, 그러나 그 가운데에서도 이 법화경이 가장 믿기 어렵고 이해하기 어려움이 되느니라.

약왕이여, 이 경은 바로 모든 부처님의 비밀되고 요긴한 곳집이라, 가히 나누어 펴서 함부로 사람에게 주지 말지니라. 모든 부처님 세존께옵서 지키시고 호위하시는 바이라, 예로부터 이미 오면서 일찍이 이 경을 나타내어 설하지 아니한 것은, 여래가 나타나 있음에도 오히려 원망과 미워하는 것이 많거늘, 하물며 멸도한 뒤에랴.

약왕이여, 마땅히 알지니라. 여래가 멸한 뒤에, 능히 써서 가지고 읽고 외우며 공양하고 다른 사람을 위하여 설하는 그 자에게는, 여래가 곧 옷으로써 덮는 것이 됨이며, 또 다른 방위에 나타나 계시는 모든 부처님께옵서도 생각하시어 두호하시는 바가 되느니라.

이 사람은 크게 믿는 힘과 그리고 또 뜻하여 원하는 힘과 모든 착한 근본의 힘이 있나니, 마땅히 알지니라. 이 사람은 여래와 더불어 같이 잠이며, 곧 여래가 손으로 그의 머리를 어루만져주는 것이 되느니라.

약왕이여, 곳곳마다 처소에서 만약 설하거나, 만약 읽거나, 만약 외우거나, 만약 쓰며, 만약 경권이 머무는 바의 곳에는, 모두 응당히 일곱 가지 보배로 된 탑을 일으켜 극히 높고 넓게 하여 아름답게 꾸미되, 모름지기 다시 사리를 모시지 말지니라. 까닭은 무엇인가 하면, 이 가운데에는 이미 여래의 온 몸이 있기 때문이니라.

이 탑에 응당히 일체 꽃과 향과 영락과 비단일산과, 「장대 끝에 용머리 모양을 만들고 깃발을 단 것」과, 「부처님과 보살의 위엄과 덕을 표시하는 장엄도구인 깃발」과, 재주와 음악과 칭송하는 노래로 공양하고, 공손히 공경하며, 존중하며, 찬탄할지니라. 만약 어떤 사람이 이 탑을 뵈옴을 얻고 예배하고 공양하면, 마땅히 알지니라. 이들은 모두 「위없이 높고 바르며 크고도 넓으며 평등한 깨달음」에 가까우니라.

④ 약왕이여, 많은 사람이 있어 집에 있거나 출가하여 보살의 도를 행하되, 만약 능히 이 법화경을 보고 듣고 읽고 외우며 쓰고 가지며 공양을 잘 하지 않는 자는, 마땅히 알지니라. 이 사람은 보살의 도를 잘 행하지 못함이고, 만약 이 경전을 얻어 듣는 자가 있으면 이에 능히 보살의 도를 잘 행하는 것이니라.

그 어떤 중생이 부처님의 도를 구하는 자로 이 법화경을 만약 보거나 듣거나 하여, 듣기를 마치고는 믿고 이해하여 받아 가지는 자는, 마땅히 알지니라. 이 사람은 「위없이 높고 바르며 크고도 넓으며 평등한 깨달음」을 얻기가 가까우니라.

약왕이여, 비유하건대, 어떤 사람이 목이 말라서 물을 구하려 하여 저 높은 언덕을 파고 뚫어서 구하되, 여전히 마른 흙만 보게 되면 물은 아직 먼 것을 알게 되나, 공들임을 그치지 아니하다가 젖은 흙으로 변해지는 것을 보고 드디어 점점 진흙에 이르르면, 그 마음에 결정코 물이 반드시 가까운 것을 아는 것과 같으니라.

보살도 또한 다시 이와 같아서, 만약 이 법화경을 듣지 못하고, 이해하지 못하며, 능히 닦고 익히지 못하면, 마땅히 알지니라. 이 사람은 「위없이 높고 바르며 크고도 넓으며 평등한 깨달음」에 가기가 아직 멂이요. 만약 얻어듣고 이해하며 깊이 생각하고 닦고 익히면, 반드시 「위없이 높고 바르며 크고도 넓으며 평등한 깨달음」을 얻음이 가까움을 아느니라. 까닦은 무엇인가 하면, 일체 보살의 「위없이 높고 바르며 크고도 넓으며 평등한 깨달음」은 모두 이 경에 속함이니라.

이 경은 방편의 문을 열어서 진실한 형상을 보인 것이니라. 이 법화경의 곳집은 깊고 굳으며 그윽하고 멀어서 사람이 능히 이를 수가 없거늘, 이제 부처님은 보살을 가르쳐 교화하여 성취시키려고 이에 열어 보이게 되느니라.

약왕이여, 만약 어떤 보살이 이 법화경을 듣고 놀라거나, 의심을 하거나, 겁을 내거나, 두려워하면, 마땅히 알지니라. 이는 새로 뜻을 일으킨 보살이고, 만약 성문의 사람이 이 경을 듣고 놀라고 의심하며, 겁을 내고 두려워하면, 마땅히 알지니라. 이는 「깨닫지 못하고서도 깨달은 체하는 거만한 자」라 하느니라.

약왕이여, 만약 착한 남자, 착한 여인이 있어 여래가 멸한 뒤에, 사중을 위하여 이 법화경을 설하고자 하는 자는 어떻게 응당 설해야 하는가 하면, 이 착한 남자, 착한 여인은 여래의 방에 들어가, 여래의 옷을 입고, 여래의 자리에 앉으며, 그리하여 이에 응당히 사중을 위하여 널리 이 경을 설해야 하느니라. 여래의 방이란 것은 일체 중생 가운데에 큰 자비의 마음이 이것이요, 여래의 옷이란 것은 부드럽고 온화하며 욕되는 것을 참는 마음이 이것이며, 여래의 자리란 것은 일체의 법이 공한 것이 이것이니라. 이 가운데 편안히 머무르며, 그러한 뒤에 게으르고 해이하지 않은 마음으로써 모든 보살과 그리고 또 사중을 위하여 널리 이 법화경을 설해야 하느니라.

⑤ 약왕이여, 내가 다른 나라에서 변화한 사람을 보내어 그를

위하여 법을 들을 많은 이를 모이게 해주며, 또한 변화한 비구와 비구니와 우바새와 우바이를 보내어 그 법을 설하는 것을 듣게 하리니, 이 모든 변화한 사람은 법을 듣고 믿어서 받으며 따르고 좇으며 거역하지 아니하리라.

만약 법을 설하는 자가 비고 한가한 곳에 있으면, 내가 때에 널리 하늘과 용과 귀신과 건달바와 아수라 들을 보내어 그 법을 설하는 것을 듣게 하리라.

내가 비록 다른 나라에 있을지라도, 때때로 법을 설하는 자로 하여금 나의 몸 봄을 얻게 하리라. 만약 이 경에서 글귀를 잃거나 잊어버리면, 내가 돌아와서 설하여 흡족하게 갖춤을 얻게 하리라.』

그 때 세존께옵서 거듭 이 뜻을 펴시고자 하시어 이에 게송으로 설하시어 말씀하시되, 모든 게으르고 느린 것을 버리고자 하면 응당 마땅히 이 경을 들을지니라. 이 경은 얻어듣기가 어려우며 믿어서 받는 것도 또한 어려움이니라.

마치 사람이 목이 말라 높은 언덕을 파서 뚫되, 마른 흙만 보면 물에 가기가 아직 물기가 없는 점점 축축한 흙과 여전히 먼 것을 아나, 결정코 물이 가까움을 진흙을 보게 되면 약왕이여, 아는 것과 같으니라.

이와 같이 모든 사람들이 너는 마땅히 알지니라. 부처님의 지혜에 가기가 법화경을 듣지 못하면 심히 멀 것이나,

만약 이 깊은 경을 들으면
이것은 모든 경의 왕이니,
마땅히 알지니라.
부처님의 사리에 밝은
만약 사람이 이 경을
여래의 방에 들어가서,
여래의 자리에 앉아야,
두려울 바 없어서, 널리
대자비가 방이 되며,
것을 참는 것은 옷이 되고,
자리가 되니, 여기에 살면서
만약 이 경을 설할 때에,

성문법을 끊어서 마치느니라.
듣고는 자세히 깊이 생각하면,
이런 사람들은
지혜에 가까우니라.
설하려면 응당히
여래의 옷을 입고,
많은 이와 살아도
분별하여 설하게 되느니라.
부드럽고 온화하며 욕되는
모든 법이 공한 것이
법을 설할지니라.
어떤 사람이 악한 입으로

욕을 하며 칼과 막대기나 기와나 돌로 때릴지라도,
부처님을 생각하는 까닭으로 응당히 참을지니라.

나는 천만억 나라에서, 깨끗하며 굳고 단단한
몸을 나타내어, 헤아릴 수 없는 억겁에
중생을 위하여 법을 설하느니라.

만약 내가 멸도한 뒤에 능히 이 경을 설하는 자에게는,
내가 변화한 사중인 비구 비구니와 그리고 또
청신사녀를 보내어 법사를 공양하게 하고,
모든 중생을 인도하여 모아서 이에 법을 듣게 하리라.
만약 사람이 악하게 칼과 막대기와 그리고 또
기와 돌로 때리려고 하면, 곧 변화한 사람을 보내어
그를 위하여 지키고 두호하게 하리라.

만약 법을 설하는 사람이 　홀로 비고 한가한 곳에

있으면서 고요하고 쓸쓸하여 　사람 소리도 없는데

이 경전을 읽고 외우면, 　내가 그 때에 위하여

맑고 깨끗하며 밝게 　빛나는 몸을 나타내며,

만약 문장이나 구절을 　잃거나 잊어버리면,

위하여 설하여 　통리케 할 것이니라.

만약 사람이 이런 덕을 　갖추어 혹은 사중을 위하여

설하거나, 빈 곳에서 　경을 읽고 외우면,

모두 나의 몸 봄을 얻으리라. 　만약 사람이 비고 한가한 데에

있으면, 내가 하늘과 용왕과 　야차와 귀신 들을 보내어

위하여 법을 들을 무리가 　되게 할 것이며,

이 사람이 좋아하는 바대로 　법을 설하며 분별하되,

걸리거나 막힐 것이 없으며, 모든 부처님께옵서 생각하시어 두호하시는 까닭으로 능히 대중으로 하여금 기쁘게 하느니라. 만약 법사를 친하고 가까이하면 빨리 보살도를 얻고, 이 스승을 따르고 좇아 배우면 항하사의 부처님 뵈옴을 얻느니라.

묘법연화경 제 십일 견보탑품

① 그 때에 부처님 앞에 일곱 가지 보배로 된 탑이 있으되, 높이는 오백 유순이요, 가로와 세로는 이백오십 유순이라, 땅으로부터 솟아나와서 공중에 머물러 있었소이다. 가지가지의 보물로 틀을 하여 치장되었으며, 오천의 난간에는 「부처님 형상을 모시는 방」이 천만이며, 수없는 「장대 끝에 용머리 모양을 만들고 깃발을 단 것」과, 「부처님과 보살의 위엄과 덕을 표시하는 장엄도구인 깃발」로 엄숙하게 꾸미고 보배영락을 드리웠으며, 보배방울 만억을 이에 그 위에 달았으며, 사면에는 모

두 다마라발전단의 향기가 나와서 세계에 두루 차며, 그 모든 번과 천개는 금과 은과 유리와 차거와 마노와 진주와 매괴의 일곱 가지 보배로 합하여 이루었으며, 높이는 사천왕궁에 이르렀소이다.

삼십삼천은 하늘의 만다라꽃을 비오듯이 하여 보배탑에 공양하고, 다른 모든 하늘과 용과 야차와 건달바와 아수라와 가루라와 긴나라와 마후라가와 인비인 들 천만억의 많은 이는 일체의 꽃과 향과 영락과, 「부처님과 보살의 위엄과 덕을 표시하는 장엄도구인 깃발」과, 천개와 재주와 음악으로 보배탑에 공양하며, 공손히 공경하고 존중하며 찬탄하였소이다.

이 때에 보배탑 가운데에서 큰 음성이 나와서 찬탄하시어 말씀하시되, 『거룩하시고 거룩하시옵니다. 석가모니 세존이시여,

능히 평등한 큰 지혜로써, 보살을 가르치는 법이며, 부처님께옵서 생각하시어 두호하시는 바이신 묘법화경을 대중을 위하여 설하시나니, 그와 같고 그와 같으나이다. 석가모니 세존께옵서 말씀하신 바와 같은 것은 모두 바로 진실이옵나이다.』

이 때에 사중은 큰 보배탑이 허공 가운데에서 머물러 있음을 보며, 또 탑 가운데에서 나온 바의 음성을 듣고는 모두 법의 기쁨을 얻어서, 일찍이 있지 아니한 것이라고 기이하게 여기어, 자리로부터 일어나서 공손히 공경하며 합장하고 물러나 한쪽에 머물렀소이다.

이 때에 보살마하살이 계시니, 이름은 대요설이었소이다. 일체 세간의 하늘과 사람과 아수라 들의 마음에 의심하는 것을 아시고 부처님께 아뢰어 말씀하시되, 『세존이시여, 어떠한 인연으로써 이 보배탑이 땅으로부터 솟아나와 있으며, 또 그 가운데에서 이러한 음성이 일어나게 되었나이까.』 하셨소이다.

이 때에 부처님께옵서 대요설보살에게 이르시되, 『이 보배탑 가운데에는 여래의 온몸이 계심이니라. 옛 옛 지난 예전에 동방으로 헤아릴 수 없는 천만억 아승지 세계에 나라의 이름은 보정이요, 그 가운데에 부처님께옵서 계셨으니, 호는 가로 되 다보이셨느니라.

그 부처님께옵서 보살도를 행하실 때에 크게 맹세하여 원을 하시되, 「만약 내가 부처님을 이루어서 멸도한 뒤에, 시방국토에서 법화경을 설하시는 곳이 있으면, 나의 탑묘는 이 경을 듣기 위한 까닭으로 그 앞에 솟아 나타나서 증명을 짓게 되고, 찬탄하여 거룩하시다고 말하리라.」하셨느니라.

② 그 부처님께옵서 도를 이루시기를 마치시고 멸도하실 때에 임하여, 하늘과 사람 대중 가운데에서 모든 비구에게 이르시되, 「내가 멸도한 뒤에 나의 온몸에다가 공양을 하고자 하는 자는, 응당히 한 개의 큰 탑을 일으키도록 하라.」하셨느니라. 그 부처님께옵서 신통과 원력으로써, 시방세계의 곳곳마다 만약 법화경을 설하시는 분이 계시면, 그 보배탑이 모두 그 앞에 솟아나며, 온몸이 탑 가운데에 계시면서 찬탄하시어 말씀하시되, 「거룩하시고 거룩하시도다.」하시느니라. 대요설이여, 지금 다보 여래의 탑께옵서 법화경 설하는 것을 들으시려는 까닭으로, 땅으로부터 솟아나오셔서 찬탄하시어 말씀하시되, 「거룩하시고 거룩하시도다.」하시느니라.』

이 때에 대요설보살께서 여래의 신력의 까닭으로써 부처님께 아뢰어 말씀하시되, 『세존이시여, 저희들도 원하옵건대, 이 부처님의 몸을 뵈옵고자 하나이다.』 하셨소이다.

부처님께옵서 대요설보살마하살에게 이르시되, 「이 다보 부처님께옵서 깊고 무거운 원이 있으시니, "만약 나의 보배탑이 법화경을 듣기 위하는 까닭으로 모든 부처님 앞에 나올 때에, 그 어떤 분이 나의 몸을 사중에게 보이고자 하시면, 시방세계에 계시면서 법을 설하시는, 그 부처님의 분신이신 모든 부처님을 다 돌아오시게 하여 한 곳에 모이시게 하신, 그러한 뒤에야 나의 몸이 비로소 나와서 나타날 뿐이니라." 하셨느니라. 대요설이여, 시방세계에 법을 설하고 있는 자인 나의 분신인 모든 부처님을 이제 응당 마땅히 모으리라.」

대요설께서 부처님께 아뢰어 말씀하시되, 『세존이시여, 저희들도 또한 원하옵건대, 세존의 모든 분신 부처님을 뵈옵고 예배하며 공양하고자 하나이다.』

그 때에 부처님께서 흰털로부터 한 빛을 놓으시니, 곧 동방으로 오백만억 나유타 항하사들의 국토에 모든 부처님께옵서 보이셨소이다. 그 모든 국토는 모두 파리로써 땅이 되고, 보배나무와 보배옷으로써 꾸미고 치장되었으며, 수없는 천만억의 보살이 그 가운데에 가득 찼으며, 두루 보배휘장을 치고 보배그물로 위를 둘렀소이다.

그 나라의 모든 부처님께옵서 크고 묘한 소리로써 모든 법을 설하시며, 그리고 또 헤아릴 수 없는 천만억의 보살께서 두루 모든 나라에 가득 차서, 많은 이를 위하여 법을 설하시는 것이 보이셨소이다. 남서북방과 네 모퉁이와 위아래의, 흰털의 모습의 빛이 비춘 바의 곳도, 또한 다시 이와 같았소이다.

③ 그 때 시방의 모든 부처님께옵서 각각 많은 보살에게 일러 말씀하시되,『착한 남자여, 나는 지금 응당히 사바세계의 석가모니 부처님의 거처에 가서, 아울러 다보 여래의 보배탑에 공양하리라.』하셨소이다.

그 때에 사바세계는 곧 변하여 맑고 깨끗하되, 유리로 땅이 되고 보배나무로 꾸미고 치장되었으며, 황금으로 줄을 하여 여덟 갈래의 길에 경계로써 하였으며, 모든 동네와 촌영과 성과 고을과 큰 바다와 강과 산과 내와 수풀의 덤불이 없었으며, 큰 보배향을 사르고 만다라꽃을 그 땅에 두루 깔았으며, 보배그물 휘장으로써 그 위에다 벌려서 덮고 모든 보배방울을 달았으며, 오직 이 모인 많은 분만 머물게 하고, 모든 하늘과 사람을 옮겨서 다른 땅에 두셨더이다.

이 때에 모든 부처님께옵서 각각 한 큰 보살을 거느리시어 시자로 삼고, 사바세계에 이르시어 각각 보배나무 아래 이르시니, 하나하나 보배나무의 높이는 오백 유순이요, 가지와 잎과 꽃과 실과는 차례차례로 꾸며서 치장되고, 모든 보배나무 아래에는 모두 사자자리가 있으되, 높이는 오 유순이요, 또한 큰 보배로써 틀을 하여 꾸몄더이다.

그 때에 모든 부처님께옵서 각각 이 자리에서 가부좌를 맺으시며 이와 같이 되풀이하시되, 두루 삼천대천세계에 가득하게 하여도, 그러나 석가모니 부처님의 한 방위에 나누신 바의 몸도 아직 다하지 못하였더이다.

때에 석가모니 부처님께옵서 모든 분신 부처님을 받아들이시고자 하시려는 까닭으로, 여덟 방위에 각각 다시 이백만억 나유타의 나라를 변화시켜 모두 맑고 깨끗하게 하시니, 지옥과 아귀와 축생과 그리고 또 아수라는 있음이 없었더이다. 또 모든 하늘과 사람을 옮겨서 다른 나라에 두시고, 변화한 바의 나라는 또한 유리로써 땅이 되고 보배나무로 꾸미고 치장되었으며, 나무의 높이는 오백 유순이었더이다. 가지와 잎과 꽃과 실과를 차례차례로 아름답게 꾸몄으며, 나무 아래에는 모두 보배로 된 사자자리가 있으되, 높이는 오 유순이요, 가지가지의 모든 보배로 꾸며서 장식되었으며, 또한 큰 바다와 강과 큰 강과 그리고 또 목진린타산과 마하목진린타산과 철위산과 대철위산 수미산 들의 모든 산왕이 없으며, 통하여 한 부처님의 국토가 되었으며, 보배땅은 평탄하고 바르며, 보배로 이슬같이 얽은 휘장을 그 위에 두루 덮고, 모든 번과 천개를 달고, 큰 보배향을 사르며, 모든 하늘의 보배꽃을 두루 그 땅에 폈더이다.

④ 석가모니 부처님께옵서는, 모든 부처님께서 마땅히 오셔서 앉으시게 하시기 위한 까닭으로, 다시 여덟 방위에 각각 이백만억 나유타 나라를 변화시켜 모두 맑고 깨끗하게 하시나니, 지옥과 아귀와 축생과 그리고 또 아수라는 있음이 없었더이다. 또 모든 하늘과 사람을 옮겨서 다른 나라에 두시며, 변화한 바의 나라도 또한 유리로써 땅이 되고, 보배나무로 꾸미고 치장되었으며, 나무의 높이는 오백 유순이요, 가지와 잎과 꽃과 실과를 차례차례로 꾸미고 치장되었으며, 나무 아래에는

모두 보배로 된 사자자리가 있으되, 높이는 오 유순이요, 또한 큰 보배로써 이에 틀을 하여 꾸몄으며, 또한 큰 바다와 강과 큰 강과 그리고 또 목진린타산과 마하목진린타산과 철위산과 대철위산과 수미산 들의 모든 산왕이 없으며, 통하여 한 부처님의 국토가 되었으며, 보배땅은 평탄하고 바르며, 보배로 이슬같이 엮은 휘장을 두루 그 위에다 덮고는, 모든 번과 천개를 달고, 큰 보배향을 사르며, 모든 하늘의 보배꽃을 두루 그 땅에 폈더이다.

이 때에 동방으로 석가모니께옵서 나누신 바 몸인, 백천만억 나유타 항하사들의 국토 가운데의 모든 부처님께옵서 각각 법을 설하시다가 오셔서 여기에 모이셨더이다.

이와 같이 차례차례로 시방의 모든 부처님께옵서 모두 다

오셔서 모이시어 팔방에 앉으시거늘, 이 때에 하나하나의 방위마다 사백만억 나유타 국토에 모든 부처님 여래께옵서도 그 가운데 두루 가득하셨더이다.

이 때에 모든 부처님께옵서 각각 보배나무 아래의 사자자리에 앉아 계시면서, 모두 시자를 보내시어 석가모니 부처님께 문안을 묻게 하시되, 각각 보배꽃을 싸서 가득히 움켜쥐게 하고는 일러 말씀을 하셨더이다. 『착한 남자여, 네가 기사굴산 석가모니 부처님의 거처를 향하여 나아가서 나의 말과 같이 가로되,「병환이 적으시며, 고달픔도 적으시며, 기력이 편안하시고 즐거우시며, 그리고 또 보살과 성문의 무리도 다 편안하게 의지하나이까. 아니옵니까.」하고 이 보배꽃으로써 부처님께 흩어서 공양하고, 그리고는 이렇게 말을 하되, 『그 아무

부처님께옵서 함께 이 보배탑을 열어 주셨으면 하나이다.」라고 할지니라.』

모든 부처님께옵서 보내신 심부름꾼도 또한 다시 이와 같이 하였더이다.

이때 석가모니 부처님께옵서는 분신하신 바의 부처님께옵서 이미 다 오셔서 모이시어, 각각 사자자리에 앉으심을 보시고, 모든 부처님께옵서 더불어 같이 보배탑을 열어 주십사고 하심을 모두 들으시고, 곧 자리로부터 일어나시어 허공 가운데에 머무르시니, 일체의 사중이 일어나 서서 합장하고 한마음으로 부처님을 바라다보았더이다.

이에서 석가모니 부처님께옵서 오른편 손가락으로써 일곱 가지 보배로 된 탑의 문을 여시니, 큰 음성이 나오되, 빗장의

⑤ 곧 때에 일체의 많은 모임이 모두 다보 여래를 뵈오니, 보배탑 가운데에서 사자자리에 앉으셨으되, 온몸이 흩어지지 아니하심이 선정에 드신 것과 같으시며, 또한 그 말씀을 들으니, 『잘하시고 잘하시옵니다. 석가모니 부처님께옵서 이 법화경을 기꺼이 설하시니, 저는 이 경을 듣기 위한 까닭으로 그리하여 여기 이르러 왔사옵니다.』 하셨소이다.

그 때에 사중들이 지난 예전의 헤아릴 수도 없는 천만억겁에 멸도하신 부처님께옵서 이와 같은 말씀을 설하심을 보고, 일찍이 있지 아니한 것이라고 찬탄하며, 하늘의 보배꽃 무더기로써 다보 부처님과 그리고 또 석가모니 부처님 위에 흩었더이다.

자물쇠를 젖히고 큰 성문을 여는 것과 같았더이다.

이 때에 다보 부처님께옵서 보배탑 가운데에서 자리를 반으로 나누시어 석가모니 부처님께 주시고, 그리고는 이런 말씀을 하시되, 『석가모니 부처님께옵서는 가히 이 자리에 나아가소서.』 하셨더이다. 곧 때에 석가모니 부처님께옵서 그 탑 가운데 들어가시어, 그 반의 한 자리에 앉으시어 가부좌를 맺으시었더이다.

이 때 대중이 두 여래께옵서 일곱 가지 보배로 된 탑 가운데의 사자자리 위에 계시어 가부좌를 맺으심을 보고, 각각 이런 생각을 하되, 「부처님의 자리는 높고도 머오니, 오직 원하옵건대, 여래께옵서 신통의 힘으로써 저희들 무리로 하여금 함께 허공에 머무르게 하옵소서.」 라고 하니, 곧 때에 석가모니 부처님께옵서 신통의 힘으로써 모든 대중을 가까이하시어

모두 허공에 있게 하시고, 큰 음성으로써 널리 사중에게 이르시되,

『누가 능히 이 사바국토에서 널리 묘법화경을 설하겠느냐. 지금이 바로 그러한 때이니라. 여래는 오래지 아니하여 마땅히 열반에 들리니, 부처님은 이 묘법화경을 부촉할 곳이 있었으면 하노라.』

그 때에 세존께옵서 거듭 이 뜻을 펴시고자 하시어 이에 게송으로 설하시어 말씀하시되,

거룩한 주인이신 세존께옵서는 비록
멸도하신 지는 오래이시나, 보배탑 가운데에 계시면서도
오히려 법을 위하시어 오셨거늘, 모든 사람은
어찌하여서 법을 위하여 부지런히 하지 않겠는가.
이 부처님께옵서 멸도하신 지는 무앙수 겁이나,

곳곳에서 법 들음을 만나기가 어려운 까닭으로,
저 부처님의 본래의 원은 「내가 멸도한 뒤에 곳곳마다
가는 곳에서 항상 법을 들으리라.」 이었느니라.
또 나의 분신인 항하사들과
모든 부처님이 와서, 같은 헤아릴 수 없는
멸도하신 다보 여래를 법을 듣고 그리고 또
각각 묘한 나라와 법고자 하여,
하늘과 사람과 용과 신에게 그리고 또 제자의 많은 이와,
법을 오래 머무르게 하려고 모든 공양받는 일을 버리고,
이르러 왔느니라. 일부러 여기에

⑥ 모든 부처님을 앉으시게 하기 위하여 신통의
힘으로써 헤아릴 수 없는 중생을 옮기고, 나라를

제 십일 견보탑품

473

맑고 깨끗하게 하였느니라.
보배나무 아래에 나아가시니,
연꽃으로써 꾸미고
그 보배나무 아래의
부처님께옵서 앉으시니,
어두운 밤 가운데에 큰
몸에서는 묘한 향기가 나와
중생이 자욱한 향기를 입고
이기지 못하나니,
작은 나뭇가지에
이런 방편으로써 하여금
모든 대중에게 이르노니,

모든 부처님께옵서 각각
맑고 깨끗한 못에
치장함과 같으며,
모든 사자자리 그 위에
밝은 빛으로 아름답게 꾸밈이
횃불을 사르는 것과 같으며,
시방 나라에 두루 미치니,
기쁨을 스스로
비유컨대, 큰바람이
부는 것과 같으니라.
법을 오래 머물게 하느니라.
내가 멸도한 뒤에는

누가 능히 이 경을 두호하여 가지며 읽고 설하겠느냐.
지금 부처님 앞에서 스스로가 맹세의 말을 설할지니라.
그 다보 부처님께옵서 비록 멸도하신 지는 오래이시나,
크게 맹세하신 원으로써 이에 사자후를 하시나니,
다보 여래와 그리고 또 더불어 나의 몸과 모인 바
화한 부처님께옵서는 당연히 이 뜻을 아시느니라.
모든 부처님의 아들들이여, 누가 능히 법을 두호할 것인가.
마땅히 큰 원을 일으켜서 하여금 오래 머무름을
얻게 할지니라. 능히 이 경법을 두호하는
그 어떤 자는, 곧 나와 그리고 또 다보 부처님
공양한 것이 됨이니라. 이 다보 부처님께옵서
보배탑에 계시사와 항상 시방에 노니심은 이 경을

위하시는 까닭이시니라.
화한 부처님을 공양함이며,
빛나게 꾸밈이니라.
곧 나와 다보 여래와
보는 것이 되느니라.
자세히 깊이 생각하여라.
마땅히 큰 원을 일으킬지니라.
항하사 같으나 비록 이런
어려움이 되지는 않거니와
다른 방위의 수없는
던져두기는 또한
만약 발가락으로

또한 다시 오신 모든
모든 세계의 것을 장엄하고
만약 이 경을 설하면,
그리고 또 모든 화한 부처님을
모든 착한 남자여, 각각
이는 어려운 일이 되나니,
모든 나머지 경전의 수가
것들을 설할지라도 가히
만약 수미를 잡아서
부처님 국토에
어려움이 되지는 않거니와,
대천세계를 움직여 멀리

다른 나라에 던지기는 또한 어려움이 되지는 않거니와,
만약 유정에 서서 중생을 위하여
헤아릴 수 없는 나머지 경을 설명하여 말하기는 또한
어려움이 되지는 않거니와, 만약 부처님 멸하신 뒤
악한 세상 가운데에서 능히 이 경을 설하는
이것이 곧 어려움이 되느니라.
⑦ 가령 하여금 어떤 사람이 손으로 허공을 잡아 쥐고
그리고는 놀러 다니는 것은 또한 어려움이 되지는
않거니와, 내가 멸한 뒤에 만약 스스로 써서 가지거나
만약 사람을 시켜서 쓰게 하면, 이것이
곧 어려움이 되느니라. 만약 큰 땅을 발톱 위에
올려놓고 범천에 올라가는 것은 또한 어려움이

되지는 않거니와,
악한 세상 가운데에서
이것이 곧 어려움이 됨이며,
마른 풀을 짊어지고
타지 않게 하기는 또한
내가 멸도한 뒤에
한 사람을 위하여 설하면,
만약 팔만 사천 법의 곳집과
위하여 설명하고 말하여,
여섯 가지 신통을 얻게 하는,
또한 어려움이 되지는
이 경을 듣고 받아서

부처님이 멸도한 뒤에
잠깐이라도 이 경을 읽는
가령 하여금 겁이 타는데
가운데 들어가서
어려움이 되지는 않거니와,
만약 이 경을 가지고
이것이 곧 어려움이 되느니라.
십이부경을 가지고 사람을
모든 듣는 자로 하여금
비록 능히 이와 같이 하기는
않거니와, 내가 멸한 뒤에
그 뜻이 향하는 바를 묻는

이것이 곧 어려움이 되느니라. 만약 사람이 법을 설하여
천만억의 헤아릴 수 없고 수없는 항하사의 중생으로
하여금 아라한을 얻게 하고, 여섯 가지 신통을 갖추게 하는,
비록 이러한 이익이 있어도 또한 어려움이 되지는
않거니와, 내가 멸한 뒤에 만약 능히 이와 같은 경전을
받들어 가지는 이것이 곧 어려움이 되느니라.
내가 부처님의 도를 위하여 헤아릴 수 없는 국토에서,
처음으로부터 지금에 이르도록 널리 모든 경을 설하였으나,
그러나 그 가운데에서 이 경이 제일이니,
만약 능히 가지고 있으면, 곧 부처님의 몸을 가짐이니라.
모든 착한 남자여, 내가 멸한 뒤에 누가 능히
이 경을 받아서 가지고 읽고 외우겠느냐.

지금 부처님 앞에서 스스로
이 경은 가지기가 어려우니,
가지는 자이면, 내가 곧
모든 부처님께옵서도
이와 같은 사람은
칭찬하시는 바이며,
이것이 곧 정진이며,
계를 가짐이며,
곧 위없는 부처님의 도를
능히 오는 세상에
이는 진실한
순박하고 좋은

맹세의 말을 설할지니라.
만약 잠깐이라도
기뻐하고 즐거워하며,
또한 그러함이니,
모든 부처님께옵서
이것이 곧 용맹이며,
이것을 이름하여
두타를 행하는 것이니,
빨리 얻게 되느니라.
이 경을 읽고 가지면
부처님의 아들로
지위에 머무르며,

제 십일 견보탑품

부처님이 멸도한 뒤에　　능히 그 뜻을 풀면
이는 모든 하늘과 사람과　세간의 눈이며,
무섭고 두려운 세상에　　능히 잠깐이라도 설하면
일체 하늘과 사람이　　　모두 응당 공양하리라.

묘법연화경 제 십이 제바달다품

① 이 때에 부처님께옵서 모든 보살과 그리고 또 하늘과 사람과 사중에게 이르시되,『나는 지난 예전의 헤아릴 수 없는 겁 가운데 법화경을 구하되, 게으름과 싫증냄이 있은 적이 없었으며, 많은 겁 가운데에서 항상 나라의 임금이 되어 원을 일으켜서 위없는 깨달음을 구하되, 마음에 돌아서서 물러나지 아니하였노라.

「여섯 가지로써 나고 멸하는 이쪽에서 나고 멸함이 없는 저쪽에 이르럼」을 흡족하게 차게 하고자 하기 위하여 부지런히 보시를 행하되, 마음에 아끼고 중하게 여긴 것이 없어서, 코끼리와 말과 일곱 가지 보배와, 나라와 성과 처와 자식과, 남자종과 여자종과 따르는 시중꾼과, 머리와 눈과 골수와 뇌와, 몸과 살과 손발과, 몸뚱이와 목숨을 아끼지 아니하였느니라.

때에 세상 인민의 수명은 헤아릴 수 없었으나, 법을 위하는 까닭으로 나라와 지위를 놓아 버리고 정사를 태자에게 맡기고는, 북을 쳐 널리 알려 영을 내려서 사방으로 법을 구하되, 「누가 능히 나를 위하여 대승을 설할 것인가. 내가 마땅히 몸이 마치도록 이바지하여 주고, 종으로 심부름하리라.」 하였느니라.

때에 어떤 선인이 와서 임금에게 아뢰어 말하되, 「나에게 대승이 있으니, 이름은 묘법화경이라 하나니, 만약 나를 어기지 아니하면 마땅히 위하여 베풀어 설하리다.
임금은 선인의 말을 듣고 기쁘고 즐거워서 뛰고 뛸 듯이 하며, 곧 선인을 따라가서 필요한 바를 공급하되, 과실도 따고, 물도 길으며, 땔나무도 줍고, 음식도 만들며, 이에 몸으로써 평상 자리가 되는데 이를지라도 몸과 마음에 게으름이 없었느니라.

그 때로부터 받들어 섬기기를 일천 해를 지났으나, 법을 위하는 까닭으로 정성스럽고 부지런히 모시어 주되, 모자란 것이 없게 하였느니라.』

그 때에 세존께옵서 거듭 이 뜻을 펴시고자 하시어 이에 게송으로 설하시어 말씀하시되,

　　내가 지나간 예전 겁을
　　생각하니, 큰 법을 구하기

위한 까닭으로, 비록 다섯 가지 욕심의 즐거운 것을 탐하지 않고, 종을 쳐서 사방에 알리되, 「누구에게 큰 법이 있는 것인가. 만약 나를 위하여 풀어서 말하면 몸이 마땅히 종과 시중꾼이 되리라.」 와서 대왕에게 아뢰기를 「나에게 있는 미묘한 법은 세간에 드물게 있는 것이니, 만약 능히 닦고 행한다면, 나는 마땅히 당신을 위하여 설하겠소이다.」 하였느니라. 때에 임금은 선인의 말을 듣고 마음에 크게 기쁨과 즐거움을 내어 곧 오로지 선인을 따라서 필요한 것을 공급하되, 뿔나무와 그 밖에 또 실과와 풀열매를 따며, 때를 따라 공손히 공경해 주었으나,

세상 나라 임금이 되었으나

뜻은 묘법에 있었던 까닭으로 몸과 마음에 게으르고 싫증냄이 없었느니라. 널리 모든 중생을 위하여 부지런히 큰 법을 구하였으며, 또한 자기 몸과 그리고 또 다섯 가지 욕심의 즐거운 것을 위하지 아니하였느니라.

그러므로 큰 나라의 임금이 되어 부지런히 이 법을 구하여 얻고, 드디어 부처님 이룸을 얻음에 이르렀으니, 이제 너희를 위하는 까닭으로 설하느니라.

② 부처님께옵서 모든 비구에게 이르시되, 『그 때에 임금이란 자는 곧 나의 몸이 그이요, 때에 선인이란 자는 지금의 제바달다 그이니라. 제바달다 선지식으로 말미암은 까닭으로, 나로 하여금 「여

섯 가지로써 나고 멸하는 이쪽에서 나고 멸함이 없는 저쪽에 이르럼」과, 자비희사와, 서른두 가지 형상과, 팔십 종류의 좋은 것과, 자마금빛과, 열 가지 힘과, 네 가지 두려울 바 없는 것과, 네 가지 거두어들이는 법과, 열여덟 가지 같지 않는 것과, 신통도력을 흡족하게 갖추게 하였고, 평등하고 바른 깨달음을 이루어서 널리 중생을 제도하게 하니, 모두 제바달다 선지식으로 말미암은 까닭이니라.

모든 사중에게 이르노니, 제바달다는 헤아릴 수 없는 겁이 물러가 지난 뒤에 마땅히 부처님 이룸을 얻으리니, 호는 가로되, 천왕 여래 응공 정변지 명행족 선서 세간해 무상사 조어장부 천인사 불 세존이요, 세계의 이름은 천도이니라. 때에 천왕 부처님께옵서 세상에 머무르심은 이십 중겁이시니라. 널리 중생을 위하여 묘법을 설하시니, 항하사의 중생은 아라한과를 얻고, 헤아릴 수 없는 중생은 연각의 마음을 일으키며, 항하사의 중생은 위없는 도의 마음을 일으켜서, 「나지도 없어지지도 않는 참된 법의 본바탕을 깨달아 알고 편안히 머물러 움직이지 않음」을 얻고, 돌아서서 물러나지 않는 데 이르리라.

때에 천왕 부처님께옵서 열반에 옮기신 뒤에 정법이 세상에 머무름은 이십 중겁이고, 온 몸의 사리로 일곱 가지 보배탑을 일으키되, 높이는 육십 유순이요, 가로와 세로는 사십 유순이며, 모든 하늘과 인민이 다 잡가지 꽃과 가루향과 사르는 향과 바르는 향과 의복과 영락과, 「장대 끝에 용머리 모양을 만들고 깃발을 단 것」과, 「부처님과 보살의 위엄과 덕을 표시하는 장엄도구인 깃발」과, 보배일산과 재주와 음악과 칭송하는 노래로써 일곱 가지 보배로 된 묘한 탑에 예배하고 공양하리라. 헤아릴 수 없는 중생이 아라한과를 얻고, 헤아릴 수 없는 중생은 벽지불을 깨달으며, 가히 생각으로 논의하지 못할 중생은 깨달음의 마음을 일으켜서 돌아서서 물러나지 아니하는 데에 이르리라.」

부처님께옵서 모든 비구에게 이르시되, 『미래 세상 가운데 만약 어떤 착한 남자, 착한 여인이 묘법화경의 제바달다품을 듣고 깨끗한 마음으로 믿고 공경하며 의심과 미혹함을 내지 않는 자는, 지옥·아귀·축생에 떨어지지 아니하고, 시방의 부처님 앞에 나며, 나는 바의 곳에서 항상 이 경을 들을 것이며, 만약 사람이나 하늘 가운데 나면 뛰어나게 묘한 즐거움을 받을 것이며, 만약 부처님 앞에 있으면 연꽃에 화하여 나느니라.』

③ 때에 하방에서 다보 세존을 따라 온 바의 보살의 이름은 가로되 지적이라 하는데, 다보 부처님께 아뢰옵고 마땅히 본국토로 돌아가려 하거늘, 석가모니 부처님께옵서 지적에게 일러 가라사대, 『착한 남자여, 우선 잠깐만 기다릴지니라. 여기에 보살이 있으니, 이름은 문수사리니라. 가히 서로가 더불어 보아서 묘법을 논하여 설하고, 가히 본국토로 돌아갈지니라.』

그 때에 문수사리께서 크기가 수레바퀴와 같은 천 개의 잎사귀 연꽃에 앉으셨으며, 함께 오신 보살도 또한 보배 연꽃에 앉으셨으니, 큰 바다 사가라 용궁으로부터 자연히 솟아나오셨으며, 허공 가운데에 머무시어 영취산에 나아가셔서, 연꽃으로부터 내리시와 부처님의 거처에 이르러시어, 머리와 얼굴로 두 세존의 발에 공경히 절하셨소이다. 공경하기를 길게 하여 마치시고는 조금 있다가, 지적의 거처에 가셔서 함께 서로 위문하시고 물러나 한 쪽에 앉으셨더이다.

지적보살께서 문수사리께 물으시되, 『어지신 분께서 용궁에 가시어 교화하신 바의 중생은 그 수가 얼마이옵나이까.』

문수사리께서 말씀하시되, 『그 수는 헤아릴 수 없어서 가히 헤아려 세지를 못하며, 입으로 펼 바가 아니며, 마음으로 헤아릴 바도 아니오니, 또 잠깐만 기다리시면 스스로 마땅히 증험하시어 아시오리다.』

말씀하실 것을 마치시지도 아니하셨는데 수없는 보살께서 보배연꽃에 앉으시어 바다로부터 솟아나오시어, 영취산에 나아가셔서 허공에 머물러 계셨더이다.
이 모든 보살께서는 모두 이 문수사리께서 교화하시어 제도하신 바이시라, 보살의 행을 갖추셔서 모두 함께 「여섯 가지」로써 나고 멸하는 이쪽에서 나고 멸함이 없는 저쪽에 이르럼」을 논하여 설하시며, 본래 성문인 사람은 허공 가운데에 있으면서 성문의 행을 설하다가 이제는 모두 대승의 공한 뜻을 닦아 행하였더이다.
문수사리께서 지적보살께 일러 가라사대, 『바다에서 가르쳐 교화한 그 일은 이와 같나이다.』
그 때에 지적보살께서 게송으로 찬탄하시어 가라사대,

큰 지혜와 덕이며 용맹하시고 굳셈이시여,
헤아릴 수 없는 중생을 교화하시어 제도하심을

지금 이 모든 큰 모임과 그리고 또 저와 모두는 이미 보았소이다. 실상의 뜻을 설명하여 펴고 일승의 법을 열어 밝히시어, 널리 모든 중생을 인도하시어 빨리 깨달음을 이루게 하셨소이다.

④ 문수사리께서 말씀하시되, 『저는 바다 가운데에서 오직 항상 묘법화경을 펴서 설하였소이다.』

지적께서 문수사리께 여쭈어 말씀하시되, 『이 경은 심히 깊고 미묘하여 모든 경 가운데 보배이라, 세상에 드물게 있는 바이니, 자못 어떤 중생이 부지런히 정진을 더하여 이 경을 닦고 행하면, 부처님을 얻음이 빠르나이까. 아니오이까.』

문수사리께서 말씀하시되, 『사가라용왕의 딸이 있으니, 나이는 비로소 여덟 살이나, 사리에 밝아 지혜롭고 근기가 날카로워서 중생의 모든 근기와 행하는 업을 잘 알며, 다라니를 얻어서 모든 부처님께옵서 말씀하신 바의 심히 깊이 숨겨져 감추어진 것을 다 능히 받아 가지며, 깊이 선정에 들어서 모든 법을 명확히 깨달았으며, 찰나 사이에 깨달음의 마음을 일으켜서 돌아서서 물러나지 아니하는 것을 얻었으며, 말재주가 걸림이 없고, 중생을 사랑스럽게 생각하기를 마치 갓난아이와 같이 하며, 공덕을 흡족하게 갖추어서 마음으로 생각하고 입으로 설명함이 미묘하고 넓고 크며, 자비롭고 어질며 겸손하고, 뜻과 생각이 온화하고 올발라서 능히 깨달음에 이르렀소이다.』

지적보살께서 말씀하시되, 『제가 석가 여래를 뵈오니, 헤아릴 수 없는 겁 동안 어려운 행과 괴로운 행을 하시고, 공을 쌓으시고 덕을 쌓으시어 깨달음의 길을 구하시되, 일찍이 그치거나 쉬지 아니하셨으며, 삼천대천세계를 살펴보아도, 이에 겨자씨만한 곳에 이르기까지 이 보살께서 몸과 목숨을 버리시지 아니한 곳은 없었습니다. 중생을 위하시는 까닭으로 그렇게 하신 뒤에야 겨우 깨달음의 길 이룸을 얻으셨거늘, 이 여자가 잠깐 사이에 문득 바른 깨달음을 이루었다고 하는 것은 믿지 못하겠나이다.』

말씀 논하시기를 끝내지도 아니하셨는데, 때에 용왕의 딸이 문득 앞에 나타나서 머리와 얼굴로 공경히 절을 하고, 물러나 한 쪽에 머물러 게송으로써 찬탄하여 가로되,

죄와 복의 형상을 깊이 통달하시어 시방에 두루
비추시며, 미묘하시고 깨끗하신 법의 몸에 서른두

가지의 형상을 갖추셨으며, 팔십 종류의 좋은 것으로써 법의 몸을 꾸미셨으며, 치장하시는데 쓰셨으며, 하늘과 사람이 우러러 받드는 바이시며, 용과 신도 다 공손히 공경하오며, 일체 중생의 종류는 높이 받들지 아니하는 자가 없음이로소이다. 또 듣고 깨달음을 이루는 것은 오직 부처님만이 마땅히 증험하시어 아시오리다. 제가 대승의 가르침을 열어서 괴로워하는 중생을 제도하여 벗어나게 하오리이다.』

때에 사리불께서 용녀에게 일러 말씀하오되, 『그대가 오래지 아니하여 위없는 도를 얻는다고 일컫는 이 일은 믿기 어렵도다. 까닭은 무엇인가 하면, 여자의 몸은 때 끼고 더러워서 이는 법 그릇이 아니거늘, 어찌하여 능히 위없는 깨달음을 얻으리오. 부처님의 도는 멀고 넓어서, 헤아릴 수 없는 겁을 지나도록 부지런히 괴롭게 행을 쌓고 모든 법칙을 닦아 갖춘 그러한 뒤에야 겨우 이루는 것이며, 또 여인의 몸은 오히려 다섯 가지 막히는 것이 있으니, 첫째는 범천왕 됨을 얻지 못함이요, 둘째는 제석이며, 셋째는 마왕이고, 넷째는 전륜성왕이며, 다섯째는 부처님의 몸인데, 어떻게 하여 여자의 몸으로 빨리 부처님 이룸을 얻겠는가.』

⑤ 그 때 용녀에게는 한 보배구슬이 있었으니, 가치가 삼천대천세계만한 것이었소이다. 가져다가 부처님께 올리니, 부처님께옵서는 곧 이를 받으시거늘, 용녀가 지적보살과 존자 사리불께 일러 말하되, 『제가 드리는 보배구슬을 세존께옵서 받아 들이시니, 이 일이 빠르나이까. 아니오이까.』

답하여 말씀하오되, 『심히 빠르도다.』

여자가 말하되, 『그대의 신력으로써 저의 부처님 이룸이 다시 이보다도 빠름을 보시옵소서.』

그러할 때에 모인 무리가 모두 용녀를 보니, 문득 그러할 사이에 변하여 남자를 이루어서 보살행을 갖추고, 곧 남방 무구세계로 가서, 보배연꽃에 앉으시어 평등하고 바른 깨달음을 이루시나니, 서른두 가지 형상이요, 팔십 종류의 좋은 것이라, 널리 시방의 일체 중생을 위하여 묘법을 설명하시어 말씀하시더이다.

이때 사바세계에 보살과 성문과 하늘과 용 팔부와 사람과 더불어 사람 아닌 것이, 모두 멀리서 저 용녀가 부처님을 이루어서 때에 모인 사람과 하늘을 위하여 널리 법을 설하시는 것을 보고, 마음이 크게 기쁘고 즐거워서 다 멀리서 공경히 절하였소이다.

헤아릴 수 없는 중생은 법을 듣고 이해하고 깨달아, 돌아서서 물러나지 아니하는 것을 얻었고, 헤아릴 수 없는 중생이 도의 수기 받음을 얻었고, 무구세계는 여섯 번 돌이켜 진동하여 움직였으며, 사바세계의 삼천 중생은 물러나지 아니하는 지위에 머물고, 삼천 중생은 깨달음의 마음을 일으키며 그리고는 수기 받음을 얻었으며, 지적보살과 그리고 또 사리불과 일체 모인 무리는 묵묵히 믿어 받았소이다.

묘법연화경 제 십삼 권지품

① 이 때 약왕보살마하살과 그리고 또 대요설보살마하살께서는 이만 보살의 권속과 더불어 함께 하여 모두 부처님 앞에서 이러한 맹세의 말씀을 하시되, 『오직 원하옵건대, 세존께옵서는 염려를 하시지 마시옵소서. 저희들은 부처님께옵서 멸하신 뒤에 마땅히 이 경전을 받들어 가지고 읽고 외우며 설하오리다. 뒤 악한 세상에 중생은 착한 근본이 점점 적어지고, 「깨닫지 못하고서도 깨달은 체하는 거만한 자」가 많으며, 이익되는 공양을 탐하여, 착하지 못한 근본은 늘고, 해탈에서 멀리 떠나

니, 비록 가히 가르쳐 교화하기가 어려울지라도, 저희들은 마땅히 크게 참는 힘을 일으켜서, 이 경을 읽고 외우며, 가지고 설하며, 써서 베끼며, 가지가지로 공양을 하되, 몸과 목숨을 아끼지 아니하오리다.』

이 때 많은 이 가운데에서 오백 아라한으로서 수기 받음을 얻은 자께서 부처님께 아뢰어 말씀하오되, 『세존이시여, 저희들도 또한 스스로 맹세하여 원을 하오니, 다른 국토에서 널리 이 경을 설하오리다.』 하셨더이다.

또 배움에 있는 이와 배울 것이 없는 팔천 사람의 수기 받음을 얻은 자께서, 자리로부터 일어나서 그리고는 부처님을 향하여 합장하고 이런 맹세의 말씀을 하오되, 『세존이시여, 저희들도 또한 마땅히 다른 국토에서 널리 이 경을 설하오리다。 까닭은 무엇인가 하오면, 이 사바국토 가운데에는 모질고 악한 사람이 많아서,「깨닫지 못하고서도 깨달은 체하는 거만함」을 품으며, 공덕이 얕고 엷어서 성내고 흐리며 아첨하고 비뚤어져 마음이 진실하지 못한 까닭이옵니다.」

그 때 부처님의 이모 마하파사파제 비구니께서는 배움에 있는 이와 배울 것이 없는 비구니 육천 사람과 더불어, 함께 자리로부터 일어나서 한마음으로 합장하시고 존귀하신 얼굴을 우러러 바라다 뵈오되, 눈이 잠깐도 떠나지 않거늘, 때에 세존께옵서는 교담미에게 이르시되,『어떠한 까닭으로 근심스러운 얼굴로 여래를 보느뇨。 당신의 마음에 함께 내가 당신의 이름을 일컫지 않아서,「위없이 높고 바르며 크고도 넓으며 평등한 깨달음」의 수기 줌이 없다고 생각함인가。 교담미여,

내가 먼저 다 말하여 일체 성문에게 모두 이미 수기를 주었거니와, 이제 당신의 수기를 알고자 한다면, 장래의 세상에 마땅히 육만팔천억의 모든 부처님 법 가운데에서 큰 법사가 될 것이며, 그밖에 또 육천의 배움에 있는 이와 배울 것이 없는 비구니도 함께 법사가 될 것이고, 당신은 이와 같이 점점 보살도를 갖추어서 마땅히 부처님 지음을 얻으리니, 호는 일체중생희견 여래 응공 정변지 명행족 선서 세간해 무상사 조어장부 천인사 불 세존이니라.

교담미여, 이 일체중생희견 부처님과 그리고 또 육천 보살은 돌아가면서 차례로 수기를 주어 「위없이 높고 바르며 크고도 넓으며 평등한 깨달음」을 얻을 것이니라.』

② 그 때 라후라의 어머니 야수다라 비구니께서도 이런 생각을

하오되, 「세존께옵서는 수기를 주시는 가운데, 홀로 저의 이름만은 말씀하시지 아니하시는가.」 하셨더니, 부처님께옵서 야수다라에게 이르시되, 『그대는 오는 세상에 백천만억의 모든 부처님 법 가운데에서, 보살행을 닦아 큰 법사가 되어 점점 부처님의 도를 갖추어, 선국 가운데에서 마땅히 부처님 지음을 얻으리니, 호는 구족천만광상 여래 응공 정변지 명행족 선서 세간해 무상사 조어장부 천인사 불 세존이니라. 부처님의 수명은 헤아릴 수 없는 아승지 겁이니라.』

그때 마하파사파제 비구니와 그리고 또 야수다라 비구니와 아울러 그 거느린 무리께서 모두 크게 기뻐하고 즐거워하며 일찍이 있지 아니한 것을 얻으시고는, 곧 부처님 앞에서 이에 게송으로 설하여 말씀하오되,

인도하시는 스승이신 세존께옵서는
하늘과 사람을 편안하게 의지하도록 하시옵니다.
저희들은 수기하심을 듣자옵고 마음이 편안함을
흡족하게 갖추었나이다.

모든 비구니께 이 게송 설하기를 마치고 부처님께 아뢰어
말씀 올리되, 『세존이시여, 저희들도 또한 능히 다른 방위의
국토에서 널리 이 경을 펴오리다.』

그 때 세존께옵서 팔십만억 나유타의 모든 보살마하살을 보
시니, 이 모든 보살께서는 모두 바로 돌아서서 물러나지 아니
함이라, 물러나지 않는 법륜을 굴리며 모든 다라니를 얻음이
러니, 곧 자리로부터 일어나시어 부처님 앞에 이르러시어, 한
마음으로 합장하시고 이런 생각을 하오되, 「만약 세존께옵서

저희들에게 일러서 명령하시되, 「이 경을 가지고 설하여라.」고 하시오면, 마땅히 부처님의 가르치심과 같이 하여 널리 이 법을 펴오리다.」 다시 이런 생각을 하오되, 「부처님께옵서 지금 묵묵히 하시어 일러서 명령하심이 보이지 않사오니, 저희는 마땅히 어찌해야 할 것인가.」 하셨소이다.

때에 모든 보살께서 부처님의 뜻을 공경히 좇으시며, 아울러 스스로 본래의 원을 채우고자 하시어, 문득 부처님 앞에서 사자후를 하시며, 그리고는 맹세의 말을 일으키시되, 『세존이시여, 저희들도 여래께옵서 멸하신 뒤에, 시방세계에 두루 왔다갔다 돌아다니며 능히 중생으로 하여금 이 경을 써서 베끼며 받아서 가지며 읽고 외우게 하며, 그 뜻을 풀어서 말하며, 법과 같이 닦아 행하며, 바르게 기억하여 생각하게 하오리다.

모두 이것은 부처님의 위력이옵니다. 오직 원하옵건대, 세존께옵서는 다른 방위에 계실지라도 멀리서 보시고 지키시어 두호하여 주옵소서.』하셨소이다.

③ 곧 때에 모든 보살께서 함께 소리를 같이 내시어 이에 게송으로 설하시어 말씀하시되,

오직 원하옵건대,
부처님께옵서 멸도하신 뒤,
가운데서 저희들이 마땅히
모든 지혜 없는 사람이
꾸짖는 것들과 그리고 또
있더라도, 저희들은 모두
악한 세상 가운데의 비구는

염려하시지 마시옵소서.
무섭고 두려운 악한 세상
널리 설하오리다.
악한 입으로 욕하고
칼과 몽둥이로 때리는 자가
마땅히 참으오리다.
삿된 지혜로 마음이 아첨하고

굽어서, 얻지 못한 것을 얻었다고 일컬으며,
내라 하고 교만하여 남을 업신여기는 마음이 가득 차며,
혹은 아련야에 있거나, 기운 옷으로 비고 한가한
곳에 있으면서 스스로 참된 도를 행한다고 일컬으며,
인간을 가벼이 여겨 천대하는 자가,
이롭게 이바지하는 것에만 탐착하는 까닭으로
속인과 더불어 법을 설하니, 세상에서 공손히 공경받는
바가 됨이 여섯 신통의 나한 같을 것이옵니다.
이런 사람은 악한 마음을 품고 항상 세속 일을 생각하며,
거짓으로 아련야라 이름하여, 저희들의 허물을 드러내기를
좋아하며, 그리고는 이와 같은 말을 하되,
「이 모든 비구들은 이롭게 이바지하는 것에만

탐을 하기 위한 까닭으로 스스로 이 경전을 만들어서 미혹하게 하며, 이름 들림을 구하기 위하는 까닭으로 이 경을 분별한다.」

항상 대중 가운데 있으면서 까닭으로, 나라의 왕과 그리고 또 다른 비구 무리를 비방하여 설하되, 외도의 논의를 설한다.」고 저희들은 부처님을 이 모든 나쁜 것을 이렇게 가벼운 바의

외도의 논의를 설하며, 세간의 사람을 속여서 저희들을 헐뜯고자 하는 대신과 바라문과 거사와 향하여 저희를 나쁘다고 「이는 삿된 견해의 사람이라, 일컬지라도, 공경하는 까닭으로 다 참으오리다. 말을 하되, 「너희들은 모두

바로 부처님이다."할지라도, 이와 같은 가볍게
업신여기는 말을 모두 마땅히 참고 받으오리다.
흐린 겁의 악한 세상
가운데에는 모든 무섭고
두려운 것이 많이 있으며,
악한 귀신이 그 몸에 들어서
저희를 욕설하고 꾸짖으며
험담하며 수치당하게
할지라도, 저희들은
부처님을 공경히 믿으므로
마땅히 욕되는 것을 참는
갑옷을 입고, 이 경을
설하기 위한 까닭으로
이 모든 어려운 일을 참으며,
저희는 몸과 목숨을
사랑하지 아니하고
다만 위없는 도를 아껴서,
저희들이 오는 세상에서
부처님의 부촉하신 바를
두호하여 가지오리다.
세존께옵서는 스스로
마땅히 아시오리니,

흐린 세상에 악한 비구는
마땅한 것을 따라 법을
악한 입으로 찡그리면서
보고는 자주자주 쫓아내어
탑과 절에서 멀리
이와 같은 것들의
부처님께옵서 일러서
까닭으로 모두 마땅히
모든 동네와 성과 고을에
저희는 모두 그 곳에
부촉하신 바의 법을
저희는 바로

부처님께옵서 방편으로
설하시는 것을 알지 못하고,
빈정거리며,
나가게 하고,
떠나게 하더라도,
여러 가지 나쁜 것을,
명령하신 것을 생각하는
이 일을 참으오리다.
그 법을 구하는 자가 있으면,
이르러서 부처님께옵서
설하오리다.
세존의 심부름꾼이라,

많은 이에 살아도
저희는 마땅히 법을
원하옵건대,
편안하게 의지하여
저희는 세존의 앞과
이와 같은 맹세의 말을
부처님께옵서는 스스로

두려울 바가 없으며,
잘 설하오리다.
부처님께옵서는
머무시옵소서.
시방에서 오신 모든 부처님께
일으키옵나니,
저희의 마음을 아시오리다.

[묘법연화경 제 오 권]

묘법연화경 제 십사 안락행품

① 이 때 문수사리법왕자 보살마하살께서 부처님께 아뢰어 말씀하시되, 『세존이시여, 이 모든 보살은 심히 어려움이 되는 것이 있사옵니다. 부처님을 공경하고 따르는 까닭으로 크게 맹세하여 원을 일으키되, 뒤의 악한 세상에서 이 법화경을 두호하여 가지며 읽고 설할 것이옵니다. 세존이시여, 보살마하살이 뒤의 악한 세상에서 어떻게 하여야 능히 이 경을 설하오리까』.

부처님께옵서 문수사리에게 이르시되, 『만약 보살마하살이 뒤 악한 세상에서 이 경을 설하고자 하면, 마땅히 네 가지 법에 편안히 머물러야 하느니라.

첫째는 보살의 행할 곳과 그리고 또 친하고 가까이할 곳에 편안히 머물러서, 능히 중생을 위하여 이 경을 설명하여 말할지니라.

문수사리여, 어떠한 것을 이름하여 보살마하살의 행할 곳이라 하는가 하면, 만약 보살마하살이 욕되는 것을 참는 지위에 머물러서, 부드럽고 온화하며 착하고 순하며 그리고는 불끈 일어나는 성을 내지 아니하며, 마음이 또한 놀라지 아니하며, 또 다시 법에 행한다고 하는 바가 없어야 하며, 모든 법을 실상과 같이 관하되, 또한 행하지 않고 분별하지도 아니하면, 이것을 보살마하살의 행할 곳이라 이름하느니라.

어떤 것을 이름하여 보살마하살의 친하고 가까이할 곳이라 하는가 하면, 보살마하살은 나라의 임금과 왕자와 대신과 장관을 친하고 가까이 아니해야 하며, 모든 외도인 범지와, 고행을 주로 하는 외도들과, 그리고 또 세속의 글을 짓고 쓰는 이와, 외도의 글을 찬탄하며 읊는 이와, 그리고 또 「세속의 욕망과 즐거움을 따라가는 외도」와, 「세상의 일반적인 도리에 꺼꾸로 나아가는 외도」의 사람을 친하고 가까이 아니해야 하며, 또한 모든 흉한 놀이를 하고 있는 이와, 서로 찌르고 서로 치는 것과, 그리고 또 배우들의 가지가지의 변화로 나타내는 놀이의 것을 친하고 가까이 아니해야 하며, 또 주로 살생과 감금 들의 나쁜 일을 하는 천한 계급과, 그리고 또 돼지와 양과 닭과 개를 기르는 이와, 사냥하고 물고기를 잡는 이와,

모든 나쁜 율의를 친하고 가까이 아니해야 하느니라. 이와 같은 사람들이 혹은 때에 오는 자에게는 곧 위하여 법을 설하되, 기대하거나 바라는 바가 없어야 하느니라.

또 성문을 구하는 비구 비구니와 우바새 우바이를 친하고 가까이 아니해야 하며, 또한 문안을 묻지도 말며, 만약 방가운데이거나, 만약 다니는 길의 곳이거나, 만약 강당 가운데에 있더라도 함께 멈추어 머물지 말며, 혹은 때에 오는 자에게는 마땅함을 따라 법을 설하되, 구하고 바라는 것이 없어야 하느니라.

문수사리여, 또 보살마하살은 응당히 여인의 몸에 능히 욕심의 생각을 내어 형상을 가지려고 하면서 법을 설하지 말며, 또한 즐거이 보지 말며, 만약 남의 집에 들어가더라도 소녀와 처녀와 과부들과 더불어 함께 말하지 말며, 또한 다시 다섯 종류의 근이 확실하지 않는 남자의 사람과 가까이하여 두텁게 친하지 말며, 홀로 남의 집에 들어가지 말되, 만약 인연이 있어 모름지기 홀로 들어갈 때이면 다만 한마음으로 부처님을 생각할지니라. 만약 여인을 위하여 법을 설하려거든 이가 드러나도록 웃지 말며, 가슴을 드러내지 말며, 이에 법을 위하는 데에 이를지라도 오히려 두텁게 친하지 말아야 하는데 하물며 다시 나머지 일이겠느냐.

나이 어린 제자와 사미와 작은 아이를 기르기를 즐기지 말며, 또한 스승과 더불어 같이 풍류하지 말며, 항상 좌선하기를 좋아하되, 한가한 곳에 있으면서 그 마음을 닦아 거둘지니라. 문수사리여, 이것을 처음 친하고 가까이할 곳이라고 이름하

느니라.

② 또 다시 보살마하살은 일체 법이 공한 것을 실상과 같음을 관할지니라. 뒤바뀌게 하지 말며, 움직이지 말며, 물러나지 말며, 구르지도 말지니라. 허공과 같아서 성품이 있는 바가 없음이라, 일체 말의 길이 끊어지며, 나지도 아니하고, 나오지도 아니하며, 일어나는 것이 아니고, 이름도 없으며, 형상도 없어서 진실로 있는 바가 없으며, 헤아릴 수 없고 가이 없으며, 걸림도 없고 막힘도 없건마는, 오직 인연으로써 있으며, 뒤바뀜으로 좇아 나느니라. 그러므로 설하느니라. 항상 이와 같은 법의 형상을 즐거이 관할 것이니, 이것을 보살마하살의 둘째의 친하고 가까이할 곳이라 이름하느니라.』

그 때에 세존께옵서 거듭 이 뜻을 펴시고자 하시어 이에게

송으로 설하시어 말씀하시되、

만약 어떤 보살이

무섭고 두려움이 없는 마음으로 이 경을

설하고자 하거든、 응당 행할 곳과 그리고

친하고 가까이할 곳에 들어갈지니라。

항상 나라의 왕과 그리고 또 뒤의 악한 세상에、

나라의 왕자와 대신과 장관과、

그리고 또 주로 살생과

천한 계급과、 외도인 범지를

감금 들의 나쁜 일을 하는 자와、

가까이 아니해야 하되、

떠날지며、 또한 친하고

「깨닫지 못하고서도 깨달은 체하는 거만한 사람」과、

소승을 탐착하는 삼장학자와、 계를 깨뜨린 비구와、

이름자뿐인 나한과、 그리고 또 비구니로서 희롱하고

흥하고 험하게 노는 자와、

웃기를 좋아하는 자와,
착을 하면서 현재 멸도를
모두 친하고 가까이
만약 이런 사람들이
보살의 거처에 이르러
하거든, 보살은 곧 두려울
바라는 것을 품지 말고
과부와 처녀와 그리고 또
모두 친하고 가까이하여
또한 친하고 가까이
백정이나, 조개나 생선회를
물고기를 잡는 것이나,

다섯 가지 욕심에 깊이
구하려는 모든 우바이를
아니해야 하느니라.
좋은 마음으로써 와서
부처님의 도를 들으려고
이에 위하여 법을 설할 것이며,
모든 완전하지 않는 남자를
친함을 두터웁게 하지 말며,
아니하여야 하되,
치는 것이나, 사냥하거나
이익을 위하여 살해하거나,

고기를 팔아서 스스로 생활하거나,
여색을 자랑하여 파는, 이와 같은 사람을
모두 친하고 가까이 아니해야 하느니라.
흉하고 험하게 서로 치는 것과, 가지가지로 노래하고
춤추는 것과, 모든 음탕한 여자들을 다 친하고
가까이 아니해야 하느니라.
여자를 위하여 법을 설하지 홀로 으슥한 곳에서
때이거든 만족하여 희롱함과 말며, 만약 법을 설할
동네에 들어가서 밥을 웃음이 없어야 하며,
함께 하여야 하며, 구걸하려면 한 비구와
한마음으로 부처님을 만약 비구가 없거든
생각하여야 하니,
이것이 곧 행할 곳과 가까이할 곳이라 이름하느니라.

이 두 곳이라야 능히 편안하고 즐겁게 설하리라.

또 다시 상·중·하의 법과 변함이 있음과 변함이 없음과 실다운 것과 실답지 못한 법을 행하지 말지니라.

또한 「이는 남자다. 이는 여자다.」라고 분별하지 말며, 모든 법을 얻었다고 하지 말며, 안다고 하지 말며, 보았다고도 하지 말며, 이것이 곧 보살의 행할 곳이라 이름하느니라.

③ 일체 모든 법은 비어서 있는 바가 없음이라, 항상 머물러 있음도 없고, 또한 일어나고 멸하는 것도 없음이니, 이것을 이름하여 지혜로운 자의 친하고 가까이할 바의 곳이라고 하느니라.

뒤바뀌어 모든 법을

있다 없다 하고, 이는 참됨이다 참됨이 아니다 하고,
이는 난다 나지 아니한다고 분별하니,
한가한 곳에 있으면서 그 마음을 닦아 거두되,
편안히 머물러서 움직이지 아니하기를
수미산과 같이 하며, 일체 법을 관을 하되,
모두 있는 바가 없으니, 마치 허공과 같아서
굳고 단단한 것은 있음이 없으며,
생기지도 아니하고 나오지도 아니하며,
움직이지도 아니하고 물러나지도 아니하며,
항상 한 형상에 머문다고 하는 이것을 가까이할
곳이라 이름하느니라. 만약 어떤 비구가
내가 멸한 뒤에, 이 행할 곳과 그리고 또

친하고 가까이할 곳에 들어가면, 이 경을
설할 때에 겁나고 약함은 있음이 없느니라.
보살이 어떤 때에 고요한 방에 들어가서
바른 기억과 생각으로써 뜻을 따라 법을 관하고,
선정으로부터 일어나서 모든 나라의 왕과 왕자와
신하와 백성과 바라문 들을 위하여 교화를 열어서
설명하여 드러내며 이 경전을 설하면,
그 마음이 편안하게 의지하여 겁나고 약함이
있음이 없느니라. 문수사리여, 이것을
보살이 첫째로 법에 편안히 머물러서 능히
뒤의 세상에 법화경을 설함이라고 이름하느니라.

『또 문수사리여, 여래가 멸한 뒤에 말법 가운데에 이 경을 설하고자 하면, 응당 편안하고 즐거운 행에 머물러서, 만약 입으로 베풀어서 설하거나, 만약 경을 읽을 때에는, 사람과 그리고 또 경전의 허물을 말하기를 즐기지 말며, 또한 다른 모든 법사를 가벼이 여겨 업신여기지 말며, 다른 사람의 좋고 나쁜 것과 잘한 것과 못한 것을 말하지 말며, 성문인 사람에게도 또한 이름을 일컬어서 그의 나쁜 허물을 말하지 말며, 또한 이름을 일컬어서 그의 아름다운 것을 찬탄하지도 말며, 또한 역시 원망하고 싫어하는 마음을 내지 말지니라. 이와 같이 편안하고 즐거운 마음을 잘 닦는 까닭으로 모든 듣고 있는 자의 그 뜻을 거스르지 아니하느니라. 어려운 것을 묻는 바가 있으면 소승법으로써 답하지 아니하며, 다만 대승으로써 이에 위하여 풀어서 말하여 일체 가지가

④ 지 지혜를 얻게 하느니라.』

그 때에 세존께옵서 거듭 이 뜻을 펴시고자 하시어 이에
게송으로 설하시어 말씀하시되,

보살은 항상 편안하게
좋아하되, 맑고 깨끗한
기름을 몸에 바르고
새로이 깨끗한 옷을 입어
깨끗하게 하고, 편안히
물음을 따라 설할지니라.
비구니와 모든 우바새와
나라의 왕과 왕자와
백성이 있으면,

의지하여 법을 설하기를
땅에 평상자리를 펴고,
티끌과 때를 씻어 목욕하고,
안과 밖을 함께
법의 자리에 머무르면서
만약 비구와 그리고
그리고 또 우바이와
뭇 신하와 선비와
미묘한 뜻으로써

온화한 얼굴로 설할 것이며, 만약 어려운 물음이 있으면
뜻을 따라서 이에 답하되, 인연과 비유로 자세히
설명하고 분별할지니라. 이런 방편으로써 모두로
하여금 마음을 일으키게 하고, 점점 이익을 더하게 하여
부처님 도에 들게 할 것이며, 혐오하고 느린 뜻과
그리고 또 싫증나고 게으른 생각을 버리고,
모든 근심과 번뇌를 떠나서 사랑스런 마음으로
법을 설할지니라. 낮과 밤으로 항상 위없는
도의 가르침을 설할지며, 모든 인연과
헤아릴 수 없는 비유로써 중생에게 열어 보이어,
다 기쁘고 즐겁게 하되, 의복과 눕는 데 갖추는 것과
음식과 의약을 그 가운데서 구하고

바라는 바가 없어야 하며,
법을 설한 인연으로 부처님의
중생으로 하여금 또한
이것이 곧 큰 이익이며
내가 멸도한 뒤에
능히 이 묘법화경을
마음에 미워하고 분내는
막히거나 걸림이 없고,
그리고 또 욕하고
또 겁나고 두려운 것과
때리는 것이 없을 것이며,
편안히 참는데 머문

다만 한마음으로 생각하되
도를 이루기를 원하고,
그렇게 되게 할지니라.
편안하고 즐거운 공양이니라.
만약 어떤 비구가
설명하여 말하면,
것과 모든 뇌로움으로
또한 근심과 수심과
꾸짖는 자가 없을 것이며
칼과 몽둥이 들로
또한 쫓겨 나옴이 없으리니,
까닭이니라.

지혜자는 이와 같이 그 마음을 잘 닦아서 능히 편안하고 즐거움에 머물되, 내가 위에서 설한 것과 같이 하면, 그 사람의 공덕은 천만억겁에 산수의 비유로 말하여도 능히 다하지 못하리라.

『또 문수사리여, 보살마하살은 뒤의 말세에서 법이 멸하고자 할 때에, 이 경전을 받아서 가지고 읽고 외우는 자를 미워하고 투기하며 아첨하고 속이는 마음을 품지 말고, 또한 부처님의 도를 배우는 자를 가볍게 여겨 욕하며 그의 잘함과 못함을 찾지 말지니라.

만약 비구 비구니와 우바새 우바이의 성문을 구하는 자와 벽지불을 구하는 자와 보살의 도를 구하는 자에게 뇌로움을 얻게 하여서 그로 하여금 의심하여 뉘우치게 하고는 그 사람에게 일러 말하되, 「너희들은 도에는 떨어져서 심히 멀어서 마침내 일체 가지가지 지혜를 능히 얻지 못하리라. 까닭은 무엇인가 하면, 너는 바로 방일한 사람이라서 도에 게으르고 느린 까닭이니라.」라고 하지 말지니라.

또한 역시 응당히 모든 법을 장난스럽게 논하여 싸우거나 다투는 것이 있으면 아니해야 하며, 마땅히 일체 중생에게 크게 불쌍히 여기는 생각을 일으키고, 모든 여래께는 사랑해 주시는 아버지라는 생각을 일으키며, 모든 보살에게는 큰 스승이란 생각을 일으키고, 시방의 모든 큰 보살에게는 항상 응당히 깊은 마음으로 공손히 공경하며 예배할지며, 일체 중생에게는 고루 같이 법을 설하되, 법을 따르는 까닭으로써 많이도 말고 적게도 말며, 이에 깊이 법을 사랑하는 자에게 이를지라

⑤ 도 또한 많이 설하지 말지니라.

⑤ 문수사리여, 이 보살마하살로서 뒤의 말세에서 법이 멸하고자 할 때에, 이 세 번째의 편안하고 즐거운 행을 성취한 자가 있으면, 이 법을 설할 때에 능히 뇌롭고 어지러운 것이 없을 것이며, 같이 배울 좋은 이를 얻어서 함께 이 경을 읽고 외울 것이며, 또한 대중이 와서 받아 들음을 얻을 것이로되, 듣기를 마치고는 능히 가지며, 가지기를 마치고는 능히 외우며, 외우기를 마치고는 능히 설하며, 설하기를 마치고는 능히 쓰며, 만약 사람을 시켜서 쓰게 하며, 경권에다 공양하고 공손히 공경하며 존중하고 찬탄하리라.』

그 때에 세존께옵서 거듭 이 뜻을 펴시고자 하시어 이에 게송으로 설하시어 말씀하시되,

만약 이 경을 설하고자 하면,
거만함과 아첨함과
거짓된 마음을 버리고, 항상
사람을 가볍게 여겨
또한 법을 장난스럽게
하여금 의심하게 하거나
「너는 부처님을 얻지
이 부처님의 아들이
부드럽고 온화하며
불쌍히 여겨 게으르거나
시방에 큰 보살이
까닭으로 도를 행하나니,

마땅히 시기함과 화냄과
속이는 것과 삿된 것과
바탕이 곧은 행을 닦으며,
업신여기지 말며,
논하지 말며, 다른 이로
뉘우치게 하여 이르기를,
못한다.」 하지 말지니라.
법을 설하되, 항상
능히 참고, 일체를 사랑하고
느린 마음을 내지 말지니라.
중생을 불쌍히 여기는
응당 공손히 공경하는

마음을 내어 「이는 곧 나의 큰 스승이라.」 하며, 모든 부처님 세존께서는 위없는 아버지라는 생각을 내어 교만하고 거만한 마음이 깨어지게 하고, 법을 설함에 막히고 걸릴 것이 없게 할지니라.

세 번째의 법이 이와 같으니, 지혜자는 응당 지키고 두호하며 한마음으로 편안하고 즐거운 행을 하면, 헤아릴 수 없는 중생이 공경할 것이니라.

『또 문수사리여, 보살마하살로서 뒤의 말세에서 법이 멸하고자 할 때에, 이 법화경을 가지고 있는 자는, 집에 있거나 출가한 사람 가운데에서는 크게 사랑하는 마음을 내고, 보살이 아닌 사람 가운데에서는 크게 불쌍히 여기는 마음을 내어 응당히 이런 생각을 하되, 「이와 같은 사람은 곧 크게 잃어버림이 되어, 여래께옵서 방편으로 마땅한 것을 따라 설하신 법을 듣지도 아니하며, 알지도 못하며, 깨닫지도 못하며, 묻지도 아니하며, 믿지도 아니하고, 이해하지도 못하나, 그 사람이 비록 이 경을 묻지도 아니하며, 믿지도 아니하고, 이해하지도 못하나, 내가 「위없이 높고 바르며 크고도 넓으며 평등한 깨달음」을 얻을 때에는, 어떤 곳에 있을지라도 좇아서 신통의 힘과 사리에 밝은 지혜의 힘으로써 그를 이끌어서 이 법 가운데 머무름을 얻게 하리라.」고 할지니라.

문수사리여, 이 보살마하살로서 여래가 멸한 뒤에, 이 네 번째의 법을 성취한 자가 있으면, 이 법을 설할 때에 잘못이나 허물은 있음이 없으며, 항상 비구 비구니와 우바새 우바이와 나라의 왕과 왕자와 대신과 인민과 바라문과 거사 들이 공양하고 공손히 공경하며 존중하고 찬탄하게 되며, 허공의 모든 하늘은 법을 듣기 위한 까닭으로 또한 항상 따르고 모시리라.

만약 마을이나, 성이나, 고을이거나, 비고 한가한 수풀 속에 있는데, 어떤 사람이 와서 어려운 것을 묻고자 하면, 모든 하늘이 밤낮으로 항상 법을 위한 까닭으로 이에 호위하고 두호하여, 능히 듣는 자로 하여금 모두 기뻐하고 즐거워함을 얻게 하느니라. 까닭은 무엇인가 하면, 이 경은 바로 일체 과거와 미래와 현재의 모든 부처님의 신력으로 두호하시는 바이기 때문이니라.

⑥ 문수사리여, 이 법화경은 헤아릴 수 없는 나라 가운데에서 이에 이름자만이라도 가히 얻어듣지 못함에 이르거늘, 어찌 하물며 얻어 보고 받아서 가지며 읽고 외움이겠느냐.

문수사리여, 비유할 것 같으면, 힘이 센 전륜성왕이 위엄있는 기세로써 모든 나라를 항복받고자 하나, 그러나 모든 작은 왕이 그 명령을 따르지 아니하면, 때에 전륜왕이 가지가지로 군사를 일으켜 가서 쳐서 벌하되, 왕이 군사 무리에서 싸워서 공이 있는 자를 보고는 곧 크게 기쁘고 즐거워서 공에 따라 상을 주되, 혹은 밭과 집과 마을과 성과 고을을 주며, 혹은 의복과 몸을 꾸미는데 갖추는 것을 주며, 혹은 가지가지 진귀한 보배인 금과 은과 유리와 차거와 마노와 산호와 호박과, 코끼리와 말과 타는 수레와 남자종과 여자종과 인민을 주되, 오직 상투 가운데의 밝은 구슬만은 주지 아니하니, 까닭은 무엇인가 하면, 홀로 왕의 이마 위에만 이 하나의 구슬이 있으니, 만약 이것을 준다면 왕의 모든 권속이 반드시 크게 놀라

제 십사 안락행품

고 괴이하게 여길 것이니라.

문수사리여, 여래도 또한 다시 이와 같아서, 선정과 사리에 밝은 지혜의 힘으로써 법의 국토를 얻어서 삼계의 왕이거늘, 그러나 모든 마왕이 즐거이 따라 복종하지 아니하면, 여래의 어질고 거룩한 모든 장수가 더불어 같이 싸우니, 그 공이 있는 자에게는 마음이 또한 기쁘고 즐거워서, 사중 가운데에서 모든 경을 설하여 그로 하여금 마음을 즐겁게 하고, 선정과 해탈과, 새는 것이 없는 근력과, 모든 법의 재물을 하사하며, 또 다시 열반의 성을 더불어 하사하며, 멸도를 얻으리라고 말하여, 그 마음을 인도하여 모두로 하여금 기쁘고 즐겁게 하되, 그러나 생각하여 이 법화경을 설하지 아니하느니라.

문수사리여, 만약 전륜왕이 모든 군사 무리에서 큰 공이 있는 자를 보면 마음이 심히 기쁘고 즐거워서, 이 믿기 어려운 구슬을 오래 상투 가운데 두고 함부로 사람에게 주지 아니하다가 이에 이제 이를 주느니라.

여래도 또한 다시 이와 같아서, 삼계 가운데에서 큰 법왕이 되어 법으로써 일체 중생을 가르쳐 교화하되, 어질고 거룩한 군사가 오음마와 번뇌마와 죽음의 마와 더불어 함께 싸워서 큰 공훈이 있어, 탐함과 성냄과 어리석음을 멸하고, 욕계와 색계와 무색계를 나와서, 마군의 그물을 깨뜨림을 보고는, 이때 여래는 또한 크게 기뻐하고 즐거워하여, 이 법화경이 중생으로 하여금 능히 일체 지혜에 이르게 하지만, 일체 세간에서는 원망이 많고 믿기 어려움이라, 먼저 설하지 아니하였던 것을 지금 설하느니라.

문수사리여, 이 법화경은 이 모든 여래께옵서 제일의 말씀이시라. 모든 설하심 가운데에서 가장 심히 깊음이 되어서 뒤의 끝에야 베풀어 주시나니, 저 힘이 센 왕이 오래 밝은 구슬을 두호하다가 지금에야 주는 것과 같으니라.

문수사리여, 이 법화경은 모든 부처님 여래께옵서 비밀히 감추어 두셨던 바이라, 모든 경 가운데에서 가장 그 위에 있으니, 긴 밤에 지키고 두호하여 함부로 펴서 말하지 아니하다가, 비로소 오늘날에야 너희들에게 주어 그리고는 널리 설명하느니라.』

⑦ 그 때에 세존께옵서 거듭 이 뜻을 펴시고자 하시어 이에 송으로 설하시어 말씀하시되,

　　항상 욕되는 것을　　참는 행을 하고

일체를 슬피 불쌍히 여겨,
찬탄하신 바의 경을
후의 말세 때에
집에 있는 이나
보살이 아닌 이에게도
「이들이 이 경을 듣지
곧 크게 잃음이 됨이나,
모든 방편으로써 위하여
머물게 하리라.」 할지니라.
힘이 센 전륜왕이
상으로 모든 물건을 주되,
몸을 치장하는 꺼리와,

능히 부처님께옵서
설명하여 말할지니라.
이 경을 가지는 자는,
출가한 이나 그리고 또
응당히 자비를 내어
아니하고 믿지 아니하면
내가 부처님의 도를 얻어서
이 법을 설하여 그 가운데
비유하건대,
군사가 싸워서 공이 있으면
코끼리와 말과 타는 수레와
그리고 또 모든 밭과 집과

마을과 성과 고을과, 혹은 의복과 가지가지의
진귀한 보배며, 남자종과 여자종과 재물을 주어 기쁘고
즐겁게 베풀어 주다가, 용맹하고 굳셈이 있어
능히 어려운 일을 하게 되면, 왕이 상투 가운데의
밝은 구슬을 풀어서 하사하는 것과 같듯이,
여래도 또한 그리하여서 모든 법의 왕이 되어,
욕되는 것을 참는 큰 힘과, 사리에 밝은 지혜의
보배 곳집과, 큰 자비로써 법과 같이 세상을 교화하되
일체 사람이 모든 괴로움과 뇌로움을 받고,
해탈을 구하고자 하여 모든 마군과 더불어
싸우는 것을 보고, 이런 중생을 위하여
가지가지의 법을 설하고, 큰 방편으로써 이 모든

경을 설하여, 이미 중생이
뒤 끝에야 이에 위하여
왕이 상투를 풀어서 밝은
이 경은 존귀하여
내가 항상 지키고 두호하여
보이지 아니하였으나,
너희들을 위하여 설하노라.
부처님의 도를 구하는 자가
만족하게 이 경을 설명하여
이와 같은 네 가지 법을
이 경을 읽는 자는 항상
또 병과 아픔이 없으며,

그 힘을 얻은 것을 알고는,
이 법화를 설하나니,
구슬을 주는 것과 같으니라.
많은 경 가운데에 으뜸이라,
함부로 열어
지금이 바로 그 때이므로,
내가 멸도한 뒤에
편안하게 의지하여
말하고자 하면, 응당 마땅히
친하고 가까이할지니라.
근심과 번뇌로움이 없고,
얼굴빛이 곱고 희며,

가난하고 궁하거나 낮고 천하거나 추하고
더러운 데에 나지 않으며, 중생이 좋아하여 보되,
어질고 거룩한 이를 사모하는 것과 같이 하며,
하늘의 모든 동자가
칼과 막대기로 치지 못하며,
만약 사람이 악하게 욕을 하면 입이 곧 닫히고 막히며,
노닐며 다님에 두려움 없기는 사자왕과 같으며,
사리에 밝은 지혜의 빛이 밝음은 해가 비침과 같으니라.

⑧ 만약 꿈 가운데에는 다만 묘한 일만 보되,
모든 여래께옵서 사자자리에 앉으시고
모든 비구 무리에게 에워 둘러싸이시어
법을 설하시는 것을 보며, 또 항하사와 같은 수의

용과 신과 아수라 들이
보거든, 그 몸이 위하여
스스로 볼 것이니라.
몸의 형상이 금빛이라,
놓으시어 일체를 비추시고,
모든 법을 설명하시어
부처님께옵서 사중을 위하시어
몸이 가운데에 머물면서
법을 듣고는 기쁘고
다라니를 얻어 물러나지
부처님께옵서 그 마음이
아시고는 곧 수기 주시어

공손히 공경하며 합장함을
법을 설하는 것을
또 모든 부처님의
헤아릴 수 없는
맑은 음성으로써
말씀하시는 것을 보며,
위없는 법을 설하시거늘,
합장하고 부처님을 찬탄하고,
즐거워서 이에 공양하며,
아니하는 지혜를 증하면,
깊이 부처님의 도에 듦을
「가장 바른 깨달음을

이루리라.」 하시되,
마땅히 오는 세상에
부처님의 큰 도를
국토는 엄숙하고 깨끗하며
또한 사중이 있어
하심을 보느니라.
모든 실상을 증하며,
가운데 있음을 보나니,
시방의 부처님을 뵈옵나니,
백 가지 복의 형상으로
법을 듣자옵고는 사람을
좋은 꿈이 있음이니라.

「그대 착한 남자는
헤아릴 수 없는 지혜인
얻을 것이며,
넓고 커서 비할 데가 없으며,
합장하고 법을 들으리라.」
또 자기 몸이 산의 수풀
좋은 법을 닦고 익혀서
깊이 선정에 들어서
모든 부처님의 몸은 금빛이요,
꾸미고 치장됨이요,
위하여 설하는, 항상 이런
또 꿈에 나라의 왕이 되어

궁전과 거느린 무리와
다섯 가지 욕심을 버리고,
보리수 아래 있으면서
도를 구하기 칠 일을
지혜를 얻고, 위없는 도를
법의 바퀴를 굴리며
천만억겁이 지나도록
헤아릴 수 없는 중생을
열반에 들 것이로되,
꺼지는 것과 같음이니라.
이 제일의 법을 설하면,
위의 모든 공덕과 같으니라.

그리고 또 으뜸가고 묘한
도량에 나아가서
사자자리에 머물러
지나고는 모든 부처님의
이루어 마치고는 일어나서
사중을 위하여 법을 설하되,
새는 것이 없는 묘법을 설하여
제도하여, 뒤에 마땅히
연기가 다하여 등불이
만약 뒤에 악한 세상 가운데에서
이 사람이 얻는 큰 이익은

묘법연화경 제 십오 종지용출품

① 이 때에 다른 방위의 국토에서 오신 모든 보살마하살께서는 팔 항하사 수보다 지났소이다. 대중 가운데에서 일어나 서시어 합장하시고 절을 하시고는 부처님께 아뢰어 말씀하시되,

『세존이시여, 만약 저희들이 부처님께옵서 멸하신 뒤에 이 사바세계에 있으면서, 부지런히 정진을 더하며 이 경전을 두호하여 가지고 읽고 외우며 써서 베끼며 공양할 것을 들어 주신다면, 마땅히 이 땅에서 널리 설하오리다.』

이 때에 부처님께옵서 모든 보살마하살 대중에게 이르시되,

『그칠지어라. 착한 남자여, 너희들이 이 경을 두호하여 가지기를 기다리지 아니하나니, 까닭은 무엇인가 하면, 나의 사바세계에는 스스로 육만 항하사들의 보살마하살이 있고, 하나하나의 보살에게는 각각 육만 항하사 권속이 있거늘, 이 모든 사람들이 내가 멸한 뒤에 능히 이 경을 두호하여 가지고 읽고 외우며 널리 설할 것이니라.』

부처님께옵서 이러한 말씀을 하실 때에 사바세계의 삼천대천국토는 땅이 모두 진동하여 갈라지더니, 그리고는 그 가운데에서 헤아릴 수도 없는 천만억 보살마하살이 계시어 같은 때에 솟아나오셨소이다.

이 모든 보살의 몸은 모두 금빛이고, 서른두 가지 형상이며, 헤아릴 수 없는 밝은 빛이라. 먼저 다 이 사바세계의 아래에 계시어 이 경계의 허공 가운데에 머무시다가, 이 모든 보살께서 석가모니 부처님께옵서 말씀하시는 바의 음성을 듣자옵고 아래로부터 떠나오시되, 하나하나의 보살께서는 모두 바로 대중의 창도의 우두머리이시니, 각각 육만 항하사의 권속을 거느리셨거늘, 하물며 오만, 사만과 삼만, 이만과 일만 항하사들의 권속만 거느린 자이겠소이까.

하물며 다시 이에 일 항하사와 반 항하사분의 일에 이르며, 이에 천만억 나유타분의 일에 이르럼이겠소이까.

하물며 다시 천만억 나유타 권속뿐이며, 하물며 다시 억만의 권속뿐이며, 하물며 다시 천만, 백만에서 이에 일만에 이르며, 하물며 다시 일천, 일백에서 이에 일십에 이르러며, 하물며 다시 다섯, 넷, 셋, 둘, 하나의 제자만 거느린 자뿐이

제 십오 종지용출품

549

겠소이까.

하물며 다시 홀몸으로 멀리 떠나는 행을 즐기시는, 이와 같은 이들의 많은 이는 헤아릴 수 없고 가도 없어서, 산수의 비유로는 능히 알지 못할 바이었소이다.

이 모든 보살께서 땅으로부터 나오시기를 마치고는 각각 나아가시어, 허공의 일곱 가지 보배로 된 묘한 탑의 다보여래와 석가모니 부처님의 거처에 이르시고는, 두 세존을 향하시어 머리와 얼굴로 발에 절을 하시고, 그리고 또 모든 보배나무 아래의 사자자리 위, 부처님의 거처에 이르시어 또한 모두 절을 하시고, 오른쪽으로 세 번 둘러서 도시고는 합장하시고 공손히 공경하사, 모든 보살의 가지가지 찬탄하는 법으로써 찬탄하시고, 한 쪽에 머물러 계시면서, 기뻐하시고 즐거워하시며 두 세존을 우러러 바라다 보셨소이다.

이 모든 보살마하살께서 처음 솟아 나오셔서부터 모든 보살의 가지가지 찬탄하는 법으로써 이에 부처님을 찬탄하시니, 이와 같은 시간이 오십 소겁이 지났소이다.

이 때에 석가모니 부처님께옵서는 묵묵히 앉아 계시었고, 그리고 또 모든 사중도 또한 모두 묵묵히 하기를 오십 소겁이었는데, 부처님의 신력의 까닭으로 모든 대중으로 하여금 한나절과 같이 생각케 하였소이다.

② 이 때에 사중은 또한 부처님의 신력의 까닭으로써 모든 보살이 헤아릴 수 없는 백천만억 국토의 허공에 두루 가득함을 보았소이다. 이 보살의 많은 이 가운데에는 네 분의 인도하는 스승이 계시니,

첫째 이름은 상행이시고,

둘째 이름은 무변행이시며,

셋째 이름은 정행이시고,

넷째 이름은 안립행이시었소이다.

이 네 분 보살께서는 그 많은 이 가운데에서 가장 높은 우두머리로서 창도의 스승이시니, 대중 앞에 계시며 각각 같이 합장하시고, 석가모니 부처님을 우러러 뵈옵고 그리고는 문안을 여쭈어 말씀하시되, 『세존이시여, 병환이 적으시며, 뇌로움도 적으시며, 편안하시고 즐거우신 행을 하시옵나이까. 아니 하시옵나이까. 응당히 제도할 바의 자는 가르침을 쉽게 받으옵나이까. 아니옵나이까. 세존으로 하여금 피로를 내시게 하지는 아니하나이까.』

그 때 네 분의 큰 보살께서 이에 게송으로 설하시어 말씀하시되,

세존께옵서는
병환도 적으시고
중생을 가르쳐
싫증을 얻으심은 없으시며,
교화를 쉽게 받으나이까.
세존으로 하여금 피로함을
내시게 하지는 않으나이까.

편안하시고 즐거우시며,
뇌로움도 적으시며,
교화하심에는 피곤과
또 모든 중생은
않으나이까.

이 때 세존께옵서 보살 대중 가운데에서 이런 말씀을 하시되, 『그와 같고 그와 같으니라. 모든 착한 남자여, 여래는 편안하고 즐거우며, 병도 적고 뇌로움도 적으며, 모든 중생들도 가히 교화하여 제도하기가 쉬워서 피로함이 있음이 없노라.

까닭은 무엇인가 하면, 이 모든 중생은 세세로 이미 오면서 항상 나의 교화를 받았으며, 또한 지난 예전에 모든 부처님을 공손히 공경하고 존중하였으며, 모든 착한 근본을 심음이라. 이 모든 중생이 처음 나의 몸을 보고, 내가 말한 바를 듣고는 곧 모두 믿어서 받아 여래의 지혜에 들었나니, 먼저 소승을 배워서 닦고 익힌 자는 제외하느니라. 이와 같은 사람도 내가 지금 또한 이 경을 얻어듣게 하여 부처님 지혜에 들게 하느니라.』

그 때 모든 큰 보살께서 이에 게송으로 설하시어 말씀하시되,

좋으시고 좋으시며,
모든 중생들을 가히 쉽게
능히 모든 부처님의
지혜를 물어서, 듣기를

큰 영웅이신 세존이시여,
교화하시어 제도하시오니,
심히 깊은 사리에 밝은
마치고는 믿어 행함이니,

③ 때에 있어서 세존께옵서 높은 우두머리의 모든 큰 보살을 찬탄하시되, 『착하고 착하도다. 착한 남자여, 너희들이 능히 여래를 기대어 따라 기쁜 마음을 일으키는구나.』

그 때에 미륵보살과 그리고 또 팔천 항하사의 모든 보살의 많은 이께서 모두 이런 생각을 하시되, 「우리들이 예로부터 이미 오면서, 이와 같은 큰 보살마하살의 많은 분께서 땅으로부터 솟아나오시어, 세존 앞에 머무시면서 합장하시며 공양하시고, 여래께 문안을 여쭈심을 보지도 못하였고, 듣지도 못하였도다.」

때에 미륵보살마하살께서 팔천 항하사의 모든 보살들의 마음에 생각하시는 바를 아시며, 아울러 스스로 의심하는 바를

저희들도 따라서 기뻐하나이다.

끊고자 하시어, 부처님을 향하여 합장하시고 게송으로써 여쭈어 가라사대,

헤아릴 수 없는 천만억
옛적에는 일찍이
원하옵건대,
높으신 분께옵서는
이들은 어느 곳으로부터
모였나이까. 거대한 몸에
지혜는 생각으로 논의하기
굳고 단단하여 크게 욕되는
중생이 보기를 즐거워하는
오게 되었나이까.

대중의 모든 보살은
보지도 못한 바이오니,
양가지가 흡족하시고
설하여 주시옵소서.
왔으며, 어떠한 인연으로
큰 신통과 사리에 밝은
어려우며, 그 뜻과 생각이
것을 참는 힘이 있으며,
바이니, 어떠한 곳으로부터
하나하나의 모든 보살이

거느린 바의 모든 권속의
있을 수 없어서
혹 어떤 큰 보살은
이와 같은 모든 대중이
부처님의 도를 구하며,
큰 스승들이 함께 와서
그리고 또 이 경을
오만 항하사를 거느리니,
사만 그리고 또 삼만이며,
일천과 일백 들로 이에
절반과 그리고 또
천만 나유타 만억의

그 수를 헤아림이란
항하사들과 같으며,
육만 항하사를 거느리며,
한마음으로
육만 항하사의 이 모든
부처님께 공양하고,
두호하여 가지며
그 수는 이보다 지나며,
이만과 일만에 이르며,
일 항하사에 이르며,
삼 사분과 억만분의 일이며,
모든 제자와, 이에

반억에 이르럼의 그 수는
백만에서 일만에 이르럼과
오십과 더불어 일십에서
혼자 몸으로 권속도 없이
함께 와서 부처님의
점점 위보다 지나옵니다.
만약 사람이 수를 헤아림을
지나도 오히려 능히
이 모든 큰 위엄과 덕의
누가 그를 위하여 법을
성취하게 하셨으며,
마음을 일으켰고,

다시 위의 것을 지나며,
일천과 그리고 또 일백이며,
이에 셋, 둘, 하나에 이르며,
홀로 살기를 즐기는 자가
거처에 이르니, 그 수는
이와 같은 모든 대중을
행한다면, 항하사 겁을
다 알지 못하오리다.
정진하는 보살 많은 이에게
설하시어 가르쳐 교화하시어
누구를 따라 처음에
어느 부처님의 법을

드러내어 찬양하였으며,
행하였고, 어떤 부처님의
이와 같은 모든 보살의
사방으로 땅이 진동하고
숫아나오니, 세존이시여,
일찍이 이런 일을
원하옵건대,
설하시어 주시옵소서.
여행하였으되,
보지 못하였사오며,
한 사람도 알지 못하겠나이다.
원하옵건대,

누구의 경을 받아 가져서
도를 닦아 익혔나이까.
신통과 큰 지혜의 힘으로,
갈라져서 모두 가운데로부터
저희는 옛적으로부터 오면서
보지 못하였사옵니다.
그 좇아온 바 국토의 명호를
저는 항상 모든 나라를
일찍이 이렇게 많은 이를
저는 이 많은 이 가운데에서
홀연히 땅으로부터 나왔나니,
그 인연을 설하여 주시옵소서.

지금 여기의 큰 모임에 헤아릴 수 없는 백천억의 이 모든 보살들이, 모두 이러한 일과 이 모든 보살 많은 이의 처음과 끝의 인연을 알고자 하옵나이다. 헤아릴 수 없으신 덕의 세존이시여, 오직 원하옵건대, 대중의 의심을 끊게 하여 주시옵소서.

④ 이 때에 석가모니께옵서 분신하신 모든 부처님이신, 헤아릴 수 없는 천만억의 다른 방위의 국토로부터 오신 분께옵서, 여덟 방위의 모든 보배나무 아래 사자자리 위에 가부좌를 맺고 계셨는데, 그 부처님의 시자께서는 이 보살 대중께서 삼천대천세계의 사방에서 땅으로부터 솟아나오셔서 허공에 머무르심을 각각 보시고, 각기 그 부처님께 아뢰어 말씀하오되, 『세존

이시여, 이 모든 헤아릴 수 없고 가도 없는 아승지의 보살 대중은 어떠한 곳으로부터 왔나이까.』

이 때에 『모든 부처님께옵서 각각 시자에게 이르시되, 『모든 착한 남자여, 우선 잠깐만 기다릴지니라. 보살마하살이 있으니, 이름은 가로되 미륵이니라. 석가모니 부처님께옵서 수기 주신 바이니, 차후에 부처님을 지으리라와, 이미 이 일을 물었으니, 부처님께옵서 지금 답하시리라. 너희들도 스스로 마땅히 이로 인하여 들음을 얻으리라.』

이 때에 석가모니 부처님께옵서 미륵보살에게 이르시되, 『착하고 착하도다. 아일다여, 능히 부처님께 이와 같은 큰 일을 물었도다. 너희들은 마땅히 같이 한마음으로 정진의 갑옷을 입고 굳고 단단한 뜻을 일으킬지니라.

여래는 지금 모든 부처님의 사리에 밝은 지혜와, 모든 부처님의 마음대로 되는 신통의 힘과, 모든 부처님의 위엄스럽고 용맹하시며 큰 세력의 힘을 나타냄을 일으켜서 펴 보이고자 하느니라.』

그 때에 세존께옵서 거듭 이 뜻을 펴시고자 하시어 이에 송으로 설하시어 말씀하시되,

마땅히 한마음으로 정진할지니라.
내가 이 일을 말하고자 하노니,
의심하여 뉘우침 가짐을 얻지 말지니라.
부처님의 지혜는 생각으로 논의하기 어렵나니,
너는 지금 믿는 힘을 내어 참고 착한 가운데 머물면,

옛적에는 듣지도 못한 바의 법을 지금 모두
마땅히 얻어들으리라.
편안하도록 위로하노니, 내가 지금 너를
두려움을 품지 말지니라.
아닌 것이 없으며, 든든히 여겨 의심과
헤아리지를 못하느니라. 부처님은 진실한 말씀
심히 깊어서 사리에 밝은 지혜는 가히
이와 같은 것을 지금 얻은 바의 제일의 법은
너희들은 한마음으로 분별하지도 못함이니,
    들을지니라. 마땅히 설하노니,
이 때에 세존께옵서 이 게송을 설하시기를 마치시고 미륵보
살에게 이르시되, 『내가 지금 이 대중에서 너희들에게 펴서
이르노라. 아일다여, 이 헤아릴 수 없고 수가 없는 아승지의

모든 큰 보살마하살이 땅으로부터 솟아나왔으니, 너희들은 옛적에 보지 못한 바의 자이니라. 내가 이 사바세계에서 「위없이 높고 바르며 크고도 넓으며 평등한 깨달음」을 얻기를 마치고는, 이 모든 보살을 가르쳐 교화하여 보여서 인도하고, 그 마음을 고르게 굴복시켜 도에 뜻을 일으키게 하였나니, 이 모든 보살이 모두 이 사바세계 아래의 이 경계 허공 가운데 머물면서 모든 경전을 읽고 외워서 통리하였으며, 깊이 헤아리고 분별하여 바르게 기억하고 생각하였느니라.

⑤ 아일다여, 이 모든 착한 남자들이 많은 이에 있으면서도 말하는 바가 많이 있는 것을 즐기지 않고, 항상 고요한 곳을 즐기며, 부지런히 정진을 행하되 일찍이 쉬지 아니하였으며, 또한 사람과 하늘에 의지하여 머물지도 아니하고, 항상 깊은 지

혜를 즐기어 막히고 걸리는 것은 있음이 없으며、또한 항상 모든 부처님의 법을 즐겨 한마음으로 정진하여、위없는 지혜를 구하느니라.』

그 때에 세존께옵서 거듭 이 뜻을 펴시고자 하시어 이에게 송으로 설하시어 말씀하시되、

아일다여、
이 모든 큰 보살이
부처님의 사리에 밝은
이는 다 내가 교화한 바이며、
일으키게 한 것이니라.
이 세계를 의지하여 머물며、
탐착을 버리고 몸과 마음을

너는 마땅히 알지니라.
수없는 겁으로부터 오면서
지혜를 닦고 익혔느니라.
큰 도의 마음을
이들은 바로 나의 아들이니、
항상 「옷과 음식과 집에 대한
수행하는 일」을 행하며、

뜻은 고요한 곳을 즐기어 대중의 시끄러움과
어지러움을 버리고 말 많은 것을 즐기지 아니하나니,
이와 같은 모든 아들들이 나의 도법을 배우고 익히며,
밤낮으로 항상 정진하여 부처님의 도를
구하기 위한 까닭으로, 사바세계 아래 방위의
허공 가운데에 머물러 있느니라.
뜻과 생각하는 힘이 굳고 단단하여 항상 부지런히
사리에 밝은 지혜를 구하며, 가지가지 묘법을 설하되,
그 마음이 두려울 바 없느니라.
내가 가야성 보리수 아래 앉아 가장 바른 깨달음
이룸을 얻고서 위없는 법륜을 굴리고, 그리하여
이에 이를 가르쳐 교화하여 처음으로 도의 마음을

일으키게 하였나니, 지금은 모두 물러나지 않는 데에 머물렀으며, 다 마땅히 부처님 이룸을 얻느니라.

내가 지금 진실한 말을 설하노니, 너희들은 한마음으로 믿을지니라.

나는 멀리 오래부터 오면서 이들의 많은 이를 가르쳐 교화하였느니라.

이 때에 미륵보살마하살과 그리고 또 수없는 모든 보살들께서 마음에 의심하여 미혹함을 내시고, 일찍이 있지 아니하였던 것을 괴이하게 여기시어 그리고는 이런 생각을 하시되,

「어찌하여 세존께옵서는 적은 시간에 의거하여, 이와 같이 헤아릴 수도 없고 가도 없는 아승지의 모든 큰 보살을 가르쳐 교화하시어, 「위없이 높고 바르며 크고도 넓으며 평등한 깨달음」에 머물게 하셨겠는가」 하시고, 곧 부처님께 아뢰어 말씀하시

되,『세존이시여, 여래께옵서 태자이실 때 석씨 궁궐을 나오시어, 가야성 가기가 멀지 않은 도량에 앉으셔서「위없이 높고 바르며 크고도 넓으며 평등한 깨달음」이룸을 얻으시고, 이로부터 이미 오십이 비로소 사십여 년이 지났나이다. 세존께옵서는 어찌하여 이 적은 시간에 크게 부처님의 일을 하시어, 부처님의 세력과 부처님의 공덕으로써, 이와 같은 헤아릴 수 없는 큰 보살의 많은 이를 가르쳐 교화하시어, 마땅히「위없이 높고 바르며 크고도 넓으며 평등한 깨달음」을 이루게 하시나이까.

세존이시여, 이 큰 보살의 많은 이를 가령 어떠한 사람이 천만억겁토록 세어도 능히 다하지 못하며, 그 가를 얻지도 못하오리다. 이들은 오래되고 멀리 이미 오면서 헤아릴 수 없고 가없는 모든 부처님의 거처에서, 모든 착한 근본을 심어 보살

도를 성취하고 항상 깨끗한 행을 닦았을 것이니, 세존이시여, 이와 같은 일은 세상에서 믿기 어려운 바이옵니다.

⑥ 비유하옵건대, 얼굴이 아름답고 머리도 검고 나이는 스물다섯 살 되는 어떤 사람이, 백 살이나 된 사람을 가리켜서 「이는 나의 아들이다.」고 말하고, 그 백 살 된 사람도 또한 나이 젊은이를 가리켜서 「이 분은 나의 아버지다. 저희들을 낳아서 기르셨다.」고 말하면, 이 일은 믿기가 어려웁나이다.

부처님께옵서도 또한 이와 같으시어, 도를 얻으셔서 이미 오신 지의 그 사실은 오래지 않사옵고, 이 대중의 모든 보살들은 이미 헤아릴 수 없는 천만억겁토록 부처님의 도를 위한 까닭으로 부지런히 정진을 행하여, 헤아릴 수 없는 백천만억 삼매에 잘 들어가고 나오며 머물고, 큰 신통을 얻고 오래 범행을 닦아, 능히 차례차례로 모든 좋은 법을 잘 익혀서 문답하는데 훌륭하여 사람 가운데의 보배이니, 일체 세간에 심히 드물게 있음이온데, 오늘날 세존께옵서 바야흐로 이르시되, 「부처님이 도를 얻었을 때에 처음으로 마음을 일으키게 하여, 가르쳐 교화하여 보여서 인도하고, 하여금 「위없이 높고 바르며 크고도 넓으며 평등한 깨달음」으로 향하게 하였다.」 하시오니, 세존께옵서는 부처님을 얻으시온 지는 오래이시지 않사온데 이러하신 큰 공덕의 일을 능히 지으시나이까.

저희들은 비록 다시 부처님께옵서 마땅하신 것을 따라 설하옵신 바의, 부처님에게서 나오신 바의 말씀은 일찍이 허망하지 않사오며, 부처님께옵서는 아실 바를 모두 다 통달하셨음을 믿사옵니다. 그러하오나 새로 뜻을 일으킨 모든 보살은 부처님께옵서 멸하신 뒤에, 만약 이 말씀을 듣고 혹은 믿어서 받지 아니하여, 그리고는 법을 깨뜨리는 죄업의 인연을 일으키옵니다. 오직 그러하오니, 세존이시여, 원하옵건대, 풀어 말씀하시어 저희들의 의심을 버리게 하여 주시옵소서. 그리고 또 미래 세상의 모든 착한 남자가 이 일을 듣기를 마치고는 또한 의심을 내지 않게 하여 주시옵소서.』

⑦ 그 때에 미륵보살께서 거듭 이 뜻을 펴시고자 하시어 게송으로 설하시어 말씀하시되,

부처님께옵서 옛날
　　석종으로부터 출가하시어
가야 가까운 데의
　　보리수에 앉으이셨으니,
그리하시어 오심이 아직
　　오래지 않으시온데,
이 모든 부처님의 아들들의
　　그 수는 가히 헤아리지

못하나이다. 오래도록 이미 부처님의 도를 행하여
신통의 힘에 머무르며, 보살도를 잘 배워서 세간법에
물들지 아니하는 것이, 연꽃이 물에 있음과 같으나니,
땅으로부터 솟아나와서 모두 공손히 공경하는 마음을
일으켜 세존 앞에 머무나이다. 이 일은 생각으로 논하기
어려웁나니, 어찌하여야 이에 가히 믿으오리까.
부처님께옵서 도를 얻으심은 몹시도 가까웁고,
성취하신 바는 심히 많으시오니, 원하옵건대,
많은 이의 의심을 버리기 위하여 진실과 같이
분별하셔서 말씀하시옵소서. 비유하옵건대,
나이가 비로소 스물다섯인 젊고 씩씩한 사람이,
머리는 희고 얼굴은 주름진 백세 된 아들되는 사람을

가리키며, 「이들은 내가 낳은 바다.」하고,
아들도 또한 말하기를 「이 분은 아버지다.」고 하면,
아버지는 젊고 그리고는 아들은 늙었으니,
온 세상이 믿지를 아니할 것과 같사옵나이다.
세존께옵서도 또한 이와 같으시어,
도를 얻으시어 오심은 심히 가까웁고,
이 모든 보살들은 뜻이 굳어, 겁나고 약함이 없으며,
헤아릴 수 없는 겁으로부터 오면서 그리고는
보살도를 행하였으며, 어려운 것을 물어도
훌륭히 답하고, 그 마음이 두려울 바 없으며,
욕되는 것을 참는 마음이 결정되어 단정하고 바르며,
위엄과 덕이 있으며, 시방의 부처님께옵서

제 십오 종지용출품

칭찬하시는 바이라, 능히 잘 분별하여 설하며,
많은 사람과 있기를 즐기지 아니하고 항상
선정에 있기를 좋아하며, 부처님의 도를 구하기 위한
까닭으로 아래의 허공 가운데에 머무나이다.
저희들은 부처님께 복종하여서 듣자옵고
이 일에 의심이 없사오나, 원하옵건대,
부처님께옵서는 미래를 위하시어 설명하시어
말씀하시고 열어서 이해하게 하여 주시옵소서.
만약 이 경에 의심을 내어 믿지 않는 자가 있으면 곧
마땅히 악도에 떨어지리니, 원하옵건대,
지금 위하여 풀어서 말씀하시옵소서.
이 헤아릴 수 없는 보살을 어찌하여 적은 시간에

의거하여 가르쳐 교화하시어 마음을 일으키게 하시고,
그리고는 물러나지 않는 지위에 머무르게 하셨나이까.

묘법연화경 제 십육 여래수량품

① 이 때에 부처님께옵서 모든 보살과 그리고 또 일체 대중에게 이르시되, 『모든 착한 남자여, 너희들은 마땅히 여래의 참된 이치의 말을 믿고 이해할지니라.』

다시 대중에게 이르시되, 『너희들은 마땅히 여래의 참된 이치의 말을 믿고 이해할지니라.』

또 다시 모든 대중에게 이르시되, 『너희들은 마땅히 여래의 참된 이치의 말을 믿고 이해할지니라.』

이 때에 보살 대중에서 미륵께서 우두머리가 되어 합장하시고 부처님께 아뢰어 말씀하시되, 『세존이시여, 오직 원하옵건대, 설하시옵소서. 저희들은 마땅히 부처님의 말씀을 믿어서 받으오리다.』

이와 같이 세 번이나 아뢰기를 마치고는 다시 말씀하시되, 『오직 원하옵건대, 설하시옵소서. 저희들은 마땅히 부처님의 말씀을 믿어서 받으오리다.』

이 때 세존께옵서는 모든 보살이 세 번이나 청하며 그치지 아니하는 것을 아시고, 이에 일러서 말씀하시되, 『너희들은 여래의 비밀한 신통의 힘을 잘 들을지니라. 일체 세간의 하늘과 사람과 그리고 또 아수라는 모두, 지금의 석가모니 부처님이 석씨 궁궐을 나와서 가야성 가기가 멀지 않은 도량에 앉아서, 「위없이 높고 바르며 크고도 넓으며 평등한 깨달음」을 얻었다고 생각하느니라.

그러나 착한 남자여, 내가 진실로는 부처님을 이루어 이미 옴은 헤아릴 수도 없고 가도 없는 백천만억 나유타 겁이니라. 비유할 것 같으면, 오백천만억 나유타 아승지의 삼천대천세계를 가령 어떤 사람이 갈아서 미진을 만들어서, 동방으로 오백천만억 나유타 아승지 나라를 지나면서 이에 한 미진을 떨어뜨리며, 이와 같이 동쪽으로 가면서 이 미진이 다한다면, 모든 착한 남자여, 뜻에는 어떠하겠느냐. 이 모든 세계를 가히 깊이 생각하여 산술로 헤아림을 할지라도 그 수를 알겠느냐. 모르겠느냐.』

미륵보살 들께서 함께 부처님께 아뢰어 말씀하시되, 『세존이시여, 이 모든 세계는 헤아릴 수 없고 가이 없어서 산수로써 알 바가 아니오며, 또한 마음의 힘으로도 미칠 바가 아니오며, 일체 성문 벽지불이 새는 것이 없는 지혜로써 깊이 생각하여도 그 한정의 수는 능히 알지를 못하오며, 저희들이 돌아서서 물러나지 아니하는 지위에 머물지라도, 이 일 가운데서는 또한 통달하지 못할 바이옵나이다. 세존이시여, 이와 같은 모든 세계는 헤아릴 수도 없고 가도 없사옵니다.」

이 때에 부처님께옵서 큰 보살 많은 이에게 이르시되, 『모든 착한 남자여, 이제 마땅히 너희들에게 분명히 펴서 말하리라. 이 모든 세계에 만약 미진을 둔 것과 그리고 또 두지 아니한 것을 모두 미진을 만들어서, 한 미진을 한 겁이라고 하여도, 내가 부처님을 이루어서 이미 옴은 다시 이보다도 백천만억 나유타 아승지 겁을 지나느니라.

이로부터 스스로 오면서 내가 항상 이 사바세계에 있으면서 법을 설하여 가르쳐 교화하였으며, 또한 나머지 곳인 백천만억 나유타 아승지 나라에서도 중생을 인도하여 이롭게 하였느니라.

② 모든 착한 남자여, 이런 중간에 내가 연등 부처님들을 말하였으며, 또 다시 그가 열반에 들었다고 말하였으나, 이와 같은 것은 모두 방편으로 분별한 것이니라.

모든 착한 남자여, 만약 어떤 중생이 나의 거처에 와서 이르면, 내가 부처님 눈으로써 그의 믿음 들인 모든 근기가 날카롭고 둔함을 관하여, 응당 제도할 바를 따라서 곳곳마다에서 이름자를 같지 않게 하고, 나이의 연대도 많고 적게 하여 스스로 설하였으며, 또한 다시 마땅히 열반에 듦을 나타내어 말하기도 하고, 또 가지가지 방편으로써 미묘한 법을 설하여, 능히 중생으로 하여금 기뻐하고 즐거워하는 마음을 일으키게 하였느니라.

모든 착한 남자여, 여래는 모든 중생이 작은 법을 즐기며, 덕이 엷고 때가 무거운 자를 보면, 이러한 사람을 위하여 말하되, 「나는 젊어서 출가하여 「위없이 높고 바르며 크고도 넓으며 평등한 깨달음」을 얻었노라.」 하였느니라.

그러나 내가 진실로는 부처님을 이루어 이미 오는 것이 멀고 오래됨은 이와 같지마는, 다만 방편으로써 중생을 가르쳐 교화하여 부처님의 도에 들게 하려고 이와 같은 말을 하였느니라.

모든 착한 남자여, 여래가 설명한 바 경전은 모두 중생을 제도하여 벗어나게 하기 위함이니, 혹은 자기의 몸을 설하고, 혹은 남의 몸을 설하며, 혹은 자기의 몸을 보이고, 혹은 남의 몸을 보이며, 혹은 자기의 몸을 보이고, 혹은 남의 몸을 보이며, 혹은 자기의 일을 보이고, 혹은 남의 일을 보이되, 모든 설한 바의 말은 모두 진실하여 헛되지 아니하느니라.

까닭은 무엇인가 하면, 여래는 삼계의 형상을 실상과 같이 보고 알아, 나거나 죽거나 만약 물러남과 만약 나옴도 있음이 없고, 또한 세상에 있는 것과 그리고 또 멸도한 것도 없으며, 참된 것도 아니요, 헛된 것도 아니며, 같은 것도 아니요, 다른 것도 아니며, 삼계에서 보는 삼계와는 같지 않느니라.

이와 같은 일을 여래는 밝게 보아 그릇됨이 있음이 없건마는, 모든 중생은 가지가지의 성품과, 가지가지의 욕심과, 가지가지의 행과, 가지가지를 기억하고 생각하며 분별함이 있는 까닭으로, 모든 착한 근본을 내게 하고자 하여, 약간의 인연과 비유와 말로써 가지가지의 법을 설하되, 부처님을 짓는 바의 일을 일찍이 잠깐이라도 폐하지 않았느니라.

이와 같이 하여 내가 부처님을 이루어서 이미 오는 것은 심히 많이 오래되고 멀어서, 수명은 헤아릴 수 없는 아승지 겁이라, 항상 머물러서 멸하지 아니하느니라.

모든 착한 남자여, 내가 본래 보살의 도를 행하여 이룬 바 수명은 지금도 아직 다하지 못하였으며, 다시 위의 수보다 배이니라. 그러나 지금 진실은 멸도가 아니면서 이에 문득 「마땅히 멸도를 취하겠다.」고 소리 높여 말하노니, 여래는 이런 방편으로써 중생을 가르쳐 교화하느니라.

까닭은 무엇인가 하면, 만약 부처님이 세상에 오래 머무르면, 덕이 엷은 사람은 착한 근본을 심지 않고 빈궁하고 낮고 천하며, 다섯 가지 욕심에만 탐착하여 기억과 생각이 허망한 견해의 그물 가운데에 들 것이니라. 만약 여래가 항상 멸하지 않고 있는 것을 보면, 오로지 교만하고 방자한 것만 일으켜서 이에 싫증냄과 게으름을 품고, 능히 만나기 어렵다는 생각과 공손히 공경하는 마음을 내지 아니하리라. 이러한 까닭으로 여래는 방편으로써 설하되, 「비구여, 마땅히 알지니라. 모든 부처님께옵서 세간에 나오시는 것을 가히 만남을 마주치기가 어렵다.」 하느니라. 까닭은 무엇인가 하면, 모든 덕이 엷은 사람은 헤아릴 수 없는 백천만억겁을 지나도록, 혹은 부처님을 뵈오며, 혹은 뵈옵지도 못하는 자가 있나니, 이러한 일의 까닭으로써 내가 이런 말을 하되, 「모든 비구여, 여래는 가히 뵈옴을 얻기가 어렵다.」 하느니라.

이 중생들이 이와 같은 말을 들으면, 반드시 마땅히 만나기 어렵다는 생각을 내어 마음에 사랑하여 그리워함을 품고, 부처님을 목 마르게 우러르며 문득 착한 근본을 심느니라. 이러한 까닭으로 여래는 비록 실상으로는 멸하지 아니하나 그러나 멸도한다고 말함이니라.

또 착한 남자여, 모든 부처님 여래의 법도 모두 이와 같아서 중생을 제도하기 위함이니, 모두 참되어 헛되지 아니하느니라.

③ 비유할 것 같으면, 좋은 의원이 사리에 밝은 지혜가 총명하고 통달해서, 처방과 약을 밝게 다루어 많은 병을 잘 다스렸느니라. 그 사람에게는 여러 자식이 많아 만약 열이며 스물로 이에 백의 수에 이르러며, 어떤 일의 인연으로써 멀리 다른 나라에 이르렀는데, 모든 자식은 뒤에 다른 독약을 마시고 약으로 속이 답답하고 어지러움이 일어나서 땅에 꼬부라져서 뒹굴고 있었느니라.

이 때 그 아버지는 되돌아서 집으로 돌아오니, 모든 자식은 독한 것을 먹었으되, 혹은 본마음을 잃었으며 혹은 잃지 아니한 자가 멀리서 그 아버지를 보고, 모두 크게 기쁘고 즐거워서 무릎을 꿇고 절을 하며 문안을 여쭙되, 「안은하시게 잘 돌아오셨나이까. 저희들은 어리석고 바보라서 그릇되게 독한 약을 먹었나이다. 원하옵건대, 보시고는 치료하시어 구원하사 다시 수명을 주시옵소서.」

아버지는 자식들의 괴로움과 뇌로움이 이와 같음을 보고 모든 처방을 실은 책을 의지하여, 빛과 향기와 좋은 맛을 모두 다 흡족하게 갖춘 좋은 약초를 구하여, 찧고 체로 쳐서 고루 합하여 자식에게 주어서 먹게 하고는 이런 말을 하되, 「이 아주 좋은 약은 빛과 향기와 좋은 맛이 모두 다 흡족하게 갖춰졌으니, 너희들이 옳게 먹으면 괴롭고 뇌로움이 빨리 없어지고 다시는 많은 병이 없으리라.」

그 모든 자식 가운데에 마음을 잃지 아니한 자는 이 길한 약의 빛과 향기가 함께 좋은 것을 보고 곧 문득 이를 먹으니, 병이 다 없어져 나았느니라. 나머지의 마음을 잃은 자도 그의 아버지가 오는 것을 보고는, 비록 또한 기뻐하고 즐거워하며 문안을 여쭙고 병을 다스려 주기를 구하고 찾았으나, 그러나 그 약을 주어도 기꺼이 먹지 아니하니, 까닭은 무엇인가 하면, 독한 기운이 깊이 들어가서 본마음을 잃은 때문으로, 이 좋은 빛의 향기로운 약을 이에 좋지 않다고 생각하였느니라.

④ 아버지는 이런 생각을 하되, 「이 자식은 가히 불쌍하도다. 독에 맞힌 바로 마음이 모두 꺼꾸로 되어, 비록 나를 보고 기뻐하며 치료해서 구원해 주기를 구하고 찾으나, 이와 같이 좋은 약을 기꺼이 먹지 아니하나니, 내가 지금 마땅히 방편을 베풀어서 이 약을 먹게 하리라.」하고, 곧 이런 말을 하되, 「너희들은 마땅히 알지니라. 내가 이제 늙어서 죽을 때가 이미 이르렀으므로, 이 좋고 길한 약을 이제 여기에 놓

아두노니, 너희가 가히 가져서 먹되, 병이 낫지 아니할까 근심하지 말지니라.」

이런 가르침을 하여서 마치고는, 다시 다른 나라에 이르러서 심부름꾼을 보내어 정반대로 이르라고 하되, 「너희 아버지는 이미 죽었다.」 하였느니라.

이때 모든 자식은 아버지가 죽어서 잃었음을 듣고 마음으로 크게 근심하고 뇌로워하며 이에 이런 생각을 하되, 「만약 아버지께서 계시면, 우리들을 사랑하시고 불쌍히 여기시어 능히 보시면 구원하시고 두호하실 것이나, 지금에는 우리를 버리시고 멀리 다른 나라에서 돌아가셨으니, 스스로 생각하면 외로움만 드러나고 다시는 믿고 의지할 곳이 없다.」 하고, 항상 슬픈 느낌을 품다가 마음이 드디어 깨어나서 깨닫고, 이 약의 빛과 향기와 맛이 좋음을 알고, 곧 가져다 먹으니, 독한 병이 모두 나았느니라. 그 아버지는 자식이 다 이미 잘 나았다는 것을 듣고는, 찾아 문득 돌아와서 모두에게 보이게 하였느니라.

모든 착한 남자여, 뜻에는 어떠하느냐. 자못 어떤 사람이 능히 이 좋은 의원을 허망한 죄가 있다고 말하겠느냐. 아니 하겠느냐.』

『아니옵니다. 세존이시여.』

부처님께옵서 말씀하시되, 『나도 또한 이와 같아서, 부처님을 이루어서 이미 오는 것은 헤아릴 수 없고 가없는 백천만억 나유타 아승지 겁이건마는, 중생을 위하는 까닭으로 방편의 힘으로써「마땅히 멸도한다.」고 말하였으며, 또한 능히 법을 순종하고서 나의 허망한 허물을 말할 자는 있을 수 없느니라.』

그 때에 세존께옵서 거듭 이 뜻을 펴시고자 하시어 이에게송으로 설하시어 말씀하시되,

내가 부처님을 얻어
　　　　　　　　　옴으로부터 지나는 바의
모든 겁수는 헤아릴 수 없는
　　　　　　　　　백천만억재 아승지이니라.
항상 법을 설하여
　　　　　　　　　수없는 억의 중생을
가르쳐 교화하여 부처님
　　　　　　　　　도에 들게 하였으며,
그리하여 옴은 헤아릴 수도
　　　　　　　　　없는 겁이니라.
중생을 제도하기 위한
　　　　　　　　　까닭으로 방편으로
열반을 나타내었으나,
　　　　　　　　　이에 진실로는
멸도하지 아니하고
　　　　　　　　　항상 여기에 머물면서

법을 설하느니라. 내가 항상 여기에 머무르면서
모든 신통의 힘으로써, 꺼꾸로 된 중생으로 하여금
비록 가까우나 보지 못하게 하느니라. 중생이
나의 멸도한 것을 보고는 널리 사리에 공양하며,
모두 다 사랑하여 그리워하는 품고 목 마르게 우러러는
마음을 내느니라. 중생이 이미 믿고 복종하며
바탕이 곧고 뜻이 부드럽고 연하여 한마음으로
부처님을 뵙고자 하되, 스스로 몸과 목숨을
아끼지 아니하면, 때에 나와 그리고 또 많은 승려가
함께 영취산에 나와서, 내가 때에 중생에게 말하되,
「항상 여기에 있으며 멸하지 아니하건만,
방편의 힘인 까닭으로써 멸함과 멸하지 않음이 있음을

나타내노라.」 하느니라.
공손히 공경하며 믿고   다른 나라 중생도
내가 다시 그 가운데에서   좋아하는 자가 있으면,
너희들은 이를 듣지 못하므로 위없는 법을 설하게 되니,
생각하느니라.   다만 내가 멸도하였다고

⑤ 내가 보니, 모든 중생이
있음이라. 그러므로 위하여   괴로움과 뇌로움에 빠져
그로 하여금 목 마르게   몸을 나타내지 아니하고
그 마음으로 인하여 사랑하고 우러름을 내게 하고,
위하여 법을 설하느니라.   그립게 하고는 이에 나와서
아승지 겁에 항상 영취산과 신통의 힘이 이와 같아서
머물고 있느니라.   그리고 또 다른 모든 곳에
                          중생이 겁이 다하여

큰불에 타는 바가
나의 이 땅은
하늘과 사람이 항상 가득하고,
집과 층집에는 가지가지
보배나무에는 꽃과 과실이
노니는 바이니라.
항상 많은 재주와 음악을
비 오듯이 하여 부처님과
나의 깨끗한 나라는
중생은 불이 타서
근심과 두려움과
이와 같은 것

됨을 볼 때에도,
편안하게 의지하여
동산의 수풀과 모든 사는
보배로 꾸며서 치장되고,
많아서 중생이 즐겁게
모든 하늘은 하늘북을 쳐서
지으며, 만다라꽃을
그리고 또 대중에게 흩나니,
헐어지지 아니하건만,
다한 것으로 보고,
모든 괴로움과 뇌로움,
모두 가득 찼느니라.

이 모든 죄의 중생은 악한 업의 인연으로써
아승지 겁이 지나도록 삼보의 이름도
듣지 못하느니라. 모든 공덕을 닦음이 있어서
부드럽고 온화하며 바탕이 곧은 자는,
곧 내 몸이 여기에 있으면서 법을 설하는 것을
모두 보느니라. 혹은 때에 이 많은 이를
위하여 부처님의 수명이 헤아릴 수 없다고 말하고,
오래되어야 겨우 부처님을 뵈옵는 자를 위하여서는
부처님 만나기가 어렵다고 설하느니라.
나의 지혜의 힘은 이와 같나니,
지혜의 빛이 비춤은 헤아릴 수 없고,
수없는 겁의 수명은 오래 업을 닦아 얻은 것이니라.

너희들 지혜 있는 자는
마땅히 끊어서 영원히
부처님의 말씀은 진실하여
마치 의원이 좋은 방편으로
까닭으로, 진실로는 있으나
능히 허망한 것을
나도 또한 세상의
모든 괴롭고 아픈 자를
꺼꾸로 된 것을 위하여
멸한다고 말하느니라.
이에 교만하고 방자한
다섯 가지 욕심에 착을 하여

이를 의심을 내지 말고
다하게 할지니라.
헛되지 아니하느니라.
미친 자식을 치료하기 위한
그러나 죽었다고 말하나니,
설했다고 할 수 없듯이,
아버지가 되어서
구원하되, 범부의
사실은 있으나 그러나
항상 나를 보는 까닭으로써
마음을 내어, 편안히 놀며
악도 가운데 떨어지니,

내가 항상 중생이 도를 행하고
도를 행하지 않는 것을 알아, 응당 가히 제도할 바를 따라
위하여 가지가지 법을 설하느니라.
매양 스스로 이런 뜻을 짓되, 「어떻게 하여야
중생으로 하여금 위없는 지혜에 들어감을 얻게 하여
속히 부처님의 몸을 성취하게 할 것인가.」
하느니라.

묘법연화경 제 십칠 분별공덕품

① 이 때에 큰 모임에서 부처님께옵서 설하시는 수명의 겁수가 길고 먼 것이 이와 같다는 것을 듣자옵고, 헤아릴 수 없고 가도 없는 아승지의 중생이 크게 넉넉히 이익됨을 얻었소이다.

때에 있어서 세존께옵서 미륵보살마하살에게 이르시되, 『아일다여, 내가 이 여래의 수명이 길고 멀다는 것을 설할 때에, 육백팔십만억 나유타 항하사 중생은 「나지도 없어지지도 않는 참된 법의 본바탕을 깨달아 알고 편안히 머물러 움직이지 않음」을 얻었으며, 다시 천 배의 보살마하살이 있어, 「듣고 가져서 잊어버리지 아니하는 다라니문」을 얻었으며, 다시 일 세계 미진수의 보살마하살이 있어, 「하고자 하는 말을 걸림 없이 잘하는 재주」를 얻었으며, 다시 일 세계 미진수의 보살마하살이 있어, 백천만억의 헤아릴 수 없는, 「막힘 없이 법에 들어오게 하는 것이 마음대로 되어 법을 설하는 다라니」를 얻었으며, 다시 삼천대천세계 미진수의 보살마하살이 있어, 능히 물러나지 아니하는 법륜을 굴리며, 다시 이천 중국토 미진수의 보살마하살이 있어, 능히 맑고 깨끗한 법륜을 굴리며, 다시 소천국토 미진수의 보살마하살이 있어, 여덟 번 태어나서는 마땅히 「위없이 높고 바르며 크고도 넓으며 평등한 깨달음」을 얻을 것이며, 다시 사 사천하 미진수의 보살마하살이 있어, 네 번 태어나서는 마땅히 「위없이 높고 바르며 크고도 넓으며 평등한 깨달음」을 얻을 것이며, 다시 삼 사천하 미진수의 보살마하살이 있어, 세 번 태어나서는 마땅히 「위없이 높고 바르며 크고도 넓으며 평등한 깨달음」을 얻을 것이며, 다시 이 사천하 미진수의 보살마하살이 있어, 두 번 태어나서는 마땅히 「위없이 높고 바르며 크고도 넓으며 평등한 깨달음」을 얻을 것이며, 다시 일 사천하 미진수의 보살마하살이 있어, 한 번 태어나서는 마땅히 「위없이 높고 바르며 크고도 넓으며 평등한 깨달음」을 얻을 것이며, 다시 팔 세계 미진수의 중생이 있어, 모두 「위없이 높고 바르며 크고도 넓으며 평등한 깨달음」의 마음을 일으켰느니라.」

부처님께옵서 이 모든 보살마하살이 큰 법의 이익을 얻었음을 말씀하실 때에, 허공 가운데서 만다라꽃과 마하만다라꽃이 비오듯이 하여, 헤아릴 수 없는 백천만억의 많은 보배나무 아래 사자자리 위의 모든 부처님께 흩어졌으며, 아울러 일곱 가지 보배로 된 탑 가운데의 사자자리 위의 석가모니 부처님과 그리고 또 멸도하신 지 오래이신 다보 여래께도 흩어졌으며, 또한 일체 모든 큰 보살과 그리고 또 사부중에게 흩어졌소이다.

또 가는 가루전단과 침수향 들이 비오듯이 하였으며, 허공 가운데에서는 하늘북이 스스로 울리니 묘한 소리가 깊고 멀었더이다. 또 일천 가지 하늘옷이 비오듯이 하였고, 모든 영락을 드리우되 진주영락과 마니주영락이며 여의주영락이 아홉 방위에 두루 하였으며, 많은 보배 향로에는 값으로 따질 수 없는 향을 사르니, 자연히 두루 이르러서는 큰 모임에 공양하였으며, 한 분, 한 분, 부처님 위에는 모든 보살께서 계시어, 「부처님과 보살의 위엄과 덕을 표시하는 장엄도구인 깃발」과 천개를 잡아 가지시고 차례차례로 이에 올라가시어 범천까지 이르셨으며, 이 모든 보살께서 묘한 음성으로써 헤아릴 수 없이 칭송하여 노래하시며 모든 부처님을 찬탄하셨소이다.

② 그 때에 미륵보살께서 자리로부터 일어나시어 웃옷을 벗어서 한 쪽으로 하시어 오른쪽 어깨를 드러내시고, 부처님을 향하여 합장하시고 이에 게송으로 설하시어 말씀하시되,

부처님께옵서 설하옵신
　드물게 있는 법은
옛적에는 일찍이
　듣지 못한 바이오니,
세존께옵서는
　큰 힘이 있으시며,
수명도 가히
　헤아리지 못하나이다.

수없는 모든 부처님 아들은 세존께옵서 법의 이익을
얻은 자를 분별하시어 설하심을 듣고,
기쁨과 즐거움이 몸에 두루 찼나이다.
혹은 물러나지 않는 지위에 머물며,
혹은 다라니와, 혹은 하고자 하는 말에
걸림이 없음과, 만억의 선총지를 얻으며,
혹은 대천세계 미진수의 보살이 있어,
각각 모두 능히 물러나지 아니하는 법륜을 굴리며,
다시 중천세계 미진수의 보살이 있어,
각각 모두 능히 맑고 깨끗한 법륜을 굴리며,
다시 소천세계 미진수의 보살이 있어,
각각 나머지 여덟 번 태어남에 있어서

마땅히 부처님의 도 이룸을 얻을 것이며,
다시 넷과 셋과 둘의 이와 같은 사천하 미진의
모든 보살이 있어, 수에 따라 나서
부처님을 이룰 것이며, 혹은 일 사천하 미진수의
보살은, 남아있는 한 번 태어남에 있어서
마땅히 일체 지혜를 이루오리다.
이와 같은 이들의 중생이
길고 먼 것을 듣고는 부처님의 수명이
새는 것이 없는 맑고 헤아릴 수 없고
다시 여덟 세계 미진수의 깨끗한 과보를 얻었으며,
중생이 있어, 부처님의 수명 설하시는 것을 듣고
모두 위없는 마음을 일으켰나이다.

세존께옵서는 헤아릴 수 없고 가히 생각으로 논의하지 못할 법을 설하시옵나니, 넉넉히 이익되는 바가 많이 있어 허공이 가이 없는 것과 같사옵나이다.

하늘에서 만다라와 마하만다라를 비오듯이 하며, 항하사와 같은 제석과 범천이 수없는 부처님의 나라에서 와서 전단과 침수를 비오듯이 하되, 이에 어지럽게 휘날리며 떨어지기를, 새가 허공에서 날아내리는 듯이 하여 모든 부처님께 흩어서 공양하였으며, 하늘북은 허공 가운데서 자연히 묘한 소리를 내며, 하늘옷 천만 가지가 빙빙 돌면서 나부끼며 내려오고, 많은 보배로 된 묘한 향로에는 값으로 따질 수

없는 향을 사르니,
모든 세존께 공양하며,
일곱 가지 보배로 된
천개를 잡고 차례차례로
한 분, 한 분, 모든 부처님
승리의 번을 달고, 또한
모든 여래께 노래하여
가지가지의 일은 옛적에는
부처님의 수명이 헤아릴 수
기뻐하고 즐거워하나이다.
들리시어 널리 중생에게
일체 착한 근본을 갖추게

자연히 다 널리 두루 미치어서
그 큰 보살의 많은 이는
높고 묘한 만억 가지의 번과
범천에 이르러며,
앞에 보배로 된 당에
천만 가지의 게송으로써
읊었나이다. 이와 같은
일찍이 있지 아니한 바이오니,
없음을 듣고 일체가 모두
부처님의 이름은 시방에
이익이 많게 하시되,
하시어 이로써 위없는

제 십칠 분별공덕품

마음을 도우셨사옵나이다.

그 때 부처님께옵서 미륵보살마하살에게 이르시되, 『아일다여, 그 어떤 중생이, 부처님의 수명이 이와 같이 길고 먼 것을 듣고 이에 능히 한 생각으로 믿고 이해함을 내는 데 이르러면, 얻는 바의 공덕의 한정을 헤아림이란 있을 수 없느니라.

만약 착한 남자, 착한 여인이 있어, 「위없이 높고 바르며 크고도 넓으며 평등한 깨달음」을 위하는 까닭으로, 팔십만억 나유타 겁토록, 다섯 바라밀인, 「베풀어 줌으로써 나고 멸하는 이쪽에서 나고 멸함이 없는 저쪽에 이르름」과, 「계를 가짐으로써 나고 멸하는 이쪽에서 나고 멸함이 없는 저쪽에 이르름」과, 「욕되는 것을 참음으로써 나고 멸하는 이쪽에서 나고 멸함이 없는 저쪽에 이르럼」과, 「몸과 마음이 용맹하여 쉬지 아니함으로써 나고 멸하는 이쪽에서 나고 멸함이 없는 저쪽에 이르럼」과, 「마음을 한 곳에 모아 고요한 경지에 듦으로써 나고 멸하는 이쪽에서 나고 멸함이 없는 저쪽에 이르럼」을 행하되, 「실상을 비쳐보는 사리에 밝은 지혜로써 나고 멸하는 이쪽에서 나고 멸함이 없는 저쪽에 이르럼」을 행하는 이 공덕으로써 앞의 공덕에 견주어 보건대, 백분, 천분, 백천만억분의 그 하나에도 미치지 못하며, 이에 산수의 비유에 이를지라도 능히 알지 못할 바이니라.

만약 착한 남자, 착한 여인이 이와 같은 공덕이 있고도, 「위없이 높고 바르며 크고도 넓으며 평등한 깨달음」에서 물러나는 그러한 경우는 있을 수 없느니라.」

③ 그 때에 세존께옵서 거듭 이 뜻을 펴시고자 하시어 이에
　송으로 설하시어 말씀하시되,
만약 사람이 부처님의　　　　　　　지혜를 구하려고
팔십만억 나유타 겁 수에,　　　　다섯 가지로써「나고 멸하는
이쪽에서 나고 멸함이 없는　　　　저쪽에 이르럼」을 행하여,
이 모든 겁 가운데 부처님　　　　그리고 또 연각인 제자와
아울러 모든 보살 많은　　　　　　이에게 보시하여 공양하되,
뛰어나게 맛있는 음식과　　　　　으뜸가는 옷과 더불어
눕는 데 갖추는 것과,　　　　　　전단으로 정사를 세우고
동산의 수풀로써　　　　　　　　　꾸미고 치장하는,
이와 같은 것들의　　　　　　　　가지가지의 모든
미묘한 것을 보시하기를,　　　　이 모든 겁의 수가 다하도록

부처님 도에 돌리어 향하게 하며,
만약 다시 금하는 계를 가지되, 맑고 깨끗하여
모자라거나 새는 것이 없어 위없는 도를 구하니,
모든 부처님께옵서 칭찬하시는 바이며,
만약 다시 욕되는 것을 참는 것을 행하여 고르고
부드러운 지위에 머물되, 설령 뭇 악한 것이 와서
침노할지라도 그 마음이 기울거나 움직이지 아니하며,
법을 얻었다고 「깨닫지 못하고서도 깨달은 체하는
거만함」을 품은 모든 어떤 이가 이 곳을 가볍게 여겨서
뇌롭게 할지라도, 것을 또한 능히 참으며,
만약 다시 부지런히 정진하여 뜻과 생각이
항상 굳고 단단하여서, 헤아릴 수 없는 억겁에

한마음으로 게으르거나
또 수없는 겁 동안
만약 앉거나,
잠을 버리고 항상
이런 인연의 까닭으로써
팔십억만 겁 동안
마음이 어지럽지 않고,
위없는 도를 구하기를 원하여,
모든 선정의 끝을 다하리라.」
백천만억겁의 수 가운데에서
위에서 말한 것과 같이
내가 말한 수명을 듣고

쉬지를 아니하며,
비고 한가한 곳에 머물면서
만약 거닐거나 함에
마음을 다스리며,
능히 모든 선정을 내며,
편안하게 머물러서
이 한마음을 가진 복으로
「내가 일체 지혜를 얻고
하여, 이런 사람이
이 모든 공덕을 행하되,
하여도, 어떤 착한 남녀들이
이에 한 생각으로 믿음에

이르러면, 그 복은
만약 사람이 일체 모든
모두 있음이 없이,
믿을지라도 그 복은
그 모든 보살이 있어
도를 행하다가,
바로 곧 능히 믿어 받으면,
이 경전을 이마에 받아서,
길어서 중생을 제도하되,
모든 석씨 가운데의 왕으로
법을 설하시되,
저희들도 미래 세상에

그것을 지나느니라.
의심하여 후회스러움은
깊은 마음으로 잠깐 사이에
이와 같으니라.
헤아릴 수 없는 겁토록
나의 수명 말함을 듣고
이와 같은 모든 사람들은
「저희는 미래에 수명이
오늘날 세존과 같이 하오리다.
도량에서 사자후로
두려울 바가 없으시니,
일체에게 존경받는 바 되어

도량에 앉았을 때 수명을 설함이 또한 이와 같게 하리라.」고 원하리라.

④ 「또 아일다여, 만약 부처님의 수명이 길고 멀다한 것을 듣고 그 말씀의 뜻을 이해함이 있으면, 이 사람의 얻은 바의 공덕은 한정을 헤아림은 있을 수 없어서 능히 여래의 위없는 지혜가 일어날 것이거늘, 어찌 하물며 널리 이 경을 듣거나, 만약 사람에게 가르쳐 듣게 하거나, 만약 스스로 가지거나, 만약 사람을 가르쳐 가지게 하거나, 만약 스스로가 쓰거나, 만약 사람을 가르쳐 쓰게 하거나, 만약 꽃과 향과 영락과, 「장

만약 깊은 마음이 있는 자가 맑고 깨끗하며 바탕이 곧아서, 많이 듣고 능히 다 가지고는 뜻을 따라 부처님 말씀을 이해하면, 이와 같은 사람들은 여기에서 의심이 있을 수 없느니라.

대 끝에 용머리 모양을 만들고 깃발을 단 것」과, 「부처님과 보살의 위엄과 덕을 표시하는 장엄도구인 깃발」과, 비단일산과 향기름과 차조기등으로써 경권에 공양함이겠는가. 이런 사람의 공덕은 헤아릴 수 없고 가이 없어서 능히 일체 가지가지 지혜가 나느니라.

아일다여, 만약 착한 남자, 착한 여인이 내가 말하는 수명이 길고 멀다는 것을 듣고 마음 깊이 믿고 이해하면, 곧 부처님이 항상 기사굴산에 있어 큰 보살과 함께 모든 성문 무리에게에워 둘러싸여 법을 설하는 것을 보게 되느니라. 또 이 사바세계가 그 땅이 유리이며 평탄하고, 그리하여서 곧고 바르며, 염부단금으로 여덟 갈래 길에 경계로 하며, 보배나무가 줄을 지었고, 모든 좌대와 누각이 모두 다 보배로 이루어졌으며, 그 보살의 많은 이가 다 그 가운데에 사는 것이 보이리니, 만약 능히 이와 같이 관하는 자가 있으면, 마땅히 알지라. 이것은 깊이 믿고 이해하는 형상이 되느니라.

또 다시 여래가 멸한 뒤에, 만약 이 경을 듣고는 그리고는 헐뜯고 비방하지 아니하며, 따라서 기뻐하는 마음을 일으키면, 마땅히 알지니라. 이미 깊이 믿어 이해하는 형상이 되거늘, 어찌 하물며 읽고 외우며 받아서 가지는 자이겠느냐. 이 사람은 곧 여래를 이마에 인 것이 되느니라.

아일다여, 이 착한 남자, 착한 여인은 나를 위하여 다시 탑과 절을 일으키고 그리고 또 승방을 만들어서 네 가지 일로써 많은 승려에게 공양함이 필요하지 아니하느니라. 까닭은 무엇인가 하면, 이 착한 남자, 착한 여인이 이 경전을 받아 가지고 읽고 외운다면, 이미 탑을 일으키고, 승방을 만들어 세워서 많은 승려에게 공양을 하는 것이 되느니라.

곧 부처님의 사리로써 일곱 가지 보배로 된 탑을 일으켜서, 높을수록 넓어지는 점점 작아져서 범천에 이르고, 모든 번과 천 개와 그리고 또 많은 보배풍경을 달고, 꽃과 향과 영락과 가루향과 바르는 향과 사르는 향과, 많은 북과 재주와 음악과 퉁소와 피리와 공후와, 가지가지 춤을 추는 놀이와, 묘한 음성으로써 장단을 맞추며 범패로써 찬탄하고 칭송을 함이 되나니, 곧 헤아릴 수 없는 천만억겁에 이러한 공양을 지어 마침이 되느니라.

⑤ 아일다여, 만약 내가 멸한 뒤에, 이 경전을 듣고 능히 받아서 가짐이 있으되, 만약 자기가 쓰거나, 만약 사람을 가르쳐

서 쓰게 하면, 곧 승방을 일으켜 세움이 됨이라. 붉은 전단으로써 서른과 또 두 채의 모든 대궐을 지으니, 높이는 팔 다라수이라, 높고 넓으며 좋게 치장하여, 백천의 비구가 그 가운데에서 머무르며, 동산수풀과 목욕하는 못과 거니는 길과 선하는 굴과 의복과 음식과 평상에 까는 요와 탕약과 일체 악기가 그 가운데에 가득 차며, 이와 같은 승방과 사는 집과 층집이 몇 백천만억으로 그 수는 헤아릴 수 없나니, 이러한 것으로써 지금 앞에서 나와 그리고 또 비구승에게 공양함이니라.

이런 까닭으로 내가 말하되,「여래가 멸한 뒤에, 만약 받아 가지며 읽고 외우며, 다른 사람을 위하여 설하며, 만약 자기가 쓰거나, 만약 사람을 가르쳐 쓰게 하여 경권에 공양함이 있으면, 다시 탑사를 일으킴과 그리고 또 승방을 지어서 많은

제 십칠 분별공덕품

617

승려에게 공양함이 필요하지 않다." 하였는데, 하물며 다시 어떤 사람이 능히 이 경을 가지고, 겸하여 베풀어 줌과, 계를 가짐과, 욕되는 것을 참음과, 정진과, 일심과, 사리에 밝은 지혜를 행함이랴. 그 덕은 가장 수승하여 헤아릴 수 없느니라.

비유하건대, 허공이 동서남북과 네 모퉁이와 위와 아래가 헤아릴 수 없고 가없는 것과 같이, 이 사람의 공덕도 또한 이와 같아서 헤아릴 수 없고 가이 없으니, 빨리 일체 가지 가지 지혜에 이르느니라.

만약 사람이 이 경을 읽고 외우며 받아서 가지고, 다른 사람을 위하여 설하며, 만약 자기가 쓰거나, 만약 사람을 가르쳐 쓰게 하고, 다시 능히 탑을 일으키고 그리고 또 승방을 지

제 십칠 분별공덕품

어서, 성문의 많은 승려를 공양하며 찬탄하고, 또한 백천만억의 찬탄하는 법으로써 보살의 공덕을 찬탄하며, 또 다른 사람을 위하여 가지가지의 인연으로 뜻을 따라 이 법화경을 풀어서 말하며, 다시 능히 맑고 깨끗한 계를 가지며, 부드럽고 온화한 자와 더불어 함께 같이 머물면서 욕되는 것을 참아 성냄이 없으며, 뜻과 생각이 굳고 단단하며, 항상 좌선하는 것을 귀하게 여겨서 모든 깊은 선정을 얻으며, 용맹히 정진하여 모든 좋은 법을 거두어들이며, 날카로운 근기와 사리에 밝은 지혜로 어려운 것을 물음에 잘 대답하면, 아일다여, 만약 내가 멸한 뒤에 모든 착한 남자, 착한 여인인, 이 경전을 받아서 가지며 읽고 외우는 자가 다시 이와 같은 모든 좋은 공덕이 있으면, 마땅히 알지니라. 이 사람은 이미 도량에 나아가서

「위없이 높고 바르며 크고도 넓으며 평등한 깨달음」에 가까워져서 도의 나무 아래에 앉은 것이니라.

아일다여, 이 착한 남자, 착한 여인이 만약 앉거나, 만약 서거나, 만약 거니는 곳인, 이 가운데에는 오로지 응당 탑을 일으킬지니라. 일체 하늘과 사람이 모두 응당히 공양하되, 부처님의 탑과 같이 할지니라.』

⑥ 그 때에 세존께옵서 거듭 이 뜻을 펴시고자 하시어 이에게 송으로 설하시어 말씀하시되,

만약 내가 멸도한 뒤에,
능히 이 경을 받들어 가지면,
이 사람의 복이 헤아릴 수 없음은 위에서 말한 바와 같음이니라. 이것이 곧
일체의 모든 공양을
흡족하게 갖춤이 되느니라.
사리로써 탑을 일으키되,

일곱 가지 보배로
탑 위에 솟아 세운
심히 높고 넓되 점점
보배방울 천만억이 바람에
또한 헤아릴 수 없는 겁에
꽃과 향과 모든 영락과
음악과 향기름과
둘레를 항상 밝게 비춤이니,
이 경을 가지는 자는,
모든 공양을 흡족하게
만약 능히 이 경을 가지면
계심과 같으니,

꾸미고 치장하며,
당을 다는 장대는
작아져서 범천에 이르며,
움직여 묘한 소리를 내며,
이 탑에 공양을 하되,
하늘의 옷과 많은 재주와
차조기등불을 켜서 두루
악한 세상 말법 때에 능히
곧 이미 위와 같이
갖춤이 됨이니라.
곧 부처님이 나타나
우두전단으로써

승방을 일으켜서 공양하되,
높이는 팔 다라수며,
묘한 의복과 평상과 침실을
백천의 많은 이가
동산과 수풀과
거니는 길과 그리고 또
모두 좋게 치장함이니라.
마음이 있어, 받아서 가지고
만약 다시 사람을 가르쳐서
경권에 공양하되,
수만과 첨복과 아제목다가의
이와 같이 공양을 하는 자는

집은 서른두 채가 있고
으뜸가는 반찬과
모두 흡족하게 갖추니,
머물러 살며,
모든 목욕하는 못과,
선하는 굴에 가지가지로
만약 믿어서 이해하는
읽고 외우고 쓰며,
쓰게 하며, 그리고 또
꽃과 향과 가루향을 흩고,
향풀 기름으로써 항상 켜는,
헤아릴 수 없는 공덕을

제 십칠 분별공덕품

얻으니, 허공이 가이 없는 것과 같이 그 복도 또한 이와 같으니라.

하물며 다시 이 경을 가지고 겸하여 베풀어 줌과, 계를 가짐과, 욕되는 것을 참음과, 「마음을 한 곳에 모아 고요한 경지에 듦」을 즐기고, 성을 내지 않고 악한 말을 아니하며, 탑묘를 공손히 공경하며, 모든 비구에게 낮추어 겸손하며, 스스로 높다는 마음을 멀리 떠나고, 항상 사리에 밝은 지혜만 깊이 생각하며, 어려운 것을 물음이 있어도 성을 내지 아니하고 온순하게 따라서 풀어서 말해주는, 만약 능히 이런 행을 행하면, 공덕을 가히 헤아리지 못하느니라.

만약 이 법사가 이와 같은
응당 하늘꽃으로
하늘의 옷으로 그 몸을 덮고,
발에 가깝게 하여 절을 하되,
같다는 생각을 낼지니라.
「오래지 아니하여
새는 것이 없음과
널리 모든 사람과 하늘을
그가 머무는 데와
만약 앉거나, 눕거나 하여
이를지라도, 이 가운데에는
꾸미고 치장하여

덕을 성취한 것을 보거든,
흙을 것이며,
머리와 얼굴로
또 응당 이런 생각을 하되,
마음으로 부처님과
도량에 나아가서
변함이 없음을 얻어서
이익되게 하리라.」할지니라.
사는 곳에서, 거닐거나,
이에 한 게송을 설하는데
응당히 탑을 일으키되,
묘하고도 좋게 하여서

가지가지로 공양할지니라. 부처님 아들이
이러한 지위에 머무르면 곧 이는 부처님께옵서
받아서 쓰심이니, 항상 그 가운데 계시어
거니시고 그리고 또 앉으시며 누우시느니라.

[묘법연화경 제 육 권]

묘법연화경 제 십팔 수희공덕품

① 이 때에 미륵보살마하살께서 부처님께 아뢰어 말씀하시되, 『세존이시여, 만약 착한 남자, 착한 여인이 있어, 이 법화경을 듣고 따라 기뻐하는 자는 얼마만한 바의 복을 얻나이까.』 하시고, 게송으로 설하시어 말씀하시되,

세존께옵서 멸도하신 뒤에, 그 또 이 경을 듣고
만약 능히 따라 기뻐하는   자는 얼마만한 바의
복을 얻게 되나이까.

그 때에 부처님께옵서 미륵보살마하살에게 이르시되, 『아일다여, 여래가 멸한 뒤에, 만약 비구 비구니와 우바새 우바이와, 그리고 또 다른 지혜로운 자인 만약 어른이나, 만약 어린이가 이 경을 듣고 따라 기뻐하고는, 법 설하는 모임으로부터 나와서 다른 곳에 이르되, 만약 승방에 있거나, 만약 비고한 땅이거나, 만약 성읍의 골목거리나, 저잣거리나, 도시나, 변두리 마을이나, 고향 마을에서, 그 들은 바와 같이 부모와 종친과 착한 친구와 아는 이를 위하여 힘에 따라 설명하여 말하거든, 이 모든 사람들이 듣고는 따라 기뻐하며, 다시 돌아가면서 가르침을 행하여 나머지 사람이 듣기를 마치고는, 또한 따라 기뻐하며 옮기면서 가르치며, 이와 같이 옮겨서 펴되 오십 번째까지 이르러면, 아일다여, 그 오십 번째의 착한 남자, 착한 여인이 따라 기뻐한 공덕을 내가 이제 말하리니, 너는 마땅히 잘 들을지니라.

만약 사백만억 아승지 세계의 여섯 갈래로 나아가는 데에, 네 가지로 나는 중생인 알로서 나는 것과, 태로서 나는 것과, 습기로 나는 것과, 화하여 나는 것과, 만약 형상이 있는 것과, 형상이 없는 것과, 생각이 있는 것과, 생각이 없는 것과, 생각이 있지도 않는 것과 생각이 없지도 않는 것과, 발이 둘인 것과, 발이 넷인 것과, 발이 많은, 이와 같은 것들의 중생의 수에 있는 자에게, 어떤 사람이 복을 구하여 그들이 하고자 하는 바를 따라 오락하는 꺼리를 모두 주되, 하나하나 중생에게 염부제에 가득한 금과 은과 유리와 차거와 마노와 산호와 호박의 모든 묘하고 진귀한 보배와, 그

밖에 또 코끼리와 말과 타는 수레와, 일곱 가지 보배로 이룬 바의 궁전과 누각 들을 주었다 하자.

이 큰 시주가 이와 같이 베풀어 주는 것을 팔십 년을 채워 마치고 이런 생각을 하되, 「내가 이미 중생에게 오락하는 꺼리를 베풀어서 뜻에 하고자 하는 바를 따랐으나, 그러나 이 중생이 모두 이미 늙어서 약하고 나이는 팔십을 지났는지라, 머리털은 희고 얼굴은 주름져서 장차 오래지 아니하여 죽을 것이니, 내가 마땅히 부처님의 법으로써 가르쳐서 인도하리라.」하고, 곧 이 중생을 모아서 법으로 베풀어 펴서 교화하여, 이롭고 기쁜 것을 가르쳐 보이고, 한 때에 모두 수다원도 와 사다함도와 아나함도와 아라한도를 얻게 하여, 모든 새는 것이 있음을 다 없애어 깊은 선정에서 모두 마음대로 되는 것을 얻어서, 여덟 가지 해탈을 갖추게 하면, 너의 뜻에는 어떠하겠느냐。 이 큰 시주가 얻은 바의 공덕은 어찌 많다 하겠느냐。 않겠느냐。』

미륵께서 부처님께 아뢰어 말씀하시되, 『세존이시여, 이 사람의 공덕은 심히 많아서 헤아릴 수도 없고 가도 없사옵니다。 만약 이 시주가 다만 중생에게 일체의 풍류하는 데 갖추는 것만을 베풀지라도 공덕이 헤아릴 수도 없사온데, 어찌 하물며 아라한과까지 얻게 함이오리까。』

② 부처님께옵서 미륵에게 이르시되, 『내가 지금 너에게 분명히 말하리라。 이 사람이 일체의 풍류하는 데 갖추는 것으로써, 사백만억 아승지 세계의, 여섯 곳으로 나아가는 데의 중생에게 베풀고, 또 아라한과를 얻게 할지라도, 얻은 바의 공

덕은 이 오십 번째 사람의 법화경 한 게송을 듣고 따라 기뻐하는 공덕만 같지 못하니, 백분, 천분, 백천만억분의 그 하나에도 미치지 못하며, 이에 산수 비유로써는 능히 알지 못할 것에 이르느니라.

아일다여, 이와 같이 오십 번째 사람이 법화경을 되풀이하면서 폄에, 듣고 따라 기뻐한 공덕도 오히려 헤아릴 수도 없고 가도 없는 아승지거늘, 어찌 하물며 가장 처음의 모임 가운데에서 듣고 따라 기뻐한 자이겠느냐. 그 복은 다시 나아가서, 헤아릴 수도 없고 가도 없는 아승지로도 가히 비교함을 얻지 못하리라.

또 아일다여, 만약 사람이 이 경을 위하는 까닭으로 승방을 향하여 나아가서, 만약 앉거나, 만약 서서 잠깐이라도 들어서 받으면, 이 공덕으로 인연하여 몸을 변하여 나는 곳에는, 좋고도 가장 묘한 코끼리와 말과 타는 수레와 진귀한 보배와 궁전가마와 그리고 또 하늘 궁궐에 오름을 얻으리라.

만약 다시 어떤 사람이 법을 강론하는 곳에 앉았는데, 다시 어떤 사람이 오거든 권하여 앉아서 듣게 하되, 만약 자리를 나누어 앉게 하면, 이 사람의 공덕은 몸이 변하면, 제석이 앉는 곳이거나, 만약 범왕이 앉는 곳이거나, 만약 전륜성왕이 앉는 바의 자리를 얻느니라.

아일다여, 만약 다시 어떤 사람이 나머지의 사람에게 일러 말을 하되, 「경이 있으되 이름은 법화인데, 가히 함께 가서 듣자.」하고는, 곧 그 가르침을 받게 하여 이에 잠깐 사이에 들음에 이를지라도, 이 사람의 공덕은 몸이 변하면 다라니보살과 더불어 함께 한 곳에 나는 것을 얻느니라. 근기가 날카롭고 사리에 밝아 지혜로우며, 백천만 세상에 끝끝내 말 못하는 벙어리가 되지 아니하고, 입 기운에는 냄새가 나지 아니하며, 혀는 항상 병이 없고, 입도 또한 병이 없으며, 이는 때문거나 검지 아니하고, 누렇지도 아니하며, 성글지도 아니하고 또한 빠지거나 떨어지지도 아니하며, 어긋나지도 아니하고 굽지도 아니하며, 입술은 아래로 처지지 아니하고 또한 걷어 올라가거나 오그라지지도 아니하며, 거칠고 껄끄럽지 아니하며, 부스럼이나 종기가 나지 아니하고, 또한 언청이거나 찢어지지 아니하며, 또한 입이 비뚤어져 비스듬하지 아니하며, 두텁지 아니하며 크지도 아니하고, 또한 검거나 검은 사마귀가 나지 아니하여 모든 나쁜 것은 가히 없으며, 코는 엷거나 납작하지 아니하고 또한 굽어 휘어지지 아니하며, 얼굴은 빛이 검지 아니하고 또한 좁고 길지 아니하며, 또한 우묵하거나 굽지도 아니하여 일체가 가히 기뻐하지 아니할 형상은 있음이 없나니, 입술과 혀와 어금니와 이는 다 모두 아름답고 좋으며, 코는 길고 높고 곧으며, 얼굴 모양은 둥글어 가득하며, 눈썹은 높고도 길며, 이마는 넓고 평탄하고도 발라서, 사람의 형상이 흡족하게 갖추어지며, 세세에 나는 곳에는 부처님을 뵙고서 법을 듣고 가르침과 타이름을 믿어서 받느니라.

아일다여, 너는 또 이것을 관할지니라. 한 사람에게 권하여 가서 법을 듣게 할지라도 공덕이 이와 같은데, 어찌 하물며 한마음으로 설함을 듣고, 읽고 외우며 그리고는 대중에서 사람을 위하여 분별하며, 설함과 같이 닦아 행함이랴』.

③ 그 때 세존께옵서 거듭 이 뜻을 펴시고자 하시고 이에 게송으로 설하시어 말씀하시되,

만약 사람이 법을 설하는 모임에서 이 경전 들음을 얻고,

이에 한 게송에 이를지라도 따라 기뻐하며,

다른 이를 위하여 말을 하며, 이와 같이 옮기면서

펴고 가르쳐서 차례로 오십에 이르러면,

가장 뒷사람이 얻는 복을 이제 마땅히 분별하리라.

마치 어떤 큰 시주가 헤아릴 수 없는 중생에게

이바지하여 주되, 팔십 해가 차도록 뜻을 따라,

하고 싶은 것을 갖추게 하여 주고,

그 약하고 늙은 형상인, 머리가 희고 얼굴은

쭈그러지고 이가 성글며
마른 것을 보고는,
죽을 것을 생각하고,
가르쳐서 도의 과를
곧 방편으로 열반의 진실한
굳고 단단하지 못하여,
불꽃과 같으니, 너희들이
싫어서 떠나는 마음을
모든 사람이 이 법을 듣고
육신통과 삼명과 팔해탈을
가장 뒤의 오십째가
이 사람의 복은 그보다 나아서

형상이 약하여
그가 오래지 않아서
「내가 이제 응당 마땅히
얻게 하리라.」 하고는,
법을 설하되, 「세상이 모두
물의 비말과 거품과
다 응당 마땅히 빨리
낼지니라.」 하니,
모두 아라한을 얻으며,
흡족하게 갖추어도,
한 게송을 듣고 따라 기뻐하면,
가히 비유하지 못하느니라.

이와 같이 옮기면서 편 것을 들은 그 복은 오히려
헤아릴 수 없거늘, 어찌 하물며 법 설하는
모임에서 처음 듣고 따라 기뻐한 자이랴.
만약 어떤 이가 한 사람을
법화를 듣게 하려고 말하되,
「이 경은 깊고 묘하여
천만겁에 만나기가 어렵다.」
가서 듣되 이에 잠깐이라도
권하여 장차 인도하여
함에, 곧 가르침을 받고는
들음에 이르려면, 이 사람의
복의 보를 이제 마땅히
분별하여 말을 하리라.
세세토록 입에는 병이 없고,
이는 성글거나 누렇거나
검지 아니하며,
입술은 두텁거나 걷어지거나
언청이가 되지 않아서 가히
나쁜 형상은 있음이 없으며,
혀는 마르거나 검거나
짧지 아니하고,

코는 높고 길며 또한 곧으며, 이마는 넓고 이에
평탄하고 바르며, 얼굴 모양은 다 단정하고
엄숙하며 사람이 기쁘게 보는 바가 되며,
입 기운은 더러운 냄새가 없고 우발꽃 향내가 항상
그 입으로부터 나느니라.
법화경을 듣고자 하여 만약 일부러 승방에 나아가서
잠깐 사이에 듣고 마땅히 그 복을 말하리라.
뒤에는 하늘사람 가운데에 태어나서 묘한 코끼리와
말과 수레와 진귀한 보배와 궁전가마를 얻고, 그리고 또
하늘궁전에 타리라.
만약 법을 강론하는 곳에서 앉아서 경을 듣게 하면,
이러한 복의 인연으로 제석과 범왕과

전륜의 자리를 얻나니, 어찌 하물며 한마음으로 듣고 그 뜻이 향하는 바를 풀어서 말하며, 말함과 같이 닦고 행함이랴. 그 복은 가히 한정을 하지 못하느니라.

묘법연화경 제 십구 법사공덕품

① 이 때 부처님께옵서 상정진보살마하살에게 이르시되,『만약 착한 남자, 착한 여인이 이 법화경을 받아서 가지고, 만약 읽거나, 만약 외우거나, 만약 풀어서 말하거나, 만약 써서 베끼면, 이 사람은 마땅히 팔백의 눈의 공덕과, 천이백의 귀의 공덕과, 팔백의 코의 공덕과, 천이백의 혀의 공덕과, 팔백의 몸의 공덕과, 천이백의 뜻의 공덕을 얻으리니, 이 공덕으로써 여섯 뿌리를 꾸미고 치장하여 모두 맑고 깨끗하게 되리라. 이 착한 남자, 착한 여인은 부모가 낳은 바의 맑고 깨끗한

육안으로, 삼천대천세계의 안과 밖에 있는 바의 산과 수풀과 큰 강과 바다를 보되, 아래로는 아비지옥에 이르고 위로는 유정까지 이르며, 또한 그 가운데의 일체 중생을 보며, 그리고 또 업의 인연과 과보로 나는 곳을 다 보고, 다 아느니라.」

그 때에 세존께옵서 거듭 이 뜻을 펴시고자 하시어 이에게 송으로 설하시어 말씀하시되,

만약 대중 가운데에서
이 법화경을 설하면,
이 사람은 팔백 공덕의
이것으로 꾸미고 치장한
심히 맑고 깨끗하리라.
삼천세계의 안과 밖의
미루산과 수미와 그리고 또
부모가 낳은 바 눈으로
까닭으로써, 그 눈은
뛰어나게 나온 눈을 얻으리니,
너는 그 공덕을 들을지니라.
두려울 바 없는 마음으로써

철위와 아울러 모든 다른 큰 강의 물을 다 보되, 위로는 유정의 곳에 이르기까지 그 가운데의 모든 중생을 비록 천안을 얻지는 못하였으나 육안의 힘이 이와 같으니라.

『다시 또 상정진이여, 만약 착한 남자, 착한 여인이 이 경을 받아서 가지고, 만약 읽거나, 만약 외우거나, 만약 풀어서 말하거나, 만약 써서 베끼면, 천이백의 귀의 공덕을 얻으리라.

이 맑고 깨끗한 귀로써 삼천대천세계의 아래로는 아비지옥에 이르고 위로는 유정에 이르기까지, 그 가운데의 안과 밖에 가지가지로 있는 바의 말하는 소리와 말의 소리와 목소리와 소리를 들으리니, 코끼리의 소리와 말의 소리와 소의 소리와 수레 소리와, 울며 곡하는 소리와 근심하여 탄식하는 소리와, 소라의 소리와 북소리와 종소리와 방울소리와 웃음소리와 말하는 소리와, 남자 소리와 여자 소리와 사내아이의 소리와 계집아이의 소리와, 법의 소리와 법이 아닌 소리와, 괴로운 소리와 즐거운 소리며, 범부 소리와 성인의 소리와, 기쁜 소리와 기쁘지 않은 소리며, 하늘 소리와 용의 소리와, 야차 소리와 건달바 소리와 아수라 소리와 가루라 소리와, 긴나라 소리와 마후라가 소리며, 불 소리와 물소리와 바람소리며, 지옥 소리와 축생 소리와 아귀 소리며, 비구 소리와 비구니 소리며, 성문 소리와 벽지불 소리와, 보살 소리와 부처님의 소리를 들으리라.

요긴한 것으로써 말하건대, 삼천대천세계 가운데 일체 안과 밖에 있는 바 모든 소리를, 비록 하늘 귀를 얻지는 못하였으나, 부모가 낳은 바의 맑고 깨끗한 평상시 귀로써 모두 다 듣고 아나니, 이와 같이 가지가지의 음성을 분별하되, 그러나 귀의 뿌리는 헐어지지 아니하느니라.』

② 그 때에 세존께옵서 거듭 이 뜻을 펴시고자 하시어 이에 송으로 설하시어 말씀하시되,

부모가 낳은 바의 귀는
맑고 깨끗하여
흐리고 더러운 것이 없으며,
평상시의 이 귀로써
삼천세계의 소리를 듣느니라.
코끼리와 말과 수레와
소의 소리와,   소라와 북의 소리와,
종과 방울과

거문고와 비파와 공후의
음악 소리와, 맑고 깨끗한 소리와, 퉁소와 피리의
좋은 노래 소리를 들어도
그러나 집착하지 아니하며,
듣고는 능히 다 이해하여 수없는 종류의 사람 소리를
하늘 소리와 미묘한 노래와 깨우치며, 또 모든
남자와 여자의 소리와 음악을 듣고, 그리고 또
소리를 들으며, 산과 내와 사내아이와 계집아이의
소리와 명명 들의 모든 새의 험한 골짜기 안의 가릉빈가의
지옥무리의 고통인 그 음성을 다 들으며,
괴로워하는 소리와, 가지가지의 고통을 느낌과
몹시 쫓기며 음식을 아귀가 주리고 목마름에
구하려고 찾는 소리며,
모든 아수라들이
큰 바닷가에 살고 있으면서

자기네가 함께 말할 때
이와 같이 법을 설하는 자는
멀리서 이 많은 소리를
헐어지지 아니하며,
날짐승과 길짐승이
그 법을 설하는 사람은
그 모든 범천 위의 광음과
유정천에 이르기까지,
여기에 머물면서 다 알아
일체 비구의 많은 이와
만약 경전을 읽고 외우거나,
말하는 것을 법사는

나오는 큰 음성을,
편안히 이 사이에 머물면서
들어도 그러나 귀의 뿌리는
시방세계 가운데의
서로 울며 부르는 것을,
여기서 다 들으며,
그리고 또 변정과
말하는 음성을 법사는
모두 얻어들으며,
그리고 또 모든 비구니가
만약 다른 사람을 위하여
여기에 머물면서 다 알아

모두 얻어들으며,
경법을 읽고 외우며 만약
모아서 기록한 것의
모든 음성을 다 알아
크게 거룩하시고 높으신
가르쳐 교화하시나니,
미묘한 법을 설명하시어
이 법화를 가지는 자는
이를 얻어듣느니라.
모든 음성이며, 아래로는
유정천에 이르기까지의
귀 뿌리는 헐어지지 않나니,

다시 모든 보살이 있어,
다른 사람을 위하여 말하며,
그 뜻을 푸는, 이와 같은
모두 얻어들으며,
모든 부처님께옵서 중생을
모든 큰 모임 가운데서
말씀하시는 것을,
다 알아 모두
삼천대천세계 안과 밖의
아비지옥에 이르고 위로는
그 음성을 모두 들어도
그 귀가 밝고 날카로운

까닭으로 능히 다 분별하여 아느니라.

이 법화를 가지는 자는 비록 하늘 귀를
얻지는 못하였으나, 다만 타고난 바의
귀만 쓸지라도 공덕은 이미 이와 같으니라.

③ 『다시 또 상정진이여, 만약 착한 남자, 착한 여인이 이 경을 받아서 가지고, 만약 읽거나, 만약 외우거나, 만약 풀어서 말하거나, 만약 써서 베끼면, 팔백의 코의 공덕을 성취하느니라.

이 맑고 깨끗한 코의 뿌리로써 삼천대천세계의 위와 아래와 안과 밖의 가지가지의 모든 향기를 맡되, 수만나꽃 향기와 사제꽃 향기와, 말리꽃 향기와 첨복꽃 향기와, 바라라꽃 향기와 붉은 연꽃 향기와, 푸른 연꽃 향기와 흰 연꽃 향기며, 꽃나무 향기와 과일나무 향기며, 전단 향기와 침수 향기와, 다마라발 향기와 다가라 향기며, 그리고 또 천만 가지가 섞인 향기와, 만약 가루나, 만약 둥근 것이나, 만약 바르는 향을, 이 경을 가지는 자는 이 사이에 머물면서 능히 다 알아 분별하리라.

또 다시 중생의 향기를 분별하여, 코끼리의 향기와 말의 향기와 소와 염소 들의 향기와, 남자의 향기와 여자의 향기와, 사내아이의 향기와 계집아이의 향기며, 그리고 또 풀과 나무와 빽빽한 수풀의 향기를 알되, 만약 가깝거나 만약 먼 데에 있는 바 모든 향기를 다 알아 모두 맡음을 얻어서 분별함에 그르치지 아니하느니라.

이 경을 가지는 자는 비록 여기에서 머무르나, 또한 하늘 위의 모든 하늘의 향기를 맡되, 바리질다라와 구비다라수의 향기와, 그리고 또 만다라꽃의 향기와 만수사꽃의 향기와 마하만다라꽃의 향기와 만수사꽃의 향기와 마하만수사꽃의 향기와, 전단과 침수와 가지가지 가루 향기와 모든 잡꽃의 향기와, 이와 같은 것들의 하늘 향기가 화합하여 나온 바의 향기를 맡고 알지 못함이 없으며, 또 모든 하늘 몸의 향기를 맡으니, 석제환인이 훌륭한 궁전 위에 있으면서 다섯 가지 욕심으로 오락하고 놀며 기쁘게 장난할 때의 향기며, 만약 묘법당 위에 있으면서 도리의 모든 하늘을 위하여 법을 설할 때의 향기와, 만약 모든 동산에서 희롱하며 놀 때의 향기와, 그리고 또 나머지 하늘들의 남자와 여자의 몸의 향기를 모두 다 멀리서 맡되, 이와 같이 돌아가면서 옮겨 이에 범천세계에 이르고 위로는 유정에 이르기까지 모든 하늘 몸의 향기를 또한 모두 맡고, 아울러 모든 하늘이 태우는 바의 향기를 맡으며, 그리고 또 성문의 향기와 벽지불의 향기며, 보살의 향기와 모든 부처님 몸의 향기를 또한 모두 멀리서 맡아서 그 있는 곳을 아느니라.

비록 이 향기를 맡으나, 그러나 코의 뿌리는 헐어지지 아니하고 그릇되지도 않느니라. 만약 분별하여 다른 사람을 위하여 설하고자 하여도 기억하고 생각함에 그릇되지 아니하느니라.」

그 때에 세존께옵서 거듭 이 뜻을 펴시고자 하시어 이에 게송으로 설하시어 말씀하시되,

이 사람의 코는 맑고 깨끗하여 이 세계 가운데에서,
만약 향기나 만약 냄새나는 물건의 가지가지를
다 맡아서 알되, 수만나와 사제와 다마라와 전단과
침수와 그리고 또 계수나무 향과 가지가지의 꽃과

과실의 향기와, 그리고 또
여인의 향기를 아느니라.
머물러도 향기를 맡고서
큰 세력의 전륜왕과 작은
뭇 신하와 모든 궁궐 사람을
몸에 붙인 바 진귀한 보배와
보배와 전륜왕의 보배여자를
모든 사람의 몸을 치장하는
영락과 가지가지 바르는
그 몸을 알며, 모든 하늘이
즐겁게 노는 것과
이 법화를 가지는 자는

중생 향기와 남자와
법을 설하는 자는 멀리서
있는 곳을 아느니라.
전륜왕과 그리고 또 아들과
향기를 맡고 있는 곳을 알며,
그리고 또 땅 속에 감춰진
향기를 맡고 있는 곳을 알며,
꺼리인 의복과 그리고 또
바의 향의 향기를 맡고
만약 다니거나 앉거나
그리고 또 신통 변화를,
향기를 맡고 능히 다 알며,

모든 나무의 꽃과 과실과
향기를 경을 가지는 자는
그 있는 곳을 다 알며,
전단나무에 꽃이 핀 것과,
향기를 맡고 능히 다 알며,
모든 중생을, 경을 가지는
그 있는 곳을 다 알며,
그리고 또 그 모든 거느린
희롱하며 놀 때를, 향기를
넓은 들과 위태롭고 험한
이리와 들소와 물소 들을,
만약 아이를 배고 있는 자의

그리고 또 차조기 기름의
여기에 머물면서
모든 산 깊고 험한 곳의
그 가운데 있는 중생을
철위산과 큰 바다와 땅 속의
자는 향기를 맡고
아수라의 남자와 여자와
무리가 싸우며 다투는 것과
맡고 모두 능히 알며,
곳의 사자와 코끼리와 범과
향기를 맡고 있는 곳을 알며,
그 아들인가 딸인가와,

뿌리가 없는 것인지 그리고
구별되지 않는 것을,
향기를 맡는 것을,
성취하고 성취하지 못하는
복 있는 아이를 낳을 것을
힘의 까닭으로써
욕심에 물이 들어 어리석고
또한 착한 것을 닦는 자를
숨겨져 감춰진 금과 은과
구리 그릇에 담은 것을
가지가지의 모든 영락인,
없는 것을 향기를 맡고는

또 사람이 아닌 것인지
향기를 맡고 다 능히 알며,
그 처음에 아이 밴 것이
것과, 편안하고 즐겁게
알며, 향기를 맡는
여자가 생각하는 바와
성내는 마음을 알며,
알며, 땅 속에 많이
모든 진귀한 보배와
향기를 맡고 능히 다 알며,
능히 그 값을 알 수
귀하고 천한 것과

④ 나온 곳과 그리고 또 있는 곳을 아느니라.

하늘 위의 모든 꽃들과 만나와 만수사와 바리질다 나무를
향기를 맡고 능히 다 알며, 하늘 위 모든 궁전의
상·중·하의 차별과 많은 보배꽃으로 꾸며서 치장함을
향기를 맡고 능히 다 알며, 하늘의 동산 수풀과
훌륭한 궁전과 모든 누각과 묘법당의 가운데 있으면서
오락하는 것을 향기를 맡고 능히 다 알며,
모든 하늘이 만약 법을 듣거나 혹은 다섯 가지
욕심을 받을 때의 오고 가며 다니고 앉으며 눕는 것을,
향기를 맡고 능히 다 알며, 하늘 여자의 입은 바 옷에
좋은 꽃과 향기로 꾸미고 치장하여, 두루 돌아다니며
즐겁게 놀 때를 향기를 맡고 능히 다 알며,

이와 같이 돌아가면서 올라가 범천세계에 이르기까지,
선에 들고 선에서 나오는 것을, 향기를 맡고 능히 다 알며,
광음과 변정천과
처음 나오고 그리고 또 이에 유정에 이르기까지,
향기를 맡고 능히 다 알며, 물러나서 사라짐을
법에 항상 정진하되, 만약 앉거나, 만약 거닐거나,
그리고 또 경전을 읽고 외우며, 혹은 수풀과 나무 아래
있으면서 오로지 정성스러이 좌선만을 하는 것을,
경을 가지는 자는 향기를 맡고 그 있는 곳을 다 알며,
보살이 뜻이 굳고 단단하여 좌선하며, 만약 읽고 외우며,
혹은 사람을 위하여 법을 설하는 것을,
향기를 맡고 능히 다 알며, 곳곳마다의 방위에서

세존께옵서 일체에게 공손히 공경받는 바 되어 중생을 불쌍히 여기시어 법을 설하시는 것을, 향기를 맡고 능히 다 알며, 중생이 부처님 앞에 있으면서 경을 듣고 모두 기뻐하고 즐거워하며 법과 같이 닦고 행하는 것을, 향기를 맡고 능히 다 아느니라. 비록 보살의 새는 것이 없는 법에서 생기는 코를 얻지 못하였으나, 그러나 이 경을 가지는 자는 먼저 이 코의 형상을 얻느니라.

『다시 또 상정진이여, 만약 착한 남자, 착한 여인이 이 경을 받아서 가지고, 만약 읽거나, 만약 외우거나, 만약 풀어서 말하거나, 만약 써서 베끼면, 천이백의 혀의 공덕을 얻느니라.

만약 좋거나, 만약 더럽거나, 만약 맛나거나, 맛나지 않거나, 그리고 또 모든 쓰고 떫은 물건이 그 혀 뿌리에 닿으면 모두 변하여 으뜸의 맛을 이루되, 하늘의 감로와 같아서 맛나지 않는 것이 없느니라.

만약 혀 뿌리로써 대중 가운데서 설명하여 말하는 바가 있으면, 깊고 묘한 소리를 내어 능히 그 마음에 드니, 모두로 하여금 기쁘고 좋아하게 하며, 시원하고 즐거워하게 하느니라. 또 모든 천자와 천녀와 제석천과 범천의 모든 하늘이, 이 깊고 묘한 음성으로 설명하여 말하는 바가 있으면 듣고서, 차례와 말로써 논하는 것을 모두 다 와서 들으며, 그리고 또 모든 용과 용녀와 야차와 야차녀와, 건달바와 건달바녀와 아수라와 아수라녀와, 가루라와 가루라녀와 긴나라와 긴나라녀와,

마후라가와 마후라가녀가 법을 듣기 위한 까닭으로 모두 와서 친하고 가까이하여 공손히 공경하며 공양하고, 그리고 또 비구와 비구니와 우바새와 우바이와, 나라의 왕과 왕자와 뭇 신하와 거느린 무리와, 소전륜왕과 대전륜왕과 일곱 가지 보배와 천명의 아들과 안과 밖의 거느린 무리가 그 궁전을 타고 함께 와서 법을 들으며, 이 보살이 법을 잘 설하는 까닭으로써 바라문과 거사와 나라 안의 인민이, 그 형상과 목숨이 다하도록 따라 모시고 공양하며, 또 모든 성문과 벽지불과 보살과 모든 부처님께옵서 항상 그를 즐거이 보시며, 이 사람이 있는 곳의 방면에, 모든 부처님께옵서 모두 그 곳을 향하시어 법을 설하시니, 다 능히 일체 부처님의 법을 받아서 가지며, 또 능히 깊고 묘한 법의 소리를 내느니라.」

⑤ 그 때에 세존께옵서 거듭 이 뜻을 펴시고자 하시어 이에 게송으로 설하시어 말씀하시되,

이 사람의 혀 뿌리는 깨끗하여 끝끝내 나쁜 맛을
받지 아니하고, 그가 먹고 씹는 바 있는 것은 다 모두
감로를 이루느니라.
깊고 깨끗한 묘한 소리로써
대중에게 법을 설하되,
모든 인연과 비유로써 이끌어
중생의 마음을 인도하니,
듣는 자가 모두 기쁘고
즐거워서 모든 으뜸가는
공양을 베푸느니라.
모든 하늘과 용과 야차와
그리고 또 아수라 들이 모두
공손히 공경하는 마음으로써
함께 와서 법을 듣느니라.
법을 설하는 이 사람이
만약 묘한 소리로써 두루
삼천세계를 채우고자 하면,
뜻에 따라 곧 능히 이르르며,

크고 작은 전륜왕과 그리고 또 천 명의 아들과 거느린 무리가 합장하고 공손히 공경하는 마음으로 항상 와서 법을 받아 들으며, 모든 하늘과 용과 야차와 나찰과 비사사가 또한 기쁘고 즐거운 마음으로써 항상 즐거이 와서 공양하며, 범천왕과 마왕과 자재와 대자재의, 이와 같은 모든 하늘의 무리가 항상 와서 그 곳에 이르느니라. 모든 부처님과 그리고 또 제자가 그 법을 설하는 소리를 듣고 항상 생각하며 지키고 두호하며, 혹은 때로 몸을 나타내기도 하느니라.

『다시 또 상정진이여, 만약 착한 남자, 착한 여인이 이 경을 받아서 가지고, 만약 읽거나, 만약 외우거나, 만약 풀어서 말하거나, 만약 써서 베끼면, 팔백의 몸의 공덕을 얻느니라.

맑고 깨끗한 몸을 얻되, 깨끗한 유리와 같아서 중생이 보기를 기뻐하며, 그의 몸이 깨끗한 까닭으로 삼천대천세계 중생의 날 때와 죽을 때와, 위와 아래와, 좋고 나쁜 것과, 좋은 곳과 나쁜 곳에 나는 것이, 다 가운데서 나타나느니라. 그리고 또 철위산과 대철위산과 미루산과 마하미루산 들의 모든 산과, 그리고 또 그 가운데 중생이 다 가운데서 나타나느니라. 아래로는 아비지옥에 이르고 위로는 유정에 이르기까지에 있는 것과 그리고 또 중생이 다 가운데서 나타나며, 만약 성문과 벽지불과 보살과 모든 부처님께옵서 법을 설하시는 것이 모두 몸 가운데서 그 색과 모양이 나타나느니라.』

그 때에 세존께옵서 거듭 이 뜻을 펴시고자 하시어 이에게 송으로 설하시되 말씀하시되,

만약 법화를 가지는 자는 그 몸이 심히 맑고 깨끗하여
저 깨끗한 유리와 같으니, 중생이 모두 기쁘게 보느니라.
또 깨끗하고 밝은 거울에 모든 색과 모양이
다 보이는 것과 같이, 보살의 깨끗한 몸으로
세상에 있는 것을 모두 보되, 오직 홀로만 스스로
밝게 알고 다른 사람은 보지 못하는 바이니라.
삼천세계 가운데 일체의 모든 움직이지 아니하는 무리와,
하늘과 사람과 아수라와 지옥과 아귀와 축생의,
이와 같은 모든 색과 모양이 모두 몸 가운데서
나타나느니라. 모든 하늘들의 궁전과 이에
유정 철위와 그리고 또 미루와 마하미루산과 모든
큰 바닷물 들에 이르기까지 모두가 몸 가운데서 나타나며,

모든 부처님과 그리고 또 성문과 부처님의 제자인 보살들이 만약 홀로나 만약 많은 이에 있으면서 법을 설하는 것이 모두 다 나타나리니, 비록 새는 것이 없는 법 성품의 묘한 몸을 얻지는 못하였으나, 맑고 깨끗한 평상시 몸에 일체가 가운데서 나타나느니라.

⑥ 『다시 또 상정진이여, 만약 착한 남자, 착한 여인이 여래가 멸한 뒤에 이 경을 받아서 가지고, 만약 읽거나, 만약 외우거나, 만약 풀어서 말하거나, 만약 써서 베끼면, 천이백의 뜻의 공덕을 얻느니라.

이 맑고 깨끗한 뜻의 뿌리로써 이에 한 게송이나 한 글귀를 들음에 이를지라도, 헤아릴 수 없고 가없는 뜻을 통달하리니,

이 뜻을 풀기를 마치고는 능히 한 구절이나 한 게송을 설명하여 말하되, 한 달이나 넉 달에 이르며, 이에 한 해에 이를 것이로되, 모든 설한 바의 법이 그 뜻이 향하는 바에 따라서 모두 실상과 더불어 서로 어긋나거나 등지지 아니하며, 만약 속세간의 써 놓은 책과, 세상을 다스리는 말과, 재물이 생기는 일들을 말할지라도 모두 정법을 따르느니라.

삼천대천세계의 여섯 갈래로 나아가는 데의 중생의 마음으로 행하는 바와, 마음으로 움직여서 짓는 바와, 마음으로 쓸데없이 논하는 바를 모두 다 아나니, 비록 새는 것이 없는 지리에 밝은 지혜를 얻지는 못하였을지라도, 그 뜻의 뿌리가 맑고 깨끗한 것이 이와 같으니, 이 사람이 깊이 생각하고 있는 바와, 꾀하며 헤아리고 설명하는 말은 모두 바른 부처님의 법이라서 진실 아닌 것이 없으며, 또한 이것은 먼저 부처님께옵서 경전 가운데서 설하신 바이니라.』

그 때에 세존께옵서 거듭 이 뜻을 펴시고자 하시어 이에 송으로 설하시어 말씀하시되,

이 사람의 뜻이 맑고　　　깨끗하며 밝고 날카로워
흐리고 더러움이 없으니,　이 묘한 뜻의 뿌리로써
상·중·하의 법을 알며,　이에 하나의 게송을
들음에 이를지라도 헤아릴 수 없는 뜻을 통달하여
차례차례로 법과 같이 설하되,　한 달이나, 넉 달이나,
한 해에 이르며, 이 세계의 안과 밖의 일체 모든 중생인
만약 하늘이거나, 용이거나,　그리고 또 사람과 야차와
귀신 들이 여섯 갈래로 　　나아가는 그 가운데 있으면서

생각하는 바의 약간의 종류를, 법화를 가진 보로
한때에 모두 다 아느니라. 시방의 수없는 부처님께옵서
백 가지 복으로 꾸미고 치장하신 형상으로,
중생을 위하시어 법을 설하시는 것을 다 알아듣고
깊이 생각하고 법을 설함이 헤아릴 수 없는 뜻을
능히 받아서 가지며, 또한 헤아릴 수 없되,
처음부터 끝까지 잊거나 그르치지 않는 것은
법화를 가진 까닭이니라. 모든 법의 형상을 다 알고,
뜻을 따라서 차례를 알며, 이름자와 말하는 것을
통달하여, 아는 바와 같이 설명하여 말하느니라.
이 사람이 말한 바 있는 것은 모두 바로
먼저 부처님의 법이니, 이 법을 설명하는

까닭으로써 많은 이에서
법화경을 가지는 자는
이와 같아서,
얻지는 못하였을지라도,
형상이 있느니라.
드물게 있는 지위에
일체 중생이 기뻐하고
공경하게 되며,
좋고 훌륭한 말로써
법화경을 가진 까닭이니라.

두려울 바가 없느니라.
뜻의 뿌리가 깨끗한 것이
비록 새는 것이 없는 것을
먼저 이와 같은
이 사람이 이 경을 가지고
편안히 머무르면
즐거워하며 사랑하고
능히 천만 가지
분별하여 법을 설하나니,

묘법연화경 제 이십 상불경보살품

① 이 때에 부처님께옵서 득대세보살마하살에게 이르시되, 『너는 지금 마땅히 알지니라. 만약 비구 비구니와 우바새 우바이인 법화경을 가진 자를 만약 어떤 이가 악한 입으로 험담을 하거나 욕을 하며 흉을 보거나 나무라면, 큰 죄보를 얻되 앞에 설한 바와 같으며, 그 얻는 바의 공덕은 먼저 설한 바와 같아서 눈·귀·코·혀·몸·뜻이 맑고 깨끗하느니라.

득대세여, 옛 지나간 오래된 옛날인 헤아릴 수 없고 가없으며, 가히 생각으로 논의하지도 못할 아승지 겁을 지나서, 부처님께옵서 계셨으니, 이름은 위음왕 여래 응공 정변지 명행족 선서 세간해 무상사 조어장부 천인사 불 세존이시고, 겁의 이름은 이쇠이며, 나라의 이름은 대성이었느니라.

그 위음왕 부처님께옵서 그 세상 가운데에서 하늘과 사람과 아수라를 위하여 법을 설하시되, 성문을 구하는 자를 위하여서는 응당히 사제법을 설하시어, 나고 늙고 병들고 죽는 것을 건너서 마침내 열반을 다 마치게 하시고, 벽지불을 구하는 자를 위하여서는 응당 십이인연법을 설하시며, 모든 보살을 위하여서는 「위없이 높고 바르며 크고도 넓으며 평등한 깨달음」으로 인하여, 응당 「여섯 가지로써 나고 멸하는 이쪽에서 나고 멸함이 없는 저쪽에 이르럼」을 설하시어 궁극인 부처님의 지혜를 다 마치게 하셨느니라.

득대세여, 이 위음왕 부처님의 수명은 사십만억 나유타 항하사 겁이고, 정법이 세상에 머무는 겁수는 한 염부제의 미진과 같고, 상법이 세상에 머무는 겁수는 사천하의 미진과 같았느니라.

그 부처님께옵서 중생을 넉넉히 이익되게 하시고는 그러한 뒤에 멸도하시고, 정법과 상법이 멸하여 다 없어진 뒤에, 이 국토에서 다시 부처님께옵서 나오심이 있었으니, 또한 호는 위음왕 여래 응공 정변지 명행족 선서 세간해 무상사 조어장부 천인사 불 세존이시었느니라.

이와 같이 차례차례로 이만억 부처님께옵서 계셨으되, 모두 같이 한가지 호이시었느니라. 가장 처음의 위음왕 여래께옵서 이미 멸도하시기를 마치시고, 정법이 멸한 뒤에 상법 가운데에서「깨닫지 못하고서도 깨달은 체하는 거만한」비구에게 큰 세력이 있었느니라.

그 때에 한 보살의 비구가 있었으니, 이름은 상불경이었느니라. 득대세여, 어떠한 인연으로써 이름을 상불경이라 하였는고 하면, 이 비구는 무릇 보이는 바 있는, 만약 비구나 비구니거나 우바새나 우바이에게 모두 다 인사의 절을 하고 찬탄하며 이러한 말을 하되,「나는 당신들을 깊이 공경하여 감히 가볍게 여겨 업신여기지를 아니하노니, 까닭은 무엇인가 하면, 당신들은 모두 보살도를 행하여 마땅히 부처님 지음을 얻을 것이기 때문이오.」하였느니라. 그리고 이 비구는 오로지 경전만 읽거나 외우지를 아니하고 다만 인사의 절을 행하며, 이에 멀리서 사중을 보는데 이를지라도 또한 다시 일부러 가서 인사의 절을 하고 찬탄하며 이러한 말을 하되, 「나는 감히 당신들을 가벼이 여기지 아니하노니, 당신들은 모두 마땅히 부처님을 지을 것이오.」 하였느니라.

사중 가운데에서 성과 분을 내지 못한 자가 있어서, 악한 입으로 욕을 하고 꾸짖으며 말을 하되, 「이 지혜 없는 비구야, 어느 곳으로부터 와서 스스로 말을 하기를, 『나는 당신네를 가벼이 여기지 아니하노라.』 하며, 그리고는 우리들에게 수기를 주어 『마땅히 부처님 지음을 얻으리라.』 고 하느냐. 우리들은 이와 같이 허망한 수기는 소용이 없느니라.」 하였느니라.

이와 같이 많은 해를 지내고 겪으면서 항상 욕과 꾸짖음을 입어도 성과 분을 내지 아니하고, 항상 이런 말을 하되, 「당신네는 마땅히 부처님을 지으리라.」하였느니라. 이런 말을 설할 때에, 많은 사람이 혹은 나무 몽둥이나 기와나 돌로써 치거나 던지면, 피하여 달아나 멀리서 머물면서도 오히려 높은 소리로 외쳐 말하되,「나는 감히 당신들을 가벼이 아니 하노니, 당신들은 모두 마땅히 부처님을 지을 것이오.」하였느니라.

그가 항상 이런 말을 하는 까닭으로써,「깨닫지 못하고서도 깨달은 체하는 거만한」비구와 비구니와 우바새와 우바이가 호를 상불경이라 하였느니라.

② 이 비구가 죽으려고 할 때에 임하여 허공 가운데에서 위음왕 부처님께옵서 먼저 말씀하신 바인, 법화경의 이십천만억의 게송을 갖추어 듣고 능히 다 받아 가지니, 곧 위와 같은 눈의

뿌리가 맑고 깨끗함과 귀와 코와 혀와 몸과 뜻의 뿌리가 맑고 깨끗함을 얻었느니라. 이 여섯 뿌리가 맑고 깨끗함을 얻고는 다시 수명이 더하여, 이백만억 나유타 해를 널리 사람을 위하여 이 법화경을 설하였느니라.

그제서야 「깨닫지 못하고서도 깨달은 체하는 거만한」 사중인 비구 비구니와 우바새 우바이로서, 이 사람을 가벼이 여겨 천대하여 불경이란 이름을 지은 자가, 그 큰 신통의 힘과, 말하고자 하는 대로 말 잘하는 힘과, 크고 좋으며 고요한 힘을 얻은 것을 보고, 그가 설하는 바를 듣고는, 모두 믿고 굴복되어 따르고 좇으니, 이 보살은 다시 천만억의 많은 이를 교화하여, 「위없이 높고 바르며 크고도 넓으며 평등한 깨달음」에 머물게 하였느니라.

목숨을 마친 뒤에는 이천억의 부처님 만남을 얻으니, 모두 호는 일월등명이시고, 그 법 가운데에서 이 법화경을 설하였으니, 이런 인연으로써 다시 이천억 부처님을 만나니, 한가지로 호가 운자재등왕이시었느니라.

이 모든 부처님의 법 가운데에서 받아서 가지고 읽고 외우며, 모든 사중을 위하여 이 경전을 설한 까닭으로, 이 평상시 눈이 맑고 깨끗하며 귀와 코와 혀와 몸과 뜻의 모든 뿌리가 맑고 깨끗함을 얻어서, 사중 가운데에서 법을 설하되, 마음에 두려울 바가 없었느니라.

득대세여, 이 상불경보살마하살이 이와 같이 약간의 모든 부처님께 공양하고는, 공손히 공경하며 존중하고 찬탄하여, 모든 착한 근본을 심고, 그러한 뒤에 다시 천만억 부처님을 만나서 또한 모든 부처님 법 가운데에서 이 경전을 설하여 공덕을 성취하고, 마땅히 부처님 지음을 얻었느니라.

득대세여, 뜻에는 어떻게 생각하느뇨. 만약 내가 지난 세상에서 이 경을 받아서 가지고 읽고 외우며 다른 사람을 위하여 설하지 아니하였으면, 능히 「위없이 높고 바르며 크고도 넓으며 평등한 깨달음」을 빨리 얻지 못하였을 것이려니와, 내가 먼저 부처님의 거처에서 이 경을 받아서 가지고 읽고 외워서 사람을 위하여 말한 까닭으로, 빨리 「위없이 높고 바르며 크고도 넓으며 평등한 깨달음」을 얻었느니라.

득대세여, 그 때 사중의 비구 비구니와 우바새 우바이는 성내고 분내는 뜻으로써 나를 가볍게 여기고 천하게 한 까닭으로, 이백억 겁에 항상 부처님을 만나지 못하였으며, 법을 듣지 못하였고, 승려를 보지 못하였으며, 천 겁을 아비지옥에서 큰 괴로움과 뇌로움을 받았느니라. 이런 죄를 다하기를 마치고는, 다시 상불경보살의 「위없이 높고 바르며 크고도 넓으며 평등한 깨달음」을 가르쳐 교화시킴을 만났느니라.

득대세여, 너의 뜻에는 어떠하느냐. 그 때 사중으로서 항상 이 보살을 가벼이 여긴 자가 어찌 다른 사람이겠느냐. 지금 이 모임 가운데의 발타바라 들의 오백 보살과, 사자월 들의 오백 비구와 니사불 들의 오백 우바새로 모두 「위없이 높고 바르며 크고도 넓으며 평등한 깨달음」에서 돌아서서 물러나지 않은 자가 이들이니라.

득대세여, 마땅히 알지니라. 이 법화경은 모든 보살마하살에게 크게 넉넉히 이익되게 하여, 능히 「위없이 높고 바르며 크고도 넓으며 평등한 깨달음」에 이르게 하나니, 이런 까닭으로 모든 보살마하살은 여래가 멸한 뒤에, 항상 응당히 이 경을 받아서 가지고 읽고 외우며 풀어서 말하고 써서 베껴야 하느니라.』

③ 그 때에 세존께옵서 거듭 이 뜻을 펴시고자 하시어 이에 송으로 설하시어 말씀하시되,

지난 예전에　　　　　부처님께옵서 계셨으니,
호는 위음왕이시라.　　신통과 지혜가
헤아릴 수 없으시며,　일체를 거느리시고 인도하시니,
하늘과 사람과 용과 신이 함께 공양하는 바이며,

이 부처님께옵서 멸하신 뒤에 법이 다 없어지고자 할 때,
한 보살이 있었으니, 이름은 상불경이었느니라.
때에 모든 사중이 법에서 꾀를 부리고 착을 하거늘,
불경보살이 그 곳에 가서 이르러 일러 말을 하되,
「나는 당신네를 가벼이 여기지 않노니,
당신들은 도를 행하여 모두 마땅히 부처님을
지을 것이오.」 하였느니라. 모든 사람이 듣기를 마치고는
가벼이 여겨 헐뜯고 욕하고 꾸짖으나,
불경보살은 능히 참고 이를 받았느니라.
그가 죄가 다하기를 마치고, 목숨이 끝나려고 할 때에
임하여 이 경을 얻어듣고, 여섯 뿌리가 맑고 깨끗하여
신통력의 까닭으로 수명이 더욱 늘었느니라.

다시 모든 사람을 위하여 널리 이 경을 설하니,
모든 법에 착을 한 중생이 모두 보살의 가르쳐 교화함을
입고 성취하여 부처님 도에 머물게 되었느니라.
불경이 목숨을 마치고 수없는 부처님을 만나서
이 경을 설한 까닭으로 헤아릴 수 없는 복을 얻고,
점점 공덕을 갖추어서 빨리 부처님의 도를 이루었느니라.
그 때에 불경은 곧 나의 몸이 그이고,
때에 사부중으로서 법에 착을 하던 자는,
불경으로부터 「당신네는 마땅히 부처님이 되리라.」고
말을 들은 이러한 인연으로써 수없는 부처님을 만났으니,
이 모임에 보살인 오백의 많은 이와 아울러
그리고 또 사부와 청신사녀로서 지금

내 앞에서 법을 듣는 자가 그들이니라.
내가 앞의 세상에서
제일의 법인 이 경을 이 모든 사람을 권하여
사람에게 열어 보이어 받아 듣게 하고,
세세에 이와 같은 경전을 가르쳐서 열반에 머물게 하고,
억억만겁에 가히 받아서 가지게 하였느니라.
때에야 겨우 이 법화경을 논의하지도 못함에 이르도록,
억억만겁에 가히 얻어들으며,
모든 부처님 세존께옵서 논의하지도 못함에 이르도록,
이런 까닭으로 행하는 자는 때에야 이 경을 설하시나니,
이와 같은 경을 듣고 부처님 멸한 뒤에,
내지 말며, 응당 마땅히 의심하여 미혹하는 것을
한마음으로

널리 이 경을 설하면, 세세에 부처님을 만나서
빨리 부처님의 도를 이루느니라.

묘법연화경 제 이십일 여래신력품

① 이 때에 천세계 미진들의 보살마하살인 땅으로부터 솟아 오신 분께서 모두 부처님 앞에서 한마음으로 합장하시고 높으신 얼굴을 우러러 바라다 뵈오며, 이어서 부처님께 아뢰어 말씀하시되, 『세존이시여, 저희들이 부처님께옵서 멸하신 뒤에, 세존의 분신께옵서 계시는 바 국토의 멸도하신 곳에서 마땅히 널리 이 경을 설하오리다. 까닭은 무엇인가 하오면, 저희들도 또한 스스로 이 참되고 깨끗한 큰 법을 얻고, 받아서 가지고, 읽고 외우며, 풀어서 말하고, 써서 베끼며, 그리고는 공양하

고자 하옵기 때문이옵나이다.』

이 때 세존께옵서 문수사리 들의 헤아릴 수 없는 백천만억의 옛적부터 사바세계에 머무는 보살마하살과, 그리고 또 모든 비구 비구니와 우바새 우바이와, 하늘과 용과 야차와 건달바와 아수라와 가루라와 긴나라와 마후라가와 인비인 들의 일체 많은 이 앞에서, 큰 신력을 나타내시어 넓고 긴 혀를 내시되, 위로는 범천세상에 이르시며, 일체의 털구멍에서 헤아릴 수 없고 수없는 색깔의 빛을 놓으시어 시방세계를 모두 다 두루 비추시니, 많은 보배나무 아래 사자자리 위의 모든 부처님께옵서도 또한 다시 이와 같이, 넓고 긴 혀를 내시며, 헤아릴 수 없는 빛을 놓으시었소이다.

석가모니 부처님 그리고 또 보배나무 아래의 모든 부처님께옵서 신력을 나타내신 때를 백천 해나 채우시고, 그러한 뒤에 다시 혀의 형상을 거두시고, 한 때에 큰 기침을 하시며, 함께 같이 손가락을 튀기시니, 이 두 음성이 두루 시방의 모든 부처님 세계에 이르러, 땅은 모두 여섯 가지로 진동하여 움직였소이다.

그 가운데 중생인 하늘과 용과 야차와 건달바와 아수라와 가루라와 긴나라와 마후라가와 인비인 들이, 부처님의 신력의 까닭으로써 모두 이 사바세계에 헤아릴 수 없고 가없는 백천만억의 많은 보배나무 아래 사자자리 위의 모든 부처님을 뵈오며, 그리고 또 석가모니 부처님께옵서 다보 여래와 함께 보탑 가운데에 계시어 사자자리에 앉으셨음을 뵈오며, 또 헤아릴 수 없고 가없는 백천만억의 보살마하살과 그리고 또 모든 사중이 석가모니 부처님을 공손히 공경하며 에워 둘러싼 것을 보았소이다. 이미 이것을 보기를 마치고는 모두 크게 기뻐하고 즐거워하며 일찍이 있지 아니한 것을 얻었소이다.

곧 때에 모든 하늘이 허공 가운데에서 높은 소리로 외쳐서 말하되, 『이 헤아릴 수 없고 가없는 백천만억 아승지 세계를 지나서 나라가 있으니, 이름은 사바이며, 이 가운데 부처님께옵서 계시니, 이름은 석가모니이시라. 지금 모든 보살마하살을 위하시어 대승경을 설하시니, 이름은 묘법연화이라, 보살을 가르치는 법이며, 부처님께옵서 생각하시어 두호하시는 바이시니, 너희들은 마땅히 깊이 마음으로 따라 기뻐하고 또한 마땅히 석가모니 부처님께 인사의 절을 하고 공양할지니라.』

하거늘, 그 모든 중생이 허공 가운데의 소리를 듣기를 마치고는, 사바세계를 향하여 합장하고 이와 같은 말을 하되, 『나무 석가모니불, 나무 석가모니불, 나무 석가모니불.』 하고, 가지가지의 꽃과 향과 영락과, 「부처님과 보살의 위엄과 덕을 표시하는 장엄도구인 깃발」과, 천개와 그리고 또 모든 몸을 아름답게 하는 데 갖추는 것인 진귀한 보배와 묘한 물건으로써 모두 함께 멀리 사바세계에 흩으니, 흩은 바의 모든 물건이 시방으로부터 오되, 비유하건대, 구름이 모임과 같은지라, 변하여 보배휘장을 이루어서 두루 이 중간의 모든 부처님의 위를 덮으니, 때에 시방세계는 통달하여 걸림이 없어서 한 부처님의 나라와 같았소이다.

이 때 부처님께옵서 상행 들의 보살 대중에게 이르시되, 『모든 부처님의 신력은 이와 같이 헤아릴 수 없고 가없으며,

가히 생각으로 논의하지 못하느니라. 만약 내가 이 신력으로써, 헤아릴 수 없고 가없는 백천만억 아승지 겁에서 누구이 부탁하기 위한 까닭으로, 이 경의 공덕을 설할지라도 오히려 능히 다하지를 못하느니라.

요긴한 것으로써 이를 말할진대,
여래의 있는 바의 법과,
여래의 일체의 마음대로 되는 신비스러운 힘과,
여래의 일체의 비밀되고 요긴한 곳집과,
여래의 일체의 심히 깊은 일을,
모두 이 경에서 펴서 보이고 나타내어서 말하였느니라.

② 이러한 까닭으로 너희들은 여래가 멸한 뒤에, 응당히 한마음으로 받아서 가지고 읽고 외우며 풀어서 말하고 써서 베끼

며, 설함과 같이 닦아 행할지니라.

만약 어떤 이가 있는 바 국토에서, 받아서 가지고 읽고 외우며 풀어서 말하고 써서 베끼며, 설함과 같이 닦아 행하여, 만약 경권이 머무는 바의 곳이면, 만약 동산 가운데거나, 만약 수풀 가운데거나, 만약 나무 아래거나, 만약 승방이거나, 만약 흰옷 입은 이의 집이거나, 만약 궁궐에 있거나, 만약 산골이나 빈 들이라도, 이 가운데에는 모두 응당히 탑을 일으켜서 공양을 할지니라. 까닭은 무엇인가 하면, 마땅히 알지니, 이곳은 곧 바로 도량이기 때문이니라.

모든 부처님께옵서는 여기에서 「위없이 높고 바르며 크고도 넓으며 평등한 깨달음」을 얻으시며, 모든 부처님께옵서는 여기에서 법륜을 굴리시며,

모든 부처님께옵서는 여기에서 이에 열반에 옮기시느니라.」

그 때에 세존께옵서 거듭 이 뜻을 펴시고자 하시어 이에게 송으로 설하시어 말씀하시되,

모든 부처님께옵서는 세상을 구원하시는 분이시니,
큰 신통에 머무시어 중생을 기쁘게 하기 위한 까닭으로
헤아릴 수 없는 신력을 나타내시되, 혀의 형상은
범천까지 이르시고, 몸에서는 수없는 빛을 놓으시느니라.
부처님의 도를 구하는 자를 위하여 이렇게 드물게 있는
일을 나타내시느니라. 모든 부처님의 큰 기침 소리와
그리고 또 손가락을 튀기시는 소리가 두루 시방 나라에
들리니, 땅은 모두 여섯 가지로 움직였느니라.
부처님께옵서 멸도하신 뒤에 능히 이 경을 가진 까닭으로써,

모든 부처님께옵서 모두
헤아릴 수 없는 신력을
이 경을 누구이 부탁하신
아름답다고 찬탄하되,
가운데에서도 오히려 그러므로
이 사람의 공덕은 가도 없고
시방의 허공과 같아서 가히
능히 이 경을 가진 자는
또한 다보 부처님과
뵈온 것이며, 또 내가
모든 보살을 본 것이니라.
나와 그리고 또 분신과

기뻐하시고 즐거워하시어
나타내시느니라.
까닭으로 받아 가진 자를
저 헤아릴 수 없는 겁
능히 다하지 못하느니라.
마침도 있음이 없으니,
가와 끝을 얻지 못하느니라.
곧 이미 나를 본 것이 되며,
그리고 또 모든 분신을
오늘날 가르쳐 교화한
능히 이 경을 가진 자는,
멸도하신 다보 부처님과

일체로 하여금 모두

시방에 나타나 계시는

지난 예전과 미래에도

또한 기쁘고 즐거움을

모든 부처님께옵서

비밀되고 요긴한 법을,

오래지 않아 또한

능히 이 경을 가진 자는

글자와 그리고 또 말씀을,

다하거나 마침이 없으되,

일체 막히거나 걸릴 것이

여래가 멸한 뒤에,

기쁘고 즐겁게 하며,

부처님과 아울러

또한 뵈옵고, 또한 공양하며,

얻게 한 것이니라.

도량에 앉으시어 얻으신 바의

이 경을 능히 가진 자는

마땅히 얻느니라.

모든 법의 뜻과 이름하는

하고자 하는 대로 설함이

바람이 허공 가운데서

없는 것과 같으니라.

부처님이 말한 바의

경의 인연과 그리고 또
실상과 같이 설하되,
능히 모든 깊숙한 어두움을
이 사람이 세간에서 행하여
헤아릴 수 없는 보살을
일승에 머무르게 하느니라.
이 공덕의 이익을 듣고,
응당 이 경을
이런 사람은 부처님의 도에
있을 수 없느니라.

차례차례를 알아서 뜻을 따라
해와 달의 밝은 빛이
없애는 것과 같으니라.
능히 중생의 어둠을 멸하고,
가르쳐서 필경에
이런 까닭으로 지혜 있는 자는
내가 멸도한 뒤에,
받아서 가질지니라.
결정코 의심은

묘법연화경 제 이십이 촉루품

① 그 때에 석가모니 부처님께옵서 법자리로부터 일어나시어 큰 신력을 나타내시며, 오른손으로써 헤아릴 수 없는 보살마하살의 이마를 어루만지시고, 그리고는 이런 말씀을 하시되,

『내가 헤아릴 수 없는 백천만억 아승지 겁에, 이 얻기 어려운 「위없이 높고 바르며 크고도 넓으며 평등한 깨달음」의 법을 닦고 익혀서, 이제 너희들에게 청하여 부탁하노니, 너희들은 응당 마땅히 한마음으로 이 법을 펴져 나가게 펴서, 널리 더욱 이익되게 할지니라.』

이와 같이 세 번이나 모든 보살마하살의 이마를 어루만지시고, 이런 말씀을 하시되, 『내가 헤아릴 수 없는 백천만억 아승지 겁에, 이 얻기 어려운 「위없이 높고 바르며 크고도 넓으며 평등한 깨달음」의 법을 닦고 익혀서, 지금 너희들에게 청하여 부탁하노니, 너희들은 마땅히 받아서 가지고 읽고 외워서 널리 이 법을 펴서, 일체 중생으로 하여금 널리 듣게 하여 앎을 얻게 할지니라.

까닭은 무엇인가 하면, 여래는 대자비가 있어서 모든 것에 아끼고 인색함이 없으며, 또한 두려울 바도 없으며, 능히 중생에게 부처님의 사리에 밝은 지혜와, 여래의 사리에 밝은 지혜와, 자연의 사리에 밝은 지혜를 주노니, 여래는 바로 일체 중생에게 크게 베푸는 주인이니라.

너희들은 또한 응당 여래의 법을 따라 배우되, 아끼고 인색함을 내지 말지니라.

미래 세상에 만약 착한 남자, 착한 여인이 있어, 여래의 사리에 밝은 지혜를 믿는 자에게는 마땅히 이 법화경을 설명하고 말하여 하여금 듣고 앎을 얻게 하여야 하리니, 그 사람으로 하여금 부처님의 지혜를 얻게 하기 위한 까닭이니라.

만약 중생이 있어 믿어서 받지 않는 자에게는 마땅히 여래의 나머지의 깊은 법 가운데에서 이롭고 기쁜 것을 가르쳐 보일지니라.

너희들이 만약 능히 이와 같이 하면, 곧 이미 모든 부처님의 은혜를 갚음이 되느니라.』

때에 모든 보살마하살께서 부처님의 이 말씀하시는 것을 들기를 마치시고는, 모두 큰 기쁨과 즐거움이 두루 그 몸에 가득 차서 더욱 공손히 공경을 더하여, 몸을 굽히고 머리를 숙이며 부처님을 향하여 합장하시고, 함께 소리를 내어 말씀하시되,
『세존께옵서 타이르시는 것과 같이, 마땅히 갖추어 받들어 행하오리다. 오직 그러하오니, 세존이시여, 원하옵건대, 염려를 두시지 마시옵소서.』

모든 보살마하살의 많은 이께서는 이와 같이 세 번이나 반복하시어 함께 소리를 내어 말씀하시되, 『세존께옵서 거듭 타이르시는 것과 같이, 마땅히 갖추어 받들어 행하오리다. 오직 그러하오니, 세존이시여, 원하옵건대, 염려를 두시지 마시옵소서.』

이 때 석가모니 부처님께옵서, 시방에서 오신 모든 분신 부

처님으로 하여금 각각 본래의 국토로 돌아가시게 하시려고, 이러한 말씀을 하시되, 『모든 부처님께옵서는 각각 편안하신 곳으로 따르시옵고, 다보 부처님 탑께옵서도 돌아가시어 가히 옛과 같이 하시옵소서.』

이렇게 말씀을 설하실 때에, 시방의 헤아릴 수 없는 분신의 모든 부처님이신 보배나무 아래 사자자리 위에 앉으신 분과, 그리고 또 다보 부처님과, 아울러 상행 들의 가없는 아승지 보살의 대중과, 사리불 들의 성문 사중과, 그리고 또 일체 세간의 하늘과 사람과 아수라 들은, 부처님께옵서 말씀하시는 바를 듣자옵고, 모두 크게 기뻐하고 즐거워하셨소이다.

묘법연화경 제 이십삼 약왕보살 본사품

① 이 때 수왕화보살께서 부처님께 아뢰어 말씀하시되, 『세존이시여, 약왕보살은 어찌하여 사바세계에서 노니나이까. 세존이시여, 이 약왕보살은 얼마만한 백천만억 나유타의 어려운 행과 괴로운 행이 있었나이까. 잘하시옵는 세존이시여, 원하옵건대, 조금만 풀어서 말씀하시옵소서. 모든 하늘과 용과 신과 야차와 건달바와 아수라와 가루라와 긴나라와 마후라가와 인비인 들이며, 또 다른 국토에서 온 모든 보살과 그리고 또 이 성문의 많은 이가 들으면 모두 기뻐

하고 즐거워하오리다.』하셨소이다.

이 때 부처님께옵서 수왕화보살에게 이르시되,『옛 옛 지나간 예전의 헤아릴 수 없는 항하사 겁에 부처님께옵서 계셨으니, 호는 일월정명덕 여래 응공 정변지 명행족 선서 세간해 무상사 조어장부 천인사 불 세존이셨느니라.

그 부처님께옵서는 팔십억의 큰 보살마하살과 칠십이 항하사의 큰 성문의 많은 이가 있었으며, 부처님의 수명은 사만 이천 겁이요, 보살의 수명도 또한 같았느니라.

그 나라에는 여인과 지옥과 아귀와 축생과 아수라 들과 그리고 또 모든 어려운 것은 있음이 없었으며, 땅이 평탄하기는 손바닥과 같고 유리로 이룬 바이며, 보배나무로 꾸미고 치장하였고 보배휘장으로 위를 덮었으며, 보배꽃번을 드리우고 보배병과 향로는 나라 경계의 둘레에 두루 하였고, 일곱 가지 보배로 된 정자를 만들되, 나무 하나에 정자가 하나이며, 그 나무와 정자의 거리는 다 하나의 화살이 가는 길이었느니라. 이 모든 보배나무에는 모두 보살과 성문이 있으되 그 아래 앉았으며, 모든 보배정자 위에는 각각 백억의 모든 하늘이 있어, 하늘의 재주와 음악을 지어서 부처님을 찬탄하는 노래를 하여서 대단히 공양이 되게 하였느니라.

그 때 그 부처님께옵서 일체중생희견보살과 그리고 또 많은 보살과 모든 성문의 많은 이를 위하여 법화경을 설하셨느니라. 이 일체중생희견보살이 즐거이 괴로운 행을 익혀서, 일월정명덕 부처님의 법 가운데에서 정진하고 거닐면서 한마음으로 부처님을 구하기를, 만 이천 해를 채워 마치고는 현일체색신삼매를 얻었느니라. 이 삼매를 얻고는 마음이 크게 기쁘고 즐거워서 곧 생각을 지어서 말하되, 「내가 현일체색신삼매를 얻은 것은 모두 바로 법화경을 얻어들은 힘이니, 내가 이제 마땅히 일월정명덕 부처님과 그리고 또 법화경에 공양하리라」 하고, 곧 때에 이 삼매에 드니, 허공 가운데에서 만다라꽃과 마하만다라꽃과 가는 가루로 된 굳고 검은 전단을 비오듯이 하여 허공 가운데에 가득하게 하여 구름과 같이 내리며, 또 해차안전단향을 비오듯이 하니, 이 향은 육 수이나, 가치는 사바세계만한 것으로써 부처님께 공양하였느니라.

② 이러한 공양을 하여 마치고 삼매로부터 일어나서 스스로 생각하여 말하되, 「내가 비록 신력으로써 부처님께 공양을 하였으나 몸으로써 공양을 하는 것만 같지는 못하리라」 하고, 곧

모든 향인 전단과 훈육과 도루바와 필력가와 침수와 교향을 먹고 또 첨복과 모든 꽃의 향기름을 마시되, 천이백 해를 채워 마치고는, 향기름을 몸에 바르고, 일월정명덕 부처님 앞에서 하늘의 보배옷으로써 스스로 몸에 감고, 모든 향기름을 붓고는, 신통력과 원으로써 스스로 몸을 불사르니, 밝은 빛이 두루 팔십억 항하사의 세계를 비추었느니라.

그 가운데의 모든 부처님께옵서 같은 때에 칭찬하시어 말씀하시되, 「착하고 착하도다. 착한 남자여, 이것이 진실한 정진이며, 이것을 이름하여 여래에게 진실한 법공양이라 하느니라.

만약 꽃과 향과 영락과 사르는 향과 가루향과 바르는 향과 하늘의 비단과, 「부처님과 보살의 위엄과 덕을 표시하는 장엄도구인 깃발」과, 천개와 그리고 또 해차안전단향인, 이와 같

제 이십삼 약왕보살 본사품

은 것들의 가지가지의 모든 물건으로 공양을 할지라도 능히 미치지 못할 것이며, 가령 나라와 성과 아내와 자식을 베풀어 줄지라도 또한 미치지 못할 바이니라.

착한 남자여, 이것을 이름하여 제일의 베풂이라 하며, 모든 베풂 가운데에서 가장 존귀하고 가장 위이니, 법으로써 모든 여래에게 공양한 까닭이니라.」 이런 말씀을 하시기를 마치시고 그리고는 각각 묵묵하셨느니라.

그 몸을 천이백 해를 불태웠으며, 이렇게 이미 지낸 뒤에야 그 몸이 이에 다하였느니라.

일체중생희견보살이 이와 같이 법공양을 하여 마치고, 명을 마친 뒤에 다시 일월정명덕 부처님 나라 가운데 나되, 정덕왕의 집에 가부좌를 맺고 홀연히 화하여 나서, 곧 그 아버지를

위하여 이에 게송으로 설하여 말하되,

대왕께서는 지금 마땅히 아시옵소서.

제가 저 곳에서 거닐면서 곧 때에 일체 모든 몸을

나타내는 삼매를 얻고, 부지런히 크게 정진을 행하여,

사랑하는 바의 몸을 버려서 세존께 공양하는 것은

위없는 지혜를 구하기 위함이옵니다.

이 게송을 설하여 마치고 그리고는 아버님께 아뢰어 말을

하되, 「일월정명덕 부처님께옵서 지금까지 옛대로 나타나 계

시거니와, 제가 먼저 부처님께 공양하여 마치고는, 일체 중생

의 말을 이해하는 다라니를 얻었으며, 다시 이 법화경의 팔백

천만억 나유타 견가라 빈바라 아촉바 들의 게송을 들었사오

니, 대왕이시여, 제가 지금 마땅히 돌아가서 이 부처님께 공

양하려 하나이다.」 아뢰기를 마치고 곧 일곱 가지 보배로 된 좌대에 앉아서 위로 허공에 오르니, 높이는 칠 다라수이었느니라.

부처님의 거처에 가서 이르러 머리와 얼굴로 발에 절을 하고, 열 손가락과 손톱을 합하고 게송으로써 부처님을 찬탄하되,

얼굴 모습은 심히 기이하시고 묘하시며,
밝은 빛이 시방에 비치시옵니다.
제가 마침 일찍이 공양하였더니,
지금 다시 돌아와서 친히 뵈옵나이다.

③ 이 때 일체중생희견보살은 이 게송을 설하여 마치고는 부처님께 아뢰어 말하되, 「세존이시여, 세존께옵서는 여전히 옛대

로 세상에 계시나이까.」

이 때 일월정명덕 부처님께옵서 일체중생희견보살에게 이르시되, 「착한 남자여, 내가 열반할 때가 이르렀고, 멸하여 다할 때가 이르렀으니, 너는 가히 평상자리를 편안히 펼지니라. 나는 오늘밤에 마땅히 열반에 들겠노라.」 또 일체중생희견보살에게 타이르시되, 「착한 남자여, 내가 부처님의 법을 너에게 누누이 부탁하며, 그리고 또 모든 보살과 큰 제자와, 아울러 「위없이 높고 바르며 크고도 넓으며 평등한 깨달음」의 법과, 또한 삼천대천의 일곱 가지 보배로 된 세계의 모든 보배나무와 보배좌대와, 그리고 또 넉넉히 하고 시중드는 모든 하늘을, 다 너에게 부탁하노라. 내가 멸도한 뒤에 있는 바 사리도 또한 너에게 청하여 부탁하노니, 마땅히 펴져 나가게 펴서 널리 공양을 베풀되, 응당히 몇 천의 탑을 일으킬지니라."

이와 같이 하여 일월정명덕 부처님께옵서 일체중생희견보살에게 타이르시기를 마치시고는, 밤의 뒷부분에 열반에 드셨느니라.

그 때에 일체중생희견보살이 부처님께옵서 멸도하심을 보고, 슬픔을 느끼며 한을 하고 뇌로워하며, 부처님을 그리워하고 사모하여, 곧 해차안전단을 쌓고 부처님 몸에 공양하고, 그리고는 불을 붙이고, 불이 꺼지기를 마친 뒤에 사리를 거두어들이어 팔만 사천 보배병을 만들어서 팔만 사천의 탑을 일으키되, 높이는 삼 세계이며, 표찰로 꾸며서 치장하고 모든 번과 천개를 드리우며 많은 보배풍경을 달았더니라.

이 때 일체중생희견보살이 다시 스스로 생각으로 말하되,

「내가 비록 이렇게 공양을 하였으나 마음에 오히려 흡족하지 못하니, 내가 지금 마땅히 다시 사리에 공양하리라」하고는, 문득 모든 보살과 큰 제자와 그리고 또 하늘과 용과 야차 들의 일체 대중에게 말하되,「여러분은 마땅히 한마음으로 생각하소서. 내가 지금 일월정명덕 부처님 사리에 공양하리라」

이렇게 말을 하기를 마치고 곧 팔만 사천 탑 앞에서, 백가지 복으로 꾸미고 치장한 팔을 태우되, 칠만 이천 해를 이에 공양하여, 성문을 구하는 수없는 많은 이와 헤아릴 수 없는 아승지의 사람으로 하여금「위없이 높고 바르며 크고도 넓은」의 마음을 일으키게 하고, 모두로 하여금 「평등한 깨달음」의 마음을 일으키게 하고, 모두로 하여금 현일체색신삼매에 머뭄을 얻게 하였느니라.

④ 그 때에 모든 보살과 하늘과 사람과 아수라 들이 그 팔이

없음을 보고, 근심하고 괴로워하며 슬퍼하고 불쌍히 여겨서 이런 말을 하되, 「이 일체중생희견보살께서는 바로 저희들의 스승으로 저희를 가르쳐서 교화하시는 분이시거늘, 그러나 지금 팔을 태우시고 몸이 흡족하게 갖추시지 못하시구나.」하니, 때에 일체중생희견보살이 대중 가운데에서 이러한 맹세를 세워서 말을 하되, 「내가 양팔을 버렸으니, 반드시 마땅히 부처님의 금빛의 몸을 얻을 것이로되, 만약 사실이고 헛되지 아니하면, 나의 양팔이 도로 다시 옛과 같이 되게 하소서.」이런 맹세하기를 마치자 자연히 도로 회복하였으니, 이 보살은 복과 덕과 사리에 밝은 지혜가 순박하고 두터움이 극진한 데까지 이르럼으로 말미암은 까닭이니라.

이러할 때를 맞이하여 삼천대천세계는 여섯 가지로 진동하여 움직이고, 하늘에서는 보배꽃이 비오듯이 하며, 일체 사람과 하늘은 일찍이 있지 아니한 것을 얻었느니라. 부처님께옵서 수왕화보살에게 이르시되, 『너희 뜻에는 어떠하느냐. 일체중생희견보살이 어찌 다른 사람이겠느냐. 지금의 약왕보살이 그이니라. 그가 몸을 버려서 베풀어 준 것은 이와 같이 헤아릴 수 없는 백천만억 나유타 수이었느니라.

수왕화여, 만약 마음을 일으킴이 있어 「위없이 높고 바르며 크고도 넓으며 평등한 깨달음」을 얻고자 하는 자이면, 능히 손가락이나 이에 발가락 하나라도 태움에 이르러 부처님 탑에 공양하면, 나라와 성과 아내와 자식과 그리고 또 삼천대천국토의 산과 수풀과 큰 강과 못과 모든 진귀한 보배물건으로 공양을 하는 것보다 나으니라.

만약 다시 어떤 사람이 일곱 가지 보배로써 삼천대천세계에 가득하게 하여, 부처님과 그리고 또 큰 보살과 벽지불과 아라한에게 공양을 할지라도, 이 사람이 얻은 바의 공덕은 이 법화경의 이에 네 구절의 한 게송에 이르러서 받아서 가지는 것만 같지 못하니, 그 복이 가장 많으니라.

수왕화여, 비유하건대, 일체 흐르는 내와 강과 큰 강인 모든 물 가운데에서 바다가 제일이 되는 것과 같이, 이 법화경도 또한 다시 이와 같아서, 모든 여래께옵서 설하신 바의 경 가운데에서 가장 깊고 큰 것이 되느니라.

또 토산과 흑산과 소철위산과 대철위산과 그리고 또 십보산인 많은 산 가운데에서 수미산이 제일이 되는 것과 같이, 이 법화경도 또한 다시 이와 같아서, 모든 경 가운데에서 가장 그 위가 되느니라.

또 많은 별 가운데에서 월천자가 가장 제일이 되는 것과 같이, 이 법화경도 또한 다시 이와 같아서, 천만억 가지의 모든 경의 법 가운데에서 가장 밝게 비침이 되느니라.

또 일천자가 능히 모든 어두운 것을 없애는 것과 같이, 이 경도 또한 다시 이와 같아서, 능히 일체의 좋지 못한 어두움을 부수느니라.

또 모든 작은 왕 가운데에서 전륜성왕이 가장 제일이 되는 것과 같이, 이 경도 또한 다시 이와 같아서, 많은 경 가운데에서 가장 그 존귀함이 되느니라.

또 제석이 삼십삼천 가운데에서 왕인 것과 같이, 이 경도 또한 다시 이와 같아서, 모든 경 가운데 왕이니라.

또 대범천왕이 일체 중생의 아버지인 것과 같이, 이 경도 또한 다시 이와 같아서, 일체 어질고 성스러운 이와, 배우는 이와, 배울 것이 없는 이와, 그리고 또 보살의 마음을 일으킨 자의 아버지이니라.

또 일체 범부인 사람 가운데에서 수다원과 사다함과 아나함과 아라한과 벽지불이 제일이 되는 것과 같이, 이 경도 또한 다시 이와 같아서, 일체 여래께옵서 설하신 바와, 만약 보살이 설한 바와, 만약 성문이 설한 바인, 모든 경의 법 가운데에서 가장 제일이 되느니라.

능히 이 경전을 받아 가지는 자가 있으면, 또한 다시 이와 같아서, 일체 중생 가운데에서 또한 제일이 되느니라.

일체 성문과 벽지불 가운데에서 보살이 제일이 되듯이, 이 경도 또한 다시 이와 같아서, 일체 모든 경의 법 가운데에서 가장 제일이 되느니라.

부처님께옵서 모든 법의 왕이 되시는 것과 같이, 이 경도 또한 다시 이와 같아서, 모든 경 가운데 왕이니라.

⑤ 수왕화여,

이 경은 능히 일체 중생을 구원하는 것이며,

이 경은 능히 일체 중생으로 하여금

모든 괴로움과 뇌로움을 떠나게 하며,

이 경은 능히 일체 중생을

크게 넉넉히 이익되게 하여

그 원을 가득 채우게 하느니라.

맑고 서늘한 못이 능히 일체 모든 목 마른 자를 채워줌과 같으며, 추운 자가 불을 얻음과 같으며, 벌거벗은 자가 옷을 얻음과 같으며, 장사하는 사람이 주인을 얻음과 같으며, 자식이 어머니를 얻음과 같으며, 나루에서 배를 얻음과 같으며, 병을 앓음에 의원을 얻음과 같으며, 어두운 데 등불을 얻음과 같으며, 가난한 데에 보배를 얻음과 같으며, 백성이 임금을 얻음과 같으며, 장사하는 사람이 손님의 바다를 얻음과 같으며, 횃불이 어둠을 없애는 것과 같이,

이 법화경도 또한 다시 이와 같아서, 능히 중생으로 하여금 일체 괴로운 것과 일체 병의 아픔을 떠나게 하고, 능히 일체의 나고 죽음의 묶임을 풀게 하느니라.

만약 사람이 이 법화경을 얻어듣고 만약 스스로 쓰거나, 만

약 사람을 시켜서 쓰게 하면, 얻는 바의 공덕은 부처님의 사리에 밝은 지혜로써 많고 적은 것을 셈놓아 헤아려도 그 가를 얻지 못하느니라.

만약 이 경권을 쓰고, 꽃과 향과 영락과, 사르는 향과 가루 향과 바르는 향과, 「부처님과 보살의 위엄과 덕을 표시하는 장엄도구인 깃발」과, 천개와 의복과, 가지가지의 등인 차조기등과 기름등과 모든 향기름등과 첨복의 기름등과 수만나 기름등과 바라라 기름등과 바리사가 기름등과 나바마리 기름등으로 공양하면, 얻는 바의 공덕은 또한 다시 헤아릴 수 없느니라.

⑥ 수왕화여, 만약 어떤 사람이 이 약왕보살 본사품을 듣는다면 또한 헤아릴 수 없고 가없는 공덕을 얻느니라.

만약 어떤 여인이 이 약왕보살 본사품을 듣고 능히 받아서 가지면, 이 여자의 몸을 다하고는 뒤에는 다시 받지 아니하느니라.

만약 여래가 멸한 뒤의 후오백세 가운데에서, 만약 어떤 여인이 이 경전을 듣고 설함과 같이 닦고 행하면, 여기에서 명을 마치고는 곧 안락세계에 가서, 아미타 부처님을 큰 보살의 많은 이가 에워 둘러싸서 머무는 곳의, 연꽃 가운데 보배자리 위에 나느니라. 다시는 탐냄과 욕심의 번뇌로운 바를 당하지 아니하며, 또한 다시 성내고 분내며 어리석음의 번뇌로운 바를 당하지 아니하며, 또한 다시 교만하고 업신여기며 미워하고 시기하며 모든 수치의 번뇌로운 바를 당하지 아니하고, 보살의 신통과, 「나지도 없어지지도 않는 참된 법의 본바탕을 깨달아 알고 편안히 머물러 움직이지 않음」을 얻나니, 이 머물러 움직이지 않음을 얻고는 눈 뿌리가 맑고 깨끗하여, 이 맑고 깨끗한 눈 뿌리로써 칠백만 이천억 나유타 항하사들의 모든 부처님 여래를 뵈옵느니라.

이 때에 모든 부처님께옵서 멀리서 함께 칭찬하시어 말씀하시되, 「착하고 착하도다. 착한 남자여, 너는 능히 석가모니부처님의 법 가운데에서, 이 경을 받아서 가지고 읽고 외우며 깊이 생각하고, 다른 사람을 위하여 설하였느니, 얻은 바의 복과 덕은 헤아릴 수 없고 가이 없어서, 불이 능히 태우지 못하고, 물도 능히 빠지게 하지 못할 것이니, 너의 공덕은 일천 부처님께옵서 함께 설하시어도 능히 다하지를 못하느니라. 너는 지금 이미 능히 모든 마적을 멸망시키고, 나고 죽는 것의 군사를 무너뜨리고, 모든 나머지 원한의 적을 모두 다 꺾어 없애었느니라.

착한 남자여, 백천의 모든 부처님께옵서 신통의 힘으로써 함께 너를 지키고 두호하나니, 일체 세간의 하늘과 사람 가운데에서 너와 같은 자는 없느니라. 오직 여래를 제외하고는 그 모든 성문이나 벽지불이며, 이에 보살의 사리에 밝은 지혜와 선정에 이르기까지라도, 너와 더불어 견줄 자는 있을 수 없느니라.' 하시느니라.

수왕화여, 이 보살이 이와 같은 공덕과 사리에 밝은 지혜의 힘을 성취하였느니라.

만약 어떤 사람이 이 약왕보살 본사품을 듣고 능히 따라서 기뻐하고 좋다고 찬탄하면, 이 사람은 지금 세상에서 입 가운데에서 항상 푸른 연꽃의 향기가 나오고, 몸의 털구멍 중간에서 항상 우두전단의 향기가 나오나니, 얻는 바의 공덕은 위에 말한 바와 같으니라.

이런 까닭으로 수왕화여, 이 약왕보살 본사품을 너에게 누누이 부탁하노니, 내가 멸도한 뒤의 후오백세 가운데에서, 널리 베풀어서 퍼져 나가게 하여, 염부제에서 하여금 끊어지고 끊어져서 악한 마와 마의 백성과 모든 하늘과 용과 야차와 구반다 들이 그 편의를 얻음이 없게 할지니라.

수왕화여, 너는 마땅히 신통의 힘으로써 이 경을 지키고 두호할지니라. 까닭은 무엇인가 하면, 이 경은 곧 염부제 사람의 병에 좋은 약이 되느니라. 만약 사람이 병이 있어 이 경을 얻어들으면, 병이 곧 사라져 없어지고 늙지도 않고 죽지도 아니하느니라.

수왕화여, 네가 만약 이 경을 받아서 가지고 있는 자를 보거든, 응당히 푸른 연꽃과 가득히 담은 가루향으로써 그 위에 흩어 받들고, 흩기를 마치고는 이런 생각으로 말을 하되, 「이 사람은 오래지 않아서 마땅히 반드시 풀을 사용하여 도량에 앉아서 모든 마의 군사를 깨뜨리고, 마땅히 법의 소라를 불며, 큰 법의 북을 쳐서, 일체 중생을 늙고 병들며 죽는 바다를 건너게 하여 벗어나게 하리라.」 할지니라.

이런 까닭으로 부처님의 도를 구하는 자는, 이 경전을 받아 가지고 있는 사람을 보거든, 응당 마땅히 이와 같이 공손히 공경하는 마음을 내어야 하느니라.』 하셨소이다.

이 약왕보살 본사품을 말씀하실 때에, 팔만 사천 보살께서는 일체 중생의 말을 이해하는 다라니를 얻으셨소이다. 다보 여래께옵서는 보탑 가운데에서 수왕화보살을 칭찬하시어 말씀하시되, 『착하고 착하도다. 수왕화여, 너는 가히 생각으로 논의하지 못할 공덕을 성취하여, 이에 능히 석가모니 부처님께 이와 같은 일을 여쭈어서 헤아릴 수 없는 일체 중생을 이익되게 하였구나.』 하셨소이다.

[묘법연화경 제 칠 권]

묘법연화경 제 이십사 묘음보살품

① 이 때에 석가모니 부처님께옵서 대인형상인 살로 된 상투에서 밝은 빛을 놓으시며, 그리고 또 눈썹 사이의 흰털의 모습에서 빛을 놓으시어, 두루 동방으로 백팔만억 나유타 항하사들의 모든 부처님 세계를 비추셨소이다.

이 숫자를 지나기를 마치고 세계가 있었으니, 이름은 정광장엄이요, 그 나라에 부처님께옵서 계시니, 호는 정화수왕지여래 응공 정변지 명행족 선서 세간해 무상사 조어장부 천인사 불 세존이시라. 헤아릴 수 없고 가도 없는 보살 대중에게 공손히 공경되시며 에워 둘러싸이시어 이에 위하여 법을 설하시니, 석가모니 부처님의 흰털의 밝은 빛이 그 나라까지 두루 비추셨소이다.

이 때에 일체의 정광장엄 나라 가운데에 한 보살께서 계셨으니, 이름은 가로되 묘음이었소이다. 오래 이미 많은 덕의 근본을 심으시어 헤아릴 수 없는 백천만억의 모든 부처님께 공양하시고 친하고 가까이하시어, 이에 심히 깊고 사리에 밝은 지혜를 다 성취하시고,

묘당상삼매와   법화삼매와   정덕삼매와
수왕희삼매와   무연삼매와   지인삼매와
일체 중생의 말을 이해하는 삼매와

온갖 공덕을 모으는 삼매와 청정삼매와 신통유희삼매와 혜거삼매와 장엄왕삼매와 정광명삼매와 정장삼매와 불공삼매와 일선삼매를 얻으셨으며, 이와 같은 것들의 백천만억 항하사들의 모든 큰 삼매를 얻으셨더이다.

석가모니 부처님의 빛이 그 몸을 비추시거늘, 곧 정화수왕지 부처님께 아뢰어 말씀드리되, 『세존이시여, 제가 마땅히 사바세계를 향하여 나아가서, 석가모니 부처님께 인사의 절을 하고 친하고 가까이하여 공양하고, 그리고 또 문수사리법왕자보살과 약왕보살과 용시보살과 수왕화보살과 상행의보살과 장엄왕보살과 약상보살을 뵈올까 하나이다.』

이 때에 정화수왕지 부처님께옵서 묘음보살에게 이르시되,
『너는 저 나라를 가볍게 여겨서 낮고 졸렬하다는 생각을 내지 말지니라. 착한 남자여, 저 사바세계는 높고 낮아서 평탄하지 못하며, 흙과 돌로 된 모든 산에는 더럽고 나쁜 것이 가득하고, 부처님의 몸은 보잘 것 없이 작으며, 모든 보살의 많은 이도 그 모양이 또한 작으니라. 그러나 너의 몸은 사만 이천 유순이요, 나의 몸은 육백팔십만 유순이라, 너의 몸이 제일 단정하고 발라서 백천만 복의 밝은 빛이 뛰어나게 묘하니, 이런 까닭으로 네가 가서 저 나라를 가벼이 여겨, 만약 부처님과 보살과 그리고 또 국토를 낮고 졸렬하다는 생각을 내지 말지니라.』

묘음보살께서 그 부처님께 아뢰어 말씀드리되, 『세존이시

여, 제가 지금 사바세계에 나아가는 것은 모두 바로 여래의 힘이시오며, 여래의 신통으로 즐겁게 노니는 것이오며, 여래의 공덕과 사리에 밝은 지혜로 꾸미고 치장함이옵니다.』

이에서 묘음보살께서 자리로부터 일어나지 아니하시고, 몸을 움직이거나 흔들지도 아니하시며, 그리고는 삼매에 드시니, 삼매의 힘으로써 기사굴산의 법자리에서 멀리 떨어지지 않은 곳에 가시어, 팔만 사천의 많은 보배연꽃을 변화로 만드시되, 염부단금으로 줄기를 하고, 흰 은으로 잎사귀를 하며, 금강으로 꽃술을 하고, 견숙가보로써 그 좌대를 하셨더이다.

이 때에 문수사리법왕자께서 이 연꽃을 보시고 부처님께 아뢰어 말씀하시되,『세존이시여, 이는 어떠한 인연으로 먼저 이러한 상서가 나타났나이까. 몇 천만 연꽃이 있는데, 염부단금으로 줄기를 하고, 흰 은으로 잎사귀를 하며, 금강으로 꽃술을 하고, 견숙가보로써 그 좌대를 하였나이까.』

② 이 때에 석가모니 부처님께옵서 문수사리에게 이르시되, 『이는 묘음보살마하살이 정화수왕지 부처님의 나라로부터 팔만 사천 보살에게 더불어 에워싸이어 와서, 이 사바세계에 이르러서 나에게 공양하고 친하고 가까이하여 인사의 절을 하고자 함이며, 또한 법화경을 듣고 공양하고자 함이니라.』

문수사리께서 부처님께 아뢰어 말씀드리되, 『세존이시여, 이 보살은 어떠한 착한 근본을 심었으며, 어떠한 공덕을 닦았기에 능히 이러한 큰 신통의 힘이 있으며, 어떤 삼매를 행하나이까. 원하옵건대, 저희들을 위하여 이 삼매의 이름자를 설하여 주시옵소서. 저희들도 또한 이를 부지런히 닦고 행하고자 하나이다. 이 삼매를 행하여야 이에 능히 이 보살의 색과 용모의 크고 작음과, 위엄 있는 거동의 나아가고 머무름을 볼 수 있사오리다. 오직 원하옵건대, 세존이시여, 신통의 힘으로 써 그 보살이 오는 것을 저희로 하여금 봄을 얻도록 하여 주시옵소서.』

이 때에 석가모니 부처님께서 문수사리에게 이르시되,
『이 멸도하신 지 오래이신 다보 여래께서 마땅히 너희들을 위하여 그 형상이 나타나게 하시리라.』

때에 다보 부처님께서 그 보살에게 이르시되, 『착한 남자 여, 오너라. 문수사리법왕자가 너의 몸을 보고자 하느니라.』
때에 묘음보살께서 그 나라에서 사라져 팔만 사천 보살과 더불어 함께 같이 떠나오시니, 지나는 바의 모든 나라는 여섯 가지로 진동하여 움직이고, 모두 다 일곱 가지 보배로 된 연꽃이 비오듯이 하며, 백천 가지 하늘의 풍악은 치지 아니하여도 저절로 울리더이다.

이 보살의 눈은 넓고 큰 푸른 연꽃잎과 같으며, 바로 하여금 백천만 개의 달을 섞어서 합할지라도, 그 얼굴 모양의 단정하고 바름은 다시 이보다 우월하였더이다. 몸은 진금빛이고, 헤아릴 수 없는 백천의 공덕으로 꾸미어 치장하고, 위엄과 덕은 불이 활활 붙은 만큼 성하며 밝은 빛이 밝게 비치어 빛나며, 모든 형상을 흡족하게 갖추었으되, 나라연의 굳세고 단단한 몸과 같더이다.

일곱 가지 보배로 된 좌대에 들어가시어 높이 허공에 오르시니, 땅에서 떨어지기는 칠 다라수나 되며, 모든 보살의 많은 이께서 공손히 공경하며, 에워 둘러싸여 이 사바세계의 기사굴산에 오시어 이르셨더이다. 이르시기를 마치고는 일곱 가지 보배로 된 좌대에 내리시어, 가치가 백천이나 되는 영락을 가지고서 석가모니 부처님의 거처에 이르러서, 머리와 얼굴로 발에 절하시고 영락을 받들어 올리시고는 부처님께 아뢰어 말씀드리되, 『세존이시여, 정화수왕지 부처님께옵서 세존께 문안을 여쭈시되, 「병환이 적으시며, 뇌로움도 적으시며, 기거하심에는 가볍고 편리하시며, 편안하시고 즐거운 행을 하십니까. 사대는 고르고 알맞으시오니까. 아니시오니까. 세상일을 가히 참으실 만 하시오니까. 아니시오니까. 중생은 쉽게 제도되나이까. 아니 되나이까.

탐하는 것과 욕심과 성내는 것과 분내는 것이며, 어리석고 바보스러움과, 시새움질하는 것과 미워하는 것과, 아낌과 거만함이 많음은 없나이까. 아버지와 어머니께 효도하지 아니함은 없으며, 사문을 공경하지 않으며, 삿되게 보나이까. 않으나이까. 착한 마음을 하나이까. 아니 하나이까. 않으나이까. 다섯 가지 정에 끌리나이까. 않으나이까. 세존이시여, 중생이 능히 모든 마와 원수를 항복 받으나이까. 않으나이까.

멸도하신 지 오래이신 다보 여래께옵서는 일곱 가지 보배로 된 탑 가운데에 계시면서 오셔서 법을 들으시나이까. 않으시나이까」 하셨사옵니다.

또 다보 여래께도 문안을 여쭈시되, 「편안하게 의지하시오며, 뇌로움도 적으시며, 참고 견디시어 오래 머무시겠나이까. 않으시겠나이까.」 하셨나이다.

세존이시여, 제가 이제 다보 부처님의 몸을 뵈옵고자 하오니, 오직 원하옵건대, 세존께옵서는 저에게 보이시어 뵈옵게 하여 주시옵소서.』

이 때 석가모니 부처님께서 다보 부처님께 말씀하시되, 『이 묘음보살이 서로 뵈옴을 얻고자 하나이다.』 하셨더이다.

때에 다보 부처님께옵서 묘음에게 일러서 말씀하시되, 『착하고 착하도다. 네가 능히 석가모니 부처님께 공양하고 그리고 또 법화경을 듣고 아울러 문수사리 들을 보기 위하여 일부러 여기까지 와서 이르렀구나.』 하셨소이다.

③ 그 때에 화덕보살께서 부처님께 아뢰어 말씀드리되, 『세존이시여, 이 묘음보살은 어떠한 착한 근본을 심었으며, 어떠한 공덕을 닦았기에 이러한 신력이 있사옵니까.』

부처님께서 화덕보살에게 이르시되, 『지난 예전에 부처님께옵서 계셨으니, 이름은 운뢰음왕 다타아가도 아라하 삼먁삼불타이시며, 나라의 이름은 현일체세간이요, 겁의 이름은 희견이더니라. 묘음보살이 만 이천 해를 십만 가지 재주와 음악으로 운뢰음왕 부처님께 공양하고, 아울러 일곱 가지 보배로 된 팔만 사천 개의 바룻대를 받들어 올렸으니, 이러한 인연의 과보로써 지금 정화수왕지 부처님 나라에 나서 이러한 신력이 있느니라.

화덕이여, 너의 뜻에는 어떠하느냐. 그 때에 운뢰음왕 부처님의 거처에서 묘음보살로서, 재주와 음악으로 공양하고 보배 그릇을 받들어 올린 자가 어찌 다른 사람이겠느냐. 지금의 이 묘음보살마하살이 그이니라.

화덕이여, 이 묘음보살이 이미 일찍이 헤아릴 수 없는 모든 부처님께 공양하고 친하고 가까이하여 오래 덕의 근본을 심었으며, 또 항하사들의 백천만억 나유타 부처님을 만났느니라.

화덕이여, 너는 다만 묘음보살의 그 몸이 여기에 있는 것만 보지마는, 그러나 이 보살은 가지가지의 몸을 나타내어 곳곳마다 모든 중생을 위하여 이 경전을 설하느니라.

혹은 범왕의 몸으로 나타내며,

혹은 제석의 몸으로 나타내며,

혹은 자재천의 몸으로 나타내며,

혹은 대자재천의 몸으로 나타내며,
혹은 하늘대장군의 몸으로 나타내며,
혹은 비사문천왕의 몸으로 나타내며,
혹은 전륜성왕의 몸으로 나타내며,
혹은 모든 작은 왕의 몸으로 나타내며,
혹은 장자의 몸으로 나타내며,
혹은 거사의 몸으로 나타내며,
혹은 재관의 몸으로 나타내며,
혹은 바라문의 몸으로 나타내며,
혹은 비구 비구니와 우바새 우바이의 몸으로 나타내며,
혹은 장자와 거사의 부녀의 몸으로 나타내며,
혹은 재관의 부녀의 몸으로 나타내며,

혹은 바라문의 부녀의 몸으로 나타내며,

혹은 사내아이와 계집아이의 몸으로 나타내며,

혹은 하늘과 용과 야차와 건달바와 아수라와 가루라와 긴나라와 마후라가와 인비인 들의 몸으로 나타내어, 이에 이 경을 설하여 모든 지옥·아귀·축생과 그리고 또 많은 어려운 곳에 있는 것을 모두 능히 구제하며, 이에 왕의 후궁에서 변하여 여자의 몸이 되는 데 이르기까지 이 경을 설하느니라.

④ 화덕이여, 이 묘음보살은 능히 사바세계의 모든 중생을 구원하고 두호하는 자이니라. 이 묘음보살은 이와 같이 가지가지의 변화로 몸을 나타내어서 이 사바국토에 있으면서, 모든 중생을 위하여 이 경전을 설하되, 신통 변화와 사리에 밝은

지혜는 줄거나 감하는 바가 없느니라.
이 보살이 약간의 사리에 밝은 지혜로써 밝게 사바세계를 비추어서 일체 중생으로 하여금 각각 아는 것을 얻게 하며, 시방의 항하사 세계 가운데에서도 또한 다시 이와 같으니라.
만약 응당 성문의 형상으로써 제도됨을 얻을 자에게는 성문의 형상을 나타내어서 이에 위하여 법을 설하며,
응당 벽지불의 형상으로써 제도됨을 얻을 자에게는 벽지불의 형상을 나타내어서 이에 위하여 법을 설하며,
응당 보살의 형상으로써 제도됨을 얻을 자에게는 보살의 형상을 나타내어서 이에 위하여 법을 설하며,
응당 부처님의 형상으로써 제도됨을 얻을 자에게는 곧 부처님의 형상을 나타내어서 이에 위하여 법을 설하느니라.

이와 같이 가지가지로 응당 제도할 바를 따라서 이에 위하여 형상을 나타내며, 내지는 응당 멸도로써 제도됨을 얻을 자에게는 멸도를 나타내어 보이느니라.

화덕이여, 묘음보살마하살이 큰 신통과 사리에 밝은 지혜의 힘을 성취한 그 일은 이와 같으니라.』

그 때에 화덕보살께서 부처님께 아뢰어 말씀드리되, 『세존이시여, 이 묘음보살은 깊이 착한 근본을 심었나이다. 세존이시여, 이 보살이 어떠한 삼매에 머물렀기에, 이에 능히 이와 같이 있는 곳에서 변화를 나타내어, 중생을 제도하여 벗어나게 하나이까.』

부처님께옵서 화덕보살에게 이르시되, 『착한 남자여, 그 삼매의 이름은 현일체색신이니라. 묘음보살이 이 삼매 가운데에 머물러서, 능히 이와 같이 헤아릴 수 없는 중생을 넉넉히 이익되게 하느니라.』

이 묘음보살품을 설하실 때에, 묘음보살과 더불어 함께 온 자인 팔만 사천 사람이 모두 현일체색신삼매를 얻었고, 이 사바세계의 헤아릴 수 없는 보살께서도 또한 이 삼매와 그리고 또 다라니를 얻으셨더이다.

이 때에 묘음보살마하살께서 석가모니 부처님과 그리고 다보 부처님 탑에 공양하시기를 마치시고 본래 국토로 도로 돌아가시니, 지나는 바의 모든 나라는 여섯 가지로 진동하여 움직이고, 보배연꽃이 비오듯 하며, 백천만억의 가지가지 재주와 음악을 지었소이다.

이미 본래 나라에 이르러서는, 팔만 사천 보살에게 더불어 에워 둘러싸이어 정화수왕지 부처님의 거처에 이르러서, 부처님께 아뢰어 말씀드리되, 『세존이시여, 제가 사바세계에 이르러서 중생을 넉넉히 이익되게 하였으며, 석가모니 부처님을 뵈옵고 그리고 또 다보 부처님 탑을 뵈옵고는 인사의 절을 하고 공양하였으며, 또 문수사리법왕자보살 용시보살을 보았고 그리고 또 약왕보살과 득근정진력보살과 용시보살 들을 보았으며, 또한 이 팔만 사천 보살로 하여금 현일체색신삼매를 얻게 하였나이다.』
이 묘음보살의 오고 간 품을 말씀하실 때에, 사만 이천의 천자는 「나지도 없어지지도 않는 참된 법의 본바탕을 깨달아 알고 편안히 머물러 움직이지 않음」을 얻었고, 화덕보살께서는 법화삼매를 얻으셨더이다.

묘법연화경 제 이십오 관세음보살 보문품

① 이 때에 무진의보살께서 곧 자리로부터 일어나셔서 웃옷을 벗어 한 쪽으로 하시어 오른쪽 어깨를 드러내시고, 부처님을 향하여 합장하시고 이에 이런 말씀을 하시되, 『세존이시여, 관세음보살은 어떠한 인연으로써 이름을 관세음이라고 하나이까』 하시니, 부처님께옵서 무진의보살에게 이르시되, 『착한 남자여, 만약 헤아릴 수 없는 백천만억 중생이 있어, 모든 괴로움과 뇌로움을 받을지라도, 이 관세음보살을 듣고 한마음으로 이름을 부르면, 관세음보살이 곧 때에 그 음성을 관하여

모두 풀리어 벗어남을 얻게 하느니라.

만약 이 관세음보살의 이름을 가지고 있는 자는 설령 큰불에 들어갈지라도 불이 능히 태우지 못하나니, 이 보살의 위엄과 신비스러운 힘으로 말미암은 까닭이며, 만약 큰물에 빠지는 바가 될지라도 그 명호를 부르면 곧 얕은 곳을 얻으며, 만약 백천만억 중생이 있어, 금·은·유리·차거·마노·산호·호박·진주 들의 보배를 구하기 위하여 큰 바다에 들어가는데, 가령 하여금 검은 바람이 그 배에 불어서 나찰귀신의 나라에 빠져서 떨어지게 될지라도, 그 가운데에 만약 이에 한 사람에 이를지라도 관세음보살의 이름을 부르는 자가 있으면, 이 모든 사람들이 모두 나찰의 어려움에서 풀리어 벗어남을 얻느니라.

이러한 인연으로써 이름을 관세음이라고 하느니라.

만약 다시 어떤 사람이 해 입음을 당함에 다다라서 관세음보살의 이름을 부르면, 저네가 잡은 바의 칼과 막대기가 곧 조각조각 부러져서 이에 풀리어 벗어남을 얻느니라.

만약 삼천대천국토 가운데 가득 찬 야차와 나찰이 와서 사람을 뇌롭게 하고자 할지라도, 그 관세음보살의 이름을 부르는 것을 들으면, 이 모든 악한 귀신이 오히려 악한 눈으로써도 능히 보지 못할진대, 하물며 다시 해를 가하겠느냐.

설령 다시 어떤 사람이 만약 죄가 있거나, 만약 죄가 없거나, 수갑과 형틀과 칼과 쇠사슬로 그 몸을 묶어서 단속할지라도, 관세음보살의 이름을 부르는 자이면, 모두 다 끊어지고 부서져서 곧 풀리어 벗어남을 얻느니라.

만약 삼천대천국토에 원한의 도적이 가득 찬 가운데, 한 장사의 우두머리가 있어 모든 장사하는 사람을 거느리고 중한 보배를 싸서 가지고 험한 길을 지나감에, 그 가운데 한 사람이라도 이렇게 외쳐 말을 하되, 「모든 착한 남자여, 든든히 여겨 두려워하거나 무서워하지 말지니라. 당신들은 응당 마땅히 한마음으로 관세음보살의 명호를 부를지니라. 이 보살께서 능히 두려움이 없는 것으로써 중생에게 베풀어 주시나니, 너희들이 만약 이름을 부르는 자이면, 이 원한의 도적에게서 마땅히 풀리어 벗어남을 얻을 것이니라.」하니, 많은 장사하는 사람이 듣고는 함께 소리를 내어 말을 하되, 「나무 관세음보살」이라고 하면, 그 이름을 부른 까닭으로 곧 풀리어 벗어남을 얻느니라.

무진의여, 관세음보살마하살의 위엄과 신비스러운 힘의 높고도 큼이 이와 같으니라.

② 만약 어떤 중생이 음탕한 욕심이 많을지라도 항상 관세음보살을 생각하고 공경하면 곧 욕심이 떠남을 얻으며, 만약 성냄과 분냄이 많을지라도 항상 관세음보살을 공손히 공경하면 곧 성내는 것이 떠남을 얻으며, 만약 어리석고 미련함이 많을지라도 항상 관세음보살을 생각하고 공손히 공경하면 곧 어리석음이 떠남을 얻느니라.

무진의여, 관세음보살은 이와 같은 것들의 큰 위엄과 신비스러운 힘이 있어 넉넉히 이익되게 하는 바가 많으니, 이러한 까닭으로 중생은 항상 응당히 마음으로 생각할지니라.

만약 어떤 여인이 가령 아들을 구하고자 하여 관세음보살에게 인사의 절을 하고 공양하면, 곧 복과 덕과 사리에 밝은 지혜로운 아들을 낳고, 가령 딸을 구하고자 하면 곧 단정하고 바르며 모양이 있는 딸을 낳되, 지난 세상에 덕의 근본을 심었으므로 많은 사람이 사랑하고 공경하느니라.

무진의여, 관세음보살은 이와 같은 힘이 있느니라. 만약 어떤 중생이 관세음보살에게 공손히 공경하며 인사의 절을 하면, 복을 헛되게 버리지 아니하느니라. 이런 까닭으로 중생은 모두 응당히 관세음보살의 명호를 받아서 가져야 하느니라.

무진의여, 만약 어떤 사람이 육십이억 항하사 보살의 이름자를 받아서 가지고, 다시 형상이 다하도록 음식과 의복과 눕는 데 갖추는 것과 의약으로 공양하면, 너의 뜻에는 어떠하느야. 이 착한 남자, 착한 여인의 공덕이 많겠느냐. 않겠느냐.』

무진의께서 말씀하오되, 『심히 많으나이다. 세존이시여.』

부처님께옵서 말씀하시되, 『만약 다시 어떤 사람이 관세음보살의 명호를 받아서 가지고 이에 한 때라도 인사의 절을 하고 공양하는데 이르러면, 이 두 사람의 복이 확실히 같아 다름이 없으니, 백천만억겁에도 가히 다하여 마치지 아니하리라. 무진의여, 관세음보살의 명호를 받아서 가지면 이와 같은 헤아릴 수도 없고 가도 없는 복과 덕의 이익을 얻느니라.』

무진의 보살께서 부처님께 아뢰어 말씀드리되, 『세존이시여, 관세음보살은 어떻게 이 사바세계에서 노닐며, 어떻게 하여서 이에 중생을 위하여 법을 설하며, 방편의 힘의 그 일은 어떠하나이까.』

부처님께옵서 무진의보살에게 이르시되,

『착한 남자여,

만약 어떤 국토의 중생이 응당히 부처님의 몸으로써

제도됨을 얻을 자에게는 관세음보살이

곧 부처님의 몸으로 나타내어 이에 위하여 법을 설하며,

응당히 벽지불의 몸으로써 제도됨을 얻을 자에게는

곧 벽지불의 몸으로 나타내어 이에 위하여 법을 설하며,

응당히 성문의 몸으로써 제도됨을 얻을 자에게는

곧 성문의 몸으로 나타내어 이에 위하여 법을 설하며,

응당히 범왕의 몸으로써 제도됨을 얻을 자에게는

곧 범왕의 몸으로 나타내어 이에 위하여 법을 설하며,

응당히 제석의 몸으로써 제도됨을 얻을 자에게는

곧 제석의 몸으로 나타내어 이에 위하여 법을 설하며,
응당히 자재천의 몸으로써 제도됨을 얻을 자에게는
곧 자재천의 몸으로 나타내어 이에 위하여 법을 설하며,
응당히 대자재천의 몸으로써 제도됨을 얻을 자에게는
곧 대자재천의 몸으로 나타내어 이에 위하여 법을 설하며,
응당히 하늘 대장군의 몸으로써 제도됨을 얻을 자에게는
곧 하늘 대장군의 몸으로 나타내어 이에 위하여 법을 설하며,
응당히 비사문의 몸으로써 제도됨을 얻을 자에게는
곧 비사문의 몸으로 나타내어 이에 위하여 법을 설하며,
응당히 작은 왕의 몸으로써 제도됨을 얻을 자에게는
곧 작은 왕의 몸으로 나타내어 이에 위하여 법을 설하며,
응당히 장자의 몸으로써 제도됨을 얻을 자에게는

곧 장자의 몸으로 나타내어 이에 위하여 법을 설하며,
응당히 거사의 몸으로써 제도됨을 얻을 자에게는
곧 거사의 몸으로 나타내어 이에 위하여 법을 설하며,
응당히 재관의 몸으로써 제도됨을 얻을 자에게는
곧 재관의 몸으로 나타내어 이에 위하여 법을 설하며,
응당히 바라문의 몸으로써 제도됨을 얻을 자에게는
곧 바라문의 몸으로 나타내어 이에 위하여 법을 설하며,
응당히 비구 비구니와 우바새 우바이의 몸으로써
제도됨을 얻을 자에게는 곧 비구 비구니와 우바새
우바이의 몸으로 나타내어 이에 위하여 법을 설하며,
응당히 장자나 거사나 재관이나 바라문의 부녀의 몸으로써
제도됨을 얻을 자에게는 곧 부녀의 몸으로 나타내어

이에 위하여 법을 설하며, 응당히 사내아이와 계집아이의 몸으로써 제도됨을 얻을 자에게는 곧 사내아이와 계집아이의 몸으로 나타내어 이에 위하여 법을 설하며, 응당히 하늘과 용과 야차와 건달바와 아수라와 가루라와 긴나라와 마후라가와 인비인 들의 몸으로써 제도됨을 얻을 자에게는 곧 모두 이를 나타내어 이에 위하여 법을 설하며, 응당히 집금강신으로써 제도됨을 얻을 자에게는 곧 집금강신으로 나타내어 이에 위하여 법을 설하느니라. 무진의여, 이 관세음보살은 이와 같은 공덕을 성취하여, 가지가지의 형상으로써 모든 국토에 노닐면서 중생을 제도하여 벗어나게 하느니라. 이러한 까닭으로 너희들은 응당 마땅히 한마음으로 관세음보살에게 공양할지니라.

이 관세음보살마하살은, 두렵고 무서우며 위급한 어려움 가운데에서 능히 두려움이 없는 것을 베푸느니라. 이런 까닭으로 이 사바세계에서는 모두 명칭을 두려움이 없는 것을 베푸는 자라 부르느니라.』

③ 무진의보살께서 부처님께 아뢰어 말씀하시되, 『세존이시여, 제가 지금 마땅히 관세음보살에게 공양하오리다.』 하시고, 곧 목에서 많은 보배구슬의 영락을 푸시니, 가치가 백천양금인데, 드리려고 이런 말씀을 하시되, 『어지신 분께서는 이 법으로 베푸는 진귀한 보배영락을 받아 주시옵소서.』 하셨소이다.

때에 관세음보살께서 기꺼이 이를 받지 아니하시거늘, 무진의께서 다시 관세음보살께 아뢰어 말씀하시되, 『어지신 분께서는 저희들을 불쌍히 여기시는 까닭으로 이 영락을 받아 주시옵소서.』 하셨소이다.

그 때에 부처님께옵서 관세음보살에게 이르시되, 『마땅히 이 무진의 보살과 그리고 또 사중과 하늘과 용과 야차와 건달바와 아수라와 가루라와 긴나라와 마후라가와 인비인 들을 불쌍히 여기는 까닭으로 이 영락을 받을지니라.』 하시니, 곧 때에 관세음보살께서는 모든 사중과 그리고 또 하늘과 용과 인비인 들을 불쌍히 여기시고, 그 영락을 받으시어 나누어 두 몫을 만드시어, 나눈 하나는 석가모니 부처님께 바치시고, 나눈 하나는 다보 부처님 탑에 바치셨소이다.

『무진의여, 관세음보살은 이와 같이 마음대로 되는 신력이 있어서 사바세계에 노니느니라.』

그 때에 무진의 보살께서 게송으로써 여쭈어 가라사대,
묘한 형상을 갖추신
거듭 저 일을 묻겠나이다.
어떠한 인연으로 명호를
묘한 형상을 흡족하게
무진의에게 대답하시되,
관음의 행이 모든 방위의
넓고 크게 맹세한 것은
생각으로 논하지 못하는
천억의 부처님을 모시고,
크게 일으켰느니라.
간략하게 말하노니,

세존이시여, 제가 이제
부처님의 아들이
관세음이라 하나이까.
갖추신 세존께옵서 게송으로
그대는 잘 들을지니라.
곳에서 잘 응함이라,
깊이가 바다와 같아서,
겁을 지나도록 많은
맑고 깨끗한 원을
내가 너를 위하여
이름을 듣거나 그리고 또

몸을 보고 마음으로 생각하여 헛되이 지나지를 아니하면,

능히 모든 괴로움이 있는 것은 소멸하느니라.

가령 해하려는 뜻을 일으켜서 큰 불구덩이에

밀어 떨어지게 되더라도, 저 관음을 생각하는 힘으로

불구덩이가 변하여 못을 이루며,

혹은 큰 바다에 빠져서 떠내려가 용과 고기와

모든 귀신의 재앙에서도, 저 관음을 생각하는 힘으로

파도와 물결에 능히 빠지게 하지 않으며,

혹은 수미봉에 있는데 사람이 밀어서

떨어지는 바가 될지라도, 저 관음을 생각하는 힘으로

해와 같이 허공에 머무르며, 혹은 악한 사람에게

쫓김을 당하여 금강산에서 빠져 떨어지게 될지라도,

저 관음을 생각하는 힘으로
상하지 아니하며,
각각 칼을 잡고 해를
저 관음을 생각하는 힘으로
일으키며,
괴로움을 만나서
목숨이 마치고자 할지라도,
칼이 곧 조각조각으로
혹은 옥에 가둬서
채우고 손발을 수갑과
저 관음을 생각하는 힘으로
저주하는 것과 모든

능히 털끝 하나도
혹은 원한의 적이 둘러싸고
가하려는 것을 만날지라도,
다 곧 사랑하는 마음을
혹은 왕의 난리로
형벌을 당하여
저 관음을 생각하는 힘으로
부러지며,
칼을 씌우고 쇠고랑을
형틀에 묶을지라도,
확 풀리어 벗어남을 얻으며,
독약으로 몸을 해치고자

하는 바의 것이라도, 저 관음을 생각하는 힘으로
본인에게로 돌아가서 붙으며, 혹은 악한 나찰과 독한 용과
모든 귀신들을 만날지라도, 저 관음을 생각하는 힘으로
때에 다 감히 해치지를 못하며, 만약 악한 짐승이
에워 둘러싸서 날카로운 이빨과 발톱으로 가히
무섭게 할지라도, 저 관음을 생각하는 힘으로 빨리
가없는 방위로 달아나며, 까치독사와 독사와
그리고 또 살무사와 전갈이 독한 기운의 연기와
불을 피울지라도, 저 관음을 생각하는 힘으로
소리를 좇아 스스로 돌아갈 것이며,
구름에서 천둥이 치며 번개가 번쩍이고 우박이 내리고
큰비가 쏟아질지라도, 저 관음을 생각하는 힘으로

응당 때에 사라져 흩어짐을 얻으며,
중생이 곤란과 재액을 입고 헤아릴 수도 없는 괴로움이
몸에 닥칠지라도, 관음의 묘한 지혜의 힘이
능히 세간의 괴로움을 구원하느니라.

④ 신통의 힘을 흡족하게 갖추고 지혜의 방편을 널리 닦아서,
시방의 모든 국토에 몸을 나타내지 아니하는 세계가
없으며, 가지가지 모든 악하게 나아감인 지옥과
아귀와 축생과 나고 늙고 병들고 죽음의 괴로움을
점점 다 없애느니라. 참되게 관하고,
맑고 깨끗하게 관하며, 넓고 큰 사리에 밝은
지혜로 관하며, 불쌍하게도 관하고,
그리고 또 사랑스럽게도 관하나니, 항상 원하고

항상 우러러볼지니라.
지혜의 해가
능히 바람과 불의 재앙을
세간을 비추느니라.
죄악을 저지르지 못하도록
사랑하는 뜻은
감로의 법비로써 적시어서,
꺼서 없애느니라.
처리하는 관청의 곳이나,
진지 가운데에서도,
모든 원수가 다 물러나
묘한 소리인 관세음은

때 없이 맑고 깨끗한 빛인
모든 어두움을 깨뜨리고,
굴복시키고, 널리 밝게
슬픔을 몸으로 하여
우레가 진동하며,
묘한 큰 구름이 되어
번뇌의 불꽃을
다투어서 송사하며
두렵고 무서운 군사의
저 관음을 생각하는 힘으로
흩어지느니라.
청정의 소리요,

바다의 조수 소리인지라, 저 세간의 소리보다 뛰어나니,
이런 까닭으로 모름지기 항상 생각하여서,
생각생각에 의심을 내지 말지니라.
관세음은 맑고 거룩한지라.
죽음의 위태로움에서 능히 괴로움과 뇌로움과
일체의 공덕을 갖추고 믿고 의지함이 되느니라.
복 무더기의 바다는 사랑스런 눈으로 중생을 보며,
이런 까닭으로 응당 헤아릴 수 없나니,
이마로 절할지니라.
이 때 지지보살께서 곧 자리로부터 일어나시어 부처님 앞에
아뢰어 말씀하시되,『세존이시여, 만약 어떤 중생으로서 이
관세음보살품의 마음대로 되는 업과, 넓은 문으로 나타내어
보이시는 신통의 힘을 듣는 자는, 마땅히 이 사람의 공덕은

적지 않음을 알겠사옵니다.』 하셨소이다.

부처님께옵서 이 보문품을 설하실 때에, 많은 이 가운데 팔만 사천 중생은 모두 등급을 같이할 수 없는 「위없이 높고 바르며 크고도 넓으며 평등한 깨달음」의 마음을 일으켰소이다.

묘법연화경 제 이십육 다라니품

① 이 때에 약왕보살께서 곧 자리로부터 일어나시어 웃옷을 벗어서 한 쪽으로 하시어 오른쪽 어깨를 드러내시고, 부처님을 향하여 합장하시고 부처님께 아뢰어 말씀드리되,『세존이시여, 만약 착한 남자, 착한 여인으로 능히 법화경을 받아 가지는 자가 있어서, 만약 읽고 외워서 통리하거나, 만약 경권을 써서 베끼면, 얼마만한 바의 복을 얻사옵니까.』하시니, 부처님께옵서 약왕에게 이르시되,『만약 어떤 착한 남자, 착한 여인이 팔백만억 나유타 항하사들의 모든 부처님께 공양하면,

너의 뜻에는 어떠하겠느냐. 그 얻는 바의 복이 어찌 많지 않겠느냐.』

『심히 많사옵니다. 세존이시여.』

부처님께옵서 말씀하시되, 『만약 착한 남자, 착한 여인이 능히 이 경의 이에 네 구절의 한 게송을 받아 가짐에 이르러서, 읽고 외우며 뜻을 알고 설함과 같이 닦아 행하면, 공덕은 심히 많으니라.』

이 때에 약왕보살께서 부처님께 아뢰어 말씀하시되, 『세존이시여, 제가 지금 마땅히 법을 설하는 자에게 다라니주를 주어서 지키고 두호하오리다.』 하시고, 곧 주를 설하시어 가라사대,

안니⑴ 만니⑵ 마녜⑶ 마마녜⑷ 지례⑸ 자리제⑹

샤마⑺ 샤리다위⑻ 선제⑼ 목제⑽ 목다리⑾ 사리⑿ 아위사리⒀ 상리⒁ 사리⒂ 사예⒃ 아사예⒄ 아기⒅ 니 선제⒆ 샤리 다라니⒇ 아로가바사파자빅사니 녜비제⒇ 아변다라녜리제(24) 아단다파례수지(25) 구구례(26) 모구례(27) 아라례(28) 파라례(29) 수가차(30) 아삼마삼리(31) 붓다비기리질제(32) 달마파리차뎨(33) 승가녈구사녜(34) 바사바사수지(35) 만다라(36) 만다라사야다(37) 아우루다(38) 우루다교사랴(39) 악사라(40) 악사야다야(41) 아바로(42) 아마야나다야(43)

『세존이시여, 이 다라니 신주는 육십이억 항하사들의 모든 부처님께옵서 설하신 바이시니, 만약 이 법사를 침노하고 헐뜯는 자가 있으면, 곧 이 모든 부처님을 침노하고 헐뜯은 것이 되옵니다.』

이 때에 석가모니 부처님께옵서 약왕보살을 칭찬하시어 말씀하시되, 『착하고 착하도다. 약왕이여, 너는 이 법사를 불쌍히 생각하여 호위하고 보호하는 까닭으로 이 다라니를 설하니, 모든 중생을 넉넉히 이익되게 하는 바가 많으리라.』 하셨소이다.

이 때에 용시보살께서 부처님께 아뢰어 말씀하시되, 『세존이시여, 저도 또한 법화경을 읽고 외우며 받아서 가지는 자를 호위하기 위하여 다라니를 설하오리다. 만약 이 법사가 이 다라니를 얻으면, 만약 야차며, 만약 나찰이며, 만약 부단나와, 만약 길자와, 만약 구반다와, 만약 아귀들이 엿보아 그의 잘못을 구할지라도, 능히 편리를 얻을 수 없게 하오리다.』 하시고, 곧 부처님 앞에서 이에 주를 설하시어 가라사대,

자례⑴ 마하자례⑵ 우지⑶ 목지⑷ 아레⑸ 아라바
제⑹ 녈례제⑺ 녈례다바제⑻ 이지니⑼ 위지니⑽
지니⑾ 녈례지니⑿ 녈리지바지⒀

『세존이시여, 이 다라니 신주는 항하사들의 모든 부처님께옵서 설하신 바이시오며, 또한 모두 따라서 기뻐하신 것이오니, 만약 이 법사를 침노하고 헐뜯는 자가 있으면, 곧 이 모든 부처님을 침노하고 헐뜯는 것이 되옵니다.』

② 이 때에 비사문천왕인 세상을 지키는 자가 부처님께 아뢰어 말하되, 『세존이시여, 저도 또한 중생을 불쌍히 생각하여 이 법사를 호위하고 보호하기 위한 까닭으로 이 다라니를 설하오리다.』 하고, 곧 주를 설하여 가로되,

아리⑴ 나리⑵ 노나리⑶ 아나로⑷ 나리⑸ 구나리⑹

『세존이시여, 이 신주로써 법사를 호위하여 보호하고, 저도 또한 스스로 마땅히 이 경을 가진 자를 호위하고 보호하여, 백 유순 안으로 하여금 모든 쇠약함과 병듦이 없게 하오리다.』

이 때에 지국천왕이 이 모임 가운데 있으면서, 천만억 나유타 건달바의 무리에게 더불어 공손히 공경되어 에워 둘러싸이어, 부처님 거처의 앞으로 나아가서, 합장하고 부처님께 아뢰어 말하되, 『세존이시여, 저도 또한 다라니 신주로써 법화경을 가지는 자를 호위하고 보호하오리다.』 하고, 곧 주를 설하여 가로되,

아가녜⑴ 가녜⑵ 구리⑶ 건다리⑷ 전다리⑸ 마등기⑹ 상구리⑺ 부루사니⑻ 알디⑼

『세존이시여, 이 다라니 신주는 사십이억의 모든 부처님께옵서 설하신 바이시니, 만약 이 법사를 침노하고 헐뜯는 자가 있으면, 곧 이 모든 부처님을 침노하고 헐뜯는 것이 되옵니다.』

이 때에 나찰녀들이 있으니,

첫째 이름은 남바요,
둘째 이름은 비남바요,
셋째 이름은 곡치요,
넷째 이름은 화치요,
다섯째 이름은 흑치요,
여섯째 이름은 다발이요,
일곱째 이름은 무염족이요,
여덟째 이름은 지영락이요,
아홉째 이름은 고제요,
열째 이름은 탈일체중생정기이었소이다.

이 십나찰녀가 귀자모와 더불고 아들과 그리고 또 거느린 무리와 함께 부처님 거처에 나아가서, 같은 소리로 부처님께 아뢰어 말씀드리되, 『세존이시여, 저희들도 또한 법화경을 읽고 외우며 받아서 가지는 자를 호위하고 보호하여, 그 쇠약함과 병듦을 없애 주고자 하나이다. 만약 엿보아 법사의 잘못을 구하는 자가 있으면 편리를 얻지 못하게 하오리다.』 하고, 곧 부처님 앞에서 주를 설하여 가로되,

이제리⑴ 이제민⑵ 이제리⑶ 아제리⑷ 이제리⑸ 니리⑹ 니리⑺ 니리⑻ 니리⑼ 니리⑽ 루혜⑾ 루 혜⑿ 루혜⒀ 다혜⒁ 다혜⒂ 다혜⒃ 다혜⒄ 도 혜⒅ 로혜⒆

『차라리 저의 머리 위에 오르게 할지언정 법사를 뇌롭게 하는 것을 없애오리다. 만약 야차나, 만약 나찰이나, 만약 아귀나, 만약 부단나나,

만약 길자나, 만약 비타라나, 만약 건타나, 만약 오마륵가나, 만약 아발마라나, 만약 야차길자나, 만약 인길자나, 만약 열병으로, 만약 하루나, 만약 이틀이나, 만약 사흘이나, 만약 나흘이나, 이에 이레에 이르는 것이거나, 만약 항상의 열병이거나, 만약 남자 형상이나, 만약 여자 형상이나, 만약 사내아이의 형상이나, 만약 계집아이의 형상이 이에 꿈 가운데 이를지라도, 또한 다시 뇌롭게 하는 것을 없애오리다. 부처님 앞에서 게송으로 설하여 말씀드리되,

만약 제 주문을 따르지 않고, 법을 설하시는 자를
뇌롭게 하고 어지럽게 하는 자는 머리를 깨어서
일곱으로 조각을 내어 아리수 가지와 같이 하리며,
부모를 죽인 죄와 같이 하고, 또한 기름 짤 때의 허물과,

말과 저울로 사람에게 거짓말하거나 속이는 것과, 조달이가 승가를 깨뜨린 죄와 같이 하리니, 이 법사를 범하는 자는 마땅히 이와 같은 벌 내림을 얻으리이다.

모든 나찰녀가 이 게송을 설하여 마치고는 부처님께 아뢰어 말씀드리되, 『세존이시여, 저희들도 또한 마땅히 몸으로 스스로, 이 경을 받아서 가지고 읽고 외우며 닦아 행하는 자를 호위하여 보호하고, 편안하게 의지함을 얻게 하며, 모든 쇠약함과 병듦을 떠나게 하고, 모든 독약이 사라지게 하오리다.』

부처님께옵서 모든 나찰녀에게 이르시되, 『착하고 착하도다. 너희들이 다만 능히 법화의 이름만 받아서 가지는 자를 호위하고 보호하여도 복은 가히 헤아리지 못하거늘, 어찌 하물며 흡족하게 갖추어 받아서 가지고 경권에 공양하되, 꽃과 향과 영락과 가루향과 바르는 향과 사르는 향, 「부처님과 보살의 위엄과 덕을 표시하는 장엄도구인 깃발」과, 천개와 재주와 음악과, 가지가지의 등불을 켜되, 차조기등과 기름등과 모든 향기름의 등과 소마나꽃기름의 등과 첨복꽃기름의 등과 바사가꽃기름의 등과 우발라꽃기름의 등인, 이와 같은 것들의 백천 가지로 공양하는 자를 호위하고 보호함이랴.

고제여, 너희들과 그리고 또 거느린 무리는 응당 마땅히 이와 같은 법사를 호위하여 보호할지니라.」

이 다라니품을 말씀하실 때에 육만 팔천 사람은 「나지도 없어지지도 않는 참된 법의 본바탕을 깨달아 알고 편안히 머물러 움직이지 않음」을 얻었소이다.

묘법연화경 제 이십칠 묘장엄왕 본사품

① 이 때에 부처님께옵서 모든 대중에게 이르시되, 『예전 지나간 옛 세상인, 헤아릴 수도 없고 가히 생각으로 논의하지도 못할 아승지 겁을 지나서 부처님께옵서 계셨으니, 이름은 운뢰음수왕화지 다타아가도 아라하 삼먁삼불타이시며, 나라의 이름은 광명장엄이고, 겁의 이름은 희견이었느니라. 그 부처님 법 가운데에 왕이 있었으니, 이름은 묘장엄이며, 그 왕의 부인의 이름은 가로되 정덕이고, 두 아들을 두었으니, 첫째 이름은 정장이고, 둘째 이름은 정안이었느니라.

이 두 아들은 큰 신력과 복과 덕과 사리에 밝은 지혜가 있었으며, 오래 보살이 행할 바의 도를 닦았으니, 이른바 「베풀어 줌으로써 나고 멸하는 이쪽에서 나고 멸함이 없는 저쪽에 이르럼」과, 「계를 가짐으로써 나고 멸하는 이쪽에서 나고 멸함이 없는 저쪽에 이르럼」과, 「욕되는 것을 참음으로써 나고 멸하는 이쪽에서 나고 멸함이 없는 저쪽에 이르럼」과, 「몸과 마음이 용맹하여 쉬지 아니함으로써 나고 멸하는 이쪽에서 나고 멸함이 없는 저쪽에 이르럼」과, 「마음을 한 곳에 모아 고요한 경지에 듦으로써 나고 멸하는 이쪽에서 나고 멸함이 없는 저쪽에 이르럼」과, 「실상을 비쳐보는 사리에 밝은 지혜로써 나고 멸하는 이쪽에서 나고 멸함이 없는 저쪽에 이르럼」과, 「방편으로써 나고 멸하는 이쪽에서 나고 멸함이 없는 저쪽에 이르럼」과, 자비희사와 이에 삼십칠품의 도를 돕는 법에 이르기까지 모두 다 밝게 알아 통달하였느니라.

또 보살의 정삼매와 일성수삼매와 정광삼매와 정색삼매와 정조명삼매와 장장엄삼매와 대위덕장삼매를 얻었으며, 이런 삼매에서 또한 다 통달하였느니라.

그 때 그 부처님께옵서 묘장엄왕을 인도하고자 하시며 그리고 또 중생을 불쌍히 생각하신 까닭으로 이 법화경을 설하셨느니라.

때에 정장과 정안 두 아들은 그 어머님의 거처에 이르러서, 열 손가락과 손톱과 손바닥을 합하고 아뢰어 말씀드리되, 「원하옵건대, 어머님께서는 운뢰음수왕화지 부처님의 거처에 향하여 나아가소서. 저희들도 또한 마땅히 모시고 따라가서 친히 뵈옵고, 공양드리고 인사의 절을 하오리다. 까닭은 무엇인가 하오면, 이 부처님께옵서는 일체 하늘과 사람의 많은 이 가운데에서 법화경을 설하시오니, 마땅히 응당 들음을 받으시옵소서.」라고 하니, 어머니가 아들에게 일러서 말하되, 「너희의 아버님께서는 외도를 믿고 받아서 바라문 법에 깊이 착을 하시니, 너희들은 응당히 가서 아버님께 아뢰어서 더불어 함께 같이 가도록 하여라.」

정장과 정안이 열 손가락과 손톱과 손바닥을 합하여 어머님께 아뢰되, 「저희들은 바로 법왕의 아들이거늘, 그러나 이러한 삿되게 보는 집에 태어났나이까.」

어머니가 아들에게 일러 말하되, 「너희들은 마땅히 너의 아버님을 근심스럽게 생각하여 신통변화를 나타낼지니라. 만약 잘

보시게 되면 마음이 반드시 맑고 깨끗해져서、혹은 우리들이 부처님의 거처에 가서 이르렀음을 허락하시리라.」하였느니라.
이에 있어서 두 아들은 그 아버지를 생각하는 까닭으로 허공으로 칠 다라수 높이에 솟아올라 있으면서 가지가지의 신통변화를 나타내되、허공 가운데에서 다니고 머물고 앉고 누우며、몸 위에 물을 나오게 하고、몸 아래로 물을 나오게 하며、몸 아래로 물이 나오게 하고、몸 위에 불을 나오게 하며、혹은 큰 몸을 나타내어 허공 가운데에 가득하게 하였다가、다시 작게도 나타내고、작았다가 다시 크게도 나타내며、허공 가운데에서 사라졌다가 홀연히 땅에 있으며、땅에 들어가기를 물과 같이 하고、물을 밟기를 땅과 같이 하는、이와 같은 것들의 가지가지 신통변화를 나타내어서、그 아버지인 왕으로

② 하여금 마음을 깨끗하게 하여 믿고 이해하도록 하였느니라.

때에 아버지는 아들의 이와 같은 신력을 보고, 마음이 크게 기쁘고 즐거워서 일찍이 있지 아니한 것을 얻고서, 합장하고 아들을 향하여 말을 하되,「너희들의 스승은 바로 누구시며, 누구의 제자이냐.」

두 아들은 아뢰어 말씀을 드리되,「대왕이시여, 저 운뢰음 수왕화지 부처님께옵서 지금 일곱 가지 보배로 된 보리수 아래의 법자리 위에 앉아 계시어, 일체 세간의 하늘과 사람의 많은 이 가운데에서 널리 법화경을 설하시오니, 이 분이 저희들의 스승이요, 저희는 바로 제자이옵니다.」

아버지가 아들에게 일러 말하되,「나도 이제 또한 너희들의 스승을 뵈옵고자 하니, 가히 함께 같이 가도록 하자.」하였느니라.

이에 있어서 두 아들은 공중으로부터 내려와서, 그 어머니의 거처에 이르러서 합장하고 어머니께 아뢰되, 「부왕께서 이제 이미 믿고 이해하시어 맡아서 견딜만한, 「위없이 높고 바르며 크고도 넓으며 평등한 깨달음」의 마음을 일으켰나이다. 저희들은 아버님을 위하여 이미 부처님의 일을 하였사오니, 원하옵건대, 어머님께서는 생각하시고 그 부처님의 거처에서 출가하여 도를 닦을 것을 허락하여 주시옵소서.」 하였느니라.

그 때 두 아들은 거듭 그 뜻을 펴고자 하여 게송으로써 어머니께 아뢰되,

원하옵건대, 어머님께서는 저희들을 놓아주시어 출가하여 사문이 되게 하여 주시옵소서.

"모든 부처님께옵서는 심히 만나 뵙기 어렵사오니, 저희들은 부처님을 따라 배우겠나이다.

우담발꽃과 같아서 부처님을 만나 뵈옵기는 다시 이보다도 어렵사오며, 모든 어려움을 벗어나는 것도 또한 어렵나이다.

저희가 출가함을 원하옵건대, 들어주시옵소서."

어머니가 곧 일러 말하되, 「너희가 출가함을 들어주나니, 까닭은 무엇인가 하면, 부처님을 만나 뵙기가 어려운 까닭이니라.」 하였느니라.

이에 있어서 두 아들은 부모님께 아뢰어 말하되, 「좋으신 부모님이시여, 원하옵건대, 때에 운뢰음수왕화지 부처님의 거처로 향하여 나아가셔서, 친하고 가까이하시어 공양하시옵소서. 까닭은 무엇인가 하오면, 부처님의 만남을 얻기가 어려운 것은 우담발라꽃과 같으오며, 또한 눈의 거북이가 떠 있는 나무의 구멍을 만나는 것과 같사옵니다.

그러나 저희들은 지난 세상의 복이 깊고 두터워서, 나면서 부처님의 법을 만났습니다. 이런 까닭으로 부모님께서는 마땅히 저희들을 들어주시와 출가함을 얻도록 하시옵소서. 까닭은 무엇인가 하오면, 모든 부처님을 만나 뵈옵기가 어렵거니와, 때도 또한 마주치기가 어렵나이다.」

③ 그 때에 묘장엄왕의 후궁의 팔만 사천 사람이 모두 다 이 법화경을 받아서 가지고 맡아서 견디며, 정안보살은 법화삼매에 이미 오래 통달하였으며, 정장보살은 이미 헤아릴 수 없는 백천만억겁에, 모든 악하게 나아감을 떠나는 삼매에 통달하였

으니, 일체 중생으로 하여금 모든 악하게 나아감에서 떠나게 하고자 하는 까닭이며, 그 왕의 부인은 모든 부처님을 모이시게 하는 삼매를 얻어서, 능히 모든 부처님의 비밀히 몰래하는 곳집을 알았느니라.

두 아들은 이와 같은 방편의 힘으로써 그 아버지를 잘 교화하여, 마음으로 하여금 믿고 이해하게 하고, 부처님의 법을 좋아하고 즐기게 하였느니라.

그러므로 묘장엄왕은 뭇 신하와 거느린 무리와 더불어 함께 하고, 정덕부인은 후궁의 궁녀와 거느린 무리와 더불어 함께 하며, 그 왕의 두 아들은 사만 이천 사람과 더불어 함께 하여, 한 때에 함께 부처님의 거처에 나아가 이르기를 마치고는, 머리와 얼굴로 발에 절하고, 부처님을 세 번 둘러서 돌고는 물러나 한 쪽에 머물렀느니라.

이 때 그 부처님께옵서는 왕을 위하여 법을 설하시어, 이롭고 기쁜 것을 가르쳐 보이시니, 왕은 크게 기뻐하고 즐거워하였느니라.

이 때에 묘장엄왕과 그리고 또 그 부인이 가치가 백천이나 되는 목의 진주 영락을 풀어 부처님 위에 흩으니, 허공 가운데서 변하여 네 기둥의 보배 좌대를 이루었고, 좌대 가운데는 큰 보배 평상이 있으며, 백천만의 하늘옷이 펼쳐 있고, 그 위에 부처님께옵서 가부좌를 맺고 계시면서 크게 밝은 빛을 놓으셨느니라.

이 때에 묘장엄왕이 이런 생각을 하되,「부처님의 몸은 드물게 계시어 단정하시고도 엄숙하시며 뛰어나게 달라서, 제일미묘하신 용모를 성취하셨구나.」 하였느니라.

때에 운뢰음수왕화지 부처님께옵서 사중에게 일러 말씀하시되, 「너희들은 이 묘장엄왕이 내 앞에서 합장하고 서 있는 것을 보느냐. 않느냐. 이 왕이 내 법 가운데에서 비구가 되어, 부처님을 돕는 도법을 성실하고 부지런히 닦고 익혀서 마땅히 부처님 지음을 얻나니, 호는 사라수왕이고, 나라의 이름은 대광이며, 겁의 이름은 대고왕이니라. 그 사라수왕 부처님께옵서는 헤아릴 수 없는 보살의 많은 이와 그리고 또 헤아릴 수 없는 성문이 있을 것이며, 그 나라는 평탄하고 바르며, 공덕은 이와 같으니라.」 하셨느니라.

그 왕이 곧 때에 나라를 아우에게 부탁하고, 부인과 두 아들과 더불어 아울러 모든 거느린 무리가, 부처님 법 가운데에서 출가하여 도를 닦았느니라.

왕이 출가하고는 팔만 사천 해를 항상 부지런히 정진하여 묘법화경을 닦고 행하였나니, 이렇게 이미 지난 뒤에 일체정공덕장엄삼매를 얻고서, 곧 높이가 칠 다라수인 허공으로 올라서 부처님께 아뢰어 말씀드리되, 「세존이시여, 이 저의 두 아들은 이미 부처님의 일을 지어, 신통변화로써 저의 삿된 마음을 돌려서 부처님 법 가운데서 편안히 머무름을 얻게 하고, 세존 뵈옴을 얻게 하였사오니, 이 두 아들이란 자는 바로 저의 선지식이옵니다. 지나간 세상의 착한 근본을 일으켜 일어나게 하여, 저에게 넉넉히 이익되게 하고자 하기 위한 까닭으로 저의 집에 와서 태어났는가 하옵나이다.」 하였느니라.

④ 이 때에 운뢰음수왕화지 부처님께옵서 묘장엄왕에게 일러

말씀하시되, 「그와 같고, 그와 같으니라. 네가 말한 바와 같도다. 만약 착한 남자, 착한 여인이 착한 근본을 심은 까닭으로 세세에 선지식을 얻거늘, 그 선지식이 능히 부처님의 일을 하여서 이롭고 기쁜 것을 가르쳐 보이어, 「위없이 높고 바르며 크고도 넓으며 평등한 깨달음」에 들어가게 하느니라.

대왕이여, 마땅히 알지니라. 선지식이란 자는 바로 큰 인연이니, 이른바 교화하고 인도하여 부처님 뵈옴을 얻게 하고, 「위없이 높고 바르며 크고도 넓으며 평등한 깨달음」의 마음을 일으키게 하느니라.

대왕이여, 그대는 이 두 아들을 보느냐. 않느냐. 이 두 아들은 이미 일찍이 육십오백천만억 나유타 항하사의 모든 부처님께 공양하고, 친하고 가까이하여 공손히 공경하였으며, 모든 부처님의 거처에서 법화경을 받아서 가지고, 삿되게 보는 중생을 불쌍히 생각하여 바르게 보는 것에 머물게 하였느니라.」 하셨느니라.

묘장엄왕이 곧 허공 가운데로부터 내려와서 부처님께 아뢰어 말씀드리되,「세존이시여, 여래께옵서는 심히 드물게 계시어 공덕과 사리에 밝은 지혜의 까닭으로써, 이마 위의 살로 된 상투에서 밝은 빛을 밝게 비추시며, 그 눈은 길고 넓으시며 감청빛이시고, 눈썹 사이의 털의 형상은 희기가 흰 마노의 달과 같으시오며, 치아는 희시고 가지런하시며 빽빽하시어 항상 밝은 빛이 있으시며, 입술 빛은 붉고 좋으심이 빈바의 과일과 같으나이다.」 하였느니라.

이 때에 묘장엄왕은 부처님의 이와 같은 것들의 헤아릴 수

없는 백천만억의 공덕을 찬탄하여 마치고는, 여래 앞에서 한 마음으로 합장하고 다시 부처님께 아뢰어 말씀드리되, 「세존이시여, 일찍이 있지 아니함이로소이다. 여래의 법으로, 가히 생각으로 논의하지 못할 미묘한 공덕을 흡족하게 갖춤을 성취하였으므로, 가르치심의 계로써 행하는 바는 편안하게 의지하여 시원하며 좋사옵니다.

저는 오늘날부터 다시는 스스로의 마음을 따라서 행하지 아니하고, 삿되게 보는 것과 교만함과 성냄과 분내는 모든 악한 마음을 내지 아니하오리다.」 이런 말을 설하기를 마치고는 부처님께 절하고 나갔느니라.』

부처님께옵서 대중에게 이르시되, 『뜻에는 어떠하느냐. 묘장엄왕이 어찌 다른 사람이겠느냐. 지금의 화덕보살이 그이

제 이십칠 묘장엄왕 본사품

고, 그 정덕부인은 지금 부처님 앞의 광조장엄상보살이 그이니라. 묘장엄왕과 그 밖에 또 모든 거느린 무리를 슬피 불쌍히 여기는 까닭으로, 그 가운데 태어났던 그 두 아들이란 자는, 지금의 약왕보살과 약상보살이 그이니라.

이 약왕과 약상보살이 이와 같은 모든 큰 공덕을 성취하기를 마치고는, 헤아릴 수 없는 백천만억 모든 부처님의 거처에서 많은 덕의 근본을 심어서, 가히 생각으로 논의하지도 못할 모든 착한 공덕을 성취하였느니라.

만약 이 두 보살의 이름자를 아는 사람이 있으면, 일체 세간과 모든 하늘과 인민이 또한 응당 인사의 절을 할 것이니라.』

부처님께옵서 이 묘장엄왕 본사품을 말씀하실 때에, 팔만 사천 사람이 미진을 멀리하고 때를 떠나, 모든 법 가운데서

제 이십칠 묘장엄왕 본사품

깨끗한 법의 눈을 얻었소이다.

묘법연화경 제 이십팔 보현보살 권발품

① 이 때 보현보살께서는 마음대로 되는 신통의 힘과 위엄과 덕과 이름이 나서 들림으로써, 헤아릴 수 없고 가도 없는 가히 일컫지도 못할 수의 큰 보살과 더불어 동방으로부터 오시니, 지나는 바의 모든 나라는 널리 모두 진동하여 움직이고, 보배연꽃이 비오듯이 하며, 헤아릴 수 없는 백천만억의 가지가지의 재주와 음악을 지었더이다.

또 수없는 모든 하늘과 용과 야차와 건달바와 아수라와 가루라와 긴나라와 마후라가와 인비인 들의 대중에게 더불어 에워 둘러싸이시어, 각각 위엄과 덕과 신통의 힘을 나타내시며 사바세계의 기사굴산 중에 이르러서는, 머리와 얼굴로 석가모니 부처님께 절을 하옵고, 오른쪽으로 일곱 번을 둘러서 돌고는 부처님께 아뢰어 말씀하시되, 『세존이시여, 제가 저 보위덕상왕 부처님 나라에서 멀리 이 사바세계에 법화경을 설하시는 것을 듣자옵고, 헤아릴 수 없는 백천만억의 모든 보살의 많은 이와 더불어 함께 와서 들음을 받으려고 하옵나이다. 오직 원하옵건대, 세존이시여, 마땅히 설하여 주시옵소서. 만약 착한 남자, 착한 여인이 여래께옵서 멸하신 뒤에 어떻게 하여야 능히 이 법화경을 얻겠사옵나이까.』

부처님께옵서 보현보살에게 이르시되, 『만약 착한 남자, 착한 여인이 네 가지의 법을 성취하여야, 여래가 멸한 뒤에 마땅히 이 법화경을 얻느니라.

첫째는 모든 부처님께옵서 생각하시어 두호하심이 됨이요,
둘째는 많은 덕의 근본을 심음이요,
셋째는 바른 것의 정해진 것이 쌓임에 듦이요,
넷째는 일체 중생을 구원할 마음을 일으킴이니라.
착한 남자, 착한 여인이 이와 같은 네 가지의 법을 성취하여야, 여래가 멸한 뒤에 반드시 이 경을 얻느니라.』하셨소이다.

그 때에 보현보살께서 부처님께 아뢰어 말씀드리되,『세존이시여, 후오백세의 흐리고 악한 세상 가운데서, 이 경전을 받아서 가지는 그러한 자가 있으면, 제가 마땅히 지키고 두호하여 그의 쇠약함과 병듦을 없애며, 편안하게 의지함을 얻게

하고, 그 편리를 엿보아 구하여 얻는 자가 없게 할 것이되, 만약 마와, 만약 마의 아들이나, 만약 마의 딸이나, 만약 마의 백성이나, 만약 마가 붙은 바가 된 자나, 만약 야차나, 만약 나찰이나, 만약 구반다나, 만약 비사사나, 만약 길자나, 만약 부단나나, 만약 위타라 들의 사람을 뇌롭게 하는 모든 자에게 모두 편리를 얻지 못하게 하오리다.

이 사람이 만약 다니거나, 만약 서서, 이 경을 읽고 외우면, 제가 그 때에 어금니 여섯 개의 흰 코끼리왕을 타고, 큰 보살의 많은 이와 더불어 함께 그 곳에 나아가서, 그리고는 스스로 몸을 나타내어 공양하고, 지키고 두호하여 그 마음을 편안히 위로하고, 또한 법화경을 공양하기 위한 까닭으로, 이 사람이 만약 앉아서 이 경을 깊이 생각하면, 이 때에 제가 다시흰 코끼리왕을 타고 그 사람 앞에 나타나며, 그 사람이 만약 법화경의 한 구절이나 한 게송을 잊거나 잃어버린 바가 있으면, 제가 마땅히 이를 가르쳐서 함께 더불어 읽고 외워서 재빨리 통리케 하오리다.

② 이 때에 법화경을 받아서 가지고 읽고 외우는 자가 저의 몸을 얻으면, 심히 크게 기쁘고 즐거워서 더욱 다시 정진하며, 저를 본 까닭으로써 곧 삼매와 그리고 또 다라니를 얻으오니, 이름이 선다라니며, 백천만억 선다라니며, 법음방편다라니인 이와 같은 것들의 다라니를 얻으오리다.

세존이시여, 만약 뒷세상의 후오백세의 흐리고 악한 세상 가운데에 비구 비구니와 우바새 우바이의, 구하고 찾는 자와, 받아 가지는 자와, 읽고 외우는 자와, 써서 베끼는 자가 이 법화경을 닦고 익히고자 하면, 삼칠일 사이에 응당 한마음으로 정진하여 삼칠일을 채워서 마치면, 제가 마땅히 어금니 여섯 개의 흰 코끼리를 타고, 헤아릴 수 없는 보살에게 더불어 스스로에워 둘러싸여, 일체 중생이 보고 기뻐할 바의 몸으로서, 그 사람의 앞에 나타나서 이에 위하여 법을 설하여 이롭고 기쁜 것을 가르쳐 보이겠사옵나이다.

또한 다시 그 다라니주를 주리니, 이 다라니를 얻은 까닭으로 사람 아닌 것이 능히 깨뜨리고 무너지게 할 자가 있음이 없으며, 또한 여인에게 미혹하여 어지러울 바가 되지 아니하고, 저의 몸도 또한 스스로 항상 이 사람을 두호하겠나이다.

오직 원하옵건대, 세존이시여, 제가 이 다라니주를 설하는 것을 허락하시옵소서.』 하시고, 곧 부처님 앞에서 이에 주를

설하시어 가라사대,

아단지⑴ 단다바지⑵ 단다구사례⑶ 단다수다례⑷ 수다례⑹ 수다라바지⑺ 붓다파선녜⑻ 살바다라니아바다니⑼ 살바바사아바다니⑽ 수아바다니⑾ 싱가바리사니⑿ 싱가녈가다니⒀ 아싱기⒁ 싱가파가지⒂ 제례아다싱가도랴아라제파라제⒃ 살바싱가삼마지가란지⒄ 살바달마수파리찰제⒅ 살바살타루타교사라아로가지⒆ 신아비기리지제⒇

『세존이시여, 만약 어떤 보살이든지 이 다라니를 얻어듣는 자는 마땅히 보현의 신통의 힘인 줄을 아시옵소서. 만약 법화경을 염부제에 행하여 받아 가지는 자가 있으면 응당히 이런 생각을 하되, 「모두 이것은 보현의 위신의 힘이

다.』라고 하여야 할 것입니다.

③ 만약 어떤 이가 받아서 가지고 읽고 외우며 바르게 기억하고 생각하며, 그 옳은 뜻을 이해하고 설함과 같이 닦고 행하면, 마땅히 아시옵소서. 이 사람은 보현의 행을 행하여 헤아릴 수 없고 가없는 모든 부처님의 거처에서 깊게 착한 근본을 심은 것이오니, 모든 여래께옵서 손으로 그 머리를 어루만지심이 된 것이옵니다.

만약 다만 써서 베끼기만 하여도, 이 사람은 명을 마치면 마땅히 도리천상에 나오나니, 이 때에 팔만 사천 천녀가 많은 재주와 음악을 지으며 와서 그를 맞이하거늘, 그 사람은 곧 일곱 가지 보배로 된 관을 쓰고, 궁녀 가운데서 재미있게 놀고 기분이 좋아서 즐거운데, 어찌 하물며 받아서 가지고 읽고 함과 같이 닦고 행함이 오리까.

만약 어떤 사람이 받아서 가지고 읽고 외우며 그 옳은 뜻을 이해하면, 이 사람이 명을 마치면, 천 부처님께옵서 위하여 손을 주시어 두렵고 겁나지 않게 하시며, 악취에 떨어지지 않게 하시고, 곧 도솔천상의 미륵보살의 거처에 가게 하시리다. 미륵보살은 서른두 가지의 형상을 가지며, 큰 보살 많은 이에게 함께 에워 둘러싸인 바이며, 백천만억 하늘여자의 거느린 무리가 있는데, 이에 가운데에서 나게 되오리다.

이와 같은 것들의 공덕과 이익이 있음이오니, 이런 까닭으로 지혜로운 자는 응당 마땅히 한마음으로 자기가 쓰며, 만약 사람을 시켜서 쓰게 하며, 받아서 가지고 읽고 외우며, 바르게 기억하고 생각하며, 설함과 같이 닦고 행해야 하옵나이다. 세존이시여, 제가 이제 신통의 힘의 까닭으로써 이 경을 지키고 두호하여, 여래께옵서 멸하신 뒤에 염부제 안에서 널리 펴져 나가게 하여, 끊어지고 끊어지지 않게 하오리다.」

이 때에 석가모니 부처님께옵서 칭찬하시어 말씀하시되, 『착하고 착하도다. 보현이여, 네가 능히 이 경을 두호하고 도와서, 많은 곳에 중생으로 하여금 편안하게 하고, 즐겁게 하고, 이익되게 하였나니, 너는 이미 가히 생각으로 논의하지 못할 공덕과 깊고도 큰 자비를 성취하여, 오래되고 먼 데로부터 오면서 「위없이 높고 바르며 크고도 넓으며 평등한 깨달음」의 뜻을 일으키고, 그리고는 능히 이 신통의 원을 지어서 이 경을 지키고 두호하노니, 나도 마땅히 신통의 힘으로써 능히 보현보살의 이름을 받아 가지는 자를 지키고 두호하리라.

보현이여, 만약 이 법화경을 받아 가지고 읽고 외우며, 바르게 기억하고 생각하며, 닦고 익히며, 써서 베끼는 자가 있으면, 마땅히 알지니라.

이 사람은 곧 석가모니 부처님을 봄이며, 부처님의 입으로부터 이 경전을 듣는 것과 같으니라.

마땅히 알지니라. 이 사람은 석가모니 부처님께 공양함이며,

마땅히 알지니라. 이 사람은 석가모니 부처님이 착하다고 칭찬함이며,

마땅히 알지니라. 이 사람은 석가모니 부처님이 손으로 그의 머리를 어루만져줌이 됨이며,

마땅히 알지니라. 이 사람은 석가모니 부처님이 옷으로 덮어주는 바가 되느니라.

이와 같은 사람은 다시 세상의 즐거움에 탐하여 착을 하지 아니하며, 외도의 경서와 수필을 좋아하지 아니하며, 또한 다시 그 사람과 그리고 또 모든 악한 자인, 만약 백정이나, 만약 돼지·양·닭·개를 기르는 자며, 만약 사냥하는 자며, 만약 여색을 팔고 사는 자를 친하고 가까이하기를 기뻐하지 아니하며, 이 사람은 마음과 뜻과 바탕이 곧아서, 바른 기억과 생각이 있으며, 복과 덕의 힘이 있느니라.

이 사람은 탐내고 성내고 어리석음으로 뇌로운 바가 되지 아니하며, 또한 다시 미워하고 투기함과, 「내라 하고 교만하여 남을 업신여김」과, 삿된 오만과, 「깨닫지 못하고서도 깨달은 체하는 거만함」으로 뇌로워하는 바가 되지 아니하느니라.

이 사람은 욕심이 적고 흡족함을 알아서 능히 보현의 행을 닦

느니라.

④ 보현이여, 만약 여래가 멸한 뒤 후오백세에, 만약 어떤 사람이 법화경을 받아서 가지고 읽고 외우는 자를 보거든, 응당 히 이런 생각을 하되, 「이 사람은 오래지 아니하여서 마땅히 도량에 나아가서 모든 마의 무리를 깨뜨리고, 「위없이 높고 바르며 크고도 넓으며 평등한 깨달음」을 얻어서, 법의 바퀴를 굴리며, 법북을 치며, 법소라를 불며, 법비를 비오듯이 하며, 마땅히 하늘과 사람의 대중 가운데서 사자법자리 위에 앉으리라.」할지니라.

보현이여, 만약 뒷세상에서 이 경전을 받아서 가지고 읽고 외우는 자는, 이 사람은 다시 의복과 눕는 데 갖추는 것과 음식과 재물로 살아가는 재화에 탐하고 착을 하지 아니하여도,

원하는 것이 헛되지 아니하며, 또한 지금 세상에서 그 복의 보를 얻느니라.

만약 어떤 사람이 가벼이 여겨 헐뜯는 말을 하되, 「너는 미친 사람일 뿐이니라. 헛되이 이런 행을 짓나니, 마침내 얻을 바가 없느니라.」고 하면, 이와 같은 죄의 보는 마땅히 세세에 눈이 없느니라.

만약 공양하고 찬탄하는 자가 있으면, 마땅히 지금 세상에서 과보가 나타남을 얻고, 만약 다시 이 경을 받아서 가지는 자를 보고 그의 나쁜 허물을 내되, 만약 사실이거나, 만약 사실이 아니거나, 이 사람은 지금 세상에서 백문둥병을 얻고, 만약 가볍게 여겨 웃는 자가 있으면, 마땅히 세세에 어금니와 이가 성글고 빠지며, 입술은 추하고 코가 납작하며, 손과 다리가 뒤틀리어 꾸부러지고, 눈과 눈동자는 모퉁이로 흘끔흘끔하게 보며, 신체에는 더러운 냄새가 나고 나쁜 부스럼으로 피고름이 나오며, 배에는 물이 차고 숨이 가쁨과 모든 악한 중병을 하느니라.

이러한 까닭으로 보현이여,

만약 이 경전을 받아서 가지는 자를 보거든, 마땅히 일어나 멀리서 맞이하되, 마땅히 부처님을 공경하는 것과 같이 할지니라.』

이 보현 권발품을 말씀하실 때에, 항하사들의 헤아릴 수 없고 가없는 보살께서는, 백천만억「막힘 없이 법에 들어오게 하는 것이 마음대로 되어 법을 설하는 다라니」를 얻으셨고, 삼천대천세계 미진들의 모든 보살께서는 보현의 도를 갖추셨소이다.

부처님께옵서 이 경을 설하실 때에, 보현 들의 모든 보살과 사리불 들의 모든 성문과 그리고 또 모든 하늘과 용과 인비인 들의 일체 큰 모임은 모두 크게 기뻐하고 즐거워하며, 부처님의 말씀을 받아서 가지고, 절을 하고 그리고는 물러갔소이다.

불설관보현보살행법경

불설관보현보살행법경

남염부제 동방불국
대한민국 법화사문 **석묘찬** 대법사 옮김

① 이와 같이 저는 들었사오니,
한 때에 부처님께옵서 비사리국 대림정사 중각강당에 계시사 모든 비구에게 이르시되, 『삼개월이 물러난 뒤에 나는 마땅히 열반에 옮기리라.』 하시니, 존자 아난께서 곧 자리로부터 일어나서 의복을 가지런하게 하시고, 손길을 잡아 합장하시고 부처님을 세 번 둘러서 돌고는 부처님께 절을 하시고, 무릎을 꿇어 땅에 대고 몸은 곧게 세워서 합장하시고 여래를 관하여 살피시되, 눈을 잠깐도 놓치지 아니하셨소이다.

장로 마하가섭과 미륵보살마하살께서 또한 자리로부터 일어나서 합장하시어 절을 하시고, 높으신 얼굴을 우러러 바라다 뵈옵나니, 때에 삼 대사께서는 입은 달라도 소리를 같이하여 이에 부처님께 아뢰어 말씀하오되, 『세존이시여, 여래께옵서 멸하신 뒤에, 어떻게 하여야 중생은 보살의 마음을 일어나게 하며, 대승의 방등경전을 닦고 행하며, 바른 생각으로 일실의 경계를 깊이 생각하오리까.

어떻게 하여야 위없는 깨달음의 마음을 잃지 않겠나이까.

또 어떻게 하여야 마땅히 번뇌를 끊지 않고, 다섯 가지 욕심에서 떠나지 않고도, 모든 뿌리를 맑게 함을 얻으며, 모든 죄를 멸하여 없애며, 부모가 낳은 바의 맑고 깨끗하며 항상 있는 눈으로 다섯 가지 욕심을 끊지 않고도 이에 능히 모든 가리운 것 밖의 일을 봄을 얻사오리까.』

② 부처님께옵서 아난에게 이르시되, 『자세히 듣고 자세히 들어서 이를 잘 생각하고 생각할지니라.

여래가 예전에 기사굴산과 그리고 또 나머지의 곳에 머물고 있으면서 이미 널리 일실의 도를 분별하였으나, 지금 이 곳에서 미래 세상의 모든 중생들이 대승의 위없는 법을 행하고자 하는 자와, 보현행을 배우고 보현행을 하고자 하는 자를 위하여, 내가 지금 마땅히 그 기억하고 생각할 법을 말하리라.

만약 보현을 보거나 그리고 또 보지 못한 자는 죄의 수량을 물리쳐 버릴 것을 지금 너희들을 위하여 마땅히 널리 분별하리라.

아난이여, 보현보살은 이에 동방의 정묘국토에서 났으며, 그 국토의 형상을 잡화경 가운데에서 이미 널리 분별하였으나, 내가 지금 여기에서 간략히 이에 풀어서 말하리라.

아난이여, 만약 비구 비구니와 우바새 우바이와, 하늘과 용의 팔부와 일체 중생의, 대승경을 외우는 자와, 대승을 닦아 행하는 자와, 대승의 뜻을 일으키는 자와, 보현보살의 색신 보기를 즐겨 하는 자와, 다보 부처님 탑 보기를 즐겨하는 자와, 석가모니 부처님과 그리고 또 몸을 나누신 모든 부처님 보기를 즐겨하는 자와, 여섯 뿌리의 맑고 깨끗함을 얻기를 즐겨하는 자는 마땅히 이러한 관을 배울지니라.

이 관의 공덕으로 모든 가려지고 막힌 것을 제거하고 으뜸가는 묘한 빛을 보리니, 삼매에 들지 못하였을지라도 다만 외우고 가지는 까닭으로, 마음을 오로지하여 닦고 익혀서 마음과 마음이 서로 차례로 대승에서 떠나지 않음이 하루에서 삼칠일에 이르면 보현을 봄을 얻으며, 무거운 것이 가려져 있는 자는 칠칠일이 다하고 그러한 뒤에야 봄을 얻으며, 다시 무거운 것이 있는 자는 한 번 태어남에 봄을 얻으며, 다시 무거운 것이 있는 자는 두 번 태어남에 봄을 얻으며, 다시 무거운 것이 있는 자는 세 번 태어남에 봄을 얻나니, 이와 같이 가지가지로 업보가 같지 아니함이니, 이런 까닭으로 다르게 설하느니라.

③ 보현보살은 몸의 분량이 가없으며, 음성도 가이 없으며, 색상도 가이 없으며, 이 나라에 오고자 하면 스스로 마음대로 되는 신통에 들어 몸을 줄여서 하여금 작게 하며, 염부제의 사람은 세 가지 가리운 것이 무거운 까닭으로, 사리에 밝은 지혜의 힘으로써 화하여 흰 코끼리를 탔느니라. 그 코끼리는 여섯의 어금니에 일곱의 다리로 땅을 버티고, 그

일곱의 다리 밑에는 일곱 연꽃이 났나니, 코끼리의 빛은 곱고 희며, 흰 가운데서도 으뜸가는 것이며, 파리와 설산도 견줌을 얻지 못하리라. 코끼리 몸의 길이는 사백오십 유순이요, 높이는 사백 유순이며, 여섯 어금니 끝에는 여섯 개의 목욕하는 못이 있고, 하나하나의 목욕하는 못 가운데에는 열네 개의 연꽃이 났는데, 못과 더불어 바르고 같으며, 하나하나의 꽃 위에는 그 꽃이 널리 피어 하늘의 나무왕과 같음이라, 하나하나의 꽃 위에는 한 옥녀가 있으니, 얼굴빛은 붉은지라 천녀보다도 더욱 빛나고 있으며, 손 가운데는 자연히 다섯 개의 공후가 화하고, 하나하나의 공후에는 오백의 악기로써 권속을 삼고 있으며, 오백의 나는 새가 있으되, 물오리와 기러기와 숫원앙새와 암원앙새가 모두 많은 보배의 빛으로 꽃과 잎사귀 사이에서 나오느니라.

코끼리의 코에 꽃이 있는데, 그 줄기는 비유하면 붉은 진주 빛과 같으며, 그 꽃은 금빛이라, 머금고서 피지 않았나니, 이러한 일을 보기를 마치고는 다시 또 참회하고, 지극한 마음으로 살펴서 관하고, 대승을 생각하고 생각하되 마음에 쉬거나 폐하지 아니하면, 곧 꽃이 피는 것을 보나니 금색에 금빛이니라. 그 연꽃 집은, 바로 견숙가보배와 묘한 범마니로써 꽃다발이 되고, 금강의 보배구슬로써 꽃 아랫수염이 되고, 화하신 부처님께옵서 연꽃집에 앉아 계심을 보며, 많고 많은 보살이 연꽃 아랫수염에 앉았으며, 화하신 부처님의 눈썹 사이에서는 또한 금빛이 나와서 코끼리의 코 가운데 들어가며, 코끼리 코로 좇아 나와서는 코끼리의 눈 가운데로 들어가고, 코끼리의 눈으로 좇아 나와서는 코끼리의 귀 가운데로 들어가고, 코끼리 귀로 좇아 나와서는 코끼리의 이마 위를 비추고 변화하여 금집을 짓느니라.

④ 그 코끼리의 머리 위에는 셋의 화한 사람이 있는데, 하나는 금륜을 잡고, 하나는 마니보배를 가졌으며, 하나는 금강저를 잡았음이라. 금강저를 들어서 코끼리를 적용하면 코끼리는 곧 능히 가되, 다리는 땅을 밟지 아니하고 허공을 밟아서 그리고는 놀되, 땅에서 떨어지기가 일곱 자이며, 땅에는 찍힌 문채가 있고, 찍힌 문채 가운데에는 일천의 바퀴살과 속바퀴와 덧바퀴가 모두 다 흡족하게 갖추어 있으며, 하나하나의 덧바퀴 사이에는 하나의 큰 연꽃이 나고, 이 연꽃 위에는 한 코끼리가 화하여 나오되, 또한 일곱의 다리가 있어 큰 코끼리를 따라가나니, 발을 들고 발을 내림에 칠천의 코끼리를 낳아서 권속으로써 삼고, 큰 코끼리를 좇아 따르느니라.

코끼리의 코는 붉은 연꽃 빛이며, 위에는 화한 부처님께옵서 계시어 눈썹 사이로 빛을 놓으시니 그 빛은 금빛이라, 앞과 같이 코끼리의 코 가운데로 들어가고, 코끼리의 코 가운데서 나와서, 코끼리의 눈 가운데로 들어가며, 코끼리의 눈으로 좇아 나와서는 돌아와서 코끼리의 귀로 들어가며, 코끼리의 귀로 좇아 나와서는 코끼리의 목 위에 이르며, 점점 올라가서 코끼리의 등에 이르러 화하여 금안장을 이루었는데, 일곱 가지 보배로 틀을 하여 갖추었으며, 안장의 네 면에는 일곱 가지 보배로 된 기둥이 있고, 많은 보배로 틀을 하여 꾸며서 보배의 집을 이루었으며, 집 가운데에는 일곱 가지 보배로 된 하나의 연꽃이 있으니, 그 연꽃 아랫수염은 백 가지 보배로써 한 가지로 이루었으며, 그 연꽃집은 바로 큰 마니라, 한 보살이 가부좌를 맺고 있으니, 이름은 가로되 보현이라 하느니라.

몸은 백옥색이요, 오십 가지로 빛나고, 오십 가지로 빛나는 색으로 목덜미의 빛이 되고, 몸의 모든 털구멍에서는 금빛이 흘러나오며, 그 금빛 끝에는 헤아릴 수 없는 화하신 부처님이시고, 모든 화한 보살로써 권속을 삼았나니, 조용하고 침착하게 서서히 걸으며, 큰 보배꽃을 비오듯이 하여 행자 앞에 이르러 그 코끼리가 입을 여니, 코끼리 어금니 위 모든 못에서 옥녀가 북을 쳐서 음악을 연주하고, 줄 풍류의 악기를 타고 노래하며 그 소리가 미묘하여 대승의 일실의 도를 찬탄하느니라.

행자는 보기를 마치고 기쁘고 즐거워서 공경히 절하고, 다시 또 심히 깊은 경전을 읽고 외우며, 두루 시방의 헤아릴 수 없는 모든 부처님께 절하고, 다보 부처님의 탑과 그리고 또 석가모니 부처님께 절하고, 아울러 보현과 모든 큰 보살에게 절하고, 이런 맹세의 말을 일으키되 「만약 제가 지난 세상 복으로 응당히 보현을 뵈오리니, 원하옵건대, 높으신 분인 변길이시여, 저에게 색의 몸을 보이시옵소서.」

⑤ 이렇게 원을 지어 마치고는 밤낮 여섯 때에, 시방의 부처님께 절하고, 참회의 법을 행하며, 대승경을 외우고, 대승경을 읽으며, 대승의 뜻을 생각하고, 대승의 일을 생각하며, 대승을 가진 자를 공손히 공경하며 공양하고, 일체의 사람을 보되 오히려 부처님을 생각하는 것과 같이 하고, 모든 중생을 부모님을 생각하는 것과 같이 할지니라.

이러한 생각을 하여 마치면 보현보살은 곧 눈썹 사이에서 큰 사람 형상인 흰 터럭에서 밝은 빛을 놓느니라. 이 빛이 나타날 때, 보현보살의 몸의 형상은 단정하고 엄숙하며, 자줏빛의 금산과 같고, 단정하고 바르며 미묘하여 서른두 가지 형상이 모두 다 갖추어져 있으며, 몸의 모든 털구멍에서는 크게 밝은 빛을 놓아서 그 큰 코끼리를 비추어 하여금 금색을 짓게 하며, 일체의 화한 코끼리도 또한 금색으로 이루며, 모든 화한 보살도 또한 금빛을 이루느니라. 그 금색의 빛이 동방으로 헤아릴 수 없는 세계를 비추니, 모두 한가지로 금색이라, 남서북방과 네 모퉁이와 위아래도 또한 다시 이와 같으니라.

그 때 시방에 하나하나의 방면마다 한 보살이 있는데, 여섯 어금니를 한 하얀 코끼리의 왕을 탔으니, 또한 보현과 같아서 견주어 다름은 있을 수 없으며, 이와 같이 시방의 헤아릴 수 없고 가이 없는, 가운데 가득한 화한 코끼리도 보현보살의 신통의 힘인 까닭으로 경을 가진 자로 하여금 모두 다 봄을 얻게 하느니라.

이 때에 행자는 모든 보살을 뵈옵고 몸과 마음이 기쁘고 즐거워서 그를 위하여 절을 하고 아뢰어 말하되, 「크게 사랑하시고 크게 슬피 여기시는 분이시여, 저를 불쌍히 여기시는 까닭으로 저를 위하여 법을 설하시옵소서.」 이 말을 말할 때에 모든 보살들이 입은 달라도 소리를 같이하여 각각 맑고 깨끗한 대승경의 법을 설하고, 모든 게송으로 칭송을 지어 행자를 칭찬하고 감탄하나니, 이것을 이름하여 처음으로 보현보살을 관하는 가장 처음의 경계라 하느니라.

⑥ 그 때에 행자는 이 일을 보기를 마치고 마음으로 대승을 생각하여 밤낮으로 버리지 아니하면, 잠자거나 조는 가운데 꿈에 보현이 그를 위하여 법을 설하는 것을 볼 것이니, 마치 깨었을 때

와 다름이 없나니, 그의 마음을 편안하게 위로하고 이에 이런 말을 하되, 「네가 외우고 가지는 바는 이 구절을 잊거나 잃어버렸으며, 이 게송을 잊거나 잃어버렸느니라.」 이 때에 행자는 보현보살이 설한 바를 듣고 옳은 뜻을 깊이 이해하며, 기억하여 가지고 잊어버리지 아니하며, 나날이 이와 같이 하여 그 마음이 점점 편안하여지나니, 보현보살이 그를 가르쳐서 시방의 모든 부처님을 기억하게 하고 생각하게 하리라.

보현의 가르침을 따라 바른 마음, 바른 뜻을 하니, 점점 마음의 눈으로써 동방의 부처님을 뵈옵게 되나니, 몸이 황금색이시고 단정하시며 엄숙하시고 미묘하심이라. 한 부처님을 뵈옵고 마치고는 다시 한 부처님을 뵈오며, 이와 같이 하여 점점 두루 동방의 일체 모든 부처님을 뵈옵고, 마음과 생각이 좋아진 까닭으로 두루 시방의 일체 모든 부처님을 뵈옵느니라.

모든 부처님 뵈옵기를 마치고는 기쁘고 즐거운 마음을 내어 이에 이런 말을 하되, 「대승을 인한 까닭으로 대사를 뵈옴을 얻고, 대사의 힘을 인한 까닭으로 모든 부처님을 뵈옴을 얻었사오니, 눈을 감으면 곧 보이고, 눈을 뜨면 곧 잃어지나이다.」 이 말을 하여 마치고 다섯 몸뚱이를 땅에 던져 두루 시방의 부처님께 절하고, 모든 부처님께 절하기를 마치고는 무릎을 꿇어 땅에 대고 몸은 곧게 세워서 합장하고 이에 이러한 말을 할지니라.

「모든 부처님 세존께옵서는 열 가지 힘과, 두려움이 없으신 것과, 열여덟 가지 같지 않으신 법과, 크게 사랑하시고 크게 슬피 여기시는 것과, 삼념처로, 항상 세간에 계시어 빛 가운데에서 으뜸가는 빛이시온데, 저는 어떤 죄가 있어서 이에 뵈옴을 얻지 못하나이까.」

이런 말을 말하기를 마치고는, 보현보살이 다시 또 앞에 나타나서, 깨끗하게 하기를 마치고는 다시 또 참회하고 참회하여 맑고 다니고 머무르고 앉고 누움에 그 곁을 떠나지 아니하고, 이에 꿈속에 이르기까지도 항상 위하여 법을 말하리니, 이 사람이 깨기를 마치고 법의 기쁨과 즐거움을 얻느니라.

⑦ 이와 같이 하여 밤낮 삼칠일을 지나고 그렇게 한 뒤에는, 바야흐로 「막힘 없이 법에 들어오게 하는 것이 마음대로 되어 법을 설하는 다라니」를 얻으며, 다라니를 얻는 까닭으로 모든 부처님과 보살이 말씀하신 바의 묘법을 기억하여 가지고 잃지 아니하며, 또한 항상 꿈에 과거의 일곱 부처님을 뵈옵되, 오직 석가모

니 부처님께옵서만이 그를 위하여 법을 설하시고, 이 모든 세존께옵서는 각각 대승경전을 칭찬하시느니라.

그 때에 행자는 다시 또 참회하고, 두루 시방의 부처님께 절하고, 시방의 부처님께 절하여 마치고는 보현보살이 그 사람 앞에 머물면서 가르치되, 지난 세상에 일체의 업의 인연을 말하고, 어둡고 악한 일체의 죄의 일을 쏟아 드러내게 함이라, 모든 세존을 향하여 스스로 입으로 쏟아 드러내되 이미 쏟아서 드러내기를 마치고는, 이어서 때에 곧 「모든 부처님께옵서 앞에 나타나시는 삼매」를 얻으리라.

이 삼매를 얻기를 마치면, 동방의 아촉 부처님과 그리고 또 묘희국을 보되 밝게 깨달아 분명하리니, 이와 같이 시방의 각각 모든 부처님과 좋고 묘한 국토를 보되 밝게 깨달아 분명하리라.

⑧ 이미 시방의 부처님을 뵈옵기를 마치면, 꿈에 코끼리 머리 위에 한 금강의 사람이 있어 금강저로써 두루 여섯 뿌리에 겨누나니, 여섯 뿌리에 겨누기를 마치면, 보현보살이 행자를 위하여 여섯 뿌리가 맑고 깨끗해지는 참회의 법을 설할 것이니라.

이와 같이 참회하되, 하루에서 칠일에 이르면, 모든 부처님께옵서 앞에 나타나시는 삼매의 힘의 까닭으로써, 보현보살이 법을 설함으로 장엄한 힘의 까닭으로써, 귀는 점점 가리운 것 밖의 소리를 들으며, 눈은 점점 가리운 것 밖의 일을 보고, 코는 점점 가리운 것 밖의 향기를 맡으며, 널리 말하는 것이 묘법화경과 같으니라.

이러한 여섯 뿌리가 맑고 깨끗함을 얻기를 마치면 몸과 마음이 기쁘고 즐거워서 모든 악한 형상이 없으며, 마음이 이 법으로 온

전하여져서 법과 더불어 서로 응하여, 다시 또 백천만억의 「막힘 없이 법에 들어오게 하는 것이 마음대로 되어 법을 설하는 다라니」를 얻고, 다시 또 널리 백천만억의 헤아릴 수 없는 모든 부처님을 뵈옵느니라.

이 모든 세존께옵서 각각 오른손을 펴시어 행자의 머리를 어루만지시고 이에 이런 말씀을 하시되, 「착하고 착하도다. 대승을 행하는 자여, 대 장엄의 마음을 일으키는 자여, 대승을 생각하는 자여, 우리들이 옛날 깨달음의 마음을 일으켰을 때에도 모두 또한 너와 같았나니, 간절하게도 잃지 말지니라.

우리들이 먼저 세상에 대승을 행한 까닭으로 지금 맑고 깨끗한 정변지의 몸을 이루었나니, 너도 지금 또한 마땅히 부지런히 닦아 게을리 하지 말지니라.

이 대승경전은
모든 부처님의 보배 곳집이며,
시방 삼세 모든 부처님의 안목이며,
삼세의 모든 여래께옵서 출생하시는 종자이니,
이 경을 가지는 자는
곧 부처님의 몸을 가짐이며,
곧 부처님의 일을 행함이니라.
마땅히 알지니라. 이 사람은 곧 바로
모든 부처님께옵서 심부름시키신 바이며,
모든 부처님 세존의 옷으로 덮은 바이며,
모든 부처님 여래의 진실한 법의 아들이니라.
너는 대승을 행하여 법의 종자가 끊어지지 않게 하며, 너는 지

⑨ 이 말씀을 설하실 때에, 행자는 곧 동방의 일체 헤아릴 수 없는 세계를 보나니, 땅은 평탄하여 손바닥과 같아서 모든 흙더미와 나지막한 산과 작은 언덕과 굴싸리와 가시나무가 없으며, 유리로 땅이 되고 황금으로 곁을 간살하였나니, 시방세계도 또한 다시 이와 같으니라. 이렇게 땅을 보기를 마치고는 곧 보배나무를 보니 보배나무는 높고도 묘하며 오천 유순이라, 그 나무에서는 항상 황금과 흰 은이 나오고, 일곱 가지 보배로 장엄함이라. 나무 아래는 자연히 보배의 사자자리가 있나니, 그 사자자리는 높이가 이십 유순이며, 자리 위에서는 또한 백 가지 보배의 밝은 빛이 나오느니라. 모든 나무와 그리고 또 나머지 보배의 자리도 이와 같으며, 하나하나의 보배자리에는 모두 자연히 오백의 흰 코끼리가

금 동방의 모든 부처님을 살펴서 관할지니라.」

있으되, 코끼리 위에는 모두 보현보살이 있느니라.

이 때에 행자는 모든 보현에게 절하고 이에 이런 말을 할지니라. 「저는 어떠한 죄가 있어서 다만 보배의 땅과 보배의 자리와 그리고 또 더불어 보배나무만이 보이고, 모든 부처님을 뵈옵지 못하나이까.」

이런 말을 하기를 마치고나면 하나하나의 자리 위에 한 분 세존께옵서 계시는데, 단정하시고 엄숙하시며 미묘하시고 이에 보배자리에 앉으셨나니, 모든 부처님을 뵈옵기를 마치고는 마음으로 크게 기뻐하고 즐거워하여 다시 또 대승경전을 외우고 익힐지니라.

대승의 힘인 까닭으로 하늘 가운데서 소리가 있어 이에 찬탄하여 말을 하되, 「착하고 착하도다. 착한 남자여, 네가 대승을 행하는 공덕의 인연으로 능히 모든 부처님을 뵈옴이라, 이제 비록 모든 부처님 세존 뵈옴을 얻었으나, 그러나 석가모니 부처님과 몸을 나누신 모든 부처님과 그리고 또 다보 부처님 탑을 능히 뵈옵지 못하였느니라.」 하리니, 하늘 가운데의 소리를 듣기를 마치고는 다시 부지런히 대승경전을 외우고 익힐지니라.

⑩ 대승 방등경을 외우는 까닭으로써, 곧 꿈 가운데 석가모니 부처님께옵서 모든 대중과 더불어 기사굴산에 계시사, 법화경을 설하시어 한 가지 실상의 뜻을 설명하심을 뵈오리라. 꿈 깨기를 마치고는 참회하고, 목 마르게 우러러 뵈옵고자 하면, 무릎을 꿇어 땅에 대고 몸은 곧게 세워서 합장하고 기사굴산을 향하여 이에 이런 말을 할지니라. 「여래 세웅께옵서는 항상 세간에 계시오니, 저를 불쌍히 생각하시는 까닭으로 저를 위하여 몸을 나타내시옵소서.」

이 말을 하기를 마치고 기사굴산을 보니, 일곱 가지 보배로 장엄되었으며, 수없는 비구와 성문 대중과 보배나무가 길에 줄지었으며, 보배땅은 평탄하고 바르며, 다시 묘한 보배의 사자자리를 폈는데, 석가모니 부처님께옵서 눈썹 사이로 빛을 놓으시니, 그 빛이 시방 세계를 두루 비추어, 다시 시방의 헤아릴 수 없는 세계를 지나서, 이 빛이 이르는 곳마다 시방에 몸을 나누신 석가모니 부처님께옵서 한 때에 구름같이 모이시어, 널리 말씀하시는 것이 묘법화경과 같으시니라.
하나하나의 몸을 나누신 부처님의 몸은 자줏빛의 금빛이시고, 몸의 분량은 가이 없으시며, 사자자리에 앉으셨나니, 백억의 헤아릴 수 없는 모든 큰 보살로써 권속을 삼았으며, 하나하나의 보살은 행이 보현과 같음이라.

이와 같이 시방의 헤아릴 수 없는 모든 부처님과 보살 권속도 또한 다시 이와 같으니라.

대중이 모이기를 마치고 석가모니 부처님을 뵈오니, 온몸의 털구멍에서 금색빛을 놓으시며, 하나하나의 빛 가운데서는 백억의 화하신 부처님께옵서 계시며, 모든 몸을 나누신 부처님께옵서 큰 사람의 형상인 눈썹 사이의 흰털에서 빛을 놓으시니, 그 빛이 석가모니 부처님의 이마에 흘러드느니라. 이러한 형상을 뵈올 때에 몸을 나누신 모든 부처님께옵서도 일체의 털구멍으로 금색빛을 나오시게 하시어, 하나하나의 빛 가운데 다시 항하사 미진수의 화하신 부처님께옵서 계시느니라.

⑪ 이 때에 보현보살이 다시 큰 사람의 형상인 눈썹 사이로 빛을 놓아 행자의 마음에 들어가게 하니, 이미 마음에 들어가기를

마치면, 행자는 스스로 지난 예전에 수없는 백천의 부처님 거처에서 대승경전을 받아서 가지고 읽고 외운 것을 기억하고, 스스로 옛 몸을 보되, 밝게 깨달아 분명함이 숙명통과 같아서 견주어 다름은 있음이 없으며, 활연히 크게 깨쳐서, 「막힘 없이 법에 들어오게 하는 것이 마음대로 되어 법을 설하는 다라니」와 백천만억의 모든 다라니문을 얻느니라.

삼매로부터 일어나서는 몸을 나누신 일체 모든 부처님께옵서 많은 보배나무 아래 사자자리에 앉아 계심을 눈앞에서 뵈오며, 다시 유리로 된 땅에 묘한 연꽃 숲이 아래 방위로부터 하늘 가운데로 솟아서 나오며, 하나하나의 꽃 사이에 미진수의 보살이 가부좌를 맺고 있음을 보며, 또한 보현의 몸을 나눈 보살이 저 대중 가운데 있어 대승을 찬탄하는 것을 보느니라.

⑫ 때에 모든 보살이 입은 달라도 소리는 같이하여, 행자를 가르쳐서 여섯 뿌리를 맑고 깨끗하게 하나니,

혹은 설하여 말함이 있으되,

「너는 마땅히 부처님을 염할지니라.」

혹은 설하여 말함이 있으되,

「너는 마땅히 법을 염할지니라.」

혹은 설하여 말함이 있으되,

「너는 마땅히 스님네를 염할지니라.」

혹은 설하여 말함이 있으되,

「너는 마땅히 계를 염할지니라.」

혹은 설하여 말함이 있으되,

「너는 마땅히 베푸는 것을 염할지니라.」

혹은 설하여 말함이 있으되,

「너는 마땅히 하늘을 염할지니라.」

이와 같은 여섯 가지의 법은

이것이 깨달음의 마음이며, 보살을 낳는 법이니라.

너는 지금 응당 마땅히 모든 부처님 앞에서 먼저의 죄를 쏟아서 드러내고 지극한 정성으로 참회할지니라.

⑬ 헤아릴 수 없는 세상에서 눈 뿌리의 인연으로 모든 색을 탐하여 착을 하였으며, 색에 착을 한 까닭으로 모든 미진을 탐내고 미진을 사랑한 까닭으로써 여인의 몸을 받아서 사랑하였으며, 세세에 나는 곳마다 모든 색에 미혹되고 착을 하여, 색이 너의 눈을 무너뜨리게 하여서 은혜와 사랑의 노예가 되며, 색이 너로 하여금 심부름시켜서 삼계를 겪어 다니게 하나니, 이 피곤하게

심부름시킴에 눈이 어두워져 보는 바가 없느니라. 지금 대승의 방등경전을 외우나니, 이 경 가운데서 시방의 모든 부처님의 색신이 멸하지 아니한다고 말씀하심이라, 너는 이제 얻어 보고 살폈으니 진실로 그러하지 않느냐.

눈 뿌리가 좋지 못하여 너를 많이 상하고 해쳤나니, 나의 말을 따르고 좇아서 모든 부처님과 석가모니 부처님께 돌아가 향하여 너의 눈 뿌리에 있는 바의 죄와 허물을 말하라.

「모든 부처님과 보살의 밝은 지혜의 법의 물로써 원하옵건대, 씻어서 없애주시사 맑고 깨끗한 것을 얻게 하여 주옵소서.」

이런 말을 하기를 마치고는 시방의 부처님께 두루 절하고, 석가모니 부처님과 대승경전을 향하여 다시 이런 말을 말하여라.

「제가 지금 참회하는 바이오니, 눈 뿌리에 무거운 죄의 가리운 것과 더러운 것과 흐린 것이 가리어 장님이 되어서 보는 바가 없사옵나이다. 원하옵건대, 부처님께옵서는 크신 사랑으로 가엾고 불쌍히 여기시어 덮어 감싸주시고 두호하여 주시옵소서. 보현보살께서 큰 법의 배를 타고 널리 일체 시방의 헤아릴 수 없는 모든 보살을 동무하시어 건네어 주시니, 오직 원하옵건대, 사랑으로 불쌍히 여기사, 제가 눈 뿌리가 좋지 못하여 악한 업이 법을 가리운 것의 허물을 뉘우치는 것을 들어주옵소서.」

이와 같이 세 번 말하고 다섯 몸뚱이를 땅에 던지고, 대승을 바로 생각하여 마음에서 잊어버리거나 버리지 말지니라. 이 이름이 눈 뿌리의 죄를 참회하는 법이니라.

모든 부처님의 이름을 일컫고, 향을 사르고 꽃을 흩어서, 대승의 뜻을 일으키고, 비단의 번과 일산을 달고, 눈의 허물과 병든 것을 말하여 죄를 참회하는 자는, 이 사람은 현세에서 석가모니 부처님을 뵈오며, 그리고 또 몸을 나누신 헤아릴 수 없는 모든 부처님을 뵈옵고, 아승지 겁에 악도에 떨어지지 아니하나니, 대승의 힘인 까닭이며, 대승을 원하는 까닭이라, 항상 일체의 다라니보살과 더불어 함께 권속이 되느니라.

이런 생각을 하는 것을 바로 바른 생각이라 하며, 만약 다르게 생각을 하는 것은 이름하여 삿된 생각이라고 하는 것이니라. 이 이름이 눈 뿌리의 처음 경계의 형상이라 하느니라.

⑭ 눈 뿌리를 맑게 하여 마치고 다시 또 대승경전을 외우고 읽으며, 밤낮으로 여섯 때에, 무릎을 꿇어 땅에 대고 몸은 곧게 세워서 참회하고, 이에 이런 말을 하되, 「저는 지금 어찌하여 다만 석가모니 부처님과 몸을 나누신 모든 부처님만을 뵈옵고, 다보

부처님 탑의 온몸의 사리는 뵈옵지 못하나이까. 다보 부처님의 탑은 항상 계시어 멸하시지 아니하옵거늘, 저의 눈이 흐리고 악하니 이런 까닭으로 뵈옵지 못하나이다.」 이런 말을 하여 마치고 다시 또 참회할지니라.

칠일을 지나 마치면 다보 부처님의 탑이 땅으로부터 솟아나오리니, 석가모니 부처님께옵서 곧 오른손으로써 그 탑의 문을 여시면, 다보 부처님께옵서 보현색신삼매에 들어있으심을 뵈오며, 하나하나의 털구멍에서 항하사 미진수의 밝은 빛이 흘러나오고, 하나하나의 밝은 빛에 백천만억의 화하신 부처님께옵서 계시나니, 이 형상이 나타났을 때, 행자는 기쁘고 즐거워서 게송으로써 찬탄하며 탑을 돌되, 일곱 번 돌기를 채워 마치면, 다보 여래께옵서는 큰 음성을 내시어 칭찬하시되, 「법의 아들이여, 너는 지금 진실로 능히 대승을 행하고 보현을 따르고 좇아서 눈 뿌리를 참회하였나니, 이런 인연으로써 내가 너의 곳에 이르러서 너를 위하여 증명하리라」 이런 말씀을 설하시기를 마치시고 찬탄하시어 말씀하시되, 「잘하시고 잘하시옵니다. 석가모니 부처님께옵서 능히 큰 법을 말씀하시고, 큰 법비를 비오듯이 하시어, 흐리고 악한 모든 중생들을 성취시켜 주셨나이다」

⑮ 이 때에 행자는 다보 부처님 탑을 뵙기를 마치고, 다시 보현보살의 곳에 이르러서 합장하고 공경히 절하고 사뢰어 말하되, 「큰 스승이시여, 저에게 허물을 참회하는 것을 가르쳐 주시옵소서」

보현이 다시 말하되 「너는 많은 겁에 귀 뿌리의 인연으로 바깥 소리에 따르고 좇아서, 묘한 소리를 들을 때는 마음이 미혹하여 착을 내고, 악한 소리를 들을 때는 백여덟 가지 번뇌의 도적의

해를 일으켰느니라. 이와 같이 악한 귀의 갚음으로 악한 일을 얻고, 항상 악한 소리를 듣고 모든 인연 끌어당김을 내며, 뒤집혀 거꾸로 되어 듣는 까닭으로 마땅히 악도와 변두리 땅과 삿된 견해의, 법을 듣지 못하는 곳에 떨어졌느니라. 너는 오늘 대승의 공덕의 바다 곳집을 외우고 가졌으니, 이런 인연의 까닭으로써 시방의 부처님을 뵈옵고, 다보 부처님의 탑이 나타나시어 너를 위하여 증명하여 주시니, 너는 응당 스스로 마땅히 자기의 나쁜 허물을 말하여 모든 죄를 참회할지니라.」

이 때에 행자는 이 말을 듣기를 마치고, 또 다시 합장하고 다섯 몸뚱이를 땅에 던져서 이에 이런 말을 할지니라.

「정변지 세존이시여, 나타나시어 저를 위하여 방등경전을 증명하시옵소서. 자비가 위주가 되시거늘 오직 원하옵건대, 저를 관하시고 제가 말하는 바를 들어주시옵소서. 저는 많은 겁으로부터 이에 지금의 몸에 이르기까지, 귀 뿌리의 인연으로 소리를 듣고 미혹하여 착을 함이, 아교에 풀잎이 붙는 것과 같사옵고, 모든 악한 것을 들을 때는 번뇌의 독이 일어나고, 곳곳마다 미혹하고 착을 하여 잠시도 머무를 때가 없으며, 이 구멍이 소리에 연루되어 저의 혼과 앎을 피곤하게 하고, 삼도에 떨어져서 잃게 함이니, 이제 비로소 알아 깨닫고, 모든 세존께 향하여 쏟아서 드러내어 참회하옵나이다.」

이미 참회하기를 마치면 다보 부처님께옵서 크게 밝으신 빛을 놓으심을 뵈올 것이니, 그 빛은 금색으로 동방과 그리고 또 시방 세계를 두루 비추시니, 헤아릴 수 없는 모든 부처님의 몸은 진금색인데, 동방 하늘 가운데에서 이런 노래를 지어 말하되, 「이 부처님 세존의 호는 가로되 선덕이시며, 또한 몸을 나누신 수 없는 모든 부처님께옵서 보배나무 아래 사자자리 위에 가부좌를 맺고 앉아 계시옵구나.」

이 모든 세존께옵서는 일체가 모두 보현색신삼매에 드시고, 모두 이런 말씀을 하시되, 「착하고 착하도다. 착한 남자여, 네가 지금 대승경전을 읽고 외우나니, 네가 외우는 바의 것은 바로 부처님의 경계이니라.」

⑯ 이러한 말씀을 설하시기를 마치면 보현보살이 다시 또 위하여 참회의 법을 말하되, 「너는 앞 세상에 헤아릴 수 없는 겁 가운데 향기를 탐낸 까닭으로써 모든 앎을 분별하여 곳곳마다 탐하고 착을 하여 나고 죽음에 떨어졌고 떨어지나니, 너는 지금 응당 마땅히 대승의 인을 관할지니라. 대승의 인이란 것은 모든 법의 실상

이니라.

이 말을 듣기를 마치고 다섯 몸뚱이를 땅에 던져 다시 또 참회하며, 이미 참회하기를 마치면 마땅히 이런 말을 할지니라.

「나무 석가모니불, 나무 다보불탑, 나무 시방 석가모니 분신의 모든 부처님.」 이런 말을 하기를 마치고는, 시방 부처님께 두루 절하고, 「나무 동방 선덕불, 그리고 또 몸을 나누신 모든 부처님」하고, 눈으로 뵈옵는 바와 같이 하나하나 마음으로 절하고 향과 꽃을 공양하며, 공양하기를 다하여 마치고는 무릎을 꿇어 땅에 대고 몸은 곧게 세워서 합장하고, 가지가지의 게송으로써 모든 부처님을 찬탄하며, 이미 찬탄하기를 마치고는 열 가지의 악업을 말하며 모든 죄를 참회할지니라.

이미 참회하기를 마치고는 이에 이런 말을 하되, 「제가 먼저 세상에 헤아릴 수 없는 겁의 때에, 향기와 맛과 닿음을 탐하여 많은 악을 만들고 지었사오며, 이런 인연으로써 헤아릴 수 없는 세상을 오면서 항상 지옥과 아귀와 축생과 변두리 땅과 삿된 견해의, 모든 좋지 못한 몸을 받았으며, 이와 같은 악업을 오늘 쏟아서 드러내며, 모든 부처님이신 정법의 왕께 돌아가서 향하여 죄를 말하여 참회하옵나이다.」

⑰ 이미 참회하기를 마치고는 몸과 마음을 게을리하지 말고 다시 또 대승경전을 읽고 외울지니라.

대승의 힘인 까닭으로 하늘 가운데에서 소리가 있어 일러 말하되, 「법의 아들이여, 너는 지금 응당 시방의 부처님을 향하여 대승을 찬탄하여 말하고, 모든 부처님 앞에서 스스로 자기의 허물을 말할지니라. 모든 부처님 여래께옵서는 바로 너를 사랑하는 아버지이시니, 너는 마땅히 스스로 혀 뿌리가 지은 바의 좋지 못한 악업을 말할지니라.

이 혀 뿌리란 것은, 악업의 형상인 거짓말과 교묘하게 꾸민 말과 악한 말과 두 가지의 말과 헐뜯어 비방하는 것과 망령된 말을 나타내고, 삿된 견해를 찬탄하며, 이로움이 없는 말을 말하였느니라. 이와 같고 많은 모든 잡가지의 악업으로, 만나서 싸우고 무너뜨리고 어지럽게 하며, 법을 법이 아니라고 말하였나니, 이와 같은 많은 죄를 지금 다 참회할지니라.」

모든 세웅 앞에서 이런 말을 짓기를 마치고, 다섯 몸뚱이를 땅에 던져 시방의 부처님께 두루 절하고, 합장하고서 두 무릎을 꿇어 땅에 대고 허벅다리와 윗몸은 곧게 세우고, 마땅히 이런 말을 할지니라.

「이 혀의 허물과 재앙은 헤아릴 수 없고 가이 없으며, 모든 악업의 바늘은 혀 뿌리로 좇아 나왔으며, 바른 법륜을 끊는 것도 이 혀로 좇아 일어남이오니, 이와 같이 악한 혀는 공덕의 종자를 끊으며, 옳음이 아닌 것 중에서 바른 것이라고 굳세게 많이 말하며 삿된 견해를 찬탄하는 것은, 불에다 땔나무를 더하는 것과 같사옵고, 중생을 상하게 하고 해침이 오히려 위험스러운 불과 같으오니, 독한 것을 먹은 자가 부스럼과 혹이 없이 죽는 것과 같사오며, 이와 같은 죄 갚음은 악하고 삿되고 착하지 못하여, 마땅히 백 겁, 천 겁을 악도에 떨어지오며, 망령된 말을 한 까닭으로써 큰 지옥에 떨어지리니, 저는 지금 돌아가 향하여, 「나무 모든 부처님」하고 검측스러운 것과 나쁜 것을 쏟아서 드러내나이다.」

이런 생각을 할 때에 하늘 가운데 소리가 있으되, 「남방에 부처님께옵서 계시니, 이름은 전단덕이시고, 저 부처님께옵서도 또한 헤아릴 수 없는, 몸을 나누신 분이 계시니, 일체의 모든 부처님께옵서 모두 대승을 말씀하시어 죄와 악을 멸하게 하시나니, 이와 같이 많은 죄를 이제 시방의 헤아릴 수 없는 모든 부처님과 크게 슬피 여기시는 세존을 향하여, 검측스러운 것과 나쁜 것을 쏟아 드러내어 정성껏 마음으로 참회할지니라」 이 말을 설하여 마치고는, 다섯 몸뚱이를 땅에 던지고 다시 모든 부처님께 절할지니라.

이 때에 모든 부처님께옵서 다시 밝은 빛을 놓으시니, 행자의 몸을 비추어 그 몸과 마음으로 하여금 자연히 기쁘고 즐겁게 하고 큰 자비를 일으키어 널리 일체를 생각하게 하시느니라. 이 때 모든 부처님께옵서 행자를 위하사, 널리 크게 「사랑하는 것과, 슬퍼 여기는 것과, 그리고 또 기쁘게 하는 것과, 버리는 것」의 법을 말씀하시며, 또한 사랑스러운 말을 가르치시고, 여섯 가지의 화합하고 공경하는 것을 닦게 하시리라.

⑱ 이 때에 행자는 이 가르침의 신칙하심을 듣고, 마음이 크게 기쁘고 즐거워서 다시 또 외우고 익히되, 마침내 게으르지도 쉬지도 아니하면, 하늘 가운데서 다시 미묘한 음성이 있어 이와 같은 말을 하나니, 「너는 지금 응당 마땅히 몸과 마음을 참회할지니라. 몸이란 것은 살생하며 도둑질하고 음란하며, 마음이란 것은 모든 착하지 못한 것을 생각하나니, 열 가지 악과 그리고 또 다섯 가지의 무간의 업을 지어서, 오히려 원숭이와 같고 또한 끈끈이와 아교와도 같이 곳곳마다 탐하고 착을 하여, 두루 일체의 여

섯 정의 뿌리 속에 이르며, 이 여섯 뿌리 업의 가지와 곁가지와 꽃과 잎이 다 삼계의 이십오유인 일체가 나는 곳에 가득하리라. 또한 능히 밝음이 없는 것과 늙는 것과 죽는 것의 열두 가지의 괴로운 일이 더 심하여져서, 여덟 가지 삿된 것과 여덟 가지 어려운 것을 겪어 지내지 않음이 없나니, 너는 지금 응당 마땅히 이와 같은 악과 좋지 못한 업을 참회할지니라.」

이 때에 행자는 이 말을 듣기를 마치고 하늘 가운데의 소리에 묻기를, 「저는 지금 어느 곳에서 참회의 법을 행하오리까.」하면, 때에 하늘 가운데에서 소리를 하여 곧 이런 말을 설하기를, 「석가모니 부처님께옵서는 비로자나로 일체의 곳에 두루 하심이라 이름하시나니, 그 부처님께옵서 머무시는 곳을 이름하여 상적광이라 하는데, 항상함 바라밀의 몰아 잡아 이룬 바의 곳이며,

나 바라밀의 편안함에서 세워진 바의 곳이며, 깨끗함 바라밀의 형상이 있는 것이 멸한 곳이며, 즐거움 바라밀의 몸과 마음이 서로 머물지 않는 곳이며, 있는 것과 없는 것의 모든 법의 형상을 보지 않는 곳이며, 고요히 풀리어 벗어나는 것과, 내지 반야바라밀과 같으니라. 이것은 색이 항상 법에 머무는 까닭이라. 이와 같이 응당 마땅히 시방의 부처님을 관할지니라.」

⑲ 때에 시방의 부처님께옵서 각각 오른손을 펴시어 행자의 머리를 어루만지시고 이와 같은 말씀을 하시되,「착하고 착하도다. 착한 남자여, 네가 지금 대승경을 외우고 읽는 까닭으로 시방의 모든 부처님께옵서 참회의 법을 설하시느니라. 보살의 행할 바는,「중생의 몸과 마음을 미혹의 경계에 동여매는 번뇌」와,「중생을 이끌고 따라다니며 마구 몰아대어 부리는 번뇌」를 끊지 아

니하고, 「중생의 몸과 마음을 이끌어 미혹의 세계로 마구 몰아대어 끌어넣고 부리는 번뇌」의 바다에 머무르지도 않으며, 마음을 관함에 마음이 없으나 뒤집혀 거꾸로 됨으로 좇아 생각이 일어나며, 이와 같은 생각의 마음은 망령된 것으로 좇아 생각이 일어남이라. 하늘 가운데의 바람이 의지하여 머물러 사는 곳이 없는 것과 같으니, 이와 같이 법의 형상은 나지도 않고 멸하지도 아니하느니라.

어떠한 것이 바로 죄며, 어떠한 것이 바로 복이겠느냐. 나의 마음이 스스로 공하니, 죄와 복도 주인이 없으며, 일체의 모든 법도 모두 또한 이와 같아서, 머무름도 없고 무너짐도 없느니라」

이와 같이 참회하면, 마음을 관함에 마음도 없고, 법도 법 가운데 머무르지 아니하나니, 모든 법은 풀리어 벗어난 것이며, 멸함이라는 이치이며, 고요하고 조용함이니, 이와 같이 생각하는 것을 이름하여 큰 참회라 하느니라. 이름하여 장엄참회라 하며, 이름하여 죄없는 형상의 참회라 하며, 이름하여 심식을 파괴하는 참회라 하느니라.

이런 참회를 행하는 자는 몸과 마음이 맑고 깨끗하여, 법 가운데 머무르지 아니함이 오히려 흐르는 물과 같아서, 생각과 생각하는 가운데 보현보살과 그리고 또 시방의 부처님 뵈옴을 얻느니라.

때에 모든 세존께옵서는 크게 슬피 여기심의 밝은 빛으로써 행자를 위하여 형상이 없는 법을 말씀하시니, 행자는 제일의 뜻의 공을 말씀하심을 들으며, 행자가 듣기를 마치고는 마음에 놀라거나 두려워하지도 아니하고, 때에 응하여 곧 보살의 바른 위치에 드느니라.』
부처님께옵서 아난에게 이르시되, 『이와 같이 행하는 것을 이름하여 참회라고 하나니, 이 참회란 것은 시방의 모든 부처님과 모든 큰 보살이 참회하였던 바의 법이니라.』
⑳ 부처님께옵서 아난에게 이르시되,
『부처님이 멸도한 후에, 부처님의 모든 제자가
만약 악하여 착하지 못한 업을 참회함이 있으면,
다만 마땅히 대승경전을 읽고 외울지니라.
이 방등경은
바로 모든 부처님의 눈이며,
모든 부처님께옵서는 이로 인하여
다섯 가지 눈 갖추심을 얻으셨느니라.

부처님의 세 가지 종류의 몸은 방등으로부터 났느니라.

이 큰 법도장은 열반의 바다를 찍나니,

이와 같은 바다 가운데에서

능히 세 가지 종류의 부처님의 맑고 깨끗한 몸이 났나니,

이 세 가지 종류의 몸은 인간과 하늘의 복밭이라,

응공 가운데 으뜸이니라.

그 어떤 이가 대 방등경전을 외우고 읽으면,

마땅히 알지니라.

이 사람은 부처님의 공덕을 갖추고,

모든 악은 영원히 멸하고,

부처님의 지혜로 좇아 나느니라.』

이 때에 세존께옵서 이에 게송으로 설하시어 말씀하시되,

만약 눈 뿌리에 악이 있어
다만 마땅히 대승을 외우고
생각할지니라. 이 이름이
모든 착하지 못한 업이
귀 뿌리가 어지러운 소리를
어지럽게 하니, 이로 말미암아
일어나고 오히려 어리석은
마땅히 대승을 외우고 법이
일체의 악은 영원히 다하고
코 뿌리는 모든 향기에
모든 닿음이 일어나니,
코는 물들음에 따라서

업장의 눈이 맑지 않거든,
제일의 뜻을 생각하고
눈의 참회라 하며,
다하느니라.
듣고 화합의 뜻을 무너뜨려서
미치광이의 어지러움이
원숭이와 같나니, 다만
공하여 형상이 없음을 관할지면,
하늘 귀로 시방을 듣느니라.
착을 하여 물들음에 따라서
이와 같이 경망하고 미혹한
모든 미진을 낳게 되나니,

만약 대승경을 외우고
같이 하면, 모든 악업을
다시 나지 아니하느니라.
악한 말과 착하지 못한
만약 스스로 부드럽고
응당 부지런히 사랑하는
고요한 뜻을 생각하여
없게 할지니라.
㉑ 마음의 뿌리는 원숭이와
있음이 없나니, 만약 조복하여
마땅히 부지런히 대승을
깨달으신 몸에 이룬 바의 힘과

법을 관하되 진실의 끝과
영원히 떠나고 뒷세상에는
혀 뿌리는 다섯 가지의
업을 일으키는 것이니라.
순하게 하고자 하면,
마음을 닦아서 법의 진실하고
모든 분별하는 형상이

같아서 잠시도 머무는 때가
굴복시키고자 하는 자는
외우고, 부처님의 크게
두려움 없음을 염할지니라.

몸은 기관의 주인이 되어, 미진이 바람을 따라
구르는 것과 같이, 여섯 도적 가운데에서 즐겁게 놀되,
자재하여 거리끼거나 걸림이 없나니,
만약 이 악한 것을 멸하고 모든 미진의 괴로움을
영원히 떠나서, 항상 열반의 성에 살면서 편안하고 즐겁고,
마음이 고요하고 편안히 하고자 하면, 마땅히
대승경을 외우고, 모든 보살은 실상을 생각하는 것으로 좇아
헤아릴 수 없는 뛰어난 방편은 어머니라고 염할지니라.
얻나니, 이와 같은 것들의 여섯 가지의 법을 이름하여
여섯 정의 뿌리라 하느니라. 일체 업장의 바다는 모두
망령된 생각으로 좇아 나느니, 만약 참회하고자 하는 자는
단정히 앉아서 실상을 염할지니라. 모든 죄는

서리와 이슬 같아서 지혜의 해로 능히 녹여 없애나니, 이런 까닭으로 응당 지극한 마음으로 여섯 정의 뿌리를 참회할지니라.

㉒ 이 게송을 설하시어 마치시고는 부처님께옵서 아난에게 이르시되, 『너는 지금 이렇게 여섯 뿌리를 참회하고 보현보살을 관하는 법을 가지고, 널리 시방의 모든 하늘과 세상 사람을 위하여 널리 분별하여 설할지니라.

부처님이 멸도한 뒤에 부처님의 모든 제자가 만약 방등경전을 받아서 가지고 읽고 외우며 풀어서 말함이 있으면, 응당 조용한 곳이나, 만약 무덤 사이거나, 만약 수풀이나, 나무 밑에나, 만약 아련야의 곳에 있으면서, 방등을 읽고 외우며 대승의 뜻을 생각할지니라.

생각하는 힘이 강한 까닭으로, 나의 몸과 그리고 또 다보 부처님의 탑과, 시방의 몸을 나눈 헤아릴 수 없는 모든 부처님과, 보현보살과 문수사리보살과 약왕보살과 약상보살을 뵈옴을 얻게 되리니, 법을 공손히 공경하는 까닭으로 모든 묘한 꽃을 가지고 하늘 가운데 머물러 서서, 법을 가지고 행하는 자를 찬탄하고 공손히 공경하리니, 다만 대승 방등경을 외우는 까닭으로 모든 부처님과 보살이 이 법을 가지는 자를 밤낮으로 공양하느니라.』

부처님께옵서 아난에게 이르시되, 『나와 더불어 현겁의 모든 보살들과 그리고 또 시방의 모든 부처님께옵서는 대승의 진실한 실상의 뜻을 생각함으로 말미암은 까닭으로 백만억억겁에 아승지 수의 나고 죽음의 죄를 물리쳐 버렸나니, 이 가장 묘한 참회법을 인한 까닭으로 지금 시방에서 각각 부처님 됨을 얻었느니라.

만약 〔위없이 높고 바르며 크고도 넓으며 평등한 깨달음〕을 빨리 이루고자 하는 자와, 만약 현재의 몸으로서 시방의 부처님과 그리고 또 보현보살을 보고자 하거든, 마땅히 깨끗이 씻어 목욕하고 깨끗하고 정결한 옷을 입고, 많은 이름난 향을 사르고, 비고 한가한 곳에 있으면서 응당 마땅히 대승경전을 읽고 외우며, 대승의 뜻을 생각할지니라.』

㉓ 부처님께옵서 아난에게 이르시되, 『만약 어떤 중생이 보현보살을 관하고자 하는 자는 마땅히 이런 관을 할지니라. 이러한 관을 하는 것을 이 이름이 바른 관이라 하고, 만약 달리 관하는 것은 이 이름이 삿된 관이니라.

부처님이 멸도한 뒤에 부처님의 모든 제자가 부처님의 말씀을 따르고 좆아서 참회를 행하는 자는, 마땅히 알지니라. 이 사람은 보현의 행을 행함이니라. 보현의 행을 행하는 자는 악한 형상과 그리고 또 악한 업 갚음을 보지 아니하느니라.

그 어떤 중생이 밤낮 여섯 때로 시방의 부처님께 절하고, 대승경을 외우고, 제일의 뜻의 심히 깊은 공의 법을 생각하면, 손가락을 한 번 튀길 잠깐에 백만억 아승지 겁의 나고 죽음의 죄가 없어지고 소멸되느니라.

이 행을 행하는 자는 진실하고 바른 부처님의 아들이라, 모든 부처님으로 좇아 출생하였으니, 시방의 모든 부처님과 그리고 모든 보살이 그의 화상이 되며, 바로 이름하여 보살계를 흡족하게 갖춘 자라 하며, 모름지기 계를 받을 때 짓는 법을 하지 아니하여도 자연히 성취되어 응당 일체의 사람과 하늘의 공양을 받을지니라.

㉔ 이 때 행자는 만약 보살계를 흡족하게 갖추고자 하는 자이면, 응당 마땅히 합장하고 비고 한가한 곳에 있으면서 시방의 부처님께 두루 절하고, 모든 죄를 참회하고 스스로 자기의 허물을 말하고, 그렇게 한 뒤에 고요한 곳에서 시방의 부처님께 사뢰되, 이에 이런 말을 할지니라.

「모든 부처님 세존께옵서 항상 세상에 머물러 계시는데, 저의 업장의 까닭으로, 비록 방등을 믿사오나 부처님을 똑똑하게 뵈옵지 못하나이다.

이제 부처님께 돌아가 의지하옵나니, 오직 원하옵건대, 석가모니 정변지 세존이시여, 저의 화상이 되어 주시옵소서.

큰 지혜를 갖추신 분 문수사리시여, 원하옵나니, 사리에 밝으신 지혜로써 저에게 맑고 깨끗한 모든 보살의 법을 주시옵소서.

미륵보살이시여, 크게 사랑하심이 해를 이기시니, 저를 가련하고 불쌍하게 여기시는 까닭으로 또한 응당히 제가 보살의 법 받음을 들어주옵소서. 시방의 모든 부처님께옵서는 나타나시어 저를 위하여 증명하옵소서.」

모든 큰 보살의 각각 그의 이름을 일컫고, 「이 좋으신 대사이시여, 중생을 덮어 감싸시어 두호하시고, 저희들을 도웁고 두호하여 주옵소서.

오늘 방등경전을 받아서 가지옵나니, 이에 목숨을 잃게 됨에 이르고 설령 지옥에 떨어져 헤아릴 수 없는 괴로움을 받을지라도 끝까지 모든 부처님의 정법을 헐어 비방하지 아니하오리다.

㉕ 이런 인연과 공덕의 힘의 까닭으로써 지금 석가모니 부처님께옵서는 저의 화상이 되시옵고, 문수사리께서는 저의 아사려가 되시옵소서. 당래의 미륵께서는 원하옵나니, 저에게 법을 주시옵고, 시방의 모든 부처님께옵서는 원하옵건대, 저를 증명하여 알아주시옵고, 큰 덕의 모든 보살께서는 원하옵나니, 저의 동반이 되시옵소서.

제가 지금 대승경의 심히 깊고 묘한 뜻에 의지하며, 부처님께 돌아가 의지하나이다.

법에 돌아가 의지하나이다.

스님께 돌아가 의지하나이다.」

이와 같이 세 번 말할지니라.

삼보에 돌아가 의지하기를 마치고는 다음에는 마땅히 스스로 맹세하여 여섯 가지 무거운 법을 받을지니라.

여섯 가지 무거운 법을 받기를 마치고는 다음에는 마땅히 걸림 없는 깨끗한 행을 부지런히 닦아서 널리 제도하려는 마음을 일으키고, 여덟 가지 무거운 법을 받을지니라.

이 맹세를 세우기를 마치고는 비고 한가한 곳에서, 많은 이름난 향을 피우고 꽃을 흩어서 일체의 모든 부처님과 그리고 또 모든 보살과 대승방등에 공양하고, 이에 이러한 말을 할지니라.

「저는 오늘 깨달음의 마음을 일으키오니, 이 공덕으로써 널리 일체를 제도하오리다.」 이런 말을 하기를 마치고는 다시 또 일체의 모든 부처님과 그리고 또 모든 보살께 이마로 절하고, 방등의 뜻을 생각할지니라.

㉖ 하루에서 이에 삼칠일에 이르기까지, 만약 집을 나온 이 이거

나, 집에 있는 이 이거나, 모름지기 화상을 두지 않고, 모든 스승을 쓰지 아니하고, 계를 받을 때 짓는 법을 사뢰지 않더라도, 대승경전을 받아서 가지고 읽고 외우는 힘인 까닭으로, 보현보살이 부지런히 행을 일으키는 까닭으로,

이는 시방의 모든 부처님의 정법의 안목이며,

이 법을 말미암음으로 인하여, 계와 정과 지혜와 해탈과 풀리어 벗어나는 지견을 다섯으로 나눈 법의 몸인 자연히 성취하느니라.

모든 부처님 여래께옵서는 이 법으로 좇아 출생하셨으며, 대승경에서 기별 받으심을 얻으셨느니라.

이런 까닭으로 지혜자는 만약 성문이 삼귀와 그리고 또 오계와

팔계와 비구니계와 비구니계와 사미계와 사미니계와 식차마니계와 그리고 또 모든 위의를 헐어 파하고, 우매하고 어리석으며 착하지 못하며 악하고 삿된 마음의 까닭으로, 모든 계와 그리고 또 위의 법을 많이 범하였으나, 만약 하여금 허물과 근심할 것을 없게 하고, 멸하여 없애고, 도로 비구가 되어 사문의 법을 갖추고자 하는 자는, 마땅히 부지런히 방등경전을 닦아서 읽고, 제일의 뜻의 심히 깊은 공의 법을 생각하고, 이 공의 지혜로 하여금 마음과 더불어 서로 응하게 할지니라. 마땅히 알지니라. 이 사람은 한 생각의 잠깐에 일체의 죄의 때가 영원히 다하여 남음이 없으리라. 이를 이름하여 사문의 법과 식을 흡족하게 갖추고 모든 위의를 갖추었음이라 하나니, 응당히 사람과 하늘의 일체의 공양을 받을지니라.

만약 우바새가 모든 위의를 범하고 착하지 못한 일을 짓나니, 착하지 못한 일이란 것은 이른바, 부처님 법은 잘못된 것이며 악한 것이라고 논하여 말하고, 사중이 범한 바 악한 일을 논하여 말하고, 훔치거나 도둑질하고 음탕하고 음란한 짓을 하면서도 수치스러워함과 부끄러워함이 있음이 없는 것이라. 만약 참회하여 모든 죄를 멸하고자 하는 자는 마땅히 부지런히 방등경전을 읽고 외우며, 제일의 뜻을 생각할지니라.

만약 왕이란 자나, 대신이나, 바라문이나, 거사나, 장자나, 벼슬아치나, 이 모든 사람들이 탐을 내어 구하기를 싫어함이 없고, 다섯 가지 역적의 죄를 짓고, 방등경을 비방하며, 열 가지의 악업을 갖추면, 이 큰 악의 갚음으로 응당 악도에 떨어짐이 폭우보다도 지나며, 마땅히 아비지옥에 떨어짐이 반드시 정하여졌으니,

만약 이 업장을 멸하여 버리고자 하는 자는 응당 수치와 부끄러움을 내어 모든 죄를 뉘우쳐 고칠지니라.

㉗ 어떠한 것을 이름하여 찰리거사의 참회법이라 하는고 하면, 참회하는 법이란 것은, 다만 마땅히 마음을 올바르게 하고, 삼보를 비방하지 말 것이며, 집을 나오는 것을 막지 말며, 깨끗한 행을 하는 사람에게 나쁜 것을 만들어 더디게 하여 어렵게 하지 말며, 응당 마땅히 생각을 잡아매어 여섯 가지 염하는 법을 닦을 것이며, 또한 마땅히 대승을 가진 자를 이바지하여 주고 공양하고, 크게 반드시 인사의 절을 할 것이며, 응당 마땅히 심히 깊은 경법과 제일의 뜻의 공을 기억하고 생각할지니라. 이런 법을 생각하는 것을 바로 이름하여 찰리거사가 제 일의 참회를 닦는다고 하느니라. 제 이의 참회라 하는 것은, 부모를 잘 섬기어 봉양하고, 스승

과 어른을 공손히 공경하는 것이니, 바로 이름하여 제 이의 참회의 법을 닦는다고 하느니라.

제삼 참회라 하는 것은, 바른 법으로 나라를 다스려서 인민을 삿되게 억울하게 하지 않는 것이니, 바로 이름하여 제 삼의 참회를 닦는다고 하느니라.

제사 참회라 하는 것은, 육재일에 모든 땅 경계 안과, 힘이 미치는 바의 곳에 신칙하여, 하여금 살생을 행하지 못하게 하는 것이니, 이와 같이 법을 닦는 것을 바로 이름하여 제 사의 참회를 닦는다고 하느니라.

제오 참회라 하는 것은, 다만 마땅히 깊이 인연과 보를 믿고, 하나의 진실의 길을 믿으며, 부처님께옵서 멸하시지 아니하셨음을 아는 것이니, 바로 이름하여 제 오의 참회를 닦는다고 하느니라.』

부처님께옵서 아난에게 이르시되, 『미래 세상에서 만약 어떤 이가 이와 같은 참회법을 닦고 익히면, 마땅히 알지니라. 이 사람은 수치와 부끄러움의 옷을 입고, 모든 부처님의 호위와 도움으로 오래지 않아서 마땅히 「위없이 높고 바르며 크고도 넓으며 평등한 깨달음」을 이루느니라.』

이 말씀을 설하실 때에, 일만의 천자는 법눈의 맑음을 얻고, 미륵보살 들의 모든 큰 보살과 그리고 또 아난께서는, 부처님께옵서 설하신 바를 듣고서, 기뻐하시고 즐거워하시며 받들어 행하셨소이다.

정대게

頂戴偈

(경을 독송한 후에 읽는 게송)

계수묘법연화경
稽首妙法蓮華經

일질칠축사칠품
一帙七軸四七品

일일문문시진불
一一文文是眞佛

중생개이성불도
衆生皆已成佛道

살달마분타리가
薩達摩分陀利伽

육만구천삼팔사
六萬九千三八四

진불설법리중생
眞佛說法利衆生

고아정례법화경
故我頂禮法華經

회향문

回向文

원이차공덕
願以此功德

아등여중생
我等與衆生

보급어일체
普及於一切

개공성불도
皆共成佛道

(귀명정례)
歸命頂禮

나무 평등대혜 교보살법 불소호념 묘법연화경
南無 平等大慧 敎菩薩法 佛所護念 妙法蓮華經

정대게 (경을 독송한 후에 읽는 게송)

묘법연화경 살달마분타리가께
머리를 조아려 목숨 바쳐 귀의하옵고 예를 올리나이다.
한 부질, 일곱 권, 이십팔 품, 육만구천 삼백팔십네 자의
하나하나 문자문자가 바로 참부처님이옵고,
참부처님께옵서 법을 설하시며 중생을 이롭게 하시어,
중생은 모두 부처님의 도를 이미 이루나니,
그러므로 저희는 법화경께 이마를 조아려 절하옵나이다.

회 향 문

원컨대 이 공덕으로써
널리 일체에 미치게 하여,
저희와 더불어 일체 중생이
다 함께 부처님의 도가 이루어지이다.

(귀명정례)

평등한 큰 지혜이며, 보살을 가르치는 법이고, 부처님께옵서 호념하시는 바인
묘법연화경께 목숨 바쳐 귀의하오며 이마로 절하옵나이다.

妙法蓮華經

총 차 례

한글본 (별책)

무량의경 ·· (13)···(88)

묘법연화경 ··· (89)···(810)

불설관보현보살행법경 ································ (811)···(878)

한문본 (본책)

無量義經 ·· (一五)···(六〇)

妙法蓮華經 ··· (六一)···(四八四)

佛說觀普賢菩薩行法經 ································ (四八五)···(五二六)

법화삼부경 부록 (별책)

·· (1)···(244)

목 차
目 次

무량의경
無量義經

무량의경 덕행품 제일
無量義經 德行品 第一 ………………………………(一七)

무량의경 설법품 제이
無量義經 說法品 第二 ………………………………(二七)

무량의경 십공덕품 제삼
無量義經 十功德品 第三 ……………………………(四〇)

묘법연화경
妙法蓮華經

目 次

七

目 次

묘법연화경 卷 제일
妙法蓮華經 卷 第一

묘법연화경 서품 제일
妙法蓮華經 序品 第一 ……………………………… (六三)

묘법연화경 방편품 제이
妙法蓮華經 方便品 第二 ……………………………… (八九)

묘법연화경 卷 제이
妙法蓮華經 卷 第二

묘법연화경 비유품 제삼
妙法蓮華經 譬喩品 第三 ……………………………… (一一八)

묘법연화경 신해품 제사
妙法蓮華經 信解品 第四 ……………………………… (一六〇)

묘법연화경 卷 제삼
妙法蓮華經 卷 第三

八

目次

妙法蓮華經 卷 第四

묘법연화경 약초유품 제오 ······················· (一八一)
妙法蓮華經 藥草喩品 第五

묘법연화경 수기품 제육 ························· (一九二)
妙法蓮華經 授記品 第六

묘법연화경 화성유품 제칠 ······················· (二〇四)
妙法蓮華經 化城喩品 第七

묘법연화경 오백제자수기품 제팔 ··············· (二三八)
妙法蓮華經 五百弟子受記品 第八

묘법연화경 수학무학인기품 제구 ··············· (二五二)
妙法蓮華經 授學無學人記品 第九

묘법연화경 법사품 제십 ························· (二六〇)
妙法蓮華經 法師品 第十

묘법연화경 견보탑품 제십일 ···················· (二七三)
妙法蓮華經 見寶塔品 第十一

九

目 次

妙法蓮華經 제바달다品 第十二 ·· (二八九)

妙法蓮華經 권지品 第十三 ·· (三〇〇)

묘법연화경 卷 第五

妙法蓮華經 안락행品 第十四 ·· (三〇七)

妙法蓮華經 종지용출品 第十五 ·· (三二八)

妙法蓮華經 여래수량品 第十六 ·· (三四四)

妙法蓮華經 분별공덕品 第十七 ·· (三五六)

묘법연화경 卷 第六

一〇

目次

妙法蓮華經 隨喜功德品 第十八 ········· (三七二)
묘법연화경 수희공덕품 제십팔

妙法蓮華經 法師功德品 第十九 ········· (三八○)
묘법연화경 법사공덕품 제십구

妙法蓮華經 常不輕菩薩品 第二十 ········· (三九八)
묘법연화경 상불경보살품 제이십

妙法蓮華經 如來神力品 第二十一 ········· (四○七)
묘법연화경 여래신력품 제이십일

妙法蓮華經 囑累品 第二十二 ········· (四一四)
묘법연화경 촉루품 제이십이

妙法蓮華經 藥王菩薩本事品 第二十三 ········· (四一七)
묘법연화경 약왕보살본사품 제이십삼

妙法蓮華經 卷 第七
묘법연화경 권 제칠

妙法蓮華經 妙音菩薩品 第二十四 ········· (四三三)
묘법연화경 묘음보살품 제이십사

二

目次

妙法蓮華經 觀世音菩薩普門品 第二十五 ·············· (四四五)

妙法蓮華經 陀羅尼品 第二十六 ·············· (四五七)

妙法蓮華經 妙莊嚴王本事品 第二十七 ·············· (四六五)

妙法蓮華經 普賢菩薩勸發品 第二十八 ·············· (四七五)

불설관보현보살행법경
佛說觀普賢菩薩行法經 ·············· (四八七)

一二

開經偈

(제목삼창) 題目三唱

나무묘법연화경 南無妙法蓮華經
나무묘법연화경 南無妙法蓮華經
나무묘법연화경 南無妙法蓮華經

개경게 開經偈
(경을 독송하기 전에 읽는 게송)

무상심심미묘법 無上甚深微妙法
백천만겁난조우 百千萬劫難遭遇
아금문견득수지 我今聞見得受持
원해여래진실의 願解如來眞實義

지극대승 불가사의, 견문촉지 개근보리.
至極大乘 不可思議 見聞觸知 皆近菩提

능전보신, 소전법신, 색상문자 즉시응신.
能詮報身 所詮法身 色相文字 卽是應身

무량공덕 개집시경, 시고자재 명훈밀익.
無量功德 皆集是經 是故自在 冥薰密益

유지무지 멸죄생선, 약신약방 공성불도.
有智無智 滅罪生善 若信若謗 共成佛道

삼세제불 심심묘전 생생세세 치우정대.
三世諸佛 甚深妙典 生生世世 值遇頂戴

(제목삼창) 나무묘법연화경 나무묘법연화경 나무묘법연화경

개 경 게 (경을 여는 게송)

위없이 심히 깊고 미묘한 법
백천만겁에도 만나기 어렵도다.
내가 지금 보고 듣고 받아 가지오니,
원컨대 여래의 진실한 뜻이 알아지이다.

지극한 대승은 불가사의 하오니,
보거나 듣거나 접촉하여 느끼는 것이 다 보리의 길이로다.
나타냄은 보신이요, 나타남은 법신이며,
색상문자가 곧 바로 응신이로다.
헤아릴 수 없는 공덕이 모두 이 경에 모였으니,
이런고로 은밀한 이익이 자재하게 그윽이 스며듦이라.
지혜가 있거나 지혜가 없거나 죄가 멸하고 선이 생기며,
만약 믿는 자나 만약 비방자나 다 함께 부처님의 도를 이룸이로다.
과거·현재·미래 세상의 모든 부처님의 심히 깊은 묘법경전을
세세생생 만나서 머리 위에 받으오리다.

無量義經

무량의 경
無量義經

무량의경 덕행품 제일
無量義經 德行品 第一

소제천축삼장담마가타야사역
簫齊天竺三藏曇摩伽陀耶舍譯

① 여시아문、 일시불주ㅡ왕사성 기사굴산중、 여ㅡ대비구중
如是我聞 一時佛住 王舍城 耆闍崛山中 與 大比丘衆

만이천인 구。 보살마하살 팔만인、 천 용 야차 건달바 아
萬二千人俱 菩薩摩訶薩 八萬人 天龍夜叉乾闥婆阿

수라 가루라 긴나라 마후라가、 제비구 비구니 급우바새
修羅迦樓羅緊那羅摩睺羅伽 諸比丘 比丘尼 及優婆塞

우바이 구。 대전륜왕 소전륜왕 금륜은륜 제륜지왕、 국왕
優婆夷俱 大轉輪王 小轉輪王 金輪銀輪 諸輪之王 國王

왕자 국신 국민 국녀 국대장자、 각여ㅡ권속 백천
王子 國臣 國民 國女 國大長者 各與眷屬 百千

만수、 이자위요 내예불소 두면예족 요ー백천잡、 소향산화

萬數 而自圍遶 來詣佛所 頭面禮足 遶百千匝 燒香散華

종종공양、 공양불이 퇴일면좌。

種種供養 供養佛已 退一面坐

② 기보살명왈、 문수사리법왕자 대위덕장법왕자 무우장법왕

其菩薩名曰 文殊師利法王子 大威德藏法王子 無憂藏法王

자 대변장법왕자 미륵보살 도수보살 약왕보살 약상보살

子 大辯藏法王子 彌勒菩薩 導首菩薩 藥王菩薩 藥上菩薩

화당보살 화광당보살 다라니자재왕보살 관세음보살 대세

華幢菩薩 華光幢菩薩 陀羅尼自在王菩薩 觀世音菩薩 大勢

지보살 상정진보살 보인수보살 보적보살 보장보살 월삼

至菩薩 常精進菩薩 寶印首菩薩 寶積菩薩 寶杖菩薩 越三

계보살 비마발라보살 향상보살 대향상보살 사자후왕보살

界菩薩 毗摩跋羅菩薩 香象菩薩 大香象菩薩 師子吼王菩薩

사자유희세보살 사자분신보살 사자정진보살 용예력보살

師子遊戲世菩薩 師子奮迅菩薩 師子精進菩薩 勇銳力菩薩

사자위맹복보살 장엄보살、 대장엄보살、 여시등ー보살마하

師子威猛伏菩薩 莊嚴菩薩 大莊嚴菩薩 如是等 菩薩摩訶

德行品 第一

살 팔만인 구。
薩 八萬人 俱

시제보살 막불개시
是諸菩薩 莫不皆是
법신대사、계정혜 해탈 해탈지견
法身大士 戒定慧 解脫 解脫知見
지소성취、기심선적
之所成就 其心禪寂
상재삼매、염안담박 무위무욕、전도
常在三昧 恬安惔怕 無爲無欲 顚倒
란상 불부득입、정적청징、
亂想 不復得入 靜寂清澄
지현허막 수지부동—억백천겁、
志玄虛漠 守之不動 億百千劫
무량법문—실현재전、득대지혜
無量法門 悉現在前 得大智慧
통달제법、효료분별—성상
通達諸法 曉了分別 性相
진실、유무장단 명현현백、
眞實 有無長短 明現顯白
우능선지—제근성욕、이다라니
又能善知 諸根性欲 以陀羅尼
무애변재、제불전법륜 수순능전、
無礙辯才 諸佛轉法輪 隨順能轉
미제선타 이엄욕진、개—
微渧先墮 以淹欲塵 開
열반문 선—해탈풍 제—세뇌열 치—법청량。차강—심심
涅槃門 扇 解脫風 除 世惱熱 致 法清涼 次降 甚深
십이인연、용쇄—무명 노병사등 맹성치연 고취일광。이
十二因緣 用灑 無明 老病死等 猛盛熾然 苦聚日光 爾

③ 내 홍주—무상대승, 윤지—중생 제유선근, 포—선종자 편
乃洪注 無上大乘 潤漬衆生 諸有善根 布善種子 遍

공덕전、보령일체 발보리맹。
功德田 普令一切 發菩提萌

지혜일월 방편시절、부소증장—대승사업、영중질성—아뇩다
智慧日月 方便時節 扶踈增長 大乘事業 令衆疾成 阿耨多

라삼먁삼보리、상주쾌락、미묘진실 무량대비 구고중생。
羅三藐三菩提 常住快樂 微妙眞實 無量大悲 救苦衆生

시제중생 진선지식、시제중생 대량복전、시제중생 불청지
是諸衆生 眞善知識 是諸衆生 大良福田 是諸衆生 不請之

사、시제중생 안은락처、구처、호처、대의지처、처처위중
師 是諸衆生 安隱樂處 救處 護處 大依止處 處處爲衆

작대도사、능위생맹 이작안목、농의아자 작이비설、제근
作大導師 能爲生盲 而作眼目 聾劓啞者 作耳鼻舌 諸根

훼결 능령구족、전광황란 작대정념。선사 대선사、운재군
毀缺 能令具足 顚狂荒亂 作大正念 船師 大船師 運載群

생 도—생사하 치—열반안。
生 渡生死河 置涅槃岸

의왕 대의왕、 분별병상 효료약성 수병수약、 영중락복。
醫王 大醫王 分別病相 曉了藥性 隨病授藥 令衆樂服 調

어대조어、 무—제방일행、 유여—상마사 능조 무부조、 사
御大調御 無諸放逸行 猶如象馬師 能調無不調 於師

자용맹 위복중수 난가저괴。 유희—보살 제바라밀、 어
子勇猛 威伏衆獸 難可沮壞 遊戲 菩薩 諸波羅蜜 於如

래지 견고부동、 안주원력 광정불국、 불구득성—아뇩다라
來地 堅固不動 安住願力 廣淨佛國 不久得成 阿耨多羅

삼먁삼보리。 시제 보살마하살 개유—여사 부사의덕。
三藐三菩提。 是諸菩薩摩訶薩 皆有如斯 不思議德

④ 기비구명왈、 대지사리불 신통목건련 혜명수보리 마하가전
其比丘名曰 大智舍利弗 神通目犍連 慧命須菩提 摩訶迦旃

연 미다라니자—부루나 아야교진여등、 천안아나율 지율우
延 彌多羅尼子 富樓那 阿若憍陳如等 天眼阿那律 持律優

바리 시자아난 불자라운、 우바난타 이바다 겁빈나 박구
波離 侍者阿難 佛子羅雲 優波難陀 離婆多 劫賓那 薄拘

라 아주타 사가타 두타대가섭 우루빈나가섭 가야가섭 나
羅 阿周陀 莎伽陀 頭陀大迦葉 優樓頻螺迦葉 伽耶迦葉 那

제가섭、여시등비구 만이천인 개아라한、진제결루 무부
提迦葉 如是等比丘 萬二千人 皆阿羅漢 盡諸結漏 無復

박착 진정해탈。
縛著 眞正解脫

이시 대장엄보살마하살 편관―중좌 각정의이、여중중 팔
爾時 大莊嚴菩薩摩訶薩 遍觀 衆坐 各定意已 與衆中 八

만보살마하살구、종좌이기 내예불소 두면예족 요백천잡、
萬菩薩摩訶薩俱 從坐而起 來詣佛所 頭面禮足 遶百千匝

소산―천화천향、천의천영락 천무가보、종우공중 선전래
燒散 天華天香 天衣天瓔珞 天無價寶 從于空中 旋轉來

하 사면운집、이헌어불、천당 천번 천헌개 천묘악구 처처안
下 四面雲集 而獻於佛 天幢 天幡 天軒蓋 天妙樂具 處處安

견색문향 자연포족。천주 천발기 천백미 충만영일、
見色聞香 自然飽足 天廚 天鉢器 天百味 充滿盈溢

치、작천기악 오락어불、즉전 호궤합장、일심구공동성 설
置 作天伎樂 娛樂於佛 卽前 胡跪合掌 一心俱共同聲 說

게찬언、
偈讚言

⑤ 대재대오대성주、무구무염무소착。천인상마조어사、
大哉大悟大聖主　無垢無染無所著　天人象馬調御師

도풍덕향훈일체、지염정박려응정、의멸식망심역적、
道風德香熏一切　智恬情怕慮凝靜　意滅識亡心亦寂

영단몽망사상념、무부제대음계입、기신비유역비무、
永斷夢妄思想念　無復諸大陰界入　其身非有亦非無

비인비연비자타、비방비원비단장、비출비몰비생멸、
非因非緣非自他　非方非圓非短長　非出非沒非生滅

비조비기비위작、비좌비와비행주、비동비전비한정、
非造非起非為作　非坐非臥非行住　非動非轉非閑靜

비진비퇴비안위、비시비비비득실、비피비차비거래、
非進非退非安危　非是非非非得失　非彼非此非去來

비청비황비적백、비홍비자종종색、계정혜해지견생、
非青非黃非赤白　非紅非紫種種色　戒定慧解知見生

삼매육통도품발、자비십력무외기、중생선업인연출、
三昧六通道品發　慈悲十力無畏起　眾生善業因緣出

시위장육자금휘 방정조요심명철、호상월선항일광
示為丈六紫金暉　方整照曜甚明徹　毫相月旋項日光

선발감청정육계 旋髮紺青頂肉髻 정안명조상하순 淨眼明照上下眴 미첩감서방구협 眉睫紺舒方口頰

순설적호약단화 脣舌赤好若丹華 백치사십유가설 白齒四十猶珂雪 액광비수면문개 額廣鼻修面門開

흉표만자사자억 胸表卍字師子臆 수족유연구천복 手足柔軟具千輻 액장합만내외악 腋掌合縵內外握

비수주장지직섬 臂脩肘長指直纖 피부세연모우선 皮膚細軟毛右旋 과슬불현음마장 踝膝不現陰馬藏

세근쇄골녹박창 細筋鎖骨鹿髆脹 표리영철정무구 表裏映徹淨無垢 정수막염불수진 淨水莫染不受塵

여시등상삼십이 如是等相三十二 팔십종호사가견 八十種好似可見 이실무상비상색 而實無相非相色

일체유상안대절 一切有相眼對絶 무상지상유상신 無相之相有相身 중생신상상역연 衆生身相相亦然

능령중생환희례 能令衆生歡喜禮 투심표경성은근 投心表敬誠慇懃 인시자고아만제 因是自高我慢除

성취여시묘색구 成就如是妙色軀 아등팔만지등중 我等八萬之等衆 구공계수함귀명 俱共稽首咸歸命。

德行品 第一

⑥
선멸사상심의식 상마조어무착성、 계수귀의법색신
善滅思想心意識 象馬調御無著聖 稽首歸依法色身

계정혜해지견취。 계수귀의묘종상、
戒定慧解知見聚 稽首歸依妙種相

범음뇌진향팔종 미묘청정심심원、 계수귀의난사의、
梵音雷震響八種 微妙清淨甚深遠 稽首歸依難思議

수순중생심업전、 사제육도십이연
隨順衆生心業轉 四諦六度十二緣

유문혹득수다원、 유문막불심의개、 무량생사중결단。
有聞或得須陀洹 有聞莫不心意開 無量生死衆結斷

무생무멸보살지、 사다아나아라한 무루무위연각처
無生無滅菩薩地 斯陀阿那阿羅漢 無漏無爲緣覺處

연설심심미묘게 혹득무량다라니 무애요설대변재、
演說甚深微妙偈 或得無量陀羅尼 無礙樂說大辯才

출몰수화신자유、 유희조욕법청거、 혹약비등현신족
出沒水火身自由 遊戲澡浴法淸渠 或躍飛騰現神足

아등함부공계수 출몰수화신자유、 여시법륜상여시 청정무변난사의、
我等咸復共稽首 出沒水火身自由 如是法輪相如是 淸淨無邊難思議

아등함부공계수 귀의법륜전이시。 계수귀의범음성。
我等咸復共稽首 歸依法輪轉以時 稽首歸依梵音聲

계수귀의연제도。 세존왕석무량겁 근고수습중덕행、
稽首歸依緣諦度 世尊往昔無量劫 懃苦修習衆德行

위아인천룡신왕 보급일체제중생、 능사일체제난사ㅣ
爲我人天龍神王 普及一切諸衆生 能捨一切諸難捨

재보처자급국성、 어법내외무소린、 두목수뇌실시인。
財寶妻子及國城 於法內外無所悋 頭目髓腦悉施人

봉지제불청정계 내지실명불훼상、 약인도장래가해
奉持諸佛清淨戒 乃至失命不毀傷 若人刀杖來加害

악구매욕종부진、 역겁좌신불권타、 주야섭심상재선、
惡口罵辱終不瞋 歷劫挫身不倦惰 晝夜攝心常在禪

편학일체중도법、 지혜심입중생근。 시고금득자재력
遍學一切衆道法 智慧深入衆生根 是故今得自在力

어법자재위법왕、 아부함공구계수 귀의능근제난근。
於法自在爲法王 我復咸共俱稽首 歸依能懃諸難懃

무량의경 설법품 제이
無量義經 說法品 第二

① 이시 대장엄보살마하살 여-팔만보살마하살, 설시게찬 불이, 구백불언, 『세존, 아등 팔만보살지중, 금자욕어-여래법중 유소자문, 불심. 세존, 수민청부. 불고-대장엄보살 급팔만보살언, 『선재선재. 선남자, 선지시시. 자여소문. 여래불구 당반열반, 열반지후 보령일체 무부여의. 욕하소문. 편가설야.

爾時 大莊嚴菩薩摩訶薩 與八萬菩薩摩訶薩 說是偈讚 佛已 俱白佛言 『世尊 我等 八萬菩薩之衆 今者欲於 如來法中 有所諮問 不審 世尊 垂愍聽不』 佛告 大莊嚴菩薩 及八萬菩薩言 『善哉善哉 善男子 善知是時 恣汝所問 如來不久 當般涅槃 涅槃之後 普令一切 無復餘疑 欲何所問 便可說也』

說法品 第二

二七

어시 대장엄보살 여팔만보살 즉공동성 백불언, 『세존, 보살마하살 욕득질성―아뇩다라삼먁삼보리, 응당수행―하등법문。 하등법문 능령―보살마하살 질성―아뇩다라삼먁삼보리。 불고―대장엄보살 급팔만보살언、『선남자, 유일법문, 능령보살 질득―아뇩다라삼먁삼보리。 약유보살 학시법문자、 즉능질득―아뇩다라삼먁삼보리。』 『세존, 시법문자―호 자하등, 기의운하, 보살운하수행。

② 불언、『선남자, 시일법문 명위―무량의, 보살 욕득수학―무량의자, 응당관찰―일체제법 자본래금 성상공적 무대

於是 大莊嚴菩薩 與八萬菩薩 即共同聲 白佛言 『世尊、 菩薩摩訶薩 欲得疾成 阿耨多羅三藐三菩提 應當修行 何等 法門 何等法門 能令 菩薩摩訶薩 疾成 阿耨多羅三藐三 菩提』 佛告 大莊嚴菩薩 及八萬菩薩言 『善男子 有一法門 能令菩薩 疾得 阿耨多羅三藐三菩提 若有菩薩 學是法門 者 則能疾得 阿耨多羅三藐三菩提』 『世尊、 是法門者 號 其義云何 菩薩云何修行』

佛言 『善男子 是一法門 名爲 無量義 菩薩 欲得修學 無量義者 應當觀察 一切諸法 自本來今 性相空寂 無大

說法品 第二

무소 무생무멸 비주비동 부진불퇴 유여허공 무유이법.

無小 無生無滅 非住非動 不進不退 猶如虛空 無有二法

이제중생 허망횡계 시차시피 시득시실 기―불선념 조―

而諸衆生 虛妄橫計 是此是彼 是得是失 起―不善念 造―

중악업, 윤회―육취 비제고독, 무량억겁 불능자출.

衆惡業 輪廻六趣 備諸苦毒 無量億劫 不能自出

마하살 여시제관, 생―연민심 발―대자비, 장욕구발, 우

摩訶薩 如是諦觀 生憐愍心 發―大慈悲 將欲救拔 又

부심입―일체제법.

復深入―一切諸法

법, 법상여시 생여시법, 법상여시 주여시

法 法相如是 生如是法 法相如是 住如是

법, 법상여시 이여시법, 법상여시 멸여시법.

法 法相如是 異如是法 法相如是 滅如是法

생악법, 법상여시 능생선법, 주 이 멸자 역부여시. 보살

生惡法 法相如是 能生善法 住異滅者 亦復如是 菩薩

여시관찰―사상시말, 실편지이, 차부제관―일체제법 염념

如是觀察 四相始末 悉遍知已 次復諦觀 一切諸法 念念

부주 신신생멸, 부관―즉시 생주이멸.

不住 新新生滅 復觀 即時 生住異滅

③ 보살마하살 안주여시 진실상이, 소발자비 명제불허。어여시관이, 이입-중생 제근성욕。성욕무량고 설법무량。설법무량고 의역무량。무량의자 종일법생, 기일법자 즉무상야。여시무상 무상불상, 불상무상, 명위실상。보살마하살 안주여시 진실상이, 소발자비 명제불허。어중생소 진능발고。고기발이 부위설법, 영제중생 수어쾌락。선남자, 보살약능 여시수-일법문 무량의자, 필득질성-아뇩다라삼먁삼보리。선남자, 여시심심 무상대승 무량의경、문리진정 존무과상、삼세제불 소공수호、무유-중마군도득입、불위-일체 사견생사 지소괴패。시고 선남자、

菩薩摩訶薩 安住如是 眞實相已 所發慈悲 明諦不虛 於
衆生所 眞能拔苦 苦旣拔已 復爲說法 令諸衆生 受於快樂
善男子 菩薩若能 如是修-一法門 無量義者 必得疾成
阿耨多羅三藐三菩提 善男子 如是甚深 無上大乘 無量義
經 文理眞正 尊無過上 三世諸佛 所共守護 無有衆魔
群道得入 不爲-一切 邪見生死 之所壞敗 是故 善男子

보살마하살 약욕질성―무상보리, 응당수학―여시심심 무
상대승 무량의의경.

④ 이시 대장엄보살 부백불언, 『세존, 세존설법 불가사의, 중생근성 역불가사의, 법문해탈 역불가사의. 아등―어불 소설제법 무부의혹, 이제중생 생미혹심고 중자문.

세존, 자종여래 득도이래 사십여년, 상위중생, 연설―제법 사상지의 고의공의 무상무아 무생무멸 일상무상, 법성법상 본래공적, 불래불거 불출불몰, 약유문

자 혹득―난법 정법 세제일법, 수다원과 사다함과 아나

菩薩摩訶薩 若欲疾成 無上菩提 應當修學 如是甚深 無

上大乘 無量義經.』

爾時 大莊嚴菩薩 復白佛言, 『世尊 世尊說法 不可思議 衆生根性 亦不可思議 法門解脫 亦不可思議 我等 於佛 所說諸法 無復疑惑 而諸衆生 生迷惑心故 重諮問

世尊 自從如來 得道已來 四十餘年 常爲衆生 演說 諸 法 四相之義 苦義空義 無常無我 無大無小 無生無滅 一 相無相 法性法相 本來空寂 不來不去 不出不沒 若有聞

者 或得―煖法 頂法 世第一法 須陀洹果 斯陀含果 阿那

說法品 第二

三一

함과 아라한과 벽지불도、발―보리심 등―제일지 제이

含果 阿羅漢果 辟支佛道 發菩提心 登第一地 第二

제삼 지 제십지。

第三 至第十地 往日所說 諸法之義 與今所說 有何等異

이언―심심 무상대승 무량의경 보살수행 필득질성―무상

而言 甚深 無上大乘 無量義經 菩薩修行 必得疾成 無上

보리。 시사운하。 유원세존、 자애일체 광위중생、 이분별

菩提。 是事云何 唯願世尊 慈哀一切 廣爲衆生 而分別

지、 보령현재 급미래세、 유문법자 무여의망。

之 普令現在 及未來世 有聞法者 無餘疑網

⑤

어시 불고 대장엄보살、『선재선재。 대선남자、 능문―여래

於是 佛告 大莊嚴菩薩 善哉善哉 大善男子 能問如來

여시심심 무상대승 미묘지의。 당지、여능 다소이익。 안락

如是甚深 無上大乘 微妙之義 當知 汝能 多所利益 安樂

인천 발고중생、 진대자비 신실불허、 이시인연 필득질성―

人天 拔苦衆生 眞大慈悲 信實不虛 以是因緣 必得疾成

무상보리、 역령―일체 금세래세 제유중생、 득성―무상보리。

無上菩提 亦令一切 今世來世 諸有衆生 得成無上菩提

선남자, 자아도량 보리수하 단좌육년 득성—아뇩다라삼먁
善男子 自我道場 菩提樹下 端坐六年 得成 阿耨多羅三藐

삼보리。 이불안관—일체제법, 불가선설, 소이자하, 이제
三菩提 以佛眼觀 一切諸法 不可宣說 所以者何 以諸

중생 성욕부동, 성욕부동 종종설법, 종종설법 이방편력,
衆生 性欲不同 性欲不同 種種說法 種種說法 以方便力

사십여년 미현진실。 시고중생 득도차별, 부득질성—무상보리。
四十餘年 未顯眞實 是故衆生 得道差別 不得疾成 無上菩提

⑥ 선남자, 법비, 여수 능세 구예。 약정약지 약강약하 계거
善男子 法譬 如水 能洗垢穢 若井若池 若江若河 溪渠

대해 개실능세—제유구예。 기법수자 역부여시, 능세—중
大海 皆悉能洗 諸有垢穢 其法水者 亦復如是 能洗 衆

생 제번뇌구。 선남자, 수성시일, 강하정지 계거대해 각
生 諸煩惱垢 善男子 水性是一 江河井池 溪渠大海 各

각별이。 기법성자 역부여시, 세제진로 등무차별, 삼법사
各別異 其法性者 亦復如是 洗除塵勞 等無差別 三法四

과이도 불일。 선남자, 수수구세, 이정비지, 지비강하, 계
果二道 不一 善男子 水雖俱洗 而井非池 池非江河 溪

거비해. 이여래세웅 어법자재、 소설제법 역부여시、 초중
渠非海 而如來世雄 於法自在 所說諸法 亦復如是 初中
후설 개능세제—중생번뇌、이초비중、이중비후、초중후설
後說 皆能洗除 衆生煩惱 而初非中 而中非後 初中後說
문사수일、이의각이。
文辭雖一 而義各異

선남자、아기수왕、예—바라나 녹야원중、위—아야구린등
善男子 我起樹王 詣波羅奈 鹿野園中 爲阿若拘隣等
오인 전—사제법륜 시、역설—제법 본래공적 대사부주
五人 轉四諦法輪 時 亦說諸法 本來空寂 代謝不住
염념생멸。 중간어차 급이처처、위—제비구 병중보살、변
念念生滅 中間於此 及以處處 爲諸比丘 幷衆菩薩 辯
연선설—십이인연 육바라밀、역설—제법 본래공적 대사부
演宣說 十二因緣 六波羅蜜 亦說諸法 本來空寂 代謝不
주 염념생멸。 금부어차 연설—대승 무량의경、역설—제
住 念念生滅 今復於此 演說大乘 無量義經 亦說諸
법 본래공적 대사부주 염념생멸。
法 本來空寂 代謝不住 念念生滅

⑦ 선남자, 시고 초설 중설 후설, 문사시일 이의별이, 의이
善男子 是故 初說 中說 後說 文辭是一 而義別異

고 중생해이, 해이고 득법 득과 득도 역이. 선남자, 초
故 衆生解異 解異故 得法 得果 得道 亦異 善男子 初

설—사제 위구성문인, 이팔억제천 내하청법 발보리심. 중
說 四諦 爲求聲聞人 而八億諸天 來下聽法 發菩提心 中

어처처 연설—심심 십이인연 위구벽지불인, 이무량중생
於處處 演說 甚深 十二因緣 爲求辟支佛人 而無量衆生

발보리심, 혹주성문. 차설—방등십이부경 마하반야 화엄
發菩提心 或住聲聞 次說 方等十二部經 摩訶般若 華嚴

해운, 연설—보살 역겁수행, 이백천비구 만억인천 무량중
海雲 演說 菩薩 歷劫修行 而百千比丘 萬億人天 無量衆

생, 득—수다원 사다함 아나함 아라한과, 주—벽지불 인
生 得 須陀洹 斯陀含 阿那含 阿羅漢果 住 辟支佛 因

연법중.
緣法中

선남자, 이시의고 고지, 설동 이의별이, 의이고 중생해이,
善男子 以是義故 知 說同 而義別異 義異故 衆生解異

해이고 득법득과 득도역이. 시고 선남자, 자아득도 초기
解異故 得法得果 得道亦異 是故 善男子 自我得道 初起

설법 지우—금일 연설대승 무량의경, 미증불설—고 공
說法 至于 今日 演說大乘 無量義經 未曾不說 苦空

무상무아, 비진비가 비대비소, 본래불생 금역불멸, 일상
無常無我 非眞非假 非大非小 本來不生 今亦不滅 一相

무상, 법상법성 불래불거, 이중생 사상소천.
無相 法相法性 不來不去 而衆生 四相所遷

⑧ 선남자, 이시의고 제불 무유이언. 능이일음 보응—중성,
善男子 以是義故 諸佛 無有二言 能以一音 普應 衆聲

능이일신 시—약간 백천만억 나유타 무량무수 항하사신. 일일
能以一身 示 若干 百千萬億 那由他 無量無數 恒河沙身 一一

신중 우시—약간 백천만억 나유타 아승지 항하사 종종
身中 又示 若干 百千萬億 那由他 阿僧祇 恒河沙 種種

유형, 일일형중 우시—약간 백천만억 나유타 아승지 항
類形 一一形中 又示 若干 百千萬億 那由他 阿僧祇 恒

하사형. 선남자, 시즉제불 불가사의 심심경계, 비—이승
河沙形 善男子 是則諸佛 不可思議 甚深境界 非二乘

소지, 역비―십주 보살소급。 유불여불 내능구료。
所知 亦非 十住 菩薩所及 唯佛與佛 乃能究了

선남자, 시고아설, 미묘심심 무상대승 무량의경、문리진
善男子 是故我說 微妙甚深 無上大乘 無量義經 文理眞

정 존무과상, 삼세제불 소공수호, 무유―중마 외도득입、
正尊無過上 三世諸佛 所共守護 無有衆魔 外道得入

불위―일체 사견생사 지소괴패、보살마하살 약욕질성―무
不爲一切 邪見生死 之所壞敗 菩薩摩訶薩 若欲疾成 無

상보리, 응당수학―여시심심 무상대승 무량의경。
上菩提 應當修學 如是甚深 無上大乘 無量義經』

⑨ 불설시이, 어시 삼천대천세계 육종진동, 자연공중 우―
佛說是已 於是 三千大千世界 六種震動 自然空中 雨

종종화 천우발라화 발담마화 구물두화 분타리화, 우우―
種種華 天雨鉢羅華 鉢曇摩華 拘物頭華 分陀利華 又雨

무수 종종천향 천의 천영락 천무가보 어상공중 선전래
無數 種種天香 天衣 天瓔珞 天無價寶 於上空中 旋轉來

하, 공양―어불 급제보살 성문대중。 천주 천발기 천백미
下 供養於佛 及諸菩薩 聲聞大衆 天廚 天鉢器 天百味

說法品 第二

三七

충만영일、천당 천번 천헌개 천묘악구 처처안치、작천기
充滿盈溢 天幢 天幡 天軒蓋 天妙樂具 處處安置 作天伎

악 가탄어불。
樂 歌歎於佛

우부 육종진동—동방향하사등 제불세계、역우—천화 천
又復 六種震動 東方恒河沙等 諸佛世界 亦雨 天華 天

향 천의 천영락 천무가보、천주 천발기 천백미、천당 천
香 天衣 天瓔珞 天無價寶 天廚 天鉢器 天百味 天幢 天

번 천헌개、천묘악구 작천기악 가탄—피불 급피보살 성
幡 天軒蓋 天妙樂具 作天伎樂 歌歎 彼佛 及彼菩薩 聲

문대중。남서북방 사유상하 역부여시。
聞大衆 南西北方 四維上下 亦復如是

⑩ 어시중중 삼만이천 보살마하살 득—무량의삼매、삼만사천
於是衆中 三萬二千 菩薩摩訶薩 得 無量義三昧 三萬四千

보살마하살 득—무수무량 다라니문、능전—일체 삼세제불
菩薩摩訶薩 得 無數無量 陀羅尼門 能轉 一切 三世諸佛

불퇴법륜。기제비구 비구니 우바새 우바이、천 용 야차
不退法輪 其諸比丘 比丘尼 優婆塞 優婆夷 天 龍 夜叉

說法品 第二

건달바 아수라 가루라 긴나라 마후라가、대전륜왕 소전륜
乾闥婆 阿修羅 迦樓羅 緊那羅 摩睺羅伽 大轉輪王 小轉輪
왕 은륜 철륜 제전륜왕、국왕 왕자 국신 국사 국
王 銀輪 鐵輪 諸轉輪王 國王 王子 國臣 國士 國
녀 국대장자、급제권속 백천중구、문—불여래 설시경—
女 國大長者 及諸眷屬 百千衆俱 聞 佛如來 說是經
시、혹득—난법 정법 세간제일법、수다원과 사다함과 아
時 或得 煖法 頂法 世間第一法 須陀洹果 斯陀含果 阿
나함과 아라한과 벽지불과、우득—보살무생법인、우득—
那含果 阿羅漢果 辟支佛果 又得 菩薩無生法忍 又得
일다라니、우득—이다라니、우득—삼다라니、우득—사다라
一陀羅尼 又得 二陀羅尼 又得 三陀羅尼 又得 四陀羅
니 오륙칠팔 구십다라니、우득—백천만억다라니、우득—
尼 五六七八 九十陀羅尼 又得 百千萬億陀羅尼 又得
무량무수 항하사 아승지 다라니、개능수순、전불퇴전법
無量無數 恒河沙 阿僧祇 陀羅尼 皆能隨順 轉不退轉法
륜、무량중생 발—아뇩다라삼먁삼보리심。
輪 無量衆生 發 阿耨多羅三藐三菩提心

무량의경 십공덕품 제삼
無量義經 十功德品 第三

① 이시 대장엄보살마하살 부백불언, 『세존, 세존설―시 미묘 심심 무상대승 무량의경, 진실심심 심심심심. 소이자하、어차중중 제보살마하살 급제사중 천룡귀신 국왕신민 제 유중생、문―시심심 무상대승 무량의경, 무불획득―다라 니문 삼법사과 보리지심。

당지、차경 문리진정 존무과상, 삼세제불 지소수호, 무

爾時 大莊嚴菩薩摩訶薩 復白佛言、「世尊、世尊說―是 微妙 甚深 無上大乘 無量義經 眞實甚深 甚深甚深。所以者何、於此衆中 諸菩薩摩訶薩 及諸四衆 天龍鬼神 國王臣民 諸有衆生 聞―是甚深 無上大乘 無量義經 無不獲得 陀羅尼門 三法四果 菩提之心。

當知、此經 文理眞正 尊無過上、三世諸佛 之所守護、無

十功德品 第三

유—중마 군도득입, 불위—일체 사견생사 지소괴패, 소이
有衆魔 群道得入 不爲 一切 邪見生死 之所壞敗 所以
자하, 일문 능지—일체법고. 약유중생 득문—시경, 즉위
者何 一聞 能持 一切法故 若有衆生 得聞 是經 則爲
대리. 소이자하, 약능수행 필득질성—아뇩다라삼먁삼보리.
大利 所以者何 若能修行 必得疾成 阿耨多羅三藐三菩提
기유중생 부득문자, 당지—시등 위실대리, 과—무량무변
其有衆生 不得聞者 當知 是等 爲失大利 過 無量無邊
불가사의 아승지겁, 종부득성—아뇩다라삼먁삼보리, 소이
不可思議 阿僧祇劫 終不得成 阿耨多羅三藐三菩提 所以
자하, 부지—보리 대직도고, 행어험경 다유난고.
者何 不知 菩提 大直道故 行於險徑 多留難故
세존, 시경전자 불가사의. 유원세존 광위대중 자애, 부
世尊 是經典者 不可思議 唯願世尊 廣爲大衆 慈哀 敷
연—시경심심 부사의사. 세존, 시경전자 종하소래, 거하
演 是經甚深 不思議事 世尊 是經典者 從何所來 去何
소지, 주하소주. 내유—여시 무량공덕 부사의력, 영중질
所至 住何所住 乃有 如是 無量功德 不思議力 令衆疾

성―아욕다라삼먁삼보리. 成―阿耨多羅三藐三菩提.』

② 이시 세존 고―대장엄보살마하살언, 『선재선재. 선남자,
爾時世尊告大莊嚴菩薩摩訶薩言 善哉善哉 善男子

여시여시, 여여소언. 선남자, 아설시경 심심심심심 진실심
如是如是 如汝所言 善男子 我說是經 甚深甚深 眞實甚

심. 소이자하, 영중질성―아욕다라삼먁삼보리고, 일문 능
深 所以者何 令衆疾成 阿耨多羅三藐三菩提故 一聞能

지―일체법고, 어제중생 대이익고, 행대직도 무유난고. 선
持一切法故 於諸衆生 大利益故 行大直道 無留難故 善

남자, 여문시경 종하소래, 거지하소, 주하소주자, 당선제
男子 汝問是經 從何所來 去至何所 住何所住者 當善諦

청. 선남자, 시경본종―제불궁택중 래, 거지―일체중생 발
聽 善男子 是經本從 諸佛宮宅中來 去至一切衆生發

보리심, 주―제보살 소행지처. 선남자, 시경 여시래, 여
菩提心 住諸菩薩 所行之處 善男子 是經如是來 如

시거, 여시주. 시고 차경 능유―여시 무량공덕 부사의력,
是去 如是住 是故此經 能有如是無量功德 不思議力

十功德品 第三

영중질성ㅡ아뇩다라삼먁삼보리. 선남자, 여령욕문ㅡ시경부
令衆疾成 阿耨多羅三藐三菩提 善男子 汝寧欲聞 是經復

유ㅡ십부사의 공덕력 부。
有 十不思議 功德力 不

佛言, 『선남자, 제일시경, 능령보살 미발심자 발ㅡ보리심,
善男子 第一是經 能令菩薩 未發心者 發 菩提心

③ 무자인자ㅡ어자심, 호살륙자 기ㅡ대비심, 생질투자 기ㅡ
無慈仁者 起 於慈心 好殺戮者 起 大悲心 生嫉妬者 起

수희심, 유애착자 기능ㅡ사심, 제간탐자 기ㅡ보시심, 다교
隨喜心 有愛著者 起能 捨心 諸慳貪者 起 布施心 多憍

만자 기ㅡ지계심, 진에성자 기ㅡ인욕심, 생해태자 기ㅡ정
慢者 起 持戒心 瞋恚盛者 起 忍辱心 生懈怠者 起 精

진심, 제산란자 기ㅡ선정심, 어우치자 기ㅡ지혜심, 미능도
進心 諸散亂者 起 禪定心 於愚癡者 起 智慧心 未能度

피자 기ㅡ도피심, 행십악자 기ㅡ십선심, 낙유위자 지ㅡ무
彼者 起 度彼心 行十惡者 起 十善心 樂有爲者 志 無

위심, 유퇴심자 작ㅡ불퇴심, 위유루자 기ㅡ무루심, 다번뇌
爲心 有退心者 作 不退心 爲有漏者 起 無漏心 多煩惱

자기ー제멸심. 선남자、시명ー시경 제일공덕 부사의력.
者起除滅心 善男子 是名 是經 第一功德 不思議力

선남자、제이시경 불가사의 공덕력자、약유중생 득시경
善男子 第二是經 不可思議 功德力者 若有衆生 得是經

자、약일전ー약일게 내지일구、즉능통달ー백천억의、무량
者 若一轉 若一偈 乃至一句 則能通達 百千億義 無量

수겁 불능연설ー소수지법. 소이자하, 이기 시법의 무량고.
數劫 不能演說 所受持法 所以者何 以其 是法義 無量故

선남자、시경비여、종일종자 생ー백천만、백천만중 일일
善男子 是經譬如 從一種子 生 百千萬 百千萬中 一一

부생ー백천만수、여시전전 내지무량, 시경전자 역부여시、
復生 百千萬數 如是展轉 乃至無量 是經典者 亦復如是

종어일법 생ー백천의、백천의중 일일부생ー백천만수、여
從於一法 生 百千義 百千義中 一一復生 百千萬數 如

시전전 내지ー무량무변지의. 시고 차경명ー무량의.
是展轉 乃至 無量無邊之義 是故 此經名 無量義

자、시명ー시경 제이공덕 부사의력.
子 是名 是經 第二功德 不思議力

④ 선남자, 제삼시경 불가사의 공덕력자, 약유중생 득문시경,
善男子 第三是經 不可思議 功德力者 若有眾生 得聞是經

약일전—약일게 내지일구, 통달—백천만억의이, 수유번뇌
若一轉 若一偈 乃至一句 通達 百千萬億義已 雖有煩惱

여무번뇌, 출생입사 무—포외상.
如無煩惱 出生入死 無怖畏想 於諸眾生 生憐愍心

일체법 득—용건상. 여장력사 능담능지—제유중자, 시지
一切法 得 勇健想 如壯力士 能擔能持 諸有重者 是持

경인 역부여시, 능하—무상보리중보, 담부—중생, 출—생
經人 亦復如是 能荷 無上菩提重寶 擔負 眾生 出生

사도. 미능자도 이능도피, 유여—선사 신영중병 사체불어
死道 未能自度 已能度彼 猶如船師 身嬰重病 四體不御

안지차안, 유—호견뢰주선, 상판—제도 피자지구, 급여이
安此此岸 有 好堅牢舟船 常辦 諸度 彼者之具 給與而

거, 시지경자 역부여시, 수영—오도 제유지신 백팔중병,
去 是持經者 亦復如是 雖嬰 五道 諸有之身 百八重病

상항상전 안지—무명 노사차안, 이유—견뢰 차대승경 무
常恒相纏 安止 無明 老死此岸 而有 堅牢 此大乘經 無

량의、판―능도중생、능여설행자 득도생사。선남자、시량의 辦能度衆生 能如說行者 得度生死 善男子 是

명―시경 제삼공덕 부사의력。
名 是經 第三功德 不思議力

⑤ 선남자、제사시경 불가사의 공덕력자、약유중생 득문시
善男子 第四是經 不可思議 功德力者 若有衆生 得聞是

경、약일전―약일게 내지일구、득―용건상、수미자도 이
經 若一轉 若一偈 乃至一句 得 勇健想 雖未自度 而

능도타、여제보살 이위권속、제불여래 상향시인 이연설법。
能度他 與諸菩薩 以爲眷屬 諸佛如來 常向是人 而演說法

시인문이 실능수지 수순불역、전부위인 수의광설。
是人聞已 悉能受持 隨順不逆 轉復爲人 隨宜廣說

선남자、시인비여―국왕부인 신생왕자、약일일 약이일 약
善男子 是人譬如 國王夫人 新生王子 若一日 若二日 若

지칠일、약일월 약이월 약지칠월、약일세 약이세 약지칠
至七日 若一月 若二月 若至七月 若一歲 若二歲 若至七

세、수부불능 영리국사、이위신민 지소종경、제대왕자 이
歲 雖復不能 領理國事 已爲臣民 之所宗敬 諸大王子 以

위반려。 爲伴侶 王及夫人

왕급부인 애심편중、상여공어、소이자하、이치소고。 愛心偏重 常與共語 所以者何 以稚小故

선남자、시지경자 역부여시、제불、시경—부인。화 善男子 是持經者 亦復如是 諸佛國王 是經夫人 和

합공생—시보살자。 合共生 是菩薩子

일전 약이전 약십 약백 약천 약만 약억만억 약항하사 一轉 若二轉 若十 若百 若千 若萬 若億萬億 若恒河沙

무량무수전、수부불능—체진리리극、수부불능—진동삼천대 無量無數轉 雖復不能 體眞理理極 雖復不能 震動三千大

천국토、뇌분범음 전대법륜、이위—일체 사중팔부 지소종 千國土 雷奮梵音 轉大法輪 已爲一切 四衆八部 之所宗

앙、제대보살 이위권속、심입—제불 비밀지법、소가연설 仰 諸大菩薩 以爲眷屬 深入諸佛祕密之法 所可演說

무위무실、상위—제불 지소호념、자애편부、이신학고。선 無違無失 常爲諸佛之所護念 慈愛偏覆 以新學故 善

남자、시명—시경 제사공덕 부사의력 男子 是名是經 第四功德 不思議力

十功德品 第三

四七

⑥ 선남자, 제오시경 불가사의 공덕력자, 약선남자 선여인, 善男子 第五是經 不可思議 功德力者 若善男子 善女人

약불재세 약멸도후, 기유수지 독송서사 — 여시심심 무상 若佛在世 若滅度後 其有受持 讀誦書寫 如是甚深 無上

대승 무량의경, 시인수부 구박번뇌, 미능원리 — 제범부사, 大乘 無量義經 是人雖復 具縛煩惱 未能遠離 諸凡夫事

이능시현—대보리도, 연어일일 이위백겁, 백겁역능 촉위 而能示現 大菩提道 延於一日 以爲百劫 百劫亦能 促爲

일일, 영피중생 환희신복。 선남자, 시선남자 선여인 비 一日 令彼衆生 歡喜信伏 善男子 是善男子 善女人 譬

여—용자 시생칠일 즉능흥운 역능강우。 선남자, 시명— 如 龍子 始生七日 即能興雲 亦能降雨 善男子 是名

시경 제오공덕 부사의력。 是經 第五功德 不思議力

시경 제오공덕 부사의력。 是經 第五功德 不思議力

선남자, 제육시경 불가사의 공덕력자、약선남자 선여인, 善男子 第六是經 不可思議 功德力者 若善男子 善女人

약불재세 약멸도후, 수지독송—시경전자, 수구번뇌 이위 若佛在世 若滅度後 受持讀誦 是經典者 雖具煩惱 而爲

중생 설법, 영득원리―번뇌생사, 단―일체고, 중생문이 수
衆生 說法 令得遠離 煩惱生死 斷一切苦 衆生聞已 修

행, 득법 득과 득도, 여불여래등 무차별. 비여―왕자 수
行 得法 得果 得道 與佛如來等無差別 譬如 王子 雖

부치소, 약왕유순 급이질병, 위시왕자 영리국사. 왕자시
復稚小 若王遊巡 及以疾病 委是王子 領理國事 王子是

시 의대왕명, 여법교령―군료백관, 선류정화, 국토인민
時 依大王命 如法教令 群僚百官 宣流正化 國土人民

각수기안, 여대왕치 등무유이.
各隨其安 如大王治 等無有異

여시. 약불재세 약멸도후, 시선남자 수미득주―초부동지,
如是 若佛在世 若滅度後 是善男子 雖未得住 初不動地

의불 여시 용설교법 이부연지, 중생문이 일심수행 단제
依佛 如是 用說教法 而敷演之 衆生聞已 一心修行 斷除

번뇌, 득법득과 내지득도. 선남자 시명―시경 제육공덕
煩惱 得法得果 乃至得道 善男子 是名 是經 第六功德

부사의력.
不思議力

十功德品 第三

四九

⑦ 선남자、 제칠시경 불가사의 공덕력자、 약선남자 선여인、
善男子 第七是經 不可思議 功德力者 若善男子 善女人

어불재세 약멸도후、 득문시경 환희신락 생희유심、 수지독
於佛在世 若滅度後 得聞是經 歡喜信樂 生希有心 受持讀

송 서사해설 여법수행、 발─보리심、 기─제선근、 흥─대
誦 書寫解說 如法修行 發─菩提心 起─諸善根 興─大

비의、 욕도─일체 고뇌중생、 수미수행─육바라밀、 육바라
悲意 欲度─一切 苦惱衆生 雖未修行─六波羅蜜 六波羅

밀 자연재전、 즉어시신 득─무생인、 생사번뇌 일시단괴、
蜜 自然在前 即於是身 得─無生忍 生死煩惱 一時斷壞

즉승─제칠지 여대보살위。 비여─건인 위왕제원 원기멸
即昇 第七地 與大菩薩位 譬如─健人 爲王除怨 怨既滅

이、 왕대환희 상사、 반국지봉 실이여지、 지경 남자 여인
已 王大歡喜 賞賜 半國之封 悉以與之 持經 男子 女人

역부여시、 어제행인 최위용건、 육도법보 불구자지、 생사
亦復如是 於諸行人 最爲勇健 六度法寶 不求自至 生死

원적 자연산괴、 증─무생인、 반불국보 봉상 안락。 선남
怨敵 自然散壞 證─無生忍 半佛國寶 封賞 安樂 善男

자 시명 제칠공덕 부사의력。
子 是名 是經 第七功德 不思議力

선남자 제팔시경 불가사의 공덕력자、약선남자 선여인、
善男子 第八是經 不可思議 功德力者 若善男子 善女人

어불재세 약멸도후、유인능득―시경전자、경신―여시불신
於佛在世 若滅度後 有人能得 是經典者 敬信 如視佛身

영등무이、애락―시경 수지 독송 서사 정대 여법봉행、
令等無異 愛樂 是經 受持 讀誦 書寫 頂戴 如法奉行

견고계인 겸행―단도、심발자비、이차 무상대승 무량의경、
堅固戒忍 兼行 檀度 深發慈悲 以此 無上大乘 無量義經

광위인설。약인선래 도불신―유죄복자、이시경시지、설―
廣爲人說 若人先來 都不信 有罪福者 以是經示之 設―

종종방편、강화영신。이경위력고 발―기인심 훌연득회。신
種種方便 强化令信 以經威力故 發 其人心 欻然得迴 信

심기발 용맹정진고、능득―시경 위덕세력、득도득과。시
心既發 勇猛精進故 能得 是經 威德勢力 得道得果 是

고 선남자 선여인、이몽화공고、남자여인 즉어시신 득―
故 善男子 善女人 以蒙化功故 男子女人 即於是身 得

무생법인 득지―상지, 여제보살 이위권속, 속능성취중생
無生法忍 得至 上地 與諸菩薩 以爲眷屬 速能成就衆生

정불국토, 불구득성―무상보리. 선남자, 시명―시경 제팔
淨佛國土 不久得成 無上菩提 善男子 是名 是經 第八

공덕 부사의력.
功德 不思議力

⑧ 선남자, 제구시경 불가사의 공덕력자, 약선남자 선여인,
善男子 第九是經 不可思議 功德力者 若善男子 善女人

약불재세 급멸도후, 유득시경 환희용약 득미증유, 수지
若佛在世 及滅度後 有得是經 歡喜踊躍 得未曾有 受持

독송 서사공양, 광위중인 분별해설―시경의자, 즉득―숙
讀誦 書寫供養 廣爲衆人 分別解說 是經義者 卽得宿

업 여죄중장 일시멸진. 편득청정, 체득대변, 차제장엄―
業 餘罪重障 一時滅盡 便得淸淨 逮得大辯 次第莊嚴

제바라밀, 획―제삼매 수능엄삼매, 입―대총지문, 득―근
諸波羅蜜 獲 諸三昧 首楞嚴三昧 入 大總持門 得 勤

정진력, 속득월―상지, 선능분신산체 편―시방국토, 발제―
精進力 速得越 上地 善能分身散體 遍 十方國土 拔濟

일체 이십오유 극고중생, 실령해탈。 시고시경 유여차력。

一切 二十五有 極苦衆生 悉令解脫 是故是經 有如此力

⑨ 선남자 시명—시경 제구공덕 부사의력。

善男子 是名 是經 第九功德 不思議力

선남자, 제십시경 불가사의 공덕력자, 약선남자 선여인,

善男子 第十是經 不可思議 功德力者 若善男子 善女人

약불재세 급멸도후, 약득시경 발대환희 생희유심, 즉자

若佛在世 及滅度後 若得是經 發大歡喜 生希有心 卽自

수지독송 서사공양 여설수행, 부능광권—재가 출가인, 수

受持讀誦 書寫供養 如說修行 復能廣勸 在家 出家人 受

지독송 서사공양 해설 여법수행, 기령여인 수행시경력고

持讀誦 書寫供養 解說 如法修行 旣令餘人 修行是經力故

득도득과。 개유—시 선남자 선여인 자심 근화력고, 시선

得道得果 皆由 是 善男子 善女人 慈心 勤化力故 是善

남자 선여인 즉어시신 변체—무량 제다라니문, 어범부지

男子 善女人 卽於是身 便逮 無量 諸陀羅尼門 於凡夫地

자연초시、 능발—무수 아승지 홍서대원, 심능발—구 일체

自然初時 能發 無數 阿僧祇 弘誓大願 深能發 救 一切

중생、성취―대비、광능발고、후집선근 요익일체。이연―
衆生 成就 大悲 廣能拔苦 厚集善根 饒益一切 而演

법택 홍윤고후、이중법약 시제중생、안락일체、점견―초
法澤 洪潤枯涸 以衆法藥 施諸衆生 安樂一切 漸見超

등 주―법운지、은택보윤 자피무외、섭고중생 영입도적。
登住法雲地 恩澤普潤 慈被無外 攝苦衆生 令入道迹

시고차인 불구득성―아뇩다라삼먁삼보리。선남자、시명―
是故此人 不久得成 阿耨多羅三藐三菩提 善男子 是名

시경 제십공덕 부사의력。
是經 第十功德 不思議力

⑩ 선남자、여시 무상대승 무량의경、극유―대위신지력、존
善男子 如是 無上大乘 無量義經 極有 大威神之力 尊

무과상。능령제범부 개성―성과、영리생사、이득자재、시
無過上 能令諸凡夫 皆成 聖果 永離生死 而得自在 是

고 시경명―무량의야。능령일체중생 어범부지、생기―제
故 是經名 無量義也 能令一切衆生 於凡夫地 生起諸

보살 무량도아、영공덕수 울무부소증장、시고 차경호―
菩薩 無量道芽 令功德樹 鬱茂扶疎增長 是故 此經號

불가사의 공덕력야.

『不可思議 功德力也.』

어시 대장엄보살마하살 급팔만보살마하살 동성백불언, 『세존, 여불소설 심심미묘 무상대승 무량의경, 문리진정 존
무과상, 삼세제불 소공수호, 무유—중마 군도득입, 불위—
일체 사견생사 지소괴패. 시고차경 내유—여시 십종공덕
부사의의 력야. 대요익—무량 일체중생, 영일체제보살마하살
각득—무량의 삼매, 혹득—백천 다라니문, 혹령득—보살 제
지제인, 혹득—연각 나한 사도과증. 세존자민 쾌위아등
설—여시법, 영아 대획법리. 심위기특 미증유야. 세존자

於是 大莊嚴菩薩摩訶薩 及八萬菩薩摩訶薩 同聲白佛言『世
尊, 如佛所說 甚深微妙 無上大乘 無量義經 文理眞正 尊
無過上 三世諸佛 所共守護 無有衆魔 群道得入 不爲
一切 邪見生死 之所壞敗. 是故此經 乃有 如是 十種功德
不思議 力也. 大饒益 無量 一切衆生 令一切諸菩薩摩訶薩
各得 無量義 三昧 或得 緣覺 羅漢 四道果證 世尊慈愍
地諸忍 或得 緣覺 羅漢 四道果證 世尊慈愍 快爲我等
說 如是法 令我 大獲法利 甚爲奇特 未曾有也. 世尊慈

恩實難可報.』

⑪ 작시어이, 이시 삼천대천세계 육종진동, 어상공중 부우ㅡ
作是語已 爾時 三千大千世界 六種震動 於上空中 復雨

종종화 천우발라화 발담마화 구물두화 분타리화, 우우ㅡ
種種華 天憂鉢羅華 鉢曇摩華 拘物頭華 分陀利華 又雨

무수중중 천향천의 천영락 천무가보, 어상공중 선전래하,
無數種種 天香天衣 天瓔珞 天無價寶 於上空中 旋轉來下

공양ㅡ어불 급제보살 성문대중, 천당 천주 천발기 천백미 충
供養 於佛 及諸菩薩 聲聞大衆 天幢 天幡 天軒蓋 天妙樂具

만영일, 견색문향 자연포족, 천당 천주 천발기 천백미 충
滿盈溢 見色聞香 自然飽足 天幢 天幡 天軒蓋 天妙樂具

처처안치, 작천기악 가탄ㅡ어불.
處處安置 作天伎樂 歌歎 於佛.

우부 육종진동ㅡ동방향하사등 제불세계, 역우ㅡ천화 천향
又復 六種震動 東方恒河沙等 諸佛世界 亦雨 天華 天香

천의 천영락 천무가보, 천주 천발기 천백미, 견색문향
天衣 天瓔珞 天無價寶 天廚 天鉢器 天百味 見色聞香

자연포족、천당 천번 천헌개 천묘악구 작천기악、가탄―
自然飽足 天幢 天軒蓋 天妙樂具 作天伎樂 歌歎

피불 급제보살 성문대중、남서북방 사유상하 역부여시。
彼佛 及諸菩薩 聲聞大衆 南西北方 四維上下 亦復如是

⑫ 이시 불고―대장엄보살마하살 급팔만보살마하살언、『여등
爾時 佛告 大莊嚴菩薩摩訶薩 及八萬菩薩摩訶薩言 汝等

당어차경 응심기―경심、여법수행、광화일체、근심유포。
當於此經 應深起 敬心 如法修行 廣化一切 懃心流布

상당은근 주야수호、보령중생 각획법리。여등진시 대자대
常當慇懃 晝夜守護 普令衆生 各獲法利 汝等眞是 大慈大

비、이립―신통원력 수호시경、물사의체、어당래세 필령
悲 以立 神通願力 守護是經 勿使疑滯 於當來世 必令

광행―염부제、영일체중생 사득―견문 독송 서사 공양。
廣行 閻浮提 令一切衆生 使得 見聞 讀誦 書寫 供養

이시지고 역질령여등 속득―아뇩다라삼먁삼보리。
以是之故 亦疾令汝等 速得 阿耨多羅三藐三菩提』

⑬ 시시 대장엄보살마하살 여팔만보살마하살 즉종좌기 내예
是時 大莊嚴菩薩摩訶薩 與八萬菩薩摩訶薩 卽從坐起 來詣

불소, 두면예족 요―백천잡, 즉전호궤 구공동성 백불언,
佛所 頭面禮足 遶百千匝 即前胡跪 俱共同聲 白佛言

『세존, 아등쾌몽―세존자민. 위아등 설―시심심미묘 무상
世尊 我等快蒙 世尊慈愍 爲我等 說 是甚深微妙 無上

대승 무량의경, 경수불칙, 어여래멸후 당광령유포―시경
大乘 無量義經 敬受佛勅 於如來滅後 當廣令流布 是經

전자, 보령일체 수지독송 서사공양. 유원, 세존 물수우려.
典者 普令一切 受持讀誦 書寫供養 唯願 世尊 勿垂憂慮

아등당이원력, 보령일체중생 사득―견문독송 서사공양,
我等當以願力 普令一切衆生 使得 見聞讀誦 書寫供養

득―시경법 위신지력.
得 是經法 威神之力』

이시 불 찬언, 『선재선재. 제선남자, 여등금자 진시불자,
爾時 佛 讚言 善哉善哉 諸善男子 汝等今者 眞是佛子

대자대비 심능발고 구액자의, 일체중생 지량복전, 광위
大慈大悲 深能拔苦 救厄者矣 一切衆生 之良福田 廣爲

일체 작대량도, 일체중생 대의지처, 일체중생 지대시주,
一切 作大良導 一切衆生 大依止處 一切衆生 之大施主

상이법리 광시일체。이시 대회 개대환희 위불작례 수지
常以法利 廣施一切 爾時 大會 皆大歡喜 爲佛作禮 受持
이거。
而去

妙法蓮華經

묘법연화경
妙法蓮華經

묘법연화경 권 제일
妙法蓮華經 卷第一

요진삼장법사 구마라습 봉조역
姚秦三藏法師 鳩摩羅什 奉詔譯

묘법연화경 서품 제일
妙法蓮華經 序品第一

① 여시아문, 일시 불 주―왕사성 기사굴산중, 여―대비구중
如是我聞 一時佛住王舍城 耆闍崛山中 與大比丘眾

만이천인 구, 개시아라한, 제루이진 무부번뇌, 체득기리,
萬二千人俱 皆是阿羅漢 諸漏已盡 無復煩惱 逮得己利

진제유결 심득자재. 기명왈―아야교진여 마하가섭 우루
盡諸有結 心得自在 其名曰 阿若憍陳如 摩訶迦葉 優樓

妙法蓮華經 卷 第一

빈나가섭 가야가섭 나제가섭 사리불 대―목건련 마하가
頻螺迦葉 伽耶迦葉 那提迦葉 舍利弗 大 目犍連 摩訶迦
전연 아누루다 겁빈나 교범바제 이바다 필능가바차 박
旃延 阿㝹樓駄 劫賓那 憍梵波提 離婆多 畢陵伽婆蹉 薄
구라 마하구치라 난타 손타라난타 부루나―미다라니자
拘羅 摩訶拘絺羅 難陀 孫陀羅難陀 富樓那 彌多羅尼子
수보리 아난 라후라 여시중―소지식 대아라한등. 부유―
須菩提 阿難 羅睺羅 如是衆 所知識 大阿羅漢等 復有
학무학이천인, 마하파사파제비구니 여―권속 육천인구、
學無學二千人 摩訶波闍波提比丘尼 與 眷屬 六千人俱
라후라 모―야수다라비구니 역여권속 구.
羅睺羅 母 耶輸陀羅比丘尼 亦與眷屬 俱

② 보살마하살 팔만인, 개어―아뇩다라삼먁삼보리 불퇴전、개
菩薩摩訶薩 八萬人 皆於 阿耨多羅三藐三菩提 不退轉 皆
득―다라니 요설변재、전―불퇴전법륜、공양―무량백천제
得 陀羅尼 樂說辯才 轉 不退轉法輪 供養 無量百千諸
불、어제불소 식―중덕본、상위―제불지소칭탄、이자수신
佛 於諸佛所 植 衆德本 常爲 諸佛之所稱歎 以慈修身

六四

선입불혜、 통달대지 도어피안、 명칭 보문―무량세계、 능
善入佛慧 通達大智 到於彼岸 名稱普聞 無量世界 能
도―무수백천중중생。 기명왈―문수사리보살 관세음보살 득
度無數百千衆生。 其名曰 文殊師利菩薩 觀世音菩薩 得
대세보살 상정진보살 불휴식보살 보장보살 약왕보살 용
大勢菩薩 常精進菩薩 不休息菩薩 寶掌菩薩 藥王菩薩 勇
시보살 보월보살 월광보살 만월보살 대력보살 무량력보
施菩薩 寶月菩薩 月光菩薩 滿月菩薩 大力菩薩 無量力菩
살 월삼계보살 발타바라보살 미륵보살 보적보살 도사보
薩 越三界菩薩 跋陀婆羅菩薩 彌勒菩薩 寶積菩薩 導師菩
살、 여시등 보살마하살 팔만인 구。
薩、 如是等 菩薩摩訶薩 八萬人俱。

③ 이시 석제환인 여―기권속 이만천자 구、 부유―명―월천
爾時 釋提桓因 與其眷屬 二萬天子 俱 復有名 月天

자 보향천자 보광천자 사대천왕 여―기권속 만천자 구、
子 普香天子 寶光天子 四大天王 與其眷屬 萬天子 俱

자재천자 대자재천자 여―기권속 삼만천자 구、 사바세계
自在天子 大自在天子 與其眷屬 三萬天子 俱 娑婆世界

주 범천왕、 시기대범 광명대범등 여ㅡ기권속 만이천천자
主梵天王 尸棄大梵 光明大梵等 與 其眷屬 萬二千天子
구。 유ㅡ팔용왕、 난타용왕 발난타용왕 사가라용왕 화수길
俱 有 八龍王 難陀龍王 跋難陀龍王 娑伽羅龍王 和修吉
용왕 덕차가용왕 아나바달다용왕 마나사용왕 우발라용왕
龍王 德叉迦龍王 阿那婆達多龍王 摩那斯龍王 優鉢羅龍王
등 각여ㅡ약간 백천권속 구、 유ㅡ사긴나라왕、 법긴나라왕
等 各與 若干 百千眷屬 俱 有 四緊那羅王 法緊那羅王
묘법긴나라왕 대법긴나라왕 지법긴나라왕 각여ㅡ약간 백
妙法緊那羅王 大法緊那羅王 持法緊那羅王 各與 若干 百
천권속 구、 유ㅡ사건달바왕、 악건달바왕 악음건달바왕 미
千眷屬 俱 有 四乾闥婆王 樂乾闥婆王 樂音乾闥婆王 美
건달바왕 미음건달바왕 각여ㅡ약간 백천권속 구、 유ㅡ사
乾闥婆王 美音乾闥婆王 各與 若干 百千眷屬 俱 有 四
아수라왕、 바치아수라왕 거라건타아수라왕 비마질다라아
阿修羅王 婆稚阿修羅王 佉羅騫馱阿修羅王 毗摩質多羅阿
수라왕 라후아수라왕 각여ㅡ약간 백천권속 구、 유ㅡ사가
修羅王 羅睺阿修羅王 各與 若干 百千眷屬 俱 有 四迦

④ 이시 세존 사중위요 공양공경 존중찬탄, 위제보살 설―

대승경, 명―무량의 교보살법 불소호념. 불설차경이결가

부좌, 입어―무량의처삼매 신심부동, 시시 천우―만다라

화 마하만다라화 만수사화, 마하만수사화, 이산―불상급

제대중, 보불세계 육종진동. 이시 회중 비구비구니 우바

새우바이, 천용 야차 건달바 아수라 가루라 긴나라 마

루라왕、대위덕가루라왕 대신가루라왕 대만가루라왕

樓羅王、大威德迦樓羅王 大身迦樓羅王 大滿迦樓羅王

如意迦樓羅王 各與 若干 百千眷屬 俱 韋提希子 阿闍世

王與 若干 百千眷屬 俱, 各禮佛足 退坐一面。

爾時 世尊 四衆圍繞 供養恭敬 尊重讚歎 爲諸菩薩 說

大乘經 名 無量義 教菩薩法 佛所護念 佛說此經已 結跏

趺坐 入於 無量義處三昧 身心不動 是時 天雨 曼陀羅

華 摩訶曼陀羅華 曼殊沙華 摩訶曼殊沙華 而散 佛上 及

諸大衆 普佛世界 六種震動 爾時 會中 比丘比丘尼 優婆

塞優婆夷 天龍 夜叉 乾闥婆 阿修羅 迦樓羅 緊那羅 摩

후라가 인비인、 급제소왕 전륜성왕、 시제대중 득미증유、
睺羅伽 人非人 及諸小王 轉輪聖王 是諸大衆 得未曾有

환희합장 일심관불。
歡喜合掌 一心觀佛

이시 불 방ㅡ미간백호상광、조ㅡ동방 만팔천세계、미부주
爾時 佛放 眉間白毫相光 照 東方 萬八千世界 靡不周

편ㅡ하지ㅡ아비지옥 상지ㅡ아가니타천、어차세계 진견ㅡ피
遍 下至 阿鼻地獄 上至 阿迦尼吒天 於此世界 盡見彼

토 육취중생、우견ㅡ피토 현재제불、급문ㅡ제불소설경법、
土 六趣衆生 又見彼土 現在諸佛 及聞諸佛所說經法

병견ㅡ피제 비구비구니 우바새우바이 제수행 득도자、부
幷見彼諸 比丘比丘尼 優婆塞優婆夷 諸修行得道者 復

견ㅡ제보살마하살 종종인연 종종신해 종종상모 행보살도、
見諸菩薩摩訶薩 種種因緣 種種信解 種種相貌 行菩薩道

부견ㅡ제불 반열열반자、부견ㅡ제불 반열열반후 이불사리 기
復見諸佛 般涅槃者 復見諸佛 般涅槃後 以佛舍利 起

칠보탑。
七寶塔

⑤ 이시 미륵보살 작시념, "금자세존 현—신변상, 이하인연 이유차서。 금불세존 입우삼매, 시—불가사의 현희유사。 당 이문수, 수능답자。 부작차념, "시—문수사리법왕지자 이증 친근공양—과거무량제불, 필응견차—희유지상, 아금당문。"

이시 비구비구니 우바새우바이 급제천룡귀신등 함작차념, "시불광명 신통지상, 금당문수。"

이시 미륵보살 욕자결의, 우관—사중 비구비구니 우바새우바이 급제천룡귀신등—중 회지심, 이문—문수사리 언, "이하인연 이유—차서 신통지상、 방—대광명、 조우—동방 만팔천천토、 실견—피불국 지상

爾時彌勒菩薩作是念今者世尊現神變相以何因緣而有此瑞今佛世尊入于三昧是不可思議現希有事當以問誰誰能答者復作此念是文殊師利法王之子已曾親近供養過去無量諸佛必應見此希有之相我今當問

爾時比丘比丘尼優婆塞優婆夷及諸天龍鬼神等咸作此念是佛光明神通之相今當問誰

爾時彌勒菩薩欲自決疑又觀四衆比丘比丘尼優婆塞優婆夷及諸天龍鬼神等衆會之心而問文殊師利言以何因緣而有此瑞神通之相放大光明照于東方萬八千土悉見彼佛國之相

序品 第一

六九

界莊嚴.』

⑥ 어시 미륵보살 욕-중선차의 이게문왈,
於是 彌勒菩薩 欲 重宣此義 以偈問曰

문수사리、　　도사하고　　미간백호　　대광보조、
文殊師利　　導師何故　　眉間白毫　　大光普照

우만다라－　　만수사화、　　전단향풍　　열가중심。
雨曼陀羅　　曼殊沙華　　栴檀香風　　悅可衆心

이시인연　　지개엄정、　　이차세계　　육종진동、
以是因緣　　地皆嚴淨　　而此世界　　六種震動

시사부중　　함개환희　　신의쾌연　　득미증유。
時四部衆　　咸皆歡喜　　身意快然　　得未曾有

미간광명　　조우동방－　　만팔천토、　　개여금색、
眉間光明　　照于東方　　萬八千土　　皆如金色

종아비옥　　상지유정　　제세계중　　육도중생、
從阿鼻獄　　上至有頂　　諸世界中　　六道衆生

생사소취　　선악업연　　수보호추　　어차실견、
生死所趣　　善惡業緣　　受報好醜　　於此悉見

序品 第一

우도제불 성주사자。 연설경전 미묘제일、
又觀諸佛 聖主師子 演說經典 微妙第一

기성청정 출유연음、 교제보살― 무수억만、
其聲淸淨 出柔軟音 敎諸菩薩 無數億萬

범음심묘 영인락문。 각어세계 강설정법、
梵音深妙 令人樂聞 各於世界 講說正法

종종인연 이무량유、 조명불법 개오중생、
種種因緣 以無量喩 照明佛法 開悟衆生

약인조고 염로병사、 위설열반 진제고제、
若人遭苦 厭老病死 爲說涅槃 盡諸苦際

약인유복 증공양불 지구승법、 위설연각、
若人有福 曾供養佛 志求勝法 爲說緣覺

약유불자 수종종행 구무상혜、 위설정도。
若有佛子 修種種行 求無上慧 爲說淨道

⑦ 문수사리、 아주어차 견문약사、 급천억사、
文殊師利 我住於此 見聞若斯 及千億事

여시중다 금당약설。 아견피토 항사보살
如是衆多 今當略說 我見彼土 恒沙菩薩

妙法蓮華經 卷 第一

종종인연 이구불도、 혹유행시、 금은산호
種種因緣 而求佛道、 或有行施 金銀珊瑚

진주마니 차거마노 금강제진 노비거승
眞珠摩尼 硨磲瑪瑙 金剛諸珍 奴婢車乘

보식연여、 환희보시 회향불도、 원득시승—
寶飾輦輿、 歡喜布施 迴向佛道、 願得是乘

삼계제일 제불소탄 혹유보살 사마보거
三界第一 諸佛所歎 或有菩薩 駟馬寶車

난순화개 헌식보시、 부견보살 신육수족—
欄楯華蓋 獻飾布施、 復見菩薩 身肉手足

급처자시 구무상도、 우견보살 두목신체
及妻子施 求無上道、 又見菩薩 頭目身體

흔락시여 구불지혜。 문수사리、 아견제왕
欣樂施與 求佛智慧。 文殊師利、 我見諸王

왕예불소 문무상도、 변사락토— 궁전신첩、
往詣佛所 問無上道、 便捨樂土— 宮殿臣妾、

체제수발 이피법복、 혹견보살 이작비구
剃除鬚髮 而被法服、 或見菩薩 而作比丘

序品 第一

독처한정 낙송경전、 우견보살 용맹정진
獨處閑靜 樂誦經典 又見菩薩 勇猛精進

입어심산 사유불도、 우견이욕 상처공한
入於深山 思惟佛道 又見離欲 常處空閑

심수선정 득오신통、 우견보살 안선합장
深修禪定 得五神通 又見菩薩 安禪合掌

이천만게 찬제법왕、 부견보살 지심지고、
以千萬偈 讚諸法王 復見菩薩 智深志固

능문제불 문실수지、 우견불자 정혜구족
能問諸佛 聞悉受持 又見佛子 定慧具足

이무량유 위중강법 흔락설법 화제보살、
以無量喩 爲衆講法 欣樂說法 化諸菩薩

파마병중 이격법고、 적연연묵
破魔兵衆 而擊法鼓 寂然宴默

천룡공경 불이위희、 처림방광
天龍恭敬 不以爲喜 處林放光

제지옥고 영입불도、 우견불자 미상수면
濟地獄苦 令入佛道 又見佛子 未嘗睡眠

경행림중 經行林中 근구불도、 勲求佛道 우견구계 又見具戒
정여보주 淨如寶珠 정여보주 淨如寶珠 위의무결 威儀無缺
증상만인 增上慢人 이구불도、 以求佛道 주인욕력、 住忍辱力
우견보살 又見菩薩 악매추타、 惡罵捶打 우견불자 又見佛子
일심제란 一心除亂 이제희소 離諸戲笑 개실능인 皆悉能忍
혹견보살 或見菩薩 섭념산림 攝念山林 이구불도、 以求佛道
효선음식 肴饍飲食 억천만세 億千萬歲 급치권속、 及癡眷屬
명의상복 名衣上服 백종탕약 百種湯藥 친근지자 親近智者
가치천만、 價直千萬 혹무가의 或無價衣 이구불도、 以求佛道
천만억종 千萬億種 전단보사 栴檀寶舍 중묘와구 衆妙臥具
청정원림 清淨園林 화과무성 花菓茂盛 유천욕지 流泉浴池
시불급승、 施佛及僧 시불급승、 施佛及僧 시불급승、 施佛及僧

序品 第一

여시등시— 如是等施
종종미묘、種種微妙
환희무염 歡喜無厭
구무상도。求無上道

혹유보살 或有菩薩
설적멸법 說寂滅法
종종교조— 種種教詔
무수중생、無數眾生

혹견보살 或見菩薩
관제법성 觀諸法性
무유이상 無有二相
유여허공、猶如虛空

우견불자 又見佛子
심무소착 心無所著
이차묘혜 以此妙慧
구무상도。求無上道。

⑧ 문수사리、文殊師利
우유보살 又有菩薩
불멸도후 佛滅度後
공양사리、供養舍利

우견불자 又見佛子
조제탑묘— 造諸塔廟
무수항사 無數恆沙
엄식국계、嚴飾國界

보탑고묘— 寶塔高妙
오천유순、五千由旬
종광정등— 縱廣正等
이천유순、二千由旬

일일탑묘 一一塔廟
각천당번 各千幢幡
주교로만 珠交露幔
보령화명、寶鈴和鳴

제천룡신 諸天龍神
인급비인 人及非人
향화기악 香華伎樂
상이공양。常以供養。

七五

妙法蓮華經 卷 第一

문수사리, 제불자등
文殊師利 諸佛子等
위공사리
爲供舍利
엄식탑묘、
嚴飾塔廟、

문수사리, 諸佛子等

국계자연 수특묘호、 여천수왕—
國界自然 殊特妙好 如天樹王
기화개부。
其華開敷。

불방일광、 아급중회、 견차국계—
佛放一光 我及衆會 見此國界
종종수묘。
種種殊妙。

제불신력 지혜희유、 방일정광
諸佛神力 智慧希有 放一淨光
조무량국、
照無量國、

아등견차 득미증유。 불자문수、
我等見此 得未曾有 佛子文殊
원결중의。
願決衆疑。

사중흔앙— 첨인급아。 세존하고
四衆欣仰 瞻仁及我 世尊何故
방사광명
放斯光明

불자시답 결의영회。 하소요익
佛子時答 決疑令喜 何所饒益
연사광명。
演斯光明。

불좌도량 소득묘법 위욕설차。
佛坐道場 所得妙法 爲欲說此
위당수기
爲當授記

시제불토— 중보엄정、 급견제불、
示諸佛土 衆寶嚴淨 及見諸佛
차비소연。
此非小緣。

七六

序品 第一

⑨ 문수당지。
文殊當知 四衆龍神 첨찰인자、 위설하등。
瞻察仁者 爲說何等

이시 문수사리 어ㅡ미륵보살마하살 급제대사,『선남자등、
爾時 文殊師利語 彌勒菩薩摩訶薩 及諸大士 善男子等

여ㅡ아유촌、 금불세존 욕설ㅡ대법、우ㅡ대법우、취ㅡ대법
如我惟忖 今佛世尊 欲說大法 雨大法雨 吹大法

라、격ㅡ대법고、연ㅡ대법의。 제선남자、아어ㅡ과거제불
螺 擊大法鼓 演大法義 諸善男子 我於過去諸佛

증견차서、방사광이 즉설대법。 시고 당지。 금불현광 역부
曾見此瑞 放斯光已 卽說大法 是故當知 今佛現光 亦復

여시、 욕령중생 함득문지ㅡ일체세간난신지법 고、현사서。
如是 欲令衆生 咸得聞知 一切世間難信之法 故 現斯瑞

제선남자、여ㅡ과거무량무변 불가사의 아승지겁 이시 유
諸善男子 如過去無量無邊 不可思議 阿僧祇劫 爾時 有

불、호ㅡ일월등명 여래 응공 정변지 명행족 선서 세간
佛 號日月燈明 如來 應供 正徧知 明行足 善逝 世間

해 무상사 조어장부 천인사 불 세존。 연설정법、초선
解 無上士 調御丈夫 天人師 佛世尊 演說正法 初善

중선 후선、 기의심원、 기어교묘、 순일무잡、 구족—청백범
中善 後善 其義深遠 其語巧妙 純一無雜 具足 淸白梵

행지상。 위구성문자 설응—사제법、 도—생로병사 구경열
行之相 爲求聲聞者 說應 四諦法 度 生老病死 究竟涅

반、 위구벽지불자 설응—십이인연법、 위제보살 설응—육
槃 爲求辟支佛者 說應 十二因緣法 爲諸菩薩 說應 六

바라밀、 영득—아뇩다라삼먁삼보리 성—일체종지。
波羅蜜 令得 阿耨多羅三藐三菩提 成 一切種智

⑩ 차부유불、 역명—일월등명、 차부유불、 역명—일월등명。
次復有佛 亦名 日月燈明 次復有佛 亦名 日月燈明

시이만불 개동일자 호—일월등명、 우동일성、 성—파라타。
是二萬佛 皆同一字 號 日月燈明 又同一姓 姓 頗羅墮

미륵、 당지、 초불후불 개동일자 명—일월등명 십호구족、
彌勒 當知 初佛後佛 皆同一字 名 日月燈明 十號具足

소가설법 초중후선。 기최후불 미출가시 유팔왕자、 일명—
所可說法 初中後善 其最後佛 未出家時 有八王子 一名

유의、 이명—선의、 삼명—무량의、 사명—보의、 오명—증의、
有意 二名 善意 三名 無量意 四名 寶意 五名 增意

序品 第一

육명―제의의, 칠명―향의, 팔명―법의. 시 팔왕자 위덕 자재 각령사천하, 시제왕자 문―부출가 득―아뇩다라삼먁삼보리, 실사왕위 역수출가, 발―대승의 상수범행 개위 법사, 이어천만불소 식제선본.

六名 除疑意 七名 響意 八名 法意 是 八王子 威德 自在 各領四天下 聞 父出家 得 阿耨多羅三藐三菩提 悉捨王位 亦隨出家 發 大乘意 常修梵行 皆爲 法師 已於 千萬佛所 植諸善本

⑪ 시시 일월등명불 설―대승경, 명―무량의 교보살법 불소 호념. 설시경이 즉어대중중 결가부좌, 입어―무량의처삼매 신심부동.

是時 日月燈明佛 說 大乘經 名 無量義 教菩薩法 佛所 護念 說是經已 即於大衆中 結跏趺坐 入於 無量義處三昧 身心不動

시시 천우―만다라화 마하만다라화 만수사화 마하만수사화, 이산―불상 급제대중, 보불세계 육종진동.

是時 天雨 曼陀羅華 摩訶曼陀羅華 曼殊沙華 摩訶曼殊沙華 而散 佛上 及諸大衆 普佛世界 六種震動

이시 회중 비구비구니 우바새우바이, 천 용 야차 건달바

爾時 會中 比丘比丘尼 優婆塞優婆夷 天龍夜叉 乾闥婆

아수라 가루라 긴나라 마후라가 인비인, 급제소왕 전륜
阿修羅 迦樓羅 緊那羅 摩睺羅伽 人非人 及諸小王 轉輪

성왕등, 시제대중 득미증유 환희합장 일심관불. 이시 여
聖王等 是諸大衆 得未曾有 歡喜合掌 一心觀佛 爾時 如

래 방—미간백호상광, 조—동방 만팔천불토, 미부주편,
來 放 眉間白毫相光 照 東方 萬八千佛土 靡不周遍

여—금소견 시제불토.
如 今所見 是諸佛土

보살 낙욕청법, 시제보살 견—차광명 보조불토, 득미증유,
菩薩 樂欲聽法 是諸菩薩 見 此光明 普照佛土 得未曾有

욕지—차광 소위인연. 시 유보살 명왈—묘광, 유—팔백
欲知 此光 所爲因緣 時 有菩薩 名曰 妙光 有 八百

제자. 시시 일월등명불 종삼매기, 인—묘광보살 설—대
弟子 是時 日月燈明佛 從三昧起 因 妙光菩薩 說 大

승경, 명—묘법연화 교보살법 불소호념.
乘經 名 妙法蓮華 敎菩薩法 佛所護念

⑫ 육십소겁 불기우좌, 시 회청자 역좌일처, 육십소겁 신심
六十小劫 不起于座 時 會聽者 亦坐一處 六十小劫 身心

부동, 청불소설 위여식경. 시시 중중 무유―일인 약신약심 이생해권.

不動、聽佛所說 謂如食頃 是時 衆中 無有一人 若身若心 而生懈倦

이생해권. 일월등명불 어육십소겁 설시경이, 즉어범마사문 바라문 급천인 아수라중중, 이선차언, "여래어

日月燈明佛 於六十小劫 說是經已 即於梵魔沙門 婆羅門 及天人 阿修羅衆中 而宣此言 "如來於

금일중야, 당입―무여열반."

今日中夜 當入 無餘涅槃」

시 유보살, 명왈―덕장 일월등명불 즉수기기, 고제비구, "시―덕장보살 차당작불, 호

時 有菩薩 名曰 德藏 日月燈明佛 即授其記 告諸比丘 「是 德藏菩薩 次當作佛 號

왈―정신 다타아가도 아라하 삼먁삼불타." 불 수기이 변

曰―淨身 多陀阿伽度 阿羅訶 三藐三佛陀」 佛 授記已 便

어중야, 입―무여열반.

於中夜 入 無餘涅槃

⑬ 불 멸도후, 묘광보살 지―묘법연화경, 만―팔십소겁 위인연설. 일월등명불 팔자 개사―묘광, 묘광 교화 영기견고―

佛 滅度後 妙光菩薩 持 妙法蓮華經 滿 八十小劫 爲人演說 日月燈明佛 八子 皆師 妙光 妙光 敎化 令其堅固―

序品 第一

八一

아뇩다라삼먁삼보리. 시제왕자 공양―무량백천만억불이
阿耨多羅三藐三菩提 是諸王子 供養 無量百千萬億佛已

개성불도、기 최후성불자 명왈―연등。팔백제자중 유일
皆成佛道 其 最後成佛者 名曰 燃燈 八百弟子中 有一

인、호왈―구명、탐착이양、수부독송중경 이불통리 다소
人 號曰 求名 貪著利養 雖復讀誦衆經 而不通利 多所

망실、고호―구명。시인 역이―종제선근 인연고、득치―무
忘失 故號 求名 是人 亦以 種諸善根 因緣故 得值 無

량 백천만억제불、공양공경 존중찬탄。
量 百千萬億諸佛 供養恭敬 尊重讚歎

⑭ 미륵、당지。이시 묘광보살 기이인호。아신 시야。구명보
彌勒 當知 爾時 妙光菩薩 豈異人乎 我身 是也 求名菩

살 여신 시야。금견차서 여본무이。시고 유촌、금일 여래
薩 汝身 是也 今見此瑞 與本無異 是故 惟忖 今日 如來

당설―대승경、명―묘법연화 교보살법 불소호념。
當說 大乘經 名 妙法蓮華 敎菩薩法 佛所護念

⑮ 이시 문수사리 어대중중 욕―중선차의 이설게언、
爾時 文殊師利 於大衆中 欲 重宣此義 而說偈言

序品 第一

我念過去世　無量無數劫　有佛人中尊　號日月燈明。
世尊演說法　度無量衆生　無數億菩薩　令入佛智慧。
佛未出家時　所生八王子　見大聖出家　亦隨修梵行。
時佛說大乘　經名無量義　於諸大衆中　而爲廣分別。
佛說此經已　即於法座上　跏趺坐三昧　名無量義處。
天雨曼陀華　天鼓自然鳴　諸天龍鬼神　供養人中尊。
一切諸佛土　即時大震動　佛放眉間光　現諸希有事。

⑯ 此光照東方　萬八千佛土　示一切衆生　生死業報處。
有見諸佛土　以衆寶莊嚴　琉璃頗梨色　斯由佛光照。

阿념과거세 무량무수겁, 유불인중존, 호일월등명.
세존연설법 도무량중생─무수억보살, 영입불지혜.
불미출가시 소생팔왕자, 견대성출가, 역수수범행.
시불설대승 경명무량의, 어제대중중 이위광분별.
불설차경이, 즉어법좌상 가부좌삼매, 명무량의처.
천우만다화, 천고자연명, 제천룡귀신 공양인중존,
일체제불토 즉시대진동, 불방미간광 현제희유사.

차광조동방─만팔천불토, 시일체중생─생사업보처,
유견제불토 이중보장엄, 유리파리색. 사유불광조.

妙法蓮華經 卷 第一

급견제천인 용신야차중
及見諸天人 龍神夜叉衆
건달긴나라 각공양기불、
乾闥緊那羅 各供養其佛

우견제여래ー 자연성불도、
又見諸如來 自然成佛道
신색여금산、 단엄심미묘
身色如金山 端嚴甚微妙

여정유리중 내현진금상。
如淨琉璃中 內現眞金像
세존재대중 부연심법의、
世尊在大衆 敷演深法義

일일제불토 성문중무수、
一一諸佛土 聲聞衆無數
인불광소조 실견피대중。
因佛光所照 悉見彼大衆

혹유제비구 재어산림중
或有諸比丘 在於山林中
정진지정계 유여호명주、
精進持淨戒 猶如護明珠

우견제보살ー 행시인욕등、
又見諸菩薩 行施忍辱等
기수여항사、 사유불광조、
其數如恒沙 斯由佛光照

우견제보살ー 심입제선정
又見諸菩薩 深入諸禪定
신심적부동 이구무상도、
身心寂不動 以求無上道

우견제보살ー 지법적멸상
又見諸菩薩 知法寂滅相
각어기국토 설법구불도。
各於其國土 說法求佛道

⑰ 이시사부중 견일월등불ー 현대신통력、 기심개환희
爾時四部衆 見日月燈佛 現大神通力 其心皆歡喜

八四

각각자상문、「시사하인연。 천인소봉존
各各自相問 是事何因緣 天人所奉尊 적종삼매기
適從三昧起

찬묘광보살、「여위세간안、 일체소귀신、 능봉지법장、
讚妙光菩薩 汝為世間眼 一切所歸信 能奉持法藏

여아소설법、유여능증지。」
如我所說法 唯汝能證知

세존기찬탄 영묘광환희、
世尊既讚歎 令妙光歡喜

설시법화경、만육십소겁
說是法華經 滿六十小劫

불기어차좌、소설상묘법
不起於此座 所說上妙法

시묘광법사 실개능수지。
是妙光法師 悉皆能受持

불설시법화 영중환희이、
佛說是法華 令眾歡喜已

심즉어시일 고어천인중、「제법실상의
尋即於是日 告於天人眾 諸法實相義

아금어중야 당입어열반、여일심정진
我今於中夜 當入於涅槃 汝一心精進

이위여등설、
已為汝等說

심난치 억겁시일우。 세존제자등
甚難值 億劫時一遇 世尊諸子等

諸佛

각각회비뇌、「불멸일하속。」
各各懷悲惱 佛滅一何速

序品 第一

八五

⑱ 성주법지왕 안위무량중、「아약멸도시 여등물우포。
聖主法之王 安慰無量衆 我若滅度時 汝等勿憂怖

시덕장보살 어무루실상 심이득통달 기차당작불、
是德藏菩薩 於無漏實相 心已得通達 其次當作佛

호활위정신、역도무량중。
號曰爲淨身 亦度無量衆

분포제사리 이기무량탑、비구비구니
分布諸舍利 而起無量塔 比丘比丘尼

배부가정진 이구무상도。시묘광법사
倍復加精進 以求無上道 是妙光法師

팔십소겁중 광선법화경、시제팔왕자
八十小劫中 廣宣法華經 是諸八王子

견고무상도 당견무수불、봉지불법장、
堅固無上道 當見無數佛 奉持佛法藏

상계득성불、전차이수기、최후천중천
相繼得成佛 轉次而授記 最後天中天

제선지도사 도탈무량중。시묘광법사
諸仙之導師 度脫無量衆 是妙光法師

호활연등불、수순행대도、묘광소개화
號曰燃燈佛 隨順行大道 妙光所開化

공양제불이
供養諸佛已

시묘팔왕자
是諸八王子

기수여항사
其數如恒沙

여신진화멸。
如薪盡火滅

역도무량중。
亦度無量衆

시유일제자、
時有一弟子

⑲
심상회해태
心常懷懈怠

탐착어명리
貪著於名利

구명리무염
求名利無厭

다유족성가
多遊族姓家

기사소습송
棄捨所習誦

폐망불통리
廢忘不通利

이시인연고
以是因緣故

호지위구명
號之爲求名

역행중선업
亦行衆善業

득견무수불
得見無數佛

공양어제불
供養於諸佛

수순행대도
隨順行大道

구육바라밀。
具六波羅蜜。

금견석사자、
今見釋師子、

기후당작불、
其後當作佛、

호명왈미륵、
號名曰彌勒

광도제중생
廣度諸衆生

기수무유량。
其數無有量。

피불멸도후
彼佛滅度後

해태자여시。
懈怠者汝是。

묘광법사자
妙光法師者

금즉아신시。
今則我身是。

아견등명불ㅡ본광서여차、
我見燈明佛—本光瑞如此、

이시지금불ㅡ욕설법화경。
以是知今佛—欲說法華經。

금상여본서
今相如本瑞

시제불방편、
是諸佛方便、

금불방광명
今佛放光明

조발실상의。
助發實相義。

제인금당지、합장일심대。
諸人今當知、合掌一心待。

불당우법우
佛當雨法雨

충족구도자、
充足求道者、

序品 第一

八七

제구삼승인 약유의회자、불당위제단 영진무유여。

諸求三乘人　若有疑悔者　佛當爲除斷　令盡無有餘

묘법연화경 방편품 제이
妙法蓮華經 方便品 第二

① 이시 세존 종삼매 안상이기, 고사리불, 『제불지혜 심심무량, 기지혜문 난해난입, 일체성문벽지불 소불능지. 소이자하, 불 증친근―백천만억 무수제불, 진행―제불 무량도법, 용맹정진, 명칭 보문, 성취심심―미증유법, 수의소설 의취난해. 사리불, 오종성불이래 종종인연 종종비유 광연언교, 무수방편 인도중생 영리제착. 소이자하, 여래 방

爾時 世尊 從三昧 安詳而起 告舍利弗 諸佛智慧 甚深無量 其智慧門 難解難入 一切聲聞辟支佛 所不能知 所以者何 佛 曾親近 百千萬億 無數諸佛 盡行 諸佛 無量道法 勇猛精進 名稱 普聞 成就甚深 未曾有法 隨宜所說 意趣難解 舍利弗 吾從成佛已來 種種因緣 種種譬喩 廣演言教 無數方便 引導衆生 令離諸著 所以者何 如來 方

편지견바라밀 개이구족。
便知見波羅蜜 皆已具足

② 사리불, 여래지견 광대심원, 무량 무애 력 무소외 선정
舍利弗 如來知見 廣大深遠 無量 無礙 力 無所畏 禪定

해탈 삼매 심입무제, 성취일체—미증유법。사리불, 여래—
解脫 三昧 深入無際 成就一切 未曾有法 舍利弗 如來

능종종분별 교설제법, 언사유연, 열가중심。사리불, 취요
能種種分別 巧說諸法 言辭柔軟 悅可衆心 舍利弗 取要

언지, 무량무변—미증유법 불실성취。지。사리불, 불수부
言之 無量無邊 未曾有法 佛悉成就 止 舍利弗 不須復

설。소이자하, 불소성취 제일희유 난해지법, 유불여불 내
說 所以者何 佛所成就 第一希有 難解之法 唯佛與佛 乃

능구진—제법실상。소위제법 여시상 여시성 여시체 여시
能究盡 諸法實相 所謂諸法 如是相 如是性 如是體 如是

력 여시작 여시인 여시연 여시과 여시보 여시본말구경등
力 如是作 如是因 如是緣 如是果 如是報 如是本末究竟等』

③ 이시 세존 욕—중선차의 이설게언,
爾時 世尊 欲 重宣此義 而說偈言

方便品 第二

세웅불가량、 제천급세인 일체중생류 무능지불자。
世雄不可量 諸天及世人 一切衆生類 無能知佛者。

불력무소외 해탈제삼매 급불제여법 무능측량자。
佛力無所畏 解脫諸三昧 及佛諸餘法 無能測量者。

본종무수불 구족행제도、 심심미묘법 난견난가료。
本從無數佛 具足行諸道 甚深微妙法 難見難可了。

어무량억겁 행차제도이、 도량득성과 아이실지견。
於無量億劫 行此諸道已 道場得成果 我已悉知見。

여시대과보 종종성상의、 아급시방불 내능지시사。
如是大果報 種種性相義 我及十方佛 乃能知是事。

시법불가시、 언사상적멸、 제여중생류 무유능득해、
是法不可示 言辭相寂滅 諸餘衆生類 無有能得解

제제보살중— 신력견고자。 제불제자중 증공양제불、
除諸菩薩衆 信力堅固者 諸佛弟子衆 曾供養諸佛

일체누이진 주시최후신、 여시제인등 기력소불감。
一切漏已盡 住是最後身 如是諸人等 其力所不堪

가사만세간— 개여사리불、 진사공탁량、 불능측불지。
假使滿世間 皆如舍利弗 盡思共度量 不能測佛智

九一

妙法蓮華經 卷第一

정사만시방 개여사리불、급여제제자
正使滿十方 皆如舍利弗 及餘諸弟子
亦滿十方刹、

진사공탁량 역부불능지。
盡思共度量 亦復不能知

역만시방계 기수여죽림、벽지불이지、
亦滿十方界 其數如竹林 辟支佛利智
欲思佛實智 莫能知少分。

욕사불실지、막능지소분。신발의보살
新發意菩薩

육사불실지、
供養無數佛

요달제의취、우능선설법
了達諸義趣 又能善說法

일심이묘지 어항하사겁
一心以妙智 於恒河沙劫

함개공사량 불능지불지。
咸皆共思量 不能知佛智

불퇴제보살 기수여항사、
不退諸菩薩 其數如恒沙

일심공사구 역부불능지。
一心共思求 亦復不能知

우고사리불、무루부사의의
又告舍利弗 無漏不思議

심심미묘법 아금이구득、
甚深微妙法 我今已具得

유아지시상 시방불역연。
唯我知是相 十方佛亦然

九二

④ 사리불당지. 제불어무이, 어불소설법 당생대신력.
舍利弗當知。諸佛語無異 於佛所說法 當生大信力

세존법구후 요당설진실. 고제성문중―급구연각승―
世尊法久後 要當說眞實。告諸聲聞衆 及求緣覺乘

아령탈고박―체득열반자, 불이방편력 시이삼승교,
我令脫苦縛 逮得涅槃者 佛以方便力 示以三乘敎

중생처처착 인지령득출。
衆生處處著 引之令得出

⑤ 이시 대중중 유―제성문 누진아라한, 아야교진여등 천이
爾時 大衆中 有諸聲聞 漏盡阿羅漢 阿若憍陳如等 千二

백인, 급발―성문 벽지불심、비구비구니 우바새우바이, 각
百人 及發聲聞 辟支佛心 比丘比丘尼 優婆塞優婆夷 各

작시념、「금자세존 하고 은근칭탄방편、이작시언。불소
作是念 今者世尊 何故 慇懃稱歎方便 而作是言 佛所

득법 심심난해、유소언설 의취난지、일체성문 벽지불소
得法 甚深難解 有所言說 意趣難知 一切聲聞 辟支佛所

불능급。불설―일해탈의、아등 역득차법 도어열반、이금
不能及 佛說一解脫義 我等 亦得此法 到於涅槃 而今

方便品 第二

九三

부지―시의 소취。 이시 사리불 지―사중심의、 자역미료 이

不知 是義所趣。 爾時 舍利弗 知 四衆心疑 自亦未了 而

백불언、 『세존、 하인 하연、 은근칭탄―제불제일방편 심심

白佛言 「世尊 何因 何緣 慇懃稱歎 諸佛第一方便 甚深

미묘 난해지법。 아자석래 미―증종불 문여시설。 금자사중

微妙 難解之法 我自昔來 未曾從佛 聞如是說 今者四衆

함개유의、 유원、 세존 부연사사。 세존하고 은근칭탄―심

咸皆有疑 惟願 世尊 敷演斯事 世尊何故 慇懃稱歎 甚

심미묘 난해지법。

深微妙 難解之法』

⑥ 이시 사리불 욕―중선차의 이설게언、

爾時 舍利弗 欲重宣此義 而說偈言

혜일대성존 구내설시법、

慧日大聖尊 久乃說是法

자설「득여시―역무외삼매

自說 得如是 力無畏三昧

선정해탈등 불가사의법。

禪定解脫等 不可思議法

도량소득법 무능발문자、

道場所得法 無能發問者

「아의난가측 역무능문자。」

我意難可測 亦無能問者

무문이자설、 칭탄소행도、

無問而自說 稱歎所行道

方便品 第二

「지혜심미묘 제불지소득。
智慧甚微妙　諸佛之所得

무루제나한 급구열반자、
無漏諸羅漢　及求涅槃者

금개타의망。
今皆墮疑網

불하고설시。
佛何故說是

기구연각자―비구비구니
其求緣覺者　比丘比丘尼

제천룡귀신 급건달바등、
諸天龍鬼神　及乾闥婆等

상시회유예、첨앙양족존。
相視懷猶豫　瞻仰兩足尊

시사위운하。
是事爲云何

원불위해설。
願佛爲解說

어제성문중 불설아제일、
於諸聲聞衆　佛說我第一

아금자어지 의혹불능료。
我今自於智　疑惑不能了

위시구경법。위시소행도。
爲是究竟法　爲是所行道

불구소생자 합장첨앙대、
佛口所生子　合掌瞻仰待

원출미묘음、시위여실설。
願出微妙音　時爲如實說

제천룡신등―기수여항사、구불제보살―대수유팔만、
諸天龍神等　其數如恒沙　求佛諸菩薩　大數有八萬

우제만억국 전륜성왕지、합장이경심 욕문구족도。
又諸萬億國　轉輪聖王至　合掌以敬心　欲聞具足道

이시 불고사리불、『지 지。불수부설。약설시사、일체세간
爾時 佛告舍利弗 止 止 不須復說 若說是事 一切世間

⑦ 제천급인 개당경의. 사리불 중백불언, 『세존, 유원, 설지.
諸天及人 皆當驚疑』 舍利弗 重白佛言 世尊 惟願 說之
유원, 설지. 소이자하, 시회무수 백천만억 아승지 중생,
惟願 說之 所以者何 是會無數 百千萬億 阿僧祇 衆生
증견제불, 제근맹리 지혜명료, 문불소설 즉능경신.
曾見諸佛 諸根猛利 智慧明了 聞佛所說 則能敬信』

이시 사리불 욕—중선차의 이설게언,
爾時 舍利弗 欲重宣此義 而說偈言

법왕무상존, 유설원물려. 시회무량중 유능경신자.
法王無上尊 惟說願勿慮 是會無量衆 有能敬信者

불 부지, 『사리불, 약설시사, 일체세간 천인아수라, 개당
佛復止 舍利弗 若說是事 一切世間 天人阿修羅 皆當

경의, 증상만비구 장추어대갱.』
驚疑 增上慢比丘 將墜於大坑

이시 세존 중설게언,
爾時 世尊 重說偈言

지지불수설. 아법묘난사, 제증상만자 문필불경신.
止止不須說 我法妙難思 諸增上慢者 聞必不敬信

이시 사리불 중백불언, 『세존, 유원, 설지. 유원, 설지.
爾時 舍利弗 重白佛言 世尊 惟願 說之 惟願 說之 如

금차회중, 여아등비―백천만억, 세세 이증 종불수화, 여
今此會中 如我等比 百千萬億 世世 已曾 從佛受化 如

차인등 필능경신, 장야안은 다소요익.』
此人等 必能敬信 長夜安隱 多所饒益

이시 사리불 욕―중선차의 이설게언,
爾時 舍利弗 欲 重宣此義 而說偈言

무상양족존, 원설제일법.
無上兩足尊 願說第一法

아위불장자, 유수분별설.
我為佛長子 惟垂分別說

시회무량중 능경신차법.
是會無量衆 能敬信此法

불이증세세 교화여시등,
佛已曾世世 教化如是等

개일심합장 욕청수불어.
皆一心合掌 欲聽受佛語

아등천이백 급여구불자,
我等千二百 及餘求佛者

원위차중고 유수분별설.
願為此衆故 惟垂分別說

시등문차법 즉생대환희.
是等聞此法 則生大歡喜

⑧ 이시 세존 고―사리불, 『여이 은근삼청, 기득불설. 여금
爾時 世尊 告 舍利弗 汝已 慇懃三請 豈得不說 汝今

제청 선사념지。 오당위여 분별해설。 설차어시、 회중 유—

諦聽 善思念之 吾當爲汝 分別解說』 說此語時 會中 有

비구비구니 우바새우바이 오천인등、 즉종좌기 예불이퇴。

比丘比丘尼 優婆塞優婆夷 五千人等 卽從座起 禮佛而退。

소이자하、 차배 죄근심중、 급—증상만、 미득 위득、 미증

所以者何 此輩 罪根深重 及 增上慢 未得 謂得 未證

위증、 유—여차실、 시이부주、 세존 묵연 이부제지。 이시

謂證 有 如此失 是以不住 世尊 默然 而不制止 爾時

불고사리불、 『아금차중、 무부지엽 순유정실、 사리불、 여

佛告舍利弗 我今此衆 無復枝葉 純有貞實 舍利弗 如

시—증상만인 퇴역가의。 여금선청。 당위여설。』 사리불 언、

是 增上慢人 退亦佳矣 汝今善聽 當爲汝說』 舍利弗 言

『유연。 세존、 원 락욕문。』

唯然 世尊 願 樂欲聞』

불고사리불、 『여시묘법 제불여래 시내설지、 여—우담발화

佛告舍利弗 如是妙法 諸佛如來 時乃說之 如 優曇鉢華

시일현이。 사리불、 여등 당신—불지소설、 언불허망。

時一現耳 舍利弗 汝等 當信 佛之所說 言不虛妄

⑨ 사리불, 제불 수의설법 의취난해。 소이자하, 아이―무수 방편 종종인연 비유 언사, 연설제법, 시법 비―사량분별 지소능해, 유유제불 내능지지。 소이자하, 제불세존 유이― 일대사인연고 출현어세。 사리불, 운하 명―제불세존 유이― 일대사인연고 출현어세。 제불세존, 욕령중생 개―불 지견 사득청정고 출현어세, 욕시―중생 불지지견고 출현어세, 욕령중생 오―불지견고 출현 어세, 욕령중생 입―불 지견도고 출현어세。 사리불, 시위제불 이―일대사인연고 출현어세。』

舍利弗 諸佛 隨宜說法 意趣難解 所以者何 我以 無數 方便 種種因緣 譬喻 言辭 演說諸法 是法 非 思量分別 之所能解 唯有諸佛 乃能知之 所以者何 諸佛世尊 唯以 一大事因緣故 出現於世 舍利弗 云何 名 諸佛世尊 唯以 一大事因緣故 出現於世 諸佛世尊 欲令衆生 開―佛 知見 使得清淨故 出現於世 欲示 衆生 佛之知見故 出現 於世 欲令衆生 悟―佛知見故 出現於世 欲令衆生 入―佛 知見道故 出現於世 舍利弗 是爲諸佛 以―一大事因緣故 出現於世』

⑩ 불고사리불, 『제불여래 단―교화보살. 제유소작 상위일사, 유이불지지견 시오―중생. 사리불, 여래 단이―일불승고, 위중생 설법, 무유여승―약이약삼. 사리불, 일체시방제불 법역여시.

佛告舍利弗 諸佛如來但 教化菩薩 諸有所作 常爲一事 唯以佛之知見 示悟衆生 舍利弗 如來但以一佛乘故 爲衆生說法 無有餘乘若二若三 舍利弗 一切十方諸佛 法亦如是

사리불, 과거제불 이―무량무수방편 종종인연 비유 언사, 이위중생 연설제법, 시법 개위일불승고. 시제중생 종제불 문법, 구경 개득―일체종지.

舍利弗 過去諸佛 以無量無數方便 種種因緣 譬喻言辭 而爲衆生 演說諸法 是法 皆爲一佛乘故 是諸衆生 從諸佛聞法 究竟皆得一切種智

제중생 종제불 문법, 구경 개득―일체종지. 사리불, 미래제불 당출어세, 역이―무량무수방편 종종인연 비유 언사, 이위중생 연설제법, 시법 개위일불승고. 시제중생 종불문법, 구경 개득―일체종지. 사리불, 현재

舍利弗 未來諸佛 當出於世 亦以無量無數方便 種種因緣 譬喻言辭 而爲衆生 演說諸法 是法 皆爲一佛乘故 是諸衆生 從佛聞法 究竟皆得一切種智 舍利弗 現在

시방 무량백천만억 불토중 제불세존, 다소요익 안락중생,
十方無量百千萬億佛土中 諸佛世尊 多所饒益 安樂衆生

시제불 역이— 무량무수방편 종종인연 비유 언사, 이위중
是諸佛亦以 無量無數方便 種種因緣 譬喩言辭 而爲衆

생 연설제법。 시법 개위일불승고。 시제중생 종불문법, 구
生演說諸法。是法 皆爲一佛乘故。 是諸衆生 從佛聞法 究

경개득— 일체종지。 사리불, 시제불 단— 교화보살, 욕이—
竟皆得一切種智。舍利弗 是諸佛 但教化菩薩 欲以

불지지견 시— 중생고, 욕이— 불지지견 오— 중생고, 욕령
佛之知見 示衆生故 欲以佛之知見 悟衆生故 欲令

중생 입— 불지지견고。
衆生 入佛之知見故。

⑪ 사리불, 아금 역부여시, 지— 제중생 유— 종종욕 심심소착,
舍利弗 我今亦復如是 知諸衆生 有種種欲 深心所著

수기본성 이— 종종인연 비유 언사 방편력、 이위설법。 사
隨其本性 以種種因緣 譬喩言辭 方便力 而爲說法。舍

리불、 여차 개위— 득일불승 일체종지고。 사리불、 시방
利弗 如此皆爲 得一佛乘 一切種智故。舍利弗 十方

세계중 상무이승, 하황유삼. 사리불, 제불 출어―오탁악
世界中 尚無二乘 何況有三 舍利弗 諸佛 出於 五濁惡

세、소위―겁탁 번뇌탁 중생탁 견탁 명탁. 여시 사리불,
世 所謂 劫濁 煩惱濁 衆生濁 見濁 命濁 如是 舍利弗

겁탁란시, 중생 구중 간탐질투, 성취―제불선근 고, 제불
劫濁亂時 衆生 垢重 慳貪嫉妬 成就 諸不善根 故 諸佛

이방편력 어일불승 분별설삼。
以方便力 於一佛乘 分別說三

⑫ 사리불, 약아제자 자위―아라한 벽지불자, 불문부지―제
舍利弗 若我弟子 自謂 阿羅漢 辟支佛者 不聞不知 諸

불여래 단 교화보살사, 차 비―불제자, 비―아라한, 비―
佛如來 但 教化菩薩事 此 非 佛弟子 非 阿羅漢 非

벽지불。 우사리불, 시제비구비구니 자위―이득 아라한,
辟支佛 又舍利弗 是諸比丘比丘尼 自謂 已得 阿羅漢

시―최후신 구경열반, 변―불부지구―아뇩다라삼먁삼보리,
是 最後身 究竟涅槃 便 不復志求 阿耨多羅三藐三菩提

당지、차배 개시―증상만인。 소이자하, 약유비구 실득 아
當知 此輩 皆是 增上慢人 所以者何 若有比丘 實得 阿

라한, 약불신차법, 무유―시처。 제―불멸도후 현전무불。
羅漢 若不信此法 無有是處 除佛滅度後 現前無佛

소이자하, 불멸도후 여시등경―수지독송 해의자, 시인난
所以者何 佛滅度後 如是等經 受持讀誦 解義者 是人難

득。 약우여불, 어차법중 변득결료。 사리불, 여등 당―일
得 若遇餘佛 於此法中 便得決了 舍利弗 汝等 當一

심신해, 수지불어。 제불여래 언 무허망, 무유여승, 유일
心信解 受持佛語 諸佛如來 言 無虛妄 無有餘乘 唯一

불승。
佛乘

⑬ 이시 세존 욕―중선차의 이설게언,
爾時 世尊 欲 重宣此義 而說偈言

비구비구니―유회증상만, 우바새아만, 우바이불신,
比丘比丘尼 有懷增上慢 優婆塞我慢 優婆夷不信

여시사중등 기수유오천、 부자견기과、 어계유결루
如是四衆等 其數有五千 不自見其過 於戒有缺漏

호석기하자、 시소지이출、 중중지조강、 불위덕고거。
護惜其瑕疵 是小智已出 衆中之糟糠 佛威德故去

사인선복덕 불감수시법. 차중무지엽
斯人尠福德 不堪受是法. 此衆無枝葉

사리불선청. 제불소득법 유유제정실、
舍利弗善聽. 諸佛所得法 唯有諸貞實

중생심소념 종종소행도 무량방편력
衆生心所念 種種所行道 無量方便力

불실지시이、 이제연비유 이위중생설.
佛悉知是已、 以諸緣譬喻 而爲衆生說

혹설수다라— 가타급본사 약간제욕성
或說修多羅 伽陀及本事 若干諸欲性

본생미증유、 역설어인연— 선세선악업、
本生未曾有、 亦說於因緣 先世善惡業

비유병기야 우바제사경. 언사방편력、
譬喻幷祇夜 優波提舍經 言辭方便力、

⑭둔근락소법 탐착어생사、 어제무량불
鈍根樂小法 貪著於生死 於諸無量佛

영일체환희.
令一切歡喜

중고소뇌란、 위시설열반. 아설시방편
衆苦所惱亂、 爲是說涅槃 我說是方便

불행심묘도、 영득입불혜、
不行深妙道 令得入佛慧

미증설여등— 당득성불도、 소이미증설
未曾說汝等 當得成佛道、 所以未曾說

설시미지고.
說時未至故

⑮ 금정시기시, 今正是其時　결정설대승。決定說大乘　아차구부법　我此九部法　수순중생설、隨順衆生說

입대승위본、入大乘爲本　이고설시경。以故說是經　유불자심정　有佛子心淨　유연역이근、柔軟亦利根　무량제불소　無量諸佛所　이행심묘도、而行深妙道

위차제불자　爲此諸佛子　설시대승경。說是大乘經　아기여시인　我記如是人　내세성불도。來世成佛道

이심심염불　以深心念佛　수지정계고、修持淨戒故　차등문득불　此等聞得佛　대희충편신、大喜充遍身

불지피심행、佛知彼心行　고위설대승。故爲說大乘　성문약보살　聲聞若菩薩　문아소설법　聞我所說法

내지어일게　乃至於一偈　개성불무의。皆成佛無疑　시방불토중　十方佛土中　유유일승법、唯有一乘法

무이역무삼、無二亦無三　제불방편설。除佛方便說　단이가명자　但以假名字　인도어중생、引導於衆生

설불지혜고、說佛智慧故　제불출어세、諸佛出於世　유차일사실　唯此一事實　여이즉비진、餘二則非眞

妙法蓮華經 卷 第一

⑯ 불자주대승, 여기소득법
佛自住大乘 如其所得法
自證無上道 大乘平等法
자증무상도 — 대승평등법
我則墮慳貪 此事為不可
아즉타간탐, 차사위불가。
亦無貪嫉意 斷諸法中惡
역무탐질의。 단제법중악,
我以相嚴身 光明照世間
아이상엄신 광명조세간、
舍利弗當知 我本立誓願
사리불당지。 아본립서원、
如我昔所願 今者已滿足
여아석소원 금자이만족、

⑰ 약아우중생
若我遇眾生
如我昔所願
如아석소원
舍利弗當知
사리불당지。
我以相嚴身
아이상엄신
亦無貪嫉意
역무탐질의。
我則墮慳貪
아즉타간탐、
自證無上道
자증무상도 —

종불이소승— 제도어중생。
終不以小乘 濟度於眾生

정혜력장엄、 이차도중생。
定慧力莊嚴 以此度眾生

약이소승화 내지어일인、
若以小乘化 乃至於一人

약인신귀불 여래불기광
若人信歸佛 如來不欺誑

고불어시방 이독무소외。
故佛於十方 而獨無所畏

무량중소존、 위설실상인。
無量眾所尊 為說實相印

욕령일체중 여아등무이。
欲令一切眾 如我等無異

화일체중생 개령입불도。
化一切眾生 皆令入佛道

진교이불도、 무지자착란
盡教以佛道 無智者錯亂

미혹불수교。
迷惑不受教

一〇六

아지차중생　미증수선본　견착어오욕　치애고생뇌、
我知此衆生　未曾修善本　堅著於五欲　癡愛故生惱

이제욕인연、　추타삼악도　윤회육취중、비수제고독。
以諸欲因緣　墜墮三惡道　輪廻六趣中　備受諸苦毒

수태지미형　세세상증장、박덕소복인、중고소핍박。
受胎之微形　世世常增長　薄德少福人　衆苦所逼迫

입사견조림、약유약무등　의지차제견、구족육십이，
入邪見稠林　若有若無等　依止此諸見　具足六十二

심착허망법　견수불가사、아만자긍고　첨곡심불실、
深著虛妄法　堅受不可捨　我慢自矜高　諂曲心不實

어천만억겁、불문불명자　역불문정법、여시인난도。
於千萬億劫　不聞佛名字　亦不聞正法　如是人難度

시고사리불、아위설방편　설제진고도　시지이열반。
是故舍利弗　我爲設方便　說諸盡苦道　示之以涅槃

아수설열반　역비진진멸。제법종본래　상자적멸상、
我雖說涅槃　是亦非眞滅　諸法從本來　常自寂滅相

불자행도이　내세득작불。아유방편력　개시삼승법、
佛子行道已　來世得作佛　我有方便力　開示三乘法

方便品 第二

一切諸世尊　皆說一乘道。
일체제세존　개설일승도。
今此諸大衆　皆應除疑惑、
금차제대중　개응제의혹、

諸佛語無異　唯一無二乘。
제불어무이　유일무이승。

過去無數劫　無量滅度佛、
과거무수겁　무량멸도불、
百千萬億種　其數不可量。

⑱如是諸世尊　種種緣譬喩
여시제세존　종종연비유
無數方便力、演說諸法相。

是諸世尊等　皆說一乘法、
시제세존등　개설일승법、
化無量眾生　令入於佛道。

又諸大聖主　知一切世間
우제대성주　지일체세간
天人群生類　深心之所欲，

更以異方便　助顯第一義。
갱이이방편　조현제일의。
若有眾生類　值諸過去佛、

若聞法布施　或持戒忍辱、
약문법보시　혹지계인욕、
精進禪智等　種種修福慧，

如是諸人等　皆已成佛道。
여시제인등　개이성불도。
諸佛滅度已　若人善軟心、

方便品 第二

⑲
여시제중생 如是諸衆生 皆已成佛道。
기만억종탑, 起萬億種塔 金銀及頗梨
청정광엄식 清淨廣嚴飾 莊校於諸塔
목밀병여재 木樒幷餘材 甎瓦泥土等
내지동자희― 乃至童子戲― 聚沙爲佛塔
약인위불고 若人爲佛故 建立諸形像
혹이칠보성 或以七寶成 鍮鉐赤白銅
혹이교칠포, 或以膠漆布 嚴飾作佛像
채화작불상― 彩畫作佛像― 百福莊嚴相

제불멸도이 諸佛滅度已
금은급파리 金銀及頗梨
차거여마노 硨磲與瑪瑙
전와니토등, 甎瓦泥土等
취사위불탑, 聚沙爲佛塔
각조성중상, 刻彫成衆相
백랍급연석 白鑞及鉛錫
여시제인등 如是諸人等
자작약사인, 自作若使人

공양사리자 供養舍利者
매괴유리주, 玫瑰琉璃珠
전단급침수 栴檀及沈水
약어광야중 若於曠野中
여시제인등 如是諸人等
건립제형상, 建立諸形像
철목급여니, 鐵木及與泥
개이성불도。 皆已成佛道。
개이성불도, 皆已成佛道,

개이성불도。
차거여마노 매괴유리주、
전단급침수
적토성불묘、積土成佛廟
개이성불도。
개이성불도。
철목급여니、
개이성불도。

내지동자희 약초목급필 혹이지조갑
乃至童子戲 若草木及筆 或以指爪甲
　　　　　 　　　　　 而畫作佛像
여시제인등, 점점적공덕
如是諸人等 漸漸積功德
단화제보살 도탈무량중。 구족대비심, 개이성불도。
但化諸菩薩 度脫無量衆 具足大悲心 皆已成佛道

⑳
약인어탑묘ー 보상급화상、 이화향번개 경심이공양、
若人於塔廟 寶像及畫像 以華香幡蓋 敬心而供養
약사인작악、 격고취각패 소적금공후 비파요동발、
若使人作樂 擊鼓吹角貝 簫笛琴箜篌 琵琶鐃銅鈸
여시중묘음 진지이공양、 혹이환희심 가패송불덕、
如是衆妙音 盡持以供養 或以歡喜心 歌唄頌佛德
내지일소음 개이성불도。 약인산란심 내지이일화ー
乃至一小音 皆已成佛道 若人散亂心 乃至以一華
공양어화상、 점견무수불、 혹유인예배、 혹부단합장、
供養於畫像 漸見無數佛 或有人禮拜 或復但合掌
내지거일수、 혹부소저두、 이이차공양상 점견무량불、
乃至擧一手 或復小低頭 以此供養像 漸見無量佛

㉑

자성무상도　광도무수중　입무여열반，여신진화멸。
自成無上道　廣度無數衆　入無餘涅槃　如薪盡火滅。

약인산란심　입어탑묘중，일칭나무불　개이성불도。
若人散亂心　入於塔廟中　一稱南無佛　皆已成佛道。

어제과거불　재세혹멸후，약유문시법　개이성불도。
於諸過去佛　在世或滅後　若有聞是法　皆已成佛道。

미래제세존　기수무유량，시제여래등　역이방편설법。
未來諸世尊　其數無有量　是諸如來等　亦方便說法。

일체제여래　이무량방편，도탈제중생　입불무루지，
一切諸如來　以無量方便　度脫諸衆生　入佛無漏智，

약유문법자　무일불성불。제불본서원，아소행불도
若有聞法者　無一不成佛。諸佛本誓願　我所行佛道

보욕령중생　역동득차도。미래세제불　수설백천억―
普欲令衆生　亦同得此道。未來世諸佛　雖說百千億―

무수제법문，기실위일승。제불양족존　지법상무성，
無數諸法門　其實爲一乘。諸佛兩足尊　知法常無性，

불종종종연기，시고설일승。시법주법위　세간상상주。
佛種從緣起　是故說一乘。是法住法位　世間相常住。

㉒

어도량지이 於道場知已 도사방편설. 導師方便說.
천인소공양 天人所供養
현재시방불― 現在十方佛
기수여항사, 其數如恒沙
출현어세간 出現於世間
안은중생고, 安隱衆生故
역설여시법. 亦說如是法.
지제일적멸, 知第一寂滅
이방편력고 以方便力故
수시종종도, 雖示種種道
기실위불승. 其實爲佛乘.
지중생제행― 知衆生諸行
심심지소념 深心之所念
과거소습업 過去所習業
욕성정진력 欲性精進力
급제근리둔, 及諸根利鈍
이종종인연 以種種因緣
비유역언사, 譬喻亦言辭
수응방편설. 隨應方便說.
금아역여시, 今我亦如是
안은중생고, 安隱衆生故
이종종법문 以種種法門
선시어불도. 宣示於佛道.
아이지혜력 我以智慧力
지중생성욕, 知衆生性欲
방편설제법 方便說諸法
개령득환희. 皆令得歡喜.
사리불당지. 舍利弗當知.
아이불안관 我以佛眼觀
견육도중생, 見六道衆生
빈궁무복혜 貧窮無福慧
입생사험도, 入生死險道
상속고부단, 相續苦不斷
심착어오욕 深著於五欲
여모우애미, 如犛牛愛尾

이탐애자폐 맹명무소견、 불구대세불─급여단고법、

以貪愛自蔽 盲冥無所見 不求大勢佛 及與斷苦法

심입제사견 이고욕사고、 위시중생고 이기대비심。

深入諸邪見 以苦欲捨苦 爲是衆生故 而起大悲心

아시좌도량 관수역경행 어삼칠일중 사유여시사、

我始坐道場 觀樹亦經行 於三七日中 思惟如是事

「아소득지혜 미묘최제일、 중생제근둔 착락치소맹、

我所得智慧 微妙最第一 衆生諸根鈍 著樂癡所盲

여사지등류 운하이가도。」

如斯之等類 云何而可度

이시제범왕 급제천제석 호세사천왕 급대자재천

爾時諸梵王 及諸天帝釋 護世四天王 及大自在天

병여제천중 권속백천만、 공경합장례 청아전법륜、

幷餘諸天衆 眷屬百千萬 恭敬合掌禮 請我轉法輪

아즉자사유、 「약단찬불승 중생몰재고 불능신시법、

我卽自思惟 若但讚佛乘 衆生沒在苦 不能信是法

파법불신고 추어삼악도、 아녕불설법 질입어열반。」

破法不信故 墜於三惡道 我寧不說法 疾入於涅槃

方便品 第二

一二三

심념과거불　소행방편력、「아금소득도　역응설삼승。
尋念過去佛　所行方便力　我今所得道　亦應說三乘」

작시사유시、시방불개현　범음위유아、「선재석가문—
作是思惟時　十方佛皆現　梵音慰喩我　善哉釋迦文

제일지도사、득시무상법、수제일체불、이용방편력。
第一之導師　得是無上法　隨諸一切佛　而用方便力

아등역개득—최묘제일법、위제중생류　분별설삼승。
我等亦皆得　最妙第一法　爲諸衆生類　分別說三乘

소지락소법　부자신작불、시고이방편　분별설제과、
小智樂小法　不自信作佛　是故以方便　分別說諸果

수부설삼승、단위교보살。사리불당지。아문성사자—
雖復說三乘　但爲教菩薩　舍利弗當知　我聞聖師子

심정미묘음、칭「나무제불」復作如是念、「아출탁악세、
深淨微妙音　稱「南無諸佛」復作如是念　我出濁惡世

여제불소설、아역수순행。사유시사이　즉취바라나、
如諸佛所說　我亦隨順行　思惟是事已　即趣波羅奈

제법적멸상　불가이언선、이방편력고　위오비구설。
諸法寂滅相　不可以言宣　以方便力故　爲五比丘說

㉔ 시명전법륜。 是名轉法輪
변유열반음 이아라한 법승차별명。 便有涅槃音 及以阿羅漢 法僧差別名
종구원겁래 찬시열반법, "생사고영진 아상여시설。 從久遠劫來 讚示涅槃法 生死苦永盡 我常如是說
사리불당지 아견불자등, 지구불도자—무량천만억, 舍利弗當知 我見佛子等 志求佛道者 無量千萬億
함이공경심 개래지불소, 증종제불문—방편소설법。 咸以恭敬心 皆來至佛所 曾從諸佛聞 方便所說法
아즉작시념, "여래소이출 위설불혜고, 금정시기시。" 我卽作是念 如來所以出 爲說佛慧故 今正是其時
사리불당지。 둔근소지인 착상교만자, 불능신시법、 舍利弗當知 鈍根小智人 著相憍慢者 不能信是法
금아희무외、 어제보살중 정직사방편 단설무상도。 今我喜無畏 於諸菩薩中 正直捨方便 但說無上道
보살문시법 의망개이제、 천이백나한 실역당작불。 菩薩聞是法 疑網皆已除 千二百羅漢 悉亦當作佛
여삼세제불—설법지의식, 아금역여시 설무분별법。 如三世諸佛 說法之儀式 我今亦如是 說無分別法

方便品 第二

一一五

妙法蓮華經 卷 第一

㉕ 제불흥출세　諸佛興出世

현원치우난、　懸遠値遇難

정사출우세　正使出于世

설시법부난、　說是法復難

무량무수겁　無量無數劫

문시법역난、　聞是法亦難

능청시법자　能聽是法者

사인역부난。　斯人亦復難

비여우담화　譬如優曇華

일체개애락　一切皆愛樂

천인소희유　天人所希有

시시내일출。　時時乃一出

문법환희찬　聞法歡喜讚

내지발일언、　乃至發一言

즉위이공양―　則爲已供養

일체삼세불。　一切三世佛

시인심희유　是人甚希有

과어우담화。　過於優曇華

여등물유의。　汝等勿有疑

아위제법왕　我爲諸法王

보고제대중、　普告諸大衆

단이일승도　但以一乘道

교화제보살、　敎化諸菩薩

무성문제자。　無聲聞弟子

㉖ 여등사리불　汝等舍利弗

성문급보살、　聲聞及菩薩

당지시묘법　當知是妙法

제불지비요。　諸佛之祕要

이오탁악세　以五濁惡世

단락착제욕、　但樂著諸欲

여시등중생　如是等衆生

종불구불도。　終不求佛道

당래세악인　當來世惡人

문불설일승、　聞佛說一乘

미혹불신수　迷惑不信受

파법타악도。　破法墮惡道

一一六

方便品 第二

유참괴청정 — 지구불도자, 당위여시등 광찬일승도.
有慚愧淸淨　志求佛道者　當爲如是等　廣讚一乘道

사리불당지. 제불법여시, 이만억방편 수의이설법,
舍利弗當知　諸佛法如是　以萬億方便　隨宜而說法

기불습학자 불능효료차. 여등기이지 — 제불세지사
其不習學者　不能曉了此　汝等既已知　諸佛世之師

수의방편사, 무부제의혹 심생대환희 자지당작불.
隨宜方便事　無復諸疑惑　心生大歡喜　自知當作佛

묘법연화경 권 제이

妙法蓮華經 卷 第二

묘법연화경 비유품 제삼

妙法蓮華經 譬喩品 第三

① 이시 사리불 용약환희, 즉기합장 첨앙존안, 이백불언, 『금종세존—문차법음, 심회용약 득미증유. 소이자하, 아석종불 문—여시법, 견—제보살 수기작불. 이아등 불예사사, 심자감상—실어여래무량지견. 세존, 아상독처—산림수하 약좌약행 매작시념, "아등 동입법성, 운하여래—이소승법

爾時 舍利弗 踊躍歡喜 卽起合掌 瞻仰尊顏 而白佛言 從世尊 聞此法音 心懷踊躍 得未曾有 所以者何 我昔從佛 聞 如是法 見 諸菩薩 授記作佛 而我等 不預斯事 甚自感傷 失於如來無量知見 世尊 我常獨處 山林樹下 若坐若行 每作是念 我等 同入法性 云何如來 以小乘法

譬喩品 第三

이견제도」
而見濟度

시ー아등구 비ー세존야。
是 我等咎 非世尊也

소이자하, 약아등대ー
所以者何 若我等待

설ー소인성취ー아뇩다라삼먁삼보리자, 필이대승 이득도탈、
說所因成就 阿耨多羅三藐三菩提者 必以大乘而得度脫

연아등 불해ー방편 수의소설、 초문불법 우변신수 사유취증。
然我等 不解方便 隨宜所說 初聞佛法 遇便信受 思惟取證

세존、아종석래 종일경야 매자극책、이금 종불문ー
世尊 我從昔來 終日竟夜 每自尅責 而今 從佛聞

소미문 미증유법、 단제의회、 신의태연 쾌득안은。 금일 내
所未聞 未曾有法 斷諸疑悔 身意泰然 快得安隱 今日 乃

지ー진시불자、 종불구생、 종법화생、 득불법분」
知 眞是佛子 從佛口生 從法化生 得佛法分

② 이시 사리불 욕ー중선차의 이설게언、
爾時 舍利弗 欲重宣此義 而說偈言

아문시법음、 득소미증유 심회대환희 의망개이제。
我聞是法音 得所未曾有 心懷大歡喜 疑網皆已除

석래몽불교 불실어대승。 불음심희유 능제중생뇌、
昔來蒙佛教 不失於大乘 佛音甚希有 能除衆生惱

妙法蓮華經 卷 第二

아이득누진、 문역제우뇌。
我已得漏盡、 聞亦除憂惱

아처어산곡 혹재수림하、
我處於山谷 或在樹林下

약좌약경행 상사유시사
若坐若經行 常思惟是事

오호심자책、 「운하이자기。
嗚呼深自責 云何而自欺

아등역불자 동입무루법、
我等亦佛子 同入無漏法

불능어미래 연설무상도、
不能於未來 演說無上道

금색삼십이 십력제해탈
金色三十二 十力諸解脫

동공일법중、 이부득차사、
同共一法中 而不得此事

팔십종묘호 십팔불공법
八十種妙好 十八不共法

여시등공덕 이아개이실。
如是等功德 而我皆已失

아독경행시 견불재대중、
我獨經行時 見佛在大衆

명문만시방 광요익중생、
名聞滿十方 廣饒益衆生

자유『실차리 아위자기광。
自惟失此利 我爲自欺誑

아상어일야 매사유시사
我常於日夜 每思惟是事

욕이문세존、「위실위불실。」
欲以問世尊 爲失爲不失

아상견세존─ 칭찬제보살、
我常見世尊 稱讚諸菩薩

이시어일야 주량여차사。
以是於日夜 籌量如此事

一二〇

譬喩品 第三

③ 금문불음성、수의이설법

今聞佛音聲 隨宜而說法
無漏難思議 令衆至道場

무루난사의、 영중지도량。

아본착사견、위제범지사、세존지아심

我本著邪見 爲諸梵志師
世尊知我心 拔邪說涅槃

발사설열반、

아실제사견、어공법득증。

我悉除邪見 於空法得證
爾時心自謂 得至於滅度

이시심자위、 「득지어멸도。」

이금내자각ㅡ비시실멸도。

而今乃自覺 非是實滅度
若得作佛時 具三十二相

약득작불시 구삼십이상、

천인야차중、용신등공경、

天人夜叉衆 龍神等恭敬
是時乃可謂 永盡滅無餘

시시내가위、 「영진멸무여。」

불어대중중、설아당작불、

佛於大衆中 說我當作佛
聞如是法音 疑悔悉已除

문여시법음 의회실이제。

④ 초문불소설、심중대경의、

初聞佛所說 心中大驚疑
將非魔作佛 惱亂我心耶

「장비마작불ㅡ뇌란아심야。」

불이종종연、비유교언설,

佛以種種緣 譬喩巧言說
其心安如海 我聞疑網斷

기심안여해、아문의망단。

불설「과거세 무량멸도불、

佛說過去世 無量滅度佛
安住方便中 亦皆說是法

안주방편중 역개설시법、

현재미래불 기수무유량 역이제방편 연설여시법
現在未來佛 其數無有量 亦以諸方便 演說如是法

여금자세존 종생급출가 득도전법륜 역이방편설
如今者世尊 從生及出家 得道轉法輪 亦以方便說

세존설실도 파순무차사 이시아정지 비시마작불
世尊說實道 波旬無此事 以是我定知 非是魔作佛

아타의망고 위「시마소위」
我墮疑網故 謂是魔所為

문불유연음 심원심미묘
聞佛柔軟音 深遠甚微妙

연창청정법 아심대환희 의회영이진 안주실지중
演暢清淨法 我心大歡喜 疑悔永已盡 安住實智中

아정당작불 위천인소경 전무상법륜 교화제보살
我定當作佛 為天人所敬 轉無上法輪 教化諸菩薩

⑤ 이시 불고사리불, 『오금 어ㅡ천인사문 바라문등 대중중
爾時 佛告舍利弗 吾今 於 天人沙門 婆羅門等 大眾中

설, 아석증 어ㅡ이만억불소 위무상도고 상교화여、여역장
說 我昔曾 於 二萬億佛所 為無上道故 常教化汝 汝亦長

야수아수학。 아이방편 인도여고 생ㅡ아법중。 사리불、아
夜隨我受學。 我以方便 引導汝故 生 我法中。 舍利弗 我

석교여 지원―불도, 여금실망, 이변자위―「이득멸도. 아금
昔敎汝 志願 佛道 汝今悉忘 而便自謂 「已得滅度」 我今
환욕령여―억념―본원소행도고 위제성문 설―시대승경,
還欲令汝憶念 本願所行道故 爲諸聲聞 說 是大乘經
명―묘법연화 교보살법 불소호념.
名 妙法蓮華 敎菩薩法 佛所護念

사리불, 여어미래세 과―무량무변 불가사의겁, 공양―약
舍利弗 汝於未來世 過 無量無邊 不可思議劫 供養 若
간―천만억불, 봉지정법, 구족―보살소행지도, 당득작불,
干千萬億佛 奉持正法 具足 菩薩所行之道 當得作佛
호왈―화광 여래 응공 정변지 명행족 선서 세간해 무상
號曰 華光 如來 應供 正遍知 明行足 善逝 世間解 無上
사 조어장부 천인사 불 세존. 국명―이구, 기토평정 청
士 調御丈夫 天人師 佛 世尊 國名 離垢 其土平正 淸
정엄식 안은풍락, 천인치성, 유리위지, 유―팔교도, 황금
淨嚴飾 安隱豊樂 天人熾盛 琉璃爲地 有 八交道 黃金
위승. 이계기측, 기방 각유―칠보행수 상유화과. 화광여래
爲繩 以界其側 其傍 各有 七寶行樹 常有華菓 華光如來

역이삼승 교화중생。
亦以三乘 教化衆生

사리불, 피불출시 수비악세、이본원
舍利弗 彼佛出時 雖非惡世 以本願

고 설삼승법。기겁명—대보장엄、하고 명왈—대보장엄、기
故 說三乘法 其劫名 大寶莊嚴 何故 名曰 大寶莊嚴 其

국중 이보살 위대보고。
國中 以菩薩 爲大寶故

⑥ 피제보살 무량무변 불가사의、산수비유 소불능급、비불
彼諸菩薩 無量無邊 不可思議 算數譬喻 所不能及 非佛

지력 무능지자。약욕행시 보화승족。차제보살 비—초발의、
智力 無能知者 若欲行時 寶華承足 此諸菩薩 非 初發意

개—구식덕본、어—무량백천 만억불소 정수범행、항위제
皆 久植德本 於 無量百千 萬億佛所 淨修梵行 恒爲諸

불 지소칭탄、상수불혜 구대신통、선지일체—제법지문、질
佛 之所稱歎 常修佛慧 具大神通 善知一切 諸法之門 質

직무위 지념견고、여시보살 충만기국。사리불, 화광불수—
直無僞 志念堅固 如是菩薩 充滿其國 舍利弗 華光佛壽

십이소겁、제—위왕자 미작불시。기국인민 수—팔소겁。화
十二小劫 除 爲王子 未作佛時 其國人民 壽 八小劫 華

광여래 과―십이소겁、 수―견만보살 아뇩다라삼먁삼보리기、
光如來 過 十二小劫 授 堅滿菩薩 阿耨多羅三藐三菩提記

고제비구, 「시―견만보살 차당작불、 호왈―화족안행 다타
告諸比丘 是 堅滿菩薩 次當作佛 號曰 華足安行 多陀

아가도 아라하 삼먁삼불타。 기불국토 역부여시。 사리불,
阿伽度 阿羅訶 三藐三佛陀 其佛國土 亦復如是 舍利弗

시―화광불 멸도지후、 정법주세―삼십이소겁、 상법주세
是 華光佛 滅度之後 正法住世 三十二小劫 像法住世

역―삼십이소겁。
亦 三十二小劫

⑦ 이시 세존 욕―중선차의 이설게언、
爾時 世尊 欲 重宣此義 而說偈言

사리불래세 성불보지존、 호명왈화광。 당도무량중,
舍利弗來世 成佛普智尊 號名曰華光 當度無量衆

공양무수불、 구족보살행―십력등공덕、 증어무상도。
供養無數佛 具足菩薩行 十力等功德 證於無上道

과무량겁이 겁명대보엄、 세계명이구。 청정무하예,
過無量劫已 劫名大寶嚴 世界名離垢 清淨無瑕穢

妙法蓮華經 卷 第二

이유리위지 금승계기도、 칠보잡색수 상유화과실。
以琉璃爲地 金繩界其道 七寶雜色樹 常有華菓實。

피국제보살 지념상견고, 신통바라밀 개이실구족、
彼國諸菩薩 志念常堅固 神通波羅蜜 皆已悉具足

어무수불소 선학보살도、 여시등대사、 화광불소화。
於無數佛所 善學菩薩道 如是等大士 華光佛所化。

불위왕자시 기국사세영、 어최말후신 출가성불도。
佛爲王子時 棄國捨世榮 於最末後身 出家成佛道。

화광불주세 수십이소겁, 기국인민중 수명팔소겁。
華光佛住世 壽十二小劫 其國人民衆 壽命八小劫

불멸도지후 정법주어세 삼십이소겁, 광도제중생
佛滅度之後 正法住於世 三十二小劫 廣度諸衆生

정법멸진이, 상법삼십이。 사리광유포 천인보공양、
正法滅盡已 像法三十二 舍利廣流布 天人普供養

화광불소위 기사개여시。 기양족성존 최승무륜필、
華光佛所爲 其事皆如是 其兩足聖尊 最勝無倫匹

피즉시여신、 의응자흔경。
彼即是汝身 宜應自欣慶。

一二六

⑧ 이 사부중 비구비구니 우바새우바이, 천 용 야차 건

爾時四部衆比丘比丘尼優婆塞優婆夷天龍夜叉乾

달바 아수라 가루라 긴나라 마후라가등—대중、견—사리

闥婆阿修羅迦樓羅緊那羅摩睺羅伽等大衆見舍利

불 어불전 수—아뇩다라삼먁삼보리기、심대환희 용약무량、

弗於佛前受阿耨多羅三藐三菩提記心大歡喜踊躍無量

각각탈—신 소착상의 이공양불、석제환인 범천왕등 여—

各各脫身所著上衣以供養佛釋提桓因梵天王等與

무수천자、역이—천묘의 천만다라화 마하만다라화 공양

無數天子亦以天妙衣天曼陀羅華摩訶曼陀羅華等供養

어불、 소산천의 주—허공중 이자회전、 제천기악 백천만종

於佛所散天衣住虛空中而自廻轉諸天伎樂百千萬種

어허공중 일시구작、 우—중천화、 이작시언、『불 석어바라

於虛空中一時俱作雨衆天華而作是言佛昔於波羅

나 초전법륜、 금내부전—무상최대법륜』

奈初轉法輪今乃復轉無上最大法輪

⑨ 이시 제천자 욕—중선차의 이설게언、

爾時諸天子欲重宣此義而說偈言

석어바라나 전사제법륜、 분별설제법─ 오중지생멸、
昔於波羅奈 轉四諦法輪 分別說諸法 五象之生滅

금부전최묘─ 무상대법륜、 시법심심오 소유능신자。
今復轉最妙 無上大法輪、 是法甚深奧 少有能信者

아등종석래 삭문세존설、 미증문여시─ 심묘지상법。
我等從昔來 數聞世尊說 未曾聞如是 深妙之上法

세존설시법、 아등개수희。 대지사리불 금득수존기、
世尊說是法 我等皆隨喜 大智舍利弗 今得受尊記

아등역여시 필당득작불、 어일체세간 최존무유상。
我等亦如是 必當得作佛 於一切世間 最尊無有上

불도파사의 방편수의설、 아소유복업─ 금세약과세
佛道叵思議 方便隨宜說 我所有福業 今世若過世

급견불공덕 진회향불도。
及見佛功德 盡廻向佛道

⑩ 이시 사리불 백불언、 "세존、 아금 무부의회 친어불전 득
爾時 舍利弗 白佛言 世尊 我今 無復疑悔 親於佛前 得

수─아뇩다라삼먁삼보리기、 시제 천이백 심자재자、 석주─
受 阿耨多羅三藐三菩提記 是諸 千二百 心自在者 昔住

학지、불상교화 언、「아법 능리─생로병사 구경열반」。시─
學地 佛常教化言 我法 能離 生老病死 究竟涅槃 是

학무학인 역─각자이리─아견 급 유무견등、위득열반、이
學無學人 亦 各自以離 我見 及 有無見等 謂得涅槃 而

금 어세존전 문소미문、개타─의혹。선재 세존、원、위사
今 於世尊前 聞所未聞 皆墮疑惑 善哉 世尊 願 為四

중 설기인연 영리─의회。
衆 說其因緣 令離 疑悔」

이시 불고사리불、「아선불언─제불세존 이중중인연 비유
爾時 佛告舍利弗 我先不言 諸佛世尊 以種種因緣 譬喻

언사 방편설법、개위─아뇩다라삼먁삼보리야。시제소설 개
言辭 方便說法 皆為 阿耨多羅三藐三菩提耶 是諸所說 皆

위화─보살고。연 사리불、금당부이비유 갱명─차의、제
為化 菩薩故 然 舍利弗 今當復以譬喻 更明 此義 諸

유지자 이비유 득해。
有智者 以譬喻 得解

사리불、약국읍취락 유─대장자、기년쇠매、재부무량、다
舍利弗 若國邑聚落 有 大長者 其年衰邁 財富無量 多

譬喻品 第三

一二九

⑪ 유—전택 급제동복, 기가광대 유유일문, 다제인중 일백이

有 田宅 及諸僮僕 其家廣大 唯有一門 多諸人衆 一百二

백 내지—오백인 지주기중.

百 乃至 五百人 止住其中

당각 후고, 장벽 퇴락, 주근 부패, 양동 경위, 주잡구시

堂閣 朽故 牆壁 隤落 柱根 腐敗 梁棟 傾危 周匝俱時

훌연화기 분소사택, 장자제자 약십이십 혹지삼십 재차택

欻然火起 焚燒舍宅 長者諸子 若十二十 或至三十 在此宅

중. 장자 견—시대화 종사면기, 즉대경포, 이작시념, 「아

中 長者 見 是大火 從四面起 即大驚怖 而作是念 我

수능어차—소소지문 안은득출, 이제자등 어화택내 낙착

雖能於此 所燒之門 安隱得出 而諸子等 於火宅內 樂著

희, 불각부지 불경불포, 화래핍신 고통절이, 심불염환 무

嬉戲 不覺不知 不驚不怖 火來逼身 苦痛切己 心不厭患 無

구출의. 사리불, 시—장자 작시사유, 「아 신수유력, 당이

求出意」 舍利弗 是 長者 作是思惟 我 身手有力 當以

의극 약이궤안 종사출지。 부갱사유, 「시사 유유—일문 이

衣裓 若以几案 從舍出之」 復更思惟 是舍 唯有一門 而

부협소、 제자유치 미유소식、 연착희처、 혹당타락 위화소
復狹小、諸子幼稚 未有所識 戀著戲處 或當墮落 爲火所
소。 아당위설―포외지사、 차사 이소、 의시질출 무령―위
燒。我當爲說 怖畏之事 此舍 已燒 宜時疾出 無令爲
화 지소소해。 작시념이、 여소사유 구고제자、 「여등속출。
火之所燒害」作是念已 如所思惟 具告諸子、「汝等速出」

부수연민 선언유유、 이제자등 낙착희희、 불긍신수 불경
父雖憐愍 善言誘喩 而諸子等 樂著嬉戲 不肯信受 不驚

불외 요무출심。 역부부지― 하자시화 하자위사 운하위실、
不畏 了無出心。亦復不知 何者爲火 何者爲舍 云何爲失

단―동서주희 시부이이。
但東西走戲 視父而已

⑫ 이시 장자 즉작시념、 「차사이위―대화소소、 아급제자 약
爾時長者 即作是念 此舍已爲 大火所燒 我及諸子 若

불시출、 필위소분、 아금 당설방편、 영제자등 득면사해。 부
不時出 必爲所焚 我今 當設方便 令諸子等 得免斯害」父

지― 제자선심 각유소호 종종진완 기이지물 정필락착、 이
知諸子先心 各有所好 種種珍玩 奇異之物 情必樂著 而

妙法蓮華經 卷 第二

告之言「汝等所可玩好 希有難得 汝若不取 後必憂悔 如

고지언、「여등 소가완호 희유난득、여약불취 후필우회。여

此種種 羊車鹿車牛車 今在門外 可以遊戲 汝等於此火

차종종―양거녹거우거 금재문외、가이유희。여등 어차화

宅 宜速出來 隨汝所欲 皆當與汝」爾時諸子 聞父所說

택 의속출래。수여소욕 개당여여」이시 제자 문부소설、

珍玩之物 適其願故 心各勇銳 互相推排 競共馳走 爭出火

진완지물 적기원고、심각용예、호상퇴배 경공치주 쟁출화

宅。是時長者 見諸子等 安隱得出 皆於四衢道中 露地

택。시시 장자 견―제자등 안은득출 개어사구도중 노지

而坐 無復障礙 其心泰然 歡喜踊躍。時諸子等 各白父

이좌 무부장애、기심 태연 환희용약。시 제자등 각백부

言「父先所許 玩好之具 羊車鹿車牛車 願 時賜與」

언、「부선소허 완호지구―양거녹거우거、원、시사여」。

舍利弗 爾時長者 各賜諸子等 一大車 其車高廣 衆

사리불、이시 장자 각사―제자 등일대거。기거―고광 중

寶莊校 周匝欄楯 四面懸鈴 又於其上 張設幰蓋 亦以珍奇

보장교 주잡난순 사면현령、우어기상 장설헌개、역이진기

譬喩品 第三

잡보로 이엄식지, 보승교락 수제화영, 중부완연, 안치단침.
雜寶 而嚴飾之 寶繩交絡 垂諸華瓔 重敷婉筵 安置丹枕

가이백우—부색충결 형체주호, 유—대근력 행보평정 기질
駕以白牛 膚色充潔 形體姝好 有大筋力 行步平正 其疾

여풍. 우다복종 이시위지.
如風 又多僕從 而侍衛之

소이자하, 시대장자 재부무량
所以者何 是大長者 財富無量

종종제장 실개충일, 이작시념, "아 재물무극, 불응—이하
種種諸藏 悉皆充溢 而作是念 我 財物無極 不應以下

열소거 여—제자등.
劣小車 與諸子等

금차유동 개시오자, 애무편당. 아유—
今此幼童 皆是吾子 愛無偏黨 我有

여시칠보대거 기수무량, 응당등심 각각여지 불의차별. 소
如是七寶大車 其數無量 應當等心 各各與之 不宜差別 所

이자하, 이아차물 주급일국 유상불궤, 하황제자. 시시제
以者何 以我此物 周給一國 猶尙不匱 何況諸子 是時諸

자각승대거 득미증유 비본소망. 사리불, 어—여의운하.
子各乘大車 得未曾有 非本所望 舍利弗 於汝意云何

시장자 등여—제자 진보대거, 영유허망. 부.
是長者 等與諸子 珍寶大車 寧有虛妄 不

사리불 언, 『불야. 세존, 시장자 단령―제자 득면화난 전
舍利弗 言 不也 世尊 是 長者 但 令 諸子 得 免 火難 全

기구명, 비위허망. 하이고, 약전신명 변위이득― 완호지구,
其軀命 非爲虛妄 何以故 若全身命 便爲已得 玩好之具

황부방편 어피화택 이발제지. 세존, 약시장자 내지불여―
況復方便 於彼火宅 而拔濟之 世尊 若是長者 乃至不與

최소일거, 유불허망. 하이고, 시장자 선작시의, 「아이방편
最小一車 猶不虛妄 何以故 是 長者 先作是意 我以方便

영자득출.」이시인연 무허망야. 하황장자 자지―재부무량,
令子得出 以是因緣 無虛妄也 何況長者 自知 財富無量

욕―요익제자 등여대거.』
欲 饒益諸子 等與大車

사리불, 여래 역부여시 즉위일체 세간지부, 어제포외 쇠
舍利弗 如來 亦復如是 則爲一切 世間之父 於諸怖畏 衰

뇌우환 무명암폐, 영진무여, 이실성취― 무량지견 력 무소
惱憂患 無明暗蔽 永盡無餘 而悉成就 無量知見 力 無所

외, 유―대신력 급지혜력, 구족―방편 지혜바라밀, 대자
畏 有 大神力 及 智慧力 具 足 方便 智慧波羅蜜 大慈

대비 상무해권、 항구선사 이익일체。 이생—삼계 후고화택、
위도— 중생 생로병사 우비고뇌 우치암폐 삼독지화、 교화
영득—아뇩다라삼약삼보리。 견—제중생、 위—생로병사 우
비고뇌 지소소자、 역이오욕재리고 수종종고、 우이탐착추
구고 현수—중고、 후수—지옥축생아귀지고、 약생천상 급
재인간、 빈궁곤고 애별리고 원증회고、 여시등—종종제고、
중생 몰재기중、 환희유희 불각부지 불경불포 역불생염
불구해탈、 어차—삼계화택 동서치주、 수조대고 불이위환。
사리불、 불견차이 변작시념、 「아위—중생지부、 응발—기고

大悲 常無懈倦 恒求善事 利益一切 而生 三界 朽故火宅
爲度 衆生 生老病死 憂悲苦惱 愚癡闇蔽 三毒之火 教化
令得 阿耨多羅三藐三菩提 見 諸衆生 爲 生老病死 憂
悲苦惱 之所燒煮 亦以五欲財利故 受種種苦 又以貪著追
求故 現受 衆苦 後受 地獄畜生餓鬼之苦 若生天上 及
在人間 貧窮困苦 愛別離苦 怨憎會苦 如是等 種種諸苦
衆生 沒在其中 歡喜遊戲 不覺不知 不驚不怖 亦不生厭
不求解脫 於此 三界火宅 東西馳走 雖遭大苦 不以爲患。
舍利弗 佛見此已 便作是念 我爲 衆生之父 應拔 其苦

譬喩品 第三

一三五

난, 여―무량무변 불지혜락, 영기유희。 사리불, 여래 부
난 여 무량무변 불지혜락 영기유희 사리불 여래 부
難 與 無量無邊 佛智慧樂 令其遊戲 舍利弗 如來 復
作是念
讚 如來知見力無所畏者
何是諸衆生未免生老病死憂悲苦惱 而爲
所燒 何由能解 佛之智慧」

舍利弗 如彼長者雖復身手有力 而不用之

便勉濟諸子火宅之難 然後各與珍寶大車 如來亦

復如是雖有力無所畏 而不用之 但以智慧方便於三

界火宅 拔濟衆生 爲說 三乘 聲聞 辟支佛 佛乘 而作

作시념, 「약아―단이신력 급지혜력, 사어방편, 위제중생,
찬―여래지견력 무소외자, 중생 불능―이시득도。 소이자
하, 시제중생 미면―생로병사 우비고뇌, 이위―삼계화택
소소, 하유능해―불지지혜。
⑮사리불, 여―피장자 수부신수유력、 이불용지, 단이은근방
편 면제―제자 화택지난、 연후 각여―진보대거、 여래 역
부여시 수유―력 무소외, 이불용지、 단이지혜 방편 어삼
계화택 발제중생、 위 설―삼승、 성문 벽지불 불승、 이작

「若我―但以神力 及智慧力 捨於方便 爲諸衆生
讚 如來知見力無所畏者 衆生 不能 以是 得度 所以者
何 是諸衆生 未免 生老病死 憂悲苦惱 而爲
三界火宅
所燒 何由能解 佛之智慧」

시언, "여등 막득락주―삼계화택, 물탐 추폐 색성향미촉
是言 汝等 莫得樂住 三界火宅 勿貪 麤弊 色聲香味觸

야. 약―탐착생애 즉위소소. 여 속출삼계, 당득삼승―성
也 若 貪著生愛 則爲所燒 汝 速出三界 當得三乘 聲

문 벽지불 불승. 아금위여 보임차사, 종불허야. 여등 단
聞辟支佛 佛乘 我今爲汝 保任此事 終不虛也 汝等 但

당―근수정진." 여래 이시방편 유진중생, 부작시언, "여등
當 勤修精進 如來 以是方便 誘進衆生 復作是言 汝等

당지. 차삼승법 개시성소칭탄, 자재무계 무소의구, 승시
當知 此三乘法 皆是聖所稱歎 自在無繫 無所依求 乘是

삼승, 이무루근력각도 선정 해탈 삼매등, 이자오락,
三乘 以無漏根力覺道 禪定 解脫 三昧等 而自娛樂

변득―무량 안은쾌락."
便得 無量 安隱快樂

⑯ 사리불, 약유중생 내유지성, 종불세존 문법신수 은근정진,
舍利弗 若有衆生 內有智性 從佛世尊 聞法信受 慇懃精進

욕―속출삼계 자구열반, 시명―성문승, 여―피제자 위구
欲 速出三界 自求涅槃 是名 聲聞乘 如彼諸子 爲求

妙法蓮華經 卷 第二

양거 출어화택.
羊車 出於火宅

약유중생 종불세존 문법신수 은근정진、
若有眾生 從佛世尊 聞法信受 慇懃精進

구―자연혜、낙―독선적 심지―제법인연、시명―벽지불승、
求自然慧 樂獨善寂 深知諸法因緣 是名辟支佛乘

여―피제자 위구녹거 출어화택.
如彼諸子 為求鹿車 出於火宅

신수 근수정진、구―일체지 불지 자연지 무사지 여래지
信受 勤修精進 求一切智 佛智 自然智 無師智 如來知

견력 무소외、민념안락―무량중생、이익천인 도탈일체、
見力 無所畏 愍念安樂 無量眾生 利益天人 度脫一切

시명―대승보살、구차승고 명위―마하살. 여―피제자 위
是名 大乘菩薩 求此乘故 名為 摩訶薩 如彼諸子 為

구우거 출어화택.
求牛車 出於火宅

⑰ 사리불、여―피장자 견―제자등 안은득출화택 도무외처、
舍利弗 如彼長者 見諸子等 安隱得出火宅 到無畏處

자유 재부무량、등이대거 이사제자、여래 역부여시 위―
自惟財富無量 等以大車 而賜諸子 如來 亦復如是 為

138

譬喩品 第三

일체중생지부。一切衆生之父。 약견―무량억천중생、 이불교문 출―삼계고 怖畏險道 得涅槃樂 如來爾時 便作是念 無量億千衆生 以佛教門 出三界苦

포외험도、 득열반락、 여래 이시 변작시념、「아유―무량무 怖畏險道 得涅槃樂 如來爾時 便作是念 我有無量無

변 지혜 력 무외등 제불법장、 시제중생 개시아자、 등여 邊 智慧 力 無畏等 諸佛法藏 是諸衆生 皆是我子 等與

대승、 불령―유인 독득멸도、 개이여래멸도 이멸도지。 시 大乘 不令有人 獨得滅度 皆以如來滅度 而滅度之 是

제중생 탈삼계자、 실여―제불 선정 해탈등 오락지구、 개 諸衆生 脫三界者 悉與諸佛 禪定 解脫等 娛樂之具 皆

시―일상일종、 성소칭탄、 능생―정묘 제일지락。 是一相一種 聖所稱歎 能生淨妙 第一之樂

사리불、 여―피장자 초이삼거 유인제자、 연후 단여―대 舍利弗 如彼長者 初以三車 誘引諸子 然後 但與大

보물장엄 안은 제일。 연 피장자 무―허망지구、 여래 역 寶物莊嚴 安隱第一 然 彼長者 無虛妄之咎 如來亦

부여시 무유허망、 초설삼승 인도중생、 연후 단이대승 이 復如是 無有虛妄 初說三乘 引導衆生 然後 但以大乘 而

도탈지。 하이고、 여래 유―무량지혜력 무소외 제법지장、
度脫之。 何以故 如來 有無量智慧 力無所畏 諸法之藏

능여―일체중생 대승지법、 단―부진능수。 사리불、 이시인
能與一切衆生 大乘之法 但不盡能受 舍利弗 以是因

연 당지。 제불 방편력고 어일불승 분별설삼。
緣 當知 諸佛 方便力故 於一佛乘 分別說三。』

⑱ 불 욕―중선차의 이설게언、
佛 欲重宣此義 而說偈言

비여장자 유일대택、 기택구고 이부돈폐。
譬如長者 有一大宅 其宅久故 而復頓弊

당사고위 주근최후、 양동경사 기폐퇴훼、
堂舍高危 柱根摧朽 梁棟傾斜 基陛隤毀

장벽비탁 이도치락、 부점란추 연려차탈、
牆壁圮坼 泥塗阤落 覆苫亂墜 椽梠差脫

주장굴곡 잡예충편、 유오백인―지주기중。
周障屈曲 雜穢充徧 有五百人 止住其中

치효조취 오작구합 완사복갈 오공유연
鴟梟鵰鷲 烏鵲鳩鴿 蚖蛇蝮蠍 蜈蚣蚰蜒

수궁백족、 유리혜서、 제악충배 교횡치주、
守宮百足 貍鼷鼠 諸惡蟲輩 交橫馳走

시뇨취처 부정유일、 강랑제충 이집기상、
屎尿臭處 不淨流溢 蜣蜋諸蟲 而集其上

호랑야간 저작천답 제설사시、 골육낭자。
狐狼野干 咀嚼踐踏 嚌齧死屍 骨肉狼藉

⑲
유시군구 경래박촬、 기리장황 처처구식、
由是群狗 競來搏撮 飢羸憧惶 處處求食

투쟁자철 애재호폐、 기사공포 변상여시。
鬪諍攎掣 哀哉嗥吠 其舍恐怖 變狀如是

처처개유— 이매망량、 야차악귀
處處皆有 魑魅魍魎 夜叉惡鬼

독충지속 제악금수 부유산생
毒蟲之屬 諸惡禽獸 孚乳產生

야차경래 쟁취식지、 식지기포 악심전치
夜叉競來 爭取食之 食之旣飽 惡心轉熾

투쟁지성 심가포외、 구반다귀 준거토타、
鬪爭之聲 甚可怖畏 鳩槃茶鬼 蹲踞土埵

譬喩品 第三

一四一

혹시이지ㅣ 或時離地 일척이척 一尺二尺

착구양족 捉狗兩足 박령실성 撲令失聲 이각가경 以脚加頸 왕반유행 往返遊行 종일희회 縱逸嬉戲

부유제귀ㅣ 復有諸鬼 기신장대 其身長大 나형흑수 裸形黑瘦 상주기중 常住其中 포구자락 怖狗自樂。

발대악성 發大惡聲 규호구식 叫呼求食

부유제귀ㅣ 復有諸鬼 수여우두 首如牛頭 혹식인육 或食人肉 부유제귀ㅣ 復有諸鬼

두발봉란 頭髮蓬亂 잔해흉험 殘害兇險 기갈소핍 飢渴所逼 혹부담구 或復噉狗

야차아귀 夜叉餓鬼 제악조수 諸惡鳥獸 기급사향 飢急四向 규환치주 叫喚馳走 기인여침 其咽如針

여시제난 如是諸難 공외무량 恐畏無量。 규간창유 窺看窓牖

⑳ 시후고택 是朽故宅 속우일인 屬于一人 기인근출 其人近出 미구지간 未久之間、

어후택사 於後宅舍 홀연화기 忽然火起 사면일시 四面一時 기염구치 其炎俱熾

동량연주 棟梁椽柱 폭성진열 爆聲震裂 최절타락 摧折墮落 장벽붕도 牆壁崩倒

제귀신등 諸鬼神等 주장황포 揚聲大叫 조취제조 鵰鷲諸鳥 구반다등 鳩槃茶等

주장황포 周慞惶怖 불능자출 不能自出 악수독충 惡獸毒蟲 장찬공혈 藏竄孔穴

비사사귀 毗舍闍鬼 역주기중 亦住其中 박복덕고 薄福德故 위화소핍 爲火所逼

공상잔해 共相殘害 음혈담육 飲血噉肉 야간지속 野干之屬 병이전사 並已前死

제대악수 諸大惡獸 경래식담 競來食噉 취연봉발 臭烟蓬勃 사면충색 四面充塞。

㉑ 오공유연 蜈蚣蚰蜒 독사지류 毒蛇之類 위화소소 爲火所燒 쟁주출혈 爭走出穴

구반다귀 鳩槃茶鬼 수취이식 隨取而食 우제아귀 又諸餓鬼 두상화연 頭上火燃

기갈열뇌　주장민주、　기택여시
飢渴熱惱　周慞悶走　其宅如是　심가포외。
甚可怖畏

독해화재　중난비일。　시시택주
毒害火災　衆難非一　是時宅主　재문외립、
在門外立

문유인언、　여제자등　선인유희
聞有人言　汝諸子等　先因遊戲　내입차택、
來入此宅

치소무지　환오락착。　경입화택、
稚小無知　歡娛樂著　驚入火宅　

방의구제
方宜救濟　영무소해。　장자문이　설중환난、
令無燒害　長者聞已　說衆患難

「악귀독충　재화만연、　고유제자
惡鬼毒蟲　災火蔓延　告喩諸子　상속부절、
相續不絶

독사완복　급제야차　중고차제
毒蛇蜿蝮　及諸夜叉　衆苦次第　

독취치효　백족지속、　구반다귀
鵰鷲鵄梟　百足之屬　鳩槃茶鬼　야간호구
野干狐狗

차고난처
此苦難處　황부대화。」　기갈뇌급　심가포외、
況復大火　飢渴惱急　甚可怖畏

제자무지
諸子無知　수문부회、　야간호구
雖聞父誨

譬喩品 第三

㉒ 유고락착
猶故樂著
희희불이
嬉戲不已。

시시장자
是時長者
이작시념
而作是念、
「제자여차、
諸子如此
익아수뇌
益我愁惱。

금차사택
今此舍宅
무일가락、
無一可樂、
이제자등
而諸子等
탐면희희、
耽湎嬉戲、
불수아교、
不受我教,
장위화해。
將為火害。」

고제자등
告諸子等
「아유종종—
我有種種
진완지구
珍玩之具
묘보호거、
妙寶好車、
양거녹거
羊車鹿車
대우지거
大牛之車
금재문외、
今在門外,
여등출래。
汝等出來。

오위여등
吾為汝等
조작차거、
造作此車,
수의소락
隨意所樂
가이유희」。
可以遊戲」。

제자문설—
諸子聞說—
여차제거、
如此諸車,
즉시분경
即時奔競
치주이출
馳走而出
도어공지、
到於空地、
이제고난。
離諸苦難。

장자견자—
長者見子—
득출화택
得出火宅

一四五

妙法蓮華經 卷 第二

주어사구, 좌사자좌 이자경언,「아금쾌락.
住於四衢、坐師子座 而自慶言 我今快樂

차제자등 생육심난, 우소무지 이입험택,
此諸子等 生育甚難 愚小無知 而入險宅

다제독충 이매가외, 대화맹염 사면구기,
多諸毒蟲 魍魅可畏 大火猛焰 四面俱起

이차제자 탐낙희희. 我已救之 令得脫難,
而此諸子 貪樂嬉戲

시고제인, 아금구지 영득탈난,
是故諸人 我今救之 令得脫難

개예부소 이백부언,「원사아등 ― 삼종보거
皆詣父所 而白父言 願賜我等 三種寶車

여전소허. 제자출래, 당이삼거 수여소욕.
如前所許 諸子出來 當以三車 隨汝所欲

금정시시, 유수급여.」 ㉓ 장자대부,
今正是時 唯垂給與 長者大富

고장중다 ― 금은유리
庫藏衆多 金銀琉璃

차거마노
硨磲瑪瑙

一四六

譬喩品 第三

이중보물、 조제대거
以衆寶物 造諸大車
장교엄식、 주잡난순
莊校嚴飾 周匝欄楯

사면현령 금승교락、
四面懸鈴 金繩交絡
진주라망 장시기상、
眞珠羅網 張施其上

금화제영 금화제영
金華諸瓔 金華諸瓔
處處垂下
중채잡식 주잡위요、
衆綵雜飾 周匝圍繞

유연증광 處為茵蓐、
柔軟繒纊 以為茵蓐
상묘세첩 가치천억、
上妙細氎 價直千億

선백정결 이부기상、
鮮白淨潔 以覆其上
유대백우 비장다력、
有大白牛 肥壯多力

형체주호、 이가보거、
形體姝好 以駕寶車
다제빈종 이시위지。
多諸儐從 而侍衛之

이시묘거 등사제자、
以是妙車 等賜諸子
제자시시 환희용약、
諸子是時 歡喜踊躍

승시보거 유어사방、
乘是寶車 遊於四方
희희쾌락 자재무애。
嬉戲快樂 自在無礙

고사리불、 아역여시
告舍利弗 我亦如是
중성중존 세간지부。
衆聖中尊 世間之父

妙法蓮華經 卷 第二

일체중생	개시오자、	심착세락	무유혜심、
一切衆生	皆是吾子	深著世樂	無有慧心

삼계무안	유여화택、	중고충만	심가포외。
三界無安	猶如火宅	衆苦充滿	甚可怖畏

상유생로	병사우환、	여시등화	치연불식。
常有生老	病死憂患	如是等火	熾然不息

여래이리—	삼계화택、	적연한거	안처림야。
如來已離	三界火宅	寂然閑居	安處林野

금차삼계	개시아유、	기중중생	실시오자、
今此三界	皆是我有	其中衆生	悉是吾子

이금차처	다제환난、	유아일인	능위구호。
而今此處	多諸患難	唯我一人	能爲救護

수부교조、	이불신수、	어제욕염	탐착심고、
雖復敎詔	而不信受	於諸欲染	貪著深故

이시방편	위설삼승、	영제중생	지삼계고、
以是方便	爲說三乘	令諸衆生	知三界苦

개시연설—	출세간도、	시제자등	약심결정、
開示演說	出世間道	是諸子等	若心決定

一四八

具足三明—
구족삼명

及六神通、
급육신통

有得緣覺
유득연각

不退菩薩。
불퇴보살

舍利弗、
사리불

汝為衆生
여위중생

以此譬喩
이차비유

說一佛乘、
설일불승

汝等若能
여등약능

信受是語
신수시어

一切皆當
일체개당

成得佛道。
성득불도

㉔

是乘微妙
시승미묘

淸淨第一、
청정제일

於諸世間
어제세간

為無有上
위무유상

佛所悅可
불소열가

一切衆生
일체중생

所應稱讚
소응칭찬

供養禮拜、
공양예배

無量億千
무량억천

諸力解脫
제력해탈

禪定智慧
선정지혜

及佛餘法
급불여법

得如是乘
득여시승

令諸子等
영제자등

日夜劫數
일야겁수

常得遊戲、
상득유희

與諸菩薩
여제보살

及聲聞衆
급성문중

乘此寶乘
승차보승

直至道場。
직지도량

以是因緣
이시인연

十方諦求
시방체구

更無餘乘
갱무여승

除佛方便。
제불방편

고사리불、여제인등
告舍利弗 汝諸人等
개시오자、아즉시부。
皆是吾子 我則是父

여등누겁
汝等累劫
중고소소、
衆苦所燒
아개제발
我皆濟拔
영출삼계。
令出三界

아수선설―
我雖先說
여등멸도、
汝等滅度
단진생사、
但盡生死
이실불멸、
而實不滅

금소응작
今所應作
유불지혜。
唯佛智慧

㉕
능일심청―
能一心聽
제불실법。
諸佛實法

소화중생
所化衆生
개시보살。
皆是菩薩

약유보살―
若有菩薩
어시중중、
於是衆中
수이방편、
雖以方便

제불세존
諸佛世尊

약인소지
若人小智
심착애욕、
深著愛欲
위차등고
爲此等故
설어고제。
說於苦諦

중생심희
衆生心喜
득미증유、
得未曾有
불설고제
佛說苦諦
진실무이。
眞實無異

약유중생
若有衆生
부지고본、
不知苦本
심착고인
深著苦因
불능잠사、
不能暫捨

一五〇

譬喩品 第三

위시등고　방편설도　제고소인　탐욕위본,
爲是等故　方便說道　諸苦所因　貪欲爲本,

위멸탐욕,　무소의지　멸진제고,　명제삼제.
若滅貪欲　無所依止　滅盡諸苦,　名第三諦.

위멸제고　수행어도　이제고박,　명득해탈.
爲滅諦故　修行於道　離諸苦縛,　名得解脫.

시인어하　이득해탈　단리허망　명위해탈,
是人於何　而得解脫　但離虛妄　名爲解脫,

기실미득　일체해탈,　불설시인　미실멸도.
其實未得　一切解脫,　佛說是人　未實滅度.

사인미득　무상도고,　아의불욕　영지멸도.
斯人未得　無上道故,　我意不欲　令至滅度.

아위법왕　어법자재　안은중생　고현어세.
我爲法王　於法自在　安隱衆生　故現於世.

여사리불,　아차법인　위욕이익　세간고설,
汝舍利弗,　我此法印　爲欲利益　世間故說,

재소유방　물망선전.　약유문자　수희정수,
在所遊方　勿妄宣傳.　若有聞者　隨喜頂受,

一五一

당지시인 當知是人
아비발치 阿鞞跋致。

㉖
약유신수 若有信受
차경법자 此經法者、
시인이증 是人已曾
견과거불 見過去佛
공경공양 恭敬供養、
역문시법 亦聞是法。

즉위견아 則爲見我、
역견어여 亦見於汝
급비구승 及比丘僧
并諸菩薩。
약인유능 若人有能
신여소설 信汝所說、
즉위견아 則爲見我、
亦見於汝

사법화경 斯法華經
위심지설 爲深智說、
천식문지 淺識聞之
미혹불해 迷惑不解。
일체성문 一切聲聞
급벽지불 及辟支佛
어차경중 於此經中
역소불급 力所不及。

여사리불 汝舍利弗
尙於此經
以信得入、
況餘聲聞。

기여성문 其餘聲聞
신불어고 信佛語故
隨順此經、
非己智分。

우사리불 又舍利弗、
교만해태 憍慢懈怠
計我見者
莫說此經。

譬喩品 第三

범부천식 凡夫淺識
심착오욕 深著五欲
문불능해 聞不能解
역물위설 亦勿爲說

약인불신 若人不信
훼방차경 毀謗此經
즉단일체 則斷一切
세간불종 世間佛種

혹부빈축 或復嚬蹙
이회의혹 而懷疑惑
여당청설 汝當聽說
차인죄보 此人罪報

약불재세 若佛在世
약멸도후 若滅度後
기유비방 其有誹謗
여사경전 如斯經典

견유독송 見有讀誦
서지경자 書持經者
경천증질 輕賤憎嫉
이회결한 而懷結恨

㉗
차인죄보 此人罪報
여금부청 汝今復聽

기인명종 其人命終
입아비옥 入阿鼻獄
구족일겁 具足一劫
겁진갱생 劫盡更生

여시전전 如是展轉
지무수겁 至無數劫
종지옥출 從地獄出
당타축생 當墮畜生

약구야간 若狗野干
기형굴수 其形頷瘦
이담개라 黧黮疥癩
인소촉요 人所觸嬈

一五三

妙法蓮華經 卷 第二

우부위인 又復爲人 지소오천 之所惡賤 상곤기갈 常困飢渴 골육고갈 骨肉枯竭

생수초독 生受楚毒 사피와석 死被瓦石 단불종고 斷佛種故 수사죄보 受斯罪報

약작낙타 若作駱駝 혹생노중 或生驢中 신상부중 身常負重 가제장추 加諸杖捶

단념수초 但念水草 여무소지 餘無所知 방사경고 謗斯經故 획죄여시 獲罪如是

유작야간 有作野干 내입취락 來入聚落 신체개라 身體疥癩 우무일목 又無一目

위제동자 爲諸童子 지소타척 之所打擲 수제고통 受諸苦痛 혹시치사 或時致死

어차사이 於此死已 갱수망신 更受蟒身 기형장대 其形長大 오백유순 五百由旬

농애무족 聾騃無足 완전복행 蜿轉腹行 위제소충 爲諸小蟲 지소잡식 之所帀食

주야수고 晝夜受苦 무유휴식 無有休息 방사경고 謗斯經故 획죄여시 獲罪如是。

譬喩品 第三

㉘
약득위인　제근암둔、　좌루연벽　맹롱배구、
若得爲人　諸根闇鈍　矬陋攣躄　盲聾背傴

유소언설　인불신수、　구기상취、　귀매소착、
有所言說　人不信受　口氣常臭　鬼魅所著

빈궁하천　위인소사、　다병소수　무소의호、
貧窮下賤　爲人所使　多病痟瘦　無所依怙

수친부인　인부재의、　약유소득　심부망실、
雖親附人　人不在意　若有所得　尋復忘失

약수의도　순방치병、　갱증타질　혹부치사、
若修醫道　順方治病　更增他疾　或復致死

약자유병　무인구료、　설복양약　이부증극、
若自有病　無人救療　設服良藥　而復增劇

약타반역　초겁절도、　여시등죄　횡리기앙。
若他反逆　抄劫竊盜　如是等罪　橫罹其殃

여사죄인　영불견불、　중성지왕　설법교화、
如斯罪人　永不見佛　衆聖之王　說法教化

여사죄인　상생난처、　광롱심란　영불문법、
如斯罪人　常生難處　狂聾心亂　永不聞法

어무수겁ㅡ 여항하사、 생첩농아 제근불구、
於無數劫 如恒河沙 諸根不具

상처지옥 여유원관、 재여악도 여기사택、
常處地獄 如遊園觀 在餘惡道 如己舍宅

타로저구 여기행처、 방사경고 획죄여시。
駝驢猪狗 是其行處 謗斯經故 獲罪如是

약득위인 농맹음아、 빈궁제쇠 이자장엄、
若得爲人 聾盲瘖瘂 貧窮諸衰 以自莊嚴

수종건소 개라옹저、 여시등병ㅡ 이위의복、
水腫乾痟 疥癩癰疽 如是等病 以爲衣服

신상취처 구예부정、 심착아견 증익진에、
身常臭處 垢穢不淨 深著我見 增益瞋恚

음욕치성 불택금수、 방사경자 방사경고
婬欲熾盛 不擇禽獸 謗斯經者 謗斯經故

고사리불、 약설기죄、 획죄여시。
告舍利弗 若說其罪 獲罪如是

이시인연 아고어여、 무지인중 막설차경。
以是因緣 我故語汝 無智人中 莫說此經

譬喩品 第三

㉙
약유이근　若有利根
지혜명료　智慧明了
다문강식　多聞強識
구불도자、求佛道者

여시지인　如是之人
내가위설、乃可爲說
약인증견—若人曾見
억백천불、億百千佛
식제선본　植諸善本
심심견고、深心堅固
여시지인　如是之人
내가위설、乃可爲說

약인정진　若人精進
상수자심、常修慈心
불석신명、不惜身命
내가위설、乃可爲說

약인공경　若人恭敬
무유이심、無有異心
이제범우　離諸凡愚
독처산택、獨處山澤
여시지인　如是之人
내가위설、乃可爲說。

사악지식　捨惡知識
친근선우、親近善友
우사리불、又舍利弗
약견유인—若見有人
여시지인　如是之人
내가위설、乃可爲說

약견불자—若見佛子
지계청결　持戒清潔
여정명주、如淨明珠
구대승경、求大乘經
내가위설、乃可爲說

여시지인　如是之人
질직유연、質直柔軟
약인무진　若人無瞋

상민일체、常憋一切
공경제불、恭敬諸佛
부유불자 復有佛子
어대중중 於大衆中
이청정심 以淸淨心
종종인연 種種因緣
여시지인 如是之人
내가위설、乃可爲說
비유언사 譬喻言辭
설법무애、說法無礙
여시지인 如是之人
내가위설、乃可爲說
약유비구 若有比丘
위일체지 爲一切智
사방구법 四方求法
합장정수、合掌頂受
단락수지 但樂受持
대승경전、大乘經典
내지불수 乃至不受
여경일게 餘經一偈
여시지인 如是之人
내가위설、乃可爲說
내인지심 如人至心
구불사리、求佛舍利
여시구경 如是求經
득이정수、得已頂受
기인불부 其人不復
지구여경、志求餘經
역미증념 亦未曾念
외도전적、外道典籍
여시지인 如是之人
내가위설、乃可爲說
고사리불、告舍利弗
아설시상 我說是相
구불도자 求佛道者
궁겁부진。窮劫不盡。

譬喩品 第三

여시등인 즉능신해, 여당위설― 묘법화경.
如是等人　則能信解　汝當爲說　妙法華經

묘법연화경 신해품 제사

妙法蓮華經 信解品 第四

① 이시 혜명수보리 마하가전연 마하가섭 마하목건련,

爾時 慧命須菩提 摩訶迦旃延 摩訶迦葉 摩訶目犍連 從佛

소문—미증유법, 세존 수—사리불 아뇩다라삼먁삼보리기,

所聞 未曾有法 世尊 授 舍利弗 阿耨多羅三藐三菩提記

발—희유심 환희용약, 즉종좌기 정의복 편단우견, 우슬착

發 希有心 歡喜踊躍 即從座起 整衣服 偏袒右肩 右膝著

지 일심합장 곡궁공경, 첨앙존안 이백불언, 『아등 거—승

地 一心合掌 曲躬恭敬 瞻仰尊顏 而白佛言 我等 居 僧

지수, 연병후매, 자위—이득열반, 무소감임 불부진구—아

之首 年竝朽邁 自謂 已得涅槃 無所堪任 不復進求 阿

뇩다라삼먁삼보리. 세존왕석 설법기구, 아시재좌, 신체피

耨多羅三藐三菩提 世尊往昔 說法既久 我時在座 身體疲

해 단념―공 무상 무작、어―보살법 유희신통 정불국토
懈 但念 空 無相 無作 於 菩薩法 遊戲神通 淨佛國土
성취중생、심불희락。소이자하、세존 영아등 출―어삼계
成就衆生 心不喜樂 所以者何 世尊 令我等 出 於三界

「득열반증。우금아등 연이후매、어―불교화보살 아뇩다라
得涅槃證 又今我等 年已朽邁 於 佛教化菩薩 阿耨多羅

삼먁삼보리、불생―일념 호락지심。
三藐三菩提 不生一念 好樂之心

아등 금어불전 문―수성문 아뇩다라삼먁삼보리기、심심환
我等 今於佛前 聞 授聲聞 阿耨多羅三藐三菩提記 心甚歡

희 득―미증유。불위어금 홀연득문 희유지법、심자경행
喜 得 未曾有 不謂於今 忽然得聞 希有之法 深自慶幸

획―대선리、무량진보 불구자득。
獲 大善利 無量珍寶 不求自得

② 세존、아등 금자、요설비유 이명사의。비、약유인 연기
世尊 我等 今者 樂說譬喩 以明斯義 譬 若有人 年既

유치 사부도서 구주타국、혹십이십 지―오십세 연기장대、
幼稚 捨父逃逝 久住他國 或十二十 至五十歲 年既長大

가부궁곤 치빙사방 이구의식 점점유행 우향본국。 기부선
加復窮困 馳騁四方 以求衣食 漸漸遊行 遇向本國 其父先

래 구자부득、중지일성、기가대부 재보무량、금은유리 산
來求子不得 中止一城 其家大富 財寶無量 金銀琉璃 珊

호호박 파리주등 기제창고 실개영일、다유—동복 신좌리
瑚琥珀 頗梨珠等 其諸倉庫 悉皆盈溢 多有僮僕 臣佐吏

민、상마거승 우양 무수、출입식리 내편타국、상고고객
民 象馬車乘 牛羊無數 出入息利 乃遍他國 商估賈客

역심중다。 시 빈궁자 유제취락 경력국읍、수도—기부소
亦甚衆多 時貧窮子 遊諸聚落 經歷國邑 遂到其父所

지지성。 부매념자、「여자이별 오십여년、이 미증향인—설
止之城 父每念子 與子離別 五十餘年 而未曾向人說

여차사、단자사유 심회회한、자념—노후 다유재물 금은
如此事 但自思惟 心懷悔恨 自念老朽 多有財物 金銀

진보 창고영일、무유자식、일단종몰 재물산실、무소위부。
珍寶 倉庫盈溢 無有子息 一旦終沒 財物散失 無所委付

시이은근 매억기자、부작시념、「아약득자 위부재물、탄연
是以慇懃 每憶其子 復作是念 我若得子 委付財物 坦然

③ 쾌락 무부우려.
快樂 無復憂慮」

세존, 이시 궁자 용임전전, 우도부사 주립문측 요견기부,
世尊 爾時 窮子 傭賃展轉 遇到父舍 住立門側 遙見其父

거ㅣ사자상 보궤 승족, 제바라문 찰리 거사 개ㅣ공경위
踞師子床 寶几 承足 諸婆羅門 刹利 居士 皆 恭敬圍

요, 이진주영락ㅣ가치천만 장엄기신, 이민동복 수집백불
繞 以眞珠瓔珞 價直千萬 莊嚴其身 吏民僮僕 手執白拂

시립좌우, 부이보장, 수제화번, 향수쇄지, 산ㅣ중명화, 나
侍立左右 覆以寶帳 垂諸華幡 香水灑地 散衆名華 羅

열보물 출납취여, 유ㅣ여시등 종종엄식, 위덕 특존. 궁자
列寶物 出內取與 有如是等 種種嚴飾 威德特尊 窮子

견부ㅣ유 대력세, 즉회공포, 회래지차, 절작시념,「차 혹시
見父 有大力勢 即懷恐怖 悔來至此 竊作是念 此或是

왕 혹시왕등, 비ㅣ아용력 득물지처, 불여ㅣ왕지빈리 사력
王 或是王等 非我傭力 得物之處 不如往至貧里 肆力

유지 의식이득。약구주차, 혹견핍박 강사아작。작시념이
有地 衣食易得 若久住此 或見逼迫 強使我作」作是念已

질주이거.
疾走而去。

④ 시부장자 어사자좌 견자변식, 심대환희 즉작시념, "아─재물고장 금유소부. 아상 사념차자 무유견지, 이홀자래심적아원. 아수년후, 유고탐석."
時富長者 於師子座 見子便識 心大歡喜 卽作是念 我─財物庫藏 今有所付 我常思念此子 無由見之 而忽自來 甚適我願。我雖年朽 猶故貪惜

수집, 차필정사. 부요견지 이어사언,
使者 執之愈急 强牽將還 于時窮子 自念 無罪 而被囚執 此必定死」轉更惶怖 悶絶躄地 父遙見之 而語使言

사자질지유급 강견장환, 우시 궁자 자념, "무죄, 이피수집, 차필정사." 부요견지 이어사언,

사자집지왕착, 궁자 경악 칭원대환, "아불상범 하위견착."
使者 疾走往捉 窮子 驚愕 稱怨大喚 我不相犯 何爲見捉」

즉견방인 급추장환. 이시
卽遣傍人 急追將還 爾時

"불수차인, 물강장래, 이냉수쇄면 영득성오, 막부여어."
不須此人 勿强將來 以冷水灑面 令得醒悟 莫復與語」所

이자하, 부지─기자 지의하열, 자지─호귀 위자소난, 심
以者何 父知 其子 志意下劣 自知 豪貴 爲子所難 審

지시자、이이방편 불어ー타인 운시아자。사자 어지、「아
知是子 而以方便 不語 他人 云是我子 使者 語之、我
금방여 수의소취。궁자 환희 득미증유、종지이기 왕지빈
今放汝 隨意所趣」 窮子 歡喜 得未曾有 從地而起 往至貧

리 이구의식。
里 以求衣食

⑤ 이시 장자 유인기자、이설방편、밀견ー이인ー형색
爾時 長者 將欲 誘引其子 而設方便 密遣 二人 形色

초췌 무위덕자、「여가예피 서어궁자。차유작처、배여여치。
憔悴 無威德者 汝可詣彼 徐語窮子 此有作處 倍與汝直

궁자 약허、장래사작、약언 욕하소작、편가어지 고여제
窮子 若許 將來使作 若言 欲何所作 便可語之 雇汝除

분、아등이인 역공여작。시 이사인 즉구궁자、기이득지
糞 我等二人 亦共汝作」 時 二使人 即求窮子 既已得之

구진상사。이시 궁자 선취기가、심여제분、기부견자 민이
具陳上事 爾時 窮子 先取其價 尋與除糞 其父見子 愍而

괴지。우이ー타일 어창유중 요견자신、이수초췌、분토진
怪之 又以他日 於窓牖中 遙見子身 羸瘦憔悴 糞土塵

분오예부정, 즉탈영락세연상복 엄식지구, 갱착추폐구이지의, 진토분신, 우수집지제분지기, 상유소외, 어제작인, "여등근작물득해식. 이방편고득근기자, 후부고언, "돌남자, 여상차작물부여거, 당가여가, 제유소수분기미면 염초지속, 막자의난. 역유노폐사인, 수자상급, 호자안의. 아여여부이여소장, 여상작시 무유기태 진한원언, 도불견여유차제악 여여작인, 자금이후 여소생자.즉시장자 갱여작자, 명지위아. 이시 궁자 수흔

垈汚穢不淨 即脫瓔珞細軟上服嚴飾之具 更著麤弊垢膩之衣 塵土坌身 右手執持除糞之器 狀有所畏語諸作人 汝等勤作勿得懈息 以方便故得近其子 後復告言 咄男子汝常此作勿復餘去 當加汝價諸有所須盆器米麵鹽醋之屬 莫自疑難亦有老弊使人 須者相給 好自安意 我如汝父 勿復憂慮 所以者何 我年老大 而汝少壯 汝常作時 無有欺怠瞋恨怨言 都不見汝有此諸惡 如餘作人 自今已後 如所生子 即時長者更與作字 名之為兒 爾時窮子雖欣此遇

⑥ 유고자위 「객작천인。 유시지고 어이이십년중 상령제분、과
猶故自謂 「客作賤人」 由是之故 於二十年中 常令除糞 過

시이후 심상체신 입출무난、 연 기소지 유재본처。
是已後 心相體信 入出無難 然 其所止 猶在本處

세존、 이시 장자 유질 자지 — 장사불구、 어궁자언、 「아금
世尊 爾時長者 有疾 自知 將死不久 語窮子言 我今

다유 — 금은진보 창고영일、 기중다소 소응취여 여실지지。
多有 金銀珍寶 倉庫盈溢 其中多少 所應取與 汝悉知之

아심여시、 당체차의。 소이자하、 금아여여 변위불이、 의가
我心如是 當體此意 所以者何 今我與汝 便爲不異 宜加

용심 무령누실。」 이시 궁자 즉수교칙、 영지 — 중물 금은진
用心 無令漏失 爾時 窮子 卽受教勅 領知 衆物 金銀珍

보 급제고장、 이무 — 희취 일찬지의。 연 기소지 고재본처、
寶 及諸庫藏 而無 希取 一餐之意 然 其所止 故在本處

하열지심 역미능사。
下劣之心 亦未能捨

부경소시、 부지 — 자의 점이통태 성취대지 자비선심、 임욕
復經少時 父知 子意 漸已通泰 成就大志 自鄙先心 臨欲

妙法蓮華經 卷 第二

⑦ 종시, 이명기자, 병회친족 국왕대신 찰리거사 개실이집,
終時 而命其子 幷會親族 國王大臣 刹利居士 皆悉已集

즉자선언, 「제군 당지. 차시아자, 아지소생, 어모성중 사
即自宣言 諸君當知 此是我子 我之所生 於某城中 捨

오도주, 영빙신고 오십여년. 기본자—모.
吾逃走 伶俜辛苦 五十餘年 其本字某 我名某甲 昔

재본성 회우추멱, 홀어차간 우회득지.
在本城 懷憂推覓 忽於此間 遇會得之 此實我子

부。금아소유—일체재물 개시자유, 선소출납 시자소지.
父 今我所有 一切財物 皆是子有 先所出內 是子所知」

세존, 시시 궁자 문—부차언, 즉대환희 득—미증유, 이작
世尊 是時 窮子 聞父此言 即大歡喜 得未曾有 而作

시념, 「아본무—심—유소희구, 금차보장 자연이지. 세존,
是念 我本無心 有所希求 今此寶藏 自然而至」 世尊

대부장자 즉시여래, 아등 개사불자, 여래상설 아등위자.
大富長者 則是如來 我等 皆似佛子 如來常說 我等爲子

세존, 아등 이삼고고 어생사중 수제열뇌, 미혹무지 낙착
世尊 我等 以三苦故 於生死中 受諸熱惱 迷惑無知 樂著

信解品 第四

소법。 금일세존 영아등 사유 견제─제법희론지분、 아등어 소법。 今日世尊 令我等 思惟蠲除 諸法戲論之糞 我等於

중 근가정진、 득지─열반 일일지가。 기득차이 심대환희 中 勤加精進 得至 涅槃 一日之價 既得此已 心大歡喜

자이위족、 변자위언、 「어불법중 근정진고 소득 홍다。 연 自以爲足 便自謂言 「於佛法中 勤精進故 所得弘多」 然

세존 선지─아등 심착폐욕 낙어소법、 변견 종사、 불위분 世尊 先知 我等 心著弊欲 樂於小法 便見 縱捨 不爲分

별─「여등 당유─여래지견 보장지분。」 別─「汝等 當有─如來知見 寶藏之分。」

세존 이방편력 설─여래지혜、 아등 종불 득─열반 일일 世尊 以方便力 說─如來智慧 我等 從佛 得─涅槃 一日

지가、 이위대득、 어차대승 무유지구。 아등 우인─여래지 之價 以爲大得 於此大乘 無有志求 我等 又因─如來智

혜、 위제보살 개시연설、 이자어차 무유지원。 소이자하、 불 慧 爲諸菩薩 開示演說 而自於此 無有志願 所以者何 佛

지─아등 심요소법、 이방편력 수아등 설、 이아등 부지─ 知─我等 心樂小法 以方便力 隨我等 說 而我等 不知─

지─아등 심요소법、 이방편력 수아등 설、 이아등 부지─

⑧ 진시불자.
眞是佛子

금 아등 방지－세존 어불지혜 무소린석. 소이자하, 아등
今我等方知世尊於佛智慧無所悋惜所以者何我等

석래 진시불자, 이－단요소법. 약아등 유－요대지심, 불
昔來眞是佛子而但樂小法若我等有樂大之心佛

즉위아 설－대승법. 어차경중 유설－일승, 이석어보살전
則爲我說大乘法於此經中唯說一乘而昔於菩薩前

훼자－성문 요소법자. 연불 실 이대승 교화. 시고 아
毁訾聲聞樂小法者然佛實以大乘教化是故我

등 설, 「본 무－심－유소희구, 금 법왕대보 자연이지,
等說本無心有所希求今法王大寶自然而至

여－불자 소응득자 개이득지.」
如佛子所應得者皆已得之

⑨ 이시 마하가섭 욕－중선차의 이설게언,
爾時摩訶迦葉欲重宣此義而說偈言

아등금일 문불음교, 환희용약 득미증유.
我等今日聞佛音教歡喜踊躍得未曾有

信解品 第四

불설성문—　佛說聲聞
당득작불、　當得作佛
무상보취　無上寶聚
불구자득。　不求自得

비여동자　譬如童子
유치무식、　幼稚無識
사부도서　捨父逃逝
원도타토、　遠到他土

주류제국　周流諸國
오십여년、　五十餘年
기부우념　其父憂念
사방추구、　四方推求

구지기피　求之既疲
돈지일성　頓止一城
조립사택、　造立舍宅
오욕자오。　五欲自娛

기가거부、　其家巨富
다제금은—　多諸金銀
차거마노　硨磲瑪瑙
진주유리　眞珠琉璃

상마우양　象馬牛羊
연여거승、　輦輿車乘
전업동복　田業僮僕
인민중다、　人民衆多

출입식리　出入息利
내편타국、　乃遍他國
상고고인　商估賈人
무처불유、　無處不有

천만억중　千萬億衆
위요공경、　圍繞恭敬
상위왕자　常爲王者
지소애념、　之所愛念

군신호족　群臣豪族
개공종중、　皆共宗重
이제연고　以諸緣故
왕래자중。　往來者衆。

妙法蓮華經 卷 第二

호부여시、豪富如是、
유대력세、有大力勢、
이년후매、익우념자、而年朽邁、益憂念子、

숙야유념、夙夜惟念、
「사시장지、死時將至、
치자사아 오십여년、癡子捨我 五十餘年、

고장제물 庫藏諸物
당여지하。」當如之何
구색의식、求索衣食、

중읍지읍 從邑至邑
종국지국、從國至國、
혹유소득 或有所得

기아리수、飢餓羸瘦
체생창선。體生瘡癬
혹무소득 或無所得

용임전전 傭賃展轉
점차경력 漸次經歷
도부주성、到父住城、

⑩ 이시장자 爾時長者
어기문내、於其門內
시대보장 처사자좌、施大寶帳 處師子座、

권속위요 眷屬圍繞
제인시위、諸人侍衛
혹유계산 或有計算 금은보물、金銀寶物、

출납재산 出內財産
주기권소。注記券疏
궁자견부ー 窮子見父ー 호귀존엄、豪貴尊嚴、

信解品 第四

「是國王若國王等。」何故至此。
覆自念言,我若久住,或見逼迫強驅使作。
思惟是已,馳走而去,借問貧里欲往傭作。
長者是時在師子座,遙見其子默而識之,
即勅使者追捉將來,窮子驚喚迷悶躄地,
「是人執我必當見殺,何用衣食使我至此。」
長者知子愚癡狹劣,不信我言不信是父,
即以方便更遣餘人,眇目矬陋無威德者,
「汝可語之云當相雇,除諸糞穢倍與汝價。」

⑪ 窮子聞之 歡喜隨來、 爲除糞穢 淨諸房舍。

궁자문지 환희수래、 위제분예 정제방사。

長者於牖 常見其子 念子愚劣 樂爲鄙事、

장자어유 상견기자、 염자우열 요위비사、

於是長者 著弊垢衣 執除糞器 往到子所

어시장자 착폐구의 집제분기、 왕도자소

方便附近 語令勤作 既益汝價 幷塗足油

방편부근 어령근작、 「기익여가、 병도족유

飮食充足 薦席厚煖。 如是苦言、 「汝當勤作」

음식충족 천석후난。 여시고언、 「여당근작」。

又以軟語 若如我子」

우이연어 「약여아자」。

經二十年 執作家事 示其金銀 眞珠頗梨、

경이십년 집작가사、 시기금은 진주파리、

諸物出入 皆使令知 猶處門外 止宿草菴、

제물출입 개사령지、 유처문외 지숙초암、

自念貧事 「我無此物」。 父知子心 漸已曠大、

자념빈사、「아무차물」。 부지자심 점이광대、

욕여재물	즉취친족—	찰리거사,
欲與財物	即聚親族	刹利居士,

어차대중	국왕대신
於此大衆	國王大臣

자견자래	설「시아자,	사아타행
自見子來	說是我子	捨我他行

주행구색	이이십년.	경오십세,
周行求索	已二十年。	經五十歲、

실이부지	수래지차,	석어모성
悉以付之	遂來至此	昔於某城

금어부소	자기소용.	범아소유
今於父所	恣其所用	凡我所有

심대환희—	대획진보—	사택인민
甚大歡喜	大獲珍寶	舍宅人民

⑫	득미증유.	자념석빈
	得未曾有	子念昔貧

불역여시	지아요소,	병급사택
佛亦如是	知我樂小	幷及舍宅

이설아등—	미증설언,	일체재물,
而說我等	未曾說言	一切財物,

	「여등작불.」
	「汝等作佛」

而說我等	得諸無漏
	成就小乘
	聲聞弟子.

妙法蓮華經 卷 第二

불칙아등
佛勅我等
설최상도、
說最上道

「수습차자
修習此者
당득성불。」
當得成佛。

아승불교
我承佛教
위대보살、
爲大菩薩
이제인연
以諸因緣
종종비유
種種譬喻

약간언사、
若干言辭
설무상도、
說無上道

제불자등
諸佛子等
종아문법、
從我聞法

일야사유
日夜思惟
정근수습。
精勤修習

시시제불
是時諸佛
즉수기기、
即授其記

「여어래세
汝於來世
당득작불。」
當得作佛。

일체제불
一切諸佛
비장지법、
祕藏之法

단위보살
但爲菩薩
연기실사、
演其實事

이불위아ㅣ
而不爲我
설사진요。
說斯眞要

여피궁자ㅣ
如彼窮子ㅣ
득근기부、
得近其父

수지제물
雖知諸物
심불희취、
心不希取

아등수설ㅣ
我等雖說
불법보장、
佛法寶藏

자무지원
自無志願
역부여시。
亦復如是

아등내멸
我等內滅
자위위족、
自謂爲足

유료차사
唯了此事
갱무여사。
更無餘事

一七六

아등약문, 정불국토
我等若聞　淨佛國土

교화중생, 도무흔락,
教化衆生　都無欣樂

소이자하, 일체제법
所以者何　一切諸法

개실공적 무생무멸
皆悉空寂　無生無滅

무대무소 무루무위
無大無小　無漏無爲

여시사유 불생희락.
如是思惟　不生喜樂

아등장야, 어불지혜
我等長夜　於佛智慧

무탐무착 무부지원,
無貪無著　無復志願

이자어법 위시구경.
而自於法　謂是究竟

아등장야, 수습공법,
我等長夜　修習空法

득탈삼계 고뇌지환,
得脫三界　苦惱之患

주최후신 유여열반,
住最後身　有餘涅槃

불소교화 득도불허,
佛所教化　得道不虛

즉위이득 보불지은.
則爲已得　報佛之恩

⑬ 아등수위 제불자등,
　　我等雖爲　諸佛子等

설보살법 이구불도,
說菩薩法　以求佛道

이어시법 영무원락,
而於是法　永無願樂

도사견사, 관아심고
導師見捨　觀我心故

信解品　第四

一七七

초불권진— 설유실리。 여부장자— 지자지열、
初不勸進 說有實利 如富長者 知子志劣

이방편력 유복기심、 연후내부— 일체재물、
以方便力 柔伏其心 然後乃付 一切財物

불역여시 현희유사。 지요소자、 이방편력
佛亦如是 現希有事 知樂小者 以方便力

조복기심、 내교대지。 아등금일 득미증유。
調伏其心 乃教大智 我等今日 得未曾有

비선소망、 이금자득、 아등금일 득무량보。
非先所望 而今自得 我等今日 得無量寶

세존아금 득도득과、 여피궁자— 득무루법
世尊我今 得道得果 如彼窮子 得無漏法

아등장야 지불정계、 어무루법 득청정안。
我等長夜 持佛淨戒 於無漏法 得清淨眼

아등금자 구수범행、 시어금일 득기과보。
我等今者 久修梵行 始於今日 得其果報

법왕법중 금득무루— 무상대과、 득기과보。
法王法中 今得無漏 無上大果

아등금자 진시성문、 이불도성 영일체문。
我等今者 真是聲聞 以佛道聲 令一切聞

아등금자　　我等今者
진아라한、　眞阿羅漢
어제세간　　於諸世間
천인마범　　天人魔梵

⑭보어기중　普於其中
응수공양。　應受供養

세존대은　　世尊大恩
이희유사、　以希有事
연민교화　　憐愍教化
이익아등、　利益我等

무량억겁　　無量億劫
수능보자。　誰能報者
수족공급　　手足供給
두정예경　　頭頂禮敬

일체공양、　一切供養
개불능보。　皆不能報
약이정대　　若以頂戴
양견하부、　兩肩荷負

어항사겁　　於恒沙劫
진심공경、　盡心恭敬
우이미선　　又以美膳
무량보의　　無量寶衣

급제와구　　及諸臥具
종종탕약　　種種湯藥
우두전단、　牛頭栴檀
급제진보　　及諸珍寶

이기탑묘、　以起塔廟
보의포지、　寶衣布地
여사등사　　如斯等事
이용공양ㅡ　以用供養

어항사겁、　於恒沙劫
역불능보。　亦不能報

⑮ 제불희유, 무량무변
諸佛希有 無量無邊

불가사의 대신통력,
不可思議 大神通力

무루무위 제법지왕,
無漏無爲 諸法之王

능위하열 인우사사,
能爲下劣 忍于斯事

취상범부 수의위설.
取相凡夫 隨宜爲說

제불어법 득최자재,
諸佛於法 得最自在

지제중생 종종욕락
知諸衆生 種種欲樂

급기지력, 수소감임
及其志力 隨所堪任

이무량유, 이위설법,
以無量喩 而爲說法

수제중생 숙세선근,
隨諸衆生 宿世善根

우지성숙 미성숙자,
又知成熟 未成熟者

종종주량
種種籌量

분별지이,
分別知已

어일승도 수의설삼.
於一乘道 隨宜說三

묘법연화경 권 제삼
妙法蓮華經 卷 第三

묘법연화경 약초유품 제오
妙法蓮華經 藥草喩品 第五

① 이시 세존 고ㅡ마하가섭 급제대제자, 『선재선재. 가섭,
爾時世尊告 摩訶迦葉 及諸大弟子 『善哉善哉 迦葉

선설ㅡ여래 진실공덕, 성여소언. 여래부유ㅡ무량무변 아
善說 如來 眞實功德 誠如所言 如來復有 無量無邊 阿

승지공덕, 여등 약어무량억겁 설불능진. 가섭, 당지. 여
僧祇功德 汝等 若於無量億劫 說不能盡 迦葉 當知 如

래 시ㅡ제법지왕, 약유소설 개불허야. 어일체법 이지방편
來 是 諸法之王 若有所說 皆不虛也 於一切法 以智方便

이연설지, 기소설법 개실도어ㅡ일체지지. 여래 관지ㅡ일
而演說之 其所說法 皆悉到於 一切智地 如來 觀知 一

체제법 지소귀취, 역지—일체중생 심심소행, 통달무애, 우
切諸法 之所歸趣 亦知 一切衆生 深心所行 通達無礙 又

어제법 구진명료, 시—제중생 일체지혜.
於諸法 究盡明了 示 諸衆生 一切智慧

가섭, 비여—삼천대천세계 산천계곡 토지소생, 훼목총림
迦葉 譬如 三千大千世界 山川溪谷 土地所生 卉木叢林

급제약초 종류, 약간명색 각이. 밀운 미포 편부—삼천대
及諸藥草 種類 若干名色 各異 密雲 彌布 徧覆 三千大

천세계, 일시등주 기택, 보흡—훼목총림 급제약초 소근소
千世界 一時等澍 其澤 普洽 卉木叢林 及諸藥草 小根小

경 소지소엽 중근중경 중지중엽 대근대경 대지대엽, 제
莖 小枝小葉 中根中莖 中枝中葉 大根大莖 大枝大葉 諸

수대소 수—상중하 각유소수, 일운소우 칭기종성, 이득생
樹大小 隨 上中下 各有所受 一雲所雨 稱其種性 而得生

장 화과부실, 수—일지소생 일우소윤, 이제초목 각유차별。
長 華菓敷實 雖 一地所生 一雨所潤 而諸草木 各有差別

② 가섭, 당지。 여래 역부여시, 출현어세 여대운기, 이대음성
迦葉 當知 如來 亦復如是 出現於世 如大雲起 以大音聲

보편―세계 천인아수라, 여―피대운 편부―삼천대천국토。
普遍 世界 天人阿修羅 如彼大雲 遍覆 三千大千國土。

어대중중 이창시언。「아시―여래 응공 정변지 명행족 선
於大衆中 而唱是言 我是 如來應供 正編知 明行足 善

서 세간해 무상사 조어장부 천인사 불 세존、 미도자 영
逝 世間解 無上士 調御丈夫 天人師 佛 世尊 未度者 令

도、미해자 영해、미안자 영안、미열반자 영득열반。금세
度 未解者 令解 未安者 令安 未涅槃者 令得涅槃 今世

후세 여실지지、아시―일체지자 일체견자 지도자 개도자
後世 如實知之 我是 一切知者 一切見者 知道者 開道者

설도자、여등천인 아수라중 개응도차―위청법고。
說道者 汝等天人 阿修羅衆 皆應到此 爲聽法故」

이시 무수 천만억종 중생 내지―불소 이청법。 여래 우
爾時 無數 千萬億種 衆生 來至 佛所 而聽法 如來 于

시 관―시중생 제근이둔 정진해태、수기소감 이위설법―
時觀 是衆生 諸根利鈍 精進懈怠 隨其所堪 而爲說法

종종무량、개령환희 쾌득선리。 시제중생 문시법이、현세
種種無量 皆令歡喜 快得善利 是諸衆生 聞是法已 現世

안은 후생선처 이도수락、 역득문법、 기문법이 이―제장애、
安隱後生善處 以道受樂 亦得聞法 既聞法已 離諸障礙

어제법중 임력소능 점득입도、 여―피대운 우어―일체 훼
於諸法中 任力所能 漸得入道 如彼大雲 雨於一切卉

목총림 급제약초、 여기종성 구족몽윤 각득생장。
木叢林 及諸藥草 如其種性 具足蒙潤 各得生長

일상일미、 소위―해탈상 이상 멸상、 구경지어―일체종지。 여래설법
一相一味 所謂 解脫相 離相 滅相 究竟至於 一切種智 如來說法

일상일미、 소위―해탈상 이상 멸상、 구경지어―일체종지。

기유중생 문―여래법、 약지독송 여설수행、 소득공덕 부자
其有衆生 聞如來法 若持讀誦 如說修行 所得功德 不自

각지。 소이자하、 유유여래 지―차중생 종상체성、 염하사
覺知 所以者何 唯有如來 知此衆生 種相體性 念何事

사하사 수하사、 운하념 운하사 운하수、 이하법
思何事 修何事 云何念 云何思 云何修 以何法

사 이하법수 이하법득하법。 중생 주어―종종지지、 유유여
思以何法修 以何法得何法 衆生 住於 種種之地 唯有如

래 여실견지 명료무애、 여―피훼목총림 제약초등 이부자
來 如實見之 明了無礙 如彼卉木叢林 諸藥草等 而不自

지─상중하성.
知─上中下性。

③ 여래 지시─일상일미지법, 소위─해탈상 이상 멸상 구경
如來 知是─一相一味之法 所謂 解脫相 離相 滅相 究竟

열반 상적멸상, 종귀어공. 불지시이 관─중생심욕 이장호
涅槃 常寂滅相 終歸於空。 佛知是已 觀─衆生心欲 而將護

지, 시고 부즉위설─일체종지. 여등가섭 심위희유, 능지─
之、 是故 不卽爲說─一切種智。 汝等迦葉 甚爲希有, 能知─

여래수의설법, 능신, 능수.
如來隨宜說法 能信 能受。

소이자하, 제불세존 수의설법
所以者何 諸佛世尊 隨宜說法

난해난지.
難解難知。』

이시 세존 욕─중선차의 이설게언,
爾時 世尊 欲─重宣此義 而說偈言

파 「유법왕 출현세간, 수중생욕 종종설법.
破「有」法王 出現世間 隨衆生欲 種種說法。

여래존중 지혜심원, 구묵사요 불무속설.
如來尊重 智慧深遠 久默斯要 不務速說。

藥草喩品 第五

一八五

유지약문 즉능신해、 즉위영실。
有智若聞 則能信解 則爲永失

무지의회 무지의혹
無智疑悔

시고가섭、 수력위설 이중중연 영득정견。
是故迦葉 隨力爲說 以種種緣 令得正見

가섭당지。 비여대운 — 기어세간 편부일체、
迦葉當知 譬如大雲 起於世間 徧覆一切

혜운함윤 전광황요 뇌성원진 영중열예、
慧雲含潤 電光晃曜 雷聲遠震 令衆悅豫

일광엄폐 지상청량、 애체수포 여가승람。
日光掩蔽 地上清涼 靉靆垂布 如可承攬

기우보등 사방구하、 유주무량 솔토충흡、
其雨普等 四方俱下 流澍無量 率土充洽

산천험곡 유수소생、 훼목약초 대소제수
山川險谷 幽邃所生 卉木藥草 大小諸樹

백곡묘가 감자포도、 우지소윤 무불풍족、
百穀苗稼 甘蔗蒲萄 雨之所潤 無不豐足

건지보흡 약목병무。 기운소출 일미지수
乾地普洽 藥木並茂 其雲所出 一味之水

초목총림　草木叢林
수분수윤。　隨分受潤。
일체제수　一切諸樹
상중하등、　上中下等
칭기대소　稱其大小
각득생장、　各得生長
일우소급　一雨所及
근경지엽　根莖枝葉
화과광색　華菓光色
소윤시일、　所潤是一
이각자무。　而各滋茂。
개득선택、　皆得鮮澤
여기체상　如其體相
성분대소、　性分大小
④불역여시　佛亦如是
출현어세、　出現於世、
비여대운　譬如大雲
보부일체、　普覆一切
기출우세　既出于世
위제중생　爲諸衆生
분별연설　分別演說
제법지실。　諸法之實。
대성세존　大聖世尊
어제천인　於諸天人
일체중중　一切衆中
이선시언、　而宣是言
「아위여래—　我爲如來—
양족지존、　兩足之尊、
출우세간　出于世間
유여대운—　猶如大雲—
충윤일체、　充潤一切
고고중생　枯槁衆生
개령리고、　皆令離苦
득안은락—　得安隱樂—

세간지락　世間之樂
급열반락。及涅槃樂
제천인중　諸天人衆
일심선청、一心善聽
개응도차　皆應到此
아위세존、我爲世尊
무능급자、無能及者
안은중생　安隱衆生
고현어세、故現於世
위대중설　爲大衆說
감로정법、甘露淨法
기법일미　其法一味
해탈열반、解脫涅槃
이일묘음　以一妙音
연창사의、演暢斯義
상위대승　常爲大乘
이작인연。而作因緣
아관일체　我觀一切
보개평등、普皆平等
무유피차　無有彼此
애증지심、愛憎之心
아무탐착、我無貪著
역무한애。亦無限礙
항위일체　恒爲一切
평등설법、平等說法
여위일인、如爲一人
중다역연、衆多亦然
상연설법　常演說法
증무타사、曾無他事
거래좌립　去來坐立
종불피렴。終不疲厭
충족세간　充足世間
여우보윤、如雨普潤
귀천상하　貴賤上下
지계훼계、持戒毀戒

위의구족 威儀具足 　급불구족、及不具足 정견사견 正見邪見

등우법우、等雨法雨 　이무해권。而無懈倦 일체중생 一切衆生 　문아법자 聞我法者

수력소수 隨力所受 　주어제지、住於諸地 혹처인천—或處人天— 　전륜성왕 轉輪聖王

석범제왕 釋梵諸王 　시소약초、是小藥草 지무루법 知無漏法 　능득열반、能得涅槃

기육신통 起六神通 　급득삼명 及得三明 독처산림 獨處山林 　상행선정 常行禪定

득연각증 得緣覺證 　시중약초、是中藥草 구세존처 求世尊處 　「아당작불。我當作佛」

행정진정 行精進定 　시상약초。是上藥草

⑤우제불자 又諸佛子 　전심불도 專心佛道 상행자비、常行慈悲 　자지작불 自知作佛

결정무의、決定無疑 　시명소수、是名小樹 안주신통 安住神通 　전불퇴륜 轉不退輪

도무량억一 백천중생、 여시보살
度無量億 百千衆生 如是菩薩

명위대수。
名爲大樹

불평등등설 여일미우、 수중생성
佛平等等說 如一味雨 隨衆生性

소수부동、
所受不同

여피초목一 소품각이。
如彼草木 所稟各異

종종언사 연설일법、 불이차유
種種言辭 演說一法 佛以此喻

방편개시、
方便開示

아우법우 충만세간、 일미지법
我雨法雨 充滿世間 一味之法

어불지혜
於佛智慧

여피총림一 약초제수 수기대소
如彼叢林 藥草諸樹 隨其大小

여해일적。
如海一滴

제불지법 상이일미、 영제세간
諸佛之法 常以一味 令諸世間

수력수행、
隨力修行

점차수행 개득도과。 성문연각
漸次修行 皆得道果 聲聞緣覺

점증무호。
漸增茂好

주최후신 문법득과、 시명약초一
住最後身 聞法得果 是名藥草

각득증장、
各得增長

처어산림
處於山林

보득구족、
普得具足

藥草喩品 第五

약제보살　若諸菩薩　지혜견고　智慧堅固　요달삼계　了達三界　구최상승、求最上乘、
시명소수—　是名小樹　이득증장、而得增長　부유주선　復有住禪　득신통력、得神通力、
문제법공　聞諸法空　심대환희、心大歡喜　도제중생、度諸衆生、
시명대수—　是名大樹　이득증장。而得增長。　방무수광　放無數光
비여대운—　譬如大雲—　이일미우　以一味雨　여시가섭　如是迦葉　불소설법、佛所說法、
가섭당지。迦葉當知。　윤어인화　潤於人華　각득성실。各得成實。
시아방편。是我方便。　이제인연　以諸因緣　종종비유　種種譬喩
제불역연。諸佛亦然。　개시불도、開示佛道、
제성문중　諸聲聞衆　개비멸도。皆非滅度。　금위여등　今爲汝等　설최실사、說最實事、
점점수학　漸漸修學　실당성불。悉當成佛。　여등소행　汝等所行　시보살도、是菩薩道、

묘법연화경 수기품 제육
妙法蓮華經 授記品 第六

① 이시 세존 설시게이, 고제대중 창여시언, 『아차제자 마
爾時 世尊 說是偈已 告諸大衆 唱如是言 我此弟子 摩
하가섭, 어미래세 당득봉근―삼백만억 제불세존, 공양공
訶迦葉 於未來世 當得奉覲 三百萬億 諸佛世尊 供養恭
경 존중찬탄、광선―제불 무량대법, 어최후신 득성위불,
敬尊重讚歎 廣宣 諸佛 無量大法 於最後身 得成爲佛
명왈―광명 여래 응공 정변지 명행족 선서 세간해 무상
名曰 光明 如來 應供 正徧知 明行足 善逝 世間解 無上
사 조어장부 천인사 불 세존、국명―광덕、겁명―대장엄。
士 調御丈夫 天人師 佛 世尊 國名 光德 劫名 大莊嚴
불수―십이소겁、정법주세―이십소겁、상법역주―이십소겁。
佛壽 十二小劫 正法住世 二十小劫 像法亦住 二十小劫

국계엄식 무—제예악 와력형극 변리부정、 기토평정 무
國界嚴飾 無諸穢惡 瓦礫荊棘 便利不淨 其土平正 無

유—고하 갱감퇴부、 유리위지 보수행렬、 황금위승 이계
有高下 坑坎堆埠 琉璃爲地 寶樹行列 黃金爲繩 以界

도측、 산제보화 주편청정。 기국보살 무량천억、 제성문중
道側 散諸寶華 周徧淸淨 其國菩薩 無量千億 諸聲聞衆

역부무수、 무유마사、 수유—마급마민 개호불법。
亦復無數 無有魔事 雖有魔及魔民 皆護佛法」

이시 세존 욕—중선차의 이설게언、
爾時 世尊 欲重宣此義 而說偈言

고제비구、 아이불안 견시가섭、 어미래세
告諸比丘 我以佛眼 見是迦葉 於未來世

과무수겁 당득작불。 이어래세 공양봉근—
過無數劫 當得作佛 而於來世 供養奉覲

삼백만억 제불세존、 위불지혜 정수범행、
三百萬億 諸佛世尊 爲佛智慧 淨修梵行

공양최상— 이족존이、 수습일체— 무상지혜、
供養最上 二足尊已 修習一切 無上之慧

授記品 第六

一九三

어최후신 於最後身
득성위불。 得成爲佛

기토청정 其土清淨
유리위지、 琉璃爲地

다제보수 多諸寶樹
행렬도측、 行列道側

금승계도 金繩界道
견자환희、 見者歡喜

상출호향、 常出好香
산중명화、 散衆名華

종종기묘 種種奇妙
이위장엄、 以爲莊嚴

기지평정 其地平正
무유구갱、 無有丘坑

제보살중 諸菩薩衆
불가칭계。 不可稱計

기심조유 其心調柔
체대신통、 逮大神通

봉지제불 奉持諸佛
대승경전。 大乘經典

제성문중 諸聲聞衆
무루후신 無漏後身

법왕지자 法王之子
역불가계、 亦不可計

내이천안 乃以天眼
불능수지。 不能數知

기불당수 其佛當壽
십이소겁、 十二小劫

정법주세 正法住世
이십소겁、 二十小劫

상법역주 ― 像法亦住
이십소겁。 二十小劫

광명세존 光明世尊
기사여시。 其事如是

② 이시 대―목건련 수보리 마하가전연등 개실송률、 일심
합장 첨앙존안、 목부잠사、 즉공동성 이설게언、

대웅맹세존 제석지법왕。
대웅맹세존 애민아등고
약지아심심 견위수기자、
여종기국래―홀우대왕선、
약부득왕교 연후내감식。
부지당운하―득불무상혜。
심상회우구 여미감변식。
대웅맹세존 상욕안세간、

爾時 大目犍連 須菩提 摩訶迦旃延等 皆悉悚慄 一心
合掌 瞻仰尊顔 目不暫捨 卽共同聲 而說偈言

大雄猛世尊 諸釋之法王
哀愍我等故 而賜佛音聲
若知我深心 見爲授記者
如以甘露灑 除熱得淸涼
如從飢國來 忽遇大王饍
心猶懷疑懼 未敢卽便食
若復得王敎 然後乃敢食
我等亦如是 每惟小乘過
不知當云何 得佛無上慧
雖聞佛音聲 言我等作佛
心尙懷憂懼 如未敢便食
若蒙佛授記 爾乃快安樂
大雄猛世尊 常欲安世間
願賜我等記 如飢須敎食

③ 이시 세존 지―제대제자 심지소념、고제비구,『시―수보리 어당래세 봉근―삼백만억 나유타불、공양공경 존중찬탄、상수범행 구보살도、어최후신 득성위불、호왈―명상여래 응공 정변지 명행족 선서 세간해 무상사 조어장부 천인사 불 세존、겁명―유보、국명―보생。기토평정 파리위지 보수장엄、무―제구갱 사력형극 변리지예、보화부지주편청정。기토인민 개처―보대 진묘루각、성문제자 무량무변 산수비유 소불능지、제보살중 무수천만억 나유타。불수―십이소겁、정법주세―이십소겁、상법역주―이십소겁。

爾時世尊 知諸大弟子心之所念 告諸比丘 是須菩提 於當來世 奉覲三百萬億那由他佛 供養恭敬尊重讚歎 常修梵行 具菩薩道 於最後身 得成爲佛 號曰名相如來 應供 正徧知 明行足 善逝 世間解 無上士 調御丈夫 天人師 佛 世尊 劫名有寶 國名寶生 其土平正 頗梨爲地 寶樹莊嚴 無諸丘坑 沙礫荊棘 便利之穢 寶華覆地 周徧清淨 其土人民 皆處寶臺 珍妙樓閣 聲聞弟子 無量無邊 算數譬喩 所不能知 諸菩薩衆 無數千萬億那由他 佛壽十二小劫 正法住世二十小劫 像法亦住二十小劫

授記品 第六

其佛 常處虛空 爲衆說法 度脫 無量菩薩 及聲聞衆」

기불 상처허공 위중설법、도탈―무량보살 급성문중。

爾時世尊欲重宣此義而說偈言

이시 세존 욕―중선차의 이설게언、

諸比丘衆、今告汝等 皆當一心 聽我所說。

제비구중、금고여등、개당일심 청아소설。

我大弟子 須菩提者 當得作佛 號曰名相。

아대제자 수보리자 당득작불、호왈명상。

當供無數 萬億諸佛 隨佛所行 漸具大道、

당공무수―만억제불、수불소행 점구대도、

最後身得 三十二相 端正殊妙 猶如寶山。

최후신득―삼십이상、단정수묘 유여보산。

其佛國土 嚴淨第一 衆生見者 無不愛樂、

기불국토―엄정제일、중생견자 무불애락、

佛於其中 度脫無量衆。其佛法中 多諸菩薩

불어기중 도탈무량중。기불법중 다제보살、

皆悉利根 轉不退輪 彼國常以 菩薩莊嚴。

개실이근 전불퇴륜、피국상이―보살장엄。

妙法蓮華經 卷 第三

제성문중 諸聲聞衆 불가칭수、 不可稱數 개득삼명 皆得三明 구육신통 具六神通

주팔해탈、 住八解脫 유대위덕。 有大威德 기불설법 其佛說法 현어무량— 現於無量

신통변화 神通變化 불가사의、 不可思議 제천인민— 諸天人民 수여항사 數如恒沙

개공합장 皆共合掌 청수불어。 聽受佛語 기불당수— 其佛當壽 십이소겁、 十二小劫

정법주세— 正法住世 이십소겁、 二十小劫 상법역주— 像法亦住 이십소겁。 二十小劫

④ 이시 세존 부고— 이제공구 공양봉사— 팔천억불、 공경존중、 제불멸
爾時世尊 復告 諸比丘衆 我今語汝 是大迦旃延於

후 각기탑묘、 고—천유순、 종광정등— 오백유순、 이—금 은
後各起塔廟 高千由旬 縱廣正等 五百由旬 以金銀

유리 차거 마노 진주 매괴—칠보 합성、 중화영락 도향
琉璃 硨磲 瑪瑙 眞珠 玫瑰 七寶 合成 衆華瓔珞 塗香

당래세、 이제공구 공양봉사— 팔천억불、 공경존중、 제불멸
當來世 以諸供具 供養奉事 八千億佛 恭敬尊重 諸佛滅

말향 소향 증개당번、공양탑묘、과시이후 당부공양―이만
억불、역부여시 공양시제불이、구보살도 당득작불、호왈―
염부나제금광 여래 응공 정변지 명행족 선서 세간해 무
상사 조어장부 천인사 불 세존。 기토평정 파리위지 보
수장엄、황금위승 이계도측、묘화부지 주편청정、견자환
희、무―사악도 지옥 아귀 축생 아수라도、다유―천인、
제성문중 급제보살 무량만억、장엄기국、불수―십이소겁、
정법주세―이십소겁、상법역주―이십소겁。
이시 세존 욕―중선차의 이설게언、

抹香燒香 繪蓋幢幡 供養塔廟 過是已後 當復供養 二萬
億佛 亦復如是 供養是諸佛已 具菩薩道 當得作佛 號曰
閻浮那提金光 如來 應供 正徧知 明行足 善逝 世間解 無
上士 調御丈夫 天人師 佛 世尊。 其土平正 頗梨爲地 寶
樹莊嚴 黃金爲繩 以界道側 妙華覆地 周徧清淨 見者歡
喜 無四惡道 地獄 餓鬼 畜生 阿修羅道 多有 天人
諸聲聞衆 及諸菩薩 無量萬億 莊嚴其國 佛壽十二小劫
正法住世 二十小劫 像法亦住 二十小劫』
爾時 世尊 欲 重宣此義 而說偈言

⑤ 이시 세존 부고대중, 『아금어여, 시―대목건련 당이종종
爾時 世尊 復告大衆 我今語汝 是 大目犍連 當以種種

공구 공양―팔천제불, 공경존중, 제불멸후 각기탑묘, 고―
供具 供養 八千諸佛 恭敬尊重 諸佛滅後 各起塔廟 高

보살성문― 단일체유 무량무수 장엄기국.
菩薩聲聞 斷一切有 無量無數 莊嚴其國

불지광명― 만억중생, 개위시방―지소공양, 기불호왈―염부금광,
佛之光明 萬億衆生 皆爲十方 之所供養 其佛號曰 閻浮金光

도탈무량― 무능승자.
度脫無量 無能勝者

기최후신 득불지혜 성등정각, 국토청정,
其最後身 得佛智慧 成等正覺 國土清淨

제불멸후 기칠보탑, 역이화향 공양사리,
諸佛滅後 起七寶塔 亦以華香 供養舍利

시가전연 당이종종― 묘호공구 공양제불,
是迦旃延 當以種種 妙好供具 供養諸佛

제비구중 개일심청. 여아소설 진실무이.
諸比丘衆 皆一心聽 如我所說 眞實無異

천유순 종광정등—오백유순、이—금 은 유리 차거 마노
千由旬 縱廣正等 五百由旬 以 金 銀 琉璃 硨磲 瑪瑙

진주 매괴—칠보 합성、중화영락 도향 말향 소향 증개
眞珠 玫瑰 七寶 合成 衆華瓔珞 塗香 抹香 燒香 繪蓋

당번 이용공양、과시이후 당부공양—이백만억제불、역부
幢幡 以用供養 過是已後 當復供養 二百萬億諸佛 亦復

여시、당득성불、호왈—다마라발전단향 여래 응공 정변지
如是 當得成佛 號曰 多摩羅跋栴檀香 如來 應供 正徧知

명행족 선서 세간해 무상사 조어장부 천인사 불 세존。
明行足 善逝 世間解 無上士 調御丈夫 天人師 佛 世尊

겁명—희만、국명—의락、기토평정 파리위지 보수장엄、
劫名 喜滿 國名 意樂 其土平正 頗梨爲地 寶樹莊嚴

산—진주화 주편청정、견자환희、다—제천인 보살성문、기
散 眞珠華 周徧淸淨 見者歡喜 多 諸天人 菩薩聲聞 其

수무량。불수—이십사소겁、정법주세—사십소겁、상법역
數無量 佛壽 二十四小劫 正法住世 四十小劫 像法亦

주—사십소겁。
住 四十小劫』

⑥ 이시 세존 욕—중선차의 이설게언、

爾時 世尊 欲 重宣此義 而說偈言

아차제자 대목건련 사시신이、 득견팔천—

我此弟子 大目犍連 捨是身已 得見八千

이백만억 제불세존、 위불도고 공양공경、

二百萬億 諸佛世尊 爲佛道故 供養恭敬

어제불소 상수범행、 어무량겁 봉지불법、

於諸佛所 常修梵行 於無量劫 奉持佛法

제불멸후 기칠보탑、 장표금찰 화향기악

諸佛滅後 起七寶塔 長表金刹 華香伎樂

이이공양— 제불탑묘、 점점구족— 보살도이、

而以供養 諸佛塔廟 漸漸具足 菩薩道已

어의락국 이득작불、 호다마라— 전단지향。

於意樂國 而得作佛 號多摩羅 栴檀之香

기불수명— 이십사겁、 상위천인 연설불도、

其佛壽命 二十四劫 常爲天人 演說佛道

성문무량 여항하사、 삼명육통 유대위덕、

聲聞無量 如恒河沙 三明六通 有大威德

보살무수
菩薩無數
지고정진
志固精進
어불지혜
於佛智慧
개불퇴전。
皆不退轉。

불멸도후
佛滅度後
정법당주―
正法當住
사십소겁、
四十小劫、
상법역이。
像法亦爾。

아제제자
我諸弟子
위덕구족
威德具足
기수오백、
其數五百、
개당수기、
皆當授記

어미래세
於未來世
함득성불。
咸得成佛。
아금여등
我及汝等
숙세인연
宿世因緣

오금당설、
吾今當說、
여등선청。
汝等善聽。

授記品 第六

二〇三

묘법연화경 화성유품 제칠

妙法蓮華經 化城喩品 第七

① 불고제비구, 『내왕과거─무량무변 불가사의 아승지겁, 이시 유불, 명─대통지승 여래 응공 정변지 명행족 선서 세간해 무상사 조어장부 천인사 불 세존. 기국명─호성, 겁명─대상. 제비구, 피불 멸도이래 심대구원.

비여─삼천대천세계 소유지종, 가사유인 마이위묵, 과어─ 동방천국토 내하일점, 대여미진, 우과─천국토 부하일점,

佛告諸比丘 乃往過去 無量無邊 不可思議 阿僧祇劫 爾時有佛 名 大通智勝 如來 應供 正徧知 明行足 善逝 世間解 無上士 調御丈夫 天人師 佛 世尊 其國名 好城 劫名 大相 諸比丘 彼佛 滅度已來 甚大久遠

譬如 三千大千世界 所有地種 假使有人 磨以爲墨 過於 東方千國土 乃下一點 大如微塵 又過 千國土 復下一點

化城喩品 第七

여시전전 진—지종묵、 어여등의 운하。 시제국토 약산사
如是展轉盡地種墨於汝等意云何是諸國土若算師
약산사제자、 능득변제 지기수. 부。 『불야、 세존。』『제비구、
若算師弟子能得邊際知其數不不也世尊 諸比丘
시인 소경국토 약점부점 진말위진、 일진일겁、 피불멸도
是人所經國土若點不點盡末爲塵一塵一劫彼佛滅度
이래 부과시수、 무량무변 백천만억 아승지겁。 아이—여
已來復過是數無量無邊百千萬億阿僧祇劫我以如
래지견력고 관—피구원、 유약금일』。
來知見力故觀彼久遠猶若今日

이시 세존 욕—중선차의 이설게언、
爾時世尊欲重宣此義而說偈言

아념과거세—무량무변겁、 유불양족존、 명대통지승。
我念過去世無量無邊劫有佛兩足尊名大通智勝
여인이력마—삼천대천토、 진차제지종 개실이위묵、
如人以力磨三千大千土盡此諸地種皆悉以爲墨
과어천국토 내하일진점、 여시전전점 진차제진묵、
過於千國土乃下一塵點如是展轉點盡此諸塵墨

一〇五

여시제국토 점여부점등、 부진말위진、 일진위일겁、
如是諸國土 點與不點等 盡末爲塵 一塵爲一劫

차제미진수 기겁부과시。 피불멸도래 여시무량겁、
此諸微塵數 其劫復過是 彼佛滅度來 如是無量劫

여래무애지、 지피불멸도—급성문보살 여견금멸도。
如來無礙智 知彼佛滅度 及聲聞菩薩 如見今滅度

제비구당지。 불지정미묘 무루무소애、 통달무량겁。
諸比丘當知 佛智淨微妙 無漏無所礙 通達無量劫

② 불고제비구、 『대통지승불 수—오백사십만억 나유타겁。 기
佛告諸比丘 大通智勝佛 壽 五百四十萬億 那由他劫 其

불 본좌도량 파마군이、 수득—아뇩다라삼먁삼보리、 이제
佛 本坐道場 破魔軍已 垂得 阿耨多羅三藐三菩提 而諸

불법 불현재전、 여시 일소겁 내지—십소겁、 결가부좌 신
佛法 不現在前 如是 一小劫 乃至 十小劫 結跏趺坐 身

심부동、 이제불법 유부재전。 이시 도리제천 선위피불 어
心不動 而諸佛法 猶不在前 爾時 忉利諸天 先爲彼佛 於

보리수하 부사자좌、 고—일유순。 불 『어차좌 당득—아뇩
菩提樹下 敷師子座 高 一由旬 佛 於此座 當得 阿耨

다라삼먁삼보리. 적좌차좌、 시 제범천왕 우ㅣ중천화、면ㅣ
다라삼먁삼보리」適坐此座 時 諸梵天王 雨ㅣ衆天華 面ㅣ
백유순、향풍 시래 취거위화、갱우신자、여시부절 만ㅣ
百由旬 香風 時來 吹去萎華 更雨新者 如是不絶 滿ㅣ
십소겁 공양어불、내지멸도 상우ㅣ차화。 사왕제천 위공양
十小劫 供養於佛 乃至滅度 常雨此華 四王諸天 爲供養
불 상격천고、기여제천 작천기악 만ㅣ십소겁、지우멸도
佛 常擊天鼓 其餘諸天 作天伎樂 滿十小劫 至于滅度
역부여시。 제비구、대통지승불 과ㅣ십소겁 제불지법 내
亦復如是。 諸比丘 大通智勝佛 過十小劫 諸佛之法 乃
현재전、성ㅣ아뇩다라삼먁삼보리。
現在前 成阿耨多羅三藐三菩提。

③ 기불 미출가시 유ㅣ십육자、기제일자 명왈ㅣ지적。 제자
其佛 未出家時 有十六子 其第一者 名曰智積 諸子
각유ㅣ종종진이 완호지구、문부득성ㅣ아뇩다라삼먁삼보리、
各有種種珍異 玩好之具 聞父得成阿耨多羅三藐三菩提
개사소진 왕예불소、제모체읍 이수송지。 기조 전륜성왕、
皆捨所珍 往詣佛所 諸母涕泣 而隨送之。 其祖 轉輪聖王

여―일백대신 급여―백천만억인민 개공위요、 수지도량、 함
與一百大臣 及餘百千萬億人民 皆共圍繞 隨至道場 咸

욕친근―대통지승여래 공양공경 존중찬탄、도이 두면예
欲親近 大通智勝如來 供養恭敬 尊重讚歎 到已 頭面禮

족 요불필이、일심합장 첨앙세존、이게송왈
足 繞佛畢已 一心合掌 瞻仰世尊 以偈頌曰

대위덕세존 위도중생고、어무량억겁 이내득성불、
大威德世尊 爲度衆生故 於無量億劫 爾乃得成佛

제원이구족、선재길무상。 세존심희유、일좌십소겁
諸願已具足 善哉吉無上。 世尊甚希有 一坐十小劫

신체급수족 정연안부동、 기심상담박 미증유산란、
身體及手足 靜然安不動 其心常憺怕 未曾有散亂

구경영적멸 안주무루법。 금자견세존―안은성불도、
究竟永寂滅 安住無漏法。 今者見世尊 安隱成佛道

아등득선리 칭경대환희。 중생상고뇌 맹명무도사、
我等得善利 稱慶大歡喜。 衆生常苦惱 盲瞑無導師

불식고진도、부지구해탈、 장야증악취 감손제천중、
不識苦盡道 不知求解脫 長夜增惡趣 減損諸天衆

化城喩品 第七

이시 십육왕자 게찬불이, 권청세존―전어법륜 함작시언,
爾時 十六王子 偈讚佛已 勸請世尊 轉於法輪 咸作是言

「세존설법 다소안은, 연민요익―제천인민」 중설게언,
「世尊說法 多所安隱 憐愍饒益 諸天人民」 重說偈言

종명입어명 영불문불명。
從冥入於冥 永不聞佛名

금불득최상―안은무루도、
今佛得最上 安隱無漏道

아등급천인 위득최대리。
我等及天人 爲得最大利

시고함계수 귀명무상존。
是故咸稽首 歸命無上尊

세웅무등륜 백복자장엄、
世雄無等倫 百福自莊嚴

득무상지혜、 원위세간설、
得無上智慧 願爲世間說

도탈어아등―급제중생류、 위분별현시, 영득시지혜。
度脫於我等 及諸衆生類 爲分別顯示 令得是智慧

약아등득불 중생역부연。
若我等得佛 衆生亦復然

세존지중생―심심지소념、
世尊知衆生 深心之所念

역지소행도、 우지지혜력。
亦知所行道 又知智慧力

욕락급수복 숙명소행업
欲樂及修福 宿命所行業

세존실지이, 당전무상륜。
世尊悉知已 當轉無上輪

④ 불고제비구, 『대통지승불 득—아뇩다라삼먁삼보리, 시시
佛告諸比丘 大通智勝佛 得 阿耨多羅三藐三菩提 時 十

방각—오백만억 제불세계 육종진동, 기국중간 유명지
方 各 五百萬億 諸佛世界 六種震動 其國中間 幽冥之

처—일월위광 소불능조, 이개대명, 기중중생 각득상견, 함
處 日月威光 所不能照 而皆大明 其中衆生 各得相見 咸

작시언, "차중 운하 홀생—중생。 우기국계 제천궁전 내
作是言 此中 云何 忽生 衆生 又其國界 諸天宮殿 乃

지범궁 육종진동, 대광보조 편만세계, 승—제천광。
至梵宮 六種震動 大光普照 徧滿世界 勝 諸天光

이시 동방—오백만억 제국토중, 범천궁전 광명조요, 배어
爾時 東方 五百萬億 諸國土中 梵天宮殿 光明照曜 倍於

상명、제범천왕 각작시념、"금자궁전광명 석소미유、이하
常明 諸梵天王 各作是念 今者宮殿光明 昔所未有 以何

인연 이현차상。 시시 제범천왕 즉각상예 공의차사。
因緣 而現此相 是時 諸梵天王 即各相詣 共議此事

시 피중중 유—일대범천왕、명—구일체、위제범중 이설
時 彼衆中 有 一大梵天王 名 救一切 爲諸梵衆 而說

게언、
偈言

아등제궁전 광명석미유、차시하인연。
我等諸宮殿 光明昔未有 此是何因緣 宜各共求之

의각공구지。
爲大德天生 爲佛出世間 而此大光明 徧照於十方

위대덕천생—위불출세간—이차대광명 편조어시방。

이시 오백만억국토 제범천왕 여궁전구、각이의극 성제천
爾時 五百萬億國土 諸梵天王 與宮殿俱 各以衣裓 盛諸天

화、공예서방 추심시상、견—대통지승여래 처우도량—보리
華、共詣西方 推尋是相 見 大通智勝如來 處于道場 菩提

수하 좌사자좌、제천 용왕 건달바 긴나라 마후라가 인
樹下 坐師子座 諸天 龍王 乾闥婆 緊那羅 摩睺羅伽 人

비인등 공경위요、급견—십육왕자 청불전법륜。즉시제
非人等 恭敬圍繞 及見 十六王子 請佛轉法輪。即時諸

범천왕 두면예불、요백천잡、즉이천화 이산불상、기소산
梵天王 頭面禮佛 繞百千匝 即以天華 而散佛上 其所散

화 여수미산、병이공양—불보리수、기보리수 고—십유순。
華 如須彌山 幷以供養 佛菩提樹 其菩提樹 高 十由旬。

화공양이, 각이궁전 봉상피불, 이작시언, "유견애민 요익

華供養已　各以宮殿　奉上彼佛　而作是言　唯見哀愍　饒益

아등、 소헌궁전 원、 수납쳐。

我等　所獻宮殿　願　垂納處」

시 제범천왕 즉어불전 일심동성 이게송왈、

時　諸梵天王　即於佛前　一心同聲　以偈頌曰

세존심희유 난가득치우。 구무량공덕 능구호일체、

世尊甚希有　難可得値遇　具無量功德　能救護一切

천인지대사 애민어세간、 시방제중생 보개몽요익。

天人之大師　哀愍於世間　十方諸衆生　普皆蒙饒益

아등소종래 오백만억국、 사심선정락 위공양불고。

我等所從來　五百萬億國　捨深禪定樂　爲供養佛故

아등선세복 궁전심엄식、 금이봉세존、 유원애납수。

我等先世福　宮殿甚嚴飾　今以奉世尊　唯願哀納受

⑤이시 제범천왕 게찬불이、 각작시언、 "유원、 세존、 전어법륜 도탈중생、 개ㅡ열반도。

爾時　諸梵天王　偈讚佛已　各作是言　唯願　世尊　轉於法輪　度脫衆生　開　涅槃道」

시 제범천왕 일심동성 이설게언、
時 諸梵天王 一心同聲 而說偈言

세웅양족존、유원연설법、이대자비력 도고뇌중생。
世雄兩足尊 唯願演說法 以大慈悲力 度苦惱衆生

이시 대통지승여래 묵연허지。우제비구、동남방―오백만
爾時 大通智勝如來 默然許之 又諸比丘 東南方 五百萬

억국토 제대범왕、각자견―궁전 광명조요、석소미유 환희
億國土 諸大梵王 各自見 宮殿 光明照曜 昔所未有 歡喜

용약 생희유심、즉각상예 공의차사。
踊躍 生希有心 卽各相詣 共議此事

시 피중중 유―일대범천왕、명왈―대비、위제범중 이설
時 彼衆中 有 一大梵天王 名曰 大悲 爲諸梵衆 而說

게언、
偈言

시사하인연 이현여차상。아등제궁전 광명석미유、
是事何因緣 而現如此相 我等諸宮殿 光明昔未有

위대덕천생。위불출세간。미증견차상 당공일심구。
爲大德天生 爲佛出世間 未曾見此相 當共一心求

과천만억토 심광공추지。 다시불출세 도탈고중생。
過千萬億土 尋光共推之 多是佛出世 度脫苦衆生

이시 오백만억 제범천왕 여궁전구、각이의극 성제천화、공예서북방 추심시상、견―대통지승여래 처우도량―보리수하 좌사자좌、제천 용왕 건달바 긴나라 마후라가 인비인등 공경위요、급견―십육왕자 청불전법륜。시 제범천왕 두면예불、요백천잡、즉이천화 이산불상、소산지화 여수미산、병이공양―불보리수、화공양이、각이궁전 봉상피불、이작시언、「유견애민 요익아등。소헌궁전 원、수납처。」

爾時五百萬億諸梵天王 與宮殿俱 各以衣裓 盛諸天華 共詣西北方 推尋是相 見大通智勝如來 處于道場菩提樹下 坐師子座 諸天龍王乾闥婆緊那羅摩睺羅伽人非人等 恭敬圍繞 及見十六王子 請佛轉法輪 時諸梵天王 頭面禮佛 繞百千匝 即以天華 而散佛上 所散之華 如須彌山 幷以供養 佛菩提樹 華供養已 各以宮殿 奉上彼佛 而作是言 「唯見哀愍 饒益我等 所獻宮殿 願垂納處」

이시 제범천왕 즉어불전 일심동성 이게송왈、

爾時諸梵天王 即於佛前 一心同聲 以偈頌曰

⑥ 이시 제범천왕 게찬불이、각작시언、「유원、세존 애민일

爾時 諸梵天王 偈讚佛已 各作是言 「唯願 世尊 哀愍一

체 전어법륜 도탈중생。

切 轉於法輪 度脫衆生」

시 제범천왕 일심동성 이설게언、

時 諸梵天王 一心同聲 而說偈言

대성전법륜 현시제법상、도고뇌중생 영득대환희。

大聖轉法輪 顯示諸法相 度苦惱衆生 令得大歡喜

아등숙복경 금득치세존。

我等宿福慶 今得值世尊

세간소귀취。 구호어일체。 위중생지부 애민요익자、

世間所歸趣 救護於一切 爲衆生之父 哀愍饒益者

삼악도충만 제천중감소。 금불출어세 위중생작안、

三惡道充滿 諸天衆減少 今佛出於世 爲衆生作眼

세존심희유 구원내일현。 일백팔십겁 공과무유불、

世尊甚希有 久遠乃一現 一百八十劫 空過無有佛

성주천중왕、 가릉빈가성 애민중생자、 아등금경례。

聖主天中王 迦陵頻伽聲 哀愍衆生者 我等今敬禮

妙法蓮華經 卷 第三

중생문차법 득도약생천、제악도감소 인선자증익。
衆生聞此法 得道若生天 諸惡道減少 忍善者增益

이시 대통지승여래 묵연허지。우제비구、남방―오백만억
爾時 大通智勝如來 默然許之 又諸比丘 南方 五百萬億

국토 제대범왕、각자견―궁전 광명조요、석소미유 환희용
國土 諸大梵王 各自見 宮殿 光明照曜 昔所未有 歡喜踊

약、생희유심、즉각상예 공의차사、「이하인연 아등 궁전
躍 生希有心 即各相詣 共議此事 以何因緣 我等 宮殿

유차광요。
有此光曜」

시 피중중 유―일대범천왕、명왈―묘법、위제범중 이설
時 彼衆中 有 一大梵天王 名曰 妙法 爲諸梵衆 而說

게언、
偈言

아등제궁전 광명심위요、차비무인연、시상의구지。
我等諸宮殿 光明甚威曜 此非無因緣 是相宜求之

과어백천겁 미증견시상、위대덕천생。위불출세간。
過於百千劫 未曾見是相 爲大德天生 爲佛出世間

化城喩品 第七

이시 오백만억 제범천왕 여궁전구, 각이의극 성제천화、공예북방 추심시상, 견―대통지승여래 처우도량―보리수하 좌사자좌、제천 용왕 건달바 긴나라 마후라가 인비인등 공경위요、급견―십육왕자 청불전법륜。시 제범천왕 두면예불、요백천잡、즉이천화 이산불상、소산지화여수미산、병이공양―불보리수、화공양이、각이궁전 봉상피불、이작시언、「유견애민 요익아등。소헌궁전 원、수납처。」이시 제범천왕 즉어불전 일심동성 이게송왈、

세존심난견。파제번뇌자、과백삼십겁 금내득일견。

爾時五百萬億諸梵天王 與宮殿俱 各以衣裓 盛諸天華 共詣北方 推尋是相 見大通智勝如來 處于道場 菩提樹下 坐師子座 諸天龍王乾闥婆緊那羅摩睺羅伽人等 恭敬圍繞 及見十六王子 請佛轉法輪。 時諸梵天王 頭面禮佛 繞百千匝 即以天華 而散佛上 所散之華 如須彌山 幷以供養 佛菩提樹 華供養已 各以宮殿 奉上彼佛 而作是言 唯見哀愍 饒益我等 所獻宮殿 願垂納處。 爾時諸梵天王 即於佛前 一心同聲 以偈頌曰

世尊甚難見 破諸煩惱者 過百三十劫 今乃得一見

제기갈중생 이법우충만。
諸飢渴衆生　以法雨充滿

여우담발화 석소미증견
如優曇鉢華　昔所未曾見

금일내치우、 무량지혜자、
今日乃値遇　無量智慧者

아등제궁전 몽광고엄식。
我等諸宮殿　蒙光故嚴飾

세존대자민、 유원애납수。
世尊大慈愍　唯願哀納受

⑦ 이시 제범천왕이, 각작시언,「유원、세존 전어법
爾時諸梵天王　偈讚讚佛已　各作是言　唯願世尊　轉於法

륜、 영ㅣ일체세간 제천 마범 사문 바라문、 개획안은、
輪　令一切世間　諸天魔梵沙門婆羅門　皆獲安隱

이득도탈。」
而得度脫

시 제범천왕 일심동성 이게송왈、
時諸梵天王　一心同聲　以偈頌曰

시제범천왕
時諸梵天王

유원천인존、 전무상법륜
唯願天人尊　轉無上法輪

격우대법고
擊于大法鼓

이취대법라
而吹大法螺

보우대법우、 도무량중생。
普雨大法雨　度無量衆生

아등함귀청、 당연심원음。
我等咸歸請　當演深遠音

이시 대통지승여래 묵연허지.
爾時 大通智勝如來 默然許之

이시 상방——오백만억국토 제대범왕, 개실자도——소지궁전
爾時 上方 五百萬億國土 諸大梵王 皆悉自覩 所止宮殿

광명위요, 석소미유, 환희용약, 생희유심, 즉각상예 공의
光明威曜 昔所未有 歡喜踊躍 生希有心 卽各相詣 共議

차사, 「이하인연 아등궁전 유사광명.」
此事 「以何因緣 我等宮殿 有斯光明」

시 피중중 유——일대범천왕 명왈——시기, 위제범중 이설게언,
時 彼衆中 有一大梵天王 名曰尸棄 爲諸梵衆 而說偈言

금이하인연 아등제궁전 위덕광명요. 엄식미증유.
今以何因緣 我等諸宮殿 威德光明曜 嚴飾未曾有

여시지묘상 석소미문견、위대덕천생. 위불출세간.
如是之妙相 昔所未聞見 爲大德天生 爲佛出世間

이시 오백만억 제범천왕 여궁전구、각이의극 성제천화、
爾時 五百萬億 諸梵天王 與宮殿俱 各以衣裓 盛諸天華

공예하방 추심시상、견——대통지승여래 처우도량——보리수
共詣下方 推尋是相 見 大通智勝如來 處于道場 菩提樹

하좌사자좌、제천 용왕 건달바 긴나라 마후라가 인비인등 공경위요、급견—십육왕자 청불전법륜。시 제범천왕 두면예불、요백천잡、즉이천화 이산불상、소산지화 여수미산、병이공양—불보리수、화공양이、각이궁전 봉상피불、이작시언、「유견애민 요익아등、소헌궁전 원、수납처。

下坐師子座 諸天 龍王 乾闥婆 緊那羅 摩睺羅伽 人非人等 恭敬圍繞 及見 十六王子 請佛轉法輪 時 諸梵天王 頭面禮佛 繞百千匝 即以天華 而散佛上 所散之華 如須彌山 幷以供養 佛菩提樹 華供養已 各以宮殿 奉上彼佛 而作是言 唯見哀愍 饒益我等 所獻宮殿 願 垂納處

⑧ 시 제범천왕 즉어불전 일심동성 이게송왈、

時 諸梵天王 即於佛前 一心同聲 以偈頌曰

선재견제불—구세지성존、능어삼계옥 면출제중생。
善哉見諸佛 救世之聖尊 能於三界獄 勉出諸衆生

보지천인존 애민군맹류、능개감로문 광도어일체。
普智天人尊 哀愍群萌類 能開甘露門 廣度於一切

어석무량겁 공과무유불。세존미출시 시방상암명、
於昔無量劫 空過無有佛 世尊未出時 十方常闇暝

化城喩品 第七

삼악도증장、
三惡道增長

아수라역성、
阿修羅亦盛

제천중선감、사다타악도。
諸天衆轉減 死多墮惡道

부종불문법
不從佛聞法

상행불선사、
常行不善事

색력급지혜―사등개감소、
色力及智慧 斯等皆減少

죄업인연고
罪業因緣故

실락급락상、주어사견법
失樂及樂想 住於邪見法

불몽불소화
不蒙佛所化

상타어악도。
常墮於惡道

불위세간안
佛爲世間眼

구원시내출、
久遠時乃出

애민제중생
哀愍諸衆生

고현어세간、초출성정각、아등심흔경
故現於世間 超出成正覺 我等甚欣慶

급여일체중
及餘一切衆

희탄미증유。아등제궁전 몽광고엄식
喜歎未曾有 我等諸宮殿 蒙光故嚴飾

금이봉세존、유수애납수。원이차공덕 보급어일체、
今以奉世尊 唯垂哀納受 願以此功德 普及於一切

아등여중생 개공성불도。
我等與衆生 皆共成佛道。

이시 오백만억 제범천왕 게찬불이、각백불언、「유원、세존
爾時 五百萬億 諸梵天王 偈讚佛已 各白佛言 唯願 世尊

一二一

전어법륜、다소안은、다소도탈。시 제범천왕 이설게언、
轉於法輪 多所安隱 多所度脫 時 諸梵天王 而說偈言

세존전법륜。격감로법고 도고뇌중생、개시열반도。
世尊轉法輪 擊甘露法鼓 度苦惱衆生 開示涅槃道

유원수아청 이대미묘음、애민이부연ー무량겁습법。
唯願受我請 以大微妙音 哀愍而敷演 無量劫習法

⑨ 이시 대통지승여래 수ー시방제범천왕 급십육왕자청、즉시
爾時 大通智勝如來 受 十方諸梵天王 及十六王子請 即時

삼전ー십이행법륜、약사문 바라문 약천마범 급여세간 소
三轉十二行法輪 若沙門 婆羅門 若天魔梵 及餘世間 所

불능전。위ー「시고、시고집、시고멸、시고멸도。급ー광설ー
不能轉 謂 是苦 是苦集 是苦滅 是苦滅道 及 廣說

십이인연법、「무명연행 행연식 식연명색 명색연육입 육
十二因緣法 無明緣行 行緣識 識緣名色 名色緣六入 六

입연촉 촉연수 수연애 애연취 취연유 유연생 생연노사
入緣觸 觸緣受 受緣愛 愛緣取 取緣有 有緣生 生緣老死

우비고뇌。 무명멸즉행멸 행멸즉식멸 식멸즉명색멸 명색멸
憂悲苦惱 無明滅則行滅 行滅則識滅 識滅則名色滅 名色滅

즉육입멸 육입멸즉촉멸 촉멸즉수멸 수멸즉애멸 애멸즉취

則六入滅 六入滅則觸滅 觸滅則受滅 受滅則愛滅 愛滅則取

멸 취멸즉유멸 유멸즉생멸 생멸즉노사우비고뇌멸.

滅 取滅則有滅 有滅則生滅 生滅則老死憂悲苦惱滅」 佛於

천인대중지중 설시법시, 육백만억 나유타인, 이불수一일

天人大衆之中 說是法時 六百萬億 那由他人 以不受一

체법고, 이어제루 심득해탈, 개득―심묘선정 삼명육통、

切法故 而於諸漏 心得解脫 皆得 深妙禪定 三明六通

구ㅡ팔해탈。 제이제삼 제사설법시 천만억 항하사 나유타

具八解脫。 第二第三 第四說法時 千萬億 恒河沙 那由他

등중생、 역이불수ㅡ일체법고、 이어제루 심득해탈、 종시이

等衆生 亦以不受 一切法故 而於諸漏 心得解脫 從是已

후 제성문중 무량무변 불가칭수。

後 諸聲聞衆 無量無邊 不可稱數。

이시 십육왕자 개이동자 출가 이위사미、 제근통리 지혜

爾時 十六王子 皆以童子 出家 而爲沙彌 諸根通利 智慧

명료、 이증공양ㅡ백천만억제불、 정수범행、 구ㅡ아뇩다라삼

明了 已曾供養 百千萬億諸佛 淨修梵行 求 阿耨多羅三

⑩ 약삼보리 구백불언, "세존, 시제 무량천만억, 대덕성문— 개이성취, 세존 역당위아등 설—아뇩다라삼먁삼보리법. 아등 문이 개공수학. 세존, 아등 지원—여래지견, 심심소념 불자증지. 이시 전륜성왕 소장중중 팔만억인, 견—십육왕 자출가, 역구출가, 왕즉청허.

이시 피불 수사미청, 과—이만겁이, 내어사중지중 설—시 대승경, 명—묘법연화 교보살법 불소호념. 설시경이, 십육사미 위—아뇩다라삼먁삼보리고 개공수지 풍송통리. 설 시경시 십육보살사미 개실신수, 성문중중 역유신해, 기여

중생―천만억종 개생의혹。
衆生 千萬億種 皆生疑惑

불설시경 어팔천겁 미증휴폐。
佛說是經 於八千劫 未曾休廢

설차경이 즉입정실、주어선정―팔만사천겁。 시시 십육보
說此經已 即入靜室 住於禪定 八萬四千劫 是時 十六菩

살사미 지―불입실 적연선정、각승법좌 역어―팔만사천겁
薩沙彌 知 佛入室 寂然禪定 各昇法座 亦於 八萬四千劫

위사부중 광설분별―묘법화경、일일개도―육백만억 나유
爲四部衆 廣說分別 妙法華經 一一皆度 六百萬億 那由

타 항하사등중생、시교리희 영발―아뇩다라삼먁삼보리심。
他 恒河沙等衆生 示教利喜 令發 阿耨多羅三藐三菩提心

대통지승불 과―팔만사천겁이 종삼매기、왕예법좌 안상이
大通智勝佛 過 八萬四千劫已 從三昧起 往詣法座 安詳而

좌、보고대중、「시―십육보살사미 심위희유。 제근통리 지
坐 普告大衆 是 十六菩薩沙彌 甚爲希有 諸根通利 智

혜명료、이증공양―무량천만억수제불、어제불소 상수범행
慧明了 已曾供養 無量千萬億數諸佛 於諸佛所 常修梵行

수지불지、개시중생 영입기중、여등 개당 삭삭친근 이공
受持佛智 開示衆生 令入其中 汝等 皆當 數數親近 而供

양지. 소이자하, 약—성문벽지불 급제보살, 능신시—십육
養之 所以者何 若 聲聞辟支佛 及諸菩薩 能信是 十六
보살 소설경법 수지 불훼자, 시인 개당득—아뇩다라삼먁
菩薩 所說經法 受持 不毀者 是人 皆當得 阿耨多羅三藐
삼보리 여래지혜.
三菩提 如來之慧.」

불고제비구, 「시 십육보살 상락설시—묘법연화경, 일일보
佛告諸比丘 是 十六菩薩 常樂說是 妙法蓮華經 一一菩
살 소화—육백만억 나유타 항하사등중생, 세세소생 여보
薩 所化 六百萬億 那由他 恒河沙等衆生 世世所生 與菩
살구、종기문법 실개신해, 이차인연 득치—사백만억 제불
薩俱 從其聞法 悉皆信解 以此因緣 得值 四百萬億 諸佛
세존, 우금부진。
世尊 于今不盡。

제비구, 아금어여。 피불제자 십육사미, 금개득—아뇩다라
諸比丘 我今語汝 彼佛弟子 十六沙彌 今皆得 阿耨多羅
⑪
삼먁삼보리, 어—시방국토 현재 설법, 유—무량백천만억
三藐三菩提 於 十方國土 現在 說法 有 無量百千萬億

化城喩品 第七

菩薩聲聞 보살성문 이 위권속。 其二沙彌 기이사미 東方 동방 作佛、일명—아촉、以爲眷屬 在歡喜國、환희국、이명—수미정。東南方二佛 동남방이불 일명—사자음、一名須彌頂 二名須彌頂 一名師子音 二名師子相 南方二佛 남방이불 일명—허공주、이명—상멸。西南方二佛 서남방이불 一名虛空住 二名常滅 一名帝相 二名梵相 일명—제상、이명—범상、西方二佛 서방이불 일명—아미타、이명—도일체세간고뇌。西北方二佛 서북방이불 일명—다마라발전단향신통、이명—수미상、一名阿彌陀 二名度一切世間苦惱 一名多摩羅跋栴檀香神通 二名須彌相 북방이불 일명—운자재、이명—운자재왕。東北方佛名 동북방불명 —괴일체세간포외、제십육아—석가모니불、一名雲自在 二名雲自在王 壞一切世間怖畏 第十六我釋迦牟尼佛 於娑婆國土成 어사바국토 성—아욕다라삼약삼보리。阿耨多羅三藐三菩提 諸比丘 제비구、아등 위사미시、각각교화—무량백천만억 항하사 我等爲沙彌時 各各教化 無量百千萬億 恒河沙

등 중생。 종아문법 위―아뇩다라삼먁삼보리、차제중생 우
等衆生 從我聞法 爲 阿耨多羅三藐三菩提 此諸衆生 于

금유주―성문지자、아상교화―아뇩다라삼먁삼보리、시제인
今有住 聲聞地者 我常敎化 阿耨多羅三藐三菩提 是諸人

등 응이시법 점입불도。소이자하、여래지혜 난신난해。이
等 應以是法 漸入佛道 所以者何 如來智慧 難信難解 爾

시 소화―무량 항하사등 중생자、여등―제비구、급아멸도
時 所化 無量 恒河沙等 衆生者 汝等 諸比丘 及我滅度

후 미래세중―성문제자 시야。
後 未來世中 聲聞弟子 是也

아멸도후 부유제자 불문시경、부지불각―보살소행、자어
我滅度後 復有弟子 不聞是經 不知不覺 菩薩所行 自於

소득공덕 생멸도상 당입열반、아어여국 작불 갱유이명、
所得功德 生滅度想 當入涅槃 我於餘國 作佛 更有異名

시인 수생―멸도지상 입어열반、이어피토 구―불지혜 득
是人 雖生 滅度之想 入於涅槃 而於彼土 求 佛智慧 得

문시경。유이불승 이득멸도、갱무여승、제―제여래 방편
聞是經 唯以佛乘 而得滅度 更無餘乘 除 諸如來 方便

설법。 제비구、약여래 자지—열반시도、중우청정 신해견

說法。諸比丘 若如來自知涅槃時到 衆又淸淨信解堅

고、 요달공법 심입선정、변집—제보살 급성문중、위설시

固了達空法 深入禪定 便集諸菩薩及聲聞衆 爲說是

경。 세간 무유—이승 이득멸도、유일불승 득멸도이。

經。世間無有二乘而得滅度 唯一佛乘得滅度耳。

⑫ 비구、당지。 여래방편 심입—중생지성、지—기지 낙소법

比丘當知。如來方便深入衆生之性 知其志樂小法

심착오욕、위시등고 설어열반、시인 약문 즉변신수。

深著五欲 爲是等故說於涅槃 是人若聞則便信受。

비여、오백유순—험난악도、광절무인 포외지처、약유다중

譬如五百由旬險難惡道 曠絕無人怖畏之處 若有多衆

욕과차도 지진보처。 유—일도사、총혜명달、선지험도—통

欲過此道至珍寶處。有一導師聰慧明達 善知險道通

색지상、장도중인 욕과차난。 소장인중 중로해퇴 백도사언、

塞之相 將導衆人欲過此難。所將人衆中路懈退 白導師言

「아등 피극、이부포외、불능부진。 전로유원、금욕퇴환。」 도

「我等疲極 而復怖畏 不能復進。前路猶遠 今欲退還。」導

사 다제방편 이작시념, "차등 가민. 운하 사ㅣ대진보이
師多諸方便 而作是念 此等可愍 云何捨大珍寶而

욕퇴환. 작시념이, 이방편력 어험도중과ㅣ삼백유순 화작
欲退還 作是念已 以方便力 於險道中 過三百由旬 化作

일성, 고중인언, "여등 물포, 막득퇴환. 금차대성 가어중
一城 告衆人言 汝等勿怖 莫得退還 今此大城 可於中

지 수의소작, 약입시성 쾌득안은, 약능 전지보소, 역가득
止 隨意所作 若入是城 快得安隱 若能前至寶所 亦可得

거. 시시 피극지중 심대환희, 탄ㅣ미증유, "아등 금자 면
去 是時疲極之衆 心大歡喜 歎未曾有 我等今者 免

사악도, 쾌득안은. 어시중인 전입화성 생ㅣ이도상, 생ㅣ
斯惡道 快得安隱 於是衆人 前入化城 生已度想 生

안은상. 이시 도사 지ㅣ차인중 기득지식 무부피권, 즉멸
安隱想 爾時導師 知此人衆 既得止息 無復疲倦 即滅

화성, 어중인언, "여등 거래. 보처재근. 향자대성 아소화
化城 語衆人言 汝等去來 寶處在近 向者大城 我所化

작, 위지식이.
作 爲止息耳」

⑬ 제비구, 여래 역부여시, 금위여등 작―대도사, 지―제생 사번뇌악도 험난장원, 응거 응도. 약중생 단문―일불승 자, 즉 불욕―견불, 불욕―친근, 변작시념, 「불도장원 구 수근고, 내가득성. 불지―시심 겁약하열, 이방편력 이어 중도 위지식고, 설―이열반, 약중생 주어이지, 여래 이시 즉변위설. 「여등 소작미판. 여소주지 근어불혜, 당―관찰 주량. 소득열반 비―진실야. 단시여래 방편지력, 어일불 승 분별설삼.」 여―피도사 위지식고 화작대성, 기지식이 이고지언, 「보처재근. 차성 비―실, 아화작이.」

諸比丘 如來 亦復如是 今爲汝等 作大導師 知諸生死煩惱惡道險難長遠 應去應度 若衆生 但聞一佛乘者 則不欲見佛 不欲親近 便作是念 佛道長遠久受勤苦 乃可得成 佛知是心 怯弱下劣 以方便力 而於中道 爲止息故 說二涅槃 若衆生住於二地 如來爾時 即便爲說 汝等所作未辦 汝所住地 近於佛慧 當觀察籌量 所得涅槃 非眞實也 但是如來 方便之力 於一佛乘 分別說三 如彼導師 爲止息故 化作大城 既知息已 而告之言 寶處在近 此城非實 我化作耳

化城喩品 第七

一三二

爾時 世尊 欲 重宣此義 而說偈言

이시 세존 욕―중선차의 이설게언,

대통지승불 大通智勝佛
십겁좌도량, 十劫坐道場
불법불현전 佛法不現前
부득성불도, 不得成佛道

제천신용왕 諸天神龍王
아수라중등 阿修羅衆等
상우어천화 常雨於天華
이공양피불, 以供養彼佛

제천격천고 諸天擊天鼓
병작중기악, 幷作衆伎樂
향풍취위화 香風吹萎華
갱우신호자, 更雨新好者

과십소겁이 過十小劫已
내득성불도, 乃得成佛道
제천급세인 諸天及世人
심개회용약. 心皆懷踊躍

피불십육자 彼佛十六子
개여기권속―천만억위요, 皆與其眷屬―千萬億圍繞
구행지불소, 俱行至佛所

두면예불족, 頭面禮佛足
이청전법륜, 而請轉法輪
「성사자법우 聖師子法雨
충아급일체. 充我及一切」

세존심난치. 世尊甚難値
구원시일현, 久遠時一現
위각오군생 爲覺悟群生
진동어일체. 震動於一切」

⑭ 동방제세계― 東方諸世界
오백만억국 五百萬億國
범궁전광요, 梵宮殿光曜
석소미증유. 昔所未曾有

제범견차상　諸梵見此相

심래지불소、　尋來至佛所

산화이공양、　散華以供養

병봉상궁전、　幷奉上宮殿

청불전법륜　請佛轉法輪

이게이찬탄、　以偈而讚歎

불지시미지、　佛知時未至

수청묵연좌。　受請默然坐。

삼방급사유　三方及四維

상하역부이、　上下亦復爾

산화봉궁전、　散華奉宮殿

청불전법륜、　請佛轉法輪

"세존심난치、　世尊甚難値

원이본자비　願以本慈悲

광개감로문　廣開甘露門

전무상법륜。　轉無上法輪。

무량혜세존　無量慧世尊

수피중인청、　受彼衆人請

위선종종법―　爲宣種種法―

사제십이연、　四諦十二緣

"무명지노사　無明至老死

개종생연유、　皆從生緣有

여시중과환　如是衆過患

여등응당지。　汝等應當知。"

선창시법시、　宣暢是法時

육백만억해　六百萬億姟

득진제고제　得盡諸苦際

개성아라한、　皆成阿羅漢、

제이설법시、　第二說法時

천만항사중　千萬恒沙衆

어제법불수　於諸法不受

역득아라한、　亦得阿羅漢、

종시후득도　從是後得道

기수무유량、　其數無有量

만억겁산수　萬億劫算數

불능득기변。　不能得其邊。

시십육왕자 時十六王子
출가작사미、 出家作沙彌、
개공청피불、 皆共請彼佛,
"연설대승법。" 「演說大乘法。

아등급영종 我等及營從
개당성불도、 皆當成佛道、
원득여세존— 願得如世尊—
혜안제일정。" 慧眼第一淨。」

불지동자심、 佛知童子心
숙세지소행、 宿世之所行,
이무량인연 以無量因緣
종종제비유、 種種諸譬喩,

설육바라밀 說六波羅蜜
급제신통사、 及諸神通事,
분별진실법— 分別眞實法—
보살소행도、 菩薩所行道,

설시법화경— 說是法華經—
여항하사게。 如恒河沙偈。
피불설경이 彼佛說經已
정실입선정、 靜室入禪定、

일심일처좌 一心一處坐
팔만사천겁、 八萬四千劫,
시제사미등 是諸沙彌等
지불선미출、 知佛禪未出,

위무량억중 爲無量億衆
설불무상혜。 說佛無上慧。
각각좌법좌 各各坐法座
설시대승경。 說是大乘經。

어불연적후 於佛宴寂後
선양조법화、 宣揚助法化,
일일사미등 一一沙彌等
소도제중생 所度諸衆生

유육백만억— 有六百萬億—
항하사등중。 恒河沙等衆。

⑮ 피불멸도후

彼佛滅度後

시제문법자、

是諸聞法者

재재제불토

在在諸佛土

상여사구생。

常與師俱生

시십육사미

是十六沙彌

구족행불도

具足行佛道

금현재시방、

今現在十方

각득성정각、

各得成正覺

이시문법자

爾時聞法者

각재제불소。

各在諸佛所

기유주성문

其有住聲聞

점교이불도。

漸教以佛道

아재십육수

我在十六數

증위여설。

曾亦爲汝說

시고이방편

是故以方便

인여취불혜。

引汝趣佛慧

이시본인연

以是本因緣

금설법화경、

今說法華經

영여입불도、

令汝入佛道

신물회경구。

愼勿懷驚懼

비여험악도

譬如險惡道

형절다독수、

迥絕多毒獸

우부무수초、

又復無水草

인소포외처、

人所怖畏處

무수천만중

無數千萬衆

욕과차험도、

欲過此險道

기로심광원—

其路甚曠遠

경오백유순。

經五百由旬

시유일도사、

時有一導師

강식유지혜

強識有智慧

명료심결정、

明了心決定

재험제중난、

在險濟衆難

중인개피권

衆人皆疲倦

이백도사언、

而白導師言

「아등금돈핍

我等今頓乏

어차욕퇴환。」

於此欲退還

⑯ 導師作是念, 「此輩甚可愍。 如何欲退還 而失大珍寶」 도사작시념, 「차배심가민。 여하욕퇴환 이실대진보」。

尋時思方便 當設神通力」 化作大城郭 莊嚴諸舍宅 심시사방편, 「당설신통력」。 화작대성곽, 장엄제사택。

周匝有園林 渠流及浴池 重門高樓閣 男女皆充滿 주잡유원림─ 거류급욕지, 중문고루각 남녀개충만。

即作是化已 慰衆言「勿懼 汝等入此城 各可隨所樂」 즉작시화이 위중언「물구。 여등입차성 각가수소락」。

諸人既入城 心皆大歡喜 皆生安隱想 自謂已得度 제인기입성, 심개대환희 개생안은상, 자위이득도。

導師知息已 集衆而告言 「汝等當前進。 此是化城耳 도사지식이, 집중이고언, 「여등당전진。 차시화성이。

我見汝疲極 中路欲退還 故以方便力 權化作此城 아견여피극 중로욕퇴환、 고이방편력 권화작차성。

汝今勤精進 當共至寶所」 여금근정진 당공지보소」。

我亦復如是 爲一切導師 見諸求道者 中路而懈廢、 아역부여시、 위일체도사 견제구도자、 중로이해폐、

化城喩品 第七

불능도생사─번뇌제험도, 고이방편력 위식설열반,
不能度生死　煩惱諸險道　故以方便力　爲息說涅槃

언「여등고멸、소작개이판、
言汝等苦滅　所作皆已辦

기지도열반─개아라한,
旣知到涅槃　皆得阿羅漢

이내집대중 위설진실법。
爾乃集大衆　爲說眞實法

제불방편력 분별설삼승,
諸佛方便力　分別說三乘

유유일불승, 식처고설이。
唯有一佛乘　息處故說二

금위여설실、여소득비멸。
今爲汝說實　汝所得非滅

위불일체지 당발대정진。
爲佛一切智　當發大精進

여증일체지─십력등불법,
汝證一切智　十力等佛法

구삼십이상 내시진실멸。
具三十二相　乃是眞實滅

제불지도사 위식설열반、
諸佛之導師　爲息說涅槃

기지시식이、인입어불혜。
旣知是息已　引入於佛慧

묘법연화경 권 제사

妙法蓮華經 卷 第四

묘법연화경 오백제자수기품 제팔

妙法蓮華經 五百弟子受記品 第八

① 이시 부루나—미다라니자, 종불문—시 지혜방편 수의설법,

爾時 富樓那 彌多羅尼子 從佛聞 是 智慧方便 隨宜說法

우문—수—제대제자 아뇩다라삼먁삼보리기, 부문—숙세인

又聞 授 諸大弟子 阿耨多羅三藐三菩提記 復聞 宿世因

연지사, 부문—제불 유—대자재신통지력, 득미증유 심정

緣之事 復聞 諸佛 有 大自在神通之力 得未曾有 心淨

용약, 즉종좌기 도어불전, 두면예족 각주일면, 첨앙존안

踊躍 即從座起 到於佛前 頭面禮足 却住一面 瞻仰尊顏

목부잠사, 이작시념, 「세존 심기특 소위희유, 수순—세간

目不暫捨 而作是念 世尊 甚奇特 所爲希有 隨順 世間

약간종성、이ㅡ방편지견 이위설법、발출ㅡ중생처처탐착、
若干種性 以方便知見 而爲說法 拔出衆生處處貪著

아등 어불공덕 언불능선。 유불세존 능지ㅡ아등 심심본원。
我等 於佛功德 言不能宣 唯佛世尊 能知 我等 深心本願

이시 불고ㅡ제비구、『여등 견ㅡ시 부루나ㅡ미다라니자、
爾時 佛告 諸比丘 汝等 見 是 富樓那 彌多羅尼子

부。 아상칭ㅡ기 어설법인중 최위제일、역상탄ㅡ기 종종공
不 我常稱 其 於說法人中 最爲第一 亦常歎 其 種種功

덕。 정근호지조선ㅡ아법、능어사중 시교리희、구족해석ㅡ
德 精勤護持助宣 我法 能於四衆 示教利喜 具足解釋

불지정법、이대요익ㅡ동범행자。 자사여래、무능진ㅡ기언
佛之正法 而大饒益 同梵行者 自捨如來 無能盡 其言

론지변。 여등 물위ㅡ부루나 단능호지조선ㅡ아법。역어과
論之辯 汝等 勿謂 富樓那 但能護持助宣 我法 亦於過

거 구십억 제불소、호지조선ㅡ불지정법、어피설법인중 역
去 九十億 諸佛所 護持助宣 佛之正法 於彼說法人中 亦

최제일、우어제불소설 공법 명료통달、득ㅡ사무애지、상
最第一 又於諸佛所說 空法 明了通達 得 四無礙智 常

五百弟子受記品 第八

二三九

능심제 청정설법, 무유의혹, 구족—보살신통지력, 수기수
能審諦 淸淨說法 無有疑惑 具足 菩薩神通之力 隨其壽

명. 상수범행, 피불세인 함개위지,
命 常修梵行 彼佛世人 咸皆謂之

이사방편 요익—무량백천중생, 우화—무량아승지인, 영립—
以斯方便 饒益 無量百千衆生 又化 無量阿僧祇人 令立

아뇩다라삼먁삼보리, 위정불토고 상작불사 교화중생.
阿耨多羅三藐三菩提 爲淨佛土故 常作佛事 敎化衆生

② 제비구, 부루나 역어칠불—설법인중 이득제일, 금어아소—
諸比丘 富樓那 亦於七佛 說法人中 而得第一 今於我所

설법인중 역위제일, 어현겁중 당래제불—설법인중 역부
說法人中 亦爲第一 於賢劫中 當來諸佛 說法人中 亦復

제일, 이개호지조선—불법. 역어미래 호지조선—무량무변
第一 而皆護持助宣 佛法 亦於未來 護持助宣 無量無邊

제불지법, 교화요익—무량중생, 영립—아뇩다라삼먁삼보리,
諸佛之法 敎化饒益 無量衆生 令立 阿耨多羅三藐三菩提

위정불토고 상근정진, 교화중생 점점구족—보살지도, 과—
爲淨佛土故 常勤精進 敎化衆生 漸漸具足 菩薩之道 過

무량아승지겁、당어차토 득―아뇩다라삼먁삼보리、호왈―
無量阿僧祇劫 當於此土 得 阿耨多羅三藐三菩提 號曰

법명 여래 응공 정변지 명행족 선서 세간해 무상사 조
法明 如來 應供 正徧知 明行足 善逝 世間解 無上士 調

어장부 천인사 불 세존。기불 이―항하사등 삼천대천세
御丈夫 天人師 佛 世尊 其佛 以 恒河沙等 三千大千世

계 위―일불토、칠보위지、지평여장 무유―산릉계간구학、
界 爲 一佛土 七寶爲地 地平如掌 無有 山陵谿澗溝壑

칠보대관 충만기중、제천궁전 근처허공 인천 교접 양득
七寶臺觀 充滿其中 諸天宮殿 近處虛空 人天 交接 兩得

상견、무―제악도 역무―여인、일체중생 개이화생 무유음
相見 無 諸惡道 亦無 女人 一切衆生 皆以化生 無有婬

욕、득―대신통 신출광명 비행자재、지념 견고、정진지혜、
欲 得 大神通 身出光明 飛行自在 志念 堅固 精進智慧

보개금색、삼십이상 이자장엄。기국중생 상이이식、일자
普皆金色 三十二相 而自莊嚴 其國衆生 常以二食 一者

법희식、이자 선열식。
法喜食 二者 禪悅食

妙法蓮華經 卷 第四

유―무량아승지 천만억나유타 제보살중、 득―대신통 사무애지、 선능교화 중생지류、 기성문중 산수교계 소불능지、

有無量阿僧祇 千萬億那由他 諸菩薩衆 得 大神通 四無礙智 善能敎化衆生之類 其聲聞衆 算數校計 所不能知

개득구족―육통삼명 급―팔해탈。 기불국토 유―여시등。 무량공덕 장엄성취、 겁명―보명、 국명―선정、 기불수명―무량아승지겁。 법주심구、 불멸도후 기―칠보탑 편만기국。』

皆得具足 六通三明 及 八解脫 其佛國土 有 如是等 無量功德 莊嚴成就 劫名 寶明 國名 善淨 其佛壽命 無量阿僧祇劫 法住甚久 佛滅度後 起 七寶塔 徧滿其國

③이시 세존 욕―중선차의 이설게언

爾時 世尊 欲 重宣此義 而說偈言

제비구제청、 불자소행도 선학방편고 불가득사의。
諸比丘諦聽 佛子所行道 善學方便故 不可得思議

지중락소법―이외어대지、 시고제보살 작성문연각、
知衆樂小法 而畏於大智 是故諸菩薩 作聲聞緣覺

이무수방편 화제중생류、 자설시성문、 거불도심원、
以無數方便 化諸衆生類 自說是聲聞 去佛道甚遠

도탈무량중　개실득성취、수소욕해태　점당령작불。
度脫無量衆　皆悉得成就　雖小欲懈怠　漸當令作佛

내비보살행、외현시성문　소욕염생사、실자정불토。
內祕菩薩行　外現是聲聞　少欲厭生死　實自淨佛土

시중유삼독、우현사견상。아제자여시　방편도중생、
示衆有三毒　又現邪見相　我弟子如是　方便度衆生

약아구족설—종종현화사、중생문시자　심즉회의혹。
若我具足說　種種現化事　衆生聞是者　心則懷疑惑

금차부루나　어석천억불소　근수소행도、선호제불법、
今此富樓那　於昔千億佛所　勤修所行道　宣護諸佛法

위구무상혜　이어제불소　현거제자상、다문유지혜、
爲求無上慧　而於諸佛所　現居弟子上　多聞有智慧

소설무소외　능령중환희、미증유피권、이이조불사
所說無所畏　能令衆歡喜　未曾有疲倦　而以助佛事

이도대신통、구사무애지　지제근리둔、상설청정법。
已度大神通　具四無礙智　知諸根利鈍　常說淸淨法

연창여시의　교제천억중　영주대승법、이자정불토。
演暢如是義　敎諸千億衆　令住大乘法　而自淨佛土

미래역공양― 무량무수불、
未來亦供養 無量無數佛

상이제방편
常以諸方便

설법무소외、
說法無所畏

도불가계중
度不可計衆

성취일체지。
成就一切智

공양제여래
供養諸如來

호지법보장、
護持法寶藏

기후득성불
其後得成佛

호명왈법명、
號名曰法明

기국명선정、
其國名善淨

칠보소합성、
七寶所合成

겁명위보명。
劫名爲寶明

보살중심다
菩薩衆甚多

기수무량억、
其數無量億

개도대신통
皆度大神通

위덕력구족
威德力具足

충만기국토。
充滿其國土

성문역무수、
聲聞亦無數

삼명팔해탈
三明八解脫

득사무애지、
得四無礙智

이시등위승。
以是等爲僧

기국제중생
其國諸衆生

음욕개이단
婬欲皆已斷

순일변화생、
純一變化生

구상장엄신、
具相莊嚴身

법희선열식
法喜禪悅食

갱무여식상、
更無餘食想

무유제여인、
無有諸女人

역무제악도。
亦無諸惡道

부루나비구
富樓那比丘

공덕실성만
功德悉成滿

당득사정토、
當得斯淨土

현성중심다。
賢聖衆甚多

호조선정법、
護助宣正法

역자정불토、
亦自淨佛土

미래역공양― 무량무수불、

④

여시무량사 아금단약설.
如是無量事 我今但略說

이시 천이백 아라한―심자재자, 작시념, "아등 환희 득―
爾時 千二百 阿羅漢 心自在者 作是念 我等 歡喜 得

미증유, 약세존 각견수기, 여―여대제자자, 불역쾌호."불
未曾有 若世尊 各見授記 如餘大弟子者 不亦快乎 佛

지―차등심지소념, 고―마하가섭,『시―천이백 아라한, 아
知此等心之所念 告 摩訶迦葉 是 千二百 阿羅漢 我

금당현전 차제여수―아뇩다라삼먁삼보리기. 어차중중 아
今當現前 次第與授 阿耨多羅三藐三菩提記 於此衆中 我

대제자 교진여비구, 당공양―육만이천억불, 연후 득성위
大弟子 憍陳如比丘 當供養 六萬二千億佛 然後 得成為

불, 호왈―보명여래 응공 정변지 명행족 선서 세간해
佛 號曰 普明 如來 應供 正徧知 明行足 善逝 世間解

무상사 조어장부 천인사 불 세존.
無上士 調御丈夫 天人師 佛 世尊

기―오백아라한, 우루빈나가섭 가야가섭 나제가섭 가유타
其 五百阿羅漢 優樓頻螺迦葉 伽耶迦葉 那提迦葉 迦留陀

이 우타이 아누루다 이바다 겁빈나 박구라 주타 사가타
夷 優陀夷 阿㝹樓馱 離婆多 劫賓那 薄拘羅 周陀 莎伽陀

등、개당득-아욕다라삼먁삼보리、진동일호 명왈-보명。
等 皆當得 阿耨多羅三藐三菩提 盡同一號 名曰 普明」

이시 세존 욕-중선차의 이설게언、
爾時 世尊 欲 重宣此義 而說偈言

교진여비구 당견무량불、과아승지겁 내성등정각。
憍陳如比丘 當見無量佛 過阿僧祇劫 乃成等正覺。

상방대광명 구족제신통、명문편시방 일체지소경、
常放大光明 具足諸神通 名聞徧十方 一切之所敬

상설무상도、고호위보명。기국토청정、보살개용맹-
常說無上道 故號爲普明。其國土清淨 菩薩皆勇猛

함승묘루각 유제시방국、이무상공구 봉헌어제불、
咸昇妙樓閣 遊諸十方國 以無上供具 奉獻於諸佛

작시공양이 심회대환희、수유환본국、유여시신력。
作是供養已 心懷大歡喜 須臾還本國 有如是神力。

불수육만겁、정법주배수、상법부배시。법멸천인우、
佛壽六萬劫 正法住倍壽 像法復倍是 法滅天人憂

기오백비구 차제당작불、동호왈보명。전차이수기、
其五百比丘 次第當作佛 同號曰普明 轉次而授記

아멸도지후 모갑당작불、기소화세간 역여아금일。
我滅度之後 某甲當作佛 其所化世間 亦如我今日

국토지엄정、급제신통력、보살성문중、정법급상법、
國土之嚴淨 及諸神通力 菩薩聲聞衆 正法及像法

수명겁다소、개여상소설。
壽命劫多少 皆如上所說

⑤ 이시 오백아라한 어불전 득수기이、환희용약、즉종좌기
爾時 五百阿羅漢 於佛前 得授記已 歡喜踊躍 即從座起

도어불전、두면예족、회과 자책、『세존、아등 상작시념、
到於佛前 頭面禮足 悔過 自責 世尊 我等 常作是念

자위이득—구경멸도、금내지지、여—무지자。 소이자하、아
自謂已得 究竟滅度 今乃知之 如無智者 所以者何 我

등응득—여래지혜、이편자이소지 위족。
等應得 如來智慧 而便自以小智 爲足

가섭여이지—오백자재자
迦葉汝已知 五百自在者

여제성문중 역당부여시、기부재차회 여당위선설。
餘諸聲聞衆 亦當復如是 其不在此會 汝當爲宣說

여명겁다소、개여상소설。

국토지엄정 및 제신통력 보살성문중 정법급상법

아멸도지후 모갑당작불、기소화세간 역여아금일

기오백비구 차제당작불、동호왈보명 전차이수기

妙法蓮華經 卷 第四

세존, 비여, 유인 지―친우가 취주이와, 시시 친우 관사
世尊 譬如 有人 至 親友家 醉酒而臥 是時 親友 官事

당행, 이무가보주 계―기의리 여지이거. 기인 취와 도불
當行 以無價寶珠 繫其衣裏 與之而去 其人 醉臥 都不

각지, 기이유행 도어타국, 위의식고 근력구색, 심대간난
覺知 起已遊行 到於他國 爲衣食故 勤力求索 甚大艱難

약―소유소득 편이위족. 어후친우 회우견지, 이작시언,
若 少有所得 便以爲足 於後親友 會遇見之 而作是言

「돌재 장부, 하위의식 내지여시. 아석욕령―여득안락 오
咄哉 丈夫 何爲衣食 乃至如是 我昔欲令 汝得安樂 五

욕자자, 어모년일월, 이무가보주 계―여의리. 금고현재 이
欲自恣 於某年日月 以無價寶珠 繫汝衣裏 今故現在 而

여부지, 근고우뇌 이구자활, 심위치야. 여금 가이차보 무
汝不知 勤苦憂惱 以求自活 甚爲癡也 汝今 可以此寶 貿

역소수, 상가여의 무소핍단.」
易所須 常可如意 無所乏短

불역여시, 위보살시 교화아등 영발―일체지심, 이심폐망
佛亦如是 爲菩薩時 教化我等 令發 一切智心 而尋廢忘

二四八

부지불각、 기득―아라한도 자위멸도、 자생 간난 득소위족、
不知不覺 既得 阿羅漢道 自謂滅度 資生艱難 得少爲足
일체지원 유재불실。
一切智願 猶在不失
금자세존 각오아등、 작여시언、 「제비
今者世尊 覺悟我等 作如是言 諸比
구、 여등소득 비―구경멸。 아구령―여등 종불선근、 이방
丘 汝等所得 非究竟滅 我久令汝等 種佛善根 以方
편고 시―열반상、 이여 위위―실득멸도。 세존、 아금 내
便故 示涅槃相 而汝 謂爲實得滅度 世尊 我今乃
지―실시보살、 득수―아뇩다라삼먁삼보리기、 이시인연 심
知實是菩薩 得受 阿耨多羅三藐三菩提記 以是因緣 甚

대환희 득―미증유。
大歡喜 得未曾有

⑥ 이시 아야교진여등 욕―중선차의 이설게언、
爾時 阿若憍陳如等 欲重宣此義 而說偈言

아등문무상―안은수기성、 환희미증유 예무량지불。
我等聞無上 安隱授記聲 歡喜未曾有 禮無量智佛

금어세존전 자회제과구。 어무량불보 득소열반분、
今於世尊前 自悔諸過咎 於無量佛寶 得少涅槃分

여무지우인、　비여빈궁인
如無智愚人　譬如貧窮人
변자이위족。　왕지친우가、
便自以爲足。　往至親友家、

기가심대부、　이무가보주
其家甚大富　以無價寶珠
구설제효선、　계착내의리、
具設諸肴饍　繫著內衣裏

묵여이사거、　시인기이기
默與而捨去　是人既已起
시와불각지。　유행예타국、
時臥不覺知。　遊行詣他國

구의식자제、　득소변위족
求衣食自濟　得少便爲足
자생심간난、　갱불원호자、
資生甚艱難　更不願好者

불각내의리　　여주지친우
不覺內衣裏　　與珠之親友
유무가보주。　후견차빈인、
有無價寶珠。　後見此貧人、

고절책지이、　빈인견차주
苦切責之已　貧人見此珠
시이소계주、　기심대환희、
示以所繫珠　其心大歡喜

부유제재물、　아등역여시、
富有諸財物　我等亦如是、
오욕이자자。　세존어장야、
五欲而自恣。　世尊於長夜

상민견교화、　아등무지고
常愍見教化　我等無智故
영종무상원、　불각역부지、
令種無上願　不覺亦不知

득소열반분　　금불각오아
得少涅槃分　　今佛覺悟我
자족불구여。　언비실멸도、
自足不求餘。　言非實滅度、

五百弟子受記品 第八

득불무상혜 이내위진멸、아금종불문―수기장엄사
급전차수결、신심편환희。

得佛無上慧　爾乃爲眞滅　我今從佛聞　授記莊嚴事
及轉次受決　身心徧歡喜

묘법연화경 수학무학인기품 제구

妙法蓮華經 授學無學人記品 第九

① 이시 아난 라후라 이작시념, "아등 매자사유, 설득수기 불역쾌호."

爾時 阿難羅睺羅 而作是念 我等 每自思惟 設得授記 不亦快乎

즉종좌기 도어불전, 두면예족, 구백불언, "세존, 아등 어차 역응유분. 유유여래 아등소귀. 우아등 위─일

即從座起 到於佛前 頭面禮足 俱白佛言 世尊 我等 於此 亦應有分 唯有如來 我等所歸 又我等 為一

체세간 천인아수라─소견지식, 아난 상위시자 호지법장, 라후라 시불지자, 약불 견수─아뇩다라삼먁삼보리기자,

切世間 天人阿修羅 所見知識 阿難 常為侍者 護持法藏 羅睺羅 是佛之子 若佛 見授 阿耨多羅三藐三菩提記者

아원기만 중망역족." 이시 학무학 성문제자 이천인, 개종

我願既滿 眾望亦足 爾時 學無學 聲聞弟子 二千人 皆從

授學無學人記品 第九

좌기 편단우견、 도어불전 일심합장 첨앙세존、 여—아난 라후라 소원、 주립일면。

座起 偏袒右肩 到於佛前 一心合掌 瞻仰世尊 如 阿難 羅睺羅 所願 住立一面

이시 불고아난、 『여어래세 당득작불、 호—산해혜자재통왕 여래 응공 정변지 명행족 선서 세간해 무상사 조어장부 천인사 불 세존。 당공양—육십이억제불、 호지법장 연후 득—아욕다라삼약삼보리、 교화—이십천만억 항하사 제보살등、 영성—아욕다라삼약삼보리。 국명—상립승번、 기토청 정 유리위지、 겁명—묘음편만。 기불수명—무량천만억 아승지겁。 약인 어—천만억 무량 아승지겁중、 산수교계 불 승지겁。

爾時 佛告阿難 汝於來世 當得作佛 號 山海慧自在通王 如來 應供 正徧知 明行足 善逝 世間解 無上士 調御丈夫 天人師 佛 世尊。 當供養 六十二億諸佛 護持法藏 然後 得阿耨多羅三藐三菩提 教化 二十千萬億 恒河沙 諸菩薩等 令成 阿耨多羅三藐三菩提。 國名 常立勝幡 其土清 淨 琉璃爲地 劫名 妙音徧滿。 其佛壽命 無量千萬億 阿 僧祇劫 若人 於 千萬億 無量 阿僧祇劫中、 算數校計 不

능득지。 정법주세―배어수명、 상법주세―부배정법。 아난、
能得知 正法住世 倍於壽命 像法住世 復倍正法 阿難

시―산해혜자재통왕불、 위시방 무량천만억 항하사사등 제
是 山海慧自在通王佛 爲十方 無量千萬億 恒河沙等 諸

불여래 소공찬탄 칭기공덕。
佛如來 所共讚歎 稱其功德」

이시 세존 욕―중선차의 이설게언、
爾時 世尊 欲 重宣此義 而說偈言

아금승중설、 아난지법자、 당공양제불
我今僧中說 阿難持法者 當供養諸佛

호왈산해혜―자재통왕불。 기국토청정、 명상립승번。
號曰山海慧 自在通王佛 其國土清淨 名常立勝幡

교화제보살 기수여항사。 불유대위덕 명문만시방、
教化諸菩薩 其數如恒沙 佛有大威德 名聞滿十方

수명무유량、 이민중생고。 정법배수명、 상법부배시、
壽命無有量 以愍眾生故 正法倍壽命 像法復倍是

여항하사사등 무수제중생、 어차불법중 종불도인연。
如恒河沙等 無數諸眾生 於此佛法中 種佛道因緣

② 이시 회중 신발의보살―팔천인 함작시념, 「아등 상불문―
제대보살 득여시기, 유―하인연 이제성문 득―여시결.
이시 세존지―제보살 심지소념, 이고지왈, 『제선남자,
아여아난등―어―공왕불소, 동시 발―아뇩다라삼먁삼보리
심, 아난 상락다문, 아 상근정진. 시고 아이득성―아뇩
다라삼먁삼보리, 이아난 호지―아법, 역호―장래제불법장,
교화성취―제보살중, 기본원 여시, 고획사기. 아난 면어
불전 자문―수기 급국토장엄, 소원 구족 심대환희, 득미
증유, 즉시 억념―과거무량 천만억 제불법장, 통달무애―
曾有 卽時 憶念 過去無量 千萬億 諸佛法藏 通達無礙
佛前 自聞 授記 及國土莊嚴 所願 具足 心大歡喜 得未
敎化成就 諸菩薩衆 其本願 如是 故獲斯記」 阿難 面於
多羅三藐三菩提 而阿難 護持 我法 亦護 將來諸佛法藏
心 阿難 常樂多聞 我 常勤精進 是故 我已得成 阿耨
我與阿難等 於 空王佛所 同時 發 阿耨多羅三藐三菩提
爾時 世尊知 諸菩薩 心之所念 而告之曰 『諸善男子
諸大菩薩 得如是記 有 何因緣 而諸聲聞 得 如是決」
爾時 會中 新發意菩薩 八千人 咸作是念 我等 尙不聞

妙法蓮華經 卷 第四

여금소문, 역식본원.
如今所聞 亦識本願

이시 아난 이 설게언,
爾時阿難 而說偈言

세존심희유, 영아념과거―무량제불법, 여금일소문,
世尊甚希有 令我念過去 無量諸佛法 如今日所聞

아금무부의 안주어불도, 방편위시자 호지제불법.
我今無復疑 安住於佛道 方便爲侍者 護持諸佛法

이시 불고라후라, 『여어래세 당득작불, 호―도칠보화여
爾時佛告羅睺羅 汝於來世 當得作佛 號 蹈七寶華如

래 응공 정변지 명행족 선서 세간해 무상사 조어장부
來 應供 正徧知 明行足 善逝 世間解 無上士 調御丈夫

천인사 불 세존. 당공양―십세계 미진등수 제불여래, 상
天人師 佛 世尊 當供養 十世界 微塵等數 諸佛如來 常

위제불 이작장자, 유여금야. 시―도칠보화불―국토장엄 수
爲諸佛 而作長子 猶如今也 是 蹈七寶華佛 國土莊嚴 壽

명겁수 소화제자 정법상법, 역여―산해혜자재통왕여래 무
命劫數 所化弟子 正法像法 亦如 山海慧自在通王如來 無

이, 역위차불 이작장자。 과시이후 당득―아뇩다라삼먁삼보리。』

異 亦爲此佛 而作長子 過是已後 當得 阿耨多羅三藐三菩提

爾時 世尊 欲 重宣此義 而說偈言

이시 세존 욕―중선차의 이설게언,

아위태자시 라후위장자, 아금성불도 수법위법자。

我爲太子時 羅睺爲長子 我今成佛道 受法爲法子

어미래세중 견무량억불, 개위기장자 일심구불도,

於未來世中 見無量億佛 皆爲其長子 一心求佛道

라후라밀행 유아능지지。 현위아장자 이시제중생,

羅睺羅密行 唯我能知之 現爲我長子 以示諸衆生

무량억천만―공덕불가수、 안주어불법 이구무상도。

無量億千萬 功德不可數 安住於佛法 以求無上道

③ 이시 세존 견―학무학 이천인、 기의유연 적연청정 일심

爾時 世尊 見 學無學 二千人 其意柔軟 寂然淸淨 一心

관불。 불고아난、『여견―시학무학 이천인、부。』『유연이견。

觀佛 佛告阿難 汝見 是學無學 二千人 不 唯然已見

『아난, 시제인등 당공양 — 오십세계미진수 제불여래、공경
阿難　是諸人等　當供養　五十世界微塵數　諸佛如來　恭敬

존중、호지법장、말후동시 어시방국 각득성불、개동일호
尊重　護持法藏　末後同時　於十方國　各得成佛　皆同一號

명왈 — 보상 여래 응공 정변지 명행족 선서 세간해 무
名曰　寶相　如來　應供　正徧知　明行足　善逝　世間解　無

상사 조어장부 천인사 불 세존。 수명 — 일겁、국토장엄
上士　調御丈夫　天人師　佛　世尊　壽命　一劫　國土莊嚴

성문보살 정법상법 개실동등。
聲聞菩薩　正法像法　皆悉同等』

이시 세존 욕 — 중선차의 이설게언、
爾時世尊欲重宣此義而說偈言

시이천성문 — 금어아전주 실개여수기、미래당성불。
是二千聲聞　今於我前住　悉皆與授記　未來當成佛

소공양제불 여상설진수、호지기법장 후당성정각。
所供養諸佛　如上說塵數　護持其法藏　後當成正覺

각어시방국 실동일명호、구시좌도량 이증무상혜。
各於十方國　悉同一名號　俱時坐道場　以證無上慧

개명위보상、국토급제자 정법여상법 실등무유이。
皆名爲寶相 國土及弟子 正法與像法 悉等無有異

함이제신통 도시방중생、명문보주편 점입어열반。
咸以諸神通 度十方衆生 名聞普周徧 漸入於涅槃

이시 학무학 이천인 문—불수기、환희용약 이설게언、
爾時 學無學 二千人 聞佛授記 歡喜踊躍 而說偈言

세존혜등명、아문수기음 심환희충만、여감로견관。
世尊慧燈明 我聞授記音 心歡喜充滿 如甘露見灌

授學無學人記品 第九

二五九

묘법연화경 법사품 제십

妙法蓮華經 法師品 第十

① 이시 세존 인—약왕보살 고—팔만대사,『약왕, 여견—시 대중중 무량제천 용왕 야차 건달바 아수라 가루라 긴나라 마후라가 인여비인, 급—비구 비구니 우바새 우바이, 구—성문자 구—벽지불자 구—불도자. 여시등류 함어불전 문—묘법화경 일게일구, 내지—일념수희자, 아개여—수기, 당득—아뇩다라삼먁삼보리.』

爾時世尊因藥王菩薩告八萬大士『藥王汝見是大衆中無量諸天龍王夜叉乾闥婆阿修羅迦樓羅緊那羅摩睺羅伽人與非人及比丘比丘尼優婆塞優婆夷求聲聞者求辟支佛者求佛道者如是等類咸於佛前聞妙法華經一偈一句乃至一念隨喜者我皆與授記當得阿耨多羅三藐三菩提』佛告藥王『又如來滅度之後

약유인 문—묘법화경, 내지—일게일구 일념수희자, 아역
여수—아욕다라삼먁삼보리기.

약부유인 수지 독송 해설 서사—묘법화경 내지일게, 어
차경권 경시여불, 종종공양—화 향 영락 말향 도향 소
향 증개 당번 의복 기악, 내지—합장공경, 약왕, 당지.
시제인등 이증공양—십만억불, 어제불소 성취대원, 민중
생고 생차인간.

득작불, 응시—시제인등 어미래세 필득작불。하이고, 약
선남자 선여인 어—법화경 내지일구 수지독송 해설서사,

若有人 聞 妙法華經 乃至 一偈 一句 一念隨喜者 我亦
與授 阿耨多羅三藐三菩提記

若復有人 受持 讀誦 解說 書寫 妙法華經 乃至 一偈 於
此經卷 敬視如佛 種種供養 華香 瓔珞 抹香 塗香 燒
香 繪蓋 幢幡 衣服 伎樂 乃至 合掌恭敬 藥王 當知
是諸人等 已曾供養 十萬億佛 於諸佛所 成就大願 愍衆
生故 生此人間

藥王 若有人 問 何等衆生 於未來世 當
得作佛 應示 是諸人等 於未來世 必得作佛 何以故 若
善男子 善女人 於 法華經 乃至 一句 受持讀誦 解說書寫

종종공양경권―화향 영락 말향 도향 소향 증개 당번
種種供養經卷 華香 瓔珞 抹香 塗香 燒香 繒蓋 幢幡

의복 기악 합장공경、시인 일체세간 소응첨봉, 응이여래
衣服 伎樂 合掌恭敬 是人 一切世間 所應瞻奉 應以如來

공양 이공양지。당지、차인 시대보살。성취―아뇩다라삼
供養 而供養之 當知 此人 是大菩薩 成就 阿耨多羅三

먁삼보리、애민중생 원생차간、광연분별―묘법화경、하황―
藐三菩提 哀愍衆生 願生此間 廣演分別 妙法華經 何況

약시 능수지 종종공양자。약왕、당지。시인 자사―청정업보、
若是 能受持 種種供養者 藥王 當知 是人 自捨 清淨業報

어아멸도후、민중생고 생어악세、광연―차경。
於我滅度後 愍衆生故 生於惡世 廣演 此經

약시―선남자 선여인 아멸도후、능절위일인 설―법화경
若是 善男子 善女人 我滅度後 能竊爲一人 說 法華經

내지일구、당지、시인 즉―여래사、여래소견 행―여래사、
乃至一句 當知 是人 則 如來使 如來所遣 行 如來事

하황―어대중중 광위인설。
何況 於大衆中 廣爲人說

② 약왕 약유악인 이불선심、 어일겁중 현어불전 상훼매불、
藥王 若有惡人 以不善心 於一劫中 現於佛前 常毀罵佛

기죄상경, 약인 이일악언, 훼자—재가출가 독송법화경자、
其罪尚輕 若人 以一惡言 毀訾 在家出家 讀誦法華經者

기죄심중。 약왕, 기유독송—법화경자、 당지、 시인 이불장
其罪甚重。 藥王 其有讀誦 法華經者 當知 是人 以佛莊

엄 이자장엄, 즉위여래—견소하담。 기소지방 응수향례、 일
嚴 而自莊嚴 則爲如來 肩所荷擔。 其所至方 應隨向禮 一

심합장 공경공양 존중찬탄、 화 향 영락 말향 도향 소향
心合掌 恭敬供養 尊重讚歎 華香瓔珞 抹香塗香燒香

증개 당번 의복 효찬 작제기악、 인중상공 이공양지、 응
繒蓋幢幡 衣服 肴饌 作諸伎樂 人中上供 而供養之 應

지천보 이이산지、 천상보취 응이봉헌。 소이자하、 시인 환
持天寶 而以散之 天上寶聚 應以奉獻。 所以者何 是人 歡

희설법 수유문지、 즉득—구경 아뇩다라삼먁삼보리고。」
喜說法 須臾聞之 即得 究竟 阿耨多羅三藐三菩提故

이시 세존 욕—중선차의 이설게언、
爾時 世尊 欲 重宣此義 而說偈言

약욕주불도(若欲住佛道) — 성취자연지(成就自然智)하야 상당근공양(常當勤供養) — 수지법화자(受持法華者)니라.

기유욕질득(其有欲疾得) — 일체종종지혜(一切種種智慧)인댄 당수지시경(當受持是經)하며 병공양지자(幷供養持者)니라.

약유능수지(若有能受持) — 묘법화경자(妙法華經者)는 당지불소사(當知佛所使)라 민념제중생(愍念諸衆生)이니라.

제유능수지(諸有能受持) — 묘법화경자(妙法華經者)는 사어청정토(捨於淸淨土)하고 민중고생차(愍衆故生此)니라.

당지여시인(當知如是人)은 자재소욕생(自在所欲生)하야 능어차악세(能於此惡世)에 광설무상법(廣說無上法)이니라.

응이천화향(應以天華香)과 급천보의복(及天寶衣服)과 천상묘보취(天上妙寶聚)로 공양설법자(供養說法者)니라.

오멸후악세(吾滅後惡世)에 능지시경자(能持是經者)를 당합장예경(當合掌禮敬)호대 여공양세존(如供養世尊)이니라.

상찬중감미(上饌衆甘美)와 급종종의복(及種種衣服)으로 공양시불자(供養是佛子)하야 기득수유문(冀得須臾聞)이니라.

약능어후세(若能於後世)에 수지시경자(受持是經者)는 아견재인중(我遣在人中)하야 행어여래사(行於如來事)니라.

③

약어일겁중 상회불선심 작색이매불, 획무량중죄,
若於一劫中 常懷不善心 作色而罵佛 獲無量重罪

기유독송지ー시법화경자 수유가악언, 기죄부과피。
其有讀誦持 是法華經者 須臾加惡言 其罪復過彼

유인구불도 이어일겁중 합장재아전 이무수게찬、
有人求佛道 而於一劫中 合掌在我前 以無數偈讚

유시찬불고 득무량공덕、 탄미지경자 기복부과피。
由是讚佛故 得無量功德 歎美持經者 其福復過彼

어팔십억겁 이최묘색성 급여향미촉 공양지경자、
於八十億劫 以最妙色聲 及與香味觸 供養持經者

여시공양이 약득수유문、 즉응자흔경、「아금획대리。」
如是供養已 若得須臾聞 則應自欣慶 我今獲大利

약왕금고여、 아소설제경 이어차경중 법화최제일。
藥王今告汝 我所說諸經 而於此經中 法華最第一

이시 불부고ー약왕보살마하살, 『아소설경전 무량천만억、
爾時 佛復告 藥王菩薩摩訶薩 我所說經典 無量千萬億

이설ー금설ー당설, 이어기중 차ー법화경 최위ー난신난해。
已說 今說 當說 而於其中 此 法華經 最爲 難信難解

약왕, 차경시 제불비요지장, 불가분포―망수여인。 제불세
藥王 此經是 諸佛祕要之藏 不可分布 妄授與人 諸佛世
존 지소수호, 종석이래 미증현설―이차경자, 여래현재 유
尊之所守護 從昔已來 未曾顯說 而此經者 如來現在 猶
다원질, 황―멸도후。 약왕, 당지 여래멸후 기능서지 독
多怨嫉 況滅度後 藥王 當知 如來滅後 其能書持讀
송공양 위타인설자, 여래즉위―이의부지, 우위―타방현재
誦供養 爲他人說者 如來則爲 以衣覆之 又爲他方現在
제불 지소호념。 시인 유―대신력 급지원력 제선근력, 당
諸佛之所護念 是人 有大信力 及志願力 諸善根力 當
지, 시인 여여래공숙, 즉위―여래수마기두。
知 是人 與如來共宿 則爲如來手摩其頭
약왕, 재재처처 약설약독 약송약서 약경권소주처, 개응
藥王 在在處處 若說若讀 若誦若書 若經卷所住處 皆應
기―칠보탑 극령고광 엄식, 불수부안사리。 소이자하, 차
起七寶塔 極令高廣 嚴飾 不須復安舍利 所以者何 此
중 이유―여래전신。 차탑 응이일체―화향영락 증개당번
中已有如來全身 此塔 應以一切 華香瓔珞 繒蓋幢幡

기악가송 공양공경 존중찬탄。
伎樂歌頌 供養恭敬 尊重讚歎

약유인 득견차탑 예배공양、
若有人 得見此塔 禮拜供養

④ 당지、 시등 개근—아뇩다라삼먁삼보리。
當知 是等 皆近 阿耨多羅三藐三菩提

약왕、 다유인 재가출가 행—보살도、 약불능득—견문독송
藥王 多有人 在家出家 行菩薩道 若不能得 見聞讀誦

서지공양—시법화경자、 당지、 시인 미선행—보살도、 약유
書持供養 是法華經者 當知 是人 未善行 菩薩道 若有

득문—시경전자 내능선행—보살지도。 기유중생 구불도자、
得聞 是經典者 乃能善行 菩薩之道 其有衆生 求佛道者

약견약문—시법화경、 문이 신해수지자、 당지、 시인 득근—
若見若聞 是法華經 聞已 信解受持者 當知 是人 得近

아뇩다라삼먁삼보리。
阿耨多羅三藐三菩提

약왕、 비여、 유인 갈핍수수、 어피고원 천착구지、 유견건
藥王 譬如 有人 渴乏須水 於彼高原 穿鑿求之 猶見乾

토 지수상원、 시공불이 전견습토 수점지니、 기심결정 지
土 知水尙遠 施功不已 轉見濕土 遂漸至泥 其心決定 知

妙法蓮華經 卷 第四

수필근。보살 역부여시, 약 ─ 미문 미해 미능수습 ─ 시법화
水必近 菩薩 亦復如是 若 未聞 未解 未能修習 是法華

경, 당지, 시인 거 ─ 아뇩다라삼먁삼보리 상원。약득문해
經 當知 是人 去 阿耨多羅三藐三菩提 尚遠 若得聞解

사유수습, 필지득근 ─ 아뇩다라삼먁삼보리。
思惟修習 必知得近 阿耨多羅三藐三菩提 所以者何 一切

보살 아뇩다라삼먁삼보리 개속 ─ 차경。차경 개 ─ 방편문、
菩薩 阿耨多羅三藐三菩提 皆屬 此經 此經 開 方便門

시 ─ 진실상。시법화경장 심고유원、무인능도、금불 교화
示 眞實相 是法華經藏 深固幽遠 無人能到 今佛 教化

성취 ─ 보살 이위개시。약왕、약유보살 문 ─ 시법화경、경
成就 菩薩 而爲開示 藥王 若有菩薩 聞 是法華經 驚

의포외、당지、시위 ─ 신발의보살。약성문인 문 ─ 시경、경
疑怖畏 當知 是爲 新發意菩薩 若聲聞人 聞 是經 驚

의포외、당지、시위 ─ 증상만자。
疑怖畏 當知 是爲 增上慢者

약왕、약유 ─ 선남자 선여인、여래멸후 욕위사중 설 ─ 시법
藥王 若有 善男子 善女人 如來滅後 欲爲四衆 說 是法

華經者 云何應說 是善男子 善女人 入 如來室 著 如來
화경자, 운하응설, 시선남자 선여인 입―여래실, 착―여
來衣 坐 如來座 爾乃應爲四衆 廣說斯經 如來室者 一
래의, 좌―여래좌, 이내응위사중 광설사경. 여래실자, 일
切衆生中 大慈悲心 是 如來衣者 柔和忍辱心 是 如來坐
체중생중 대자비심 시, 여래의자, 유화인욕심 시, 여래좌
者 一切法空 是 安住是中 然後 以不懈怠心 爲 諸菩薩
자, 일체법공 시. 안주시중 연후 이불해태심, 위―제보살

及四衆 廣說是 法華經
급사중 광설시―법화경.

⑤ 藥王 我於餘國 遣 化人 爲其 集 聽法衆 亦遣化
약왕, 아어여국 견―화인, 위기 집―청법중, 역견―화 비

丘比丘尼 優婆塞優婆夷 聽 其說法 是諸化人 聞法信受
구비구니 우바새우바이, 청―기설법. 시제화인 문법신수

隨順不逆 若說法者 在空閑處 我時 廣遣 天龍鬼神乾
수순불역. 약설법자 재―공한처, 아시 광견―천룡귀신건

闥婆 阿修羅等 聽 其說法 我 雖在異國 時時 令說法者
달바 아수라등, 청―기설법. 아 수재이국, 시시 영설법자

득견一아신。 약어차경 망실구두、아환위설 영득구족。

得見我身　若於此經　忘失句逗　我還爲說　令得具足』

이시 세존 욕— 중선차의 이설게언、

爾時世尊欲重宣此義而說偈言

욕사제해태　응당청차경。　시경난득문　신수자역난。

欲捨諸懈怠　應當聽此經　是經難得聞　信受者亦難

여인갈수수　천착어고원、　유견건조토　지거수상원、

如人渴須水　穿鑿於高原　猶見乾燥土　知去水尙遠

점견습토니　결정지근수。

漸見濕土泥　決定知近水

약왕여당지。　여시제인등

藥王汝當知　如是諸人等

불문법화경　거불지심원、　약문시심경、　결료성문법。

不聞法華經　去佛智甚遠　若聞是深經　決了聲聞法

시제경지왕、　문이제사유、　당지차인등　근어불지혜。

是諸經之王　聞已諦思惟　當知此人等　近於佛智慧

약인설차경、　응입여래실　착어여래의　이좌여래좌、

若人說此經　應入如來室　著於如來衣　而坐如來座

처중무소외　광위분별설。　대자비위실、　유화인욕의

處衆無所畏　廣爲分別說　大慈悲爲室　柔和忍辱衣

제법공위좌, 처차위설법。
諸法空爲座　處此爲說法

약설차경시, 유인악구매
若說此經時　有人惡口罵

가도장와석, 염불고응인。
加刀杖瓦石　念佛故應忍

아천만억토 현정견고신,
我千萬億土　現淨堅固身

어무량억겁 위중생설법。
於無量億劫　爲衆生說法

아멸도후 능설차경자,
我滅度後　能說此經者

아견화사중 ― 비구비구니
我遣化四衆　比丘比丘尼

급청신사녀 공양어법사,
及清信士女　供養於法師

인도제중생 집지령청법。
引導諸衆生　集之令聽法

즉견변화인 위지작위호。
則遣變化人　爲之作衛護

약인욕가악 ― 도장급와석,
若人欲加惡　刀杖及瓦石

약설법지인 독재공한처
若說法之人　獨在空閑處

적막무인성 독송차경전,
寂寞無人聲　讀誦此經典

아이시위현 ― 청정광명신,
我爾時爲現　清淨光明身

약망실장구, 위설령통리
若忘失章句　爲說令通利

약인구시덕, 혹위사중설,
若人具是德　或爲四衆說

공처독송경, 개득견아신。
空處讀誦經　皆得見我身

약인재공한, 아견천룡왕 ―
若人在空閑　我遣天龍王

妙法蓮華經 卷 第四

야차귀신등、 위작청법중、 시인요설법 분별무괘애、
夜叉鬼神等 爲作聽法衆 是人樂說法 分別無罣礙

제불호념고 능령대중희。 약친근법사 속득보살도、
諸佛護念故 能令大衆喜 若親近法師 速得菩薩道

수순시사학 득견항사불。
隨順是師學 得見恒沙佛

二七二

묘법연화경 견보탑품 제십일
妙法蓮華經 見寶塔品 第十一

① 이시 불전 유―칠보탑、고―오백유순 종광―이백오십유순、
爾時 佛前 有 七寶塔 高 五百由旬 縱廣 二百五十由旬

종지용출 주재공중。 종종보물 이장교지、 오천난순 감실천
從地涌出 住在空中 種種寶物 而裝校之 五千欄楯 龕室千

만、 무수당번 이위엄식 수보영락、 보령만억 이현기상、 사
萬 無數幢幡 以爲嚴飾 垂寶瓔珞 寶鈴萬億 而懸其上 四

면 개출―다마라발전단지향 충편세계、 기제번개 이―금은
面 皆出 多摩羅跋栴檀之香 充徧世界 其諸幡蓋 以金銀

유리 차거 마노 진주 매괴―칠보 합성、 고지―사천왕궁。
琉璃 硨磲 瑪瑙 眞珠 玫瑰 七寶 合成 高至 四天王宮

삼십삼천 우―천만다라화 공양보탑、 여제천 용 야차 건
三十三天 雨 天曼陀羅華 供養寶塔 餘諸天 龍 夜叉 乾

달바 아수라 가루라 긴나라 마후라가 인비인등ᅳ천만억
闥婆 阿修羅 迦樓羅 緊那羅 摩睺羅伽 人非人 等 千萬億

중, 이일체 화향영락 번개기악, 공양보탑, 공경존중찬탄。
衆, 以一切 華香瓔珞 幡蓋伎樂 供養寶塔, 恭敬尊重讚歎。

이시 보탑중 출ᅳ대음성 탄언,『선재선재, 석가모니세존,
爾時 寶塔中 出 大音聲 歎言 善哉善哉 釋迦牟尼世尊

능이ᅳ평등대혜 교보살법 불소호념 묘법화경, 위대중설、
能以 平等大慧 教菩薩法 佛所護念 妙法華經, 爲大衆說

여시여시。석가모니세존 여소설자 개시진실。』
如是如是。釋迦牟尼世尊 如所說者 皆是眞實。

이시 사중견ᅳ대보탑 주재공중, 우문ᅳ탑중 소출음성、개
爾時 四衆見 大寶塔 住在空中, 又聞 塔中 所出音聲, 皆

득법희 괴ᅳ미증유、종좌이기 공경합장 각주일면。이시
得法喜 怪 未曾有 從座而起 恭敬合掌 却住一面。爾時

유ᅳ보살마하살、명ᅳ대요설、지ᅳ일체세간 천인아수라등
有 菩薩摩訶薩 名 大樂說 知 一切世間 天人阿修羅等

심지소의、이백불언,『세존, 이하인연 유ᅳ차보탑 종지용
心之所疑 而白佛言 世尊, 以何因緣 有 此寶塔 從地涌

출、 우어기중 발시음성。
又於其中 發是音聲」

이시 불고ー대요설보살、 『차보탑중 유ー여래전신。 내왕과
爾時佛告大樂說菩薩此寶塔中有如來全身乃往過

거 동방 무량천만억 아승지세계、 국명ー보정、 피중 유불、
去東方無量千萬億阿僧祇世界國名寶淨彼中有佛

호왈ー다보。 기불 행ー보살도시 작대서원、「약아성불 멸
號曰多寶其佛行菩薩道時作大誓願若我成佛滅

도지후、 어시방국토 유ー설법화경처、 아지탑묘 위청시경
度之後於十方國土有說法華經處我之塔廟為聽是經

고 용현기전 위작증명、 찬언 선재。
故涌現其前為作證明讚言善哉」

② 피불 성도이 임멸도시、 어천인대중중 고ー제비구、「아멸
彼佛成道已臨滅度時於天人大衆中告諸比丘我滅

도후 욕공양ー아전신자、 응기ー일대탑。 기불 이신통 원력、
度後欲供養我全身者應起一大塔其佛以神通願力

시방세계 재재처처 약유설ー법화경자、 피지보탑 개ー용출
十方世界在在處處若有說法華經者彼之寶塔皆涌出

기전、전신 재어탑중 찬언、「선재선재。 대요설、금—다보
其前 全身 在於塔中 讚言 善哉善哉 今 多寶
여래탑 문—설법화경고、중지용출 찬언、「선재선재。
如來塔 聞 說法華經故 從地涌出 讚言 善哉善哉
시시 대요설보살 이여래신력고 백불언、「세존、아등 원、
是時 大樂說菩薩 以如來神力故 白佛言 世尊 我等 願
욕견—차불신。」불고 대요설보살마하살、「시다보불 유—
欲見 此佛身 佛告 大樂說菩薩摩訶薩 是多寶佛 有
심중원、『약아보탑 위청—법화경고 출어—제불전시、기유
深重願 若我寶塔 爲聽 法華經故 出於 諸佛前時 其有
욕—이아신 시—사중자、피불분신제불—재어시방세계설법、
欲 以我身 示 四衆者 彼佛分身諸佛 在於十方世界說法
진환집—일처 연후、아신 내출현이。』대요설、아분신제불—
盡還集 一處 然後 我身 乃出現耳 大樂說 我分身諸佛
재어시방세계설법자 금응당집。」대요설 백불언、「세존、아
在於十方世界說法者 今應當集 大樂說 白佛言 世尊 我
등역원、욕견—세존분신제불、예배공양。」
等亦願 欲見 世尊分身諸佛 禮拜供養

이시 불 방―백호일광、 즉견―동방 오백만억 나유타 항하
사등 국토제불。 피제국토 개이파리위지、 보수보의 이위장
엄、 무수천만억보살 충만기중、 편장보만 보망라상。 피국제
불 이대묘음 이설제법、 급견―무량천만억보살 편만제국 위
중설법。 남서북방―사유상하 백호상광 소조지처 역부여시。

③ 이시 시방제불 각고―중보살언、 『선남자、 아금 응왕―사
바세계 석가모니불소、 병공양―다보여래보탑。』 시 사바세
계 즉변청정、 유리위지、 보수장엄、 황금위승 이계팔도、
무―제취락 촌영성읍 대해강하 산천임수、 소―대보향、 만

爾時佛放白毫一光、即見東方五百萬億那由他恒河
沙等國土諸佛。彼諸國土皆以頗梨爲地、寶樹寶衣以爲莊
嚴無數千萬億菩薩充滿其中編張寶幔寶網羅上彼國諸
佛以大妙音而說諸法及見無量千萬億菩薩編滿諸國爲
衆說法。南西北方四維上下白毫相光所照之處亦復如是。

爾時十方諸佛各告衆菩薩言善男子我今應往娑
婆世界釋迦牟尼佛所幷供養多寶如來寶塔。時娑婆世
界即變清淨琉璃爲地寶樹莊嚴黃金爲繩以界八道、
無諸聚落村營城邑大海江河山川林藪燒大寶香曼

妙法蓮華經 卷 第四

다라화 편포기지、이보망만 나부기상 현제보령、유류―차
陀羅華 徧布其地 以寶網幔 羅覆其上 懸諸寶鈴 唯留此
회중、이―제천인 치―어타토。시시 제불 각장―일대보살
會衆 移 諸天人 置 於他土。是時 諸佛 各將 一大菩薩
이위시자、지―사바세계 각도―보수하、일일보수 고―오
以爲侍者 至 娑婆世界 各到 寶樹下、一一寶樹 高 五
백유순、지엽화과 차제장엄、제보수하 개유―사자지좌、
百由旬 枝葉華菓 次第莊嚴 諸寶樹下 皆有 師子之座
고―오유순、역이대보 이교식지。이시 제불 각어차좌결
高 五由旬 亦以大寶 而校飾之。爾時 諸佛 各於此座 結
가부좌、여시전전、편만―삼천대천세계、이어―석가모니불
跏趺坐 如是展轉 徧滿 三千大千世界 而於 釋迦牟尼佛
일방소분지신 유고미진。
一方所分之身 猶故未盡。
시석가모니불 욕용수―소분신제불고、팔방 각갱변―이백
時 釋迦牟尼佛 欲容受 所分身諸佛故 八方 各更變 二百
만억 나유타국 개령청정、무유―지옥아귀축생 급아수라。
萬億 那由他國 皆令淸淨 無有 地獄餓鬼畜生 及阿修羅。

二七八

우―이제천인 치어타토、 소화지국 역이―유리위지 보수

又 移諸天人 置於他土、 所化之國 亦以琉璃爲地 寶樹

장엄、수고―오백유순、지엽화과 차제엄식、수하개유―보

莊嚴 樹高 五百由旬 枝葉華菓 次第嚴飾 樹下皆有寶

사자좌、고―오유순、종종제보 이위장교、역무―대해강하

師子座 高 五由旬 種種諸寶 以爲莊校 亦無大海江河

급―목진린타산 마하목진린타산 철위산 대철위산 수미산

及 目眞隣陀山 摩訶目眞隣陀山 鐵圍山 大鐵圍山 須彌山

등 제산왕、통위―일불국토、보지평정、보교로만 편부기

等 諸山王 通爲一佛國土、寶地平正、寶交露幔 徧覆其

상、현제번개、소―대보향、제천보화 편포기지。

上、 懸諸幡蓋、 燒―大寶香、 諸天寶華 徧布其地

④ 석가모니불 위―제불 당래좌고、부어팔방 각갱변―이백

釋迦牟尼佛 爲―諸佛 當來坐故、 復於八方 各更變―二百

만억 나유타국、개령청정、무유―지옥아귀축생 급아수라。

萬億那由他國、 皆令淸淨、 無有―地獄餓鬼畜生 及阿修羅。

우―이제천인 치어타토、 소화지국 역이―유리위지、 보수

又 移諸天人 置於他土、 所化之國 亦以琉璃爲地、 寶樹

장엄、수고ㅣ오백유순、지엽화과 차제장엄、수하개유ㅣ보
莊嚴 樹高 五百由旬 枝葉華菓 次第莊嚴 樹下皆有寶

사자좌、고ㅣ오유순、역이대보 이교식지、역무ㅣ대해강하
師子座 高 五由旬 亦以大寶 而校飾之 亦無大海江河

급ㅣ목진린타산 마하목진린타산 철위산 대철위산 수미산
及 目眞隣陀山 摩訶目眞隣陀山 鐵圍山 大鐵圍山 須彌山

등 제산왕、통위ㅣ일불국토、보지평정、보교로만 편부기
等 諸山王 通爲 一佛國土 寶地平正 寶交露幔 徧覆其

상、현제번개、소ㅣ대보향、제천보화 편포기지。
上 懸諸幡蓋 燒大寶香 諸天寶華 徧布其地

이시 동방 석가모니ㅣ소분지신、백천만억 나유타 항하사
爾時 東方 釋迦牟尼 所分之身 百千萬億 那由他 恒河沙

등ㅣ국토중제불 각각설법、내집어차。여시차제 시방제불
等 國土中諸佛 各各說法 來集於此 如是次第 十方諸佛

개실래집 좌어팔방、이시 일일방、사백만억 나유타 국토
皆悉來集 坐於八方 爾時 一一方 四百萬億 那由他 國土

제불여래 편만기중。시시 제불 각재ㅣ보수하 좌사자좌、
諸佛如來 徧滿其中 是時 諸佛 各在寶樹下 坐師子座

見寶塔品 第十一

개견시자 문신―석가모니불, 각재보화 만국 이고지언, 『선
皆遣侍者 問訊 釋迦牟尼佛 各齎寶華 滿掬 而告之言 善

남자, 여 왕예―기사굴산 석가모니불소, 여아사왈, 「소병,
男子 汝 往詣 耆闍崛山 釋迦牟尼佛所 如我辭曰 少病

소뇌, 기력안락, 급―보살 성문중 실안은. 부. 이차보화
少惱 氣力安樂 及 菩薩 聲聞眾 悉安隱 不 以此寶華

산불공양, 이작시언, 「피모갑불 여욕개―차보탑. 제불견사
散佛供養 而作是言 彼某甲佛 與欲開 此寶塔 諸佛遣使

역부여시.
亦復如是。

이시 석가모니불 견―소분신불 실이래집, 각각좌어―사
爾時 釋迦牟尼佛 見 所分身佛 悉已來集 各各坐於 師

자지좌, 개문―제불 여욕동개보탑, 즉종좌기 주―허공중,
子之座 皆聞 諸佛 與欲同開寶塔 即從座起 住 虛空中

일체사중 기립합장 일심관불. 어시 석가모니불 이우지
一切四眾 起立合掌 一心觀佛 於是 釋迦牟尼佛 以右指

개―칠보탑호, 출―대음성 여―각관약 개대성문.
開 七寶塔戶 出 大音聲 如 却關鑰 開大城門

개―칠보탑호, 출―대음성 여―각관약 개대성문.

二八一

⑤ 즉시 일체중회 개견―다보여래, 어보탑중 좌사자좌, 전신 불산 여입선정, 우문기언, 『선재선재, 석가모니불 쾌설― 시법화경, 아위청―시경고, 이래지차.』 이시 사중등 견― 과거무량 천만억겁 멸도불 설여시언, 탄―미증유, 이천보 화취산―다보불 급―석가모니불상.

이시 다보불 어보탑중 분반좌 여―석가모니불, 이작시언, 『석가모니불 가취차좌.』 즉시 석가모니불 입―기탑중 좌― 기반좌 가부좌.

사자좌상 결가부좌,

即時 一切衆會 皆見 多寶如來 於寶塔中 坐師子座 全身 不散 如入禪定 又聞其言 『善哉善哉 釋迦牟尼佛 快說 是法華經 我爲聽 是經故 而來至此』 爾時 四衆等 見 過去無量 千萬億劫 滅度佛 說如是言 歎―未曾有 以天寶 華聚 散―多寶佛 及釋迦牟尼佛上

爾時 多寶佛 於寶塔中 分半座 與釋迦牟尼佛 而作是言 『釋迦牟尼佛 可就此座』 即時 釋迦牟尼佛 入 其塔中 坐― 其半座 結跏趺坐 爾時 大衆 見― 二如來 在― 七寶塔中 師子座上 結跏趺坐 各作是念 『佛座高遠 唯願 如來 以―

신통력, 영아등배 구처허공.

神通力 令我等輩 俱處虛空」

즉시 석가모니불 이신통력, 접제대중 개재허공, 이대음성 보고사중, 「수능어차―사바 국토 광설―묘법화경. 금정시시. 여래 불구 당입열반, 불욕이차―묘법화경 부촉유재.」

釋迦牟尼佛 以神通力 接諸大衆 皆在虛空 以大音聲 普告四衆 「誰能於此娑婆國土 廣說 妙法華經 今正是時 如來 不久 當入涅槃 佛欲以此 妙法華經 付囑有在」

이시 세존 욕―중선차의 이설게언,

爾時世尊 欲重宣此義 而說偈言

「성주세존 수구멸도, 재보탑중 상위법래, 제인운하 불근위법.

聖主世尊 雖久滅度 在寶塔中 尙爲法來 諸人云何 不勤爲法

차불멸도 무앙수겁, 처처청법―이난우고, 피불본원, 「아멸도후 재재소왕 상위청법.」

此佛滅度 無央數劫 處處聽法 以難遇故 彼佛本願 「我滅度後 在在所往 常爲聽法」

우아분신 무량제불―

又我分身 無量諸佛

여항사등、　내욕청법、　급견멸도ㅣ
如恒沙等　　來欲聽法　　及見滅度

각사묘토ㅣ　　급제자중
各捨妙土　　　及弟子衆

영법구주　故來至此。
令法久住

⑥위좌제불、　이신통력
爲坐諸佛　　　以神通力

제불각각、　　예보수하、
諸佛各各　　　詣寶樹下

기보수하　　　제사자좌
其寶樹下　　　諸師子座

여야암중、　　연대거화、
如夜闇中　　　燃大炬火

중생몽훈、　　희부자승、
衆生蒙薰　　　喜不自勝

이시방편　　　영법구주。
以是方便　　　令法久住

다보여래、
多寶如來

천인용신　　　제공양사、
天人龍神　　　諸供養事

이무량중、
移無量衆

영국청정。
令國清淨

여청정지ㅣ　　연화장엄、
如清淨池　　　蓮華莊嚴

불좌기상、　　광명엄식
佛坐其上　　　光明嚴飾

신출묘향　　　편시방국、
身出妙香　　　徧十方國

비여대풍ㅣ　　취소수지。
譬如大風　　　吹小樹枝

고제대중、　　아멸도후
告諸大衆　　　我滅度後

見寶塔品 第十一

수능호지—
誰能護持
독설사경。
讀說斯經
금어불전
今於佛前
자설서언。
自說誓言

기다보불
其多寶佛
다보여래
多寶如來
수구멸도、
雖久滅度
이대서원
以大誓願
이사자후、
而師子吼

다보여래
多寶如來
급여아신
及與我身
소집화불
所集化佛
당지차의。
當知此意

제불자등、
諸佛子等
수능호법。
誰能護法
당발대원
當發大願
영득구주。
令得久住

기유능호
其有能護
차경법자、
此經法者
즉위공양
則爲供養
아급다보。
我及多寶

차다보불
此多寶佛
처어보탑
處於寶塔
상유시방
常遊十方
위시경고。
爲是經故

역부공양
亦復供養
제래화불、
諸來化佛
장엄광식—
莊嚴光飾
제세계자。
諸世界者

약설차경、
若說此經
즉위견아—
則爲見我
다보여래
多寶如來
급제화불。
及諸化佛

제선남자
諸善男子
각제사유。
各諦思惟
차위난사、
此爲難事
의발대원。
宜發大願

二八五

妙法蓮華經 卷 第四

제여경전　諸餘經典　수여항사　數如恒沙　雖說此等　미족위난、未足爲難

약접수미　若接須彌　척치타방　擲置他方　무수불토　無數佛土　역미위난、亦未爲難

약이족지　若以足指　동대천계　動大千界　원척타국　遠擲他國　역미위난、亦未爲難

약립유정　若立有頂　위중연설　爲衆演說　무량여경　無量餘經　역미위난、亦未爲難

약불멸후　若佛滅後　어악세중　於惡世中　능설차경　能說此經　시즉위난。是則爲難

⑦ 가사유인　假使有人　수파허공　手把虛空　이이유행　而以遊行　역미위난、亦未爲難

어아멸후　於我滅後　약자서지　若自書持　약사인서　若使人書　시즉위난。是則爲難

약이대지　若以大地　치족갑상　置足甲上　승어범천　昇於梵天　역미위난、亦未爲難

불멸도후　佛滅度後　어악세중　於惡世中　잠독차경　暫讀此經　시즉위난、是則爲難

二八六

가사접초　담부건초　입중불소
假使劫燒　擔負乾草　入中不燒

아멸도후　약지차경　역위난、
我滅度後　若持此經　亦未爲難

약지팔만　사천법장　십이부경、
若持八萬　四千法藏　十二部經、

영제청자　득육신통　위일인설
令諸聽者　得六神通　爲一人演說

어아멸후　청수차경　시즉위난。
於我滅後　聽受此經　問其義趣　是則爲難

약인설법　영천만억　무량무수
若人說法　令千萬億　無量無數

득아라한　구육신통　수유시익
得阿羅漢　具六神通　雖有是益

어아멸후　약능봉지　역미위난、
於我滅後　若能奉持　亦未爲難

아위불도　어무량토、　종시지금
我爲佛道　於無量土、　從始至今

항사중생、
恒沙衆生、

문기의취　시즉위난。
問其義趣　是則爲難

수능여시　역미위난、
雖能如是　亦未爲難

여사경전　여시경전
如斯經典

시즉위난。
是則爲難

광설제경、
廣說諸經

妙法蓮華經 卷 第四

이어기중 차경제일,　약유능지　즉지불신。
而於其中　此經第一　若有能持　則持佛身。

제선남자、어아멸후　수능수지　독송차경。
諸善男子　於我滅後　誰能受持　讀誦此經

금어불전　자설서언。　차경난지、　약잠지자、
今於佛前　自說誓言　此經難持　若暫持者

아즉환희　제불역연、　여시지인　제불소탄、
我則歡喜　諸佛亦然　如是之人　諸佛所歎

시즉용맹　시즉정진、　시명지계　행두타자、
是則勇猛　是則精進　是名持戒　行頭陀者

즉위질득　무상불도。　능어래세　독지차경、
則爲疾得　無上佛道　能於來世　讀持此經

시진불자　주순선지、　불멸도후　능해기의、
是眞佛子　住淳善地　佛滅度後　能解其義

시제천인　세간지안、　어공외세　능수유설、
是諸天人　世間之眼　於恐畏世　能須臾說

일체천인　개응공양。
一切天人　皆應供養

묘법연화경 제바달다품 제십이
妙法蓮華經 提婆達多品 第十二

① 이시 불고―제보살 급―천인사중, 『오 어과거무량겁중
爾時 佛告 諸菩薩 及 天人四衆 吾 於過去無量劫中

구―법화경, 무유해권、어다겁중 상작국왕 발원 구어―무
求法華經 無有懈倦 於多劫中 常作國王 發願 求於無

상보리, 심불퇴전。위욕만족―육바라밀, 근행보시, 심무린
上菩提 心不退轉 爲欲滿足 六波羅蜜 勤行布施 心無恡

석、상마칠진 국성처자 노비복종 두목수뇌 신육수족―불
惜 象馬七珍 國城妻子 奴婢僕從 頭目髓腦 身肉手足 不

석구명。시 세인민 수명―무량, 위어법고 연사국위 위정
惜軀命 時 世人民 壽命 無量 爲於法故 捐捨國位 委政

태자、격고선령 사방구법,「수능위아 설―대승자。오당종
太子 擊鼓宣令 四方求法 誰能爲我 說 大乘者 吾當終

신 공급주사. 시 유선인 내 백왕언, "아유—대승, 명—묘 법화경, 약불위아 당위선설."

공급소수, 채과 급수 습신 설식, 내지—이신이위상좌, 신심무권. 우시봉사 경어천세, 위어법고 정근급시, 영무소핍."

이시 세존 욕—중선차의 이설게언, 而說偈言

아념과거겁, 위구대법고, 수작세국왕 불탐오욕락,

추종고사방, "수유대법자. 약위아해설, 신당위노복."

시유아사선, 내백어대왕, "아유미묘법 세간소희유,

약능수행자 오당위여설." 시왕문선언 심생대희열,

身 供給走使」時 有仙人 來 白王言 我有大乘 名 妙
法華經 若不違我 當爲宣說」王聞仙言 歡喜踊躍 即隨仙人
供給所須 採菓 汲水 拾薪 設食 乃 至 以身而爲床座 身
心無倦 于時奉事 經於千歳 爲於法故 精勤給侍 令無所乏」

爾時世尊 欲 重宣此義 而說偈言

我念過去劫 爲求大法故 雖作世國王 不貪五欲樂

椎鍾告四方 誰有大法者 若爲我解說 身當爲奴僕」

時有阿私仙 來白於大王 我有微妙法 世間所希有

若能修行者 吾當爲汝說」時王聞仙言 心生大喜悅

즉변수선인 공급어소수, 채신급과라, 수시공경여,
即便隨仙人 供給於所須 採薪及菓蓏 隨時恭敬與

정존묘법고 신심무해권。 보위제중생 근구어대법,
情存妙法故 身心無懈倦 普爲諸衆生 勤求於大法

역불위기신―급이오욕락。 고위대국왕 근구획차법,
亦不爲己身 及以五欲樂 故爲大國王 勤求獲此法

수치득성불、 금고위여설。
遂致得成佛 今故爲汝說

② 불고제비구、 『이시 왕자 즉―아신 시, 시 선인자 금―
佛告諸比丘 爾時 王者 則我身是 時仙人者 今

제바달다 시。유―제바달다 선지식고, 영아구족―육바라
提婆達多 是 由 提婆達多 善知識故 令我具足 六波羅

밀 자비희사 삼십이상 팔십종호 자마금색 십력 사무소
蜜 慈悲喜捨 三十二相 八十種好 紫磨金色 十力 四無所

외 사섭법 십팔불공 신통도력、 성―등정각 광도중생、 개
畏 四攝法 十八不共 神通道力 成 等正覺 廣度衆生 皆

인―제바달다 선지식고。
因 提婆達多 善知識故

妙法蓮華經 卷 第四

고제사중, 제바달다 각후과ㅣ무량겁 당득성불, 호왈ㅣ천
告諸四衆 提婆達多 却後過 無量劫 當得成佛 號曰 天
왕여래 응공 정변지 명행족 선서 세간해 무상사 조어
王如來 應供 正徧知 明行足 善逝 世間解 無上士 調御
장부 천인사 불 세존, 세계명ㅣ천도. 시 천왕불 주세ㅣ
丈夫 天人師 佛 世尊 世界名 天道 時 天王佛 住世
이십중겁. 광위중생 설어묘법, 항하사중생 득ㅣ아라한과,
二十中劫 廣爲衆生 說於妙法 恒河沙衆生 得 阿羅漢果
무량중생 발ㅣ연각심, 항하사중생 발ㅣ무상도심, 득ㅣ무
無量衆生 發 緣覺心 恒河沙衆生 發 無上道心 得 無
생인, 지ㅣ불퇴전. 시 천왕불 반열반후 정법주세ㅣ이십중
生忍 至 不退轉 時 天王佛 般涅槃後 正法住世 二十中
겁, 전신사리기ㅣ칠보탑, 고ㅣ육십유순, 종광ㅣ사십유순,
劫 全身舍利起 七寶塔 高 六十由旬 縱廣 四十由旬
제천인민 실이ㅣ잡화 말향 소향 도향 의복영락 당번보
諸天人民 悉以 雜華 抹香 燒香 塗香 衣服瓔珞 幢幡寶
개 기악가송, 예배공양ㅣ칠보묘탑. 무량중생 득ㅣ아라한
蓋 伎樂歌頌 禮拜供養 七寶妙塔 無量衆生 得 阿羅漢

과、무량중생 오—벽지불、불가사의중생 발—보리심 지—불퇴전。』

果無量衆生 悟辟支佛 不可思議衆生 發菩提心 至 不退轉

불고제비구、『미래세중 약유선남자 선여인 문—묘법화경

佛告諸比丘 未來世中 若有善男子善女人 聞妙法華經

제바달다품、정심신경 불생—의혹자、불타—지옥아귀축생、

提婆達多品 淨心信敬 不生疑惑者 不墮地獄餓鬼畜生

생—시방불전、소생지처 상문—차경、약생—인천중、수—

生十方佛前 所生之處 常聞此經 若生人天中 受

승묘락、약재불전 연화화생。

勝妙樂 若在佛前 蓮華化生

③ 어시 하방 다보세존 소종보살 명왈—지적、백—다보불 당

於時 下方多寶世尊 所從菩薩 名曰智積 白多寶佛 當

환본토、석가모니불 고—지적 왈、『선남자、차대수유。차

還本土 釋迦牟尼佛 告智積曰 善男子 且待須臾 此

유—보살、명—문수사리。가여상견 논설묘법、가환본토。』

有菩薩 名文殊師利 可與相見 論說妙法 可還本土

이시 문수사리 좌―천엽연화―대여거륜, 구래보살 역좌―

爾時 文殊師利 坐 千葉蓮華 大如車輪 俱來菩薩 亦坐

보련화, 종어대해 사갈라용궁 자연용출, 주―허공중 예―

寶蓮華 從於大海 娑竭羅龍宮 自然涌出 住虛空中 詣

영취산, 종연화하 지어불소, 두면경례―이세존족. 수경이

靈鷲山 從蓮華下 至於佛所 頭面敬禮 二世尊足 修敬已

필, 왕―지적소 공상위문 각좌일면. 지적보살 문―문수사

畢 往 智積所 共相慰問 却坐一面 智積菩薩 問 文殊師

리, 『인왕용궁 소화중생 기수기하』. 문수사리언, 『기수무량

利 仁往龍宮 所化衆生 其數幾何 文殊師利言 其數無量

불가칭계, 비구소측, 차대수유 자당증지』. 소언

不可稱計 非口所宣 非心所測 且待須臾 自當證知 所言

미경, 무수보살 좌―보련화 종해용출, 예―영취산 주재허

未竟 無數菩薩 坐 寶蓮華 從海涌出 詣 靈鷲山 住在虛

공. 차제보살 개시 문수사리 지소화도, 구―보살행, 개공

空 此諸菩薩 皆是 文殊師利 之所化度 具 菩薩行 皆共

논설―육바라밀, 본성문인 재허공중 설―성문행, 금개수

論說 六波羅蜜 本聲聞人 在虛空中 說 聲聞行 今皆修

행—대승공의. 문수사리 위—지적 왈, 『어해교화 기사여시.』
行大乘空義 文殊師利 謂智積曰 於海教化 其事如是

이시 지적보살 이게찬왈,
爾時智積菩薩 以偈讚曰

대지덕용건、화도무량중、금차제대회 급아개이견.
大智德勇健 化度無量衆 今此諸大會 及我皆已見

연창실상의 개천일승법、광도제중생 영속성보리.
演暢實相義 開闡一乘法 廣導諸衆生 令速成菩提

④ 문수사리언, 『아어해중 유상선설—묘법화경. 지적 문—문수사리언, 『차경 심심미묘 제경중 보、세소희유、파유중생 근가정진 수행차경、속득불. 부.』 문수사리언, 『유—사갈라용왕녀、연시—팔세、지혜이근、선지—중생 제근행업、득—다라니 제불소설 심심비장 실능수지、심입선정
文殊師利言 我於海中 唯常宣說 妙法華經 智積問文殊師利言 此經甚深微妙 諸經中寶 世所希有 頗有衆生 勤加精進 修行此經 速得佛不 文殊師利言 有娑竭羅龍王女 年始八歲 智慧利根 善知衆生諸根行業 得陀羅尼 諸佛所說 甚深祕藏 悉能受持 深入禪定

요달제법、어찰나경 발―보리심、득―불퇴전、변재무애、
了達諸法 於刹那頃 發菩提心 得不退轉 辯才無礙

자념―중생 유여적자、공덕구족 심념구연 미묘광대、자비
慈念衆生 猶如赤子 功德具足 心念口演 微妙廣大 慈悲

인양、지의화아、능지―보리。
仁讓 志意和雅 能至菩提

지적보살 언、『아견―석가여
智積菩薩言 我見釋迦如

래、어무량겁、난행고행、적공누덕 구―보리도、미증지식、
來 於無量劫 難行苦行 積功累德 求菩提道 未曾止息

관―삼천대천세계、내지무유―여개자허 비―시보살 사신
觀三千大千世界 乃至無有如芥子許 非是菩薩 捨身

명처。위중생고 연후 내득성―보리도、불신―차녀 어수유
命處 爲衆生故 然後 乃得成菩提道 不信此女 於須臾

경 변성정각。』언론미글、시 용왕녀 홀현어전 두면예경、
頃便成正覺 言論未訖 時龍王女 忽現於前 頭面禮敬

각주일면 이게찬왈、
却住一面 以偈讚曰

심달죄복상 편조어시방、미묘정법신 구상삼십이、
深達罪福相 徧照於十方 微妙淨法身 具相三十二

이 팔십종호 用八十種好 용장엄법신、 用莊嚴法身 천인소대앙、 天人所戴仰 용신함공경、 龍神咸恭敬

일체중생류 一切衆生類 무부종봉자。 無不宗奉者 우문성보리 又聞成菩提 유불당증지。 唯佛當證知

아천대승교 我闡大乘教 도탈고중생。 度脫苦衆生

시 사리불 어용녀언、 時舍利弗語龍女言 『여위—불구 득무상도、 시사난신。 汝謂不久得無上道 是事難信

소이자하、여신 구예 비—시법기, 운하능득—무상보리。 불 所以者何 女身垢穢非是法器 云何能得無上菩提 佛

도현광、경무량겁 근고적행, 구수제도 연후내성, 우여인 道懸曠 經無量劫 勤苦積行 具修諸度 然後乃成 又女人

신 유유—오장, 일자—부득작—범천왕、 이자—제석、 삼자— 身猶有五障 一者不得作梵天王 二者帝釋 三者

마왕、사자—전륜성왕、 오자—불신、 운하여신 속득성불。 魔王 四者轉輪聖王 五者佛身 云何女身速得成佛』

⑤ 이시 용녀 유유—일보주, 가치—삼천대천세계。 爾時龍女有一寶珠 價直三千大千世界 지이상불、 持以上佛

불즉수지, 용녀 위ㅡ지적보살 존자사리불 언, 『아헌보주
佛卽受之 龍女謂 智積菩薩 尊者舍利弗言 我獻寶珠

세존납수, 시사질. 부.』 답언, 『심질. 여언, 『이여신력 관ㅡ
世尊納受 是事疾 不 答言 甚疾 女言 以汝神力 觀

아성불 부속어차. 당시 중회 개견ㅡ용녀, 홀연지간 변성ㅡ
我成佛 復速於此 當時 衆會 皆見 龍女 忽然之間 變成

남자구ㅡ보살행, 즉왕ㅡ남방 무구세계, 좌ㅡ보련화 성ㅡ
男子具 菩薩行 卽往 南方 無垢世界 坐寶蓮華 成

등정각, 삼십이상 팔십종호, 보위ㅡ시방 일체중생 연설ㅡ
等正覺 三十二相 八十種好 普爲 十方 一切衆生 演說

묘법.
妙法

이시 사바세계 보살성문 천룡팔부 인여비인, 개요견ㅡ피
爾時 娑婆世界 菩薩聲聞 天龍八部 人與非人 皆遙見彼

용녀성불 보위ㅡ시회인천 설법, 심대환희 실요경례. 무량
龍女成佛 普爲 時會人天 說法 心大歡喜 悉遙敬禮 無量

중생 문법해오 득ㅡ불퇴전, 무량중생 득ㅡ수도기, 무구세
衆生 聞法解悟 得不退轉 無量衆生 得受道記 無垢世

계 육반진동、 사바세계 삼천중생 주―불퇴지、 삼천중생
界六反震動 娑婆世界 三千衆生 住不退地 三千衆生

발―보리심 이득―수기、 지적보살 급사리불 일체중회 묵
發菩提心 而得受記 智積菩薩 及舍利弗 一切衆會 默

연신수。
然信受

묘법연화경 권지품 제십삼

妙法蓮華經 勸持品 第十三

① 이시 약왕보살마하살 급ー대요설보살마하살、 여ー이만보
살권속 구、 개어불전 작시서언、 "유원、 세존、 불이위려。 아
등 어불멸후 당봉지독송설ー차경전。 후악세중생 선근 전
소、 다ー증상만、 탐ー리공양、 증ー불선근、 원리해탈、 수ー
난가교화、 아등 당기ー대인력、 독송ー차경 지설서사 종
종공양、 불석신명。」 이시 중중 오백아라한 득수기자 백불언、

爾時 藥王菩薩摩訶薩 及 大樂說菩薩摩訶薩 與 二萬菩
薩眷屬 俱、 皆於佛前 作是誓言 「唯願 世尊 不以爲慮 我
等 於佛滅後 當奉持讀誦說 此經典 後惡世衆生 善根 轉
少 多增上慢 貪利供養 增 不善根 遠離解脫 雖
難可敎化 我等 當起 大忍力 讀誦 此經 持說書寫 種
種供養 不惜身命。」 爾時 衆中 五百阿羅漢 得受記者 白佛言、

三〇〇

妙法蓮華經 卷 第四

勸持品 第十三

『세존、 아등 역자서원、 어이국토 광설―차경。 부―유학무
학 팔천인 득수기자、 종좌이기 합장향불 작시서언、『세존、
아등 역당 어타국토 광설―차경。 소이자하、 시 사바국중
인다폐악、 회― 증상만、 공덕천박、 진탁첨곡 심불실고。』
이시 불이모― 마하파사파제비구니、 여―학무학 비구니 육
천인 구、 종좌이기 일심합장 첨앙존안、 목부잠사、 어시
세존 고―교담미、『하고 우색 이시여래。 여심 장무위―아
불설여명 수―아뇩다라삼먁삼보리기야。 교담미、 아선총설
일체성문 개이수기、 금여욕지― 기자、 장래지세 당어 육만

世尊 我等 亦自誓願 於異國土 廣說 此經』 復有 有學無
學 八千人 得受記者 從座而起 合掌向佛 作是誓言 『世尊
我等 亦當 於他國土 廣說 此經 所以者何 是 娑婆國中
人多弊惡 懷增上慢 功德淺薄 瞋濁諂曲 心不實故』
爾時 佛姨母 摩訶波闍波提比丘尼 與學無學 比丘尼 六
千人俱 從座而起 一心合掌 瞻仰尊顔 目不暫捨 於時
世尊告憍曇彌 『何故憂色而視如來 汝心將無謂 我
不說汝名 授阿耨多羅三藐三菩提記耶 憍曇彌 我先總說
一切聲聞 皆已授記 今汝欲知 記者 將來之世 當於 六萬

妙法蓮華經 卷 第四

팔천억 제불법중 위—대법사、 급—육천 학무학비구니 구
八千億 諸佛法中 爲 大法師 及 六千 學無學比丘尼 俱

위법사、 여 여시점점 구—보살도 당득작불、 호—일체중생
爲法師 汝 如是漸漸 具 菩薩道 當得作佛 號 一切衆生

희견 여래 응공 정변지 명행족 선서 세간해 무상사 조
喜見 如來 應供 正編知 明行足 善逝 世間解 無上士 調

어장부 천인사 불 세존。
御丈夫 天人師 佛 世尊

육천보살、 전차수기 득—아뇩다라삼먁삼보리。
六千菩薩 轉次授記 得 阿耨多羅三藐三菩提

② 이시 라후라모—야수다라비구니 작시념、「세존 어수기중
爾時 羅睺羅母 耶輸陀羅比丘尼 作是念 世尊 於授記中

독불설—아명。」 불고야수다라、『여여래세 백천만억 제불법
獨不說 我名 佛告耶輸陀羅 汝於來世 百千萬億 諸佛法

중、 수—보살행 위—대법사 점구—불도、 어선국중 당득작
中 修 菩薩行 爲 大法師 漸具 佛道 於善國中 當得作

불、 호—구족천만광상 여래 응공 정변지 명행족 선서 세
佛 號 具足千萬光相 如來 應供 正編知 明行足 善逝 世

勸持品 第十三

간해 무상사 조어장부 천인사 불 세존。 불수—무량아승
間解 無上士 調御丈夫 天人師 佛 世尊 佛壽 無量阿僧

지겁。 이시 마하파사파제비구니 급—야수다라비구니 병기
祇劫』 爾時 摩訶波闍波提比丘尼 及 耶輸陀羅比丘尼 幷其

권속、 개대환희 득—미증유、 즉어불전 이설게언、
眷屬 皆大歡喜 得 未曾有 卽於佛前 而說偈言

세존도사 안은천인。 아등문기 심안구족。
世尊導師 安隱天人 我等聞記 心安具足

제비구니 설시게이、 백불언、 『세존、 아등 역능어타방국토
諸比丘尼 說是偈已 白佛言 世尊 我等 亦能於他方國土

광선—차경。
廣宣 此經』

이시 세존 시—팔십만억 나유타 제보살마하살、 시제보살
爾時 世尊 視 八十萬億 那由他 諸菩薩摩訶薩 是諸菩薩

개시—아비발치、 전—불퇴법륜、 득—제다라니、 즉종좌기
皆是 阿鞞跋致 轉 不退法輪 得 諸陀羅尼 卽從座起

어불전、 일심합장 이작시념、 「약세존 고칙아등、 「지설—
至 於佛前 一心合掌 而作是念 若世尊 告勅我等 持說

三〇三

妙法蓮華經 卷 第四

차경자。 당여불교 광선―사법。 부작시념、 「불금묵연 불견
此經者」 當如佛教 廣宣 斯法」 復作是念 「佛今默然 不見

고칙、 아당운하。 시 제보살 경순불의、 병욕―자만본원、
告勅 我當云何」 時 諸菩薩 敬順佛意 幷欲 自滿本願

변어불전 작―사자후、 이발서언、 『세존、 아등 어여래멸후
便於佛前 作 師子吼 而發誓言 「世尊 我等 於如來滅後

주선왕반―시방세계、 능령―중생 서사 수지독송、
周旋往返 十方世界 能令 衆生 書寫 受持讀誦

해설기의、 여법수행、 정억념。 개시―불지위력。 유원、 세존
解說其義 如法修行 正憶念 皆是 佛之威力 唯願 世尊

재어타방 요견 수호。
在於他方 遙見 守護」

③ 즉시 제보살 구동발성 이설게언、
卽時 諸菩薩 俱同發聲 而說偈言

유원불위려。 어불멸도후―공포악세중 아등당광설。
唯願不爲慮 於佛滅度後 恐怖惡世中 我等當廣說

유제무지인―악구매리등 급가도장자、 아등개당인。
有諸無智人 惡口罵詈等 及加刀杖者 我等皆當忍

三〇四

勸持品 第十三

악세중비구 사지심첨곡、 미득위위득、 아만심충만、
惡世中比丘 邪智心諂曲 未得謂爲得 我慢心充滿

혹유아련야、 납의재공한、 자위행진도、 경천인간자、
或有阿練若 納衣在空閑 自謂行眞道 輕賤人間者

탐착이양고 여백의설법、 위세소공경 여육통나한。
貪著利養故 與白衣說法 爲世所恭敬 如六通羅漢

시인회악심 상념세속사、 가명아련야、 호출아등과、
是人懷惡心 常念世俗事 假名阿練若 好出我等過

이작여시언、「차제비구등 위탐리양고 설외도논의、
而作如是言 此諸比丘等 爲貪利養故 說外道論議

자작차경전 광혹세간인、 위구명문고 분별어시경。
自作此經典 誑惑世間人 爲求名聞故 分別於是經

상재대중중 욕훼아등고、 향국왕대신ㅡ 바라문거사
常在大衆中 欲毀我等故 向國王大臣 婆羅門居士

급여비구중、 비방설아악、 위「시사견인、 설외도논의。」
及餘比丘衆 誹謗說我惡 謂是邪見人 說外道論議

아등경불고 실인시제악。 위사소경언、「여등개시불。」
我等敬佛故 悉忍是諸惡 爲斯所輕言 汝等皆是佛

妙法蓮華經 卷 第四

여차경만언 개당인수지。
如此輕慢言 皆當忍受之

탁겁악세중 다유제공포、
濁劫惡世中 多有諸恐怖

악귀입기신 매리훼욕아、
惡鬼入其身 罵詈毀辱我

위설시경고 인차제난사、
爲說是經故 忍此諸難事

아등어래세 호지불소촉。
我等於來世 護持佛所囑

부지불방편 수의소설법、
不知佛方便 隨宜所說法

원리어탑사、 여시등중악
遠離於塔寺 如是等衆惡

제취락성읍 기유구법자、
諸聚落城邑 其有求法者

아시세존사、 처중무소외、
我是世尊使 處衆無所畏

아어세존전 제래시방불
我於世尊前 諸來十方佛

당착인욕개、
當著忍辱鎧

아등경신불
我等敬信佛

아불애신명
我不愛身命

세존자당지、 탁세악비구
世尊自當知 濁世惡比丘

악구이빈축 삭삭견빈출
惡口而顰蹙 數數見擯出

염불고칙고
念佛告勅故

아개도기소
我皆到其所

아당선설법。
我當善說法

발여시서언、
發如是誓言

개당인시사。
皆當忍是事

단석무상도、
但惜無上道

탁세악비구
濁世惡比丘

삭삭견빈출
數數見擯出

개당인수지
皆當忍是事

설불소촉법。
說佛所囑法

원불안은주。
願佛安隱住

불자지아심。
佛自知我心

三〇六

묘법연화경 권 제오
妙法蓮華經 卷 第五

묘법연화경 안락행품 제십사
妙法蓮華經 安樂行品 第十四

① 이시 문수사리법왕자 보살마하살 백불언, 『세존, 시제보살 심위난유. 경순불고 발―대서원, 어후악세 호지독설―시법화경. 세존, 보살마하살 어후악세 운하능설―시경. 불고―문수사리, 『약―보살마하살 어후악세 욕설시경, 당―안주사법. 일자 안주―보살행처 급친근처, 능위중생 연설안주사법.

爾時 文殊師利法王子 菩薩摩訶薩 白佛言 世尊 是諸菩薩 甚爲難有 敬順佛故 發大誓願 於後惡世 護持讀說 是法華經 世尊 菩薩摩訶薩 於後惡世 云何能說是經 佛告文殊師利 若菩薩摩訶薩 於後惡世 欲說是經 當安住四法 一者 安住 菩薩行處 及親近處 能爲衆生 演說

시경.

是經

문수사리、 운하명―보살마하살 행처、 약보살마하살 주―인

文殊師利 云何名 菩薩摩訶薩 行處 若菩薩摩訶薩 住忍

욕지、 유화선순 이부졸폭 심역불경、 우부어법 무소행、 이

辱地 柔和善順 而不卒暴 心亦不驚 又復於法 無所行 而

관―제법 여실상、 역불행 불분별、 시명―보살마하살 행처。

觀 諸法 如實相 亦不行 不分別 是名 菩薩摩訶薩 行處

운하명―보살마하살 친근처、 보살마하살 불친근―국왕왕

云何名 菩薩摩訶薩 親近處 菩薩摩訶薩 不親近 國王王

자 대신관장、 불친근제―외도범지 니건자등 급조세속문필

子 大臣官長 不親近諸 外道梵志 尼揵子等 及造世俗文筆

찬영외서 급―노가야타 역노가야타자、 역불친근―제유흥

讚詠外書 及 路伽耶陀 逆路伽耶陀者 亦不親近 諸有兇

희 상차상박 급―나라등 종종변현지희、 우불친근―전다라

戲 相扠相撲 及 那羅等 種種變現之戲 又不親近 旃陀羅

급축―저양계구 전렵어포 제악율의。 여시인등 혹시래자

及畜 猪羊鷄狗 畋獵漁捕 諸惡律儀 如是人等 或時來者

三〇八

즉위설법, 무소희망. 우불친근―구성문 비구비구니 우바
새우바이, 역불문신, 약어방중 약경행처 약재강당중 불공
주지, 혹시래자 수의설법 무소희구.
문수사리, 우―보살마하살 불응―어여인신 취―능생욕상
상 이위설법, 역불락견, 약입타가 불여―소녀처녀과녀등
공어, 역부불근―오종불남지인 이위친후, 부―독입타가,
약유인연 수독입시 단―일심염불. 약위여인 설법, 불―
로치소, 불현흉억, 내지―위법 유불친후, 황부여사. 불락
축―연소제자 사미소아, 역불락―여동사, 상호좌선 재어

則爲說法 無所希望 又不親近 求聲聞 比丘比丘尼 優婆
塞優婆夷 亦不問訊 若於房中 若經行處 若在講堂中 不共
住止 或時來者 隨宜說法 無所希求
文殊師利 又―菩薩摩訶薩 不應―於女人身 取―能生欲想
相 而爲說法 亦不樂見 若入他家 不與小女處女寡女等
共語 亦復不近―五種不男之人 以爲親厚 不獨入他家
若有因緣 須獨入時 但―一心念佛 若爲女人 說法 不
露齒笑 不現胸臆 乃至―爲法 猶不親厚 況復餘事 不樂
畜―年少弟子 沙彌小兒 亦不樂―與同師 常好坐禪 在於

한처 수섭기심。 문수사리、 시명―초친근처。
閑處 修攝其心 文殊師利 是名 初親近處

② 부차 보살마하살 관―일체법공 여실상。 부전도 부동 불
復次 菩薩摩訶薩 觀 一切法空 如實相 不顚倒 不動 不

퇴 부전。 여허공 무소유성、 일체어언도단 불생 불출 불
退 不轉。 如虛空 無所有性 一切語言道斷 不生 不出 不

기、 무명무상 실무소유、 무량무변 무애무장、 단이인연유、
起 無名無相 實無所有 無量無邊 無礙無障 但以因緣有

종전도생、 고 설。 상락관―여시법상、 시명―보살마하살 제
從顚倒生 故 說 常樂觀 如是法相 是名 菩薩摩訶薩 第

이친근처。
二親近處

이시 세존 욕―중선차의 이설게언、
爾時 世尊 欲 重宣此義 而說偈言

약유보살 어후악세 무포외심 욕설시경、
若有菩薩 於後惡世 無怖畏心 欲說是經

응입행처 급친근처。 상리국왕 급국왕자
應入行處 及親近處 常離國王 及國王子

대신관장 　흉험희자 　급전다라 　외도범지、
大臣官長 　兇險戲者 　及旃陀羅 　外道梵志

역불친근、 　증상만인 　탐착소승－ 　
亦不親近 　增上慢人 　貪著小乘

파계비구 　명자나한、 　삼장학자 　
破戒比丘 　名字羅漢 　三藏學者

심착오욕－ 　구현멸도 　제우바이 　급비구니－
深著五欲 　求現滅度 　諸優婆夷 　及比丘尼

약시인등 　이호심래 　도보살소 　호희소자、
若是人等 　以好心來 　到菩薩所 　好戲笑者

보살즉이－ 　무소외심 　위문불도、 　개물친근。
菩薩則以 　無所畏心 　爲聞佛道 　皆勿親近

과녀처녀 　급제불남 　불회희망 　이위설법、
寡女處女 　及諸不男 　不懷希望 　而爲說法

역막친근、 　도아괴회 　개물친근－ 　이위친후、
亦莫親近 　屠兒魁膾 　皆勿親近 　以爲親厚

판육자활 　현매여색 　전렵어포 　위리살해
販肉自活 　衒賣女色 　畋獵漁捕 　爲利殺害

　 　如是之人 　여시지인 　개물친근。
　 　　　 　　　 　皆勿親近

흉험상박 兇險相撲
종종희희 種種嬉戲
제음녀등 諸婬女等
진물친근 盡勿親近。

막독병처 莫獨屛處
위녀설법 爲女說法
약설법시 若說法時
무득희소 無得戲笑。

입리걸식 入里乞食
장일비구 將一比丘
약무비구 若無比丘
일심염불 一心念佛、

시즉명위 是則名爲
행처근처 行處近處。

우부불행 又復不行
상중하법 上中下法
이차이처 以此二處
능안락설 能安樂說。

역불분별 亦不分別
시남시녀 是男是女
유위무위 有爲無爲
실불실법 實不實法。

시즉명위 是則名爲
보살행처 菩薩行處。

부득제법 不得諸法
부지불견 不知不見。

③ 일체제법 一切諸法
공무소유 空無所有
무유상주 無有常住
역무기멸 亦無起滅、

시명지자 是名智者
소친근처 所親近處。

전도분별 顚倒分別
제법유무 諸法有無

安樂行品 第十四

시실비실 是實非實 시생비생、 是生非生、 재어한처 在於閑處 수섭기심、 修攝其心
안주부동 安住不動 여수미산 如須彌山 관일체법、 觀一切法 개무소유 皆無所有
유여허공 猶如虛空 무유견고, 無有堅固, 불생불출 不生不出 부동불퇴 不動不退
상주일상 常住一相 시명근처。 是名近處。 약유비구 若有比丘 어아멸후 於我滅後
입시행처— 入是行處 급친근처、 及親近處、 설사경시 說斯經時 무유겁약。 無有怯弱。
보살유시 菩薩有時 입어정실 入於靜室 이정억념 以正憶念 수의관법、 隨義觀法、
종선정기 從禪定起 위제국왕— 爲諸國王 왕자신민 王子臣民 바라문등、 婆羅門等、
개화연창 開化演暢 설사경전、 說斯經典、 기심안은 其心安隱 무유겁약。 無有怯弱。
문수사리、 文殊師利、 시명보살— 是名菩薩 안주초법 安住初法 능어후세 能於後世

설법화경.

說法華經

『우――문수사리, 여래멸후――어 말법중 욕설시경, 응주――안락

又文殊師利 如來滅後 於末法中 欲說是經 應住安樂

행, 약구선설 약독경시, 불락설――인급경전과, 역불경만――

行 若口宣說 若讀經時 不樂說人及經典過 亦不輕慢

제여법사, 불설――타인 호악장단.

諸餘法師 不說他人 好惡長短

어성문인 역불――칭명 설

於聲聞人 亦不稱名 說

기과악, 역불――칭명 찬탄기미, 우역불생――원혐지심. 선수――

其過惡 亦不稱名 讚歎其美 又亦不生 怨嫌之心 善修

여시 안락심고, 제유청자 불역기의. 유――소난문 불――이소

如是 安樂心故 諸有聽者 不逆其意 有所難問 不以小

승법 답, 단이대승 이위해설 영득――일체종지.』

乘法 答 但以大乘 而爲解說 令得 一切種智

④ 이시 세존 욕――중선차의 이설게언,

爾時 世尊 欲重宣此義 而說偈言

보살상락―― 안은설법,   어청정지   이시상좌,

菩薩常樂 安隱說法 於淸淨地 而施床座

이유도신 以油塗身
조욕진예、 澡浴塵穢
착신정의 著新淨衣
내외구정、 內外俱淨

안처법좌 安處法座
수문위설。 隨問爲說
약유비구ー 若有比丘
급비구니 及比丘尼

제우바새 諸優婆塞
급우바이 及優婆夷
국왕왕자 國王王子
군신사민、 群臣士民

이미묘의 以微妙義
화안위설、 和顏爲說
약유난문 若有難問
수의이답、 隨義而答

인연비유 因緣譬喩
부연분별。 敷演分別
이시방편 以是方便
개사발심 皆使發心

점점증익 漸漸增益
입어불도、 入於佛道
제나타의ー 除懶惰意
급해태상、 及懈怠想

이제우뇌 離諸憂惱
자심설법。 慈心說法
주야상설ー 晝夜常說
무상도교、 無上道教

이제인연 以諸因緣
무량비유 無量譬喩
개시중생 開示衆生
함령환희、 咸令歡喜

의복와구 衣服臥具
음식의약 飲食醫藥
이어기중 而於其中
무소희망、 無所希望

妙法蓮華經 卷 第五

단일심념、 설법인연
但一心念 說法因緣

시즉대리
是則大利

능연설사——
能演說斯

역무우수——
亦無憂愁

역무빈출、
亦無擯出

능주안락、
能住安樂

산수비유
算數譬喩

원성불도、 영중역이。
願成佛道 令衆亦爾

안락공양。
安樂供養

묘법화경、
妙法華經

급매리자、
及罵詈者

안주인고。
安住忍故

여아상설、
如我上說

설불능진。
說不能盡

아멸도후
我滅度後

심무질에——
心無嫉恚

우무포외——
又無怖畏

가도장등、
加刀杖等

기인공덕
其人功德

약유비구
若有比丘

제뇌장애
諸惱障礙

선수기심
善修其心

천만억겁
千萬億劫

지자여시
智者如是

'우——문수사리、 보살마하살 어후말세——법욕멸시、 수지독
又文殊師利 菩薩摩訶薩 於後末世 法欲滅時 受持讀

송——사경전자 무회——질투 첨광지심、 역물경매——학불도자
誦斯經典者 無懷嫉妬 諂誑之心 亦勿輕罵學佛道者

구기장단。求其長短 약 비구비구니 우바새우바이 구—성문자 구— 若 比丘比丘尼 優婆塞優婆夷 求 聲聞者 求

벽지불자 구—보살도자、무—득뇌지 영기의회 어기인언、 辟支佛者 求菩薩道者 無得惱之 令其疑悔 語其人言

「여등 거도심원 종불능득—일체종지。 「汝等 去道甚遠 終不能得一切種智。

소이자하、여시—방 所以者何 汝是—放

일지인 어도 해태고。우역불응—희론제법 유소쟁경。당 逸之人 於道 懈怠故」 又亦不應—戲論諸法 有所諍競。當

어일체중생 기—대비상、어제여래 기—자부상、어제보살 於一切衆生 起—大悲想 於諸如來 起—慈父想 於諸菩薩

기—대사상、어—시방제대보살 상응심심 공경예배、어— 起—大師想 於—十方諸大菩薩 常應深心 恭敬禮拜 於

일체중생 평등설법、이순법고 부다불소、내지—심애법자 一切衆生 平等說法 以順法故 不多不少 乃至—深愛法者

역불위다설。亦不爲多說

⑤ 문수사리、시 보살마하살 어후말세—법욕멸시、유—성취 文殊師利 是 菩薩摩訶薩 於後末世—法欲滅時 有—成就

시―제삼안락행자、 설시법시 무능뇌란、 득―호동학 공독
是第三安樂行者 說是法時 無能惱亂 得好同學共讀

송시경、 역득―대중 이래청수、 청이능지 송이
誦是經 亦得大衆 而來聽受 聽已能持 持已能誦 誦已

능설 설이능서 약사인서、 공양―경권 공경존중찬탄。
能說 說已能書 若使人書 供養經卷 恭敬尊重讚歎」

이시 세존 욕―중선차의 이설게언、
爾時世尊 欲重宣此義 而說偈言

약욕설시경、 당사질에만―첨광사위심、 상수질직행
若欲說是經 當捨嫉恚慢 諂誑邪僞心 常修質直行

불경멸어인、 역불희론법、 불령타의회― 운 「여부득불」
不輕蔑於人 亦不戲論法 不令他疑悔 云汝不得佛

시불자설법、 상유화능인 자비어일체 불생해태심。
是佛子說法 常柔和能忍 慈悲於一切 不生懈怠心

시방대보살 민중고행도、 응생공경심 「시즉아대사」。
十方大菩薩 愍衆故行道 應生恭敬心 是則我大師

어제불세존 생무상부상、 파어교만심、 설법무장애。
於諸佛世尊 生無上父想 破於憍慢心 說法無障礙

제삼법여시、 지자응수호 일심안락행、 무량중소경。

第三法如是 智者應守護 一心安樂行 無量衆所敬

『우ー문수사리、 보살마하살 어후말세ー법욕멸시、 유지시ー

又文殊師利 菩薩摩訶薩 於後末世 法欲滅時 有持是

법화경자、 재가출가인중 생ー대자심、 어ー비보살인중

法華經者 於在家出家人中 生大慈心 於非菩薩人中

생ー대비심、 응작시념、 "여시지인 즉위대실、 여래방편 수

生大悲心 應作是念 如是之人 則爲大失 如來方便 隨

의설법 불문부지 불각불신 불신불해、 기인 수ー불문 불

宜說法 不聞不知 不覺不信 不信不解 其人 雖 不問 不

신 불해ー시경、 아득ー아뇩다라삼먁삼보리 시、 수ー재하지

信 不解 是經 我得阿耨多羅三藐三菩提 時 隨在何地

이ー신통력 지혜력、 인지 영득주ー시법중。 문수사리、 시

以神通力 智慧力 引之 令得住 是法中 文殊師利 是

보살마하살 어여래멸후、 유ー성취차ー제사법자、 설시법시

菩薩摩訶薩 於如來滅後 有成就此 第四法者 說是法時

무유과실、 상위ー비구비구니 우바새우바이 국왕왕자 대신

無有過失 常爲 比丘比丘尼 優婆塞優婆夷 國王王子 大臣

인민 바라문거사등 공양공경 존중찬탄, 허공제천 위청법
人民 婆羅門居士 等 供養恭敬 尊重讚歎 虛空諸天 爲聽法

고 역상수시. 약재−취락성읍 공한림중, 유인 래 욕난문
故 亦常隨侍 若在聚落城邑 空閑林中 有人來欲難問

자, 제천 주야 상위법고 이위호지, 능령청자 개득환희. 소
者 諸天晝夜常爲法故 而衛護之 能令聽者皆得歡喜 所

이자하, 차경−시 일체 과거미래현재 제불신력 소호고.
以者何 此經是一切 過去未來現在 諸佛神力 所護故

⑥문수사리, 시−법화경 어무량국중 내지−명자 불가득문,
文殊師利 是 法華經 於無量國中 乃至 名字 不可得聞

하황득견 수지독송.
何況得見 受持讀誦

문수사리, 비여, 강력 전륜성왕 욕이위세 항복−제국, 이
文殊師利 譬如 強力 轉輪聖王 欲以威勢 降伏 諸國 而

제소왕 불순−기명, 시 전륜왕 기−종종병 이왕토벌, 왕
諸小王 不順其命 時 轉輪王 起種種兵 而往討伐 王

견−병중 전유공자, 즉대환희 수공상사, 혹여−전택 취락
見兵衆 戰有功者 即大歡喜 隨功賞賜 或與田宅聚落

성읍, 혹여ー의복 엄신지구、 혹여ー중중진보금 은 유리
城邑 或與 衣服 嚴身之具 或與 種種珍寶 金 銀 琉璃

차거 마노 산호 호박 상 마 거승 노비 인민, 유ー계중
硨磲 瑪瑙 珊瑚 琥珀 象 馬 車乘 奴婢 人民 唯 髻中

명주 불이여지、 소이자하、 독왕정상 유차일주、 약이여지,
明珠 不以與之 所以者何 獨王頂上 有此一珠 若以與之

왕제권속 필대경괴。
王諸眷屬 必大驚怪

문수사리、 여래 역부여시、 이ー선정 지혜력 득법국토 왕
文殊師利 如來 亦復如是 以禪定 智慧力 得法國土 王

어삼계、 이제마왕 불긍순복、 여래 현성제장 여지공전、 기
於三界 而諸魔王 不肯順伏 如來 賢聖諸將 與之共戰 其

유공자 심역환희、 어사중중 위설제경 영기심열、 사이ー
有功者 心亦歡喜 於四衆中 爲說諸經 令其心悅 賜以

선정 해탈 무루근력 제법지재、 우부사여ー열반지성、 언ー
禪定 解脫 無漏根力 諸法之財 又復賜與 涅槃之城 言

득멸도、 인도기심 영개환희、 이불위설ー시법화경。
得滅度 引導其心 令皆歡喜 而不爲說 是法華經

문수사리, 여―전륜왕 견―제병중 유대공자, 심심환희 이
文殊師利 如 轉輪王 見 諸兵衆 有大功者 心甚歡喜 以

차―난신지주 구재계중 불망여인, 이금여지. 여래 역부여
此 難信之珠 久在髻中 不妄與人 而今與之 如來亦復如

시, 어삼계중 위대법왕, 이법교화―일체중생, 견―현성군
是 於三界中 爲大法王 以法教化 一切衆生 見 賢聖軍

여오음마 번뇌마 사마 공전 유―대공훈, 멸―삼독, 출―
與五陰魔 煩惱魔 死魔 共戰 有大功勳 滅 三毒 出

삼계, 파―마망. 이시 여래 역대환희, 차―법화경 능령중
三界 破 魔網 爾時 如來 亦大歡喜 此 法華經 能令衆

생 지―일체지, 일체세간 다원난신, 선소미설 이금설지.
生 至 一切智 一切世間 多怨難信 先所未說 而今說之

문수사리, 차―법화경 시제여래 제일지설, 어제설중 최위
文殊師利 此 法華經 是諸如來 第一之說 於諸說中 最爲

심심 말후사여, 여―피강력지왕 구호명주 금내여지. 문수
甚深 末後賜與 如 彼強力之王 久護明珠 今乃與之 文殊

사리, 차―법화경 제불여래―비밀지장, 어제경중 최재기
師利 此 法華經 諸佛如來 祕密之藏 於諸經中 最在其

상, 장야수호 불망선설、시어금일 내여여등 이부연지.

上、長夜守護 不妄宣說 始於今日 乃與汝等 而敷演之.」

⑦ 이시 세존 욕—중선차의 이설게언、

爾時世尊欲 重宣此義 而說偈言

상행인욕 애민일체、내능연설 불소찬경。

常行忍辱 哀愍一切 乃能演說 佛所讚經。

후말세시 지차경자、어가출가 급비보살

後末世時 持此經者 於家出家 及非菩薩

응생자비、「사등불문—불신시경、즉위대실、

應生慈悲 斯等不聞 不信是經 則爲大失

아득불도 이제방편 위설차법

我得佛道 以諸方便 爲說此法

영주기중。

令住其中.」

비여강력—전륜지왕 병전유공

譬如強力 轉輪之王 兵戰有功

상마거승 엄신지구 급제전택

象馬車乘 嚴身之具 及諸田宅

혹여의복—종종진보 노비재물、

或與衣服 種種珍寶 奴婢財物

상사제물、 취락성읍 환희사여、

賞賜諸物 聚落城邑 歡喜賜與

여유용건이　능위난사　왕해계중　명주사지、
如有勇健　能爲難事　王解髻中　明珠賜之
여래역이　위제법왕　인욕대력　지혜보장
如來亦爾　爲諸法王　忍辱大力　智慧寶藏
이대자비　여법화세　견일체인　수제고뇌
以大慈悲　如法化世　見一切人　受諸苦惱
욕구해탈　여제마전、　위시중생　설종종법、
欲求解脫　與諸魔戰　爲是衆生　說種種法
이대방편　설시법화、　기지중생　득기력이、
以大方便　說是法華　旣知衆生　得其力已
말후내위　설차제경、　여왕해계　명주여지。
末後乃爲　說此諸經　如王解髻　明珠與之
차경위존　설시법화、
此經爲尊　說是法華
금정시시　위여등설。　아멸도후　구불도자
今正是時　爲汝等說。　我滅度後　求佛道者
욕득안은　연설사경、　응당친근　여시사법。
欲得安隱　演說斯經　應當親近　如是四法。
我常守護　不妄開示
아상수호　불망개시、

독시경자　讀是經者、　상무우뇌、常無憂惱、　우무병통、又無病痛、　안색선백、顏色鮮白、

천제동자、天諸童子　이위급사、以爲給使、　도장불가、刀杖不加　독불능해、毒不能害、

약인악매、若人惡罵、　구즉폐색、口則閉塞、　유행무외、遊行無畏　여사자왕、如師子王、

불생빈궁、不生貧窮、　비천추루、卑賤醜陋、　중생요견、衆生樂見、　여모현성、如慕賢聖、

⑧ 약어몽중、若於夢中、　단견묘사、但見妙事、　견제여래、見諸如來　좌사자좌、坐師子座、

지혜광명、智慧光明　여일지조。如日之照。

제비구중、諸比丘衆　위요설법、圍繞說法、　우견용신、又見龍神　아수라등、阿修羅等

수여항사、數如恒沙　공경합장、恭敬合掌、　자견기신、自見其身　이위설법。而爲說法。

우견제불、又見諸佛　신상금색、身相金色、　방무량광、放無量光　조어일체、照於一切、

이범음성 以梵音聲 演說諸法

연설제법、 演說諸法

불위사중 佛爲四衆

설무상법、 說無上法

견신처중 見身處中

합장찬불、 合掌讚佛

문법환희 聞法歡喜

이위공양、 而爲供養

득다라니 得陀羅尼

증불퇴지、 證不退智

불지기심 佛知其心

심입불도、 深入佛道

즉위수기 即爲授記

「성최정각、 成最正覺

여선남자 汝善男子

당어래세 當於來世

득무량지— 得無量智

불지대도、 佛之大道

국토엄정 國土嚴淨

역유사중 亦有四衆

합장청법。」 合掌聽法

우견자신— 又見自身

재산림중、 在山林中

수습선법 修習善法

증제실상、 證諸實相

심입선정 深入禪定

견시방불、 見十方佛

제불신금색、 諸佛身金色

백복상장엄 百福相莊嚴

문법위인설、 聞法爲人說

상유시호몽。 常有是好夢

우몽작국왕 又夢作國王

사궁전권속— 捨宮殿眷屬

급상묘오욕、 及上妙五欲

행예어도장 行詣於道場

재보리수하 이처사자좌 구도과칠일 득제불지지,
在菩提樹下 而處師子座 求道過七日 得諸佛之智

성무상도이 기이전법륜 위사중설법、경천만억겁
成無上道已 起而轉法輪 爲四衆說法 經千萬億劫

설무루묘법 도무량중생、후당입열반、여연진등멸。
說無漏妙法 度無量衆生 後當入涅槃 如煙盡燈滅

약후악세중 설시제일법、시인득대리 여상제공덕。
若後惡世中 說是第一法 是人得大利 如上諸功德

묘법연화경 종지용출품 제십오

妙法蓮華經 從地涌出品 第十五

① 이시 타방국토 제래 보살마하살 과―팔항하사수。 어대중
爾時 他方國土 諸來 菩薩摩訶薩 過 八恒河沙數 於大衆

중 기립 합장작례 이백불언, 『세존, 약청―아등 어불멸
中 起立 合掌作禮 而白佛言 世尊 若聽 我等 於佛滅

후 재차―사바세계, 근가정진 호지독송 서사공양―시경전
後 在此 娑婆世界 勤加精進 護持讀誦 書寫供養 是經典

자, 당어차토 이광설지。』 이시 불고―제보살마하살중, 『지、
者 當於此土 而廣說之 爾時 佛告 諸菩薩摩訶薩衆 止

선남자、 불수―여등 호지차경, 소이자하, 아―사바세계 자
善男子 不須 汝等 護持此經 所以者何 我 娑婆世界 自

유―육만항하사등 보살마하살, 일일보살 각유―육만항하
有 六萬恒河沙等 菩薩摩訶薩 一一菩薩 各有 六萬恒河

사권속、 시제인등 능어아멸후 호지독송 광설―차경。
沙眷屬 是諸人等 能於我滅後 護持讀誦 廣說 此經』

불설시시 사바세계― 삼천대천국토 지개진열、 이어기중 유―
佛說是時 娑婆世界 三千大千國土 地皆震裂 而於其中 有

무량천만억 보살마하살 동시용출。 시제보살 신개금색 삼
無量千萬億 菩薩摩訶薩 同時涌出 是諸菩薩 身皆金色 三

십이상 무량광명。 선진재 차사바세계지하 차계허공중주、
十二相 無量光明 先盡在 此娑婆世界之下 此界虛空中住

시제보살 문―석가모니불 소설음성、 종하발래、 일일보살
是諸菩薩 聞 釋迦牟尼佛 所說音聲 從下發來 一一菩薩

개시대중 창도지수、 각장―육만항하사권속、 황장―오만사
皆是大衆 唱導之首 各將 六萬恒河沙眷屬 況將 五萬四

만 삼만이만 일만항하사등 권속자。 황부내지― 일항하사
萬 三萬二萬 一萬恒河沙等 眷屬者 況復乃至 一恒河沙

반항하사 사분지일、 내지―천만억 나유타분지일。 황부―
半恒河沙 四分之一 乃至 千萬億 那由他分之一 況復

천만억 나유타권속、 황부―억만권속、 황부―천만백만 내
千萬億 那由他眷屬 況復 億萬眷屬 況復 千萬百萬 乃

지일만、 황부―일천일백 내지일십、 황부장―오사삼이일제
자자。 황부단기 낙―원리행、 여시등비 무량무변 산수비유
소불능지。

시제보살 중지출이、 각예―허공 칠보묘탑 다보여래 석가
모니불소 도이、 향―이세존 두면예족、 급지―제보수하사
자좌상불소、 역개작례、 우요삼잡 합장공경、 이제보살 종
종찬법 이이찬탄、 주재일면、 흔락첨앙―어이세존。 시제보
살마하살 종초용출、 이제보살 종종찬법 이찬어불、 여시시
간경―오십소겁。 시시 석가모니불 묵연이좌、 급제사중중

至一萬 況復一千一百 乃至一十 況復將 五四三二一弟
子者 況復單已樂 遠離行 如是等比 無量無邊 算數譬喻
所不能知。

是諸菩薩 從地出已 各詣虛空 七寶妙塔 多寶如來 釋迦
牟尼佛所 到已 向二世尊 頭面禮足 及至諸寶樹下師
子座上佛所 亦皆作禮 右繞三匝 合掌恭敬 以諸菩薩 種
種讚法 而以讚歎 住在一面 欣樂瞻仰 於二世尊。 是諸菩
薩摩訶薩 從初涌出 以諸菩薩 種種讚法 而讚於佛 如是時
間經 五十小劫。 是時 釋迦牟尼佛 默然而坐 及諸四衆

② 역개묵연—오십소겁、불신력고 영제대중 위여반일。
亦皆默然 五十小劫 佛神力故 令諸大衆 謂如半日

이시 사중 역이불신력고 견—제보살 편만—무량백천만억
爾時 四衆 亦以佛神力故 見 諸菩薩 徧滿 無量百千萬億

국토허공。 시보살중중 유—사도사、일명—상행、이명—무
國土虛空 是菩薩衆中 有 四導師 一名 上行 二名 無

변행、삼명—정행、사명—안립행。 시—사보살 어기중중 최
邊行 三名 淨行 四名 安立行 是 四菩薩 於其衆中 最

위상수—창도지사、재대중전 각공합장、관—석가모니불、
爲上首 唱導之師 在大衆前 各共合掌 觀 釋迦牟尼佛

이문신언、『세존、소병、소뇌、안락행。 부。 소응도자 수교
而問訊言 世尊 少病 少惱 安樂行 不 所應度者 受教

이。 부。 불령—세존 생피로야。』
易 不 不令 世尊 生疲勞耶

이시 사대보살 이설게언、
爾時 四大菩薩 而說偈言

세존안락 소병소뇌、 교화중생 득무피권、
世尊安樂 少病少惱 教化衆生 得無疲倦

우제중생 수화이부。
又諸衆生 受化易不
불령세존 생피로야。
不令世尊 生疲勞耶

이시 세존 어보살대중중 이작시언,『여시여시。제선남자,
爾時世尊 於菩薩大衆中 而作是言 如是如是 諸善男子

여래안락, 소병소뇌, 제중생등 이가화도 무유피로。소이
如來安樂 少病少惱 諸衆生等 易可化度 無有疲勞 所以

자하, 시제중생 세세이래 상수아화, 역어과거제불 공경존
者何 是諸衆生 世世已來 常受我化 亦於過去諸佛 恭敬尊

중, 종—제선근。차제중생 시견아신, 문아소설, 즉개신수
重 種諸善根 此諸衆生 始見我身 聞我所說 卽皆信受

입—여래혜、제—선수습학—소승자。여시지인 아금 역령
入如來慧 除先修習學小乘者 如是之人 我今亦令

득문—시경 입—어불혜。
得聞是經 入於佛慧

이시 제대보살 이설게언,
爾時諸大菩薩 而說偈言

선재선재 대웅세존、 제중생등 이가화도,
善哉善哉 大雄世尊 諸衆生等 易可化度

③ 능문제불─ 심심지혜, 문이신행, 아등수희.
能問諸佛 甚深智慧 聞已信行 我等隨喜

어시 세존 찬탄─상수제대보살, 『선재선재. 선남자, 여등
於時世尊讚歎上首諸大菩薩善哉善哉善男子汝等

능어여래 발─수희심』. 이시 미륵보살 급─팔천항하사 제
能於如來發隨喜心 爾時彌勒菩薩及八千恒河沙諸

보살중 개작시념, 「아등 종석이래 불견불문─여시대보살
菩薩衆皆作是念 我等從昔已來不見不聞如是大菩薩

마하살중 종지용출 주세존전 합장공양 문신여래」. 시 미
摩訶薩衆從地涌出住世尊前合掌供養問訊如來 時彌

륵보살마하살 지─팔천항하사 제보살등 심지소념, 병욕─
勒菩薩摩訶薩知八千恒河沙諸菩薩等心之所念 幷欲

자결소의, 합장향불 이게문왈,
自決所疑 合掌向佛 以偈問曰

무량천만억 대중제보살 석소미증견, 원양족존설.
無量千萬億 大衆諸菩薩 昔所未曾見 願兩足尊說

시종하소래, 이하인연집. 거신대신통 지혜파사의,
是從何所來 以何因緣集 巨身大神通 智慧叵思議

기일념견고　유대인욕력、　중생소락견、　위종하소래。
其志念堅固　有大忍辱力　衆生所樂見　爲從何所來。

일일제보살　소장제권속　기수무유량　여항하사등、
一一諸菩薩　所將諸眷屬　其數無有量　如恒河沙等

혹유대보살　장육만항하사、　여시제대중　일심구불도、
或有大菩薩　將六萬恒河沙　如是諸大衆　一心求佛道、

시제대사등一　육만항하사　구래공양불、　급호지시경
是諸大師等　六萬恒河沙　俱來供養佛　及護持是經

장오만항사、　기수과어시、　사만급삼만、　이만지일만、
將五萬恒河沙　其數過於是　四萬及三萬　二萬至一萬

일천일백등　내지일항사、　반급삼사분　억만분지일、
一千一百等　乃至一恒沙　半及三四分　億萬分之一

천만나유타　만억제제자、　내지어반억　기수부과상、
千萬那由他　萬億諸弟子　乃至於半億　其數復過上

백만지일만　일천급일백　오십여일십　내지삼이일、
百萬至一萬　一千及一百　五十與一十　乃至三二一

단기무권속　낙어독처자　구래지불소、　기수전과상。
單己無眷屬　樂於獨處者　俱來至佛所、　其數轉過上。

여시제대중

如是諸大衆

약인행주수、과어항사겁

若人行籌數　過於恒沙劫

유불능진지。

猶不能盡知

시제대위덕―정진보살중

是諸大威德　精進菩薩衆中

수위기설법

誰為其說法

교화이성취、

教化而成就

종수초발심、칭양하불법、

從誰初發心　稱揚何佛法

수지행수경、수습하불도。

受持行修經　修習何佛道

여시제보살

如是諸菩薩

신통대지력、사방지진열

神通大智力　四方地震裂

개종중용출、

皆從中涌出

세존아석래

世尊我昔來

미증견시사。

未曾見是事

원설기소종―국토지명호。

願說其所從　國土之名號

아상유제국、미증견시중、

我常遊諸國　未曾見是衆

아어차중중

我於此衆中

내불식일인。

乃不識一人

홀연종지출、

忽然從地出

원설기인연。

願說其因緣

금차지대회

今此之大會

무량백천억

無量百千億

시제보살등、개욕지차사―

是諸菩薩等　皆欲知此事

시제보살중

是諸菩薩衆

본말지인연

本末之因緣

무량덕세존、유원결중의。

無量德世尊　唯願決衆疑

④ 이시 석가모니 분신제불 종—무량천만억 타방국토래자,

爾時釋迦牟尼 分身諸佛 從無量千萬億 他方國土來者

재—어팔방 제보수하 사자좌상 결가부좌, 기불시자 각각

在於八方 諸寶樹下 師子座上 結跏趺坐 其佛侍者 各各

견—시보살대중 어삼천대천세계사방 종지용출 주어허공,

見—是菩薩大衆 於三千大千世界四方 從地涌出 住於虛空

각백기불언, 『세존, 차제 무량무변 아승지 보살대중 종

各白其佛言 世尊 此諸 無量無邊 阿僧祇 菩薩大衆 從

하소래。』 이시 제불 각고시자, 『제선남자, 차대수유. 유—

何所來 爾時諸佛 各告侍者 諸善男子 且待須臾 有

보살마하살, 명왈—미륵。 석가모니불 지소수기, 차후작불,

菩薩摩訶薩 名曰彌勒 釋迦牟尼佛之所授記 次後作佛

이문사사, 불금답지. 여등자당 인시득문。』

已問斯事 佛今答之 汝等自當 因是得聞

이시 석가모니불고 미륵보살, 『선재선재. 아일다, 내능문

爾時釋迦牟尼佛告 彌勒菩薩 善哉善哉 阿逸多 乃能問

불—여시대사. 여등 당공일심 피—정진개, 발—견고의. 여

佛如是大事 汝等 當共一心 被精進鎧 發堅固意 如

래금욕―현발선시―제불지혜 제불사자
來今欲 顯發宣示 諸佛智慧 諸佛自在神通之力 諸佛師子
분신지력 제불위맹대세지력
奮迅之力 諸佛威猛大勢之力』

이시 세존 욕―중선차의 이설게언,
爾時世尊 欲 重宣此義 而說偈言

당정진일심。
當精進一心

여금출신력
汝今出信力

아금안위여、
我今安慰汝

소득제일법
所得第一法

이시 세존 설차게이 고―미륵보살、 『아금 어차대중 선고
爾時世尊 說此偈已 告 彌勒菩薩 我今 於此大衆 宣告

여등。 아일다、 시 제대보살마하살 무량무수 아승지 종지
汝等 阿逸多 是 諸大菩薩摩訶薩 無量無數 阿僧祇 從地

아욕설차사、 물득유의회。
我欲說此事 勿得有疑悔

주어인선중、 석소미문법
住於忍善中 昔所未聞法

불무불실어 지혜불가량。
佛無不實語 智慧不可量

심심파분별、 여시금당설、 여등일심청。
甚深叵分別 如是今當說 汝等一心聽

불지파사의、
佛智叵思議

금개당득문。
今皆當得聞

지혜불가량。
智慧不可量

용출, 여등 석소미견자。
涌出 汝等 昔所未見者 我 於是娑婆世界 得 阿耨多羅三
아 어시사바세계 득―아뇩다라삼
먁삼보리이, 교화시도―시제보살, 조복기심 영발도의, 차
藐三菩提已 教化示導 是諸菩薩 調伏其心 令發道意 此
제보살 개 어시사바세계지하 차계허공중주, 어제경전 독
諸菩薩 皆 於是娑婆世界之下 此界虛空中住 於諸經典 讀
송통리, 사유분별 정억념。
誦通利 思惟分別 正憶念

⑤ 아일다, 시제 선남자등 불락―재중 다유소설, 상락정처
阿逸多 是諸 善男子等 不樂 在衆 多有所說 常樂靜處

근행정진 미증휴식, 역불의지―인천이주, 상락심지 무유
勤行精進 未曾休息 亦不依止 人天而住 常樂深智 無有

장애, 역상락어―제불지법, 일심정진 구―무상혜。
障礙 亦常樂於 諸佛之法 一心精進 求 無上慧

이시 세존 욕―중선차의 이설게언,
爾時 世尊 欲 重宣此義 而說偈言

아일여당지。 시제대보살 종무수겁래 수습불지혜。
阿逸汝當知 是諸大菩薩 從無數劫來 修習佛智慧

실시아소화、　영발대도심。　차등시아자、의지시시세계、

悉是我所化　令發大道心　此等是我子　依止是世界

상행두타사、　지락어정처、사대중궤뇨、　불락다소설、

常行頭陀事　志樂於靜處　捨大衆憒閙　不樂多所說

여시제자등　학습아도법、　주야상정진、위구불도고、

如是諸子等　學習我道法　晝夜常精進　爲求佛道故

재사바세계 — 하방공중주。　지념력견고　상근구지혜、

在娑婆世界　下方空中住　志念力堅固　常勤求智慧

설종종묘법、　기심무소외。　아어가야성、　보리수하좌

說種種妙法　其心無所畏　我於伽耶城　菩提樹下坐

득성최정각、　전무상법륜、　이내교화지、　영초발도심、

得成最正覺　轉無上法輪　爾乃敎化之　令初發道心

금개주불퇴、　실당득성불。　아금설실어、　여등일심신。

今皆住不退　悉當得成佛　我今說實語　汝等一心信

아종구원래　교화시등중。

我從久遠來　敎化是等衆

이시 미륵보살마하살 급 一무수제보살등、심생의혹、괴 一

爾時 彌勒菩薩摩訶薩 及 無數諸菩薩等 心生疑惑 怪

미증유, 이작시념, "운하 세존 어소시간 교화—여시 무량무변 아승지 제대보살, 영주—아뇩다라삼먁삼보리."

즉 백불언, "세존, 여래 위태자시 출어석궁, 거가야성 불원 좌어도량, 득성—아뇩다라삼먁삼보리, 종시이래 시과—사십여년. 세존 운하 어차소시 대작불사, 이불세력 이불공덕, 교화—여시무량 대보살중, 당성—아뇩다라삼먁삼보리.

세존, 차대보살중 가사유인 어천만억겁 수불능진, 부득 기변. 사등 구원이래 어무량무변 제불소, 식—제선근 성취—보살도 상수범행, 세존, 여차지사 세소난신.

⑥ 비여, 유인―색미발흑 연―이십오, 지―백세인, 언―"시 아자. 기백세인 역지년소 언―"시 아부. 생육아등 시사 난신. 불역여시, 득도이래 기실미구, 이차대중 제보살등, 이어무량 천만억겁 위불도고 근행정진, 선입출주―무량백 천만억삼매, 득대신통 구수범행, 선능차제 습―제선법 교 어문답 인중지보, 일체세간 심위희유, 금일세존 방운, "득 불도시 초령발심, 교화시도, 영향―아뇩다라삼먁삼보리" 세존 득불미구, 내능작―차대공덕사. 아등 수부신―불수의소설 불소출언 미증허망, 불소지자

譬如 有人 色美髮黑 年二十五 指百歲人 言 是我子 其百歲人 亦指年少 言 是我父 生育我等 是事 難信. 佛亦如是 得道已來 其實未久 而此大衆 諸菩薩等 已於無量 千萬億劫 爲佛道故 勤行精進 善入出住 無量百 千萬億三昧 得大神通 久修梵行 善能次第 習諸善法 巧 於問答 人中之寶 一切世間 甚爲希有 今日世尊 方云 得 佛道時 初令發心 教化示導 令向 阿耨多羅三藐三菩提. 世尊 得佛未久 乃能作 此大功德事 我等 雖復信 佛隨宜所說 佛所出言 未曾虛妄 佛所知者

개실통달。 연、 제신발의보살 어불멸후、 약문시어 혹불신
皆悉通達 然 諸新發意菩薩 於佛滅後 若聞是語 或不信

수、 이기ㅡ파법 죄업인연。 유연、 세존、 원、 위해설 제ㅡ
受 而起 破法 罪業因緣 唯然 世尊 願爲解說 除

아등의。 급ㅡ미래세 제선남자 문차사이 역불생의。
我等疑 及 未來世 諸善男子 聞此事已 亦不生疑」

⑦ 이시 미륵보살 욕ㅡ중선차의 이설게언、
爾時 彌勒菩薩 欲 重宣此義 而說偈言

불석종석종 출가근가야 좌어보리수、 이래상미구、
佛昔從釋種 出家近伽耶 坐於菩提樹 爾來尙未久

차제불자등 기수불가량。 구이행불도
此諸佛子等 其數不可量 久已行佛道

선학보살도 불염세간법、 여연화재수、 종지이용출
善學菩薩道 不染世間法 如蓮華在水 從地而涌出

개기공경심 주어세존전。 시사난사의、 운하이가신。
皆起恭敬心 住於世尊前 是事難思議 云何而可信

불득도심근 소성취심다、 원위제중의 여실분별설。
佛得道甚近 所成就甚多 願爲除衆疑 如實分別說

從地涌出品 第十五

비여소장인— 譬如少壯人 年始二十五、示人百歲子— 발백이면추、

연시이십오、시인백세자—

「시등아소생。」 是等我所生。

「자역설「시부。」」 子亦說是父

세존역여시、 世尊亦如是、

득도래심근、 得道來甚近、

종무량겁래 從無量劫來

이행보살도、 而行菩薩道

인욕심결정 忍辱心決定

단정유위덕、 端正有威德

불락재인중 不樂在人衆

상호재선정 常好在禪定

아등종불문 我等從佛聞

어차사무의、 於此事無疑

약유어차경— 若有於此經

생의불신자、 生疑不信者

즉당타악도、 即當墮惡道

원불위미래 願佛爲未來

연설령개해。 演說令開解

부소이자로、 父少而子老、

거세소불신。 擧世所不信。

시제보살등 是諸菩薩等

지고무겁약、 志固無怯弱

시방불소찬、 十方佛所讚

교어난문답、 巧於難問答

기심무소외、 其心無所畏

위구불도고 爲求佛道故

어하공중주。 於下空中住

시방불소설、 十方佛所說

선능분별설、 善能分別說

어차사무의 於此事無疑

원불위미래 願佛爲未來

연설령개해。 演說令開解

약유어차경— 若有於此經

생의불신자、 生疑不信者

즉당타악도、 即當墮惡道

원금위해설。 願今爲解說

시무량보살 是無量菩薩

운하어소시 云何於少時

교화령발심、 敎化令發心

이주불퇴지。 而住不退地

묘법연화경 여래수량품 제십육

妙法蓮華經 如來壽量品 第十六

① 이시 불고—제보살 급일체대중, "제선남자, 여등 당신해—여래 성제지어。

爾時 佛告 諸菩薩 及一切大衆,'諸善男子 汝等 當信解 如來 誠諦之語'

부고—대중, "여등 당신해—여래 성제지어。

復告 大衆,'汝等 當信解 如來 誠諦之語'

우부고—제대중, "여등 당신해—여래 성제지어。" 시시

又復告 諸大衆,'汝等 當信解 如來 誠諦之語' 是時

보살대중 미륵 위수 합장 백불언, "세존, 유원, 설지。

菩薩大衆 彌勒 爲首 合掌 白佛言,'世尊 唯願 說之

아등 당신수—불어。" 여시삼백이 부언, "유원, 설지。아등

我等 當信受 佛語' 如是三白已 復言 '唯願 說之 我等

당신수—불어。"

當信受 佛語'

이시 세존 지—제보살 삼청부지, 이고지언, 『여등 제청—
여래비밀 신통지력。 일체세간 천인 급아수라, 개위—금석
가모니불 출—석씨궁, 거가야성 불원 좌어도량 득—아뇩
다라삼먁삼보리。 연 선남자, 아실—성불이래 무량무변 백
천만억 나유타겁。

비여, 오백천만억 나유타 아승지 삼천대천세계, 가사유인
말위미진, 과—어동방 오백천만억 나유타 아승지국, 내하
일진, 여시동행 진시미진, 제선남자, 어의운하。 시제세계
가득사유교계 지—기수。 부。』 미륵보살등 구백불언, 『세존,

爾時世尊 知諸菩薩 三請不止 而告之言 『汝等 諦聽
如來祕密 神通之力。 一切世間 天人 及阿修羅 皆謂 今釋
迦牟尼佛 出釋氏宮, 去伽耶城 不遠 坐於道場 得阿耨
多羅三藐三菩提 然 善男子 我實成佛已來 無量無邊 百
千萬億 那由他劫。

譬如 五百千萬億 那由他 阿僧祇 三千大千世界 假使有人
抹爲微塵 過於東方 五百千萬億 那由他 阿僧祇國 乃下
一塵 如是東行 盡是微塵 諸善男子 於意云何 是諸世界
可得思惟校計 知其數 不』 彌勒菩薩等 俱白佛言『世尊,

시제세계 무량무변 비―산수소지, 역비―심력소급, 일체
是諸世界 無量無邊 非算數所知 亦非心力所及 一切

성문벽지불 이무루지, 불능―사유 지기한수, 아등 주―아
聲聞辟支佛 以無漏智 不能思惟 知其限數 我等住阿

비발치지 어시사중 역소부달.
鞞跋致地 於是事中 亦所不達

세존, 여시제세계 무량무변.』
世尊 如是諸世界 無量無邊

이시 불고―대보살중, 『제선남자, 금당분명 선어여등. 시
爾時佛告大菩薩衆 諸善男子 今當分明 宣語汝等 是

제세계 약착미진 급불착자 진이위진, 일진―일겁, 아―
諸世界 若著微塵 及不著者 盡以爲塵 一塵一劫 我

성불이래 부과어차―백천만억 나유타 아승지겁. 자종시래
成佛已來 復過於此 百千萬億 那由他 阿僧祇劫 自從是來

아상재―차사바세계 설법교화, 역어여처 백천만억 나유타
我常在此娑婆世界 說法教化 亦於餘處 百千萬億 那由

아승지국 도리중생.
阿僧祇國 導利衆生

② 제선남자, 어시중간 아설―연등불등, 우부언―기 입어열
諸善男子 於是中間 我說燃燈佛等 又復言其 入於涅

如來壽量品 第十六

반、 여시 개이방편 분별。 제선남자、 약유중생 내지아소、
槃、 如是 皆以方便 分別。 諸善男子 若有衆生 來至我所

아이불안 관—기신등 제근이둔、 수소응도 처처자설—명자
我以佛眼 觀 其信等 諸根利鈍 隨所應度 處處自說 名字

부동 연기대소、 역부현언—당입열반、 우이종종방편 설—
不同 年紀大小、 亦復現言 當入涅槃、 又以種種方便 說

미묘법、 능령중생 발—환희심。 제선남자、 여래견—제중
微妙法 能令衆生 發 歡喜心。 諸善男子 如來見 諸衆

생 낙어소법 덕박 구중자、 위시인설、「아소출가 득—아
生 樂於小法 德薄 垢重者 爲是人說 我少出家 得 阿

뇩다라삼먁삼보리。」 연 아실—성불이래 구원약사、 단이방
耨多羅三藐三菩提。」 然 我實 成佛已來 久遠若斯 但以方

편 교화중생 영입불도、 작여시설。
便 敎化衆生 令入佛道 作如是說。

제선남자、 여래 소연경전 개위—도탈중생、 혹설기신 혹설
諸善男子 如來 所演經典 皆爲 度脫衆生 或說己身 或說

타신 혹시기신 혹시타신 혹시기사 혹시타사、 제소언설 개
他身 或示己身 或示他身 或示己事 或示他事 諸所言說 皆

三四七

실불허。 소이자하, 여래 여실지견―삼계지상, 무유―생사 실不虛。 所以者何 如來 如實知見 三界之相 無有 生死

약퇴약출, 역무―재세 급멸도자, 비실비허 비여비이, 불 若退若出 亦無 在世 及滅度者 非實非虛 非如非異 不

여―삼계 견어삼계。 여사지사 여래명견 무유―착류、이제 如三界 見於三界。 如斯之事 如來明見 無有錯謬 以諸

중생 유―종종성 종종욕 종종행 종종억상분별고、욕령 衆生 有種種性 種種欲 種種行 種種憶想分別故 欲令

생―제선근、이―약간인연 비유언사 종종설법、소작불사 生諸善根 以若干因緣 譬喩言辭 種種說法 所作佛事

미증잠폐。 여시 아―성불이래 심대구원、수명―무량아승 未曾暫廢。 如是 我成佛已來 甚大久遠 壽命 無量阿僧

지겁、상주불멸。 祇劫 常住不滅。

제선남자、아본행―보살도 소성수명 금유미진、부배상수。 諸善男子 我本行菩薩道 所成壽命 今猶未盡 復倍上數。

연금 비실멸도 이변창언―「당취멸도。」여래 이시방편 교 然今 非實滅度 而便唱言 「當取滅度。」如來 以是方便 教

化衆生。 소이자하、 약불 구주어세、 박덕지인 부종―선근、
빈궁하천 탐착―오욕、 입―어억상 망견망중。 약견―여래
상재불멸、 변기―교자 이회염태、 불능생―난조지상 공경
지심。 시고여래 이방편설、「비구、 당지。 제불출세 난가치
우。 소이자하、 제박덕인 과―무량 백천만억겁、 혹유―견
불 혹불견자、 이차사고 아작시언、「제비구、 여래 난가득
견。 사중생등 문―여시어、 필당생어―난조지상 심회연모、
갈앙어불 변종―선근。 시고 여래 수불실멸 이언멸도。 우―
선남자、 제불여래 법개여시 위도중생、 개실불허」

所以者何 若佛 久住於世 薄德之人 不種 善根
貧窮下賤 貪著 五欲 入於憶想 妄見網中 若見 如來
常在不滅 便起 憍恣 而懷厭怠 不能生 難遭之想 恭敬
之心 是故如來 以方便說、「比丘 當知 諸佛出世 難可值
遇」 所以者何 諸薄德人 過無量 百千萬億劫 或有 見
佛 或不見者 以此事故 我作是言 「諸比丘 如來 難可得
見」 斯衆生等 聞 如是語 必當生於 難遭之想 心懷戀慕
渴仰於佛 便種 善根 是故 如來 雖不實滅 而言滅度 又―
善男子 諸佛如來 法皆如是 爲度衆生 皆實不虛

③ 비여, 양의 지혜총달, 명련방약 선치중병.
譬如 良醫 智慧聰達 明練方藥 善治衆病

기인 다제자식,
其人 多諸子息

약십이십 내지백수, 이유사연 원지여국, 제자어후 음타
若十二十 乃至百數 以有事緣 遠至餘國 諸子於後 飮他

독약 약발민란 완전우지.
毒藥 藥發悶亂 宛轉于地

시시 기부 환래귀가, 제자음독,
是時 其父 還來歸家 諸子飮毒

혹실본심 혹불실자 요견기부, 개대환희 배궤문신, 「선안
或失本心 或不失者 遙見其父 皆大歡喜 拜跪問訊 善安

은귀. 아등 우치 오복독약. 원, 견구료 갱사수명.」 부견
隱歸 我等 愚癡 誤服毒藥 願 見救療 更賜壽命 父見

자등 고뇌여시, 의제경방, 구―호약초 색향미미 개실구족,
子等 苦惱如是 依諸經方 求 好藥草 色香美味 皆悉具足

도사화합 여자영복, 이작시언, 「차대양약 색향미미 개실
擣篩和合 與子令服 而作是言 此大良藥 色香美味 皆悉

구족, 여등가복, 속제고뇌 무부중환.」 기제자중 불실심자
具足 汝等可服 速除苦惱 無復衆患 其諸子中 不失心者

견―차양약 색향구호, 즉변복지, 병진제유. 여실심자 견―
見 此良藥 色香俱好 卽便服之 病盡除愈 餘失心者 見

如來壽量品 第十六

④ 기부래、수역환희 문신 구색치병、연 여―기약 이불궁복、
其父來 雖亦歡喜 問訊 求索治病 然 與 其藥 而不肯服

소이자하、독기심입 실본심고、어차호색향약 이위―불미。
所以者何 毒氣深入 失本心故 於此好色香藥 而謂不美

부작시념、「차자 가민。위독소중 심개전도、수견아희 구
父作是念 此子可愍 爲毒所中 心皆顚倒 雖見我喜 求

색구료、여시호약 이불궁복、아금 당설방편 영복차약」。즉
索救療 如是好藥 而不肯服 我今 當設方便 令服此藥 卽

작시언、「여등 당지。아금쇠로 사시이지、시호양약 금류
作是言 汝等 當知 我今衰老 死時已至 是好良藥 今留

재차、여가취복、물우불차。」작시교이、부지타국 견사환고、
在此 汝可取服 勿憂不差 作是教已 復至他國 遣使還告

「여부이사。시시 제자 문―부배상、심대우뇌 이작시념、
汝父已死 是時 諸子 聞―父背喪 心大憂惱 而作是念

「약부재자、자민아등 능견구호、금자사아 원상타국、자유
若父在者 慈愍我等 能見救護 今者捨我 遠喪他國 自惟

고로 무부시호。」상회비감、심수성오、내지―차약 색향미
孤露 無復恃怙 常懷悲感 心遂醒悟 乃知―此藥 色香美

妙法蓮華經 卷 第五

미、즉취복지、독병개유。기부 문―자 실이득차、심변래
味 即取服之 毒病皆愈 其父 聞子 悉已得差 尋便來
귀함사견지。
歸 咸使見之

제선남자、어의운하。파유인 능설―차양의 허망죄。부。
諸善男子 於意云何 頗有人 能說 此良醫 虛妄罪 不

『불야。세존。』 불언、『아역여시、성불이래―무량무변 백천만
不也 世尊 佛言 我亦如是 成佛已來 無量無邊 百千萬

억 나유타 아승지겁、위중생고 이방편력 언、「당멸도。」역
億 那由他 阿僧祇劫 爲衆生故 以方便力 言 當滅度 亦

무유―능여법 설―아 허망과자。
無有 能如法 說 我 虛妄過者

이시 세존 욕―중선차의 이설게언、
爾時 世尊 欲 重宣此義 而說偈言

자아득불래 소경제겁수 무량백천만 억재아승지。
自我得佛來 所經諸劫數 無量百千萬 億載阿僧祇

상설법교화―무수억중생、영입어불도、이래무량겁。
常說法教化 無數億衆生 令入於佛道 爾來無量劫

⑤

위도중생고　방편현열반、　이실불멸도　상주차설법。
爲度衆生故　方便現涅槃、　而實不滅度　常住此說法

아상주어차　이제신통력、　영전도중생　수근이불견。
我常住於此　以諸神通力　令顚倒衆生　雖近而不見

중견아멸도、　광공양사리、　함개회연모　이생갈앙심。
衆見我滅度　廣供養舍利　咸皆懷戀慕　而生渴仰心

중생기신복　질직의유연　일심욕견불、　부자석신명、
衆生既信伏　質直意柔軟　一心欲見佛　不自惜身命

시아급중승　구출영취산、　아시어중생、「상재차불멸
時我及衆僧　俱出靈鷲山　我時語衆生　「常在此不滅

이방편력고　현유멸불멸。　여국유중생─공경신요자、
以方便力故　現有滅不滅　餘國有衆生　恭敬信樂者

아부어피중　위설무상법、　여등불문차　단위아멸도。
我復於彼中　爲說無上法　汝等不聞此　但謂我滅度

아견제중생　몰재어고뇌。　고불위현신　영기생갈앙、
我見諸衆生　沒在於苦惱　故不爲現身　令其生渴仰

인기심연모　내출위설법。　신통력여시　어아승지겁
因其心戀慕　乃出爲說法　神通力如是　於阿僧祇劫

妙法蓮華經 卷 第五

상재영취산―급여제주처。 중생견겁진―대화소소시、
常在靈鷲山 及餘諸住處 衆生見劫盡 大火所燒時

아차토안은 천인상충만、 원림제당각 종종보장엄、
我此土安隱 天人常充滿 園林諸堂閣 種種寶莊嚴

보수다화과 중생소유락。 제천격천고 상작중기악、
寶樹多華菓 衆生所遊樂 諸天擊天鼓 常作衆伎樂

우만다라화 산불급대중、 아정토불훼、 이중견소진、
雨曼陀羅華 散佛及大衆 我淨土不毀 而衆見燒盡

우포제고뇌 여시실충만。 시제죄중생 이악업인연
憂怖諸苦惱 如是悉充滿 是諸罪衆生 以惡業因緣

과아승지겁 불문삼보명。 제유수공덕 유화질직자、
過阿僧祇劫 不聞三寶名 諸有修功德 柔和質直者

즉개견아신― 재차이설법。 혹시위차중 설불수무량、
則皆見我身 在此而說法 或時爲此衆 說佛壽無量

구내견불자 위설불난치。 아지력여시、 혜광조무량、
久乃見佛者 爲說佛難値 我智力如是 慧光照無量

수명무수겁 구수업소득。 여등유지자 물어차생의
壽命無數劫 久修業所得 汝等有智者 勿於此生疑

三五四

당단령영진. 當斷令永盡。

불어실불허. 佛語實不虛。

여의선방편 위치광자고, 如醫善方便 為治狂子故

실재이언사, 무능설허망, 아역위세부 구제고환자, 實在而言死 無能說虛妄 我亦為世父 救諸苦患者

위범부전도 실재이언멸. 이상견아고 이생교자심, 為凡夫顛倒 實在而言滅 以常見我故 而生憍恣心

방일착오욕 타어악도중, 아상지중생─행도불행도, 放逸著五欲 墮於惡道中 我常知眾生 行道不行道

수응소가도 위설종종법. 매자작시의, 「이하령중생 隨應所可度 為說種種法 每自作是意 以何令眾生

득입무상혜 속성취불신」. 得入無上慧 速成就佛身

묘법연화경 분별공덕품 제십칠

妙法蓮華經　分別功德品 第十七

① 이시 대회 문—불설 수명겁수 장원여시, 무량무변 아승지 중생 득—대요익.

爾時 大會 聞佛說 壽命劫數 長遠如是 無量無邊 阿僧祇衆生 得大饒益

어시 세존 고—미륵보살마하살, 『아일다, 아설—시 여래수명장원 시, 육백팔십만억 나유타

於時 世尊 告彌勒菩薩摩訶薩 阿逸多 我說是如來壽命長遠 時 六百八十萬億 那由他

항하사 중생 득—무생법인, 부유—천배 보살마하살 득—

恒河沙衆生 得無生法忍 復有千倍 菩薩摩訶薩 得

문지다라니문, 부유—일세계 미진수 보살마하살 득—요설

聞持陀羅尼門 復有一世界 微塵數 菩薩摩訶薩 得樂說

무애변재, 부유—일세계 미진수 보살마하살 득—백천만억

無礙辯才 復有一世界 微塵數 菩薩摩訶薩 得百千萬億

무량 선다라니、 부유―삼천대천세계 미진수 보살마하살
無量旋陀羅尼 復有三千大千世界微塵數菩薩摩訶薩

능전―불퇴법륜、 부유―이천중국토 미진수 보살마하살
能轉不退法輪 復有二千中國土微塵數菩薩摩訶薩 能

전―청정법륜、 부유―소천국토 미진수 보살마하살 팔생
轉清淨法輪 復有小千國土微塵數菩薩摩訶薩 八生

당득―아욕다라삼먁삼보리、 부유―사사천하 미진수 보살
當得阿耨多羅三藐三菩提 復有四四天下微塵數菩薩

마하살 사생 당득―아욕다라삼먁삼보리、 부유―삼사천하
摩訶薩 四生 當得阿耨多羅三藐三菩提 復有三四天下

미진수 보살마하살 삼생 당득―아욕다라삼먁삼보리、 부
微塵數菩薩摩訶薩 三生 當得阿耨多羅三藐三菩提 復

유―이사천하 미진수 보살마하살 이생 당득―아욕다라삼
有二四天下微塵數菩薩摩訶薩 二生 當得阿耨多羅三

먁삼보리、 부유―일사천하 미진수 보살마하살 일생 당득―
藐三菩提 復有一四天下微塵數菩薩摩訶薩 一生 當得

아욕다라삼먁삼보리、 부유―팔세계 미진수 중생 개발―
阿耨多羅三藐三菩提 復有八世界微塵數眾生 皆發

妙法蓮華經 卷 第五

아뇩다라삼먁삼보리심.
阿耨多羅三藐三菩提心。』

불설-시제보살마하살 득대법리시、어허공중 우-만다라
佛說 是諸菩薩摩訶薩 得大法利時 於虛空中 雨 曼陀羅

화 마하만다라화、이산-무량 백천만억 중보수하 사자좌
華 摩訶曼陀羅華 以散 無量 百千萬億 眾寶樹下 師子座

상 제불、병산-칠보탑중 사자좌상 석가모니불 급
上 諸佛 幷散 七寶塔中 師子座上 釋迦牟尼佛 及

도 다보여래、역산-일체제대보살 급사부중. 우우-세말
度 多寶如來 亦散 一切諸大菩薩 及四部眾 又雨 細抹

전단 침수향등、어허공중 천고자명 묘성심원. 우우-천종
栴檀 沈水香等 於虛空中 天鼓自鳴 妙聲深遠 又雨 千種

천의、수-제영락 진주영락 마니주영락 여의주영락 편어
天衣 垂 諸瓔珞 真珠瓔珞 摩尼珠瓔珞 如意珠瓔珞 徧於

구방、중보향로 소-무가향、자연주지 공양대회、일일불
九方 眾寶香爐 燒 無價香 自然周至 供養大會 一一佛

상 유-제보살、집지-번개 차제이상 지우범천、시제보살
上 有 諸菩薩 執持 幡蓋 次第而上 至于梵天 是諸菩薩

分別功德品 第十七

② 이묘음성 가ー무량송 찬탄제불。
以妙音聲 歌無量頌 讚歎諸佛

이시 미륵보살 종좌이기 편단우견、합장향불 이설게언、
爾時 彌勒菩薩 從座而起 偏袒右肩 合掌向佛 而說偈言

불설희유법 석소미증문、세존유대력、수명불가량。
佛說希有法 昔所未曾聞 世尊有大力 壽命不可量

무수제불자 문세존분별ー설득법리자、환희충편신。
無數諸佛子 聞世尊分別 說得法利者 歡喜充徧身

혹주불퇴지、혹득다라니ー혹무애요설 만억선총지、
或住不退地 或得陀羅尼 或無礙樂說 萬億旋總持

혹유대천계ー미진수보살 각각개능전ー불퇴지법륜、
或有大千界 微塵數菩薩 各各皆能轉 不退之法輪

부유중천계ー미진수보살 각각개능전ー청정지법륜、
復有中千界 微塵數菩薩 各各皆能轉 清淨之法輪

부유소천계ー미진수보살 여각팔생재 당득성불도、
復有小千界 微塵數菩薩 餘各八生在 當得成佛道

부유사삼이ー여차사천하 미진제보살 수수생성불、
復有四三二 如此四天下 微塵諸菩薩 隨數生成佛

혹일사천하 或一四天下 미진수보살 微塵數菩薩 여유일생재 餘有一生在 당성일체지 當成一切智

여시등중생 如是等衆生 문불수장원 聞佛壽長遠 득무량무루 得無量無漏 청정지과보 淸淨之果報

부유팔세계 復有八世界 미진수중생 微塵數衆生 문불설수명 聞佛說壽命 개발무상심 皆發無上心

세존설무량 世尊說無量 불가사의법 不可思議法 다유소요익 多有所饒益 여허공무변 如虛空無邊

우천만다라 雨天曼陀羅 마하만다라 摩訶曼陀羅 석범여항사 釋梵如恒沙 무수불토래 無數佛土來

우전단침수 雨栴檀沈水 빈분이란추 繽紛而亂墜 여조비공하 如鳥飛空下 공산어제불 供散於諸佛

천고허공중 天鼓虛空中 자연출묘성, 自然出妙聲 천의천만종 天衣千萬種 선전이래하, 旋轉而來下

중보묘향로 衆寶妙香爐 소무가지향, 燒無價之香 자연실주편 自然悉周徧 공양제세존, 供養諸世尊

기대보살중 其大菩薩衆 집칠보번개 執七寶幡蓋 고묘만억종 高妙萬億種 차제지범천, 次第至梵天

分別功德品 第十七

일일제불전 보당현승번、역이천만게 가영제여래。
一一諸佛前 寶幢懸勝幡 亦以千萬偈 歌詠諸如來

여시종종사 석소미증유、문불수무량 일체개환희。
如是種種事 昔所未曾有 聞佛壽無量 一切皆歡喜

불명문시방 광요익중생、일체구선근 이조무상심。
佛名聞十方 廣饒益衆生 一切具善根 以助無上心

이시 불고 미륵보살마하살、『아일다、기유중생 문―불수
爾時 佛告 彌勒菩薩摩訶薩 阿逸多 其有衆生 聞佛壽

명 장원여시、내지능생―일념신해、소득공덕 무유한량。약
命 長遠如是 乃至能生 一念信解 所得功德 無有限量 若

유―선남자 선여인 위―아뇩다라삼먁삼보리고、어팔십만
有 善男子 善女人 爲 阿耨多羅三藐三菩提故 於八十萬

억 나유타겁、행―오바라밀、단바라밀 시라바라밀 찬제바
億 那由他劫 行 五波羅蜜 檀波羅蜜 尸羅波羅蜜 羼提波

라밀 비리야바라밀 선바라밀、제―반야바라밀、이시공덕
羅蜜 毗梨耶波羅蜜 禪波羅蜜 除 般若波羅蜜 以是功德

비전공덕、백분천분 백천만억분 불급기일、내지―산수비
比前功德 百分千分 百千萬億分 不及其一 乃至 算數譬

유소불능지。 약선남자 선여인 유―여시공덕、 어―아뇩다
喩所不能知　若善男子善女人　有　如是功德　於　阿耨多

라삼먁삼보리 퇴자 무유시처。
羅三藐三菩提　退者　無有是處』

③ 이시 세존 욕―중선차의 이설게언、
爾時世尊欲重宣此義而說偈言

약인구불혜 어팔십만억―나유타겁수、 행오바라밀、
若人求佛慧　於八十萬億　那由他劫數　行五波羅蜜

어시제겁중 보시공양불―급연각제자 병제보살중、
於是諸劫中　布施供養佛　及緣覺弟子　幷諸菩薩衆

진이지음식 상복여와구 전단립정사
珍異之飮食　上服與臥具　栴檀立精舍

여시등보시―종종개미묘、 진차제겁수 이회향불도、
如是等布施　種種皆微妙　盡此諸劫數　以廻向佛道

약부지금계、 청정무결루 구어무상도、 제불지소탄、
若復持禁戒　淸淨無缺漏　求於無上道　諸佛之所歎

약부행인욕 주어조유지、 설중악래가 기심불경동、
若復行忍辱　住於調柔地　設衆惡來加　其心不傾動

分別功德品 第十七

제유득법자　諸有得法者
회어증상만　懷於增上慢
위차소경뇌　爲此所輕惱
여시역능인　如是亦能忍
기유제보살　其有諸菩薩
무량겁행도　無量劫行道
문아설수명　聞我說壽命
시즉능신수　是則能信受

약인실무유　若人實無有
일체제의회　一切諸疑悔
심심수유신　深心須臾信
기복위여차　其福爲如此

유선남녀등　有善男女等
문아설수명　聞我說壽命
내지일념신　乃至一念信
기복과어피　其福過於彼

시인어백천　是人於百千
만억겁수중　萬億劫數中
행차제공덕　行此諸功德
여상지소설　如上之所說

지차일심복　持此一心福
원구무상도　願求無上道
아득일체지　我得一切智
진제선정제　盡諸禪定際

우어무수겁　又於無數劫
주어공한처　住於空閑處
약좌약경행　若坐若經行
제수상섭심　除睡常攝心

이시인연고　以是因緣故
능생제선정　能生諸禪定
팔십억만겁　八十億萬劫
안주심불란　安住心不亂

약부근정진　若復勤精進
지념상견고　志念常堅固
어무량억겁　於無量億劫
일심불해식　一心不懈息

우근정진　憂勤精進

약인근정진　

이시인연고　

지차일심복　

시인어백천　

약인실무유　

유선남녀등　

기유제보살

여시제인등 如是諸人等 정수차경전、 頂受此經典 원「아어미래 願「我於未來
장수도중생、 長壽度衆生
여금일세존。 如今日世尊 제석중지왕 諸釋中之王
도량사자후 道場師子吼
설법무소외、 說法無所畏
아등미래세 我等未來世
일체소존경 一切所尊敬
좌어도량시 坐於道場時
설수역여시」 說壽亦如是」
아등심심자 若有深心者
청정이질직、 清淨而質直
다문능총지 多聞能總持
수의해불어、 隨義解佛語
여시지인등 如是之人等
어차무유의。 於此無有疑

④「우—아일다、약유—문—불 수명장원 해기언취、시인소득
又阿逸多 若有聞佛 壽命長遠 解其言趣 是人所得
공덕 무유한량、능기—여래무상지혜、하황—광문시경 약
功德 無有限量 能起 如來無上之慧 何況 廣聞是經 若
교인문 약자지 약교인지 약자서 약교인서、약이화향영락
教人聞 若自持 若教人持 若自書 若教人書 若以華香瓔珞
당번증개 향유소등 공양경권。시인공덕 무량무변 능생—
幢幡繒蓋 香油蘇燈 供養經卷 是人功德 無量無邊 能生

分別功德品 第十七

일체종지. 아일다, 약선남자 선여인 문—아설 수명장원, 심심신해, 즉위견—불 상재기사굴산 공대보살 제성문중 위요설법. 우견—차사바세계 기지유리 탄연평정, 염부단 금 이계팔도, 보수행렬, 제대루관 개실보성, 기보살중 함 처기중, 약유능—여시관자, 당지, 시위—심신해상.

우부 여래멸후, 약문—시경 이불훼자 기—수희심, 당지, 이위—심신해상, 하황—독송수지지자. 사인 즉위—정대여 래. 아일다, 시선남자 선여인 불수—위아 부기탑사 급작 승방 이사사 공양중승. 소이자하, 시선남자 선여인 수지

一切種智。阿逸多 若善男子 善女人 聞我說 壽命長遠 深心信解 則爲見 佛常在耆闍崛山 共大菩薩 諸聲聞衆 圍繞說法 又見 此娑婆世界 其地琉璃 坦然平正 閻浮檀 金以界八道 寶樹行列 諸臺樓觀 皆悉寶成 其菩薩衆 咸處其中 若有能 如是觀者 當知 是爲深信解相

又復 如來滅後 若聞 是經 而不毀訾 起隨喜心 當知 已爲深信解相 何況 讀誦受持之者 斯人 則爲 頂戴如 來 阿逸多 是善男子 善女人 不須 復爲我 起塔寺 及作 僧坊 以四事 供養衆僧 所以者何 是善男子 善女人 受持

독송—시경전자、위이—기탑 조립승방 공양중승。 즉위—

讀誦 是經典者 爲已 起塔 造立僧坊 供養衆僧 則爲

이불사리 기칠보탑、고광점소 지우범천、현—제번개 급중

以佛舍利 起七寶塔 高廣漸小 至于梵天 懸諸幡蓋 及衆

보령、화향영락 말향 도향 소향 중고기악 소적공후 종

寶鈴 華香瓔珞 抹香 塗香 燒香 衆鼓伎樂 簫笛箜篌 種

종무희 이묘음성 가패찬송、즉위—어무량천만억겁 작시

種舞戲 以妙音聲 歌唄讚頌 則爲 於無量千萬億劫 作是

공양이。

供養已

⑤ 아일다、약아멸후 문—시경전 유능수지、약자서 약교인서、

阿逸多 若我滅後 聞是經典 有能受持 若自書 若教人書

즉위—기립승방。 이적전단 작—제전당 삼십유이、고—팔

則爲 起立僧坊 以赤栴檀 作諸殿堂 三十有二 高八

다라수、고광엄호、백천비구 어기중지、원림욕지 경행선

多羅樹 高廣嚴好 百千比丘 於其中止 園林浴池 經行禪

굴 의복음식 상욕탕약 일체악구 충만기중、여시승방당

窟 衣服飮食 床褥湯藥 一切樂具 充滿其中 如是僧坊堂

分別功德品 第十七

각 약간 백천만억 기수무량, 이차현전 공양-어아 급비구승。

閣 若干 百千萬億 其數無量 以此現前 供養 於我 及比丘僧。

시고 아설, 「여래멸후, 약유-수지독송 위타인설 약자서 약교인서 공양-경권, 불수-부기탑사 급조승방 공양중승。

是故 我說, 「如來滅後, 若有 受持讀誦 爲他人說 若 自書 敎人書 供養經卷 不須 復起塔寺 及造僧坊 供養衆僧」

황부유인 능지시경, 겸행-보시 지계 인욕 정진 일심 지혜。기덕최승 무량무변。비여-허공 동서남북 사유상하 무량무변, 시인공덕 역부여시 무량무변, 질지-일체종지。

況復有人 能持是經 兼行布施 持戒 忍辱 精進 一心 智慧。其德最勝 無量無邊。譬如 虛空 東西南北 四維上下 無量無邊 是人功德 亦復如是 疾至 一切種智。

약인 독송수지-시경, 위타인설, 약자서 약교인서, 부능기탑 급조승방, 공양찬탄-성문중승, 역이-백천만억 찬

若人 讀誦受持 是經 爲他人說, 若自書 若敎人書, 復能起塔 及造僧坊 供養讚歎 聲聞衆僧 亦以 百千萬億 讚

탄지법 찬탄ᅳ보살공덕、우위타인 종종인연 수의해설ᅳ
歎之法 讚歎 菩薩功德 又爲他人 種種因緣 隨義解說

차법화경、부능ᅳ청정지계、여유화자 이공동지 인욕무진、
此法華經 復能 淸淨持戒 與柔和者 而共同止 忍辱無瞋

지념견고、상귀좌선 득제심정、정진용맹 섭제선법、이근
志念堅固 常貴坐禪 得諸深定 精進勇猛 攝諸善法 利根

지혜 선답문난、아일다、약아멸후、제선남자 선여인 수지
智慧 善答問難 阿逸多 若我滅後 諸善男子 善女人 受持

독송ᅳ시경전자、부유ᅳ여시제선공덕、당지、시인 이취도
讀誦 是經典者 復有 如是諸善功德 當知 是人 已趣道

량 근ᅳ아뇩다라삼먁삼보리 좌도수하。아일다、시선남자
場 近 阿耨多羅三藐三菩提 坐道樹下 阿逸多 是善男子

선여인 약좌약립 약행처 차중 변응기탑。일체천인 개응
善女人 若坐若立 若行處 此中 便應起塔 一切天人 皆應

공양、여불지탑。
供養 如佛之塔

⑥ 이시 세존 욕ᅳ중선차의 이설게언、
爾時 世尊 欲 重宣此義 而說偈言

分別功德品 第十七

약아멸도후 능봉지차경、 사인복무량
若我滅度後 能奉持此經 斯人福無量

여상지소설。
如上之所說。

시즉위구족 일체제공양。
是則爲具足 一切諸供養。

이사리기탑、 칠보이장엄、
以舍利起塔 七寶而莊嚴

표찰심고광 점소지범천、 보령천만억
表刹甚高廣 漸小至梵天 寶鈴千萬億

우어무량겁 이공양차탑、 화향제영락
又於無量劫 而供養此塔 華香諸瓔珞

풍동출묘음、
風動出妙音

연향유소등 주잡상조명、 악세법말시
燃香油蘇燈 周匝常照明 惡世法末時

천의중기악
天衣衆伎樂

즉위이여상 구족제공양。 약능지차경
則爲已如上 具足諸供養 若能持此經

능지시경자
能持是經者

이우두전단 기승방공양、 당유삼십이
以牛頭栴檀 起僧坊供養 堂有三十二

즉여불현재、
則如佛現在

상찬묘의복 상와개구족、 백천중주처、
床臥皆具足 百千衆住處

고팔다라수、
高八多羅樹

경행급선굴 종종개엄호。 약유신해심
經行及禪窟 種種皆嚴好

원림제욕지
園林諸浴池

수지독송서、
受持讀誦書

妙法蓮華經 卷 第五

약부교인서、 급공양경권、 산화향말향、 이수만첨복
若復教人書 及供養經卷 散華香抹香 以須曼瞻蔔

아제목다가 훈유상연지、 여시공양자 득무량공덕、
阿提目多伽 薰油常燃之 如是供養者 得無量功德

여허공무변 기복역여시。 황부지차경 겸보시지계
如虛空無邊 其福亦如是 況復持此經 兼布施持戒

인욕락선정、 부진불악구、 공경어탑묘、 겸하제비구、
忍辱樂禪定 不瞋不惡口 恭敬於塔廟 謙下諸比丘

원리자고심、 상사유지혜、 유문난부진 수순위해설、
遠離自高心 常思惟智慧 有問難不瞋 隨順爲解說

약능행시행、 공덕불가량。 약견차법사—성취여시덕、
若能行是行 功德不可量 若見此法師 成就如是德

응이천화산、 천의부기신、 두면접족례、 생심여불상。
應以天華散 天衣覆其身 頭面接足禮 生心如佛想

우응작시념、「불구예도량 득무루무위 광리제인천。」
又應作是念 不久詣道場 得無漏無爲 廣利諸人天

기소주지처 경행약좌와 내지설일게 시중응기탑、
其所住止處 經行若坐臥 乃至說一偈 是中應起塔

三七〇

장엄령묘호 종종이공양。불자주차지 즉시불수용、
莊嚴令妙好 種種以供養 佛子住此地 則是佛受用

상재어기중 경행급좌와。
常在於其中 經行及坐臥

묘법연화경 권 제육

妙法蓮華經 卷 第六

묘법연화경 수희공덕품 제십팔

妙法蓮華經 隨喜功德品 第十八

① 이시 미륵보살마하살 백불언, 『세존, 약유―선남자 선여인, 문―시법화경 수희자, 득―기소복.

爾時 彌勒菩薩摩訶薩 白佛言 世尊 若有善男子 善女人 聞 是法華經 隨喜者 得 幾所福

이설게언,

而說偈言

세존멸도후, 기유문시경 약능수희자 위득기소복.

世尊滅度後 其有聞是經 若能隨喜者 爲得幾所福

이시 불고―미륵보살마하살, 『아일다, 여래멸후 약비구비 구니 우바새우바이 급여지자 약장약유, 문―시경 수희이,

爾時 佛告 彌勒菩薩摩訶薩 阿逸多 如來滅後 若比丘比丘尼 優婆塞優婆夷 及餘智者 若長若幼 聞 是經 隨喜已

隨喜功德品 第十八

종법회출 지어여처、 약재승방 약공한지 약성읍항맥 취락
從法會出 至於餘處 若在僧坊 若空閑地 若城邑巷陌 聚落
전리、여기소문 위—부모종친 선우지식 수력연설、시제인
田里 如其所聞 爲 父母宗親 善友知識 隨力演說 是諸人
등 문이수희 부행전교、여인문이 역—수희전교、여시전
等 聞已隨喜 復行轉教 餘人聞已 亦隨喜轉教 如是展轉
지제오십、아일다、기제오십 선남자 선여인 수희공덕 아
至第五十 阿逸多 其第五十 善男子 善女人 隨喜功德 我
금설지、여당선청。
今說之 汝當善聽。

약—사백만억 아승지세계 육취、사생중생—난생 태생 습
若 四百萬億 阿僧祇世界 六趣 四生衆生 卵生 胎生 濕
생 화생、약유형무형 유상무상 비유상비무상、무족 이족
生 化生 若有形無形 有想無想 非有想非無想 無足 二足
사족다족、여시등 재중생수자、유인 구복 수기소욕 오락
四足多足 如是等 在衆生數者 有人 求福 隨其所欲 娛樂
지구 개급여지、일일중생 여—만—염부제 금은유리 차거
之具 皆給與之 一一衆生 與 滿 閻浮提 金銀琉璃 硨磲

마노 산호호박 제묘진보 급상마거승 칠보소성 궁전누각
마노 珊瑚琥珀 諸妙珍寶 及象馬車乘 七寶所成 宮殿樓閣

등。시대시주 여시보시 만一팔십년이, 이작시념, 「아이
等 是大施主 如是布施 滿 八十年已 而作是念 我已

시一중생 오락지구 수의소욕, 연차중생 개이쇠로 연과팔
施 衆生 娛樂之具 隨意所欲 然此衆生 皆已衰老 年過八

십、발백면추 장사불구、아당 이불법 이훈도지。즉一집차
十 髮白面皺 將死不久 我當 以佛法 而訓導之 即 集此

중생 선포법화 시교리희、일시 개득一수다원도 사다함도
衆生 宣布法化 示教利喜 一時 皆得 須陀洹道 斯陀含道

아나함도 아라한도、진제유루 어심선정 개득자재 구一팔
阿那含道 阿羅漢道 盡諸有漏 於深禪定 皆得自在 具 八

해탈、어여의운하。시대시주 소득공덕 영위다。부。미륵
解脫 於汝意云何 是大施主 所得功德 寧爲多 不 彌勒

백불언、『세존、시인공덕 심다 무량무변。약시시주 단시一
白佛言 世尊 是人功德 甚多 無量無邊 若是施主 但施

중생 일체악구、공덕무량、하황영득一아라한과』
衆生 一切樂具 功德無量 何況令得 阿羅漢果

② 불고미륵、『아금 분명어여。시인 이일체악구 시―어사백

佛告彌勒 我今 分明語汝 是人 以一切樂具 施 於四百

만억 아승지세계 육취중생、우령득―아라한과、소득공덕

萬億 阿僧祇世界 六趣衆生 又令得 阿羅漢果 所得功德

불여―시제오십인 문―법화경일게 수희공덕、백분천분 백

不如 是第五十人 聞 法華經一偈 隨喜功德 百分千分 百

천만억분 불급기일、내지―산수비유 소불능지。아일다、여

千萬億分 不及其一 乃至 算數譬喩 所不能知 阿逸多 如

시 제오십인 전전문―법화경、수희공덕 상―무량무변 아

是 第五十人 展轉聞 法華經 隨喜功德 尙 無量無邊 阿

승지、하황―최초어회중 문이수희자。기복 부승、무량무

僧祇 何況 最初於會中 聞而隨喜者 其福 復勝 無量無

변 아승지 불가득비。

邊 阿僧祇 不可得比

우―아일다、약인 위시경고 왕예승방、약좌약립 수유청수、

又 阿逸多 若人 爲是經故 往詣僧坊 若坐若立 須臾聽受

연시공덕 전신소생、득―호상묘 상마거승 진보연여 급승

緣是功德 轉身所生 得 好上妙 象馬車乘 珍寶輦輿 及乘

妙法蓮華經 卷 第六

천궁. 약부유인 어강법처좌、갱유인래 권령좌청、약분좌
天宮 若復有人 於講法處坐 更有人來 勸令坐聽 若分座

령좌、시인공덕 전신득—제석좌처 약범왕좌처 약전륜성왕
令坐 是人功德 轉身得 帝釋坐處 若梵王坐處 若轉輪聖王

소좌지처。
所坐之處。

아일다、약부유인 어여인언、「유경 명—법화、가공왕청。
阿逸多 若復有人 語餘人言 有經 名 法華 可共往聽」

즉수기교 내지—수유간문、시인공덕 전신 득—여다라니보
即受其教 乃至 須臾間聞 是人功德 轉身 得 與陀羅尼菩

살 공생일처。이근지혜、백천만세 종불음아、구기—불취、
薩 共生一處 利根智慧 百千萬世 終不瘖瘂 口氣 不臭

설—상무병、구—역무병、치—불구흑 불황불소 역불결락
舌 常無病 口 亦無病 齒 不垢黑 不黃不疎 亦不缺落

불차불곡、순—불하수 역불건축 불추삽 불창진 역불결괴
不差不曲 脣 不下垂 亦不褰縮 不麤澁 不瘡胗 亦不缺壞

역불괘사 불후부대 역불리흑 무제가악、비—불변제 역불
亦不喎斜 不厚不大 亦不黧黑 無諸可惡 鼻 不匾㔸 亦不

隨喜功德品 第十八

곡려、면—색불흑 역불협장 역불와곡 무유—일체 불가희
曲戾、面色不黑 亦不狹長 亦不窊曲 無有一切 不可喜
상、순설아치—실개엄호、비—수고직、면모—원만、미—고
相脣舌牙齒悉皆嚴好 鼻脩高直 面貌圓滿 眉高
이장、액—광평정 인상구족、세세소생 견불 문법 신수교
而長 額廣平正 人相具足 世世所生 見佛聞法信受教
회。아일다、여 차관시。권어일인 영왕청법 공덕 여차、
誨。阿逸多 汝且觀是 勸於一人 令往聽法 功德 如此
하황 일심청설독송、이어대중 위인분별、여설수행。
何況 一心聽說讀誦 而於大衆 爲人分別 如說修行

이시 세존 욕—중선차의 이설게언、
爾時世尊 欲重宣此義 而說偈言

③
약인어법회 득문시경전、내지어일게
若人於法會 得聞是經典 乃至於一偈
수희위타설、전전교 지우제오십、최후인획복
隨喜爲他說 展轉教 至于第五十 最後人獲福
금당분별지。
今當分別之

여유대시주 공급무량중、구만팔십세—수의지소욕、
如有大施主 供給無量衆 具滿八十歲 隨意之所欲

견피쇠로상- 발백이면추치소형고갈、염기사불구、
見彼衰老相 髮白而面皺 齒疎形枯竭 念其死不久

"아금응당교영득어도과。
我今應當教 令得於道果

즉위방편설- 열반진실법、
即爲方便說 涅槃眞實法

"세개불뢰고、여수말포염、여등함응당질생염리심"
世皆不牢固 如水沫泡焰 汝等咸應當 疾生厭離心

제인문시법개득아라한 구족육신통- 삼명팔해탈、
諸人聞是法 皆得阿羅漢 具足六神通 三明八解脫

최후제오십문일게수희、시인복승피불가위비유。
最後第五十 聞一偈隨喜 是人福勝彼 不可爲譬喻

여시전전문기복상무량、하황어법회초문수희자。
如是展轉聞 其福尙無量 何況於法會 初聞隨喜者

약유권일인장인청법화 언"차경심묘천만겁난우。"
若有勸一人 將引聽法華 言 此經深妙 千萬劫難遇

즉수교왕청、내지수유문、사인지복보금당분별설。
即受教往聽 乃至須臾聞 斯人之福報 今當分別說

세세무구환、치불소황흑、순불후건결무유가악상、
世世無口患 齒不疎黃黑 脣不厚褰缺 無有可惡相

세세무구환、치불소황흑、순불후건결무유가악상、
世世無口患 齒不疎黃黑 脣不厚褰缺 無有可惡相

설불건흑단、비고수차직、액광이평정、면목실단엄
舌不乾黑短 鼻高脩且直 額廣而平正 面目悉端嚴

위인소희견、구기무취예 우발화지향 상종기구출。
爲人所喜見 口氣無臭穢 優鉢華之香 常從其口出

약고예승방 욕청법화경 수유문환희、금당설기복。
若故詣僧坊 欲聽法華經 須臾聞歡喜 今當說其福

후생천인중 득묘상마거—진보지련여 급승천궁전。
後生天人中 得妙象馬車 珍寶之輦輿 及乘天宮殿

약어강법처 권인좌청경、시복인연득—석범전륜좌、
若於講法處 勸人坐聽經 是福因緣得 釋梵轉輪座

하황일심청 해설기의취 여설이수행。기복불가한。
何況一心聽 解說其義趣 如說而修行 其福不可限

隨喜功德品 第十八

三七九

묘법연화경 법사공덕품 제십구

妙法蓮華經 法師功德品 第十九

① 이시 불고—상정진보살마하살, "약선남자 선여인 수지—

爾時 佛告 常精進菩薩摩訶薩 若善男子 善女人 受持

시법화경, 약독 약송 약해설 약서사, 시인 당득—팔백안

是法華經 若讀 若誦 若解說 若書寫 是人 當得 八百眼

공덕 천이백이공덕 팔백비공덕 천이백설공덕 팔백신공덕

功德 千二百耳功德 八百鼻功德 千二百舌功德 八百身功德

천이백의공덕, 이시공덕 장엄육근 개령청정.

千二百意功德 以是功德 莊嚴六根 皆令淸淨

시선남자 선여인 부모소생 청정육안, 견—어삼천대천세계

是善男子 善女人 父母所生 淸淨肉眼 見 於三千大千世界

내외소유 산림하해, 하지아비지옥 상지유정, 역견—기중

內外所有 山林河海 下至阿鼻地獄 上至有頂 亦見 其中

法師功德品 第十九

일체중생、 급—업인연 과보생처、 실견、 실지。

이시 세존 욕—중선차의 이설게언、

『부차상정진、 약선남자 선여인 수지—차경、 약독약송 약

이무소외심 설시법화경、 여청기공덕。

약어대중중

시인득팔백—공덕수승안、 이시장엄고

기목심청정。

부모소생안 실견삼천계—내외미루산 수미급철위

병제여산림 대해강하수、 하지아비옥 상지유정처、

기중제중생 일체개실견、 수미득천안、 육안력여시。

해설 약서사、 득—천이백 이공덕。 이시청정이 문—삼천대

一切衆生、 及 業因緣 果報生處 悉見 悉知』

爾時 世尊 欲 重宣此義 而說偈言

若於大衆中 以無所畏心 說是法華經 汝聽其功德

是人得八百 功德殊勝眼 以是莊嚴故 其目甚淸淨

父母所生眼 悉見三千界 內外彌樓山 須彌及鐵圍

幷諸餘山林 大海江河水 下至阿鼻獄 上至有頂處

其中諸衆生 一切皆悉見 雖未得天眼 肉眼力如是

復次常精進 若善男子 善女人 受持此經 若讀若誦 若

解說 若書寫 得 千二百 耳功德 以是淸淨耳 聞 三千大

천세계 하지아비지옥 상지유정 기중내외 종종소유 어언
千世界 下至阿鼻地獄 上至有頂 其中內外 種種所有 語言

음성, 상성마성 우성거성 제곡성 수탄성, 나성고성 종성
音聲 象聲馬聲 牛聲車聲 啼哭聲 愁歎聲 螺聲鼓聲 鍾聲

영성 소성어성 남성여성 동자성 동녀성, 법성비법성 고
鈴聲 笑聲語聲 男聲女聲 童子聲 童女聲 法聲非法聲 苦

성낙성 범부성 성인성 희성 불희성, 천성용성 야차성
聲樂聲 凡夫聲 聖人聲 喜聲 不喜聲 天聲龍聲 夜叉聲

건달바성 아수라성 가루라성 긴나라성 마후라가성, 화성
乾闥婆聲 阿修羅聲 迦樓羅聲 緊那羅聲 摩睺羅伽聲 火聲

수성 풍성, 지옥성 축생성 아귀성, 비구성 비구니성
水聲 風聲 地獄聲 畜生聲 餓鬼聲 比丘聲 比丘尼聲

문성 벽지불성 보살성 불성。 이요언지, 삼천대천세계중
聞聲 辟支佛聲 菩薩聲 佛聲 以要言之 三千大千世界中

일체내외 소유제성, 수미득천이, 이부모소생 청정상이 개
一切內外 所有諸聲 雖未得天耳 以父母所生 清淨常耳 皆

실문지, 여시분별—중종음성, 이불괴이근。』
悉聞知 如是分別 種種音聲 而不壞耳根

② 이시 세존 욕－중선차의 이설게언、

爾時世尊欲重宣此義而說偈言

부모소생이 청정무탁예、이차상이문－삼천세계성。

父母所生耳 清淨無濁穢 以此常耳聞 三千世界聲

상마거우성 종령나고성 금슬공후성 소적지음성

象馬車牛聲 鍾鈴螺鼓聲 琴瑟箜篌聲 簫笛之音聲

청정호가성 청지이불착、무수종인성 문실능해료、

清淨好歌聲 聽之而不著 無數種人聲 聞悉能解了

우문제천성－미묘지가음、급문남녀성－동자동녀성、

又聞諸天聲 微妙之歌音 及聞男女聲 童子童女聲

산천험곡중 가릉빈가성 명명등제조 실문기음성、

山川險谷中 迦陵頻伽聲 命命等諸鳥 悉聞其音聲

지옥중고통 종종초독성、아귀기갈핍 구색음식성、

地獄衆苦痛 種種楚毒聲 餓鬼飢渴逼 求索飮食聲

제아수라등 거재대해변 자공언어시 출우대음성、

諸阿修羅等 居在大海邊 自共言語時 出于大音聲

여시설법자 안주어차간、요문시중성 이불괴이근、

如是說法者 安住於此間 遙聞是衆聲 而不壞耳根

妙法蓮華經 卷 第六

시방세계중   금수명상호、
十方世界中   禽獸鳴相呼   어차실문지、
         其說法之人   於此悉聞之

기제범천상   광음급변정
其諸梵天上   光音及遍淨   언어지음성、
         乃至有頂天   言語之音聲

법사주어차   일체비구중
法師住於此   一切比丘衆   급제비구니
悉皆得聞之   及諸比丘尼

약독송경전   약위타인설、
若讀誦經典   若爲他人說   실개득문지、
         法師住於此   悉皆得聞之

부유제보살   독송어경법
復有諸菩薩   讀誦於經法   약위타인설
         若爲他人說

여시제음성、   제불대성존
如是諸音聲   諸佛大聖尊   찬집해기의
悉皆得聞之   撰集解其義

어제대회중   연설미묘법、
於諸大會中   演說微妙法   교화중생자
         持此法華者   教化衆生者

삼천대천계   내외제음성、
三千大千界   內外諸音聲   상지유정천
         下至阿鼻獄   上至有頂天

개문기음성、   이불괴이근、
皆聞其音聲   而不壞耳根   실능분별지。
         其耳聰利故   悉能分別知

三八四

③ 『부차상정진、약선남자 선여인 수지―시경, 약독약송 약해설 약서사、성취―팔백 비공덕。이시청정비근 문―어삼천대천세계 상하내외 종종제향, 수만나화향 사제화향 리화향 첨복화향 바라라화향 적련화향 청련화향 백련화향 화수향 과수향 전단향 침수향 다마라발향 다가라향、향 천만종 화향、약말 약환 약도향, 지시경자 어차간주 실능분별。우부별지―중생지향 상향마향 우양등향 남여향 동자향 동녀향 급―초목총림향、약근약원 소유제향

復次常精進 若善男子 善女人 受持 是經 若讀 若誦 若解說 若書寫 成就 八百 鼻功德 以是清淨鼻根 聞於 三千大千世界 上下內外 種種諸香 須曼那華香 闍提華香 末利華香 瞻蔔華香 波羅羅華香 赤蓮華香 青蓮華香 白蓮華香 華樹香 菓樹香 栴檀香 沈水香 多摩羅跋香 多伽羅香 及千萬種 和香 若抹 若丸 若塗香 持是經者 於此間住 悉能分別 又復別知 眾生之香 象香馬香 牛羊等香 男女香 童子香 童女香 及草木叢林香 若近若遠 所有諸香

『지시법화자 수미득천이 단용소생이 공덕이여시。

持是法華者 雖未得天耳 但用所生耳 功德已如是

妙法蓮華經 卷 第六

실개득문 분별불착.
悉皆得聞 分別不錯

지시경자 수주어차, 역문ㅡ천상제천지향, 바리질다라 구비
持是經者 雖住於此 亦聞 天上諸天之香 波利質多羅拘鞞

다라수향 급만다라화향 마하만다라화향 만수사화향 마하
陀羅樹香 及曼陀羅華香 摩訶曼陀羅華香 曼殊沙華香 摩訶

만수사화향 전단 침수 종종말향 제잡화향, 여시등 천향
曼殊沙華香 栴檀 沈水 種種抹香 諸雜華香 如是等 天香

화합 소출지향, 무불문지, 우문ㅡ제천신향, 석제환인 재
和合 所出之香 無不聞知 又聞 諸天身香 釋提桓因 在

승전상 오욕오락 희희시향, 약재ㅡ묘법당상 위ㅡ도리제천
勝殿上 五欲娛樂 嬉戲時香 若在 妙法堂上 爲 忉利諸天

설법시향, 약어제원 유희시향, 급여천등 남녀신향, 개실
說法時香 若於諸園 遊戲時香 及餘天等 男女身香 皆悉

요문, 여시전전 내지ㅡ범세、상지ㅡ유정 제천신향, 역개
遙聞 如是展轉 乃至 梵世 上至 有頂 諸天身香 亦皆

문지、병문ㅡ제천 소소지향、급성문향 벽지불향 보살향
聞之 幷聞 諸天 所燒之香 及聲聞香 辟支佛香 菩薩香

諸佛身香 亦皆遙聞 知其所在
제불신향、 역개요문 지기소재。 수문—차향、 연어비근 불
雖聞 此香 然於鼻根 不
壞不錯。 若欲 分別 爲他人說 憶念不謬」
괴불착。 약욕—분별 위타인설 억념불류。

爾時世尊 欲重宣此義 而說偈言
이시 세존 욕—중선차의 이설게언、

是人鼻清淨 於此世界中
시인비청정 어차세계중、

若香若臭物 種種悉聞知
약향약취물 종종실문지、

須曼那闍提 多摩羅栴檀
수만나사제 다마라전단

沈水及桂香 種種華菓香
침수급계향 종종화과향

及知衆生香 男子女人香
급지중생향—남자여인향。

說法者遠住 聞香知所在
설법자원주 문향지소재。

大勢轉輪王 小轉輪及子
대세전륜왕 소전륜급자

群臣諸宮人 聞香知所在
군신제궁인 문향지소재、

身所著珍寶 及地中寶藏
신소착진보 급지중보장

轉輪王寶女 聞香知所在
전륜왕보녀 문향지소재、

諸人嚴身具 衣服及瓔珞
제인엄신구 의복급영락

種種所塗香 聞香知其身
종종소도향 문향지기신、

妙法蓮華經 卷 第六

제천약행좌　諸天若行坐　유희급신변、遊戲及神變　지시법화자持是法華者　문향실능지、聞香悉能知

제수화과실　諸樹華菓實　급소유향기、及蘇油香氣　지경자주차持經者住此　실지기소재、悉知其所在

제산심험처　諸山深險處　전단수화부、栴檀樹華敷　중생재중자衆生在中者　문향실능지、聞香悉能知

철위산대해　鐵圍山大海　지중제중생、地中諸衆生　지경자문향持經者聞香　실지기소재、悉知其所在

아수라남녀　阿修羅男女　급기제권속、及其諸眷屬　투쟁유희시鬪諍遊戲時　문향개능지、聞香皆能知

광야험애처　曠野險隘處　사자상호랑、師子象虎狼　야우수우등野牛水牛等　문향지소재、聞香知所在

약유회임자　若有懷妊者　미변기남녀、未辨其男女　무근급비인無根及非人　문향실능지、聞香悉能知

이문향력고　以聞香力故　지기초회임、知其初懷妊　성취불성취成就不成就　안락산복자、安樂產福子

이문향력고　以聞香力故　지남녀소념、知男女所念　염욕치에심染欲癡恚心、　역지수선자亦知修善者

法師功德品 第十九

④
지중중복장 地中衆伏藏
종종제영락 種種諸瓔珞
천상제화등 天上諸華等
천상제궁전 天上諸宮殿
천원림승전 天園林勝殿
제천약청법 諸天若聽法
천녀소착의 天女所著衣
여시전전상 如是展轉上
광음변정천 光音徧淨天

금은제진보 金銀諸珍寶
무능식기가 無能識其價
만다만수사 曼陀曼殊沙
상중하차별 上中下差別
제관묘법당 諸觀妙法堂
혹수오욕시 或受五欲時
호화향장엄 好華香莊嚴
내지어범세 乃至於梵世
내지우유정 乃至于有頂

동기지소성 銅器之所盛
문향지귀천 聞香知貴賤 出處及所在
바리질다수 波利質多樹
중보화장엄 衆寶華莊嚴
재중이오락 在中而娛樂
내왕행좌와 來往行坐臥
주선유희시 周旋遊戲時
입선출선자 入禪出禪者
초생급퇴몰 初生及退沒

문향실능지、聞香悉能知
문향지귀천—출처급소재。
문향실능지、
문향실능지、
문향실능지、
문향실능지、
문향실능지、
문향실능지、
문향실능지、
문향실능지、
문향실능지、
문향실능지

제비구중등 諸比丘衆等 어법상상정진、 於法常精進 약좌약경행 若坐若經行 급독송경전、 及讀誦經典

혹재림수하 或在林樹下 전정이좌선、 專精而坐禪 지경자문향 持經者聞香 실지기소재、 悉知其所在

보살지견고 菩薩志堅固 좌선약독송 坐禪若讀誦 혹위인설법 或爲人說法 문향실능지。 聞香悉能知

재재방세존 在在方世尊 일체소공경 一切所恭敬 민중이설법 愍衆而說法 문향실능지、 聞香悉能知

중생재불전 衆生在佛前 문경개환희 聞經皆歡喜 여법이수행 如法而修行 문향실능지。 聞香悉能知

수미득보살 雖未得菩薩 무루법생비、 無漏法生鼻 이시지경자 而是持經者 선득차비상。 先得此鼻相

『부차상정진、 약선남자 선여인 수지—시경、 약독약송 약
復次常精進 若善男子善女人 受持是經 若讀若誦若

해설 약서사、 득—천이백 설공덕。 약호약추 약미불미 급
解說 若書寫 得千二百舌功德 若好若醜 若美不美 及

제고삽물 재기설근、 개변성—상미、 여천감로 무불미자。 약
諸苦澁物 在其舌根 皆變成上味 如天甘露 無不美者 若

法師功德品 第十九

이설근 어대중중 유소연설、출ー심묘성 능입기심、개령환
以舌根 於大衆中 有所演說 出深妙聲 能入其心 皆令歡
희쾌락。 우제 천자천녀 석범제천 문ー시심묘음성 유소연
喜快樂。 又諸 天子天女 釋梵諸天 聞 是深妙音聲 有所演
설、 언론차제 개실래청、 급ー제룡 용녀 야차 야차녀 건
說、 言論次第 皆悉來聽 及 諸龍 龍女 夜叉 夜叉女 乾
달바 건달바녀 아수라 아수라녀 가루라 가루라녀 긴나
闥婆 乾闥婆女 阿修羅 阿修羅女 迦樓羅 迦樓羅女 緊那
라 긴나라녀 마후라가 마후라가녀、 위청법고 공
羅 緊那羅女 摩睺羅伽 摩睺羅伽女 爲聽法故 皆來親近 恭
경공양、 급ー비구비구니 우바새우바이 국왕왕자 군신권속、
敬供養 及 比丘比丘尼 優婆塞優婆夷 國王王子 群臣眷屬
소전륜왕 대전륜왕 칠보천자 내외권속、 승기궁전 구래청
小轉輪王 大轉輪王 七寶千子 內外眷屬 乘其宮殿 俱來聽
법、 이시보살 선설법고、 바라문 거사 국내인민、 진기형수
法 以是菩薩 善說法故 婆羅門 居士 國內人民 盡其形壽
수시공양、 우제 성문 벽지불 보살 제불 상락견지、 시인
隨侍供養 又諸 聲聞 辟支佛 菩薩 諸佛 常樂見之 是人

所在方面 諸佛 皆向其處 說法 悉能受持 一切佛法 又

소재 방면、제불 개향기처 설법、실능수지―일체불법、우

能出於深妙法音.

능출어―심묘법음.』

爾時世尊欲重宣此義 而說偈言

이시 세존 욕―중선차의 이설게언、

⑤

是人舌根淨 終不受惡味 其有所食噉 悉皆成甘露

시인설근정 종불수악미、기유소식담 실개성감로.

以深淨妙聲 於大衆說法 以諸因緣喩 引導衆生心

이심정묘성 어대중설법、이제인연유 인도중생심.

聞者皆歡喜 設諸上供養 諸天龍夜叉 及阿修羅等

문자개환희 설제상공양. 제천룡야차 급아수라등

皆以恭敬心 而共來聽法 是說法之人 若欲以妙音

개이공경심 이공래청법。 시설법지인 약욕이묘음―

徧滿三千界 隨意即能至 大小轉輪王 及千子眷屬

편만삼천계 수의즉능지、대소전륜왕 급천자권속

合掌恭敬心 常來聽受法 諸天龍夜叉 羅刹毗舍闍

합장공경심 상래청수법、제천룡야차 나찰비사사

法師功德品 第十九

역이환희심 亦以歡喜心 상락래공양、 常樂來供養 범천왕마왕 梵天王魔王 자재대자재 自在大自在

여시제천중 如是諸天衆 상래지기소。 常來至其所 제불급제자 諸佛及弟子 문기설법음、聞其說法音

상념이수호 常念而守護 혹시위현신。或時爲現身

『부차상정진 復次常精進 약선남자 若善男子 선여인 善女人 수지ㅡ시경、受持是經 약독약송 若讀若誦 약

해설 解說 약서사、若書寫 득ㅡ팔백 得八百 신공덕。身功德 득ㅡ청정신、得淸淨身 여정유리 如淨琉璃 중

생 희견、衆生喜見 기신 其身 정고 淨故 삼천대천세계 三千大千世界 중생 衆生 생시사시 生時死時 상하

호추 好醜 생ㅡ선처악처、生善處惡處 실어중현。悉於中現 급철위산 及鐵圍山 대철위산 大鐵圍山 미루산 彌樓山

마하미루산등 摩訶彌樓山等 제산、諸山 급기중중생、及其中衆生 실어중현。悉於中現 하지ㅡ아비지 下至阿鼻地

옥 獄 상지ㅡ유정 上至有頂 소유급중생、所有及衆生 실어중현。悉於中現 약성문 若聲聞 벽지불 辟支佛 보 菩

살 제불설법、개어신중 현—기색상。
薩 諸佛說法 皆於身中 現 其色像

이시 세존 욕—중선차의 이설게언、
爾時世尊 欲重宣此義 而說偈言

약지법화자
若持法華者

기신심청정
其身甚淸淨

여피정유리、
如彼淨琉璃

중생개희견。
衆生皆喜見

우여정명경—
又如淨明鏡

실견제색상、
悉見諸色像

보살어정신
菩薩於淨身

개견세소유、
皆見世所有

유독자명료
唯獨自明了

여인소불견。
餘人所不見

삼천세계중
三千世界中

일체제군맹
一切諸群萌

천인아수라
天人阿修羅

지옥귀축생、
地獄鬼畜生

여시제색상
如是諸色像

개어신중현。
皆於身中現

제천등궁전
諸天等宮殿

내지어유정—
乃至於有頂

철위급미루
鐵圍及彌樓

마하미루산
摩訶彌樓山

제대해수등
諸大海水等

개어신중현、
皆於身中現

제불급성문
諸佛及聲聞

불자보살등
佛子菩薩等

약독약재중
若獨若在衆

설법실개현、
說法悉皆現

수미득무루—
雖未得無漏

법성지묘신、
法性之妙身

⑥ 『부차상정진、약선남자 선여인 여래멸후 수지―시경、약
독약송 약해설 약서사、득―천이백 의공덕。이시청정의근

이청정상체 일체어중현。

復次常精進 若善男子 善女人 如來滅後 受持 是經 若
讀誦 若解說 若書寫 得 千二百 意功德 以是清淨意根

내지문―일게일구、통달―무량무변지의、해시의이、능연
설―일구일게、지―어일월사월 내지―일세、제소설법 수
기의취 개여실상 불상위배、약설―속간경서 치세어언자
생업등、개순정법。삼천대천세계 육취중생 심지소행 심
소동작 심소희론 개실지지、수미득―무루지혜、이기의근
청정여차、시인 유소사유 주량언설 개시불법 무부진실、

乃至聞 一偈一句 通達 無量無邊之義 解是義已 能演
說 一句一偈 至 於一月四月 乃至 一歲 諸所說法 隨
其義趣 皆與實相 不相違背 若說 俗間經書 治世語言 資
生業等 皆順正法。三千大千世界 六趣衆生 心之所行 心
所動作 心所戲論 雖未得 無漏智慧 而其意根
清淨如此 是人 有所思惟 籌量言說 皆是佛法 無不眞實、

以清淨常體 一切於中現

法師功德品 第十九

三九五

亦是先佛 經中所說」

爾時世尊欲重宣此義 而說偈言

역시선불 경중소설。

이시 세존 욕－중선차의 이설게언、

이시인의청정 명리무탁예、이차묘의근
是人意清淨 明利無濁穢 以此妙意根

내지문일게 통달무량의
乃至聞一偈 通達無量義

시세계내외 일체제중생
是世界內外 一切諸衆生

기재육취중 소념약간종、
其在六趣中 所念若干種

시방무수불 백복장엄상
十方無數佛 百福莊嚴相

사유무량의 설법역무량、
思惟無量義 說法亦無量

실지제법상、수의식차제、달명자어언、여소지연설。
悉知諸法相 隨義識次第 達名字語言 如所知演說。

지상중하법、
知上中下法

차제여법설、월사월지세、
次第如法說 月四月至歲

약천룡급인 야차귀신등、
若天龍及人 夜叉鬼神等

지법화지보 일시개실지。
持法華之報 一時皆悉知

위중생설법 실문능수지、
為衆生說法 悉聞能受持

종시불망착 이지법화고。
終始不忘錯 以持法華故

실지제법상、수의식차제、달명자어언、여소지연설。
悉知諸法相 隨義識次第 達名字語言 如所知演說。

法師功德品 第十九

차인유소설　개시선불법、이연차법고　어중무소외。
此人有所說　皆是先佛法　以演此法故　於衆無所畏

지법화경자　의근정약사、수미득무루、선유여시상。
持法華經者　意根淨若斯　雖未得無漏　先有如是相

시인지차경　안주희유지、위일체중생　환희이애경、
是人持此經　安住希有地　爲一切衆生　歡喜而愛敬

능이천만종　선교지어언　분별이설법、지법화경고。
能以千萬種　善巧之語言　分別而說法　持法華經故

묘법연화경 상불경보살품 제이십

妙法蓮華經 常不輕菩薩品 第二十

① 이시 불고 득대세보살마하살, 『여금당지. 약비구비구니 우바새우바이 지 ― 법화경자 약유악구 매리비방, 획 ― 대죄 보여전소설, 기소득공덕 여향소설 안이비설신의 청정. 득대세, 내왕고석 과 ― 무량무변 불가사의 아승지겁 유불, 명 ― 위음왕 여래 응공 정변지 명행족 선서 세간해 무상 사 조어장부 천인사 불 세존, 겁명 ― 이쇠, 국명 ― 대성.

爾時 佛告 得大勢菩薩摩訶薩 持法華經者 若有惡口 罵詈誹謗 獲大罪 報如前所說 其所得功德 如向所說 眼耳鼻舌身意 清淨。 得大勢 乃往古昔 過無量無邊 不可思議 阿僧祇劫 有佛 名威音王 如來 應供 正徧知 明行足 善逝 世間解 無上 士 調御丈夫 天人師 佛 世尊 劫名 離衰 國名 大成。

常不輕菩薩品 第二十

기위음왕불 어피세중 위ー천인아수라 설법, 위구성문자
其威音王佛 於彼世中 爲 天人阿修羅 說法 爲求聲聞者
설응ー사제법 도ー생로병사 구경열반, 위구벽지불자 설
說應 四諦法 度 生老病死 究竟涅槃 爲求辟支佛者 說
응ー십이인연법, 위제보살 인ー아뇩다라삼먁삼보리 설응ー
應 十二因緣法 爲諸菩薩 因 阿耨多羅三藐三菩提 說應
육바라밀법 구경불혜。 득대세、 시위음왕불 수ー사십만억
六波羅蜜法 究竟佛慧 得大勢 是威音王佛 壽 四十萬億
나유타 항하사겁、 정법주세겁수 여ー일염부제미진、 상법
那由他 恒河沙劫 正法住世劫數 如 一閻浮提微塵 像法
주세겁수 여ー사천하미진。
住世劫數 如 四天下微塵

기불 요익중생이 연후 멸도、 정법상법 멸진지후 어차국
其佛 饒益衆生已 然後 滅度 正法像法 滅盡之後 於此國
토 부유불출、 역호ー위음왕 여래 응공 정변지 명행족 선
土 復有佛出 亦號 威音王 如來 應供 正徧知 明行足 善
서 세간해 무상사 조어장부 천인사 불 세존。 여시차제
逝 世間解 無上士 調御丈夫 天人師 佛 世尊 如是次第

유―이만억불、개동일호。 최초위음왕여래 기이멸도、정법
멸후 어상법중 증상만비구 유대세력。 이시 유―일보살비
구、명―상불경。 득대세、이하인연 명―상불경、 시비구범
유소견 약비구비구니 우바새우바이 개실예배찬탄、이작시
언、「아 심경여등 불감경만、 소이자하、 여등 개행보살도
당득작불。」 이시비구 부전독송경전 단행예배、내지―원견
사중 역부고왕 예배찬탄、 이작시언、「아 불감경어여등、
여등 개당작불。」
사중지중 유―생진에 심부정자、악구매리언、「시 무지비

有二萬億佛 皆同一號 最初威音王如來 旣已滅度 正法
滅後 於像法中 增上慢比丘 有大勢力 爾時 有一菩薩比
丘 名 常不輕 得大勢 以何因緣 名 常不輕 是比丘凡
有所見 若比丘比丘尼 優婆塞優婆夷 皆悉禮拜讚歎 而作是
言 我深敬汝等 不敢輕慢 所以者何 汝等 皆行菩薩道
當得作佛 而是比丘 不專讀誦經典 但行禮拜 乃至遠見
四衆 亦復故往 禮拜讚歎 而作是言 我不敢輕於汝等、
汝等 皆當作佛
四衆之中 有一生瞋恚 心不淨者 惡口罵詈言 是無智比

妙法蓮華經 卷 第六

四〇〇

구、종하소래 자언―「아불경여。 이여아등수기―「당득작불。

丘從何所來自言我不輕汝而與我等授記當得作佛

아등 불용―여시 허망수기。 여차 경력다년 상피매리 불

我等不用如是虛妄授記如此經歷多年常被罵詈不

생진에、상작시언、「여당작불。」 설시어시、중인 혹이장목와

生瞋恚常作是言汝當作佛說是語時衆人或以杖木瓦

석 이타척지、피주 원주 유고성창언、「아 불감경어여등、

石而打擲之避走遠住猶高聲唱言我不敢輕於汝等

여등 개당작불。」 이기상 작시어고、 증상만―비구비구니 우

汝等皆當作佛以其常作是語故增上慢比丘比丘尼優

바새우바이 호지위―상불경。

婆塞優婆夷號之爲常不輕

② 시비구 임욕종시、 어허공중 구문―위음왕불 선소설 법화

是比丘臨欲終時於虛空中具聞威音王佛先所說法華

경 이십천만억게、 실능수지、 즉득―여상 안근청정 이비설

經二十千萬億偈悉能受持即得如上眼根清淨耳鼻舌

신 의 의근청정。 득―시육근청정이 갱증수명、 이백만억 나유

身意根清淨得是六根清淨已更增壽命二百萬億那由

타세 광위인설—시법화경. 어시 증상만—사중 비구비구니
他歲 廣爲人說 是法華經 於是 增上慢 四衆 比丘比丘尼

우바새우바이 경천시인 위작불경명자, 견—기득—대신통
優婆塞優婆夷 輕賤是人 爲作不輕名者 見其得 大神通

력 요설변력, 대선적력, 문—기소설, 개신복수종, 시보살
力 樂說辯力 大善寂力 聞其所說 皆信伏隨從 是菩薩

부화—천만억중, 영주—아뇩다라삼먁삼보리. 명종지후 득
復化千萬億衆 令住 阿耨多羅三藐三菩提 命終之後 得

치—이천억불, 개호—일월등명, 어기법중 설—시법화경, 이
値 二千億佛 皆號 日月燈明 於其法中 說 是法華經 以

시인연 부치—이천억불, 동호—운자재등왕. 어차 제불법
是因緣 復値 二千億佛 同號 雲自在燈王 於此 諸佛法

중 수지독송, 위제사중 설—차경전고, 득—시상안청정
中 受持讀誦 爲諸四衆 說 此經典故 得 是常眼淸淨

비설신의 제근청정, 어사중중 설법, 심무소외. 득대세, 시
鼻舌身意 諸根淸淨 於四衆中 說法 心無所畏 得大勢 是

상불경보살마하살 공양—여시약간제불, 공경존중찬탄, 종
常不輕菩薩摩訶薩 供養 如是若干諸佛 恭敬尊重讚歎 種

제선근、어후 부치ー천만억불、역어제불법중 설ー시경전
諸善根 於後 復値 千萬億佛 亦於諸佛法中 說 是經典

공덕성취、당득작불。
功德成就 當得作佛

득대세、어의운하。이시 상불경보살
得大勢 於意云何 爾時 常不輕菩薩

기이인호。즉아신 시。
豈異人乎 則我身 是

약아어숙세、불ー수지독송ー차경 위타인설자、불능질득ー
若我於宿世 不受持讀誦 此經 爲他人說者 不能疾得

아욕다라삼먁삼보리、아어선불소 수지독송ー차경 위인설
阿耨多羅三藐三菩提 我於先佛所 受持讀誦 此經 爲人說

고 질득ー아욕다라삼먁삼보리。
故 疾得 阿耨多羅三藐三菩提

득대세、피시사중 비구비
得大勢 彼時四衆 比丘比

구니 우바새우바이 이진에의 경천아고、이백억겁 상ー불
丘尼 優婆塞優婆夷 以瞋恚意 輕賤我故 二百億劫 常不

치불 불문법 불견승、천겁 어아비지옥 수ー대고뇌。필시
値佛 不聞法 不見僧 千劫 於阿鼻地獄 受大苦惱 畢是

죄이、부우ー상불경보살 교화ー아욕다라삼먁삼보리。득대
罪已 復遇 常不輕菩薩 教化 阿耨多羅三藐三菩提 得大

세、어여의운하。이시 사중 상경—시 보살 자、기이인호。
勢　於汝意云何　爾時 四衆 常輕 是菩薩 者　豈異人乎

금차회중 발타바라등 오백보살、사자월등 오백비구、니사
今此會中　跋陀婆羅等 五百菩薩　師子月等 五百比丘 尼思

불등 오백우바새、개어—아뇩다라삼먁삼보리 불퇴전자 시。
佛等 五百優婆塞　皆於 阿耨多羅三藐三菩提 不退轉者 是

득대세、당지。시법화경 대요익—제보살마하살、능령지
得大勢　當知。是法華經 大饒益 諸菩薩摩訶薩　能令至

어—아뇩다라삼먁삼보리、시고 제보살마하살 어여래멸후、
於 阿耨多羅三藐三菩提　是故 諸菩薩摩訶薩 於如來滅後

상응 수지독송 해설서사—시경。
常應 受持讀誦 解說書寫 是經』

③ 이시 세존 욕—중선차의 이설게언、
爾時 世尊 欲 重宣此義 而說偈言

　　과거유불、호위음왕。신지무량、장도일체、
　　過去有佛　號威音王。神智無量　將導一切

　　천인용신 소공공양、시불멸후 법욕진시、
　　天人龍神 所共供養　是佛滅後 法欲盡時

常不輕菩薩品 第二十

유일보살 有一菩薩 명상불경 名常不輕 시제사중 時諸四衆 계착어법 計著於法 불경보살 不輕菩薩 이어지언 而語之言 「아불경여 我不輕汝 여등행도 汝等行道 개당작불 皆當作佛」 제인문이 諸人聞已 경훼매리 輕毀罵詈 불경보살 不輕菩薩 능인수지 能忍受之 기죄필이 其罪畢已 임명종시 臨命終時 득문차경 得聞此經 육근청정 六根淸淨 신통력고 神通力故 증익수명 增益壽命 부위제인 復爲諸人 광설시경 廣說是經 제착법중 諸著法衆 개몽보살 皆蒙菩薩 교화성취 敎化成就 영주불도 令住佛道 불경명종 不輕命終 치무수불 値無數佛 설시경고 說是經故 득무량복 得無量福 점구공덕 漸具功德 질성불도 疾成佛道 피시불경 彼時不輕 즉아신시 則我身是 시사부중 時四部衆 착법지자 著法之者

妙法蓮華經 卷 第六

문불경언―「여당작불。
聞不輕言 汝當作佛

차회보살
此會菩薩

오백지중
五百之衆

병급사부
幷及四部

청신사녀、
清信士女

이시인연
以是因緣

치무수불、
値無數佛

금어아전
今於我前

청법자시
聽法者是

아어전세
我於前世

권시제인
勸是諸人

청수사경
聽受斯經

제일지법、
第一之法

개시교인
開示教人

영주열반、
令住涅槃

세세수지―
世世受持

여시경전。
如是經典

억억만겁
億億萬劫

지불가의、
至不可議

청수사경―
聽受斯經

시내득문―
時乃得聞

여시경전、
如是經典

억억만겁
億億萬劫

지불가의、
至不可議

시불세존
時佛世尊

시설시경、
是說是經

시법화경、
是法華經

억억만겁
億億萬劫

지불가의、
至不可議

제불세존
諸佛世尊

시설시경、
時說是經

시법화경、
是法華經

시고행자
是故行者

어불멸후
於佛滅後

문여시경
聞如是經

물생의혹、
勿生疑惑

응당일심
應當一心

광설차경、
廣說此經

세세치불
世世値佛

질성불도。
疾成佛道

四〇六

묘법연화경 여래신력품 제이십일
妙法蓮華經 如來神力品 第二十一

① 이시 천세계 미진등 보살마하살 중지용출자, 개어불전
爾時 千世界 微塵等 菩薩摩訶薩 從地涌出者 皆於佛前

일심합장 첨앙존안, 이백불언, 『세존, 아등 어불멸후, 세
一心合掌 瞻仰尊顔 而白佛言 世尊 我等 於佛滅後 世

존분신 소재국토 멸도지처 당광설―차경. 소이자하, 아등
尊分身 所在國土 滅度之處 當廣說 此經 所以者何 我等

역자욕득―시진정대법, 수지독송 해설서사 이공양지.
亦自欲得 是眞淨大法 受持讀誦 解說書寫 而供養之』

이시 세존 어문수사리등 무량백천만억 구주―사바세계
爾時 世尊 於文殊師利等 無量百千萬億 舊住 娑婆世界

보살마하살, 급제 비구비구니 우바새우바이 천 용 야차
菩薩摩訶薩 及諸 比丘比丘尼 優婆塞優婆夷 天 龍 夜叉

건달바 아수라 가루라 긴나라 마후라가 인비인등 일체
乾闥婆 阿修羅 迦樓羅 緊那羅 摩睺羅伽 人非人等 一切
중전、현―대신력 출―광장설、상지―범세、일체모공 방―
衆前 現 大神力 出 廣長舌 上至 梵世 一切毛孔 放
어무량무수색광、개실편조―시방세계、중보수하 사자좌상
於無量無數色光 皆悉徧照 十方世界 衆寶樹下 師子座上
제불 역부여시、출―광장설、방―무량광。석가모니불 급
諸佛 亦復如是 出 廣長舌 放 無量光 釋迦牟尼佛 及
보수하 제불 현신력시 만―백천세、연후 환섭―설상、일
寶樹下 諸佛 現神力時 滿 百千歲 然後 還攝 舌相 一
시경해、구공탄지、시이음성 편지―시방제불세계、지개―
時謦欬 俱共彈指 是二音聲 徧至 十方諸佛世界 地皆
육종진동。
六種震動。
기중중생 천 용 야차 건달바 아수라 가루라 긴나라 마
其中衆生 天 龍 夜叉 乾闥婆 阿修羅 迦樓羅 緊那羅 摩
후라가 인비인등、이불신력고 개견―차사바세계 무량무변
睺羅伽 人非人等 以佛神力故 皆見 此娑婆世界 無量無邊

백천만억 중보수하 사자좌상 제불、급견―석가모니불공
百千萬億 衆寶樹下 師子座上 諸佛 及見 釋迦牟尼佛共

다보여래 재보탑중 좌사자좌、우견―무량무변 백천만억
多寶如來 在寶塔中 坐師子座 又見 無量無邊 百千萬億

보살마하살 급제사중 공경위요―석가모니불。기견시이 개
菩薩摩訶薩 及諸四衆 恭敬圍繞 釋迦牟尼佛 既見是已 皆

대환희 득미증유。
大歡喜 得未曾有

즉시 제천 어허공중 고성창언、『과―차무량무변 백천만
即時 諸天 於虛空中 高聲唱言 過此無量無邊 百千萬

억 아승지세계、유국 명―사바、시중 유불 명―석가모니。
億 阿僧祇世界 有國名 娑婆 是中有佛名 釋迦牟尼

금위―제보살마하살 설―대승경、명―묘법연화교보살법
今爲 諸菩薩摩訶薩 說 大乘經 名 妙法蓮華 教菩薩法

불소호념、여등 당―심심수희、역당 예배공양―석가모니
佛所護念 汝等當 深心隨喜 亦當禮拜供養 釋迦牟尼

불。 피제중생 문―허공중성이、 합장향―사바세계、작여시
佛 彼諸衆生 聞 虛空中聲已 合掌向 娑婆世界 作如是

불。』
佛

언, 『나무석가모니불 나무석가모니불 나무석가모니불』

言 南無釋迦牟尼佛 南無釋迦牟尼佛 南無釋迦牟尼佛

이종종화향 영락번

以種種華香 瓔珞幡

개급제엄신지구 진보묘물, 개공요산 ― 사바세계, 소산제

蓋及諸嚴身之具 珍寶妙物 皆共遙散 娑婆世界 所散諸

물 종시방래, 비여 ― 운집, 변성보장, 편부 ― 차간 제불지상,

物 從十方來 譬如 雲集 變成寶帳 徧覆 此間 諸佛之上

우시 시방세계 통달무애 여 ― 일불토.

于時 十方世界 通達無礙 如 一佛土

이시 불고 ― 상행등 보살대중, 『제불신력 여시 무량무변

爾時 佛告 上行等 菩薩大衆 諸佛神力 如是 無量無邊

불가사의. 약아 이시신력, 어무량무변 백천만억 아승지겁

不可思議 若我 以是神力 於無量無邊 百千萬億 阿僧祇劫

위촉루고, 설 ― 차경공덕 유불능진. 이요언지, 여래일체 ―

爲囑累故 說 此經功德 猶不能盡 以要言之 如來一切

소유지법, 여래일체 ― 자재신력, 여래일체 ― 비요지장, 여래

所有之法 如來一切 自在神力 如來一切 祕要之藏 如來

일체 ― 심심지사, 개어차경 선시현설.

一切 甚深之事 皆於此經 宣示顯說

② 시고 여등 어여래멸후, 응일심 수지독송 해설서사 여설 수행. 소재국토 약유 수지독송 해설서사 여설수행, 약경 권소주지처, 약어원중 약어림중 약어수하 약어승방 약백 의사 약재전당 약산곡광야, 시중개응 기탑 공양. 소이자 하, 당지, 시처 즉시도량. 제불어차 득―아뇩다라삼먁삼 보리, 제불 어차 전우법륜, 제불 어차 이반열반.』

이시 세존 욕―중선차의 이설게언,

제불구세자, 주어대신통 위열중생고 현무량신력, 설상지범천, 신방무수광. 위구불도자 현차희유사.

是故 汝等 於如來滅後 應一心 受持讀誦 解說書寫 如說 修行 所在國土 若有 受持讀誦 解說書寫 如說修行 若經 卷所住之處 若於園中 若於林中 若於樹下 若於僧坊 若白 衣舍 若在殿堂 若山谷曠野 是中皆應 起塔 供養 所以者 何當知 是處 即是道場 諸佛於此 得 阿耨多羅三藐三 菩提 諸佛於此 轉于法輪 諸佛於此 而般涅槃」

爾時世尊 欲 重宣此義 而說偈言

諸佛救世者 住於大神通 為悅眾生故 現無量神力 舌相至梵天 身放無數光 為求佛道者 現此希有事

제불경해성　급탄지지성
諸佛謦欬聲　及彈指之聲

이불멸도후　능지시경고　제불개환희
以佛滅度後　能持是經故　諸佛皆歡喜

주문시방국　지개육중동
周聞十方國　地皆六種動

촉루시경고　찬미수지자　제불개환희　현무량신력
囑累是經故　讚美受持者　諸佛皆歡喜　現無量神力

시인지공덕　무변무유궁　여시방허공　유고불능진
是人之功德　無邊無有窮　如十方虛空　猶故不能盡

능지시경자　즉위이견아　역견다보불　급제분신자
能持是經者　則爲已見我　亦見多寶佛　及諸分身者

우견아금일　교화제보살
又見我今日　敎化諸菩薩

멸도다보불　일체개환희　시방현재불　병과거미래
滅度多寶佛　一切皆歡喜　十方現在佛　幷過去未來

역견역공양　역령득환희　제불좌도량　소득비요법
亦見亦供養　亦令得歡喜　諸佛坐道場　所得祕要法

능지시경자　불구역당득　능지시경자　어제법지의
能持是經者　不久亦當得　能持是經者　於諸法之義

명자급언사　요설무궁진、여풍어공중―일체무장애。
名字及言辭　樂說無窮盡　如風於空中　一切無障礙

어여래멸후、지불소설경―인연급차제、수의여실설、
於如來滅後　知佛所說經　因緣及次第　隨義如實說

여일월광명―능제제유명。사인행세간　능멸중생암、
如日月光明　能除諸幽冥　斯人行世間　能滅衆生闇

교무량보살　필경주일승。시고유지자　문차공덕리、
教無量菩薩　畢竟住一乘　是故有智者　聞此功德利

어아멸도후、응수지사경。시인어불도　결정무유의。
於我滅度後　應受持斯經　是人於佛道　決定無有疑

묘법연화경 촉루품 제이십이

妙法蓮華經 囑累品 第二十二

① 이시 석가모니불 종법좌기 현―대신력, 이우수 마―무량 보살마하살정, 이작시언, 『아어무량 백천만억 아승지겁 수습―시난득 아뇩다라삼먁삼보리법, 금이부촉여등, 여등 응당일심 유포―차법, 광령증익。 여시삼 마―제보살마하살정, 이작시언, 『아어무량 백천만억 아승지겁 수습―시 난득 아뇩다라삼먁삼보리법, 금이부촉여등, 여등 당수지

爾時 釋迦牟尼佛 從法座起 現大神力 以右手 摩無量 菩薩摩訶薩頂 而作是言 我於無量 百千萬億 阿僧祇劫 修習 是難得 阿耨多羅三藐三菩提法 今以付囑汝等 汝等 應當一心 流布此法 廣令增益』 如是三 摩諸菩薩摩訶 薩頂 而作是言 我於無量 百千萬億 阿僧祇劫 修習 是 難得 阿耨多羅三藐三菩提法 今以付囑汝等 汝等 當受持

촉루품 제이십이

독송 광선―차법, 영일체중생 보득문지.
讀誦廣宣 此法 令一切衆生 普得聞知

소이자하, 여래
所以者何 如來

유―대자비 무―제간린 역무소외, 능여―중생 불지지혜
有大慈悲 無諸慳悋 亦無所畏 能與衆生 佛之智慧

여래지혜 자연지혜, 여래 시 일체중생 지대시주. 여등
如來智慧 自然智慧 如來 是 一切衆生 之大施主 汝等

역응수학―여래지혜, 물생간린.
亦應隨學 如來之法 勿生慳悋

어미래세 약유―선남자 선
於未來世 若有善男子 善

여인, 신―여래지혜자, 당위연설―차법화경, 사득문지, 위
女人 信如來智慧者 當爲演說 此法華經 使得聞知 爲

령기인 득불혜고.
令其人 得佛慧故

법중 시교리희.
法中 示敎利喜

시 제보살마하살 문―불작시설이, 개대환희 편만기신 익
時 諸菩薩摩訶薩 聞佛作是說已 皆大歡喜 徧滿其身 益

가공경, 곡궁저두 합장향불, 구발성언, 『여―세존칙, 당구
加恭敬 曲躬低頭 合掌向佛 俱發聲言 如世尊勅 當具

봉행。유연、세존、원、불유려。
奉行 唯然 世尊 願 不有慮
『여ㅡ세존칙、당구봉행。』
如 世尊勅 當具奉行
구발성언、『여ㅡ세존、당구봉행。유연、세존、원、불유려。』
俱發聲言 如 世尊勅 當具奉行 唯然 世尊 願 不有慮
이시 석가모니불 영시방래 제분신불 각환본토、이작시언、
爾時 釋迦牟尼佛 令十方來 諸分身佛 各還本土 而作是言
『제불 각수소안、다보불탑 환가여고。』설시어시、시방무량
諸佛 各隨所安 多寶佛塔 還可如故 說是語時 十方無量
분신제불 좌ㅡ보수하 사자좌상 자、급ㅡ다보불、병ㅡ상행
分身諸佛 坐寶樹下 師子座上 者 及多寶佛 幷 上行
등 무변아승지 보살대중、사리불등 성문사중、급ㅡ일체세
等 無邊阿僧祇 菩薩大衆 舍利弗等 聲聞四衆 及一切世
간 천인아수라등、문ㅡ불소설、개대환희。
間 天人阿修羅等 聞 佛所說 皆大歡喜

묘법연화경 약왕보살본사품 제이십삼

妙法蓮華經 藥王菩薩本事品 第二十三

① 이시 수왕화보살 백불언, 『세존, 약왕보살 운하유어―사
爾時 宿王華菩薩 白佛言 世尊 藥王菩薩 云何遊於 娑

바세계。
婆世界。

세존, 시약왕보살 유―약간백천만억 나유타 난행
世尊 是藥王菩薩 有 若干百千萬億 那由他 難行

고행。 선재 세존, 원, 소해설。 제천 용 신 야차 건달바
苦行 善哉 世尊 願 少解說 諸天 龍 神 夜叉 乾闥婆

아수라 가루라 긴나라 마후라가 인비인등, 우―타국토 제
阿修羅 迦樓羅 緊那羅 摩睺羅伽 人非人等 又 他國土 諸

래보살、 급차성문중、 문 개환희。』 이시 불고―수왕화보살、
來菩薩 及此聲聞衆 聞 皆歡喜 爾時 佛告 宿王華菩薩

『내왕과거 무량 항하사겁 유불、 호―일월정명덕 여래 응
乃往過去 無量 恒河沙劫 有佛 號 日月淨明德 如來 應

공 정변지 명행족 선서 세간해 무상사 조어장부 천인사
供 正遍知 明行足 善逝 世間解 無上士 調御丈夫 天人師

불 세존。 기불 유―팔십억 대보살마하살、칠십이 항하사
佛 世尊。 其佛 有 八十億 大菩薩摩訶薩 七十二 恒河沙

대성문중、 불수―사만이천겁、 보살수명―역등。 피국 무유―
大聲聞衆、 佛壽 四萬二千劫、 菩薩壽命 亦等 彼國 無有

여인 지옥 아귀 축생 아수라등 급이제난、 지평여장유
女人 地獄 餓鬼 畜生 阿修羅等 及以諸難 地平如掌 琉

리소성、 보수장엄 보장부상、 수―보화번 보병향로 주편국
璃所成 寶樹莊嚴 寶帳覆上 垂 寶華幡 寶瓶香爐 周徧國

계、 칠보위대 일수일대、 기수거대 진일전도。 차제보수
界 七寶爲臺 一樹一臺 其樹去臺 盡一箭道 此諸寶樹

유―보살성문、 이좌기하、 제보대상 각유―백억제천、작천
有 菩薩聲聞 而坐其下 諸寶臺上 各有 百億諸天 作天

기악 가탄어불 이위공양。
伎樂 歌歎於佛 以爲供養。

이시 피불 위―일체중생희견보살 급중보살 제성문중、설―
爾時 彼佛 爲 一切衆生喜見菩薩 及衆菩薩 諸聲聞衆 說

법화경。 시 일체중생희견보살 낙습고행、 어—일월정명덕
法華經。是 一切衆生喜見菩薩 樂習苦行 於 日月淨明德

불법중 정진경행 일심구불、 만—이천세이 득—현일체
佛法中 精進經行 一心求佛 滿 萬二千歲已 得 現一切

색신삼매。 득차삼매이 심대환희 즉작념언、 「아득—현일체
色身三昧。得此三昧已 心大歡喜 即作念言 我 得 現一切

색신삼매 개시득문—법화경력、 아금당공양—일월정명덕불
色身三昧 皆是得聞 法華經力 我今當供養 日月淨明德佛

급—법화경。」 즉시 입시삼매、 어허공중 우—만다라화 마하
及 法華經 即時 入是三昧 於虛空中 雨 曼陀羅華 摩訶

만다라화 세말견흑전단、 만—허공중 여운이하、 우우—해
曼陀羅華 細末堅黑栴檀 滿 虛空中 如雲而下 又雨 海

차안전단지향、 차향 육수、 가치 사바세계 이공양불。
此岸栴檀之香 此香 六銖 價直 娑婆世界 以供養佛

② 작시공양이 종삼매기 이자념언、 「아 수이신력 공양어불、
作是供養已 從三昧起 而自念言 我 雖以神力 供養於佛

불여—이신공양。」 즉복—제향 전단 훈륙 도루바 필력가 침
不如 以身供養 即服 諸香 栴檀 薰陸 兜樓婆 畢力迦 沈

수 교향, 우음―첨복 제화향유, 만―천이백세이, 향유도신,
水膠香 又飮 瞻蔔 諸華香油 滿 千二百歲已 香油塗身

어―일월정명덕불전 이자전신, 관제향유, 이신
於日月淨明德佛前 以天寶衣 而自纏身 灌諸香油 以神

통력원 이자연신, 광명 편조―팔십억 항하사세계. 기중
通力願 而自燃身 光明 徧照 八十億 恒河沙世界 其中

제불 동시 찬언, 「선재선재. 선남자, 시―진정진, 시명―
諸佛 同時 讚言 善哉善哉 善男子 是 眞精進 是名

진법공양여래.
眞法供養如來

약이화향영락 소향말향도향 천증번개 급해
若以華香瓔珞 燒香抹香塗香 天繒幡蓋 及海

차안전단지향 여시등―종종제물 공양, 소불능급, 가사국
此岸栴檀之香 如是等 種種諸物 供養 所不能及 假使國

성처자 보시 역소불급. 선남자, 시명―제일지시, 어제시
城妻子 布施 亦所不及 善男子 是名 第一之施 於諸施

중 최존최상, 이법 공양―제여래고. 작시어이 이각묵연.
中 最尊最上 以法 供養 諸如來故 作是語已 而各默然

기신 화연―천이백세, 과시이후 기신 내진. 일체중생희견
其身 火燃 千二百歲 過是已後 其身 乃盡 一切衆生喜見

妙法蓮華經 卷 第六

四二〇

보살 작―여시법공양이, 명종지후 부생―일월정명덕불국
菩薩 作 如是法供養已 命終之後 復生 日月淨明德佛國
중, 어―정덕왕가 결가부좌 홀연화생, 즉위기부 이설게언,
中 於淨德王家 結跏趺坐 忽然化生 則爲其父 而說偈言

대왕금당지。 아경행피처 즉시득일체―현제신삼매,
大王今當知 我經行彼處 即時得一切 現諸身三昧

근행대정진 사소애지신 공양어세존, 위구무상혜。
勤行大精進 捨所愛之身 供養於世尊 爲求無上慧

설시게이 이백부언、「일월정명덕불 금고현재、아선 공양
說是偈已 而白父言 日月淨明德佛 今故現在 我先 供養

불이 득―해일체중생어언다라니、부문―시법화경 팔백천
佛已 得 解一切衆生語言陀羅尼 復聞 是法華經 八百千

만억 나유타 견가라 빈바라 아축바등게、대왕、아금당환
萬億 那由他 甄迦羅 頻婆羅 阿閦婆等偈 大王 我今當還

공양차불。백이 즉좌―칠보지대、상승허공、고―칠다라수。
供養此佛 白已 即坐 七寶之臺 上昇虛空 高 七多羅樹

왕도불소、두면예족、합십지조 이게찬불、
往到佛所 頭面禮足 合十指爪 以偈讚佛

③ 용안심기묘、광명조시방。

容顏甚奇妙　光明照十方　我適曾供養　今復還親覲

이시 일체중생희견보살 설시게이、

爾時一切衆生喜見菩薩說是偈已 而白佛言

이백불언、「세존、세존

「世尊、世尊

유고재세。이시 일월정명덕불 고-일체중생희견보살、「선

猶故在世」爾時日月淨明德佛告一切衆生喜見菩薩、「善

남자、아 열반시지、멸진시지、여 가안시상좌。아어금야

男子 我涅槃時到 滅盡時至 汝可安施床座 我於今夜

당반열반。우칙-일체중생희견보살、

當般涅槃」又勅一切衆生喜見菩薩、

루어여、급-제보살 대제자、병-아뇩다라삼먁삼보리법、역

累於汝 及諸菩薩大弟子 幷阿耨多羅三藐三菩提法 亦

이-삼천대천 칠보세계 제보수보대 급-급시제천、실부어

以三千大千七寶世界 諸寶樹寶臺 及給侍諸天 悉付於

여。아멸도후 소유사리 역-부촉여、당령유포 광설공양、

汝 我滅度後 所有舍利 亦付囑汝 當令流布 廣設供養

응기-약간천탑。」여시 일월정명덕불 칙-일체중생희견보

應起若干千塔」如是 日月淨明德佛 勅一切衆生喜見菩

살이、어야후분 입어열반。
薩已 於夜後分 入於涅槃

이시 일체중생희견보살 견―불멸도、비감오뇌 연모어불
爾時 一切衆生喜見菩薩 見 佛滅度 悲感懊惱 戀慕於佛

즉이해차안전단 위지 공양불신、이이소지、화멸이후、수
卽以海此岸栴檀 爲積 供養佛身 而以燒之 火滅已後 收

취사리、작―팔만사천보병 이기―팔만사천탑、고―삼세계、
取舍利 作 八萬四千寶瓶 以起 八萬四千塔 高 三世界

표찰장엄 수제번개 현중보령。이시 일체중생희견보살 부
表刹莊嚴 垂諸幡蓋 懸衆寶鈴 爾時 一切衆生喜見菩薩 復

자념언、「아수작시공양、심유미족、아금당갱 공양―사리。
自念言 我雖作是供養 心猶未足 我今當更 供養 舍利

변어―제보살 대제자 급천룡야차등 일체대중、「여등 당
便語 諸菩薩 大弟子 及天龍夜叉 等 一切大衆 汝等 當

일심념。아금 공양―일월정명덕불사리。」작시어이 즉어팔
一心念 我今 供養 日月淨明德佛舍利 作是語已 卽於八

만사천탑전 연―백복장엄비、칠만이천세 이이공양、영―
萬四千塔前 然 百福莊嚴臂 七萬二千歲 而以供養 令

藥王菩薩本事品 第二十三

四二三

무수 구—성문중 무량아승지인 발—아뇩다라삼먁삼보리심、
無數 求 聲聞衆 無量阿僧祇人 發 阿耨多羅三藐三菩提心

개사득주—현일체색신삼매。
皆使得住 現一切色身三昧

④ 이시 제보살 천인아수라등 견—기무비、우뇌비애 이작시
爾時 諸菩薩 天人阿修羅等 見 其無臂 憂惱悲哀 而作是

언、「차 일체중생희견보살 시아등사 교화아자、이금소비
言 此 一切衆生喜見菩薩 是我等師 敎化我者 而今燒臂

신불구족。우시 일체중생희견보살 어대중중 입차서언、「아
身不具足 于時 一切衆生喜見菩薩 於大衆中 立此誓言 我

사양비、필당득—불금색지신、약실불허、영아양비 환부여
捨兩臂 必當得 佛金色之身 若實不虛 令我兩臂 還復如

고。작시서이 자연환복、유—사보살 복덕지혜 순후소치
故 作是誓已 自然還復 由 斯菩薩 福德智慧 淳厚所致

당이지시 삼천대천세계 육종진동、천우보화、일체인천
當爾之時 三千大千世界 六種震動 天雨寶華 一切人天

득—미증유。
得 未曾有

藥王菩薩本事品 第二十三

불고—수왕화보살, 『어여의운하. 일체중생희견보살 기이인
佛告 宿王華菩薩 於汝意云何 一切衆生喜見菩薩 豈異人

호。 금 약왕보살 시야。 기소사신보시, 여시 무량백천만억
乎 今 藥王菩薩 是也 其所捨身布施 如是 無量百千萬億

나유타수。 수왕화, 약유발심 욕득—아뇩다라삼먁삼보리자,
那由他數 宿王華 若有發心 欲得 阿耨多羅三藐三菩提者

능연—수지 내지족일지 공양불탑, 승—이국성처자 급삼천
能燃 手指 乃至足一指 供養佛塔 勝 以國城妻子 及三千

대천국토 산림하지 제진보물 이공양자。 약부유인 이칠보
大千國土 山林河池 諸珍寶物 而供養者 若復有人 以七寶

만—삼천대천세계, 공양—어불 급대보살 벽지불 아라한,
滿 三千大千世界 供養 於佛 及大菩薩 辟支佛 阿羅漢

시인 소득공덕 불여—수지—차법화경 내지일사구게, 기복
是人 所得功德 不如 受持 此法華經 乃至一四句偈 其福

최다。
最多

수왕화、비、여—일체 천류강하 제수지중 해위제일, 차—
宿王華 譬 如 一切 川流江河 諸水之中 海爲第一 此

법화경 역부여시 어제여래 소설경중 최위심대。 우여ー토
法華經 亦復如是 於諸如來 所說經中 最爲深大

산혹산 소철위산 대철위산 급십보산 중산지중 수미산 위
山黑山 小鐵圍山 大鐵圍山 及十寶山 衆山之中 須彌山 爲

제일、차ー법화경 역부여시 어제경중 최위기상。우여ー중
第一、此 法華經 亦復如是 於諸經中 最爲其上。 又如衆

성지중 월천자 최위제일、차ー법화경 역부여시 어천만억
星之中 月天子 最爲第一 此 法華經 亦復如是 於千萬億

종 제경법중 최위조명。우여ー일천자 능제제암、차경 역
種 諸經法中 最爲照明。 又如日天子 能除諸闇、此經 亦

부여시 능파ー일체 불선지암。우여ー제소왕중 전륜성왕
復如是 能破一切 不善之闇。 又如諸小王中 轉輪聖王

최위제일、차경 역부여시 어중경중 최위기존。우여ー제석
最爲第一 此經 亦復如是 於衆經中 最爲其尊。 又如帝釋

어삼십삼천중왕、차경 역부여시 제경중 왕。우여ー대범천
於三十三天中王 此經 亦復如是 諸經中 王。 又如大梵天

왕 일체중생지부、차경 역부여시 일체현성 학무학 급발
王 一切衆生之父 此經 亦復如是 一切賢聖 學無學 及發

보살심자지부。 菩薩心者之父 우여—일체범부인중 수다원 사다함 아나함
又如一切凡夫人中 須陀洹 斯陀含 阿那含
아라한 벽지불 위제일、 차경 역부여시 일체여래소설
阿羅漢 辟支佛 爲第一 此經 亦復如是 一切如來所說
보살소설 약성문소설 제경법중 최위제일。 유—능수지—시
菩薩所說 若聲聞所說 諸經法中 最爲第一 有能受持是
경전자、 역부여시 어일체중생중 위제일。 일체성문 벽지
經典者 亦復如是 於一切衆生中 亦爲第一 一切聲聞 辟支
불중 보살 위제일、 차경 역부여시 어—일체제경법중 최
佛中 菩薩 爲第一 此經 亦復如是 於一切諸經法中 最
위제일。 여—불 위제법왕、 차경 역부여시 제경중 왕。
爲第一 如佛 爲諸法王 此經 亦復如是 諸經中 王

⑤ 수왕화、 차경 능구—일체중생자、 차경 능령일체중생 이—
宿王華 此經 能救一切衆生者 此經 能令一切衆生 離
제고뇌、 차경 능대요익—일체중생 충만기원。 여—청량지
諸苦惱 此經 能大饒益一切衆生 充滿其願 如清凉池
능만—일체 제갈핍자、 여—한자득화、 여—나자득의、 여—
能滿一切諸渴乏者 如寒者得火 如裸者得衣 如

상인득주, 여―자득모, 여―도득선, 여―병득의, 여―암득
商人得主 如子得母 如渡得船 如病得醫 如闇得
등, 여―빈득보, 여―민득왕, 여―고객득해, 여―거제
燈 如貧得寶 如民得王 如賈客得海 如炬除
암, 차―법화경 역부여시, 능령중생 이―일체고 일체병통,
闇 此法華經 亦復如是 能令衆生 離一切苦 一切病痛
능해―일체 생사지박。 약인 득문―차법화경, 약자서 약사
能解一切生死之縛 若人得聞此法華經 若自書 若使
인서、 소득공덕 이불지혜 주량다소 부득기변。 약서시경권,
人書 所得功德 以佛智慧 籌量多少 不得其邊 若書是經卷
화향영락 소향 도향 말향 번개의복 종종지등 소등유등
華香瓔珞 燒香 抹香 塗香 幡蓋衣服 種種之燈 蘇燈油燈
제향유등 첨복유등 수만나유등 바라라유등 바리사가유등
諸香油燈 瞻蔔油燈 須曼那油燈 波羅羅油燈 婆利師迦油燈
나바마리유등 공양, 소득공덕 역부무량。
那婆摩利油燈 供養 所得功德 亦復無量

⑥ 수왕화 약유인 문―시약왕보살본사품자, 역득―무량무변
宿王華 若有人 聞是藥王菩薩本事品者 亦得無量無邊

공덕。 약유여인 문―시약왕보살본사품 능수지자、 진시여
신 후불부수。 약여래멸후―후오백세중、 약유여인 문―시
경전 여설수행、 어차명종 즉왕―안락세계、 아미타불 대보
살중 위요주처、 생―연화중 보좌지상。 불부위―탐욕소뇌、
역부불위―진에우치소뇌、 역부불위―교만질투 제구소뇌、
득―보살신통 무생법인、 득시인이 안근 청정、 이시청정
안근 견―칠백만 이천억 나유타 항하사등 제불여래。 시
시 제불 요공찬언、 「선재선재。 선남자、 여능 어석가모
니 불법중、 수지독송 사유―시경、 위타인설、 소득복덕 무량
불법중、 수지독송 사유―시경、 위타인설、 소득복덕 무량

功德。若有女人 聞 是藥王菩薩本事品 能受持者 盡是女
身後不復受。若如來滅後後五百歲中、若有女人 聞 是
經典 如說修行、於此命終 即往 安樂世界 阿彌陀佛 大菩
薩衆 圍繞住處 生 蓮華中 寶座之上。不復爲 貪欲所惱
亦復不爲 瞋恚愚癡所惱 亦復不爲 憍慢嫉妬 諸垢所惱
得 菩薩神通 無生法忍 得 是忍已 眼根 清淨 以是清淨
眼根 見 七百萬 二千億 那由他 恒河沙等 諸佛如來 是
時 諸佛 遙共讚言 善哉善哉 善男子 汝能 於釋迦牟尼
佛法中 受持讀誦 思惟 是經 爲他人說 所得福德 無量

무변, 화불능분 수불능표, 여지공덕 천불공설 불능영진。

無邊、火不能焚 水不能漂 汝之功德 千佛共說 不能令盡

여금이능 파—제마적、괴—생사군、제여원적 개실최멸。 선

汝今已能 破諸魔賊 壞生死軍 諸餘怨敵 皆悉摧滅 善

남자、백천제불 이신통력 공수호여、어일체세간 천인지중

男子、百千諸佛 以神通力 共守護汝 於一切世間 天人之中

무여여자。 유제여래 기제성문 벽지불 내지—보살 지혜선

無如汝者。 唯除如來 其諸聲聞 辟支佛 乃至 菩薩 智慧禪

정、무유—여여등자。

定、無有 與汝等者」

수왕화、차보살 성취—여시공덕 지혜지력。 약유인 문—시

宿王華 此菩薩 成就 如是功德 智慧之力。 若有人 聞 是

약왕보살본사품 능수희찬선자、시인현세 구중 상출—청련

藥王菩薩本事品 能隨喜讚善者 是人現世 口中 常出 青蓮

화향、신모공중 상출—우두전단지향、소득공덕 여상소설。

華香、身毛孔中 常出 牛頭栴檀之香 所得功德 如上所說。

시고 수왕화、이차—약왕보살본사품 촉루어여、아멸도후—

是故 宿王華 以此 藥王菩薩本事品 囑累於汝 我滅度後

후오백세중、 광선유포、 어염부제 무령—단절 악마마민 제후五百歲中 廣宣流布 於閻浮提 無令斷絶 惡魔魔民 諸

천룡야차 구반다등 득기편야。天龍夜叉 鳩槃茶等 得其便也

수호—시경。 소이자하, 차경즉위—염부제인 병지양약。守護是經 所以者何 此經則爲 閻浮提人 病之良藥 若

인유병 득문시경、 병즉소멸 불로불사。人有病 得聞是經 病卽消滅 不老不死

유수지시경자, 응이청련화 성만말향 공산기상、 산이 작시有受持是經者 應以靑蓮華 盛滿抹香 供散其上 散已 作是

념언、 "차인 불구 필당취초 좌어도량 파제마군、 당취법念言 此人不久 必當取草 坐於道場 破諸魔軍 當吹法

라격—대법고、 도탈—일체중생 노병사해。 시고 구불도자螺擊大法鼓 度脫一切衆生 老病死海 是故 求佛道者

견—유수지—시경전인、 응당여시 생—공경심。』見有受持是經典人 應當如是 生恭敬心

설—시약왕보살본사품 시、 팔만사천보살 득—해일체중생說是藥王菩薩本事品時 八萬四千菩薩 得解一切衆生

어언다라니. 다보여래 어보탑중 찬―수왕화보살언, 『선재 선재. 수왕화, 여 성취―불가사의공덕, 내능문―석가모니 불 여차지사, 이익―무량일체중생。

語言陀羅尼 多寶如來 於寶塔中 讚 宿王華菩薩言 善哉 善哉 宿王華 汝成就 不可思議功德 乃能問 釋迦牟尼 佛 如此之事 利益 無量一切衆生』

妙法蓮華經 卷 第六

四三二

묘법연화경 권 제칠

妙法蓮華經 卷 第七

묘법연화경 묘음보살품 제이십사

妙法蓮華經 妙音菩薩品 第二十四

① 이시 석가모니불 방―대인상 육계광명, 급방―미간 백호상
爾時 釋迦牟尼佛 放 大人相 肉髻光明 及放 眉間 白毫相

광, 편조―동방 백팔만억 나유타 항하사등 제불세계. 과
光, 徧照 東方 百八萬億 那由他 恒河沙等 諸佛世界. 過

시수이 유―세계, 명―정광장엄, 기국 유―불, 호―정화수
是數已 有 世界, 名 淨光莊嚴, 其國 有佛, 號 淨華宿

왕지 여래 응공 정변지 명행족 선서 세간해 무상사 조
王智 如來 應供 正徧知 明行足 善逝 世間解 無上士 調

어장부 천인사 불 세존。 위―무량무변 보살대중 공경위
御丈夫 天人師 佛 世尊。 爲 無量無邊 菩薩大衆 恭敬圍

요 이위설법, 석가모니불 백호광명 편조기국。 이시 일체
정광장엄국중 유—일보살, 명왈—묘음。 구이식—중덕본、공
양친근—무량백천만억제불、이실성취—심심지혜、득—묘당
상삼매 법화삼매 정덕삼매 수왕희삼매 무연삼매 지인삼
매 해일체중생어언삼매 집일체공덕삼매 청정삼매 신통유
희삼매 혜거삼매 장엄왕삼매 정광명삼매 정장삼매 불공
삼매 일선삼매、득—여시등 백천만억 항하사등 제대삼매。
석가모니불광 조—기신、즉백—정화수왕지불 언、『세존、아
당왕예—사바세계、예배친근공양—석가모니불、급견—문수

繞而爲說法 釋迦牟尼佛 白毫光明 徧照其國 爾時一切
淨光莊嚴國中 有一菩薩 名曰妙音 久已植衆德本 供
養親近無量百千萬億諸佛 而悉成就甚深智慧 得妙幢
相三昧 法華三昧 淨德三昧 宿王戲三昧 無緣三昧 智印三
昧 解一切衆生語言三昧 集一切功德三昧 清淨三昧 神通遊
戲三昧 慧炬三昧 莊嚴王三昧 淨光明三昧 淨藏三昧 不共
三昧 日旋三昧 得如是等 百千萬億 恒河沙等 諸大三昧。
釋迦牟尼佛光 照其身 卽白淨華宿王智佛言 『世尊、我
當往詣 娑婆世界 禮拜親近供養 釋迦牟尼佛、及見文殊

妙音菩薩品 第二十四

사리법왕자보살 약왕보살 용시보살 수왕화보살 상행의보살 장엄왕보살 약상보살。 이시 정화수왕지불 고—묘음보살、『여 막—경피국 생하열상。 선남자、피사바세계 고하 불평、토석제산 예악 충만、불신 비소、제보살살중 기형역소。이여신 사만이천유순、아신 육백팔십만유순、여신 제일단정 백천만복 광명 수묘、시고 여왕 막—경피국 약불보살 급국토 생—하열상。묘음보살 백기불언、『세존、아 금예—사바세계、개시 여래지력 여래신통유희、여래공덕 지혜장엄。』

師利法王子菩薩 藥王菩薩 勇施菩薩 宿王華菩薩 上行意菩薩 莊嚴王菩薩 藥上菩薩。爾時 淨華宿王智佛 告—妙音菩薩、『汝莫輕彼國 生下劣想』 善男子 彼娑婆世界 高下不平 土石諸山 穢惡充滿 佛身卑小 諸菩薩衆 其形亦小。而汝身 四萬二千由旬 我身 六百八十萬由旬 汝身第一端正 百千萬福 光明殊妙 是故汝往 莫輕彼國 若 佛菩薩 及國土 生下劣想』妙音菩薩 白其佛言『世尊、我今詣 娑婆世界 皆是如來之力 如來神通遊戲 如來功德智慧莊嚴』

妙法蓮華經 卷 第七

어시 묘음보살 불기우좌 신부동요 이입삼매、 이삼매력 어
於是 妙音菩薩 不起于座 身不動搖 而入三昧 以三昧力 於

기사굴산 거ㅡ법좌불원、 화작ㅡ팔만사천 중보련화、 염부
耆闍崛山 去 法座不遠 化作 八萬四千 衆寶蓮華 閻浮

단금ㅡ위경、 백은위엽、 금강위수、 견숙가보ㅡ이위기대。
檀金 爲莖 白銀爲葉 金剛爲鬚 甄叔迦寶 以爲其臺

시 문수사리법왕자 견ㅡ시연화 이백불언、 『세존、 시하인
時 文殊師利法王子 見 是蓮華 而白佛言 世尊 是何因

연 선현차서。 유ㅡ약간천만연화、 염부단금ㅡ위경、 백은위
緣 先現此瑞 有 若干千萬蓮華 閻浮檀金 爲莖 白銀爲

엽、 금강위수、 견숙가보ㅡ이위기대。
葉 金剛爲鬚 甄叔迦寶 以爲其臺

② 이시 석가모니불 고ㅡ문수사리、 『시 묘음보살마하살 욕
爾時 釋迦牟尼佛 告 文殊師利 是 妙音菩薩摩訶薩 欲

종ㅡ정화수왕지불국 여ㅡ팔만사천보살 위요이래、 지ㅡ차
從 淨華宿王智佛國 與 八萬四千菩薩 圍繞而來 至 此

사바세계、 공양친근 예배ㅡ어아、 역욕공양ㅡ청ㅡ법화경。』
娑婆世界 供養親近 禮拜 於我 亦欲供養 聽 法華經

수사리 백불언、『세존、시보살 종ㅡ하선본、수ㅡ하공덕、
殊師利白佛言 世尊 是菩薩 種何善本 修何功德
이능유ㅡ시대신통력、행ㅡ하삼매。 원、위아등 설ㅡ시삼매
而能有 是大神通力 行何三昧 願爲我等說 是三昧
명자。 아등 역욕근수행지。 행ㅡ차삼매 내능견ㅡ시보살 색
名字 我等亦欲勤修行之 行此三昧 乃能見是菩薩色
상대소 위의진지。 유원、세존、이신통력 피보살래 영아득
相大小威儀進止 唯願世尊 以神通力 彼菩薩來 令我得
견。』 이시 석가모니불 고ㅡ문수사리、『차 구멸도 다보여
見 爾時釋迦牟尼佛告文殊師利 此久滅度多寶如
래 당위여등 이현기상。』 시 다보불 고ㅡ피보살、『선남자、
來 當爲汝等而現其相 時多寶佛告彼菩薩 善男子
래。 문수사리법왕자 욕견여신。』
來 文殊師利法王子欲見汝身
우시 묘음보살 어피국 몰、여ㅡ팔만사천보살 구공발래、
于時妙音菩薩於彼國沒 與八萬四千菩薩俱共發來
소경제국 육종진동、개실우어ㅡ칠보련화、백천천악 불고
所經諸國六種震動 皆悉雨於七寶蓮華 百千天樂不鼓

妙法蓮華經 卷 第七

자명。 시보살목여ㅣ광대 청련화엽、 정사화합ㅣ백천만월、
自鳴 是菩薩目 如 廣大 青蓮華葉 正使和合 百千萬月

기면모단정 부과어차。 신ㅣ진금색、 무량백천공덕 장엄、 위
其面貌端正 復過於此 身 眞金色 無量百千功德 莊嚴 威

덕치성、 광명조요、 제상구족、 여ㅣ나라연 견고지신。 입ㅣ
德熾盛 光明照曜 諸相具足 如那羅延 堅固之身 入

칠보대 상승ㅣ허공、 거지ㅣ칠다라수、 제보살중 공경위요、
七寶臺 上昇虛空 去地 七多羅樹 諸菩薩衆 恭敬圍繞

이래예ㅣ차 사바세계 기사굴산。 도이 하ㅣ칠보대、 이가치
而來詣 此娑婆世界 耆闍崛山 到已 下七寶臺 以價直

백천영락 지、 지ㅣ석가모니불소、 두면예족 봉상영락、 이
百千瓔珞 持 至釋迦牟尼佛所 頭面禮足 奉上瓔珞 而

백불언、 "세존、 정화수왕지불 문신세존、 '소병、 소뇌、 기
白佛言 世尊 淨華宿王智佛 問訊世尊 少病 少惱 起

거경리、 안락행。 부。 사대조화。 부。 세사 가인。 부。 중생
居輕利 安樂行 不 四大調和 不 世事 可忍 不 衆生

이도。 부。 무다ㅣ탐욕 진에 우치 질투 간만。 부。 무ㅣ불
易度 不 無多 貪欲 瞋恚 愚癡 嫉妬 慳慢 不 無 不

四三八

효부모、불경사문、사견。부。선심。부。세존、
孝父母 不敬沙門 邪見 不善心 不世尊

중생능 항복―제마원。부。구멸도 다보여래 재―칠보탑중
衆生能 降伏 諸魔怨 不久滅度 多寶 在七寶塔中

래 청법。부。우문신―다보여래、「안은、소뇌、감인구주。
來聽法 不 又問訊 多寶如來 安隱 少惱 堪忍久住

부。세존。아금 욕견―다보불신、유원、세존 시아영견。」이
不 世尊 我今 欲見 多寶佛身 唯願 世尊 示我令見 爾

시 석가모니불 어―다보불、「시 묘음보살 욕득상견。」시
時釋迦牟尼佛 語 多寶佛 是 妙音菩薩 欲得相見 時

다보불 고―묘음언、『선재선재。여능위―공양―석가모니불、
多寶佛 告 妙音言 善哉善哉 汝能爲 供養 釋迦牟尼佛

급청―법화경、병견―문수사리등、고래지차。』
及聽 法華經 幷見 文殊師利等 故來至此

③ 이시 화덕보살 백불언、『세존、시 묘음보살 종―하선근、
爾時 華德菩薩 白佛言 世尊 是 妙音菩薩 種 何善根

수―하공덕、유―시신력。』불고―화덕보살、「과거 유불、명―
修 何功德 有 是神力 佛告 華德菩薩 過去 有佛 名

妙法蓮華經 卷 第七

운뢰음왕 다타아가도 아라하 삼먁삼불타、국명―현일체세
雲雷音王 多陀阿伽度 阿羅訶 三藐三佛陀 國名 現一切世
간、겁명―희견。 묘음보살 어만이천세、 이십만종기악공
間 劫名 喜見 妙音菩薩 於萬二千歲 以十萬種伎樂供
양―운뢰음왕불、 병봉상―팔만사천 칠보발、 이시인연과보
養 雲雷音王佛 幷奉上 八萬四千 七寶鉢 以是因緣果報
금생―정화수왕지불국、 유―시신력。 화덕、어여의운하。 이
今生 淨華宿王智佛國 有 是神力 華德 於汝意云何 爾
시 운뢰음왕불소 묘음보살、 기악공양 봉상보기자 기이인
時 雲雷音王佛所 妙音菩薩 伎樂供養 奉上寶器者 豈異人
호。 금차 묘음보살마하살 시。 화덕 시 묘음보살 이증공
乎 今此 妙音菩薩摩訶薩 是 華德 是 妙音菩薩 已曾供
양친근―무량제불、 구식덕본、 우치―항하사등 백천만억
養親近 無量諸佛 久植德本 又值 恒河沙等 百千萬億
나유타불。
那由他佛
화덕、여 단견―묘음보살 기신재차、이시보살 현―종종신、
華德 汝 但見 妙音菩薩 其身在此 而是菩薩 現 種種身

四四〇

처처 위제중생 설―시경전。 혹현―범왕신, 혹현―제석신,
處處 爲諸衆生 說 是經典 或現 梵王身 或現 帝釋身

혹현―자재천신, 혹현―대자재천신, 혹현―천대장군신, 혹
或現 自在天身 或現 大自在天身 或現 天大將軍身 或

현―비사문천왕신, 혹현―전륜성왕신, 혹현―제소왕신, 혹
現 毘沙門天王身 或現 轉輪聖王身 或現 諸小王身 或

현―장자신、혹현―거사신、혹현―재관신、혹현―바라문신、
現 長者身 或現 居士身 或現 宰官身 或現 婆羅門身

혹현―비구비구니 우바새우바이신、혹현―장자거사부녀신、
或現 比丘比丘尼 優婆塞優婆夷身 或現 長者居士婦女身

혹현―재관부녀신, 혹현―바라문부녀신, 혹현―동남동녀신,
或現 宰官婦女身 或現 婆羅門婦女身 或現 童男童女身

혹현―천 용 야차 건달바 아수라 가루라 긴나라 마후라
或現 天龍夜叉 乾闥婆 阿修羅 迦樓羅 緊那羅 摩睺羅

가 인비인등신、 이설시경、 제유―지옥아귀축생 급중난처、
伽 人非人等身 而說是經 諸有 地獄餓鬼畜生 及衆難處

개능구제、 내지―어왕후궁 변위여신 이설시경。
皆能救濟 乃至 於王後宮 變爲女身 而說是經

④ 화덕、시 묘음보살 능구호─사바세계 제중생 자。시─묘
華德 是 妙音菩薩 能救護 娑婆世界 諸衆生 者 是 妙

음보살 여시종종 변화현신、재─차사바국토 위제중생 설─
音菩薩 如是種種 變化現身 在此娑婆國土 爲諸衆生 說

시경전、어신통변화 지혜 무─소손감。시보살 이약간지혜
是經典 於神通變化 智慧 無所損減 是菩薩 以若干智慧

명조─사바세계、영─일체중생 각득소지、어시방 항하사
明照 娑婆世界 令 一切衆生 各得所知 於十方 恒河沙

세계중 역부여시。약─응이성문형 득도자 현─성문형 이
世界中 亦復如是 若 應以聲聞形 得度者 現 聲聞形 而

위설법、응이벽지불형 득도자 현─벽지불형 이위설법、응
爲說法 應以辟支佛形 得度者 現 辟支佛形 而爲說法 應

이보살형 득도자 현─보살형 이위설법、응이불형 득도자
以菩薩形 得度者 現 菩薩形 而爲說法 應以佛形 得度者

즉현─불형 이위설법。여시종종 수소응도 이위현형、내
卽現 佛形 而爲說法 如是種種 隨所應度 而爲現形 乃

지─응이멸도 이득도자 시현멸도。화덕、묘음보살마하살
至 應以滅度 而得度者 示現滅度 華德 妙音菩薩摩訶薩

성취―대신통 지혜지력, 기사 여시.

成就 大神通 智慧之力 其事 如是

이시 화덕보살 백불언, 『세존, 시 묘음보살 심종선근。세

爾時 華德菩薩 白佛言 世尊 是 妙音菩薩 深種善根 世

존、시보살 주―하삼매, 이능여시 재소변현 도탈중생。불

尊 是菩薩 住 何三昧 而能如是 在所變現 度脫衆生 佛

고―화덕보살, 『선남자, 기삼매명―현일체색신。묘음보살

告 華德菩薩 善男子 其三昧名 現一切色身 妙音菩薩

주―시삼매중、능여시요익―무량중생。』 설―시 묘음보살품

住 是三昧中 能如是饒益 無量衆生 說 是妙音菩薩品

시、여묘음보살 구래자 팔만사천인 개득―현일체색신삼매、

時 與妙音菩薩 俱來者 八萬四千人 皆得 現一切色身神三昧

차사바세계 무량보살 역득―시삼매 급다라니。

此娑婆世界 無量菩薩 亦得 是三昧 及陀羅尼

이시 묘음보살마하살 공양―석가모니불 급다보불탑이、환

爾時 妙音菩薩摩訶薩 供養 釋迦牟尼佛 及多寶佛塔已 還

귀본토、소경제국 육종진동、우―보련화、작―백천만억종

歸本土 所經諸國 六種震動 雨 寶蓮華 作 百千萬億種

妙音菩薩品 第二十四

四四三

妙法蓮華經 卷 第七

종기악。 기도본국、 여—팔만사천보살 위요 지—정화수왕
種伎樂。既到本國、與八萬四千菩薩 圍繞 至淨華宿王
지불소、 백불언、『세존、 아도—사바세계 요익중생、 견—석
智佛所 白佛言 世尊 我到娑婆世界 饒益衆生 見釋
가모니불 급견—다보불탑 예배공양、 우견—문수사리법왕
迦牟尼佛及見多寶佛塔 禮拜供養 又見文殊師利法王
자보살 급견—약왕보살 득근정진력보살 용시보살등、 역
子菩薩 及見藥王菩薩 得勤精進力菩薩 勇施菩薩等 亦
령—시팔만사천보살 득—현일체색신삼매。
令是八萬四千菩薩 得現一切色身三昧』
설—시묘음보살 내왕품 시、 사만이천천자 득—무생법인、
說是妙音菩薩 來往品 時 四萬二千天子 得無生法忍
화덕보살 득—법화삼매。
華德菩薩 得法華三昧。

묘법연화경 관세음보살보문품 제이십오
妙法蓮華經 觀世音菩薩普門品 第二十五

① 이시 무진의보살 즉종좌기 편단우견、합장향불 이작시언、
爾時 無盡意菩薩 即從座起 偏袒右肩 合掌向佛 而作是言

『세존、관세음보살 이하인연 명ー관세음。불고ー무진의보살、
『世尊、觀世音菩薩 以何因緣 名 觀世音。佛告 無盡意菩薩

『선남자、약유ー무량 백천만억중생 수ー제고뇌、문ー
『善男子 若有無量 百千萬億眾生 受 諸苦惱 聞

시관세음보살、일심칭명、관세음보살 즉시 관ー기음성 개
是觀世音菩薩 一心稱名 觀世音菩薩 即時 觀 其音聲 皆

득해탈。약유지ー시 관세음보살명자 설입대화 화불능소、
得解脫。若有持 是 觀世音菩薩名者 設入大火 火不能燒

유시보살 위신력고、약위ー대수소표 칭기명호 즉득천처、
由是菩薩 威神力故 若爲 大水所漂 稱其名號 即得淺處、

약유—백천만억중생 위구—금은유리 차거마노 산호호박
若有百千萬億衆生 爲求金銀琉璃 硨磲瑪瑙 珊瑚琥珀

진주등보、입어대해、가사흑풍 취기선방 표타—나찰귀국、
眞珠等寶 入於大海 假使黑風 吹其船舫 漂墮 羅刹鬼國

기중 약유—내지일인 칭—관세음보살명자、시제인등 개득
其中 若有 乃至一人 稱 觀世音菩薩名者 是諸人等 皆得

해탈—나찰지난。이시인연 명—관세음。
解脫 羅刹之難 以是因緣 名 觀世音。

약부유인 임당피해 칭—관세음보살명자、피소집도장 심단
若復有人 臨當被害 稱 觀世音菩薩名者 彼所執刀杖 尋段

단괴 이득해탈。약—삼천대천국토 만중—야차나찰 욕래뇌
段壞 而得解脫。若 三千大千國土 滿中 夜叉羅刹 欲來惱

인、문—기칭—관세음보살명자、시제악귀 상불—능이악안
人 聞其稱 觀世音菩薩名者 是諸惡鬼 尙不 能以惡眼

시지、황부가해。설부유인 약유죄、약무죄、추계가쇄검
視之 況復加害。設復有人 若有罪 若無罪 杻械枷鎖檢

계기신、칭—관세음보살명자 개실단괴 즉득해탈。
繫其身 稱 觀世音菩薩名者 皆悉斷壞 卽得解脫。

약—삼천대천국토 만중원적、유—일상주 장—제상인、재
若 三千大千國土 滿中怨賊 有 一商主 將 諸商人 齎

지중보 경과험로、기중일인 작시창언、「제선남자、물득공
持重寶 經過險路 其中一人 作是唱言 諸善男子 勿得恐

포。여등 응당일심 칭—관세음보살호。시보살 능이무외
怖 汝等 應當一心 稱 觀世音菩薩名號 是菩薩 能以無畏

시어중생、여등 약칭명자、어차원적 당득해탈。」중상인 문
施於衆生 汝等 若稱名者 於此怨賊 當得解脫 衆商人 聞

② 구발성언、「나무관세음보살」 칭기명고 즉득해탈。무진의、
俱發聲言 南無觀世音菩薩 稱其名故 即得解脫 無盡意

관세음보살마하살 위신지력 외외여시。
觀世音菩薩摩訶薩 威神之力 巍巍如是

약유중생 다어음욕 상념공경—관세음보살 변득이욕、약다
若有衆生 多於婬欲 常念恭敬 觀世音菩薩 便得離欲 若多

진에 상념공경—관세음보살 변득이진、약다우치 상념공
瞋恚 常念恭敬 觀世音菩薩 便得離瞋 若多愚癡 常念恭

경—관세음보살 변득이치。무진의、관세음보살 유—여시
敬 觀世音菩薩 便得離癡 無盡意 觀世音菩薩 有 如是

妙法蓮華經 卷 第七

등 대위신력、 다소요익、 시고 중생 상응심념。 약유여인
大威神力 多所饒益 是故 衆生 常應心念 若有女人

설욕구남 예배공양― 관세음보살、 변생― 복덕지혜지남、 설
設欲求男 禮拜供養 觀世音菩薩 便生 福德智慧之男 設

욕구녀 변생― 단정 유상지녀、 숙식덕본 중인애경。 무진의、
欲求女 便生 端正 有相之女 宿植德本 衆人愛敬 無盡意

관세음보살 유― 여시력。 약유중생 공경예배― 관세음보살
觀世音菩薩 有 如是力 若有衆生 恭敬禮拜 觀世音菩薩

복부당연。 시고중생 개응수지― 관세음보살명호。
福不唐捐 是故衆生 皆應受持 觀世音菩薩名號

무진의、 약유인 수지― 육십이억 항하사 보살명자、 부진형
無盡意 若有人 受持 六十二億 恒河沙 菩薩名字 復盡形

공양― 음식의복 와구의약、 어여의운하。 시선남자 선여인
供養 飮食衣服 臥具醫藥 於汝意云何 是善男子 善女人

공덕 다。 부。 무진의 언、 『심다。 세존。』 불 언、 『약부유인
功德 多 不 無盡意 言 甚多 世尊 佛言 若復有人

수지― 관세음보살명호、 내지― 일시 예배공양、 시이인복 정
受持 觀世音菩薩名號 乃至 一時 禮拜供養 是二人福 正

등무이, 어백천만억겁 불가궁진。 무진의 관세음보
살명호, 득—여시 무량무변 복덕지리。
무진의보살 백불언, 『세존 관세음보살 운하유—차사바세
계、운하이위—중생설법、방편지력 기사운하。 불고—무진
의보살, 『선남자、약유국토중생 응이불신 득도자、관세음
보살 즉현—불신 이위설법、응이벽지불신 득도자、
벽지불신 이위설법、응이성문신 득도자, 즉현—성문신 이
위설법、응이범왕신 득도자、즉현—범왕신 이위설법、응이
제석신 득도자 즉현—제석신 이위설법、응이자재천신 득

等無異 於百千萬億劫 不可窮盡 無盡意 受持 觀世音菩
薩名號 得 如是無量無邊 福德之利
無盡意菩薩 白佛言 世尊 觀世音菩薩 云何遊 此娑婆世
界 云何而爲 衆生說法 方便之力 其事云何 佛告 無盡
意菩薩 善男子 若有國土衆生 應以佛身 得度者 觀世音
菩薩 卽現 佛身 而爲說法 應以辟支佛身 得度者 卽現
辟支佛身 而爲說法 應以聲聞身 得度者 卽現 聲聞身 而
爲說法 應以梵王身 得度者 卽現 梵王身 而爲說法 應以
帝釋身 得度者 卽現 帝釋身 而爲說法 應以自在天身 得

度者 卽現自在天身 而爲說法

도자 즉현—자재천신 이위설법, 응이대자재천신 득도자 즉

현—대자재천신 이위설법, 응이천대장군신 득도자 즉

천대장군신 이위설법, 응이비사문신 득도자 즉현—비사문
天大將軍身 而爲說法 應以毘沙門身 得度者 卽現 毘沙門

신 이위설법, 응이소왕신 득도자 즉현—소왕신 이위설법,
身 而爲說法 應以小王身 得度者 卽現 小王身 而爲說法

응이장자신 득도자 즉현—장자신 이위설법, 응이거사신
應以長者身 得度者 卽現 長者身 而爲說法 應以居士

득도자 즉현—거사신 이위설법, 응이재관신 득도자 즉현—
得度者 卽現 居士身 而爲說法 應以宰官身 得度者 卽現

재관신 이위설법, 응이바라문신 득도자 즉현—바라문신
宰官身 而爲說法 應以婆羅門身 得度者 卽現 婆羅門身

이위설법, 응이비구 비구니 우바새 우바이신 이위설법,
而爲說法 應以比丘 比丘尼 優婆塞 優婆夷身 而爲說法

현—비구 비구니 우바새 우바이신 이위설법, 응이장자거
現 比丘 比丘尼 優婆塞 優婆夷身 而爲說法 應以長者居

사 재관 바라문 — 부녀신 득도자 즉현 — 부녀신 이위설법,
土 宰官 婆羅門 婦女身 得度者 卽現 婦女身 而爲說法

응이동남동녀신 득도자 즉현 — 동남동녀신 이위설법, 응이
應以童男童女身 得度者 卽現 童男童女身 而爲說法 應以

천용 야차 건달바 아수라 가루라 긴나라 마후라가 인
天龍 夜叉 乾闥婆 阿修羅 迦樓羅 緊那羅 摩睺羅伽 人

비인등신 득도자 즉개현지 이위설법, 응이집금강신 득도
非人等身 得度者 卽皆現之 而爲說法 應以執金剛神 得度

자 즉현 — 집금강신 이위설법. 무진의, 시관세음보살 성취 —
者 卽現 執金剛神 而爲說法 無盡意 是觀世音菩薩 成就

여시공덕, 이종종형 유 — 제국토 도탈중생. 시고 여등 응
如是功德 以種種形 遊 諸國土 度脫衆生 是故 汝等 應

당일심 공양 — 관세음보살. 시관세음보살마하살 어 — 포외급
當一心 供養 觀世音菩薩 是觀世音菩薩摩訶薩 於 怖畏急

난지중 능시무외. 시고 차사바세계 개호지위 — 시무외자.
難之中 能施無畏 是故 此娑婆世界 皆號之爲 施無畏者

③ 무진의보살 백불언, 『세존, 아 금당공양 — 관세음보살.
無盡意菩薩 白佛言 世尊 我 今當供養 觀世音菩薩 卽

해―경 중보주영락、가치―백천양금、이이여지 작시언、
解頸衆寶珠瓔珞 價直百千兩金 而以與之 作是言

『인자 수―차법시 진보영락。』시 관세음보살 불긍수지、무
『仁者 受此法施珍寶瓔珞』時 觀世音菩薩 不肯受之 無

진의 부백―관세음보살언、『인자、민아등고 수―차영락。』
盡意 復白觀世音菩薩言 『仁者 愍我等故 受此瓔珞』

이시 불고―관세음보살、『당민―차무진의보살 급사중 천
爾時 佛告觀世音菩薩 『當愍此無盡意菩薩 及四衆 天

용 야차 건달바 아수라 가루라 긴나라 마후라가 인비인
龍夜叉 乾闥婆 阿修羅 迦樓羅 緊那羅 摩睺羅伽 人非人

등고 수―시영락。』즉시 관세음보살 민―제사중 급어천룡
等故 受是瓔珞』 即時 觀世音菩薩 愍諸四衆 及於天龍

인비인등、수―기영락 분작이분、일분 봉―석가모니불、일
人非人等 受其瓔珞 分作二分 一分奉釋迦牟尼佛 一

분 봉―다보불탑。『무진의、관세음보살 유―여시 자재신
分奉多寶佛塔 『無盡意 觀世音菩薩 有如是自在神

력 유어―사바세계。』
力 遊於娑婆世界』

觀世音菩薩普門品 第二十五

爾時 無盡意菩薩 以偈問曰

이시 무진의보살, 이게문왈,

世尊妙相具 我今重問彼 佛子何因緣 名爲觀世音。
세존묘상구, 아금중문피. 불자하인연 명위관세음。

具足妙相尊 偈答無盡意 汝聽觀音行 善應諸方所
구족묘상존 게답무진의, 여청관음행 선응제방소、

弘誓深如海 歷劫不思議 侍多千億佛, 發大淸淨願。
홍서심여해, 역겁부사의, 시다천억불, 발대청정원。

我爲汝略說 聞名及見身 心念不空過 能滅諸有苦。
아위여약설, 문명급견신 심념불공과, 능멸제유고。

假使興害意 推落大火坑 念彼觀音力 火坑變成池
가사흥해의 추락대화갱 염피관음력 화갱변성지、

或漂流巨海 龍魚諸鬼難 念彼觀音力 波浪不能沒
혹표류거해 용어제귀난 염피관음력 파랑불능몰、

或在須彌峰 爲人所推墮 念彼觀音力 如日虛空住
혹재수미봉 위인소추타 염피관음력 여일허공주、

或被惡人逐 墮落金剛山 念彼觀音力 不能損一毛
혹피악인축 타락금강산 염피관음력 불능손일모、

혹치원적요	혹조왕난고	혹수금가쇄	주저제독약	혹우악나찰	약악수위요	완사급복갈	운뢰고철전	중생피곤액
或値怨賊繞 各執刀加害	或遭王難苦 臨刑欲壽終	或囚禁枷鎖 手足被杻械	呪詛諸毒藥 所欲害身者	或遇惡羅刹 毒龍諸鬼等	若惡獸圍繞 利牙爪可怖	蚖蛇及蝮蠍 氣毒煙火燃	雲雷鼓掣電 降雹澍大雨	衆生被困厄 無量苦逼身

염피관음력 함즉기자심,
念彼觀音力 咸卽起慈心

염피관음력 도심단단괴、
念彼觀音力 刀尋段段壞

염피관음력 석연득해탈、
念彼觀音力 釋然得解脫

염피관음력 환착어본인、
念彼觀音力 還著於本人

염피관음력 시실불감해、
念彼觀音力 時悉不敢害

염피관음력 질주무변방、
念彼觀音力 疾走無邊方

염피관음력 심성자회거、
念彼觀音力 尋聲自迴去

염피관음력 응시득소산、
念彼觀音力 應時得消散

관음묘지력 능구세간고。
觀音妙智力 能救世間苦

무량고핍신、관음묘지력

④구족신통력、具足神通力 광수지방편、廣修智方便 시방제국토 十方諸國土 무찰불현신、無剎不現身

구족신통력、광수지방편、시방제국토 무찰불현신、

지옥귀축생 地獄鬼畜生 생로병사고 生老病死苦 이점실영멸。以漸悉令滅。

종종제악취 種種諸惡趣

진관청정관 真觀清淨觀 광대지혜관 廣大智慧觀 비관급자관、悲觀及慈觀、상원상첨앙。常願常瞻仰。

무구청정광 無垢淸淨光 혜일파제암 慧日破諸闇 능복재풍화 能伏災風火 보명조세간。普明照世間。

비체계뢰진、悲體戒雷震、자의묘대운、慈意妙大雲、주감로법우 澍甘露法雨 멸제번뇌염。滅除煩惱燄。

쟁송경관처 諍訟經官處 포외군진중 怖畏軍陣中 염피관음력 念彼觀音力 중원실퇴산。眾怨悉退散。

묘음관세음 妙音觀世音 범음해조음、梵音海潮音、승피세간음、勝彼世間音、시고수상념 是故須常念

염념물생의。念念勿生疑。 관세음정성。觀世音淨聖。 어고뇌사액 於苦惱死厄 능위작의호。能爲作依怙。

구일체공덕 具一切功德 자안시중생、慈眼視眾生、복취해무량、福聚海無量、시고응정례。是故應頂禮。

이시 지지보살 즉종좌기 전백불언, 『세존, 약유중생 문―
시 관세음보살품 자재지엽, 보문시현 신통력 자, 당지―
시인공덕 불소。불 설―시보문품 시, 중중 팔만사천중생
개발―무등등 아뇩다라삼먁삼보리심。

爾時 持地菩薩 即從座起 前白佛言 世尊 若有衆生 聞
是 觀世音菩薩品 自在之業 普門示現 神通力者 當知
是人功德 不少』 佛說 是普門品 時 衆中 八萬四千衆生
皆發 無等等 阿耨多羅三藐三菩提心

묘법연화경 다라니품 제이십육

妙法蓮華經 陀羅尼品 第二十六

① 이시 약왕보살 즉종좌기 편단우견, 합장향불 이백불언,

爾時 藥王菩薩 即從座起 偏袒右肩 合掌向佛 而白佛言

『세존, 약선남자 선여인 유―능수지― 법화경자, 약독송통

『世尊 若善男子 善女人 有 能受持 法華經者 若讀誦通

리, 약서사경권, 득기소복.

利 若書寫經卷 得幾所福』

인공양―팔백만억 나유타 항하사등제불, 어여의운하. 기

人供養 八百萬億 那由他 恒河沙等諸佛 於汝意云何 其

소득복 영위다부. 『심다. 세존.』 불언, 『약선남자 선여인

所得福 寧爲多不』 『甚多 世尊』 佛言 『若善男子 善女人

능어시경 내지수지―일사구게, 독송해의 여설수행, 공덕

能於是經 乃至受持 一四句偈 讀誦解義 如說修行 功德

妙法蓮華經 卷 第七

甚多』爾時 藥王菩薩 白佛言

심다。 이시 약왕보살 백불언、『세존、 아금 당여―설법자

陀羅尼呪 以守護之』

다라니주、 이수호지。 즉설주왈、

안니⒈(安爾) 만니⒉(曼爾) 마녜⒊(摩禰) 마마녜⒋(摩摩禰) 지례⒌(旨隸) 자리제⒍(遮梨第) 샤마⒎(賖咩 音羊鳴) 샤리(賖履 反凶雄) 다위⒏(多瑋 羶帝 反輪千) 선제⒐(羶帝) 목제⒑(目帝) 목다리(目多履) 사리⒒(娑履) 아위사리(阿瑋娑履) 상리(桑履 反) 사리⒓(娑履) 샤리(賖履) 아샤리(阿叉裔) 아기니⒔(阿耆膩) 선제⒕(羶帝) 샤리(賖履) 다라니(陀羅尼) 아로가바사⒖(盧伽婆娑 反蘇奈) 파자비사니⒗(簸蔗毘叉膩) 녜비제⒘(禰毘剃) 아변다⒙(阿便哆) 라녜리제⒚(邏禰履剃) 아단다파례수지⒛(阿亶哆波隸輸地 反途賣) 우구례㉑(歐究隸) 모구례㉒(牟究隸) 아라례㉓(阿羅隸) 파라례㉔(波羅隸) 수가㉕(首迦) 차아삼마삼리㉖(差阿三磨三履 初反/反) 붓다비기리질제㉗(佛馱毘吉利袠帝) 달마파리차뎨㉘(達磨波利差帝 反猪離) 승㉙(僧) 가녈구사녜㉚(伽涅瞿沙禰) 바사바사수지㉛(婆舍婆舍輸地) 만다라㉜(曼哆邏) 만다라사야다㉝(曼哆邏叉夜多) 우㉞(郵)

陀羅尼品 第二十六

루다 우루다교사랴 악사라 악사야다야 아바로 아
樓哆三十八 郵樓哆憍舍略來加反三十九反 惡叉邏十四 惡叉冶多冶一四十 阿婆盧二四十 阿

마야 나다야
摩若荏蔗反 那多夜四十

『세존 시-다라니신주 육십이억 항하사등 제불소설、약
世尊 是陀羅尼神呪 六十二億 恒河沙等 諸佛所說 若

유-침훼-차법사자、즉위침훼-시제불이。』
有侵毁此法師者 則爲侵毁是諸佛已

찬-약왕보살언、『선재선재、약왕。여민념옹호-차법사고
讚藥王菩薩言 善哉善哉 藥王 汝憫念擁護此法師故

설-시다라니、어제중생 다소요익。』
說是陀羅尼 於諸衆生 多所饒益

이시 용시보살 백불언、『세존、아 역위옹호-독송수지
爾時勇施菩薩白佛言 世尊 我亦爲擁護 讀誦受持法

화경자、설-다라니。약차법사 득-시다라니、약야차약
華經者 說陀羅尼 若此法師 得是陀羅尼 若夜叉若

나찰 약부단나 약길자 약구반다 약아귀등 사구기단 무
羅刹 若富單那 若吉蔗 若鳩槃茶 若餓鬼等 伺求其短 無

妙法蓮華經 卷 第七

능득편. 즉어불전 이설주왈,

"能得便』
即於佛前 而說呪曰

자례 마하자례 우지 목지
座_{誓螺反}隷_一 摩訶座隷_二 郁枳_三 目枳_四

제 녈례다바제 이지 위지니 지지니 아라바제 녈례
阿隷_五 阿羅婆第_六 涅隷
第 涅隷多婆第_八 伊緻_{猪復反} 韋緻_{女氏反}枳_十 旨緻枳_{十一} 녈례지니
七 涅隷埠枳_{十二}

녈리지바지
涅犁埠婆底_{三十}

『세존、시─다라니신주 항하사등 제불소설、역개수희、약
世尊 是 陀羅尼神呪 恒河沙等 諸佛所說 亦皆隨喜 若

유─침훼─차법사자、즉위침훼─시제불이.』
有 侵毀 此法師者 則爲 侵毀 是諸佛已』

이시 비사문천왕 호세자 백불언, 『세존、아역위─민념중
爾時 毘沙門天王 護世者 白佛言 世尊 我亦爲 愍念衆

생 옹호─차법사고 설─시다라니.』즉설주왈、
生 擁護 此法師故 說 是陀羅尼 即說呪曰

② 아리 나리 노나리 아나로 나리 구나리
阿梨_一 那梨_二 㝹那梨_三 阿那盧_四 那履_五 拘那履_六

四六〇

『세존, 이시신주 옹호— 법사, 아역 자당옹호—지시경자,

世尊 以是神呪 擁護 法師 我亦 自當擁護 持是經者

영—백유순내 무—제쇠환.』

令 百由旬內 無 諸衰患

이시 지국천왕 재차회중, 여—천만억 나유타 건달바중

爾時 持國天王 在此會中 與 千萬億 那由他 乾闥婆衆

공경위요, 전예불소, 합장 백불언, 『세존, 아역 이다라니

恭敬圍繞 前詣佛所 合掌 白佛言 世尊 我亦 以陀羅尼

신주 옹호—지법화경자.』 즉설주왈,

神呪 擁護 持法華經者 卽說呪曰

아가녜 가녜 구리 건다리 전다리 마등기 상구리

阿伽禰一 伽禰二 瞿利三 乾陀利四 旃陀利五 摩蹬耆六 常求利七

부루사니 알디

浮樓莎柅八 頞底九

『세존, 시—다라니신주 사십이억 제불소설, 약유—침훼—

世尊 是 陀羅尼神呪 四十二億 諸佛所說 若有 侵毁

차법사자, 즉위침훼—시제불이.』

此法師者 則爲侵毁 是諸佛已

妙法蓮華經 卷 第七

이시 유—나찰녀등、일명—남바、이명—비남바、삼명—곡
爾時 有 羅刹女等 一名藍婆 二名毘藍婆 三名曲

치、사명—화치、오명—흑치、육명—다발、칠명—무염족、
齒 四名華齒 五名黑齒 六名多髮 七名無厭足

팔명—지영락、구명—고제、십명—탈일체중생정기。시십
八名持瓔珞 九名皐帝 十名奪一切衆生精氣 是十

나찰녀 여—귀자모 병기자 급권속、구예불소、동성 백불
羅刹女 與 鬼子母 幷其子 及眷屬 俱詣佛所 同聲 白佛

언、『세존、아등 역욕옹호—독송수지 법화경자、제—기쇠
言 世尊 我等 亦欲擁護 讀誦受持 法華經者 除—其衰

환。약유—사구—법사단자、영부득편。』
患 若有 伺求 法師短者 令不得便

즉어불전 이설주왈、
即於佛前 而說呪曰

이제리 니리
伊提履 泥履
一

이제민
伊提泯
二

이제리
伊提履
三

아제리
阿提履
四

이제리
伊提履
五

니리
泥履
六

니리
泥履
七

니리
泥履
八

니리
泥履
九

니리
泥履
十

루혜
樓醯
一十

루혜
樓醯
二十

루혜
樓醯
三十

루혜
樓醯
四十

다혜
多醯
五十

다혜
多醯
六十

다혜
多醯
七十

도혜
兜醯
八十

로혜
𥁕醯
九十

四六二

『영상—아두상 막뇌—어법사。 약야차 약나찰 약아귀 약
寧 上 我 頭 上 莫 惱 於 法 師 若 夜 叉 若 羅 刹 若 餓 鬼 若

부단나 약길자 약비타라 약건타 약오마륵가 약아발마라
富 單 那 若 吉 蔗 若 毘 陀 羅 若 犍 馱 若 烏 摩 勒 伽 若 阿 跋 摩 羅

약야차길자 약인길자, 약열병、 약일일 약이일 약삼일 약
若 夜 叉 吉 蔗 若 人 吉 蔗 若 熱 病 若 一 日 若 二 日 若 三 日 若

사일 내지칠일 약상열병、 약남형 약녀형 약동남형 약동
四 日 乃 至 七 日 若 常 熱 病 若 男 形 若 女 形 若 童 男 形 若 童

녀형、 내지몽중、 역부막뇌。
女 形 乃 至 夢 中 亦 復 莫 惱』

즉어불전 이설게언、
即 於 佛 前 而 說 偈 言

약불순아주 뇌란설법자、 두파작칠분
若 不 順 我 呪 惱 亂 說 法 者 頭 破 作 七 分

여아리수지、
如 阿 梨 樹 枝

여살부모죄、 역여압유앙—두칭기광인
如 殺 父 母 罪 亦 如 壓 油 殃 斗 秤 欺 誑 人

조달파승죄、
調 達 破 僧 罪

범차법사자 당획여시앙。
犯 此 法 師 者 當 獲 如 是 殃

제나찰녀 설차게이 백불언、『세존、 아등 역당 신자옹호—
諸 羅 刹 女 說 此 偈 已 白 佛 言 世 尊 我 等 亦 當 身 自 擁 護

수지독송수행 시경자, 영득안은, 이―제쇠환, 소―중독약.』
受持讀誦修行 是經者 令得安隱 離諸衰患 消衆毒藥

불고―제나찰녀, 『선재선재. 여등 단능옹호―수지 법화명
佛告 諸羅刹女 善哉善哉 汝等 但能擁護 受持法華名

자, 복불가량, 하황옹호―구족수지 공양경권, 화향영락 말
者 福不可量 何況擁護 具足受持 供養經卷 華香瓔珞 抹

향도향소향 번개기악, 연―중종등, 소등유등 제향유등 소
香塗香燒香 幡蓋伎樂 燃 種種燈 蘇燈油燈 諸香油燈 蘇

마나화유등 첨복화유등 바사가화유등 우발라화유등 여시
摩那華油燈 瞻蔔華油燈 婆師迦華油燈 優鉢羅華油燈 如是

등―백천종 공양자. 고제, 여등급권속 응당옹호―여시법
等 百千種 供養者 故諸 汝等及眷屬 應當擁護 如是法

사.』 설―시다라니품 시, 육만팔천인 득―무생법인.
師 說 是陀羅尼品 時 六萬八千人 得 無生法忍

묘법연화경 묘장엄왕본사품 제이십칠
妙法蓮華經 妙莊嚴王本事品 第二十七

① 이시 불고제대중, 『내왕고세 과―무량무변 불가사의 아승
爾時 佛告諸大衆 乃往古世 過 無量無邊 不可思議 阿僧

지겁, 유불, 명―운뢰음수왕화지 다타아가도 아라하 삼먁
祇劫 有佛 名 雲雷音宿王華智 多陀阿伽度 阿羅訶 三藐

삼불타, 국명―광명장엄, 겁명―희견. 피불법중 유왕 명―
三佛陀 國名 光明莊嚴 劫名 喜見 彼佛法中 有王 名

묘장엄, 기왕부인 명왈―정덕, 유이자 일명―정장, 이명―
妙莊嚴 其王夫人 名曰 淨德 有二子 一名 淨藏 二名

정안. 시이자 유―대신력 복덕지혜, 구수―보살 소행지도,
淨眼 是二子 有 大神力 福德智慧 久修 菩薩 所行之道

소위―단바라밀 시라바라밀 찬제바라밀 비리야바라밀 선
所謂 檀波羅蜜 尸羅波羅蜜 羼提波羅蜜 毘梨耶波羅蜜 禪

바라밀 반야바라밀 방편바라밀 자비희사 내지―삼십칠품
波羅蜜 般若波羅蜜 方便波羅蜜 慈悲喜捨 乃至 三十七品

조도법、개실명료통달。 우득―보살 정삼매 일성수삼매 정
助道法 皆悉明了通達 又得 菩薩 淨三昧 日星宿三昧 淨

광삼매 정색삼매 정조명삼매 장장엄삼매 대위덕장삼매、
光三昧 淨色三昧 淨照明三昧 長莊嚴三昧 大威德藏三昧

어차삼매 역실통달。
於此三昧 亦悉通達

이시 피불 욕인도―묘장엄왕、급민념중생고、설―시법화
爾時 彼佛 欲引導 妙莊嚴王 及愍念衆生故 說 是法華

경。 시 정장정안 이자 도기모소、합―십지조장 백언、「원、
經 時 淨藏淨眼 二子 到其母所 合 十指爪掌 白言 願

모왕예―운뢰음수왕화지불소。 아등 역당 시종친근 공양예
母往詣 雲雷音宿王華智佛所 我等 亦當 侍從親觀 供養禮

배。 소이자하, 차불 어―일체천인중중 설―법화경, 의응
拜 所以者何 此佛 於 一切天人衆中 說 法華經 宜應

청수。」 모고자언、「여부 신수외도、심착―바라문법, 여등 응
聽受 母告子言 汝父 信受外道 深著 婆羅門法 汝等 應

왕 백부 여공구거. 정장정안 합—십지조장 백모,「아등
往 白父 與共俱去」 淨藏淨眼 合 十指爪掌 白母 我等

시법왕자, 이생—차사견가. 모고자언,「여등 당 우념여부
是法王子 而生 此邪見家」 母告子言 汝等 當 憂念汝父

위현신변。 약득견자 심필청정、 혹청—아등 왕지불소。
爲現神變 若得見者 心必淸淨 或聽 我等 往至佛所」 於

시이자 염기부고 용재허공—고칠다라수 현—종종신변, 어
是二子 念其父故 踊在虛空 高七多羅樹 現 種種神變 於

허공중 행주좌와, 신상출수 신하출화 신하출수 신상출화,
虛空中 行住坐臥 身上出水 身下出火 身下出水 身上出火

혹현대신 만허공중、 이부현소 소부현대、어공중멸 홀연재
或現大身 滿虛空中 而復現小 小復現大 於空中滅 忽然在

지、 입지—여수 이수—여지、 현—여시등 종종신변、 영기
地 入地 如水 履水 如地 現 如是等 種種神變 令其

부왕 심정신해。
父王 心淨信解

② 시 부견—자 신력여시、 심대환희 득미증유、 합장 향자언,
時 父王見 子 神力如是 心大歡喜 得未曾有 合掌 向子言

「여등사 위시수, 수지제자。 이자백언, 「대왕, 피 운뢰음수
汝等師 爲是誰 誰之弟子」 大王 彼 雲雷音宿
왕화지불 금재—칠보 보리수하 법좌상좌, 어일체세간 천
王華智佛 今在 七寶 菩提樹下 法座上坐 於一切世間 天
인중중 광설—법화경, 시—아등사, 아—시제자。 부어자언,
人衆中 廣說 法華經 是 我等師 我 是弟子」 父語子言
「아금 역욕견—여등사, 가공구왕。 어시이자 종공중하 도—
我今 亦欲見 汝等師 可共俱往 於是二子 從空中下 到
기모소, 합장백모, 「부왕 금이신해 감임발—아뇩다라삼먁
其母所 合掌白母 父王 今已信解 堪任發 阿耨多羅三藐
삼보리심。 아등 위부 이작불사, 원, 모견청—어피불소 출
三菩提心 我等 爲父 已作佛事 願 母見聽 於彼佛所 出
가수도。」
家修道」
이시 이자 욕—중선기의 이게백모,
爾時 二子 欲 重宣其意 以偈白母
원모방아등 출가작사문。 제불심난치, 아등수불학。
願母放我等 出家作沙門 諸佛甚難値 我等隨佛學

여우담발화 치불부난시, 탈제난역난. 원청아출가.
如優曇鉢華 值佛復難 是 脫諸難亦難 願聽我出家

모즉고언, "청―여출가, 소이자하, 불난치고.
母即告言 聽 汝出家 所以者何 佛難值故」 於是二子 白

부모언, "선재부모, 원, 시왕예―운뢰음수왕화지불소 친근
父母言 善哉父母 願 時往詣 雲雷音宿王華智佛所 親近

공양. 소이자하, 불난득치 여―우담바라화, 우여―일안지
供養 所以者何 佛難得值 如優曇鉢羅華 又如一眼之

구치―부목공. 이아등 숙복심후 생 치불법. 시고 부모
龜值 浮木孔 而我等 宿福深厚 生 值佛法 是故 父母

당청아등 영득출가. 소이자하, 제불난치 시역난우.
當聽我等 令得出家 所以者何 諸佛難值 時亦難遇」

③ 피시 묘장엄왕후궁 팔만사천인 개실 감임수지―시법화경,
彼時 妙莊嚴王後宮 八萬四千人 皆悉 堪任受持 是法華經

정안보살 어―법화삼매 구이통달, 정장보살 이어무량
淨眼菩薩 於法華三昧 久已通達 淨藏菩薩 已於無量

천만억겁 통달―이제악취삼매, 욕령―일체중생 이제악취
千萬億劫 通達 離諸惡趣三昧 欲令 一切衆生 離諸惡趣

고、기왕부인 득—제불집삼매、능지—제불비밀지장。이자
其 王夫人 得 諸佛集三昧 能知 諸佛祕密之藏 二子
여시 이방편력 선화기부、영심신해 호락불법。어시 묘장
如是 以方便力 善化其父 令心信解 好樂佛法 於是 妙莊
엄왕 여—군신권속구、정덕부인 여—후궁채녀권속구、기
嚴王 與群臣眷屬俱 淨德夫人 與後宮采女眷屬俱 其
왕이자 여—사만이천인구、일시 공예불소 도이、두면예족、
王二子 與四萬二千人俱 一時共詣佛所 到已 頭面禮足
요불삼잡 각주일면。이시 피불 위왕설법 시교리희、왕대
繞佛三匝 却住一面 爾時 彼佛 爲王說法 示教利喜 王大
환열。이시 묘장엄왕 급기부인 해—경 진주영락 가치백
歡悅 爾時 妙莊嚴王 及其夫人 解頸 眞珠瓔珞 價直百
천、이산불상、어허공중 화성—사주보대、대중유—대보상、
千 以散佛上 於虛空中 化成 四柱寶臺 臺中有 大寶牀
부—백천만 천의、기상유불 결가부좌 방—대광명。
敷百千萬 天衣 其上有佛 結跏趺坐 放 大光明
이시 묘장엄왕 작시념、「불신희유 단엄수특、성취—제일
爾時 妙莊嚴王 作是念 佛身希有 端嚴殊特 成就第一

미묘지색。 시 운뢰음수왕화지불 고—사중언, 「여등 견—
微妙之色」 時 雲雷音宿王華智佛 告 四衆言 汝等 見
시묘장엄왕 어아전 합장립。부。차왕 어아법중 작—비구,
是妙莊嚴王 於我前 合掌立 不此王 於我法中 作比丘
정근수습—조불도법、당득작불、호—사라수왕、국명—대광、
精勤修習 助佛道法 當得作佛 號 娑羅樹王 國名 大光
겁명—대고왕。기사라수왕불 유—무량보살중 급무량성문、
劫名 大高王 其娑羅樹王佛 有無量菩薩衆 及無量聲聞
기국평정、공덕여시。」
其國平正 功德如是
기왕즉시 이국 부제、여—부인이자
其王卽時 以國 付弟 與夫人二子
병제권속、어불법중 출가수도。왕 출가이 어팔만사천세
幷諸眷屬 於佛法中 出家修道 王 出家已 於八萬四千歲
상근정진 수행—묘법화경, 과시이후 득—일체정공덕장엄
常勤精進 修行 妙法華經 過是已後 得一切淨功德莊嚴
삼매, 즉승허공 고—칠다라수, 이백불언、「세존、차아이자
三昧 卽昇虛空 高七多羅樹 而白佛言 世尊 此我二子
이작불사、이신통변화 전아사심、영득안주—어불법중、득
已作佛事 以神通變化 轉我邪心 令得安住 於佛法中 得

견—세존, 차이자자 시아선지식. 위욕발기—숙세선근 요
견世尊 此二子者 是我善知識 爲欲發起 宿世善根 饒

익아고 내생아가.
益我故 來生我家」

④ 이시 운뢰음수왕화지불 고—묘장엄왕언, 「여시여시. 여여
爾時 雲雷音宿王華智佛 告 妙莊嚴王言 如是如是 如汝

소언. 약—선남자 선여인 종선근고 세세 득—선지식, 기
所言 若 善男子 善女人 種善根故 世世 得 善知識 其

선지식 능작불사, 시교리희 영입—아뇩다라삼먁삼보리. 대
善知識 能作佛事 示教利喜 令入 阿耨多羅三藐三菩提 大

왕, 당지. 선지식자 시대인연, 소위—화도 영득견불, 발—
王 當知 善知識者 是大因緣 所謂 化導 令得見佛 發

아뇩다라삼먁삼보리심. 대왕, 여견—차이자. 부. 차이자
阿耨多羅三藐三菩提心 大王 汝見 此二子 不 此二子

이증공양—육십오백천만억 나유타 항하사제불, 친근공경,
已曾供養 六十五百千萬億 那由他 恒河沙諸佛 親近恭敬

어제불소 수지—법화경, 민념—사견중생, 영주정견.」 묘장
於諸佛所 受持 法華經 愍念 邪見衆生 令住正見」 妙莊

엄왕 즉종허공중하 이백불언, "세존, 여래 심희유, 이공덕지혜고, 정상육계 광명현조, 기안 이감청색, 미간호상 백여가월, 치 백제밀 상유광명, 순색 적호여 빈바과. 이시 묘장엄왕 찬탄 불 여시등 무량 백천만억 공덕이, 어여래전 일심합장, 부백불언, "세존, 미증유야. 여래지법 구족성취 불가사의 미묘공덕, 교계소행 안은쾌선. 아종금일 불부 자수심행, 불생 사견 교만진에 제악지심. 설시어이 예불이출."

불고대중, "어의운하. 묘장엄왕 기이인호. 금 화덕보살 시야…"

嚴王 即從虛空中下 而白佛言 世尊 如來 甚希有 以功德智慧故 頂上肉髻 光明顯照 其眼 長廣 而紺青色 眉間毫相 白如珂月 齒 白齊密 常有光明 肩色 赤好 如頻婆菓 爾時 妙莊嚴王 讚歎 佛 如是等 無量 百千萬億 功德已 於如來前 一心合掌 復白佛言 世尊 未曾有也 如來之法 具足成就 不可思議 微妙功德 教戒所行 安隱快善 我從今日 不復 自隨心行 不生 邪見 憍慢瞋恚 諸惡之心" 說是語已 禮佛而出

佛告大衆 於意云何 妙莊嚴王 豈異人乎 今 華德菩薩

시、기―정덕부인 금불전 광조장엄상보살 시。애민―묘장엄왕 급제권속고、 어피중생 기이자자、 금―약왕보살 약상보살 시。시―약왕약상보살 성취―여차 제대공덕이、어무량백천만억 제불소、식―중덕본、성취―불가사의 제선공덕。약유인 식―시 이보살명자자、일체세간 제천인민 역응예배。불설―시묘장엄왕본사품 시、팔만사천인 원진이구、어제법중 득―법안정。

是其淨德夫人 今佛前 光照莊嚴相菩薩 是 哀愍妙莊嚴王 及諸眷屬故 於彼中生 其二子者 今藥王菩薩 藥上菩薩 是是 藥王藥上菩薩 成就 如此 諸大功德已、於無量百千萬億諸佛所 植衆德本 成就 不可思議 諸善功德 若有人 識 是二菩薩名字者 一切世間 諸天人民 亦應禮拜』 佛說 是妙莊嚴王本事品 時 八萬四千人 遠塵離垢、於諸法中 得 法眼淨

묘법연화경 보현보살권발품 제이십팔
妙法蓮華經 普賢菩薩勸發品 第二十八

① 이시 보현보살 이—자재신통력 위덕명문、여—대보살 무량무변 불가칭수、종동방래、소경제국 보개진동、우—보련화、작—무량 백천만억 종종기악。우여—무수제천 용야차 건달바 아수라 가루라 긴나라 마후라가 인비인등 대중 위요、각현—위덕 신통지력、도—사바세계 기사굴산중、두면례—석가모니불、우요칠잡 백불언、『세존、아어—

爾時 普賢菩薩 以 自在神通力 威德名聞 與大菩薩無量無邊 不可稱數 從東方來 所經諸國 普皆震動 雨寶蓮華 作 無量 百千萬億 種種伎樂 又與無數諸天 龍夜叉 乾闥婆 阿修羅 迦樓羅 緊那羅 摩睺羅伽 人非人等 大衆 圍繞 各現 威德 神通之力 到 娑婆世界 耆闍崛山中 頭面禮 釋迦牟尼佛 右遶七匝 白佛言 世尊 我於

妙法蓮華經 卷 第七

보위덕상왕불국, 요문―차사바세계 설법화경, 여―무량무변, 백천만억 제보살중, 공래청수。유원, 세존, 당위설지。
寶威德上王佛國 遙聞 此娑婆世界 說法華經 與無量無邊 百千萬億 諸菩薩衆 共來聽受 唯願 世尊 當爲說之

약―선남자 선여인 어여래멸후 운하능득―시법화경。
若 善男子 善女人 於如來滅後 云何能得 是法華經

불고―보현보살, 『약―선남자 선여인 성취―사법, 어여래 멸후 당득―시법화경。일자 위―제불호념, 이자 식―중덕본, 삼자 입―정정취, 사자 발―구일체중생지심。선남자 선여인 여시성취―사법, 어여래멸후 필득시경。』
佛告 普賢菩薩 若 善男子 善女人 成就 四法 於如來 滅後 當得 是法華經 一者 爲 諸佛護念 二者 植 衆德本 三者 入 正定聚 四者 發 救一切衆生之心 善男子 善女人 如是成就 四法 於如來滅後 必得是經

이시 보현보살 백불언, 『세존, 어후오백세 탁악세중, 기유―수지 시경전자, 아당수호 제―기쇠환, 영득안은,
爾時 普賢菩薩 白佛言 世尊 於後五百歲 濁惡世中 其有 受持 是經典者 我當守護 除 其衰患 令得安隱 使

무—사구득기편자、
伺求得其便者
약마 약마자
若魔 若魔子
약마녀
若魔女
약마민
若魔民
약위마소
若爲魔所
著者
若夜叉
若羅刹
若鳩槃茶
若毘舍闍
若吉蔗
若富單
착자、약야차 약구반다 약비사사 약길자 약부단
나약위타라등、제뇌인자 개부득편。 시인 약행 약립 독
那
若韋陀羅等
諸惱人者
皆不得便
是人
若行
若立
讀

송—차경、아이시 승—육아백상왕、여—대보살중 구예기
誦
此經
我爾時
乘六牙白象王
與大菩薩衆
俱詣其

소、이자현신 공양수호 안위기심、역위공양—법화경고、시
所
而自現身
供養守護
安慰其心
亦爲供養
法華經故
是

인약좌 사유차경、이시 아 부승—백상왕 현—기인전、기
人若坐
思惟此經
爾時
我復乘
白象王
現其人前
其

인약어법화경 유소망실—일구일게、아당교지 여공독송
人若於法華經
有所忘失
一句一偈
我當教之
與共讀誦

② 이시 수지독송—법화경자、득견아신、심대환희 전부정진、
선령통리。
還令通利

爾時
受持讀誦
法華經者
得見我身
甚大歡喜
轉復精進

이견아고 즉득—삼매 급다라니, 명위—선다라니 백천만억
以見我故 即得 三昧 及陀羅尼 名爲 旋陀羅尼 百千萬億

선다라니 법음방편다라니, 득—여시등 다라니. 세존, 약—
旋陀羅尼 法音方便陀羅尼 得 如是等 陀羅尼 世尊 若

후세 후오백세 탁악세중, 비구비구니 우바새우바이, 구색
後世 後五百歲 濁惡世中 比丘比丘尼 優婆塞優婆夷 求索

자 수지자 독송자 서사자, 욕수습 시—법화경, 어—삼칠
者 受持 讀誦者 書寫者 欲修習 是 法華經 於 三七

일중, 응—일심정진 만—삼칠일이, 아당승—육아백상, 여—
日中 應 一心精進 滿 三七日已 我當乘 六牙白象 與

무량보살 이자위요, 이—일체중생 소희견신, 현—기인전
無量菩薩 而自圍繞 以 一切衆生 所喜見身 現 其人前

이위설법 시교리희. 역부여—기다라니주, 득시다라니고,
而爲說法 示敎利喜 亦復與 其陀羅尼呪 得是陀羅尼故

무유—비인 능파괴자, 역불위—여인지소혹란, 아신역자
無有 非人 能破壞者 亦不爲 女人之所惑亂 我身亦自

상호—시인. 유원, 세존, 청—아설—차다라니주. 즉어불전
常護 是人 唯願 世尊 聽 我說 此陀羅尼呪 即於佛前

이 설주왈, 而說呪曰

아단지 阿檀地(一) 단다바지 檀陀婆地(二) 단다바제 檀陀婆帝(三) 단다구사례 檀陀鳩舍隸(四) 단다수다례 檀陀修陀隸(五)

수다례 修陀隸(反一賣途)

수다라바지 修陀羅婆底(七) 붓다파선녜 佛馱波羶禰(八) 살바다라니아바다니 薩婆陀羅尼阿婆多尼(九)

살바바사아바다니 薩婆婆沙阿婆多尼(十)

수아바다니 修阿婆多尼(十一) 싱가바리사니 僧伽婆履叉尼(二十) 싱가녈가다니 僧伽涅伽陀尼(兜略反盧遮)

아싱기 阿僧祇(四十) 싱가파가지 僧伽婆伽地(五十) 제례아다싱가도랴 帝隸阿惰僧伽兜略(反盧遮) 아라제파라제 阿羅帝波羅帝(八十)

가다니 伽陀尼(三十)

살바싱가삼마지가란지 薩婆僧伽三摩地伽蘭地(七十)

살바달마수파리찰제 薩婆達磨修波利刹帝

살바살타루타교사랴아로가지 薩婆薩埵樓馱憍舍略阿㝹伽地(九十) 신아비기리지제 辛阿毘吉利地帝(十二)

제파라제 帝波羅帝(六十)

살바살타루타교사랴아로가지

『세존, 약유보살 득문—시다라니자, 당지—보현신통지력。 世尊、若有菩薩 得聞 是陀羅尼者、當知 普賢神通之力。

약—법화경 행—염부제 유—수지자, 응작차념, 「개시—보 若法華經 行 閻浮提 有 受持者 應作此念 皆是普

③현위신지력.
賢威神之力」

약유—수지독송 정억념 해기의취 여설수행, 당지, 시인
若有 受持讀誦 正憶念 解其義趣 如說修行 當知 是人

행—보현행 어무량무변 제불소 심종선근, 위—제여래 수
行普賢行 於無量無邊 諸佛所 深種善根 爲 諸如來 手

마기두。 약단서사, 시인명종 당생—도리천상、시시 팔만
摩其頭。 若但書寫 是人命終 當生 忉利天上 是時 八萬

사천천녀 작중기악 이래영지, 기인 즉착칠보관, 어채녀중
四千天女 作衆伎樂 而來迎之 其人 即著七寶冠 於采女中

오락쾌락、하황—수지독송 정억념 해기의취 여설수행。약
娛樂快樂 何況 受持讀誦 正憶念 解其義趣 如說修行 若

유인 수지독송 해기의취, 시인명종 위천불수수、영—불공
有人 受持讀誦 解其義趣 是人命終 爲千佛授手 令 不恐

포 불타악취、즉왕—도솔천상 미륵보살소。 미륵보살 유—
怖 不墮惡趣 即往 兜率天上 彌勒菩薩所。 彌勒菩薩 有

삼십이상, 대보살중 소공위요、유—백천만억 천녀권속、이
三十二相 大菩薩衆 所共圍繞 有 百千萬億 天女眷屬 而

어 중생。 유―여시등 공덕이익、 시고지자 응당일심 자서、
於 中生 有 如是等 功德利益 是故智者 應當一心 自書

약사인서、 수지독송 정억념 여설수행。 세존、 아금 이신통
若使人書 受持讀誦 正憶念 如說修行 世尊 我今 以神通

력고 수호―시경、 어여래멸후 염부제내 광령유포 사부단절。
力故 守護 是經 於如來滅後 閻浮提內 廣令流布 使不斷絕

이시 석가모니불 찬언、 『선재선재。 보현、 여능 호조―시
爾時 釋迦牟尼佛 讚言 善哉善哉 普賢 汝能 護助 是

경。 영―다소중생 안락이익、 여이성취―불가사의 공덕 심
經 令 多所衆生 安樂利益 汝已成就 不可思議 功德 深

대자비、 종구원래 발―아뇩다라삼먁삼보리의、 이능작―시
大慈悲 從久遠來 發 阿耨多羅三藐三菩提意 而能作 是

신통지원 수호―시경、 아당 이신통력、 수호―능수지 보현
神通之願 守護 是經 我當 以神通力 守護 能受持 普賢

보살명자。 보현、 약유―수지독송 정억념 수습 서사―시법
菩薩名者 普賢 若有 受持讀誦 正憶念 修習 書寫 是法

화경자、 당지、 시인 즉견―석가모니불、 여―종불구 문차경
華經者 當知 是人 則見 釋迦牟尼佛 如 從佛口 聞此經

전。 당지、시인 공양―석가모니불、당지、시인 불찬선재、
典。當知是人供養釋迦牟尼佛當知是人佛讚善哉

당지、시인 위―석가모니불 수마기두、당지、시인 위―
當知是人爲釋迦牟尼佛手摩其頭當知是人爲

석가모니불 의지소부。여시지인 불부탐착―세락、불호―
釋迦牟尼佛衣之所覆如是之人不復貪著世樂不好

외도경서수필、역부 불희친근―기인 급제악자 약도아 약
外道經書手筆亦復不喜親近其人及諸惡者若屠兒若

축―저양계구 약엽사 약현매여색、시인 심의질직 유―정
畜猪羊鷄狗若獵師若衒賣女色是人心意質直有正

억념 유―복덕력。시인 불위―삼독소뇌、역부불위―질투
憶念有福德力是人不爲三毒所惱亦復不爲嫉妬

아만 사만 증상만 소뇌。시인 소욕지족、능수―보현지행。
我慢邪慢增上慢所惱是人少欲知足能修普賢之行

④ 보현、약여래멸후―후오백세、약유인 견―수지독송 법화
普賢若如來滅後後五百歲若有人見受持讀誦法華

경자、응작시념、「차인불구 당예도량 파―제마중、득―아
經者應作是念此人不久當詣道場破諸魔衆得阿

普賢菩薩勸發品

욕다라삼먁삼보리, 전—법륜, 격—법고, 취—법라, 우—법
耨多羅三藐三菩提 轉法輪 擊法鼓 吹法螺 雨法

우, 당좌—천인대중 사자법좌상. 보현, 약어후세 수지
雨 當坐天人大衆中師子法座上 普賢 若於後世 受持

독송—시경전자, 시인 불부탐착—의복와구 음식자생지물,
讀誦是經典者 是人 不復貪著衣服臥具飲食資生之物

소원불허, 역어현세 득—기복보.
所願不虛 亦於現世 得其福報

약유인 경훼지언, 「여광인이. 공작시행, 종무소획」. 여시죄
若有人 輕毀之言 汝狂人耳 空作是行 終無所獲 如是罪

보 당—세세무안.
報 當世世無眼

약유—공양찬탄지자, 당어금세 득—현
若有供養讚歎之者 當於今世得現

과보, 약부견—수지시경자, 출—기과악, 약실 약부실, 차
果報 若復見受持是經者 出其過惡 若實若不實 此

인 현세 득—백라병, 약유—경소지자, 당—세세 아치—소
人 現世得白癩病 若有輕笑之者 當世世牙齒疎

결, 추순평비, 수각—요려, 안목—각래, 신체—취예 악창
缺 醜脣平鼻 手脚繚戾 眼目角睞 身體臭穢 惡瘡

농혈、 수복단기、 제악중병.
膿血 水腹短氣 諸惡重病

시고 보현、 약견―수지시경전자、 당기원영、 당여경불.
是故 普賢 若見 受持是經典者 當起遠迎 當如敬佛」

설―시보현권발품 시、 항하사등 무량무변 보살、 득―백천만억선다라니、 삼천대천세계 미진등 제보살、 구―보현도.
說是普賢勸發品時 恒河沙等 無量無邊 菩薩 得百千萬億旋陀羅尼 三千大千世界 微塵等 諸菩薩 具普賢道

불 설시경시、 보현등 제보살、 사리불등 제성문、 급제천룡 인비인등 일체대회、 개대환희 수지―불어 작례이거.
佛說是經時 普賢等 諸菩薩 舍利弗等 諸聲聞 及諸天龍 人非人等 一切大會 皆大歡喜 受持佛語 作禮而去

佛說觀普賢菩薩行法經

불설관보현보살행법경

佛說觀普賢菩薩行法經

유송계빈삼장법사 담마밀다 역
劉宋罽賓三藏法師 曇摩蜜多 譯

① 여시아문, 일시불재ㅡ비사리국 대림정사 중각강당, 고제비구, 『각후삼월, 아당반열반.』존자아난 즉종좌기, 정의복 차수합장 요불삼잡, 위불작례 호궤합장, 제관ㅡ여래, 목부잠사. 장로마하가섭 미륵보살마하살 역종좌기 합장작례, 첨앙존안, 시 삼대사 이구동음 이백불언, 『세존, 여

如是我聞 一時佛在 毗舍離國 大林精舍 重閣講堂 告諸比丘 「却後三月 我當般涅槃」 尊者阿難 卽從座起 整衣服 叉手合掌 遶佛三匝 爲佛作禮 胡跪合掌 諦觀 如來 目不暫捨 長老摩訶迦葉 彌勒菩薩摩訶薩 亦從座起 合掌作禮 瞻仰尊顔 時 三大士 異口同音 而白佛言 「世尊 如

行法經

四八七

래멸후, 운하중생 기─보살심, 수행─대승 방등경전, 정
來滅後 云何衆生 起 菩薩心 修行 大乘 方等經典 正

념사유─일실경계。
念思惟 一實境界

운하불실─무상보리지심。 운하부당 부
云何不失 無上菩提之心 云何復當 父

단번뇌 불리오욕, 득정─제근, 멸제─제죄, 부모소생 청
斷煩惱 不離五欲 得淨 諸根 滅除 諸罪 父母所生 清

정상안, 부단오욕 이능득견─제장외사。
淨常眼 不斷五欲 而能得見 諸障外事

② 불고아난、『제청제청 선사념지。 여래석재─기사굴산 급여
佛告阿難 諦聽諦聽 善思念之 如來昔在 耆闍崛山 及餘

주처、이광분별─일실지도、금어차처、위─미래세 제중생
住處 已廣分別 一實之道 今於此處 爲 未來世 諸衆生

등、욕행─대승 무상법자、욕학─보현행 보현행자、아금
等 欲行 大乘 無上法者 欲學 普賢行 普賢行者 我今

당설─기억념법。 약견보현 급불견자、제각죄수、금위여등
當說 其憶念法 若見普賢 及不見者 除却罪數 今爲汝等

당광분별。 아난、 보현보살 내생─동방 정묘국토、 기국토
當廣分別 阿難 普賢菩薩 乃生 東方 淨妙國土 其國土

상 잡화경중 이광분별, 아금어차 약이해설.
相雜華經中 已廣分別 我今於此 略而解說。

아난, 약비구 비구니 우바새 우바이 천룡팔부 일체중생,
阿難 若比丘 比丘尼 優婆塞 優婆夷 天龍八部 一切衆生

송―대승경자, 수―대승행자, 발―대승의자, 낙견―보현보
誦大乘經者 修大乘行者 發大乘意者 樂見普賢菩

살색신자, 낙견―다보불탑자, 낙견―석가모니불 급분신제
薩色身者 樂見多寶佛塔者 樂見釋迦牟尼佛 及分身諸

불자, 낙득―육근청정자, 당학시관.
佛者 樂得六根清淨者 當學是觀

견상묘색, 불입삼매 단송지고, 전심수습 심심상차 불리대
見上妙色 不入三昧 但誦持故 專心修習 心心相次 不離大

승, 일일지 삼칠일 득견―보현, 유중장자 칠칠일진 연후
乘 一日至 三七日 得見普賢 有重障者 七七日盡 然後

득견, 부유중자 일생득견, 부유중자 이생득견, 부유중자
得見 復有重者 一生得見 復有重者 二生得見 復有重者

삼생득견, 여시종종 업보부동 시고이설.
三生得見 如是種種 業報不同 是故異說。

③ 보현보살 신량무변、 음성무변、 색상무변、 욕래차국、 입―
普賢菩薩 身量無邊 音聲無邊 色像無邊 欲來此國 入

자재신통、 촉신령소、 염부제인 삼장중고、 이지혜력 화승
自在神通 促身令小 閻浮提人 三障重故 以智慧力 化乘

백상。 기상―육아 칠지주지、 기칠지하 생칠연화、 상색선백
白象。 其象 六牙 七支拄地 其七支下 生七蓮華 象色鮮白

백중상자、 파리설산 부득위비。 상신장―사백오십유순、 고―
白中上者 頗梨雪山 不得爲比 象身長 四百五十由旬 高

사백유순、 어육아단 유육욕지、 일일욕지중 생―십사연화、
四百由旬 於六牙端 有六浴池 一一浴池中 生十四蓮華

여지정등、 기화개부 여천수왕、 일일화상 유일옥녀、 안색
與池正等 其華開敷 如天樹王 一一華上 有一玉女 顏色

홍휘 유과천녀、 수중자연 화오공후、 일일공후 유―오백
紅輝 有過天女 手中自然 化五箜篌 一一箜篌 有五百

악기 이위권속、 유―오백비조、 부안원앙 개중보색 생화엽
樂器 以爲眷屬 有五百飛鳥 鳧雁鴛鴦 皆衆寶色 生華葉

간。 상비―유화、 기경비여―적진주색、 기화금색、 함이미부、
間。 象鼻 有華 其莖譬如 赤眞珠色 其華金色 含而未敷

④견시사이 부갱참회、지심제관、사유대승 심불휴폐、견一
見是事已 復更懺悔 至心諦觀 思惟大乘 心不休廢 見

화즉부 금색금광。기연화대、시견숙가보 묘범마니 이위화
華卽敷 金色金光 其蓮華臺 是甄叔迦寶 妙梵摩尼 以爲華

만、금강보주 이위화수、견一유화불 좌연화대、중다보살
鬘 金剛寶珠 以爲華鬚 見 有化佛 坐蓮華臺 衆多菩薩

좌一연화수、화불미간 역출一금광、입상비중、종상비출入
坐 蓮華鬚 化佛眉間 亦出 金光 入象鼻中 從象鼻出入

상안중、종상안출 입상이중、종상이출 조상정상 화작금대。
象眼中 從象眼出 入象耳中 從象耳出 照象頂上 化作金臺

기상두상 유一삼화인、일착一금륜、일지一마니주、일집一
其象頭上 有 三化人 一捉 金輪 一持 摩尼珠 一執

금강저。거저 의상、상즉능행、각불리지 섭허이유、이지
金剛杵 擧杵 擬象 象卽能行 脚不履地 躡虛而遊 離地

칠척 지유인문、어인문중 천복곡망 개실구족、일일망간
七尺 地有印文 於印文中 千輻轂輞 皆悉具足 一一輞間

생一일대연화、차연화상 생一일화상、역유칠지
生 一大蓮華 此蓮華上 生 一化象 亦有七支

수대상행、
隨大象行

거족하족 생칠천상 이위권속 수종대상. 상비 홍련화색、
舉足下足 生七千象 以爲眷屬 隨從大象 象鼻 紅蓮華色

상유화불 방ー미간광 기광금색、여전 입상비중、어상비중
上有化佛 眉間光 其光金色 如前 入象鼻中 於象鼻中

출 입상안중、종상안출 환입상이、종상이출 지상경상、점
出 入象眼中 從象眼出 還入象耳 從象耳出 至象頸上 漸

점상지상배 화성금안、칠보교구 어안사면 유칠보주、중보
漸上至象背 化成金鞍 七寶校具 於鞍四面 有七寶柱 衆寶

교식 이성보대、대중유ー일 칠보련화、기연화수 백보공성、
校飾 以成寶臺 臺中有一 七寶蓮華 其蓮華鬚 百寶共成

기연화대 시대마니、유일보살 결가부좌、명왈ー보현。신백
其蓮華臺 是大摩尼 有一菩薩 結跏趺坐 名曰 普賢 身白

옥색 오십종광、광오십종색 이위항광、신제모공 유출금광、
玉色 五十種光 光五十種色 以爲項光 身諸毛孔 流出金光

기금광단 무량화불、제화보살 이위권속、안상서보、우ー
其金光端 無量化佛 諸化菩薩 以爲眷屬 安詳徐步 雨

대보화 지ー행자전、기상 개구、어상아상 제지옥녀 고악
大寶華 至ー行者前 其象 開口 於象牙上 諸池玉女 鼓樂

⑤ 현가, 기성미묘 찬탄—대승 일실지도.
絃歌 其聲微妙 讚歎 大乘 一實之道

행자견이 환희경례, 부갱독송—심심경전, 편례—시방 무량
行者見已 歡喜敬禮 復更讀誦 甚深經典 遍禮十方 無量

제불, 예—다보불탑 급석가모니불, 병례—보현 제대보살,
諸佛 禮 多寶佛塔 及釋迦牟尼佛 幷禮 普賢 諸大菩薩

발시서언, 「약아숙복 응견보현, 원 존자변길, 시아색신.」
發是誓言 若我宿福 應見普賢 願 尊者遍吉 示我色身

작시원이, 주야육시, 예시방불, 행참회법, 송—대승경, 독—
作是願已 晝夜六時 禮十方佛 行懺悔法 誦 大乘經 讀

대승경, 사—대승의, 염—대승사, 공경공양—지대승자, 시—
大乘經 思 大乘義 念 大乘事 恭敬供養 持大乘者 視

일체인 유여불상, 어제중생 여—부모상. 작시념이 보현보
一切人 猶如佛想 於諸衆生 如父母想 作是念已 普賢菩

살 즉어미간 방—대인상 백호광명. 차광현시, 보현보살
薩 即於眉間 放 大人相 白毫光明 此光現時 普賢菩薩

신상단엄, 여자금산, 단정미묘, 삼십이상 개실비유, 신제
身相端嚴 如紫金山 端正微妙 三十二相 皆悉備有 身諸

모공 방一대광명 조一기대상, 영작금색, 일체화상 역작금색, 제화보살 역작금색。 기금색광 조一우동방 무량세계, 개동금색, 남서북방 사유상하 역부여시, 이시 시방 일일방면 유一일보살, 승一육아백상왕, 역여보현 등무유이, 여시시방 무량무변 만중화상, 보현보살 신통력고, 영지경자 개실득견。 시시 행자 견제보살, 신심환희, 위기작례 백언, "대자대비자, 민념아고 위아설법。" 설시어시, 제보살등 이구동음, 각설一청정 대승경법, 작제게송 찬탄행자, 시명一시 관보현보살 최초경계。

毛孔放 大光明 照 其大象 令作金色 一切化象 亦作金
色 諸化菩薩 亦作金色 其金色光 照 于東方 無量世界、
皆同金色 南西北方 四維上下 亦復如是
爾時 十方 一方面 有一菩薩 乘 六牙白象王 亦如普
賢等無有異 如是十方 滿中化象 普賢菩薩 神
通力故 令持經者 皆悉得見 是時 行者 見諸菩薩 身心歡
喜 爲其作禮 白言 大慈大悲者 憫念我故 爲我說法」 說
是語時 諸菩薩等 異口同音 各說 清淨 大乘經法 作諸
偈頌 讚歎行者 是名 始 觀普賢菩薩 最初境界。

行法經

四九四

⑥ 이시 행자 견시사이, 심념대승 주야불사, 어수면중 몽견—보현 위기설법, 여각무이, 안위기심, 이작시언, "여소송지, 망실시구, 망실시게." 이시 행자 문—보현보살 소설, 심해의취 억지불망, 일일여시 기심점리, 보현보살 교기억념—시방제불. 수—보현교 정심정의, 점이심안 견동방불, 신황금색 단엄미묘. 견일불이 부견일불, 여시점점 편견—동방 일체제불, 심상리고 득견—시방 일체제불. 견제불이 심생환희 이작시언, "인대승고 득견대사, 인대사력고 득견제불, 수견제불 유미요료, 폐목즉견, 개목즉실."

爾時行者見是事已心念大乘晝夜不捨於睡眠中夢見普賢爲其說法如覺無異安慰其心而作是言汝所誦持忘失是句忘失是偈爾時行者聞普賢菩薩所說深解義趣憶持不忘日日如是其心漸利普賢菩薩教其憶念十方諸佛隨普賢教正心正意漸以心眼見東方佛身黃金色端嚴微妙見一佛已復見一佛如是漸漸遍見東方一切諸佛心想利故遍見十方一切諸佛見諸佛已心生歡喜而作是言因大乘故得見大士因大士力故得見諸佛雖見諸佛猶未了了閉目則見開目則失作是語已

⑦ 오체투지 편례시방불, 예제불이 호궤합장 이작시언. 「제
五體投地 遍禮十方佛 禮諸佛已 胡跪合掌 而作是言 諸

불세존 십력 무외 십팔불공법 대자대비 삼념처, 상재세
佛世尊 十力 無畏 十八不共法 大慈大悲 三念處 常在世

간 색중상색, 아유하죄 이부득견.
間 色中上色 我有何罪 而不得見 說是語已

설시어이 부갱참회, 참
復更懺悔 懺

회청정이 보현보살 부갱현전, 행주좌와 불리기측, 내지몽
悔清淨已 普賢菩薩 復更現前 行住坐臥 不離其側 乃至夢

중 상위설법, 차인각이 득─법희락.
中 常爲說法 此人覺已 得法喜樂

여시주야 경삼칠일 연후, 방득─선다라니, 득다라니고 제
如是晝夜 經三七日 然後 方得 旋陀羅尼 得陀羅尼故 諸

불보살 소설묘법 억지불실, 역상몽견─과거칠불, 유 석가
佛菩薩 所說妙法 憶持不失 亦常夢見 過去七佛 唯 釋迦

모니불 위기설법, 시제세존 각각칭찬─대승경전. 이시 행
牟尼佛 爲其說法 是諸世尊 各各稱讚 大乘經典 爾時 行

자 부갱참회회, 편례시방불, 예시방불이 보현보살 주기인전,
者 復更懺悔 遍禮十方佛 禮十方佛已 普賢菩薩 住其人前

교설―숙세일체업연, 발로―흑악 일체죄사, 향제세존구
教說 宿世一切業緣 發露 黑惡 一切罪事 向諸世尊口

자발로, 기발로이 심시즉득―제불현전삼매, 득시삼매이
自發露 既發露已 尋時即得 諸佛現前三昧 得是三昧已

견―동방아축불 급묘희국, 요료분명, 여시시방 각견―제
見 東方阿閦佛 及妙喜國 了了分明 如是十方 各見 諸

불 상묘국토, 요료분명.
佛 上妙國土 了了分明

⑧ 기견시방불이, 몽 상두상 유―일금강인, 이금강저 편의―
既見十方佛已 夢 象頭上 有 一金剛人 以金剛杵 遍擬

육근, 의육근이 보현보살 위어행자 설―육근청정 참회지
六根 擬六根已 普賢菩薩 爲於行者 說 六根淸淨 懺悔之

법。여시참회 일일지칠일, 이제불현전삼매력고, 보현보살
法 如是懺悔 一日至七日 以諸佛現前三昧力故 普賢菩薩

설법장엄력고, 이점점문―장외성, 안점점견―장외사, 비점
說法莊嚴力故 耳漸漸聞 障外聲 眼漸漸見 障外事 鼻漸

점문―장외향, 광설여―묘법화경. 득시육근청정이 신심환
漸聞 障外香 廣說如 妙法華經 得是六根清淨已 身心歡

희 무―제악상, 심순시법 여법상응, 부갱득―백천만억 선
다라니, 부갱광견―백천만억 무량제불. 시제세존 각신우
수 마행자두, 이작시언, "선재선재, 행―대승자, 발―대장
엄심자, 염―대승자, 아등석일 발―보리심시 개역여여, 은
근불실. 아등선세 행대승고, 금성―청정 정변지신, 여금
역당 근수불해. 차대승전 제불보장, 시방삼세 제불안목,
출생―삼세 제여래―종, 지차경자 즉지불신, 즉행불사. 당
지, 시인 즉시 제불소사, 제불세존 의지소부, 제불여래
진실법자. 여행대승 부단법종, 여금제관―동방제불."

喜
無諸惡相 心純是法 與法相應 復更得 百千萬億旋
陀羅尼 復更廣見 百千萬億 無量諸佛 是諸世尊 各伸右
手摩行者頭 而作是言 善哉善哉 行大乘者 發大莊
嚴心者 念大乘者 我等昔日 發菩提心時 皆亦如汝 慇
懃不失 我等先世 行大乘故 今成 清淨 正遍知身 汝今
亦當 勤修不懈 此大乘典 諸佛寶藏 十方三世 諸佛眼目
出生三世 諸如來 種 持此經者 即持佛身 即行佛事 當
知是人 即是 諸佛所使 諸佛世尊 衣之所覆 諸佛如來
眞實法子 汝行大乘 不斷法種 汝今諦觀―東方諸佛

⑨ 설시어시、 행자즉견ㅡ동방일체 무량세계、 지평여장 무ㅡ
說是語時 行者卽見 東方一切 無量世界 地平如掌 無

제퇴부 구릉형극、 유리위지 황금간측、 시방세계 역부여시。
諸堆阜 丘陵荊棘 琉璃爲地 黃金間側 十方世界 亦復如是

견시지이 즉견보수、 보수고묘ㅡ오천유순、 기수상출ㅡ황금
見是地已 卽見寶樹 寶樹高妙 五千由旬 其樹常出 黃金

백은、 칠보장엄、 수하자연 유ㅡ보사자좌、 기사자좌 고ㅡ
白銀 七寶莊嚴 樹下自然 有 寶師子座 其師子座 高

이십유순、 좌상역출ㅡ백보광명。 여시ㅡ제수 급여보좌、 일
二十由旬 座上亦出 百寶光明 如是 諸樹 及餘寶座 一

일보좌 개유ㅡ자연 오백백상、 상상개유ㅡ보현보살。
一寶座 皆有 自然 五百白象 象上皆有 普賢菩薩

이시 행자 예제보현 이작시언。 「아유하죄 단견ㅡ보지보좌
爾時 行者 禮諸普賢 而作是言 我有何罪 但見 寶地寶座

급여보수、 불견ㅡ제불。 작시어이、 일일좌상 유ㅡ일세존、
及與寶樹 不見 諸佛 作是語已 一一座上 有 一世尊

단엄미묘 이좌보좌、 견제불이 심대환희、 부갱송습ㅡ대승경
端嚴微妙 而坐寶座 見諸佛已 心大歡喜 復更誦習 大乘經

전。대승력고 공중유성 이찬탄언、"선재선재、선남자、여
　典。大乘力故 空中有聲 而讚歎言 善哉善哉 善男子 汝
행대승 공덕인연 능견제불、금수득견 제불세존、이불능
　行大乘 功德因緣 能見諸佛 今雖得見 諸佛世尊 而不能
견 석가모니불 분신제불 급 다보불탑。문공중성이 부근
　見 釋迦牟尼佛 分身諸佛 及 多寶佛塔 聞空中聲已 復勤
송습 대승경전。
　誦習 大乘經典

⑩ 이송 대승방등경고、즉어몽중 견 석가모니불 여제대중
　　以誦 大乘方等經故 卽於夢中 見 釋迦牟尼佛 與諸大衆
재 기사굴산 설법화경 연일실의。각이 참회、갈앙욕견、
　在 耆闍崛山 說法華經 演一實義 覺已 懺悔 渴仰欲見
합장호궤 향 기사굴산 이작시언、"여래세웅 상재세간、민
　合掌胡跪 向 耆闍崛山 而作是言 如來世雄 常在世間 愍
념아고 위아현신。"작시어이 견 기사굴산、칠보장엄、무
　念我故 爲我現身 作是語已 見 耆闍崛山 七寶莊嚴 無
수비구 성문대중 보수행렬、보지평정、부부 묘보 사자지
　數比丘 聲聞大衆 寶樹行列 寶地平正 復敷 妙寶 師子之

좌、 석가모니불 방미간광、 기광편조― 시방세계、 부과― 시방 무량세계、 차광지처、 시방분신 석가모니불 일시운집 광설、 여―묘법화경。 일일분신 불신 자금색、 신량무변、 사자좌、 백억무량 제대보살 이위권속、 일일보살 행동보현。 여차시방 무량제불 보살권속 역부여시。 대중집이견― 석가모니불、 거신모공 방―금색광、 일일광중 유―백억화불、 제분신불 방―미간백호 대인상광、 기광유입― 석가모니불 정。 견차상시、 분신제불 일체모공 출―금색광、 일일광중 부유―항하사 미진수화불。

座 釋迦牟尼佛 放眉間光 其光遍照 十方世界 復過 十方無量世界 此光至處 十方分身 釋迦牟尼佛 一時雲集 廣說 如 妙法華經。 一一分身佛身 紫金色 身量無邊 坐 師子座 百億無量諸大菩薩 以爲眷屬 一一菩薩 行同普賢 如此 十方無量諸佛 菩薩眷屬 亦復如是 大衆集已 見 釋迦牟尼佛 擧身毛孔 放 金色光 一一光中 有百億化佛 諸分身佛 放 眉間白毫 大人相光 其光流入 釋迦牟尼佛 頂 見此相時 分身諸佛 一切毛孔 出 金色光 一一光中 復有 恒河沙 微塵數化佛。

⑪ 이시 보현보살 부방—미간 대인상광, 입—행자심, 기입심
爾時 普賢菩薩 復放眉間 大人相光 入行者心 既入心

이, 행자자억—과거무수 백천불소 수지독송 대승경전, 자
已 行者自憶 過去無數 百千佛所 受持讀誦 大乘經典 自

견—고신, 요료분명 여숙명통 등무유이, 활연대오, 득—
見 故身 了了分明 如宿命通 等無有異 豁然大悟 得

선다라니 백천만억 제다라니문.
旋陀羅尼 百千萬億 諸陀羅尼門

신제불 중보수하 좌사자좌, 부견—유리지 묘련화총 종하
身諸佛衆寶樹下 坐師子座 復見琉璃地 妙蓮華叢 從下

방공중용출, 일일화간 유—미진수보살 결가부좌, 역견—
方空中涌出 一一華間 有微塵數菩薩 結跏趺坐 亦見

보현 분신보살, 재피중중 찬탄대승.
普賢分身菩薩 在彼衆中 讚歎大乘

⑫ 시제보살 이구동음, 교어행자 청정육근, 혹유설언,「여
時諸菩薩 異口同音 教於行者 清淨六根 或有說言 汝

당염불.」 혹유설언,「여당염법.」 혹유설언,「여당염승.」 혹유
當念佛 或有說言 汝當念法 或有說言 汝當念僧 或有

⑬ 설언, 「여당염계。」 혹유설언, 「여당염시。」 혹유설언, 「여당염천。여차육법 시보리심, 생보살법。여금응당 어제불전, 발로선죄, 지성참회。

어무량세, 안근인연 탐착제색、이착색고 탐애제진、이애진고 수여인신、세세생처 색사사여 경력삼계、위차폐사 맹무소견。금송―대승 방등경전、차경중설―시방제불 색신불멸、여금득견 심실이부。안근불선 상해여다、수순아어、귀향―제불 석가모니불、설―여안근 소유죄구。「제불보살 혜명법수、원이세제、영설―여안근 소유죄구。」

득청정。 작시어이 편례시방불、 향—석가모니불 대승경전
得淸淨。 作是語已 遍禮十方佛 向 釋迦牟尼佛 大乘經典

부설시언。
復說是言

「아금소참、 안근중죄 장폐예탁 맹무소견。 원 불대자애
我今所懺 眼根重罪 障蔽穢濁 盲無所見 願 佛大慈哀

민부호。 보현보살 승대법선、 보도 일체 시방무량 제보살
愍覆護 普賢菩薩 乘大法船 普度 一切 十方無量 諸菩薩

반、 유원、 자애、 청—아회과 안근불선 악업장법。 여시삼
伴 唯願 慈哀 聽 我悔過 眼根不善 惡業障法 如是三

설、 오체투지、 정념대승 심불망사。 시명—참회 안근죄법」
說 五體投地 正念大乘 心不忘捨 是名 懺悔 眼根罪法

칭제불명、 소향산화、 발대승의、 현증번개、 설—안과환참
稱諸佛名 燒香散華 發大乘意 懸繒幡蓋 說 眼過患懺

회죄자、 차인현세 견—석가모니불、 급견—분신 무량제불、
悔罪者 此人現世 見 釋迦牟尼佛 及見 分身 無量諸佛

아승지겁 불타악도、 대승력고 대승원고、 항여—일체 다라
阿僧祇劫 不墮惡道 大乘力故 大乘願故 恒與 一切 陀羅

니보살 공위권속。 작시념자 시위정념、 약타념자 명위사념。

尼菩薩 共爲眷屬 作是念者 是爲正念 若他念者 名爲邪念

시명—안근 초경계상。

是名 眼根 初境界相

⑭ 정안근이 부갱송독―대승경전、 주야육시、 호궤참회、 이작

淨眼根已 復更誦讀 大乘經典 晝夜六時 胡跪懺悔 而作

시언, 「아금운하 단견―석가모니불 분신제불、불견―다보

是言 我今云何 但見 釋迦牟尼佛 分身諸佛 不見 多寶

불탑 전신사리。 다보불탑 항재불멸、 아탁악안 시고불견。

佛塔 全身舍利 多寶佛塔 恒在不滅 我濁惡眼 是故不見」

작시어이 부갱참회。

作是語已 復更懺悔

과칠일이 다보불탑 종지용출、 석가모니불 즉이우수 개기

過七日已 多寶佛塔 從地涌出 釋迦牟尼佛 卽以右手 開其

탑호、 견―다보불 입―보현색신삼매、 일일모공 유출―항

塔戶 見 多寶佛 入 普現色身三昧 一一毛孔 流出 恒

하사 미진수광명、 일일광명 유―백천만억화불、 차상현시、

河沙 微塵數光明 一一光明 有 百千萬億化佛 此相現時

행자환희 게찬 요탑, 만칠잡이, 다보여래 출대음성 찬언,

行者歡喜 偈讚 遶塔 滿七匝已 多寶如來 出大音聲 讚言

「법자, 여금진실 능행대승, 수순보현 안근참회, 이시인연

法子 汝今眞實 能行大乘 隨順普賢 眼根懺悔 以是因緣

아지여소 위여증명。

我至汝所 爲汝證明」 說是語已 讚言

「법자, 여금진실 능행대승, 수순보현 안근참회, 이시인연

설시어이 찬언, 「선재선재, 석가모니

善哉善哉 釋迦牟尼

불 능설—대법, 우대법우, 성취—탁악 제중생등。

佛能說 大法 雨大法雨 成就 濁惡諸衆生等」

⑮ 시시 행자견—다보불탑이, 부지—보현보살소, 합장경례

是時 行者 見 多寶佛塔已 復至 普賢菩薩所 合掌敬禮

백언, 「대사, 교아회과。」

白言 大師 教我悔過

보현부언, 「여어다겁 이근인연 수축외성, 문—묘음시 심

普賢復言 汝於多劫 耳根因緣 隨逐外聲 聞妙音時 心

생혹착, 문—악성시 기—백팔종 번뇌적해。여차 악이보

生惑著 聞惡聲時 起 百八種 煩惱賊害 如此 惡耳報

득악사, 항문악성, 생제반연, 전도청고 당타—악도 변지

得惡事 恒聞惡聲 生諸攀緣 顚倒聽故 當墮 惡道 邊地

사견 불문법처。 여어금일 송지―대승 공덕해장、 이시연고
邪見 不聞法處 汝於今日 誦持 大乘 功德海藏 以是緣故
견―시방불、 다보불탑 현위여증、 여응자당 설―기과악 참
見十方佛 多寶佛塔 現爲汝證 汝應自當 說己過惡 懺
회제죄。」
悔諸罪」

시시 행자 문시어이、 부갱합장 오체투지 이작시언。 「정
是時 行者 聞是語已 復更合掌 五體投地 而作是言 正

변지 세존、 현위아증―방등경전。 위자비주、 유원、 관아、
遍知 世尊 現爲我證 方等經典 爲慈悲主 唯願 觀我

청아소설。 아종다겁 내지금신、 이근인연 문성 혹착、 여교
聽我所說 我從多劫 乃至今身 耳根因緣 聞聲 惑著 如膠

착초、 문제악시 기―번뇌독、 처처혹착 무―잠정시、 좌―
著草 聞諸惡時 起煩惱毒 處處惑著 無暫停時 坐

차규성 노아신식、 추타삼도、 금시각지、 향―제세존 발로
此竅聲 勞我神識 墜墮三塗 今始覺知 向諸世尊 發露

참회。 기참회이 견―다보불 방대광명、 기광금색、 편조―
懺悔 既懺悔已 見多寶佛 放大光明 其光金色 遍照

동방 급시방계、무량제불 신진금색、동방공중 작시창언、

東方 及十方界 無量諸佛 身眞金色 東方空中 作是唱言

「차불세존 호활、선덕、역유一무수 분신제불 좌一보수하

此佛世尊 號曰 善德 亦有無數 分身諸佛 坐 寶樹下

사자좌상 결가부좌。시제세존 일체개입一보현색신삼매、개

師子座上 結跏趺坐 是諸世尊 一切皆入 普現色身三昧 皆

작시언、「선재선재、선남자、여금독송一대승경전、여소송

作是言 善哉善哉 善男子 汝今讀誦 大乘經典 汝所誦

자 시불경계。

者 是佛境界」

⑯ 설시어이 보현보살 부갱위설―참회지법、「여어전세 무량

說是語已 普賢菩薩 復更爲說 懺悔之法 汝於前世 無量

겁중、이탐향고 분별제식、처처탐착 타락생사、여금응당

劫中 以貪香故 分別諸識 處處貪著 墮落生死 汝今應當

관―대승인。대승인자―제법실상。」문시어이 오체투지 부

觀 大乘因 大乘因者 諸法實相 聞是語已 五體投地 復

갱참회、기참회이 당작시어、「나무석가모니불、나무다보불

更懺悔 旣懺悔已 當作是語 南無釋迦牟尼佛 南無多寶佛

탑, 나무시방석가모니 분신제불。 작시어이 편례시방불、

塔 南無十方釋迦牟尼 分身諸佛 作是語已 遍禮十方佛

「나무동방선덕불 급분신제불。 여안소견、 일일심례 향화공

南無東方善德佛 及分身諸佛 如眼所見 一一心禮 香華供

양、 공양필이 호궤합장、 이종종게 찬탄제불、 기찬탄이

養 供養畢已 胡跪合掌 以種種偈 讚歎諸佛 旣讚歎

설—십악업 참회제죄。 기참회이 이작시언、 「아어선세 무

說十惡業 懺悔諸罪 旣懺悔已 而作是言 我於先世 無

량겁시、 탐향미촉 조작중악、 이시인연 무량세래、 항수—

量劫時 貪香味觸 造作衆惡 以是因緣 無量世來 恒受

지옥 아귀축생 변지사견 제불선신、 여차악업 금일발로、

地獄 餓鬼畜生 邊地邪見 諸不善身 如此惡業 今日發露

귀향—제불 정법지왕 설죄참회。

歸向諸佛 正法之王 說罪懺悔

기참회이 신심불해 부갱독송—대승경전。 대승력고 공중유

旣懺悔已 身心不懈 復更讀誦 大乘經典 大乘力故 空中有

성고언、 「법자、 여금응당 향시방불、 찬설대승、 어제불전

聲告言 法子 汝今應當 向十方佛 讚說大乘 於諸佛前

자설기과。제불여래 시여자부、여당자설—설근소작 불선 악업。차설근자 동—악업상—망언 기어 악구 양설 비방 망어、찬탄사견、설무익어。여시중다 제잡악업、구투괴란、망어、찬탄사견、설무익어。여시중다 제잡악업、구투괴란、법설비법、여시중죄 금실참회。

自說己過。諸佛如來 是汝慈父、汝當自說 舌根所作 不善 惡業。此舌根者 動惡業相 妄言 綺語 惡口 兩舌 誹謗 妄語 讚歎邪見 說無益語。如是衆多 諸雜惡業、搆鬪壞亂、法說非法、如是衆罪 今悉懺悔。

제세웅전 작시어이、오체투지 편례시방불、합장장궤 당작 시어、「차설과환 무량무변、제악업자 중설근출、단정법륜 종차설기、여차악설 단공덕종、어비의중 다단강설、찬탄 사견、여화익신、유여맹화 상해중생、여음독자 무창우사、사견、여화익신、유여맹화 상해중생、여음독자 무창우사、邪見 猶如猛火 傷害衆生 如飮毒者 無瘡疣死
여차죄보 악사불선、당타—악도 백겁천겁、이망어고 타대 如此罪報 惡邪不善 當墮 惡道 百劫千劫 以妄語故 墮大

諸世雄前 作是語已 五體投地 遍禮十方佛 合掌長跪 當作 是語 「此舌過患 無量無邊 諸惡業刺 從舌根出 斷正法輪 斷功德種 於非義中 多端强說 讚歎 邪見 猶如猛火 傷害衆生 如飮毒者 無瘡疣死

지옥, 아금귀향「나무제불 발로흑악。 작시념시、 공중유성、

「남방유불、 명—전단덕、 피불역유—무량분신、 일체제불 개

설대승、 제멸죄악、 여차중죄 금향—시방 무량제불 대비세

존、 발로흑악 성심참회。 설시어이 오체투지 부례제불。

시시 제불 부방광명 조행자신、 영기신심 자연탄희、 발대

자비 보념일체。 이시 제불 광위—행자、 설—대자비 급희

사법、 역교—애어 수—육화경。

⑱ 이시 행자 문—차교칙、 심대환희、 부갱송습 중불해식、 공

중부유—미묘음성、 작여시언、「여금응당 신심참회。 신자—

地獄 我今歸向「南無諸佛」發露黑惡」作是念時 空中有聲

南方有佛 名 栴檀德 彼佛亦有 無量分身 一切諸佛 皆

說大乘 除滅罪惡 如此衆罪 今向 十方 無量諸佛 大悲世

尊 發露黑惡 誠心懺悔」說是語已 五體投地 復禮諸佛。

是時 諸佛 復放光明 照行者身 令其身心 自然歡喜 發大

慈悲 普念一切 爾時 諸佛 廣爲 行者 說 大慈悲 及喜

捨法 亦教 愛語 修 六和敬。

爾時 行者 聞 此教勅 心大歡喜 復更誦習 終不懈息 空

中復有 微妙音聲 作如是言 汝今應當 身心懺悔。 身者—

行法經

五一一

살도음, 심자─염제불선, 조─십악업 급오무간, 유여원후,
殺盜婬 心者 念諸不善 造 及五無間 猶如猿猴

역여리교 처처탐착, 편지─일체 육정근중, 차육근업지
亦如𩷛膠 處處貪著 遍至一切 六情根中 此六根業枝

조화엽, 실만─삼계 이십오유 일체생처. 역능증장─무명
條華葉 悉滿 三界 二十五有 一切生處 亦能增長 無明

노사 십이고사, 팔사팔난 무불경력, 여금응당 참회─여
老死 十二苦事 八邪八難 無不經歷 汝今應當 懺悔 如

시악불선업。
是惡不善業

이시 행자 문차어이, 문─공중성, 「아금하처 행참회법。
爾時 行者 聞此語已 問 空中聲 我今何處 行懺悔法

시공중성 즉설시어, 「석가모니불 명─비로자나 편일체
時空中聲 卽說是語 釋迦牟尼佛 名 毘盧遮那 遍一切

처、기불주처 명─상적광, 상바라밀 소섭성처、아바라밀
處 其佛住處 名 常寂光 常波羅蜜 所攝成處 我波羅蜜

소안립처、정바라밀 멸유상처、낙바라밀 부주─신심상처,
所安立處 淨波羅蜜 滅有相處 樂波羅蜜 不住 身心相處

⑲ 시ー시방불 각신우수, 마ー행자두, 작여시언, 「선재선재.
時十方佛 各伸右手 摩行者頭 作如是言 善哉善哉

색상주법고 여시응당 관ー시방불。
色常住法故 如是應當 觀十方佛

불견ー유무 제법상처、여ー적해탈 내지 반야바라밀。시ー
不見有無 諸法相處 如寂解脫 乃至 般若波羅蜜 是

선남자、여금송독ー대승경고, 시방제불 설ー참회법。보살
善男子 汝今誦讀大乘經故 十方諸佛 說懺悔法 菩薩

소행 부단결사、부주사해、관심무심、종전도 상기, 여차
所行 不斷結使 不住使海 觀心無心 從顚倒 想起 如此

상심 종망상기。여ー공중풍 무의지처、여시법상 불생불멸。
想心 從妄想起 如空中風 無依止處 如是法相 不生不滅

하자시죄、하자시복。아심자공, 죄복무주、일체제법 개역
何者是罪 何者是福 我心自空 罪福無主 一切諸法 皆亦

여시、무주무괴。여시참회、관심무심、법부주ー법중, 제법ー
如是無住無壞 如是懺悔 觀心無心 法不住法中 諸法

해탈 멸제 적정、여시상자 명ー대참회。
解脫滅諦寂靜 如是想者 名大懺悔

명ー장엄참회、명ー
名莊嚴懺悔 名

무죄상참회、 명―파괴심식참회。
無罪相懺悔 名 破壞心識懺悔 行此懺悔者 身心淸淨 不

주법중 유여유수、 염념지중 득견―보현보살 급시방불。
住法中 猶如流水 念念之中 得見 普賢菩薩 及十方佛

시 제세존 이대비광명、 위어행자 설―무상법、 행자문―설
時 諸世尊 以大悲光明 爲於行者 說無相法 行者聞 說

제일의공、 행자문이 심불경포、 응시즉입―보살정위。
第一義空 行者聞已 心不驚怖 應時卽入 菩薩正位

불고아난、 『여시행자 명위참회、 차참회자―시방제불 제대
佛告阿難 如是行者 名爲懺悔 此懺悔者 十方諸佛 諸大

보살 소참회법。
菩薩 所懺悔法

⑳ 불고아난、 『불멸도후、 불제제자、 약유참회―악불선업、 단
佛告阿難 佛滅度後 佛諸弟子 若有懺悔 惡不善業 但

당독송―대승경전。 차방등경 시제불안、 제불인시 득―구
當讀誦 大乘經典 此方等經 是諸佛眼 諸佛因是 得具

오안。 불삼종신 종방등생。 시대법인 인열반해、 여차해중
五眼 佛三種身 從方等生 是大法印 印涅槃海 如此海中

행차참회자 신심청정、 부
行此懺悔者 身心淸淨 不

능생—삼종 불청정신、차삼종신 인천복전、응공중최。기

能生三種 佛淸淨身 此三種身 人天福田 應供中最 其

유송독—대방등전、당지、차인 구불공덕、제악영멸、종불

有誦讀 大方等典 當知 此人 具佛功德 諸惡永滅 從佛

혜생。』

慧生

이시 세존 이설게언、

爾時 世尊 而說偈言

약유안근악 업장안부정、단당송대승 사념제일의。

若有眼根惡 業障眼不淨 但當誦大乘 思念第一義

시명참회안、진제불선업。이근문란성 괴란화합의、

是名懺悔眼 盡諸不善業 耳根聞亂聲 壞亂和合義

유시기광란 유여치원후、단당송대승 관법공무상

由是起狂亂 猶如癡猿猴 但當誦大乘 觀法空無相

영진일체악 천이문시방。비근착제향 수염기제촉、

永盡一切惡 天耳聞十方 鼻根著諸香 隨染起諸觸

여차광혹비 수염생제진、약송대승경 관법여실제

如此狂惑鼻 隨染生諸塵 若誦大乘經 觀法如實際

㉑
영리제악업 후세불부생。 설근기오종—악구불선업。
永離諸惡業 後世不復生 舌根起五種惡口不善業

약욕자조순、응근수자심 사법진적의 무제분별상。
若欲自調順 應勤修慈心 思法眞寂義 無諸分別相

심근여원후 무유잠정시、약욕절복자、당근송대승、
心根如猿猴 無有暫停時 若欲折伏者 當勤誦大乘

염불대각신—역무외소성。신위기관주 여진수풍전、
念佛大覺身 力無畏所成 身爲機關主 如塵隨風轉

육적유희중—자재무괘애、약욕멸차악—영리제진로
六賊遊戱中 自在無罣礙 若欲滅此惡 永離諸塵勞

상처열반성—안락심염박、당송대승경 염제보살모。
常處涅槃城 安樂心恬怕 當誦大乘經 念諸菩薩母

무적유희중 종사실상득、여차등육법 명위육정근。
無量勝方便 從思實相得 如此等六法 名爲六情根

일체업장해 개종망상생、약욕참회자 단좌념실상、
一切業障海 皆從妄想生 若欲懺悔者 端坐念實相

중죄여상로 혜일능소제、시고응지심 참회육정근。
衆罪如霜露 慧日能消除 是故應至心 懺悔六情根

㉒ 설시게이 불고아난, 『여금지―시 참회육근 관보현보살법、
說是偈已 佛告阿難 汝今持是 懺悔六根 觀普賢菩薩法

보위―시방 제천세인、 광분별설。
普爲十方 諸天世人 廣分別說

보위―시방 제천세인、 광분별설。 불멸도후 불제제자、 약
佛滅度後 佛諸弟子 若

유―수지 독송해설― 방등경전、 응어정처、 약재―총간 약
有受持 讀誦解說 方等經典 應於靜處 若在家間 若

림수하 약아련야처、 독송― 방등 사―대승의。 염력강고 득
林樹下 若阿練若處 讀誦 方等 思 大乘義 念力强故 得

견―아신 급―다보불탑、 시방분신 무량제불、 보현보살 문
見我身 及多寶佛塔 十方分身 無量諸佛 普賢菩薩 文

수사리보살 약왕보살、 약상보살、 공경법고 지―제묘화 주
殊師利菩薩 藥王菩薩 藥上菩薩 恭敬法故 持諸妙華 住

립공중、 찬탄공경― 행지법자、 단송―대승 방등경고、 제불
立空中 讚歎恭敬 行持法者 但誦大乘 方等經故 諸佛

보살 주야공양―시지법자。
菩薩 晝夜供養 是持法者

불고아난、 『아여현겁 제보살등 급―시방제불、 인사―대승
佛告阿難 我與賢劫 諸菩薩等 及十方諸佛 因思大乘

진실의고, 제각―백만억억겁 아승지수 생사지죄, 인―차
眞實義故 除却 百萬億億劫 阿僧祇數 生死之罪 因此

승묘 참회법고, 금어시방 각득위불.
勝妙 懺悔法故 今於十方 各得爲佛

삼먁삼보리자, 약욕현신 견―시방불 급―보현보살, 당정
三藐三菩提者 若欲現身 見 十方佛 及 普賢菩薩 當淨

조욕 착정결의, 소중명향, 재―공한처, 응당독송―대승경
澡浴 著淨潔衣 燒衆名香 在空閑處 應當讀誦 大乘經

전, 사―대승의.
典 思 大乘義

㉓ 불고아난, 『약유중생 욕관―보현보살자, 당작시관. 작시관
佛告阿難 若有衆生 欲觀 普賢菩薩者 當作是觀 作是觀

자 시명정관, 약타관자 시명사관. 불멸도후 불제제자, 수
者 是名正觀 若他觀者 是名邪觀 佛滅度後 佛諸弟子 隨

순불어 행참회자, 당지, 시인 행보현행. 행보현행자 불
順佛語 行懺悔者 當知 是人 行普賢行 行普賢行者 不

견―악상 급악업보.
見 惡相 及惡業報

㉔

기유중생 주야육시、예―시방불、송―대승경、사―제일의 심심공법、일탄지경 제거―백만억 아승지겁 생사지죄。 행 차행자 진시불자、종제불생、시방제불 급제보살 위기화상、 시명구족―보살계자、불수갈마、자연성취、응수―일체인 천공양。

其有衆生 晝夜六時 禮十方佛 誦大乘經 思第一義 甚深空法 一彈指頃 除去百萬億 阿僧祇劫 生死之罪 行 此行者 眞是佛子 從諸佛生 十方諸佛 及諸菩薩 爲其和尙 是名具足 菩薩戒者 不須羯磨 自然成就 應受一切人 天供養。

이시 행자 약욕구족―보살계자、응당합장 재―공한처、편 례시방불 참회제죄、자설기과、연후정처 백―시방불、이 작시언。「제불세존 상주재세、아업장고、수신방등、견불불

爾時 行者 若欲具足 菩薩戒者 應當合掌 在空閑處 遍禮十方佛 懺悔諸罪 自說己過 然後靜處 白十方佛 而作是言 諸佛世尊 常住在世 我業障故 雖信方等 見佛不

료。금귀의불、유원、석가모니 정변지 세존、위아화상。문 了。今歸依佛 唯願 釋迦牟尼 正遍知 世尊 爲我和尙 文

行法經

五一九

㉕

수사리ー구대혜자、원、이지혜 수ー아청정 제보살법。미륵 보살、승대자일、연민아고、역응청ー아 수보살법。시방제 불、현위아증。제대보살 각칭기명、「시승대사、부호중생、 조호아등。금일수지ー방등경전、내지실명 설타지옥 수무 량고、종불훼방ー제불정법。

이시인연 공덕력고、금석가모니불ー위아화상、문수사리ー 위아아사려。당래미륵ー원 수아법、시방제불ー원 증지아、 대덕제보살ー원 위아반。아금의ー대승경 심심묘의、귀의 불。귀의법。귀의승。」여시삼설。귀의삼보이 차당자서 수ー

殊師利 具大慧者 願 以智慧 授 我清淨 諸菩薩法 彌勒 菩薩 勝大慈日 憐愍我故 亦應聽 我 受菩薩法 十方諸 佛 現為我證 諸大菩薩 各稱其名 是勝大士 覆護眾生 助護我等 今日受持 方等經典 乃至失命 設墮地獄 受無 量苦 終不毀謗 諸佛正法

以是因緣 功德力故 今釋迦牟尼佛 為我和尚 文殊師利 為我阿闍黎 當來彌勒 願 授我法 十方諸佛 願 證知我 大德諸菩薩 願 為我伴 我今依 大乘經 甚深妙義 歸依 佛 歸依法 歸依僧 如是三說 歸依三寶已 次當自誓 受

육중법。 수육중법이 차당근수―무애범행、 발광제심、 수―

六重法。 受六重法已 次當勤修 無礙梵行 發廣濟心 受

팔중법。 입차서이 어공한처、 소중명향 산화공양―일체제

八重法。 立此誓已 於空閑處 燒衆名香 散華供養一切諸

불 급제보살 대승방등。 이작시언、「아어금일 발보리심、

佛及諸菩薩 大乘方等 而作是言 我於今日 發菩提心、

이차공덕 보도일체。 작시어이 부갱정례―일체제불 급제보

以此功德 普度一切」 作是語已 復更頂禮一切諸佛及諸菩

살、 사―방등의。

薩 思方等義

㉖일일내지―삼칠일、 약출가 재가、 불수―화상、 불용―제사、

一日乃至三七日 若出家在家 不須和尙 不用諸師

불백―갈마、 수지독송―대승경전력고、 보현보살―권발행고、

不白羯磨 受持讀誦 大乘經典力故 普賢菩薩 勸發行故

시―시방제불 정법안목、 인유시법、 자연성취―오분법신―

是十方諸佛 正法眼目 因由是法 自然成就 五分法身―

계 정 혜 해탈 해탈지견。 제불여래 종차법생、 어대승경

戒 定 慧 解脫 解脫知見。 諸佛如來 從此法生 於大乘經

득수기별.
得受記莂

시고지자, 약성문 훼파—삼귀 급오계 팔계 비구계 비구
是故智者 若聲聞 毀破 三歸 及五戒 八戒 比丘戒 比丘

니계 사미계 사미니계 식차마니계 급제위의, 우치불선
尼戒 沙彌戒 沙彌尼戒 式叉摩尼戒 及諸威儀 愚癡不善

악사심고, 다범—제계 급위의법, 약욕제멸 영무과환,
惡邪心故 多犯 諸戒 及威儀法 若欲除滅 令無過患 還

위비구 구사문법자, 당근수독—방등경전, 사—제일의심
爲比丘 具沙門法者 當勤修讀 方等經典 思 第一義 甚

심공법, 영차공혜 여심상응. 당지, 차인 어일념경, 일체
深空法 令此空慧 與心相應 當知 此人 於一念頃 一切

죄구 영진무여. 시명—구족 사문법식, 구제위의, 응수—
罪垢 永盡無餘 是名 具足 沙門法式 具諸威儀 應受

인천 일체공양.
人天 一切供養

약우바새 범제위의 작불선사, 불선사자, 소위, 논설—불
若優婆塞 犯諸威儀 作不善事 不善事者 所謂 論說 佛

법과악、논설—사중 소범악사、투도음일 무유참괴。약욕
懺悔法過惡 論說 四衆 所犯惡事 偸盜婬泆 無有慚愧 若欲

참회 멸제죄자、당근독송—방등경경전、사—제일의。
懺悔滅諸罪者 當勤讀誦 方等經典 思第一義

약왕자 대신 바라문 거사 장자 재관 시제인등、탐구무
若王者 大臣 婆羅門 居士 長者 宰官 是諸人等 貪求無

염、작—오역죄 방—방등경、구—십악업、시대악보 응타
厭 作五逆罪 謗方等經 具十惡業 是大惡報 應墮

악도 과어폭우、필정당타—아비지옥、약욕제멸—차업장자、
惡道 過於暴雨 必定當墮 阿鼻地獄 若欲除滅 此業障者

응생참괴 개회제죄。
應生慚愧 改悔諸罪。

㉗ 운하명 찰리거사 참회법、참회법자 단당정심、불방—삼
云何名 刹利居士 懺悔法 懺悔法者 但當正心 不謗三

보、부장—출가、불위—범행인 작악유난、응당계념 수—
寶 不障出家 不爲梵行人 作惡留難 應當繫念 修

육념법、역당 공급공양—지대승자、비필예배、응당억념—
六念法 亦當 供給供養 持大乘者 不必禮拜 應當憶念

심심경법 제일의공. 사시법자 시명―찰리거사 수―제일 의참회. 甚深經法 第一義空 思是法者 是名 刹利居士 修 第一懺

참회. 제이참회자, 효양부모, 공경사장, 시명―수―제이참 회법. 제삼참회자, 정법치국 불사왕―인민, 시명―수―제 懺悔 第二懺悔者 孝養父母 恭敬師長 是名 修 第二懺 悔法 第三懺悔者 正法治國 不邪枉人民 是名 修 第

삼참회. 제사참회자, 어육재일 칙―제경내 역소급처, 영 三懺悔 第四懺悔者 於六齋日 勅 諸境內 力所及處 令

행불살, 수여차법 시명―수―제사참회. 제오참회자, 단당 行不殺 修如此法 是名 修 第四懺悔

심신―인과, 신―일실도, 지―불불멸, 시명―수―제오참회』 深信 因果 信 一實道 知 佛不滅 是名 修 第五懺悔』

불고아난, 『어미래세 약유수습―여차참회법, 당지, 차인 佛告阿難 於未來世 若有修習 如此懺悔法 當知 此人

착참괴복, 제불호조, 불구당성―아뇩다라삼먁삼보리』. 著慚愧服 諸佛護助 不久當成 阿耨多羅三藐三菩提』

설시어시, 십천천자 득―법안정, 미륵보살등 제대보살 급 說是語時 十千天子 得 法眼淨 彌勒菩薩等 諸大菩薩 及

이 아난、문―불소설、환희봉행。

以阿難 聞佛所說 歡喜奉行

정대게
頂戴偈

(경을 독송한 후에 읽는 게송)

계수묘법연화경
稽首妙法蓮華經

일질칠축사칠품
一帙七軸四七品

일일문문시진불
一一文文是眞佛

중생개이성불도
衆生皆已成佛道

살달마분타리가
薩達摩分陀利伽

육만구천삼팔사
六萬九千三八四

진불설법리중생
眞佛說法利衆生

고아정례법화경
故我頂禮法華經

회향문
回向文

원이차공덕
願以此功德

보급어일체
普及於一切

아등여중생
我等與衆生

개공성불도
皆共成佛道

(제목삼창)
題目三唱

나무묘법연화경
南無妙法蓮華經

나무묘법연화경
南無妙法蓮華經

나무묘법연화경
南無妙法蓮華經

정 대 게 (경을 독송한 후에 읽는 게송)

묘법연화경 살달마분타리가께
머리를 조아려 목숨 바쳐 귀의하옵고 예를 올리나이다.
한 부질, 일곱 권, 이십팔 품, 육만구천 삼백팔십네 자의
하나하나 문자문자가 바로 참부처님이옵고,
참부처님께옵서 법을 설하시며 중생을 이롭게 하시어,
중생은 모두 부처님의 도를 이미 이루나니,
그러므로 저희는 법화경께 이마를 조아려 절하옵니다.

회 향 문

원컨대 이 공덕으로써
널리 일체에 미치게 하여,
저희와 더불어 일체 중생이
다 함께 부처님의 도가 이루어지이다.

(제목삼창) 나무묘법연화경 나무묘법연화경 나무묘법연화경

법화삼부경 부록

총 차 례

한글본(별책)

　무량의경 ······················· (13)…(88)

　묘법연화경 ···················· (89)…(810)

　불설관보현보살행법경 ······ (811)…(878)

한문본(별책)

　無量義經 ························ (15)…(60)

　妙法蓮華經 ···················· (61)…(484)

　佛說觀普賢菩薩行法經 ····· (485)…(526)

법화삼부경 부록(본책) ········ (1)…(244)

차례

- 법어풀이 ··· (7)
- 석가세존 일대성교대의 ······················ (141)
- 영험록 ··· (181)
- 뒷글에 앞서 ··· (217)
- 뒷 글 ··· (222)
- 법화삼부경을 모시며 ··························· (238)
- 옮긴이 약력 ··· (242)

법어풀이

(ㄱ)

가루라 … 금시조(金翅鳥)라 번역. 날개와 머리가 금색임. 양 날개 길이는 336만 리. 조류의 왕. 하루에 5백의 작은 용을 잡아먹음. 불법 수호 팔부신중의 하나.

가릉빈가 … 설산(雪山)이나 극락정토에 사는 새이며, 그 울음소리가 매우 묘하고 아름다움. 알 속에 있을 때부터 아름다운 소리를 낸다. 부처님 설법에 비유함.

가부좌 … 결가부좌(結跏趺坐)라고 함. 부처님께옵서 앉으시는 법, 또는 승려·수행인이 좌선할 때 앉는 방법의 하나. 발을 엮어서 겹책상다리로 앉는 것. 먼저 오른쪽 발을 왼쪽 허벅다리 위에 놓고, 왼쪽 발을 오른쪽 허벅다리 위에 놓는다. 반대로 하여서도 앉는다. 각각 항마좌, 길상좌라 함. 또 오른쪽 발만을 왼쪽 허벅다리 위에 올려놓고 앉는 것을 반가부좌라고 한다.

가섭 … (⇩ 마하가섭)

가야가섭 … 세 가섭의 한 분. 처음에는 불을 섬기는 외도였으나, 두 형과 함께 부처님께 귀의하여 높은 제자가 됨.

가야성 … 중인도의 도시. 본불이신 석가모니 부처님께옵서 중생 제도의 방편으로 도를 이루신 부다가야가 남쪽방향에 있다.

가유타이 … 몸이 검고 빛이 나는 까닭으로 흑요, 흑광이라 번역. 부처님의 제자. 본래 악행을 일삼던 육군비구(六群比丘)의 한 사람이었으나 뒤에 도의 과를 얻어 아라한이 됨.

가전연 … (⇩ 마하가전연)

가타 … 풍송, 게송, 게, 고기송, 고기설 들로 번역. 불교경전의 구성형태 구분인 십이부경의 하나. 경전 가운데 산문과 중복되지 않고 운문 형식으로만 설하신 부분을 말함. 산문형식의

법어 풀이

9

감로 … 불사주(不死酒), 천주(天酒)라 번역. 소마의 즙. 천신들의 음료. 또는 하늘에서 내리는 단 이슬. 도리천의 감미로운 영액. 능히 고뇌를 없애주고 장수하게 하며, 죽은 자를 부활시킨다. 부처님의 설법을 비유함.

내용을 운문으로 거듭 설하신 기야[중송]와 구별된다. (⇩ 십이부경)

깨끗한 행 … (⇩ 범행)

깨끗함 바라밀 … 네 바라밀의 하나. 정(淨) 바라밀이라 함. 열반 가운데 갖추어져 있는 청정한 덕을 일컬음. 또는 보살의 수행은 청정한 열반에 이르는 길이란 뜻으로 사용됨.

깨닫지 못하고서도 깨달은 체하는 거만한 … 증상만(增上慢)의 풀이. (⇩ 증상만)

깨달음의 마음 … 보리심이라 함. 위로는 위없는 부처님의 깨달음을 구하고 아래로는 일체 중생을 교화하는 마음.

거사(居士) … 인도에서는 공업과 상업에 종사하는

종족의 부자. 중국에서는 학식과 도덕이 높으면서도 벼슬하지 않는 사람. 보통 출가하지 않고 집에 있으면서 불교에 귀의하여 수행하는 자.

건달바 … 제석천의 세속 음악을 맡은 신. 보산(寶山)에 살며 향기를 먹고 삶. 불법수호 팔부신중의 하나.

건타 … 적색, 황색인 귀신 이름.

걸림 없음 … 무애(無礙)라고 함. 불·보살께서 갖추신 것으로 다라니, 변재, 지혜와 같은 여러 가지를 통달한 것을 말하며 종류가 많다. (⇩ 네 가지 걸림 없는 것)

겁(劫) … 장시(長時), 대시(大時)라 번역. 어떠한 시간의 단위로도 계산할 수 없는 무한히 긴 시간의 단위를 뜻한다. 인수겁(人壽劫), 겨자겁, 불석겁 등의 여러 가지로 나누어 설하고 있다.
① 인수겁(人壽劫)은 1소겁을 1겁이라 함.
② 불석겁(拂石劫)은 사방 4천 리 되는 바위를 수명이 긴 천인이 백 년마다 내려와

10

견가라 … 수량의 명칭. 보통 열여섯 자리의 수. (⇩ 수)

견숙가보 … 보석의 이름. 붉은 색임. 견숙가보라고도 함.

경계(境界) … ① 감각기관 및 인식을 주관하는 식(識)의 대상. 주관적 지혜에 대하여 인식이나 가치판단의 대상이 되는 객관세계를 말함. 색(色:빛)·성(聲:소리)·향(香:향기)·미(味:맛)·촉(觸:닿음)·법(法)의 여섯 경계가 있다. ② 자기의 힘이 미치는 범위.

계(戒) … 범어 시라의 번역. 금하고 제지한다는 뜻. 몸·입·뜻을 일정한 규율인 부처님께옵서 정하신 법에 따라 행함으로써 그릇된 것을 막고 악을 그치게 하는 것. 모든 착한 것을 일으키는 근본이며, 자발적인 노력에 기대하는 것이 특징. 크게 소승계, 대승계로 나누어지며, 오계, 팔계, 십계, 구족계, 이백오십계, 오백계, 십선계, 십중금계, 사십팔경계, 보살오종

부드럽고 연한 하늘옷으로 한 번 스치고 하여서, 다 마모되어 없어지는 기간을 1겁이라 함. ③ 겨자겁(芥子劫)은 둘레 4천 리 되는 성 안에 겨자씨를 가득 채워 놓고, 수명이 긴 하늘사람이 백 년마다 한 알씩 가지고 가서 모두 없어질 때 까지를 1겁이라 한다.

겁빈나 … 부처님의 제자. 부처님께옵서 늙은 비구로 화현하시어 그가 머물고 있는 방에서 함께 머무시면서 교화하셨다하여 방숙(房宿)이라 함. 천문과 역수에 능통. 지성수(知星宿) 제일이라 일컬음.

겁이 타는데 … 겁소(劫燒), 겁화(劫火), 겁진화(劫盡火)라고도 함. 세 가지 큰 재앙 중의 하나. 세계가 무너져 멸하는 괴겁 때 일어나는 불의 재앙. 일곱 개의 해가 하늘 위에 나타나 초선천까지 모두 탄다. ※ 대삼재(大三災) : 수재·화재·풍재.

겁이 흐려짐 … (⇩ 다섯 가지 흐리고 악한 세상)

부록

계, 삼취정계 등이 있다. 법화경에서는 가장 지극한 대승의 대승본화원돈계(大乘本化圓頓戒)가 주어지는데, 이는 묘법연화경을 수지해야 하는 허공부동계(虛空不動戒) 즉 한 번 받으면 행자가 깨려고 해도 절대로 그 계체(戒體)가 파괴되거나 없어지지 않는 금강보기계(金剛寶器戒)이다.

고제 … 십나찰녀의 하나. 산과 바다 어느 곳에서도 법화경의 행자를 수호함. (⇨ 십나찰녀)

곡치 … (⇨ 십나찰녀)

공(空) … 일체 법은 인연에 따라 생겨나는 것이므로 거기에 본체(本體)·아체(我體)·실체(實體)라 할 만한 것이 없으므로 공이라 한다. 여러 형태와 종류가 있으며, 18공을 주로 많이 든다. 공을 허무라 이해하는 것은 그릇된 것이다. 진공(眞空)은 악취공(惡趣空)이라 하며 이는 그릇된 것이다. 제법실상(諸法實相)으로 모든 법은 공이면서 있는 것인, 공도 아니고 있는 것도 아닌, 있는 것이면서 공인 묘한 있는 것으로써 중도실상(中道實

相)이라 표현된다.

공양(供養) … 공급봉양의 뜻. 부처님·법·승에 대하여 또는 부모·스승·죽은 자·국가 등에 대하여 그 은혜에 보답하기 위해 몸과 마음을 다하여 받드는 것을 말함. 공양물의 종류, 공양의 방법, 공양의 대상에 따라 여러 가지가 있다. 보통 재물공양, 법공양으로 크게 나누어 지고 또한 몸업{예배·공경}·입업{칭찬·찬탄}·뜻업{좋은 상호를 생각하여 염하는 것·존중}의 삼업공양도 있으며, 특히 부처님 앞에 바치는 것을 불공(佛供)이라 한다.

공후 … 일곱 줄 또는 스물세 줄로 된 현악기. 거문고의 일종. 주로 서서 연주함.

과(果) … 원인에 따라 일어나는 결과의 법.

과거의 일곱 부처님 … 과거칠불(過去七佛)이라 함. 지난 세상에 출현하신 일곱 부처님. ① 비바시불 ② 시기불 ③ 비사부불{이상은 과거 장엄겁에 나오신 부처님} ④ 구류손불 ⑤ 구나함모니불 ⑥

법어 풀이

가섭불 ⑦ 석가모니불(이상은 현재의 현겁에 나오신 부처님)

과보(果報) … 과(果)는 필연적인 결과, 보(報)는 필연적인 보수. 과는 입에서 받는 결과이고, 보는 색(몸·물질)에 나타나는 보수이다. 선악에 걸쳐 사용됨.

관(觀) … 선정의 지혜로 상대되는 경계를 자세히 식별하고 보는 것임. 공관(空觀)·가관(假觀)·중관(中觀)의 삼관으로 크게 분류된다.

관세음보살 … 관음(觀音), 관세음(觀世音), 관자재(觀自在), 광세음(光世音)이라고도 함. 대자대비를 근본 서원으로 하는 보살. 사바세계에 노니면서 중생의 근기에 맞추어 서른세 가지의 몸인 여러 가지 형체로 나타나시어, 일체 액난을 없애며 일체 중생을 제도하심.

광명대범 … 색계 제2선천의 왕으로 그 선천의 제3번째 하늘인 광음천에 있음. (⇩ 광음천)

광음천(光音天) … 색계 제2선천에 있는 세 하늘 인 소광천, 무량광천, 광음천 중 가장 높은 3번째의 하늘. 이 하늘 중생은 음성이 없고 말할 때는 입에서 광명이 나와 광명이 말이 된다. (⇩ 하늘, 그림1)

괴로움 … 고(苦)라 함. 몸과 마음에 대해 핍박하고 괴롭히는 상태. 보통 중생에게는 여덟 가지가 있는데, 태어남, 늙음, 병듦, 죽음, 사랑하는 사람과 헤어짐, 미운 사람과의 만남, 얻지 못함, 오음(번뇌)이 치성함 등이다. 마음에 꼭 들어맞지 않는 대상으로 향할 때는 괴로움을 느낀다. 열반의 덕인 항상함과 즐거움과 진정한 나와 깨끗함이 없는 상태.

괴로움이라는 이치 … 고제(苦諦)라 함. (⇩ 사제법)

교담미 … (⇩ 마하파사파제)

교범바제 … 부처님의 제자 가운데 해율(解律) 제일임.

교향 … 백교향이라고도 함. 사라나무의 즙으로

13

부 록

써 향임. 부처님께옵서 사라나무 사이에서 중생제도의 방편으로 열반하셨음.

구마라습 … 구마라집이라고도 함. 구자국의 사람으로서 요진(姚秦)의 홍치 3년 장안에 와서 법화경·지도론 등의 경·율·논 74부, 삼백 팔십여 권을 번역했음. 제자 3천을 두었고, 자신이 번역한 경이 부처님 법에 틀리지 아니함을 증명하기 위해, 죽으면 반드시 화장하여 혀가 타거든 자기의 경을 버리라고 말하였음. 죽은 뒤에 다비[화장]하니 몸은 모두 재가 되고 불 가운데 푸른 연꽃이 솟아나서 혀만은 그 위에 있으며, 또한 다섯 색의 광명이 나타나, 밤은 낮과 같고 낮은 해의 빛을 무색케 함.

구물두꽃 … 흰빛 수련의 일종. 지희화, 백련화, 청련화, 황련화, 홍련화라고도 번역함.

구반다 … 사람의 정기를 빨아먹는 귀신. 머리는 말, 몸은 사람모습으로 남방 증장천왕의 부하임.

구비다라수 … 나무이름. 흑전단의 일종. 사철에 꽃이 피고 가을에 열매가 맺음.

귀자모신(鬼子母神) … 대야차 여신의 이름. 애자모(愛子母), 환희모(歡喜母)라고도 함. 노귀신왕 반사가의 아내. 1만이나 되는 자식을 두고도 항상 남의 어린애를 잡아먹으므로 부처님께옵서 교화하시어 불교에 귀의함. 안산(安産)과 유아생육의 신(神)이 됨. 십나찰녀들과 함께 자기의 아들들과 권속들이, 법화경을 수지하고 독송하는 법사를 수호하기를 부처님 앞에서 맹세함. 법화경 수행자를 괴롭히면 머리를 일곱 조각으로 낸다고 함.

근기(根機) … 교법을 듣고 받아 닦음에 있어 그 감당할 수 있는 성품이나 능력.

금강(金剛) … 금속 가운데 가장 강한 것. 다음의 세 가지 뜻이 있다. ① 가히 파괴할 수 없는 것. ② 보배 중의 보배. 금강석, 다이아몬드. ③ 무기 중에 가장 훌륭한 무기. 금강저.

금강산 … ① 세계를 둘러싼 철위산. ② 제석천이 머무는 수미산. ③ 법기보살・관음보살 들이 있는 곳. (⇩ 그림2)

금강저(金剛杵) … ① 제석천, 밀적역사, 집금강신 등의 호법신장들이 가지고 있는 것으로 일체 안팎의 마의 군사를 부수어 부처님 법을 두호하여 가지고 중생을 넉넉히 이익케 하는 무기. ② 번뇌를 부수는 보리심의 상징으로써 스님들이 법을 닦을 때 마군이를 쳐부수는 데 쓰는 도구. 금, 은, 동, 철 등으로 만들고 끝이 뾰족함. 끝이 하나인 것을 독고(獨鈷), 끝이 세 갈퀴로 된 것을 삼고(三鈷), 다섯 갈퀴로 된 것을 오고(五鈷)라고 함.

금륜 … ① 전륜성왕이 즉위할 때 동방에 나타나 광명을 놓으면서 왕에게 와서 그 다스림을 돕는다는 하늘의 금강륜보. ② 금, 은, 동, 철의 네 바퀴의 보배 중에서 금륜을 가진 전륜성왕. 수미산의 사주(四洲)를 통치한다.

기별 … (⇩ 수기)

기사굴산 … 영취산, 영산, 취봉, 취루, 취대라 번역. 중인도 왕사성 동북쪽에 있음. 석존께옵서 항상 계시면서 설법하시는 곳.

기야 … 중송(重頌), 중게송(重偈頌)이라 번역. 경전 가운데 앞에서 설하신 대의를 간략하게 요약한 운문형식의 게송. (⇩ 십이부경)

긴나라 … 불법수호 팔부신중의 하나. 사람인지 짐승인지 새인지 그 모습이 일정하지 않으며, 노래하고 춤추는 신으로 제석천에 봉사하여 법음악을 맡음.

길자 … 길차라고도 하며, 악한 귀신의 이름. 주술의 힘에 의해 시체를 움직여서 원한이 있는 사람을 해친다. 야차의 모습을 한 것을 야차길자, 사람 모습을 한 것을 인길자라 함.

(ㄴ)

부록

「나」라는 것이 없는 것 … 무아(無我)라고 함. 중생의 몸과 마음은 땅·물·불·바람·공·식의 여섯 원소가 거짓(임시)으로 모인 것이므로 어떠한 모양이나 실체가 없는 것이라는 뜻. 이는 주로 소승교의 가르침이다. 무아(無我)를 진실로 알면 생명의 실체적인 주체와 본래 고유한 절대 진실성, 영원성, 보편성이 있음을 깨닫고 진정한 나를 알게 되며, 이는 또한 대승의 열반의 덕이 된다.

나라연 … 천상에 있는 장사의 이름. 힘이 코끼리의 백만 배임.

나무(南無) … 「나모」라고도 읽음. 귀명(歸命), 귀례(敬禮), 귀례(歸禮)라 번역. 부처님·법·승려에 대해서 진심으로 몸과 목숨을 바치어 믿고 공경하며 그 가르침에 따르는 것을 나타내는 말.

나무왕 … 보리수를 말함. 부처님께서 이 나무 아래서 깨달음을 이루셨으므로 나무 가운데 왕

이라 이름함.

나 바라밀 … 아(我) 바라밀이라고 함. 열반의 네 가지 덕(항상함·즐거움·나·깨끗함)의 하나. 완전한 주체라 할 수 있는 「나」라는 덕을 성취하는 바라밀 행.

나바마리 … 등나무처럼 넝쿨을 이루어 다른 나무를 감아 올라가는 식물. 황금빛 꽃이 핀다.

나유타 … 100아유타를 1나유타라 함. 천억, 혹은 만억이라고도 한다. (⇨ 수)

나제가섭 … 세 가섭의 한 분.

나지도 없어지지도 않는 참된 법의 본바탕을 깨달아 알고 편안히 머물러 움직이지 않음 … 무생법인(無生法忍)의 풀이. 일체 모든 법이 불생불멸(不生不滅)이라는 진리를 확실히 깨닫고 그 법의 참된 성품에 안주해서 마음을 동요치 않는 위(位). 불퇴전(不退轉)의 위치에 들어간 보살. 보살 십지(十地)중 제7·8·9지(地)에 들어간 보살. 혹은 초지의 불퇴위[별교(別敎)], 혹은 초주

16

(初住)의 불퇴위(원교(圓敎))에 들어간 보살을 말함.

나찰 … 악한 귀신의 하나. 남자는 추하고 여자는 아름답게 생겼음. 언제나 사람의 피와 살을 먹으며 공중을 날아다님. 불법에 귀의한 나찰은 불법을 수호함. 야차와 함께 비사문천왕의 권속임. (⇩ 십나찰녀)

나찰녀 … 여성인 나찰. (⇩ 십나찰녀)

나한 … (⇩ 아라한)

난법 … 수행 계위의 하나. 〈1〉 소승교에 있어서 처음 새는 것이 없는 지혜가 생겨서 사제(四諦)의 이치를 명확하게 보는 자리를 견도(見道)라 하는데, 견도 직전의 범부위(凡夫位)를 네 가지 선근위(善根位)로 나눈 것이 난법(난위), 정법(정위), 인법(인위), 세제일법(세제일법위)이다.
첫째, 난법(煖法)이란 삼계의 사제를 관하고 십육행상을 닦아서 세간 곧 새는 것이 있는(유루) 선근을 나타내는 위이다. 여기에 이르면 선근을 끊고 악도에 떨어져도 반드시 열반의 깨달음에 이를 수 있다. 둘째, 정법(頂法)이란 움직임의 최상의 선근 가운데 최상의 움직이는 최상의 위이다. 사제·십육행상을 닦으며 설령 지옥에 떨어져도 선근을 끊는 일은 없다. 셋째, 인법(忍法)이란 사제의 이치를 명확히 알아 선근이 확정되어 움직이지 않는 위이다. 넷째, 세제일법(世第一法)이란 세간 곧 새는 것이 있는(유루) 법 가운데 최상의 선근을 낳은 자리이다. 욕계의 괴로움이라는 이치 하에서 1행상을 닦고 다음 찰나에 견도의 위에 들어 성자가 된다. 〈2〉 대승보살의 52위에서 제10회향위와 10지위 사이에 네 선근위인 난법, 정법, 인법, 세제일법을 세운 것 가운데 처음의 위치. 난법에서는 명득정을 닦아서 인식의 대상인 이름, 뜻, 자성, 차별의 네 가지가 공(空)이고 없음이라고 관찰하는 자리이고, 정법에서는 명증정을 닦아

부 록

더욱 뛰어난 관(觀)의 지혜를 가지고 난법에서와 같이 관한다. 이상이 심사관(尋伺觀)이다. 인법에서는 인순정을 닦고, 또 세제일법위에서는 무간정을 닦아서 인식의 대상인 이름, 뜻, 자성, 차별의 네 가지 뿐만 아니라 관하는 식 그 자체를 공이고 없음이라고 분명하게 확인·결정하는 위치이다. 이것이 여실지관(如實智觀)이다. 다음 찰나에 초지에 오른다. 통교 십지에서는 제3지 혹은 제4지의 위(位)를 견도(見道)라 하기도 한다.

남음이 없는 열반 … 무여열반(無餘涅槃)이라 함. 마음의 미혹과 무명의 습기를 완전히 끊어 열반의 네 가지 덕인 항상함, 즐거움, 진정한 나, 깨끗함이 완전히 드러난 상태. 소승교에서는 견사혹의 번뇌와 육체까지 멸한 회신멸지(灰身滅智)의 최고의 깨달음의 경지인 아라한과를 지칭하며, 대승에서는 견사혹(見思惑)과 진사혹(塵沙惑)과 무명혹(無明惑)을 끊어서 부처님의 깨

달음을 얻음을 말한다.

※ 유여열반(有餘涅槃) … 일체의 번뇌를 단절하였으나 무명(無明)의 습기가 남아 있는 상태.

네 가지 걸림이 없는 것 … 사무애지(四無礙智), 사무애, 사무애해, 무애, 걸림 없음이라 함. 부처님과 보살님께서 갖추고 계신 성덕(性德). ① 온갖 교법에 통달하여 법에 걸림 없음(법무애:法無礙). ② 온갖 교법의 중요한 것과 모든 뜻을 알아 법의 뜻에 통달치 못함이 없어 말에 걸림 없음(의무애:義無礙). ③ 모든 언어를 알아 통달치 못함이 없어 말에 걸림 없음(사무애:辭無礙). ④ 일체 교법을 말하는데 자재하여 설법에 걸림 없음(요설무애:樂說無礙).

네 가지 거두어들이는 법 … 사섭법(四攝法)이라 함. 불도에 끌어들이는 네 가지 행위. 보살이 중생을 제도할 때 취하는 기본적인 것임. ① 보시(布施) … 재물과 법을 베푸는 것. ② 애어(愛語) … 부드러운 말을 하는 것. ③ 이행(利行) … 몸·입·뜻의 착한 행으로 중생에게 이로움

18

을 주는 것. ④ 동사(同事) … 중생 속에 들어가 중생과 괴로움·즐거움을 같이하고 삶을 같이하여 제도하는 일.

네 가지 법 … ① 묘법연화경 안락행품에 나오는 말. 몸·입·뜻·서원의 네 가지 편안한 섭수행으로써 초심자가 말법시대에 법화경을 안락하게 수행하는 법. ② 무량의경에서는 사과(四果)로써 아라한과·벽지불과·보살과·불과를 말하며, 또한 수다원과·사다함과·아나함과·아라한과의 소승의 과(果)를 말함.

네 가지 형상 … ① 사유위상(四有爲相)을 말함. 나고(생), 머물고(주), 다르게 되고(이), 멸함(멸)을 말함. 곧 사물과 마음이 변천하는 것을 설명한 것인데, 미래의 위치에서 현재의 위치로 생기는 것을 생(生), 생의 위치에서 머무는 것을 주(住), 머무는 것에서 앞뒤가 달리 변하는 것을 이(異), 현재의 위치에서 과거의 위치로 멸하는 것을 멸(滅)이라 한다. ② 일기사상(一期四相). 인간의 생애에 비유하여 나고, 늙고, 병들고, 죽음을 말함. ③ 아인사상(我人四相). 오온(五蘊)이 화합하여 생긴 몸과 마음이 나이며, 나의 소유라고 집착하는 아상(我相), 나는 인간이어서 축생 등과 다르다고 집착하는 인상(人相), 나는 오온법으로 말미암아 생긴 것이라고 집착하는 중생상(衆生相), 나는 일정한 기간의 목숨이 있다고 집착하는 수자상(壽者相)의 네 가지 형상을 말함.

넷 왕의 모든 하늘 … 인간세계 바로 위의 사천왕이 있는 하늘. 동방 지국천, 남방 증장천, 서방 광목천, 북방 다문천(비사문천)을 가리키며, 불법을 수호함. (⇨ 사대천왕)

노사와 우비고뇌 … (⇨ 십이인연법)

녹야원 … 선인론처, 녹원이라고도 함. 고대 인도 바라나국 왕사성의 동북쪽에 있었던 동산. 부처님께옵서 방편으로 성도하신지 삼칠일 뒤에 이곳에 오셔서 소승교인 사제(四諦)의 법

부　록

등을 설하신 초전법륜의 땅. 교진여 등 다섯 비구를 제도하심.

（ ㄷ ）

다가라 … 근향, 목향나무라 번역. 향의 이름.

다라니 … 총지(總持), 능지(能持), 능차(能遮)라고 번역. 능히 헤아릴 수 없고 가없는 이치를 받아 들여 지니어 잃지 않는 지혜의 힘. 좋은 법을 능히 지니고 악한 법을 능히 막아주는 것. 하나의 글자, 하나의 말 속에 모든 종류의 헤아릴 수 없는 덕을 다 지니고, 병을 다스리고 죄를 멸하고, 법을 보호하는 공덕력이 있는 것. 가이없는 사리(事理)나 무수한 법문을 통섭하는 것.

다라니보살 … 다섯 번째 지위의 보살이라고도 하며, 다라니를 갖추신 높은 덕이 있는 보살이라고도 함.

다라수 … 열대지방의 나무이름. 나무높이 70에서 80척. 척도 단위로 삼아 1다라수의 높이가 49척에 해당. 꽃은 흰색이고 열매는 적색으로 종이 대신 쓰며, 잎은 부채꼴로 큰 것은 3미터이고 석류와 비슷함.

다마라발 … 성무구(性無垢)라 번역. 향풀의 이름.

다발 … (⇨ 십나찰녀)

다보불(多寶佛) … 다보여래라고도 함. 동방 보정세계에 계시는 부처님. 법화경은 모두 진실이라는 것을 증명하기 위해 법화경 설하시는 곳이면 항상 솟아나오시고 나타나시어 증명하시는 부처님. (⇨ 묘법연화경 제 십일 견보탑품)

다섯 가지 극악무도한 죄 … 오무간업(五無間業), 오역죄(五逆罪), 오역(五逆)이라고도 함. 이 악업의 죄를 지으면 반드시 무간지옥에 빠져 무서운 고통을 받는다. ① 탑과 절을 파괴하고, 경전과 부처님 형상을 불태우고, 삼보의 물건을 빼앗고, 혹은 그와 같은 짓을 어떤 이에게 시키고, 또는 그 행위를 보고 기뻐하는 것. ② 성문, 연각, 대승의 법을 비방하는 것.〔비방정법〕③ 불법을 닦는 출가자를 방해하고 혹은 그를 죽이는 것. ④ 소승의 오역죄를 범하고 혹은 곧 아버지를 죽임. 어머니를 죽임. 아라한을 죽임. 부처님 몸에 피내는 것. 화합승을 깨뜨리는 것. ⑤ 올바른 인연과보의 법을 믿지 않고 모든 업보는 없다고 생각하여 살생, 도둑질, 삿된 음행, 거짓말, 속이는 말, 두 가지 말, 악한 말, 탐함, 성냄, 어리석음을 행하여 뒷세상을 두려워하지 않고 또 다른 이에게 그러한 것들을 가르치는 것.(⇨ 아비지옥)

다섯 가지 신통 … (⇨ 여섯 가지 신통, 신통)

다섯 가지 욕심 … ① 재물욕, 색욕, 음식욕, 명예욕, 수면욕. ② 눈, 귀, 코, 혀, 몸의 다섯 가지 뿌리가 색, 소리, 향기, 맛, 촉감의 다섯 경계에 대하여 일으키는 욕망.〔색욕(色欲), 성욕(聲欲), 향욕(香欲), 미욕(味欲), 촉욕(觸欲)〕

다섯 가지 화합하여 모인 것 … 오온(五蘊), 오음(五陰), 오중(五衆)이라 함. (⇨ 오온)

다섯 가지 흐리고 악한 세상 … 오탁악세(五濁惡世)라고 함. 인간 수명이 가장 긴 팔만 사천 세에서 차차로 줄어들어 이만 세부터 점차 발생하는 피하기 어려운 사회적, 정신적, 생리적인 더러움이 꽉 차는 말세 악한 세상을 다섯 가지로 나눈 것. ① 겁이 흐려짐 … 겁탁(劫濁)이라 함. 굶주림, 질병 등의 하늘 재앙이나, 전쟁 등의 사회악이 충만하여 사회가 어지러움. 시대의 더러움이다. ② 보는 것이 흐려짐 … 견탁(見濁)이라 함. 모든 사악한 사상, 견해와 교법이 일어나 무성함으로 인해 착한 일을 닦는 이가 없고 세상을 혼란하게 하여 흐려짐이다. ③ 번뇌로 흐려짐 … 번뇌탁(煩惱濁)이라 함. 탐함, 성냄, 어리석음, 거만함, 의심 등의 여러 가지

가지 정신적 악덕이 일어나 가득 차므로 중생의 몸과 마음이 어지러움이다. ④ 중생이 흐려짐…중생탁(衆生濁)이라 함. 보는 것이 흐려짐과 번뇌로 흐려짐의 결과로 인간의 과보가 쇠퇴하고 몸과 마음이 흐려져 괴로움이 많고 복이 적어지는 현상. 몸과 마음에 병이 충만함. 나쁜 행위를 하고도 결과를 두려워하지 않음. 세상이므로 악업이 늘어서 중생의 생명 자체가 탁하여 수명이 짧아짐이다. 오탁악세의 중생을 구제하기 위하여 부처님께옵서는 세상에 출현하신다.

⑤ 수명이 흐려짐…명탁(命濁)이라 함. 악한

다섯 몸뚱이를 땅에 던져…오체투지(五體投地)라 한다. 다섯 몸뚱이 곧 오체는 사람의 온몸을 일컬음. 두 무릎과 두 팔꿈치와 이마를 땅에 붙여 예배하는 행위이다. 부처님, 보살, 존자, 불탑 등에 귀의하여 최고의 공경과 경의를 나타내는 예법임.

다섯 바라밀…육바라밀 가운데 반야바라밀을 뺀 것. 보시, 지계, 인욕, 정진, 선정의 다섯 가지 행으로써 나고 멸하는 미혹의 이쪽에서 나고 멸함이 없는 열반의 저쪽에 이르름을 말함. (⇨ 바라밀)

다섯 비구…인간으로서 부처님의 첫 설법을 들은 다섯 분의 비구. 최초의 제자. 아야교진여, 아습바시, 발제, 마하남, 십력가섭.

다섯으로 나눈 법의 몸…오분법신(五分法身)이라고 함. 대승, 소승의 배울 것이 없는 지위로서 부처님과 아라한께서 갖추어 지니신 공덕. 곧 계의 몸(戒身)∶색음(色陰)이 바뀌어 신심(身心)이 공히 청정하고 잘못이 없음), 정의 몸(定身)∶수음(受陰)이 바뀌어 신심(身心) 공히 동요가 없음), 지혜의 몸(慧身)∶상음(想陰)이 바뀌어 생명의 본원을 명확히 깨닫는 것), 해탈의 몸(解脫身)∶행음(行陰)이 바뀌어 자신에게 미혹이 없음), 해탈지견의 몸(解脫知見身)∶식음(識陰)이 바

꿰어 자신에게 미혹이 없다는 것을 지견함」의 총칭임.

다섯 종류의 근이 확실하지 않은 남자 … 오종불남(五種不男)이라 함. ① 생불남(生不男) … 나면서부터 남근이 발육되지 못한 자. ② 건불남(腱不男) … 있던 남근을 인위적으로 칼들로 자른 자. ③ 투불남(妬不男) … 두 근을 갖추어 남근이 여근을 만나면 여근이 샘내고, 여근이 남근을 만나면 남근이 샘을 내는 자. ④ 변불남(變不男) … 남근이 어느 때를 지나서 변화하는 것. ⑤ 반불남(半不男) … 반달은 남근을 사용하지 못하는 것.

다타아가도 … 여래(如來)라 번역. (⇨ 십호)

당(幢) … 장대 끝에 용머리 모양을 만들고 깃발을 단 것. 당번이란 군대를 지휘하는 깃발의 뜻으로 마의 군사를 제압하는 부처님의 위덕을 표시한 도구.

대목건련 … 마하목건련, 목건련, 목련이라고도

함. 부처님의 십대제자 가운데 한 분으로 신통 제일임. 부처님의 처음 사리불과 함께 외도를 섬겼음. 부처님보다 먼저 입멸함.

대범천왕 … (⇨ 범천왕)

대사 … ① 마하살의 번역. 대사(大士)란 크게 깨달음의 마음을 일으킨 사람. 보살을 말함. ② 대도사(大導師)의 준말로 중생을 가르쳐 인도하는 높은 덕의 스승. 부처님의 존칭. (⇨ 보살)

대승(大乘) … 큰 탈 것. 큰 수레라는 뜻으로 일체 모든 중생이 타기만 하면 목적지까지 간다는 의미로, 곧 유정, 무정이 모두 성불하는 부처님의 가르침이다. 소승(小乘)은 자신의 해탈만을 목적으로 하나, 대승은 일체 중생이 다 함께 부처님 이름을 목적으로 하여, 일반적으로 스스로를 이롭게 하고 타인을 이롭게 하는 양면을 다 갖춘 보살의 도를 말한다. 이에 방편에 해당하는 권대승(權大乘)과 진실을 가르치신 실대승(實大乘)으로 구분할 수 있으며, 오직 법

부 록

화경만이 지극한 일승원교의 실대승이다. (⇩ 묘법연화경 제 이 방편품 등)

대승경(大乘經) … ① 대승경 가운데 지극 대승경이며 최상승 요의경(了義經)인 법화경만을 가리키는 말. ② 일반적으로 법화경, 열반경, 화엄경, 반야경, 무량수경, 대집경 등등 대승의 뜻을 밝힌 경전의 총칭.

대승방등경(大乘方等經) … 대승경전(大乘典), 대승방등, 대승방등전, 대승의 방등경전이라고도 함. 방등이란 가로로 시방에 뻗치고 세로로 범부와 성인에 통한 것을 말하며, 이는 보편 평등한 실상의 진리란 뜻이다. 이 방등을 설한 대승의 경전을 말하는데 대승 중에서 진실 대승이요, 방등 중에서 진실 방등은 오직 법화경뿐이므로 법화경을 가리키는 말이다. ※ 사십여년 미현진실(四十餘年 未顯眞實). 이승작불 구원실성(二乘作佛 久遠實成).

대인형상 … 서른두 가지 형상을 말함. 대인(大人)

은 부처님과 보살, 혹은 전륜성왕을 말한다. (⇩ 서른두 가지 형상)

대자대비(大慈大悲) … 불·보살님의 넓고 크며 깊고도 깊으신 자비. 일체 중생을 크게 사랑하고 크게 불쌍히 여김. 크게 즐거움을 베풀어 줌과 크게 괴로움으로부터 벗어나게 해주는 것을 말한다. (⇩ 자비)

대자재천(大自在天) … ① 타화자재천, 화타천(化他天、제6천이라고도 함. 욕계의 가장 높은 데 있는 하늘. 마왕이 있는 곳. 이 하늘은 열등한 다른 하늘이나 남의 즐거운 일을 자유자재로 자기의 것으로 변화시켜 쾌락으로 삼음. 욕계 제5천인 화락천을 변화시켜 그 위인 이 하늘을 대자재천이라 한데서 그 위인 이 하늘을 대자재천이라 함. 아들을 낳으려는 생각만 내면 무릎 위에 화하여 난다. 이 하늘 사람의 키는 3리. 수명은 1만 6천 세. 이 하늘의 하루는 인간의 1천6백 년에 해당. 수미산 꼭대기에서 120만 유순 위에 있음.

(⇨ 하늘) ② 마헤수라의 번역. 색계 정상에 있는 하늘. 이 하늘왕은 세 눈과 여덟 팔을 가졌으며, 하늘 관을 쓰고 흰 소를 탔으며, 흰 불자(拂子)를 들었으며, 원래 인도 바라문 신으로 만물 창조의 최고의 신임. 외도들은 이 신을 세계의 본체, 창조주라 하며, 이 신이 즐거워하면 중생이 편안하고, 화를 내면 중생이 고달프며, 온갖 물건이 죽어 없어지면 모두 이 신에게로 돌아간다고 한다. (⇨ 하늘, 그림1)

대철위산(大鐵圍山) … (⇨ 철위산)

도(道) … ① 목적지에 이르게 하는 통로로써 열반으로 가는 길. 주로 부처님 가르침의 궁극적인 목적인 깨달음을 달성하기 위한 수행의 법칙을 의미한다. ② 가장 위없는 깨달음인 부처님의 과보를 말한다. 불도(佛道)라 한다. ③ 선악의 업에 의해 지옥, 아귀, 축생, 아수라, 인간, 천상세계 등의 과보(果報)로 들어가고 나오고 하는 돌고 도는 통로를 표현하기도 한다.

도량(道場) … 모든 부처님께옵서 바른 깨달음의 도를 성취하신 장소이며, 보통은 부처님의 도를 수행하는 장소를 말함. 법화경 여래신력품에서는 법화경을 수지 독송 해설 서사하며 법화경이 머무는 곳은 어디든지 곧 바로 진정한 도량이며, 모든 부처님께옵시며 설법하시고 열반에 드신다고 하셨다.

도루바 … 향의 이름.

도리천 … 욕계에 있는 여섯 하늘 가운데 두 번째 하늘, 삼십삼천이라 번역. 남섬부주 위에 높이 팔만 유순 되는 수미산의 꼭대기에 있음. 중간에 선견성(희견성이라고도 함)인 제석천을 중심으로 네 방위에 각각 여덟 성이 있어 하면 사람이 살고 있으며, 사방 8성과 선견성을 합하면 삼십삼천이 된다. 키는 1유순, 옷 무게는 6수, 태어날 때는 인간 6세 아이와 같으며 자연히 옷이 입혀져 있으며, 수명은 일천

도법 … 열반에 이르는 바른 도의 법. 곧 부처님 법임.

도법 … 삼십삼천의 도를 돕는 법)

도솔천 … 묘족(妙足)이라 번역. 욕계 여섯 하늘 가운데 네 번째 하늘. 수미산 꼭대기에서 높이 12만 유순 되는 곳에 있음. 일곱 가지 보배로 된 궁전이 있으며, 헤아릴 수 없는 하늘사람들이 살고 있다. 여기에 내원과 외원이 있는데, 외원(外院)은 하늘 무리의 욕락처(欲樂處)이다. 내원(內院)은 미륵보살의 정토(淨土)이며 여기에 계시면서 설법하시며, 남섬부주에 내려오셔서 태어나시어 성불하실 때를 기다리고 계신다. 이 하늘은 욕정에 잠기지도 않은 들뜬 마음도 아니면서 다섯 가지 욕심의 즐거운 것에 만족한 마음을 내므로 다음에 성불하실 보처보살께서 머무심. 사바세계에 나시는 모든 부처

세, 이 하늘의 하루는 인간의 백 년. (⇨ 삼십삼천, 제석, 그림1, 그림2)

님께옵서는 반드시 이 하늘에 계시다가 성불하심. 이 하늘 사람의 키는 2리, 옷 무게는 1수 반, 수명은 4천 세, 인간의 4백 세가 이 하늘의 하루의 낮과 밤임. (⇨ 하늘, 그림1, 그림2)

돌리어 향하게 함 … 회향(廻向, 回向)이라 함. 자기가 닦은 선근 공덕을 다른 중생이나 또는 얻은 공덕을 절대로 잃지 않는 것. 악하게 나는 과에 돌리어 향하게 함을 뜻함.

돌아서서 물러나지 않음 … 아비발치, 아유월치의 번역. 불퇴전(不退轉)이라 함. 불도 수행 중퇴(位不退) … 보살 십주위의 지위를 말함. ① 위 불퇴(位不退) … 보살 십주위(十住位)의 제7주 이상 보살이 성문·연각으로 돌아서서 물러나지 않음. ② 행 불퇴(行不退) … 보살 십지(十地) 중 7

지 보살이 수행한 행이 돌아서서 물러나지 않는 것. ③ 염 불퇴(念不退) … 제8지 이상 보살이 노력하지 않아도 자연히 도를 얻는 도에 들어 움직이지 않는 염(念)이 된 것. 그 외 믿음 불퇴 등으로 나누어 설명되고 있다.

두 가지 도 … ① 소승과 대승을 일컬음. ② 유루도와 무루도. ③ 방편으로 가르쳐 나타내는 도와 깨달은 실제(實際)의 실리(實理)의 도. ④ 무간도와 해탈도. ⑤ 돈교[화엄부]와 점교[아함, 방등, 반야부]. 법화부는 비돈비점(非頓非漸)임.

두려울 바 없음 … 무소외, 사무소외(四無所畏), 네 가지 두려울 바 없음이라고 함. 부처님과 보살님께서 설법하심에 있어 두려운 바가 없는 것이란 뜻. 〈1〉 부처님의 네 가지 두려울 바 없으심. ① 일체 법을 증하여 얻었다고 설하심에 두려울 바 없으심. ② 일체 번뇌를 끊었다고 설하심에 두려울 바 없으심. ③ 수행에 장애되는 것은 다 설하였다고 설하심에 두려울 바 없으심. ④ 완전한 해탈에 들어가는 길을 설했다고 설하심에 두려울 바 없으심. 〈2〉 보살의 네 가지 두려울 바 없으심. ① 교법을 능히 잊지 않고 가져서 설하심에 두려울 바 없으심. ② 중생의 근기를 알고 능히 적절히 설법하심에 두려울 바 없으심. ③ 중생의 의문을 해결하심에 두려울 바 없으심. ④ 모든 물음에 자유자재로 대답할 수 있어 두려울 바 없으심.

두타 … 옷·음식·집에 대한 탐착을 버리고 몸과 마음을 수행하는 것. 열두 가지의 조항이 있음. ① 버려진 천으로 옷을 만듦. ② 3가지 옷 이외는 입지 않음. ③ 항상 걸식함. ④ 빈부를 가리지 않고 차례대로 걸식함. ⑤ 하루 한 끼를 먹음. ⑥ 과식을 하지 않음. ⑦ 점심 이후에는 과일즙, 나무즙 등도 마시지 않음. ⑧ 마을과 떨어진 조용한 곳에 산다. ⑨ 묘지에서 산다. ⑩ 나무 밑에 머문다. ⑪ 빈터에는 것은 다 설하였다고 설하심에 두려울 바 없 앉는다. ⑫ 항상 앉아 있고 눕지 않는다. 두타

부 록

득대세보살 … 대세지(大勢至)보살이라고도 함. 지혜 광명으로 일체 중생을 널리 비추어 지옥·아귀·축생의 괴로움을 여의고 위없는 힘을 얻게 하시므로 득대세라 함. 또 발을 디디면 삼천대천세계와 마군의 궁전이 진동하므로 대세지라고 함.

떠난 형상 … 이상(離相)이라 함. 열반의 덕을 말한 것으로써, 열반은 고요하고 멸함이며, 나고 죽음의 형상을 떠난 것이므로 이름함.

행의 제일은 마하가섭이다.

(ㅁ)

마(魔) … ① 장애자(障礙者), 살자(殺者), 악자(惡者)로 번역. 일반적으로 악마라고 하며, 사람의 육신의 생명을 빼앗아 가고 지혜의 목숨을 끊으며, 몸과 마음을 요란케 하고 착하고 좋은 일을 방해하는 악귀신을 말함. 보통 천마 혹은 천자마를 일컬음. ② 크게는 내마, 외마의 두 가지와 또는 오음마(五陰魔), 번뇌마(煩惱魔), 사마(死魔), 천자마(天子魔)의 4마와 5마, 8마, 10마 등으로 나누어 분별하고 있으며, 욕계·색계·무색계에 두루 하고 있다. 제법실상(諸法實相)을 제외한 모두를 마라고 표현하지만, 원 교에서는 마의 경계가 곧 부처님의 경계라 한다. 불도수행이 전진될수록 마의 작용도 강하게 되는데 오직 더욱 강한 신심(信心)으로써 마를 타파하여 불도를 성취할 수 있다.

(ㄹ)

라운 … 라후라를 말함. (⇨ 라후라)

라후라 … 부처님의 출가 전 육친의 아들로 부처님의 십대제자 가운데 밀행 제일이 됨. 15세에 출가하여 부처님의 법의 아들이 되어 사리불을 화상으로 삼고 사미가 됨. 사미의 시초.

28

마군 … 마의 군사, 마의 무리, 마왕을 포함한 권속. (⇨ 마, 마왕)

마노 … 보석의 일종, 여섯 가지 색깔을 띠고 있음.

마니 … 마니주, 여의주, 마니보주, 무가보주, 값으로 따질 수 없는 보배구슬이라고도 함. 탁한 물에 넣으면 물이 곧 맑아진다. 사람이 이 구슬을 가지면 독이 해칠 수 없고, 불에 들어가도 타지 않으며, 불행, 재난을 없애주고, 병을 없애며, 무엇이든 하고자 하는 대로 가지지 진귀한 보배를 얻음.

마왕 … 천마 중의 우두머리로서 욕계 제6천인 타화자재천의 왕. 파순이라고도 이름함. 그는 항상 수많은 권속을 거느리고 정법인 불법을 방해하고 파괴시키려 하며, 수많은 권속을 풀어서 나고 죽음을 초탈하는 불도수행(佛道修行)을 방해하며 마지막에는 직접 나타나서 온갖 장난질과 방해를 한다. 항상 악한 뜻을 품고, 나쁜 법을 만들어 수도인을 방해하여 어지럽히며 사람의 바른 지혜의 목숨을 끊는다. 마들도 다섯 가지 신통이 있음. 열반경에는 마(魔)가 불·보살·아라한 등의 모습으로 변신하는 일이 있어 사람을 악도에 떨어뜨린다고 한다.

마하 … 대(大)라 번역. 큼, 많음, 수승함, 묘함, 위대함 등의 뜻.

마하가섭 … 부처님의 십대제자 가운데 한 분. 본래 바라문이었음. 옷, 먹는 것, 집에 대한 탐착을 버리고 온갖 번뇌를 끊고 수행함인 두타 제일임. (⇨ 두타)

마하가전연 … 부처님의 십대제자 가운데 한 분으로 논의 제일임. 남인도 바라문 출신.

마하구치라 … 사리불의 외삼촌으로 나면서부터 손톱이 길었음. 부처님께 귀의하여 문답 제일이 되었다.

마하반야 … ① 대혜(大慧), 큰 지혜라 번역. 제법 실상을 비추어 아는 지혜. ② 일체 경을 설법

마하파사파제 … 교담미라고도 함. 석가세존의 어머니인 마야부인의 동생. 부처님을 양육함. 난타를 낳았으며, 뒤에 최초의 비구니가 되었다. 법화경 권지품에서 수기를 받아 일체중생희견여래가 됨이며, 여인성불을 나타내었음.

마후라가 … 팔부신중(八部神衆)의 하나. 용의 무리에 딸린 음악의 신으로서 몸은 사람과 같고 머리는 뱀 형상임.

만(卍) … 길상해운(吉祥海雲)이라고도 함. 만덕 원만한 모양의 길상 표시의 표상으로써 부처님의 가슴과 손발에 이 덕의 형상이 있다. 옛 문헌에는 종종 표시가 거꾸로 된 것도 있다.

만다라꽃 … 천상계의 꽃 이름. 큰 것은 마하만다라꽃이라 함. 그 빛깔은 미묘하여 붉은색 비슷하고 아주 아름다워 보는 자로 하여금 즐거움을 준다. 만다라꽃, 마하만다라꽃, 만수사꽃, 마하만수사꽃을 4종류의 하늘꽃이라 한다.

시간 순서로 분류한 오시(五時)인, 화엄부(삼칠일간), 아함부(12년간), 방등부(8년간), 반야부(22년간), 법화(8년간)·열반(1일1야)부의 다섯으로 크게 나눈 가운데서, 반야부의 시기에 설하신 대략 600부의 반야경을 총칭하는 말. 또는 반야경전을 설하시어 대승·소승의 편벽된 집착을 제거하여 초월케 하신 22년의 기간과 그 가르침을 일컬음. 법화부를 제외한 나머지 모두는 방편의 설법임. (⇨ 반야, 그림7)

마하살 … 마하살타의 약칭. 대사(大士), 대유정(大有情)이라 번역. 마하는 큼, 살(살타)은 용감한 마음, 중생이란 뜻. 보살을 지칭하는 말. 보살은 큰 원과 큰 행이 있어 큰 일을 위해 물러나지 않는 크게 용감한 마음이 있음을 말함. 보살은 위없는 깨달음을 구하는 대승의 수행자로서 부처님을 제외하고는 중생 가운데 맨 윗자리에 있으므로 이름하기도 한다.

만수사꽃 … 천상계의 꽃 이름. 깨끗한 흰색으로 큰 것을 마하만수사꽃이라 한다. 모든 하늘은 이것을 뜻대로 비오듯 하여 보는 자로 하여금 악업을 여의게 한다.

말리 … 쟈스민의 일종. 꽃의 이름. 흰색 또는 금색의 작은 꽃이 핌.

말법(末法) … 탁한 세상인 말세(末世)・말대(末代)의 법. 부처님께옵서 방편으로 멸도하신 지 2000년 이후를 말함. 대집경 등에서 미래의 시대를 예언하셨는데, 멸도 후 제1오백년은 해탈견고(解脫堅固), 제2오백년은 선정견고(禪定堅固), 제3오백년은 독송다문견고(讀誦多聞堅固), 제4오백년은 다조탑사견고(多造塔寺堅固), 제5오백년은 투쟁언송 백법은몰견고(鬪諍言訟 白法隱沒堅固)라고 정하심. 제5오백년[2천년에서 2500년까지]을 말법의 시초라고 함. 시대를 정법 천년, 상법 천년, 그 후 말법의 셋으로 나누는데, 부처님의 교법과 그 수행과 증과(證果) 가운데 말법은 가르침이신 교법만 있는 시대라 하며, 말법의 기간이 만년이라고도 함. 그 뒤에는 교법까지도 들을 수 없는 법멸 시대가 있다. 부처님께옵서는 말법시대에 묘법화경을 광선유포하라고 본화보살들에게 부촉하셨으며, 법화문구에는 후오백세[2,500년 후]에 묘법의 도가 널리 퍼진다고 하였다.

매괴 … 일곱 가지 보배 가운데의 하나.

매듭지어 있는 것 … 유결(有結)이라 함. 번뇌의 총칭. 탐애, 성냄, 교만, 무명, 견[見:유신견, 변견, 사견], 취[聚:견취견, 계금취견], 의심, 질투, 간탐 들을 들 수 있다.

매듭진 것 … (⇨ 매듭지어 있는 것)

멸도 … 열반의 번역. (⇨ 열반)

멸한 형상 … 만유 본체로서의 진여(眞如)는 원래 고요하고 멸한 것이며, 생멸 변화가 없는 것을 말함. 열반을 나타내는 말.

부 록

멸함이라는 이치 … (⇨ 사제)

명리(名利) … 세간의 명예, 명성, 평판 등과 이익, 이익의 기름, 이익의 욕심 등을 나타내는 말. 속세간의 지위·명예·재산·평판을 추구하는 삶. 명예욕과 재물욕.

명명 … 생생조, 공명조라고도 함. 머리는 둘이고 몸이 하나인 새.

명색 … (⇨ 십이인연법)

명행족 … (⇨ 십호)

목진린타산 … 산 이름. 거기에 사는 용왕의 이름을 따옴.

묘법당 … 선법당이라고도 함. 도리천에 제석천이 사는 선견성[희견성]의 서남쪽에 있으며, 도리천에 있는 삼십삼천이 이 곳에 모여 법에 적당한지 않은지의 일을 논한다.

묘법연화경 … (⇨ 법화경)

묘법화경 … 묘법연화경을 말한다.

무간지옥 … (⇨ 아비지옥)

무량의(無量義) … ① 일체 모든 법을 뜻함. 모든 법은 헤아릴 수 없고 각각 뜻과 이치를 갖추고 있으므로 이름한다. ② 실상의 다른 이름.

무량의처삼매 … 헤아릴 수 없는 법의 뜻을 내는 의지처인 실상의 삼매.

무명(無明) … (⇨ 밝음이 없는 것, 십이인연법)

무변행보살 … 구원실성(久遠實成) 본불(本佛)이신 석가모니세존께옵서 본래 갖추신 본법(本法)인 묘법연화경을 말법시대에 광선유포하는 것을 부촉 받으신 우두머리 제자이신 본화지용(本化地涌) 사대보살 가운데 한 분. (⇨ 상행보살)

무상사(無上士) … (⇨ 십호)

무앙수 겁 … 다함이 없는 수의 끝이 없는 긴 시간을 뜻함. 겁의 수가 아승지라는 말. (⇨ 수, 겁, 아승지)

무염족 … 악귀신의 이름. 야차녀의 하나. (⇨ 십나찰녀)

무진의보살 … 동방 십 항하사 미진 세계를 지나

32

문수사리보살 … 적화보살(迹化菩薩)의 상수(上首). 묘길상(妙吉祥), 묘덕(妙德), 문수(文殊)라고도 한다. 부처님의 왼쪽에 계시어 지혜를 맡음. 주로 사자를 타고 있는 형상으로 나타나심.

미루산 … 고산(高山), 광산(廣山)이라 번역. 니민달라산(지지산(地持山)]이라 함. 7금산(七金山)의 하나. 혹은 수미산을 일컬음.

미륵보살 … 자씨(慈氏)로 번역. 이름은 아일다. 인도 바라나국의 바라문 집에 태어나 석가세존의 교화를 받고, 미래에 성불하리라는 수기를 받아 석가세존보다 먼저 입멸하여 도솔천의 내원에 올라가 계시며, 석존입멸 후 인간 수명이 8만세일 때인 56억 7천만 년을 지나 다시 사바세계에 출현 용화세계라 이름하고, 화림원 안의 용화수 아래서 성도하여, 3회의 설법으로 석존의 교화에서 빠진 모든 중생을 제도하신다. 석존의 업적을 돕는다는 뜻으로 보처의 미륵 또는 미륵불이라 한다.

미진(微塵) … 수량이 많은 것을 비유함. 물질의 최고 극히 적은 것을 극미(極微)라 하고, 극미를 일곱 배한 것을 미진, 미진을 일곱 배한 것을 금진이라 함. 금진은 금 가운데의 미세한 틈을 다닐 수 있다. 혹은 물질을 분석하여 눈으로 식별할 수 있는 가장 미세한 단위로써, 천안·전륜왕안·보살안의 3종의 눈으로만 볼 수 있다.

미진수 … 물질을 부수어 미진이 될 만큼의 수로 수량이 헤아릴 수 없음을 말함.

(ㅂ)

바라나 … 중인도 나라 이름. 부처님께옵서 처음 법을 설하신 녹야원이 있는 지방.

바라 ⋯ 꽃과 과일에서 향기가 나는 나무.

바라문 ⋯ 인도 네 가지 성(姓:카스트) 가운데 최고 계급인 제사를 관장하는 승려 계급. 악법을 버리고 대범천을 받들어 섬겨서 깨끗한 일을 닦는 일족임.

바라밀 ⋯ 도피안(到彼岸), 도(度)라 번역. 나고 멸하는 미혹의 이쪽에서 나고 멸함이 없는 열반의 저쪽에 이르럼. 보통은 깨달음에 이르기 위한 보살의 수행을 가리킴. 자기를 완성함과 동시에 일체 중생을 이롭게 하는 것을 목적으로 한다. 네 가지 바라밀(상·락·아·정), 여섯 가지 바라밀(보시 : 재물과 법과 두려움 없음을 주는 것, 단바라밀. 지계 : 계율을 지키는 것, 시라바라밀. 인욕 : 박해와 고난을 참는 것, 찬제바라밀. 정진 : 몸과 마음으로 노력하는 것, 비리야바라밀. 선정 : 마음을 집중하고 안정시키는 것, 선바라밀. 지혜 : 미혹을 여의고 제법실상을 깨닫는 것, 반야바라밀.), 열 가지 바라밀(여섯 바라밀에서 방편, 서원, 힘, 깨달음에 인도하는 지혜를 포함) 등이 있다.

바릇대 ⋯ 발우, 바루, 발다라, 발, 바리때라고도 함. 승려들의 밥그릇. 출가자가 사용하는 그릇. 모든 부처님과 보살·연각·성문도 사용하신다.

바른 것의 정해진 것이 쌓임 ⋯ 정정취(正定聚)라 함. 부처님 지견에 들어 감이요, 뜻 안락행을 가리킴. 본업영락경에서는 보살 십주위(十住位)를 가리키며, 일반적으로 반드시 돌아서서 물러나지 않고 성불하는 것이 결정됨을 말함.

바리사가 ⋯ 바사가, 바리사, 바리사가라라고도 함. 여름에 비가 올 때 꽃이 핀다.

바리질다라 ⋯ 제석천에 있는 나무. 혹은 6월경 낙엽지고, 일제히 빨간 꽃을 피우고 산호와 같은 모양을 나타내는 나무. 향나무라고도 한다.

바사가 ⋯ (⇨ 바리사가)

박구라 ⋯ 부처님의 제자 가운데 장수 제일임. 몸매와 얼굴이 매우 단정. 한적한 곳에서 수행하길 좋아하고, 160세까지 병 없이 오래 살았음.

반야 … 혜(慧), 명(明), 지혜(智慧)라 번역. 제법실상(諸法實相)의 이치에 계합한 평등·절대·무념·무분별일 뿐만 아니라, 반드시 삼천의 상대 차별의 모든 법을 관조하여 일체 중생을 교화하는 힘을 지닌 최상의 지혜. 혹은 법화경 이전에 22년간 대승의 공(空)을 설하신 권교(權敎) 반야부의 모든 경전을 지칭함. (⇨ 마하반야, 그림7)

반야바라밀 … 반야는 지혜, 바라밀은 도(度), 도피안(到彼岸)이라 번역. 바라밀은 여섯 가지, 열 가지 등으로 나누어지지만 반야바라밀이 제일이다. 실상을 비추어 깨닫는 사리에 밝은 지혜로써 나고 멸하는 윤회의 이 언덕에서 나고 멸함이 없는 열반의 저 언덕에 이르는 것을 말한다.

발난타 … 난타 용왕의 동생. 형제가 함께 마갈

타국을 보호하고 흉년이 들지 않게 한다. 여래 탄생 때 비를 내려 씻었고 법문하는 자리에 항상 참석, 영원히 불법을 수호한다.

발담마꽃 … 붉은색의 연꽃. 홍련화.

발우 그릇 … (⇨ 바릿대)

밝음이 없는 것 … 무명(無明)이라고 함. ① 고통을 초래하는 근본적 무지로써 과거의 일체의 번뇌를 말함. 십이인연의 제1에 해당함. (⇨ 십이인연법) ② 세 가지 미혹[삼혹 곧 견사혹·진사혹·무명혹]의 하나. 모든 나고 죽음의 근본인 미세한 번뇌로써, 일 법계의 뜻을 알지 못하고 법성의 장애가 되는 미혹함을 말함. 보통 마흔 두 가지 품으로 나누어지며, 등각 보살의 최후의 마음에서 그 다음으로 묘각의 지위 곧 부처님의 지혜가 나타나는데, 이 때 끊어지는 최후의 무명을 원품무명(元品無明), 무시무명(無始無明)이라 한다. 제법실상의 궁극인 묘법연화경을 믿고 받아 가짐으로써 일념에 십법계 삼천의

모든 법이 구족되어지므로, 세 가지 미혹은 동시에 같은 채로써 끊어지며, 범부 몸으로 곧바로 성불된다.

밤낮 여섯 때 … 주야육시(晝夜六時)를 풀이한 말. 낮의 신조(晨朝:아침)·일중(日中:점심)·일몰(日沒:저녁)과, 밤의 초야(初夜)·중야(中夜)·후야(後夜:새벽)를 말함.

방등(方等) … ① 보편 평등한 제법실상의 진리를 설한 대승경전, 특히 오직 일체 중생(십계중생)이 모두 다 성불하는 가르침인 실대승 법화경만을 지칭함. 불설관보현보살행법경에서의 뜻. (⇩ 대승방등경) ② 법화·열반부, 화엄부, 반야부를 제외한 권대승경전인 심밀경, 능가경, 대집경, 유마경, 금강정경, 무량수경, 대일경 들의 방등부의 경전을 가리키는 말. 또는 성도하신 후 화엄부·아함부에 이어 팔개년 동안 방등부의 경전을 설하신 때. 여기서는 대승을 말씀하시어 소승에 집착하는 것을 나무라심.

무량의경 설법법품에서의 뜻. ③ 십이부경의 하나 (⇩ 십이부경, 그림7)

방등경(方等經) … (⇩ 방등, 대승방등경)

방편(方便) … ① 차별의 형태를 알아 좋은 가르침과 방법을 써서 가장 진실인 제법실상(諸法實相)으로 근기에 따라 중생을 인도하는 것. 일반적으로 훌륭한 교화방법 사용이라 함. 진실 곧 궁극의 대(對)가 되는 뜻으로 권(權)이라 하며 궁극이 아님을 말하는데, 진실에 끌어들이는 묘한 수단 방법으로 베풀어 설하는 임시로 세운 법문. ③ 중생을 진실한 일불승 대도인 법화경으로 이끌어 들이는 지혜. ④ 진리 증득 위해 닦는 행. ⑤ 일체 중생을 가련히 여겨 자기의 이익을 돌보지 않는 것. ⑥ 석가세존 출세 본회인 법화경 이전에 설해진 모든 일체경의 가르침과 수행방법을 말함. 삼승(성문·연각·보살, 아함·방등·반야·화엄)이 일승(불승, 법화경)을 위한 방편이다. [법화경 적문 제2 방편품]

일체 경에서 밝힌 시성정각(始成正覺)인 여래의 출세(出世)는 법화경 여래수량품에서 밝힌 구원실성(久遠實成)의 본불상주(本佛常住)의 방편이다. 〖법화경 본문 제16 여래수량품〗 (⇨ 그림5, 그림7)

배울 것이 없는 이 … 무학(無學)이라 함. 아라한을 가리킴. (⇨ 아라한)

배울 것이 있는 이 … 유학(有學)이라 함. 배우는 이라고도 하며, 계·정·혜를 닦고 배우는 이. 수다원, 사다함, 아나함을 가리키며, 궁극인 아라한에 이르지 못했으므로 이름함.

백여덟 가지 번뇌 … 백팔번뇌(百八煩惱)라 함. 일체 중생이 지니고 있는 번뇌의 수가 108이란 말. 여섯 뿌리인 눈·귀·코·혀·몸·뜻이 여섯 미진의 경계인 빛·소리·향·맛·닿음·법을 대할 때, 각각 좋고·나쁘고·평등함의 세 가지가 있어 열여덟의 번뇌를 일으키고, 또 괴롭고·즐겁고·버림의 세 가지 받음이 있어

열여덟 번뇌를 내니, 모두 합하여 서른여섯 가지이다. 여기에 과거·현재·미래를 배치하여 백 여덟 가지 번뇌가 된다.

백천만억 선다라니(旋陀羅尼) … 공(空)을 돌이켜 가(假)에 들어가서 백천만억의 법에 통달함인 가제(假諦)의 지혜다. 공, 가, 중(中)의 삼관(三觀) 가운데 모든 일체 법이 뚜렷이 있다는 가제를 관하는 것이다.

백팔의 무거운 병 … 백팔번뇌(百八煩惱)는 곧 고통이므로 병에 비유하여 일컫는 말. (⇨ 백여덟 가지 번뇌)

번(幡) … 부처님과 보살의 위엄과 덕을 표시하는 장엄도구인 깃발. (⇨ 당)

번뇌(煩惱) … 중생의 몸이나 마음을 번거롭게 하고 괴롭히고 어지럽히고 미혹하게 하며 더럽히게 하는 정신작용의 총칭. 번뇌의 종류는 팔만사천 번뇌 등 너무나 다양하다. 보통 근원적 번뇌로는 삼독(三毒) 곧 탐욕(貪), 성냄(瞋), 어

리석음[癡]이 대표적임. 일체의 번뇌를 세 가지로 분류하여 견사혹(見思惑), 진사혹(塵沙惑), 무명혹(無明惑)의 삼혹(三惑)으로 분류하기도 한다. 번뇌와 깨달음은 동일진여의 나타남이며, 서로 상즉하며, 보리 속에 번뇌 있고 번뇌 속에 보리[깨달음]가 있으니, 번뇌의 당체가 그대로 보리라는 것을 일컬어 번뇌즉보리(煩惱卽菩提)라 한다. 대승에서는 번뇌가 실상이라 번뇌를 깨뜨리지 않고 그대로를 보리[깨달음]라고 요달하는 것이다. (⇨ 세 가지 흐리운 것)

번뇌로 흐려짐 … (⇨ 다섯 가지 흐리고 악한 세상)

번뇌마 … 번뇌가 마음을 어지럽혀 불도(佛道)에 장애가 되므로 마(魔)라 함. (⇨ 마, 번뇌)

범(梵) … ① 청정하다는 뜻. 신성한 것. ② 대범천왕의 줄임말. (⇨ 범천왕) ③ 바라문교 사상의 우주 최고 근본원리.

범궁 … 색계하늘인 범천의 궁전.

범마니 … 정주(淨珠)라 번역. ① 대범천왕의 여의보주. ② 맑고 깨끗한 보배 구슬.

범부지(凡夫地) … 어리석고 평범한 인간. 번뇌와 업과 고통에 속박되어 미혹의 육도[六道: 지옥·아귀·축생·아수라·인간·하늘]에 생사윤회를 되풀이하는 자를 범부라 한다. ① 소승교에서는 견도[見惑을 끊는 位] 이전의 중생을 범부라 한다. 삼현위(三賢位) 중생을 외범(外凡), 사선근위(四善根位) 중생을 내범(內凡)이라 한다. ② 대승별교(大乘別敎)에서는 보살로서 초지 이전을 말함. 십신(十信)을 외범, 십주·십행·십회향을 내범이라 하고, 그 이하를 저하(底下)의 범부라고도 한다. ③ 대승원교(大乘圓敎)에서는 초주(初住)에 오르지 못한 중생을 범부라 하고, 관행즉(觀行卽)을 외범, 상사즉(相似卽)을 내범이라 한다. [※ 원교육즉위(圓敎六卽位): 이즉(理卽), 명자즉(名字卽), 관행즉(觀行卽), 상사즉(相似卽), 분진즉(分眞卽), 구경즉(究竟卽)]

범음(梵音) … 맑고 깨끗한 음성이란 뜻. 부처님, 보살님의 음성으로 시방세계에 두루 들리며, 이 소리를 듣는 이는 모두 도의 과를 얻는다. 혹은 경 읽는 소리를 말한다.

범지(梵志) … ① 바라문의 번역. ② 모든 외도를 말함. ③ 재가의 바라문, 혹은 그 신도. ④ 출가하여 다니면서 수행하는 외도의 사람. ⑤ 바라문 생활의 네 가지 기간 가운데 처음의 기간으로 스승에게 가서 닦고 배우는 동안을 말함. 8세에서 16세, 혹은 11세에서 22세까지로 스승을 받들어 모시고 모든 정욕을 멀리하고 여러 가지 고행(苦行)을 하면서 정진함.

범천(梵天) … ① 색계 초선천. 욕계의 음욕·식욕 등의 온갖 욕심을 여의어서 항상 깨끗하고 고요함. 범중천, 범보천, 대범천의 세 하늘이 있음. ② 대범천왕을 말함. 사바세계의 주인이라고도 하며, 제석천왕과 함께 정법(불법)을 보호하고 수행하는 자를 수호하는 호법선신임.

(⇨ 범천왕, 그림1, 그림2)

범천왕 … 범왕, 대범왕, 대범천왕, 시기대범이라고도 함. 색계 초선천의 왕으로 화려한 보배누각에 거주하며, 부처님께옵서 세상에 나오실 때면 반드시 제일 먼저 설법을 청한다 하며, 언제나 부처님을 오른편에 모시고 손에는 흰 불자를 들고 있다. 키는 1유순 반, 수명은 1겁 반. 범중, 범보의 두 하늘이 이에 따르고 사바세계를 차지한 왕이라고도 한다. (⇨ 그림 1)

범행(梵行) … 청정한 행위, 깨끗한 행이라고도 함. ① 색계의 범천은 더럽고 추한 음욕을 떠났으므로 음욕을 끊는 것을 가리킨다. ② 공함과 있음의 양쪽에 치우쳐 물들지 않고, 맑고 깨끗한 자비의 마음으로 중생의 고통을 건지고 즐거움을 주는 보살행. ③ 열반에 이르기 위한 수행으로써 불도수행임.

법(法) … 달마의 한역. 원래 뜻은 지키고 유지한다는 것이다. 그 자성(自性)을 지켜서 항상 변화하지 않고 인식이나 행위의 궤범이 되는 것으로 사람의 이해를 일으키는 것. 유형·무형의 모든 존재임. ① 부처님의 가르침, 경전. ② 진리, 모든 사람이 언제 어디서나 지켜야 할 규칙, 시방삼세(十方三世)에 통하는 이치, 법칙. ③ 올바른 것, 행위의 규범이 되는 것, 선한 행위. ④ 삼보의 하나. ⑤ 구체적인 계율. ⑥ 일체의 존재, 사물 그대로의 모습. ⑦ 마음의 작용, 실체, 본체. ⑧ 법신(法身).

법공양(法供養) … 보살행을 닦고 법문을 설함으로써 중생이 이를 따라 믿고 이해하고 수행하여 불법의 큰 바다에 들게 하는 것. 이는 법의 수호이자 중생을 이익케 하므로 곧 가르치심의 법으로써 여래께 공양하는 것이다.

법륜(法輪) … 법의 바퀴라 함. 부처님의 가르침을 전륜성왕이 가지고 있는 윤보에 비유한 말. 중생의 번뇌를 잘 쳐부수고 한 사람, 한 장소에 그치지 않으며 차례차례로 교화하기 때문이다.

법사(法師) … ① 법화경을 홍통하기 위해 다섯 가지로 수행하는 법화행자. 곧 법화경을 받아서 가지고, 읽고, 외우고, 해설하고, 쓰고 베끼는 자를 오종법사라고 한다.(법사품, 법사공덕품) ② 능히 부처님의 법에 통달하고 청정한 수행을 하여 중생들의 스승이 되는 자. ③ 설법자, 포교자, 중생을 이끄는 출가 승려.

법신(法身) … (⇨ 법의 몸, 비로자나)

법신대사(法身大士) … 법신보살이라고도 함. 대사는 보살의 통칭. 부모에게 받자온 육신이 아닌, 육신의 나고 죽음에 관계없는 법 성품의 몸으로 생활을 하는 보살. 일부분의 무명을 끊어서 일부분의 법성을 계속하여 나타내는 보살로 초지 이상(원교에서는 초주 이상)의 보살이다.

법왕(法王) … 부처님의 다른 이름. 모든 법에 자유자재하신 왕이므로 이름함.

법운지(法雲地) … 보살의 위계인 십지(十地) 가운데에서 제10번째 지위. 큰 법지혜의 구름으로 시방세계에 감로의 법비를 내려 젖게 할 수 있는 자리. 큰 법신(法身)을 얻어서 자재력을 갖춘 자리. 사물의 진상을 알지 못하는 데서 일어나는 번뇌를 끊고 끝없는 공덕을 구비하고서 일체 중생에 대하여 이익되는 일을 행하는 대자비의 법의 구름이 되는 자리. 법운지 다음에 등각(等覺)이 되고, 등각 다음에 궁극인 부처님으로서 묘각(妙覺)이 된다.

법음 방편 다라니(法音方便陀羅尼) … 중도(中道)에 들어가서 법음 설법에 있어서 자재한 방편을 얻는 지혜의 힘을 가리킴. 모든 법은 공도 아니며, 유도 아니며, 또 공(空)이면서 유(有), 유이면서 공인 중제(中諦)를 통달한 것이다.

법의 기쁨이 먹는 것 … 법희식(法喜食)이라 함. 부처님 법을 배우고 수행하는 희열이 곧 음식이 다. 출세간의 음식이며 법신(法身)을 양육시킴.

법의 눈 … 법안(法眼)이라 함. 다섯 가지 눈 곧 육안, 천안, 혜안, 법안, 불안 가운데의 하나. 보살이 중생을 제도하기 위해 현상계의 온갖 사리(事理) 곧 일체 모든 법을 분명하게 비추어 보아 아는 지혜의 눈. 보살의 중생 제도의 눈임.

법의 몸 … 법신(法身)이라 함. 진리 그 자체로서 궁극, 절대의 존재이며, 일체의 존재는 그것의 나타남이라고 풀이하며, 부처님의 우주의 몸으로 진실의 본 몸이다. 이는 곧 제법실상이다. 부처님의 몸을 법신, 보신, 응신의 세 가지 몸으로 나누어 설명하고 있으나, 이 세 가지 몸이 곧 하나의 몸이요, 또한 하나의 몸이 곧 세 가지 몸이다. (⇨ 세 가지 종류의 몸)

법의 바퀴 … (⇨ 법륜)

법인(法印) … 법 도장. 묘법의 인감, 진리의 표시, 부처님의 가르침을 증명하는 규준 또는 기치, 표치, 특질이라는 뜻. 소승교에서는 삼법인〔三法印〕: 제행무상, 제법무아, 열반적정〕이 있으나, 대승교에서는 다만 제법실상〔諸法實相〕의 일법인〔一法印〕이 있다.

법화경(法華經) ··· 묘법연화경(妙法蓮華經)을 줄여서 일컫는 말. 7권(혹 8권) 28품으로 구성되어 있음. 석가모니세존께옵서 화엄부(성도후 21일간), 아함부(12년), 방등부(8년), 반야부(22년)를 설하시고 나서, 진실을 나타내지 않은 방편의 앞의 모든 경전의 가르침을 버리시고, 마지막 8개년간 위없는 지극한 대승의 일승원교(一乘圓教) 가르침을 설하신 최고의 경전. 적문(迹門: 1~14품)·본문(本門: 15~28품)으로 구분할 수 있으며, 적문에서는 이승작불(二乘作佛)·회삼귀일(會三歸一)·개권현실(開權顯實)·일불승(一佛乘)·이(理)의 일념삼천(一念三千)을, 본문에서는 구원실성(久遠實成)·개적현본(開迹顯本)·삼신즉일(三身即一)·사(事)의 일념삼천(一念三千)을 밝혀 일대불교(一代佛教)를 총정리하시면서 궁극의 일대사인연(一大事因緣)을 설하심. 여래수량품 제16이 법화경 내에서는 물론 팔만대장경 대소권실(大小權實)의 일체 불교의 가장 중심 본체가 되는 요긴한 근본의 설법임. 성불의 인과(因果), 부처님 설법의 정(正意)가 여기에 있으며, 모든 경전 가운데 최제일임. 일체 중생을 차별 없이 성불시킴. 악인, 여인, 우둔한 자, 성문, 연각, 일천제(정법비방자) 등이 법화경에서 비로소 궁극의 성불이 가능하므로 가장 원만하며 진정한 원교실대승, 십계호구(十界互具), 즉신성불(即身成佛)을 이룩한다. (⇨ 그림5, 그림7)

법화삼매(法華三昧) ··· 법화경의 교법을 근거로 하여 실상중도(實相中道)의 진리를 한 마음으로 관하는 것. 모든 법의 실상에 통달한 삼매.

벽지불 ··· (⇨ 연각)

변길 ··· (⇨ 보현보살)

변정천 ··· 색계 제3선천(소정천·무량정천·변정천)의 제3번째 하늘. 변정천왕의 이름은 정지. 이 하늘은 거룩하고 깨끗하고 아름다우며 즐거움이 가득 찼다. 이 하늘사람의 키는 64유순. 수명은 64겁. (⇨ 삼계, 하늘, 그림1)

변함이 없는 … 무위(無爲)라고 함. 인연인 작위(作爲) 또는 조작을 여의고, 나고 멸함의 변화를 여읜 항상 머무는 절대의 진실체인 법. 보통 열반, 법성, 실상 등의 이름으로 표현된다.

보광천자(寶光天子) … 일천자(日天子), 일광천자(日光天子), 일궁천자(日宮天子), 보의천자(寶衣天子)라고도 함. 해 세계의 하늘, 12천의 하나. 제석천의 내신. 해의 바퀴 곧 일륜을 궁전으로 하며 해 세계를 통치함. 살빛은 붉으며, 오른손과 왼손에 연꽃을 쥐고 다섯의 붉은 말을 메운 수레를 타고 하늘옷을 입었다. 월천자(달), 보향천자(별), 보광천자(해)를 합하여 3광천이라 함. (⇨ 그림2)

보는 것이 흐려짐 … (⇨ 다섯 가지 흐리고 악한 세상)

보리(菩提) … 성문, 연각, 보살, 부처님께옵서 각각의 수행 결과로 얻은 깨달음의 지혜. 부처님의 위없는 가장 바른 깨달음을 아뇩다라삼먁삼보리라 한다.

보리심(菩提心) … 부처님의 깨달음을 구하여 불도를 수행하려 하는 마음. 이 마음을 일으키는 것을 발심(發心), 발보리심이라 한다.

보리수(菩提樹) … 일체 모든 부처님께서 깨달음을 이룩하신 도량에 있는 나무. 이 나무 밑의 금강보좌에서 득도를 나타내심. 석가모니세존의 보리수는 필바라수이며, 원 이름은 발다로 무화과와 흡사한 상록수.

보배여자 … 전륜성왕의 일곱 보배 가운데 하나. 온몸의 털구멍으로부터 향기가 난다.

보살 … 보리살타의 줄임말. 보살마하살, 개사(開士), 정사(正士), 대사(大士), 존인(尊人), 대성(大聖) 등 많은 이름이 있다. 큰마음을 내어 불도에 들어오고, 큰 서원을 일으키고, 모든 바라밀의 행을 닦고, 위없는 깨달음을 구하고, 일체 중생을 교화하고 이익케 하고 제도하여 미래에 부처님의 과를 증득하려고 수행하는 분. 초발심 때 사홍서원을 일으키고 육바라밀 등을 수행하여 부처님의 과를 증득한다. 법화경 이전의 권대승에서는 52단계의 보살 계위〔십신, 십주, 십행, 십회향, 십지, 등각, 묘각위〕를 설하여 역겁수행〔歷劫修行: 장시간 수행〕이 필요했으나, 법화경에서는 일체 중생이 다 보살로서 오직 묘법연화경을 받아 가짐으로 인해 단박에 원만한 부처님의 과를 얻을 수 있다는 지극한 대승, 진정한 십계호구, 즉신성불〔卽身成佛〕을 밝혔다. 일체 보살의 아뇩다라삼먁삼보리는 법화경 안에 다 있다고 법사품에서 설하심. 일반적으로는 재가·출가를 막론하고 대승의 가르침에 들어와 수행하는 모든 자를 가리킴.

십법계〔十法界〕 가운데 불계〔佛界〕의 바로 밑 단계. (⇨ 그림1, 그림7)

보살계〔菩薩戒〕… 대승보살들이 받아 지니는 계율. 범망경에는 열 가지 무겁고 큰 십중대계〔十重大戒〕와 마흔여덟 가지의 가벼운 사십팔경계〔四十八輕戒〕가 설하여져 있다. 또한 섭율의계〔攝律儀戒〕, 섭선법계〔攝善法戒〕, 섭중생계〔攝衆生戒〕의 삼취정계〔三聚淨戒〕가 있다. 법화경 견보탑품에서 법화경을 믿고 받아 지님이 바로 이름하여 계를 가짐이라 하셨음. 열반경 등에서는 호법인 소승계를 나무라시고 정법을 보호하는 것을 지계〔持戒〕라고 하셨다.

보시〔布施〕… 단나, 탄나, 단의 번역. 여섯 바라밀의 하나. 베푼다는 뜻. 자비의 마음으로 다른 이에게 조건 없이 물질적으로 정신적으로 베푸는 것이다. 보통 재물을 베품과〔재보시〔財布施〕〕, 중생을 거두어들이어 교화하고 인도하는 것으로써 부처님 가르침을 설해 주는 법의 베품과[법보시(法布施)], 온갖 공포에서 벗어나게 해 주는 것인 두려움 없는 베품[무외보시(無畏布施)] 들로 분류한다.

보정세계(寶淨世界) : 보물이 가득한 청정한 세계. 법화경은 모두 진실이라고 증명하신 다보여래께옵서 머무시는 동방의 국토.

보향천자(普香天子) : 명성천자, 황백대사라고도 함. 제석천왕의 내신이다. 일궁천자에 앞서서 세계를 비추고 세계의 어둠을 파함. 별 세계의 하늘. (⇨ 그림2)

보현보살(普賢菩薩) : 변길보살이라고도 함. 문수보살과 함께 적화보살(迹化菩薩)의 상수(上首). 부처님의 오른쪽에 계시면서 행덕을 맡음. 주로 어금니 여섯 개가 있는 흰 코끼리를 탄 모양으로 나타나심.

보현색신삼매(普現色身三昧) : 여러 가지 형태의 몸을 두루 나타내어 중생을 교화하여 이익되게

하는 삼매. 관세음보살께서는 서른세 가지 몸을, 묘음보살께서는 서른네 가지 몸을 나투시어 묘법을 홍통하심.

복밭 : 복전(福田)이라 함. 복덕과 행복을 생기게 하는 밭. 부처님, 법, 스님, 부모, 스승, 가난하거나 고뇌하는 이들을 각각 그에 따라 공경・공양・존중・찬탄하고, 보살피고, 베풀고, 보호하면 복덕과 공덕을 얻기 때문에 이것을 곡식을 수확하는 밭에 비유한 것임. 부처님을 삼계(三界)에서 최고 제일의 복밭이라 하며, 부처님을 출생케 하는 종자가 법화경이라 했으며, 법화경에는 여래의 전신(全身)이 계신다 했으므로, 법화경 전신과 법화경 수행자에게 십종공양[十種供養: 꽃・향・영락・말향・도향・소향・번개・당번・의복・기악, 혹은 번개당번을 일종으로 하고 합장을 보탠 십종공양]을 올려 복밭을 일궈서 해탈성불하라고 법사품 등에서 설하심.

본사(本事) : 이제왈다가, 아제목다가, 일목다

가, 이제월다가의 번역. 인연출(因緣出)이라고도 함. 「이와 같은 사건」의 뜻으로 구부경, 십이부경의 하나. 부처님과 제자들의 과거 세상에 있었던 인연과 행적의 내용을 설하신 것.

본생(本生) … 사타가의 번역. 본기(本記)라고도 함. 구부경, 십이부경의 하나. 스스로 술회하시는 형식으로 부처님께옵서 먼 과거세의 보살행들을 하여 이 생에서 성불하셨음을 설하시는 부처님 전생이야기.

부단나 … 건달바와 함께 지국천의 권속으로 동방을 수호하는 신. 열병의 귀신. 몸은 매우 냄새나며 더러우나, 아귀 중에서는 가장 복이 많다고 함.

부동지(不動地) … 움직이지 아니하는 지위라는 말. 보살계위 십지(十地)에서의 제8지를 가리킴. 형상이 없음의 지혜가 쉴 사이 없이 일어나서 번뇌에 결코 움직이지 않는 위치이다. 중도관(中道觀)으로 무생법인(無生法忍)을 증득한 지위. 사물의 진상을 알지 못하는 데서 일어나는 번뇌를 끊고 이미 완전한 진여를 얻었으므로 다시 동요되지 않는 지위이다.

부루나 — 미다라니자 … 미다라니의 아들 부루나라. 부루나라고도 함. 부처님의 십대제자로 설법 제일임.

부처님 … 불(佛), 붓다, 불타라 함. 깨달은 자, 완전한 인격자, 절대진리를 궁극적으로 깨달은 자. 구계(九界:보살·연각·성문·하늘·인간·아수라·축생·아귀·지옥)와 삼계(三界:욕계·색계·무색계)의 일체 중생을 이끄시는 스승이시며, 사생(四生:태생·난생·습생·화생)의 자비로우신 어버이시며, 시방법계의 주인이신 분. 삼덕(三德:主·師·親, 법신·반야·해탈)을 구족하시어 일체 중생의 고통을 건져주시고 보호해 주시는 분. 모든 중생은 부처님의 아들임. 일체 모든 법의 실상(현상과 본체)을 있는 그대로 깨달아 알고, 궁극의 진리를 스스로 체현(體現)하며, 일체 중생〔다른 사람〕을 인도하여 진리를 깨닫게〔증득케〕하며, 깨달음의 작용〔行〕이 지극히 가득한 궁극의 깨달은 자. 곧 석가모니 세존을 가리킴. 방편의 모든 경전에서는 석가모니불께서 비로소 사바세계에서 부처님이 되셨다고 설했으나, 진실대승의 법화경 여래수량품에서는 석가모니불께서 본래 구원겁전(久遠劫前)에 진실로 이미 성불하신 근본의 본불(本佛)로서, 아득한 과거와 현재, 먼 미래에까지 시간과 공간적으로 일체의 곳과 때에 여러 가지 이름과 일로써 그림자〔迹化〕로 나투어 중생을 제도하신다고 밝혔음. 석가모니 부처님께서는 영원히 멸하지 않으셨으며, 항상 영산정토에서 설법하신다. 그러므로 법화경 이전의 모든 경들의 부처님께옵서는 곧 석가모니 본불님의 그림자로서 적화불(迹化佛)이라 한다. 열 가지의 호칭이 있다. (⇨ 석가모니불, 십호, 여래, 그림7)

부처님과 보살의 위엄과 덕을 표시하는 장엄도구

인 깃발 … 번(幡)의 풀이말.

부처님 눈 … 불안(佛眼)이라 함. 제법실상을 통달하시고 비추시는 부처님만이 갖추신 부처님의 눈이다. 시방삼세(十方三世)의 모든 사물·사상(事象)을 올바르게 보는 눈이심.

부처님의 아들 … 보통 불자(佛子)라 함. ① 보살. ② 부처님의 가르침을 믿는 사람, 부처님의 제자. ③ 일체 중생.〔모두 불성(佛性)을 갖추고 있으므로.〕 ④ 아들은 아버지의 모든 능력, 지혜, 자비 복덕 들의 일체 갖추신 것을 그대로 물려받아 갖추므로 부처님의 모든 재산을 물려받는 법의 아들. ⑤ 라후라만 일컬을 때는 육친의 아들. ⑥ 법화경을 받아 가지는 자를 진정한 바른 부처님의 아들이라 함. (⇨ 비유품, 신해품, 견보탑품 등등)

부촉(付囑) … 부처님께옵서 제자에게 교법(教法)의 홍통을 믿고 맡기시는 것. 촉루(囑累)라고도 함. 일체 보살에 대해 부촉하는 총부촉〔總付囑:

마정부촉]은 제22 촉루품, 본화지용의 보살[땅에서 솟아오르는 종지용출품의 보살]에게 특별히 묘법연화경을 유통하길 부촉하는 별부촉[別付囑：특별부촉]은 제21 여래신력품에서 설하셨다.

분신(分身) … 본불(本佛)께옵서 중생교화를 위해 여러 국토에 응하여 몸을 나누어서 화하여 나타내시는 부처님 몸. 또는 부처님, 보살님께서 두루 자비의 방편을 펴서 여러 곳의 중생을 교화하기 위해 그 몸을 나누어 시방의 곳곳에 나투시는 몸. 응신(應身)이라고도 함. (⇨ 세 가지 종류의 몸)

분타리 꽃 … 분다리, 분타리가라고도 하며, 백련화라고 번역. 흰 연꽃임.

불교(佛敎) … 석가모니 부처님께옵서 설하신 가르침과 그 교법, 그리고 그것에 관한 교리와 법문, 경 해석의 총칭. 소승·대승·팔만법장의 올바른 인과법칙인, 생사고통의 진정한 해탈과 성불의 참된 진리. 불교 이외를 외도(外道)

라 하며, 특히 정법인 불교를 적대시 하는 것이 되고 악한 무리를 마도(魔道)라 한다. (⇨ 그림7)

불승(佛乘) … 일불승, 일승(一乘)이라고도 함. 일체 중생이 모두 성불할 수 있는 길을 설하신 교법. 부처님의 참다운 가르침은 오직 하나로 그 가르침에 의해서 모든 이가 고루 부처님이 된다는 가르침. 곧 지극한 실대승교인 법화경을 일컬음. (⇨ 그림1, 그림7)

불자(拂子) … 짐승의 털, 삼 들을 묶어서 자루에 맨 것으로 벌레 쫓을 때 사용.

비구(比丘) … 걸사(乞士), 근사남(勤事男), 포마(怖魔), 파악(破惡), 제근(除饉)이라 번역. 남자로서 출가하여 구족계를 받은 자. 위로는 법을 빌어 지혜의 목숨을 돕고, 아래로는 밥을 빌어 몸을 기른다는 뜻. 마왕과 마군이들을 두렵게 하며, 계·정·혜를 닦아서 견혹(見惑)·사혹(思惑)의 번뇌를 끊기를 부지런히 하는 자. 청정 계율을

48

지키며 깨끗한 생활을 하는 자. 소승교의 계율 250계를 받음.

비구니(比丘尼) … 여자로서 출가하여 구족계를 받은 사람. 걸사녀, 사문니라고도 말한다. 소승교의 계율 오백계, 곧 348계를 받음.

비남바 … 이박(離縛), 이결(離結)이라 번역. 십나찰녀의 하나. (⇨ 십나찰녀)

비로자나 … 편일체처(遍一切處), 광명편조(光明遍照), 편조(遍照)라 번역. 진리인 법 그 자체를 신체로 하는 부처님의 몸을 나타내는 칭호. 부처님의 몸과 지혜가 이사무애(理事無礙)의 시방의 온 법계에 두루 꽉 차서 밝은 것을 말한다. 소승에서는 석가세존의 생신(生身)에 대하여 부처님께옵서 설하신 교법을 법신으로 하여 5분 법신[계·정·혜·해탈·해탈지견신]을 세웠다. 대승에서는 모든 법의 본체, 부처님의 진실한 깨달음의 성품을 법신으로 한다. 비로자나(법신)가 곧 석가모니불로서 상적광토에 머무신다. (행법경)

법신(法身)·보신(報身)·응신(應身)의 삼신 가운데 법신불을 말하기도 함. (⇨ 법의 몸)

비사문천왕 … 비사문이라고도 함. 다문(多聞), 보문이라 번역. 북방천이라고 한다. 사천왕 가운데의 하나. 수미산 북방 중턱 제4층의 수정부에 있으며 야차, 나찰 두 귀신을 영솔함. 북방의 수호와 세상 사람들에게 복을 주는 일을 맡았으며, 항상 부처님의 도량을 수호하면서 불법을 들었으므로 다문천(多聞天)이라 함. 법화행자를 수호하기를 맹세함. 몸에 갑주를 입고 왼손에 탑을 들고 오른손에 보배봉을 잡았음. (⇨ 사대천왕)

비사사 … 전광귀, 식혈육귀(食血肉鬼)라 번역. 피와 시체를 먹는 귀신. 사람의 정기를 먹는 귀신. 용신과 함께 광목천왕을 따라 서방을 수호하는 귀신.

비타라 … 청색의 귀신. 죽은 시신을 일어나게 하고, 원망하는 사람을 죽이는 귀신.

부 록

빈바 … ① 사과와 같은 매우 선명한 붉은색의 과실이 열리는 식물. 씨는 기름을 짜서 사용. 나무는 고무의 원료. 크기 40~50척. 잎의 길이가 1척 정도, 나무껍질은 매우 쓰다. 흰색의 작은 꽃이 핌. ② 빈바라의 줄임말.

빈바라 … 수량이름. 십조에 해당. 보통 열여덟 자리의 수 (⇨ 수)

(ㅅ)

사가라 용궁 … 사갈라 용궁이라고도 함. 팔대용왕의 하나인 사가라 용왕이 사는 큰 바다의 용궁. 불법을 수호함.

사다함도 … 일래과(一來果)라 번역. 죽은 후에 한 번만 인간계와 하늘 욕계에 각각 다시 환생하여 완전한 깨달음에 드는 지위의 도. 소승 불교의 네 가지 과 가운데 두 번째 임. 욕계에서 세간 사물의 진상을 알지 못하는 데서 생기

사대(四大) … ① 만유의 물질계를 구성하는 네 가지 원소. 지대(地大), 수대(水大), 화대(火大), 풍대(風大). 곧 땅, 물, 불, 바람을 말함. 땅이란 굳고 단단한 것을 성품으로 하여 만물을 실을 수 있고 장애하는 바탕이며, 물이란 습윤을 성품으로 하여 모든 물질을 포용하는 바탕이며, 불이란 따뜻함을 성품으로 하여 물질을 성숙시키는 바탕이며, 바람이란 움직임을 성품으로 하고 물질을 성장케 하는 바탕으로 몸을 뜻함. 물질을 구성하는 근본 요소가 땅, 물, 불, 바람으로 되어 있으므로 이름함. ② 몸을 뜻함. 몸을 구성하는 근본 요소가 땅, 물, 불, 바람으로 되어 있으므로 이름함.

사대천왕(四大天王) … 사천왕, 사왕천이라고도 함. 욕계 여섯 하늘 가운데 제일 첫 번째인 사왕천

의 왕. 수미산 중턱의 해발 400유순에 있으며, 모두 수미 4주(須彌四洲)를 수호하는 신이며, 사람을 괴롭히지 않으므로 호세천(護世天)이라고도 함. 동쪽에는 황금산에 살면서 건달바, 부단나 두 신을 지배하는 지국천왕(제두뢰타천왕), 남쪽에는 유리산에 살면서 구반다, 페레다 두 신을 지배하는 증장천왕(비루륵차천왕), 서쪽에는 백은산에 살면서 용, 비사차 두 신을 지배하는 광목천왕(비류박차천왕), 북쪽에는 수정산에 살면서 야차, 나찰 두 신을 지배하는 다문천왕(비사문천왕)들의 넷 하늘왕. 키는 반 유순, 수명은 500세, 이 하늘의 하루는 인간의 50년, 도리천의 주인 제석천을 섬기며, 제석천의 외장(外將)으로써 사천하(四天下)를 순시하면서 사람들의 선·악들의 행동을 살펴보고하며, 또한 불법(佛法)에 귀의한 사람들을 보호한다. (⇨ 그림1, 그림2)

사랑하고 슬피 여김 … 자비(慈悲)의 번역. (⇨ 자비)

사리(舍利) … 신골(身骨), 유신(遺身), 영골이라 번역. 보통 부처님의 사리만을 가리킴. 생신사리(生身舍利∵부처님 육신의 유체), 법신사리(法身舍利∵부처님께옵서 남기신 교법·경전)로 나누기도 함. 헤아릴 수 없는 여섯 바라밀의 공덕으로 생기며, 또한 계·정·혜로 닦고 익혀서 생기는 것으로, 전신이 그대로 사리인 것(전신사리(全身舍利), 몸에서 나온 낱알로 된 것(쇄신사리(碎身舍利)), 위의 두 사리를 남겨두어 하늘과 사람이 공양하는 것(생신사리(生身舍利))의 세 가지가 있다. 대승, 소승의 일체 경전을 법신사리라 한다. 법화경 법사품에서는 이 법화경전 안에는 여래의 온몸이 있으므로 모름지기 다시 사리를 안치할 필요가 없다고 설하셨음.

사리불 … 사리자, 신자라고 함. 부처님 십대제자 가운데 상수(上首)인 지혜 제일. 부처님보다 먼저 입멸함.

사리(事理)**에 밝은 지혜** … 변함이 있는 차별적인 현상인 사(事)에 통달하는 것을 지(智)라 하고, 변함 없는 보편적 진리로 평등한 본체인 리(理)에 통달하는 것을 혜(慧)라 한다. 이는 중생을 교화하는 힘을 가리키기도 함. 곧 일체의 모든 법을 통달하여, 얻음과 잃음과 삿됨과 바름을 분별하는 마음의 작용이며, 궁극에는 모든 번뇌를 끊는 주요 인(因)이 되는 정신작용이다. 사(事)란 인연에 따라 일어나 나타난 차별적인 현상의 법, 리(理)란 보편적 진리, 평등한 본체를 말하는데, 리(理)는 연에 따라서 나타난 만법인 사(事)로써 현상되므로 리가 곧 사이며, 사가 곧 리이다. 여기에 삼천의 법이 있다. 일념삼천(一念三千)이라고도 한다. 모든 법의 실상(實相)을 비추어 무명(無明)을 타파하고 깨달음을 얻는 일체의 안과 밖의 인식작용이다.

사문(沙門) … 사문나, 상문(桑門)이라고도 함. 식심(息心), 정지(淨志), 공로(功勞), 근식(勤息)이라

고 번역. 부지런히 모든 좋은 일을 일으키고 나쁜 일을 일으키지 않는 이란 뜻. 머리를 깎고 악을 끊어 몸과 마음을 고요하게 해서 착한 것을 행하는 출가한 수도자를 총칭한다. 후에는 출가하여 불도를 수행하는 사람, 곧 출가승려만을 지칭함.

사미(沙彌) … 불교 교단 곧 승가 중에서 열 가지 계를 받은 7세 이상 20세 미만의 출가한 남자. 비구의 앞 단계임.

사미계 … 사미가 지켜야 할 계율. ① 생명을 죽이지 말라. ② 훔치지 말라. ③ 음행하지 말라. ④ 거짓말하지 말라. ⑤ 술을 마시지 말라. ⑥ 꽃다발 쓰거나 향수를 바르지 말라. ⑦ 노래하고 춤추며 풍류를 즐기지 말고 구경하지도 말라. ⑧ 높고 넓은 큰 평상에 앉지 말라. ⑨ 때 아닌 적에 먹지 말라. ⑩ 금·은 등의 보물을 갖지 말라.

사미니(沙彌尼) … 여자 출가인으로서 구족계의

사미니계… 사미니가 지켜야 할 계율. 사미계와 같다. (⇨ 사미계)

사미니… 비구니 이전의 20세 전의 2년간을 식차마니라 하고, 그 이전을 사미니라 한다.

사바세계(娑婆世界)… ① 인토(忍土), 감인토(堪忍土), 능인토(能忍土)세계라 번역. 석가모니 부처님께서 나신 이 땅으로, 여기는 안과 밖으로 열 가지 악[십악∷살생·도둑질·사음·망어·악구·양설·기어·탐·진·치]과 여러 가지 번뇌를 참고 견디어 나가야 하고, 또 성자들은 여기서 피로함을 참고 교화를 해야 하는 세계. 일승원교 법화경 여래수량품에서 밝히시기를 석가모니부처님께옵서는 항상 이곳 사바뿐만 아니라 다른 모든 곳에서도 법을 설하시며, 사바세계가 곧 진정한 상적광토(常寂光土)로써 정토(淨土)라 하셨음. 백억의 수미산 세계[하나의 삼천대천국토]를 말하기도 함. ② 인간이 사는 이 세상, 현세, 세속계, 인간계. (⇨ 그림2)

사부(四部)… (⇨ 사중(四衆))

사천하(四四天下)… 네 개의 사천하를 말함.

사유(四維)… 네 모퉁이. 서북·서남·동북·동남.

사자자리… 사자좌(師子座)라 함. 사자가 백수의 왕이듯이 일체 중생의 법의 왕인 부처님께옵서 앉으시는 법의 자리. 혹 설법을 할 때 쓰는 높고 큰 법상(法床)을 말함.

사자후(師子吼)… 부처님께옵서 범음으로써 설법하시는 것을 말함. 모든 짐승의 왕인 사자가 포효하면 일체 짐승들이 다 굴복하여 따르는 것과 같음을 비유한 말. 곧 두려움이 없는 깨끗한 음성의 뜻도 된다.

사제꽃… 육두관류에 속하는 식물이름. 금색 꽃이 핌. 그 꽃향기가 매우 좋음.

사제법(四諦法)… 사제(四諦)라고도 함. 네 가지의 틀림없는 진리인 법을 말함. 고(苦), 집(集), 멸

부 록

(滅), 도(道)로 표현된다. 세상은 다 괴로움이라는 이치. ① 고제(苦諦)… 미혹의 세상은 다 괴로움이라는 이치. ② 집제(集諦)… 모든 괴로움의 원인과 이유 근거를 말하며, 이를 번뇌라 한다. 구하고 탐하며 그치지 않는 집착과 애욕, 업 들의 모임이라는 이치. ③ 멸제(滅諦)… 그 집착들의 번뇌를 완전히 끊어 없애버림으로 괴로움을 멸한 때가 궁극의 이상인 열반이라는 이치. ④ 도제(道諦)… 이와 같이 괴로움이 없는 열반에 도달하기 위하여 옳은 수행의 길을 따라야 한다는 이치. 곧 깨달음에 이르기 위한 실천이라는 이치. 고(苦)는 미혹의 세계의 과(果), 집(集)은 미혹의 세계의 인(因), 멸(滅)은 깨달음의 세계의 과(果), 도(道)는 깨달음의 세계의 인(因)을 나타낸다. 교법에 따라서 생멸사제(生滅四諦:장교), 무생사제(無生四諦:통교), 무량사제(無量四諦:별교), 무작사제(無作四諦:원교)를 세우기도 한다.

사중(四衆)… 사배(四輩), 사부대중(四部大衆), 사부

중(四部衆), 사부(四部)의 제자라고도 한다. 불교 교단을 구성하는 네 종류의 사람무리. 비구, 비구니, 우바새, 우바이. ② 설법회상의 사중은, 설법을 청원하는 발기중(發起衆), 설법을 찬탄하는 영향중(影響衆), 설법자리에서 이익을 얻는 당기중(當機衆), 설법 인연만 맺고 미래에 이익을 얻을 결연중(結緣衆)이 있다.

사천하(四天下)… 사대주(四大州)를 말함. 수미산의 외곽 사방의 대함해(大鹹海)의 바다에 떠 있는 4개의 큰 대륙섬. 수미산을 중심으로 일곱 금산 일곱 향해(香海)가 둘러있고, 그 바깥에는 짠물로 가득한 바다[대함해]가 있고, 그 전체를 철위산이 에워싸고 있다. 곧 동의 불바제[승신주], 서의 구야니[우화주], 남의 염부제[섬부주], 북의 울단월[구로주]을 말함. 인간세계를 총칭하고, 사람들의 수명은 동주는 500세, 서주는 250세, 북주는 1000세, 남주는 최대 8만세 최단 10세임. 부처님께옵서 나

오시는 곳은 남염부제라 함. 남염부제는 현재 우리들 인간이 살고 있는 지구촌을 말하며, 지금은 수명이 8만에서 10세로 감해지는 감겁(減劫) 시기로 약 80세 수명시대에 해당됨. 인간수명 100세 때 부처님께서 방편으로 인도지방에 몸을 나투시어 중생을 제도하셨음. (⇩ 그림1, 그림2)

살상투 … 육계(肉髻)라고도 함. 부처님의 정수리에 살이 상투처럼 불룩한 부분. 응화(應化)의 부처님께옵서 갖추신 32상의 하나.

삼계(三界) … 중생의 나고 죽음이 돌고 돌아 쉴 새 없는 미혹의 윤회 세계를 셋으로 나눈 것. 욕계, 색계, 무색계. ① 욕계(欲界) … 식욕, 음욕, 수면욕, 재물욕, 명예욕 들의 탐욕과 성냄과 어리석음이 치성한 세계. 지옥, 아귀, 축생, 아수라, 인간의 4대주, 하늘의 제6천 타화자재천까지. ② 색계(色界) … 욕계의 위에 있으며 욕계와 같은 탐욕 들은 떠났으나, 물질의 제약을 받아 미묘한 형체가 있는 세계. 선정에 따라 크게 초선천에서 제4선천까지 나누며 열여덟 하늘이 있다. ③ 무색계(無色界) … 색계 위에 있으며 욕망과 물질을 여의고 온갖 형색은 없고 수(受) · 상(想) · 행(行) · 식(識)의 네 가지만 있다. 미묘한 몸도 없는 순수한 정신적 세계. 공무변처천, 식무변처천, 무소유처천, 비상비비상처천의 넷이 있다. 이 삼계를 불타는 집(삼계화택(三界火宅)]에 비유하며, 육도(六道), 이십오유(二十五有), 구지(九地)로 나누기도 함. (⇩ 그림1)

삼귀(三歸) … 삼귀의(三歸依)라고도 함. 삼보, 곧 부처님 · 법 · 스님께 마음과 목숨을 다 바쳐서 의지하고 귀의하는 것. 처음으로 불교에 입문할 때 수여되는 근본계를 삼귀의계라 한다.

삼념처(三念處) … 부처님께만 있는 덕의 하나. 삼념주(三念住)라고도 함. ① 중생이 기뻐하여 설법을 듣고 또한 수행하여도 환희하는 마음을 내지 아니하시고 마음이 평정하신 것[초념처]. ② 중생이 한결같이 귀를 기울여 듣지 않아도 걱정하지 않으시고 마음이 태연하여 열심히 듣고 수행하고, 한 쪽은 전혀 기뻐하여 열심히 듣지 않아도 이를 보고도 근심하거나 기뻐하는 마음을 일으키지 않고 항상 평정하신 것[제2념처]. ③ 한 곳에서 한 쪽은 전혀 기뻐하여 열심히 듣고 수행하고, 한 쪽은 전혀 기뻐하여 열심히 듣지 않아도 이를 보고도 근심 들지 않고 기뻐하는 마음을 일으키지 않고 항상 평정하신 것[제3념처].

삼도(三道) … 〈1〉 세 가지 길[세 가지 진흙[三塗]]을 말함. 불진흙, 칼진흙, 피진흙을 가리키는데, 곧 지옥·아귀·축생의 삼악도(三惡道)를 말함. 십악[十惡: 살생·도둑질·사음·망어·악구·양설·기어·탐욕·성냄·어리석음]으로 인해 이 길에 떨어짐. 〈2〉 나고 죽음의 돌고 도는 인과의 모양을 셋으로 나눈 것. 진리를 알지 못하는 데서 일어나는 망상의 마음인 혹도(惑道: 번뇌도), 여기서 몸·입·뜻으로 짓는 업도(業道), 삼계 육도의 과보 받는 고도(苦道: 괴로움의 도).

〈3〉 성문이나 보살의 수행 과정을 세 단계로 나눈 것. 미혹에서 벗어나는 견도(見道), 번뇌 속박에서 벗어나려는 수행 기간인 수도(修道), 수행 완료로 배울 것이 없는 무학도(無學道).

삼독(三毒) … 탐욕·진에·우치. 곧 탐하는 것[탐(貪)], 화내는 것[진(瞋)], 어리석은 것[치(癡)]의 세 가지 번뇌. 중생을 해롭게 하는 모든 악의 근원이 되므로 독이라 함.

삼매(三昧) … 삼매야, 삼마야, 삼마지라고도 함. 등지(等持), 정(定), 정정(正定)이라 번역. 산란한 마음을 한 곳에 모아 움직이지 않게 하고 마음을 바르게 하여 망념에서 벗어난 적정의 상태. 마음이 이 상태에 이르면 바른 지혜가 생김. 선정과 같은 말.

삼먁삼불타(三藐) … 정변지라 번역. (⇒ 십호)

삼명(三明) … 지혜의 광명을 가지고 어둡고 어리석음을 깨뜨리는 세 가지의 밝게 아는 것. 곧 부처님과 아라한께서 갖추고 계세 가지 신통.

시는 자재하고 묘한 작용인 지혜. ① 숙명명(宿命明)…자기와 타인의 과거 세상의 생활과 모습을 밝게 아는 지혜. ② 천안명(天眼明)…미래세에 자기나 타인의 나고 죽음과 생활과 모습을 밝게 아는 지혜. ③ 누진명(漏盡明)…불교의 진리를 밝게 깨달아 알고 번뇌 등의 모든 새는 것을 끊어 멸하는 지혜. (⇩ 신통, 여섯 가지 신통)

삼보(三寶) … 모든 중생들이 존경하고 공양할 것을 세 가지 보배에 비유한 것. ① 첫째, 불보(佛寶)…부처님을 일컬음. 부처님께옵서는 우주의 실상과 삼세의 인과를 다 아시고, 모든 가르침의 주인이시며, 삼계를 이끄시는 스승이시며, 난생·태생·습생·화생의 자비로우신 아버지이시며, 모든 행이 원만하시고 진리의 당체(當體)이시며 실상이심. ② 둘째, 법보(法寶)…부처님께옵서 중생을 교화하기 위해 설하신 가르침. 일체 모든 부처님의 스승이기도 하다.

③ 셋째, 승보(僧寶)…부처님의 법을 따라 수행하는 부처님의 제자 집단. 부처님 법을 배우고 지키면서 널리 중생의 지혜와 복덕의 논밭이기도 하다. 이 셋은 거룩하시고 더러움이 없으며, 최상의 위엄과 덕이 계시어 변하지 않으므로 보배라고 함. 이 삼보는 본질은 다름이 없는 하나이며, 또한 이 세 가지의 하나하나에 또 삼보가 있다고 한다. 삼보는 사람으로 하여금 온갖 고통에서 벗어나게 해주는 근원이 된다. 삼보에 귀의하는 것을 삼귀 또는 삼귀의라고 한다. 실대승 일승원교 법화 본문의 모든 삼보의 근본이며 전체를 빠짐없이 포섭하여 표현한 것인데, 본문 불보는 일체 제불의 본체이신 구원실성 석가모니 본불(本佛), 본문 법보는 일체 제법의 본체인 묘법연화경(本法), 본문 승보는 일체 제승의 본체인 본화지용보살 본문[本僧]이다. 《법화경 본문 제16 여래수량품, 제15 종지용출품을 중심으로》

부 록

삼세(三世) … 과거세, 현재세, 미래세의 세 시대, 또는 그 세상을 말함.

삼승(三乘) … 성문, 연각, 보살에 대한 세 가지 교법. 승(乘)은 짐을 실어 나르는 수레라는 것인데, 생사윤회의 미혹된 중생을 싣고 깨달음의 경지로 운반하는 수단으로서의 가르침을 말함. ① 성문승 … 사제법을 듣고 이를 관하여 해탈을 얻음. ② 연각승 … 십이인연법을 관하여 스스로 이치를 깨닫는 것. ③ 보살승 … 육바라밀 곧 보시·지계·인욕·정진·선정·지혜 등의 여섯 가지로써, 나고 멸하는 이쪽에서 나고 멸함이 없는 열반의 저쪽에 이르름을 행하여 스스로 해탈도 얻고 다른 이도 해탈케 하여 부처님이 되는 것. 삼승은 일승(일불승, 법화경)에 유인하는 방편이다. (방편품, 비유품 등)

삼십삼천(三十三天) … 욕계 제2천인 도리천에 서른세 개의 하늘이 있어 붙인 이름. 주선법당천, 주봉천, 주산정천, 희견성천, 발사지천, 주구타천, 잡전천, 주환희원천, 광명천, 파리야다수원천, 험안천, 주잡험안천, 주마니장천, 시행지천, 금전천, 만영처천, 주유연지천, 잡장엄천, 여의지천, 미세행천, 주음희락천, 위덕륜천, 월행천, 염마사라천, 위조천, 지혜행천, 중분천, 주륜천, 상행천, 속행천, 위덕염륜천, 청정천. (정법념처경) (⇨ 도리천, 제석, 그림1, 그림2)

삼십이상(三十二相) … (⇨ 서른두 가지 형상)

삼십칠의 도를 도우는 법 … 삼십칠 조도법(三十七助道法)이라 함. 사념처(사념주), 사정근(사정단), 사여의족(사신족), 오근, 오력, 칠각지(칠보리분), 팔정도(팔성도)를 합하여 부처님의 도를 도우는 법으로 나타낸 것을 가리킴. 이는 열반에 나아가기 위한 수행 방법임.

① 사념처(四念處) … 사념주(四念住)라고도 함. 삼십칠 도품 가운데 첫 번째 실천수행 방법으로, 생각이 머무는 네 가지 곳. 첫째, 부모에게 받

58

은 육신이 깨끗하지 아니하다고 관하는 것(신념처). 둘째, 우리의 마음에 즐거움이라고 하는 음행, 자녀, 재물 들은 진정한 즐거움이 아니고 모두 고통이라고 관하는 것(수념처). 셋째, 우리의 마음은 항상 그대로가 아닌 늘 변화 생멸하는 무상한 것이라고 관하는 것(심념처). 넷째, 위의 것 이외 다른 모든 만유에 대해 실로 스스로 나라고 하는 실체가 없으며, 나에 속한 모든 것은 나의 소유물이 아니며, 모두 일정한 소유자가 없다고 무아관(無我觀)을 하는 것(법념처).

② 사정근(四正勤) … 사정단(正斷), 사정승, 사의 단이라고도 함. 삼십칠 품의 제2 행법으로 네 가지 바른 노력을 하는 것. 첫째, 이미 생긴 악을 끊기 위해 노력하는 것(단단). 둘째, 아직 나타나지 않은 악을 끊기 위해 힘쓰는 것(율의단). 셋째, 이미 나타난 선을 증대하도록 힘쓰는 것(수단). 넷째, 아직 나타나지 않은 선을

③ 사여의족(四如意足) … 사여의분(四如意分), 사신족(四神足)이라고도 함. 제3번째 수행법으로 뜻대로 자유자재한 신통이 일어나는 네 가지 다리와 발, 곧 원인이 되는 것. 여기서는 망념을 가라앉히는 정(定)을 가리킨다. 첫째, 욕(欲) 여의족 … 서원의 힘에 의하여, 일어난 정(定)에 의해서 여러 가지 신변을 나타냄. 사념처의 관(觀)을 성취할 것을 바라는 것이라고도 한다. 둘째, 정진 여의족 … 노력의 힘에 의하여 일어난 정(定)에 의해서 여러 가지 신변을 나타냄. 사념처의 관을 끊임없이 관하는 것이라고도 한다. 셋째, 심(心) 여의족(염(念) 여의족) … 심념의 힘에 의하여 일어난 정(定)에 의해서 여러 가지 신변을 나타냄. 사념처관만 오로지 생각하는 것이라고도 한다. 넷째, 사유 여의족(혜(慧) 여의족) … 지혜를 관하는 힘에 의하여 일어난 정(定)에 의해서 여러 가지 신변을

나타냄. 사념처관을 바른 지혜로써 올바로 관하는 것이라고도 한다.

④ 오근(五根) … 믿음·정진·념(念)·정(定)·혜(慧)의 새는 것이 없는 다섯 가지 뿌리. 이는 번뇌를 누르고 올바른 깨달음의 길에 나가게 하는데 뛰어난 작용이 있다. 사념처관을 분명히 믿고, 더욱 정진하고, 기억하여 마음에 새기고, 마음이 산란하지 않도록 집중하며, 마음이 통일되어 지혜를 밝히는 것이다.

⑤ 오력(五力) … 제 다섯 번째 수행. 신앙력, 노력하는 힘, 염(억념)력, 정(선정)력, 혜(지혜)력의 다섯 가지 힘. 이것은 악을 쳐부수는 힘이다.

⑥ 칠각지(七覺支) … 칠보리분, 칠각의, 칠각이라고도 한다. 제 여섯 번째 수행법. 지혜로써 참되고 거짓되고 선하고 악한 것을 살펴서 골라내고 알아차리는 일곱 가지 종류. 첫째, 택법 각분(擇法覺分) … 지혜로써 모든 법을 살펴서

선한 것은 골라내고 악한 것은 버리는 것. 둘째, 정진 각분(精進覺分) … 수행할 때 용맹한 마음으로 전력하여 게으르지 않는 것. 쓸데없는 고행들의 삿된 행을 여의고 바른 도에 전력하여 게으르지 않는 것. 셋째, 희 각분(喜覺分) … 마음에 참된 법을 얻어서 기뻐하는 것. 넷째, 제 각분(除覺分) … 그릇된 견해나 번뇌를 끊어 버릴 때 능히 참되고 거짓됨을 알아서 올바른 선근을 기르는 것. 다섯째, 사 각분(捨覺分) … 바깥 경계에 집착하던 마음을 여읠 적에 거짓되고 참되지 못한 것을 추억하는 마음을 버리는 것. 여섯째, 정 각분(定覺分) … 정(定)에 들어서 번뇌 망상을 일으키지 않는 것. 일곱째, 염 각분(念覺分) … 불도 수행함에 있어서 항상 잘 생각하여 선정과 지혜가 한결같게 하는 것. 마음이 혼침하면 첫째, 둘째, 셋째로 마음을 일깨우고, 마음이 들떠서 흔들리면 넷째, 다섯째, 여섯째로 마음을 다스린다.

⑦ 팔정도(八正道) … 팔성도지, 팔정도분, 팔현성도, 팔정성도, 팔정법, 팔직도, 팔품도라고도 함. 욕락과 고행들의 극단을 떠난 가운데 길이며, 올바른 깨달음에 인도하기 위한 가장 합리적인 올바른 방법인 여덟 가지. ㉠ 바른 견해(정견(正見)) … 불교의 바른 세계관과 인생관으로서 인연과 사제(四諦)에 관한 이치를 깨달아 아는 올바른 견해. 이는 아래의 7정도의 목표가 되는 근본이다. ㉡ 바른 사유(정사유(正思惟)) … 몸과 말에 의한 행위를 하기 전의 마음으로 하는 행위인 바른 의사, 결의이다. 언제나 바르게 생각하고 사유하는 것이다. ㉢ 바른 말(정어(正語)) … 바른 사유 뒤에 생기는 바른 언어적 행위이다. 망어, 악구, 두 가지 말, 속이는 말이 아닌 진실한 것. ㉣ 바른 업(정업(正業)) … 바른 사유 뒤에 생기는 바른 행위이다. 살생, 투도, 사음을 떠난 선행. ㉤ 바른 목숨(정명(正命)) … 삼업을 청정히 하는 바른 생활, 규칙적인 생활이다. ㉥ 바른 정진(정진(正精進)) … 용기를 가지고 바르게 노력하는 것. 모든 것에 어긋나는 악을 제거하도록 노력함으로써 선을 낳고 증대시킨다. ㉦ 바른 생각(정념(正念)) … 바른 의식을 가지고 이상과 목적인 8정도의 처음 정견을 언제나 마음에 새기어 잊지 않는 것. 공(空)·무상(無常)·무아(無我) 등을 잊지 않음을 말하기도 한다. ㉧ 바른 정(정정(正定)) … 정신통일, 바른 지혜를 얻고 활용하기 위하여 바른 견해를 가지고 바른 선정을 닦는 것이다. 위의 여덟 가지는 하나의 정을 닦는 것이다. 정견은 나머지 일곱의 목적이라 할 수 있다. 반대 되는 것으로써 사견(邪見), 사사유(邪思惟), 사어(邪語), 사업(邪業), 사명(邪命), 사정진(邪精進), 사념(邪念), 사정(邪定)의 팔사(八邪)가 있다.

삼악도(三惡道) … 삼악취(三惡趣)라고도 함. 죄악을 범한 결과로 태어나서 고통 받는 악한 곳.

부록

지옥·아귀·축생의 세 가지 길의 곳임. 여기에 떨어지면 1겁, 2겁, 3겁, 또는 1중겁 수많은 겁 동안 부모와 삼보[불·법·승]의 이름조차도 듣지 못한다. 법화경과 법화행자를 비방하면 여기에서 무수겁 동안 고통 받음이 한량없다. (비유품) (⇨ 그림1, 그림2)

삼장학자(三藏學者) … 소승교를 배우는 사람. 소승을 장교, 삼장교라 하는데, 이 때 삼장(三藏)은 소승의 성전인 경장·율장·논장을 가리킴. 여기에 삼학(三學∷계·정·혜)이 있다. 대승에서는 윗승인 보살을 합하여 육장(六藏)이 됨.

삼천대천세계(三千大千世界) … 삼천세계, 대천세계, 천세계, 대천계, 대천이라고도 함. 하나의 작은 세계의 중심인 수미산을 합하여 아홉 개의 산, 여덟 개의 바다가 있다. 여기에다가 해, 달, 수미산, 네 개의 천하[사대주∷인간세계], 사천왕천, 삼십삼천, 야마천, 도솔천, 화락천, 타화자재천의 욕계 전부와, 색계의 초선천을 포함하여 중생들이 사는 세계를 소세계 곧 일 세계라 한다. 위로는 색계 초선천에서부터 아래로는 큰 지하 풍륜까지 이른다. 이러한 일 세계 모은 것을 소천세계, 소천세계를 천개 모은 것을 중천세계, 중천세계를 다시 천개 합한 것을 대천세계라 한다. 소, 중, 대의 세 종류의 천세계가 있으므로 삼천대천세계라 한다. 삼천 개의 세계라는 의미가 아니라 천의 삼승인 수에 해당하는 세계라는 의미. 곧 10억의 소세계를 말하는데 이를 응화의 한 부처님께옵서 교화하시는 국토로 한다. 여래수량품에서는 오백천만억 나유타 아승지의 삼천대천세계라는 것이 끝없이 있다고 되어 있다. (⇨ 그림2)

삿된 견해 … 사견(邪見)이라고 함. 잘못된 견해, 어리석음, 무지와 같음. 부정한

삼칠일(三七日) … 21일. 곧 스무 하루를 말함. 잘못된 사상,

생각. 인연과보의 도리를 부정하고, 또한 잘못 알고 있으며, 혹은 인과응보를 무시하는 옳지 못한 망견(妄見). 모든 바른 이치에 어긋난 그릇된 견해.

삿된 오만 … 칠만(七慢)의 하나로서 사만(邪慢)이라고 함. 아무런 덕이 없는 이가 덕이 있는 듯이 생각하여 스스로 높은 양 하는 것.

상법(像法) … 부처님께옵서 열반하신 뒤에 교법이 유행하는 시대를 세 단계로 나눈 세 가지 때 가운데의 하나. 곧, 정법(正法)·상법(像法)·말법(末法)으로 구분한 것 중의 두 번째 시대. 교법과 수행과 그에 따른 증과(證果) 중에서 교법과 수행만 있는 때의 기간.

상적광(常寂光) … 상적광토, 적광토라고도 함. 항상 적정한 빛이란 뜻. 진실한 본불께옵서 머무시는 국토. 우주의 진리가 국토이며 법의 몸이 머무시는 정토(淨土)이다. 본래 부처님이신 구원실성(久遠實成) 석가모니부처님께옵서 항상 머무시어 법을 설하시는 영취산, 곧 사바세계가 상적광토로서 정토이다. 이는 또한 온 법계에 두루 한다.

상행보살(上行菩薩) … 구원실성(久遠實成) 석가모니 부처님께옵서 본래 갖추신 본법인 묘법연화경을 말법시대에 광선유포하는 것을 부촉 받았으며, 사바세계 지하에서 큰 복덕과 지혜를 갖추고 솟아오르신 무량한 본화(本化) 지용(地涌) 보살들의 창도(唱導)의 우두머리 스승 네 분 가운데 한 분. 본화 사대보살은 상행보살, 무변행보살, 정행보살, 안립행보살이시다. 이 본화보살님은 석가모니 본불님의 본권속이고 화도(化導)를 돕는 진정한 협사(脇士)이시다. 여기에 비해 본불께옵서 그림자인 방편의 몸인 적화불(迹化佛)로 나투시어 제도하신 보살을 적화보살(迹化菩薩)이라 하는데, 문수보살, 보현보살, 관세음보살, 지장보살 등이시다.

새는 것이 없는 … 무루(無漏)라고 함. 번뇌가 없는 것임. 눈·귀·코·혀·몸·뜻의 여섯 뿌리에선 허물을 항상 만들어 누출하므로 새는 것이라 하며, 이러한 새는 것인 번뇌들을 떠나서 그것이 없어지고, 또한 증가함이 없는 것을 소승에서의 새는 것이 없음이고, 대승에서는 이러한 새는 것인 번뇌들과 같이 있지 아니함을 뜻한다.

새는 것이 없는 실상 … 무루실상(無漏實相)이라 함. 모든 실상의 그 본체는 때가 없이 맑고 깨끗하므로 이름한다.

색력(色力) … 과거에 지은 업의 보로서 외형적으로 나타나는 몸의 힘. 물질에 의해 형성된 육체의 힘.

색신(色身) … 색의 몸이라고도 함. ① 물질적 신체, 육신, 육체. 물질적 존재로서 빛깔과 형상이 있는 몸. ② 밖으로 드러나서 볼 수 있는 부처님의 육신. 법신·보신·응신 중에서 응신을 말하기도 함.

색의 몸 … (⇨ 색신)

생각이 없는 것 … 무상(無想)이라 함. ① 의식이 끊어진 중생. 마음의 작용이 없는 경지. 곧 모든 집착이 끊어진 상태. ② 무상천(無想天) 곧 색계 제 4선천 가운데 제 3의 광과천을 나타내기도 하고, 무상·비무상(非無想)을 합하여 무색계의 정상인 비상비비상처천을 가리키기도 함.

생각이 없지도 않는 것 … 비무상(非無想)이라 함. 미세한 번뇌만 남아 있는 상태. 무상·비무상을 합하여 비상비비상처천인 무색계 최정상을 말하기도 한다.

생각이 있는 것 … 유상(有想)이라 함. 의식이 있는 중생. 무색계의 공처(空處), 식처(識處)를 가리키기도 함.

생각이 있지도 않는 것 … 비유상(非有想)이라 함. 거친 번뇌는 다 끊어진 상태. 무색계의 무소유처(無所有處)를 가리키기도 함.

서른두 가지 형상 … 삼십이상(三十二相), 삼십이

대인상, 삼십이 대사상, 대인상(大人相)이라고도 함. 부처님의 육신이나 본화지용보살, 미륵보살, 전륜성왕의 몸에 갖추어져 있는 거룩한 용모, 형상 중에서 특히 현저히 뛰어난 서른두 가지를 가려서 삼십이상이라 함. 삼십이상과 팔십종호를 합쳐서 부처님의 상호라고 한다. 부처님께옵서 과거 세상에 보살로 수행하실 때 하나의 용모, 형상을 이루심은 백 가지 선한 뜻을 일으켜서 백 가지 복덕을 지은 과보이다. 그래서 이를 백사장엄, 백복장엄이라 한다.

① 발바닥이 평평하고 땅에 안주하여 밀착한 것. ② 손바닥, 발바닥에 천 개의 수레바퀴살 같은 무늬가 있음. ③ 손가락이 가늘면서 긴 것. ④ 손과 발이 매우 연하고 보드라운 것. ⑤ 손가락·발가락 사이마다 물갈퀴 같은 얇은 비단결 같은 막이 있는 것. ⑥ 발꿈치가 원만함. ⑦ 발등이 높고 원만함. ⑧ 장딴지가 사슴 다리 같음. ⑨ 팔을 펴면 양손이 무릎을 넘는 것.

⑩ 남근이 말의 것과 같이 오므라들어 몸 안에 감추어져 있는 것. ⑪ 신체의 가로와 세로가 평균한 것으로 키가 두 팔을 편 길이의 크기와 같음. ⑫ 몸에는 검푸른 색의 터럭이 위를 향하여 오른쪽으로 돌아 말리어져 있는 것. ⑬ 털구멍마다 새까만 털이 하나씩 남. ⑭ 온몸의 빛(피부)이 황금색인 것. ⑮ 몸에서 솟는 밝은 빛이 사면 한 길을 비추는 것. ⑯ 몸에 티끌이 묻지 않고, 살결이 보드랍고 매끄러움. ⑰ 두 손바닥·두 발바닥·두 어깨·정수리가 모두 판판하여 둥글며 원만하고 두터우며 살이 솟아 있는 것. ⑱ 두 겨드랑이가 편편함. ⑲ 상반신 몸매가 위엄스럽고 단엄하여 사자와 같음. ⑳ 몸이 곧고 크고 단정함. ㉑ 양 어깨가 둥글며 두둑함. ㉒ 치아가 사십 개임. ㉓ 치아가 희고 가지런하고 빽빽함. ㉔ 어금니가 네 개 있고 희고 큼. ㉕ 뺨이 넓고 풍부하여 사자의 것과 같음. ㉖ 최상의 미감을 가지고 있는 것. 목구

멍에서 맛 좋은 진액이 나옴. ㉗ 혀가 보드랍고 연하며, 길고 넓으며, 얼굴을 덮고, 머리카락이 나온 이마의 발제까지 미치는 것. ㉘ 목소리가 맑고 깨끗하고 멀리 들림. ㉙ 눈동자가 청련화처럼 검푸름. ㉚ 속눈썹이 큰 소의 것과 같이 길고 뛰어나고 가지런하고 좋음. ㉛ 정수리에 상투모양으로 살로 된 것이 융기하여 있는데, 이것을 펴면 한 길 여섯 자가 되며, 평소에는 오른쪽으로 말려져 있음. ㉜ 백호상, 백모상, 미간 백호상, 미간호상, 호상이라 하여 두 눈썹 사이에 흰 털이 있는 것.

석가모니불(釋迦牟尼佛) … 석가모니세존, 석가여래, 석존이라 함. 능인(能仁, 能忍)세존, 석가모니세존, 석가여래, 석존이라고도 한다. 오백진점겁이라는 구원겁(久遠劫) 전에 성불하시어 여러 곳 여러 때에 일체 중생을 제도 교화하시는 중, 금번 사바세계 중생을 위해 남염부제의 인도로, 일대사 인연으로 강탄하시어 법왕으로서 팔만법장을 여실히 밝히신 구원실성 석가모니본불님. 방편응화(方便應化)의 내용은 다음과 같다. 성은 구담, 어릴 적 이름은 실달다. 석가족의 왕인 중인도 가비라국의 성주인 정반왕을 아버지로, 마야부인을 어머니로 하여 단기(檀紀) 1306년 룸비니동산 무우수 나무 아래에서 탄생하심. 강탄하시자마자 사방으로 7보를 걸으시면서 『천상천하 유아독존(天上天下 唯我獨尊) 삼계개고 아당안지(三界皆苦 我當安之)』라 외치셨음. 7일후 어머니 여의고 이모인 마하파사파제에게 양육됨. 선각왕의 딸 야수다라와 결혼하여 아들 라후라를 낳음. 19세에 출가하여 마가다국에서 많은 바라문에게 배웠음. 홀로 니련선하의 강변, 숲에서 6년 고행을 닦음. 고행을 버리고 가야성의 보리수 밑에서 30세에 성도[성불]를 나타내시어 부처님의 깨달음의 법을 녹야원에서 시작하여 두루 널리 펴심. 시간·공간·대상에 차별 없이 시방법계 일체 중생을 고루 교화하심. 화엄부〔21일〕, 아함부〔12년〕, 방등부〔8년〕, 반야부〔22년〕, 법화열반부〔8년〕의 모든 경의 교법을 50년간 설하심. 이를 팔만법장 이라 함. 80세 때 구시나성 밖의 사라림에서 열반을 방편으로 나타내심. 사바세계 중생을 위해 인도에 응화로 강탄하신 석가세존께옵서는 각 가르침을 설하실 때마다 부처님의 몸을 각각 나타내심. ① 삼장교〔소승교〕의 석가모니불께옵서는 성문, 연각, 범부만을 교화하기 위해 가장 낮은 부처님의 경지인 열응신(劣應身)으로 나투심. 번뇌로 가득 찬 범성동거토(凡聖同居土)에 머무르시며 초좌(草座)에 앉으셨고 1장 6척의 노비구의 모습이심. ② 대승교의 초문〔통교〕의 석가모니불께옵서는 승응신(勝應身), 곧 초지(初地) 이상의 보살을 교화하기 위해 나투신 타수용보신(他受用報身)으로, 견사혹 끊은 성문·연각·보살의 방편유여토(方便有餘土)에 머무르시며, 칠보 보리수(七寶菩提樹) 밑에 앉으시어 소신

(小身) 혹은 대신(大身)의 모습이심. ③ 대승의 보살만을 위한 교법인 별교의 석가모니불께옵서는 노사나 보신불(報身佛)로서 보살만을 상대로 52위(位)의 역겁수행(歷劫修行)을 설하며, 무명혹(無明惑)을 단절하는 보살국토인 실보무장애토(實報無障碍土)에 머무르시며 연화장 세계의 연화중대에 좌정하심. ④ 지극대승 일승원교(一乘圓敎) 법화경 적문〔迹門∶제1품~제14품〕의 석가모니불께옵서는 회삼귀일〔會三歸一∶二乘作佛〕, 이(理)의 일념삼천(一念三千), 삼천진점겁 전의 법화경 설법 시작을 나타내시고 응신즉법신불(應身卽法身佛)이라 시현하심. 대승·소승의 구별 없이 일체 중생의 원만한 성불을 이치적으로 밝혔으나 아직도 시성정각(始成正覺)의 적불(迹佛)이심. ⑤ 법화경 본문 여래수량품의 석가모니불께옵서는 오백진점겁이라는 구원겁 전에 이미 진실로 이루신 본불(本佛)이심. 상적광토인 영산정토에 항상 머무심. 『도량 보리

67

부 록

수 아래서 비로소 성불한 것이 아니며, 내가 진실로 성불하여 옴은 무량무변 백천만억 나유타 겁이니라.』『방편으로 열반을 나타내며…』(이상 여래수량품 경문) 법화경 이전의 42년간의 교법(화엄·아함·방등·반야부)과 실대승 법화경 적문의 시성정각{始成正覺∷비로소 사바세계의 인도에서 깨달음 이루신 석가모니불}의 법신·보신·응신을 타파하였음. 법화경 이전에 밝힌 모든 부처님의 명호와 일들은 모두 묘법연화경 여래수량 석가모니본불님의 그림자로서 중생제도 유인의 적불임. 법화본문에서는 구원겁{久遠劫} 이전의 삼신{법·보·응}을 나타내었으며, 우주와 더불어 시작도 끝도 없으시며{삼신의 무시무종}, 본래 있는 항상 머무는 부처님으로서, 삼신이 곧 일신이고 일신이 곧 삼신으로, 시간적으로 과거·미래·현재에 공간적으로 시방세계에 아니 계신 곳 없으시며, 구경성불의 본래 근본 인과를 동시에 갖추셨으며, 시방법계{십계}를 신체로, 상호로, 심성으로 하는 가장 근본의 구원실성 석가모니 부처님이심. 석가모니본불의 직제자는 법화경 유포를 부촉 받으신 본화상행, 무변행, 정행, 안립행 등 지용천계{地涌千界} 보살님들이시다.(종지용출품, 여래수량품, 여래신력품) (⇨ 부처님, 그림5, 그림7)

석가문{釋迦文} … 석가모니 부처님의 약칭.

석범{釋梵} … 제석과 범천을 말함. 불법을 보호하고 가지는 하늘. (⇨ 범천왕, 제석)

석사자{釋師子} … 석가모니 부처님의 덕의 이름. 부처님께옵서는 시방법계의 일체에 걸림 없이 자재하심이 동물의 왕 사자 같으므로 이름함.

석제환인 … (⇨ 제석)

석종{釋種} … 석가모니 부처님의 종족. 지금은 부처님 제자를 일컬음.

선{禪} … 선나, 타연나, 자아나라고도 함. 정{定}, 정려, 사유 수습, 기악, 공덕총림 들로

68

번역. 마음을 하나의 대상에 뜻을 두고 오로지 하여 자세히 사유하는 것. 명상이라는 뜻. 정과 지혜가 균등한 것. 선은 대승, 소승, 외도, 범부의 모두가 닦게 되는데 그 목적이나 사유의 대상, 종류, 형태들은 많이 다르다. 좌선의 줄임말로도 쓴다.

선다라니(旋陀羅尼) … 선총지(旋總持)라고 번역함. ① 가(假)를 돌이켜 공(空)에 들어간 지혜로써, 공·가·중의 삼관 중 한 물건도 실재한 것이 아닌 모든 법이 공함을 관하는 것이다. 공제(空諦)를 체득한 경지. ② 선전 자재한 법문으로 막힘없이 법에 들어오게 하는 것이 마음대로 되어 법을 설하는 다라니. (⇨ 다라니)

선서 … (⇨ 십호)

선정 … 선은 선나이며 정은 삼매이다. 마음을 한곳에 모아 움직이지 않게 하고, 자세히 사유하는 수행을 하여 마음이 한 경계에 정지하여 흐트러짐을 여읜다는 뜻. 번뇌를 끊고 깊이 진리를 사유하는 경지로 드는 것.

선정의 즐거움이 먹는 것 … 선열식(禪悅食)이라 함. 선정으로써 몸과 마음을 도우며 그 즐거움이 곧 음식이다.

선지식(善知識) … 정직하고 덕이 있는 좋은 사람. ① 중생을 교화하고 인도하여 부처님 뵈옴을 얻게 하고 능히 위없이 높고 바르며 크고도 넓으며 평등한 깨달음(아뇩다라삼먁삼보리)의 마음을 일으키게 하는 자. 다른 이로 하여금 고통세계를 벗어나 바른 부처님의 도에 이르게 인도하는 자. 밖으로 관찰하여 의 넷으로 구별할 수 있다. 다음의 넷으로 구별할 수 있다. 지켜주고 호위하는 외호 선지식과, 행동 같수 행을 같이하는 동행 선지식과, 바르게 가르쳐 인도하는 교수 선지식과, 바른 진리 그 자체의 법인 실상 선지식이 있다.

선총지 … (⇨ 선다라니)

설산(雪山) … 인도 히말라야 산의 옛 이름. 항상

부 록

성문(聲聞) … 부처님의 말씀을 듣고 깨닫는 소승교의 사람. 고(苦)·공(空)·무상(無常)·무아(無我)라는 가르침 등을 수행하여 사제법을 명확히 체득하고, 몸과 마음을 다 없애어 남음이 없는 열반에 들어가는 것을 목적으로 함. 소승으로서 수다원, 사다함, 아나함, 아라한의 수행계위로 나눈다. 법화회상에서는 성불이 정해지므로 진실은 모두 다 보살임.

성인(聖人)**의 과**(果) … 성자가 되는 수행을 하여 얻은 진정한 과(果). 곧 열반을 가리킴.

세 가지 가리운 것 … 삼장(三障)이라고 함. 바른 도와 수행을 방해하여 착한 마음을 가리우는, 또는 가려져 있는 세 가지 장애. 보통 번뇌장(煩惱障), 업장(業障), 보장(報障)을 가리켜서 삼장이라고 하는데 두 가지를 덧붙이기도 한다.
〈1〉① 번뇌장 … 탐함·성냄·어리석음 등의 번뇌에 의한 불도(佛道)장애. 이는 깨달음에 이르는 길, 곧 열반을 얻지 못하게 하는 번뇌를 말함. 새는 것이 없는 지혜가 생기는 것을 방해함. ② 업장 … 언어·동작·마음으로 지은 바인 오역죄, 십악업 등의 악한 업에 의해 생겨난 장애. 또한 처자에 의해 발생하는 장애. ③ 보장 … 고통의 보를 말하는데, 지옥·아귀·축생 등의 과보를 받아 부처님 법을 들을 수 없는 장애. 또는 국주, 부모, 사회 권력자 등에 의해 발생하는 장애. 〈2〉① 피 번뇌장(皮煩惱障) … 일체 모든 법에 미혹하여 일어나는 탐함·성냄·어리석음. ② 육 번뇌장(肉煩惱障) … 일체 법의 항상함이 없음과 「나」라는 것이 없음인 진실한 도리를 알지 못하고, 그릇되게 거짓 화합된 껍데기만 보고서 항상하고 「나」라는 것이 있다고 하는 잘못된 견해. ③ 심 번뇌장(心煩惱障) … 온갖 번뇌의 근본인 무명을 말함. 〈3〉 삼혹(三惑)이라 함. ① 견사혹(見思惑) … 우주의 진리를 알지 못하여 일어나는 번뇌

70

세 가지 괴로움 … ① 좋아하지 않는 대상에 대한 괴로움. ② 변해가는 것에 대한 괴로움. ③ 좋아하는 것이 파괴되는 괴로움.

세 가지 법(무량의경) … ① 난법, 정법, 세제일법을 가리킴. (⇩ 난법) ② 성문승(사제법), 연각승(십이인연법), 보살승(육바라밀법).

세 가지 종류의 몸 … 삼신(三身)이라 함. 부처님의 몸을 그 성질상으로 보아 셋으로 나눔. ① 법신(法身) … 비로자나불. 법의 몸. 법은 영원히 변하지 아니하는 만유의 본체로서 일체에 두루 하는 진여 법성의 몸을 말함. 상적광토(常寂光土)에 머무심. (⇩ 법의 몸) ② 보신(報身) … 노사나불. 능히 진리를 체득하는 지혜의 몸, 또는 그 지혜를 체득한 화신임. 보살로서 있었을 때 세운 원과 수행의 응보, 곧 그 결과로 얻은 부처님 몸. 실보무장애토(實報無障礙土: 증도의 진리를 증득한 보살께서 가서 태어나시는 정토)에 머무심. ③ 응신(應身) … 중생을 구제하기 위해 자비의 작용으로 상대 중생에 응하여 맞게 나타나는 부처님 몸. 보신(報身) 부처님을 친견하지 못한 이를 제도하기 위해 나타나시는 부처님 몸. 가야성에서 도를 이루심을 보여주신 16척의 석가모니 부처님. 성문 연각과 하지(下地)의 보살이 거주하는 방편유여토(方便有餘土) 또는 범부와 성인이 같이 머무는 범성동거토(凡聖同居土)에 머무심. 보리수 아래서 비로소 바른 깨달음을 이루시고 사라쌍수에서 여든 살에 멸도에 드신 석가모니 세존님은 중생 제도를 위해 방편으로 나투신 응신이시고, 또한 그 실체는 오래되고 먼 옛적에 본래 실제로 성불하시고 미래 영겁에 걸쳐서 항상 영산정토(靈山淨土)에 머무시어 법을 설하시는 구원실성(久遠實成)의 본불(本佛)이신 석가모니 부처님이시니, 법신·보신·응신이 하나의 몸이시며, 하나의 몸이 곧 세 가지 종류의 몸이시다. 이를 여래의 비밀한 신통의 힘이라고 함. 석가모니 부처님께옵서는 보살의 인위(因位)의 수행에 의하여 비로소 사바세계에서 부처님이 되신 것이 아니시고, 본래 오백진점겁 구원겁 전에 자연 그대로 어떠한 조작도 빌리지 않은 본래부터 부처님(본불)이시다. (⇨ 석가모니불, 그림7)

세간 제일법 … 세제일법이라 함.

세간해 … (⇨ 십호)

세제일법 … (⇨ 난법)

소겁(小劫) … (⇨ 일 소겁)

소마나꽃 … 호희, 호의, 선섭의라고 함. 황백의 꽃이 피고 짙은 향기가 아주 좋음.

소승(小乘) … 대승에 비해 일체 중생이 모두 부처님이 되기에는 너무나 작고 보잘 것 없는 수레라는 뜻. 사제법을 수행하여 아라한과와, 십이인연법을 수행하여 벽지불과를 구하는 것으로 성문승과 연각승이 있다. 모두 몸을 태우고 지혜를 멸하여, 공하고 적정한 열반의 깨달음으로 돌아가는 것을 최후 목적으로 삼는다. 대승은 나와 남을 이롭게 하며 모든 중생을 다 해탈시키나, 소승은 자신만을 이롭게 함이 강한 것이므로 낮고 좁은 법이라 한다. 또한 소승의 법을 설한 것을 총칭하여 소승교라 한다.

소천계(小千界) … 소천세계라고 함. 일 세계가 천 개 모인 것. (⇨ 삼천대천세계)

손타라 난타 … 부처님의 배다른 동생. 난타가 손타라라는 여인과 결혼하였으므로 붙여진 이름. 마하파사파제의 아들. 손타리라는 아름다운 아내에 집착하여 출가를 거부했으나 세존의 방편으로 출가하여 아라한을 얻음. 부처님의 제자 가운데 모든 근을 조복하는데 제일이라 칭함.

수(數) … 존재하는 수량을 표시하는 것. 하나에서 헤아릴 수 없음 곧 아승지에 이르기까지는 통상 십진법의 52수로 표시된다. 124대수로 나눈 것도 있다. 일, 십, 백, 천, 만, 락차, 도락차, 구저, 말타, 아유타, 대 아유타, 나유타, 대 나유타, 발라유타, 대 발라유타, 궁갈라, 대 궁갈라, 빈바라, 대 빈바라, 아촉바, 대 아촉바, 비파하, 대 비파하, 올준가, 대 올준가, 사갈나, 대 사갈나, 지치파, 대 지치파, 혜도, 대 혜도, 갈렵파, 대 갈렵파, 인달라, 대 인달라, 삼마발탐, 대 삼마발탐, 게저, 대 게저, 염벌라사, 대 염벌라사, 노달라, 대 노달라, 발람, 대 발람, 산약, 대 산약, 비보다, 대 비보다, 발라참, 대 발라참, 아승지〔셀 수 없이 많은 수〕. 아승지에서 더욱 더하면

무량, 무변, 무등, 불가량, 불가수, 불가사, 불가량, 불가설, 불가설불가설의 십 수가 있으며 이를 십 대수라 한다. 극대의 수를 비유적으로 미진수라 한다. 법화경에서는 삼천진점〔三千塵點：화성유품〕, 오백진점〔五百塵點：여래수량품〕의 불가사의의 수를 설하심.

수기(授記) … 화가라나의 번역. 기(記), 수결(授決), 기별(記別)이라고도 함. 십이부경의 하나. 부처님께옵서 성문·연각·보살 들의 제자에 대하여 미래의 증과(證果), 곧 성불(成佛)하리라는 것의 내용을 자세히 말씀하시는 교설을 가리키는 말.

수능엄 삼매 … 선정의 하나. 장군이 군대를 이끌어 적을 무찔러 항복 받는 것처럼 번뇌의 마군을 파멸하는 것.

수다라 … 경(經), 계경(契經), 직설(直說)이라고도 함. 수투로, 소다람, 수단다라고도 번역. 구부경, 십이부경의 하나이옵서 설법하신 가르침. 석존께

나. 가르침의 개요서라는 의미. 실로 꿰어서 중생을 보호하고 거두어 지닌다는 뜻이며, 영원히 변하지 않는 규범이 된다는 의미. 길어도 다함이 없는 것, 모든 뜻을 밝혀 주는 것, 살핌과 바름을 분별하는 것, 근본을 꿰뚫는 등의 의미가 있다. 경을 기록한 서적을 경전이라 함.

수다원도 … 예류과(預流果)라 번역. 성자(聖者)로서 최초의 깨달음에 들어선 경지. 성문의 네 가지 과의 제1로서 바르게 삼계(三界)의 견혹(見惑)을 끊고 과위를 증득하는 것으로, 새는 것이 없는 도에 처음으로 참례하여 들어간 지위. 다음으로 사혹(思惑)을 끊는 수행을 한다. 다시는 삼악도[지옥·아귀·축생]에 떨어지지 않는다. 대승에서는 초지 보살을 가리킴.

수리 … 야차의 이름. 번역하여 해(日)라고 함.

수만나 … 수만이라고도 함. 꽃의 이름. 꽃은 황백색이며 향기가 진함.

수명이 흐려짐 … (⇩ 다섯 가지 흐리고 악한 세상)

수미산(須彌山) … 일세계의 중심에 위치한 산으로 묘고산(妙高山), 안명산(安明山)이라 함. 이 산을 중심으로 하여 주위에 일곱 금산, 일곱 바다(香海)가 있고, 그 둘레에 또 대함해(大鹹海)인 큰 바다와 이것을 둘러싼 철위산이 있으며, 그 대함해 위에 동서남북에 떠 있는 대륙이 인간 사대주(四大洲)이다. 이 수미산은 물 위에 보이는 것이 팔만사천 유순, 물 속에 잠긴 것이 팔만사천 유순이다. 꼭대기는 제석천, 중턱은 사왕천이 머무르는 곳이다. 수미산의 최하에 금륜[지륜]이 있어 이 산을 떠받치고 있으며, 그 아래 수륜·풍륜·공륜이 차례로 있어 일 소세계를 받치고 있다. 수미산 주위를 해와 달이 돌고, 육도와 모든 하늘은 모두 그 측면 또는 위쪽에 있음. 수미산을 중심으로 하는 일 소세계의 산과 바다를 총칭하여 9산8해(九山八海)라

한다. 이 수미산은 금·은·유리·수정의 보배로 이루어져 있다.(⇨ 그림2)

수보리 … 부처님의 십대제자로 해공(解空) 제일임. 온갖 법이 공한 이치를 깨달음에 있어서 첫째째가는 이. 부처님께옵서 반야경을 설하라고 명하셨으므로 혜명(慧命) 수보리라고 함.

숙명(宿命) … 숙세의 생명, 중생들의 과거세의 일. 이를 잘 아는 것을 숙명명, 숙명통이라 한다. (⇨ 삼명)

숙명통 … (⇨ 숙명)

습기로 나는 것 … 습생(濕生)이라 함. 네 가지 태어나는 것(태생·난생·습생·화생)의 하나. 곧 모기, 귀뚜라미 벌레 등의 생명체.

승(乘) … 타는 것, 싣는 것. 중생을 태우고 깨달음의 저 언덕에 실어 나르는 교법. 소승, 대승, 일승(일불승), 이승(성문·연각), 삼승(성문·연각·보살), 오승(인간·천상·성문·연각·보살), 칠승(인승·천승·성문승·연각승·장교보살승·

교보살승·별교보살승) 등이 있다.

승방 … 스님이 거주하는 방.

시기대범 … 색계 초선천을 가리키는 말. 좁은 의미의 사바세계인 욕계를 지배하므로 사바세계 주인이라 함. 범천왕이다. (⇨ 범천왕)

시방(十方) … 태양이 도는 방위를 따라서 동, 서, 남, 북, 동남, 서남, 서북, 동북, 상, 하의 열 가지 방향. 사방(四方)·사유(四維)·상하(上下). 시방에 헤아릴 수 없는 부처님 및 세계가 있다. 또는 시방세계를 말함.

시자(待者) … 지혜와 덕이 크고 높고 바른 분을 곁에서 친히 모시면서, 그 시중을 드는 이. 아난이 부처님의 시자로 있었었던 것이 그 시초.

식(識) … (⇨ 십이인연법)

식차마니계 … 육법계(六法戒), 육법사(六法事), 식차마나니계라고도 함. 여자 출가자인 사미니로서 구족계를 받고자 하는 이를 식차마니라 하는데, 구족계 받기 전 18세에서 20세까지 만

2년간 따로 배우는 여섯 가지 법을 말함. ① 애욕심을 가지고 남자의 육신에 접근하지 말라. ② 4전 이하의 돈을 훔치면 안 된다. ③ 축생을 죽이지 말라. ④ 거짓말하지 말라. ⑤ 때 아닌 식사를 하지 말라. ⑥ 술을 먹지 말라. 이러한 것은 잉태하고 있나, 행이 견고 진실한가, 비구니 생활을 감당할 수 있는지 시험하는 것이다.

신력(神力) … 신통력, 위신력을 말함. 부처님과 보살께서 갖추고 계시는 신통변화와 가히 생각으로 논의하지 못하는 신비스럽고 묘한 힘.

신통(神通) … 신통력, 신력, 통력이라고도 함. 선정을 수행함으로써 얻는 걸림 없는 자재한 초인간적인 생각으로 논의하지 못할 작용. 부처님, 보살, 아라한 등이 갖추고 있다. (⇨ 여섯 가지 신통)

십계(十界) … 미혹한 자나 깨달은 이를 포함한 모든 생명체의 경계를 열 가지로 나눈 것. 밑으로부터 지옥계, 아귀계, 축생계, 아수라계, 인간계, 하늘계, 성문계, 연각계, 보살계, 불계의 십법계를 말함. 앞의 여섯 세계는 범부의 미혹한 업에 의해 생사윤회하는 고통의 세계로서 육도윤회계라 하고, 뒤의 네 가지 세계는 성인의 깨달음의 세계임. 합하여 6범4성(六凡四聖)이라 함. 십계 각각이 또한 십계를 갖추는 것을 십계호구(十界互具)라 하며, 법화경에서 비로소 십계 중생이 다 원만히 궁극으로 성불한다. (⇨ 그림 1)

십나찰녀 … 열 명의 나찰녀로 악귀의 여인인데 모두가 귀자모신의 딸임. 법화경에 이르러 선귀(善鬼)로 되고 어머니인 귀자모신과 함께 법화경을 수지 독송하는 법사를 옹호하기를 맹세함. 법화행자를 괴롭히면 머리를 일곱 조각으로 낸다고 함. ① 남바 … 결박이라 함. 중생을 속박하고 살해했으나, 부처님께 귀의 후, 번뇌를 잘 포박함. ② 비남바 … 이결(離結)이라 함. 중생의 결합을 이탈케 했으나, 귀의 후, 번뇌의 사자를 멀리 떠나게 함. ③ 곡치(曲齒)이라고도 함. ① 설산(雪山)…히말라야 산이라고도 함, 일체의 약초가 모임. ② 향산(香山)… 무열지(無熱池)의 북쪽에 있으며, 남염부제주의 최고 중심이다. 곤륜산이라고도 함. 일체의 향의 모임. ③ 비타리산…일체의 많은 보배가 모임. ④ 신선산…오신통을 지닌 일체의 신선이 산다. ⑤ 유건타라산…칠금산(七金山)의 제일 안쪽에 있음. 쌍지(雙持)라 번역. 두 길이 있음. ⑥ 마이산…선견산을 둘러싼 산으로 높이와 넓이가 2625유순. 일체의 모든 과실이 모임. ⑦ 니민타라산…칠금산 중에서 가장 변두리에 있음. 지변산(持邊山)이라 번역. 큰 힘을 가진 일체의 용신이 산다. ⑧ 작가라산…철위산이라 함. 자재한 선인(仙人)이 산다.(⇨ 철위산), ⑨ 계도말제산…대위덕이라고 번역. 당혜(幢慧)라고 번역. ⑩ 수 시적(施積)이라 함. 재물을 쌓아서 베푼다. ④ 화치(華齒) …치아가 상하로 고르므로 이름 함. ⑤ 흑치(黑齒) …흑색인 치아를 가짐. ⑥ 무염족(無厭足) …중생을 해치고도 흡족하지 않았으나, 귀의한 후, 중생을 자비로 생각하여도 만족하지 않음. ⑦ 다발(多髮) …머리카락이 많고 김. ⑧ 지영락(持瓔珞) …손에 보배영락을 갖고 있음. ⑨ 고제 …하소(何所)라 함. 하늘 세계와 인간 세계의 왕래가 자재함. 귀의 후, 모든 법이 우주에 자재로 편만하여 막힘 없음을 나타냄. ⑩ 탈일체중생정기(奪一切衆生精氣) …일체 중생의 정기를 탈취했는데, 부처님께 귀의한 후, 일체 중생의 번뇌의 악한 기운을 탈취하여 부처님의 교법을 넓힘.

십보산(十寶山) …열 개의 큰 산. 십산왕(十山王) 로산…수미산을 말함. 대위덕의 모든 천인이 아수라왕이 산다. 산다. (⇨ 수미산, 그림2)

77

십악(十惡) … ⇨ 열 가지 악업

십이부경(十二部經) … 경전의 형태를 형식과 내용에 따라 열두 가지로 구분하여 나눈 것. ① 수다라[경] (⇨ 수다라) ② 기야[중송] (⇨ 기야) ③ 화가라나[수기] (⇨ 수기) ④ 가타[고기송] (⇨ 가타) ⑤ 우타나[무문자설] … 부처님께옵서 제자의 물음을 기다림이 없이 스스로 설하신 것. ⑥ 니타나[인연] … 그 유래, 연유, 이유 등을 밝히신 말씀과 대화. ⑦ 아파타나[비유] … 교리의 근본 뜻을 알기 쉽게 하기 위해 비유나 우화를 가지고 설하신 부분. ⑧ 아제목다가[여시어, 본사] (⇨ 본사) ⑨ 사타가[본생] (⇨ 본생) ⑩ 비불략[방등, 방광] … 방정, 방대한 뜻을 담았으므로 이름함. 논리적으로 깊고 넓게 의미를 확대하고 심화하는 경문. 곧 진여 실상의 묘한 이치를 밝히신 것. ⑪ 아부타달마[미증유] … 신통력으로써 가히 생각으로 일찍이 있하지 못할 일을 말씀하신 부분으로 일컬음. ⑫ 우바제사[논의] … 부처님 또는 높으신 제자께서 논의 분별하셔서 그 의미를 밝게 하신 것. ③⑤⑩을 제외한 아홉 부분의 것을 소승 구부경, 구분교, 구부, 구부경, 아홉 부분으로 나눈 것이라 하며, 대승 구부경은 ⑥⑦⑫를 제외한 것을 아홉 부분으로 나눈 가르침이라 한다.

십이인연법(十二因緣法) … 십이연기(十二緣起), 십이지연(十二支緣), 십이인연(十二因緣), 십이연문(十二緣門), (十二緣生), 십이인생(十二因生), 십이연생이라고도 함. 나고 죽음의 돌고 도는 과정과 실상을 보인 것임. 범부로서의 중생의 생존이 열두 가지의 조건에 의해 성립되어 있는 것. 대승교에서의 십이인연은 그 자체가 곧 바로 불성(佛性)이며, 인연에 의해 생긴 현상 그대로가 공(空)과 가(假)를 초월한 절대적인 본체로서 언어와 사려의 대상이 아닌 중도(中道)이다. ① 무명(無明) … 「밝음이 없는 것」, 밝은 지혜를 미혹한 가장 근본적인 번뇌를 보통 일컫는다. 모든 고통을 초래하는 원인으로써 생명의 근원적 무지. 과거세의 일체 번뇌. 중도실상을 방해하는 것이다. ② 행(行) … 원래 만든다는 뜻이지만, 옮겨가며 바뀐다는 뜻으로 한 개체가 형성되는 것을 가리킴. 과보의 원인이 되는 몸·입·뜻으로 지어지고 지어진 선과 악의 업을 일컫는다. ③ 식(識) … 바깥 경계를 분별, 인식하는 마음의 작용을 가리킴. 보통 눈·귀·코·혀·몸·뜻의 여섯 가지 마음의 식(識)으로 나뉜다. ④ 명색(名色) … 명은 마음적인 것, 색은 물질적인 것을 가리킨다. 마음과 물질이 결합된 것임. 태에 들어가려는 순간의 단계인 앞의 식(識)에서 그 후 태내에 들어와서 육체적 형태가 갖추어지는 과정인 상태를 일컫는다. ⑤ 육입(六入) … 눈·귀·코·혀·몸·뜻의 여섯 가지가 들어감을 말하는데, 곧 이 여섯 가지가 빛깔·소리·냄새·맛·닿음·법 들을 알기 위

해 완전히 그 형태가 이루어져 갖추진 상태를 일컫는다. ⑥ 촉(觸) … 감각기관인 근(根)과 대상인 경계(境界)와 인식주관인 식(識), 이 세가지가 접촉함으로써 생기는 마음의 작용인 주관과 객관의 접촉감각을 가리킨다. 곧 눈·귀·코·혀·몸·뜻의 여섯 가지가 빛깔·소리·냄새·맛·닿음·법 등에 접촉하는 것으로써, 보통 태에서 나와서 경계를 접촉하는 단순한 지각상태를 일컫는다. ⑦ 수(受) … 받는다는 뜻인데, 외계의 대상을 받아들여서 즐거움, 괴로움, 그리고 또 그 중간 느낌과 좋고 나쁨과, 아름답고 추함 들의 가지가지 식별을 일으키는 지각작용을 갖게 되는 것을 말한다. ⑧ 애(愛) … 탐하여 집착하는 것으로써, 욕망의 만족을 강력히 구하는 마음을 가리킨다. 보통 재물들에 대한 능동적인 감정을 갖고 즐거움만 추구하는 맹목적인 여러 가지 욕망이 세속에서의 사랑이라는 이름자로써 표현되고 있는데, 위의

79

촉과 수의 작용을 통해 일어나는 마음상태로서 여섯 가지 사랑, 곧 욕애(성욕, 정욕), 유애(생존욕), 비유애(생존 부정하는 욕망), 색애(물질에 대한 욕망), 무색애(물질을 넘어선 욕망), 육경애(빛·소리·향기·맛·닿음·법에 대한 사랑)로 분리한다. ⑨ 취(取) … 취한다는 뜻인데, 앞의 애착하고 집착하는 애(愛)의 마음에 의해 하고자 하거나, 구하는 대상을 완전히 소유하고 성취하는 것을 가리킨다. ⑩ 유(有) … 있다, 된다, 생존 등의 여러 가지를 가리킨다. 욕계·색계·무색계를 뜻하기도 하고, 여러 가지로 나누어 설명하기도 한다. 취(取)에서의 작용이 이미 굳어진 것으로 행위를 하여 선악(善惡)의 업을 지은 것을 말하고, 미래 오는 세상의 태어남과 과(果)를 부르는 것이 된다. ⑪ 생(生) … 「난다는」 말인데, 애, 취, 유의 현재의 인(因)에 의해 미래에 태어남을 가리키는 것와 우비고뇌 … 나고 죽음의 과를 가리키는 것

으로서, 근심, 슬픔, 뇌로움, 괴로움이 따른다. 무명과 행은 과거의 인(因), 식·명색·육입·촉·수는 현재의 과(果)의 인(因), 애·취·유는 현재의 인(因), 생과 노사는 미래의 과(果)가 된다. 이 십이인연은 일찰나의 일념에 다 갖추어져 있다고 한다.

십이입(十二入) … 십이처(十二處)라고도 한다. 눈·귀·코·혀·몸·뜻의 여섯 뿌리인 육근(六根)과 그 대상이 되는 색형·음성·향기·맛·닿음·법의 여섯 경계인 육경(六境)을 합친 것. 주관적인 감각기관 여섯 가지와 여기에 인연되어지는 객관적인 대상인 여섯 가지. 이러한 십이입에 의해 구체적으로 사물을 인지하는 것을 또한 육식(六識)을 일으킨다고 함.

십이 행의 법의 바퀴를 세 가지로 굴림 … 삼전십이행법륜(三轉十二行法輪)의 번역임. 십이행상(十二行相), 삼전법륜(三轉法輪)이라고 함. 사제(四諦)를 각각 시(示), 권(勸), 증(證)의 세 가지 법식

으로 굴리시어 여기에 각각 네 가지 형태가 있어 열두 가지 교법으로 삼으신 것으로 열두 가지 행이 된다. 첫째, 시전(示轉) … 이것이 고(苦)이며, 이것이 집(集)이며, 이것이 멸(滅)이며, 이것이 도(道)라고 사제의 모양을 보이신 것. 둘째, 권전(勸轉) … 고는 알아야 하며, 집은 끊어야 하며, 멸은 증득해야 하며, 도는 닦아야 한다고 사제의 수행을 보이어 권하신 것. 셋째, 증전(證轉) … 고를 스스로 알고, 집을 스스로 끊고, 멸을 스스로 증득하고, 도를 스스로 닦았다고 부처님께옵서 밝히신 것.

십지(十地) … 보살이 수행하는 계위인 52위(位) (십신、십주、십행、십회향、십지、등각、묘각)가 운데 제41위(位)로부터 제50위(位)까지. 이 열 가지 단계의 지위는 부처님 지혜를 생성하고 능히 주지(住持)하여 움직이지 아니하며, 온갖 중생을 짊어지고 교화 이익 하는 것이 마치 대지(大地)가 만물을 싣고 이를 윤택하게 하고

① 환희지(歡喜地) … 초지, 제1지라고도 함. 처음으로 참다운 진여의 중도실상을 보아 성인의 지위에 들어와서, 견혹을 끊으며, 능히 자리이타(自利利他)하여 진실한 희열에 가득 찬 지위. 이미 초지에 들어오면 공력을 쓰지 않아도 임의로 일체지혜의 바다에 들어간다. ② 이구지(離垢地) … 제2지, 때를 여읜 자리라고도 함. 중도의 이치를 깨달았으므로 중생계에 들어가 중생과 함께 하거나 중생의 몸을 받더라도 조금도 번뇌의 때를 묻히지 않는 지위이다. ③ 발광지(發光地、明地) … 제3지, 빛을 발하는 자리라고도 함. 중도의 지혜를 닦아 익히어 지혜의 광명이 나타나는 지위이다. ④ 염혜지(焰慧地) … 제4지, 지혜가 치성하는 자리라고도 함. 번뇌(수혹)의 장작을 태운 중도의 지혜가 더욱 밝게 빛나는 지위이다. ⑤ 난승지(難勝地) … 제5지, 이겨나가기 어려운 자리라고도 함.

무명번뇌(무명혹)를 극복하면서 한층 더 어려운 경지에 부딪쳤음을 말하는데, 진여의 지혜와, 차별된 모든 현상을 보는 세속 일반의 지혜를 조화하는 지위이다. ⑥ 현전지(現前地) … 제6 명번뇌(無明惑)를 끊음으로써 진여의 법의 성품 곧 삼세 모든 법의 적멸상이 앞에 드러나는 지위이다. ⑦ 원행지(遠行地) (⇨ 부동지) ⑧ 부동지(不動地) (⇨ 부동지) ⑨ 선혜지(善慧地) … 제9지, 좋은 지혜의 자리라고도 함. 중도지혜로 미묘한 공용을 나타내는 자재한 묘용(妙用)을 선혜라 하는데, 근기 종류에 대해 교화의 가능, 불가능을 알아 공교롭게 설법하는 지위이다. ⑩ 법운지(法雲地) (⇨ 법운지)

이상은 대승별교(別敎)의 보살 수행 단계이며, 무명혹을 끊고 중도의 진리를 증득하는 과정을 말한다. 원교(圓敎)에서는 초주(初住)에서 이미 이 열 가지를 다 갖춘다고 하며, 또한 여래의

일체 소유의 법인 묘법연화경을 일념수희, 수지하면 범부지에서 곧바로 이러한 십지(十地)를 다 갖춘다고 한다.

십팔계(十八界) … 생명존재의 18개 구성요소. 육근[六根 : 눈·귀·코·혀·몸·의식인 지각기관, 소의(所依), 수동·객체]과 육경[六境 : 색·소리·향·맛·촉·법인 대상의 세계, 대경(對境)과 육식[六識 : 눈·귀·코·혀·몸·생각의 식별작용, 능의(能依), 능동·주체]을 합한 것.

십호(十號) … 부처님께 있는 공덕의 형상을 일컫는 열 가지의 명호. ① 여래(如來) … 다타아가다, 다타아가도의 번역. 진리에 도달하신 분, 지금까지의 모든 부처님과 같이 같은 길을 걸어서 동일한 열반의 저 언덕에 도달하신 분, 부처님과 같은 길을 걸어서 실상의 진리에 따르고 좇아 이 세상에 오셔서 진리를 보여주시는 분이라는 뜻. ② 응공(應供) … 아라하의 번역. 온갖 번뇌를 끊으시어 인간, 천상의 중생

들로부터 응당히 공양을 받으실 만한 덕있는 분이라는 뜻. ③ 정변지(正徧知) … 삼먁삼불타의 번역. 정진도(正眞道), 등정각(等正覺), 정등각(正等覺), 등각(等覺), 정각(正覺)이라고도 함. 부처님께옵서는 일체 모든 법의 본체와 온갖 우주간의 물질과 마음의 현상에 대하여 정확하게 알지 못하시는 것이 없다는 뜻. ④ 명행족(明行足) … 비다라나삼반야의 번역. 명(明)은 무상정변지(無上正徧知), 행족(行足)은 다리와 발의 뜻으로 계·정·혜 삼학을 가리킴. 부처님께옵서는 계·정·혜의 다리와 발에 의하여 위없이 높고 크고도 넓으며 평등한 깨달음[아뇩다라삼먁삼보리]을 얻으셨다는 뜻. 또는 천안, 숙명, 누진의 삼명의 지혜와 신체 언어의 행동들이 다 함께 완전한 분이라는 뜻. ⑤ 선서(善逝) … 수가타의 번역. 잘 가는 분이란 뜻. 미혹의 세계를 잘 뛰어 넘어서 다시는 나고 멸하는 미혹의 세

계에 돌아 오지 않는 것을 뜻함. 부처님께옵서는 여실히 저 언덕에 가시어 다시 나고 멸하는 바다에 빠지지 않으시기 때문에 이렇게 이름함. ⑥ 세간해(世間解) … 로가비의 번역. 부처님께옵서는 능히 세간과 또 유정과 무정의 모든 일을 다 아신다는 뜻. ⑦ 무상사(無上士) … 아뇩다라의 번역. 부처님께옵서는 일체 중생 가운데서 가장 높으시어 위가 없는 대사라는 뜻. 삼계독존(三界獨存), 삼계존이라고도 한다. ⑧ 조어장부(調御丈夫) … 부루사담먁사라리의 번역. 부처님께옵서는 대자, 대비, 대지혜로써 일체 중생에 대하여 부드러운 말, 간절한 말, 또는 여러 가지 말을 써서 조복, 제어하시고, 바른 도를 잃지 않게 하시어, 열반으로 인도하시는 분이라는 뜻이다. ⑨ 천인사(天人師) … 사다제파마로사남의 번역. 부처님께옵서는 온갖 신들과 사람을 지도하시므로 하늘과 사람의 스승이시라는 뜻. ⑩ 불(佛) … 불

타, 부타, 발타, 몰타, 불타로가나타라고도 함. 불타는 깨달은 사람이란 뜻. 미망을 여의고 스스로 모든 법의 진리를 깨닫고, 또 다른 중생을 가르쳐 인도하여 깨닫게 하고, 열반의 저 언덕에 이르름을 원만히 성취하신 분이라는 뜻. ⑪ 세존(世尊) … 바가범, 로가나타, 로가야 슬타의 번역. 부처님께옵서는 온갖 공덕을 원만히 갖추시어 세간과 출세간을 이익케 하시며, 세간과 출세간에서 가장 높으시고 존중 존귀하시다라는 뜻. 선과 악의 정복자. 불까지가 십호이고 세존은 십호를 갖추어 세상이 존중함을 뜻하므로 십호의 통칭임. 여래 십호라 할 때에는 통칭이고 이를 뺀 응공부터 세존까지 열 가지 명칭을 가리킴. 일반적으로 불세존을 합하여 깨달아서 세상에서 존귀하신 분으로 한 가지의 호로 본다.

(ㅇ)

아가니타천 … 색구경천(色究竟天)이라 번역. 색계(色界) 열여덟 하늘 가운데 제일 위의 하늘. 유형체의 마지막이므로 유정천(有頂天)이라고도 함. 이 하늘을 지나면 형체는 없고 마음의 식(識)만 있는 무색계(無色界)가 있음. (⇩ 그림1)

아귀(餓鬼) … 육도의 하나. 전생에 흔히 아첨하며 속이는 마음으로 간탐, 질투 들의 탐욕을 부린 자가 죽어서 태어나면 아귀가 되며, 항상 기갈에 괴로워한다. 그 있는 곳은 천상에서 지옥에 이르기까지 모든 곳에 거주하나 본래 자리는 지하 오백 유순의 염마왕계. 전혀 아무것도 먹을 수 없는 아귀로 거구, 취구, 첨인과, 또 고름과 피 등을 먹을 수 있는 아귀와, 사람이 남긴 물건이나 사람이 주는 것만 먹을 수 있는 아귀와, 또 하늘과 같은 복락을 받는 아귀 등으로 구분되어 진다. 배는 산과 같고 목구멍은 바늘귀와 같은 아귀 등, 보통 36종의 아귀를 들 수 있다. (정법염처경) (⇨ 그림1, 그림2)

아나율 … 아나율다, 아누루다라고도 함. (⇨ 아누루다)

아나함 … 소승의 네 가지 과 가운데 제3번째 과(果). 불환(不還), 불래(不來)라 번역. 욕계의 번뇌를 모두 끊은 성인. 욕계에서 죽어 색계, 무색계에 나고는 번뇌가 없어져 다시 욕계에는 돌아오지 아니한다는 뜻이다. 대승에서는 십지보살의 지위를 가리킴.

아난 … 부처님의 사촌 동생. 제바달다의 친동생. 부처님의 십대제자로 다문 제일임. 이십여년간 항상 부처님을 좇아 시봉한 부처님의 시자.

아누루다 … 부처님의 십대제자로 천안 제일임. 석가세존의 사촌 동생. 설법 듣는 중에 졸다가 석가세존의 꾸중을 들은 후, 밤새도록 잠자지 않으면서 정진하다가 눈이 멀고, 그 뒤 천안통을 얻음.

아라한 … (⇨ 십호)

아라한 … 응공(應供), 살적(殺賊), 불생(不生), 무학(無學), 이악(離惡)이라 번역. 나한이라고도 한다. 넓은 뜻으로는 대승과 소승에 통하여 최고의 깨달음을 얻은 자, 곧 부처님 지위에 오른 분을 가리킴. 좁은 뜻으로는 소승의 교법을 수행하는 성문의 네 가지 과의 가장 윗자리. 삼계 내의 번뇌인 일체의 견혹과 사혹을 끊고 인간과 천상의 공양을 받고 다시는 삼계에 태어나지 아니하는 이를 가리킨다.

아련야 … 아란야라고도 함. 적정처, 원리처, 무생처라 번역. 시끄러움이 없는 한적한 곳으로 마을에서 떨어진 수행하기에 적당한 산림, 넓은 들판, 모래사장 등을 가리킴. 또는 승려들이 거주하는 수도도량인 절을 말함.

아리수 … 아리라는 나무의 이름. 그 잎이 땅에

부 록

떨어지면 반드시 일곱 조각이 난다.

아만(我慢) … 자신을 스스로 높다고 믿고 잘난 체 하는 것.

아미타 부처님 … 무량수불(無量壽佛), 무량광불(無量光佛)이라 번역. ① 방편교인 아미타경, 무량수경, 관무량수경 등에 설해진 아미타 부처님은 법장비구가 세자재왕여래의 교화를 받아 사십팔원(四十八願)을 세워 수행하여, 10겁 전에 성불한 부처님인데, 지금 서방 극락세계의 교주이고, 중생이 임종시 이 부처님 명호를 부르면 즉시로 극락세계에 왕생한다고 함. 사십팔원 중 열여덟 번째 염불왕생원을 세운 뒤, 그러나 오역죄를 범한 자와 정법을 비방한 자는 제외한다고 서원하였다. ② 법화경 적문 화성유품 제7의 아미타 부처님은 오랜 옛적 삼천진점겁 전에 대통지승 부처님의 열여섯 왕자인 아들로 태어나 법화경을 수지 통리하셨고, 항상 묘법연화경을 설하여 무수한 중생을 제도하셨고, 서방에서 부처님 이루신 법화경 주원(主願)의 부처님이시다. ③ 법화경 본문 약왕보살 본사품 제23의 아미타 부처님은 구원실성(久遠實成)의 본불(本佛)이신 석가모니 세존의 분신(分身)이시다. 말법시대에 여인이 법화경을 듣고 수행하면 이 아미타불의 안락세계에 왕생한다. 이들 셋은 모두 여래수량품 제16 석가모니세존님의 그림자이며, 방편으로 일불승 법화경에 유인하기 위해 설하신 적화(迹化)의 부처님이시다.

아발마라 … 청색귀, 영령귀라 함. 사람의 기억력을 상실시키는 귀신. 열병을 일으켜서 사람을 괴롭히는 귀신.

아비지옥 … 무간지옥(無間地獄)이라 번역. 오역죄〔五逆罪〕: ① 탑과 절을 파괴하고, 경과 탱화를 불태우고, 삼보의 재물을 훔치고, 공연히 시주물건을 헛되이 축냄. ② 성문・연각・대승의 법을 비방함(비방 정법). ③ 출가자의 불법수행을 방해함과 죽임. ④

86

부모 살생, 아라한 살생, 부처님 몸에 피를 내는 것, 화합승을 깨뜨리는 것. ⑤ 인과의 도리를 믿지 않고 살생, 도둑질, 사음, 거짓말, 이간질, 악구, 기어, 탐욕, 성냄, 사견(어리석음) 곧 십악을 행함.]를 지은 자가 떨어짐. 팔열 지옥 가운데 가장 괴로움이 심한 제일 밑의 지옥. 칠대지옥[등활·흑승·중합·규환·대규환·초열·대초열지옥]과 다른 곳의 모든 괴로움을 합한 것보다 천 배 더 괴로운 고통을 받음. 만약 부처님께옵서 이 지옥의 괴로움을 자세히 설하신다면 듣는 사람이 피를 토하고 죽을 것이므로 부처님께옵서는 상세히 설하시지 않으셨다. 아비, 곧 무간(無間)의 뜻은 업의 과를 받는데 있어서 다른 생을 받을 틈이 없음, 괴로움을 받는데 쉴 사이가 없음, 일 중겁이 정해져 있음, 중생 즉 유정의 괴로움을 받는 몸의 형상이 지옥의 넓이와 같아서 간격이 없음, 수명이 상속하여 사이 끊어짐이 없음이란 뜻. 8대 지옥의 하나로서 욕계의 최저

에 있음. 염부제 지하 2만 유순에 위치함. 가로 세로 8만 유순. 법화경과 법화행자를 비방하면 이 지옥에 들어가서 헤아릴 수 없는 겁동안 고통 받는다고 함. (비유품) (⇨ 지옥, 그림1, 그림2)

아사려 ∷ 아사리라고도 함. 제자를 교수하고 제자의 행위를 바르게 하여 그 궤범이 될 수 있는 덕이 높은 승려, 스승. 출가, 수계[갈마], 교수, 의지 등의 아사려가 있다. 계를 받을 때 실제로 계를 설하여 주는 스승의 주가 되는 계화상(戒和尙)과, 계를 받을 때 짓는 법을 가르쳐 주는 교수아사려와, 계 받을 때 짓는 법을 실행하는 수계[갈마]아사려와, 계 받을 때 법을 가르쳐 주는 교수아사려가 있다. 대승 원돈계에서는 불설관보현보살행법경에서 밝히시기를 석가모니부처님께옵서 화상이 되시고, 문수보살, 미륵보살께서 각각의 아사려가 되신다. 시방의 모든 부처님께옵서 증명하시고, 대

부 록

보살님들께서 도반이 되신다.

아사세왕 : 미생원(未生怨)이라 번역. 석가세존 재세와 멸도 후에 걸친 인도 마갈타국의 왕. 아버지는 빈바사라왕, 어머니는 위제희 부인. 태자로 있었을 때 제바달다에게 속아서 부처님 제자이었던 아버지 빈바사라왕을 감금하여 옥 사시키고 왕위에 올랐다. 석가세존을 해치려고 제바달다를 새로운 부처님으로 하려고 술 취한 코끼리를 풀어 달려가게 하여 부처님을 밟아 죽이려 하는 등의 악행을 했다. 후에 제바달다는 무간지옥에 산몸으로 떨어지고, 아사세왕은 대악창이 생기는 등의 죄보를 받고 마침내 부처님께 귀의했다. 뒤에 부처님 경전을 제 1회 결집하는 등 크게 부처님 법에 이바지했다. 미생원이라 함은 아사세왕이 태어나기 전에 산중에 사는 선인이었으나, 빈바사라왕이 빨리 자식을 갖고 싶어서 선인을 죽였다. 그래서 미생원이라 함. 부처님 열반 후 24년에 입적함.

아수라 : 수라라고도 하며, 육도 윤회세계의 하나이며, 팔부신중의 하나, 십계(十界)의 하나이다. 남보다 훌륭해야만 되는 자기중심적인 경지. 무주(無酒), 부단정(不端正), 비천(非天)이라 번역. 싸움을 즐기는 귀신. 제석천과 항상 싸운다. 수미산 외륜의 큰 바다 밑에 있으며 용모는 추하고 몸은 매우 크며, 항상 싸움을 휴대하고 있으며, 궁전은 장엄하다. 항상 무기를 즐기는데 마음을 이기려고 하기 때문에 시기하는 마음을 품고 남을 이기려고 하기 때문에 무섭고 두려움이 끝이 없다. 시기하는 수라로 태어난다. (⇨ 그림1, 그림2)

아승지 : 아승기라고도 함. 무앙수(無央數), 무수(無數)라 번역. ① 산수로 표현을 할 수 없는 가장 많은 수. ② 124대수 중 제105. ③ 10의 59승. (⇨ 수)

아야교진여 : 녹야원에서 사제법을 듣고 제도 받은 부처님 최초의 제자 다섯 사람 가운데 한

88

분. 본래 가비라국의 바라문족. 세존께옵서 출가하실 때 같이 고행을 하신 분. 관인박식[너그럽고 어질며 많이 앎] 제일이며, 최초로 깨달은 제자분이다.

아야구린 들의 다섯 사람 … 아야구린을 아야교진여라고도 함. 다섯 사람은 다섯 비구를 가리킴. (⇨ 아야교진여, 다섯 비구)

아일다 … 미륵보살의 이름임. 가장 뛰어나다는 뜻이다. (⇨ 미륵보살)

아제목다가 … ① 식물의 이름. 형태는 대마와 같고, 꽃은 붉고 잎은 푸르며, 씨에서는 기름을 빼내며, 또한 향의 연료로 사용함. ② 나무의 이름, 산흑단의 일종. ③ (⇨ 본사)

아촉바 … ① 52수 가운데 제20수의 이름. 대체로 스무 자리의 수에 해당함. ② 수천조 분으로 나눈 법이다.

아홉 부분으로 나눈 법 … 구분교, 구부경, 구부법과 같은 말로써 부처님의 가르침을 아홉 부분으로 나눈 법이다. 계경·가타·본사·본생·미증유법·인연·비유·기야·논의. (방편품)

악도(惡道) … 악하게 나아감, 악취(惡趣)와 같은 의미로 쓰임. 비방정법, 오역죄 등의 나쁜 업을 지은 탓으로 태어나는 곳. 삼악도[지옥·아귀·축생], 사악도[삼악도에 아수라를 더함] (⇨ 그림1, 그림2)

악업(惡業) … 현세나 내세에 악한 결과를 받을 몸·입·뜻으로 짓는 행위. 곧 십악, 오역, 십사비방(제3 비유품), 비방정법 등등.

악지식(惡知識) … ① 바른 법이 아닌 사특한 나쁜 법. ② 나쁜 친구. 사람으로 하여금 사악한 지식과 지혜로 잘못된 가르침을 주어 악도, 마도에 떨어지게 하는 이. ③ 불도수행을 방해하는 자. 법화경을 수지독송 해설서사 하는 것을 방해하는 세 종류의 강적. 첫째, 속중증상만(俗衆增上慢)으로 법화 행자를 험담하고 욕하고 칼과 몽둥이를 가하는, 불법에 무지한 세속 사람들. 둘째, 도문증상만(道門增上慢)으로 만심이 강하고 삿된 지혜가 치성한 승려들. 셋째, 참성 증상만(儐聖增上慢)으로 성인인양 꾸며서 사회적으로 승속(僧俗)의 존경을 받고 있는 자로서, 내심은 이익과 욕심에 집착하여 악심을 품고 법화경 행자를 원망 질투하고 마침내 권력을 이용하여 박해까지도 하는, 도인인양 덕 높은 체 하는 그릇된 큰 스님. (⇨ 선지식)

악하게 나아감 … (⇨ 악도)

악한 세상 … 악세(惡世)라 함. 오탁이 들끓는 말법의 세상. (⇨ 다섯 가지 흐리고 악한 세상)

안락세계(安樂世界) … ① 일체의 고뇌가 없으며, 오직 편안한 쾌락만이 있는 곳. ② 아미타 부처님께서 계시면서 설법하시는 곳. (⇨ 아미타 부처님)

안립행보살(安立行菩薩) … 묘법연화경을 광선유포 하시는 상수제자 본화지용(本化地涌) 사대보살가

운데 한 분. (⇨ 상행보살)

앎 … 식(識)이라고도 함. (⇨ 식)

애(愛) … (⇨ 십이인연법)

야간 … 짐승 이름. 개, 이리, 여우와 비슷하고 청황색이며, 떼를 지어 다니며, 밤에 우는 소리가 이리와 같다. 밤에 나돌아 다니며 사람을 잡아먹음.

야수다라 … 구리성주 선각왕의 딸. 부처님 출가 전 태자 때의 비. 라후라의 어머니. 석가세존 성도 12년(혹은 5년)째 되는 해에 고향 가비라국에 왔을 때, 이모 마하파사파제와 오백 석가족의 여자들과 함께 출가하여 비구니가 됨.

야차 … 나찰과 함께 비사문천왕의 권속으로 북방을 수호. 하늘야차, 땅야차, 허공야차의 세 종류가 있으며, 땅야차 외에는 날아다닌다. 악한 사람을 잡아먹는다.

약상보살 … 약왕보살과 같이 양약을 중생에게 보시하여 몸과 마음의 병을 치유하시는 보살.

약왕보살의 동생. 형상은 극히 단정화려하고 두 손에 영락의 당을 받들었다.

약왕보살 … 항상 대비의 약술로써 일체 중생의 혹업의 병을 다스리며 치료하고, 즐거움을 주는데 자재함. 몸을 태워 부처님께 공양하심.

양 가지가 흡족하시고 높으신 분 … 양족존(兩足尊), 이족존(二足尊)이라 함. 부처님의 존호임. 두 발을 가진 이 중에서 제일 높으신 분. 또는 계(戒)와 정(定), 권(權::방편)과 실(實::진실), 복덕과 지혜, 큰 원과 수행을 구족하셨음을 나타내는 말이다.

업(業) … 갈마의 번역. 일반적으로 몸·입·뜻으로 짓는 모든 동작과 말과 생각하는 것과 그 세력을 말한다. 정신적으로 생각하는 작용이 뜻을 결정하고 밖으로 몸과 입으로 선과 악을 표현하고 짓게 하여서 생기는 것이다. 몸·입·뜻을 삼업이라 한다. 좋은 업과 나쁜 업으로 나누어 설명되고, 갚음 받는 시기와 장소에 따라 또 성질 등에 따라서 여러 가지 의미로 나누어 설명되고 있다.

업보(業報) … 선악(善惡)의 업에 의하여 받는 괴로움과 즐거움의 과보. 업과(業果)라고 한다.

업장(業障) … 악업에 의해 생겨난 장애. (⇨ 세 가지 가리운 것)

여덟 가지 무거운 법 … 팔중법(八重法)이라 함.
〈1〉① 살생하지 말라. ② 도둑질하지 말라. ③ 거짓말하지 말라. ④ 삿된 음행을 하지 말라. ⑤ 사부대중의 허물을 말하지 말라. ⑥ 술을 팔지 말라. ⑦ 잘못을 감추지 말라, ⑧ 남의 착한 일을 숨기고 악한 일을 세상에 드러내지 말라. 〈2〉 비구니가 지켜야 할 8종의 엄중계. ① 음행하지 말라. ② 도둑질하지 말라. ③ 살생하지 말라. ④ 거짓말하지 말라. ⑤ 남자와 접촉하지 말라. ⑥ 사람의 눈을 피해서 남자를 만나지 말라. ⑦ 다른 비구니의 무거운 죄를 감싸고 숨겨두지 말라. ⑧ 들려난 비구를 따라서 함께 행동하지 말라.

여덟 가지 삿된 것 … 〈1〉 팔정도의 반대. 팔사(八邪)라 함. 삿된 견해, 삿된 사유(뜻), 삿된 말, 삿된 업, 삿된 목숨, 삿된 방편(정진), 삿된 염(생각), 삿된 정(선정). (⇨ 삼십칠의 도를 도우는 법⑦) 〈2〉 모든 법의 진상을 어기어 일어나는 것인, 나고, 멸하고, 가고, 오고, 하나임, 다름, 끊어짐, 항상함 등의 여덟 가지 미혹한 고집.

여덟 가지 어려운 것 … 팔난(八難)이라고 함. 부처님을 뵈옵고 법을 듣는데 여덟 가지 장애가 있어 어려운 것. ① 지옥, ② 아귀, ③ 축생(이 세 곳은 고통이 심해서 불법을 듣지 못함), ④ 장수천, ⑤ 울단월(수명 긴 하늘과 북울단월은 즐거움이 너무 많아 도를 구하려는 마음이 생기지 않아 불법을 듣지 않음), ⑥ 맹농음아(盲聾瘖啞 : 귀머거리, 봉사, 벙어리 등 신체적 장애, 감각기관의 결함 때문), ⑦ 세지변총(世智辯聰 : 삿된 지혜, 세속 지혜가 뛰어나 사견이 꽉 차 있어 정법, 바른 이치를 믿고 따르지 못하는 것), ⑧ 불전불후(佛前佛後 : 부처님께 옵서 세상에 안 계실 때).

여덟 가지 해탈 … 팔해탈이라 함. 여덟 가지 선정의 힘으로써 다섯 가지 욕심의 경계를 등져서 탐하고 집착하는 마음을 버리는 것. ① 안으로 색욕을 탐하는 생각이 있으므로 밖의 깨끗하지 못한 것들을 관하여 탐하는 마음에서 풀리어 벗어나는 것. ② 안으로 색욕을 탐하는 생각이 사라졌으나, 더욱 굳게 확실히 하기 위해서 밖의 깨끗하지 못한 것들을 계속 관하여 탐하는 마음에서 완전히 풀리어 벗어나는 것. ③ 깨끗하고 청정한 면을 증득하여 구족 원만하여 머지 않음을 몸 안에 증득하여 탐욕이 생기지 않음을 몸 안에 풀리어 벗어나는 것. ④ 물질적인 형상을 다 멸하여 공무변처에 들어가 풀리어 벗어나는 것. ⑤ 공무변심(空無邊心)을 버리고 식무변처정에 들어가 풀리어 벗어나는 것. ⑥ 식무변심(識無邊心)을 버리고 무소유처에 들어가 풀리어 벗어나는 것.

⑦ **무소유심**(無所有心)을 버리고 비상비비상처정(非想非非想處定)에 들어가 풀리어 벗어나는 것.

⑧ 받음과 생각들을 멸하고 멸진정(滅盡定)에 들어가는 해탈로서, 몸으로써 증득하고 구족하여 머무르는 것이다. 이 여덟 가지는 관념이며, 삼계의 번뇌를 끊고 아라한과를 증득하므로 해탈이라 한다.

여래(如來) … 모든 법의 왕. 일체를 아는 자, 일체를 보는 자, 도를 아는 자, 도를 여는 자, 도를 설하는 자, 일체를 제도하는 자. (약초유품) (⇩ 십호)

여래의 지혜 … 절대의 깨달음이라는 측면에서 본 지혜. (⇩ 일체가지가지 지혜)

여섯 가지로 진동하여 움직이다 … 육종진동(六種震動)이라 함. 세간에 상서가 있을 때, 대지가 진동하는 모양의 여섯 가지. 고정된 땅과 중생의 몸과 마음을 정화하는 것을 나타낸다. ①동(動) … 흔들려 불안한 것. ②기(起) … 아래로부터 위로 올라가는 것. ③용(涌) … 솟아오르고 꺼져 내려가고 하여 여섯 방위로 출몰하는 것. ④진(震) … 은은히 소리 나는 것. ⑤후(吼) … 꽝하고 소리를 내는 것. ⑥각(覺) … 물건을 깨닫게 하는 것. 뒤 세 가지는 소리가 변하는 것. 앞 세 가지는 모양이 변하는 것. (이상은 화엄경에서) 대반야경에는 동(動)·용(涌)·진(震)·격(擊)·후(吼)·폭(暴)이라 하고, 대품반야경, 중음경에서는 동용서몰(東涌西沒)·서용동몰(西涌東沒)·남용북몰(南涌北沒)·북용남몰(北涌南沒)·변용중몰(邊涌中沒)·중용변몰(中涌邊沒)이라 한다.

여섯 가지로써 나고 멸하는 이쪽에서 나고 멸함이 없는 저쪽에 이르럼 … 육바라밀의 번역. 육도(六度)라고도 한다. 대승의 보살이 나고 멸함의 미혹한 세계에서 나고 멸함이 없는 상(常)·락(樂)·아(我)·정(淨)의 열반에 이르기 위해 실

부 록

천해야 할 여섯 가지 덕목임. 여섯 가지란 보시, 지계, 인욕, 정진, 선정, 지혜이다. 범어로는 단(보시)바라밀, 시라(지계)바라밀, 찬제(인욕)바라밀, 비리야(정진)바라밀, 선(선정)바라밀, 반야(지혜)바라밀이다. 법화경 이전의 방편의 권대승 사십여 년의 교법에 있어서는 보살의 역겁수행(歷劫修行)을 설하셨으나, 법화경의 개경(開經)인 무량의경에 와서는 「아직 육바라밀을 수행하지 못하였을지라도 육바라밀이 자연히 재전함이라.」고 하심. (⇨ 바라밀)

여섯 가지 무거운 법 … 육중법(六重法)이라 함.
〈1〉여섯 가지의 무거운 계율. ① 살생하지 말라. ② 도둑질하지 말라. ③ 거짓말하지 말라. ④ 삿된 음행을 하지 말라. ⑤ 사부대중(비구, 비구니, 우바새, 우바이)의 허물을 말하지 말라. ⑥ 술을 팔지 말라. 〈2〉여섯 가지 가르침. ① 신체로써 자비행을 하는 것. ② 언어로써 자비행을 하는 것. ③ 마음으로 자비행을 하는 것. ④ 받아들인 깨끗한 보시를 고르게 분배하는 것. ⑤ 계율과 훈계를 지키고, 범행자(梵行者)와 생활하는 것. ⑥ 열반에 이르는 정견을 지키고 범행(梵行)을 행하는 자와 생활하는 것. (반니원경)

여섯 가지 신통 … 육통(六通), 육신통(六神通)이라고도 함. 여섯 가지 걸림 없이 자재한, 생각으로 논의하지 못할 작용. 선정을 닦음으로써 대개 얻어진다. 부처님, 보살, 연각, 성문의 성인(聖人)이 지닌다. ① 천안통(天眼通) … 하늘눈이라 함. 육안으로 볼 수 없는 것을 보는 신통. 원근대소(遠近大小)를 불문하고 무엇이든지 봄. ② 천이통(天耳通) … 하늘귀라 함. 인간 귀로 듣지 못하는 모든 소리를 듣는 신통. ③ 타심통(他心通) … 타인의 마음을 자유자재로 아는 신통. ④ 숙명통(宿明通) … 자기와 타인의 과거세상의 나고 죽음과 생존상태를 자재하게 아는 신통.

⑤ 신족통(神足通) … 생각하는 곳에 마음대로 갈 수 있는 능도[能到: 비행]와, 마음대로 모습을 바꾸는 전변[轉變: 변화]과, 물질·소리·향기·맛·닿음·법인 바깥 세계의 경계인 대경을 자유자재로 하는 성여의[性如意: 수의자재]의 셋이 있다. ⑥ 누진통(漏盡通) … 자재하게 모든 번뇌를 끊는 능력으로 두 번 다시 미혹한 세계에 태어나지 않는다. 누진통을 뺀 다섯 가지 신통을 오신통이라 한다. (⇨ 신통, 삼명)

여섯 가지 염하는 법 … 육념법(六念法), 육수념(六隨念)이라고도 함. ① 염불(念佛) … 부처님을 염하는 것. 부처님께옵서는 십호를 구족하시고, 대자대비의 광명을 갖추셨으며, 중생의 고통을 능히 구제하시는 신통이 무량하신 분이므로, 부처님과 같기를 염원하는 것. ② 염법(念法) … 법을 염하는 것. 여래께옵서 설하신 법은 일체의 큰 공덕이 있고, 모든 중생의 대양약이 된다. 능히 이것을 깨달아서 중생에게 베풀고자 염하는 것. ③ 염승(念僧) … 스님네를 염하는 것. 스님께서는 여래의 제자로서 새는 것이 없는 법을 얻으셨고, 계·정·혜를 구족하셔서 세간의 거룩한 복전이 되나니, 스님의 행을 닦고자 염원하는 것. ④ 염계(念戒) … 계를 염하는 것. 모든 계의 행은 큰 위력이 있어 중생의 악과 좋지 못한 법을 없애 주므로, 능히 그것을 보호하여 지니고 정진하고자 염원하는 것. ⑤ 염시(念施) … 보시, 곧 베푸는 것을 염하는 것. 보시행의 대공덕이 중생의 간탐하는 중병을 능히 없애므로, 보시하여 중생을 거두어들이고자 염원하는 것. ⑥ 염천(念天) … 하늘을 염하는 것. 욕계·색계·무색계의 하늘이 자연히 쾌락을 받는 것은 다 앞 세상에 계를 가짐과 보시의 선근을 쌓았기 때문인데 이런 공덕을 갖추어 하늘에 나고자 염원하는 것. 이 여섯 가지 염하는 법을 닦으면 열반에 이른다.

여섯 가지의 화합하고 공경하는 것 … 육화경(六和

敬)이라 함. 보살이 중생과 화합 공경하여 중생과 같이 하는 것을 여섯 가지로 나눈 것. ① 동계화경(同戒和敬) … 같은 계품을 가지고 화합하여 사랑하고 공경하는 것. ② 동견화경(同見和敬) … 같은 종종의 견해에 머물러 같이 화합하고 사랑하고 공경하는 것. ③ 동행화경(同行和敬) … 같은 종종의 행을 닦아 서로 화합하고 사랑하고 공경하는 것. ④ 신자화경(身慈和敬), ⑤ 구자화경(口慈和敬), ⑥ 의자화경(意慈和敬), 이상 셋은 몸·입·뜻의 세 가지 업으로 큰 자비의 행을 하여 같이 화합하여 사랑하고 공경하는 것.

여섯 갈래 길 … 육도(六道), 육취(六趣)라고 한다. 여섯 곳, 여섯 가지 길, 여섯 갈래로 나아가는 데라고도 함. 중생이 삿된 집착, 그릇된 견해, 번뇌, 선업, 악업 들로 인하여 그 업보에 따라 서 나고 죽고 머무르며 돌고 도는 윤회의 장소를 여섯 가지로 나눔을 나타낸 말. 지옥도, 아

귀도, 축생도, 아수라도, 인간도, 천상도를 가리킴. 육도, 색계, 무색계의 삼계(三界)이며 돌고 도는 윤회의 범위이다. (⇨ 삼계, 지옥, 아귀, 축생, 아수라, 인간, 하늘, 그림1)

여섯 건넘 … 육도(六度), 육바라밀을 말함 (⇨ 바라밀)

여섯 곳으로 나아가는 중생 … 육취 중생(六趣衆生). (⇨ 여섯 갈래 길)

여섯 도적 … 육적(六賊)이라 함. 눈·귀·코·혀·몸·뜻의 여섯 경계를 도적에 비유한 말임. 이 육근을 매개로 하여서 중과를 이룰 수 있는 중생의 공덕을 빼앗고 번뇌를 일으킴으로 도적에 비유.

여섯 뿌리 … 육근(六根), 육정근(六情根), 여섯 정의 뿌리라고도 함. 여섯 가지 감각기관. 여섯 가지 인식능력. 눈·귀·코·혀·몸·뜻의 여섯 가지 인식능력. 눈·귀·코·혀·몸·뜻을 가리킴. 법화경을 수지 독송 해설 서사의 수행에 의해 육근이 청정해진다.

연각(緣覺) … 벽지불의 번역. 독각(獨覺)이라고도 함. 십이인연의 이치를 관찰하여 홀로 깨달았다는 뜻임. 부처님의 가르침에 의하지 않고 스스로 깨닫고, 스스로의 이익을 위해 정진하고, 다른 이를 이롭게 하려는 마음이 없는 소승의 성인. 고요함을 좋아할 뿐, 설법교화하지 않는 한 종류의 성자. 성문, 보살과 합하여 삼승이라 함. 보살의 바로 밑 단계임. (⇨ 그림1)

열 가지 악업 … 십악(十惡)이라 함. 살생(생명을 끊는 것), 도둑질(투도), 삿된 음행(사음), 거짓말(망어, 속임), 이간하는 말(양설, 깨뜨리는 말), 악한 말(악구, 악하게 욕함), 여러 가지 더러운 말(기어, 뜻이 없는 말), 탐욕, 성냄, 어리석음(삿된 견해)을 가리킴. 몸업이 셋, 입업이 넷, 뜻업이 셋이다. 이를 행하여 지으면 지옥·아귀·축생에 떨어진다. 인간에 나더라도 수명이 짧고, 병이 많으며, 불행을 당한다. 이러한 십악을 여의는 것이 십선(十善)인데 삼승, 부처님의 과를 얻는다.

열 가지 힘 … 십력(十力)이라 함. 또는 힘, 력(力)이라고도 씀. 부처님께옵서 갖추신 열 가지 지혜의 힘이 있는데, ① 처비처지력(處非處智力) … 실상과 같이 모든 이치와 이치 아닌 것을 아시는 힘, ② 업이숙지력(業異熟智力) … 실상과 같이 일체 중생의 과거, 현재, 미래의 업과 그 업보의 인과관계를 아시는 힘, ③ 정려해탈등지등지지력(靜慮解脫等持等至智力) … 실상과 같이 모든 선정, 삼매, 해탈의 순서나 얕고 깊음을 아시는 힘, ④ 근상하지력(根上下智力) … 실상과 같이 일체 중생의 근기인 능력이나 성질의 우월과 열등함 등을 아시는 힘, ⑤ 종종승해지력(種種勝解智力) … 실상과 같이 일체 중생의 깨달고 이해하고 판단하는 것들을 아시는 힘, ⑥ 종종계지력(種種界智力) … 실상과 같이 일체 중생의 환경인 성품과 소질이나 그 행위경지 등

부 록

을 아시는 힘, ⑦ 편취행지력(遍趣行智力) … 실상과 같이 일체 중생의 각각의 모든 세계에 태어나는 행의 인과를 아시는 힘, ⑧ 숙주수념지력(宿住隨念智力) … 실상과 같이 자신과 타인의 과거 세상의 여러 가지 일체 모든 일을 오늘날과 같이 기억해 내어 아시는 힘, ⑨ 사생지력(死生智力) … 실상과 같이 하늘눈을 가지고 중생의 나고 죽음의 때와 미래생의 선고 악의 세계들을 아시는 힘, ⑩ 누진지력(漏盡智力) … 스스로 모든 번뇌가 다하여 다음의 생존을 받지 않는 것을 아시고, 또 다른 이의 번뇌를 끊는 방법을 틀림없이 아시는 힘 들이다.

그 다음에는 보살에게 갖추어진 열 가지 힘이 있는데, 심심력, 증상심심력, 방편력, 지혜력, 원력, 행력, 승력, 유희신통력, 깨달음의 힘(보리력), 전법륜력 들이 있다고 화엄경에서 설하셨음.

열두 가지 괴로운 일 … 십이인연을 가리킴. 이

것은 그 자체가 괴로운 것이므로 이름함. (⇩ 십이인연법)

열두 가지 인연법 … (⇩ 십이인연법)

열반(涅槃) … 멸(滅), 적멸(寂滅), 멸도(滅度)라 번역. 모든 번뇌의 속박에서 풀리어 벗어나고, 진리를 궁구하여 미혹한 나고 죽음을 초월해서, 남이 없고 멸함이 없는 법을 체득한 경지. 자유, 안락, 청정, 평화, 영원 등을 갖춘 행복 중의 최고 행복의 경계이며, 자비, 지혜, 복덕, 수명의 만덕을 흡족히 갖추고 있는 경계이다. 소승에서는 몸과 마음이 모두 없어지는 것을 이상으로 하므로, 대체로 유여열반(有餘涅槃)과 무여열반(無餘涅槃)의 두 가지 종류를 세운다. 대승에서는 적극적으로 항상함(常), 즐거움(樂), 진정한 나(我), 깨끗함(淨)의 네 가지 덕을 갖춘 것을 일컫는다. 중도실상(中道實相), 진여(眞如)와 같은 뜻으로도 쓰이며, 나고 죽음의 그 자체가 바로 열반으로 표현되며, 진공묘유(眞空妙有)의

98

상태이다.

열여덟 가지 같지 않는 법 … 십팔불공법(十八不共法)이라 함. 부처님에만 있는 공덕으로써 성문, 연각, 보살에게는 같이 함께 하시지 않는 열여덟 가지를 말함. 소승에서는 부처님의 열 가지 힘(십력)과 네 가지 두려울 바 없음(사무소외)과 삼념주(三念住)와 부처님의 대비(大悲)를 합한 것을 든다. 대승에서는 다음과 같다.

① 부처님의 몸에는 허물이 없으시다(신무실(身無失)). ② 부처님께옵서는 입의 행위에 있어서 과실이 없으시다(구무실(口無失)). ③ 부처님께옵서는 깊은 선정을 닦으셔서 마음이 흐트러지지 않으시며 법에 집착하지 않으시고 편안하시다(념무실(念無失)). ④ 일체 중생에 평등하여 다른 생각이 없으시고, 앉으시고, 누우심에 선정을 떠나 머무르시고, 앉으시고, 누우심에 선정을 떠나지 않으심(무부정심(無不定心)). ⑥ 부처님께옵서는 일체 법을 비추신 다음 버리고 집착하지 않

는 심(무부지이사(無不知已捨)). ⑦ 모든 중생을 제도하시어 마음에 싫어함이 흡족함이 없고자 하심(욕무감(欲無減)). ⑧ 부처님의 과를 이루신 후에도 정진력에 감소함이 없으시다(정진무감(精進無減)). ⑨ 부처님께옵서 일체 지혜를 구비하시고 모든 중생을 제도하시되, 마음에 부족한 생각이 없으시다(염무감(念無減)). ⑩ 부처님께옵서 지혜로 모든 중생을 제도하시되 조금도 부족하심이 없는 지혜(혜무감(慧無減)). ⑪ 부처님께옵서 일체 집착에서 벗어나시어 유위(有爲)·무위(無爲)의 두 해탈을 구현하시고 일체 번뇌를 멸하심(해탈무감(解脫無減)). ⑫ 일체의 해탈에 관하여 명백한 지견을 가지시고 조금도 결함이 없으심(해탈지견무감(解脫知見無減)). ⑬ 부처님께옵서는 청정하고 뛰어난 형상으로 지혜를 따라 행하시어 일체 중생을 이익되게 하심(일체신업수지혜행(一切身業隨智慧行)). ⑭ 부처님께옵서는 미묘하시고 청정하신 말씀의 작용으로써 지혜

염부제 … 섬부주라고도 함. 인간 사대주(四大洲)의 하나. 우리가 살고 있는 이곳 지구촌임. 수미산을 중심으로 7금산이 둘러져 있고, 그 외곽에 철위산이 둘러져 있는데, 철위산과 7금산 사이의 대함해(大鹹海)에 떠 있는 인간세계를 동, 서, 남, 북의 네 주로 나눈 가운데서 남쪽에 위치한 대륙. 열여섯의 큰 나라, 오백의 중간 나라, 십만의 작은 나라가 있으며, 여기 주민들이 누리는 즐거움은 다른 주보다 떨어지지만 모든 부처님께옵서 출현하시는 곳은 오직 남주 염부제뿐이다. (⇒ 사천하, 수미산, 인간, 그림1, 그림2)

염하다 … 마음 작용의 이름. ① 일찍이 경험한 것을 밝게 기억하여 현재 순간에도 잊지 않는 것. ② 단지 생각·사유·상상의 의미. ③ 염(念)이란 극히 짧은 시간의 단위로도 쓴다.

영락(瓔珞) … 머리, 목, 가슴, 손, 다리 등등에 거는 것으로, 구슬, 옥, 꽃들로 철을 하여 만

에 따라 중생을 교화하시어 유익하게 하심(일체구업 수지혜행(一切口業 隨智慧行)). ⑮ 부처님께옵서는 청정한 뜻의 활동으로써 지혜에 따라 중생을 교화하시어 유익하게 하심(일체의업 수지혜행(一切意業隨智慧行)). ⑯ 사리에 밝은 지혜로써 지과거세 무애(智慧知過去世無礙). 지난 예전의 세상을 아시되 걸림이 없으심(지혜로써 미래 세상을 아시되 걸림이 없으심(지혜지미래세 무애(智慧知未來世無礙)). ⑱ 사리에 밝은 지혜로써 현재 세상을 아시되 걸림이 없으심(지혜지현재세 무애(智慧知現在世無礙)).

염부단금 … 염부는 나무이름, 단은 강이라는 뜻. 수미산의 남방 염부제 안의 7금천과 철위산 사이(혹 향취산과 설산 사이의 대삼림)에 있는 큰 염부나무 숲의 사이를 흐르는 강 속에서 나오는 사금임. 황금 가운데 가장 훌륭함. 그 색은 적황색으로 자색을 지니고 있어 자금, 자마금이라고도 함.

든 장신구. 또한 정토나 북구로주에서는 나무 위에 드리워 늘인다.

영취산 … (⇨ 기사굴산)

예순두 가지를 흡족하게 갖추고(방편품) … 예순두 가지의 잘못된 견해. 자기 및 세계에 관하여 불교의 바른 도에서 벗어난 삿된 견해의 총칭임. 오음(五陰, 오온)인 색(色)·수(受)·상(想)·행(行)·식(識)에 각각 네 가지 그릇된 견해, 곧 즉온시아(卽蘊是我), 이온시아(離蘊是我), 아대온소온재아중(我大蘊小蘊在我中), 아소아재온중(蘊大我小我在蘊中)이 있어 합하면 스무 가지, 이것이 과거·현재·미래에 각각 있어 합하면 예순 가지, 여기에 단견(斷見)·상견(常見) 두 가지를 합하면 예순두 가지가 됨. 모든 외도와 범부들 견해인 그 잘못된 육십이견(六十二見)을 풀이하는 데 세 종류가 더 있다.

오계(五戒) … 불교에 귀의하는 재가의 남녀가 지켜야 할 다섯 가지 계율. ① 중생을 죽이지 말라. ② 훔치지 말라. ③ 사음하지 말라. ④ 거짓말하지 말라. ⑤ 술 마시지 말라.

오마룩가 … 흑색으로써 사람의 정기를 빨아 먹는 귀신.

오온(五蘊) … 오음(五陰)이라고도 함. 다섯 가지 모여 쌓인 것이란 의미. 물질계와 정신계의 양면에 걸치는 일체의 변함이 있는 법을 가리킨다. 중생의 몸과 마음을 다섯 가지로 분석한 것. 일체 중생은 이것이 잠정적으로 모여서 이루어진 것에 지나지 않는다. ① 색온(色蘊) … 유형의 물질. 신체. 스스로 변화하고 또 다른 것을 장애하는 물질. 나타나는 감각. ② 수온(受蘊) … 인상감각. 육근을 통하여 바깥 경계를 받아들이는 마음의 작용. 단순 감정. ③ 상온(想蘊) … 지각(知覺). 표상(表象). 바깥 경계의 사물을 마음속에 받아들이고 그것을 생각해 보는 마음의 작용. 사상(思想). ④ 행온(行蘊) … 의지, 충동적 욕구, 행동 등의 여러 가지 마음

작용들. 인연으로 생겨나서 시간적으로 변천하고자 하는 것. ⑤ 식온(識蘊) … 식별작용. 앞의 네 가지를 종합한 인식작용. 수·상·행의 작용을 일으키는 근본의식 그 자체. 마음의 본체.

오음마(五陰魔) … 네 가지 마[오음마, 번뇌마, 죽음마, 천자마]의 하나. 오음은 가지가지 고통을 내고 도에 장애를 주므로 마(魔)라 한다. (⇨ 오온)

왕사성(王舍城) … 옛 시대 중인도 마갈타국의 수도.

외도(外道) … 부처님 가르치심[내도(內道)] 이외의 가르침 및 그 도를 배우는 사람. 삿된 뜻, 삿된 설(說)로서 인과의 올바른 이치를 믿지 않고, 진리가 아닌 것을 진리라고 말하는 일체의 잘못된 견해와 그 권속. 구십오종외도[열반경], 육사외도[유마경], 사십종외도[대일경] 등등이 있다. 불법외외도[佛法外外道 : 바라문 가르침, 기독교, 천주교, 이슬람교 같은 불법외의 외도], 부불법외도[付佛法外道 : 본래는 외도이면서 불법의 교의를 훔쳐서 자기들의 뜻에 섞어 넣어서 소승교의 뜻을 세운 것], 학불법외도[學佛法外道 : 본래는 외도이면서 불법의 교의를 배워서 자기들의 뜻에 섞어 넣어서 대승교의 뜻을 세운 것]의 세 가지로 분류되기도 한다. (마하지관)

용(龍) … 신력을 지닌 뱀 모습의 귀신. 주로 바다 가운데 살며 축생계에 속함. 영묘한 힘을 가지고 있으며 신중(八部神衆)의 하나. 불법수호 팔부신중의 하나. 사가라 용왕의 궁전은 큰 바다 밑에 있고, 난타·발난타 용왕의 궁전은 수미산과 접타라 산과의 중간에 있으며, 아나바달다 용왕의 궁전은 설산중의 아뇩달 연못에 있다. 금시조라는 천적이 있어 포식되어지기도 한다. 오탁악세(五濁惡世)에는 여러 가지 독을 가진 악룡이 많아져 독한 기운을 뿜

법어 풀이

우담발라 … 우담바라, 우담발, 우담화, 우담이라고도 함. 부처님 혹은 전륜성왕이 나타날 때 꽃이 피는 식물. 삼천 년에 한 번 꽃이 핀다. 매우 드물다는 비유로 쓰이기도 함. 무화과의 일종으로 나무 크기는 한길 남짓하고 잎은 4~5촌, 꽃은 자웅의 구별이 있음. 인도와 실론에 자라고 있으며, 꽃은 속에 들어 있으므로 겉에서는 보이지 않는다.

우두전단 … 적전단이라고도 함. 향기가 사향과 비슷한 향나무. 빛은 적동색. 우두산(牛頭山)에서 자라는 전단. 썩지 않음.

우루빈나 가섭 … 세 가섭의 한 분. 우루빈나는 가야성 부근의 지명 이름. 목과림(木瓜林)이라 번역. 사화외도(事火外道)였으나 가야성에서 교화를 받고 제자 5백인을 거느리고 출가하여 아라한과를 증득함.

우바리 … 부처님의 십대제자로 계율 지키기가

제일임(持戒第一). 가장 천한 수드라의 천민 출신으로 출가의 어려움을 알고 고민하였는데, 부처님께옵서 이를 아시고 아누루다를 시켜서 석가족이 보는 앞에서 제자로 삼으심.

우바새 … 근사남(近事男), 근선남(近善男), 근숙남(近宿男), 청신사(淸信士)라 번역. 출가 수행자를 받들어 모시는 사람이란 뜻. 재가의 남자로 불도(佛道)에 들어가 삼보에 귀의하고 오계를 지니는 사람.

우바이 … 근사녀(近事女), 근선녀(近善女), 청신녀(淸信女)라 번역. 세속에 있으면서 불교를 믿는 여자. 착한 일을 행하며, 비구니를 친근하고 일을 도우며, 삼보에 귀의하고 오계를 갖는 여자.

우바제사 … (⇒ 십이부경)

우발라꽃 … 우발이라고 함. 연꽃의 일종으로 청련화를 일컬음. 7월에 아름다운 꽃이 피는데 아침에 피고 저녁에 오므린다. 푸른 연꽃.

부 록

우타이 … 가비라성의 국사(國師)의 아들. 실달다 태자의 학우(學友). 변론을 잘하며 태자의 출가를 막으려던 사람. 후에 출가하여 부처님의 제자가 됨.

원력(願力) … 본원(本願)의 작용, 본래 원의 힘이라 함. 부처님께옵서 보살이셨던 때에 세우신 본원이 완성되어 그 원을 나타내는 힘.

월천자(月天子) … 월궁천자, 명월천자(明月天子), 월신, 월천, 보길상천자라고도 함. 달 궁전 속에 살며, 월세계를 통치하며, 제석천왕의 내신이다. 달을 차지하여 사천하를 비추며, 수많은 하늘여자를 거느리고 오욕락을 즐긴다. 인간의 50년을 하루로 하여 수명은 오백 세.

위없이 높고 바르며 크고도 넓으며 평등한 깨달음 … 아뇩다라삼먁삼보리의 번역. 부처님께옵서 이루시고 갖추신, 가장 마지막 다 마치신, 사리에 밝으신 완전한 깨달음의 지혜.

위의법(威儀法) … 규율과 예의범절에 들어맞는 기거동작의 법. 행동거지에 덕이 갖추어져 있어 중생으로 하여금 숭배할 생각을 일으키게 하는 몸가짐으로써, 가는 것(行), 머무는 것(住), 앉는 것(坐), 눕는 것(臥)의 일체의 법을 말함.

위제희 … 석가세존 재세시 중인도 마가다 나라의 빈바사라왕의 왕비. 아사세왕의 모친.

위타라 … 비타라라고도 한다. (⇨ 비타라)

유리 … 칠보의 하나. 청색의 보배 구슬. 청옥.

유순(由旬) … 거리, 수의 단위. 성왕이 하루 동안에 다닌 일정을 말하고, 또 멍에를 황소 수레에 걸고 하루의 길을 가는 여정을 말한다. 대 유순은 80리. 중 유순은 60리, 소 유순은 40리라고 한다.

유정천(有頂天) … ① 색계의 최정상인 제4선천 색구경천. 곧, 아가니타천의 번역. (⇨ 아가니타천) ② 비상비비상처천(非想非非想處天)의 다른 이름. 욕계·색계·무색계의 삼계 중 무색계(無

色界)의 가장 높은 하늘. (⇩ 하늘, 그림1)

육바라밀 … (⇩ 다섯 바라밀)

육수(六銖) … 수(銖)는 무게단위로써 극소량임. 1수는 1양(兩)의 24분의 1. 곧 6수는 4분의 1양에 해당. 해 차안전단향의 6수는 가치가 사바세계와 같음. (약왕보살본사품)

육신통 … (⇩ 여섯 가지 신통)

육안(肉眼) … 중생의 육신에 갖추고 있는 눈. 보통 인간의 눈을 말함. 눈은 다섯 가지로 나누는데, 육안(肉眼 : 인간의 눈)과 천안(天眼 : 색계의 천인이 갖고 있는 눈), 혜안(慧眼 : 성문, 연각의 눈), 법안(法眼 : 보살이 일체 중생을 제도하기 위해 일체 법문을 비추어 보는 눈), 불안(佛眼 : 앞의 네 가지 눈을 갖추신 부처님의 눈)이 있다. 이를 오안(五眼)이라 한다.

육입(六入) … (⇩ 십이인연법)

육재일(六齋日) … 매달 8·14·15·23·29·30 (월말의 양일)의 여섯 날. 이 육일은

사천왕이 대신을 거느리고 천하를 순찰하면서 사람의 선악을 살피는 날, 또는 악귀가 사람의 짬을 보는 날. 이 날에는 몸을 조심하고, 마음을 깨끗하게 하여 계를 지켜야 한다. 출가인은 한 곳에 모여 포살을 행하고, 재가인은 이날 여덟 가지 계율(⇩ 팔계)을 지키고 좋은 일을 행하는 정진일이다.

율의(律儀) … ① 보통 계율(戒律), 금계(禁戒), 율법(律法)을 말함. 부처님께옵서 제정하신 규율을 지켜 위의를 엄정하게 하는 율법임. 여러 가지로 나누어지며, 몸·입·뜻을 제어한다. ② 잘못된 일을 막고 악행을 그치게 하는 힘을 가진 계의 본체로서 계체(戒體)라고도 하며, 계를 받을 때 의식과 작법에 의해 생기는 몸과 마음에 나타나는 힘을 뜻한다. 이는 눈으로 볼 수 없기 때문에 무표색(無表色)이라 한다.

은륜(銀輪) … 은으로 된 바퀴의 보배. 또는 이를 가지고 사천하의 동·서·남 3주(洲)를 통치하

105

부 록

는 전륜성왕.

은혜 … 자비를 베푼 것. 정법염처경에는 어머니의 은혜, 아버지 은혜, 여래의 은혜, 설법법사의 은혜가 있고, 심지관경에는 부모의 은혜, 중생의 은혜, 국왕의 은혜, 삼보의 은혜를 설하심. 은혜를 갚는 방법은 불법, 특히 법화경을 배워서 널리 유포해야만 된다고 촉루품 등에서 설하심.

응공(應供) … (⇨ 십호)

이승(二乘) … 부처님의 두 종류의 교법. 여러 가지로 분류되나 사제법을 수행하는 성문승과 십이인연법을 수행하는 연각승을 뜻함. 또한 성문과 연각의 사람을 말함. 이 이승은 법화이전의 42년간의 화엄부·아함부·방등부·반야부의 모든 경에서는 성불하지 못한다고 되어 있었으나, 법화경에 이르러 비로소 이승도 성불한다고 설해짐[二乘作佛 會三歸一]. 그러므로 진정한 십계호구(十界互具), 가장 원만한 일체 중생

해탈성불을 나타낸 일승원교(一乘圓敎)의 교법이 바로 법화경만을 가리킴을 알 수 있다.

이십오유(二十五有) … 유는 유정으로서의 존재 또는 생존의 뜻. 욕계·색계·무색계에 있는 스물다섯 가지 종류의 중생세계란 뜻. 이를 줄여 삼계(三界), 육도(六道)라 한다. 욕계의 4주[동불바제·남염부제·서구야니·북울단월], 6욕천[사왕천·도리천·야마천·도솔천·화락천·타화자재천] 등의 14유(十四有)와, 색계[대범천·초선천·제2선천·제3선천·제4선천·무상천·오나함천]의 7유(七有)와, 무색계[공무변처천·식무변처천·무소유천·비상비비상처천]의 4유(四有)를 합하여 일컬음. (⇨ 그림 1)

인(因) … 결과(果)를 생기게 하는 직접 원인[내적원인]. 이에 대해 간접적인 외적 원인을 연(緣)이라고 한다. 둘을 합쳐 인연이라고도 쓴다. 원인, 씨, 근본 되는 것이라고도 함. 혹은

인간(人間) … 육도(六道), 오취(五趣), 십계(十界)의 하나. 보통의 평온한 마음・생명상태. 일세계를 구성하는 9산8해(九山八海)의 중심인 수미산은 여덟 산과 여덟 바다로 둘러싸여 있는데, 그중 일곱 번째에 향수해(香水海)와 금산(金山)이 있고, 그 바깥둘레에 함해(鹹海)가 있으며, 그 둘레의 가장 바깥 외각에 철위산이 둘러싸고 있는데, 이 함해 수면위의 네 방위의 대륙인 동서남북 4대주에 살고 있는 중생. 동쪽은 불바제, 승신주라 하고, 수명은 500세임. 남쪽은 염부제, 섬부주라고 하고, 현세 수명은 100세〔8만세에서 10세로 증감함〕이며, 우리들이 지금 살고 있는 지구촌이다. 서쪽은 구야니, 우화주라 하고, 수명은 250세이다. 북쪽은 울단월, 구로주라 하고, 수명은 1000세로써 중간에 요절하지 않지만 성인이 나지 않는다. 모두 괴로움과 즐거움이 섞여 있다. 다섯 가지 덕인 어짊〔仁〕, 옳음〔義〕, 지혜로움〔智〕, 믿는 것〔信〕과, 다섯 가지 계인 살생하지 않음, 거짓말하지 않음, 도둑질하지 않음, 술 마시지 않음, 사음하지 않음을 지키면 인간의 몸을 받는다. (⇨ 그림1, 그림2)

인비인(人非人) … ① 사람이면서 사람 아닌 것. ② 사람도 축생도 귀신도 아닌 것. ③ 긴나라의 다른 이름. 모습은 사람과 흡사하나 한 개의 뿔을 가지고 있으므로 이름함. ④ 불법수호의 팔부신이 거느린 권속자의 총칭. 팔부신중은 본래 사람이 아니나, 사람 모습으로 바꾸어서 설법을 들으려 왔으므로 이름함.

인연(因緣) … 과를 낳게 하는 직접원인을 인(因)이라 하고, 인을 도와서 과에 이르게 하는 것을 연(緣)이라 한다. 비유컨대 식물의 종자는 인(因)이고, 햇빛・물・흙・거름 등은 연(緣)인 것이다.

인연 끌어당김 … 반연(攀緣)이라 함. 마음이 대상을 의지하여 일어나는 것. 번뇌망상의 처음이며 근본임.

일곱 가지 보배 … 칠보(七寶)라고도 함. ① 금·은·유리·차거·마노·진주·매괴를 말함. 이 밖에 파리(수정), 산호, 호박, 적주, 명월주 등을 적당히 더하고 빼서 칠보로 한다. 이 칠보를 칠성재(七聖財)로 여기기도 한다. 정법을 들음(聞), 신수함(信), 지킴(戒), 한결같음(定), 정진함(進), 베풂(捨), 참회함(慙)의 일곱 가지. ② 전륜성왕이 소유하는 일곱 가지의 보배. 바퀴, 코끼리, 말, 구슬, 여자, 거사(재무장관에 해당), 주가 되는 병사 신하(장군).

일불승(一佛乘) … 일승·불승이라 함. 유일하게 부처님을 이루는 가르침의 법, 곧 일승법. 법화경을 지칭함. 불교의 진실한 가르침은 유일하고, 그 가르침에 의해 일체 중생이 동일하게 성불된다는 가르침. 중생의 근기는 이 일불승에 인도되기 위한 방편임. 삼승과 상대한 것이 아닌 포섭한 입장이며, 삼승의 중생을 부정한 것이 아니라 삼승의 교법에 집착하는 마음을 배척한 것이며, 법체의 입장에서는 삼승이 곧 일승이며, 오직 일승만이 있는 것이 된다. 시방의 부처님 국토 가운데에는 오직 일승법만이 있으며, 이승도 없고 삼승도 없다.(방편품) 대백우거(大白牛車)에 비유함.(비유품) (⇩ 불승)

일 사천하(一四天下) … 수미산의 네 방위에 있는 네 곳의 하늘 아래. 곧 하나의 사대주를 말함. 동불바제, 남염부제, 서구야니, 북울단월. (⇩ 사천하, 그림2)

일세계(一世界) … 하나의 소세계라 함. (⇩ 삼천대천세계, 그림2)

일 소겁(一小劫) … 하나의 작은 겁, 소겁이라고도 함. 사람의 수명이 8만 4천 세 때부터 100년마다 1살씩 감하여 나이가 10세까지 이르는 동안을 1감겁, 10세부터 다시

100년에 1살씩 더하여 8만 4천 세까지 이르는 동안을 1증겁이라 하는데, 1감겁(一減劫)과 1증겁(一增劫)을 합하여 1소겁, 보통 소겁이라 한다. 20소겁을 합하여 1중겁(中劫), 4중겁{세계가 변천하는 과정. 각각의 20소겁 동안 세계가 이루어지고, 머무르고, 무너지고, 없어지는 것인 성겁(成劫), 주겁(住劫), 괴겁(壞劫), 공겁(空劫)의 四劫}을 1대겁(大劫)이라 한다. 1대겁은 80소겁이다. (⇨ 현겁)

일승(一乘) … (⇨ 일불승)

일승도(一乘道) … 승은 타는 것이고, 오직 하나의 타는 것으로 유일의 탈 것인 길을 말함. 일체 중생이 모두 부처님을 이루는 것으로 그 구제하는 가르침의 법은 하나뿐이고 절대 한 것이다. 이 법화경뿐임. (⇨ 일불승)

일실(一實) **의 경계** … 일(一)은 순일하고 잡됨이 없음, 오직 하나며 둘이 없음. 실(實)은 진실의 뜻. ① 일불승(⇨ 일불승) ② 진여. 평등 무차별의 실상. 절대 진실의 경계. 중도 진여실상의 이체(理體)의 경계. 진여의 본체를 깨달은 경계.

일실의 도 … 하나의 진실한 길. 중생이 빠짐없이 교화되는 길, 곧 일체 중생을 진여실상의 깨달음에 인도하는 절대 진실한 일승의 교법.

일심(一心) … 한마음이라 함. ① 궁극적 근저로서의 마음. 만법의 진여실체. 부처님의 일심법. ② 다른 생각이 없는 마음. 정신통일. 마음의 동요를 평정하는 것. ③ 마음의 주된 작용. 일념(一念). 심왕(心王). ④ 신심(信心) ⑤ 많은 사람의 마음이 하나가 되는 것.

일천자 … (⇨ 보광천자)

일체 가지가지 지혜 … 일체종지(一切種智)라고도 함. 부처님께옵서 지니시고 계시는 사리에 밝은 지혜. 모든 존재에 대하여 평등의 처지에서 차별의 상을 세밀히 아는 지혜. 세 가지 지혜 곧 일체지(一切智∷모든 법의 총체적 평등한 모양을 아는 성문·연각의 지혜), 도종지(道種智: 중생을 교화하기 위해서 여러 가지 차별이 있는 온갖 도의 종별을 다 아는 보살의 지혜), 일체종지(一切種智: 제법의 실상을 깨달으신 부처님의 지혜) 가운데 하나. 법화경을 믿고 수지독송함에 의해, 공(空)·가(假)·중(中)의 세 가지 관을 통달하여 한 마음으로 동시에 세 가지 지혜를 얻는다.

일체지혜 ⋯ 일체지(一切智)라고도 하며 세 가지 지혜의 하나. 모든 존재에 대해서 곧 일체 모든 법의 총체적 평등한 형상을 개괄적으로 아는 지혜. 공을 비추어 이를 아는 것임. 성문, 연각의 지혜이다. 삼계의 견사혹을 깨뜨린 지혜. (⇨ 일체 가지가지 지혜)

있다는 견해 ⋯ 유견(有見), 상견(常見)이라 함. 있다는 것에 집착하는 삿된 견해. 세계가 항상 머물러 변화되지 않음과 동시에, 인간은 죽지만 자아는 없어지지 않으며, 오온은 과거나 미래에 항상 머물러 불변하여 끊어지는 일이 없다고 고집하는 그릇된 견해. 사람은 사람으로개는 개로만 태어나는 것이 되며, 선악을 행하여도 영향이 없다는 잘못된 생명관. 단견과 합하여 이견(二見)이라 함. 단견(斷見, 無見)은 이의 반대개념으로 죽으면 몸과 마음이 단절하며 금세만 존재하는 것으로 본다. 둘 다 치우친 잘못된 변견(邊見)이다.

(ㅈ)

자마금빛 ⋯ 자색을 띤 금빛. 부처님 신체에 대하여 일컫는다. 자마금은 자금, 자마황금, 염부단금이라고도 하며, 염부나무 숲 아래를 흐르는 강물 속에서 나는 사금을 말한다. (⇨ 염부단금)

자비(慈悲) ⋯ 자(慈)는 사랑스럽게 여긴다, 비(悲)는 연민의 뜻으로 불쌍히 여긴다는 뜻임. 불보살께서 중생을 측은히 여기시어 일체 중생에게 즐거움을 주는 것을 자(慈), 일체 중생의 괴로움을 없애주는 것을 비(悲)라고 한다. 자는 아버지의 사랑, 비는 어머니의 사랑에 비유됨. 자비는 최고의 지혜가 뒷받침 되어 있으며, 지혜와 자비는 항상 분리할 수 없는 한 쌍이며 방패의 양 면과 같다. 3종의 자비[三慈, 三緣慈悲]가 있다. ① 중생연자비(衆生緣慈悲, 小悲). 중생을 연으로 해서 일으키는 범부의 자비. 삼승은 처음에 중생연자비를 한 후 법연자비로 옮겨간다. ② 법연자비(法緣慈悲, 中悲). 모든 법이 공하다는 이치를 깨달아서 나와 남이 차별이 없다는 것을 바탕으로 일으키는 자비. 아라한, 초지 이상의 보살의 자비. ③ 무연자비(無緣慈悲, 大悲). 어떠한 것도 인연하지 않고 나타내게 되는, 일체 중생에게 똑같이 일으키는 절대 평등의 부처님의 대자대비.

자비희사(慈悲喜捨) … 네 가지 헤아릴 수 없는 마음이며, 헤아릴 수 없는 중생을 상대로 하여 헤아릴 수 없는 복의 과를 받는다. 불보살님께서 중생을 연민하는 마음인 큰 자애, 큰 동정으로 함께 느낌, 큰 희열, 사무량심(四無量心)이라고도 한다. 헤아릴 수 없음. 무량, 사무량, 큰 평정을 가리킨다. 이는 중생을 인도하여 해탈의 즐거움을 얻게 하는 것이라고 할 수 있다. ① 자(慈) … 중생에게 즐거움을 주는 것. ② 비(悲) … 중생의 괴로움, 고통을 없애주는 것. ③ 희(喜) … 중생이 괴로움을 벗어나 즐거워하는 것을 보고 기뻐하는 것. 중생을 기쁘게 해줌이 무량함. ④ 사(捨) … 중생에 대해 사랑, 미움, 친함, 원망함 등의 마음이 없이 마음이 평등한 것. 곧 중생을 위해 모든 것을 버림이 무량함.

자연의 지혜 … 자연지혜(自然智慧)라고 함. 마음의 본성은 본래가 청정한 깨달음의 본체로써 곧 부처님의 성품인데, 동작·말·생각 들을 더하지 않고 자연히 이를 아는 지혜를 일컫는다. 인위적 노력이나 조작 없이 모든 법을 있는 그

부 록

대로 깨닫고 비추어 아는 부처님의 지혜. 중생이 본래 갖추고 있는 힘을 깨닫는 지혜. 일체 종지와 같은 뜻. (⇨ 일체 가지가지 지혜)

자연혜(自然慧) ∷ 중생이 본래 갖추고 있는 평등함을 이해하는 힘. 벽지불이 가지는 지혜. 홀로 깨친 연각의 지혜라고 할 수 있으며, 십이인연을 따라 일으킨 지혜로서 본래 스스로 있는 것이다. 혹은 부처님의 자연의 지혜를 지칭함.

자재천(自在天) ∷ ① 자재(自在)라고도 함. 다섯 번째 하늘. 화락천(化樂天), 낙변화천(樂變化天)이라고 함. 스스로 자신의 여러 가지 즐거운 경계를 어느 때든 변화시켜 즐기는 까닭으로 이름한다. 도솔천 위에 타화자재천 아래에 있음. 이 하늘 사람의 키는 2리 반, 몸에서 항상 광명을 놓으며, 수명은 8천 세. 인간의 8백 세가 이 하늘의 하루. 아이는 남녀의 무릎 위에 화하여 나고, 그 키는 인간의 12

세쯤 된다. 수미산 꼭대기에서 56만 유순 위에 있음. ② 욕계 제6천인 타화자재천을 가리키기도 함. ③ 마혜수라의 번역. 색계 정상에 있는 하늘. 대자재천이라고도 함. (⇨ 대자재천, 그림1, 그림2)

잡화경(雜華經) ∷ 화엄경의 다른 이름. 만행(萬行)으로서 부처님의 과를 장엄함을 화엄(華嚴)이라 말하고, 만행이 서로 섞인 것을 잡화라 이름하나 그 뜻은 같음.

장대 끝에 용머리 모양을 만들고 깃발을 단 것 ∷ 당(幢)의 풀이임. (⇨ 당)

장로(長老) ∷ 학덕이 높고 불도에 들어온 지 오래 되어 대중의 존경을 받는 분. 또는 나이가 많으신 스님의 총칭.

장육(丈六) ∷ 일장육척(一丈六尺)의 신체 길이. 범부의 눈에 보인 부처님의 키가 1장 6척인데서 유래되어 부처님의 몸 또는 키, 또는 부처님을 뜻하기도 하는 말이다. 초지 이전의 범부

112

와 성문·연각을 위해 장육의 몸을 나타내시어 삼장교(아함부, 소승교)를 설하신 석가모니불을 지칭함. (⇩ 석가모니불)

장자(長者) … ① 부호, 자산가. ② 연장자, 장로, 노인. ③ 복덕이 훌륭한 사람. ④ 부처님을 비유한 말. [출세간의 장자]

적멸(寂滅) … 고요하고 멸함이라는 의미. 열반을 가리킴. 곧 제법실상(諸法實相)임. (⇩ 열반)

전단 … 상록수인 향나무의 이름. 여락(與樂)이라 함. 약으로도 쓰이며, 뿌리와 함께 가루를 만들어 향으로 쓰고, 향기름을 만들기도 한다.

전륜성왕(轉輪聖王) … 전륜왕, 윤왕이라고도 함. 통치의 바퀴를 굴리는 성왕이란 뜻. 곧 윤보(輪寶)를 굴린다. 일곱 가지 보배(윤보(금·은·동·철)·흰코끼리·말·신주(구슬)·옥녀·주장신(대신)·주병신(장군))를 가지고 있으며, 수명이 길고, 번민이 없고, 용모가 뛰어나고, 보배가 가득함을 갖추었으며, 무력을 사용하지 않고 정법으로써 수미 사주의 인간 세계를 통솔한다. 이 왕은 몸에 서른두 가지 형상을 갖추고 있으며, 윤보를 굴리어 가는 곳마다 장애를 분쇄하고 조복하여 정복하지 않는 것이 없다. 즉위할 때 하늘로부터 윤보를 감득함. 윤보에 금·은·동·철이 있으며, 금륜왕은 수미의 4주(四洲)를, 은륜왕은 동·서·남의 3주를, 동륜왕은 동·남의 2주를, 철륜왕은 남염부제 1주를 다스림. 공중으로 날아다님. 증겁(增劫)의 사람수명 2만세에 달했을 때 철륜왕이 출현하고, 차차 8만세가 넘어가면 금륜왕이 출현하여 사천하를 통치함.

정 … ① 정(定) … 삼매, 삼마지의 번역. 마음을 한 곳에 머물게 하여 어지럽거나 흩어지지 않게 하는 것. 여러 가지로 나누어 설명되어지고 있다. (⇩ 선) ② 정(情) … 느끼어 일어나는 마음, 친절하고 사랑하는 마음, 혼탁한 망령, 유정(有情)이란 것, 인식 기관 등의 각각의 뜻으로

부 록

정법 … ① 정법(正法) … 세 가지 때의 하나. 정법, 상법, 말법을 삼시(三時)라 하는데, 부처님 가르침의 법〔교(教)〕과 실천적 수행〔행(行)〕과 결과인 증과〔증(證)〕가 있는 시대. ② 바른 법으로써 부처님의 교법임. 부처님 교법 가운데서도 최상승 요의경(了義經)인 묘법연화경임.

정법(頂法) … 무량의 경에 나오는 말. (⇩ 난법)

정변지 … (⇩ 십호)

정행보살(淨行菩薩) … 구원실성(久遠實成) 석가모니 본불(本佛)님의 교화와 부촉을 받아 묘법연화경을 광선유포하시는 상수제자 본화지용(本化地涌) 사대보살 가운데 한 분. (⇩ 상행보살)

제도(濟度) … 미혹의 중생을 인도하여 깨달음의 길에 들도록 구해 주는 것. 제는 구제, 도는 도탈의 뜻이니, 나고 죽음의 큰 바다를 건너게 함을 가리킨다. 중생을 성불시키는 일.

제바달다 … 제바, 조달이라고도 함. 곡반왕의

114

아들. 아난의 형. 석가모니 부처님의 사촌 동생(종제). 출가하여 신통을 배우고 석가세존을 죽이려 하는 등 온갖 나쁜 죄 특히 오역죄를 짓고, 산몸으로 땅이 갈라져 무간지옥에 떨어졌음. 제바달다품에서는 과거 세상에 석가세존〔그 당시 왕〕께 법화경을 가르쳤던 아사선인이며, 출가하여 제바달다를 선지식으로 하여 천 년 동안 일심으로 받들어서 법화경을 배우고 부처님의 온갖 공덕을 갖추었다고 밝히심. 그 본래 지위가 깊은 위치의 보살로 법화경에서 천왕여래의 수기를 받았으며, 악인의 성불을 보여주심.

제석(帝釋) … 수미산 꼭대기 도리천의 임금. 석제환인, 제석천이라고도 함. 선견성〔희견성〕에 살며, 사천왕과 일월성신을 거느리고, 삼십이천을 통솔하면서, 부처님 법과 부처님 법에 귀의하는 사람을 보호하고 아수라의 군대를 정벌하는 하늘 임금. (⇩ 도리천, 삼십삼천, 하늘)

제일의 뜻 … 승의(勝義), 제일의(第一義)라고도 함. ① 최고의 법. 절대 통일의 원리. 가장 수승한 진실의 도리. 구경의 진리. 묘법연화경을 가리킴. ② 열반, 진여, 실상, 중도, 법계, 진공 등 깊고 묘한 법 가운데 제일의 진리.

제일의 뜻의 공 … 진실공(眞實空), 진견공(眞見空), 제일의공(第一義空), 승의공(勝義空)이라고도 함. 열여덟 공의 하나. 열반의 공성(空性)을 가리킴. 모든 법의 제일의 원리인 열반은 소승에서 말하는 편진단공(偏眞但空)이 아니고, 중도실상(中道實相)의 절대적인 공이므로 제일의 뜻의 공이라 함.

제 칠지 … 보살계위 52위의 제41에서 50번째 위계인 십지(十地) 가운데 제 일곱 번째 머무는 지위. 원행지(遠行地)라 이름하며, 사물의 진상을 알지 못하는 데서 생기는 번뇌를 끊고 대비심을 일으켜 광대무변한 진리세계에 이르는 지위. 방편구족지(方便具足地)라고도 한다. 모든 번뇌가 있는 것도 아니고, 없는 것도 아니며, 늘 향상 전진하여 생각 생각이 적멸한 곳을 향해 멀리 진행하고 있음을 말함. (⇨ 십지)

조달이 … (⇨ 제바달다)

조복(調伏) … 억제, 제어, 조화제복(調和制伏). 안으로는 몸과 마음과 뜻을 고르게 조화시켜 악덕을 떨쳐버리고, 밖으로는 원수나 악마들을 항복시키고 가르쳐 교화하여 악한 마음을 버리게 하여 장애를 격파하는 것.

조어장부 … (⇨ 십호)

존자(尊者) … 성자(聖者), 현자(賢者)라고도 함. 거룩하고, 훌륭하고, 존귀하고 덕있는 분을 공경하는 칭호.

좌선(坐禪) … 결가부좌(혹은 반가부좌)하고 산란한 마음과 사려분별을 쉬고, 법의 공한 성품, 불성(佛性), 제법실상(諸法實相), 중도일실(中道一實)의 깨달음을 구도하는 수행법. 대승에서 선

부 록

(禪)이란 여섯 가지로써 나고 멸하는 이쪽에서 나고 멸함이 없는 저쪽에 이르는 것 중의 하나로써 선 바라밀, 반야바라밀, 선정 바라밀이라고도 한다. 보살이 반야인 실상의 지혜를 얻기 위해, 또 신통을 얻기 위해 닦는 하나의 방법이다.

주(呪) … 주문(呪文), 신주(神呪), 밀주(密呪)라고도 함. 진언, 다라니의 번역으로 두루 쓰인다. 불가사의한 효험을 가진 비밀어. 자신과 타인의 재액들을 없애기 위해 외우는 신비한 주문이다. 남에게 재액들을 주기 위해 외우는 악주(惡呪)도 있다. (⇨ 다라니)

주타 … 주리반득, 주리반특가라고도 함. 반득이라는 형은 총명하였으나, 아우인 주타는 매우 어리석고 우둔하여 자기의 이름도 기재할 수 없었으나, 부처님의 제자가 되어 아라한과를 증득하였음.

중각강당(重閣講堂) … 중인도 비야리성 미후 연못 곁 큰 숲 속에 있던 절.

중겁(中劫) … 20소겁을 1중겁이라 함. (⇨ 일소겁)

중국토(中國土) … 중천세계(中千世界)를 말함. (⇨ 삼천대천세계)

중생(衆生) … 유정(有情)이라고도 함. 감정(情)과 의식(識)이 있는 생물, 생존하는 자, 마음이 있는 살아 있는 것. 여러 생을 돌고 돈다, 여럿이 함께 산다, 많은 연이 화합하여 비로소 생긴다는 뜻. 오음(五陰)이 임시로 화합해서 태어나는 것. 좁은 의미로는 무명번뇌의 미혹의 세계에 살고 있는 인간들. 혹은 육도윤회하는 삼계의 생명을 총칭함. 넓은 의미로는 성불하지 못한 일체 생명[보살·연각·성문·천·인·아수라·아귀·축생·지옥]을 구계중생(九界衆生)이라 한다. 중생의 미망한 마음에 법계의 모든 법이 갖추어져 있다. (⇨ 그림 1)

중생이 흐려짐 … (⇨ 다섯 가지 흐리고 악한 세상)

116

중천세계(中千世界) … (⇨ 삼천대천세계)

즐거움 바라밀 … 낙(樂) 바라밀이라고도 함. 완전한 안온성을 나타냄. 항상함(常, 상주불변의 완성) · 즐거움(樂, 복덕의 완성) · 나(我, 자아의 완성) · 깨끗함(淨, 청정의 완성)인 열반의 네 가지 덕의 하나. 보살의 수행은 완전한 즐거움의 덕을 얻는 길이므로 이름함.

증(證) … 증득(證得)이라고 함. 깨닫는 것, 깨달음, 얻는 것, 완성하는 것. 바른 법을 따라서 믿는 마음으로 닦고 익혀서, 실상과 같이 진리를 몸과 마음으로 얻은 것을 일컫는 말. 깨달음을 얻은 것. 혹은 증명을 나타내는 말.

증상만(增上慢) … 깨닫지 못하고서도 깨달은 체하는 거만한 사람. 교만함이 많은 자. (⇨ 악지견)

지견(知見) … 사리(事理)를 증(證)하여 아는 견해로서 지혜의 작용이다. ① 의식(뜻의식)에 의해 아는 것을 지(知), 눈의 식(識)에 의해 보는 것을 견(見). ② 삼지(三智)인 일체지혜, 도종지혜, 일체종지혜를 지(知)라하고, 오안(五眼)인 육안, 천안, 혜안, 법안, 불안을 견(見)이라 한다. 이 삼지, 오안으로 일체 모든 법을 보고 그 본체 · 본성을 깨달아 아는 것. 곧 지옥계부터 보살계까지의 아홉 가지 세계에 갖추어진 바의 불계(佛界)를 여실히 각지하는 것. (방편품의 불지견) ③ 오분법신 중 해탈지견, 곧 풀리어 벗어나는 지견을 줄여서 쓰는 말로써 부처님께옵서는 자신이 참으로 일체 번뇌의 속박에서 풀리어 벗어난 자유자재한 몸인 줄 아시므로 해탈지견의 몸이라 한다.

지국천왕(持國天王) … 사천왕의 하나. 제석천의 외신(外臣, 武臣)으로 동방 수호. 수미산 제 사층에 머물고, 그 궁전은 현상성(賢上城). 바른손으로 옆구리를 짚고, 왼손에 칼을 들고 갖가지 하늘옷으로 장식함. (⇨ 사대천왕)

지옥(地獄) … 지하에 있는 감옥. 십계, 육도, 육

지음이 없음 … 무작(無作)이라 함. 모든 것은 진여(眞如) 그 스스로의 전개이며, 진여와 대립되는 어떠한 것도 설정할 수 없는 절대의 경지라는 뜻이다. 곧 실상이다. ① 나고 멸함이 없는 이치. ② 자연히 되는 것으로 조작이 없음. ③ 몸·입·뜻의 조작 없이 저절로 되어 있는 것.

지적보살(智積菩薩) … ① 화성유품 제7에 설해진 대통지승부처님의 16왕자 가운데 첫째. 대통지승불의 성도를 알고는 출가하여 법화경을 배웠으며, 부처님께옵서 선정에 드신 후 재차 법화경을 강설하여 중생교화 했음. ② 제바달다품 제12에 설해진, 다보여래옵서 거느리시던 보살. 8세 용녀의 성불에 대해 문수사리보살과 논의함. ③ 현겁 16대 보살 가운데 한 분.

지지보살(持地菩薩) … 지장보살, 묘당보살, 무변심보살이라고도 함. 일체 중생이 성불한 뒤에 성불하겠다는 큰 원을 세운 대자대비의 보살.

취, 오취, 삼악도의 하나. 고통, 번민의 경지. 중생이 아주 중한 정도의 다섯 가지 역행(五逆)과 열 가지 나쁜 것(十惡)을 지은 인연으로 나게 되어 극한 괴로움을 받게 되는 지하에 있는 세계. 남섬부주의 아래 2만 유순을 지나서 차례로 지옥들이 있다. 길이, 넓이, 깊이, 각각 일만 유순. 여러 가지로 나누어지고 있으며, 그 종류는 수가 없다. 여덟의 더운 지옥은 등활·흑승·중합·규환·대규환·초열·대초열·아비(무간)지옥을 말하며 팔열지옥, 팔대지옥이라고도 한다. 또한 여덟의 추운 지옥이 있고, 하루에 8만 4천 번을 태어났다 죽었다 하여 무한한 겁을 지내는 곳도 있다. 이 세계는 염마왕 곧 염라대왕이 다스리며, 소머리·말머리 모양들을 한 옥졸들이 괴로움의 형을 가하고 고통을 준다. 인간 세계 가운데도 지옥이 고립해서 산재해 있다. (⇩ 아비지옥, 그림 1, 그림 2)

118

특히 지옥 중생의 고통을 건짐.

지혜(智慧) … (⇨ 반야)

집금강신(執金剛神) … 금강역사(金剛力士)라고도 함. 부처님 곁에서 항상 호위하며, 불법을 수호하며 삿된 도를 쳐부수어 없앤다. 손에 금강저를 가진 신장.

(ㅊ)

차거 … 자거로도 읽음. 자색 보배, 감색 보배.
(⇨ 일곱 가지 보배)

찰간(刹竿) … 찰주(刹柱), 찰(刹)이라고도 함. ① 탑의 꼭대기에 있는 장대. ② 나무나 쇠로 깃대 모양을 만들고 꼭대기에 보배구슬들로 장식하여 불당 앞에 세운 것. 법회나 설법이 있음을 표시하기 위해 여기에다 깃발을 걸어 세운다. 사찰(寺刹), 범찰(梵刹), 금찰(金刹) 등은 여기서 나온 말.

찰나(刹那) … 한 생각을 일으키는 순간, 일념(一念)들로 번역하며, 시간의 최소 단위. 60찰나, 90찰나를 일념이라고도 한다. 손가락을 한 번 튀기는 사이에 [일탄지시(一彈指時)] 65찰나가 있다고 함. 혹은 120찰나를 1달찰나, 60달찰나를 1납박, 30납박을 1모호율나, 30모호율다를 1주야라고도 한다. [이에 의하면 1찰나는 75분의 1초]

찰리(刹利) … 찰제리라 함. 인도 네 가지 신분제도 [카스트] 가운데 두 번째로 크샤트리아를 말하는데, 바라문 다음의 신분. 왕족, 귀족, 무사 등의 지배계급임. 군사, 정치에 종사하는 것.

참괴(慚愧) … 자신의 죄업을 반성하고 부끄럽게 생각하는 것. 참회(慚悔)라고도 쓴다. ① 스스로 죄를 만들지 않는 것을 참(慚)이라 하고, 남에게 가르쳐 죄를 짓지 않도록 하는 것을 괴(愧)라 한다. ② 내심으로 스스로의 죄를 부끄러워하는 것을 참이라 하고, 스스로의 죄를 밖으로

부록

남에게 드러내어 부끄러워하는 것을 괴라 한다. ③ 사람에 대해 부끄러워하는 것을 괴라 하고, 하늘에 대해 부끄러워하는 것을 참이라 한다. 또한 지금까지 지어온 죄업을 뉘우치고 부끄러워하는 것을 참이라 하고, 앞으로 미래에 짓지 않기를 맹세하는 것을 괴라 하기도 한다.

참회(慚悔) … 과거에 지은 죄악을 부처님, 보살, 스승, 대중 등에 대하여 드러내어 말하고 용서를 청하는 것. 참회함으로 인해 일체 죄업이 없어짐. 참괴와 두루 같이 씀. 무시이래의 일체 번뇌 악업을 참회하고자 하면, 육근으로 지은 죄업의 내용을 참회하고 부처님 전에 말하여 드러내고, 다만 대승 법화경전을 수지독송해야 하며, 단정히 앉아서 실상[모든 법의 실상 곧 묘법연화경]을 염하라고 행법경에 설해져 있으며, 이렇

짓지 않기를 맹세하는 것을 참이라 하고, 앞으로 미래에 괴가 있는 것은 사람이 아니고 축생이라 하기도 한다. 참괴가 없는 것은 사람이 아니고 축생이라 하기도 한다. 참괴를 공경하며, 부모, 형제, 자매의 구별이 있다.

게 하면 무량 아승지겁의 중죄 등이 일시에 소멸되어 없어진다. (⇨ 참괴)

창도(唱導) … ① 교법을 먼저 주장하여 사람들을 교화 인도하는 것. ② 묘법연화경, 나무묘법연화경, 다섯 자, 일곱 자를 스스로 수지하여 부르고 남도 부르게 하여, 일체 중생을 즉신성불(卽身成佛)케 하여 영산정토(靈山淨土)로 인도하는 것. 창도의 스승은 본화 상행보살, 무변행보살, 정행보살, 안립행보살 등의 땅으로부터 솟아오르신 사대보살이다. (종지용출품 제15)

천(天) … (⇨ 하늘)

천개(天蓋) … 개(蓋)라고도 함. 천인의 공양에 드리웠던 것. 부처님 위를 덮어서 비, 이슬, 먼지들을 막도록 한 것. 불상을 덮는 일산. 원형, 육각형 등 다양한 모양이 있으며 여러 가지로 장식되어짐.

천녀(天女) … 욕계의 여섯 하늘에 사는 하늘여인. 색계·무색계에는 음욕을 떠났으므로 남녀

120

천대장군(天大將軍) … 천상계의 왕을 수호하는 장군. 범보천, 위타천, 비추뉴천 등을 말하기도 하고 전륜성왕을 일컫기도 함.

천세계(千世界) … (⇨ 삼천대천세계)

천수왕(天樹王) … 도리천의 선견성 동북쪽에 있는 바리질다 나무를 말함. 하늘나무 가운데 왕이란 뜻.

천인사(天人師) … (⇨ 십호)

철위산(鐵圍山) … 아홉 산의 하나. 작가라바라의 번역. 금강산, 금강위산, 철륜위산(鐵輪圍山)이라고도 함. 일 소세계를 둘러싸고 있는 철산. 수미산을 중심으로 하는 9산8해(九山八海)의 아홉산 가운데 가장 바깥쪽에 있으며 전부가 철로 되어 있음. 높이와 넓이가 모두 312유순. 삼천대천세계를 둘러싼 철산을 대철위산이라 한다. (⇨ 그림2)

첨복 … 담복, 첨파라고도 함. 향나무의 한 종류. 나무가 크고 높으며 꽃은 금빛깔. 향기가 멀리 퍼짐.

청신사녀(淸信士女) … 청신사, 청신녀를 합한 이름으로 우바새 우바이의 번역. 재가의 불교신 자로서 삼귀의(三歸依) 오계(五戒)를 받은 남자와 여자. (⇨ 우바새, 우바이)

촉(觸) … (⇨ 십이인연법)

촉루(囑累) … (⇨ 부촉)

총지(總持) … (⇨ 다라니)

축생(畜生) … 저율차의 번역. 방생(傍生)이라고도 함. 육도, 십계, 삼악도의 하나. 고통이 많고 즐거움은 적으며, 먹는 욕심과 음욕만 강하고, 지혜가 없어 부모 형제의 윤리가 없으며, 서로 싸우며 잡아먹으며 공포 속에 산다. 강자를 두려워하고 약자를 깔보는 상태. 종류는 너무나 많고 많으며, 지옥에서 천상까지 두루 퍼져 모든 곳에 존재하고 있다. 어리석음과 탐욕으로 중간 정도의 다섯 가지 역행(살생·도둑질·거짓

부 록

말·삿된 음행·술 마심)과 열 가지 악한 짓(살생·훔침·사음·악구·양설·망어·기어·탐욕·성냄·어리석음)을 지은 인연으로, 이 길 곧 축생의 세계에 태어난다. (⇩ 그림1, 그림2)

출가(出家) … 다섯 가지 욕심의 집을 버리고 사문(沙門)이 되는 것. 번뇌에 얽매인 세속의 생활 인연을 여의고, 성자의 수행생활에 들어가는 것. 또는 출가한 사람을 가리킴. (⇩ 다섯 가지 욕심)

취(取) … (⇩ 십이인연법)

칠칠일(七七日) … 49일.

침수 … (⇩ 침향나무)

침향나무 … 향나무, 침수, 침수향(沈水香), 침향나무라고도 한다. 나무의 마디를 물에 넣어 두면 물에 잠기어 좋은 향이 되므로 이름한다.

(ㅌ)

탑묘(塔廟) … ① 묘는 탑의 한문 번역. 범어와 한문의 합성어. 본래는 부처님의 사리를 묻고 그 위에 돌이나 흙을 높이 쌓은 무덤(묘)을 말함. 후에는 탑파(유골을 묻지 않고 덕과 은혜를 기리기 위해 예배 공양의 특별한 영지로써 세워진 것. 지제라 함)와 혼동하여 쓰임. 모양과 구조, 재료에 따라 여러 가지 이름이 있다. ② 탑을 갖추고 있는 큰 절.

통리(通利) … 어떤 일에 통달하여 걸림이 없는 것을 잘 드는 칼에 비유한 말임.

(ㅍ)

파리 … 일곱 가지 보배의 하나. 파려라고도 함. 수옥, 수정이라 함. 혹은 유리를 말함. 자색, 무색, 홍색, 백색의 네 종류가 있음.

파순 … 마왕의 이름. (⇩ 마, 마왕)

팔계(八戒) … 팔관재계(八關齋戒), 팔재계(八齋戒),

122

팔계재라고도 함. 집에 있는 이가 하루 밤, 하루 낮 동안 받아 지키는 여덟 가지의 계율. 보통 육재일[매달 음력 8·14·15·23·29·30], 십재일[매달 음력 1·8·14·15·18·23·24·28·29·30]에 행함. ① 중생을 죽이지 말라. ② 훔치지 말라. ③ 음행하지 말라. ④ 거짓말하지 말라. ⑤ 술 먹지 말라. ⑥ 꽃다발 쓰거나 향 바르고 노래하고 춤추지 말며, 가서 구경도 말라. ⑦ 높고 넓고 크며 잘 꾸민 평상에 앉지 말라. ⑧ 때 아닌 적에 먹지 말라. ①~⑦은 계(戒)이고 ⑧은 재(齋)이다.

팔부(八部) … ① 천룡팔부(天龍八部), 용신팔부(龍神八部), 팔부신중(八部神衆)이라고도 하며, 부처님의 가르침을 수호하는 신의 무리. 천, 용, 야차, 건달바, 아수라, 가루라, 긴나라, 마후라가. ② 팔부귀중(八部鬼衆)이라 하며 사천왕에 속하는 여덟 가지 귀신 무리. 건달바, 부단나,

[지국천] 구반다, 폐례다, [증장천] 용, 비사사, [광목천] 야차, 나찰. [다문천] (⇒ 사대천왕)

팔십 가지의 묘하고 좋은 것 … 팔십수형호(八十隨形好), 팔십 종류의 좋은 것, 팔십종호(八十種好)라고도 함. 부처님의 몸에 갖추고 계신 특수한 용모형상 가운데에서 두드러지게 알 수 있는 것을 서른두 가지 형상이라 하고, 팔십종호는 미세 은밀하여 보다 드러나지 않는 것을 가리키는 말이다. 이 하나의 상호를 갖추는 데는 백 가지 복을 닦아서 이루어지며, 100겁을 수행함으로써 이들의 형상을 이루시었음. 순서와 명칭에 여러 가지 설이 있으나, 대체로 다음과 같다.

① 손톱이 좁고 길고 엷고 광택이 있는 것. ② 손가락 발가락이 둥글고 길고 보드랍고 마디가 나타나지 않는 것. ③ 손과 발이 비슷하여 차별이 별로 없는 것. ④ 손과 발이 원만하고 보드랍고 깨끗하고 광택이 있는 것. ⑤ 힘줄과

부 록

핏대가 얽히고 단단하고 깊이 있어서 나타나지 않는 것. ⑥ 복사뼈가 겉으로 나타나지 않는 것. ⑦ 걸음걸이가 곧고 반듯하고 자늑자늑하여 코끼리와 같은 것. ⑧ 걸음 걷는 것이 엄숙하여 사자와 같은 것. ⑨ 걸음걸이가 편안하고 조용하여 지나치지도 않고 못 미치지도 아니하여 소의 걸음걸이와 같은 것. ⑩ 걸음 걸어 나아가고 그침이 정당하여 거위와 같은 것. ⑪ 몸을 돌려 돌아볼 적에 반드시 오른쪽으로 돌리는 것이 코끼리와 같은 것. ⑫ 팔다리가 차례차례로 통통하고 원만하고 길고 묘하게 생긴 것. ⑬ 뼈마디가 서로서로 연결되어 틈이 없는 것이 용이 서린 것 같은 것. ⑭ 무릎이 묘하고 잘 생겨 견고하고 원만한 것. ⑮ 은체(남근)는 무늬가 묘하고 위세가 구족하여 원만하고 청정하고, 살 속에 숨어 있는 것이 말과 같은 것. ⑯ 몸과 팔다리가 미끄럽고 부드럽고 때가 묻지 않은 것. ⑰ 몸매가 바르고 곧고 굽지 아니하고 돈독하고 엄숙하여 항상 겁약하지 아니한 것. ⑱ 몸과 팔다리가 견고하고 삐뚤지 않고 탄탄하여 잘 연결된 것. ⑲ 몸과 팔다리가 안정되어 요동되지 않고 원만하여 이지러지지 않는 것. ⑳ 몸매가 선왕과 같아서 단정하고 깨끗하여 검지 않고 기미가 없고 티가 없는 것. ㉑ 몸에 광명이 있어 사방으로 한 길씩 환하게 비치는 것. ㉒ 배가 네모지고 반듯하여 이지러짐이 없고 부드럽고 드러나지 않으며 여러 가지 모양이 장엄스러운 것. ㉓ 배꼽이 깊고 오른쪽으로 돌았으며 둥글고 묘하고 깨끗하여 광명이 있는 것. ㉔ 배꼽이 두텁고 오목하거나 두드러지지 않고 동그랗고 묘한 것. ㉕ 살갗에 버짐이 없고 기미, 검은 점, 혹, 사마귀가 없는 것. ㉖ 손바닥이 충실하고 단정하고 보드랍고 발바닥이 평평한 것. ㉗ 손금이 깊고 곧고 바르고 분명하여 끊어지지 않는 것. ㉘ 입술이 붉고 윤택하고 빛나는 것이

124

빈바의 열매 같은 것. ㉙ 얼굴이 길지도 짧지도 크지도 작지도 아니하여 원만하고 단정한 것. ㉚ 혀가 연하고 엷고 넓고 길며 이마 앞까지 닿고 구릿빛 같은 것. ㉛ 목소리가 깊고 웅장하고 위엄있게 떨치는 것이 사자의 영각과 같이 명랑하고 맑은 것. ㉜ 음성의 꼬리가 아름답고 묘하고 훌륭하고 온갖 소리가 구족한 것이 깊은 골짜기와 같은 것. ㉝ 코가 높고 곧고 구멍이 드러나지 아니한 것. ㉞ 이가 반듯하고 깨끗하고 희고 뿌리가 깊게 박힌 것. ㉟ 송곳니가 둥글고 희며 깨끗하고 점차로 날카로운 것. ㊱ 눈이 맑고 깨끗하고 검은 자위, 흰자위가 분명한 것. ㊲ 눈이 넓고 길어 연꽃 같은 것. ㊳ 속눈썹이 위아래가 가지런하고 빽빽하여 희지 아니한 것. ㊴ 눈썹이 검고 길고 보드랍고 빛나고 촘촘하고 가는 것. ㊵ 눈썹이 아름답게 쏠리어 가지런하고 검붉은 수정빛 같은 것. ㊶ 눈썹이 훤칠하고 높고 빛나고

윤택하여 초생달 같은 것. ㊷ 귀가 두텁고 크고 길고, 귓불이 길게 늘어진 것. ㊸ 두 귀가 아름답고 가지런하여 아무 흠이 없는 것. ㊹ 용모는 단정하고 아름다워, 보는 사람마다 사랑하고 공경하는 마음을 내게 하는 것. ㊺ 이마가 넓고 원만하고 번듯하여 아름답고 훌륭한 것. ㊻ 몸의 웃통이 원만하여 사자와 같이 위엄이 있는 것. ㊼ 머리카락이 길고 검푸르고 촘촘한 것. ㊽ 머리카락이 향기롭고 깨끗하고 보드랍고 윤택하여 오른쪽으로 꼬부라진 것. ㊾ 머리카락이 고르고 가지런하여 헝클어지지 않는 것. ㊿ 머리카락이 단단하여 떨어지고 부스러지지 않는 것. 51 머리카락이 빛나고 매끄럽고 때가 끼지 않는 것. 52 몸매가 튼튼하여 견고한 것이 나라연보다도 훨씬 수승한 것. 53 키가 크고 몸집이 장대하고, 몸이 곧고 단정한 것. 54 여러 구멍이 깨끗하고 때 끼지 않고 훌륭한 것. 55 몸과 팔다리들의 힘이 수승하여

부록

견줄 이가 없는 것. ㉖ 몸매가 엄숙하고 훌륭하여 여러 사람이 보기 싫어하지 아니하는 것. ㉗ 얼굴이 둥글고 넓고 원만하기가 보름달 같아서 깨끗하고 맑은 것. ㉘ 얼굴빛이 화평하여 웃음을 머금은 것. ㉙ 낯빛이 빛나고 때가 없고 화려하여 찡그리거나 푸르거나 붉지 아니한 것. ㉚ 살갗이 항상 깨끗하고 장엄스럽고 때가 없고 냄새가 나지 않는 것. ㉛ 털구멍에서 아름다운 향기가 풍기는 것. ㉜ 입에서 훌륭한 향기가 나는 것. ㉝ 목이 둥글고 아름다운 것. ㉞ 몸의 솜털이 보드랍고 검푸르고 빛나고 깨끗하기가 공작의 목덜미와 같은 것. ㉟ 법문 말씀하시는 소리가 원만하여 듣는 사람의 성질에 따라, 많고 적음에 따라 널리 알맞는 것. ㊱ 정수리는 높고 묘하여 볼 수 없는 것. ㊲ 손가락 발가락의 사이에 그물 같은 엷은 막이 분명하고 바로 잡혀있어 묘하게 장엄한 것. ㊳ 다닐 때에 발이 땅에서 네 치쯤 뜨며 발자국마다 무늬가 나타나는 것. ㊴ 신통력으로 스스로 자신을 지키고 다른 이의 호위와 부축을 받지 않는 것. ㊵ 위덕이 널리 떨치어 나빠 마음의 악마·외도들의 중생들은 두려워 굴복하고, 무서움에 떨던 중생은 편안함을 얻고, 착한 이들은 듣기를 좋아하는 것. ㊶ 말소리가 화평하고 맑아서 중생들의 마음을 따라 화평하게, 즐겁게, 기쁘게 하는 것. ㊷ 여러 중생들의 말로써 그들이 좋아하는 것과 근기를 알고 그 정도에 맞추어 법문을 설명하여 말씀하시는 것. ㊸ 한 말소리로 법문을 말씀하시되, 여러 중생들이 제각기 알아듣는 것. ㊹ 법을 말씀하심에 차례가 있고, 반드시 인연이 있으며, 말에 조금도 실수가 없는 것. ㊺ 중생들을 평등하게 보아 착한 일은 칭찬하고 잘못된 것은 나무라지만 치우쳐 사랑하거나 미워함이 없는 것. ㊻ 온갖 일을 수나 친한 이가 모두 평등한 것. ㊼ 다닐 때에 발이 땅에서 네 치쯤 뜨한 것. ㊽ 다닐 때에 발이 땅에서 네 치쯤 뜨먼저 관찰하고 뒤에 실행하여 모범이 되어 잘

126

하고, 깨끗함을 알게 하고, 제각기 마땅함을 얻는 것. ⑦⑦ 온갖 상호가 구족하여 여러 사람의 우러러봄이 끝이 없는 것. ⑦⑧ 정수리의 뼈가 굳고 원만하고 단단하여 여러 겁을 지내더라도 부서지지 않는 것. ⑦⑨ 얼굴이 항상 젊고 늙지 아니하여 늘 한결 같은 것. ⑧⑩ 손발과 가슴 앞에 길상스럽고 환희한 복덕상을 구족하여 그 무늬가 비단 같고 빛은 주홍 같은 것.

팔해탈 … (⇒ 여덟 가지 해탈)

평등한 큰 지혜 … 평등대혜(平等大慧)라고도 함. 모든 부처님의 참된 지혜. 모든 법의 평등의 이치를 깨달아서 일체 중생을 평등하게 이익케 하는 부처님 지혜. 법의 평등은 중도의 이치이며, 중생의 평등은 일체 중생이 똑같이 부처님 지혜를 얻는 것임. 일체 중생을 평등하게 남김 없이 구제하여, 절대 평등의 진리를 똑같이 깨닫게 하여, 모두를 성불시키는 부처님의 광대무변한 지혜. 곧 묘법연화경이라고 설하심. (견

보탑품 제11) 법화경의 다른 이름.

풀리는 것 … 풀리어 벗어나는 것. 해(解), 해탈(解脫)이라고도 한다. ① 번뇌를 끊고 생사의 속박을 벗어나 자유로운 경계에 이르는 것. ② 열반의 다른 이름. ③ 오분법신, 곧 계, 정, 혜, 해탈, 해탈지견의 하나. (⇒ 다섯으로 나는 법의 몸, 해탈)

풀리어 벗어나는 지견 … 해탈상(解脫相)이라 함. (⇒ 지견 ③)

풀리어 벗어난 형상 … 해탈상(解脫相)이라 함. 나고 죽음의 형상이 없는 것. 번뇌의 묶인 것, 미혹의 괴로움들에서 풀리어 벗어난 형상이란 뜻. 열반의 경지를 나타낸 말임. 여래의 설법이 한 형상, 한 맛이라는 것을 나타낸 것으로 해탈상(解脫相 : 생사의 형상이 아닌 해탈의 모습) 이상(離相 : 생사 열반의 형상도 아니고 형상이 떠난 형상), 멸상(滅相 : 생사 열반의 형상도 아니고 형상이 없음도 갖지 않는 멸한 형상) 가운데 하나.

표찰(表刹) … 탑 꼭대기에 솟아 세운 당간(幢竿).

부록

곧 깃대를 가리킴.

필력가 … 향의 이름. 목숙향(目蓿香)이라고 함.

필릉가바차 … 여습(餘習)이라 번역. 오백생 동안 바라문으로 태어난 거만한 습성이 남아 있어 이렇게 이름함. 아라한과를 증득한 비구임.

(ㅎ)

하늘 … 데바, 제바의 번역. 천(天), 천상(天上), 천유(天有), 천취(天趣), 천도(天道), 천계(天界), 천상세계라고도 함. 육도 윤회세계의 하나. 인간보다 뛰어나고, 좋은 과보 곧 열 가지 착한 일[십선(十善)∷불살생·불투도·불사음·불망어·불악구·불양설·불기어·불탐·부진·불치], 네 가지 선[사선(四禪)∷초선정·이선정·삼선정·사선정], 팔정(八定)∷초선정·이선정·삼선정·사선정·공무변처정·식무변처정·무소유처정·비상비비상처정(이상 무색계)]을 닦음으로써 나는 곳으로 유정이 생존하는 세계. 대승경전 등에서는 삼보에 귀의하거나, 약간의 호법(護法), 대승경전의 한 게송과 한 구절만이라도 수지, 독송 등의 공덕으로도 하늘세계에 태어난다고 했으며, 특히 법화경에서는 법화경 설법장소에서 앉는 자리를 반만 내어주어도 하늘세계의 주인[천주·천신∷제석천왕·범천왕 등]이 된다고 함. (수희공덕품) 유정 곧 정이 있는 중생을 가리키는 경우에는 천인이라고 하며, 신(神)이란 말이다. 욕계[欲界∷음욕·식욕 등의 욕심을 가진 생명체 세계]에 여섯 하늘, 색계[色界∷욕계 위에 있으며, 욕계의 욕심 등은 없으나 물질형색은 존재하여 광명을 얻어나 음식 등으로 하는 유루선정의 생명체 세계]에 열여덟 하늘, 무색계[無色界∷형태 있는 것이 없는 순수한 정신적 심식만 있는 생명체 세계] 네 하늘을 합쳐서 28천으로 이루어져 있다. 천인이 머무는 궁전을 천궁, 천당이라 하고, 위로 갈수록 신체, 크기, 수명, 상호도 점점

증대하고 좋아진다. 천인은 수명을 마치려 할 때는 신체의 다섯 곳에서 쇠퇴[오쇠(五衰): 머리의 꽃이 시듦. 겨드랑이에 땀이 흐름. 옷이 더러워짐. 몸의 위광을 잃음(또는 눈을 자주 깜빡임. 또는 몸에 악취가 남). 본자리에 있는 것을 즐거워하지 않음. (또는 천녀가 위반함)의 표가 나타난다. 색계·무색계는 음욕이 끊어졌으므로 이 하늘 사람은 남·녀의 구별이 없다. 욕계 여섯 하늘의 음욕 행하는 형상을 보면 다섯 가지 형상이 있는데, 사왕천, 도리천(삼십삼천)에서는 인간과 같은 육체 접촉, 야마천에서는 서로 끌어안는 것만으로 만족, 도솔천에서는 손을 잡는 것만으로 만족, 화락천에서는 서로 쳐다보고 웃는 것만으로 만족, 타화자재천에서는 바라다보는 것만으로 만족을 이룬다. (⇨ 그림1, 그림2)

하늘귀 … 천이(天耳). (⇨ 여섯 가지 신통)

하늘눈 … 천안(天眼). (⇨ 여섯 가지 신통)

함이 없고 … 무위(無爲)라고 함. ① 모든 법의 진실체를 말함. 인연인 위작, 조작을 여의고 나고, 머물고, 달라지게 되고, 멸하는 네 가지 변천[생(生)·주(住)·이(異)·멸(滅)]이 없는 진리를 말함. ② 열반, 법성(法性), 실상(實相)의 다른 이름.

항상함 바라밀 … 상(常) 바라밀이라 함. 열반의 네 가지 덕[상·락·아·정] 가운데 완전한 영원성을 나타내는 말. 보살의 수행은 항상 머무는 열반에 이르는 길이란 뜻. (⇨ 즐거움 바라밀)

항상함이 없음 … 무상(無常)이라고 함. 범부 중생 세계의 일체의 물질과 마음의 모든 현상은 한 찰나에도 나고 멸하고 항상 변화하여, 영원히 변화하지 않고 항상 머무는 모양이 없는 것. 잠시도 같은 상태에 있지 않는 것. 성주괴공(成住壞空), 생주이멸(生住異滅), 생로병사(生老病死)를 되풀이 하는 것.

항하사(恒河沙) … 항하의 모래수와 같이 많은 수량을 비유한 것. 항사(恒沙)라고도 함. 헤아릴

해차안전단 … 수미산 남쪽의 바다 기슭에 나도의 갠지스강을 말함.

해탈(解脫) … 번뇌, 미혹, 괴로움 들에서 풀리어 벗어나는 것. 열반의 다른 말이기도 하다. 도탈(度脫)이라고도 함. 무위해탈, 유위해탈, 성정해탈, 장진해탈, 심해탈, 시해탈, 지혜해탈, 구해탈, 번뇌해탈, 사견해탈, 시해탈, 불시해탈 들로 나누어진다. 또는 오분법신의 하나를 지칭함. (⇨ 다섯으로 나눈 법의 몸, 여덟 가지 해탈, 풀리는 것)

해탈지견 … (⇨ 지견 ③)

행(行) … ① 과거 세상에 행했던 선악의 일체의 행위. ② 수행. 깨달음을 얻기 위한 행위, 보살행. ③ 업(業). 몸·입·뜻으로 짓는 일체 행위. ④ 행동하는 것. (⇨ 십이인연법)

행자(行者) … 불도(佛道)를 수행하는 사람.

헤아림 없음 … 무량(無量)이라 함. 자비희사(慈悲喜捨), 곧 사무량심(四無量心)을 가리킨다. (⇨ 자비희사)

현겁(賢劫) … 현재세(現在世), 현재의 겁(劫), 현재의 일대겁(一大劫)을 말함. 일천 부처님 등 많은 현인이 출현하여 중생을 구하므로 이름함. 사람의 수명이 8만 4천 세 때부터 100년을 지낼 적마다 1세씩 감하여 10세에 이르고[감겁] 여기서 다시 100년마다 1세씩 더하여 사람의 수명이 8만 4천 세에 이르며[증겁] 이렇게 한 번 더하여지고 한 번 감하는 것[1소겁]을 20회 되풀이하는 동안, 곧 20증감하는 동안[20소겁∷1중겁]에 세계가 성립되고, 다음 20증감하는 동안에 머물러 있고, 다음 20증감하는 동안에 무너지고, 다음 20증감하는 동안에 텅 비게 된다. 세계는 이렇게 이루어지고[성(成)], 머물고[주(住)], 무너지고[괴(壞)], 텅 빈 것[공(空)]을 되풀이하는데, 이 네 기간[4중겁]을 대겁(大劫)이라 한다. 과거의 대겁을 장엄겁(莊嚴劫), 현재의 대겁을 현겁(賢劫), 미래의 대겁을 성수겁(星宿劫)이라 한다. 이 현재의 대겁인 현겁의 머무르는 겁, 곧 주겁(住劫) 때에는 구류손불, 구나함모니불, 가섭불, 석가모니불 등의 일천 부처님께옵서 출현하시어 중생을 제도하신다. 석가모니 부처님께옵서는 현겁의 주겁 중[20소겁중] 제9감겁, 인간수명 100세 때에 출현하셨음. (⇩ 겁, 일 소겁)

형상이 없는 것 … ① 무형(無形)이라고 함. 육체가 없는 무색계의 중생. ② 무상(無相)이라고 함. 미혹한 생각으로 인식하는 것과 같은 현상의 모양이 없는 것과, 나고 멸하는 변천하는 모양이 없는 것과, 모든 형상에 집착을 여읜 경계 등의 여러 가지로 설명되어지고 있다.

형상이 있는 것 … ① 유형(有形)이라고 함. 육체를 가진 것. 욕계, 색계의 중생. ② 유상(有相)이라고 함. 형태가 있는 것. 현상세계. 집착하

는 마음을 가지고 있는 것. 다른 것과 구분할 수 있는 것. 거짓 이름의 형상, 법의 형상, 형상이 없는 형상의 세 종류의 형상으로 나누어질 수 있다.

혜명 수보리 … (⇩ 수보리)

화상(和尙) … ① 아사려와 함께 계를 주는 스승인데 계를 수여할 때 그 주가 되는 분이다. ② 제자가 스승을 부르는 용어, 고승(高僧)에 대한 존칭. (⇩ 아사려)

화엄의 바다와 구름 … 화엄경의 법문을 가리킴. 부처님께옵서 19세에 출가하시어 30세에 바른 깨달음을 이루시고 적멸도량 보리수 밑에서 일곱 곳과 여덟 모임에 있어서 최초 스무하루 동안 설하신 화엄부의 교법. 화장세계와 보살을 상대로 한 법의 구름을 펼쳤음. 화엄경은 주로 보살의 만행(萬行), 법계유심(法界唯心)의 이치, 십주(十住) · 십행(十行) · 십회향(十廻向) · 십지(十地) · 불과(佛果)의 공덕을 설하셨음. 이는 방

부 록

편(權)대승임. (⇨ 그림7)

화하여 나는 것 … 화생(化生)이라 함. 태어나는 것의 네 가지 형태의 하나. 자체가 없으며 의탁한 데 없이 스스로 홀연히 생겨남. 중유(中有…사람이 죽은 후 다음 생존의 몸을 얻기까지의 기간을 연결하는 생존)나, 모든 천상이나, 혹은 지옥에 나거나, 겁의 처음에 나는 사람들. 극락세계에 나는 데도 태로써 나는 것과 화하여 나는 것의 두 가지가 있다.

화(化)한 … 부처님, 보살님께서 중생을 교화하고 구제하기 위한 수단으로 여러 가지 불가사의한 법으로 각 중생의 근기에 맞추어서 가지가지의 모양을 변화하여 나타내시는 것을 말함. 응화(應化)라고도 함.

후오백세(後五百世) … 말법(末法)의 초. 부처님 입멸 후 2000년에서 2500년의 투쟁견고시대(鬪爭堅固時代). 석가세존 열반 후 2500년(오오백년)이 지난 말법시대.

훈육 … 훈륜, 유향(乳香)이라고도 함. 감람과에 딸린 상록수의 진이 여름에 녹아서 모래 속에 떨어진 것이 땅속에서 굳어져서 향기가 있는 것. 황색을 띠며 불 속에 넣으면 좋은 향기가 남.

흐린 겁 … 탁겁(濁劫), 겁탁(劫濁), 겁이 흐려짐이라고도 함. (⇨ 다섯 가지 흐리고 악한 세상)

흑산(黑山) … 삼천대천세계를 둘러싼 대철위산과 1소세계를 둘러싼 소철위산 사이의 어두운 곳. (⇨ 그림2)

흰 옷 입은 이 … 백의(白衣)라고 함. 인도에서 승려 이외의 귀족들은 모두 흰 옷을 입었으므로 집에 있는 사람, 곧 재가 사람을 가리킴.

힘 … 력(力)이라고도 함. 부처님께옵서 가지시는 열 가지 힘을 가리키기도 한다. (⇨ 열 가지 힘)

132

《그림1》 십법계, 삼계, 육도, 28천

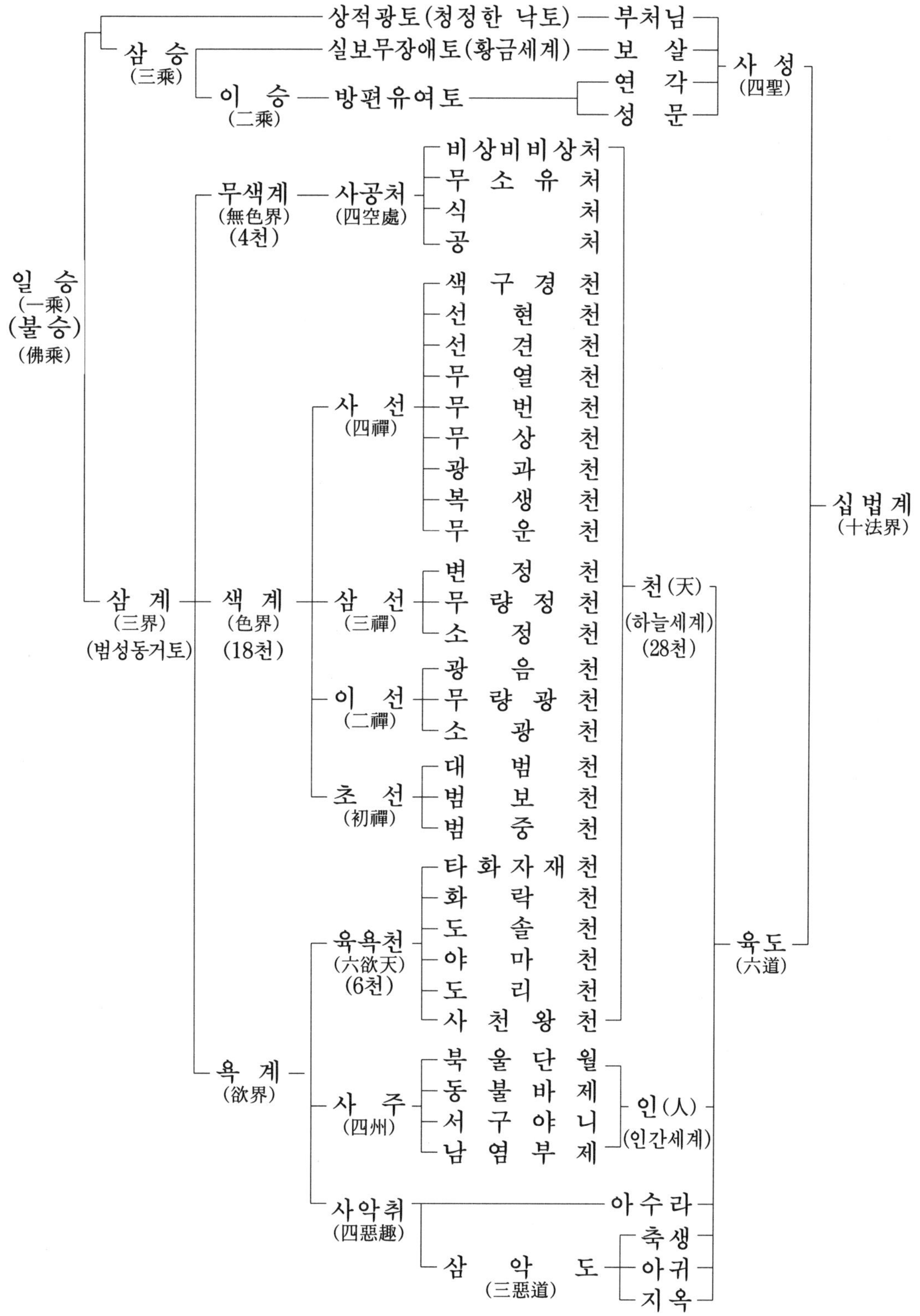

```
                                    ┌─ 상적광토(청정한 낙토) ── 부처님 ┐
                         ┌─ 삼 승 ──┤                                    │
                         │  (三乘)   └─ 실보무장애토(황금세계) ── 보 살  ├─ 사 성
                         │                                     ┌─ 연 각 │  (四聖)
                         ├─ 이 승 ── 방편유여토 ────────────────┤        │
                         │  (二乘)                              └─ 성 문 ┘
                         │
                         │                        ┌─ 비 상 비 비 상 처
                         │           ┌─ 사공처 ──┤─ 무   소   유   처
                         │  ┌─무색계─┤  (四空處) ├─ 식           처
                         │  │ (無色界)          └─ 공           처
                         │  │ (4천)
                         │  │                    ┌─ 색   구   경   천
                         │  │                    ├─ 선   현         천
                         │  │                    ├─ 선   견         천
                         │  │        ┌─ 사 선  ──┤─ 무   열         천
                         │  │        │  (四禪)   ├─ 무   번         천
  일 승                  │  │        │           ├─ 무   상         천
  (一乘)                 │  │        │           ├─ 광   과         천
  (불승)                 │  │        │           ├─ 복   생         천
  (佛乘)                 │  │        │           └─ 무   운         천
                         │  │        │
              ┌─ 삼 계 ──┤  │        │           ┌─ 변         정   천
              │  (三界)  │  ├─ 색계 ─┤─ 삼 선 ───┤─ 무   량   정   천        ┌─ 천(天)
              │ (범성동거토) │ (色界)  │  (三禪)   └─ 소         정   천        │  (하늘세계)
              │          │  │(18천)  │                                          │  (28천)
              │          │  │        │           ┌─ 광         음   천        │
              │          │  │        ├─ 이 선 ───┤─ 무   량   광   천        │
              │          │  │        │  (二禪)   └─ 소         광   천        │
              │          │  │        │                                          │
              │          │  │        │           ┌─ 대         범   천        │
              │          │  │        └─ 초 선 ───┤─ 범   보         천        │
              │          │  │           (初禪)   └─ 범   중         천        │
              │          │  │                                                   │
              │          │  │                    ┌─ 타 화 자 재     천        │
              │          │  │        ┌─ 육욕천 ──┤─ 화   락         천        │
              │          │  │        │  (六欲天) ├─ 도   솔         천        │
              │          │  │        │  (6천)    ├─ 야         마   천        │
              │          │  │        │           ├─ 도         리   천        │
              │          │  │        │           └─ 사   천   왕   천        │
              │          │  └─ 욕계 ─┤                                          ├─ 십법계
              │          │     (欲界) │           ┌─ 북   울   단   월        │  (十法界)
              │          │            ├─ 사 주 ──┤─ 동   불   바   제 ─── 인(人)
              │          │            │  (四州)   ├─ 서   구   야   니        │  (인간세계)
              │          │            │           └─ 남         염   부        │
              │          │            │                                          │
              │          │            ├─ 사악취 ──────────────────── 아수라   │
              │          │            │  (四惡趣)                      ┌─ 축생 │
              │          │            └─ 삼   악   도 ─────────────────┤─ 아귀 │
              │                          (三惡道)                       └─ 지옥 ┘
  법어 풀이
```

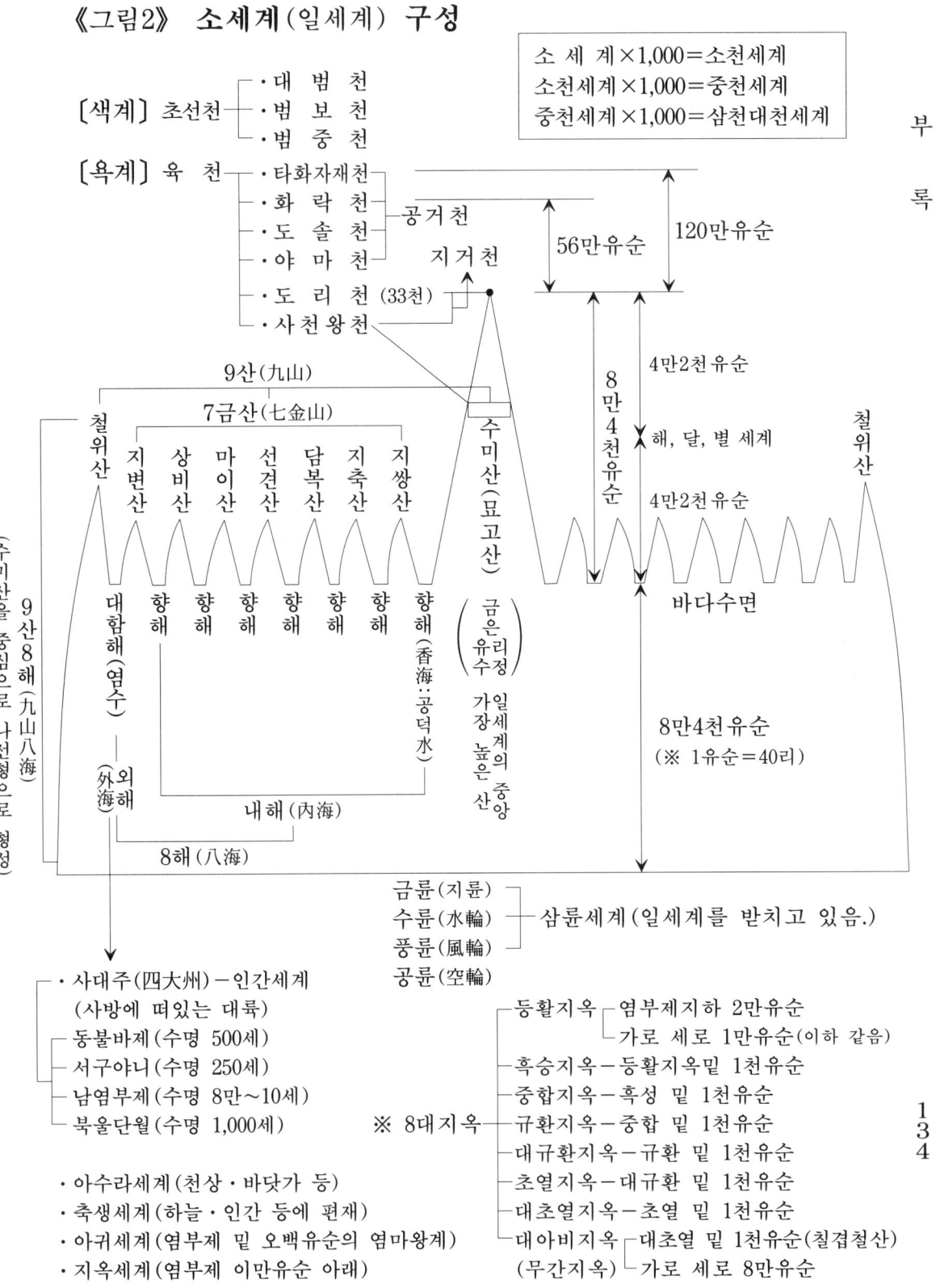

《그림3》 법화삼부경 총과(法華三部經 總科)

```
법          ┌ 무량의경 (개경)
어          │ 無量義經 (開經)
풀          │
이          │                                                    ┌ 적불교화, 시성정각
            │                                                    │ (迹佛教化　始成正覺)
            │                                                    ├ 개권현실, 회삼귀일, 개삼현일
            │                                                    │ (開權顯實　會三歸一　開三顯一)
            │                                                    ├ 이승작불, 종인향과
            │                                                    │ (二乘作佛　從因向果)
            │                                       안            ├ 철학적, 물질론
            │                                       락            │ (哲學的　物質論)
            │                                       행   서        
            │                              ┌ 적문 ── 품   품       ├ 리중심의 원융실상론
            │                              │ 迹門   제   제         │ (理中心　圓融實相論)
            │                              │        1    1         ├ 일념삼천의 철학성
            │                              │        4    부         │ (一念三千　哲學性)
            │                              │        까   터         ├ 대통지승불결연, 삼천진점겁
            │                              │        지             │ (大通智勝佛結緣　三千塵點劫)
            │                              │                      ├ 방편품 중심
            │                              │                      │ (方便品　中心)
            │                              │                      └ 구계 이성소구의 일념삼천
            │                              │                        (九界　理性所具　一念三千)
            │  묘법연화경 (본경) ──────────┤  · 원융삼제
135         │  妙法蓮華經 (本經)             │   (圓融三諦)
            │                              │  · 십계호구
            │                              │   (十界互具)
            │                              │  · 백계천여
            │                              │   (百界千如)
            │                              │  · 일념삼천
            │                              │   (一念三千)
            │                              │                      ┌ 본불교화, 본각상주
            │                              │                      │ (本佛教化　本覺常住)
            │                              │                      ├ 개적현본, 삼신즉일, 개근현원
            │                              │                      │ (開迹顯本　三身卽一　開近顯遠)
            │                              │                      ├ 구원실성, 종과향인
            │                              │                      │ (久遠實成　從果向因)
            │                              │                       ├ 종교적, 생명론
            │                              │                 보     │ (宗敎的　生命論)
            │                              │                 현   종 ├ 사중심의 원융실상론
            │                              │                 보   지 │ (事中心　圓融實相論)
            │                              └ 본문 ──────── 살   용  ├ 일념삼천의 생명상
            │                                本門            권   출 │ (一念三千　生命相)
            │                                              발   품  ├ 구원원초 본인하종, 오백진점겁
            │                                              품   제  │ (久遠元初　本因下種　五百塵點劫)
            │                                              제   1   ├ 수량품 중심
            │                                              2    5   │ (壽量品　中心)
            │                                              8    부  └ 불계 사상소구의 일념삼천
            │                                              까   터    (佛界　事相所具　一念三千)
            │                                              지
            │
            └ 불설관보현보살행법경 (결경)
              佛說觀普賢菩薩行法經 (結經)
```

《그림4》 무량의경 총과(無量義經 總科)

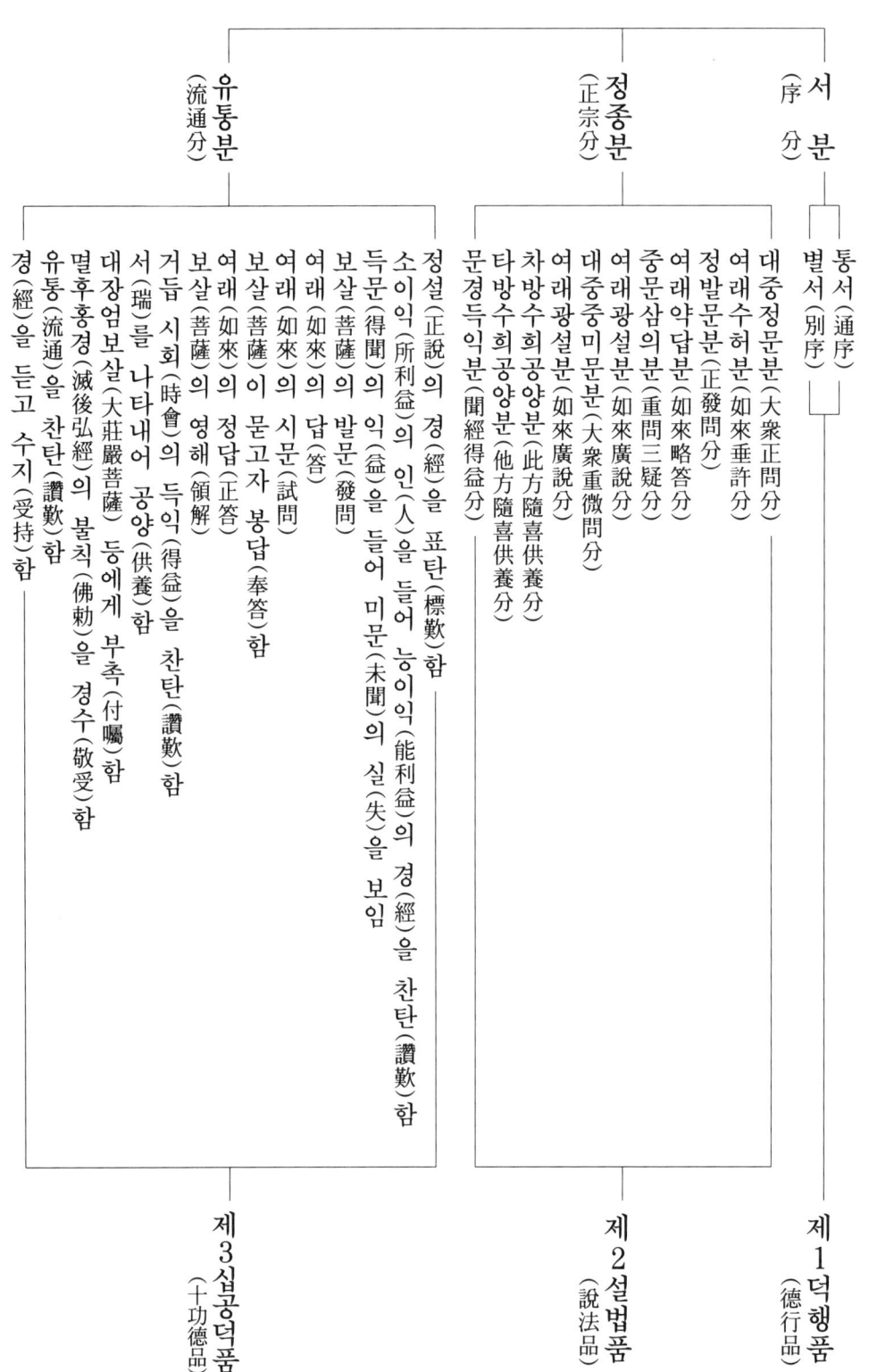

《그림5》 묘법연화경 총과(妙法蓮華經 總科)

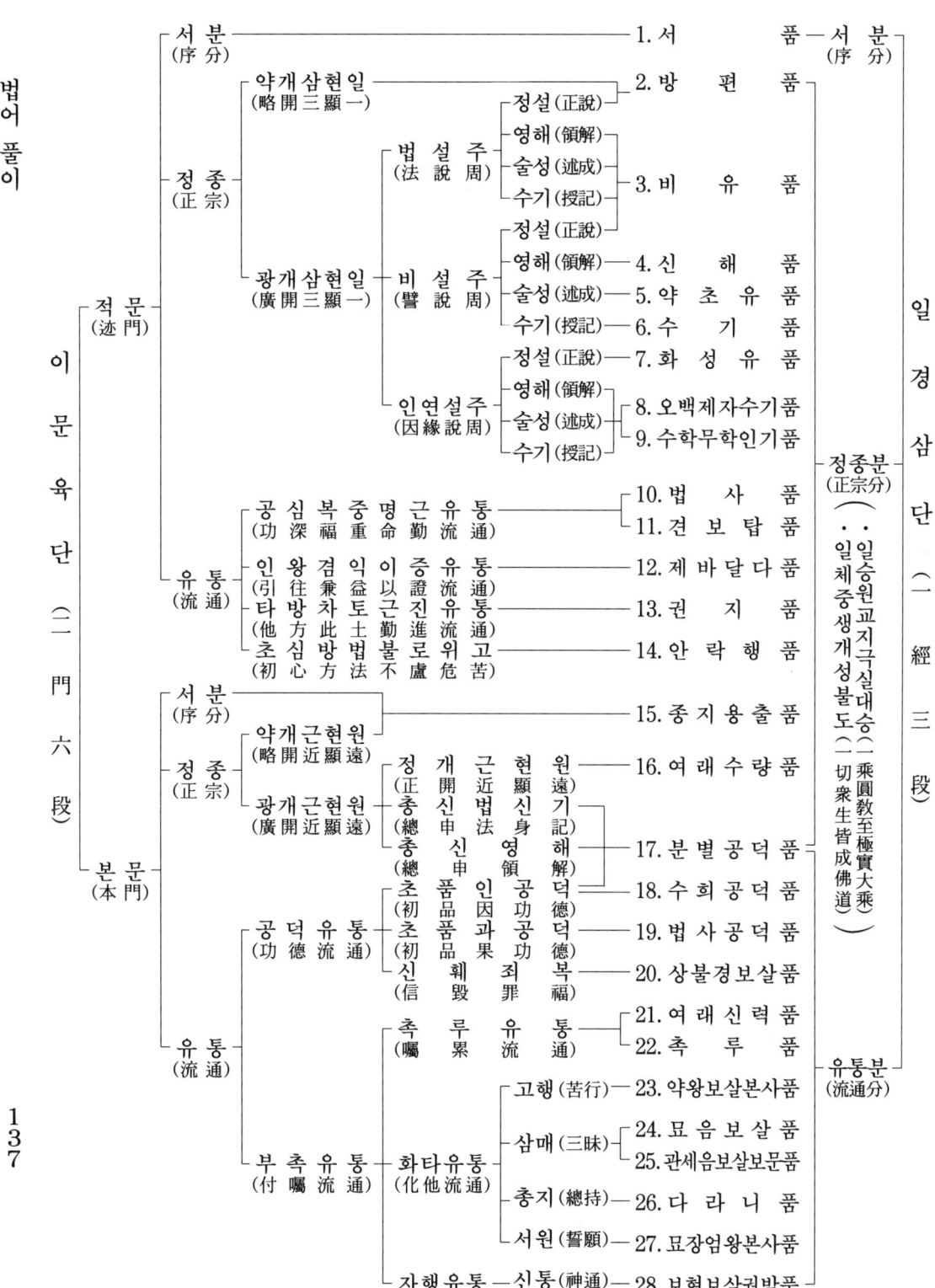

《그림6》 불설관보현보살행법경 총과(佛說觀普賢菩薩行法經 總科)

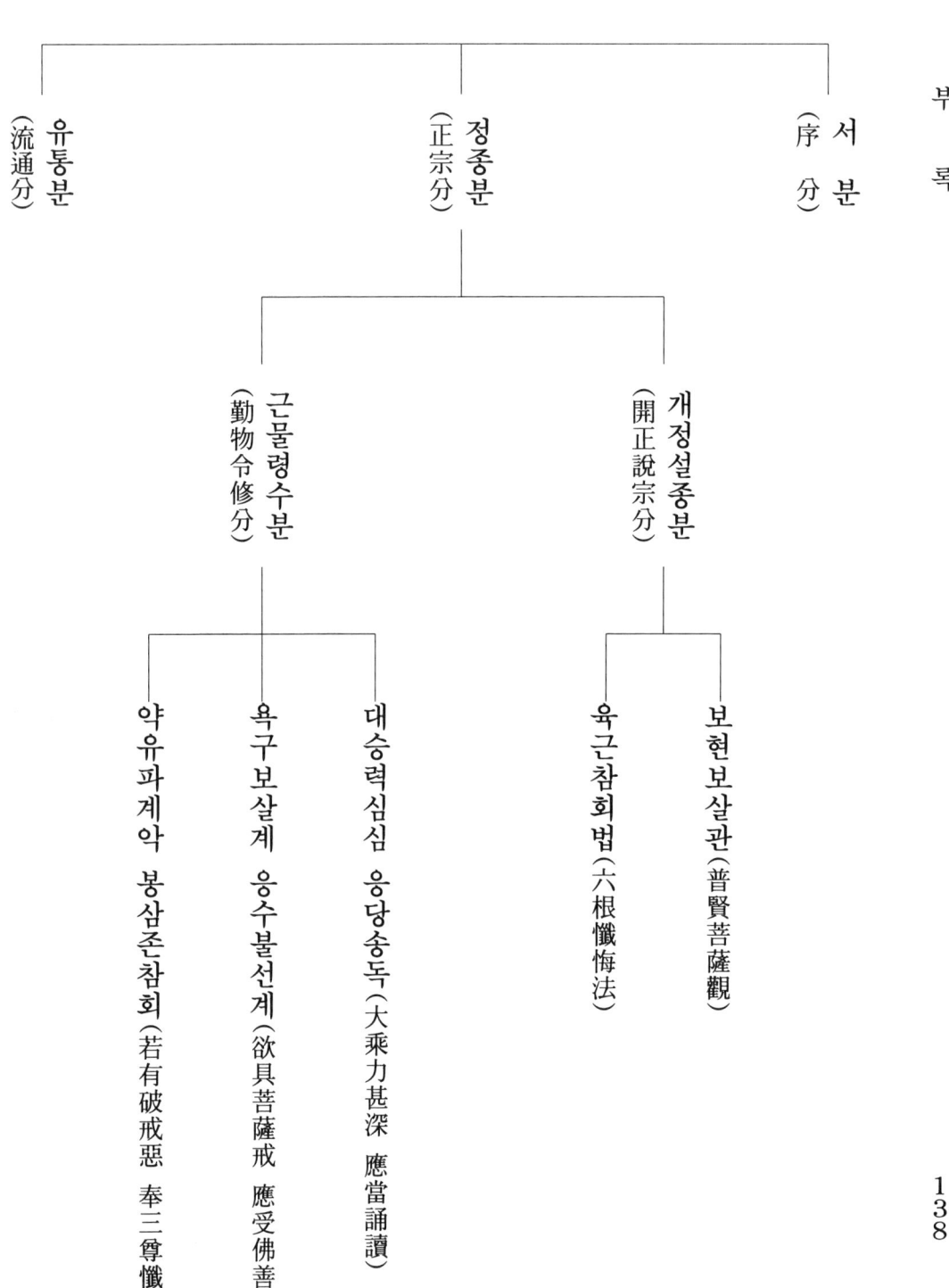

138

《그림7》 석가세존 일대오시성교(釋迦世尊 一代五時聖敎)

법어 풀이

오시(오부) 五時(五部)	화엄시(부) 1. 華嚴時(部)	아함(녹원)시(부) 2. 阿含(鹿園)時(部)	방등시(부) 3. 方等時(部)	반야시(부) 4. 般若時(部)	법화·열반시(부) 5. 法華涅槃時(部)
설법기간 (說法期間)	처음 21일 ⇒	12년 ⇒	8년 ⇒	22년 ⇒	마지막 8년
설법장소 (說法場所)	적멸도량 7처 8회. 실보무장애토 (實報無障碍土)	바라나국 녹야원·16대국. 범성동거토 (凡聖同居土)	욕색계중간 대보방 등등. 방편유여토 (方便有餘土) 동거토·실보토	영취산·백로지 4처 16회. 방편토·실보토 (方便土 實報土)	영취산·쿠시나성 2처 3회. 상적광토 (常寂光土)
오미 (五味)	유미 (乳味)	낙미 (酪味)	생소미 (生酥味)	숙소미 (熟酥味)	제호미 (醍醐味)
일조 (日照)	고산(高山) 인시(寅時)	유곡(幽谷) 묘시(卯時)	평지(平地) 식시·진시 (食時 辰時)	평지(平地) 우중·사시 (寓中 巳時)	평지(平地) 정중·오시 (正中 午時)
신해품 (信解品) 영해문 (領解文)	방견(傍遣). 즉견방인 급추장환 (卽遣傍人 急追將還)	이유(二誘) 유인기자 밀견이인 (誘引其子 密遣二人)	체신(體信). 심상체신 입출무난 (心相體信 入出無難)	영지(領知). 즉수교칙 영지중물 (卽受敎勅 領知衆物)	부업(付業). 금아소유 개시자유 (今我所有 皆是子有)
설법방법 (說法方法)	의의 (擬宜)	유인 (誘引)	탄가 (彈呵)	도태 (淘汰)	개회 (開會)
화법 (化法)	겸(兼). 원교에 별교 겸함. (圓敎別敎兼) 권대승(權大乘) 보살승(菩薩乘)	단(但). 삼장교(三藏敎) 전부소승. (全部小乘) 성문승(聲聞乘) 연각승(緣覺乘)	대(對). 장·통·별·원교 대비 (藏通別圓敎對比) 소승·권대승· 성문·연각· 보살승.	대(帶). 원교에 통·별 을 협대. (圓敎 通別狹帶) 권대승(權大乘) 보살승(菩薩乘)	〈법화〉〈열반〉 순(純) 추설追說 추민追泯 순원교(純圓敎) 실대승(實大乘) (지극대승) 일불승(一佛乘)
화의 (化儀)	돈교 (頓敎)	점교(漸敎), 비밀·부정교 (祕密 不定敎)	점교(漸敎), 비밀·부정교 (祕密 不定敎)	점교(漸敎), 비밀·부정교 (祕密 不定敎)	비돈·비점, (非頓 非漸) 비비밀·비부정교 (非祕密 非不定敎)
경전 (經典)	화엄경 범망경(결경) 등등	사아함경 (中·雜·長·增一) 유교경 (결경) 등등	대일경, 아미타 경, 능가경, 능 엄경, 유마경, 해심밀경, 영락 경(결경) 등등	마하반야경, 금강반야경, 대품반야경, 인왕반야경 (결경) 등등	무량의경, 묘법연화경, 행법경(결경), 열반경, 상법결 의경(결경) 등
주불 (主佛)	비로자나불 (법신(法身)). 적불(迹佛).	소석가(小釋迦) 열응신(劣應身). 적불(迹佛).	열응신(劣應身), 승응신(勝應身), 보신(報身), 법신(法身) 등의 여러 몸. 적불.	승응신(勝應身), 노사나보신 (盧舍那報身), 법신. 적불.	삼신즉일(三身卽一) 본각여래(本覺如來), 구원실성(久遠實成) 석가모니불. 본불. (釋迦牟尼佛 本佛)
종파 (宗派)	화엄종	구사종, 성실종, 율종	선종, 법상종, 정토종, 진언종	삼론종, 선종	천태법화종, 열반종

석가세존 일대성교대의

석가세존 일대성교대의
釋迦世尊 一代聖敎大意

※ **화법**(化法)**의 사교**(四敎) … 교법의 내용에 의한 분류. 약의 성분에 해당함.

① 삼장교(三藏敎． 장교) … 소승교． 경(經)·률(律)·논(論)의 삼장을 갖춤． 삼계내(三界內)의 생사(生死)·인과(因果)만을 밝힘． 성문과 연각을 가르치고 간접적으로 보살을 교화하고 이끎.

② 통교(通敎) … 대승의 시초인 초문에 해당． 삼장교와 별교에 통하므로, 대승과 소승에 통하므로 통교라 함． 삼승(三乘)도 함께 배우나 보살을 정기(正機)로 한다．

③ 별교(別敎) … 앞뒤에 관계없이 설하신 대승교． 삼계 밖의 일인 보살이 헤아릴 수 없는 겁을 지나면서 수행〔역겁수행(歷劫修行)〕하는 모습을 밝히심． 성문·연각을 제외하고 다만 보살을 위한 가르침．

④ 원교(圓敎) … 완전하고 원융 원만한 가르침． 일체 중생을 대상으로 하여 모두 구제하는 것임． 지옥, 아귀, 축생, 아수라, 인간, 천인, 성문, 연각, 보살의 구계(九界) 중생이

전부 이 원교의 가르침에 의해 진실로 성불(成佛)함. 장(藏)·통(通)·별교(別敎)는 이론상 불과(佛果)의 이름은 있으나, 실제로 진실된 불과(佛果)에 이르는 사람이 없다. 순수하게 원교만 설하신 것은 법화부 뿐임.

※ 화의(化儀)의 사교(四敎)

중생을 교화·제도해 가는 형식, 의식, 방법을 분류한 것. 약의 조제법에 해당함.

① 돈교(頓敎) … 유인의 수단을 쓰지 않고 곧 바로 깨달음을 중생에게 설하여 나타내는 형식. 화엄경.

② 점교(漸敎) … 내용이 얕은 가르침에서 깊은 가르침으로 점점 나아가서 중생을 점진적으로 교화하는 것. 아함부(초), 방등부(중), 반야부(말).

③ 비밀교(祕密敎) … 비밀부정교(祕密不定敎)라 함. 진언 비밀과는 뜻이 전혀 다름. 같은 설법 회상에서 서로서로가, 듣는 사람도 듣는 법도 모르는 가운데, 부처님의 하나의 음성으로 각각의 근기에 따라 혹 돈교로, 혹 점교로 서로 다르게 들어 이익을 다르게 얻는 것임.

④ 부정교(不定敎) … 현로부정교(顯露不定敎)라 함. 한 음성으로 설법하심에, 서로 듣는 사

람은 아는 가운데, 각각 들은 법의 이익은 나름대로 다른 것을 말함. 곧 점교를 설함에 돈교의 이익을 얻거나, 돈교를 설함에 점교의 이익을 얻는 경우이다.

법화부의 가르침은 통일적인 진리를 총괄하여, 있는 그대로 설하신 것으로 비돈(非頓), 비점(非漸), 비비밀(非秘密), 비부정(非不定)이다.

또한 법화부의 원교는 순원(純圓)의 홀로 묘하기 때문에, 화법의 사교, 화의의 사교의 팔교(八敎)를 초월하는 가장 뛰어난 제호(醍醐)의 가르침이다.

※ **권실**(權實) … 부처님의 본 뜻을 발견하기 위하여 설법하신 모든 경론에 의해 가르침의 뜻을 분류하여 방편과 진실을 나타내는 기준.

무량의경 제2 설법품 「가지가지 법을 설하였으되, 사십여 년 동안 진실을 나타내지 않았느니라.」 법화경 제2 방편품 「정직하게 방편을 버리고 마땅히 요긴하게 진실을 설하노라.」 제10 법사품 「이 법화경은 방편의 문을 열어서 진실상을 나타내느니라.」의 말씀에 근거함.

「권(權)」 … 임시, 방편을 의미함. 진실에 이끌기 위해 근기에 응하여 일시적으로

부 록

① 뜻 ┬ 실(實) … 진실을 의미함. 마지막 다 마친 궁극의 변하지 않는 참되고 완전한 법.
      └ 설하는 법.

② 교 ┬ 권교(權敎) … 진실한 이치를 깨닫게 하기 위해 중생의 근기와 욕망에 따라 그에 응하여 성문승, 연각승, 보살승을 각별로 설하신 가르침.〈아함부, 방등부, 반야부, 화엄부. 장교, 통교, 별교〉
      └ 실교(實敎) … 여래께옵서 세상에 나오신 본 뜻을 밝히신 궁극의 진실교. 일불승의 이치를 나타내는 법.〈법화열반부, 원교〉

③ 대승 ┬ 권대승(權大乘) … 실대승으로 이끌기 위한 방편 수단으로 진실한 뜻을 나타내지 않은 대승 교법. 성문, 연각, 여인, 악인 등은 성불할 수 없다고 하는 차별이 있으며, 역겁수행(歷劫修行)과 시성정각(始成正覺) 등을 설하신 가르침.〈법화경 이외의 대승의 가르침〉
        └ 실대승(實大乘) … 방편을 겸하지 아니한 진실한 대승교. 일체중생이 전부 성불함을 여실히 밝히며, 십계호구(十界互具), 일념삼천(一念三千)의 법문과 구원실성(久遠實成) 등을 설하신 가르침.〈법화경의 가르침〉

146

④ 부처님

○ **역겁수행**(歷劫修行) … 헤아릴 수 없는 겁을 지나면서 수행하는 것.

○ **시성정각**(始成正覺) … 석가세존께옵서는 금세에서 비로소 성불했다고 하는 것.

○ **십계호구**(十界互具) … 불계(佛界)에서 지옥계까지의 십계 각각에 십계가 서로 갖추어져 있는 것.

○ **일념삼천**(一念三千) … 일념에 우주의 여러 가지 나타난 모든 모습, 일체의 모든 법, 중도실상이 다 갖춰 있는 것. 십계(十界) 각각에 십계를 갖추면 백계(百界), 여기에 각각 십여시(十如是)가 있어 천여시(千如是)가 되고, 여기에 오음세간(五陰世間), 중생세간(衆生世間), 국토세간(國土世間)을 배대하면 삼천의 모든 법이 되는데, 이것이 일념에 갖추어져 있는 것.

○ **구원실성**(久遠實成) … 석가세존께옵서는 이미 오백진점겁(五百塵點劫)의 구원겁(久遠劫) 전에 진실로 부처님을 이루었음.

권불(權佛) … 석가세존께옵서 중생 교화, 유인을 위해 설하신 방편교 가운데에서 일부러 여러 가지 다른 모양으로 나타내신 모든 부처님을 말함. 정반왕의 태자(싣달태자), 19세 출가, 30세 성도, 80세 입멸을 하시고, 50년간 법륜을 굴리신 석가모니세존。 소승교와 권대승교에서의 석가세존, 아미타불, 약사유리광불, 대일여래, 정광불, 미륵불……

부 록

「실불(實佛) … 진불(眞佛)이라함. 묘법연화경 제 십육 여래수량품에서 비로소 유일하게 부처님의 본래 경지를 열어서 본체를 밝히신 것. 오백진점겁(五百塵點劫)이라는 오래되고 먼 옛날에 이미 부처님을 이루셨으며, 그로부터 지금까지 부처님의 비밀한 신통의 힘으로써 가지가지 법을 설하셨고, 가지가지의 몸을 나타내셨으며, 부처님의 땅은 어떠한 경우에도 안온하고, 깨끗하며, 중생 제도를 위해 방편으로 열반을 나타내셨으며, 항상 영취산과 모든 곳에 머무르시어 멸하지 않고 법을 설하시고 계시옵는 구원실성 석가모니 부처님.

※ ┬ 수타의(隨他意) 방편교 … 중생을 부처님의 본 뜻에 이르게 하기 위해 일부러 그 중생의 근기와 뜻에 따라 응하여 설하신 임시의 가르침.〈법화경 이외의 모든 가르침〉

　└ 수자의(隨自意) 진실교 … 중생의 근기와 뜻에 관계없이 스스로 부처님의 궁극의 깨달음의 모든 것을 부처님의 근본 뜻에 따라 다 밝히신 진실한 가르침.〈법화경의 가르침〉

일대오시(一代五時)

(구원실성(久遠實成) 석가모니부처님께옵서 일체 중생을 구제하기 위해서 방편으로 사바세계에 나투신 행적을 일목요연하게 정리한 일대기. 성불을 나타내신 후, 50년간 설하신 교법을 시간의 차례대로 크게 다섯으로 구분한 것. 화엄·아함·방등·반야·법화열반시) 사바 남섬부주 인도 중부 가비라국의 정반왕의 태자(신달태자)로 강탄하심. 17세 야수다라와 결혼(아들 라후라). 19세 출가, 30세 성도, 50년간 전법륜, 80세에 방편으로 열반을 나타내심.

제일시 화엄부(華嚴部)

권대승(權大乘). 유미(乳味).

- 처음 성도 후, 삼칠일간의 설법. 장소는 중인도 적멸도량 보리수 아래(연화장 세계), 일곱 곳, 여덟 모임.
- 원교(圓敎)에 별교(別敎)를 겸함〔겸(兼)이라 함〕. 부처님께옵서 임시로 적당한 법을 주어

- 중생이 그 법을 받아들이는가의 여부를 시험해 본 것.〔의의(擬宜)라 함〕
- 돈교(頓敎)〔비밀교, 부정교 있음〕. 돈대(頓大)의 근기〔대권(大權)의 보살〕를 위해 설하심.
- 화엄경 육십 권〔구역〕, 팔십 권〔신역〕.
- 결경(結經)은 범망경〔대승보살계를 냄〕.
- 처음 해가 솟아 먼저 높은 산을 비춤과 같음〔인시(寅時)〕.
- 화엄종.

◎ 세존의 성도 직후에, 법혜, 공덕림, 금강당, 금강장의 네 보살에게 가하여 대권〔大權․土〕의 상(相)을 나타내어 십주(十住), 십행(十行), 십회향(十廻向), 십지(十地)와 법계유심(法界唯心)의 이치를 설하심.

큰 방편의 대보살을 상대로 하여 인타라망(因陀羅網), 가립실보(假立實報) 무장애토(無障礙

◎ 화엄경의 처음 부분에는 성문이 없고, 뒷부분에는 있으나, 회좌(會座)에 있다고 해도 귀머거리와 같고 벙어리와 같음. 이승작불(二乘作佛)을 허락지 않으므로 원교(圓敎)도 일승(一乘)도 아닌 권대승(權大乘)임. 구원실성(久遠實成)은 더더구나 없음. 세 곳에서 시성정각(始成正覺)을 설하심.

◎ 비유 … 법화경 제사 신해품에 가라사대 「곧 곁의 사람을 보내어 급히 쫓아가서 데리고 돌아오게 하였는데 …… 두렵고 놀래어 지나치게 번민하다가 기절하여 땅에 넘어졌나이다. ……」라고 하심.〔방견(傍遣)이라 함〕

○ 권대승(權大乘) … 중생 화도를 위해, 실대승(實大乘)인 법화경으로 이끌기 위해 임시로 중생의 근기에 따라서 방편을 설하신 대승의 가르침. 곧 성문, 연각, 보살 등에 대해서 각각 다르게 사제(四諦), 십이인연(十二因緣), 육바라밀(六波羅蜜)의 법으로 헤아릴 수 없는 겁을 지나면서 수행하는 차제(次第)를 설하신 것.

○ 유미(乳味) … 소에서 처음 우유를 짜낼 당시의 맛. 원유(原乳)를 말함.

제 이 시 아 함 부(阿含部)

- 전부 소승(小乘). 낙미(酪味).
- 12개년의 설법. 장소는 바라나국 녹야원, 16대국 등.
- 단 삼장교(三藏敎)만 설하심〔단(但)이라 함〕. 중생을 불법에 유인한 때〔유인이라 함〕.

부 록

삼승의 근성(根性)을 위해 설함. 점교(漸敎)의 처음(비밀교, 부정교 있음).

증일(增一) 아함경 … 인천(人天)의 인과(因果)를 설하심.

중(中) 아함경 … 적멸의 깊은 뜻을 밝히심.

사(四) 아함경 ─ 잡(雜) 아함경 … 모든 선정을 밝히심.

장(長) 아함경 … 모든 외도, 사견을 파하심.

결경(結經)은 유교경(遺敎經). [소승계(小乘戒)를 냄]

해가 차츰 깊은 골짜기를 비춤과 같음. [묘시(卯時)]

구사종, 성실종, 율종. [이백오십계, 오백계, 오계, 팔계]

◎ 성도(成道) 57일을 지나 범천왕의 청에 따라 교진여 등의 다섯 사람을 위하여 처음 사제(四諦)의 법륜을 굴리시고, 십이인연(十二因緣), 팔정도(八正道) 등을 설하심.

◎ 삼계내(三界內)의 생사(生死), 인과(因果)만을 밝혔으며, 모든 법의 공(空)만을 보는 단공(但空)의 이치(理)와, 분석적인 석공관(析空觀)의 관법이 주가 됨.

◎ 비유 … 법화경 제사 신해품에 가라사대 「장차 그 아들을 달래어 인도하고자 하여 방편을 베풀어서 비밀히 형상과 얼굴이 여위고 쇠약한 위엄과 덕이 없는 두 사람을 보내

되……ㄴ라고 하심.〔이유(二誘)라 함〕

○ 낙미(酪味) … 트락. 원우유를 약간 끊이어 가미한 것.

제 삼시 방 등 부(方等部)

권대승(權大乘). 생소미(生酥味).

8개년〔혹 16년, 혹 설한 때에 정해지지 않음〕의 설법. 장소는 욕계, 색계의 중간 대보방(大寶坊) 등.

장교, 통교, 별교, 원교를 대비하여 설하심〔대(對)라 함〕. 소승을 탄핵하여 대승을 사모케 한 기간.〔탄가(彈呵)라 함〕

장(藏)·통(通)·별(別)·원교(圓敎)의 근기를 위해 설하심. 점교(漸敎)의 중간.〔비밀교·부정교 있음〕

대집경, 심밀경, 능가경, 능엄경, 아미타경, 대일경, 정명경, 금강정경, 승만경, 유마

부 록

경 …… 결경은 영락경.

◎ 결경은 영락경.

해가 차츰 평지를 비춤과 같음. 아침 식사 때임.〔진시(辰時)〕
　├ 법상종, 선종, 정토종, 진언종.

◎ 방등(方等)은 대승경의 통명(通名)이기 때문에 대승의 처음을 방등시라 함.

◎ 곳곳에서 장·통·별·원교의 법을 설하시어 다만 성문승, 연각승을 탄핵하고 가책하며 질책하고 보살을 칭양하심.

◎ 그림자가 많은 물에 비치어 그릇과 물결에 따름과 같으며, 하나의 부처님의 땅을 명시함에 정토(淨土)와 예토(穢土)를 다르게 하며, 부처님의 하나의 몸을 나타내 보임에 크게도 작게도 하시어 각각 다르게 하심.

◎ 한 가지 소리의 설법에 따라서 각각 이해함도 달라서 혹은 두려워하거나, 혹은 환희하거나, 혹은 번뇌를 싫어하여 떠나려 하거나, 혹은 의심을 끊었음.

◎ 비유 … 법화경 제 사 신해품에 가라사대 「이렇게 이미 지난 뒤에, 마음과 몸을 서로 믿어서 들어가고 나오는 데에 어려움이 없었으나, 그러나 그 머무는 곳은 아직 본래의

거처에 있었나이다.」라고 하심.〔체신(體信)이라 함〕

○ 생소미(生酥味) … 낙(酪)에서 다시 제조한 것.

제사시 반야부(般若部)

권대승(權大乘). 숙소미(熟酥味).

22개년〔혹 14개년, 혹 30개년〕의 설법. 장소는 취봉산 백로지 등의 네 곳, 열여섯 모임.

원교에 통교·별교를 내포〔협대(狹帶)〕하고 설하심〔대(帶)라 함〕. 중생 기근(機根)의 불순·불필요한 것을 제거한 기간.〔도태(淘汰)라 함〕

점교의 후분〔비밀교·부정교 있음〕. 통·별·원교의 근기를 위하여 반야를 설하심.

마하반야경, 대품반야경, 광찬반야경, 금강반야경, 천왕문반야경, 문수문반야경, 능단금강반야경, 소품반야경, 방광반야경 ……

성 교 대 의

155

부 록

┌ 결경은 인왕반야경(仁王般若經).
└ 해가 더욱 평지를 비춤과 같음.〔사시(巳時)〕
┌ 삼론종(백론·중론·십이문론).
◎ 구역(舊譯)의 여러 반야경을 포함하고 집대성하여 새로이 번역한 마하〔대(大)〕반야경은 당나라 현장삼장(玄奘三藏)의 번역이고, 이 경은 1부(部), 600권(卷), 265품(品), 60억 40만 자(字)이다.
◎ 대승·소승을 구별하는 편집을 씻어 없애기 위해 모든 법은 공(空)이라고 설하시며, 대승, 소승은 하나의 맛이라고 융합시킴.
◎ 법의 구별을 없애기 때문에 법개회(法開會)라 함.
◎ 통교의 소극적인 공을 설하여 삼승이 같이 배우는 공반야(共般若)와, 별교·원교의 적극적인 불공중도(不空中道)를 설하여 보살만 배우는 불공반야(不共般若) 등이 있음.
◎ 비유 : 법화경 제 사 신해품에 가라사대 「이 때 궁한 아들은 곧 가르쳐 타이름을 받아 많은 물건인 금과 은과 진귀한 보배와 그리고 또 모든 곳집에 저장한 것을 알아서 처리하되, 그러나 한 움큼도 바라고 가질 뜻이 없었나이다.」라고 하심.〔영지(領知)라 함〕

○ 숙소미(熟酥味) … 생소(生酥)를 다시 정제한 것.

제 오 시 법화·열반부(法華·涅槃部)

무량의경(無量義經) —〈서분(序分)〉

법화경의 개경(開經). 부처님께옵서 성도 후 사십여 년에 설하신 모든 경을 스스로 파하심.

제 이 설법품 「착한 남자여, 내가 스스로 도량 보리수 아래 육 년을 단정히 앉아서 위없이 높고 바르며 크고도 넓으며 평등한 깨달음 이룸을 얻었느니라. 부처님의 눈으로써 일체 모든 법을 관하였으되 가히 베풀어 설할 수 없었나니, 까닭은 무엇인가 하면, 모든 중생의 성품과 하고자 하는 것이 같지를 아니함일세, 성품과 하고자 하는 것이 같지를 아니하므로 가지가지로 법을 설하였으며, 가지가지의 법을 설하되 방편의 힘으로써 하였으며, 사십여 년 동안 진실을 나타내지 아니하였느니라. 이런 까닭으로 중생이 도를 얻음에도 차별이 있어 빨리 위없는 깨달음 이룸을 얻지 못하느니라.」

「…… 다음에 방등(方等) 십이부경(十二部經)과 마하반야(摩訶般若)와 화엄해운(華嚴海雲)을 설하여 보살이 겁이 지나도록 닦아 행하는 것을 설명하여 말하였다. ……」

제 삼 십공덕품 「…… 그 어떤 중생이 이 경을 얻어듣는지를 못하면 마땅히 이들은 큰 이익을 잃게 된다는 것을 알겠사오니, 헤아릴 수 없고 가이 생각으로 논의하지 못할 아승지겁을 지날지라도 끝끝내 위없이 높고 바르며 크고도 넓으며 평등한 깨달음을 이루는 것을 얻지 못하리니, 까닭은 무엇인가 하면, 깨달음의 크고도 곧은길을 알지 못하는 까닭으로 험한 길을 가는 데 더디고 어려움이 많은 까닭이옵나이다. ……」

◎ 석가세존께옵서 분명하게 사십여 년에 설하신 일체의 경들을 열거하시면서, 이른바 아함, 방등부, 반야부, 화엄부의 모든 경들은 방편으로 설법하였고, 또한 이 경들에 의해 수행하면 끝내 구경성불(究竟成佛)할 수 없으며, 진실을 나타내지 않으셨다고 하셨음. 이 제서야 묘법화를 설하시어 진실 성불의 크고도 곧은길을 설하시리라고 직접 밝히셨음. 곧 법화 이전의 방편교인 모든 경에 집착함을 버리게 하심이니, 이는 그림자를 잡으려 함과 같아서 성불하지 못하니, 오직 진실 대승, 일체 중생 성불의 크고도 곧은길인 묘

법화경만이 최고이며, 일체의 모든 뜻을 다 밝힌 요의경(了義經)이며, 유일한 성불의 경임을 말씀하심. 「사십여년(四十餘年) 미현진실(未顯眞實)」을 깊이 새겨야 함.

법 화 경(法華經) ―〈정종분(正宗分)〉

실대승(實大乘). 제호미(醍醐味).

8개년의 설법. 장소는 영취산, 허공의 두 곳. 세 모임[영산회, 허공회, 영산회].

순원교(純圓敎). 사십여년의 일체 모든 교법, 곧 화엄·아함·방등·반야의 일체법과 그 모든 사람을 다 회통시켜 하나의 법[일승원교 법화경]과 유일의 본불[구원실성 석가여래]의 체내에 귀입(歸入)시킨 개회(開會)의 묘전(妙典)[개회(開會)라 함]. 순원일실(純圓一實)의 설. 일원기(一圓機)의 설.[순(純)이라 함]

돈교·점교·비밀교·부정교가 없음.[초팔제호(超八醍醐)라 함]

묘법연화경 7권(혹 8권), 28품, 6만9천3백8십4 자(字).

개경(開經)은 무량의경, 결경(結經)은 불설관보현보살행법경.

부 록

천태법화종(天台法華宗). 해가 널리 두루 일체를 다 비추어 조금도 기울어진 그림자가 없음과 같음.〔정오시(正午時)〕

2처(處) 3회(會)의 의식
- ① 영산회 … 서품~법사품(10품)
- ② 허공회 … 견보탑품~여래신력품(11품)
- ③ 영산회 … 촉루품~보현보살권발품(7품)

본적(本迹)의 양문(兩門)
- 적문(迹門) … 서품~안락행품(14품), 개권현실(開權顯實).
- 본문(本門) … 종지용출품~보현보살권발품(14품), 개근현원(開近顯遠).

○ 실대승(實大乘) … 부처님의 진실의 깨달음을 중생의 근기에 관계없이 그대로 다 스스로 밝혀 나타낸 수자의(隨自意)·진실의(眞實意) 대승교. 이승(二乘 : 성문, 연각), 악인, 여인, 축생 등의 일체 중생과, 풀·나무·국토 세간 등의 일체가 성불된다고 설하신 것.

○ 제호미(醍醐味) … 다시 숙소(熟酥)를 달여 정제해서 짜낸 것으로써 진한 감미, 약용 등으로 쓰임. 우유 중에서 최상의 맛과 영양의 제품임.

160

○ 순원교(純圓敎) … 순수무이(無二), 원융원만하여 평등하고 완전하고 진실한 뜻의 가르침.

○ 개회(開會)의 묘전(妙典).

　適門개회 … 방편의 교법(화엄·아함·방등·반야)을 개회하여 성문·연각·보살 이 모두 부처가 되는 일불승(一佛乘)의 체내에 귀입케 하는 것. 법개회(法開會).

　본문개회 … 일체의 모든 부처님을 개회하여 오직 하나뿐인 구원실성(久遠實成) 석가모니 본불(本佛)님께 귀입케 하는 것. 인개회(人開會).

○ 일원기(一圓機)의 설 … 근기의 차별을 불문하고 평등하게 일체 중생을 모두 성불의 길에 들게 하는 가르침.

○ 개권현실(開權顯實) … 사십여 년의 삼승(三乘) 방편(方便) 권교(權敎)를 열어서 진실 인 일승원교(一乘圓敎) 법화경을 나타내는 것. [법개회]

○ 개근현원(開近顯遠) … 석가세존께옵서는 이 세상에 수행하여 비로소 처음 부처님이 되셨다는 시성정각(始成正覺)의 방편을 열어서, 진실로는 오래되고 먼 과거부터 본래 부처님이셨다고 하는 구원실성(久遠實成)의 본불(本佛)이심을 밝히신 것. [인개회]

◎ 모든 부처님께옵서 세상에 출현하심의 일대사인연(一大事因緣)을 밝히신 본회경(本懷經). 모두 일불승에 들게 하심. 곧 일체 중생에게 부처님의 지견(知見)을 열어서, 나타내 보

부 록

◎ 이고, 깨닫게 하여, 들어가게 하심.

◎ 특히 이승(二乘)이 부처님 지음(이승작불(二乘作佛))과, 석가모니 부처님께옵서는 멀리 오래 전에 본래 부처님이셨으며, 또한 방편으로 열반하심을 여실히 밝히심.〔구원실성(久遠實成)〕〔인개회(人開會)는 법화경뿐임〕

◎ 모든 법의 실상(實相)을 다 밝히시고, 십여시(十如是)를 설하시어, 중생세간, 오음세간, 국토세간에 십계(十界), 십여시(十如是)를 배대하여, 일념에 삼천의 모든 법이 다 들어있는 일념삼천(一念三千), 십계호구(十界互具), 색심불이(色心不二), 의정불이(依正不二) 등을 밝히심.

◎ 악인·여인·일천제·성문·연각 등 근기에 관계없이 일체 중생이 모두 성불함을 밝히시고, 이론적인 법개회(法開會)뿐 아니라, 실제 모두를 증입시키는 인개회(人開會)임.

◎ 삼계(三界)의 일체 모든 중생은 실로 석가세존의 아들이며, 부처님은 진실로 일체 중생의 아버지이심을 명확히 정하여 밝히심.(비유품 제3, 여래수량품 제16)

◎ 비유⋯ 법화경 제사 신해품에 가라사대 「그대들 모두는 마땅히 알지니라. 이는 바로 나의 아들이니, …… 이는 진실로 나의 아들이요, 나는 진실로 그의 아버지이니라. 지금 내가 가지는 바의 일체 재물은 모두 아들에게 있는 것이며, ……」〔부업(付業)이라 함〕

162

※ **법화경이 최고 최상의 요의경(了義經)이며, 지극한 진실 대승(實大乘) 일승원교(一乘圓敎)임을 밝히신 경문.**

◎ 「사십여 년 동안 진실을 나타내지 아니하였느니라.」〔사십여년(四十餘年) 미현진실(未顯眞實)〕 (무량의경 제 이 설법품)

◎ 「세존의 법은 오랜 뒤에야 마땅히 요긴하게 진실을 설하느니라.」(묘법연화경 제2 방편품)

◎ 「일찍이 설하지 아니한 것은 설할 때가 이르지 아니한 까닭이니라. 이제 바로 이러한 그 때이니, 결단하여 정하고 대승을 설하노라.」(방편품)

◎ 「내지 한 게송에 이를지라도 모두 부처님 이룸에 의심이 없느니라. 시방의 부처님 나라 가운데 오직 일승법만이 있고, 이승도 없고, 삼승도 없느니라.」(방편품)

◎ 「정직히 방편을 버리고 다만 위없는 도를 설하리라.」(방편품)

◎ 「내가 옛적에 원하던 것과 같이 지금 이미 만족하느니라.」(방편품)

◎ 「지금 이 삼계는 모두 바로 나의 것이며, 그 가운데의 중생은 모두 바로 나의 아들이거

부　록

◎ 「내가 설한 바의 경전은 헤아릴 수 없는 천만억이라, 이미 설하였고, 지금 설하며, 미래에도 설할 것이니와, 그러나 그 가운데서도 이 법화경이 가장 믿기 어렵고 이해하기 어려움이 되느니라.」(제3 비유품)

◎ 「약왕이여, 이제 너에게 이르노니, 내가 설한 바의 모든 경과 이 경 가운데서 법화가 가장 제일이니라.」(제10 법사품)

◎ 견보탑품의 게송인, 여섯 가지 어려운 것과 아홉 가지 쉬운 것.(육난구이(六難九易) ⇒ 제11 견보탑품 게송의 설법)

◎ 「문수사리여, 이 법화경은 모든 부처님 여래께옵서 비밀히 감추어 두셨던 바이라, 모든 경 가운데에서 가장 위에 있느니라.」(제14 안락행품)

◎ 「일체 모든 경의 법 가운데 가장 제일이 되느니라.」

◎ 「모든 경 가운데 왕이니라.」(제23 약왕보살 본사품)

◎ 「여래는 모든 중생이 작은 법을 즐기며 덕이 엷고 때가 무거운 자를 보면, 이러한 사람

늘, 그러나 지금 이곳은 모든 근심과 난리가 많으니, 오직 나 한사람만이 능히 구원하고 보호할 수 있느니라.」(제3 비유품)

164

을 위하여 말하되, 나는 젊어서 출가하여 위없이 높고 바르며 크고도 넓으며 평등한 깨달음을 얻었노라 하였느니라.」(제16 여래수량품)

◎ 「내가 항상 이 사바세계에 있으면서 법을 설하여 가르쳐 교화하고…….」(여래수량품)

◎ 「내가 진실로는 부처님을 이루어 이미 온은, 헤아릴 수도 없고 가도 없는 백천만억 나유타 겁이니라.」(여래수량품)

◎ 「항상 머물러서 멸하지 아니하느니라.」 「방편으로 열반을 나타내었으나…….」(여래수량품)

◎ 「나는 또한 세간의 아버지가 되어서 모든 괴롭고 아픈 자를 구원하느니라.」(여래수량품)

◎ 「이 법화경은 능히 중생으로 하여금 일체 괴로운 것과 일체 병의 아픔을 떠나게 하고, 능히 일체의 나고 죽음의 묶임을 풀게 하느니라.」(제23 약왕보살 본사품)

◎ 「능히 오는 세상에 이 경을 읽어 가지면, 이는 진실한 부처님의 아들이니라.」(제11 견보탑품)

◎ 「만약 사람이 믿지 않고 이 경을 헐뜯고 비방하면, 곧 일체 세간의 부처님 종자를 끊는 것이니라. 혹은 다시 얼굴을 찡그리며 그리고는 의심과 미혹을 품으면…… 그 사람이

부　록

명을 마치면 아비지옥에 들어가서 일 겁을 흡족하게 채우고 …… 수 없는 겁에 이르러고……」(제3 비유품)

◎ 「이 때에 보배탑 가운데에서 큰 음성이 나와서 찬탄하시어 말씀하시되, …… 석가모니 세존께옵서 말씀하신 바와 같은 것은 모두 바로 진실이옵나이다.」(제11 견보탑품)

◎ 「여래가 멸도한 뒤에, 만약 어떤 사람이 묘법화경을 듣되, 이에 한 게송이나 한 구절에 이르러 한 생각으로 따라 기뻐하는 자에게는, 내가 또한 더불어 위없이 높고 바르며 크고도 넓으며 평등한 깨달음의 수기를 주리라.」(제10 법사품)

◎ 「여래의 있는 바의 법과, 여래의 일체의 마음대로 되는 신비스러운 힘과, 여래의 일체의 비밀되고 요긴한 곳집과, 여래의 일체의 심히 깊은 일을 모두 이 경에서 펴 보이고 나타내어서 말하였느니라.」(제21 여래신력품)

◎ 「부처님이 멸도한 뒤에 능히 이 경을 가진 까닭으로써, 모든 부처님께옵서 모두 기뻐하시고 즐거워하시어, 헤아릴 수 없는 신력을 나타내시느니라.」(여래신력품)

「모든 부처님께옵서 도량에 앉으시어 얻으신 바의 비밀되고 요긴한 법을, 이 경을 능히 가진 자는 오래지 않아 또한 마땅히 얻느니라.」(여래신력품)

166

◎「모든 부처님께옵서 여기에서 위없이 높고 바르며 크고도 넓으며 평등한 깨달음을 얻으시며, 모든 부처님께옵서는 여기에서 법륜을 굴리시며, 모든 부처님께옵서는 여기에 열반에 옮기시느니라.」(여래신력품)

◎「내가 멸도한 뒤에 응당 이 경을 받아 가질지니라. 이런 사람은 부처님의 도에 결정코 의심은 있을 수 없느니라.」(여래신력품)

◎「내가 멸도한 뒤의 후오백세 가운데 광선유포하여 염부제에 단절함이 없게 하라.」(제2

◎ 3 약왕보살 본사품)

◎ 법화경 전부질 곳곳에서 석가세존께옵서 종(宗)을 세우심의 말씀은 법화를 최극(最極)으로 하심이 틀림없으심.

「이설(已說) 금설(今說) 당설(當說) 법화최제일(法華最第一)」(제10 법사품)

┌ 이미 설했고(已說) ┈ 화엄부, 아함부, 방등부, 반야부의 모든 경
├ 지금 설하며(今說) ┈ 무량의경
└ 미래에도 설할 것이니와(當說) ┈ 열반경

부 록

열 반 경(涅槃經)

권대승(權大乘). 제호미. 법화경의 유통분(流通分)에 해당.

하루 낮, 하루 밤의 설. 장소는 쿠시나성 발제하의 강변 사라쌍수의 사이.

┌ 한번 더 상주사교〔常住四敎∷장·통·별·원교〕를 설하심.〔추설추민(追說追泯)이라 함〕
├ 군습교(捃拾敎). 점교(漸敎).
├ 대반열반경 40권〔북본 구역 13품〕, 36권〔남본 신역 25품〕
└ 결경(結經)은 상법결의경(像法決疑經).

◎ 불신상주(佛身常住), 열반의 사덕(四德), 일체 중생에게 다 불성(佛性)이 갖추어져 있음, 선근 단절한 일천제(一闡提)의 성불 등을 설하심.

◎ 법화의 때에 이해하지 못한 무리가 있어, 나머지 잔여의 근기를 조숙시키시어, 법화경의 이익에 누락된 사람들을 주워 거두신 것.〔법화경을 큰 수확에 비교하여 추수동장(秋收冬藏)이라 하며, 열반경을 이삭줍기에 해당하므로 군습교(捃拾敎)라 함〕

168

※ 열반경에서 말법을 위해 남기신 석가세존의 가르침

◎ 「법(法)에 의하되, 사람(人)에 의하지 말라. 뜻(義)에 의하되, 말(語)에 의하지 말라. 지혜(智)에 의하되, 식(識)에 의하지 말라. 요의경(了義經)에 의하되, 불요의경(不了義經)에 의하지 말라.」(열반경 제6)

여기서 법이란 오직 부처님께옵서 설하신 바의 경문을 의미함. 사람이란 등각(等覺)이하 제종(諸宗)의 조사, 선사 등의 일체 논사(論師)의 말을 일컬음. 부처님의 지혜에 의하고 문수, 보현, 관음, 불공, 현장, 달마, 혜능 등등의 모든 조사, 선사들의 식에는 더욱 의지하지 말라는 분부이심. 일체 뜻을 다 마친 요의경인 법화경에 의지하고, 불요의경인 화엄경, 방등부, 반야부의 경과 아함경 등의 다른 모든 경은 방편교이니 집착하고 의지하여 머물지 말라고 하셨음.

◎ 「순타여, 만약 비구 비구니 우바새 우바이가 있어, 추악한 말을 하여 바른 법을 비방하고는, 그 무거운 업을 지어 오래도록 고치거나 뉘우치지 않고, 마음에 부끄러워함이 없

으리라. 이와 같은 사람을 이름하여 일천제〔一闡提∷성불하는 인(因)을 갖지 못한 이。단선근(斷善根)〕의 길에 취향한다고 하느니라。」(열반경 제10)

◎ 「선남자여, 일천제가 있어 나한의 형상을 하고 고요한 곳에 머물며, 방등 대승경전을 비방하니, 모든 범부의 사람이 보고 나서 모두 참다운 아라한이로다, 이는 대보살 마하살이로다 라고 생각하느니라。」(열반경 제9)

◎ 「대승을 배우는 자는 육안이 있다 해도 이름하여 부처님 눈이라 하느니라。귀·코·혀·몸·뜻의 다섯 뿌리도 또 이와 같으니라。」(열반경 제6)

◎ 「모든 악비구가 있어 나의 뜻을 해득하지 못하고 자기의 소견을 고집하여 십이부경을 베풀어 말하며, 글에 따라 뜻을 취하여 결정의 설이라고 하리라。 마땅히 알지니라。 이 사람은 삼세 모든 부처님의 원적(怨敵)이며, 신속히 나의 법을 멸하리라。」(상법결의경)

◎ 「모든 악비구 혹은 선(禪)을 닦는 일이 있어도 경론에 의하지 아니하고 스스로 자기의 견해를 좇아서, 아닌 것을 바른 것이라 하고, 이는 삿된 것, 이는 바른 것을 분별하지 못하고, 널리 도를 구하는 이와 속인을 향하여 이와 같은 말을 하리라。 나는 능히 이를 알고 나는 능히 이를 보노라고, 마땅히 알지니라, 이 사람은 속히 나의 법을 멸하리라。

◎ …… 지옥에 들어감이 마치 화살을 쏨과 같으니라.」(상법결의경)

◎ 「만약 부처님의 설한 바를 따르지 않는 자가 있으면 마땅히 알지니라, 이 사람은 마의 권속이니라.」(열반경 제7)

○ 불교에서 경전을 이탈한 것을 외도(外道)라 함.

※ 성교대의(聖教大意)에 덧붙여

◎ 묘법연화경은 부처님께옵서 직접 세우신 바의 최극의 진실 대승, 순원(純圓), 요의경(了義經)이며, 제불출세(諸佛出世)의 본회경이며, 법본존(法本尊)입니다.

◎ 법화경 이전의 방편 권교(權敎)에서 나타나신 적화(迹化)의 대보살인 문수·보현·관음·지장·약왕·미륵 등의 모든 보살들도, 말법시대 묘법연화경 광선유포의 부촉을 받으신 지용(地涌)의 본화(本化) 사대보살 곧 상행보살·무변행보살·정행보살·안립행보살님 들과 그 권속의 가없는 아승지 수의 대보살과 비교하면, 하늘과 땅의 차이가 있습니다. (묘법연화경 제15 종지용출품 참조)

◎ 일체 생명의 과거·현재·미래의 인과(因果)의 법칙을 구체적으로 알 수 없고 밝히지 않

앉으며, 이치적으로 또한 문자상으로 또한 현실적으로 맞지 않는 외도(外道)의 법에 대해서는, 일체의 불교를 모두 대승(大乘)이라 하고, 불교 중에서 아함경 등의 소승경을 모두 대승경에 대해서 소승(小乘)이라 하고, 모든 대승 중에서 유별나게 열등한 통(通)·별교(別敎)의 가르침을 원교(圓敎)에 대해서는 소승이라 하고, 또한 방등부, 반야부, 화엄경의 모든 대승경이라도 법화경의 이승작불(二乘作佛), 구원실성(久遠實成), 일념삼천(一念三千)에 대하면 소승(小乘)의 법입니다. 천태대사께서는 법화경 제16 여래수량품의 「작은 법을 즐기는 ……」 경문에서 소법(小法)이라 함은 구원실성을 설하지 않은 화엄경, 방등부, 반야부는 말할 것도 없고, 법화경 적문(迹門) 14품의 원돈(圓頓)의 대법까지 소승의 법이라 하심.

◎ 법화경은 성문의 십대제자 가운데 지혜 제일인 삼명(三明) 육통(六通)의 사리불 존자도 믿음으로써 들어가고, 미륵보살·문수보살·보현보살·관세음보살·지장보살·약왕보살·대세지보살 등의 대권(大權)의 대보살들도 세 번씩이나 오직 믿어서 받겠다고 하셨으니, 어찌 말법시대 저희들이 부처님의 말씀에 의심을 가할 수 있으며, 묘법화경을 어찌 믿지 않을 수 있겠습니까.

열반경에, 설령 문수보살이 나와서 법을 설할지라도 손에 경을 들지 않고 설법하면 이를 믿지 말라고 하셨으니, 부처님의 말씀이신 경문을 증거로 하여 믿음과 믿지 않음을 판단하여야 하며, 사람의 조그마한 식견에는 절대로 믿지도 의지하지도 말아야 하는데, 깊이 새겨야 합니다. 법화경을 믿는다면 또한 설하심과 같이 수행함이 있어야 하며, 여설수행(如說修行)이 진정한 의미의 믿음(信)이라고 할 수 있습니다.

◎ 열반경의 제15에 「원컨대 모든 중생 하나같이 모두 출세의 문자를 수지(受持)하라.」 상법결의경에 「문자에 의하는 고로 중생을 제도하고 깨달음을 얻음」 이와 같은 말씀이 계시는데 어찌 경의 문자를 버릴 수가 있겠습니까.

특히 이 묘법연화경은 법본존(法本尊)으로서 눈먼 자는 보지 못하고, 육안의 자는 글자로 보며, 성문·연각은 허공이라고 보고, 보살은 무량의 법문이라 보고, 부처님께옵서는 하나하나 문자를 금색의 석가세존이라고 보십니다. 그러하니 이 경의 이십팔품 육만구천삼백팔십네 자(字)의 문자 하나하나가 곧 바로 삼십이상(三十二相) 팔십종호(八十種好)를 갖추신 묘각과만(妙覺果滿)의 진실된 부처님이시고, 또한 석가세존의 온몸의 혼이

부록

완전히 스며들어 있습니다.

 그 증거로서 법사품에 「이 가운데에는 여래의 온몸이 있느니라.」 견보탑품에 「만약 능히 가지고 있으면 곧 부처님의 몸을 가지는 자는 곧 부처님의 몸을 가짐이다.」 관보현보살행법경에 「이 경을 가지는 자는 곧 부처님의 몸을 가짐이며,」라고 하셨습니다.

 또한 법사품, 분별공덕품, 약왕보살본사품, 다라니품 등등에서 「이 경권을 공경하되 부처님과 같이 보고 꽃과 향과 영락과 당과 번과 …… 음악으로 가지가지로 공양하고 이에 합장하고 공손히 공경하는데 이르러면 …… 이 사람은 바로 큰 보살이니라.」하셨으며, 「모든 부처님께옵서 스승으로 하시는 바는 이른바 법이니라. 내지 그러므로 모든 부처님께옵서 공양하시고 공경하시느니라.」(열반경)

 「이 대승법화경전은 모든 부처님의 보배 곳집이며, 시방 삼세 모든 부처님의 안목이며, 삼세의 모든 여래께옵서 출생하시는 종자이라.」(행법경)

 「이 방등경은 바로 모든 부처님의 눈이며, 모든 부처님께옵서는 이로 인하여 오안(五眼)을 갖추심을 얻으셨느니라. 부처님의 세 가지 종류의 몸은 방등으로부터 났느니라.」

 「모든 부처님 여래께옵서는 이 법으로부터 좇아 출생하셨으며, 대승경에서 기별 받으

◎ 이 묘법연화경은 헤아릴 수 없는 나라 가운데서도 그 이름자만이라도 얻어 듣기가 힘들다고 하셨으며 (안락행품), 또한 이미 일찍이 십만억 부처님께 공양드린 사람이 법화경을 만나서 받아서 가지며 (법사품), 법화경 가진 자를 훌륭하다고 칭탄하고 공양하는 사람의 복은 부처님을 일 겁 동안 찬탄하는 공덕보다 더하며 (법사품), 묘법연화경을 받아서 가지고 읽고 외우는 사람은 명이 마칠 때, 한 부처님이 아닌 일천 부처님께옵서 동시에 손을 주시어 인도하신다고 하셨으며 (보현보살권발품), 한 구절, 한 게송만을 수지하셔도 석가세존께옵서 성불(成佛)의 수기를 주시고 (법사품), 이 법화경을 잠깐이라도 가지면 석가세존과 모든 부처님께옵서 모두 환희하시고 (견보탑품), 이 법을 들으면 한 사람도 성불하지 아니함이 없다고 하셨으니 (방편품), 하물며 그 나머지의 조그마한 세간, 출세간의 일들은 이루어지지 아니함이 없습니다. 참으로 감사하고 다행스럽고 든든한 일이 아닐 수 없습니다.

심을 얻으셨느니라.」(관보현보살행법경) 하셨으니, 진실로 묘법연화경을 우리들의 육안으로 석가세존을 직접 친견하는 것보다도 더욱더 우러러 잘 모시어 받들고, 예배, 공양, 공경, 존중, 찬탄, 수지, 독송하셔야 됩니다.

부 록

◎ 또한 법화경과 법화행자를 비방하거나 천대하고 미워하고 질투하고 원한을 품으면, 현세에서 과보를 받음은 물론 세간 부처님 종자를 끊음이 되어, 죽어서 무간지옥에 떨어져 무수겁(無數劫)을 지낸다고 하셨고 (비유품, 상불경보살품, 보현보살권발품), 법사품에서는 한 마디의 말로서 비방하는 그 죄가 일 겁 동안 부처님 앞에서 부처님을 헐뜯어 비방하는 죄보다 훨씬 크다고 하셨으니, 어떠한 일이 있더라도 절대로 헐뜯거나 비방하지 맙시다.

◎ 왕이 스스로 왕이라 하고, 금을 보고 금이라 함은 잘못되지 않는 것입니다. 부처님 세존께옵서 하가 왕이라 하고, 흙을 보고 금이라 함은 참으로 잘못된 것입니다. 그러나 신만이 홀로 궁극의 진리를 말씀하시는 분이시며, 삼계(三界)를 이끄시는 스승이시고, 우리들의 본사(本師)이시며, 일체 중생의 아버지시라고 하심은 전혀 잘못이 없습니다. 아울러 법화경만이 홀로 진실 대승(大乘)이며, 유일한 성불(成佛)의 경이며, 요의경(了義經)이며, 가장 수승하다고 하는 것을 보고, 마음이 좁다느니, 집착했다느니 하고, 또한 법화경도 다른 일체 경과 같다느니, 법화경을 버려야 된다느니 말한다면, 우리의 본사 석가세존처럼 마음이 좁고 집착이 강한 사람은 세상에 없을 것입니다. 이 일을 어찌하겠

습니까. 그렇게 말하는 자는 위로는 석가세존과, 법화를 증명하신 다보 부처님과, 시방(十方)의 일체 모든 부처님을 업신여김이며, 또한 모든 부처님의 원적이며, 아래로는 구계(九界)의 일체 중생을 속임이 되어, 머리가 일곱 조각으로 부서지고, 죽어서 아비지옥에 들어감은 부처님 말씀과 틀림없음이니, 여러 번 생각하시면 정말로 고맙겠습니다.

◎ 석가모니 부처님께옵서는 본래 부처님이신데, 중생을 위해 인간 몸으로 일부러 사바세계에 오셔서 성불을 나타내시고, 성불의 길을 전부 말씀하시어 남겨두시고, 일부러 방편으로 열반에 드셨으며, 진실은 멸하시지 않으시고 항상 이 사바세계 우리들 곁에 계시어, 항상 중생이 도를 행함과 행하지 않음을 아시며, 매양 어떻게 하면 중생으로 하여금 부처님의 몸을 빨리 성취시킬 것인가를 생각하시며, 바로 가까이에서 대자대비로서 항상 보고 계시오니, 오직 부처님과 부처님의 말씀에 진심으로 귀의하고 받들어 모셔야 하겠습니다.

◎ 묘법연화경을 여래께옵서 멸도하신 뒤 후오백세에 광선유포하라는 신칙이 계셨으니, 이에 그 수행 방법은 어떠한가 하면, 법화경의 여러 품들과 관보현보살행법경 등에서 상세히 말씀하시고 계시는 데, 대체로 간추린다면, 이 묘법연화경을 받아서 가지고, 읽

성교대의

177

부 록

고, 외우며, 해설하고, 서사하는 다섯 가지로 나누어지며, 그 의미는 여러 가지가 있습니다. 묘법을 다른 사람에게 전해주는 광선유포가 근본수행이 되며, 받아서 가진다는 것은 법화경을 그대로 믿고 잊지 아니한다는 뜻도 있으며, 이것이 곧 마음을 관하는 것이라고도 합니다. 읽고 외움에도 한 번, 두 번, 수십 번, 수백 번, 수천 번, 수만 번 읽고 또는 외우는 것입니다. 또한 요긴한 것을 취하여 어디에 있을지라도 법본존이신 묘법연화경 제목을 계속 일념으로 수십억만번 수지 봉창(奉唱)을 합니다. 아울러 헤아릴 수 없는 겁의 세상으로부터 오면서 눈·귀·코·혀·몸·뜻의 여섯 뿌리로 지은 모든 죄를 이 묘법연화경을 독송하여 참회하는 참회법 등의 여러 가지가 있습니다. 시방 삼세 일체 중생이 다 함께 언젠가는 반드시 묘법연화경을 믿어 받아 결정코 수행해야만 하는데, 이 글을 읽는 사람이나 진정코 부처님을 믿는 불자(佛子)라면 법화경에 귀의하지 않을 수 없으며 석가세존께옵서 설하심과 같이 닦아 행함이 있어야 하겠습니다.

나무 구원실성 본사 석가모니불
나무 평등대혜 실상 묘법연화경

나무 본화지용 창도지사
상행보살 무변행보살
정행보살 안립행보살 마하살

불기 3018년 (음) 12월 8일
영산 합장

법화경 영험록

묘법연화경을 모신 공덕

이 때 미륵보살께서 부처님께 물으시되, 「저는 지난 세상에 무슨 인연으로 공덕이 지중하여 미륵보살이 되었나이까. 원하옵나니, 부처님 설하심을 듣고자 하나이다.」

부처님께옵서 말씀하시되 「너는 보현보살보다 공덕이 나으니라. 너는 지난 세상에 도원이라 하는 사람으로 연나라에 났었는데, 부모가 빈한하여서 친구가 타국에 장사 다니는 것을 보고는 부모께 고하되, 은자 사천 냥을 얻어 주시면 친구를 따라 타국에 가서 장사하여 오리라 하였다. 부모가 그 말을 기꺼이 듣고 은자 사천 냥을 얻어 주거늘 받아 가지고 타국에 장사하러 가는 중간에 한 곳에 닿으니, 한 집의 홍문 밖에 패를 써 붙였으되, 아무 사람이라도 글자 일곱 자를 사려하거든 은 사천 냥을 가지고 오라 하였거늘, 도원이 괴이하게 여겨 주인을 찾으니 나왔는지라 이르되, 은 사천 냥을 가지고 왔으니 글자 일곱 자를 팔라 하니, 주인이 안으로 들어 가더니 비단 보에 싸서 옥반에 담아내어 왔음이라. 펴 보니 실상묘법연화경이라 하였거늘 본국으로 돌아오니, 부모님 크게 놀라 가로되, 은 사천 냥을 가지고 장사하러 간다더니 어찌 이렇게 쉽게 돌아왔느뇨. 대답하되, 소자가 타국에 가서 세상에 얻기 어려운 보배를 은 냥이나 주고 사왔나이다.

부모가 그 보배를 보자하여 펴 보니 글자 일곱 자이라. 이것을 보고 묻되, 이 글자는 무엇에 쓴다 하더뇨. 대답하여 말하되, 소자가 은 사천 냥을 주고 사왔사오나, 쓸 데는 알지 못하나이다. 부모가 크게 놀라 남의 돈 사천 냥을 주고 쓸 데없는 글자를 사왔으니 어찌하리오 하고 꾸짖거늘, 도원이는 산에 올라가 실상묘법연화경을 외

부록

웠더니 굴속에서 부르는 소리가 나거늘 그 굴을 들여다본 즉 큰 구렁이가 우는지라 물어 가로되, 너는 어찌하여 우느뇨. 큰 구렁이가 답을 하되, 나는 이 굴 속에서 삼천 년을 고생하였는데 오늘 날 그대의 실상묘법연화경 읽는 소리를 듣고 그 공덕으로 천상으로 올라갈 것이로되 나의 머리에 보배를 전할 곳이 없는 고로 우노라.

도원이 그러면 그 보배를 나를 주고 가라 하니, 큰 뱀이 머리를 돌에 부딪쳐 죽거늘, 그 머리를 보니, 야광주가 있는지라, 내어 가지고 집에 돌아와 부모께 뵈이니, 부모가 보배 얻은 곳을 묻는지라, 그 사연을 말씀하니, 부모가 기뻐이르되, 이것은 부처님께옵서 주심이로다 하더라.

실상 묘법연화경이라고 한 공덕으로 후세에 장자의 아들이 되어 헤아릴 수 없는 즐거움을 받으며, 한량없는 부처님을 친견하고 공양 예배하여, 그 공덕으로 이제 비구 비구니 우바새 우바이 천 용 야차 모든 대중 가운데에 신통한 광명을 가진 미륵보살이 되었느니라.」하셨습니다.

법화경으로 옷을 해 입고 문둥병이 걸리다

사미 운장은 소년에 출가하여 아함경을 전해 가졌는데 의복이 다 떨어졌다. 겨울이 다가오자 추위에 몸이 얼어 고생스러웠다. 그래서 오래된 사찰에 들어가 법화경 오륙 권을 얻어서 이를 연결하여 종이옷을 만들어 입었다.

이를 보고 사람들이 한심한 일이라 하였다. 겨울이 다 지나가기도 전에 홀연히 문둥병이 생기더니, 눈썹이 전부 빠져 버리고 조그마한 부스럼이 온 몸에 번지는데 처음에는 콩알처럼 생기더니 다음에는 밤알처럼 되다가 칠일이 되는 날 몸이 열이 극심하더니 마침내 목숨을 마치었다. 이를 본 사람들이 탄식하여 말하되, 아깝도다.

184

운장 사미가 대승경을 가벼이 하더니 금생 내생의 이익을 잃어버리는구나.

— 법화전기에서

공중으로부터 소리 나는 곳에 황금보배를 가르쳤다 함

청신사 음명관은 단양 땅 사람이다. 어릴 때에 스님이 되어 다른 행업은 없고 오직 법화경 일부를 외우더니, 그 후에 속환이가 되어 처자를 두고 농업을 일삼는데, 일 년 열두 달에 단 하루를 쉬지 않고 부지런히 일을 하나 살기가 어려워서 몸에는 헌 누더기가 떠날 사이가 없고 입에는 풀칠하기 바쁜지라. 그러나 오직 잠자는 시간을 제외하고는 무슨 일을 하든지 또는 잠깐 쉬든지 할지라도 입으로는 항상 법화경을 가만가만 외우더니, 어느 날 밤중이 되어 문득 공중에 소리가 있어 음명관이를 부르는데 「음명관」하는 소리가 분명한지라. 음명관이 일어나서 「예」하고 대답한즉, 공중 사람이 또 하는 말이 「일어나거라. 내가 너에게 황금덩이를 가르쳐 주겠노라. 그 보배는 어디 있느냐 하면, 마을 남쪽으로 나가면 커다란 밭이 있고 그 밭 동쪽으로 황련수라는 고목 나무가 있지 않느냐. 너는 지금 빨리 가서 그 나무 밑을 파게 되면 커다란 금덩어리가 나올 것이니라.」

음명관이 그 말씀을 들을 때에 마음이 여간 기쁘지 않는지라, 즉시 그 아들을 깨워 일으키며 하는 말이 「자 좋은 일이 생겼다. 어서 등불을 켜고는 괭이와 가래들을 가지고 아무개 밖으로 가자.」 자식이 아버지의 서두르는 형상에 아니될 수 없음을 알고 잠결에 못마땅해 하는 말이 「아버지, 웬일입니까. 아닌 밤중에 무엇을 하자고 어디로 가자는 말씀입니까. 무슨 망령이지라도 입으셨나요.」 아버지가 화를 내며 「이

놈아, 무슨 잔소리냐. 시키는 대로만 하려무나.」 하며 강제로 괭이 가래를 들리어 황련수라는 나무 밑에 이르렀습니다. 등불을 나무 가지에 매어 달고 아버지와 아들의 협력으로 나무 근처를 한참 파고 보았으나, 아무 흔적이 없는지라, 자식이 또한 하는 말이 「아버지, 그만 갑시다. 남이 알게 되면 우리 부자를 무어라 말을 하겠습니까.」 아버지도 다시는 할 말이 없어 어찌할까 생각하는데, 공중에서 또 소리 나며 「나무 옆으로 한 자 가량만 들어가서 파보라.」 하는지라. 그제는 힘을 얻어 시키는 대로 파고 보니, 과연 황금 덩어리가 나오는데 그것을 짊어지고 돌아 어치라. 아버지와 아들이 그것을 크게 장만하니, 이웃 와서 당장에 가옥 전택을 크게 장만하니, 이웃 사람들이 눈이 둥그레서 모두 이상히 보는지라. 음명관이 하루는 여러 사람을 모아놓고 많은 음식을 대접한 뒤, 우리 집이 오늘날 이와 같이 됨은 자신이 평생에 법화경을 수지독송한 공덕이라 설명하니, 모든 사람이 듣고 많이 발심하였다 하니라.

날짐승이 법문을 익혀 듣고 문득 업장의 몸을 벗어 버리다

동진 때의 법지라는 스님이 있어 여항산에 들어가 토굴을 짓고 법화경을 읽어 외우기를 일과로 삼아 조금도 게으름이 없더니, 그 때 꿩 한 마리가 그 토굴 옆에 집을 짓고 있으면서 매양 경 읽는 소리가 나고 보면, 그 곁으로 날아 와서 모시고 법문을 들어 온 것이 그럭저럭 7년이라는 긴 세월을 채웠습니다.

하루는 그 꿩이 날아 왔는데 살펴보니 그 모양이 매우 수척하였는지라. 법지 대사가 날개를 쓰다듬어 가로되, 「네가 비록 날짐승이나 법화경을 잘 들었으니, 만일 축생의 몸을 벗어버린다면 반드시 인도환생(人道還生)을 할 것이다.」하고 경을 읽어 마쳤으나, 그날은 웬일인지 날아가지 않고 뜰 아래로 주춤거리며 돌아다니는지라. 대사는 측은히 생각건대, 저것이 혹 먹을 것을 찾지 않는가 하고 콩낱 같은 것을 던져주어도 잘 먹지 않더니, 그 이튿날 새벽에 그만 죽었는지라.

대사가 그 몸을 염습하여 깨끗한 곳에 묻어주었더니, 그날 저녁에 꿈을 꾸는데 웬 푸른 옷의 동자가 나타나며 공손히 절해 가로되, 「저는 오늘 아침에 죽은 꿩입니다. 스님의 법문 소리를 많이 들은 공덕으로 이 산 아래 마을 왕씨의 집에 태어나서 남자가 될 터이온데, 바른편 겨드랑에 조그마한 꿩털이 붙어 있을 테니 그걸 보시면 짐작하실 것입니다.」하고는 갑자기 사라졌습니다.

대사는 꿈을 깨서 생각건대, 내가 꿩이 죽기 전에 예언한 바도 있었고 또 꿈이 이상하니 징험하여 보리라 하고 왕씨 집 형편을 비밀히 보았더니, 과연 십 삭 후에 남자를 탄생하였다 하는지라. 대사는 다시 생각건대, 이 아이가 걸음발이 나 하고 말 배울 시기가 되거든 한번 찾아보리라 하더니, 세월이 유수광음(流水光音)처럼 빨리 지나서 3년이 되는 어느 날에 왕씨 집에서 재를 베풀고 대사에게 공양청장이 왔는지라. 대사는 자진하여 찾아보리라 하던 것이 마침 좋은 기회를 잘 만났다 하고 흔연히 내려가서 그 부모를 만나보고 막 인사를 하는 판인데 그 어린 것이 달려들며 「우리 스님께서 오셨다.」하고 무한히 반겨하는지라. 대사 역시 사랑해서 그 아이를 품에 안으며 머리를 쓰다듬어 가로되, 「이는 우리 꿩아이라.」 하고 그 옷깃을 풀어 바른편 겨드랑이 밑을 살펴보니, 과연 조그마한 꿩의 털이 세 개가 박혀 있는지라. 대사는 3년 전 꿈에서 겪은 일이 꼭 들어맞음이라, 감탄을 금치 못하는 판인데 온 집안이 이상한 일이라고 떠들썩하며 왕씨 내외는 그를 보고 무슨 원인이냐고 상세히

부록

묻는지라.

대사가 지내온 일을 낱낱이 설명하여 주고 다시 하는 말이 「이 아이는 불문(佛門)에 인연이 깊은지라. 일곱 살이 되거든 나에게 상좌가 되게 하시오」. 그 부모도 그럴 듯 점두하고 흔연히 승낙하더니, 7세가 되는 어느 날에 출가하여 법지 대사에게 상좌 됨에 그만 머리를 깎고 시봉하다가 나이 열여섯 살이 됨에 그만 행자로 시봉하다가 나이 열여섯 살이 됨에 그만 행자로 시봉하다가 나이 열때, 겨드랑이에 꿩의 털이 있다 해서 이름을 담익이라 지어주고 법화경을 보여주니, 한 자도 서슴지 않고, 무릎은 땅 벗기듯 읽어 갔습니다. 대승경전을 이력 나게 보아 대법사가 된 연후에 동으로 회계 땅에 있다가 진망산이란 곳에 들어가 풀을 엮어서 암자로 삼고 법화경을 전문으로 외워 열두 해를 채우더니, 하루는 날이 저물매 어디서 오는 절색의 여자 한 명이 들어서는데, 몸에는 채의(彩依)를 입고 손에는 큰 봇짐을 매 들었으며, 그 봇짐 속에는 흰빛 돼지 새끼 한 마

리와 커다란 마늘 두 뿌리가 들어있는지라. 스님 앞에 들어서며 울며 가로되, 「저는 이 산 밑에 아무의 딸로서 산중에 들어와 고사리를 뜯다가 그만 모진 범을 만나서 산중에 도망질을 쳐 왔습니다. 날은 벌써 저물어서 산길이 희미하고 수목은 컴컴하온대, 무서운 짐승이 오락가락 할 터이니, 집을 찾아간다 할지라도 살아날 길이 없을 듯 하옵니다. 미안한 말씀이오나 하룻밤 자고 가면 어떠하오리까.」

담익 대사는 생각건대, 깊은 산중 사람이라곤 없는 지경에 젊은 남녀가 한 집에 잠을 잔다는 것이 매우 혐의스럽다 해서 그는 「허락할 수 없다.」하고 듣지 아니하니, 여자가 그만 슬피 울기 시작하는지라. 대사는 하는 수 없어 풀 자리를 따로 한 곳 정해주고, 다시 법복을 정제한 후 법화경을 읽어 밤이 이슥하더니, 여자가 갑자기 배가 아프다 하며 「스님께서 좀 보아 주시오.」하며 대사가 준비하였던 약을 던져 주었으나,

그는 먹지 않고 아프다 소리소리 지르며 「만일 스님께서 저의 가슴을 만져 주신다면 저윽이 편안할 듯 하겠고, 그렇지 아니하신다면 곧 죽겠습니다. 저는 일찍이 들은바 불법(佛法)은 자비방편으로 근본을 삼는다 하였사오니, 스님께서는 어찌 차마 앉아 보시고 한 번 손을 대어 구제치 아니하옵니까.」 대사 가로되, 「나는 계행을 가지는 스님으로서 여자의 몸을 만지는 것은 크게 당치 않는 일이올시다.」

여자는 들은 척도 아니하고 그저 만져만 달라 하는지라. 대사는 어찌할 수 없어 수건을 주장자 끝에 매어 가지고 멀리 앉아 여자의 배를 문질러 주니, 조금 있다 여자가 하는 말이 「병은 벌써 가라앉았사오니, 감사합니다.」하고 잠이 들었다.

날이 밝음에 여자가 일어나 뜰 아래 내려서매 채복(彩服)은 화하여 상서구름이 되고, 돼지는 변해서 흰 코끼리가 되며, 마늘은 화하여 일쌍 연꽃이 되더니, 그 여자가 바로 연꽃을 디디며 코끼리에 올라앉아 구름을 타고 날아가며 하는 말이 「나는 보현보살이니라. 네가 오래지 않아 보살도를 얻게 됨에 특별히 와서 한번 시험하였노라. 너의 마음은 물 가운데 달과 같아서 더럽혀 줄 도리가 없다.」하며 말을 마치고 표연히 날아가니, 그 때 공중에서 꽃비 오고 땅이 다 진동하는지라.

그날 회계 태수 맹공개가 새벽에 일어나서 대청에 거닐더니 문득 남쪽 하늘을 바라보매 오색 구름이 일어나며 그 속으로 서기 광명이 쪼여서 관청 뜰까지 환하여지며, 그 상서 구름 밑으로는 금석(金石: 비석이나 종 따위)과 사죽(絲竹: 현악기와 관악기)의 소리가 은은히 들리는지라. 태수는 너무도 이상하다 하여 그 즉시 사방으로 탐문해서 담익 대사가 보현보살을 만나본 결과를 알고서는 대사의 행장(行狀)을 갖추어 그 연유로 조정에 장계(狀啓: 글을 써서 올려서 보고함)하고는 나라의 조칙을 받아 그 곳에 절을 짓고 법화사라 사액(賜

부 록

額：임금이 편액을 하사함)하니, 그 때는 동진 안제 의희 13년 봄이더라.

비구가 가만히 경을 외움에 귀신의 난을 면하다

옛적에 외국 어느 절에서 나이 젊은 비구가 있어 매양 법화경을 외울 때 일찍이 절 밖에서 경 행하더니, 문득 나찰녀귀를 만나니 변화로 젊은 부녀가 되어 절묘한 안색으로 비구 앞에 와서 호리거늘, 비구가 그만 미혹해서 드디어 육체를 범하고 보니, 그 즉시로 정신이 황홀하여 아무 감각도 없어지는지라.

여귀가 그만 비구를 둘러업고 공중으로 날아올라 본처에 돌아가서 잡아먹으려고 밤기운을 타서 떠나가는데, 밤이 샐 지경에 어느 절 지붕 위로 지나가려니까, 그 절에서 어떤 스님의 법화경 읽는 소리가 낭랑히 들리는지라.

비구가 귀신의 등에 업혀 가면서 그 경 읽는 소리에 정신이 번쩍 나서 자기의 습송하는 바를 생각하고 가만히 외우니, 여귀의 짊어진 것이 점점 무거워져서 땅으로 내려지는데, 나중에는 감당할 수 없게 됨에 그만 버리고 달아나거늘, 비구가 정신을 가다듬더니 새벽 종소리가 들리는지라. 그 소리를 찾아 절문으로 들어가서 주지 대사를 방문하고 지내온 사실을 숨기지 않고 설명을 하였습니다.

그러나 자기 고향을 알아본즉 여기서 2천여 리라 하는지라. 모든 스님들은 하는 말이 「이사람은 큰 계를 범하였으니, 같이 있을 수 없습니다」하거늘, 한 늙은 대사가 하는 말이 「그는 여귀에게 미혹한 바요, 본심이 아닌 것이며, 이미 귀난을 면코 보니 법화경의 위력이 나타났는지라. 가히 우리 절에 머물러 있어 그로 하여금 참회케 하라」하더니, 그 후에 고향 사람들을 만나서 동행하여 떠났다 하더라.

부진 때 서의라는 사람은 수족이 풀리어 몸을 숨기다

부진 때 고류 땅 사법 서의는 그 나라에서 상서 벼슬을 하고 있었는데, 젊을 때부터 법화경을 모셨습니다. 어느 해 난리가 일어나서 서 상서는 적국병정에게 잡혀 갔습니다. 장차 죽이려 하는데, 두 발은 땅에 파묻고 두 손은 포승으로 묶였으며 머리는 풀어 나뭇가지에 잡아매고 앞 뒤 좌우로는 수직군(守直軍)을 두어서 그 이튿날로 쏴 죽이려 하였습니다. 서의는 생각하기를 살아날 길은 전혀 없으니 후생 인연이나 깊이 맺자 하고 밤이 다 새도록 법화경을 소리 없이 외웠습니다.

「지금 일이 급하였는데 어느 시간에 잠을 자겠는 가」 하는지라. 서 상서가 깜짝 놀라 일어나며 수직군을 달빛으로 살펴보니, 모두 피곤하여서 잠이 깊이 들어 있고 시험해 보느라고 몸을 움직여보니, 두 손과 상투 잡아맨 것이 스르르 풀려지며, 두 발도 흙에서 빼어지는지라. 「아, 이게 웬일이냐. 걸음아 날 살려라.」하며 그만 도망질을 치는데, 한 백여 보나 갔을까 생각인데 수직군 한 명이 잠이 깨어 그만 소동이 일어났습니다. 여러 사람들이 횃불을 잡고 쫓아오는데 상서는 쫓겨 가며 생각건대 필경 잡힐 것이라 하고 그만 숲이 우거진 곳으로 들어가 납작 엎드리고 있었더니, 수직군들이 그 옆으로 오락가락 하면서도 찾아 내지 못하였고 날이 밝아짐에 모두 흩어져 가는지라. 상서는 그제서야 풀 속에서 기어나와 그 근처 절로 찾아가서 화를 피하였다 하니라.

비몽사몽간에 어떤 사람이 나타나며 하는 말이

191

부 록

신이 옹호하다

원지통은 농성현 사람인데 여러 해를 계속 법화경을 외웠다. 나이 스물에 군대로 뽑혀 팔만정벌군에 들어가 집에서 만여 리를 떠나 있었으나, 법화경 독송을 그치지 않았다. 남쪽 국경에 이르러 전투가 벌어졌는데 크게 패하여 많은 사람이 살상당했다. 원지통이 어찌할 바를 모르고 두려워 떠는데 홀연 다섯 사람이 원지통에게 말하기를 「그대가 선과를 닦아 경문을 염송하므로 우리 호법선신들이 수호해 주어 아무도 해치지 못하는 것이오. 여기서 7리쯤 가면 탑이 있을 것이니, 그 탑 속에 들어가 숨어 있으면 적군이 그대로 돌아갈 것이오.」하였다.

달려가다가 맨 끝의 사람이 원지통에게 말하기를 「그대가 선과를 닦아 경문을 염송하므로 우리 호법선신들이 수호해 주어 아무도 해치지 못하는 것이오. 여기서 7리쯤 가면 탑이 있을 것이니, 그 탑 속에 들어가 숨어 있으면 적군이 그대로 돌아갈 것이오.」 하였다.

또 두 스님이 나타나서 「단월이 법화경을 독송하는 공덕으로 다섯 명의 선신들이 호위하는 것이니, 더욱 정진하시오.」그러면 항상 공중 선신이 가까이 있어 도와줄 것이오.」하고는 공중으로 사라졌다.

이 후로 원지통은 세 번을 적과 싸웠으나, 조금도 다치지 않고 오랑캐를 평정하고는 무사히 집으로 돌아왔다.

정관 8년에 지병으로 목숨을 마쳤는데 사자가 나타나 염라왕의 앞으로 데려갔다. 염라왕이 묻기를 「어떤 좋은 일을 했는가.」 원지통이 대답하기를 「항상 법화경을 독송하고 재계를 지니며 예참했습니다.」 염라왕은 이 말을 듣자 합장하고 찬탄한 다음 금으로 만든 의자와 옥으로 된 책상을 가져오라 하여 전각으로 올라가 바닥에 융단을 깔고 자리를 마련해 놓은 다음 원지통이 한 권을 외우자 염라왕이 말하기를 「그대의 덕업이 매우 깊으시오. 이곳 지옥을 두루 보아 죄와 복이 어긋남이 없음을 더욱 분명히 알도록 하시

제목을 부르니 지옥이 비다

좌감문교위 이산룡은 풍익 사람이다. 당나라 무덕 연중에 갑자기 죽었다가 7일만에 도로 살아나 말하기를 「사자에게 끌려가 염라왕의 대궐 앞에 이르렀는데 수천 명의 죄수들을 보게 되었습니다. 염라왕이 묻기를 너는 세상에서 어떤 복업을 지었느냐. 대답하기를 법화경 두 권을 외웠습니다. 염라왕이 대선(大善)이로다 칭찬하고 나이다 하니, 염라왕이 대선(大善)이로다 칭찬하고 곧 자리를 마련해 주고 앉아서 경을 외우라 하였

오」하였다. 지옥을 두루 돌아본 원지통은 매우 겁이 나고 두려웠다. 다시 염라왕의 앞으로 가니, 염라왕이 또 말하기를 「그대는 지옥을 보셨소. 더욱 부지런히 정진하시오. 내가 그대의 수명을 늘렸소이다.」하였다.

원지통이 다시 살아나 위와 같이 말했다.

습니다. 내가 묘법연화경 서품제일이라 하고 외우자 염라왕이 그치게 하므로 나는 자리에서 내려와 모든 죄수를 돌아다보았더니 다 공중으로 날아갔습니다.

염라왕이 말하기를 법화경 외운 공덕의 힘으로 들은 자가 모두 해탈을 얻은 것이오 하고 나를 돌려보내 다시 살아나게 하였습니다. 그리고 사자에게 신칙하여 나를 인도해서 칠성지옥 확탕지옥 등 여러 지옥을 두루 보게 했습니다. 사자가 말하기를 그대가 벗어나는 것은 다 법화경의 힘이오. 세상에 돌아가거든 나를 위해 음식이나 베풀어 주시오 하기에 그러하겠다고 승낙하고서 다시 살아났습니다.」하였다.

이산룡은 빈구를 마련하여 장사준비에 분주한 친속들에게 이렇게 말하고는 곧 음식을 갖추어 물가로 보냈는데, 홀연 세 사람이 나타나 사례하여 말하기를 「그대는 신의를 잃지 않는도다.」하고 사라졌다.

부록

경권이 죄안보다 무거웠다

유시는 옹주 만년현 평강방 사람이다. 영륭 2년 유월에 이틀을 앓고 죽었는데, 죽은 지 엿새가 되도록 가슴이 따뜻하여 가족들은 장례 치를 준비를 마치고 날짜까지 받아 놓았으나, 감히 염습을 하지 못하고 있는데, 7일만에 홀연 소생하여 말하기를「그날 어떤 사람에게 붙들려 큰 성으로 들어가니 궁전과 누각이 웅장하고 화려한데 염라왕 앞으로 끌려갔습니다. 염라왕이 내가 세상에서 지은 공덕을 골고루 다 말하라 하므로 에 오직 법화경 두 권을 읽었을 뿐 다른 공덕은 지은 것이 없습니다 하고 대답했더니, 염라왕이 죄안을 찾아내어 법화경 두 권과 달아 보게 하니 법화경 두 권이 죄안보다 무겁자 염라왕은 죄안을 버리고 말하였습니다. 이 사람은 합당히 90세까지 살아야 한다. 그리고는 죄안을 맡아보는 판관에게 이 사람을 석방하여 세상으로 돌려보내라고 명령하여 이제 다시 살아난 것입니다.」하였다.

유시는 마침내 계교(戒敎)를 받고 술과 고기를 먹지 않았으며, 금자로 법화경을 조성하여 공양드리고 독송하기를 그치지 않았다.

엄공의 경전 조성 불사

엄공은 자를 근례라 하며, 본래 천주 사람이다. 큰 부자였는데 형제가 없었으므로 부모가 그를 몹시 사랑하여 무엇이나 너 하고 싶은 대로 하라 하였다. 진나라 대건 초에 엄공이 부모에게「돈 오만 냥만 주시면 양주에 가서 장사를 해 보겠습니다.」하니, 부모가 쾌히 허락하고 돈 오만 냥을 주었다. 엄공이 돈을 배에 싣고 양주로 가는데 수십 리를 내려갔을 때, 강 가운데서 큰 자라를 장에 팔려고 가는 배를 만났다. 엄공은 자라가 팔려가 곧 죽을 것이 가엾어 「그 자라를 내게 파시오.」 하였다. 그러자 자라 임자가 「내 자라는 특별히 커서 한 마리에 천 냥씩은 받아야겠습니다.」 하기에 「모두 몇 마리요.」 하니, 「50마리입니다.」 하자 자라 임자가 크게 기뻐하여 돈을 받고는 자라를 넘겨주고 헤어져 갔다.

엄공은 그 자라를 모조리 강물에 놓아주고 빈 배로 양주에 갔으며 자라 임자는 엄공과 헤어져 십여 리를 갔는데 배가 갑자기 뒤집혀 물에 빠져 죽었다.

이 날 어둑어둑 해가 저물었을 무렵 검은 옷을 입은 손님 50명이 엄공의 본가를 찾아와 돈 오만 냥을 내어놓았다. 부모가 의아하여 「이건 무슨 돈입니까.」 하고 물으니, 「주인어른의 아드님이 양주에서 이 돈을 보낸 것입니다. 세어 보십

시오.」 임공의 부모는 놀라고 의심이 더럭 나서 「그럼 내 아들이 죽었단 말입니까.」 하고 다급히 물었다. 「아닙니다. 아드님은 아무 일 없으십니다. 다만 돈이 필요치 않아 돌려보낸 것입니다.」 부모는 돈이 모두 물에 젖어 있는 것이 이상하기는 했으나 그대로 받아 잘 간수한 다음 음식을 차려 대접하고 숙소를 마련하여 쉬게 하니, 이튿날 아침 손님들은 하직하고 돌아갔다.

그 후 한 달 남짓 지나 엄공이 돌아오자 부모가 크게 기뻐하며 「돈은 왜 돌려보냈느냐.」고 물었다. 「그런 일 없는데요.」 하자 부모는 여러 손님이 돈을 가져온 전말과 날짜를 자세히 말하였다. 엄공이 그 날짜를 따져 보니 자라를 사서 살려준 그날이었다. 그래서 50명의 손님들이 바로 살려준 자라였음을 알고는 크게 놀라고 감탄하였다. 부모와 엄공은 이 일이 있은 뒤 양주로 이사 가서 부지런히 복업을 닦고 법화경을 외웠다.

하루는 엄공이 법화경을 읽다가 견보탑품에 이

부 록

르러 책을 덮어놓고 보탑 안에 두 분 여래께옵서 계시고 분신하신 부처님께서 많으신데 나는 어찌하여 그 분들을 보지 못할까 하고 탄식하기를 마지않았다. 밤이 되어 꿈에 한 좋은 스님이 나타나 「법화경을 외워 여러 부처님을 뵈려면 마땅히 법화경을 해설하고 서사하고 유통하고 공양드려야 하오.」 하였다. 엄공은 발심하여 법화경 100부 조성 불사를 봉행하였는데 미처 끝내지 못하고 갑자기 중병에 걸렸다. 그래서 그는 다시 1천 부를 더 조성할 것을 발원하였다.

병이 낫자 곧 자기 집에 조경당을 세우고서 종이와 붓을 반드시 청정심으로 마련하고 마련되는대로 불사를 추진하였다. 서사하는 사람 십여 명에게 법대로 모든 것을 공급하고 엄공이 친히 교열하여 조금도 게으름이 없었다.

어떤 사람이 법화경 조성할 돈 만 냥을 내라 하여 엄공이 마지못해 주었더니, 그 사람이 돈을 얻어 배를 타고 가다가 중류에서 갑자기 배가 뒤집히며 가라앉아서 돈을 잃어버리고 사람은 살았다. 이날 엄공이 창고에 들어갔는데 빌려준 돈 만 냥이 그대로 있고 돈이 모두 물에 젖어 있어 괴이하게 여겼으며, 뒤에 사람을 만나 물에 빠졌었음을 알았다.

어느 날 홀연 80세쯤 된 이상한 스님이 와서 「나는 구자국에서 나부산으로 가는 길인데 단월께서 법화경을 조성하신다 하기에 한 부질만 얻었으면 해서 왔습니다.」 한다. 엄공이 경을 드리자 이상한 스님은 무게 40냥이나 되는 금 한 덩어리를 주면서 「경 조성에 보태 쓰십시오.」 하고 물러갔는데 어디로 갔는지 알 수가 없었다.

또 후지라는 사람이 파양에서 궁전으로 가는데 도중에 어떤 사람이 그를 한 묘로 인도하므로 들어가 보니, 신이 칼을 잡고 앉아 있다가 후지에게 「너는 양주에 법화경 조성하는 엄공을 아느냐. 내가 돈을 만 냥을 그곳에 보내서 덕을 얻어 엄공이 마지못해 주었더니, 그 사람이 돈을 으려 한다.」 하고는 이내 없어졌다. 이튿날 후지

가 길에 나서자 홀연 어떤 사람이 나타나 후지에게 돈 만 냥을 억지로 맡기고 가버렸다. 후지는
「이 돈은 틀림없이 신의 돈이다.」 이렇게 생각하고 양주에 이르자 곧 엄공에게 전해 주었다. 엄공은 뜻이 더욱 굳어져서 법화경 삼천 부를 조성하였다.

또 이런 일이 있었다. 어떤 어부가 밤에 강가운데에서 커다란 불꽃이 둥둥 떠서 이쪽으로 오고 있는 것을 보았다. 배를 저어 나아가 맞아보니 법화경 한 함이었으며 그것은 엄공이 조성한 것이었다.

엄공은 「한 자도 내 눈을 거치지 않은 글자가 없도록 하고, 한 자도 내 마음으로 쓰지 않는 글자가 없도록 하리라.」 하고 서원을 세웠으며, 그의 조경사업은 자손에게까지 업으로 삼게 하니, 세상에서 그를 엄법화라 일컬었다.

바다신이 청법하다

석연광은 신라인이다. 연광은 명문대가에 태어나 어려서 승이 되었는데 견식과 도량이 남보다 뛰어났으나 변두리 외진 나라에 태어나 자랐으므로 정교(正敎)에 통하지 못했다. 수나라 인수 연간에 수나라에 가 오회에 이르렀는데 마침 지자대사를 만났다. 대사가 연광에게 묘법을 잘 해설해 주어 그는 명심하고 아침저녁으로 배워서 몇 해 안되어 홀연히 크게 깨치니, 대사가 연광더러 묘법연화경을 강설하라 하였다. 연광이 경을 강설하면 재능이 뛰어난 사람들도 모두 탄복하였다.

뒤에 연광은 천태 별원에서 묘관을 닦고 있었는데 홀연 많은 사람이 나타나서 「천제께서 법사수나라 말엽에 도적이 사방에서 각지를 횡행하였는데 양주에 이르러 서로 엄법화의 마을

님의 강설을 청하십니다.」 하였다. 연광이 묵연히 허락하자, 문득 기절하였는데 열흘이 지나도 안색이 평시와 같다가 도로 깨어났다.

법기가 되는 업을 성취한 연광은 고국으로 돌아가려고 수십 명과 함께 큰 배를 타고 떠났다. 바다 가운데 이르렀을 때, 배가 갑자기 꿈쩍 않더니 어떤 사람이 말을 타고 물결을 헤치며 뱃머리로 다가와서 「바다 신께서 법사님을 청하십니다. 잠시 수궁에 가셔서 경을 강설해 주시기 바랍니다.」 한다. 연광이 말하기를 「빈도의 이 몸은 중생들을 이익케 하고자 맹세했으나, 이 배와 배에 타고 있는 사람들은 어떻게 할 것입니까.」

「사람들은 같이 가고 배는 염려 안하셔도 됩니다.」 이리하여 모두 배에서 내려 한참을 가노라니, 큰 거리가 똑바르게 나고 길가에는 향기 그윽한 꽃이 만발하였다. 바다신이 십만 시종을 거느리고 나와서 연광을 맞아 대궐 안으로 들어가니, 구슬 벽이 휘황찬란하여 정신이 황홀했다.

연광이 자리에 올라 법화경을 강설하여 마치자 바다신은 진귀한 보배를 보시하고 도로 배까지 전송하여 주어 배에 올랐다.

본국으로 돌아온 연광은 법화경을 독송하여 목숨이 다할 때까지 쉬는 날이 없었다. 80세에 입적하여 화장하였는데, 두골과 혀만은 타지 않아 온 나라 사람들이 와서 보고 모두 드물게 있는 일이라 감탄하였다.

연광법사에게 누이동생 둘이 있어서 일찍부터 불교를 돈독히 믿었다. 연광법사의 두골과 혀를 가져다 모셔 놓고 공양드리는데 자주 두골과 혀에서 법화경 외우는 소리가 들리고, 누이동생이 모르는 글자가 있어 물으면 자세히 가르쳐 주었다.

용궁에서 경을 설하다

석현광은 해동 웅천 사람이다. 바다를 건너 중

국으로 선법을 구하러 가서, 형산 혜사대사가 정혜를 쌍으로 닦아 행하고 겸하여 계율이 청정하다는 말을 듣고, 바로 남악으로 가 대사를 찾았다. 대사는 현광을 보자 그 근기를 알아보고 법화경의 넷 안락행을 가르쳐 주었다.
현광은 신의 송곳처럼 날카롭게 꿰뚫어 깨치고 밤낮으로 정진하여 쉬지 않으니, 오래지 않아 법화삼매를 증득하였다. 대사가 이를 인가하고 「네가 증한 바는 진실하여 허망치 않나니, 본국으로 돌아가서 방편을 베풀어 불교를 널리 펴도록 하라.」 하였다.
현광이 공손히 절하여 하직하고 곧 강남으로 가서 배를 타고 귀국의 길에 올랐는데 큰 바다에 나왔을 때, 채색 구름이 일고 우아한 음악소리가 들려오더니, 공중에서 말하기를 「천제께서 해동의 현광법사께서는 용궁에 들어가시어 친히 증득한 법문을 설하시라 하십니다.」 하는 소리가 들려왔다. 현광이 공수(拱手: 손을 포개어 잡음)하고 있는데

푸른 옷 입은 사람이 나타나 길을 인도하였다. 이내 용궁에 들어가 보니, 인간 세계와는 같지 않아 시위하고 있는 군사가 모두 어류와 귀신들이었다. 현광법사가 보전에 올라 높은 대에 앉아서 법화경을 강설하고 묻는 대로 해설하기를 7일 동안 계속했으며 강설이 끝나자 용왕이 친히 나와서 전송해 주었다. 현광이 다시 배에 오르니, 뱃사공이 「배가 한나절을 꼼짝하지 않고 있었습니다.」 하고 말했다.
현광법사는 마침내 웅천으로 돌아와 웅산(계룡산)에 암자를 맺고 있었는데 여러 스님들이 자주 내왕하여 절이 되었다. 제자 가운데 화광삼매, 수광삼매를 얻은 이도 있었다.
남악의 조당에는 28현(賢)을 모셔 놓았는데 현광법사도 그 중 하나로 모셔져 있다.

망모가 이고득락하다

장안 통궤방 유공신의 아내 진씨의 어머니가 병으로 먼저 죽고 뒤에 진씨가 갑자기 죽었다. 어떤 사람이 진씨를 인도하여 지옥으로 들어가서 여러 가지 죄상을 두루 보게 하였다. 뒤에 한 지옥의 돌문이 갑자기 활짝 열리면서 그의 어머니가 그 안에서 지극히 무거운 괴로움을 받고 있는 것을 보게 되었는데, 어머니는 딸을 보자 「너는 나를 위하여 법화경 한 부질을 베껴 써서 이 고통으로부터 벗어나게 해 다오.」 하였다. 말이 끝나자 지옥문이 도로 닫혔다.

진씨가 소생하여 그 말을 하니, 남편 유공신이 곧 매부 조사자를 불러 법화경을 베껴 쓰게 하였다. 이때 경전 쓰는 사람이 새로 쓴 법화경 한 부질을 가지고 와서 사라고 하였다. 조사자가 말하기를 「마침 이 경전이 있으니, 이걸 사면 되겠습니다.」 하였다. 유공신이 그의 말을 따라 그 법화경을 사서 아내 진씨에게 주었다.

진씨가 하루는 음식을 차려 어머니 제사를 지냈는데 어머니가 꿈에 나타나 「내가 먼젓번에 너더러 법화경 한 부질을 써 달라고 했는데 왜 써 주지 않느냐.」 하고 나무랬다. 딸이 「벌써 한 부질을 사 놓았는데요.」 하니 어머니가 「나는 그 법화경 때문에 더 무거운 죄를 받았다. 옥졸이 내 등을 때려 터져서 아직도 아물지 않았다. 그 범가의 경은 허물이 있기 때문이다.」 하였다.

딸은 꿈에서 깨어나 급히 사람을 시켜 새로 법화경을 베껴 쓰게 하였다. 경이 조성되자 어머니가 또 꿈에 나타나 「새로 쓴 법화경의 힘으로 나는 이미 지옥에서 벗어나 좋은 곳에 몸 받아 편안해졌기에 와서 네게 알려주는 것이다. 너는 더욱 신심을 깊이 하여 세상을 잘 살아가도록 하라.」 하였다.

꿈에 약을 먹이다

무간 지옥을 벗어나다

청신녀 장씨는 수나라 우광록대부 진능의 처이다. 법화경을 외우는데 몸이 허약해서 오래 외우지 못함을 한탄하였다. 어느 날 밤 꿈에 한 스님이 노란 약 한 그릇을 먹으라 했다. 장씨가 그 약을 받아 마시니 잠시 후에 배가 아파서 놀라 깨었다. 그러자 복통이 더욱 심해지고 이내 노란 설사를 했는데, 꿈에서 보던 약 빛깔이었다. 설사가 멎자 복통도 사라졌으며 그 뒤부터 몸이 강건해져서 밤낮으로 경을 외워도 피로함을 몰랐다.

동진 안제가 구마라습 신역 묘법연화경 전부질 8권 28품을 궁중에서 서사공양 드리고자 명필 유룡에게 칙명을 내려 서사케 하였다.

유룡은 천하 명필 오룡의 아들인데 오룡은 도교를 신봉하여 아들 유룡에게 유언하기를 『너는 나의 집안에 태어나 예능을 이었음이라. 나에게 효양하려거든 결코 불경(佛經)을 쓰지 말라. 더욱이 그 중에도 법화경을 절대 쓰지 말라. 우리 본사 노자는 천존이라. 하늘에는 해가 둘이 없음이라. 그렇거늘 저 법화경에서「지금 이 삼계는 모두 바로 나의 것이며, 그 가운데의 중생은 모두 바로 나의 아들이거늘, 그러나 지금 이곳은 모든 근심과 난리가 많으니, 오직 나 한 사람만이 능히 구원하고 보호할 수 있느니라.」라고 하였으니, 기괴하기 제일이라. 유언을 어기어 불경(佛經)을 쓴다면 내가 곧 악령이 되어 네 목숨을 끊어 버리겠다.』 하였다.

오룡이 임종시에 혀가 여덟 쪽으로 찢어지고 머리가 일곱 쪽으로 쪼개지며 아홉 구멍으로 피를 토하고 죽었으나, 그 아들은 인과를 분별하지 못하여 자기 아버지가 정법을 비방한 방법죄(謗法罪)로 인해 무간지옥에 떨어지는 악상이 나타난 것을 알지 못하고서 유언을 지켜 불경을 쓰지 않음이라. 하물며 입으로 외울 것인가. 이러한 이유로 황제의 칙명을 두 번이나 거역하여 받지 않으니, 황제가 세 번째 칙서를 내리되, 『네가 부친의 유언에 의하여 짐을 거역하는 것을 이해하며 이를 용서하였다. 너는 와서 다만 제목만을 쓰라. 천하의 백성들은 모두 왕의 아들이며, 너의 부친도 나의 아들이 아니겠느냐. 사사로운 일로 공사(公事)를 가벼이 말라. 다만 너에게 제목만을 쓰게 하노니, 만약 이도 거역한다면 비록 불사(佛事)를 짓는 이 자리일지라도 네 목을 쳐서 왕령을 세우리라.』 하였다.

유룡이 어찌할 수 없어 궁중에 들어가 제목을 쓰니, 묘법연화경 권제일, 묘법연화경 권제이, 묘법연화경 권제삼, 묘법연화경 권제사, 묘법연화경 권제오, 묘법연화경 권제육, 묘법연화경 권제칠, 묘법연화경 권제팔, 팔팔 육십네 자였다. 제목 쓰기를 마치고 집에 돌아온 유룡은 『내가 왕명을 거역할 길이 없어 부친의 유언을 어기고 불경을 썼으니 불효자가 되었도다. 천신지기도 노하시리라.』 한탄하며 잠이 들었다.

그날 밤 꿈에 큰 광명이 나타나더니 뜰 앞에 섰는데, 헤아릴 수 없는 한 천인이으며, 이 천인의 머리 위 허공 중에는 예순네 부처님께옵서 계시었다. 유룡이 합장하고 묻기를 『어떤 천인이시옵니까.』 하니, 대답하기를 『나는 너의 아버지 오룡이다. 불법을 비방한 죄로 혀가 여덟 조각으로 찢어지고, 아홉 구멍에서 피를 흘렸으며, 머리가 일곱 조각으로 쪼개지고서 무간지옥에 떨어졌다. 저 임종시의 고통은 그의 백천만억 배 견줄 수도 없었다. 둔한 칼로 손톱을 도려내고, 톱으로 목을 자르며, 숯불 위를 걷게 하고, 가시덤불에 굴리는 등 그 고통이 무수하여 사이 끊어짐이 없음이라. 어떻게 해서 나의 아들에게 일러줄까 생각했으나 할 수 없음이라. 임종시에 「불경(佛經)을 쓰지 말라.」 유언한 것을 후회하여 나를 원망하고 혀를 깨물었으나 아무 소용도 없는데, 홀연 묘의 한 자가 무간지옥의 솥 위로 날아오더니 금색의 석가모니 부처님이 되시어 삼십이상을 흡족하게 갖추시고 면모가 만월 같으시었다. 대음성을 내시어 설하시기를 「가령 법계에 널리 있는 선을 끊은 중생들이라도 한 번이라도 법화경을 들으면 결정코 성불하리라.」 하시었도다.

또 이 글자 속에서는 큰 비가 내려 무간지옥의 불꽃을 끄니, 염라왕은 관을 기울여 공경하고, 옥졸들은 철장을 버리고 섰으며, 모든 죄인은 무슨 일인지를 몰라 떠드는데, 다시 법의 한 자가 날아오니 먼저와 같았다. 이어서 연 자, 화 자, 경 자, 권 자, 제 자, 일 자, 이렇게 육십네 자가 날아와서 육십네 부처님이 되시었다.

마치 육십네 개의 해가 공중에 뜬 것과 같았으며, 하늘에서는 감로를 내려 죄인들에게 주었다.

죄인들은 「이게 어찌된 일입니까.」 하고 물으니, 육십네 부처님께옵서는 대답하시기를 「우리들 금색몸은 전단보산에서 나온 것이 아니라. 이 무간지옥에 있는 오륙의 아들 유룡의 쓴 법화경 팔권의 제목 팔팔 육십사의 문자니라. 저 유룡의 손은 오륙이 낳은 분신이기 때문에 유룡이 쓴 문자는 곧 오륙이 쓴 것과 같은 것이다.」 라고 설하시니, 무간지옥의 죄인들은 「우리들도 사바세계에 있을 때는 아들도 있고, 아내도 있고, 권속도 있었음이라. 어찌하여 공덕을 짓지 않는가. 또 공덕을 짓는다 할지라도 선근의 쓰임이 약해서 이루어지지 못하는가.」 한탄하거늘, 혹은 하루, 이틀, 1년, 2년, 반 겁, 1겁이 되어 이와 같은 선지식을 만나 구원을 받아 다 나의 권속이 되어 무간지옥을 벗어나 도리천으로 올라감이나, 우선 너를 예배코자 왔노라.」 하였다.

유룡이 듣고 기쁨이 몸에 넘침이라. 아버지의 모습도 보고 육십사 부처님께 예배하여 받들게

부 록

됨이라. 육십사 부처님께옵서 말씀하시되 『우리 계를 받았으며 율장에 정통하고 선정을 닦았다. 는 따로 주인이 없다. 네가 우리의 단월이니라. 남악의 혜사대사를 앙모하여 찾아가 도를 물으이제부터 너의 아버지가 되어 너를 수호하리니, 니, 혜사가 말하기를 『옛날 영산회상에서 함께 너는 해태하지 말라. 너의 임종시에 와서 도솔천 법화경을 들었는데 숙세인연으로 다시 만났구내원궁으로 인도하리라.』 하시었다. 유룡이 더욱 나.』 하고서 곧 보현행법을 보이고 넷 안락행을 황송하여 맹세하기를 『오늘 뒤부터 다시는 외전 설하였다. 이에 주야로 각고정진하여 괴로를 밝(外典)의 문자를 쓰지 않겠나이다.』 하고 꿈에서 히고 관행을 닦았는데, 하루는 법화경을 독송하깨어나 이 몽사를 황제께 고하니, 황제가 크게 다가 홀연 정에 들어 총지가 발현되니, 법화경기뻐하여 『이 불사(佛事)는 이미 성취되었노라.』 깨치기를 태양광명이 만상을 밝게 비치는 것 같하고 이 사실을 기록케 하였다. 이 하고 제법실상(諸法實相)을 통달하되, 청풍이 태명필 유룡은 그 뒤 한 평생 법화경을 서사하고 허공에서 걸림 없이 노는 것과 같이 하였다. 깨독송하는 것으로 업을 삼았다. 달음을 스승께 사뢰니, 혜사가 찬탄하여 말하기를 『네가 아니면 증득하기 어렵고, 내가 아니면

천마가 감화되어 옹호하다

알기 어렵도다. 들어간 정(定)은 법화삼매의 전방편이요, 발현된 총지는 선다라니이니라. 가령 문자법사가 천만 명이 있을지라도 너의 변재를 대적치 못하리니, 법을 설하는 사람 가운데 가장제일이 되리라.』 하였다.

석지자는 성이 진씨이며 영천 사람이다. 18세때 상주 과원사에서 출가하고 20세에 구족

그 후 사부대중의 간청에 의하여 와관사에서 8년 동안 법화경을 강설하니, 양나라 진나라 대덕들이 운집하여 청법하고 왕후장상들이 모여들었으나, 처음 40명이 수행함에 20명이 도를 증하고, 다시 100명이 수행함에 20명이 도를 증하였으며, 또 다시 200명이 수행함에 10명이 도를 증하여 대중이 많이 모일수록 도를 증하는 자는 줄어들어 자신의 수행을 방해할 뿐이었다.

이에 진나라 대건 7년 38세 때 선제의 간곡한 만류도 뿌리치고 천태산에 들어가 초암을 맺고 10년 동안 원융삼관(圓融三觀)을 정밀히 닦았다. 때에 천마가 10년 동안을 갖가지로 괴롭혔으나 터럭만큼도 동요됨이 없이 말하기를 「너의 재주는 다할 때가 있으려니와 나의 부동은 무궁하니라.」하니, 천마가 새벽에 호승(胡僧∴늙은 스님)으로 현형하여 참회하고 맹서하기를 「이제부터는 스님을 그림자처럼 따라다니며 옹호하고 교화를 돕겠나이다.」 하였다.

지자대사〔천태대사・지의대사〕께서는 수나라 개황 17년 60세 때 11월 24일 입멸시까지 진나라 문제・선제와 수나라 양제의 삼 황제에게 계를 주었고, 법화문구, 법화현의, 마하지관의 삼대부를 비롯하여 수많은 저서를 남기셨으며, 35사찰을 창건하고, 15회 대장경을 서사하였으며, 금불상 10만 구를 조성하시고, 4천 명의 스님을 득도시켰으며, 30명의 종사에게 부처님의 바른 법을 전하셨고, 닦고 배우는 이가 사찰에 가득 찼으며, 신도는 진・수 두 나라 십여 주에 뻗쳐 그 수를 알지 못하였다.

제목 봉창하여 비를 내리게 하다

석일련은 약 800년전 불기(佛紀) 2249년 〔단기(檀紀) 3555년〕 일본 장협군 소주의 한 어촌에서 태어났으며, 12세 때 청징사 학당에 들어가 면학하고 16세에 체발득도하여 연장이라 이름하였다. 17세 때 뜻을 세워 당시 불교·문화·학문의 중심지인 겸창, 예산, 내량, 고야 등지에서 15년간 일대 불교를 연찬하여 그 깊이를 다하고, 모든 종파의 종지를 남음 없이 통달하며, 겸하여 유교, 선도, 제자백가에 이르기까지 모든 학문을 탐구하고는, 모든 부처님의 근본 대도는 묘법연화경뿐이요, 인류구원의 정법진리는 오직 나무묘법연화경 제목봉창의 대도뿐이라는 결론을 얻고서, 지혜는 해처럼 밝고 마음은 연꽃같이 깨끗하리라는 뜻으로 이름을 일련(日蓮)이라 고치고서, 32세 때부터 61세 되는 해 시월 13일 입멸시까지 법화경 독송과 제목봉창 자행화타(自行化他)에 전력을 다하였다.

덕이 높아 현세 여래로 숭앙받는 극락사의 양관에게 기우 기도를 봉행케 했다.

일련이 이 소식을 듣고 자비교화의 한 방편으로 양관에게 제의하기를 「대덕이 7일 안에 비를 내리게 하면 일련이 대덕의 제자가 될 것이요, 7일 안에 비를 내리지 못하고 이 일련이 7일 안으로 비를 내리게 하면 대덕이 일련의 제자가 되는 약정을 하면 어떻겠소.」 하였다.

기우력에 자신있는 양관은 크게 기뻐하여 쾌히 승락하고서 법단을 청정히 설치하고 계율 청정한 120명의 법사를 선택, 그들과 함께 진언 비밀법을 여법히 봉행하여 삼사 일이 지나도 비의 기색이 없자 다시 다보사에서 청정비구 수백명을 더 증원하여 밀교 비법을 비롯하여 법화경·화엄경·반야경·청우경·계경·염불·송주 등을 밤낮 독송하여 7일에 이르렀으나 한 방울의 비는 고사하고 무서운 열풍이 불어 닥쳤다.

이에 일련이 차례가 되어 제자 이삼 인과 함께 끝에 당시 계율지킴이 나라 가운데 제일이요, 학이 들어 초목이 말라비틀어지니, 정부에서 고심일련의 50세 되는 해, 일본 전국에 대한 발

조용히 단에 올라 나무묘법연화경을 봉창하자 얼마 안 가서 대법의 영험이 나타나 패연히 큰비가 쏟아져 내려 만물이 생기를 되찾고 백성들이 극심한 한발의 재난으로부터 벗어났다.

일련대사께서는 입정안국론, 개목초, 관심본존초, 선시초, 보은초의 5대부를 비롯하여 수많은 저서를 후세에 남기셨다.

한밤중에 광명이 입 가장자리로 솟아 나오다

망명이라는 중은 경상도 상주 땅 어느 절에 붙어 있으면서 항상 음양의 책으로 점이나 쳐 주기 위하여 촌락으로 출입함에, 남녀노소가 모두 환영하여 길흉화복을 물음에 망명은 그로써 호구지책으로 삼았다. 하루는 관가에서 법회를 열고 상주지역 안에 있는 각 절의 승려를 청해서 모이게 하는데 망명 비구도 그 모임에 참례하였습니다.

초개(草芥: 지푸라기)같이 봄으로 대중의 맨 끝자리에 머물게 하고 인사의 말도 같이 하기를 좋아하지 않았다.

그날 밤중이 되어 등촉은 벌써 꺼지고, 온갖 물건이 바람에 의하여 내는 자연적인 소리가 오래 고요하고, 일회 대중은 모두 잠이 깊이 들었는데 별안간 상서로운 기운의 광명이 등불보다 더 밝아져 온 방안이 대낮과 같은지라.

이것이 웬 일인가 하고 대중이 모두 일어나서 광명이 일어난 곳을 찾아보니, 망명 비구의 입 가운데로 좇아 나오는지라. 대중은 한층 더 놀라서 자고 있는 망명 비구를 깨어 일으켜서 그 원인을 물으니, 대답하여 가로되 「내가 몸을 점치는데 빠뜨렸음에 후생 일이 겁이 나서 속마음으로 참회하고 항상 법화경을 일과로 하여 외워온 지 여러 해가 되었노라.」 하므로 모든 스님들이 다 탄복하였다.

부 록

상주 땅 어느 절이라 함은 지금의 문경군 대승 사인데 당시는 모두 상주로 부속되었습니다. 대승사의 고적을 살펴보면, 망명 비구가 그 절에 있어 항상 음양술수로 업을 삼은 체하고, 속으로 밀행하여 참된 법화경 공부를 표시하지 않았으므로 그 절에서도 그렇게 존경하지 않았습니다. 돌아가신 후에 화장하지 않고 길가에 매장하였는데 한 쌍 연화가 그 무덤에서 솟아올랐으므로 그 절에서는, 「천강사불(天降四佛)하고 지용쌍련(地涌雙蓮)이라는 말이 전해 내려오고 있습니다.

법화경을 읽어서 풍병을 고치고 스님이 되다

대한민국 경남 김해군 내동에 자리 잡고 있는 수인사라는 절에 도인스님이었던 잠옴스님이라는 분이 있었는데, 이 분은 부잣집 아들로 태어나서 항상 행복하였고 또한 의원 노릇도 하신 분인데 우연히 이 분에게는 풍병이 걸려서 몹시 고민하던 중 온갖 것으로 약을 다 썼으나 무효하여 고뇌하다가 하루는 의서 내에서 보니, 약을 쓰고서도 안 되면 부처님 대승경전을 독송하면 된다고 쓰여 있더랍니다.

그래서 서점으로 다니며 대승경전을 구하려고 서울 어느 서점에 가니, 묘법연화경이라 쓰여 있는 책이 있어 내어서 보고 도로 꽂아 놓고 더 좋은 경이 있는가 싶어 뼁뼁 돌아다니다가 그곳을 다시 오니, 그 책이 저절로 떨어져서 주워 열어 보니, 이 경에 「속성취불신(速成就佛身 : 속히 부처님 몸을 성취하느니라)」이라고 쓰여 있더랍니다. 그래서 불교에 별로 취미도 없고 해서 도로 꽂아놓고 다시 돌아가면서 다른 책 구경을 하고 돌아오니, 거기서도 이 스님 앞에 법화경이 저절로 떨어지고, 떨어지면서 펴진 경의 내용을 보니 「이 경은 남염부제에 좋은 양약이라고 쓰여 있어서 양약이라면 한 번 사서 읽어 볼까하여 사 가지고 가서 그 날부터 매일 읽기 시작하여 백일을 읽고나니, 병이 다 나았습니다.

그러나 안 읽으니 그만 또 가렵기 시작하여서 다시 한 번만 읽어도 또 나아지므로 이러하기를 서너차례 경험을 하고는 하도 신기하여 목욕재계하고 사랑방에서 하루에 열 시간 잡고 꼭 한 권을 다 읽고서야 일어나곤 했답니다. 그러하기를 백 일, 이백 일을 하고 나니, 그 병은 언제 나았는가 다시는 재발하지 않더랍니다.

그래서 너무나 신기하고 좋아서 부처님 법을 연구하려고 스님이 되어 공부하여서 도승이 되어 수많은 환자들의 병을 고쳐주고 70세에 입적하였는데 사리가 백여덟 개나 나와서 수인사 절에 탑을 봉안하였다 합니다.

법화경 독송공덕으로 천상에 오르다

경상남도 진주시 옥봉남동에 있는 어떤 절에 스님이 계시는데 불기 3005년경에 그 속가의 아버님이 돌아가셨다는 소식을 들었습니다. 그래서 집안 친지들이 모여 사십구재를 성대히 치르는데에 참석해보니, 아버님이 현생에서 지은 여러 업의 인연으로 인하여 부처님 국토와 좋은 데에 나가기가 어려운 것을 알았습니다.

절로 돌아온 스님은 아버님이 좋은 곳으로 나시어 오직 부처님 법을 인연지어서 해탈의 길을 걸으시도록 하기 위하여 굳은 결심으로 법당에서 밤새워 기도를 하였습니다. 당시는 법화경을 잘 모르던 때이라 서방 극락세계에 왕생하시길 바라고 나무아미타불을 염송하고 미타경을 독송하였습니다. 이를 여러 달을 지내면서 능엄주도 읽고 또 런 상서가 없어서 그 뒤에 능엄주도 읽고 또 팔참회의 부처님 명호도 염송하고 또한 지장원찬의 열두 존불의 부처님 명호도 외우며 아버님이 죄업이 소멸되어 하루속히 삼악도에서 벗어나길

부록

기원하였습니다. 또한 다른 여러 경과 온갖 좋다는 방법으로 매일 지극정성으로 거의 밤새우다시피 하면서 아버지를 구원하려고도 했으나 또한 아무런 시현과 영험이 없었습니다.

여 차마 방에 혹시 빠져 잠을 편히 잘 수가 없어서, 나무아미타불 등 일체 좋다는 온갖 것을 열심히 해도 왜 아버님이 악도를 벗어나지 못하는 것인가를 고민고민 하다가, 문득 법화경은 한 번도 읽어 드리지 아니한 것을 생각하게 되었는데, 스님은 굳게 결심하기를 「오직 아버님이 삼악도에서 벗어나지 않으면 마지막으로 이 묘법연화경 28품의 독송을 중단하지 않으리라.」하고 곧 읽기 시작했습니다.

묘법연화경을 서품 제1에서 마지막 보현보살 권발품을 끝까지 여섯 번을 읽고 나니, 너무 용맹정진한 것과 과도한 신경을 쓴 탓으로 몸이 과로하여 잠시 방에 누웠는데 비몽사몽간에 아버님

이 나타나 「나는 이제 좋은 곳으로 간다.」하고 말하기에 쳐다보니, 허공에서 몸이 선 채로 솟아 올라가는데, 머리에서 발끝까지 별빛과 같은 붉고 누른 불빛인 성화광명이 수천 개가 빛나며 그 불빛인 광명을 온몸에서 뿌리며 차차 사라져 승천하였습니다.

눈을 떠보니 밤 12시 20분이라, 마음이 기쁘고 기뻐서 이는 오직 대법인 묘법연화경의 위신력이라 생각하고 앞으로는 오직 다만 최고 상이며 요의경인 묘법연화경을 남은 일생뿐만 아니라 세세생생 받아 가지기로 맹세하였습니다.

그 뒤로는 일체 중생을 구원하는 법화경이며, 극악인은 물론 일체 중생을 구원하는 법화경만 독송하셨는데 많은 모함과 비방들을 받았으며, 또한 주위의 사람들에게도 권하여 좋은 영험이 많이 있었습니다.

어머니가 법화경을 읽어서 아들의 문둥병을 낫게 하였다

대한민국 경남 진주시에 살던 보살이 있었는데 그의 아들이 우연히 문둥병이 들어서 세간에 살 수가 없게 되어 산청군에 있는 나병자 수용소에 갔다. 하루는 어머니가 울면서 어찌하면 병이 낫겠는가 하고 응석사 주지스님께 물었었다. 그 주지스님 법화경을 주면서 이 법화경만 많이 읽으면 낫는다고 하기에 이 부인은 집에서 향을 피우고 정성껏 경을 읽었더니, 하루는 꿈에 어떤 스님이 나타나 너의 아들은 이 벌레 때문에 병들었다고 하시면서 벌레 몇 마리를 손바닥에 놓아주었다. 그래서 감사하다고 인사하고 잠을 깨니 꿈이었다. 그 뒤부터는 그 병이 차차 나아서 일년도 못되어서 완쾌하여 부산 모회사에 취직하여 지금 잘 살고 있다.

법화경을 읽어서 고질기침을 고친 학생

대한민국 경남 마산시 제일여고 일학년으로 있던 배영옥이라는 학생이 있었는데, 어릴 때 홍진열로 기침이 심하여서 커도록 고생을 하다가 하루는 어느 스님께서 법화경을 읽으면 낫는다고 해서 매일 틈틈이 마음속으로 관세음보살님을 불렀다. 그러던 중 백 일, 이백 일이 지나면서 다 나아서 부처님 은혜를 감격히 생각하다가 하루는 법화경 불사를 거들어서 복을 지으려고 휴학을 하였다. 그길로 응석사라는 절에 와서 불사를 거들었고 기도를 많이 하다가 발심 수도하게 되었다.

211

부 록

법화경을 읽어서 난치병이 낫다

경남 진해시 대영동 12번지에 거주하는 청신녀 조법보화 보살은 오랫동안 눈이 나오고 목이 차오르는 무서운 난치병으로 고생하며 그 동안 백약을 다 쓰고 염불 기도도 숱하게 하였으나 병은 점점 더 지중하여 마침내는 한 달 이상을 더 살기 어렵다고 말할 정도였더라. 때에 우연히 이 법화경을 얻어서 그 법사 되시는 분께서 이 경을 읽고 방광을 보았다는 말을 듣고 그 날로부터 매일 목욕재계하고 이 법화경을 지극히 독송하되, 자기의 입장을 비추어서 하루에 몇 장씩 반드시 읽어 내려갔던 차, 경을 독송하기 시작한 때로부터 시월 만인 11월에 들어 하루는 제4 신해품 게송을 읽어 내려가는데 갑자기 책장이 온통 진달래꽃 색으로 변하더니 게송 밑의 글도 없는 빈 종이 부분에서 촛불이 솟아오르고, 그 촛불 속에서 법화경 원문이 나타나는 것을 보았더라. 그 때에는 잠도 자지 않고 또렷하게 맑은 정신이라 꿈을 꿀 리도 없었으니 너무나도 황홀하여 그 때부터 더욱 환희 용약하여 경을 읽기 시작했더라. 그 뒤로 차츰 병세도 좋아지고 얼마 가지 않아 그 난치병이 씻은 듯이 나아 버렸더라.

그 후로 그분은 신심이 무량하게 되어 일부러 찾아와서 이 경을 널리 유포하기를 간곡히 부탁하시니, 이 모든 일이 어찌 이 법화경의 신통 불가사의한 힘이 아니라 하겠는가.

법화경을 인쇄하여 찍으니 용궁이 좋아지다

대한민국 석묘찬 대법사님께서 하루는 관에 바다가 보이고 바다 위에 거북이가 엎드려 스님을 모시고자 하기에 그 이유를 물어보니, 동해용궁

212

에서 용왕이 스님을 뵙고자 한다 하니, 스님께서는 「어떻게 바다 속에 있는 용궁에 숨을 쉬지 않고 갈 수 있을까」 하고 생각하니 막막했다. 그러자 거북이가 그냥 오셔도 된다 하여 안내를 받아 바다 위를 걸어서 밑으로 가니, 숨도 그냥 쉴 수 있었고 육지에서처럼 아무 지장이 없었다. 동해용왕이 스님께 엎드려 절을 하면서 저희 용궁을 인쇄하여 찍어 넣어 달라고 하였다. 그래서 스님께서 동해용궁을 위해 경공양을 하니, 동해 바다 위로 뱀의 형상을 한 마군들이 굉장히 큰 무더기로 잡혀 올라오는 것이 보였다.

그 뒤로 동해에서는 배 사고와 인명 피해가 거의 없어 편안하였다.

또 때를 지나 어느 날 남해용왕이 직접 바다 물위에 나타나 스님께 엎드려 절을 하며 간곡히 여러 번 부탁하기를, 남해용궁을 위해 법화경을 한번 부탁하기를, 남해용궁을 위해 법화경을 인쇄하여 찍어 달라고 하였으나, 스님께서는 특별히 가진 돈도 없고 또 경 번역이 바빠 그 후 잊

어버리고 있었다. 뒤에 큰 거북이가 잡혔는데 우연히 스님께서 가서 보게 되었는데 남해용왕이 스님께 보낸 것으로 통촉해 주시옵길 바란다고 하여 스님께서 관을 하니 50만원을 경공양하여야 하는데 도저히 돈이 없어 30만원만 경공양하였다. 역시 스님 관에 뱀 형상을 한 마군이들이 바다 위로 잡혀 나오는 것이 보였다.

그런데 얼마 안 있어 신문에 충무 앞바다에서 해군 훈련병과 해경들이 탄 배가 뒤집혀 불의의 큰 사고가 났다는 것을 보았다. 사고 날 곳도 아니고 무슨 뚜렷한 이유도 없이 배가 나서 물에서 자유자재한 해군과 해경, 백오십여 명의 목숨을 앗아간 큰 사고로 단기 4307년의 일인데, 스님께서는 경을 관(觀)에 나온 만큼 다 공양하지 못한 자신의 잘못이라는 것을 알고 울면서 한탄하고는 20만원을 빚을 내어 겨우 구하여 남해용궁을 위해 더 법화경을 인쇄하여 경공양을 하였다. 그러자 역시 많은 마군들이 잡혀

나오고, 그 뒤로 남해에도 거의 배 사고와 인명 피해가 없었다.

당시 법화경 경전의 책장이 줄을 이어 용궁으로 들어가는 것이 보였다고 한다.

법화경 인쇄하여 찍어내는 공덕으로 지옥을 면하다.

대한민국 경남 진해시 부근의 어느 절에 계시던 어느 비구스님이 무진년(불기 3015년)에 입적했는데, 그 속가의 여동생이 석묘찬 스님께 자기 오빠 스님의 천도와 함께 어느 곳에 몸을 받았는지 관을 해달라고 부탁했다. 스님께서 관(觀)을 하니 검은 옷을 입은 저승사자에게 묶여 가는지라. 묘찬스님께서 생각하시기를 생전에 무슨 죄가 있어 좋은 곳에 몸을 받지 못하는가 하고 동생에게 물어보니, 동생이 한참 생각을 가다듬 어 하는 말이 「절에 종불사 할 돈을 모았는데 불사를 마치고 남은 돈으로 절로 통하는 길을 닦는 데 그 돈으로 썼다.」고 한다. 이는 시주한 절 돈을 시주한 목적에 쓰지 않은 이른바 호용죄에 해당되는지라. 죄가 매우 큰 것이 되어 장차 지옥고를 받을 것이라.

스님께서는 오직 일체 중생이 유일하게 성불하는 경이며, 부처님 말씀의 최상승 요의경이요, 말법 이 때를 구원하시는 법화경을 경공양하는 것이 법화경 서사공덕은 물론 유포공덕까지 있으며 녹지 않는 죄가 없음이니, 제일 빠른 천도라 하고, 기도하여서 관을 하니, 법화경 200만원 이상을 경공양하여야 된다는 것이 보였다. 동생이 처음 50만원을 내었는데 스님의 관에는 완전한 인도환생이 어려운 것이 보였다. 그 뒤 그 동생이 사십구 일 안에 150만원을 더 내니, 그 사람이 남자로 앞으로 출가하여 스님이 될 것이라는 것이 보였다.

그 외 묘찬스님께서는 다른 일은 물론이거니와 영가천도에 음식을 차려서 재를 지내는 것보다는 가장 빠르고 더 큰 공덕이 되는 법화경을 인쇄하여 찍어냄과 법화경 전품 독송하는 것으로 회향하여 불법(佛法) 인연은 물론 성불의 직도를 걷게 했는데, 13년 만에 완성하여 빛을 보게 된 묘찬스님 번역의 이 한글 묘법연화경은 경이 출판되어 나오지도 않았는데도 경공양 보시 돈을 미리 내기만 하여도 그 영험과 현증이 대단했었습니다. 시방에 계시는 모든 부처님께옵서 호념하시고 또한 이 경의 공덕이 얼마나 대단한가를 보여 주시는 것이었습니다.

이 법화경 출판 법보시 공양으로 불치병이 완치되다

대전직할시 동구 삼성1동에 사는 심인석 불자는 1남 3녀를 두었습니다. 막내딸이 서울로 시집가서 사는데 신미년에 42세가 되는지라. 그 딸이 3년 전에 심한 가정불화로 큰 충격을 받아 그 후부터 무서운 간질병을 얻어 한약과 병원치료를 하여도 아무 소용이 없었습니다. 약으로 임시 발작만 방지하는 가운데 딸의 남편이 모 은행 간부로 미국지점에 3년간 근무를 하게 되어 기사년(단기 4322년) 4월에 초등학교 다니는 어린 두 딸과 전 가족이 미국에 가서 살게 되었습니다. 경오년(단기 4323년) 5월에 수족이 불편하여 미국 병원에 입원치료를 했지만 효과가 없고 좌편 한 쪽을 완전히 못쓰게 되어 병원에서도 더 이상 치료불능으로 퇴원하였다는 전화연락을 받았습니다.

아버지인 심인석 불자는 딸의 신병치료를 완전히 단념하고, 단지 누워서 오래 고통을 하지 않고 속히 이 세상 업보를 청산하고 다시 태어나기를 부처님께 발원하는 목적으로, 평소 다니던 충

부 록

남 금산군 대둔산 태고사 주지 스님께 이 사실을 말씀드리고, 경오년 음 6월 18일 이 법화경 200부의 인쇄 출판 유포 공양 불사와 더불어 6월 18일 지장재일에 딸의 시집 조상의 천도재를 거행하였습니다.

그 후 심인석 불자는 꿈에 어느 집 창고에 쓰레기 청소를 말끔히 해 주는 현몽을 받았으며, 6일 후에 미국에서 딸이 직접 아버지께 전화를 했는데 뜻밖에 못 움직이든 쪽이 움직인다고 하는 말을 듣고는 너무나도 감격하여 울면서 말하기를 「오냐 너는 이제 틀림없이 살아 일어나리니 지성껏 부처님을 염송하라.」고 일러주었다. 또 3일 후에 다시 전화가 온 바 어머니가 받으니 「저는 이제 일어나서 마음대로 살림하고 있으니 언니들께 연락하시라.」고 하였습니다.

딸의 불치병으로 인하여 남편이 3년 기한을 못 채우고 한국으로 와야겠다는 본사에 전근신청이 이미 전에 있었는데 한국으로 전근이 되었습

니다. 지금은 서울에 와서 아무 이상 없이 몸 건강하게 살고 있으며 불치병도 완전히 완치되었다는 병원의 뇌사진도 나왔습니다.

이 분은 그 뒤에 더욱 신심을 내어 신미년에 법화경 경 불자님 보시를 추가로 더 하였습니다.

참으로 부처님 법에 묘법연화경에 감사드리며 또한 해룡사에서 펴낸 묘찬스님 번역 법화경 공덕으로 딸의 생명을 구하였음을 감사드린다며 심인석 불자님께서 해룡사로 신미년 음 6월에 서신 연락이 왔기에 간추려 영험록에 올려 보았습니다.

216

뒷글에 앞서

나무묘법연화경

석묘찬 대법사님께서는 묘법연화경의 개경인 무량의경의 「사십여년 미현진실(四十餘年 未顯眞實)」을 뒷글에 꼭 쓰라는 말씀이 계셨는데 조금 덧붙여 뒷글에 앞서 적어 올리겠습니다.

무량의경 제 이 설법품에 「착한 남자여, 내가 스스로 도량 보리수 아래 육 년을 단정히 앉아서 위없이 높고 바르며 크고도 넓으며 평등한 깨달음 이룸을 얻었느니라. 부처님 눈으로써 일체의 모든 법을 관하였으되, 가히 베풀어 설할 수 없었나니, 까닭은 무엇인가 하면, 모든 중생의 성품과 하고자 하는 것이 같지를 아니함일세, 성품과 하고자 하는 것이 같지를 아니하므로 가지가지로 법을 설하였으며, 가지가지의 법을 설하되 방편의 힘으로써 하였으며, 사십여 년 동안 진실을 나타내지 아니하였나니, 이런 까닭으로 중생이 도를 얻음에도 차별이 있어 빨리 위없는 깨달음 이룸을 얻지 못하느니라.」고 부처님께옵서 말씀하셨습니다. 법화경을 설하시기에 앞서 사십여년간 설하신 화엄경, 방등부, 반야부, 금강경, 아미타경, 아함경 들이 모두 법화경에 끌어들이기 위한 방편이고, 진실이 아니며, 위없는 깨달음이 아니라고 잘라서 말씀하신 것입니다. 오직 이 법화경만이 최상승이요, 뜻을 다 마친 요의경이며, 위없는 깨달음의 경이고, 유일한 성불의 경이라고 하셨으니, 궁극의 위없는 도를 위하여, 진실한 부처님 이룸을 위하여, 이 법화경을 받아서 가지고 읽고 외우며 풀어서 말하고 써서 베끼라고 경문에 분명히 말씀하셨습니다.

또 부처님께옵서 거듭 말씀하시기를 「헤아릴 수 없고 가이 없으며 가히 생각으로 논의하지 못할 아승지겁을 지날지라도 마침내 위없이 높고 바르며 크고도 넓으며 평등한 깨달음 이루는 것을 얻지 못하리니.」(무량의경 제3 십 공덕품), 「세존의 법은 오랜 뒤에야 요긴하게 마땅히 진실을 설하리라.」「방편을 버리고 다만 위없는 도를 설하리라.」(묘법연화경 제2 방편품), 「오직 나 한 사람만이 능히 구원하고 보호할 수 있느니라.」(제3 비유품), 「오래도록 침묵하여 이 요긴한 것을 힘써 빨리 설하지 아니하였느니라.」(제5 약초유품), 「내가 설한 바의 모든 경이니라.」「이미 설가운데에서 법화가 가장 제일이니라.」「이미 설하였고, 지금 설하며, 미래에도 설할 것이니와, 그러나 그 가운데에서도 이 법화경이 가장 믿기 어렵고 이해하기 어려움이 되느니라.」(제10 법사품)고 법화삼부경의 여러 곳에서 거듭 설하셨습니다.

이 법화경으로서만이 일체 모든 중생들이 오직 부처님을 이루게 되며, 모든 경 중에서 가장 제일이라고 곳곳에 부처님의 금언이 모셔져 있으

니, 그 어떤 이가 이를 무시하고 조금이라도 의심을 하거나 믿지 않으며, 법화경과 법화행자를 비방하고 헐뜯고 가벼이 여기고 미워하고 원한을 품으면, 법화경은 모두 진실이라고 증명하신 다보 부처님과, 시방의 일체 모든 부처님과, 본사 석가세존을 그렇게 함이 됨이요, 적이 되는 것이며, 일체 세간의 부처님 종자를 끊는 것이니 그 죄는 무섭고 두려워 죽어서 아비지옥에 떨어지며 궁겁을 다하여 그 죄를 설할지라도 다하지 못한다고 비유품, 견보탑품, 상불경보살품, 다라니품, 보현권발품 등등에서 말씀하셨습니다.

여름에 겨울옷을 입고 겨울에 겨울옷을 입듯이 모든 것에 때가 있고 근기가 있습니다. 부처님께옵서는 과거·현재·미래를 환히 굽어보시고 아시어, 오직 악세 말법시대, 이 악업 중생의 온갖 병에 가장 알맞는 양약인 이 법화경을 오로지 널리 유포하라고 부촉하시고 명령하시면서 정하셨으니, 전생은 물론이고, 한 치 앞의 일과 얼마일이라고

뒷글에 앞서

지나지 않는 과거 일들도 알지 못하는 우리 범부중생이 어찌 부처님의 간곡한 말씀을 믿고 따르지 않겠습니까.

부처님을 바로 믿고, 설하심에 따라 행하는 진정한 부처님의 아들이면, 깊이 생각을 더하시기를 바라옵니다.

석가세존님의 유언이라고 할 수 있는 열반경에 악세 법말 때의 넷 의지처를 말씀하셨으니, 곧 첫째, 법에 의하고 사람에 의하지 말라. 둘째, 뜻에 의하고 말에 의하지 말라. 셋째, 지혜에 의하고 식(識)에 의하지 말라. 넷째, 요의경(了義經)에 의하고 요의경이 아닌 것에 의하지 말라고 하셨습니다. 이를 살피건대 오직 부처님께옵서 설하시고 그 뜻을 다 마친 법화경만을 의지하라는 말씀이라는 것을 누구나 알 수 있을 것입니다.

무량의경의 「사십여 년 동안 진실을 나타내지 아니하였느니라.」와, 묘법연화경에서 「모든 부처님께옵서는 여기에서 위없이 높고 크고 넓으며 평등한 깨달음을 얻으시며, 모든 부처님께옵서는 여기에서 법륜을 굴리시며, 모든 부처님께옵서는 여기에서 이에 열반에 옮기시느니라.」(제21 여래신력품), 법화경의 결경인 불설관보현보살행법경에 「이 대승경전은 모든 부처님의 보배 곳집이며, 시방 삼세 모든 부처님의 안목이며, 삼세의 모든 여래께옵서 출생하시는 종자이며,」 열반경에 「가섭아 모든 부처님께옵서 스승으로 하시는 바는 이른바 법이니라. 여래도 공손히 공경하고 공양하심이라.」 「부처님 말씀하신 바에 따르지 않는 자가 있으면 참으로 알지니라, 이는 마의 권속이니라.」라고 하시고, 그 외 많은 곳에서도 많은 말씀들이 계시는데, 이들을 뵈오니, 시방 삼세 모든 부처님께옵서는 오직 이 법화경에서 출생하셨고, 출생하시고, 출생하실 것이니, 이 법화경은 일체 모든 부처님과 중생들이 진정코 이마에 받들 바의 본존인 것입니다.

오직 부처님과 부처님만이 헤아려 아시는 묘법

연화경을 사량 분별치 말고 믿고 받아 가집시다. 모든 것은 믿음 하나로 결정이 되는 것입니다. 부처님의 말씀을 아는 체하고 믿는 체하는 것이 아닌, 바르게 진실되게 절대적으로 믿는 것, 이것 하나만으로써 나와 일체 중생과 국토와 모든 것이 불가사의하게 바뀌옵나이다. 이 법화경은 부처님 제자 가운데 지혜 제일인 사리불과 당래교주이신 미륵보살도 믿음으로써 들어옴을 얻게 되었거늘, 하물며 악세의 육통의 우리 범부 중생들이랴.

나무묘법연화경을 부르면 일체 모든 시방 삼세 부처님과 보살님들을 일시에 받들어 부르는 것이 되며, 일체 모든 팔만법장이 다 들어있고, 일체 모든 병에 가장 좋은 약이니, 곧 즉신성불(卽身成佛)케 되옵나이다.

죄 많은 중생이 과보로 태어나는 말법 때의 이 땅에, 우리들 모든 중생은 오직 한 분, 보리수 아래에서 부처님을 이루심이 아닌(그것은 방편으로 중생을 위하여 나투신 것이고), 진실로는 헤아릴 수 없는 백천만억 아승지 겁 전에 부처님을 이루신, 본래 부처님이시고, 시방 법계 일체 중생의 귀의처인 영산정토에 항상 머무시어 법화경을 설하시는, 진정한 일체 중생의 아버지이신, 법화본문 여래수량 구원실성 석가모니 부처님께 세세생생 몸과 목숨을 바쳐 귀의할 뿐이며, 또 오직 다만 부처님 말씀인 경문을 믿을 뿐이고, 그 가운데에서도 가장 대법이요, 본존이신 묘법연화경께 또한 세세생생 몸과 목숨을 바쳐 귀의할 따름이옵니다.

또한 구원실성 석가세존께옵서 본래 갖추신 본법인 이 묘법연화경을 부촉받아 광선유포하시는 무수한 본화지용(本化地涌) 보살님들과, 창도(唱導)의 스승 본화 사대보살이신 상행보살 무변행보살 정행보살 안립행보살님들께 세세생생 몸과 목숨을 다하여 귀의하옵니다.

이 한글 묘법연화경을 펴서 널리 퍼져 나가게

뒷글에 앞서

하여, 남섬부주 곳곳 사람마다 받아 가지고 읽고 외우며 설하심과 같이 닦고 행하면, 어찌 이 사바국토가 진정한 상적광토, 정토가 아니리오. 처음 접하는 사람이면, 또 지혜가 있는 사람이면, 빨리빨리 자신도 받아 가지고 다른 사람에게도 전해 주시옵소서.

나무 일승원교 평등대혜 실상 묘법연화경

부 록

뒷 글

나무묘법연화경
나무묘법연화경
나무묘법연화경

욕계·색계·무색계를 이끄시는 스승이시며, 태로 나는 것과 알로 나는 것과 습기로 나는 것과 화하여 나는 것의 사랑하시는 아버지이시며, 오래되고 멀리 진실로 부처님을 이루신 본래 부처님이신 석가모니 부처님 세존께옵서 일체 모든 중생을 제도하시기 위하여 이 땅 사바세계에 오셔서 법을 전하시고 방편으로 열반에 드신 지 삼천 년이 지난 이 말법 때, 시방 삼세에서 가장 최고의 법이며, 부처님께옵서 이 땅에 오신 일대 사 인연의 모든 진실을 밝혀 놓으신 일불승 대

요, 최상승 요의경인 묘법연화경을, 부처님 뜻을 받들어 한 치의 어긋남이 없도록 목숨을 걸어 놓고 쉽고 좋은 우리 한글로 옮기신, 진실로 바른 법화 행자이신 석묘찬 대법사님,

부처님께옵서 멸도하신 뒤, 시대를 보면 흐리고 겁나고 악한 세상에, 가장 근기 얕으며, 선근이 적고, 오역·십악·법을 비방한 것 등의 많은 죄를 짓는 우리들을 위해서, 온갖 무섭고 두려운 죄를 녹이는, 때에 알맞고, 온갖 병에 골고루 다 맞는 가장 좋은 약이며, 그리고 오직 하나 뿐인 양약인 묘법연화경을, 일평생 다 바쳐 누구든지 손쉽게 받아 모셔서 지닐 수 있도록 놓아두시고 열반에 드신 석묘찬 대법사님,

법이 멸한 이 때에, 작게는 한 사람에서부터 나아가 국가와 크게는 삼천대천세계의 일을 하시고, 오직 부처님의 바른 법인 법화경 광선유포를 위해 몸과 목숨을 바치셨으며, 흐리고 겁나고 악함이 충만해 있는 이 땅에 남자도 아닌 여자의

222

뒷 글

몸으로 태어나시어, 역사 위의 그 누구보다도 고난, 원망, 질투, 모함 들을 받으신 진정한 부처님의 사도이시며, 부처님의 가장 큰 일을 부촉 받으신 바의 바른 심부름꾼이셨던 석묘찬 대법사님께 삼가 엎드려 예배드리옵니다.

최고의 대법인 법화경을 십삼 년에 걸쳐 한글로 바르게 옮기신 역사의 일과 그렇게도 바라시던 남북통일, 세계 불국토 통일, 묘법연화경 세계 광선유포의 그 뜻을 받들고자 법화경 광선유포의 한 평생과 십삼 년 세월 동안 한글로 옮기심에 있었던 수많은 일들을 간단히 적겠사옵니다.

🪷 묘찬스님께서 법화경을 번역하시게 된 동기는 스님께서 불기 이천구백구십일 년 세계 평화를 위하여 안진호 스님 판을 그대로 천 권을 출판하여 법 보시를 하고 나니, 몇몇 곳에서 스님에게 편지가 와서 안진호 스님 번역에는 잘못된 곳이 있으니 다시 번역을 해내라고 하기에, 누구에게 이 법화경을 번역시킬까 하고 사십구 일 기도를 시켰더니, 회향날 법당에서 묘찬스님께 무시는 방까지 광명 줄기가 비치더니 묘찬스님께서 번역을 하라는 현몽을 받았다고 묘찬스님께서 말씀을 하였습니다. 그 때가 처음으로 스님께서 법화경을 번역하여야 된다고 한 현몽과 경계가 있었던 때입니다. 그 뒤에도 수많은 현몽과 경계를 통하여 법화경을 번역하라는 부처님의 뜻이 나타났습니다. (여기에 대한 대충의 내용은 처음 스님께서 번역하신 응석사판 「묘법연화경」 후기에 잘 나타나 있습니다.) 따라서 스님께서는 부처님의 뜻을 받들어 칠 년 가까운 공들임 끝에 불기 이천구백구십구 년 팔월에 첫 판을 내놓게 되었습니다. 이 경은 국내 최초로 몇 억의 법공양으로 그 후 여섯 판까지 발행하였습니다. 그로 인해 우리나라에 법화경이 서서히 유포되기 시작했습니다.

223

부록

그 뒤 다른 경전도 조금씩 번역하였으나, 몸이 너무나 아파서 거의 죽음에 이를 지경이 되셨는데, 스님의 법화경에 대한 믿음으로 죽을 때에도 꼭 법화경을 모시는 곳에서 죽음을 맞으려고, 전라남도 장성에 계신 묘련 큰스님(맨발스님)의 법화회상으로 가셨습니다. 온갖 이름 모를 병과 아픔을 참으면서 그 곳에 도착하니, 스님께서 출타 중이라 일주일 동안 그냥 누워서 신음만 하고 계셨는데, 그 때 맨발 스님과 묘각스님께서 오셔서 하시는 말씀이, 지난번에 번역한 응석사판 법화경이 대체로 잘 되었으나, 게송 부분이 이상하며, 또 몇 군데 잘못된 곳이 있으니, 다시 번역하시라고 하였습니다.

그래서 그제서야 묘찬스님께서는 몸이 아파서 죽을 지경에 이르고 또 맨발 스님 회상까지 온 이유를 알게 되었습니다. 번역을 새로이 해야 된다는 것을 깨닫고 또 마음속으로 새로 번역할 것을 굳게 결심하고 내려오시니 몸이 거의 나았습니다. 이렇게 하여 지금부터 십삼 년 전 불기 삼천사 년, 스님 연세 쉰하나에 경상남도 진주에서 법화경을 다시 번역하기 시작하였습니다. 지난번 번역한 경(응석사판)보다 더욱 완벽하고 오로지 부처님의 뜻을 받들고 좇아서 미진 만큼의 어긋남도 없도록 하기 위해서 지난번 번역판을 참고하지 않았으며, 또 국내외 다른 번역판도 전혀 참고하지 않고, 오직 구마라습께서 번역하신 묘법연화경 한문 원본만을 참고하여 전혀 새로운 마음으로 다시 시작한 것이, 십삼 년이라는 긴 세월에 공들임을 마치고서야 드디어 열매를 맺게 되었습니다.

🪷 스님께서 묘법연화경을 번역하시는 과정에서 일반적으로 경을 번역하는 것과 전혀 다른 점과 또 한글로 옮기심에 쏟아 넣으신 스님의 정성과 심혈에 대해서 살펴보면, 일반적으로 경 번역이라 하면 보통 한문으로 되어 있는 경전을 우리

뒷 글

한글로 번역하는데 있어, 우리가 알고 있는 문자 지식으로 사량 분별하여 글자와 문장을 해석하는 것이 그 모두이나, 스님께서는 글자 한 자, 한 자, 문장 하나하나를 수행으로 이룩한 사리에 밝은 지혜인 관(觀)을 통하여 실상에 비쳐지는 것을 보시고서, 모든 것이 진실로 부처님의 뜻에 맞도록 한글로 옮기셨습니다.

여기에서 말하는 관(觀)이란, 스님께서 법화경 수행으로 전권을 독송하셨는데 경의 책장을 너무 많이 넘겨 닳아서 여러 권을 새로이 모시면서, 약 사오만 번 이상을 독송하시어 그 수행 공덕으로 얻으신 지혜의 눈임을 밝혀 둡니다.

경을 번역하심에 있어서 스님께서는 항상 마음 속으로 노심초사 하시는 것은 「어떻게 하면 가장 부처님 뜻에 맞으며, 시방 세계에서 가장 잘되고 가장 공덕이 원만한 경으로 번역하여 세계에 광 선유포할 것인가.」 이었습니다.

따라서 글자 한 자라도 더함이 없고 빼는 것도

한글로 번역하는 것을 생명보다도 더 중하게 여기셨으며, 잘못 번역하여 후세에 지옥의 과보를 받을 것을 생각하시어 옮기시는 데 있어서 고심은 이루 말할 수도 없었습니다.

그리하여 글자를 관하실 때, 스님 자신은 물론이거니와 전문적으로 법화경을 독송하시는 분을 두셨고, 신도 분들과 대중들이 수없이 기도를 하고 또한 자신도 경을 계속하여 독송하였습니다.

한 글자에 나무묘법연화경의 제목 봉창을 칠 일을 기준으로 하여 여러 사람에게 하루, 이틀에 서 수일에 이르기까지도 기도 시키시고, 또 묘법연화경 이십팔품을 수십 회에서 적게는 네 번씩 독송하게 하고 법화경 요품을 읽히기도 하여, 그 공덕으로 더욱더 정확한 관을 하셔서 끝까지 번역을 하셨습니다.

🪷 그리고 경 번역에 있어서 생활태도는 보통 사람들이 상상도 못할 만큼이나 엄격한 것이었습니다.

225

부록

경 원고를 모셔둔 방에는 화장실에 갔다와서 목욕하고 새 옷을 입지 않은 사람은 그 어느 누구도 들어갈 수 없었으며, 그래서 경 번역을 도우는 사람들은 항상 깨끗이 목욕하고 한 번도 화장실에 가지 않은 새옷을 입었으며, 한 번이라도 화장실에 들어간 옷은 아무리 깨끗하게 빨아도 절대로 입지 못하였습니다. 스님께서는 모든 시설이 부족하여 불편한 삼층의 바람 부는 옥상이나 당시 움막과도 같은 해룡사에서 그 추운 겨울에도 하루에 몇 번씩 목욕하시고 완전한 새 옷으로 입으시고 경 번역을 하셨습니다.

빨랫감도 따로 분리하셨는데, 그 빨랫감의 종류에 따라 세탁하는 그릇, 고무장갑, 비누도 따로이 하시어 씻었으며, 머리 수건, 몸 수건, 발 수건 그리고 머리 비누, 몸 비누, 발 비누들도 따로 두시고 쓰셨으며, 경방을 닦는 걸레와 이를 씻는 그릇도 따로 하셨습니다.

그리고 경을 만지는 손은 절대로 더러운 것을 만지시지 않으셨고, 만약 잘못되었을 경우에는 재나 흙으로 백 번을 문질러 깨끗하게 하셨으며, 또한 경 번역에 사용하는 연필, 볼펜, 지우개 등을 한 번이라도 사람이 넘었을 경우와 번역 외에 다른 용도로 사용하였을 경우에는 새로운 것으로 쓰셨으며, 짐승의 털이 섞인 옷은 평시에도 절대로 안 입으셨으니, 하물며 다른 음식과 식기가리는 것, 경 보자기, 경상은 물론이고 변소에 한 번이라도 간 옷을 입고 덮었던 이불 같은 것들도 너무나 철저히 가리시어 어긋났을 때는 절대로 사용하지 않으셨으니, 다른 일들은 말할 필요도 없습니다.

혹 밖의 다른 장소에 앉으실 때도 항상 그 자리를 닦고 앉으셨으니, 경 번역에 대한 스님의 정성은 정말로 대단한 것이었습니다.

🪷 경 번역 과정에서 마장이 생긴 일들은 헤아릴 수 없이 많았습니다. 천자마인 욕계 제6천의

뒷 글

마왕과 그 권속인 마군이들은 목숨을 걸어 놓고 어떻게 해서든지 이 한글 묘법연화경이 완전하게 번역되어 나오지 못하도록 온갖 수단과 방법으로 방해를 했습니다. 부처님 최고의 경전이 번역되어 모든 사람들이 배우고 닦아서 성불하게 되면, 마군이들의 궁전이 흔들리고 악한 일을 못하게 되고 중생들을 악도에 떨어지게 하는 것을 못하게 되어 설 곳을 잃게 되기 때문이었습니다.

특히 천마 무리 때문에 온갖 고통과 수난을 받으시면서 여기저기로 경봇짐을 모시고 옮겨 다니신 일도 수가 없었으며, 병마와 삼천대천세계의 온갖 마군이들이 수없이 내려와서 괴롭혔으며, 그 가운데서도 가장 악독하고 끝까지 심하였던 것은 마왕과 그 권속들이 항상 온갖 일을 방해하고 모든 옆에서 도우는 사람의 몸에까지 들어가고 붙어서 괴롭힌 일이며, 특히 인간 몸을 받고서 방해하는 마인 원력마에게도 굉장히 시달렸습니다.

하늘에서 인간 몸을 받고 내려온 두 명의 큰 마군이와 그 권속들이 방해하여 이 한글 묘법연화경이 나오지 못하도록 하기 위하여 대개는 스님으로 혹은 속인의 형상으로 하여 눈에 보이지 않는 그들의 권속과 함께 끝까지 고통을 주었고, 혹은 스님의 공부와 기운을 빼앗아 가기도 하고, 저주, 시기, 질투, 모함으로 정신적, 물질적으로 방해했으며, 수천, 수만에 달하는 천마가 직접 내려와서 가까운 사람과 다른 이에게 들어가고 붙어서 욕하고, 헐뜯고, 모함질하여 몇 명 되지 않는 신도들마저 경 불사에 도움을 주지 못하도록 하고 그래서 어떤 때는 먹는 양식까지 걱정하시는 지경에 이르렀고, 또한 실제로 사람이 몽둥이, 칼들을 들고서 치고 몰아내고 목숨을 빼앗아 가려고 하는데, 그 아슬아슬한 순간들은 수없이 많았습니다.

삼천대천세계의 마군이들이 내려와서 몸에 붙어 심장병, 당뇨병, 중풍, 고혈압, 이름 모를 병들의 온갖 병마로 시달리며 고통을 받으셨는데, 어떤 때는 사람을 제대로 알아보지 못하셨으며, 어떤 때는 의식을 완전히 잃어 병원에도 여러 번 입원을 하였으며, 일주일 동안을 의식을 회복하지 못하고 죽은 몸과 같이 계셨으며, 그 때마다 겨우 거동만 되면 경 번역에 바빠서 번역에 몰두하셨습니다. 몸을 돌보실 틈도 없으셨기에 날이 갈수록 건강은 더욱 더 악화되었고, 너무 오래 앉아 계시어 걸음도 잘 걷지 못할 때도 많으셨으며, 너무 고통이 심하여 「아야」 하는 소리가 떠날 날이 별로 없었습니다. 그리고 하늘에서는 수없이 많은 각각 다른 뱀의 형상을 한 마군이들이 내려와서 몸에 붙고 들어가 방해한 그 일은 이루 헤아릴 수 없었습니다.

제가 묘찬스님께서 열반에 드시기 전에 스님을 모시고 마지막으로 경의 원고를 정리하면서 겪은 것을 몇 가지 적어 보면, 무진년 여름 잠자리에서 목을 조르는 것이 있어 숨이 막혀 사경을 헤매는 데, 아무리 소리를 질러도 목소리가 나오지 않고 의식만 조금 있으되, 손발은 움직이지 않고 옆에 사람이 있어도 부를 수가 없어 꼼짝없이 죽게 되었는데, 겨우 한 가닥의 의식 속에서 나무묘법연화경과 법화성중을 되새기며 간신히 의식을 찾았는데, 이런 일이 며칠 밤 계속된 일이며, 또 무진년 겨울 경상 앞에 앉아서 제가 마지막 원고정리를 도우고 있는데 갑자기 목이 졸려와 침도 넘어가지 않고 숨이 막히게 하여서 방해하는데, 이와 같은 모든 일들을 스님께 말씀을 드렸더니, 스님께서 관을 하시더니, 원력마가 분신을 하여 수백 명이 뒤에서 목을 조르고 있다고 하셨는데, 법화경 독송과 스님의 법력으로 마군이들을 없애 주었습니다.

목을 조르는 일은 옆에 있던 행자와 그 외 도우는 사람들에게까지도 있었습니다.
또한 원인도 모르게 아프고, 나른하고, 아침에는 도저히 일어날 수도 없고, 마음이 미칠 것 같

뒷 글

은 일이 있었는데, 스님께서는 저주하는 자가 있어 그렇다고 하셨으며, 또 경을 번역하기 위해서 경상에만 앉으면 위장이 끊어지도록 아파서 고통을 못 이기던 일도 수 없었습니다. 마왕의 수 없는 분신과 여러 뱀의 형상을 한 악독한 마군이들이 저의 사방과 위아래 등에 붙어 있고 위장과 몸 안에도 들어가 있다고 스님께서 관하여 말씀하시면서 없애 주었습니다.

이와 같은 모든 일이 법화경 경문의 하나하나를 증명하는 것과도 같았습니다.

도가 높으면 마가 더욱 더 치성하듯이, 부처님의 최고의 경전이며 일대사의 번역이기에 마군이들의 방해는 역사 위에 그 어느 것보다 그 어느 때보다 극에 달했습니다. 그 때마다 오직 대법인 묘법연화경을 독송하여 이를 물리쳐 가면서 드디어 십삼 년 만에 열매를 맺게 되었습니다.

여자의 몸으로서 온갖 마에 시달리시면서도 이에 굴하지 않으시고 꿋꿋하게 헤쳐 나오셨으니 장하

시고 거룩하시옵니다.

목숨을 건 십삼 년의 번역기간에 수많은 마와 싸워온 일들을 어찌 다 적을 수 있으며, 누가 이해하고 아는 자 또한 어디 있겠습니까. 도의 눈이 있는 분들도 다 알지 못할 것이며, 오로지 시방에 계시는 부처님만은 알고 계시옵니다.

남이 알아주기를, 그리고 세간의 오욕락을 위해서 하신 일은 분명히 아니신데, 오직 일체중생을 위하여, 부처님 법을 위하여, 묘법연화경의 광선유포를 위하여 몸과 목숨을 아끼시지 아니하신 묘찬스님, 어떠한 모함이나 고난의 폭풍이 닥칠 때나 너무나도 파란만장했던 지난날의 일들이 생각나실 때는 「⋯⋯ 부처님만 계시옵사 아시오리다. 죽어서는 즐거운⋯⋯」이라는 가사를 만드시어 노래를 즐겨 부르며 눈시울을 적시시던 그 모습이 눈에 선하옵니다.

❁ 인가기도의 상서와 번역과정의 영험도 너무나

부 록

많았습니다.

이 한글 번역은 꼭 도와주고 경을 만질 수 있는 인연된 사람이 아니면 절대로 경에 손을 대지도 못하였는데, 한 때 마장으로 꼬임에 빠져 스님께서는 한문을 잘 안다는 사람에게 경 원고를 맡긴 일이 있었는데, 원고가 건너가니까 아는 사람과 신도들이 교통사고로 다치고 갑자기 병이 나서 입원하고 피를 토하는 일들이 있어서, 스님께서 기도를 시키시니, 빨리 원고를 모셔오라는 경계가 나와서 급히 모셔왔었습니다.

그 뒤로는 오직 기도하여 관에 나오는 사람만 서사와 약간의 원고 정리 등의 직접, 간접적으로 경번역을 거들게 하였습니다.

또한 이 한글 번역에 모든 부처님의 호념과 가피력으로 부처님의 뜻에 따라 동참한 하늘사람과 용신들도 있었으니, 비를 너무 많이 내리거나 혹은 안 내리기도 하고, 개구리가 때 아닌 적에 방에 들어와 천장으로 기어 올라가기도 하여, 왜

그런가 하고 기도를 시키고 스님께서 관을 하시어 그 이유를 알게 되어 어려운 번역부분을 해결시켜 준 일도 있었습니다.

그리고 항상 번역하시는 경방의 자리에는 하늘에서 여러 종류의 하늘꽃이 수없이 계속하여 쏟아져 내리고, 또한 항상 다보부처님 탑께옵서 증명하시어 서 계시었고, 인가기도는 수없이 많이 하였는데, 꿈으로 보이신 영험은 이루 말할 수가 없었습니다.

번역을 다 마치기 전인데도 번역이 잘 되었으면 영험을 보이시라고 기도를 하니, 첫날부터 회향날까지 법당에 모신 석가모니 부처님의 사진액자에서 부처님의 가슴까지 연분홍색으로 변하여 옆으로 비스듬히 그 사진이 기울어져 있었던 상서는 당시 여러 대중들이 보았으며, 또 다른 수많은 기도에서는 공청도 들었으며 대중과 신도들의 꿈 중에 하늘에서 크고 작은 인가의 도장이 내려오고 찍히며 또 부처님께옵서 직접 나타나시

230

뒷 글

어 인가를 내리신 일은 너무나 많았습니다. 무진년 겨울에 한글 번역원고를 다 정리하고 나서 일주일 인가기도를 묘법연화경전에 대중들 이 칠만 배 이상의 절을 하면서 하였는데, 한 행 자님의 꿈에는 화살 과녁의 맨 중간에 큰 화살이 적중하여 꽉 차서 꽂히는 꿈을 받았으며, 기도 중간에 아뇩다라삼먁삼보리를 알기 쉽게 한글로 옮기라는 경계가 스님의 관에 일곱 번이 나타나고, 다른 범어들도 한글로 풀라는 것도 나오고, 어느 품 어느 곳에 틀린 것을 지적하시어 바른 것을 가르쳐 주셨습니다. 「아뇩다라삼먁삼보리」는 바로 「위없이 높고 바르며 크고도 넓으며 평등한 깨달음」이라는 글자가 경계에 뚜렷이 나타났었습니다.

이들을 모두 한글로 풀고 또한 바로 잡고 나니, 저절로 스님의 관에 한글로 옮기신 법화경 원고지가 이십팔품의 각 품마다 굵은 동아줄로 꽁꽁 묶여지며, 제일 서품에서 마지막 보현보살

권발품 까지 차곡차곡 쌓인 그 위에 하늘의 허공에서 굉장히 큰 도장이 내려와서 그 위에 찍히고 그 곁에 또 작은 도장 두 개도 내려와 찍혔다고 하셨습니다.

더 이상 보지 않아도 부처님의 뜻에 맞는 가장 완벽한 번역이라는 인가가 났다고 그제서야 스님께서는 뛸 듯이 좋아하시며 절을 하시며 눈물을 흘리셨습니다.

🪷 한글 묘법연화경에 들어간 공들임과 공덕은 너무나도 많고 크며 영험도 엄청나게 많았습니다. 우선 이 한글 묘법연화경이 나오기 전에 어떤 목적을 위하여 이 경을 인쇄 출판하여 유포하는 경공양[법보시]을 하려고 돈을 내신 분들은 그 원하는 바대로 이루어져 바로바로 그 현증의 영험이 있었는데, 그것은 너무나 많사오며, 또한 이 법화경에서 특히 스님 전에서 머물다가 물러나 비방하고 모함한 사람들이 있었는데 그 과보

의 현증도 바로바로 있었었습니다. 어떤 사람은 자식이 죽기도 하고, 한두 달, 일이 년 내에 자신이 목숨을 잃는 무서운 영험도 몇몇 있었었습니다. 이 경의 공덕을 간추려서 적어 보면, 스님께서 하신 것 이외에도, 자신의 모든 것을 포기하고 오로지 바른 번역을 위해 몇 년씩이나 곁에서 직접 경의 원고정리를 도와주신 분들의 공덕과, 거사 두 분께서는 이십여 년간을, 또한 몇몇 행자와 사람들이 오직 한글 묘법연화경의 바른 번역을 위해 법화경 전권을 수십만 회 독송하였으며, 어느 노 보살과 행자들이 수십만 배의 절을 한 것과, 기도한 것과, 진주에서 여러 일을 봐주신 노 보살님의 공덕과, 신도들과 가까운 사람들의 수없는 법화경 요품 독송과 나무묘법연화경의 제목 봉창은 가히 셈을 다하지 못하오며, 특히 오직 이 한글 묘법연화경의 세계 광선유포를 위해 참으로 훌륭하신 분들이 손가락 발가락 등을 부처님 전에 직접 태워서 공양함인 연비를 열가

락을 하셨으니, 그 공덕은 역사상의 어느 번역과 어느 불사보다도 큰 것이라는 것을 가히 짐작 하시옵소서. 그리고 또 참기름 등과 향 공양도 끊어짐이 없었으니 수많은 참기름과 향이 계속 태워졌으며, 각종 음식, 꽃 등의 공양물을 올린 것도 헤아릴 수 없사옵니다.

그러하오니, 이 한글 묘법연화경은 여느 경, 여느 번역과는 확연히 틀리오며, 이를 받아서 가지고 읽고 외우며 수행하시는 분의 그 영험과 현증들은 시방의 부처님께옵서 호념하시어 보여주실 것이며, 가장 위대한 것이 증명될 것입니다.

🪷 이 황폐한 땅에서 열반의 저 언덕에 이르는 길을 만들기 위하여 몸과 목숨을 바치시고 필요 없고 방해되는 큰 바위와 나무와 온갖 더럽고 추악한 것들을 치워주시고 정리하시면서, 오직 법화경을 세워주시고 지켜주시고, 온갖 어려움을 대해 참으로 훌륭하신 분들이 손가락 발가락 등을 부처님 전에 직접 태워서 공양함인 연비를 열가신 받으신 묘찬 대법사님께서 이제 열반에 드셨

뒷 글

으니, 이 땅은 암흑세계와 같음이라. 닦아 놓으신 길로 가기만 하면 되는 것을, 괴로움의 바다에 널리 등대를 밝혀 놓으셨는데도, 피우신 불꽃을 어떻게 살릴 것인가 생각하니, 더욱 더 가슴이 저려옵니다.

말법시대에 여자의 몸으로 태어나셔서 여느 이름 있는 사문들처럼 큰 절에서 많은 신도들의 풍족한 도움을 받아가면서 하는 그러한 경불사가 아니라, 항상 마군이들의 방해 속에서 겨우 몇 안 되는 신도들의 도움으로 조그마한 오막살이 토굴에서 온갖 고생을 참아가면서, 오로지 부처님의 최고의 법인 묘법연화경을 여기 악업 중생들을 위하여 병에 대한 가장 길하고 좋은 약으로 남겨 놓으시기 위해, 평생을 법화경과 살아 오셨고, 또 법화경과 함께 열반에 드신 석묘찬 대법사님, 스님께서는 진실로 부처님의 부촉 받으신 부처님의 진정한 아들이옵니다.

동방불국 대한민국에 몸을 나투시어 한글 묘법

🪷 스님께서 저에게 말씀하시기를 꼭 경불사에 유익했던 것들을 만들어 주신 분들께 감사의 말을 쓰라고 하셨습니다. 특히 선풍기와 한문사전 등을 만들어 주신 분들께 고맙다는 인사말을 쓰라고 하셨고, 그 외 분들께도 감사드리는 바입니다.

이 한글 묘법연화경이 오직 세계에 광선유포되기를 바라는 일념에서 연비하여 주신 분들께 깊이 감사드리오며, 이십여 년을 법화경을 독송하시면서 젊음을 다 바쳐 스님을 도와주신 두 거사님과, 삼년 동안 스님 곁에서 자신의 일을 접어두고 가족과 함께 법화경 번역에 도움을 주시고 같이 마장을 받으신 거사님과, 여러 해 동안 스님을 시봉하신 분, 몇 년을 스님 곁에서 마장을

연화경 번역불사로 남북통일과 세계 불국토 통일을 이룩할 터전을 만드셨으니, 너무나도 장하시고 감사하옵니다.

233

부 록

처 주시던 분, 기도와 시봉 등 많은 일들을 하신 여러 행자님들과, 그리고 또 가사에 바쁘신 데도 불구하고 여러 가지로 항상 도와주신 연로하신 보살님들과, 기도와 절을 많이 해주신 보살님들과 여러 신도분들과, 또 기도해 주신 정평리 마을 사람들께 깊이 감사를 드리옵니다.

특히 이 경의 인쇄 출판 유포를 위해 정성껏 경공양을 하신, 작게는 몇 천원에서 많게는 수천 만원을 아끼지 아니하시고 보시해 주신 수많은 불자님들께 너무나 감사를 드리오며, 그리고 긴 세월 동안 기다려 주시고 애써 주신 출판사 사장님과 직원 여러분께도 감사드리고 제목과 다보탑의 글을 모셔주신 스님께도 감사드립니다.

🪷 상적광토 영취산에 항상 머무시어 법을 설하시고 계시는 석가모니 부처님께옵서 우리 모든 중생들을 아들이라 하셨습니다. 부처님께옵서 항상 스스로 뜻하시는 바는, 어떻게 하면 이 모든 자

식들로 하여금 위없는 지혜에 들게 하여 속히 부처님의 몸을 이루게 할 것인가, 하는 것이라고 하셨습니다.

부처님께옵서 계시지 않으셨다면 우리 중생은 어떻게 되었을까. 가장 위대하시고 가장 고마우신 부처님 세존의 은혜는 억억만겁에 다하여 예배·공양·공경·존중·찬탄해 드려도 다하지 못할 바이옵니다. 가히 미진만큼이라도 그 은혜에 보답하는 길은 오직 묘법연화경을 받아서 가지고 읽고 외우며 닦고 행하고 광선유포하는 것뿐이옵니다.

이 글을 읽는 불자와 인연이 그렇게 되지 못하는 모든 사람과 중생들 모두는, 구원실성 본불이신 석가모니 부처님께, 시방 삼세 일체 모든 부처님을 낳으시는 본존이신 묘법연화경께 세세생생토록 몸과 목숨을 바쳐 귀의합시다.

삿된 지혜, 악한 깨달음들의 온갖 삿된 것은 파하여지고 오직 바르고 바른 것이 드러나며 나

뒷 글

타나고 널리 퍼지옵소서.

이 한글 묘법연화경을 남겨 두시고 법화경의 「여래가 나타나 있음에도 오히려 원망과 미워하는 것이 많거늘, 하물며 멸도한 뒤에랴.」 「모든 지혜 없는 사람이 악한 입으로 욕하고 꾸짖는 것들과 그리고 또 칼과 몽둥이로 때리는 자가 있더라도 저희들은 모두 마땅히 참으리이다.」 「여래께옵서 멸하신 뒤에 염부제 안에서 널리 펴서 퍼져 나가게 하여 끊어지고 끊어지지 않게 하오리다.」 들의 여러 법화 경문들을 증명하시고 열반으로 옮기신 묘법연화경 대법사 석묘찬 법화행자님께 삼가 엎드려 예배드리옵니다.

원하옵건대, 하루 빨리 남북 평화 통일이 이룩되길, 하루 빨리 세계 불국토 통일이 이룩되길, 하루 빨리 부처님의 부촉을 받아 이 흐리고 악한 세상을 구원할 수많은 진정한 법화행자, 대법사, 대도인들이 동방불국 대한민국에서 하루 빨리 나타나시길 각각 엎드려 예배드리오며,

묘법연화경이 사바세계 시방법계 일체 모든 중생들의 온몸에 널리 퍼져나가 유포되길 간절히 엎드려 예배드리옵니다.

나무 석가모니불 나무 석가모니불
나무 구원실성 영산정토 본사 석가모니불
나무 묘법연화경 나무 묘법연화경
나무 일승원교 평등대혜 실상 묘법연화경

나무 본화지용 창도지사
상행보살 무변행보살
정행보살 안립행보살 마하살 등
자계타방 시방삼세 법화홍통 승가야중

불기 3016년 가을
남염부제 동방불국 대한민국
집현산에서 영산 올림.

부 록

🪷 이 한글 묘법연화경이 독송되어져 부처님 말씀과 뜻이 하루 빨리 알려지고 전해지며, 설하심과 같이 바르게 닦고 행하게 하기 위해서, 또한 법화경 광선유포를 간절히 바라는 뜻에서 한문 현토를 빼었습니다. 뒷날 현토가 있는 경을 원하시는 분이 많으면 현토 원본이 있사오니 다음에 옮기기로 하겠습니다.

🪷 경불사에 동참하신 분들이 너무 많아 일일이 다 기록할 수 없어 그 명단을 생략하오니 양해바랍니다. 그 분들의 공덕은 시방 삼세 모든 부처님께옵서 증명하시고 계시옵니다.

🪷 누구든지 어디서나 손쉽게 이 경을 모실 수 있도록 하기 위하여 서점에 판매하옵니다. 이는 진정한 부처님의 뜻인 대승을 받들고져 묘찬스님께서 정하신 것이며 값도 또한 기도와 관으로 정하신 것임을 밝히옵니다.

🪷 이 묘법연화경은 모든 부처님의 스승이시고, 여래의 온몸이 계시며, 또한 삼세의 모든 부처님 여래께옵서 출생하셨고 항상 두호하시어 생각하시는 바이시니, 부처님을 모시는 것보다 더 잘 모셔야 하며, 이 경 위에는 물론이거니와 같은 자리에도 일체 다른 경을 모시지 말아야 하는데, 하물며 다른 물건들은 말할 필요도 없습니다. 높고 깨끗한 곳에 항상 정중히 잘 모셔놓고 수지 독송 해설 서사하며, 참회하고 좌선하며, 절하고 예배 기도할 것이며, 향, 꽃, 공양물 들을 올리십시오. 손을 씻고 양치질하고 몸을 깨끗이 하여 공손히 모셔서 반드시 지극한 마음으로 읽고 외우시길 바라옵니다.

🪷 이 경의 기록에 거짓이 있는가를 조금이라도 의심하시면 그 과보가 클 것이옵니다. 경의 공들임과 영험과 고생한 많은 사연들을 다 줄이고 다만 간략히 기록한 것을 시방의 부처님, 보살님들

236

뒷 글

🪷 이 한글 묘법연화경이 오직 세계 광선유포 되길 바라는 일념에서 손가락 발가락 등을 태우시어 연비 공양하신 분.

이중호 한개
대원각세 세개
묘광화 한개
태허 한개
불심화 한개
법광스님 세개
법인화 두개

🪷 이 경이 나오기까지 도와주신 분

○ 법화경 전권을 독송하신 분 … 이종수, 배창호

○ 기도와 교정 등을 도우신 분 … 묘광스님, 묘관스님, 연산스님, 태허, 진부총각, 문산, 영일, 운산, 진산, 영로, 이필생, 김상수, 보광, 지산, 지통, 홍연화, 만배보살, 안정수, 안락행, 진여심, 반야심, 차복덕, 대원심, 심홍연, 복덕화, 문수행, 김구대, 지장행, 보월화, 강두남, 천봉순, 변효순, 강승자, 연지화, 정평리 마을사람들, 그 외 너무 많사옵기에 생략하오니 양해바랍니다.

○ 원고정리와 번역을 도우신 분 … 조명환, 영산

부 록

법화삼부경을 모시며

묘법연화경께 귀의하옵니다.
시방 삼세 모든 불·보살님의 호념하시는 바로 인하여 우리 생명의 당체이며, 하나하나 문자문자가 바로 부처님이신 묘법연화경을 다시 모시게 됨에 일체 중생이 모두 묘법연화경께 귀의하옵길 간절히 발원하옵니다.

방편으로 열반을 나타내시고 비록 육안으로는 보이지 않으나 항상 저희들 곁에서 보살펴 주시고 계신 석묘찬 대법사님께 엎드려 예배하나이다.

특히 이번의 두 번째 경공양에서는 본존이신 묘법연화경과, 그 서분이요 개경인 무량의경과, 결경인 불설관보현보살행법경을 합하여 명실상부한 법화삼부경을 다 같이 모시게 됨에 더욱 감사히 생각하오며, 이에 첫 번째 경공양의 경점안 인가기도에 있어서 참으로 길상했던 일들과 그밖에 또 몇 가지를 덧붙여서 적어 올리겠습니다.

첫 번째 판의 팔천 부 중에서 팔백 부를 처음 모시는 전날 어느 노보살님의 꿈에 동쪽 하늘에서 헤아릴 수 없는 보살님들께서 내려오시는 현몽을 받았으며, 또한 경을 모시고 점안 유포인가 기도를 두 스님께서 경오년 2월 2일(음)부터 7일 동안 밤낮으로 촛불과 향이 한 번도 꺼짐이 없이, 「나무묘법연화경」 제목봉창 용맹정진 기도를 하던 중, 한 스님께서 다음과 같은 상서를 보았습니다.

번역하신 묘찬스님의 사진액자에 걸도록 「법화귀존」이라 적힌 오색찬란한 종이와 그리고 한 가운데 일등이란 글자가 새겨진 황금으로 된 연꽃, 그리고 또 보리수 나뭇잎과 오색의 실뭉치를 받았으며, 묘법연화경 옆에 모셔둔 입상 부처님의 몸에서 흰 광명이 나오고 백호에서의 흰 광명

238

은 더욱 밝아 이리저리 두루 비추시는 것을 보았으며, 경전을 모신 자리에는 거대한 연꽃이 피어 올라 있는 것을 보았습니다.

그제서야 부처님께옵서 인가하심을 믿고 안심하고서 경전 전부를 점안 유포하게 되었습니다.

그리고 이번 경에 있어 무량의경과 불설관보현보살행법경은 스님께서 계실 때 번역해 두신 것을 미리 저에게 맡기셔서, 제가 스님께서 경 번역하실 때와 똑 같은 엄격한 생활태도로써 정리 교정하였습니다. 이 두 경의 원고 정리를 마치고 인가기도를 하여 부처님 인가하심을 받았음은 물론입니다.

법화경 광선유포를 위해 먼저의 일곱 개 연비하신 분들에 이어서 또 참으로 거룩한 행이 있어기에 알려드립니다. 기사년 음력 12월 13일 새벽에 전라도 광주시에 사는 여행자 한 분이물어 물어서 해룡사로 찾아와 부처님 앞에서, 오직 모든 부처님께옵서 세간에 나오심의 본래 뜻

인 묘법연화경이 광선유포 되기를 바라는 일념에서 손가락 세 개를 한꺼번에 연비하여 묘법연화경께 공양을 하였습니다. 이 어찌 석가모니 부처님과 시방의 모든 부처님께옵서 칭찬하시고 환희하시는 사바세계에 있어 묘법 홍통을 위한 진정하고 거룩한 행이 아니오리까.

부처님 부처님만이 아시고 계시옵지만 한 티끌의 번뇌도 끊지 못한 이 범부의 애절하고 간절한 비원의 마음이 본존이신 묘법연화경과 구원실성의 석가세존님과, 증명법화 다보 부처님 그리고 시방세계 모든 분신 부처님과 묘법홍통의 지용천계 본화 대보살님의 마음과 마음에 하루속히 이어지길 바라옵니다.

말법악세의 때에 묘법연화경을 광선유포하실, 염부제에 끊어짐이 없게 하실, 오직 법화경 유포의 부처님 부촉을 받으신 상행, 무변행, 정행, 안립행 사대 본화 보살님과 그 권속들께서 하루빨리 출현하사, 온갖 삿된 것이 충만하고 여기저

기어지럽고 어지러운 사바 망망대해에 지혜와 자비와 복덕의 꺼지지 않는 등불을 밝히시어 미망 속에서 헤매는 일체 중생들을 실상 묘법으로 인도하시옵소서.

사바세계가 바로 진정한 상·락·아·정의 상적광토이며 이를 영산정토라 하나니, 항상 여기에 계시옵고, 삼계의 주인이시옵고, 일체 중생의 스승이시며, 아버지이신 삼덕을 원만히 갖추시고, 일체를 위하여 능히 모든 복덕과 지혜와 자비와 신통도력 등 모든 일체의 것을 흡족히 구족하시고 계신 구원실성 석가모니 부처님께 우리들의 모든 좋은 것과 나쁜 것까지도 다 맡기오니 마음 뿌듯하고 든든하옵니다.

여기에 더하여 시방 삼세 일체 모든 부처님을 출생케 하신, 부존이신 부처님의 진정한 어머니이시며, 스승이시고, 본존이신 「묘법연화경」을 저희들이 천만 다행스럽게도 이 육안으로 뵈올 수 있으며, 손으로 만질 수 있고, 귀로 듣고, 또한 소리 내

어 읽을 수 있으며, 몸으로 마음으로 느끼고 받아들여 가지고 행할 수 있사오니, 이 어찌 가슴 벅차지 아니하며, 천상천하에서 제일가는 부자가 아니겠습니까.

만약 법을 듣는 자 있으면 한 사람이라도 성불하지 못함이 없는, 이 거룩하신 「묘법연화경」과, 그리고 또 법화를 받아 가지는 자를, 시방 삼세 모든 부처님께옵서 함께 그 위신력과 신통의 힘으로써 항상 지키시고 두호하시니, 참으로 기쁘고 다행스럽습니다.

이번 생에서, 백천만겁 헤아릴 수 없는 나라 가운데서 이름자만이라도 얻어 듣기 힘든 이와 같은 묘법연화경을 만났으니, 어찌 한 때라도 일할 것입니까.

이 묘법은 일체 중생에게 본래 갖춰진 당체이기에 해가 모든 어두움을 파괴하듯이 반드시 일체 어려움과 가리운 것을 곧 없애며, 본래 모습인 모든 복덕, 지혜, 자비와 그 형상아닌 형상이

부 록

240

법화삼부경을 모시며

드러나옵니다. 오직 부처님을 믿고 따름이 진실한 나를 찾는 길이며, 진정한 나를 믿고 따르는 것입니다.

일체 모든 중생들이시여, 법계 우주에 가득 찬 유정무정(有情無情)이 오로지 부처님 품안에서 살았으며, 살고 있으며, 결정코 또 살아갈 것이며, 결국 오직 부처님으로부터 일체가 구원을 받아 마침내 법화경으로 인하여 자신의 성불을 믿고 또 확인하옵니다. 진실로 우리들 모두는 중생이 아니라, 우리들 역시 법신·보신·응신의 삼신을 원만히 구족한 부처님이옵니다. 또한 모두 석가세존의 자녀이옵니다. 기필코 이번 생에 자신을 포함한 일체 모두가 부처님 아들임을 믿고, 세존의 말씀에 한 치의 거역함도 없이 순종하는 불퇴전의 강한 신심을 일으켜, 묘법연화경께 귀의하시어 반드시 이 몸으로 성불하시옵소서. 삼덕원만하신 본래 부처님임을 확인하옵소서.

이번 경공양에서도 많은 분들의 법보시 수희동

참이 있었으며, 그 분들의 이름을 일일이 적어드리지 못해 죄송하나이다. 그 공덕은 불보살님께서 증명하시고 계시옵니다. 또한 많은 불자님들의 요청에 의해 총 인쇄출판 경전의 반에 해당하는 분량은 한글, 한문, 부록의 세 권으로 각각 분리하여 쉽게 모실 수 있도록 경전의 크기도 조금 작게 하여서 큰 모양의 경전과 아울러 모시게 되었습니다.

끝으로 이번 두 번째 경공양이 나오기까지 애써주신 도서출판 위음왕과, 그리고 많은 스님들, 행자님들, 신도님들, 특히 기도해주신 분들께, 또 교정을 봐 주신 분들께 깊이 감사드리며 엎드려 예를 올리옵니다.

나무묘법연화경

불기 삼천십칠년 윤 오월 영산 합장

241

부 록

〈옮긴이 약력〉

법명 : 석묘찬(釋妙璨)

묘찬 큰스님께서는 경상남도 김해시 내동 소바우골에서 아버지 배월난씨와 어머니 김수찬씨의 2남 4녀중 다섯째로써 불기 2953년(단기 4259년, 병인년) 가을 음력 9월 17일에 탄생하심. (속명 : 배복순)

부처님의 일대기를 요약한 팔상록을 읽으시고 발심하여 16세 때 마산 관음사에 출가하였으나 가족들의 강제력에 의해 세 번씩이나 속가 집으로 내려오시게 됨.

유치원 보모로 계시다가 23세 때 하나뿐인 여동생과 함께 해인사 국일암으로 입산, 장일스님을 은사로 하고 청담스님을 계사로 하여 사미니계를 받으심.

청담스님의 소개로 성철스님을 법사로 하여 참선지도를 받았음. 당시 용맹정진과 구도심에 불타는 스님에 대한 일화가 많이 있음.

그러다가 참선화두에 대해 크게 의문을 일으켜 부처님의 본회와 오직 성불의 대직도를 알기 위해 천일기도로써 법화경을 만났음.

법화경을 만난 뒤 홀로 온갖 마장과 마사를 받으며 법화경을 수지 독송하심.

처음에는 조사선인 화두가 늘 마음에 현전되었기 때문에 하루에 법화경 한 장도 읽기가 어려웠으나, 점차 정진하여 묘법연화경 전 28품(전부 질)을 하루에 50회 독송을 하기에 이르렀으며, 일생동안 사만 번에서 오만 번에 이르기까지 독송하시는 가운데서 세 번을 크게 깨달으셨음.

처음 안진호 스님 번역의 법화경을 출판한 뒤, 불보살님의 부촉에 의해 법화경 번역을 7년에 걸쳐 마치시고 수억에 달하는 법보시로써 묘법연화경(응석사판)을 출판하심.

상좌를 비롯한 신도들의 손가락, 발가락을 법화

옮긴이 약력

경의 번역과 광선유포를 위해 부처님 전에 불태우시면서 공양하신 연비가 20여 가락에 이르렀음.
지장경·장수멸죄경 등도 번역하시어 출판하셨으며 제10회 동국대학교 행정대학원을 수료하심.

법화행자이신 묘련 큰스님, 묘각스님으로부터 더욱 완벽한 법화경 번역을 부탁 받으시고 곧 이것이 부처님의 말씀으로 생각하신바, 부처님의 뜻을 받들어 다시 시작한 번역이 온갖 고난 역경을 겪으시면서 실로 불보살님의 호념으로 13년 만에 결실을 맺으셨음.

오직 한 길 불조(佛祖)의 혜명(慧命)을 받들고 일체 중생을 위하시어 법화경 광선유포에 뜻을 두시고, 부처님의 사도로서 완벽한 법화경 번역 불사에 목숨을 바치셨고, 온 생애를 통하여 진정한 법화행자이셨던 스님께서는 불기 3016년(단기 4322년, 기사년) 음력 3월 5일 열반에 드심.

묘찬 큰스님께서 평생 간절한 소원이시던

남북무혈 평화통일(南北無血 平和統一)
세계평화 불국토화(世界平和 佛國土化)
묘법화경 광선유포(妙法華經 廣宣流布)
일체중생 즉신성불(一切衆生 卽身成佛)은

또한 우리들 모두의 소원이기도 하므로 꼭 하루속히 원만히 이루어지도록 이 법화경을 보시는 분은 마음속으로라도 법화삼보님 전에 기원과 묘법경력(妙法經力)의 회향을 바라옵니다.

묘법연화경

불기 3040년 8월 15일(음) 개정5판 발행
불기 3027년 4월 8일(음) 9판 발행
불기 3016년 12월 8일(음) 초판 발행
(단기 4346년)

옮긴이 석묘찬
엮은곳 해룡사
경남 진주시 집현면 정평리 520
전화: (055)746-9923
전송: (055)745-9215

펴낸곳 도서출판 삼보각
부산광역시 동래구 명륜2동 700-100번지
전화: (051)557-5714
전송: (051)554-9085
등록 제02-06-167호

값 35,000원

홈페이지 : hearyongsa.net

* 법공양은 할인하여 드립니다.
* 잘못된 경권은 교환하여 드립니다.

* 유포처
법화도량 해룡사
도서출판 삼보각